Dorn-Bader

Physik

in einem Band

Schroedel Schulbuchverlag

Dorn-Bader
Physik in einem Band

Herausgegeben von:
Professor Dr. Franz Bader — Professor Friedrich Dorn †

Bearbeitet von:
Professor Dr. Franz Bader, Ludwigsburg — Studiendirektor Dr. Helmut Bergold, München — Studiendirektor Rudolf Bremer, Braunschweig — Professor Friedrich Dorn, Waiblingen — Oberstudiendirektor Dr. Peter Drehmann, Kornwestheim — Oberstudiendirektor Paul Grabenstein, Ludwigsburg — Oberstudiendirektor Walter Kasten, Hannover — Studiendirektor Adolf Kraemer, Münster — Studiendirektor Gottfried Staiger, Stuttgart — Studiendirektor Klaus Utpatel, Berlin in Zusammenarbeit mit der Verlagsredaktion Naturwissenschaften

Beratende Mitwirkung von:
Dr. Hugo Limacher, Stans
Priv.-Doz. Dr. Heinrich Mühry, Binningen

Illustration:
Peter Langner
Volkmar Rinke
Günter Schlierf

Fotos:
Hans Tegen

Titelbild:
Schwingungen eines etwa 2 m langen Pendels, mit offenem Verschluß und verschiedenen Farbfiltern aufgenommen
Hans Kreutzfeldt, Gütersloh

Gedruckt auf Papier, das nicht mit Chlor gebleicht wurde. Bei der Produktion entstehen keine chlorkohlenwasserstoffhaltigen Abwässer.

ISBN 3-507-**86210**-7

© 1989 Schroedel Schulbuchverlag GmbH, Hannover

Alle Rechte vorbehalten. Dieses Werk sowie einzelne Teile desselben sind urheberrechtlich geschützt. Jede Verwertung in anderen als den gesetzlich zugelassenen Fällen ist ohne vorherige schriftliche Zustimmung des Verlages nicht zulässig.

Druck A $^{9\ 8\ 7\ 6\ 5}$ / Jahr 2000 1999 98 97 96

Alle Drucke der Serie A sind im Unterricht parallel verwendbar, da bis auf die Behebung von Druckfehlern untereinander unverändert. Die letzte Zahl bezeichnet das Jahr dieses Druckes.

Gesamtherstellung: Universitätsdruckerei H. Stürtz AG, Würzburg

Vorwort

Vor über einem Jahrzehnt ermöglichten es die neu eingeführten SI-Einheiten, das **Grundwissen der Physik** *in einem Band* überzeugend darzustellen. Neue Inhalte sowie didaktische Perspektiven führten zur vorliegenden Neubearbeitung. Wie die bisherige Ausgabe wendet sich die „Physik in einem Band" an Leser, die in relativ kurzer Zeit nach einem gestrafften Plan Physik lernen wollen.

In dem hier vorgelegten **Basisprogramm** treten die wesentlichen Strukturen der Physik von heute deutlich hervor. Dabei können die aufgenommenen Stoffe entweder themenorientiert oder konzeptorientiert behandelt werden. Um für beide Arten ein tragfähiges Fundament der Physik zu schaffen, haben wir den Stoff in sich konsistent und vor allem von der Erfahrung fortschreitend zur Formulierung des Naturgesetzes entwickelt. Wir führen den Leser vom Versuch aus stetig und sorgfältig bis hin zum Merksatz oder zur mathematisch gefaßten Formulierung des Ergebnisses. Das Grundwissen ist durch Fettdruck und rote Rahmen herausgehoben. Die notwendige Übung schließt sich in Aufgaben an. Auch haben wir uns bemüht, die Experimente, Grundgedanken und Kernbegriffe so ausführlich, sorgfältig und verständlich darzustellen, daß sie im **Selbststudium** erarbeitet werden können.

Das moderne Gesicht des Buches zeigt sich unter anderem durch die Verwendung von Fotos. Die farbige Gestaltung macht das Buch nicht nur ansprechender; sie dient auch zum besseren Erkennen des physikalischen Sachverhalts. Wo es nötig erschien, sind wir bei nun durch Farbe aufgewerteten Diagrammen und Zeichnungen geblieben. Neu sind auch Fotos von *Computersimulationen* physikalischer Vorgänge. Die zugehörigen Programme können vom Verlag bezogen werden. Dies gilt auch für eine geschlossene und anschauliche Darstellung der speziellen Relativitätstheorie durch Simulation einer relativistischen Welt, die im Buch aus Platzgründen leider nicht behandelt werden konnte.

Großer Wert wurde auf die Anwendungen der Physik und auf Beispiele aus dem Alltag gelegt. Dafür fehlen schwierigere mathematische Ableitungen. Anspruchsvollere Aufgaben finden sich am Schluß wichtiger Kapitel im Rahmen von Zusammenfassungen.

Besondere Bedeutung bekommt der physikalisch wie technisch und volkswirtschaftlich wichtige *Energiebegriff*. Um energiebewußter zu leben, lernt der Leser zwischen wertvoller, für Arbeitszwecke nutzbarer, und weniger wertvoller, für Wärmezwecke dienlicher Energie zu unterscheiden. Dann kann er physikalisch begründete Aussagen über heutige und zukünftige Energiequellen besser verstehen und beurteilen.

In der Mechanik haben wir die beiden wesentlichen Strukturen der klassischen Physik, nämlich die kausale Strategie und das Denken in Erhaltungsgrößen, einander gegenübergestellt. In der Elektrizitätslehre ist die quantitative Behandlung des Wechselstromkreises zugunsten von Anwendungen aus der HIFI-Technik zurückgedrängt. Da heute die *Grundlagen der Informatik* zum notwendigen Basiswissen gehören, wurde die Halbleiterphysik samt Anwendungen gebührend erweitert. Dabei haben wir zeitgemäße Schwerpunkte in einfacher Weise gestaltet (Bändermodell, Blinkschaltungen usw.).

Das Buch hört nicht mit der klassischen Physik auf, sondern gibt einen ausführlichen Einblick in die Quanten-, Kern- und Elementarteilchenphysik. Die Unbestimmtheitsrelation und der lineare Potentialtopf machen dies ohne mathematischen Formalismus möglich. Den Dualismus Teilchen–Welle haben wir mit dem Wahrscheinlichkeitsbegriff aufgelöst.

Manchmal will man sicher in bestimmten Punkten mehr erfahren, als der Unterricht oder das Buch zu bieten vermögen. Weiterführende preiswerte *Literatur* zu verschiedenen Aspekten, insbesondere im Hinblick auf naturwissenschaftliche Allgemeinbildung, findet sich auf Seite 7.

Viel Spaß und guten Erfolg!

Autoren und Redaktion
im Frühjahr 1989

Inhaltsverzeichnis

Einführung

- § 1 Die Physik stellt sich vor 8
- § 2 Meßgeräte in Physik und Technik . 10
- § 3 Die Geschwindigkeit 12

Mechanik I

Kräfte und ihre Wirkungen

- § 4 Kräfte und ihre Messung 14
- § 5 Die Masse der Körper 17
- § 6 Die Dichte der Stoffe 20
- § 7 Kraftpfeil und Kräftegleichgewicht . 22
- § 8 Hookesches Gesetz 23
- § 9 Reibung – für die Technik wichtig . 26
- § 10 Kräfte lassen sich ändern 28

Energie

- § 11 Arbeit und Energie 31
- § 12 Verschiedene Energieformen . . . 33
- § 13 Leistung 38
- § 14 Räder und Drehmomente 40
- § 15 Übersetzungen mit Rädern 42
- § 16 Der Hebel – ein Kraftwandler . . 44
- § 17 Der Schwerpunkt 47

Flüssigkeiten und Gase

- § 18 Vom Aufbau der Körper 48
- § 19 Die Größe der Moleküle 52
- § 20 Der Kolbendruck 53
- § 21 Anwendungen des Kolbendrucks . 57
- § 22 Der Schweredruck 58
- § 23 Anwendungen des Schweredrucks . 61
- § 24 Der Luftdruck in der Atmosphäre . 63
- § 25 Druck in eingeschlossenen Gasen . 67
- § 26 Der Auftrieb 70
- § 27 Schwimmen, Schweben und Sinken 73
- § 28 Molekularkräfte bei Flüssigkeiten . 74

Schall und Schallausbreitung

- § 29 Die Erregung von Schall 76
- § 30 Pendelschwingung und Zeitmesser . 77
- § 31 Schallfrequenzen 79
- § 32 Die Ausbreitung des Schalls . . . 80
- § 33 Die Wahrnehmung des Schalls . . 83

Wärmelehre

- § 34 Die Temperatur und ihre Messung 84
- § 35 Die thermische Ausdehnung . . . 86
- § 36 Das thermische Verhalten der Gase 89
- § 37 Gasgleichung und Moleküle . . . 93
- § 38 Temperatur und Molekülbewegung 95
- § 39 Arbeit, Wärme und innere Energie 97
- § 40 Wie bestimmt man Wärmemengen? 99
- § 41 Mischungsversuche 102
- § 42 Wärmequellen 104
- § 43 Mechanische Arbeit und Wärme . 105
- § 44 Schmelzen und Erstarren 107
- § 45 Verdampfen und Kondensieren . . 110
- § 46 Wärmetransport 116
- § 47 Wärmeenergiemaschinen 122
- § 48 Energiewirtschaft 126

Optik

- § 49 Die Ausbreitung des Lichts 128
- § 50 Optische Abbildung 130
- § 51 Reflexion am ebenen Spiegel . . . 132
- § 52 Die Brechung des Lichts 136
- § 53 Mehrmalige Brechung 141
- § 54 Sammellinsen 142
- § 55 Abbildungen durch Sammellinsen . 146
- § 56 Linsensysteme 149
- § 57 Der Fotoapparat 151
- § 58 Das menschliche Auge 153
- § 59 Instrumente zur Nahbeobachtung . 155
- § 60 Instrumente zur Fernbeobachtung . 157
- § 61 Farbige Lichter; das Spektrum . . 159
- § 62 Die Farbwahrnehmung im Auge . 162

Elektrizitätslehre I

Ladung und Strom

- § 63 Der elektrische Stromkreis 166
- § 64 Leitungsnetz und Wechselstrom . . 170
- § 65 Strom ist fließende Ladung 172
- § 66 Eigenschaften ruhender Ladungen . 174
- § 67 Freie Elektronen 178
- § 68 Influenz und statische Aufladung . 181
- § 69 Ionen, chemische Stromwirkung . . 183
- § 70 Messung von Ladung und Stromstärke 185
- § 71 Die elektrische Spannung 189
- § 72 Elektrische Arbeit und Leistung . . 193

§ 73 Galvanische Elemente 196	§ 106 Energieerhaltung in der Mechanik . 279
§ 74 Ohmsches Gesetz und Widerstand . 197	§ 107 Spannungsenergie 283
§ 75 Berechnung von Widerständen . . 202	§ 108 Impulserhaltung 285
§ 76 Der verzweigte Stromkreis 204	§ 109 Berechnung von Stößen 287
§ 77 Der unverzweigte Stromkreis . . . 206	§ 110 Der 1. Hauptsatz der Wärmelehre . 290
§ 78 Wärmeleistung in Widerständen . . 209	§ 111 Der 2. Hauptsatz der Wärmelehre . 292
§ 79 Gefahren des Stroms 211	§ 112 Energiequellen der Zukunft 297

Magnetisches Feld

Kreisbewegungen

§ 80 Magnete und ihre Pole 213
§ 81 Die Elementarmagnete 214
§ 82 Das magnetische Feld 217
§ 83 Die magnetische Stromwirkung . . 219
§ 84 Elektromagnetische Strommesser . 224
§ 85 Der Elektromotor 226

§ 113 Die Kreisbewegung 302
§ 114 Gravitation 308
§ 115 Die Kepler-Ellipsen 310
§ 116 Die Kopernikanische Wende . . . 314
§ 117 Modernes astronomisches Weltbild 316

Mechanik II

Elektrizitätslehre II

Einfache lineare Bewegungen

Elektrisches Feld

§ 86 Bewegungen in ihrem Bezugssystem 228
§ 87 Der Trägheitssatz im Inertialsystem 230
§ 88 Gleichförmige Bewegungen 234
§ 89 Momentangeschwindigkeit 239
§ 90 Konstante Beschleunigung 241
§ 91 Der freie Fall 245

§ 118 Elektrische Felder 317
§ 119 Die elektrische Feldstärke E . . . 321
§ 120 Die elektrische Spannung 323
§ 121 Flächendichte der Ladung 325
§ 122 Kondensatoren; Kapazität 327
§ 123 Isolatoren; Kondensatorentladung 330
§ 124 Unsere bisherige Feldstrategie . . 331

Die Newtonschen Gesetze

Bewegte Ladungen in Feldern

§ 92 Die Newtonsche Grundgleichung . 247
§ 93 Kräfte als Vektoren 251
§ 94 Kraft und Gegenkraft 255
§ 95 Reibungskräfte 257
§ 96 Der Fall mit Luftwiderstand . . . 260
§ 97 Geschichte der Mechanik 261

§ 125 Der Millikan-Versuch 332
§ 126 Der Elektronenstrahl 334
§ 127 Das Oszilloskop 336
§ 128 Lorentzkraft an bewegter Ladung . 338
§ 129 Messung magnetischer Felder . . 340
§ 130 Magnetfeld von Spulen; Erdfeld . 342
§ 131 Die Größe der Lorentzkraft F_L . . 344
§ 132 Die Elektronenmasse 345
§ 133 Das Elektronenmikroskop 348
§ 134 Massenspektrometer 349
§ 135 Allgemeine Feldgesetze 350
§ 136 Geladene Teilchen in Feldern . . . 351

Überlagerung von Bewegungen

§ 98 Vektoraddition bei Bewegungen . . 262
§ 99 Wurfbewegungen 264
§ 100 Bewegungsgleichungen für Würfe . 267
§ 101 Bremsvorgänge; Verkehrsprobleme 269
§ 102 Die Newtonschen Grundgesetze . . 272
§ 103 Unsere bisherige kausale Strategie . 273

Halbleiter

Erhaltungssätze

§ 137 Reine und dotierte Halbleiter . . . 353
§ 138 Gleichrichten mit Halbleitern . . . 355
§ 139 Gleichrichten und Glätten 359
§ 140 Der Transistor als Verstärker . . . 360
§ 141 Der Transistor als Schalter 364
§ 142 Steuerung und Regelung 368

§ 104 Energie und Arbeit beim Heben . . 274
§ 105 Energie in der Bewegung 277

Elektromagnetische Induktion

§ 143 Induktion durch Lorenzkräfte . . 371
§ 144 Induktion allgemein 375
§ 145 Elektrische Wirbelfelder 377
§ 146 Die Selbstinduktion 378
§ 147 Sinusförmige Wechselspannung . . 382
§ 148 Effektivwerte bei Wechselstrom . . 385
§ 149 Kondensatoren und Wechselstrom 387
§ 150 Spulen im Wechselstromkreis . . . 389
§ 151 Der Transformator (Trafo) 390
§ 152 Drehstrom 392
§ 153 Induktion und Wechselstromkreis . 394

Schwingungen und Wellen

Schwingungen

§ 154 Schwingungen 395
§ 155 Harmonische Schwingungen . . . 398
§ 156 Mechanische Schwingungen . . . 400
§ 157 Der Schwingkreis 403
§ 158 Ungedämpfte elmag. Schwingungen 408
§ 159 Hochfrequenz 413

Wellen

§ 160 Fortschreitende Wellen 416
§ 161 Relexion mechanischer Wellen . . 422
§ 162 Längswellen 425
§ 163 Schall — eine Längswelle in Luft . 427
§ 164 Überlagerung und Interferenz . . . 429
§ 165 Akustik 436
§ 166 Das Prinzip von Huygens 440
§ 167 Die elektromagnetische Welle . . . 446
§ 168 Radiowellen und Rundfunk . . . 451
§ 169 Mikrowellen 457
§ 170 Die Lichtgeschwindigkeit 459
§ 171 Die Beugung des Lichts 460
§ 172 Interferenz bei Lichtwellen 461
§ 173 Das optische Gitter 465
§ 174 Beugung am Einzelspalt 469
§ 175 Polarisation 472
§ 176 Das elektromagnetische Spektrum . 475

Quantenphysik

Lichtquanten

§ 177 Fotoeffekt und Energiequellen . . 476
§ 178 Photonenimpuls 481
§ 179 Paarbildung und Zerstrahlung . . 482
§ 180 Die Quanten im Gesamtspektrum . 483
§ 181 Was bedeutet die Welle? 484
§ 182 Was bedeutet das Quant? 485
§ 183 De Broglies Materiewellen 487
§ 184 Die Unbestimmtheitsrelationen . . 490
§ 185 h und der Mikrokosmos 494

Struktur der Atomhülle

§ 186 Der lineare Potentialtopf 498
§ 187 Quantisierung im Experiment . . . 502
§ 188 Vom H-Atom zum Schwarzen Loch 505
§ 189 Atombau und Spektrallinien . . . 507
§ 190 Der Laser 512

Kernphysik

Die Strahlung radioaktiver Stoffe

§ 191 Nachweisgeräte 516
§ 192 Absorption von Strahlung 520
§ 193 Halbwertszeit 523
§ 194 Strahlenschäden 527

Kernbau und Kernenergie

§ 195 Der Atomkern 531
§ 196 Die Nuklidkarte 533
§ 197 Kernbindungsenergie 534
§ 198 Ein Kernmodel 536
§ 199 α- und β-Zerfall 538
§ 200 Kernreaktionen 542
§ 201 Kernspaltung 544
§ 202 Kettenreaktion, Kernreaktor . . . 547
§ 203 Die Kernfusion 555
§ 204 Zusammenfassung 557

Elementarteilchenphysik

§ 205 Neues über alte Teilchen 558
§ 206 Elementarteilchen-Experimente . . 560
§ 207 Die elementaren Bausteine 562
§ 208 Teilchen und Felder 567

Anhang

Tabellen 568
Spektraltafel 571
Stichwortverzeichnis 572
Nuklidkarte 578

Bildquellenverzeichnis

Tierbild-Archiv Toni Angermayer, Holzkirchen: 77.2
Baader Planetarium KG, München: 316.2, 481.1
Presse-Foto Erich Baumann, Ludwigsburg: 14.1, 35.1
Bertram-Luftbild, München-Riem (Freigabe Reg. v. Obb. G 4/3581): 39.1
BFA Education Media, New York: 411.3
CERN, Genf: 561.2
Continental AG, Hannover: 304.2
Demag GmbH, Düsseldorf: 222.1
Deutsche Forschungs- und Versuchsanstalt für Luft- und Raumfahrt e.V., Weßling: 309.1
Deutsche Lufthansa AG, Köln: 9.3
Deutsche Poclain GmbH, Groß Gerau: 57.2
Deutsche Verlagsanstalt, Stuttgart: 300.2
Deutsches Museum, München: 64.1, 65.2, 261.1, 292.1, 375.2, 449.2, 451.1, 452.1, 516.1
dpa GmbH, Hamburg/Frankfurt: 8.1, 60.3, 86.2, 246.1, 275.1, 306.1
K. Duch, Hamburg: 16.1, 82.2, 167.3, 231.1, 258.1, 273.1
Ehapa-Verlag, Stuttgart: 44.1
Finkelnburg, „Einführung in die Atomphysik", Springer-Verlag, Berlin – Heidelberg – New York: 349.2, 487.2
Fritzsch, „Quarks", Piper-Verlag, München: 563.3
Gentner, Maier-Leibnitz, Bothe, „Atlas typischer Nebelkammerbilder", Springer-Verlag, Berlin – Heidelberg – New York: 482.1, 517.2, 519.1, 542.1
Gerthsen, Kneser, Vogel, „Physik", 14. Auflage, Springer-Verlag, Berlin – Heidelberg – New York: 510.1
Harms-Bergung GmbH & Co., Hamburg: 32.1
Dr. Hellwich, Forschungslab. für Infrarotfotografie, Wien: 161.1
Huggins, „Physics", Benjamin-Verlag, New York: 561.1
Institut für den Wissenschaftlichen Film, Göttingen: 48.2
Institut für Werkzeugmaschinen- und Fertigungstechnik, TU Braunschweig: 514.2
Jenaer Glaswerk Schott + Gen., Mainz: 139.2
Dr. E. Kretschmann, Dr. P. Zacharias, Hamburg: 229.1, 230.1, 230.2, 245.2, 262.1, 263.1, 264.2, 267.1
H. Kreutzfeldt, Gütersloh: 135.2, 233.3, 256.2, 395.1
H. Kripgans, Lübeck: 184.3
Dr. F. Krügler, Hamburg: 140.3
Leybold-Heraeus GmbH, Köln: 487.3
G. Marks, München: 313.1
F. Maurer Söhne, München: 87.1
Bildagentur Mauritius, Mittenwald: 76.2, 90.1, 106.2, 109.1, 129.1, 140.2
Max-Planck-Institut für Radioastronomie, Bonn: 456.2
H. Mayer, Stuttgart: 54.1 (Modell; Foto: Tegen)
Naval Research Lab., Washington: 9.1
NEVA KG, Geislingen: 345.1, 377.1a
U. Noldt, Hannover: 50.2
Oak Ridge National Laboratory, Tennessee: 9.2
Phywe AG, Göttingen: 15.2
Preussen Elektra, Hannover: 190.1
RWE AG, Essen: 293.1
J. Schreiner, „Physik II", Diesterweg – Salle – Sauerländer, Frankfurt, 1978: 464.2, 508.1
Siemens AG, Erlangen/München: 8.3, 361.1
Staatliche Sammlung Ägyptischer Kunst, München: 525.1
Struve, „Astronomie", Verlag Walter de Gruyter & Co., Berlin 1962: 229.2
Pressefoto KG Sven Simon, Essen: 14.3
U. Staiger, Stuttgart: 131.2, 460.3, 461.2 b
W. Staiger, Stuttgart: 359.2, 388.2, 388.3, 389.1, 389.2, 404.2
A. Teves GmbH, Frankfurt: 97.1
Tipler, „Foundations of Modern Physics", Worth Publishers Inc., New York: 487.4
Ullstein-Bilderdienst, Berlin: 479.1
US-Botschaft, Bonn: 18.1, 316.1, 358.2
L. Windstoßer, Stuttgart: 122.2
ZEFA GmbH, Düsseldorf: 33.1, 72.3, 129.2, 300.1, 417.2
Carl Zeiss, Oberkochen: 50.1, 50.3, 348.1
C. D. Zink, Freiburg: 93.1

Die Lehrmittelfirmen Dr. H. Kröncke KG, Hannover; Leybold-Heraeus GmbH, Köln; Neva, Dr. Vatter KG, Geislingen; Phywe AG, Göttingen, stellten freundlicherweise Geräte zur Verfügung.

Die für die fotografierten Versuchsaufbauten getroffene Auswahl an Geräten bezweckt keine qualitative Hervorhebung einzelner Fabrikate; sie läßt insbesondere nicht die Schlußfolgerung zu, daß Geräte anderer als der gewählten Lehrmittelfirmen nicht möglicherweise genauso oder besser für die einzelnen Versuchsaufbauten geeignet sind.

Weiterführende Literatur

Sexl, R.U., „Was die Welt zusammenhält. Physik auf der Suche nach dem Bauplan der Natur", Stuttgart 1982, DVA. (Auch als Taschenbuch: Frankfurt 1984, Ullstein Sachbuch.)
Hermann, A., „Weltreich der Physik. Von Galilei bis Heisenberg", Frankfurt 1983, Ullstein Sachbuch.
Hermann, A., „Wie die Wissenschaft ihre Unschuld verlor: Macht und Mißbrauch der Forscher", Stuttgart 1982, DVA.
Haken, H., „Erfolgsgeheimnisse der Natur. Synergetik. Die Lehre vom Zusammenwirken", Stuttgart 1981, DVA. (Auch als Taschenbuch: Frankfurt 1984, Ullstein Sachbuch.)
Fritzsch, H., „Quarks, Urstoff unserer Welt", München – Zürich, 1984 (6. Auflage), R. Piper.
Heisenberg, W., „Physik und Philosophie", Frankfurt 1984 (4. Auflage), ein Ullstein Material.
Heisenberg, W., „Der Teil und das Ganze. Gespräche im Umkreis der Atomphysik", München – Zürich, 1981 (5. Auflage), R. Piper.
Heidelberger, M. und Thiessen, S., „Natur und Erfahrung. Von der mittelalterlichen zur neuzeitlichen Naturwissenschaft", Reinbeck 1984, rororo Sachbuch.

Einführung

§1 Die Physik stellt sich vor

Neustadt (eigener Bericht)
Bei dem gestrigen Gewitter mit Hagelschlag suchte ein Autofahrer Schutz unter einer Eiche. Er fürchtete, die Metallkarosserie würde den Blitz anziehen, verließ das Auto und stellte sich unter den Baum. Dort wurde er vom Blitz getroffen und schwer verletzt. Der Blitz zerstörte am Auto die noch ausgefahrene Antenne. Der Beifahrer, der im Auto sitzen geblieben war, kam jedoch mit dem Schrecken davon.

8.1 Blitze – eindrucksvolle Naturvorgänge, die der Physiker auch im Laboratorium erzeugen kann.

Hatte der Beifahrer nur Glück? Oder gibt es **Naturgesetze,** nach denen man im Innern von Autos vor Blitzen geschützt ist? Findet man solche Naturgesetze nur in der *freien Natur* – oder können wir Blitze auch im Physiksaal im Kleinen nachahmen? Ist das Laboratorium des Physikers auch ein Stück Natur, obwohl alle Gegenstände in ihm von Menschen geformt sind?

Wir wiederholen den Naturvorgang Blitz *(Bild 8.1)* auf ungefährliche Weise. Die Blitze erzeugen wir mit einem physikalischen Gerät, dem *Bandgenerator*. Die große Kugel speichert wie die Gewitterwolken große Mengen an Elektrizität.

8.2 Der Blitz vom Bandgenerator entzündet benzingetränkte Watte auf dem Autodach.

Versuch 1: Wir stellen unter die Kugel des Bandgenerators nach *Bild 8.2* ein Spielzeugauto aus Blech. Es zieht die Blitze an; sie schlagen heftig in das Dach. Dort liegende, mit Benzin getränkte Watte wird entzündet. Wir können dies beliebig oft wiederholen, beobachten also einen **gesetzmäßig ablaufenden Naturvorgang.** Hieraus schließen wir, daß es gefährlich ist, unter einer Gewitterwolke mit hochragenden Gegenständen zu hantieren oder sich neben solche zu stellen. – Legen wir jedoch benzingetränkte Watte *ins* Auto, so fängt sie kein Feuer, falls das Auto eine Metallkarosserie hat: In Räumen, die von Metallen umgeben sind, ist man vor Blitzen geschützt (Seite 175).

Dieser Versuch ist ein **physikalisches Experiment. Mit solchen Experimenten befragt der Physiker die Natur.** Die *Antworten* der Natur haben zweifache Bedeutung:

8.3 Hier wird im Großen nachgeprüft, was wir im kleinen Modellversuch gefunden haben.

a) Kennen wir diese Antworten, so wissen wir mehr von der Natur: Wir sehen *Zusammenhänge im Naturgeschehen,* die uns vorher verborgen waren, wir erkennen Naturgesetze.

b) In der **Technik** wird dieses Wissen über die Natur von Technikern und Ingenieuren in die Praxis umgesetzt. Wir wenden Naturgesetze aus allen Gebieten der Physik ständig an. Beispiel: Ein Auto wird bei Nacht gestartet. **Elektrizität** und **Optik** kommen ins Spiel, wenn die Lampen in den Scheinwerfern Licht und die *Elektromagnete* im Anlasser *Kraft* erzeugen. Diese Kraft setzt die Kolben im Motor in Bewegung – ein Vorgang aus der **Mechanik**. Die heißen Verbrennungsgase im Motor liefern die *Energie* für die Fahrt; wir sprechen darüber in der **Wärmelehre**. Mit Geräuschen und Klängen, wie sie Motor und Hupe erzeugen, beschäftigt sich die **Akustik**.

In den genannten *Teilgebieten* der Physik ist das umfangreiche Wissen über die Natur geordnet und zusammengefaßt. Suche im Buch diese Teilgebiete! Überlege, welches *Sinnesorgan* jeweils eine besondere Rolle spielt!

> **Die Physik ist eine Naturwissenschaft. Ihre Teilgebiete sind Mechanik, Wärmelehre, Akustik, Optik, Magnetismus, Elektrizitätslehre und Atomphysik.**

Eine andere Naturwissenschaft, die *Biologie,* kennst du bereits. In ihr studiert man die Lebensvorgänge. Du hast dort schon einiges aus der Physik gehört, sei es beim Bau des Auges oder des Ohrs oder bei den Bewegungsvorgängen in den Gliedmaßen der Tiere. Auch die Lebensvorgänge können nur im Rahmen der *allgemeinen Naturgesetze* ablaufen. Diese Gesetze zu studieren, hat sich die Physik zum Ziel gesetzt. Sie werden auch von *Astronomen* benutzt, wenn sie die Bewegung der Himmelskörper und die Vorgänge auf der Sonne verstehen wollen *(Bild 9.1).* Besondere Bedeutung haben dabei die Gesetze der **Atomphysik** bekommen. Aus den Atomen kommt schließlich die Energie, die uns die Sonne liefert und von der wir leben *(Bild 9.2).*

> **Die Physik beschäftigt sich mit den allgemeinen und umfassenden Naturgesetzen. In der Technik und den anderen Naturwissenschaften werden sie angewandt.**

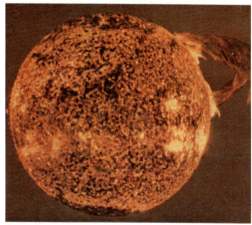

9.1 Die Energie der großen Sonne stammt aus winzig kleinen Atomen *(Bild 9.2).*

9.2 Energie aus Atomen läßt diesen Klotz viele Monate lang wie eine 300-Watt-Lampe strahlen.

9.3 Die Meßinstrumente im Cockpit sind physikalische Geräte (Boeing 747, „Jumbo").

§2 Meßgeräte in Physik und Technik

1. Wir sammeln Erfahrungen beim Messen

Im Physiksaal wie am Armaturenbrett eines Autos oder gar im Cockpit eines Flugzeugs *(Bild 9.3)* erregen *Meßgeräte* mit Skalen und Zeigern dein Interesse. Bevor du in eine neue Wohnung ziehst, suchst du mit einem Maßstab den passenden Platz für deine Möbel aus; vorher richtig messen ist bequemer als beim Umzug unnötig schwitzen! **Längenmessungen** sind meist einfach:

Versuch 2: Miß mit einem Lineal die Länge der Kanten eines quaderförmigen Körpers und trage die ermittelten **Meßwerte** in eine Tabelle ein!

Bist du sicher, daß du richtig gemessen hast? Ein Mitschüler prüft mit seinem Lineal nach. Ihr vergleicht und findet vielleicht Unterschiede. Woran könnten sie liegen? Als „Schiedsrichter" nehmt ihr ein genaueres Meßgerät, wie es etwa ein Feinmechaniker benutzt, die **Schieblehre.** Wie man mit ihr umgeht, um auch die Zehntel Millimeter zu messen, zeigt der Auszug aus einer *Gebrauchsanweisung* (dazu *Bild 10.1*):

> Man bringt den zu messenden Körper zwischen die Backen der Schieblehre. Dann gibt der Nullstrich der Nebenteilung *(Nonius)* auf dem Schieber die ganzen Millimeter an (hier 26 mm). Wenn Strich 4 dieser Nebenteilung mit einem Strich der Hauptteilung zusammenfällt, so addiert man $^4/_{10}$ mm; die Länge ist 26,4 mm.

Versuch 3: Miß die Kantenlänge des Quaders aus Versuch 2 mit der Schieblehre! Die Meßwerte sind jetzt auf 3 Ziffern genau (z.B. 2,87 cm; 1,95 cm; 1,83 cm). Runde das berechnete Volumen V auch auf 3 Ziffern ($V = 10{,}2$ cm^3)! Der Wert $V = 10{,}241595$ cm^3 wäre sinnlos; ein Mitschüler mißt vielleicht die Kanten um 0,1 mm kürzer und berechnet $V = 10{,}098088$ cm^3. Er rundet auf 10,1 cm^3. — Nach diesen Rechnungen messen wir das **Volumen** unmittelbar in einem Meßzylinder:

Versuch 4: Fülle einen weiten Meßzylinder *(Bild 10.2, rechts)* teilweise mit Wasser! Tauche den schon oben benutzten Quader vorsichtig ein: Er verdrängt eine *volumengleiche* Menge an Wasser. Der Anstieg des Wasserspiegels zeigt das Volumen des Quaders. Wiederhole deine Messungen mehrmals am trockenen Quader und bei verschiedenen Wassermengen! Trage Anfangs- und Endwerte in eine Tabelle ein und berechne den *Mittelwert* des Volumens!

Liegt das in Versuch 3 berechnete Volumen im Bereich der *Schwankungen* deiner Ergebnisse aus Versuch 4? Diese Schwankungen sind dann besonders groß, wenn du einen weiten Meßzylinder verwendest. Dünne Meßzylinder sind genauer (warum?), jedoch für den Quader zu eng. Wir helfen uns mit einem Kunstgriff:

Versuch 5: a) Fülle das **Überlaufgefäß** nach *Bild 10.2, links,* ganz mit Wasser und warte, bis der überschüssige Teil abgeflossen ist. Stelle dann einen engen Meßzylinder unter das Ausflußrohr und tauche deinen Quader ein! Wiederhole dies mehrmals!

b) Miß mit diesem Überlaufgefäß das Volumen eines *unregelmäßig* geformten Körpers, z.B. eines Steins, mehrmals; bilde den Mittelwert!

10.1 Die Schieblehre zeigt 26,4 mm.

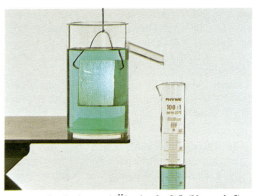

10.2 Meßzylinder und Überlaufgefäß (Versuch 5)

c) Bestimme das Volumen eines rechteckigen Blechstreifens mit dem Überlaufgefäß! Wenn das Blech dünn ist, versagt die Methode. Selbst wenn du zur Dickenmessung eine Schieblehre benutzt, wird die Berechnung des Volumens ungenau. Hier ist eine **Mikrometerschraube** am Platz. Gebrauchsanweisung über *Bild 11.1*!

Versuch 6: Miß dein Atemvolumen, also das Volumen der Luft, das deine Lungen fassen, nach *Bild 11.2*: Fülle die kleinere Wanne ganz mit Wasser und stülpe sie um! Blase nun durch einen Schlauch die Luft eines Atemzugs hinein, markiere den Wasserstand und bestimme dein Atemvolumen! Wie?

2. Wir denken über das Messen nach

Paßt ein Schrank an eine Wand in deinem Zimmer? Ausprobieren wäre zu mühsam! Also vergleichst du seine Maße mit einem leicht zu transportierenden Gegenstand, der seine Länge zuverlässig beibehält, etwa einem **Meterstab**. Mußt du diesen dreimal anlegen, so ist der Schrank dreimal so lang wie 1 Meter (m); er hat die Länge von 3mal 1 m, kurz gesagt 3 m. Für kürzere Strecken ist der Meterstab in Zentimeter (cm) und Millimeter (mm) unterteilt.

> Die drehbare Schraube rückt bei jeder vollen Umdrehung um ½ mm weiter, d.h. die *Ganghöhe* beträgt ½ mm. Der Umfang der sich mitdrehenden Trommel ist in 50 gleiche Teile geteilt; eine Drehung um 1 Teilstrich bedeutet also eine Verschiebung um $1/100$ mm. Um die Schraube immer gleich stark anzuziehen, drehe man nur am großen Riffelrad, bis dieses hörbar weiterrastet.

> **Das Meßergebnis 3 m ist das Produkt aus dem Zahlenwert 3 und der Einheit 1 m.**

Aus 1 m = 1000 mm folgt:
3 m = 3 · 1 m = 3 · 1000 mm = 3000 mm.

Bestellst du den Schrank nach Katalog, so mußt du sicher sein, daß der Verkäufer genau die gleichen Einheiten benutzt, nicht etwa 1 inch = 2,54 cm! Ein Zahlenwert allein wäre also unvollständig, da er die benutzte Längen*einheit* nicht enthält. – Früher gab es viele **Einheiten** für die Länge (Elle, Fuß, Spanne usw.); man brauchte viele verschieden unterteilte Maßstäbe. Heute benutzt man in der Wissenschaft der ganzen Welt und zunehmend auch im täglichen Leben vieler Völker die Längeneinheit 1 m. Sie war um 1800 als der 40 000 000te Teil des Erdumfangs festgelegt worden. Danach fertigte man ein *Urmeter* aus beständigen Metallen an. Man bewahrt es in Paris auf.

Aufgaben

1. *Bestimme mit einem Meßzylinder, was die Angaben des Arztes bedeuten: 1 Teelöffel, 1 Eßlöffel, 5 Tropfen!*

2. *Wie dick ist ein Blatt dieses Buches? Kannst du seine Dicke auch ohne Mikrometerschraube bestimmen?*

3. *Bei einem Wolkenbruch wird als Regenhöhe 10 mm angegeben. Wie wurde sie gemessen? Wieviel Wasser leiteten die Dachrinnen eines Hauses mit $100 m^2$ Grundfläche ab? Wie viele Gießkannen voll Wasser (je 9 l) wären nötig, um einen Garten von $300 m^2$ Fläche so zu sprengen, wie es 2 mm Regenhöhe entspricht?*

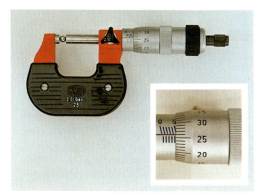

11.1 Die Mikrometerschraube zeigt 4,76 mm.

11.2 Messung des Atemvolumens (Versuch 6)

§ 3 Die Geschwindigkeit

1. Wer ist schneller?

Hans berichtet zu Hause, er sei heute im Sport der Schnellste gewesen; er brauchte nur 12,5 Sekunden (12,5 s). Sein jüngerer Bruder Uwe sagt lässig, er habe „es" gestern in nur 10 s geschafft. Beim unmittelbaren Vergleich im nahen Park bleibt Uwe allerdings schon nach 1 s zurück; nach 2 s ist der Unterschied noch deutlicher. Uwe kann Hans nicht mehr überholen. Das Mißverständnis klärt sich bald auf: Hans legte in 12,5 s die Strecke 100 m, Uwe in 10 s aber nur die Hälfte, nämlich 50 m, zurück. Man wird sich schnell darüber einig, daß man Zeiten und Wegstrecken beachten muß:

Wer schneller ist, legt in der gleichen Zeit (z. B. in 1 s) eine größere Strecke zurück; er braucht deshalb für die gleiche Strecke die kürzere Zeit.

2. Immer gleich schnell?

Hans hat einen guten Start, Uwe ist stark im Endspurt. Sie sind also nicht immer gleich schnell, sondern mal schneller, mal langsamer. Bei einer Elektrolok ist das anders:

Versuch 7: Wir lassen eine Elektrolok auf Schienen fahren *(Bild 12.1)*. Ein Metronom gibt Taktschläge in Sekundenabständen. Nach einer Anfahrstrecke markieren wir zu jedem Schlag den jeweiligen Ort der Lokomotive. Je sorgfältiger wir vorgehen, um so gleichmäßiger sind die Abstände dieser Strichmarken. Wir sagen, es handle sich um eine **gleichförmige Bewegung**. Die Meßwerte für die Zeit t (denke an time) und die vom Zeitpunkt $t=0$ aus zurückgelegten Wegstrecken s (denke an space), halten wir in der *Tabelle 12.1* fest. Wir entnehmen ihr (im Rahmen der Meßgenauigkeit):

12.1 Ist die Lok immer gleich schnell?

Zeit t in s	0	1	2	3	4
Weg s in m	0	0,16	0,30	0,44	0,61
$\frac{s}{t}$ in $\frac{m}{s}$	—	0,16	0,15	0,15	0,15

Tabelle 12.1 Zu Versuch 7

a) In gleichen Zeitabschnitten werden gleich lange Wegstrecken zurückgelegt.
b) In der doppelten (n-fachen) Zeit t wird auch der doppelte (n-fache) Weg s zurückgelegt.

Ein solch einfacher Zusammenhang zwischen zwei Meßgrößen (hier s und t) tritt oft (aber nicht immer!) auf. Man sagt: Die Strecke s ist hier der Zeit t **proportional** und schreibt $s \sim t$.

Wie die *Tabelle 12.1* in der 3. Zeile zeigt, sind die Quotienten s/t aus den Wegstrecken s und den zugehörigen Zeiten t (im Rahmen der Meßgenauigkeit) immer gleich; die Wertepaare für s und t sind *quotientengleich*. Man erhält $s/t \approx 0{,}15$ m/s. Ob die *Schwankungen* des Quotienten s/t „System haben" oder der Meßfehler wegen nur zufällig *streuen*, erkennen wir im *Schaubild 13.1* mit einem Blick. Dort sind die Meßwerte für die Strecken s über jenen für die Zeiten t aufgetragen. Diese Punkte liegen praktisch auf einer *Ursprungsgeraden*; die Abweichungen können also durch Meßfehler erklärt werden. An der Ursprungsgeraden erkennt man ebenfalls, daß zur n-fachen Zeit t die n-fache Strecke s gehört. Das Schaubild liefert auch Zeitwerte t für Strecken s, die wir nicht gemessen haben: Für die Strecke $s=0{,}40$ m müßte der Wagen z. B. die Zeit $t=2{,}7$ s brauchen (grüne Geraden). Diese Vorhersage prüfen wir mit Stoppuhren nach:

Versuch 8: Wir lassen dieselbe Lok nochmals fahren und stecken vorher die Strecke $s=0{,}40$ m ab. Dann messen mehrere Schüler mit Stoppuhren die Zeit t. Der Mittelwert bestätigt die Vorhersage $t=2{,}7$ s. Auf diese Weise erhält man beliebig viele Meßpunkte.

> **Ein Körper bewegt sich gleichförmig, wenn er in gleichen Zeiten gleiche Wege zurücklegt. Dann sind Weg s und Zeit t proportional: $s \sim t$; das s-t-Schaubild zeigt eine Ursprungsgerade: Der Quotient s/t ist konstant.**

Zeit t in s	0	1	2	3	4
Weg s in m	0	0,09	0,20	0,32	0,39
$\frac{s}{t}$ in $\frac{m}{s}$	–	0,09	0,10	0,11	0,10

Tabelle 13.1 Zu Versuch 9

3. „Geschwindigkeit" in der Physik

Versuch 9: Wir wiederholen den Versuch 7, lassen aber die Lok langsamer fahren.

Nach der *Meßtabelle 13.1* ist wiederum $s \sim t$ und damit $s/t =$ konstant. Doch ist bei der jetzt langsameren Bewegung dieser Quotient s/t kleiner. Man nennt ihn die **Geschwindigkeit** der gleichförmigen Bewegung und bezeichnet ihn mit dem Buchstaben v (denke an velocity):

> *Definition:* Unter der Geschwindigkeit v einer gleichförmigen Bewegung versteht man den konstanten Quotienten aus der Weglänge s und der dazu benötigten Zeit t:
>
> $$v = \frac{s}{t}. \qquad (13.1)$$

Beachte: Nach *Tabelle 12.1* ist die Geschwindigkeit $v = \frac{0{,}30\,\text{m}}{2\,\text{s}}$. In den Nenner ($t$) schreiben wir nicht nur den Zahlenwert (2) der Zeit t, sondern auch ihre Einheit s. Fehlte die Einheit, so würde man später nicht mehr wissen, ob man die Zeit t in Sekunden (s), Minuten (min) oder Stunden (h) gemessen hat. Hinter dem Quotienten 0,15 der Zahlenwerte fassen wir die Einheiten m und s zur Einheit m/s der Geschwindigkeit zusammen. Diese Einheit gibt den anschaulichen Ausdruck „Meter je Sekunde" gut wieder. Bei der schnellen Fahrt betrug die Geschwindigkeit 0,15 m/s, bei der langsamen 0,10 m/s. Man sollte genauer sagen „Meter durch Sekunde". Häufig benutzt man die Einheit km/h. Merke:

$$1\,\frac{\text{m}}{\text{s}} = \frac{3600\,\text{m}}{3600\,\text{s}} = 3{,}6\,\frac{\text{km}}{\text{h}}. \qquad (13.2)$$

Wie man den Tabellen entnimmt, gibt die Geschwindigkeit die in 1 s (oder h) zurückgelegte Strecke an. Sie ist aber nicht gleich dieser Strecke, sondern stets der Quotient Strecke durch Zeit. Dies erkennt man schon an den Einheiten! Man faßt Strecke s und Zeit t als **Basisgrößen** auf. Für diese wurden die **Basiseinheiten** 1 m bzw. 1 s eigens definiert. Die Geschwindigkeit v ist dagegen eine aus s und t **abgeleitete Größe**. Man braucht für sie keine eigene Einheit zu definieren, sondern greift auf den Quotienten m/s der Basiseinheiten zurück.

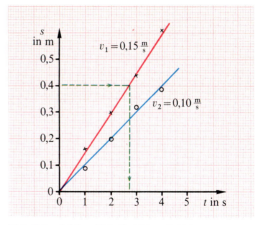

13.1 Schaubild zu *Tabelle 12.1* und *13.1*

4. Algebra hilft in der Physik

a) Mit der Gleichung $v = s/t$ berechnen wir die Geschwindigkeit v, wenn wir s und t kennen.

Beispiel: In $t = 3$ h legt ein Auto $s = 240$ km zurück. Seine Geschwindigkeit v ist also

$$v = \frac{s}{t} = \frac{240\,\text{km}}{3\,\text{h}} = 80\,\frac{\text{km}}{\text{h}}. \qquad (13.3)$$

b) Wenn man diese Geschwindigkeit v kennt, etwa am Tachometer abgelesen hat, so kann man berechnen, wie weit das Auto in $t = 2{,}5$ h kommt. Hierzu multiplizieren wir $v = s/t$ beidseitig mit t und erhalten

$$s = v \cdot t = 80\,\frac{\text{km}}{\text{h}} \cdot 2{,}5\,\text{h} = 200\,\text{km}. \qquad (13.4)$$

c) Wie lange braucht das Auto bei dieser Geschwindigkeit für $s = 120$ km? Wir dividieren $s = v \cdot t$ beidseitig durch v und erhalten

$$t = \frac{s}{v} = \frac{120\,\text{km}}{80\,\text{km/h}} = 1{,}5\,\text{h}. \qquad (13.5)$$

Kopfhaare	1 cm/Monat	Gewehrgeschoß	0,8 km/s
Gletscher	25 m/Monat	Jagdflieger	1,0 km/s
Schnecke	2 mm/s	Verkehrsflugzeug	900 km/h
Fußgänger	1,5 m/s	Erdsatellit	7,9 km/s
Radfahrer	5 m/s	Mond um Erde	1 km/s
Vogel Strauß	30 m/s	Erde um Sonne	30 km/s
Schwalbe	100 m/s	Sonne in Milchstraße	250 km/s
Auto (1963)	190 m/s	Licht	300000 km/s
Schall	340 m/s		

Tabelle 13.2 Einige Geschwindigkeiten

Kräfte und ihre Wirkungen

§4 Kräfte und ihre Messung

1. Kräfte erkennt man an ihren Wirkungen

Siebenmeter! Der Schütze in *Bild 14.1* wirft den Ball auf das Tor. Er selbst spürt in seinen Muskeln die Kraft, die er auf den Ball ausübt. Wir als Zuschauer erkennen diese Kraft daran, daß sie den Ball in Bewegung setzt, daß sie ihn *beschleunigt*.

Der Torwart braucht eine große Kraft, um den Ball zu „halten", genauer gesagt, um ihn *abzubremsen*. Ist seine Kraft zu klein, so wird der Ball nur etwas *verzögert* — Tor! Vielleicht lenkt die Kraft des Torwarts den Ball in eine andere Richtung — abgewehrt!

In all diesen Fällen wird der **Bewegungszustand** des Balls *geändert*: Der Ball wird *beschleunigt, verzögert*, seine *Bewegungsrichtung* wird *verändert*. Hierzu muß die Kraft am Ball angreifen: Alle Anstrengungen des Torwarts sind nutzlos, wenn er den Ball nicht erreicht!

Versuch 10: Auf einer Glasplatte liegt eine große Eisenkugel. *„Von selbst" bleibt sie in Ruhe.* Nähern wir ihr einen Magneten, so wird sie beschleunigt. Mit einem zweiten Magneten kann man die rollende Kugel weiter beschleunigen, verzögern oder aus der sonst geradlinigen Bahn ablenken *(Bild 14.2)*. Als *Ursache* für diese Bewegungsänderung sprechen wir von einer *Kraft*, die an der Kugel angreift.

Bild 14.3 zeigt einen Fußballer beim Kopfball. Der Ball wird zunächst abgebremst, dann wieder beschleunigt; während der Ball den Kopf berührt, wird er *verformt*.

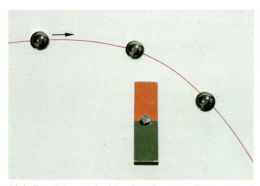

14.1 Ohne Kraft kein Tor!

14.2 Der Magnet lenkt mit seiner Kraft die Kugel aus ihrer sonst geradlinigen Bahn ab.

14.3 Diese Kraft verformt und beschleunigt zugleich.

> **Kräfte erkennt man daran, daß sie Körper verformen und/oder ihren Bewegungszustand ändern (beschleunigen, abbremsen, die Bewegungsrichtung ändern).**

In diesem Satz steht, was man in der Physik unter dem Wort Kraft versteht. In der Umgangssprache wird das Wort „Kraft" in erweitertem Sinne benutzt, wenn man von Wasch-, Überzeugungs- und Arbeitskraft oder von militärischen und politischen Kräften spricht.

2. Wir wollen Kräfte messen

Zwei Jungen wollen „ihre Kräfte messen"; sie „treten zum Vergleich an": Sind sie vielleicht gleich stark, welcher ist der stärkere; um wieviel stärker ist er? Ein Boxkampf liegt nahe. Blaue Flecken sind aber kein Maß für Kräfte!

In der Physik erkennt man Kräfte an Verformungen oder an Änderungen des Bewegungszustandes. Also können sich die Jungen im Ball- oder Speerwerfen vergleichen. Doch hängt die Wurfweite auch von der Geschicklichkeit ab. Ein Verfahren, das jedem gleiche Chancen gibt, zeigt *Bild 15.1*:

15.1 Expander als „Maßstab" für Kräfte

Versuch 11: a) Zwei Schüler ziehen nacheinander am gleichen *Expander,* dessen eines Ende an der Wand befestigt ist. Wer den Expander stärker auszieht, übt auf ihn die größere Kraft aus. Wird der Expander von beiden gleich stark verlängert, so üben sie gleich große Kräfte aus.

b) Wenn nacheinander alle Schüler einer Klasse ziehen und jeweils die Verlängerungen an der Tafel markieren, entsteht eine Kräfteskala.

Wenn man den Expander aufbewahrt, kann man den Kräftevergleich Jahr für Jahr wiederholen: Der Expander ist zum „*Maßstab*" für die Kräfte der Schüler geworden! Als *Einheit* könnte man die Kraft benutzen, die beim erstenmal der schwächste Schüler Max ausgeübt hat. Wir wollen sie einmal „1 Max" nennen. Was sind dann „2 Max"? Vielleicht hat Max einen gleich starken Kameraden. Die Strecke, um die *beide zusammen* den Expander verlängern, wenn sie in gleicher Richtung ziehen, soll die Kraft „2 Max" angeben. Der stärkste Schüler übt vielleicht schon allein diese Kraft „2 Max" aus: Zusammen mit dem schwächsten bringt er „3 Max" auf usw.

Bei diesem Vorgehen haben wir zwei wichtige *Vereinbarungen* über Kräfte getroffen:

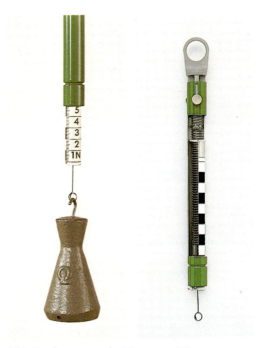

15.2 Kraftmesser — in Newton geeicht

> **1. Zwei Kräfte, die denselben Körper gleich stark verformen, sind gleich groß.**

Wir sagen weiter: Wirken zwei (3, 4, ...) gleiche Kräfte in gleicher Richtung auf denselben Körper, so erfährt er die doppelte (3-, 4fache) Kraft. Man nennt sie die **Resultierende**.

> **2. Kräfte, die in gleicher Richtung an einem Körper angreifen, addieren sich.**

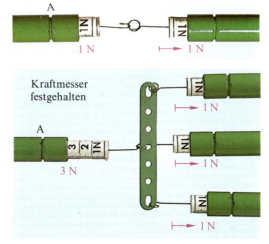

15.3 3mal 1 N addiert sich zu 3 N!

15

So wie man Maßstäbe zur Längenmessung und Stoppuhren zur Zeitmessung konstruiert hat, wurden auch **Kraftmesser** gebaut. Sie enthalten nach *Bild 15.2* Stahlfedern. Man hat sie natürlich nicht in der Einheit „1 Max" geeicht, da diese von Klasse zu Klasse verschieden wäre. Diese Kraftmesser geben uns Kräfte in der *gesetzlich vorgeschriebenen Krafteinheit*, dem **Newton**[1]) an. Es wird mit N abgekürzt.

Versuch 12: Im Kraftmesser nach *Bild 15.2* ist eine Schraubenfeder aus Stahldraht von zwei Hülsen umgeben. Diese können reibungsfrei ineinander gleiten. Die äußere Hülse wurde mit dem oberen Ende der Feder fest verbunden, die innere mit dem unteren. Wenn keine Kraft wirkt, wird der *Nullpunktschieber* auf den Skalenwert Null gestellt. Wenn dann eine Kraft die Feder verlängert, so wird auf der inneren Hülse eine *Skala* sichtbar. Einer ihrer Teilstriche trägt die Angabe 1 N. Wenn du am Kraftmesser so stark ziehst, daß die Feder bis zu diesem Teilstrich verlängert wird, übst du die international benutzte Krafteinheit 1 N aus.

> **Die Einheit der Kraft ist das Newton (N). Wir messen Kräfte mit Kraftmessern, die in Newton geeicht sind.**

Versuch 13: Befestige am Kraftmesser A nach *Bild 15.3* zwei, dann drei Kraftmesser und ziehe an jedem von ihnen mit 1 N. Die gleichgerichteten Kräfte an den parallel zueinander liegenden Kraftmessern addieren sich für A zu 2 N bzw. 3 N – genau wie die Kräfte der Schüler in Versuch 11 *(2. Vereinbarung)*. So können wir nachprüfen, ob der Kraftmesser A auch die *Vielfachen* von 1 N richtig anzeigt.

Mit der *Vereinbarung 1* über die *Gleichheit* von zwei Kräften, der *Vereinbarung 2* über die *Vielfachheit* (Addition) und mit der *Maßeinheit* 1 N ist der physikalische Begriff Kraft als *Basisgröße* festgelegt.

Max will den Expander stärker verlängern. Er befestigt ihn an der Decke und hängt sich an ihn – wie ein Mehlsack. Jetzt kommt es nicht mehr auf seine Muskelkraft an. Welche Kraft wirkt nun? Dieser Frage gehen wir im folgenden nach.

---

[1]) Benannt nach dem englischen Physiker *Isaak Newton* (um 1700). Ihm verdanken wir die grundlegenden Gesetze der Mechanik, insbesondere das Gesetz, daß jeder Körper jeden anderen anzieht (Gravitationsgesetz Seite 308).

16.1 Die Gewichtskräfte zeigen zur Erdmitte hin.

3. Was ist Gewichtskraft?

Halte einen Medizinball mit ausgestreckten Armen! Dein *Kraftgefühl* sagt dir, daß eine Kraft nach unten wirkt. Wenden wir die beiden Erkennungsmerkmale für Kräfte an: Läßt du den Ball los, so wird er nach unten beschleunigt; sein *Bewegungszustand* ändert sich. – Hängst du den Ball an eine Feder oder einen Kraftmesser, dann wird die *Feder verformt*. Der Ball erfährt also eine *Kraft nach unten;* man nennt sie **Gewichts-** oder **Schwerkraft**. Nach *Bild 16.1* zeigt diese Gewichtskraft *zur Erdmitte* hin. Ist sie überall gleich groß?

Wie wir wissen, sind die Punkte des *Äquators* der Erde weiter von der Erdmitte entfernt als die *Pole*. Nun nimmt die Anziehungskraft mit wachsender Entfernung ab. Also müßte ein und derselbe Körper am Äquator eine geringere Gewichtskraft erfahren als an den Polen. Dies wurde mit empfindlichen Kraftmessern nachgeprüft und bestätigt: *Alle* Körper sind am Äquator um 0,5% leichter als an den Polen.

Astronauten berichteten vom *Mond*, daß sie dort ebenfalls eine Gewichtskraft verspürten, allerdings eine viel kleinere als auf der Erde. Also zieht auch der Mond *beliebige Körper* an seiner Oberfläche zu sich hin. Auf anderen Himmelskörpern kann die Gewichtskraft, die ein Körper erfährt, auch größer sein als auf der Erde *(Bild 17.1)*.

> **Die Gewichtskraft, die ein Körper erfährt, hängt vom Ort ab, an dem er sich befindet.**

§ 5 Die Masse der Körper

1. Die Masse als „Besitz" eines Körpers

Zum Proviant der Besatzung eines Raumschiffs gehören auch Schokoladentafeln. Auf der Erde möge jede die Gewichtskraft 1 N erfahren. Unterwegs – im Raumschiff – können die Tafeln schwerefrei sein; ein Kraftmesser zeigt dann keine Gewichtskraft mehr an *(Bild 17.1)*. Trotzdem nähren sie unvermindert gut.

Auf dem Mond erfährt jede Tafel nur $1/6$ an Gewichtskraft wie auf der Erde. Man braucht dort trotzdem nicht 6 Tafeln statt nur einer zu essen! Daß die Tafeln leichter geworden sind, liegt ja nicht an ihnen, sondern am Mond!

Jede der Tafeln hat auf der Fahrt ihren „*Besitzstand*" gewahrt, wenn man nichts von ihr wegnahm oder ihr nichts hinzufügte. Man sagt in der Physik, die **Masse** der Tafeln habe sich nicht geändert. – Ob die Massen zweier Körper gleich groß sind oder ob man dem einen etwas zugeben muß, ist nicht nur in der Wissenschaft, sondern auch beim *Kauf von Waren* wichtig: Der Kaufmann nimmt *Balkenwaagen*.

Versuch 14: a) Lege auf jede Schale einer Balkenwaage nach *Bild 17.2* eine Schokoladentafel! Wenn die Waage einspielt, werden beide Tafeln gleich stark von der Erde angezogen.

b) Ersetze die eine Schokoladentafel durch Wägestücke aus einem *Wägesatz*, und probiere so lange, bis die Waage wieder einspielt! Dann erfahren beide Seiten der Waage die gleiche Gewichtskraft.

Denke dir nun diesen Versuch auf dem *Mond* ausgeführt. Jeder Körper würde nur mit $1/6$ der Kraft auf seine Waagschale drücken; deshalb bliebe die Waage auch dort im Gleichgewicht. *Die Balkenwaage registriert – im Gegensatz zu Kraftmessern – eine Änderung der Gewichtskraft beim Ortswechsel nicht;* diese Änderung betrifft ja beide Seiten. Sie reagiert aber empfindlich, wenn man von einem der beiden Körper etwas wegnimmt oder ihm etwas hinzufügt, wenn man also seine *Masse* ändert. Wir schreiben deshalb den beiden Körpern, welche die Waage ins Gleichgewicht bringen, *die gleiche Masse zu, selbst wenn sie aus verschiedenen Stoffen bestehen*. Sie können dabei verschiedenes Volumen haben und sich auch sonst verschieden verhalten. *Mit Balkenwaagen kann man also Massen vergleichen.* Man legte fest:

> **1. Wenn zwei Körper am gleichen Ort die gleiche Gewichtskraft erfahren, so sagt man, sie haben die gleiche Masse *(Maßgleichheit)*.**
>
> **2. Die Masse eines Körpers bleibt beim Ortswechsel erhalten.**

Versuch 15: Drei Körper haben gleiche Masse. Zwei von ihnen hängen wir zusammen an einen Kraftmesser; sie erfahren die doppelte Gewichtskraft wie der dritte. Wir sagen, sie haben auch die doppelte Masse wie dieser. Dies gilt an jedem Ort, da sich die Gewichtskräfte beim Ortswechsel im gleichen Verhältnis ändern.

> **3. Erfährt am gleichen Ort ein Körper die *n*-fache Gewichtskraft wie ein anderer, so hat er die *n*-fache Masse – und zwar überall (Vereinbarung zur *Maßvielfachheit*).**

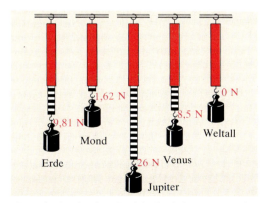

17.1 Die Größe der Gewichtskraft hängt vom Ort ab, nicht aber die Masse.

17.2 Die Balkenwaage vergleicht Massen; spielt sie auf der Erde ein, dann auch auf dem Mond!

18.1 Astronaut *James Irvin* auf einem Mondausflug (Raumfahrtprojekt Apollo-15). Stöhnt *Irvin* nicht unter der Last seines Tornisters (84 kg Masse)?

2. Die Masse hat eine eigene Einheit

Auf der Reise zum Mond bleibt bei einer Schokoladentafel mit Recht die Aufschrift „100 g" gültig. Mit 1 g und 1 kg bezeichnet man nämlich nicht die Einheit der Kraft, sondern die der Masse (als Krafteinheit ist bereits 1 N festgelegt). Die Tafel mit der Masse 100 g bringt eine Waage nach *Bild 17.2* sowohl auf der Erde wie auf dem Mond zum Einspielen, wenn in der anderen Schale ein 100 g-Stück aus dem Wägesatz liegt. Die Gewichtskräfte, die beide Körper erfahren, gehen ja auf dem Mond je auf den 6. Teil zurück.

1 kg ist festgelegt als die Masse eines bestimmten Edelmetallkörpers, des **Urkilogramms**. *Es hat die Masse 1 kg unabhängig davon, wo es sich befindet* (es wird in Paris aufbewahrt).

> **Die Einheit der Masse m ist das Kilogramm (kg). 1 kg = 1000 g; 1 g = 1000 mg (Milligramm). 1 Tonne (t) = 1000 kg ist auch eine Masseneinheit.**

18.2 Milligrammstücke aus dem Wägesatz

3. Welche Gewichtskraft erfährt ein 1 kg-Stück?

Wir haben der ortsunabhängigen Masse eine andere Einheit gegeben als der von Ort zu Ort verschiedenen Gewichtskraft. So können wir die beiden Größen klar voneinander trennen. Nun müssen wir uns fragen: Wie groß ist die Gewichtskraft, die z.B. ein Kilogramm-Stück bei uns erfährt?

Versuch 16: a) Hänge Wägestücke gemäß *Tabelle 19.1* an einen in Newton geeichten Kraftmesser! Bei einem Körper der Masse $m = 1$ kg zeigt er (wie in ganz Mitteleuropa) 9,81 N ≈ 10 N an.

b) Hänge Wägestücke an den Kraftmesser, bis er 1 N anzeigt! In Mitteleuropa braucht man hierzu 102 g. — Nun kannst du — auch zu Hause — eine Schraubenfeder in Newton eichen und als Kraftmesser benutzen: Du brauchst nur Wägestücke von jeweils 102 g Masse anzuhängen und die Verlängerungen an einer Skala mit 1, 2, 3 ... N zu markieren.

c) Ein Gramm-Stück erfährt bei uns eine Gewichtskraft von etwa 0,01 N. Für 0,01 N schreiben wir künftig **1 cN** (**Zenti-Newton**; die Vorsilbe Zenti- bedeutet Hundertstel; siehe Zentimeter).

> **Körper der Masse 1 kg erfahren bei uns die Gewichtskraft 9,81 N ≈ 10 N, ein Grammstück etwa 1 cN (Zenti-Newton).**

4. Berechnung der Gewichtskraft — weltweit

Wir betrachten die *Tabelle 19.1* zu Versuch 16a genauer. Nach ihr erfährt ein Stück mit der Masse 0,5 kg nur die halbe Gewichtskraft wie ein 1 kg-Stück usw.: **Gewichtskraft G und Masse m sind also am gleichen Ort einander proportional.** Dies erinnert an die Proportionalität zwischen Weg s und Zeit t bei einer gleichförmigen Bewegung (Seite 12). Wegen dieser Proportionalität ist bei ihr der Quotient $v = s/t$ konstant. Wir haben ihn Geschwindigkeit genannt und kennzeichnen mit ihm die jeweilige Bewegung. Analog dazu bilden wir in der 3. Zeile der *Tabelle 19.1* den Quotienten G/m. Er hat bei unseren Messungen den konstanten Wert 9,8 N/kg. Wir kürzen ihn mit dem Buchstaben g ab. Dieser **Quotient $g = G/m$** hat nun vielfache Bedeutung:

Masse m in kg	1	0,5	0,3	0,2	0,102
Gewichtskraft G in N	9,8	4,9	2,94	1,96	1,0
$g = G/m$ in N/kg	9,8	9,8	9,8	9,8	9,8

Tabelle 19.1 Zu Versuch 16a auf der Erde

Masse m in kg	1	0,5	0,3	0,2	0,102
Gewichtskraft $G_{☾}$ in N	1,62	0,81	0,50	0,32	0,16
$g_{☾} = G_{☾}/m$ in N/kg	1,62	1,62	1,66	1,6	1,6

Tabelle 19.2 Ortsfaktor $g_{☾}$ auf dem Mond

Mitteleuropa	9,81	Sonne	274
Äquator	9,78	Jupiter	26
Pole der Erde	9,83	Venus	8,5
Mond	1,62	Mars	3,8

Tabelle 19.3 Ortsfaktoren g in N/kg

a) Wie man schon an der Einheit N/kg erkennt, gibt der Quotient G/m die Gewichtskraft G in N an, die ein Körper der Masse 1 kg erfährt, z.B. 9,8 N je kg. Dies ist aber nicht alles:

b) Warum konnte der Astronaut *Irvin* seinen Tornister mit der Masse 84 kg auf dem Mond mühelos tragen *(Bild 18.1)*? Wir stellen uns vor, er habe dort den Versuch 16 ausgeführt. Da die Gewichtskraft $G_{☾}$ auf dem Mond nur etwa ein Sechstel beträgt, so hätte er Tabelle 19.2 erhalten (☾ ist das Zeichen für den Mond). Wieder ist der Quotient G/m konstant. Diese Konstante $G_{☾}/m$ hat aber jetzt den kleineren Wert $g_{☾} = 1,62$ N/kg: Auf dem Mond erfährt ein Körper der Masse 1 kg die Gewichtskraft 1,62 N. Der Quotient $g = G/m$ hängt also vom Ort ab; man nennt ihn **Ortsfaktor** g *(Tabelle 19.3)*.

c) Das Wort „Faktor" rührt von einer weiteren Bedeutung von g her: Wenn wir die Gleichung $G/m = g$ mit m multiplizieren, erhalten wir $G = m \cdot g$:

> **Man erhält die Gewichtskraft G eines Körpers an einem bestimmten Ort, wenn man die vom Körper abhängige Masse m mit dem Ortsfaktor g multipliziert: $G = m \cdot g$.**

Wenn deine Masse $m = 60$ kg beträgt, so erfährst du die Gewichtskraft

$G\phantom{_{☾}} = m \cdot g\phantom{_{☾}} = 60$ kg $\cdot$ 9,8 N/kg $= 588$ N (Erde)
$G_{☾} = m \cdot g_{☾} = 60$ kg $\cdot$ 1,62 N/kg $=$ 97 N (Mond).

d) Die Gleichung $G = m \cdot g$ zeigt, daß man Masse m und Gewichtskraft G nicht gleichsetzen darf: Man erhält die Gewichtskraft G, wenn man die Masse m mit dem Ortsfaktor g multipliziert. Man muß also Masse und Gewichtskraft streng voneinander unterscheiden.

Aufgaben

1. Welche Masse m und welche Gewichtskraft G hätte das Urkilogramm auf dem Mond? – Tragen die Stücke unserer Wägesätze mit Recht die Aufschriften „kg" und „g" oder sollten diese durch N und cN ersetzt werden?

2. Was würde ein Kraftmesser auf dem Planeten Jupiter anzeigen, wenn man dort das Urkilogramm anhängen würde?

3. Können wir Massen auch mit Hilfe der Verlängerung von Federn vergleichen? Warum schreibt man auf die Skala nicht die Einheit kg?

4. Kann man Gewichtskräfte mit der Balkenwaage vergleichen? Kann man mit ihr auch Gewichtskräfte messen, wenn man nicht weiß, wo man sich befindet?

5. Mit welchem Gerät wiegen wir Erbsen mit der Gewichtskraft 10 N ab? Bekäme man so bei uns, an den Polen, am Äquator, auf dem Mond immer die gleiche Zahl Erbsen? (Denke an die Gewichtskraft einer Erbse!)

6. Der Kaufmann wiegt 100 g Erbsen mit der Balkenwaage ab. Müßte er am Nordpol weniger Erbsen auf die Waagschale legen?

7. Warum sagt man, ein Körper hat (besitzt) Masse und er erfährt eine Gewichtskraft?

8. Jemand kauft 100 g Schokolade und 3 N Erbsen und sagt, er habe insgesamt 400 g. Darf er diese Rechnung auf der Erde wie auf dem Mond machen? Merke: Masse und Gewichtskraft kann man genauso wenig addieren wie eine Strecke und eine Zeit!

9. Ein Körper hat die Masse 100 kg. Um wie viele Newton ändert sich seine Gewichtskraft bei einer Reise vom Nordpol über Mitteleuropa zum Äquator?

10. Astronauten bestimmen die Gewichtskraft eines Körpers der Masse 10 kg zu 38 N. Welche Meßgeräte benutzen sie? Berechne den Ortsfaktor, und sieh in Tabelle 19.3 nach, wo sie sein könnten!

11. Auf der Venus erfährt ein Körper die Gewichtskraft 43 N. Welche Masse hat er?

§ 6 Die Dichte der Stoffe

1. Ist Blei schwerer als Aluminium?

Ein Bleikügelchen ist leichter als ein Aluminiumtopf. Trotzdem sagt man, Blei sei schwerer als Aluminium. Der Widerspruch klärt sich auf, wenn man Blei- und Aluminiumstücke *von gleichem Volumen* miteinander vergleicht, am einfachsten jeweils 1 cm³. Dabei wollen wir die Massen messen; G hängt ja vom Ort ab.

Versuch 17: Bestimme die Masse von verschiedenen Kubikzentimeterwürfeln *(Bild 20.1)*!

Versuch 18: Bestimme Masse m und Volumen V mehrerer Holzplatten; trage die Meßwerte in das *Schaubild 20.2* ein!

V in cm³	30	60	90	90	45	60
m in g	15	31	44	60	29,5	41
m/V in g/cm³	0,5	0,52	0,49	0,67	0,66	0,68

Tabelle 20.1 Dichte von Holzplatten, Versuch 18

Das Ergebnis entspricht nur teilweise deinen Erwartungen: Nur bei den ersten drei Platten gehört zum n-fachen Volumen auch die n-fache Masse; der Quotient m/V ist (im Rahmen der Meßfehler) konstant, nämlich 0,5 g/cm³, *gleichgültig wie groß diese drei Platten sind*. Im Schaubild liegen die zugehörigen Punkte auf einer Ursprungsgeraden. Hier ist **die Masse m dem Volumen V proportional**: $m \sim V$.

Und bei den letzten drei Platten? Der Quotient m/V ist größer; die Meßpunkte liegen auf einer anderen Ursprungsgeraden. Es handelt sich um Klötze aus einer „schwereren" Holzsorte!

Aus dem Wertepaar $V = 30$ cm³ und $m = 15$ g folgt für die leichtere Holzsorte

$$\frac{m}{V} = \frac{15 \text{ g}}{30 \text{ cm}^3} = 0{,}50 \frac{\text{g}}{\text{cm}^3}.$$

Die anschauliche Deutung ist einfach: 1 cm³ dieser Holzsorte hat die Masse 0,50 g. Die Masse ist 0,5 g je cm³. Bei Aluminium folgt aus *Bild 20.1* $m/V = 2{,}7$ g/cm³, bei Blei 11,3 g/cm³.

Der Quotient m/V ist bei Körpern aus verschiedenen Stoffen verschieden. Er gibt an, „wie dicht die Materie gepackt ist"; man nennt ihn die **Dichte ϱ** (griech. Buchstabe „Rho"). Diese Dichte ist von der Größe des Körpers unabhängig; sie kennzeichnet also nicht den jeweiligen *Körper*, sondern den *Stoff*, aus dem er besteht. Ihre Werte werden in Tabellen zusammengestellt (Seite 21). Da die Masse vom Ort nicht abhängt, gelten die Tabellenwerte überall, auch auf dem Mond.

> Unter der Dichte ϱ eines homogenen Stoffes versteht man den Quotienten aus der Masse m und dem Volumen V von Körpern, die aus diesem Stoff bestehen:
>
> $$\varrho = \frac{m}{V}. \qquad (20.1)$$
>
> Die Einheit der Dichte ist $1 \frac{\text{g}}{\text{cm}^3} = 1 \frac{\text{kg}}{\text{dm}^3}$.

2. Wozu kann man die Dichte benutzen?

a) Was sagt der *Zahlenwert der Dichte?* Wasser hat die Dichte 1 g/cm³; denn 1 cm³ Wasser besitzt die Masse 1 g. Der Zahlenwert der Dichte eines Stoffes gibt also an, wieviel mal so groß die Masse eines Körpers aus diesem Stoff ist wie die Masse einer Wassermenge von gleichem Volumen.

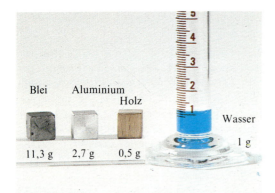

20.1 Körper aus verschiedenen Stoffen; $V = 1$ cm³

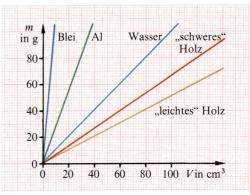

20.2 Schaubild zu Versuch 18

b) *Welcher Stoff ist das?* Masse und Volumen von zwei ähnlich aussehenden Metallstücken betragen $m_1 = 120$ g; $V_1 = 44{,}5$ cm³ und $m_2 = 144$ g; $V_2 = 83$ cm³. Ihre Dichten sind also $\varrho_1 = 2{,}70$ g/cm³ und $\varrho_2 = 1{,}74$ g/cm³. Nach der *Tabelle 21.1* handelt es sich um Aluminium und Magnesium.

c) *Welche Masse hat 1 m³ Sand, welche 1 m³ Styropor?* 1 m³ trockener Sand soll auf einem Lastwagen weggefahren werden. Dieser kann höchstens die Masse 2 t = 2000 kg transportieren. Ist der Transport mit einer Fuhre möglich? Man nimmt vom Sand eine kleine Probe und ermittelt die Dichte $\varrho = m/V = 1{,}7$ kg/dm³. *Gleichung 20.1* liefert die Gesamtmasse

$$m = \varrho \cdot V = 1000 \text{ dm}^3 \cdot 1{,}7 \text{ kg/dm}^3 = 1700 \text{ kg}.$$

Nach der Gleichung $m = \varrho \cdot V$ ist die Masse von 1 m³ = 1000 dm³ Styropor ($\varrho = 0{,}017$ g/cm³ = 0,017 kg/dm³) $m = 17$ kg. Ist Styropor „kinderleicht"?

d) *Geht 1 kg Quecksilber* ($\varrho = 13{,}6$ g/cm³) *in ein 100 cm³-Glas?* Jetzt ist nach dem Volumen V gefragt. Wir lösen die Gleichung $m = \varrho \cdot V$ nach V auf:

$$V = \frac{m}{\varrho} = \frac{1000 \text{ g}}{13{,}6 \text{ g/cm}^3} = 73{,}5 \text{ cm}^3.$$

Das Glas wird nicht einmal zu 3/4 voll.

Berechnung der Masse: $m = \varrho \cdot V$	**(21.1)**
Berechnung des Volumens: $V = \dfrac{m}{\varrho}$	**(21.2)**

3. Ist Dichte etwas anderes als Masse?

Die Gleichung $m = \varrho \cdot V$ zeigt, daß Masse m und Dichte ϱ zwei ganz verschiedene Größen sind: Kennt man die Dichte eines Stoffs, so weiß man noch nicht, welche Masse m Körper aus diesem Stoff haben; man muß noch ihr Volumen V angeben.

Die Masse m ist eine Eigenschaft von Körpern, die Dichte ϱ eine Eigenschaft von Stoffen (Materialien). Die Dichte ist eine Materialkonstante.

Styropor®	0,017	Glas	2,5
Kork	0,2	Marmor	2,5
Tannenholz	≈0,5	Eisen	7,86
Benzin	0,70	Kupfer	8,93
Alkohol	0,79	Silber	10,5
Wasser	1,00	Quecksilber	13,55
Magnesium	1,74	Gold	19,3
Aluminium	2,70	Platin	21,4

Tabelle 21.1 Dichte in g/cm³ bei +20 °C

Aufgaben

1. *Wäre der Quotient V/m bei einem homogenen Stoff auch konstant (Tabelle 20.1)? Warum wurde die Dichte nicht durch ihn definiert?*

2. *Zwei Körper haben das gleiche Volumen, der eine hat aber 3fache Masse. Wie verhalten sich ihre Dichten? – Zwei andere Körper haben gleiche Masse, der eine hat 5faches Volumen. Wie verhalten sich die Dichten?*

3. *Bestimme das Volumen von 54 g Aluminium nach dem Diagramm in Bild 20.2 und durch Rechnung! Ermittle auf beide Arten die Masse von 80 cm³ Aluminium!*

4. *Welche Gerade mußt du in Bild 20.2 ziehen, um an ihr die Massen abzulesen, die zum gleichen Volumen (etwa 20 cm³) der angeführten Stoffe gehören? Welche Gerade gibt die Volumina dieser Stoffe an, die zur gleichen Masse (50 g) gehören?*

5. *Welches Volumen hat 1 kg Spiritus (Alkohol)? Welches Volumen hat die Alkoholmenge, die gleich viel wiegt wie 1 Liter Quecksilber?*

6. *Berechne die Rauminhalte von 1 kg Kork, 1 kg Spiritus, 1 kg Glas, 1 kg Eisen, 1 kg Platin und 1 kg Styropor!*

7. *Schätze und berechne die Masse von 1 m³ Marmor! Wie groß ist seine Gewichtskraft bei uns und auf dem Mond?*

8. *Welche Masse hat eine 0,8 cm dicke Schaufensterscheibe, die 4 m lang und 2 m hoch ist? Welche Gewichtskraft würde sie auf dem Mond erfahren? (g = 1,62 N/kg)*

9. *In einem Tank lagern 7 m³ Heizöl (0,92 g/cm³). Welche Masse hat es (in Tonnen)? – Eine Erdölleitung fördert 500 l Öl je Sekunde. Wie lange dauert es, bis ein Tankwagen mit 10 t Ladefähigkeit gefüllt ist?*

10. *Welches Volumen hat eine Styroporscheibe von 100 g Masse (Styropor wird im Bauwesen als Wärmeisolator benutzt; $\varrho = 0{,}017$ g/cm³)? Styropor besteht aus einem Stoff, der völlig luftfrei die Dichte 1,7 g/cm³ hat. Macht man ihn flüssig und pumpt Luft in feinen Bläschen ein, so entsteht nach dem Erhärten der „Schaumstoff". Wieviel cm³ Luft sind in 1 cm³ Styropor enthalten? Von der Masse der Luft sehe man ab!*

11. *Schnee und Styropor sind streng genommen keine homogenen Stoffe. Warum kann man von ihnen trotzdem sinnvollerweise eine Dichte angeben? Wäre dies bei einem Haus auch so?*

§7 Kraftpfeil und Kräftegleichgewicht

1. Kräfte haben eine Richtung

Der Elfmeter-Schütze hat es nicht leicht: Er muß den Ball mit *großer Kraft* treten und dieser Kraft auch noch die richtige *Richtung* geben. Dazu soll seine Fußspitze den Ball im richtigen Punkt treffen: Der *Angriffspunkt* muß stimmen. Dann erst stimmt das Ziel, d.h. die *Wirkung* der Kraft!

Die **Wirkung** einer Kraft hängt also ab:
a) vom **Betrag** (der Größe) der Kraft,
b) von der **Kraftrichtung,**
c) oft auch noch vom **Angriffspunkt** der Kraft.

Deshalb stellt man Kräfte in physikalischen und technischen Zeichnungen symbolisch als Pfeile dar: Ihre Spitze weist jeweils in die *Kraftrichtung*. Den Pfeil heftet man meist in dem Punkt des Körpers an, an dem die Kraft angreift, dem Angriffspunkt. Auch den Betrag der Kraft kann man durch den Pfeil ausdrücken: Man vereinbart für seine Länge einen **Kräftemaßstab,** z.B. 1 cm ≙ 1 N *(Bild 22.2)*. Dann wird eine Kraft vom Betrag $F = 3$ N durch einen 3 cm langen Pfeil dargestellt. Dabei haben wir mit dem Buchstaben F die Kraft gekennzeichnet (force, engl.: Kraft). *Gewichtskräfte* kennzeichnen wir dagegen mit dem Buchstaben G.

Physikalische Größen, die man durch Pfeile darstellen kann, denen also eine Richtung zukommt, nennt man **Vektorgrößen.** Dies gilt auch für die Geschwindigkeit.

Vektorgrößen bezeichnen wir durch einen *Pfeil* über dem Buchstabensymbol (Kraft $\vec{F}$, Geschwindigkeit $\vec{v}$). Sprechen wir nur vom **Betrag**, so schreiben wir den Buchstaben ohne Pfeil ($F = 30$ N; $v = 30$ m/s).

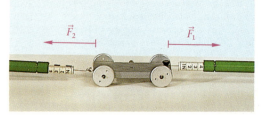

22.2 Kräftegleichgewicht am Wagen

Es gibt auch Größen, denen keine bestimmte räumliche Richtung zukommt, wie *Volumen V* und *Zeit t*. Man nennt sie **Skalare** (skala, lat.: Leiter). Hierzu gehört auch die *Masse m*. Ein Körper hat ja auch dann noch Masse, wenn er im Weltraum nach keiner Richtung eine Gewichtskraft erfährt. Die Gewichtskraft $\vec{G}$ dagegen ist eine Vektorgröße.

Wenn man sagt, eine Kraft sei doppelt so groß wie eine andere, so meint man, daß sie den doppelten Betrag habe.

2. Kräfte wirken und nichts bewegt sich!

Zum Vergleich von Kräften braucht man nicht unbedingt einen Expander! Beim *Tauziehen* nach *Bild 22.1* genügt ein Seil. Man schaut dabei nicht darauf, ob es sich verlängert, sondern *ob es in Ruhe bleibt* oder nach welcher Richtung es schließlich gezogen wird:

Versuch 19: Nach *Bild 22.2* ziehen zwei Schüler in entgegengesetzten Richtungen an einem Wagen und messen jeweils die Beträge F_1 und F_2 der entgegengesetzt gerichteten Kräfte mit Federkraftmessern. Sind diese Beträge F_1 und F_2 gleich, gilt also $F_1 = F_2$, dann bleibt der Wagen in Ruhe. Man sagt, der Wagen befinde sich im **Kräftegleichgewicht.** — Ziehen dagegen die beiden Schüler verschieden

22.1 Welche Mannschaft übt die größere Kraft aus?

stark, ist also z.B. $F_1 > F_2$, so setzt sich der Wagen in Richtung der größeren Kraft in Bewegung, und zwar um so stärker, je größer der Unterschied der Kräfte ist.

Man sagt häufig, beim Kräftegleichgewicht *„heben sich die Wirkungen der Kräfte auf"* oder einfach *„die Kräfte heben sich auf"*. Sie sind aber nicht einfach verschwunden: So wird in *Bild 22.1* das Tau durch die entgegengesetzten Kräfte gestreckt und etwas verlängert.

> Wirken auf ein und denselben ruhenden Körper zwei entgegengesetzt gerichtete Kräfte $\vec{F}_1$ und $\vec{F}_2$ von gleichem Betrag ($F_1 = F_2$), dann herrscht am Körper *Kräftegleichgewicht*; er bleibt in Ruhe und wird höchstens verformt oder gedreht. Die resultierende Kraft ist Null.
>
> Der Körper wird in Bewegung gesetzt, wenn kein Kräftegleichgewicht besteht.

Das Teilgebiet der Mechanik, das sich mit dem Gleichgewicht der Kräfte beschäftigt, nennt man **Statik** (stare, lat.: stehen bleiben). Die Statik spielt zum Beispiel beim *Konstruieren* und *Berechnen* von *Brücken, Kränen* usw. eine große Rolle. Das *Beschleunigen* von Körpern, etwa das Anfahren von Autos, behandeln wir in der **Dynamik** (Seite 234ff.).

Aufgaben

1. Ziehe horizontal an einem Kraftmesser, dessen anderes Ende frei ist. a) Warum bleibt er nicht in Ruhe? Warum verlängert er sich nicht? b) Wie muß man also Kraftmesser benutzen, um Kräfte zu messen?

2. Lege ein Lineal mit beiden Enden auf Holzklötze und beschwere es in seiner Mitte durch ein Wägestück. Die Klötze wirken mit nach oben gerichteten Kräften auf die Linealenden. a) Zeichne die Anordnung mit sämtlichen Kräften! b) Herrscht Kräftegleichgewicht? Welche Kräfte sind an ihm beteiligt? c) Was passiert, wenn das Wägestück zu schwer ist? Welche Kraft entfällt dann schließlich? d) Warum kommt das Wägestück jetzt in Bewegung?

3. Lege einen Magneten und ein Eisenstück je auf einen Korken und lasse sie schwimmen. a) Warum schwimmen die Korken aufeinander zu? Zeichne die Kräfte! b) Besteht Kräftegleichgewicht, solange sie aufeinander zuschwimmen? c) Gibt es Gleichgewicht, wenn sie sich berühren?

§8 Hookesches Gesetz

1. Ist eine Autokarosserie elastisch?

Gummi gilt als elastisch. Was bedeutet dies? Sehen wir in einem Lexikon nach:

> **Elastizität** (in der Physik): Das selbständige Wiedereinnehmen der alten Form nach dem Aufhören der formändernden Krafteinwirkung.

Der Deckel des Kofferraums oder die Motorhaube werden durch *kleine Kräfte vorübergehend* eingedrückt; es bleibt keine Delle. Hier ist die Karosserie **elastisch**. Ein Unfall aber hinterläßt oft bleibende Spuren. Das Blech zeigt sich dann als **plastisch**. Im Lexikon steht:

> **plastisch** (in der Technik): Die Eigenschaft eines Stoffes, durch äußere Krafteinwirkung bleibend verformt zu werden. Die plastische Verformbarkeit wird bei der bildsamen Formgebung (walzen, pressen, ziehen, prägen) ausgenutzt, um neue Formen zu erzeugen.

Versuch 20: **a)** Nach einer zu starken Belastung bleibt auch eine gute Stahlfeder etwas verlängert. Ihr Elastizitätsbereich wurde überschritten; sie wurde plastisch verformt.

b) Schraubenfedern aus Weicheisen-, Kupfer- oder Bleidrähten werden schon durch kleine Kräfte dauernd, also plastisch verformt, ähnlich wie Knetmasse oder Plastilin.

Die Schraubenfedern in Kraftmessern und Wäscheklammern, die Blattfedern in Fahrzeugen, die Federkerne in Polstermöbeln und in Matratzen haben einen weiten Bereich, in dem sie elastisch sind. Andere Stoffe wiederum sind so spröde, daß sie ohne vorherige plastische Verformung reißen. Dieses Verhalten ist temperaturabhängig. Ein Gummiball z.B. ist elastisch; ab $-200\,°C$ zersplittert er jedoch wie Glas.

> Eine plastische Verformung bleibt nach dem Wegnehmen der Kraft bestehen, während sich eine elastische Verformung von selbst wieder zurückbildet.

2. Ein einfaches Gesetz für elastische Federn

Warum vertraust du einem Kraftmesser? Du siehst an ihm eigentlich nur die Verlängerung s seiner Feder. Der Skala entnimmst du aber die Kraft F, die diese Verlängerung s hervorbringt. Dieser Schluß ist wohl nur erlaubt, wenn ein *gesetzmäßiger Zusammenhang* zwischen Kraft und Verlängerung besteht. Wie lautet er?

Versuch 21: Einige Schüler hängen Wägestücke an Federn, andere an ein Gummiband. Sie messen die erzielten Verlängerungen s und fertigen Tabellen sowie Schaubilder. Wir besprechen *Bild 24.1*. Es zeigt, wie Zugkraft F und Verlängerung s bei Federn zusammenhängen:

a) Nimmt die Zugkraft F um gleiche Beträge zu (jeweils um 100 cN), so wächst auch die Verlängerung s um gleiche Werte, bei der härteren Feder um etwa 5 cm, bei der weicheren um etwa 10 cm. Hieraus folgt:

b) Bei der doppelten (*n*-fachen) Kraft F bekommt die Feder die doppelte (*n*-fache) Verlängerung s; F und s sind proportional: $F \sim s$ oder auch $s \sim F$. Dies bedeutet:

c) Der Quotient $D = F/s$ ist bei einer Feder konstant, also unabhängig von der wirkenden Kraft. Bei der härteren Feder ist er größer ($D_1 \approx 20$ cN/cm; man braucht 20 cN zu 1 cm Verlängerung). Man nennt D die Federkonstante oder Federhärte.

Übersteigt die Kraft einen bestimmten Wert, so wird eine Feder plastisch verformt, der *Elastizitätsbereich* wird überschritten. Bleibt die Kraft weit genug unter dieser Grenze, so bestätigen unsere Messungen ein von *Hooke* (engl. Naturforscher, um 1670) gefundenes Gesetz:

Hookesches Gesetz: Die Verlängerung s einer Feder ist innerhalb eines gewissen Bereichs der Kraft F proportional: $s \sim F$. Der Quotient aus Kraft F und Verlängerung s ist in diesem Bereich konstant:

$$\frac{F}{s} = D = \text{konstant} \quad \text{oder} \quad F = D \cdot s; \qquad (24.1)$$

Zugkraft F in cN	0	100	200	300	400
Verlängerung s in cm	0	5,1	10,1	15,2	20,0
$\frac{F}{s} = D$ in $\frac{cN}{cm} = \frac{N}{m}$	–	19,6	19,8	19,7	20,0

Tabelle 24.1 Die härtere Feder

Zugkraft F in cN	0	100	200	300	400
Verlängerung s in cm	0	10,2	20,0	30,2	39,7
$\frac{F}{s} = D$ in $\frac{cN}{cm} = \frac{N}{m}$	–	9,8	10	9,9	10,1

Tabelle 24.2 Die weichere Feder

3. Gilt das Hookesche Gesetz immer?

Wir betrachten jetzt die Meßergebnisse an mehreren, hintereinandergehängten Gummiringen. *Bild 24.2* zeigt keine Ursprungsgerade; die Kraft F ist nicht der Verlängerung s proportional, der Quotient F/s nicht konstant. Das Hookesche Gesetz gilt nicht; es ist also nicht selbstverständlich. – Noch schlimmer:

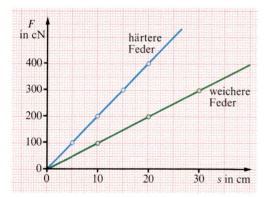

24.1 Schaubild zu Versuch 21 und *Tabellen 24.1* und *24.2*. Bei der härteren Feder braucht man zur gleichen Verlängerung (z. B. 20 cm) eine größere Kraft F.

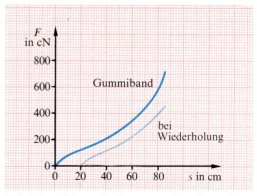

24.2 Schaubild zur Verlängerung eines Gummibandes bei Belastung. Das Schaubild wird rechts steiler, weil das Band weniger leicht nachgibt.

Bei stärkerer Belastung hängt die Verformung auch davon ab, wie lange die Kraft einwirkt. Bei Wiederholung des Versuchs erhält man andere Ergebnisse. *Kraftmesser erhalten nur dann eine gleichmäßig unterteilte Skala, wenn man sie in dem Bereich benutzt, in dem das Hookesche Gesetz gilt, dem sogenannten Proportionalitätsbereich.* Um herauszufinden, wie sich Material bei starker Belastung verhält, werden in der **Materialforschung** Stäbe in eine Zerreißmaschine eingespannt und immer größer werdenden Kräften ausgesetzt. So findet man die Grenzen des Hookeschen Gesetzes und die Kräfte, bei denen die Stäbe brechen oder reißen.

4. Wozu und wie sucht man nach Naturgesetzen?

Wie könnte man die Härte von Federn kennzeichnen, ohne ein Gesetz zu benutzen? Man könnte sich z. B. auf einen Musterkoffer mit Federn verschiedener Härte (von 1 bis 100 numeriert) beziehen und andere Federn mit diesen vergleichen. Eine zu prüfende Feder wäre dann etwa so hart wie die Musterfeder Nr. 47.

Wir benutzen dagegen ein Verfahren, das einfacher ist und wesentlich weiter führt: Wir definierten mit den bekannten, leicht meßbaren Begriffen *Kraft* und *Länge* den Quotienten $D = F/s$ als Maß für die *Federhärte*. Dann können wir zu einer Verlängerung s die Kraft $F = D \cdot s$ berechnen, solange das Hookesche Gesetz gilt. Welche Schritte führten zu diesem Gesetz?

a) *Alltägliche Beobachtungen* zeigen, daß die Verlängerung s einer Feder von der Zugkraft abhängt.

b) Man *vermutet*, daß ein *gesetzmäßiger Zusammenhang* besteht, *ändert systematisch* die Zugkraft F an einer bestimmten Feder und mißt die sich einstellenden Verlängerungen.

c) Die gewonnenen *Meßwerte* werden in einer *Tabelle* übersichtlich zusammengestellt und in einem *Schaubild* aufgetragen. Man sieht, daß ein einfacher Zusammenhang zwischen der Kraft F und der Verlängerung s besteht, der auch bei *Wiederholung* gilt.

d) Man findet ein einfaches Gesetz: $F \sim s$.

e) *Versuche an anderen Federn* bestätigen das Gesetz, führen aber zu anderen Zahlenwerten. Zu jeder Feder findet man eine sie kennzeichnende *Konstante* $D = F/s$.

f) Man vergewissert sich, daß man mit dem Gesetz Voraussagen machen kann, die zutreffen, und gibt sich Rechenschaft über den *Gültigkeitsbereich* des Gesetzes.

Auf Grund des Hookeschen Gesetzes können wir bequem ablesbare, weil gleichmäßig unterteilte Kraftmesser mit verschiedenen Meßbereichen bauen. *Naturgesetze finden vielfache Anwendungen.*

Aufgaben

1. *Zähle elastische und plastische Stoffe auf!*

2. *Wäre der Quotient s/F bei einer Feder auch konstant (Tabelle 24.1)? Warum wäre es nicht sinnvoll, diesen Quotienten Federhärte zu nennen?*

3. *a) Eine Feder wird durch dieselbe Kraft 3mal so stark verlängert wie eine andere. Wie verhalten sich ihre Federkonstanten? Welche von beiden ist weicher? b) Zur gleichen Verlängerung einer Feder braucht man die doppelte Kraft wie bei einer anderen. Wie verhalten sich die Federhärten?*

4. *Entnimm Bild 24.1 für beide Federn die Verlängerung s bei der Belastung $F = 150$ cN! Welche Kräfte verlängern die Federn um 15 cm? Woran erkennt man in Bild 24.1, daß die steilere Gerade zur härteren Feder gehört? Gilt dies auch, wenn man s über F aufträgt?*

5. *Worin ist ein Schaubild einer Meßreihe überlegen? Welchen Vorzug hat es, physikalische Gesetze in Gleichungsform darzustellen?*

6. *Rechne die Konstante $D = 10$ cN/cm in N/cm und in N/m um!*

7. *Eine Feder wird durch 40 cN um 6 cm, durch 80 cN um 12 cm länger. Wie stark wird sie durch 60 cN bzw. 5 cN verlängert? Können wir sicher angeben, um wieviel sie durch 10 N verlängert wird? Welche Masse hat ein Körper, der diese Feder bei uns um 7 cm verlängert?*

8. *Kraftmesser haben unterschiedliche Meßbereiche: Sie zeigen bei einer Verlängerung um 10 cm Kräfte von 0,1 N; 1 N; 5 N bzw. 10 N an. Berechne ihre Federkonstanten!*

9. *Ein Kraftmesser mit der Federkonstante 0,1 N/cm wird an einen anderen mit 0,5 N/cm gehängt. An ihm zieht man mit der Kraft 1 N, so daß beide mit dieser Kraft gespannt werden. Um wieviel verlängern sich beide zusammen?*

10. *Warum ist eine Eierschale so stabil?*

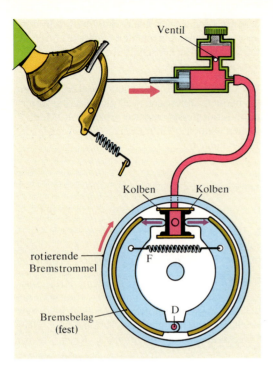

26.1 Trommelbremse. Wenn man die Bremsflüssigkeit mit dem Bremspedal unter Druck setzt, so preßt sie die beiden Bremskolben auseinander und die beiden Bremsbeläge von innen gegen die mit dem Rad umlaufende Bremstrommel. Bei D sind die Bremsbeläge drehbar befestigt. Sie werden bei Nichtgebrauch der Bremse von der Feder F nach innen gezogen.

§ 9 Reibung – für die Technik wichtig

1. Gleitreibung entsteht durch Gegenkräfte

Presse deine Hand auf eine Tischplatte oder gar auf Sandpapier und ziehe sie dabei weg! Du spürst bei diesem Reibungsvorgang deutlich eine hemmende Kraft (und Erwärmung).

Versuch 22: Lege nach *Bild 26.3a* zwei Bürsten so aufeinander, daß die Borsten ineinandergreifen! Ziehe die obere Bürste mit der Kraft $\vec{F}$ nach rechts! Dabei werden die Borsten der unteren Bürste nach rechts gebogen. Sie wirken deshalb mit einer *Gegenkraft* $\vec{R}$ auf die obere Bürste zurück, und zwar nach links, das heißt *der Bewegung entgegen. Diese Gegenkraft hemmt die Gleitbewegung;* man nennt sie **Gleitreibungskraft** $\vec{R}$.

Da die Oberflächen von Körpern immer etwas rauh sind *(Bild 26.3b)*, tritt diese Gleitreibungskraft stets auf, wenn Körper aneinander gleiten. Sie ist um so größer, je rauher die Gleitflächen sind und je stärker man die beiden Körper aufeinander preßt. Deshalb wird ein Fahrzeug um so schneller gebremst, je kräftiger man die *Bremsbeläge* gegen die mit dem Rand umlaufende *Bremstrommel (Bild 26.1)* oder *Bremsscheibe (Bild 26.2)* drückt.

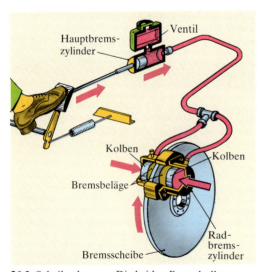

26.2 Scheibenbremse. Die beiden Bremskolben pressen die Belagscheiben von links und rechts gegen die umlaufende Bremsscheibe, wenn man die Bremsflüssigkeit beim Betätigen des Bremspedals unter Druck setzt. Die beim Bremsen entwickelte Wärme wird durch den Fahrtwind gut abgeführt.

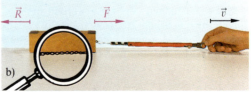

26.3 a) Die Reibungskraft $\vec{R}$ entsteht als Gegenkraft der verbogenen Borsten.
b) Gleiten zwei Flächen aufeinander, so kommt die Reibung durch die Rauhigkeiten der gleitenden Flächen zustande. Im Kreis sind sie mikroskopisch vergrößert dargestellt.

2. Reibung — auch ohne Bewegung (Haften)

Versuch 23: Setze den Klotz nach *Bild 27.1a* mit dem Kraftmesser vorsichtig in Bewegung! Solange der Klotz noch auf der Unterlage *haftet*, kann man stärker an ihm ziehen als nachher beim gleichförmigen Gleiten (b). Wenn nämlich zwei Körper aneinander haften, so verzahnen sich die Unebenheiten stärker ineinander als beim raschen Hinweggleiten. Obwohl man beim „Reiben" zunächst nur an Bewegungsvorgänge denkt, entstammen die Kräfte beim Haften den gleichen Ursachen wie beim Gleiten. Die größte Kraft, mit der man ziehen kann, bis der Körper zu gleiten anfängt, nennt man die **maximale Haftkraft R'**. Sie ist größer als die Gleitreibungskraft R *(Bild 27.1a und b)*.

3. Die Rollreibung ist am kleinsten

Versuch 24: Lege nach *Bild 27.1c* einen Holzklotz auf runde Bleistifte und ziehe ihn mit einem Kraftmesser weg! Die hemmende Reibungskraft ist viel kleiner als die Reibungskraft beim Gleiten! Die Unebenheiten können nämlich wie die Zähne zweier Zahnräder aufeinander abrollen und hemmen die Bewegung nur wenig. Das *Rad* eines Wagens gleitet allerdings mit seiner *Nabe* auf dem *Zapfen* der Achse. Doch kann man diese Stelle fein polieren oder gar mit *Kugel-* oder *Rollenlagern* versehen. Dann wird auch an der Achse das Gleiten durch ein Abrollen ersetzt.

> **Haftreibungskraft > Gleitreibungskraft > Rollreibungskraft**

4. Reibung in Technik und Alltag

Bringt man Öl oder Fett zwischen reibende Flächen, zum Beispiel ins Achslager von Rädern, so bildet sich dort ein dünner *Flüssigkeitsfilm* aus. Die festen Teile berühren und verzahnen sich nicht mehr; nur die anliegenden Ölschichten gleiten aneinander. Man muß nur noch die kleine *Flüssigkeitsreibung* überwinden. Auch schneiden die aneinander gleitenden Metallteile nicht mehr Rillen ineinander; sie „fressen" sich nicht mehr fest. Deshalb schmiert oder ölt man in der Technik alle Gleitstellen.

Die *Gleitreibung* ist meist unerwünscht. Beim Abbremsen von Fahrzeugen erhöht man sie dagegen absichtlich so weit es geht: Bremsen ist nur durch Reibung möglich.

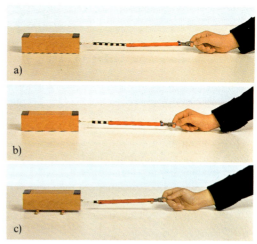

27.1 a) Haften, b) gleiten, c) rollen

Die *Haftreibung* ist oft unentbehrlich: Sie verhindert das Rutschen des Keilriemens beim Automotor und das Ausgleiten beim Gehen. Bei Glatteis streut man Sand auf den Gehweg, die Schienen und die Straße, um die Rauhigkeiten zu vergrößern. Gummisohlen und Autoreifen erhalten ein „Profil". Bei abgefahrenem *Reifenprofil* sind auf nasser Straße oder auf Schnee und Schlamm die Gleit- und Haftreibungskräfte so klein, daß die Fahrzeuge viel zu große Bremswege haben oder gar seitlich rutschen (schleudern), also nicht mehr gelenkt werden können. Bei Regen soll das Wasser durch die Vertiefungen des Profils abfließen; das Gummi berührt noch die Straße. Steht das Wasser aber zu hoch und fährt das Auto zu schnell, so bildet sich zwischen Straße und Gummi eine Wasserschicht; das Auto fährt „Wasserski" *(Aquaplaning)!*

Ohne Haftreibung könnte man die *Fäden* leicht aus einem Gewebe oder einer Naht herausziehen; Naht und Knoten würden nicht halten.

Aufgaben

1. *Besteht bei den Versuchen 23 und 24 Kräftegleichgewicht?*

2. a) *Unterscheide beim Hinterrad eines Fahrrads die drei Zustände Rollen, Gleiten und Haften! Wann sind sie erwünscht, wann nicht?* b) *Welche Bedeutung hat das Reifenprofil beim Rollen, Gleiten und Haften des Rades auf der Straße?*

3. *Welche Rolle spielt die Reibung an der Kletterstange?*

§ 10 Kräfte lassen sich ändern

1. Wie man seinen Arm verlängern kann

Auf einer Baustelle soll ein schwerer Kübel in das Obergeschoß gebracht werden. Die Treppe ist aber noch nicht fertig, also zieht man ihn außen am Haus hoch. Aber selbst der längste Arbeiter kann ihn nicht von oben greifen, seine Arme sind zu kurz. Nimmt er eine Stange mit einem Haken daran oder ein Seil, so schafft er es, den Kübel hochzuziehen. Stange und Seil sind Hilfsgeräte, welche die ausgeübte Kraft auf den Kübel übertragen. Sie verlagern den *Angriffspunkt* der Kraft längs des Seiles oder der Stange, in diesem Fall also von oben nach unten. Die *Richtung* der Kraft bleibt erhalten; zieht man am Seil oder an der Stange nach oben, so bewegt sich auch der Kübel nach oben. Was gilt dabei für den *Betrag* der Kraft?

Versuch 25: Verbinde wie in *Bild 28.1* mehrere Kraftmesser durch Seilstücke. Wenn du am ersten Kraftmesser ziehst, zeigen alle den gleichen Kraftbetrag an.

> **In einem gespannten Seil herrscht beim Ziehen überall die gleiche Kraft.**

Hierbei haben wir zur Vereinfachung von der Gewichtskraft des Seiles abgesehen. Das darf man allerdings nicht, wenn diese Gewichtskraft beträchtlich ist, z.B. bei einem langen Stahlseil. Auch auf der von uns betrachteten Baustelle müssen am oberen Seilende Kübel *und* Seil getragen werden, am unteren Ende nur der Kübel.

Seile benutzt man beim Schleppen von Autos und Schiffen, bei Aufzügen, Kränen und Seilbahnen. Auch Fahrradketten und Keilriemen wirken wie Seile, denn sie übertragen Zugkräfte von einem Rad auf ein anderes.

Mit einer Stange kann man ebenfalls ziehen, außerdem aber noch schieben; sie kann also Zug- und Schubkräfte übertragen. Du kennst das von einem Besenstiel und vom Schneeschieber. Ein Lastwagenanhänger wird beim Rangieren mit der Kupplungsstange gezogen und auch geschoben. In vielen Maschinen bilden bewegte Stangen ein sehr kompliziertes „Gestänge".

> **Seile übertragen Zugkräfte, Stangen Zug- und Schubkräfte. Dabei verlagern sie die Angriffspunkte der Kräfte. Die Beträge und Richtungen dieser Kräfte werden nicht geändert.**

2. Eine Kraft läßt sich umlenken

Es ist gefährlich und unbequem, an der Dachkante eines Neubaues zu stehen, um einen schweren Kübel hochzuziehen. Viel besser geht es mit einem Seil, das man oben (z.B. am Dachbalken) durch einen Ring oder eine Öse führt. Dann kann man vom Boden aus am anderen Ende ziehen. Leider stört dabei die Reibung zwischen Seil und Öse erheblich. Befestigt man dagegen an einem Balken eine **ortsfeste Rolle**, über die dann das Seil läuft, so ist die Reibungskraft sehr klein. Ist die Rolle mit einem „leichtgängigen" Lager ausgestattet, so kann man die Reibungskraft im allgemeinen sogar vernachlässigen.

Versuch 26: Wie in *Bild 29.1* dargestellt, ziehen wir ein Wägestück ($m = 500$ g) mit einer durch eine Öse geführten Schnur nach oben. Die erforderliche Zugkraft $F = 8$ N ist jedoch wesentlich größer als die Gewichtskraft $G = 5$ N. Die Reibungskraft zwischen Öse und Schnur beträgt also $R = 3$ N. Ersetzen wir die Öse durch eine Rolle, so sinkt die erforderliche Zugkraft auf nahezu 5 N. — Für eine ideale, reibungsfreie Rolle gilt:

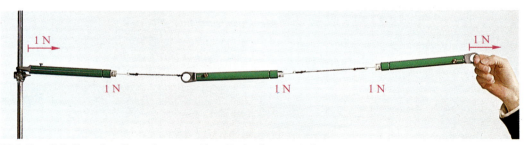

28.1 Das Seil überträgt die rechts ausgeübte Zugkraft unverändert.

Eine ortsfeste Rolle lenkt eine Kraft in eine andere Richtung um. Der Betrag der Kraft wird dabei nicht geändert.

3. Eine Kraft wird aufgeteilt

Sicher hast du schon einmal beobachtet, daß das Seil auch an dem Haken, mit dem ein Kran eine Last hebt, über eine Rolle läuft. Weil sie an keinem festen Ort angebracht ist, nennt man sie **lose** oder **ortsveränderliche Rolle**. Was man mit ihr erreicht, zeigt dir ein Versuch.

Versuch 27: Hänge wie in *Bild 29.2* ein 1 kg-Wägestück mittels Rolle und Faden (Seil) auf. Das Wägestück stellt *zusammen mit der Rolle* die Last dar; diese erfährt die Gewichtskraft $L = 10$ N. Die beiden Kraftmesser zeigen, daß jedes Seilende mit der Kraft $F = 5$ N gespannt wird. Die Gewichtskraft L verteilt sich also gleichmäßig auf die beiden tragenden Seilabschnitte. Versuche einmal, diese Verteilung zu stören, indem du ein Seilende nach oben ziehst oder herunterläßt! Sofort dreht sich die Rolle und sorgt für den Ausgleich. Dabei bewegt sich die Last auf und ab. Willst du die Last um $s_L = 10$ cm anheben, so kannst du z.B. beide Seilenden ebenfalls um 10 cm nach oben ziehen. Du kannst aber auch ein Seilende an einem Haken festbinden, dann trägt dieser die Hälfte der Last. Jetzt mußt du das freie Seilende aber doppelt so weit ziehen. Der Weg der Zugkraft ist nun $s_F = 20$ cm.

Wiederholst du den Versuch mit einer beliebigen anderen Last und anderen Strecken, so findest du stets:

Eine ortsveränderliche (lose) Rolle verteilt die zum Heben einer Last erforderliche Zugkraft gleichmäßig auf die beiden Seilabschnitte. Ist ein Seilende befestigt, so muß man am freien Seilende doppelt so weit ziehen wie die Last gehoben werden soll, aber nur mit der halben Kraft: $F = \frac{1}{2} L$.

Wenn du die ortsveränderliche Rolle mit einer ortsfesten Rolle kombinierst, so kannst du bequem nach unten ziehen *(Bild 29.3)*. Das ist beim Heben einer schweren Last sehr vorteilhaft. Wenn man nach unten zieht, steht man sicherer und kann im allgemeinen auch eine größere Kraft ausüben als beim Heben.

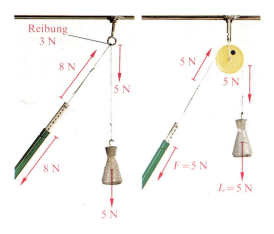

29.1 Mit einer ortsfesten Rolle kann man die störende Reibungskraft weitgehend vermeiden.

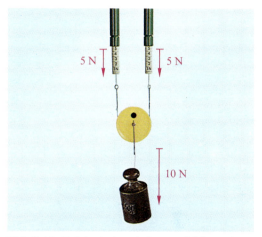

29.2 Beide Seilabschnitte sind stets gleich stark gespannt.

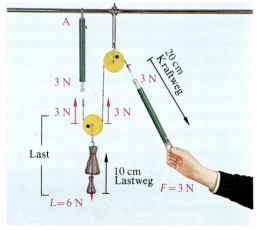

29.3 Diese Rollenkombination hat große Vorteile.

4. Der Flaschenzug

Wenn du die Gewichtskraft der Last auf *mehrere* Seilabschnitte verteilen willst, mußt du zusätzliche Rollen verwenden. Ihre Haltevorrichtung heißt *Flasche*, und deshalb nennt man das ganze Gerät **Flaschenzug**. In einer Flasche können die Rollen untereinander oder nebeneinander angeordnet sein (*Bild 30.1*). Sitzen sie auf einer gemeinsamen Achse, so müssen sie sich trotzdem einzeln drehen lassen.

Versuch 28: Ziehe ein Wägestück ($m = 1$ kg) wie in *Bild 30.1* mit einem Flaschenzug nach oben. Es erfährt zusammen mit der beweglichen Flasche die Gewichtskraft $L = 12$ N. Miß die erforderliche Zugkraft F sowie die in *Bild 30.1* eingezeichneten Strecken s_L und s_F, um die sich die Last und der Angriffspunkt der Zugkraft verschieben! Wiederhole den Versuch mit einer anderen Anzahl von Rollen! Damit sich dabei die Last nicht ändert, sollen unbenutzte Rollen in der Flasche bleiben. Ziehe auch einmal mit dem freien Seilende nach oben! Fertige eine Meßtabelle nach folgendem Muster an!

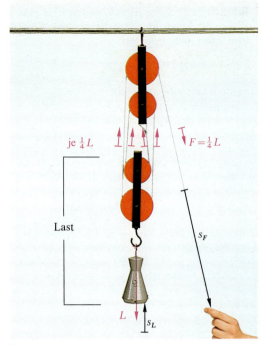

30.1 Mit einem Flaschenzug kannst du deine Kraft vervielfachen.

Anzahl n der tragenden Seilabschnitte	4			
L in N	12			
F in N	3			
s_L in cm	10			
s_F in cm	40			

Diese Versuche ergeben:

> **Hängt beim Flaschenzug die Last an n tragenden Seilabschnitten, so ist die am Seilende erforderliche Zugkraft F gleich dem n-ten Teil der Gewichtskraft L der Last. Der Weg s_F der Zugkraft ist dagegen n-mal so groß wie der Lastweg s_L.**
>
> $$F = \frac{1}{n} \cdot L; \qquad s_F = n \cdot s_L$$

Theoretisch kannst du mit einem Flaschenzug eine beliebig schwere Last heben; du brauchst nur die Anzahl der Seilabschnitte und der Rollen entsprechend groß zu wählen. In der Praxis begnügt man sich mit wenigen Rollen (höchstens vier in jeder Flasche), denn die Reibung ihrer Lager kann nicht vernachlässigt werden. Außerdem ist die ortsveränderliche Flasche mit ihren Rollen Bestandteil der zu hebenden Last. Mit zunehmender Rollenzahl wächst ihre Gewichtskraft erheblich an. Mit einem Flaschenzug kann man natürlich auch waagerecht ziehen. Damit läßt sich zum Beispiel ein Auto, das in den Straßengraben gerutscht ist, wieder auf die Straße bringen. Man benutzt auch Flaschenzüge, um die Verspannung eines großen Zeltes straffzuziehen.

In der Technik gibt es auch noch andere Arten von Flaschenzügen. Auf diese wollen wir aber nicht eingehen.

Aufgaben

1. *Welche Last kann ein Mann mit einer losen Rolle höchstens heben, wenn er selbst nur mit 500 N ziehen kann? Welche Last bewältigt er mit dem Flaschenzug nach Bild 30.1?*

2. *Ein Mehlsack wird mit einer losen Rolle (Gewichtskraft 20 N) hochgezogen. Eine Kraft von 270 N hält am Seilende das Gleichgewicht. Wieviel Mehl wird hochgezogen, wenn der leere Sack 10 N wiegt?*

3. *Mit welcher Kraft wird in Bild 29.3 bzw. 30.1 insgesamt am Balken nach unten gezogen, wenn man vom Gewicht der oberen Rollen absieht? (Alle Seilstücke verlaufen senkrecht.)*

Energie

§ 11 Arbeit und Energie

1. Wer arbeitet, braucht Energie

Wenn wir mit einem Seil oder einem Flaschenzug arbeiten, so müssen wir noch recht kräftig zupacken. Die „richtigen" Maschinen (Kräne, Aufzüge oder Gabelstapler) dagegen heben schwere Lasten „spielend". Sie arbeiten aber nur, wenn man ihnen Benzin oder Öl zuführt oder sie aus dem elektrischen Netz „speist". Man sagt: Sie brauchen zum Verrichten ihrer Arbeit **Energie.** Bei leerem Tank und ohne Anschluß an eine Steckdose stehen diese Maschinen still. *Wir müssen einer Maschine um so mehr Energie zuführen, je mehr Arbeit wir ihr abverlangen.*

2. Wie groß ist die verrichtete Arbeit?

Auf einer Baustelle hebt ein Kran einen Eisenträger ($G = 5000$ N) um die Höhe *einer* Etage ($h = 3{,}0$ m). Wir sagen, er verrichtet dabei eine bestimmte Arbeit. Dazu braucht er eine bestimmte Menge an Benzin oder Dieselöl (z.B. 2 cm³). Da der Motor auch Wärme erzeugt, messen wir die verrichtete Arbeit nicht unmittelbar durch den Ölverbrauch, sondern mit Hilfe mechanischer Größen: Soll der Träger z.B. um *vier* Etagen, also um den vierfachen Weg s, gehoben werden, so braucht man auch *viermal* so viel Brennstoff. Wir sprechen von der *vierfachen* **Arbeit** und definieren diese in der Mechanik so, daß sie (bei konstanter Kraft $F_s = G$) *dem Weg s proportional ist (Bild 31.1).*

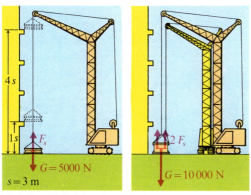

31.1 Zur Definition der Arbeit

Einen doppelt so schweren Träger ($G = 10\,000$ N) kann allerdings der Kran allein nicht heben; seine Kraft reicht dafür nicht aus. Ein zweiter (gleichartiger) Kran muß ihm helfen. Zusammen können sie mit der doppelten Kraft $2F_s$ ziehen, brauchen aber auch doppelt so viel Öl. Wir sagen, beide Kräne verrichten zusammen doppelt so viel Arbeit wie ein Kran allein, *also setzen wir die physikalische Größe Arbeit auch der Kraft F_s proportional.*

Soll nun der schwere Träger um vier Etagen gehoben werden, so muß man die doppelte Kraft ($2F_s$) längs des vierfachen Weges ($4s$) ausüben – verglichen mit dem Heben des leichteren Trägers um eine Etage. Dazu brauchen die Kräne insgesamt die achtfache Ölmenge, sie verrichten die achtfache Arbeit. Weil das Produkt aus der Kraft F_s und der Wegstrecke s auf das achtfache angewachsen ist, eignet es sich als Maß für die Arbeit. Wir definieren deshalb die Arbeit W als Produkt aus der Kraft F_s in Wegrichtung und der Wegstrecke s. (W stammt von der englischen Bezeichnung work für Arbeit.)

> **Die Arbeit W ist das Produkt aus der in Wegrichtung wirkenden Kraft F_s und dem Weg s:**
>
> $$W = F_s \cdot s. \qquad (31.1)$$
>
> **Ihre Einheit ist 1 Joule = 1 J.**
> **Es gilt $1\text{ N} \cdot 1\text{ m} = 1\text{ Nm} = 1\text{ J}$.**

Die Einheit der Arbeit 1 Joule (sprich dʒuːl) wurde nach dem englischen Physiker *J.P. Joule* (1818 bis 1889) benannt. Diese Einheit kannst du dir leicht vorstellen, denn du verrichtest die Arbeit 1 J, wenn du ein Seil mit der Kraft 1 N gerade 1 m weit ziehst – oder mit der Kraft 2 N nur $\frac{1}{2}$ m weit usw.

Um den leichteren Träger (5000 N) um eine Etage zu heben, muß also ein Kran die Arbeit $W_1 = 5000\text{ N} \cdot 3{,}0\text{ m} = 15\,000\text{ Nm} = 15\,000\text{ J}$ verrichten. Soll dagegen der schwerere Träger (10 000 N) um vier Etagen gehoben werden, so bedeutet das nach *Gleichung 46.1* die Arbeit $W_2 = 10\,000\text{ N} \cdot 12{,}0\text{ m} = 120\,000\text{ J}$.

Der Kran kann mit der gehobenen Last tagelang stehen bleiben. Die Hubvorrichtung ist eingerastet; der Motor verrichtet keine Arbeit, da der Weg in Richtung nach oben 0 m beträgt. Er braucht dazu weder Benzin noch sonstige Energie. Auch mit unseren Muskeln können wir Arbeit an Körpern verrichten, wenn wir eine Last heben oder einen Wagen ziehen. Halten wir dagegen eine Last *ohne* Bewegung, so verrichten wir an ihr keine Arbeit im physikalischen Sinne. Trotzdem müssen wir uns anstrengen und werden müde. Unsere Muskeln haben nämlich keine „Sperrklinke". Unser Körper verhält sich hier anders als eine Maschine.

> **Beim Heben eines Körpers verrichtet man an ihm Arbeit, nicht aber beim Halten in gleicher Höhe.**

Hat der Kran den Träger gehoben, so fährt er ihn *zur Seite* und bringt ihn in die vorgesehene Stellung. Die Hubvorrichtung steht still. Sie übt zwar immer noch die Kraft 5000 N aus, bewegt den Träger aber nicht mehr weiter nach oben. Sie verrichtet also keine weitere Arbeit. Die horizontale Bewegung führt vielleicht ein anderer, kleinerer Motor aus. Die Hubkraft hat nämlich mit der seitlichen Bewegung nichts zu tun! Für diese Bewegung kommt es auf die Reibungskräfte an den verschiedenen Achsen und Rädern an. Sind alle Lager gut geschmiert, so sind die Reibungskräfte gering. Der Antriebsmotor kann dann schon mit verhältnismäßig geringer Kraft den Kran bewegen. Dabei verrichtet er wenig Arbeit. *Wir dürfen also beim Berechnen der Arbeit nur die Kraft F_s heranziehen, die in der Richtung des Weges s wirkt;* beim Heben ist es die Hubkraft längs der Hubstrecke, beim Fahren die Kraft in der Fahrtrichtung.

Wenn du eine schwere Kiste über einen Steinfußboden ziehst, so mußt du gegen die Reibungskraft R eine Kraft F gleichen Betrages (aber entgegengesetzter Richtung) ausüben. Längs des Verschiebungsweges s verrichtest du die **Reibungsarbeit** $W = F_s \cdot s = R \cdot s$. Erfährt z.B. die Kiste die Gewichtskraft $G = 1000$ N, so mußt du sie mit der Kraft $F_s = 300$ N ziehen (siehe Seite 258). Beträgt der Verschiebungsweg 2,0 m, so wird die Arbeit $W = 300\ \text{N} \cdot 2,0\ \text{m} = 600$ J verrichtet. Setzt man die Kiste auf Räder, so kann man sie mit geringerer Kraft verschieben. Die Rollreibungskraft ist nämlich viel geringer als die Gleitreibungskraft. In den Lagern der gedrehten Räder wird nur wenig Reibungsarbeit verrichtet. Hebt man dagegen die Kiste um 2,0 m, so braucht man die Kraft $F_s = 1000$ N und verrichtet die Arbeit $W = 1000\ \text{N} \cdot 2,0\ \text{m} = 2000$ J, also viel mehr als beim Verschieben der Kiste auf dem Steinfußboden.

3. Spart der Flaschenzug Arbeit?

Wer keine Energie verschwenden will, greift vielleicht auf alte „Hausmittel" zurück, zum Beispiel auf den *Flaschenzug*. Dann muß er sich weniger anstrengen. Wird die Arbeit dabei weniger?

Der von uns schon mehrfach betrachtete Kran soll einen Träger von $G = 20000$ N Gewichtskraft um $h = 3,0$ m heben; sein Motor kann am Seil aber nur mit 5000 N ziehen. Statt weitere Kräne zu Hilfe zu nehmen, die „doch nur Benzin fressen" oder „Strom benötigen", holt man einen Flaschenzug mit 4 tragenden Seilstücken *(Bild 30.1)*. Dann schafft's ein Kran allein (vorausgesetzt, er ist stabil genug). Wurde dabei Arbeit und also auch Energie gespart? Nein! Er braucht zwar nur $\frac{1}{4}$ an Kraft, nämlich 5000 N, aber leider den 4fachen Weg. Er muß jetzt 12,0 m Seil hochziehen und aufwickeln, um den Träger um 3,0 m zu heben. Das Produkt $W = 20000\ \text{N} \cdot 3,0\ \text{m} = 5000\ \text{N} \cdot 12,0\ \text{m} = 60000$ J und damit die Arbeit bleiben gleich. Wegen des 4fachen Weges braucht ein Kran auch genauso viel Energie wie vier zusammen für den einfachen Weg, um den Träger zu heben.

Allgemein gilt: Nimmt man einen Flaschenzug mit n tragenden Seilabschnitten, so muß man mit der Kraft $F_s = \frac{G}{n}$ ein Seilstück der Länge $s = n \cdot h$ ziehen. Die verrichtete Arbeit ist dann $W = F_s \cdot s = \frac{G}{n} \cdot (n \cdot h) = G \cdot h$; sie hängt also nicht von der Anzahl n der Seilabschnitte ab. Der Flaschenzug kann zwar die Zugkraft vervielfachen, aber nicht die Arbeit.

> **Mit Rollen und Flaschenzügen kann man weder Arbeit noch Energie einsparen.**

32.1 Jeder dieser Schwimmkräne trägt bis zu 400 t.

Aufgaben

1. Durch welche Gleichung ist die Arbeit definiert? Wie ändert sich die Arbeit, wenn man die Kraft verdreifacht und den Weg halbiert?

2. Zähle die verschiedenen Bedeutungen des Wortes „Arbeit" im täglichen Leben auf und untersuche jeweils, ob es sich dabei auch um Arbeit im physikalischen Sinne handelt!

3. Ein Bergmann schiebt einen Wagen von 1 t Masse auf waagerechtem Gleis 5 km weit. Ein Nichtphysiker berechnet die Arbeit zu 50 000 000 J = 50 MJ (Mega-Joule). Unter welcher Bedingung wäre diese Rechnung richtig? Wie groß ist die Arbeit tatsächlich, wenn die Reibungskraft 200 N beträgt?

4. Man zieht einen Körper am Flaschenzug (wie in Bild 30.1) 12,0 m hoch. Hierzu braucht man die Kraft 100 N am Seil. Wie groß ist die Arbeit, wenn man von der Reibung absieht?

5. Ein Eisenträger (Masse $m = 200$ kg) wird 10 m hoch gehoben. Welche Arbeit muß man aufwenden? – Man verwendet einen Flaschenzug mit 4 tragenden Seilabschnitten und braucht nur den vierten Teil an Kraft. Ist dabei auch die Arbeit auf den vierten Teil gesunken?

6. Eine Pumpe fördert je Sekunde 2 Liter Wasser aus 8 m Tiefe. Welche Arbeit verrichtet sie in einem Tag?

7. Man zieht eine Holzkiste von 50 kg mit 100 N 20 m weit über einen waagerechten Steinfußboden. a) Welche Arbeit ist nötig? Vergleiche sie mit der Arbeit, die zum Heben um 20 m erforderlich ist! b) Worin besteht der Unterschied bei diesen beiden Rechnungen? Was ist gemeinsam?

8. Dein Herz pumpt in jeder Minute etwa 5 Liter Blut ($m = 5$ kg) durch deinen Körper. Es muß sich dabei so anstrengen, als ob das Blut 1 m hoch gepumpt werden müßte. Welche Arbeit verrichtet dein Herz in einer Minute, welche an einem Tag? Wie hoch könnte mit dieser Arbeit dein ganzer Körper gehoben werden?

9. Ein Bergsteiger ($m = 75$ kg) erreicht bei einem Aufstieg einen Punkt, der 1200 m höher als sein Ausgangspunkt liegt. Welche physikalische Arbeit hat er beim Heben seines Körpers verrichtet?

10. Bei einem schnell fahrenden Auto beträgt die Kraft des Luftwiderstandes 1000 N. Welche Arbeit muß der Automotor verrichten, um das Fahrzeug gegen den Luftwiderstand auf waagerechter Straße 30 km weit zu bewegen?

§12 Verschiedene Energieformen

1. Was gewinnt man beim Arbeiten?

Versuch 29: Wir heben die „Gewichts"-Stücke einer Kuckucksuhr *(Bild 33.1)* und verrichten dabei an ihnen Arbeit. Wozu? Wir brauchen sie in der erhöhten Lage, damit sie nun ihrerseits die Uhr antreiben, also an ihr Arbeit verrichten können. Wir sagen: *In gehobenen Körpern ist Energie auf Vorrat und auf Abruf gespeichert. Je mehr Energie ein Körper gespeichert hat, desto mehr Arbeit kann er verrichten.*

Die Gewichtsstücke an der Kuckucksuhr haben wegen ihrer erhöhten Lage Energie; sie haben **Lageenergie**. Sind sie zum Boden abgesunken, so können sie die Uhr nicht mehr antreiben. Sie haben ihre Lageenergie verloren und können nicht mehr arbeiten. Man muß sie unter Arbeitsaufwand wieder heben. – Auch Wasser im Stausee oder in einer Wolke hat Lageenergie, nicht dagegen in Höhe des Meeresspiegels: *Gehobene Körper sind Träger von Lageenergie und können deshalb Arbeit verrichten.* Das nutzt man z.B. bei einer Ramme aus. Zunächst zieht man den Rammklotz unter Arbeitsaufwand an einem Gerüst nach oben. Dann läßt man ihn herunterfallen, um damit einen Pfahl in die Erde zu treiben.

33.1 Jedes „aufgezogene" Uhrengewicht speichert Energie.

2. Wie mißt man Energie?

Im Zeitalter der Energiewirtschaft und der Energiekrisen weiß man, daß man Energie wie eine sehr wichtige Ware einkaufen muß: *Energie kostet Geld!* Um ihren Preis angeben zu können, muß man sie messen. Hier, in der Mechanik, können wir die Arbeit $W = F_s \cdot s$ messen. Sie ist ja *der* Teil der Energie, der mit *Kraftaufwand* abgegeben oder aufgenommen wird.

Ein Kran mit einem Elektromotor kann z.B. die Arbeit $W = 15000$ J nur dann verrichten, wenn ihm das Elektrizitätswerk die dazu erforderliche elektrische Energie zuführt. Die vom Kran mit Hilfe von Kraft umgesetzte Energie geben wir deshalb durch die Arbeit an, die er verrichtet. Wir benutzen für die Arbeit und die Energie das gleiche Zeichen W und messen beide in der Einheit 1 J. (Ein Benzinmotor gibt allerdings zusammen mit der mechanischen Arbeit noch viel Wärme ab.)

> **Die abgegebene Energie wird häufig durch die verrichtete Arbeit gemessen. Deshalb wird die Energie selbst auch in der Einheit 1 J angegeben.**

3. Hubarbeit wird verlustlos gespeichert

Wir haben das Antriebsgewicht einer Uhr um die Höhe h gehoben und dabei längs der Wegstrecke $s = h$ die Kraft $F_s = G$ ausgeübt. Dabei haben wir die **Hubarbeit** $W_H = F_s \cdot s = G \cdot h$ verrichtet. – Beim Herabsinken treibt das Gewicht längs der *gleichen* Strecke h mit der *gleichen* Kraft $F_s = G$ das Uhrwerk an. Es verrichtet also seinerseits an ihm die *gleiche* Arbeit $W = G \cdot h$. Diese Arbeitsfähigkeit steckte im Gewicht als **Lageenergie.** Von der aufgewandten Arbeit ging also nichts verloren. Deshalb können wir die Lageenergie durch die aufgewandte Hubarbeit $W_H = G \cdot h$ messen, das heißt mit der gleichen Formel berechnen.

> **Um einen Körper (Gewichtskraft G) um den Höhenunterschied h zu heben, muß man die Hubarbeit $W_H = G \cdot h$ verrichten. Um diesen Betrag nimmt die Lageenergie des Körpers zu. Die aufgewandte Hubarbeit ist also verlustlos als Lageenergie $W = G \cdot h$ im Körper gespeichert.**

Versuch 30: Hebe einen Körper der Masse 1 kg um 1,0 m unter Aufwand der Hubarbeit $W = G \cdot h = 10$ N $\cdot$ 1 m $= 10$ J. Hänge ihn an eine Schnur, die über eine Rolle läuft und an deren anderem Ende auch ein 1 kg-Stück hängt. Ein kleiner Stoß (oder ein kleines „Übergewicht") genügt, um den anderen Körper zu heben. Dabei verrichtet der 1. am 2. die Hubarbeit 10 J. Sie war in ihm als Lageenergie gespeichert. Dieses Prinzip wird beim Fahrstuhl angewandt. Bewegt er sich nach oben, so sinkt gleichzeitig ein Gegengewicht nach unten. Dadurch kommt man mit einem relativ schwachen Motor aus.

4. Schnelle Autos haben viel Energie

Wozu dient der „kleine Stoß" im Versuch 30? Bei ihm verrichten wir mit der Kraft F_s längs eines kleinen Wegstücks **Beschleunigungsarbeit;** wir setzen die Anordnung in Fahrt. Wenn du einen Ball nach oben beschleunigt hast, steigt er in die Höhe und gewinnt Lageenergie. Oder du beschleunigst dich und dein Fahrrad; dann kannst du „mit Schwung", das heißt mit **Bewegungsenergie,** ohne weiterzutreten, ein Stück bergauf fahren. Bringst du einen Hammer auf hohe Geschwindigkeit, so treibt er mit seiner Bewegungsenergie den Nagel ins Brett. Er verrichtet dabei Arbeit gegen die Reibungskraft zwischen Nagel und Holz.

Ein Auto hat erfahrungsgemäß bei doppelter Geschwindigkeit den 4fachen Bremsweg; beim Bremsen verrichtet es also die 4fache Reibungsarbeit $W = R \cdot s$. Hieraus können wir schließen, daß es mit der 4fachen Bewegungsenergie fuhr! Bei einem Unfall hätte dies ein Vielfaches an Zerstörung erzeugt, verglichen mit der einfachen Geschwindigkeit. Bei der dreifachen Geschwindigkeit hat das Auto die 9fache Bewegungsenergie und auch den neunfachen Bremsweg. Beträgt er bei der Geschwindigkeit $50 \frac{\text{km}}{\text{h}}$ etwa 25 m, so ist er bei $150 \frac{\text{km}}{\text{h}}$ über 200 m lang.

5. Die Uhrfeder als Energiespeicher

Man verrichtet **Spannarbeit,** wenn man eine Feder spannt. Diese können wir jetzt noch nicht berechnen, denn die erforderliche Kraft wächst, während die Feder gespannt wird (siehe Seite 24). Die gespannte Feder hat **Spannungsenergie.** Mit dieser kann sie Arbeit verrichten, indem sie über längere Zeit eine Uhr antreibt oder ein Spielzeugauto bewegt.

6. Energie als Verwandlungskünstler

Sicher hast du schon einmal Trampolinspringern zugeschaut *(Bild 35.1)*. Im höchsten Punkt seiner Flugbahn steht der Springer für einen Moment still; er hat dort maximale *Lageenergie*. Gleich fällt er abwärts und wird dabei schneller; die *Lageenergie* nimmt ab, die *Bewegungsenergie* zu. Im tiefsten Punkt seiner Bahn steht er wieder still; er besitzt jetzt für einen Augenblick weder *Lage-* noch *Bewegungsenergie*. Aber die Federn des Trampolins sind stark gespannt; alle Energie ist *Spannungsenergie* geworden. Anschließend wird wieder *Bewegungs-* und dann *Lageenergie* daraus.

Diese mechanischen Energieformen lassen sich gut ineinander umwandeln. Wenn der Springer keine Energie hinzufügt – also mit seinen Muskeln keine Arbeit verrichtet – erreicht er praktisch wieder dieselbe Höhe wie zuvor, also dieselbe Lageenergie.

Versuch 31: Laß eine kleine Stahlkugel auf eine sehr harte Unterlage (Glasplatte) fallen und beobachte, bis zu welcher Höhe sie wieder emporsteigt. Sollte dir die Kugel seitlich davonlaufen, so setze ein weites Glasrohr auf die Unterlage und wirf die Kugel hinein. Sie springt viele Male wieder nach oben. Allerdings kann hier der Luftwiderstand etwas stören. Er ist bei langsamen Bewegungen jedoch klein.

Versuch 32: Wir hängen eine schwere Kugel an einem sehr langen Draht auf *(Bild 35.2)*. Dann lenken wir sie seitlich (auf einer Kreisbahn) aus, verrichten also Hubarbeit und geben ihr so Lageenergie. Diese wandelt sich beim Schwingen wie bei einer Schaukel in Bewegungs- und dann wieder in Lageenergie um. Auch nach mehreren Schwingungen haben Ausschlag und Geschwindigkeit des Pendelkörpers und damit seine Energie erst wenig abgenommen, denn die Reibung und der Luftwiderstand machen sich kaum bemerkbar.

Wiederholen wir den Versuch mit einem kurzen Draht, so schwingt die Kugel wesentlich schneller. Dann ist der Luftwiderstand größer, und die Schwingungsweite des Pendels nimmt bald ab. Der Pendelkörper verliert also mechanische Energie. Lassen wir die Kugel in einem Wasserbecken schwingen, so wird sie stark gebremst. Bei gleicher Geschwindigkeit ist nämlich die Widerstandskraft in Wasser viel größer als in Luft.

35.1 Beim Trampolinspringen wird Energie umgewandelt.

> **Es gibt drei mechanische Energieformen: Lage-, Bewegungs- und Spannungsenergie. Bei reibungsfreien mechanischen Vorgängen wandeln sich diese Energieformen verlustlos ineinander um. Insgesamt bleibt dabei die Energie erhalten. Wenn Reibung auftritt, fließt ein Teil der Energie als Wärme ab.**

Könnte man alle störenden Einflüsse vermeiden, so müßte eine Bewegung ewig andauern. Das zeigen uns angenähert die künstlichen Satelliten, die in großer Höhe die Erde umkreisen und dort kaum gebremst werden.

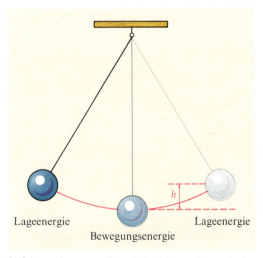

35.2 Energieumwandlung beim hin- und herschwingenden Pendel

7. Weitere Energieformen

Benzin für sich allein ist genaugenommen noch keine Energiequelle. Erst durch seine Verbrennung mit dem Luftsauerstoff können wir die *chemische Energie*, die in ihm steckt, nutzen. Das werden wir in der Wärmelehre noch näher untersuchen.

Verfeuert man Brennstoffe im Dampfkessel eines Elektrizitätswerkes, auch Kraftwerk genannt, so liefern sie uns über mehrere Zwischenstufen *elektrische Energie*. Auch Monozellen und Batterien stellen uns elektrische Energie zur Verfügung, die wir in einer Uhr oder einem Spielzeug in mechanische Energie umwandeln. Ist diese Umwandlung auch in Gegenrichtung möglich?

Versuch 33: Möglichst hoch über dem Fußboden befestigen wir einen Fahrraddynamo, dessen Reibrad durch eine Schnurrolle ersetzt wurde. Auf diese Rolle wickeln wir einen Faden und hängen ein Wägestück daran. (Geeignete Größe ausprobieren!) Nach einem Anstoß sinkt es schnell herab; seine Lageenergie wandelt sich weitgehend in Bewegungsenergie um; nur ein kleiner Teil verrichtet in den Lagern des Dynamos Reibungsarbeit. Nun schließen wir an den Dynamo die Lampe eines Fahrradscheinwerfers an *(Bild 36.1)* und wiederholen den Versuch. Das Wägestück sinkt jetzt *langsam* herab und hat unten nur noch wenig Bewegungsenergie. Seine Lageenergie wurde weitgehend in elektrische Energie umgewandelt. Diese bringt den Glühfaden in der Lampe zum Leuchten; er gibt dann Licht und Wärme ab. Diese Energieumwandlung spürst du unmittelbar, wenn du am Fahrrad die Beleuchtung einschaltest: Sofort mußt du kräftiger treten.

Versuch 34: Stelle dein Fahrrad auf den Kopf, schalte den Dynamo an und versetze mit der Hand das Vorderrad in Umdrehung. Es kommt nach kurzer Zeit zum Stillstand. Unterbrich nun den Stromkreis zwischen Dynamo und Scheinwerfer und drehe das Vorderrad erneut. Jetzt läuft das Rad viel länger, weil es nur Reibungsarbeit verrichten muß.

Solche Energieumwandlungen sind für unser heutiges Leben sehr wichtig. Die Energie, die wir dabei nutzen, stammt vor allem von der Sonne (Ausnahmen: Kernenergie (siehe Seite 547), Gezeitenenergie, Vulkanismus). In der Kohle, im Mineralöl und im Erdgas ist die Energie der Sonnenstrahlung vergangener Jahrmillionen in chemischer Form gespeichert. Sie wird beim Verbrennen in Dampfkesseln als Wärme an das Wasser weitergeleitet. Dieses verdampft; die Energie des heißen Dampfes treibt Dampfturbinen an (siehe Seite 122). Sie verrichten Arbeit und geben dabei die Energie in anderer Form weiter. Auch von der Energie, die uns die Sonne in der Gegenwart zustrahlt, können wir etwas nutzen. Zum Beispiel läßt die Sonnenstrahlung Wasser im Meer verdunsten, das im Gebirge als Regen herabfällt und eine Talsperre füllt. Dann wandeln Wasserturbinen und Generatoren (Dynamomaschinen) die Lageenergie des Wassers in elektrische Energie um. Auch die Energie, die wir mit unserer Nahrung aufnehmen, stammt letztlich von der Sonne. Auf direktem Wege können wir die Energie der Sonne mit Solarzellen und mit Sonnenkollektoren nutzen.

8. Maschinen als Energieumformer

Seit jeher wünscht sich der Mensch, daß Maschinen für ihn Arbeit verrichten. Als Energiequellen nutzt er dafür unter anderem schon seit langer Zeit die Bewegungsenergie des Windes und des fließenden Wassers sowie die Lageenergie des aufgestauten Wassers. Die in *Bild 37.1* dargestellten Wasserräder zeigen das Prinzip. Bei dem oberschlächtigen Wasserrad (links) füllt das Wasser einige Kammern, sinkt dann durch seine Gewichtskraft nach unten und dreht so das Rad; seine *Lageenergie* wird genutzt. Das unterschlächtige Wasserrad (rechts) wird von dem dagegenströmenden Wasser gedreht. Dabei wird das Wasser etwas abgebremst und gibt so einen Teil seiner *Bewegungsenergie* ab.

36.1 Im Dynamo wird mechanische in elektrische Energie umgewandelt.

Moderne Wasserkraftwerke nutzen die Energie des Wassers mit Hilfe von **Turbinen**. Steht ein großes Gefälle (100 bis 1800 m, z.B. bei einer Talsperre) zur Verfügung, läßt man das Wasser in einer Rohrleitung herabfließen und an deren Ende durch eine Düse mit hoher Geschwindigkeit austreten. So wird die Lageenergie des Wassers zunächst in Bewegungsenergie umgewandelt. Der Wasserstrahl prallt dann gegen die Schaufeln einer *Freistrahl-* oder *Pelton-Turbine (Bild 37.2)* und versetzt das Turbinenrad in schnelle Rotation. Das Wasser wird dabei fast bis zum Stillstand abgebremst; es gibt also seine Bewegungsenergie nahezu vollständig ab.
— In Flußkraftwerken steht ein geringes Gefälle, aber ein starker Wasserstrom (Wassermenge pro Sekunde) zur Verfügung. Man nutzt die Bewegungsenergie des Wassers in *Kaplanturbinen (Bild 37.3)*. In ihnen leiten feststehende Schaufeln das Wasser gegen die schräggestellten, propellerartigen Flügel des Turbinenrades. Das Wasser drückt diese Flügel seitlich weg und dreht so das Turbinenrad.

Wasserräder und Turbinen drehen mit Hilfe des Wassers eine Welle, an die dann weitere Geräte angeschlossen werden, zum Beispiel Generatoren zur Stromerzeugung. Dieses Prinzip läßt sich umkehren. Das oberschlächtige Wasserrad wird dann zum Schöpfwerk; das unterschlächtige Wasserrad wird zum Schaufelrad eines Raddampfers. Das Gegenstück der Kaplan-Turbine ist die Schiffsschraube. Damit kann ein Motorschiff Wasser nach hinten beschleunigen und sich selbst dadurch nach vorn bewegen. Den Propeller eines Flugzeuges oder eines Ventilators können wir als Umkehrung eines Windrades auffassen.

Aufgaben

1. Welche Energieformen kannst du beim Antrieb verschiedener Spielzeuge feststellen?

2. Mit einem Tennisschläger wird ein „scharfer" Ball geschlagen. Welche Energieumwandlungen treten dabei auf?

3. Mit der Lageenergie des in einer Talsperre aufgestauten Wassers soll eine Wohnung in einer fernen Großstadt geheizt werden. Welche Energieumwandlungen sind dazu erforderlich?

4. Laß einen Ball auf eine harte Unterlage fallen. Beschreibe die dabei auftretenden Energieumwandlungen! Weshalb hüpft der Ball nicht dauernd weiter?

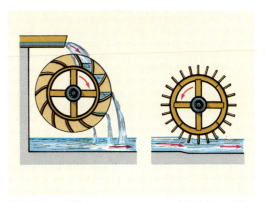

37.1 Oberschlächtiges und unterschlächtiges Wasserrad

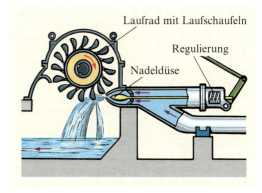

37.2 Pelton-Turbine (schematisch). Ihre Schaufeln sind wie Löffel geformt.

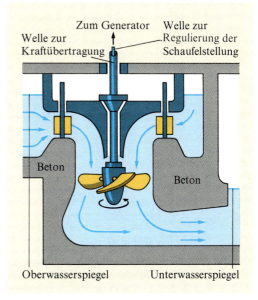

37.3 Kaplan-Turbine, Gesamtansicht. Ihre Schaufeln ähneln einem Propeller.

§ 13 Leistung

1. Arbeit um die Wette

Auf einer Baustelle zieht ein Arbeiter mit Hilfe eines Flaschenzuges einen Ziegelstapel ($m = 100$ kg) in das 12 m über dem Erdboden liegende Dachgeschoß. Auf der anderen Straßenseite hebt ein Kran die gleiche Ziegelmenge ebenfalls 12 m hoch. Weil beide Ziegelstapel mit der gleichen Kraft $F_s = 1000$ N um die gleiche Strecke $s = 12$ m gehoben werden, verrichten Kran und Arbeiter die gleiche Arbeit $W = F_s \cdot s = 1000$ N $\cdot$ 12 m $= 12\,000$ J. Trotz dieser Übereinstimmung laufen die beiden Vorgänge ganz verschieden ab. Der Arbeiter benötigt zum Heben der Ziegel 2 Minuten, also 120 s, der Kran schafft es in 10 s. Man sagt, der Kran sei leistungsfähiger als der Arbeiter. Um die Leistungsfähigkeit von mehreren Maschinen (und Menschen) vergleichen zu können, führen wir eine neue physikalische Größe ein: die **Leistung P**. (P kommt von power, es bedeutet im technischen Englisch Leistung.) Die Leistung ist um so *größer*, je *größer* die Arbeit W und je *kürzer* die dafür benötigte Zeit t ist; deshalb definiert man:

Die Leistung P ist der Quotient aus der verrichteten Arbeit W und der dazu benötigten Zeit t:

$$P = \frac{W}{t}. \qquad (38.1)$$

Ihre Einheit ist 1 Watt = 1 W.
Es gilt: $\frac{1\,\text{J}}{1\,\text{s}} = 1\,\frac{\text{J}}{\text{s}} = 1\,\text{W}$.

Die Leistungseinheit 1 W wurde nach dem englischen Maschinenbauer *James Watt* (1736 bis 1819) benannt. Weitere Einheiten sind: 1 mW (Milliwatt) $= \frac{1}{1000}$ W, 1 kW (Kilowatt) = 1000 W und 1 MW (Megawatt) = 1 000 000 W. (Die Leistungseinheit 1 kW darfst du nicht mit der Kilowattstunde verwechseln; diese ist eine Arbeits- und Energieeinheit, siehe Seite 193.)

Nun können wir berechnen, welche Leistungen der Arbeiter und der Kran erzielt haben. Für den Arbeiter gilt: $P_1 = \frac{12\,000\,\text{J}}{120\,\text{s}} = 100$ W. Für den Kran berechnen wir: $P_2 = \frac{12\,000\,\text{J}}{10\,\text{s}} = 1200$ W $= 1{,}2$ kW. Der Kran hat also die 12fache Leistung des Arbeiters erreicht. Diese unterschiedlichen Leistungen wurden mit der gleichen Kraft erbracht, weil die Last mit verschiedenen Geschwindigkeiten nach oben gezogen wurde; vom Arbeiter mit $v_1 = \frac{12\,\text{m}}{120\,\text{s}} = 0{,}1\,\frac{\text{m}}{\text{s}}$ und vom Kran mit $v_2 = \frac{12\,\text{m}}{10\,\text{s}} = 1{,}2\,\frac{\text{m}}{\text{s}}$. Diesen Zusammenhang können wir allgemeingültig durch eine einfache Rechnung nachweisen. Aus $W = F_s \cdot s$ und $v = s/t$ folgt $P = \frac{W}{t} = \frac{F_s \cdot s}{t} = F_s \cdot \frac{s}{t} = F_s \cdot v$. Nun setzen wir die Größen unseres Beispiels ein und finden:
$P_1 = F_s \cdot v_1 = 1000$ N $\cdot$ $0{,}1\,\frac{\text{m}}{\text{s}} = 100\,\frac{\text{Nm}}{\text{s}} = 100$ W und
$P_2 = F_s \cdot v_2 = 1000$ N $\cdot$ $1{,}2\,\frac{\text{m}}{\text{s}} = 1200\,\frac{\text{Nm}}{\text{s}} = 1200$ W $= 1{,}2$ kW. Das sind die gleichen Ergebnisse, die wir bereits oben erhalten haben.

Die Leistung P kann aus der Kraft F_s und der Geschwindigkeit v berechnet werden:

$$P = F_s \cdot v. \qquad (38.2)$$

Daß die Leistung mit der Geschwindigkeit zusammenhängt, spüren wir beim Radfahren unmittelbar. Auf waagerechter Straße erreichen wir mit kleiner Kraft F_s eine große Geschwindigkeit v. Geht es dagegen bergauf, so müssen wir (ohne Gangschaltung) eine große Kraft ausüben. Wollen wir nur die gleiche Leistung wie in der Ebene aufbringen, um uns nicht zu verausgaben, so müssen wir langsamer fahren. Dann bleibt das Produkt $P = F_s \cdot v$ genauso groß wie in der Ebene.

Armbanduhr	0,02 mW
Fahrradbeleuchtung	3 W
Mensch (dauernd)	80 W
kleiner Tauchsieder	300 W
mittlerer Automotor	50 kW
Diesellokomotive	3 MW
Dampfturbine	1000 MW

Tabelle 38.1 Verschiedene Leistungsangaben (ungefähre Werte)

Früher gab man die Leistung von Maschinen auch in „Pferdestärken" (PS) an. Man kann umrechnen:

1 PS $\approx$ 736 W $\approx \frac{3}{4}$ kW;   1 kW $\approx$ 1,36 PS.

2. Wir messen Leistungen

Versuch 35: Befestige auf der Achse eines kleinen Elektromotors einen Faden und hänge ein geeignetes Wägestück daran (ausprobieren!). Wenn der Motor läuft, wickelt er den Faden auf und zieht das Wägestück langsam hoch. Miß die Zugkraft, die Hubstrecke sowie die benötigte Zeitspanne und berechne daraus die Arbeit und dann die Leistung des Motors! Benutze außerdem die *Gleichung 38.2* ($P = F_s \cdot v$)!

3. Rückblick

Wenn zwei Leute dasselbe sagen, aber etwas verschiedenes meinen, gibt es Mißverständnisse. Um das zu vermeiden, benutzen wir in der Physik Fachausdrücke. Ihre Bedeutung ist eindeutig festgelegt; und nur mit dieser Bedeutung dürfen wir sie verwenden. In der Umgangssprache nimmt man es nicht so genau. Man spricht von der Kraft einer Idee und der Überzeugungskraft eines Redners, von einem kräftigen Gewürz und einer kräftigen Farbe; damit meint man aber keine physikalischen Kräfte. Das Schreiben eines Aufsatzes kann eine anstrengende Arbeit sein, aber nicht im physikalischen Sinne. Ein sehr energischer Mann hat vielleicht wenig physikalische Energie. Ein Fußballspieler erzielt sicher eine physikalische Leistung, wenn er den Ball auf das gegnerische Tor schießt und ihn dabei in einer sehr kurzen Zeitspanne stark beschleunigt. Wenn er vorbeischießt, ist aber seine *sportliche* Leistung Null!

Häufig ziehen wir zur Erklärung physikalischer Zusammenhänge die Empfindungen unseres Körpers heran. Das kann nützlich sein, gelegentlich aber auch irreführend. Wenn wir einen schweren Gegenstand längere Zeit unbewegt halten, so empfinden wir das als eine anstrengende Arbeit; dabei verrichten wir aber keine physikalische Arbeit am Gegenstand und übertragen auf ihn keine weitere Energie. Doch verlieren wir auch beim Halten Energie dadurch, daß wir unsere Muskeln anspannen; sie geben dabei nämlich mehr Wärme an die Umgebung ab als im entspannten Zustand. Unseren Energie„verbrauch" ergänzen wir durch Essen, also durch Nahrungsaufnahme, ähnlich dem Automotor, der allerdings Benzin „ißt".

Was heißt eigentlich Energieverbrauch? Energie kann man nicht verbrauchen, sondern nur von einem Körper auf einen anderen übertragen. Wenn eine Kraft dabei im Spiel ist, nennen wir die übertragene Energieportion Arbeit; wenn Temperaturen im Spiel sind, nennen wir sie Wärme.

39.1 Das Walchenseekraftwerk

Aufgaben

1. *Wie berechnet man eine Leistung? Wie ändert sie sich, wenn man Arbeit und Zeit verdoppelt? Warum definiert man nicht $P = W \cdot t$?*

2. *Ein Junge leistet auf die Dauer 50 W. Welche reine Arbeitszeit braucht er, um 150 kg Kohlen 12 m hoch zu bringen?*

3. *Ein Wanderer im Gebirge hat eine Leistung von 80 W und mit seinem Gepäck eine Masse von 100 kg. Welchen Höhenunterschied bewältigt er in 1 h?*

4. *Wie weit vermag ein Pferd ($P = 500$ W) einen Wagen in 1 h mit der Kraft 200 N zu ziehen?*

5. *Ein Löschfahrzeug der Feuerwehr kann je Minute 15 000 l Wasser 75 m hoch pumpen. Wie groß ist seine Leistung?*

6. *Wie lange braucht ein 500 W-Motor, um 10 m³ Wasser 20 m hoch zu pumpen?*

7. *Welche Kraft entwickelt ein Auto, das bei Vollgas eine Leistung von 50 kW hat, wenn es im 1. Gang mit der Geschwindigkeit $v_1 = 5$ m/s steil bergauf fährt? Wie groß ist die Kraft im 4. Gang bei gleicher Leistung des Motors, wenn das Auto nun eine Geschwindigkeit $v_2 = 108$ km/h hat?*

8. *Ein Kran hat einen Elektromotor mit der Leistung $P = 20$ kW. Mit welcher Geschwindigkeit kann er ein Werkstück mit der Masse $m = 0,5$ t hochziehen?*

9. *Mit welcher Kraft bremst der Fahrraddynamo den Reifen, wenn du 3 m/s fährst? (3 W-Lampe; ohne Reibung zu berücksichtigen.)*

10. *Eine im Walchenseekraftwerk (Bild 39.1) eingebaute Freistrahlturbine hat bei einem Gefälle von 195 m und einem Wasserdurchlauf von 9,4 m³/s die Leistung 15 000 kW. Welche Leistung könnte sie im Idealfall haben? Wieviel % betragen also die Verluste?*

§ 14 Räder und Drehmomente

1. Kräfte, die Räder drehen

Einfache Maschinen, wie Seile, Rollen und Flaschenzüge, nützen uns, wenn schwere Lasten hochzuheben sind. Aber kaum jemand zieht dann noch selbst am Seil. Dies übernimmt meist ein Motor. Wie macht er das? Beim *Kran* ist das Seil auf eine drehbare *Welle* gewickelt, auf der ein Zahnrad sitzt. Daran greift der Motor an. Nimmt man anstelle des Zahnrads ein Handrad, so kann man selbst durch Drehen der Welle Lasten heben: Wir haben ein **Wellrad** konstruiert.

Versuch 36: a) Wir benutzen ein Rad mit drei Rillen nach *Bild 40.1*. In der innersten Rille mit dem Radius $r_1 = 1,5$ cm ist das *Lastseil* befestigt. Die Last (Masse 600 g) zieht links mit ihrer Gewichtskraft $F_1 = 6$ N *tangential* zu dieser Rille nach unten. Für sich allein würde F_1 das Rad gegen den Uhrzeigersinn drehen. Zum Ausgleich lassen wir eine *Zugkraft* F_2 an einem *Zugseil* im Uhrzeigersinn wirken. Dieses legen wir zunächst in dieselbe Rille wie das Lastseil ($r_2 = r_1 = 1,5$ cm). Wie bei der festen Rolle muß man am Zugseil mit der gleich großen Kraft F_2 ziehen, wie sie am Lastseil herrscht ($F_2 = F_1$). Dabei ist die Kraft F_2 beim gleichmäßigen Drehen des Rades nicht größer als beim Halten — unter der Voraussetzung natürlich, daß die Reibung nicht merklich stört.

b) Etwas Neues zeigt sich, wenn wir das Zugseil in die Rille mit dem doppelten bzw. dem dreifachen Radius r_2 legen: Z.B. brauchen wir beim dreifachen Radius r_2 nur den dritten Teil an Kraft. Die in *Tabelle 40.1* eingetragenen Kräfte F_2 sind verschieden groß; sie bringen trotzdem das gleiche zuwege: Sie drehen das stets in gleicher Weise belastete Rad, sie haben also das gleiche *Drehvermögen*. Dieses Drehvermögen hängt daher nicht allein vom Betrag F_2 der Kraft ab; genauso wichtig ist auch der Abstand r_2 des gespannten Seils von der Drehachse D des Rades. Das geradlinige Seilstück gibt dabei die Linie an, längs der die Kraft wirkt, ihre **Wirkungslinie**. Hat diese Wirkungslinie von der Drehachse D den Abstand r, so sagt man, die Kraft F wirke mit dem **Kraftarm** r. Nach *Tabelle 40.1* ist das Produkt $M = F_2 \cdot r_2$ aus Kraft und Kraftarm r_2 stets gleich groß, nämlich 9 Ncm. Das Produkt $M = F \cdot r$ ist

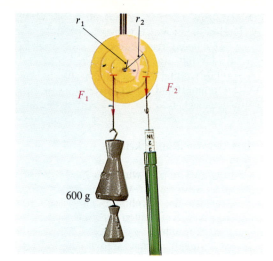

40.1 Zu Versuch 36

also geeignet, das Drehvermögen einer Kraft an einem Rad zu beschreiben. Man nennt deshalb das Produkt $M = F \cdot r$ das **Drehmoment** M der Kraft F mit dem Kraftarm r (momentum/movere, lat.: Antrieb/bewegen).

Radius r_2	1,5 cm	3 cm	4,5 cm
Zugkraft F_2	6,0 N	3,0 N	2,0 N
Drehmoment $M_2 = F_2 \cdot r_2$	9 Ncm	9 Ncm	9 Ncm

Tabelle 40.1 Die Last mit der Gewichtskraft $F_1 = 6$ N wirkt nach *Bild 40.1* stets mit dem Kraftarm $r_1 = 1,5$ cm, also auch mit dem Drehmoment $M_1 = F_1 \cdot r_1 = 9$ Ncm, aber gegen den Uhrzeigersinn.

> *Definitionen:* Der Kraftarm r einer Kraft, die an einem drehbaren Körper angreift, ist der Abstand der Drehachse von der Wirkungslinie der Kraft.
>
> Das Drehmoment $M = F \cdot r$ einer Kraft ist das Produkt aus ihrem Betrag F und dem Kraftarm r. Es beschreibt das Drehvermögen der Kraft F mit dem Kraftarm r. Einheit des Drehmoments ist 1 Nm = 100 Ncm.
>
> *Satz:* Bei einem Wellrad braucht man zum Halten wie auch zum gleichförmigen Heben einer Last beim n-fachen Kraftarm r nur den n-ten Teil an Kraft (wenn Reibung nicht stört). Das Drehmoment $M = F \cdot r$ ist dabei gleich groß.

Die Einheit des Drehmoments, 1 Nm = 100 Ncm, kannst du dir als das Drehvermögen der Kraft 1 N vorstellen, die mit dem Kraftarm 1 m wirkt — oder der Kraft 2 N beim Kraftarm

½ m usw. Ein Automotor erzeugt bei Vollgas ein Drehmoment von etwa $M = 100$ Nm. In einem *Abschleppwagen* kann er am Umfang eines Rades mit Radius $r = 0{,}25$ m die Kraft $F = \frac{M}{r} = 400$ N, am Umfang einer Seilwelle mit $r = 2{,}5$ cm die 10mal so große Kraft 4 000 N ausüben!

2. Das Drehmoment ist keine Arbeit!

Die Einheit 1 Nm, die wir beim Drehmoment verwenden, kennen wir von der Arbeit $W = F_s \cdot s$. Ist also das Drehmoment mit Arbeit gleichzusetzen? Auf keinen Fall: Die Kraft F_2 und das Drehmoment $M_2 = F_2 \cdot r_2$ müssen wir ja auch dann aufbringen, wenn wir das Rad nach *Bild 40.1* nicht drehen, sondern nur halten wollen. Beim Halten ist aber der Weg s_2 der Kraft F_2 *längs ihrer Richtung* gleich Null und damit deren Arbeit $W_2 = F_2 \cdot s_2 = 0$. Die Kraft F_2 verrichtet dann keine Arbeit. Der für das Drehmoment $M = F \cdot r$ wichtige *Kraftarm r* dagegen steht *stets senkrecht zur Kraftrichtung*. Um den Unterschied zwischen Drehmoment und Arbeit hervorzuheben, nennen wir die Einheit Nm beim Drehmoment nicht Joule.

3. Spart man mit Rädern Arbeit?

Wir wollen die Last ($F_1 = 6$ N), die an der Rille mit dem Radius $r_1 = 1{,}5$ cm hängt, stets um die gleiche Höhe $s_1 = 0{,}10$ m heben. Hierzu brauchen wir an der Rille mit dem dreifachen Radius r_2 nur den dritten Teil an Kraft. Sparen wir also an Arbeit? Vorsicht! An der äußeren Rille müssen wir ein Seilstück $s_2 = 0{,}30$ m abwickeln; es ist 3mal so lang wie das Seilstück s_1, das an der inneren Rille aufgewickelt wird, wenn wir die Last um $s_1 = 0{,}10$ m heben (*Tabelle 41.1*; vergleiche in *Bild 41.1* die Seilstücke s''' und s' oder miß mit einem Faden die Rillenumfänge). Die von der Zugkraft F_2 aufgewandte Arbeit $W_2 = F_2 \cdot s_2$ zeigt *Tabelle 41.1*. Sie ist stets gleich der zum Hochheben der Last nötigen Hubarbeit $W_1 = F_1 \cdot s_1 = 6$ N $\cdot$ 0,10 m $= 0{,}60$ J.

Radius	r_2	1,5 cm	3,0 cm	4,5 cm
Zugkraft	F_2	6,0 N	3,0 N	2,0 N
Kraftweg	s_2	0,10 m	0,20 m	0,30 m
Zugarbeit	$W_2 = F_2 \cdot s_2$	0,60 J	0,60 J	0,60 J

Tabelle 41.1: Die Last (Gewichtskraft $F_1 = 6$ N; Kraftarm $r_1 = 1{,}5$ cm) wird stets um $s_1 = 0{,}10$ m gehoben, also mit der Arbeit $W_1 = 0{,}60$ J $= W_2$.

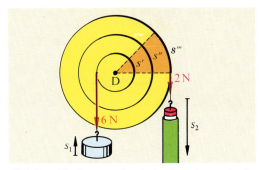

41.1 Der Kraftweg s_2 ist dreimal so lang wie der Lastweg s_1 (vergleiche s''' mit s').

Wäre die Kraft F_2 im letzten Beispiel größer oder kleiner als 2 N, so würde man Energie verlieren bzw. gewinnen (dabei denken wir wie immer an reibungslose Vorgänge).

> **Man kann am Wellrad keine Arbeit einsparen. Das Rad gibt die Energie, die man ihm am Zugseil zuführt, unvermindert an die Last weiter.**

4. Versteckte Kraftarme

Die *Lenkräder* in Autos und die *Steuerräder* von Schiffen werden von Hand gedreht. Man zieht zwar auch an diesen Rädern häufig *tangential* zum Umfang. Doch kann die Kraftrichtung auch hiervon abweichen. Ändert sich dann das Drehmoment?

Versuch 37: a) In der Scheibe nach *Bild 41.2* erzeugt links in A die Kraft $F_1 = 6$ N mit dem Kraftarm $r_1 = 10$ cm das Drehmoment

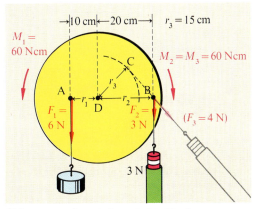

41.2 r_1, r_2 und r_3 sind versteckte Kraftarme.

$M_1 = 60$ Ncm gegen den Uhrzeigersinn. In B erzeugt die halbe Kraft $F_2 = 3$ N mit dem doppelten Kraftarm $r_2 = 20$ cm das gleiche Drehmoment im Uhrzeigersinn. Sie wirkt ja tangential zum Kreis mit Radius r_2 — als wäre ihr Seil um eine Rille mit Radius r_2 gewickelt.

b) Nun neigen wir den Kraftmesser nach rechts in die schwach angedeutete Lage von *Bild 41.2*. Sofort setzt sich die Scheibe gegen den Uhrzeiger in Bewegung, es sei denn, wir ziehen mit der größeren Kraft $F_3 = 4$ N. Was ist geschehen? In der neuen Lage halten wir den Kraftmesser so, als käme der Faden von einer Rille mit dem kleineren Radius $r_3 = 15$ cm her (gestrichelt gezeichnet)! Rechnen wir also versuchsweise mit diesem kleineren Kraftarm $\overline{DC} = r_3 = 15$ cm! Dann erhalten wir für die vergrößerte Kraft $F_3 = 4$ N das Drehmoment $M_3 = F_3 \cdot r_3 = 60$ Ncm. Es gleicht das Drehmoment $M_1 = 60$ Ncm aus. $\overline{DC}$ *ist der versteckte Kraftarm für* F_3.

c) Wir können diese neue Situation nachträglich auf Bekanntes zurückführen: Wir nehmen den Angriffspunkt der Kraft $F_3 = 4$ N von B weg und verlegen ihn längs der Wirkungslinie zurück in einen Stift im Punkt C. Dabei ändern sich weder die Kraft F_3 noch ihr Kraftarm $r_3 = 15$ cm. Die Scheibe bleibt in Ruhe.

Das Drehmoment $M = F \cdot r$ einer Kraft F ändert sich nicht, wenn man ihren Angriffspunkt längs ihrer Wirkungslinie verschiebt. Der Kraftarm r der Kraft F bleibt dabei unverändert.

Bei Gleichgewicht sind die Drehmomente in beiden Drehrichtungen gleich groß.

Aufgaben

1. *Was unterscheidet das Drehmoment von der Arbeit? Kann eine Kraft ein Drehmoment haben, ohne Arbeit zu verrichten und umgekehrt?*

2. *Bei einem Rad mit vielen Rillen bewirkt eine Kraft $F_1 = 8$ N an der Rille mit dem Radius $r_1 = 12$ cm ein Drehvermögen im Gegenzeigersinn; die Kraft $F_2 = 4$ N wirkt an der Rille mit dem Radius $r_2 = 26$ cm im Uhrzeigersinn. In welchem Sinn dreht sich das Rad? Welche andere Rille müßte anstelle der kleineren das Seil übernehmen, damit das Rad in Ruhe bleibt? Wie kann stattdessen durch eine Zusatzkraft F_z an der Rille mit dem Radius $r_z = 4$ cm der Ruhezustand hergestellt werden?*

§ 15 Übersetzungen mit Rädern

1. Kraftübersetzung am Fahrrad

Beim Fahrrad *(Bild 42.1)* sitzen auf derselben drehbaren Achse der Kurbeltrieb und das mit ihm verbundene große Kettenrad, das sich also wie ein *Wellrad* verhält. Deshalb bleibt das *Drehmoment* unverändert. In *Bild 42.1* ist der Radius dieses Kettenrades halb so groß wie der Kraftarm der waagerecht stehenden Pedalkurbel. Treten wir z.B. mit 100 N das Pedal um $s = 10$ cm tiefer, so erfährt die *Kette* am vorderen Kettenrad die doppelte Kraft 200 N *(Tabelle 43.1)*. Das Wellrad ist ein **Kraftwandler** wie der Flaschenzug; es ändert den Betrag der Kraft. Dafür legt die Kette nur den halben Weg (5 cm) zurück. Die Kette überträgt in ihrem oberen gespannten Teil — wie ein Seil — die Kraft F (200 N) und den Weg s (5 cm) unverändert auf das hintere, kleine Kettenrad. Dies bildet mit dem Hinterrad wiederum ein *Wellrad*, und zwar mit dem Radienverhältnis 3 cm : 30 cm = 1 : 10! Am Umfang des Hinterrades tritt also *zur Fortbewegung des Rades* nur noch die Kraft 20 N (= 200 N/10) auf!

Versuch 38: Ziehe nach *Bild 42.1* am vorderen Pedal mit $F_1 = 100$ N nach unten! Miß die Kräfte, die am Umfang des angehobenen Hinterrades sowie in der Kette auftreten!

Ist das Fahrrad eine Fehlkonstruktion, da es die von den Füßen ausgeübte Kraft bis zum Hinterrad auf ein Fünftel herabsetzt *(Tabelle 43.1)*? Nach Spalte 6 bleibt beim Radfahren die *Arbeit* erhalten; der Weg s am Umfang des Hinterrades ist ja 5mal so groß wie der Weg s der Füße an den Pedalen. Das Fahrrad ist deshalb im Flachland beliebt; man kommt dort schnell voran.

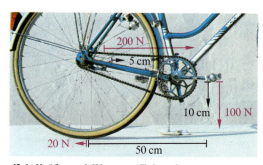

42.1 Kräfte und Wege am Fahrrad

Angriffspunkt der Kraft	Kraft-arm in cm	Kraft in N	Dreh-moment in Ncm	Weg in cm	Arbeit in Joule	Maschinenart
Pedal (etwa waagerecht)	18	**100**	1800	**10**	10 ⎫	**Wellrad:** Kraft verdoppelt, Weg halbiert (Kraftwandler)
Kettenrad, vorn	9	200	1800	5	10 ⎬	**Kettentrieb:** Umdrehungszahl verdreifacht; Drehmoment auf 1/3 verkleinert, Kraft bleibt
Kettenrad, hinten	3	200	600	5	10 ⎭	
Reifenumfang (Straße)	30	**20**	600	**50**	10	**Wellrad:** Weg verzehnfacht, Kraft auf 1/10 verkleinert

Tabelle 43.1 Beim Fahrrad wird die Kraft insgesamt auf 1/5 verkleinert, der Weg auf das 5fache vergrößert.

2. Drehmomentwandler (Kette und Getriebe)

Wir sahen, daß die Fahrradkette die Kraft F unverändert auf das hintere, kleine Kettenrad überträgt. Dort erzeugt diese Kraft wegen des kleineren Kraftarms in der Welle des Hinterrads ein kleineres Drehmoment. Der **Kettenantrieb** ändert also nicht die Kraft, sondern (bei Rädern mit verschiedenen Radien) das *Drehmoment*; er ist ein **Drehmomentwandler.** Das gleiche gilt für Riementriebe, etwa den Keilriemen im Auto oder die *Riemenübersetzung (Transmission)*.

Beim **Zahnradgetriebe** übt ein Zahn des einen Rades unmittelbar eine Kraft F auf einen Zahn des anderen aus. Diese Kraft gibt am Rad mit n-fachem Radius auch das n-fache Drehmoment. Die Zahl der Umdrehungen je Sekunde wird dafür auf den n-ten Teil untersetzt. Dies gilt auch für den Ketten- und Riementrieb.

Der Automotor arbeitet nur gut, wenn er eine hohe *Drehfrequenz* hat, also viele Umdrehungen je Sekunde ausführt. Beim Anfahren schaltet man deshalb im **Wechselgetriebe** den *1. Gang* ein: An zwei Zahnradpaaren wird nach Bild 43.1 die Drehfrequenz zweimal nacheinander von einem jeweils kleinen auf ein großes Zahnrad „untersetzt". Dafür steigt das Drehmoment. Dies vergrößert die Kraft am Reifenumfang erheblich. Deshalb benutzt man den 1. Gang auch am steilen Hang. Im *2. Gang* wird die Drehfrequenz nur einmal untersetzt, im *3. Gang* nicht mehr (Direktgang, die Klauenkupplung ist geschlossen). Beim Gangwechsel müssen die Zahnräder, die ineinander greifen sollen, zuvor auf gleiche Umfangsgeschwindigkeit gebracht werden. Hierzu trennt man in der **Scheibenkupplung** den Motor vom Getriebe. Dabei werden zwei Kupplungsscheiben voneinander gelöst.

> **Im Ketten-, Riemen- und Zahnradgetriebe wirkt zwischen zwei miteinander verbundenen Rädern dieselbe Kraft. Am größeren Rad entsteht ein größeres Drehmoment; seine Drehfrequenz wird kleiner. Es handelt sich um *Drehmomentwandler*. Das Wellrad ist ein *Kraftwandler*; am kleineren Radius wirkt eine größere Kraft. Drehmoment und Drehfrequenz bleiben erhalten.**

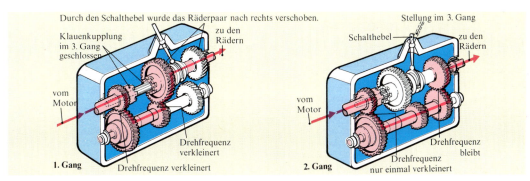

43.1 Kraftwagengetriebe, stark vereinfacht

44.1 Eine Wippe als zweiseitiger Hebel

44.2 Eine Holzlatte als einseitiger Hebel

§16 Der Hebel — ein Kraftwandler

1. Der Hebel — ein verkümmertes Wellrad

Bild 44.1 zeigt, wie der leichte Asterix den schweren Obelix „auf den Hebel nimmt". Er verleiht seiner kleinen Gewichtskraft mit einem großen Kraftarm ein größeres Drehmoment, als es Obelix aufbringt, der nahe an der Achse sitzt. Allerdings mußte Asterix vorher ein großes Stück in die Höhe klettern. Die gewonnene Lageenergie gibt er beim Herabsinken an Obelix ab.

Diese *Wippe* nennt man einen **Hebel.** Da Asterix (Kraft) und Obelix (Last) auf verschiedenen Seiten der Drehachse sitzen, spricht man von einem *zweiseitigen* Hebel. Der Monteur in *Bild 44.2* benutzt den Holzbalken als *einseitigen* Hebel. Beim einseitigen Hebel ist das linke Stangenende D am Boden die Drehachse.

Du weißt aus eigener Erfahrung: Je länger die eingezeichnete Strecke r_2 gegenüber r_1 ist, desto kleiner ist die Kraft F_2, mit der man die Last (F_1) heben kann. *Dies erinnert an das Wellrad!* Dürfen wir beim Hebel auch von Kraftarmen und Drehmomenten sprechen? Sind r_1 und r_2 in *Bild 44.2* Kraftarme? Nun — das Wellrad ist ein fester Körper, der sich um eine Achse D drehen läßt. Solch ein Rad kann man massiv bauen; man kann es aber auch zu einem Speichenrad aushöhlen. Der zweiseitige Hebel ist sozusagen ein Wellrad, das bis auf die Drehachse und zwei Speichen „abgemagert" wurde. Beim einseitigen Hebel benutzt man sogar nur eine Speiche. Denke dir die links gezeichneten Hebel zu Rädern ergänzt! Ist dies zu kühn ausgelegt?

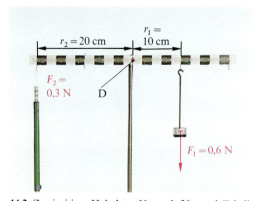

44.3 Zweiseitiger Hebel; zu Versuch 39a und *Tabelle 45.1*. Denke dir den Hebel zum Rad ergänzt!

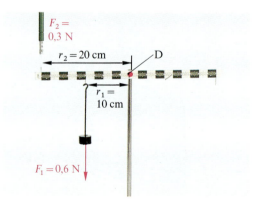

44.4 Einseitiger Hebel; zu Versuch 39b und *Tabelle 45.1*. Ergänze den Hebel in Gedanken zu einem Rad!

Versuch 39: **a)** Hänge nach *Bild 44.3* an die rechte Seite des waagerechten Hebels mit dem Kraftarm $r_1 = 10$ cm ein Wägestück! Mit seiner Gewichtskraft $F_1 = 0{,}6$ N zieht es nach unten und übt daher das Drehmoment $M_1 = F_1 \cdot r_1 = 6$ Ncm im Uhrzeigersinn aus (siehe Seite 40). Miß mit einem Kraftmesser auf der anderen Seite der Achse, welche Kräfte F_2 nach unten an verschiedenen Kraftarmen r_2 aufgewendet werden müssen, um die Last (Gewichtskraft F_1) am waagerechten Hebel in der Schwebe zu halten! *Tabelle 45.1* zeigt: **Am n-fachen Kraftarm braucht man nur den n-ten Teil an Kraft. Der Hebel ist ein Kraftwandler.**

Kraftarm r_2 in cm	4	6	8	10	20
Kraft F_2 in N	1,5	1,0	0,75	0,6	0,3
Drehmoment M_2 in Ncm	6	6	6	6	6

Tabelle 45.1 Zu Versuch 39a. Es gilt $M_2 = F_2 \cdot r_2$.

b) Beim *einseitigen Hebel* nach *Bild 44.4* greift die Kraft F_2 auf derselben Seite wie die Last F_1 an, aber in entgegengesetzter Richtung. Miß F_2 und vergleiche mit *Tabelle 45.1*!

c) Nach *Bild 45.1* greifen mehrere Kräfte am gleichen Hebel an. Er bleibt in Ruhe. Die Drehmomente im Uhrzeigersinn sind:

$M_1 = F_1 \cdot r_1 = 1{,}5$ N $\cdot$ 12 cm = 18,0 Ncm und
$M_2 = F_2 \cdot r_2 = 0{,}3$ N $\cdot$ 18 cm = 5,4 Ncm.
Ihre Summe beträgt **23,4 Ncm.**

Gegen den Uhrzeigersinn wirken die Momente

$M_3 = F_3 \cdot r_3 = 1{,}2$ N $\cdot$ 6 cm = 7,2 Ncm,
$M_4 = F_4 \cdot r_4 = 0{,}3$ N $\cdot$ 12 cm = 3,6 Ncm und
$M_5 = F_5 \cdot r_5 = 0{,}7$ N $\cdot$ 18 cm = 12,6 Ncm.
Ihre Summe ist **23,4 Ncm.**

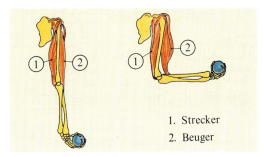

1. Strecker
2. Beuger

45.2 Der Unterarm ist auch ein Hebel! Der Beugemuskel zieht am kurzen, die Last am langen Kraftarm.

Die Momentsummen in beiden Drehrichtungen gleichen sich aus. Man beachte, daß aber die Summe der Kräfte rechts 1,8 N, links dagegen 2,2 N ist! Wie beim Wellrad gilt:

Hebelgesetz: **Am n-fachen Kraftarm braucht man nur den n-ten Teil der Kraft. An einem Hebel sind die Drehmomente ausgeglichen, wenn die Summe der Drehmomente im Uhrzeigersinn gleich der Summe im Gegenzeigersinn ist.**

Beispiel:

Man hängt rechts an einem waagerechten Hebel 20 cm von der Achse entfernt als Last ein 1 kg-Stück an. Wo kann man ihm mit einem 200 g-Stück Momentenausgleich geben? – Da die Kraft hier 1/5 der Last ist, braucht man den 5fachen Kraftarm, d.h. 1,0 m. Dort erzeugt die Kraft $F_2 = 2$ N das Drehmoment $M_2 = F_2 \cdot r_2 = 2$ N $\cdot$ 1,0 m = 2 Nm. Es gibt dem Drehmoment $M_1 = F_1 \cdot r_1 = 10$ N $\cdot$ 0,2 m = 2 Nm der Last (Masse 1 kg) den nötigen Ausgleich, so daß sich der Hebel nicht dreht.

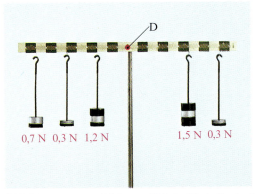

0,7 N 0,3 N 1,2 N   1,5 N 0,3 N

45.1 Momentenausgleich am Hebel. Weshalb darf man hier nicht von Gleichgewicht sprechen?

45.3 Der Kleiderbügel als Hebel. Wo sind die versteckten Kraftarme?

2. Gute Waagen haben Hebel

Sehr zuverlässig sind Waagen, die Hebel benutzen *(Balkenwaage, Bild 17.2)*. Sie bestimmen die Masse des Wägeguts durch Drehmomentenausgleich der Gewichtskraft $G = m \cdot g$ mit Wägestücken. Wägegut und Wägestücke liegen so nahe beisammen, daß für sie der gleiche Ortsfaktor g gilt. Deshalb geben solche Waagen überall — nur nicht gerade im schwerelosen Weltraumlabor — die Masse m an.

a) Bei Waagen höchster Präzision sorgt man bei dem Hebel des Waagebalkens für *gleiche* Kraftarme *(Bild 17.2)*. Man muß Wägestücke genau gleicher Masse aus einem Wägesatz auflegen. Dies erfordert Geduld!

b) Die Wägestücke für sehr schwere Lasten legt man am 10- oder gar 100fachen Kraftarm auf. Dann braucht man nur Wägestücke vom 10ten oder 100sten Teil an Masse. In der Landwirtschaft verwendet man solche *Dezimalwaagen* oft. Last- und Güterwagen fahren auf die „Brücken" von *Brückenwaagen* und werden gewogen (bis 50 t). Die Untersetzung ist hier noch viel größer.

3. Arbeit am Hebel

Wer „am längeren Hebelarm sitzt", braucht weniger Kraft. Er muß aber beim Heben einen längeren Weg s zurücklegen. Wie du *Bild 46.1* entnehmen kannst, ist der Hubweg s am n-fachen Kraftarm auch n-mal so groß (hier doppelt; benutze den Strahlensatz). Da die Kraft auf den n-ten Teil sinkt, muß man die gleiche Arbeit $W = F \cdot s$ wie ohne Hebel aufwenden.

> **Auch am Hebel spart man keine Arbeit; er gibt Energie unverändert weiter.**

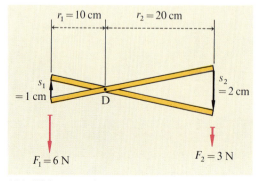

46.1 Kleinere Kraft, aber größerer Weg

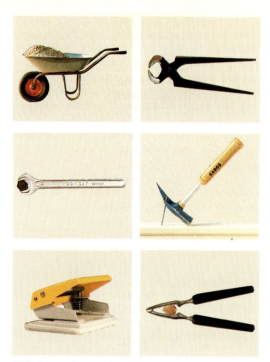

46.2 Anwendungen des Hebels im täglichen Leben

Aufgaben

1. Gib bei den Hebelwerkzeugen Zange, Nußknacker, Bürolocher (Bild 46.2) sowie bei der Schubkarre an, wo die Kraftarme zu messen sind, und schätze bei jedem Beispiel ihr Verhältnis ab! Wie wird die Kraft der Hand ($F = 50$ N) jeweils gewandelt?

2. Ermittle die Kraft, mit der der Tischlerhammer von Bild 46.2 den Nagel aus dem Holz zieht, wenn die Kraft der Hand 50 N beträgt!

3. An einem Schraubenschlüssel, der eine Radmutter festzieht, wirkt die Kraft $F_1 = 60$ N bei einem Kraftarm $r_1 = 11$ cm (Bild 46.2). Eine Flügelmutter, deren Flügelenden 6 cm voneinander entfernt sind, soll genauso fest sitzen. Mit welcher Kraft F_2 muß man dazu auf jeden der beiden Flügel drücken?

4. Bei dem Hebel, den der Unterarm bildet (Bild 45.2), muß die Kraft des Beugemuskels viel größer sein als die Last. Erkläre das und begründe, warum die Bauweise dennoch äußerst sinnvoll ist!

5. In welchem Verhältnis stehen die Gewichtskräfte der am Kleiderbügel von Bild 45.3 angehängten Gegenstände? (Die Gewichtskraft des Bügels allein ist zu vernachlässigen.)

§ 17 Der Schwerpunkt

Versuch 40: Lege ein flaches Lineal in einem beliebigen Punkt quer auf einen waagerecht festgehaltenen runden Bleistift! Sein längeres Ende zieht nach unten. Verschiebe das Lineal vorsichtig so lange, bis es waagerecht zu schweben scheint! Es ist jetzt genau in der Mitte unterstützt. Die übrigen Teile erscheinen *schwerelos*, wie man sofort sieht, wenn man ein Ende auf eine Briefwaage legt: Sie wird nicht belastet. Das Lineal verhält sich so, als wäre seine ganze Masse in der Mitte, im sogenannten **Schwerpunkt** S **(Massenmittelpunkt)**, vereinigt und als griffe dort die Gesamtgewichtskraft G an. Daher ließen wir meist die Drehachse durch den Schwerpunkt des Hebels gehen. Dann erzeugte seine Gewichtskraft kein Drehmoment. Ihr Kraftarm war Null. Der Hebel drehte sich nicht.

Versuch 41: Lege zur Bestätigung nach *Bild 47.1* die Drehachse durch den Punkt D! Stets muß man dem Drehmoment der Gewichtskraft $\vec{G}$, die man sich im Schwerpunkt S angreifend denkt, einen Ausgleich verschaffen. Im Punkt A ($\overline{DA} = \overline{DS}$) läßt sich durch einen Kraftmesser mit der Kraft $F = G$ der Stab in waagerechter Lage halten. Im Punkt B im doppelten Abstand braucht man nur noch die halbe Kraft $G/2$.

> Ein fester Körper verhält sich häufig so, als wäre seine gesamte Masse im Schwerpunkt S vereinigt. Dort kann man sich die Gesamtgewichtskraft angreifend denken.

Man kann den Schwerpunkt durch folgendes Verfahren bestimmen, das vor allem bei unregelmäßig geformten Körpern bequem ist:

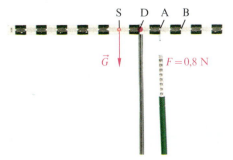

47.1 Zu Versuch 41

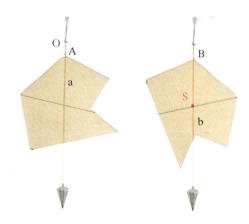

47.2 So findet man den Schwerpunkt

Versuch 42: Hänge nach *Bild 47.2* ein beliebiges Pappestück frei drehbar an einem Punkt A auf! Zeichne mit Hilfe des in O aufgehängten Lots (rot) die Lotlinie („Schwerlinie") a durch den Aufhängepunkt A ein! Bestimme ebenso die *Schwerlinie* b durch einen außerhalb a liegenden Punkt B des Pappestücks! Sie schneiden sich im Punkt S! Bei jeder beliebigen Aufhängung dreht sich der Körper nämlich so lange, bis die Wirkungslinie der in S vereinigt gedachten Gewichtskraft durch den Aufhängepunkt geht. Dann ist ihr Drehmoment Null. Der Schnittpunkt aller Schwerlinien ist also der Schwerpunkt.

Aufgaben

1. *Ein* 80 cm *langer, homogener Stab hat eine Masse von* 200 g *und ist* 20 cm *rechts von der Mitte drehbar gelagert. Welche Kraft muß am rechten Ende angreifen, damit er in waagerechter Lage in Ruhe bleibt? Wo müßte man hierzu mit der Kraft* 1 N *senkrecht nach oben ziehen?*

2. *Wo etwa liegt nach Bild 47.3 der Schwerpunkt des Hochspringers? kommentiere sein Verhalten!*

47.3 Zu Aufgabe 2

Flüssigkeiten und Gase

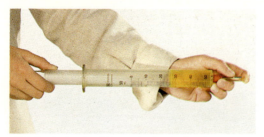

48.1 Ist Luft oder Wasser in der Spritze?

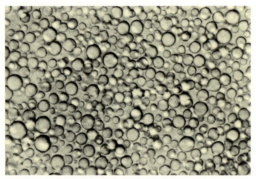

48.2 Fett-Tröpfchen in Milch (Versuch 45)

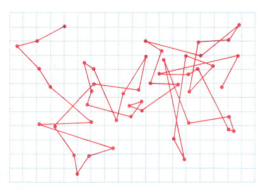

48.3 So bewegt sich ein kleines Tröpfchen!

48.4 Salzteilchen diffundieren nach oben.

§ 18 Vom Aufbau der Körper

1. Fest – flüssig – gasförmig

Unter einem **Körper** versteht man in der Physik jede *abgegrenzte Menge eines Stoffs.* Körper kommen in drei Zustandsformen vor: Im **festen Zustand** lassen sie sich kaum zusammenpressen. Sie behalten ihr Volumen und in der Regel auch ihre Gestalt bei. Körper im **flüssigen Zustand** passen sich der Gefäßform an und bilden eine waagerechte Oberfläche (vom Rand abgesehen). Lassen sie sich zusammenpressen?

Versuch 43: Eine mit cm³-Teilung versehene Glasspritze ist nach *Bild 48.1* mit Wasser gefüllt. Der dicht schließende Kolben gibt nicht nach. — Enthält die Spritze aber *Luft,* so kann man den Kolben weit hineinschieben und so das Volumen der Luft verkleinern. Läßt man ihn los, so kehrt er in die ursprüngliche Stellung zurück; die Luft dehnt sich wieder aus. Dies kennzeichnet den **gasförmigen Zustand.**

2. Der Physiker sucht nach den Ursachen

Wasser als Flüssigkeit kann zu Eis erstarren oder als Dampf in gasförmigen Zustand übergehen — und wieder flüssig werden. „Rettet" sich dabei etwas vom einen Zustand in den anderen?

Versuch 44: Löse einen Löffel *Kochsalzkörnchen* in Wasser! Auch wenn wir das Salz nicht mehr sehen, können wir es noch mit der Zunge schmecken. Gib einige Tropfen der klaren Lösung auf eine Glasplatte! Am nächsten Tag ist das Salz in Form kleiner *Kriställchen* wieder zum Vorschein gekommen. Wie konnte sich das Salz unsichtbar im Wasser verteilen?

Du hast sicherlich schon von **kleinen Teilchen** gehört, aus denen die Stoffe aufgebaut sind, ähnlich wie eine Mauer aus Ziegelsteinen oder ein Sandstein aus Sandkörnern. Man unterscheidet bei diesen Teilchen genauer zwischen *Atomen* und *Molekülen;* wir sprechen im folgenden stets von **Molekülen.** Kann man sie im Mikroskop sehen?

Versuch 45: Wir beobachten einen Tropfen Milch bei 1000facher Vergrößerung unter dem Mikroskop und sehen zahlreiche kleine Kügelchen. Dies sind aber nicht die kleinsten Teilchen (Moleküle). Verdünnt man nämlich die Milch mit Wasser, so wächst der Abstand dieser Kügelchen. Die neu dazwischen tretenden Wasserteilchen erkennt man nicht. Die Kügelchen sind vielmehr *Fett-Tröpfchen,* die im Wasser schweben. Man sieht weder die Moleküle der Fett-Tröpfchen noch die des Wassers; man würde auch die Salzteilchen in Versuch 8 nicht sehen. *Die Moleküle sind also sicher sehr viel kleiner als* $1/1000$ *mm* (ein 0,03 mm dickes Haar würde in *Bild 48.2* als 3 cm dicker Balken erscheinen!).

Merkwürdigerweise zittern diese Tröpfchen ständig und unregelmäßig hin und her. Dieses „*Kleingewimmel*" beobachtete 1827 der Engländer *Brown* als erster. Man nennt es **Brownsche Bewegung.** Sie ist um so stärker, je kleiner die Teilchen sind. Um dies zu verdeutlichen, vergleichen wir die Fett-Tröpfchen mit Papierschnitzeln auf einem Ameisenhaufen. Aus einigem Abstand sehen wir zwar nicht, wie sich die Ameisen bewegen; doch stoßen sie an die Papierstückchen. Je kleiner ein solches Stück ist, um so stärker wird es hin und her gezerrt. Doch bewegt es sich viel langsamer als die Ameisen. Hieraus dürfen wir schließen, daß die unsichtbaren Moleküle der Milch eine noch viel stärkere Bewegung ausführen als selbst die kleinsten Fett-Tröpfchen.

Versuch 46: Die ständige Bewegung der Moleküle kann man auch ohne Mikroskop nachweisen: Wir leiten eine Lösung von violettem Kaliumpermanganat, einem stark färbenden Salz, vorsichtig auf den Boden eines mit Wasser gefüllten Glases *(Bild 48.4)*. Obwohl äußerlich Ruhe herrscht, drängen sich die Salzteilchen bald nach oben zwischen die Wassermoleküle; man sagt, sie **diffundieren** in das zunächst farblose Wasser (diffundere, lat.: zerfließen).

Die rasche Bewegung der Teilchen erklärt auch, warum sich die Moleküle eines Wassertropfens über Nacht in Luft „auflösen", d.h. sich zwischen den Luftteilchen verteilen. An einem kalten Fenster schließen sie sich wieder zu Wassertropfen zusammen.

Versuch 47: Einige Tropfen Äther auf einer Glasplatte sind bald verschwunden. Am Geruch erkennt man überall, daß die Moleküle des gasförmigen *Ätherdampfes* zwischen die Luftmoleküle diffundiert sind.

Wir wollen nun einen Schritt weitergehen und die Eigenschaften der *drei Zustandsformen* fest, flüssig und gasförmig mit Hilfe der Molekülvorstellung verstehen lernen.

3. Wir veranschaulichen die 3 Zustandsformen

Stellen wir uns einmal die Moleküle vergröbert und vergrößert als kleine Glas- oder Kunststoffkügelchen vor!

a) Flüssigkeiten können fließen

Versuch 48: Fülle ein Glas mit kleinen Kunststoffkügelchen nach *Bild 49.1* und neige es! Die Kügelchen können gegeneinander „fließen"; sie verschieben sich so, daß stets eine angenähert *waagerechte Oberfläche* entsteht. An jeder Unebenheit rollen sie herab, bis diese ausgeglichen ist. Diese **Modellflüssigkeit** gibt eine gute Vorstellung für richtige Flüssigkeiten (denke an das stark vergrößerte **Modell** einer Ameise im Biologieunterricht). Bei richtigen Flüssigkeiten wird das Fließen durch die Molekülbewegung unterstützt. — Dringt man mit dem Finger zwischen die Teilchen, so weichen sie aus; die „Oberfläche" hebt sich. Fallen einige Kügelchen auf den Tisch, so rollen sie nach allen Seiten weg. Hier versagt der Vergleich mit der Modellflüssigkeit: Flüssigkeiten bleiben im allgemeinen — zumindest als Tropfen — beisammen: Ein Wassertropfen bleibt z.B. am Finger hängen. Also müssen zwischen richtigen Molekülen *Anziehungskräfte* bestehen, auch wenn diese Kräfte nur klein sind. Sie hal-

49.1 Die Modellflüssigkeit „fließt" aus.

50.1 In jeder Schneeflocke sind die Moleküle nach Symmetrieprinzipien geordnet.

50.2 Der Kochsalzkristall zeigt rechte Winkel.

50.3 Metalloberfläche – 10000fach vergrößert!

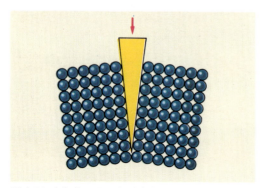

50.4 Modell eines Kochsalzkristalls

ten z.B. die Fettaugen auf der Suppe beisammen. Man nennt diese Kräfte **Kohäsionskräfte** (cohaerere, lat.: zusammenhalten).

> **Die Moleküle einer Flüssigkeit berühren sich und haften mit geringen Kohäsionskräften zusammen. Sie lassen sich leicht gegeneinander verschieben.**
>
> **Man kann Flüssigkeiten nur sehr schwer auf engeren Raum zusammenpressen; ihr Volumen ist annähernd konstant.**

b) Ordnung und Festigkeit im Kristall

Wenn Wasser zu Eis gefroren ist, verschieben sich die Moleküle nicht mehr gegeneinander. Sie haften im **festen Zustand** offensichtlich stark aneinander. Wie die schönen *Kristallformen* einer Schneeflocke *(Bild 50.1)*, aber auch die rechten Winkel bei Salzkristallen vermuten lassen, ordnen sich die Moleküle in ganz bestimmter Weise:

Versuch 49: Wir schmelzen Fixiersalz und gießen die Schmelze auf eine kalte Glasplatte. In der Projektion sehen wir, wie beim Abkühlen regelmäßige Kristalle entstehen *(Bild 50.2)*. Auch die Festigkeit von *Metallen* beruht auf der Ordnung ihrer kleinsten Teilchen in vielen Kriställchen, die eng verzahnt sind *(Bild 50.3)*.

> **Im Kristall sind die kleinsten Teilchen in einer festen Ordnung aneinander gebunden. Feste Körper behalten Volumen und Gestalt bei.**

Im Kochsalzkristall bilden die kleinsten Teilchen ein würfelförmiges Gitter. Er läßt sich – ähnlich wie ein Glimmerkristall – leicht nach ganz bestimmten Richtungen spalten *(Bild 50.4)*.

c) Gase geben Rätsel auf

Bei Gasen scheint manches widersprüchlich zu sein: Gase lassen sich leicht zusammenpressen; offensichtlich besteht zwischen ihren Molekülen viel freier Raum: Aus 1 cm³ flüssigem Wasser werden im gasförmigen Zustand 1700 cm³ Wasserdampf. Ein Gasmolekül hat also 1700mal mehr Platz zur Verfügung als ein Molekül in der Flüssigkeit. Dabei sind die Moleküle im Gas nicht etwa größer als in der Flüssigkeit. Den freien Raum zwischen Gasmolekülen erkennen wir etwa daran, daß in ihn die Moleküle anderer Gase, z.B. von Ätherdämpfen, leicht hineindiffundieren. Äthermoleküle verteilen sich in ihm schnell auf weite Strecken (Versuch 47).

Warum fallen dann aber die Gasmoleküle nicht alle zu Boden, sondern füllen jeden Raum, den man ihnen zur Verfügung stellt, ganz aus? Hat dies etwas mit ihrer ständigen Bewegung zu tun?

Versuch 50: In einem Gefäß mit Glaswänden ist der Boden als Stempel ausgebildet und wird von einem Motor schnell auf- und abbewegt. Die kleinen Glaskugeln fliegen deshalb völlig regellos umher *(Bild 51.1)*. Durch ihren ständigen Aufprall heben sie die Platte P aus Pappe, die das Gefäß oben abschließt, und halten sie in einer bestimmten Höhe. Das größere Styroporstück B macht nur eine schwache Zitterbewegung. Wir können es mit einem Fett-Tröpfchen in der Milch vergleichen, das wegen der Molekülbewegung ständig hin- und herzittert.

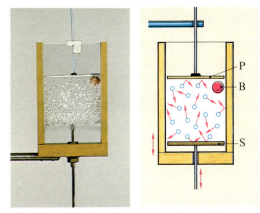

51.1 Modellversuch, der den Druck von Gasen erklärt

> **Die Moleküle eines Gases sind ständig in schneller Bewegung; zwischen ihnen ist viel Raum; deshalb kann man Gase leicht zusammendrücken. Sie füllen jeden Raum aus.**

Aus der Masse $m = 0{,}36$ g können wir mit der Gleichung $G = m \cdot g$ nach Seite 19 auch die Gewichtskraft G berechnen, welche die eingepreßte Luft bei uns erfährt. Mit dem Ortsfaktor $g \approx 10$ N/kg = 1 cN/g folgt $G = 0{,}36$ cN.

> **Beispiel:** Die Luft in einem Klassenzimmer (12 m lang, 8 m breit, 3 m hoch; $V = 288$ m³) hat die Masse $m = \varrho \cdot V = 1{,}2$ kg/m³ · 288 m³ = 346 kg.

4. Ist Luft ein gewichtsloses Etwas?

Luft nimmt einen Raum ein: Auf Seite 11 hast du das Volumen deiner Atemluft gemessen. Im Winter kannst du sie wegen ihres Wasserdampfgehaltes sogar sehen; sie schwebt als „Hauch" frei im Raum. Erfahren Luft und andere Gase also keine Gewichtskraft, haben sie keine Masse?

Versuch 51: Auf einer genauen Waage wird ein Glaskolben (etwa 1 l Inhalt) mit Wägestükken genau austariert. Wir pressen dann mit einer Glasspritze zusätzlich 300 cm³ Luft in den Kolben. Er wird schwerer. Damit die Waage wieder ins Gleichgewicht kommt, müssen wir auf die andere Waageschale 360 mg auflegen. Wir folgern: Luft mit dem Volumen $V = 0{,}30$ l (in nicht zusammengepreßtem Zustand) besitzt die Masse $0{,}360$ g. Ihre Dichte beträgt also

$$\varrho = \frac{m}{V} = \frac{0{,}360 \text{ g}}{0{,}30 \text{ l}} = 1{,}2 \frac{\text{g}}{\text{l}} = 1{,}2 \frac{\text{kg}}{\text{m}^3}.$$

5. Beobachten und Denken ergänzen sich

Als wir die Eigenschaften der Körper untersuchten und an ihnen Messungen vornahmen, verwerteten wir nur das, was wir mit unseren *Sinnen* (Auge, Tastsinn usw.) unmittelbar beobachten und mit Instrumenten messen konnten (Raumerfüllung, Länge, Volumen usw.). In die Welt der Moleküle dringen aber unsere Sinne nicht ein. Doch liegen dort die Ursachen für die wahrnehmbaren Eigenschaften der Stoffe. Wir versuchten deshalb, diese Eigenschaften mit Hilfe einfacher Vorstellungen von kleinsten Teilchen zu erklären.

Bei diesem Nachdenken halfen sogenannte **Modellversuche** *(Bild 51.1)*. Die Vorstellungen, die wir uns bei diesen Modellversuchen machen, nennt man *Modellvorstellungen* oder kurz *Modelle*. Sie geben die Vorgänge in den kleinsten Bereichen zunächst stark vereinfacht wieder; wir kennen zum Beispiel weder Form noch Größe der Moleküle. Wir wissen nicht, wie die einzelnen Teilchen miteinander in Wechselwirkung treten, wie sie sich beeinflussen. Finden wir zunächst die Größe der Moleküle heraus!

§ 19 Die Größe der Moleküle

Versuch 52: a) Wir füllen eine Menge kleiner Kugeln in einen Meßzylinder *(Bild 52.1 a)*. Zusammen mit den Zwischenräumen nehmen sie z. B. das Volumen 100 cm³ ein.

b) Die Kugeln geben wir in einen flach gewölbten Teller und schütteln etwas. Sie breiten sich zu einer kreisförmigen Schicht aus, in der Kugel neben Kugel liegt *(Bild 52.1 b)*. Ihre Grundfläche A kann man auf kariertem Papier nachzeichnen und durch Auszählen bestimmen oder nach der Gleichung $A = 3{,}14\, r^2$ aus dem Radius r des Kreises berechnen.

c) Die Höhe h *(Bild 52.1 c)* der Schicht gibt mit der Grundfläche A multipliziert ihr Volumen $V = A \cdot h$. Hieraus berechnet man die Höhe und damit den Kugeldurchmesser

$$h = \frac{V}{A} = \frac{100\,\text{cm}^3}{200\,\text{cm}^2} = 0{,}5\,\text{cm}.$$

Wir übertragen diesen Versuch auf Flüssigkeiten. Statt Kugeln in einen Teller lassen wir einen Tropfen Öl mit seiner Vielzahl von Ölmolekülen auf eine Wasseroberfläche fallen. Das Öl schwimmt auf dem Wasser und bildet einen dünnen Film. – Die Durchführung des Versuchs gelingt gut, wenn wir eine Lösung von Öl in Benzin verwenden, die nur 0,1 % Öl enthält.

Versuch 53: a) Wir bestimmen das Volumen V der Ölmenge in einem Tropfen der Lösung. Dazu lassen wir sie aus einer Bürette *(Bild 52.2)* langsam austropfen.

Wir lesen ab, daß sich 1 cm³ der Lösung in 60 Tropfen aufteilt. 1 Tropfen mißt also $\frac{1}{60}$ cm³ und enthält $V = \frac{1}{60\,000}$ cm³ Öl.

b) Einen Tropfen der Lösung geben wir auf eine ruhige Wasseroberfläche, die vorher mit Bärlappsporen bestreut wurde. Sofort verteilt sich die Lösung auf eine große Kreisfläche, zieht sich aber schnell auf eine kleinere von $r = 7$ cm Radius zusammen, denn das Benzin verdunstet. Es bleibt eine dünne Ölschicht. In ihr liegen die Ölmoleküle nur nebeneinander *(Bild 52.1 c)*. Vielleicht lagern zunächst viele Moleküle übereinander. Wegen ihres Gewichts und der ständigen Bewegung fallen sie aber herab und drücken die unten liegenden zur Seite. So entsteht eine *einmolekulare Schicht*. Deren Gesamtfläche beträgt $A \approx 160$ cm².

c) Für die Höhe h der Ölschicht und damit für den Durchmesser der Ölmoleküle finden wir gemäß Versuch 52c:

$$h = \frac{V}{A} = \frac{1\,\text{cm}^3}{60\,000 \cdot 160\,\text{cm}^2} \approx \frac{1}{1\,000\,000}\,\text{mm}.$$

Versuch 54: Wir nahmen an, daß die Ölmoleküle in einer einmolekularen Schicht liegen *(Bild 52.1 c)*. Wenn dies richtig ist, so behält diese Schicht beim Zugeben eines 2. Tropfens ihre Höhe h und verdoppelt die Fläche; bei 4 Tropfen wird die Fläche 4fach. Dies bestätigt sich gut im Versuch.

> **Der Durchmesser eines Ölmoleküls beträgt etwa ein Millionstel Millimeter.**

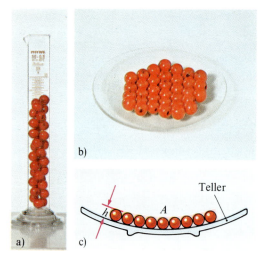

52.1 Zu Versuch 52

52.2 Der Ölfleck schob die Bärlappsporen beiseite.

§ 20 Der Kolbendruck

1. Flüssigkeiten unter Druck

Den Begriff „Druck" verwenden wir oft im täglichen Sprachgebrauch. Man denke an Über- und Unterdruck, Luftdruck, Druck in der Wasserleitung. — Druck gibt's auch beim Auto: Mit Hilfe des Bremspedals setzt der Autofahrer die Bremsflüssigkeit „unter Druck"; sie ruft an allen Rädern große Bremskräfte hervor. An der Tankstelle preßt man Luft ins Innere des Autoreifens und erhöht den *Reifendruck*; der Reifen bläht sich *nach allen Seiten* auf. Der *Explosionsdruck* der Verbrennungsgase im Autozylinder treibt die Kolben an (Seite 128).

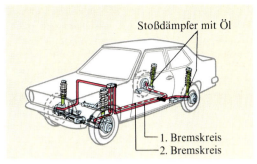

53.1 Im Auto stehen Flüssigkeiten und Gase unter Druck; z.B. die Bremsflüssigkeit in den Bremsleitungen und die Luft in den Reifen.

Diese Beispiele zeigen: Wenn Flüssigkeiten und Gase Kräfte ausüben, sagt man, es herrsche **Druck**. Was versteht man darunter in der Physik? Was ist dabei anders als bei Kräften in festen Körpern?

Versuch 55: Auf feste Körper können wir Kräfte ausüben: Sie haben jeweils — wie alle Kräfte — eine ganz bestimmte Richtung (*Bild 53.2a*). Wollen wir dagegen mit dem Finger eine Kraft auf eine Wasseroberfläche übertragen, so weichen die Teilchen seitlich aus (*Bild 53.2b*); wir werden unsere Kraft dem Wasser gegenüber nicht los. Was tun? Wasser wird in einen Zylinder mit dicht schließendem Kolben eingesperrt, z.B. in eine Glasspritze (*Bild 53.2c*). Die Kraft F wirkt jetzt im Bereich der ganzen Kolbenfläche A gleichmäßig auf das Wasser. Nun kann die Flüssigkeit nicht mehr entweichen; deshalb übt sie auf alle sie begrenzenden Wandflächen Kräfte aus.

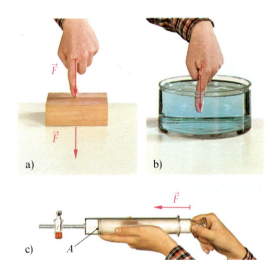

53.2 Kraft auf einen festen Körper (a), eine Wasseroberfläche (b) und eine eingeschlossene Wassermenge in einer Glasspritze (c)

Versuch 56: Wir zeigen die Kräfte auf die Begrenzungsflächen. Dazu üben wir mit einem Kolben auf die im Gefäß des *Bildes 53.3a* eingeschlossene Flüssigkeit eine Kraft aus. Die Flüssigkeit spritzt nach allen Richtungen gleich stark.

Aber auch auf Begrenzungsflächen nach innen (auf Hohlräume) werden Kräfte ausgeübt:

Versuch 57: Das Gefäß nach *Bild 53.3b* enthält neben Wasser eine mit Luft gefüllte Gummiblase. Übt man eine Kraft auf den Kolben aus und verschiebt ihn nach links um die Strecke s, so wird die Blase kleiner, bleibt aber rund. Offenbar erfährt sie von allen Seiten Kräfte.

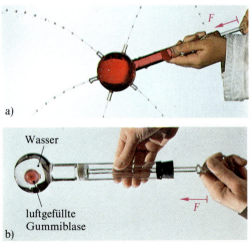

53.3 a) Zu Versuch 56. Vergleiche mit dem Modellversuch in *Bild 54.1!* b) Zu Versuch 57

53

Um dieses Verhalten der Flüssigkeiten zu verstehen, stellen wir uns im **Modellversuch** nach *Bild 54.1* ein Gefäß vor, das mit kleinen, reibungsfreien Kügelchen angefüllt ist. Sie stellen die leicht gegeneinander verschiebbaren Flüssigkeitsteilchen dar. Auf sie übt der rechte Kolben eine Kraft nach links aus (vgl. mit *Bild 53.3a*). Jedes Kügelchen versucht, sich zwischen zwei andere zu schieben und sie zur Seite zu drängen. Auf diese Weise setzt sich die Wirkung der Kraft nach allen Richtungen fort. Verfolge dies!

Durch die Kolbenkraft wurde die Flüssigkeit in einen **Druckzustand** versetzt. Man sagt, es herrscht in ihr **Druck.** Wir erkennen dies daran, daß auf jede Begrenzungsfläche Kräfte ausgeübt werden. Dies ist eine Folge der leichten Verschiebbarkeit der Flüssigkeitsteilchen.

2. Druckzustand in Gasen

Die Versuche 55 und 57 lassen sich auch mit Gasen durchführen. Wir füllen dazu die Gefäße nur mit Luft anstatt mit Wasser. Einen Unterschied merken wir aber sofort: Üben wir auf eine eingeschlossene Gasmenge mit einem beweglichen Kolben eine Kraft aus, so verkleinert sich das Volumen. Und sonst? Genauso wie bei den eingeschlossenen Flüssigkeiten herrscht im komprimierten Gas ein Druckzustand. Wieder wirkt auf jede Begrenzungsfläche eine Kraft, die vorher nicht vorhanden war. Man spürt dies z.B., wenn man eine Fahrradpumpe an ihrer seitlichen Öffnung zuhält und den Kolben in die Pumpe hineinzuschieben versucht.

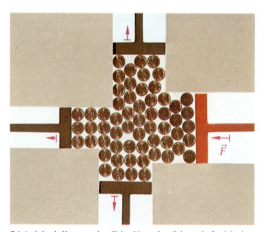

54.1 Modellversuch: Die Kugeln (hier einfachheitshalber Pfennige) drücken sich nach allen Seiten weg, wenn auf den rechten Kolben eine Kraft wirkt.

Die Gummiblase in Versuch 57 wird auch dann zusammengepreßt, wenn die Glasspritze mit Luft gefüllt ist.

Wie alle bisherigen Versuche und Überlegungen zeigen, ist *Druck etwas anderes als Kraft.*

> **Flüssigkeiten und Gase können in einen Druckzustand versetzt werden. Wir erkennen ihn daran, daß auf jede Begrenzungsfläche eine Kraft wirkt.**

3. Was versteht man unter Druck?

Versuch 58: Nach *Bild 55.1* sind drei Glasspritzen durch Schlauchleitungen verbunden und mit einer Flüssigkeit gefüllt. Üben wir nun z.B. auf den äußersten Kolben links eine Kraft F_1 nach unten aus, so erfahren die beiden anderen Kolben Kräfte nach oben: Sie werden in die Höhe gehoben.

Der in *Bild 54.1* dargestellte Modellversuch veranschaulicht, wie eine solche Kraftübertragung zustande kommt: Der rot getönte Kolben entspricht dem Kolben, auf den eine Kraft F wirkt; zwei der braun getönten verschiebbaren Wände entsprechen den beiden anderen Kolben. Je größer die Fläche einer solchen verschiebbaren Wand ist, desto mehr Kugeln greifen an ihr an. Wenden wir diese Modellvorstellung auf Versuch 58 an, so kommen wir zu der Vermutung, daß die Kraft F_1, die wir auf den linken Kolben der Fläche $A_1 = 2$ cm² ausüben, *nicht* mit gleichbleibendem Betrag auf die beiden anderen Kolben übertragen wird. Es ist anzunehmen, daß der Kolben mit der doppelten Fläche $2 A_1 = 4$ cm² auch die doppelte Kraft $2 F_1$, der Kolben mit der dreifachen Fläche $3 A_1 = 6$ cm² die dreifache Kraft $3 F_1$ erfährt: $F \sim A.$

Versuch 59: Wir prüfen diese Vermutung nach: Dazu legen wir auf den linken Kolben nach *Bild 55.1* ein Wägestück, so daß auf die Flüssigkeitsoberfläche im linken Zylinder zusammen mit der Gewichtskraft des Kolbens eine Kraft von $F_1 = 200$ cN ausgeübt wird. Um die Beträge der Kräfte zu messen, welche jetzt die beiden anderen Kolben jeweils nach oben erfahren, legen wir auf diese so viele Wägestücke, daß Stillstand der Kolben eintritt. *Tabelle 55.1* zeigt das Versuchsergebnis. Unsere Vermutung bestätigt sich.

Führen wir den Versuch mit anderen Kräften durch, so finden wir stets, daß für alle Glasspritzen der Quotient $\frac{\text{Kraft } F}{\text{gedrückte Fläche } A}$ gleich groß ist. Dabei können an die Schlauchleitungen des Versuchs beliebig viele weitere Glasspritzen angeschlossen sein; sie dürfen auch seitlich oder an der unteren Schlauchwand angebracht werden. Sofern dabei keine großen Höhenunterschiede auftreten, hat der Quotient F/A überall den gleichen Betrag. Dieser Quotient ist somit ein eindeutiges Maß für den Druckzustand. Man nennt ihn den **Druck p**. Der Druck ist also überall gleich. Die Angabe der Kräfte allein genügt nicht, um ihn zu kennzeichnen – man muß auch die Flächen A berücksichtigen.

Versuch 60: Wir ersetzen die Flüssigkeit in der Anordnung des *Bildes 55.1* durch Luft und wiederholen den Versuch 59. Beim Belasten der Kolben wird die Luft zwar etwas zusammengepreßt, sonst ändert sich aber am Ergebnis nichts. Bei Druckausgleich erhalten wir dieselben Werte wie in *Tabelle 55.1*. Es ist also sinnvoll, auch bei Gasen den Druck $p = F/A$ zu benutzen.

> **Erfährt die Begrenzungsfläche A einer Flüssigkeit oder eines Gases die Kraft F, so nennen wir den Quotienten $\frac{F}{A}$ den Druck p:**
>
> $$p = \frac{F}{A} \quad \textit{(Definition des Drucks)}. \tag{55.1}$$
>
> **Der Druck, den ein Kolben in einer ruhenden Flüssigkeit oder in einem eingeschlossenen Gas erzeugt (Kolbendruck), ist an jeder Stelle der Flüssigkeit bzw. des Gases gleich groß:**
>
> $$\frac{F_1}{A_1} = \frac{F_2}{A_2} = \frac{F_3}{A_3} = \ldots \text{konstant} = p \tag{55.2}$$
>
> *(Gesetz für den Kolbendruck).*

Die Kräfte auf die Begrenzungsflächen stehen immer senkrecht zur Fläche. Würde nämlich auf Flüssigkeitsteilchen an der Wand eine schräg wirkende Kraft ausgeübt, so müßten sie an der Wand entlangrutschen (lege Kügelchen auf den Tisch und drücke schräg von oben darauf); Wandströmungen müßten auftreten. Dies wird aber im Ausgleichszustand nicht beobachtet. Wir zeichnen daher die Kräfte meist so, daß ihre Pfeilspitzen rechtwinklig auf die Angriffsfläche zeigen (vgl. z.B. *Bild 56.2*).

> **Herrscht in einer Flüssigkeit oder in einem Gas der Druck p, so erfährt eine beliebig liegende Begrenzungsfläche A eine ihr proportionale Kraft F vom Betrag**
>
> $$F = p \cdot A. \tag{55.3}$$
>
> **Diese Kraft F steht senkrecht zur gedrückten Fläche.**

Der Druck selbst hängt also nicht von der Stellung der gedrückten Fläche ab. Wir können ihm keine Richtung zuschreiben, er ist ein *Skalar* (Seite 22). Erst wenn wir eine bestimmte Begrenzungsfläche ins Auge fassen, können wir eine *Kraft* $\vec{F}$ mit Betrag und Richtung, also eine *Vektorgröße*, angeben; diese wirkt stets senkrecht zur Begrenzungsfläche. Der Begriff Druck in Flüssigkeiten und Gasen ist deshalb von den Kräften auf Flächen genauso zu unterscheiden wie etwa die Masse von der Gewichtskraft. Leider wird in der Umgangssprache zwischen Kraft und Druck oft nicht unterschieden. Sagt man z.B.: „Ich drücke ...", so meint man: „Ich übe eine Kraft aus ...".

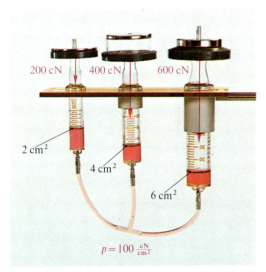

55.1 Die Kräfte sind verschieden, der Druck ist jedoch überall gleich, nämlich 100 cN/cm².

	Fläche A	Kraft F	F/A
Kolben 1	2 cm²	200 cN	100 cN/cm²
Kolben 2	4 cm²	400 cN	100 cN/cm²
Kolben 3	6 cm²	600 cN	100 cN/cm²

Tabelle 55.1 Zu Versuch 59. In der Kraft F ist jeweils die Gewichtskraft der Kolben enthalten.

4. Druckeinheiten und Druckmessung

Wir fanden in *Tabelle 55.1* für den Druck $p = F/A$ die Einheit $1\ cN/cm^2$; man nennt sie 1 Millibar (mbar). Ferner benutzen wir die 1000mal größere Einheit $1\ bar = 1000\ cN/cm^2 = 10\ N/cm^2$. Man findet sie z. B. auf alten Druckmessern für Autoreifen.

Mit den Einheiten 1 N und 1 m² ergibt sich die sehr kleine Druckeinheit **1 Pascal (Pa)** = $1\frac{N}{m^2} = \frac{1}{100000}$ bar = $\frac{1}{100}$ mbar. Das Pascal ist für den amtlichen Verkehr (z.B. TÜV, Wetterdienst) verbindlich vorgeschrieben. Der Einfachheit halber verwendet man dort allerdings das Hektopascal (hPa), weil 1 hPa = 100 Pa = 1 mbar.

Druckeinheiten sind $\quad 1\ Pa = 1\ \dfrac{N}{m^2};$

$1\ bar = 10\ \dfrac{N}{cm^2};\quad 1\ mbar = 1\ \dfrac{cN}{cm^2}.\quad (56.1)$

Beispiele:

1. Auf eine Begrenzungsfläche von 5 cm² einer Flüssigkeit wirkt die Kraft 20 N. Wie groß ist der Druck p in der Flüssigkeit in bar und mbar?

$p = \dfrac{F}{A} = \dfrac{20\ N}{5\ cm^2} = 4\ \dfrac{N}{cm^2} = 0{,}4\ bar = 400\ mbar.$

2. Der Druck in einer Flüssigkeit sei 2 bar. Welche Kraft wirkt auf eine Begrenzungsfläche von 75 cm²?

$F = p \cdot A = 2\ bar \cdot 75\ cm^2 = 20\ \dfrac{N}{cm^2} \cdot 75\ cm^2 = 1500\ N.$

Geräte zur Druckmessung heißen **Manometer**. Beim Manometer von *Bild 56.1* erzeugt der zu messende Druck an der dünnen, gewellten Membran eine ihm proportionale Kraft. Ein Hebelmechanismus überträgt die eintretende Verbiegung nach oben auf den Zeiger, der an der Skala den Druck angibt. Empfindliche Manometer haben große und dünne Membranen.

Versuch 61: Wir wollen die Skala eines Manometers überprüfen. Dazu verbinden wir seinen Anschlußstutzen nach *Bild 56.1* durch einen Schlauch mit der Glasspritze. Die im Zylinder und in der Leitung befindliche Luft überträgt den Kolbendruck. – Wir legen verschiedene Wägestücke auf; ihre Gewichtskräfte ergeben jeweils zusammen mit der Gewichtskraft des Kolbens die Kräfte F, welche auf die Querschnittsfläche A ausgeübt werden. Wir berechnen $p = F/A$ und vergleichen das Ergebnis mit der Anzeige des Manometers.

Aufgaben

1. Was ändert sich in Versuch 59 nach Bild 55.1, wenn auf die Flüssigkeitsoberfläche in der linken Glasspritze 15 N statt 2 N wirken? Wann erhält man wieder Druckausgleich?

2. Auf ein 5 cm² großes Stück der Innenwand eines Autoreifens wirkt die Kraft 90 N. Wie groß ist der Druck im Autoreifen in Bar und Millibar?

3. In einer Wasserleitung herrscht ein Druck von 4,3 bar. Welche Kraft braucht man, um mit dem Daumen an einem geöffneten Hahn von 1,4 cm² Querschnitt das Ausfließen zu verhindern? Welche Kraft wäre hierzu am Hydrantanschluß von 25 cm² Querschnitt nötig?

4. Welche Querschnittsfläche muß der Kolben in Bild 56.1 haben, um mit einem 1 kg-Stück die Druckangabe 1,5 bar am Manometer zu prüfen?

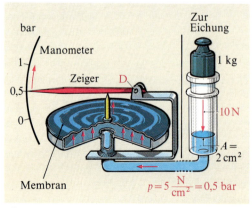

56.1 Membranmanometer, Aufbau und Eichung

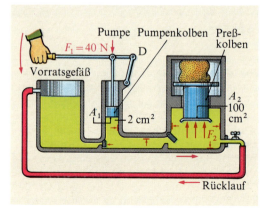

56.2 Hydraulische Presse

§ 21 Anwendungen des Kolbendrucks

1. Kräfte werden verstärkt

a) *Bild 56.2* zeigt eine mit Flüssigkeit gefüllte **hydraulische Presse** (hydor, griech.: Wasser; Flüssigkeit). Senkt man den Pumpenkolben, so wird Ventil 1 geschlossen, Ventil 2 geöffnet. Beim Heben des Pumpenkolbens ist es umgekehrt; dann kann neues Öl aus dem Vorratsgefäß in den Pumpenzylinder fließen, das beim Niederdrücken des Kolbens nach rechts gepreßt wird. Die Hand übe über den Hebel auf den Pumpenkolben mit dem Querschnitt $A_1 = 2$ cm² die Kraft $F_1 = 40$ N aus. Dann herrscht in der gesamten Flüssigkeit (mit Ausnahme des Vorratsgefäßes) derselbe Druck, nämlich

$$p = \frac{F_1}{A_1} = \frac{40 \text{ N}}{2 \text{ cm}^2} = 20 \frac{\text{N}}{\text{cm}^2} = 2 \text{ bar}.$$

Damit erfährt jedes beliebige Quadratzentimeter der Begrenzungsfläche die Kraft 20 N. Dies nutzt man im Preßkolben mit der Fläche $A_2 = 100$ cm² aus. Er erfährt die Kraft

$$F_2 = p \cdot A_2 = 20 \frac{\text{N}}{\text{cm}^2} \cdot 100 \text{ cm}^2 = 2000 \text{ N}.$$

F_1 wurde im Verhältnis 50:1, d.h. im Verhältnis der beiden Kolbenflächen verstärkt.

b) Entfernt man die oberste Abdeckung über dem Preßkolben, so entsteht aus der Presse eine hydraulische Hebebühne, wie sie fast in jeder Autowerkstatt benutzt wird *(Bild 57.1)*. Der Antrieb des Pumpenkolbens erfolgt natürlich nicht mit der Hand, sondern mit einem Motor; mit kleiner Kraft wird dabei eine schwere Last gehoben.

c) Auch bei Flaschenzug und Hebel hatten wir ähnliche Lastprobleme behandelt. Spart man durch die Kraftverstärkung bei der hydraulischen Hebebühne vielleicht *Arbeit*? Am Beispiel der oben genannten Zahlen wollen wir uns dies überlegen: Die Hebebühne trage eine Last mit der Gewichtskraft 2000 N. Der Preßkolben ($A_2 = 100$ cm²) soll etwa um $s_2 = 1$ m gehoben werden. Hierzu muß man unter ihn Flüssigkeit vom Volumen

$$V_2 = A_2 \cdot s_2 = 100 \text{ cm}^2 \cdot 100 \text{ cm} = 10\,000 \text{ cm}^3$$

aus dem Vorratsgefäß pumpen. Senkt man den Pumpenkolben ($A_1 = 2$ cm²) um $s_1 = 10$ cm, so schließt sich Ventil 1 und nur das Volumen

$$V_1 = A_1 \cdot s_1 = 2 \text{ cm}^2 \cdot 10 \text{ cm} = 20 \text{ cm}^3$$

an Flüssigkeit wird nach rechts gepumpt. Damit sich der Preßkolben um $s_2 = 1$ m hebt, muß man den Pumpenkolben 500mal heben und hinabpressen. Dabei werden $500 \cdot 20 \text{ cm}^3 = 10\,000 \text{ cm}^3$ Flüssigkeit nach rechts geschafft. Jedesmal ist die Arbeit $F_1 \cdot s_1 = 40 \text{ N} \cdot 0,1 \text{ m} = 4 \text{ Nm}$ zu verrichten. Die gesamte Arbeit beträgt:

$$W_1 = 500 \cdot (F_1 \cdot s_1) = 500 \cdot 4 \text{ Nm} = 2000 \text{ Nm}.$$

Dafür verrichtet der Preßkolben an der Last die Arbeit

$$W_2 = F_2 \cdot s_2 = 2000 \text{ N} \cdot 1 \text{ m} = 2000 \text{ Nm}.$$

Auch die hydraulische Hebebühne spart keine Arbeit. Sie gibt Energie unverändert weiter.

d) Hydraulische Pressen verwendet man zum Formen von Karosserieteilen, zum Pressen von Stroh und zum Auspressen von Obst. Vor allem dort, wo große Kräfte benötigt werden, setzt man die „Hydraulik" ein *(Bild 57.2)*.

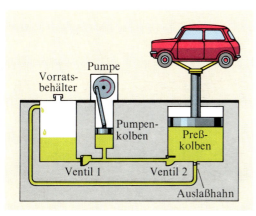

57.1 Hebebühne für Kraftfahrzeuge

57.2 „Hydraulik" an einem Bagger

2. Flüssigkeiten und Gase helfen beim Bremsen

In der *Bremsanlage des Autos* möchte man die Kraft am Bremspedal auf alle 4 Räder gleichmäßig verteilen und zudem verstärken *(Bild 53.1)*. Hierzu eignet sich der Flüssigkeitsdruck sehr gut. Die Bilder auf Seite 26 zeigen die Arbeitsweise der Trommel- bzw. Scheibenbremse. Wenn man das Bremspedal mit mäßiger Kraft um mehrere Zentimeter verschiebt, so bewegt sich der Bremsbelag mit sehr großer Kraft um etwa 1 mm. Der überall gleiche Druck in der Bremsflüssigkeit sorgt dafür, daß alle vier Räder gleichmäßig gebremst werden. Wäre das nicht der Fall, bestünde Schleudergefahr. Wenn allerdings der Bremsschlauch leck wird, versagen alle vier Bremsen gleichzeitig. Deshalb benutzt man oft zwei getrennte Bremskreise (Zweikreissystem; in *Bild 53.1* rot und rot-weiß). Bei der *Druckluftbremse*, die bei allen schweren Lastwagen und bei der Eisenbahn verwendet wird, geschieht die Kraftübertragung nicht durch Flüssigkeit, sondern durch Preßluft.

Aufgaben

1. *Der Pumpenkolben einer hydraulischen Presse hat 5 cm² Querschnitt, der Preßkolben 500 cm². Welche Kraft ist am Pumpenkolben nötig, um einen Wagen (m = 1000 kg) zu heben? Wieviel Flüssigkeit muß man zum Preßkolben pumpen, damit sich dieser um 1 m hebt? Wieviel mal muß sich dann der Pumpenkolben um jeweils 10 cm senken? Berechne die Arbeit an den Kolben und vergleiche!*

2. *Mit Hilfe des Drucks in der Wasserleitung von 2,5 bar soll ein Wagen von 5 t Masse um 2 m gehoben werden. Welchen Querschnitt muß der Kolben erhalten? Berechne die notwendige Arbeit!*

§ 22 Der Schweredruck

1. Druckzustand am künstlichen Trommelfell

Wenn du in einem *offenen* Gewässer tauchst, spürst du einen Druck im Ohr; er nimmt schnell mit der Tiefe zu. Auf das Wasser wirkt hier nicht die Kraft eines Kolbens. Können wir trotzdem den beim Kolbendruck eingeführten Druckbegriff übernehmen? Dort erfuhr eine Begrenzungsfläche A eine Kraft F, für die gilt:

(1) Sie steht senkrecht zur Begrenzungsfläche.

(2) Ihr Betrag ist unabhängig von der Stellung dieser Begrenzungsfläche A.

(3) Ihr Betrag ist proportional zur Fläche A.

Wir untersuchen die Druckzustände in einer offenen Flüssigkeit mit einer Drucksonde, einem künstlichen Trommelfell nach *Bild 58.1a*. Ein Rohr trägt unten eine Metalldose, deren Öffnung mit einer Gummimembran bespannt wurde. Diese luftgefüllte Dose ist um die Achse BC drehbar und mit einem U-Rohr verbunden, das gefärbtes Wasser enthält.

Versuch 62: **a)** Wir üben in beliebiger Stellung der Membran mit dem Finger eine Kraft senkrecht darauf aus. Die Membran wird eingebeult und verdrängt dadurch Luft aus der Dose. Dies ändert den Stand des gefärbten Wassers im angeschlossenen U-Rohr, und zwar um so mehr, je größer die ausgeübte Kraft ist.

b) Wir tauchen die Sonde in Wasser mit der Membran nach oben *(Bild 58.1b)*. Am Wasser im U-Rohr ist zu erkennen, daß die Membran eine mit der Tiefe zunehmende Kraft erfährt.

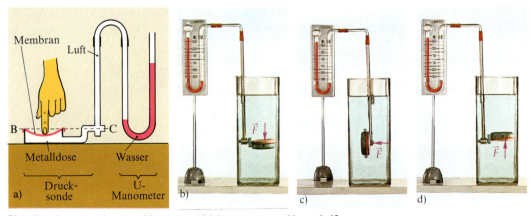

58.1 Drucksonde mit angeschlossenem U-Manometer; zu Versuch 62

c) Wir verschieben die Sonde in einer bestimmten Tiefe waagerecht. An der Anzeige im U-Rohr ändert sich nichts.

d) In einer bestimmten Tiefe drehen wir die Dose um die horizontale Achse BC und verändern damit die Stellung der Gummimembran (in *Bild 58.1* sind drei Stellungen fotografiert). Trotzdem bleibt die Anzeige im U-Rohr gleich. Zudem sehen wir an der Verformung der Membran, daß die Kraft *in jeder Stellung senkrecht* zu ihr wirkt und nicht etwa eine Vorzugsrichtung nach unten hat.

e) Tauchen wir die Sonde in Spiritus, so wirkt in gleicher Tiefe eine kleinere Kraft auf die Membran als in Wasser.

In einer Flüssigkeit herrscht also ein mit der Tiefe zunehmender Druck. Bedingung (1) und (2) sind nach Versuch 62b) bis d) erfüllt. Wir vermuten, daß der Druck von der Gewichtskraft der über der Sonde lastenden Flüssigkeit abhängt. Versuch 62e) bestätigt dies. Man nennt den Druck daher **Schweredruck** (in Flüssigkeiten auch *hydrostatischen Druck*).

2. Wie groß ist der Schweredruck?

Wir stellen uns nach *Bild 59.1* die über der Fläche A in der Tiefe h lastende Flüssigkeit als Kolben vor. Dessen Volumen ist $V = A \cdot h$. Besitzt die Flüssigkeit die Dichte ϱ, so hat der Kolben die Masse $m = \varrho \cdot V$ und erfährt die Gewichtskraft $G = m \cdot g = \varrho \cdot V \cdot g = \varrho \cdot A \cdot h \cdot g$. Diese Gewichtskraft wirkt als Kraft auf die Fläche A und erzeugt dort den Druck p:

$$p = \frac{F}{A} = \frac{G}{A} = \frac{A \cdot h \cdot g \cdot \varrho}{A} = h \cdot g \cdot \varrho.$$

In dieser Gleichung tritt die Querschnittsfläche A des Gefäßes nicht mehr auf, der Schweredruck ist also davon unabhängig. Damit ist aber auch Bedingung (3) erfüllt. Der Ortsfaktor $g = 9{,}8 \frac{\text{N}}{\text{kg}} = \frac{9{,}8\,\text{N}}{1\,\text{kg}}$ läßt sich umformen in $g = \frac{980\,\text{cN}}{1000\,\text{g}} = 0{,}98 \frac{\text{cN}}{\text{g}} \approx 1 \frac{\text{cN}}{\text{g}}$. Mit diesem Wert kann man den Schweredruck einfach berechnen.

> **Beispiel:**
> Wenn ein zylindrisches Gefäß $h = 30$ cm hoch mit Wasser ($\varrho = 1\,\text{g/cm}^3$) gefüllt ist, beträgt der Schweredruck an der Bodenfläche
> $$p = h \cdot g \cdot \varrho \approx 30\,\text{cm} \cdot 1\,\frac{\text{cN}}{\text{g}} \cdot 1\,\frac{\text{g}}{\text{cm}^3} = 30\,\frac{\text{cN}}{\text{cm}^2}$$
> $$= 30\,\text{mbar}.$$

Hieraus folgt ein sehr bequemer Merksatz:

> **Der Schweredruck einer x cm hohen Wassersäule beträgt ungefähr x mbar $= x$ cN/cm²; in 10 m Wassertiefe ist er 1000 mbar $= 1$ bar $= 10$ N/cm² (genauer: um 2% weniger).**

3. Spielt die Gefäßform eine Rolle?

Versuch 63: *Bild 59.2* zeigt verschieden geformte Glasgefäße, die gleiche Grundflächen haben. Durch eine Gummimembran sind sie unten verschließbar. Die Kraft, welche diese Membran erfährt, wird jeweils über einen Hebel durch ein kleines verschiebbares Laufgewicht ausgeglichen. Wie erwartet, nimmt die Kraft beim Einfüllen von Wasser zu, der Druck steigt mit der Füllhöhe h. Überraschenderweise ist er jedoch bei gleicher Füllhöhe unabhängig von der Form der verwendeten Gefäße.

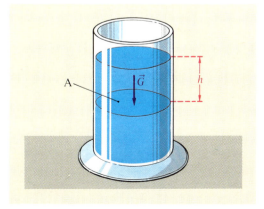

59.1 Zur Berechnung des Schweredrucks

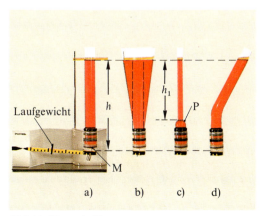

59.2 Zu Versuch 63

60.1 Zu Versuch 64

60.2 Taucherkugel, mit der 1960 *Piccard* die tiefste Stelle des Stillen Ozeans im Marianengraben erreichte

Beim sich nach oben erweiternden Gefäß b) können wir dies leicht verstehen: Der Schweredruck am Boden wird nur von der Gewichtskraft der Flüssigkeit erzeugt, die senkrecht über dem Boden steht (in *Bild 59.2b* senkrecht gestrichelt abgegrenzt). Alles Wasser, das über den schrägen Wänden liegt, wird von diesen getragen. Deshalb darf die Gleichung $p = h \cdot g \cdot \varrho$ auch hier angewandt werden.

Die Erklärung von Fall c) bereitet Kopfzerbrechen. Die Kraft, die das Wasser an der Membran erzeugt, ist größer als seine eigene Gewichtskraft (vgl. mit Fall a), wo die Gewichtskraft gleich der Kraft auf die Membran ist). Woher kommt hier die zusätzliche Kraft? – Bohrten wir bei P *(Bild 59.2c)* ein Loch, würde Wasser herausspritzen. Denn durch den Schweredruck der Wassersäule der Höhe h_1 wird auf die horizontal liegende Wand eine Kraft nach oben ausgeübt. Befindet sich kein Loch in der Wand, so drückt diese mit einer Kraft vom gleichen Betrag nach unten und somit auch auf die Membran. In ähnlicher Weise kann man sich auf einer Waage stehend gegen die Decke stützen; wer auf die Decke eine Kraft nach oben ausübt, erfährt von dort eine *Gegenkraft* nach unten.

Versuch 64: Wir verschließen außerhalb des Wassers die untere Öffnung des Glaszylinders nach *Bild 60.1* mit einer leichten Platte, indem wir sie mit einem Faden an den unteren Zylinderrand ziehen. Dann tauchen wir den Zylinder ein. Die vom Wasser nach oben ausgeübte Kraft preßt die Platte gegen die Zylinderöffnung. Diese Kraft spürt man, wenn man den Zylinder mit der Hand hält. Vorsichtig gießen wir nun gefärbtes Wasser in den Zylinder. Wenn es innen so hoch wie außen steht, fällt die Platte ab, obwohl innen weniger Wasser als außen ist.

> **Der Schweredruck p in einer Flüssigkeit ist von der Gefäßform und der Stellung der gedrückten Fläche unabhängig. Er hängt nur von der Tiefe h, von der Dichte ϱ der Flüssigkeit und vom Ortsfaktor g ab.**
>
> $p = h \cdot g \cdot \varrho$ \hfill (60.1)

Aufgaben

1. *Berechne den Druck, der 10 cm unter der Oberfläche von Wasser, Alkohol bzw. Quecksilber besteht! (Entnimm die betreffenden Dichten der Tabelle am Ende des Buches!)*

2. *Wie groß ist der Druck in 1000 m Meerestiefe (Dichte von Salzwasser 1,02 g/cm³)? Welcher Druck herrscht in 11 000 m Tiefe? Wie groß ist dort die Kraft auf 1 cm² Oberfläche einer Taucherkugel (Bild 60.2)?*

60.3 Staumauern müssen großen Kräften standhalten

§23 Anwendungen des Schweredrucks

1. Wie muß man eine Staumauer bauen?

Bild 60.3 zeigt es. Sie wird nach unten hin immer dicker und ist dem Wasser wie ein Gewölbe entgegengebogen. Zudem muß sie im Felsen gut verankert sein. Wozu das alles? Der Stausee erzeugt gewaltige, mit der Tiefe zunehmende Kräfte. In 60 m Tiefe ist die Mauer daher 50 m dick, da der Druck dort nach Seite 59 fast 6 bar = 60 N/cm² beträgt. Eine 500 m lange und 60 m hohe Mauer erfährt insgesamt Druckkräfte von etwa 10^{10} N. Dies entspricht der Gewichtskraft von 1 Million Tonnen Wasser (vgl. auch Aufgabe 1 Seite 62).

2. Verbundene Gefäße

Unter **verbundenen Gefäßen** verstehen wir mit Flüssigkeit gefüllte Behälter, die unterhalb des Flüssigkeitsspiegels miteinander verbunden und oben offen sind.

Versuch 65: Gieße in eines der nach *Bild 61.1* untereinander verbundenen Gefäße Wasser. Die anderen füllen sich dann, bis der Wasserspiegel überall gleich hoch steht. An jeder Stelle des waagerechten Verbindungsrohres herrscht derselbe Schweredruck. Wie bei den miteinander verbundenen Glasspritzen des Versuchs 59 kommt die Flüssigkeit zur Ruhe, wenn Druckgleichheit besteht.

> In verbundenen Gefäßen liegen die Oberflächen einer ruhenden Flüssigkeit gleich hoch.

Ausnahmen: enge Gefäße und nicht einheitliche Flüssigkeiten.

Springbrunnen und Wasserbehälter in *Bild 61.2* lassen sich als verbundene Gefäße auffassen. Der Reibungswiderstand bewirkt, daß der Strahl nicht ganz die Höhe des Wasserspiegels im Vorratsgefäß erreicht.

Verbundene Gefäße findet man beim Rohrsystem der **Wasserversorgung**. In *Bild 61.3* wird aus dem Brunnen Wasser durch das Pumpenhaus in den Wasserturm gepumpt. Von dort erreicht es die Zapfstellen in den Häusern, die tiefer als der Wasserspiegel im Turm liegen müssen. — Eine natürliche Wasserversorgung stellen die **artesischen Brunnen** dar (*Bild 61.4*; nach der französischen Landschaft Artois).

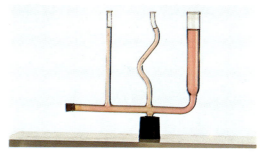

61.1 Gleichgewicht in verbundenen Gefäßen: Hier steht die Flüssigkeit überall gleich hoch, da die Flüssigkeitssäulen denselben Schweredruck erzeugen.

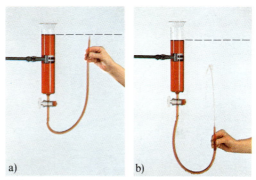

61.2 Wegen des Strömungs- und Luftwiderstandes spritzt das Wasser nicht bis zur Oberfläche im Gefäß.

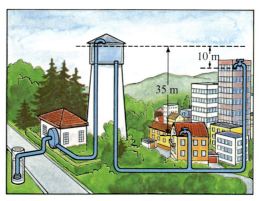

61.3 Wasserversorgung. Der Hochbehälter muß dem oft stoßweisen Wasserverbrauch gewachsen sein.

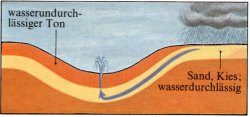

61.4 Artesischer Brunnen

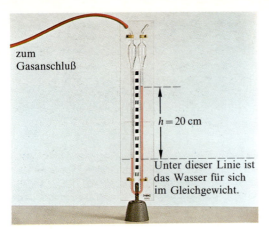

62.1 U-Manometer

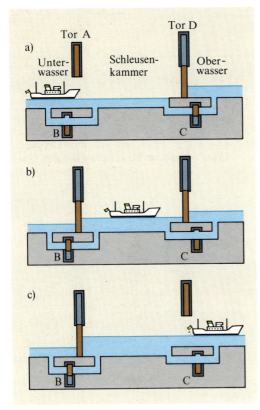

62.2 Schleusenanlage. Das Gesetz der verbundenen Gefäße ermöglicht es, in Schleusenanlagen ein Schiff ohne Kräne und Pumpen zu heben. a) Das aus dem „Unterwasser" kommende Schiff fährt durch das geöffnete „Untertor" A in die Schleusenkammer ein. b) Dann werden Untertor und unterer „Umlauf" B geschlossen. c) Nun öffnet man den oberen Umlauf C; „Oberwasser" fließt in die Kammern und hebt das Schiff auf das obere Niveau. Nach Öffnen des „Obertors" D kann das Schiff ausfahren. — Wie geht man bei Talfahrt vor?

3. Eine einfache Druckmessung

Das U-Manometer haben wir schon mehrfach zur qualitativen Anzeige von Druckzuständen verwendet (z.B. auf Seite 58). Man kann es selbstverständlich auch zur quantitativen Druckmessung benutzen. Als Beispiel messen wir den Druck unserer Stadtgasleitung.

Versuch 66: Wir schließen die Gasleitung nach *Bild 62.1* an ein mit gefärbtem Wasser gefülltes U-Rohr an. Öffnen wir den Gashahn, so erwarten wir, daß das Wasser aus der rechten Röhre herausschießt. Die rechte Wassersäule wird aber nur um 20 cm länger als die linke.

Der Schweredruck einer Wassersäule der Höhe $h = 20$ cm ist genauso groß wie der Gasdruck. Unterhalb der gestrichelten Linie ist das Wasser für sich selbst im Gleichgewicht. Mit $\varrho = 1\frac{\text{g}}{\text{cm}^3}$ und $g = 1\frac{\text{cN}}{\text{g}}$ ist also

$$p_{\text{Gas}} = h \cdot g \cdot \varrho = 20\,\text{cm} \cdot 1\frac{\text{g}}{\text{cm}^3} \cdot 1\frac{\text{cN}}{\text{g}} = 20\,\text{mbar}.$$

Aufgaben

1. Hängt die Kraft, die ein Staudamm auszuhalten hat, davon ab, wie weit sich der dahinterliegende Stausee ins Land erstreckt?

2. In welchen Stadtteilen versiegen bei Wassermangel zuerst die Leitungen? Warum legt man Wassertürme hoch an? Kann man mit dem Wasser aus den Hydranten, ohne zu pumpen, den Dachstuhlbrand des Wasserturms bekämpfen (Bild 61.3)?

3. Wenn der Leitung nachts kein Wasser entnommen wird, beträgt der Druck 4,5 bar. Wie hoch über dem Wasserhahn ist der Wasserspiegel im Wasserturm? Warum ist bei Tag und am Ende eines Fernsehkrimis der Druck kleiner?

4. Wie groß ist nachts der Wasserdruck im Hahn des kleinen Hauses und des Hochhauses nach Bild 61.3?

5. Warum dringt Wasser von einem Fluß in benachbarte Keller? Wann kommt Grundwasser in der Nähe eines Flusses in Wiesen an die Oberfläche? Warum sickert an Meeresküsten Salzwasser hinter die Deiche?

6. Hängt der Höhenunterschied h in einem U-Manometer von Form und Querschnitt der Röhren ab?

7. Wie groß wäre h in Versuch 66 im Manometer, wenn es mit Quecksilber gefüllt wäre?

§24 Der Luftdruck in der Atmosphäre

1. Wir leben unter Druck!

Wir leben am Grunde des großen Luftmeeres, der **Atmosphäre** (atmos, griech.: Dunst; sphaira: Kugel). Ebenso wie Flüssigkeiten sollte auch diese Luft durch ihre Gewichtskraft einen Schweredruck, den **Luftdruck,** erzeugen. Doch merken wir i.a. nichts von einem solchen Druckzustand um uns herum. Ist der Druck — wegen der kleinen Luftdichte — viel zu klein? Oder können wir ihm deshalb leicht standhalten, weil er auch in unserem Inneren, etwa in unseren Lungen, herrscht?

Versuch 67: Wir verschließen nach *Bild 63.1 a* ein Glasgefäß mit einer Zellophanhaut. Sie ist völlig eben. Wirken auf sie also keinerlei Kräfte ein?

Versuch 68: Mit einer Pumpe holen wir nun die Luft aus dem Inneren des Gefäßes *(Bild 63.1 b)*. Jetzt entfällt ein in dieser Luft bestehender Druck. Die Zellophanhaut wird nach innen gewölbt und platzt mit lautem Knall: Der Druck der äußeren Luft ist offensichtlich sehr groß.

Wir sehen weiter: Vor dem Herauspumpen stand die Luft im Inneren unter demselben Druck; sie war ja zuvor mit der äußeren Luft in Verbindung. Diesen Druck behielt die Luft im Innern sogar dann bei, als wir sie — vor dem Herauspumpen — von der Außenluft abgeschnitten hatten. Sie zeigte einen **Eigendruck,** der so groß wie der äußere Luftdruck war. Unter einem solchen Eigendruck steht offensichtlich auch die Luft in unseren Lungen. Ein Versuch soll den Eigendruck demonstrieren:

Versuch 69: Eine verschlossene Glasspritze enthält Luft. Sie steht unter einer Glasglocke *(Bild 63.2)*. Pumpen wir die Luft aus der Glocke ab, so dehnt sich die Luft in der Glasspritze infolge ihres Eigendrucks aus; dabei schiebt sie den Kolben nach oben. Normale Luft wirkt hier wie „Preßluft". Lassen wir anschließend Luft in die Glasglocke einströmen, wird die Luft in der Glasspritze auf ihr Anfangsvolumen zusammengepreßt.

Auch die Luft in unserem Körper steht unter demselben Druck wie die Außenluft; deshalb merken wir im allgemeinen nichts vom Luftdruck. Wenn wir allerdings rasch große Höhen überwinden (etwa bei einer Bergfahrt mit dem Auto), können wir im Ohr etwas spüren. Dann hat sich der Druck der Luft im Inneren des Ohres nicht rasch genug dem äußeren Luftdruck angepaßt, der mit der Höhe abnimmt. Die bestehende Druckdifferenz macht sich durch eine Kraft auf das Trommelfell bemerkbar.

Versuch 70: Pumpen wir die Luft aus dem Inneren eines Blechkanisters heraus, so wird er durch die Kräfte des Luftdrucks plattgedrückt.

63.1 a) Auf die Membran scheinen keine Kräfte zu wirken. b) Der Wasserstrahl in der Pumpe reißt die Luft aus dem Gefäß mit sich. Die Membran wird infolge des Luftdrucks eingedrückt.

63.2 Eine eingeschlossene Luftmenge besitzt einen Eigendruck. Pumpt man die Luft aus der Glasglocke, so dehnt sich die Luft in der Glasspritze aus und schiebt den Kolben nach oben.

64.1 *Guerickes* Versuch mit den Magdeburger Halbkugeln

Versuch 71: Wir schieben aus der Glasspritze in *Bild 64.2* alle Luft hinaus und verschließen die Öffnung gut. Um den Kolben ($A = 8\,\text{cm}^2$) herauszuziehen, brauchen wir eine Kraft von ungefähr 80 N gegen die nur noch von außen wirkende Luft. Der Luftdruck der Atmosphäre beträgt also bei uns an der Erdoberfläche etwa

$$p = \frac{F}{A} = \frac{80\,\text{N}}{8\,\text{cm}^2} = 10\,\frac{\text{N}}{\text{cm}^2} = 1\,\text{bar} = 1000\,\text{mbar}.$$

Bei Versuch 71 hängt die Kraft zum Herausziehen des Kolbens nicht von der Richtung ab, in der wir die Spritze halten. Dies entspricht dem Versuch mit der Drucksonde nach *Bild 58.1* und zeigt, daß auch der Luftdruck *von der Stellung der gedrückten Fläche unabhängig ist.* — Die Größe des Drucks zeigt nochmals Versuch 72:

Versuch 72: Zwei hohle Halbkugeln aus Metall werden mittels eines Dichtungsringes zu einer Kugel zusammengesetzt und leergepumpt. Zwei Schüler schaffen es nicht, die Halbkugeln zu trennen. Erst wenn man Luft eindringen läßt, gelingt es.

> **Die Gewichtskraft der Luft verursacht den Luftdruck. Er beträgt bei uns etwa 1 bar.**

Versuch 72 entspricht einem berühmten historischen Versuch aus dem Jahre 1650 (*Bild 64.1*). Damals ließ **Otto von Guericke** zwei große kupferne Halbkugeln anfertigen. Er setzte sie an ihren Rändern luftdicht zusammen und pumpte den Innenraum mit der von ihm konstruierten Kolbenluftpumpe leer. Zur Verblüffung der Zuschauer konnten erst zwei mal acht Pferde die Halbkugeln mit großer Anstrengung auseinanderreißen. Pumpen und Halbkugeln sind noch heute im Deutschen Museum in München zu sehen. *Guericke* machte durch seine großangelegten *Schauversuche* den Menschen bewußt, daß „*Luft ein gewisses körperliches Etwas ist*" und daß man — im Prinzip — einen leeren Raum herstellen kann. Seine geniale Experimentierkunst ließ ihn zum Mitbegründer der modernen Naturwissenschaften werden.

Vieles, was damals noch ganz neu und sensationell war, ist uns heute selbstverständlich. Auch wissenschaftliche Sensationen der Gegenwart werden morgen schon zum Alltag gehören; nur vollzieht sich dieser Gewöhnungsprozeß heute viel schneller als im 17. Jahrhundert.

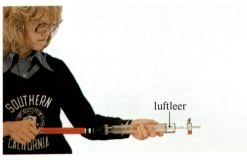

64.2 Versuch zum Messen des Luftdrucks

2. Barometer messen den Luftdruck genau

Für Wettervorhersagen mißt man an vielen Orten laufend den Luftdruck. Die Geräte, die man dazu verwendet, nennt man **Barometer**. Wir besprechen zunächst das **Quecksilberbarometer**.

Versuch 73: Wir schließen nach *Bild 65.1a* eine 1 m lange Glasröhre oben an eine Pumpe an. Dabei steigt das Quecksilber aus dem Gefäß hoch, aber nur bis zu einer Höhe von etwa 75 cm. Wenn wir das Rohr neigen *(Bild 65.1b)* so gelangt Quecksilber über den Hahn, da der Höhenunterschied (75 cm) gleich bleibt. Auf diese Weise ist alle Luft aus der Röhre verdrängt. Nun schließen wir den Hahn und stellen die Röhre wieder vertikal. Der Quecksilberfaden löst sich oben; zwischen ihm und dem Hahn entsteht ein leerer Raum *(Bild 65.1c)*, ein **Vakuum** (vacuus, lat.: leer).

Das Vakuum kann keine Kraft auf die Quecksilbersäule ausüben, da sich in ihm nichts befindet. Das Quecksilber wird also allein vom Luftdruck aus dem Vorratsgefäß *hochgedrückt*. Es steigt 75 cm über den Flüssigkeitsspiegel hoch, weil dann der Schweredruck $p = h \cdot g \cdot \varrho$ der Quecksilbersäule und der Luftdruck gleich groß sind (Dichte von Quecksilber: $\varrho = 13{,}6$ g/cm³). Unsere Überlegungen bestätigt der folgende Versuch:

Versuch 74: Wir erhöhen den Luftdruck im Gefäß bei A *(Bild 65.1c)* mit einer Glasspritze; das Quecksilber in der Säule steigt höher. Es sinkt ab, wenn man bei A Luft herausholt und so den Luftdruck erniedrigt. Nimmt man mit einer guten Pumpe die Luft im dickwandigen Vorratsgefäß ganz weg, sinkt die Höhe h des Quecksilbers in der Röhre auf Null!

Bild 65.1d verdeutlicht den üblichen Aufbau eines käuflichen Quecksilberbarometers.

65.2 Historische Darstellung des Wasserbarometers

Beispiel: Die Quecksilbersäule sei $h = 744$ mm hoch. Früher sagte man, der Luftdruck ist 744 mm Hg oder 744 Torr (nach *Torricelli*, italienischer Physiker, um 1644). In den heute zugelassenen Einheiten ist dann mit $g = 0{,}98$ cN/g:

$$p = h \cdot g \cdot \varrho = 74{,}4 \text{ cm} \cdot 13{,}6 \frac{\text{g}}{\text{cm}^3} \cdot 0{,}98 \frac{\text{cN}}{\text{g}}$$

$$= 992 \text{ mbar}.$$

Das Torr ist für amtliche Zwecke nicht zugelassen, kommt aber trotzdem sehr häufig vor. So sind z.B. die meisten Blutdruck-Meßgeräte (Seite 69) noch in Torr (bzw. mm Hg) geeicht: „Der Blutdruck beträgt 120 zu 80" meint Torr; das entspricht 160 mbar bzw. 110 mbar.

Könnte man den Luftdruck auch in „mm Wassersäule" angeben? Der alte Stich *(Bild 65.2)* zeigt, daß es geht – aber nur mäßig:

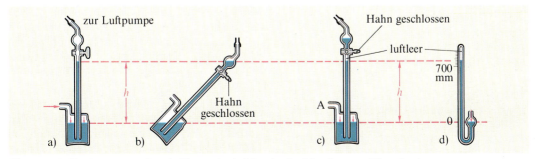

65.1 Quecksilberbarometer. Quecksilber steigt infolge des Luftdrucks etwa 75 cm hoch.

66.1 Dosenbarometer

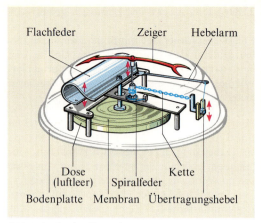

66.2 Prinzip des Dosenbarometers

Auch mit Wasser läßt sich ein Barometer bauen. Nur ist es unhandlicher; denn infolge seiner geringeren Dichte steigt Wasser etwa 13,6mal so hoch wie Quecksilber, das heißt etwa 10 m. *Bild 65.2* verdeutlicht die Größenverhältnisse bei einem *Wasserbarometer*.

Viel bequemer als ein Flüssigkeitsbarometer ist das **Dosenbarometer** *(Bild 66.1)*. Es hängt als „Wetterprophet" in vielen Wohnzimmern und wird im Volksmund *Wetterglas* genannt. Man sieht es häufig auch in sogenannten Wetterstationen zusammen mit einem Thermometer und einem Hygrometer (Luftfeuchtigkeitsmesser). *Bild 66.2* verdeutlicht die Arbeitsweise des Dosenbarometers. In ihm ist eine Metalldose mit einem welligen, leicht biegsamen Deckel (Membran) luftleer gepumpt. Damit der Luftdruck sie nicht zusammenpreßt, wird sie von einer starken Flachfeder gehalten. Steigt der Luftdruck, so biegt sich diese Feder stärker. Dies macht ein Zeigerwerk vergrößert sichtbar. Mit Hilfe von Quecksilberbarometern eicht man die handlichen Dosenbarometer.

Im **Barographen** sind mehrere Druckdosen übereinandergesetzt. Dies vergrößert den Ausschlag wesentlich. An der Spitze des Zeigers ist ein Schreibstift befestigt, an dem sich eine mit Papier bespannte, von einem Uhrwerk angetriebene Trommel vorbeibewegt. Der Luftdruck wird so ständig registriert.

> Mit Quecksilberbarometern und Dosenbarometern mißt man den Luftdruck. Beim Quecksilberbarometer besteht Druckgleichheit zwischen dem Schweredruck $p = h \cdot g \cdot \varrho$ der Quecksilbersäule und dem Luftdruck.

3. Daten und Fakten zur Atmosphäre

a) An jedem Ort der Erde ändert sich der Luftdruck im Laufe der Zeit. Dies gilt vor allem, wenn das Wetter umschlägt.

b) Auf Meereshöhe hat der Luftdruck im Durchschnitt den Wert $p = 1013$ mbar. Er wird **Normdruck** genannt und ist genauso groß wie der Schweredruck einer 760 mm hohen Quecksilbersäule. (Rechne nach!)

4. Über- und Unterdruck

Mit dem Barometer messen wir den Druck gegenüber dem Vakuum, den man manchmal **absoluten Druck** nennt. – Autofahrer müssen den Reifendruck regelmäßig überprüfen. In Tabellen steht, wie groß er sein soll (z.B. vorne 1,8 bar, hinten 2,0 bar). Diese Werte geben aber nicht den absoluten Reifendruck, sondern den **Überdruck** gegenüber dem äußeren Luftdruck an; denn *er* bestimmt die Härte des Reifens.

Allgemein bezeichnet man mit Überdruck $p_ü$ die Differenz vom absoluten Druck p_a zum Luftdruck p ($p_ü = p_a - p$ mit $p \approx 1$ bar; zu $p_ü =$ 1,8 bar gehört also $p_a = 2,8$ bar). Viele technische Manometer messen den Überdruck. Auch die 20 mbar, die wir in Versuch 66 am U-Manometer *(Bild 62.1)* gemessen haben, stellen den *Überdruck* dar, den das Stadtgas gegenüber dem Luftdruck besitzt.

Herrscht in einem Gefäß ein Druck, der kleiner als der Luftdruck ist, so spricht man von **Unterdruck**. Am angeschlossenen U-Manometer *(Bild 62.1)* würde dann die Flüssigkeit im linken Schenkel höher stehen als im rechten.

Aufgaben

1. Wie hoch müßte die Erdatmosphäre bei normalem Luftdruck sein, wenn die Dichte der Luft den konstanten Wert 1,28 g/dm³ hätte?

2. Fülle einen Zylinder oder ein Glas mit ebenem Rand ganz mit Wasser, lege ein Papierblatt auf und drehe den Zylinder schnell um (Bild 67.1)! Warum läuft das Wasser nicht aus?

3. Warum enthalten Flugzeuge Barometer? Warum muß der Pilot beim Landeanflug die Größe des Luftdrucks am Flughafen kennen, wenn er mit Hilfe der Barometeranzeige landet?

4. Warum hängt die Höhe der Quecksilbersäule im Barometer nicht von Form und Querschnitt der Röhre ab? – Wie groß ist der Druck im Quecksilber in halber Höhe, wie groß 10 cm unter dem oberen Spiegel, wenn der Luftdruck 1 000 mbar beträgt?

5. a) Warum kann man mit der Druckdose und dem angeschlossenen U-Manometer in Bild 58.1 nicht den Luftdruck messen? Welchen Druck mißt also die Anordnung? b) Welcher absolute Druck herrscht in 5 m, 10 m, allgemein in der Tiefe h unterhalb der Oberfläche eines Sees?

6. In der Gebrauchsanleitung eines Schnellkochtopfes (vgl. auch Seite 111) heißt es: *Erscheint am Anzeigegerät der erste Ring, so herrscht ein Druck von 0,4 bar und eine Temperatur von 109 °C; erscheint der zweite Ring, ein Druck von 0,8 bar und eine Temperatur von 116 °C.* Was ist zu den Druckangaben zu sagen?

67.1 Zu Aufgabe 2

§ 25 Druck in eingeschlossenen Gasen

1. Charakteristisches für Gase

In Versuch 69 fanden wir, daß eingeschlossene Gase einen **Eigendruck** besitzen. Er ist für Gase charakteristisch und hängt mit ihrem Expansionsbestreben (Seite 50) zusammen. Wir wollen ihn näher untersuchen.

Versuch 75: Verschließe die Öffnung einer halb mit Luft gefüllten Glasspritze. Der Kolben verschiebt sich nicht, da der Eigendruck der eingeschlossenen Luft und der Luftdruck von je 1 bar gleich groß sind. Verkleinern wir das Volumen, so steigt der Eigendruck über 1 bar. – Wenn wir den Kolben herausziehen, so verteilt sich die eingeschlossene Luft auf einen größeren Raum. Der Eigendruck der Luft sinkt unter 1 bar. Der äußere Luftdruck überwiegt dann und schiebt den losgelassenen Kolben wieder nach innen.

Wie kann man den Eigendruck eines eingeschlossenen Gases erklären? Die Moleküle eines Gases bewegen sich sehr schnell und erzeugen daher beim Aufprall auf die Gefäßwände Kräfte (vgl. den Modellversuch auf Seite 51). Verkleinert man das Gasvolumen, so enthält 1 cm³ mehr Moleküle. Je Sekunde prallen also mehr Moleküle auf 1 cm² der Wand. Die Kraft auf jede Begrenzungsfläche des Gases und damit der Druck im Gas wird größer. Entsprechend erklärt sich die Druckerniedrigung beim Vergrößern des Gasvolumens.

> Jede abgeschlossene Gasmenge hat einen Druck. Er rührt von der Bewegung ihrer Moleküle her und äußert sich als Ausdehnungsbestreben des Gases. Dieser Eigendruck steigt, wenn man das Volumen der Gasmenge verkleinert; er nimmt ab, wenn man dem Gas einen größeren Raum zur Verfügung stellt.

Versuch 76: Bläst man Luft in das Gefäß von Bild 68.1 (auch *Heronsball* genannt), so wird die dort schon vorhandene wie auch die zugeführte Luft auf kleineren Raum zusammengepreßt. Ihr Eigendruck wird deshalb größer als der Luftdruck. Wenn man die Öffnung freigibt, spritzt das Wasser aus der Flasche hoch. Nach diesem Prinzip arbeiten z. B. *Sprühdosen*.

68.1 Links Heronsball, rechts Spritzflasche

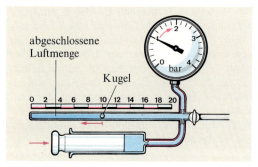

68.2 Zu Versuch 77; das Manometer zeigt den absoluten Druck an.

Druck p in bar	0,5	1	1,5	1,75	2
Volumen V in cm³	20	10	6,7	5,7	5
$p \cdot V$ in bar·cm³	10	10	10	10	10

Tabelle 68.1 Zu Versuch 77

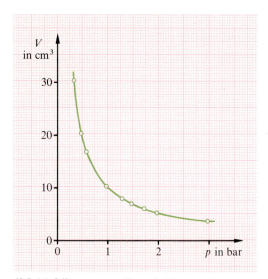

68.3 Meßdiagramm zu Versuch 77

Den vergrößerten Eigendruck zusammengepreßter Luft (oft **Preßluft** oder **Druckluft** genannt) benutzt man vielfältig: In den *Reifen* und *Druckluftbremsen* beim Fahrzeug, beim Öffnen und Schließen von Türen im Omnibus oder in der S-Bahn, im *Preßlufthammer*, im Luftgewehr, bei der Rohrpost oder der Spritzflasche *(Bild 68.1)*.

2. Das Gesetz von Boyle und Mariotte

Verkleinern wir das Volumen V einer Gasmenge, dann erhöht sich ihr Eigendruck p; vergrößern wir dagegen das Volumen V, sinkt der Eigendruck p. Wir prüfen dies genauer:

Versuch 77: Wir trennen in einem Glasrohr von 1 cm² Querschnitt eine 10 cm lange Luftsäule durch eine genau eingepaßte, leicht verschiebbare Stahlkugel ab *(Bild 68.2)*. Zunächst herrscht links und rechts von ihr der Druck $p=1$ bar (p ist hier und im folgenden immer der *absolute Druck*). Die mit der Glasspritze erzeugten Drücke lesen wir am Manometer ab, das Volumen der abgetrennten Luftmenge am Maßstab.

Wir gehen z.B. vom Druck 0,5 bar und vom Volumen 20 cm³ aus. Deim doppelten Druck (1 bar) wird die Gasmenge auf halbes Volumen (10 cm³) zusammengepreßt, beim dreifachen Druck (1,5 bar) auf den 3. Teil (6,7 cm³). Man sagt, das Volumen sei dem Kehrwert $1/p$ des Drucks proportional. Dies bedeutet nach *Tabelle 68.1*, daß das Produkt $p \cdot V$ konstant ist. – *Boyle* und *Mariotte* fanden um 1670 das nach ihnen benannte Gesetz.

> *Gesetz von Boyle und Mariotte:*
> **Bei konstanter Temperatur ist das Volumen einer eingeschlossenen Gasmenge dem Kehrwert des Drucks proportional:**
>
> $V \sim \dfrac{1}{p}$.
>
> **Oder: Das Produkt aus Druck und Volumen ist konstant:**
>
> $p_1 \cdot V_1 = p_2 \cdot V_2 = p_3 \cdot V_3 =$ **konstant.** (68.1)

Der Zusatz „bei konstanter Temperatur" ist nötig: Denke an einen Fahrradreifen, der in der Sonne steht; obwohl das Volumen der eingeschlossenen Luft konstant bleibt, steigt der Druck. – In *Bild 68.3* sind die Meßwerte von Versuch 77 graphisch aufgetragen. Das *Gesetz von Boyle und Mariotte* stellt in diesem p-V-Diagramm einen Hyperbelast dar.

Mit der Molekülvorstellung können wir das *Gesetz von Boyle und Mariotte* leicht verstehen: Haben wir eine Gasmenge auf halbes Volumen zusammengepreßt, so sind in jedem Kubikzentimeter doppelt so viele Moleküle. Sie üben auf jedes Quadratzentimeter der Wand doppelt so viele Stöße je Sekunde aus, also die doppelte Kraft. Der Druck verdoppelt sich.

> **Beispiel:**
>
> Eine Preßluftflasche hat ein Innenvolumen von $V_1 = 20\,l$; der absolute Druck beträgt $p_1 = 100$ bar.
> **a)** Auf welches Volumen V_2 dehnt sich die Luft beim Öffnen aus ($p_2 = 1$ bar)?
> Nach *Gleichung 68.1* gilt: $100 \text{ bar} \cdot 20\,l = 1 \text{ bar} \cdot V_2$ oder $V_2 = 2000\,l$.
> Beim Reduzieren des Drucks auf $\frac{1}{100}$ steigt das Volumen auf das 100fache. 1980 l Luft strömen aus.
> **b)** Welcher Teil wurde entnommen, wenn der Druck nur auf 25 bar gesunken ist?
> Bei $p_3 = 25$ bar würde die gesamte Preßluft ein Volumen V_3 einnehmen, für das gilt: $25 \text{ bar} \cdot V_3 = 100 \text{ bar} \cdot 20\,l$ oder $V_3 = 80\,l$. Da die Flasche noch 20 l von 25 bar enthält, sind 60 l von 25 bar ausgeströmt. Bei 1 bar, also im Zimmer, dehnt sich diese Luft auf $25 \cdot 60\,l = 1500\,l$ aus. 1500 l sind 75% von 2000 l. Es wurden 75% der ursprünglichen Luft entnommen.

3. Anwendungen

Unser Herzmuskel erzeugt Druck und dieser erhält den Blutkreislauf aufrecht. Die **Messung des Blutdrucks** ist eine wichtige ärztliche Untersuchung (*Bild 69.1*). Der Arzt pumpt mit dem Gummiball so lange Luft in die Gummimanschette, bis die Oberarmarterie gegen den Knochen gedrückt und damit abgeklemmt wird. Daraufhin läßt er langsam wieder die Luft aus der Manschette entweichen. Während der Druck in der Manschette abnimmt, fühlt der Arzt den Puls und beobachtet das Manometer. Beim „oberen" Druckwert (bei gesunden Jugendlichen

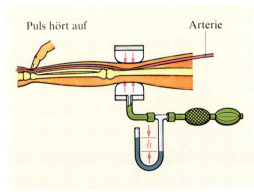

69.1 Blutdruckmesser

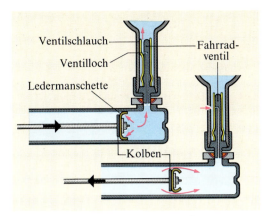

69.2 Fahrradpumpe mit Fahrradventil

160 mbar oder 120 mm Hg) beginnt das Blut stoßweise zu fließen, beim „unteren" Druckwert (110 mbar oder 80 mm Hg) strömt es nahezu gleichmäßig. Abweichungen von den normalen Werten deuten auf Krankheiten hin.

Auch Pumpen sind Anwendung des *Gesetzes von Boyle und Mariotte*. Bei der **Fahrradpumpe** wird das Volumen einer eingeschlossenen Luftmenge verkleinert und so ihr Druck erhöht. Deshalb wird die am Kolben festgeschraubte Ledermanschette an den Zylindermantel gepreßt und so der Kolben abgedichtet. Der hohe Druck im dünnen Kanal im Innern des Fahrradventils hebt den übergestülpten gelb gezeichneten Ventilschlauch etwas vom Ventilloch ab; Preßluft strömt in den Fahrradschlauch und erhöht dort den Druck. Beim Zurückziehen des Kolbens schließt der Ventilschlauch wieder das Ventilloch, im Pumpenzylinder entsteht zudem Unterdruck. Jetzt drückt die Außenluft die Ledermanschette am Kolben nach innen und strömt in den Zylinder (*Bild 69.2, unten*).

Aufgaben (*angegeben absoluter Druck*)

1. *Eine mit Luft gefüllte Flasche wird mit der Öffnung nach unten in einem See versenkt. Auf welchen Bruchteil wird die Luft in 30 m Tiefe zusammengedrückt? – Wann hat die Luft $\frac{1}{3}$ ihres Ausgangsvolumens?*

2. *Eine Sauerstoffflasche enthält 20 l Gas von 200 bar. Wieviel Liter von Atmosphärendruck kann man entnehmen, wenn die Temperatur gleich bleibt? Was wiegt der Inhalt (Dichte bei 1 bar: 1,33 g/dm³)?*

3. *Ein Autoreifen hat ein Volumen von 60 l. Er wird vom Überdruck 2,5 bar auf 3,5 bar aufgepumpt. Wieviel Luft von 1 bar muß der Kompressor zuführen (siehe obiges Beispiel b)? Rechne mit absolutem Druck!*

§ 26 Der Auftrieb

1. Schon die alten Griechen ...

Hast du schon einmal versucht, einen leeren Eimer mit dem Boden voraus unter Wasser zu drücken? Es gelingt nur mit großer Kraftanstrengung. Woran liegt das? Im Wasser herrscht ein Schweredruck, und die durch ihn verursachten Kräfte wirken auf die Unterseite des Bodens nach oben. Sie üben auf den Eimer eine nach oben gerichtete **Auftriebskraft** F_A aus, kurz **Auftrieb** genannt. Läßt man den nicht vollgelaufenen Eimer los, schnellt er hoch.

Die Kräfte des Schweredrucks lassen einen Körper im Wasser auch viel leichter erscheinen; sie täuschen eine Verminderung der nach unten gerichteten Gewichtskraft G vor. Diesen scheinbaren Gewichtsverlust empfindet man z.B. beim Baden, man fühlt sich von der Erdenschwere befreit. Spitze Steine, auf die man tritt, spürt man um so weniger, je tiefer man eintaucht.

> **Ein ganz oder teilweise in eine Flüssigkeit getauchter Körper erfährt eine Auftriebskraft F_A, kurz Auftrieb genannt. Sie täuscht einen Gewichtsverlust vor.**

Versuch 78: Uns interessiert die Größe der Auftriebskraft F_A. Hierzu tauchen wir einen 5 cm hohen Quader mit 10 cm² Grundfläche und 70 cN Gewicht nach *Bild 70.1* Zentimeter um Zentimeter in Wasser. Während der Quader eingetaucht wird, geht die Anzeige des Kraftmessers zurück. Verdrängt er z.B. 40 cm³ Wasser, so zeigt der Kraftmesser nur noch 30 cN an; die Auftriebskraft beträgt also $F_A = 40$ cN. Nun erfährt das verdrängte Wasser eine Gewichtskraft von ebenfalls 40 cN. Ist diese Übereinstimmung Zufall?

Wir tauchen den Quader verschieden tief ein und stellen jedesmal fest, daß *der Auftrieb und die Gewichtskraft des verdrängten Wassers denselben Betrag aufweisen.* Schließlich versenken wir den Körper ganz: Jetzt verdrängt er 50 cm³ Wasser. Der Auftrieb beträgt 50 cN; *er bleibt von jetzt ab konstant,* auch wenn wir den Körper noch tiefer eintauchen.

Die Gewichtskraft der verdrängten Flüssigkeit hängt von deren Dichte ab. Gilt dies auch für den Auftrieb?

Versuch 79: Wir nehmen statt Wasser Alkohol ($\varrho = 0,8$ g/cm³). Tauchen wir den Quader wieder so tief ein, daß er 40 cm³ Flüssigkeit verdrängt, dann stellen wir eine Auftriebskraft von nur 32 cN fest. Die Gewichtskraft von 40 cm³ Alkohol beträgt mit dem Ortsfaktor $g = 1$ cN/g

$$G = m \cdot g = \varrho \cdot V \cdot g = 0,8 \frac{\text{g}}{\text{cm}^3} \cdot 40 \text{ cm}^3 \cdot 1 \frac{\text{cN}}{\text{g}}$$
$$= 32 \text{ cN}.$$

Versenken wir den Quader ganz, so ist die Auftriebskraft 40 cN. Die Gewichtskraft von 50 cm³ Alkohol beträgt ebenfalls

$$G = 0,8 \frac{\text{g}}{\text{cm}^3} \cdot 50 \text{ cm}^3 \cdot 1 \frac{\text{cN}}{\text{g}} = 40 \text{ cN}.$$

Aus unseren Versuchsergebnissen erschließen wir ein Gesetz, das *Archimedes* bereits um 250 v.Chr. gefunden hat:

> *Satz des Archimedes:* **Der Auftrieb ist so groß wie die Gewichtskraft der verdrängten Flüssigkeit.**

2. Kann man den Satz des Archimedes beweisen?

Der *Satz des Archimedes* ist so wichtig, daß wir uns nicht damit zufrieden geben, ihn nur experimentell zu ermitteln. Die Versuche zeigen nämlich nicht, *woher* dieser Gewichtsverlust rührt. Man könnte sich zum Beispiel vorstellen, daß die Flüssigkeit die Erdanziehung „abschirmt". Oben haben wir schon vermutet, daß die Kräfte des Schweredrucks diesen Ge-

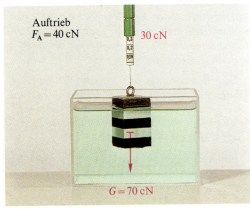

70.1 Zu Versuch 78

wichtsverlust erzeugen. Wenn dies richtig ist, so müßte es gelingen, den Satz des Archimedes mathematisch – ohne Zuhilfenahme eines Experiments – aus den uns bekannten Gesetzen über den Druck in Flüssigkeiten herzuleiten. Der Körper nach *Bild 71.1* erfährt zunächst Kräfte von den Seiten. Sie halten sich in jeder Tiefe das Gleichgewicht. Andernfalls würde der Quader beim Eintauchen seitlich verschoben, was man jedoch nicht beobachtet.

Die untere Fläche A erfährt eine nach oben gerichtete Kraft F_2, die mit wachsender Tiefe h_2 zunimmt. In der Tiefe h_2 ist der Schweredruck $p_2 = h_2 \cdot \varrho_{Fl} \cdot g$. Dabei ist ϱ_{Fl} die Dichte der Flüssigkeit. Der eingetauchte Körper erfährt also die nach oben gerichtete Kraft

$$F_2 = p_2 \cdot A = h_2 \cdot \varrho_{Fl} \cdot g \cdot A.$$

Aber auch die obere Fläche des ganz eingetauchten Körpers erfährt eine Kraft F_1, allerdings nach unten. Sie ist kleiner als F_2, da an der oberen Fläche der kleinere Druck $p_1 = h_1 \cdot \varrho_{Fl} \cdot g$ herrscht; es ist:

$$F_1 = p_1 \cdot A = h_1 \cdot \varrho_{Fl} \cdot g \cdot A.$$

Auf den ganz eingetauchten Körper wirkt somit die Differenz $F_2 - F_1$ dieser beiden entgegengesetzt gerichteten Kräfte. Sie wird vom Kraftmesser als Auftriebskraft angezeigt.

$$F_A = F_2 - F_1 = (h_2 - h_1) \varrho_{Fl} \cdot g \cdot A.$$

Überlegen wir, was auf der rechten Seite steht: $h_2 - h_1 = h$ ist die Höhe des Körpers, $(h_2 - h_1) \cdot A$ also sein Volumen V. Dies ist aber gleich dem Volumen V_{Fl} der verdrängten Flüssigkeit. Multipliziert man dieses Volumen mit ϱ_{Fl}, erhält man die Masse und, wenn man diese mit dem Ortsfaktor g multipliziert, die Gewichtskraft der verdrängten Flüssigkeit. Wir haben den *Satz des Archimedes* bewiesen. Fassen wir zusammen:

> **a) Der Auftrieb entsteht dadurch, daß der Schweredruck mit der Tiefe zunimmt.**
> **b) Diese Druckzunahme allein erklärt die Größe des gemessenen Auftriebs vollständig.**
> **c) Es gilt** $F_A = V_{Kö} \cdot \varrho_{Fl} \cdot g$.

3. Erfahren nur Quader einen Auftrieb?

Wir benutzten bisher Körper mit einer waagerechten Unterfläche. Auf diese konnte die Flüssigkeit bequem eine große Kraft ausüben. Nun bieten wir der Flüssigkeit nur noch eine feine Spitze an:

Versuch 80: Forme aus Plastilin einen Zylinder mit breiter Grundfläche, tauche ihn in Wasser und miß den Auftrieb! Knete dann daraus einen Kegel mit gleichem Volumen! Tauche ihn zuerst mit der breiten Grundfläche und dann mit der Spitze voran ganz unter Wasser! Findest du einen Unterschied im Auftrieb?

Versuch 81: Wir befestigen nach *Bild 71.2* einen Körper beliebiger Form an der rechten Waagschale einer Balkenwaage, auf der ein Becherglas steht. Durch Auflegen von Wägestücken bringen wir die gesamte Anordnung ins Gleichgewicht. Dann tauchen wir den Körper in ein volles Überlaufgefäß. Wegen der Auftriebskraft hebt sich zunächst die rechte Waagschale; doch stellt sich wieder Gleichgewicht ein, wenn alles vom Körper verdrängte Wasser in das Becherglas geflossen ist. *Dabei spielt die Form des Körpers keine Rolle.*

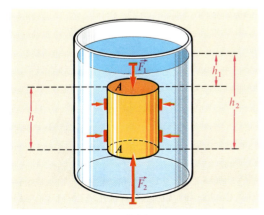

71.1 Berechnung des Auftriebs

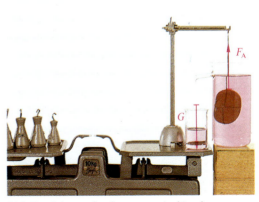

71.2 Bestätigung des *Satzes von Archimedes*

72.1 Pumpt man die Luft ab, sinkt die Glaskugel.

4. Auch in Gasen gibt es Auftrieb

Diese Behauptung kann uns nicht überraschen. Der Auftrieb hat seine Ursache in der Zunahme des Schweredrucks nach unten. Diese Zunahme gibt es auch in Gasen.

Versuch 82: In *Bild 72.1* hält der kleine Messingkörper der großen, abgeschlossenen Glaskugel in Luft das Gleichgewicht. Die Glaskugel ist zwar etwas schwerer als der Messingkörper, sie verdrängt jedoch mehr Luft und erfährt deshalb einen entsprechend größeren Auftrieb $\vec{F}_A$.

Dies zeigt sich, wenn wir die Luft aus der Glasglocke herauspumpen. Die Glaskugel sinkt dann. – Man kann diese Waage auch in eine Wanne stellen und Kohlendioxid ($\varrho = 2$ g/l) einleiten. Dann steigt die Glaskugel. Jetzt ist ihr Auftrieb größer als in Luft.

> Alle Körper erfahren in einem Gas, z.B. in Luft, einen Auftrieb.
>
> Für die Auftriebskraft gilt auch in Gasen der Satz des Archimedes.

Aufgaben

1. *Hängt der Auftrieb von der Gewichtskraft oder vom Volumen des eingetauchten Körpers ab? Ist er einem von beiden gleich?*

2. *Ein Brett wird waagerecht ganz in Wasser getaucht. Ändert sich der Auftrieb, wenn man es vertikal stellt?*

3. *Ein 5 cN schweres Stück Zucker wiegt in Petroleum ($\varrho = 0{,}8$ g/cm³) nur noch 2,5 cN. Wie groß sind Volumen und Dichte?*

4. *Ein Körper erfährt in Luft die Gewichtskraft 20,50 cN, in Wasser 13,75 cN, in einer unbekannten Flüssigkeit 9,36 cN. Berechne die Dichte der Flüssigkeit!*

5. *Die Hülle eines Kinderballons wiegt 3,0 cN und faßt 5,0 l Gas. Wie groß ist sein Auftrieb in Luft von der Dichte 1,28 g/l? Wie groß sind Gesamtgewichtskraft und Tragkraft bei einer Füllung mit Leuchtgas (0,6 g/l), Wasserstoff (0,09 g/l) und Helium (0,18 g/l)? Warum ist die Tragkraft bei dem gegenüber Wasserstoff doppelt so schweren Helium nicht auf die Hälfte gesunken?*

72.2 Ein Körper kann in einer Flüssigkeit sinken, schweben oder auftauchen, je nachdem der Auftrieb $\vec{F}_A$ kleiner, gleich oder größer als $\vec{G}$ ist.

72.3 Schiffe aus Eisen schwimmen. Das schwerer beladene Schiff muß mehr Wasser verdrängen und sinkt deswegen tiefer ein.

§27 Schwimmen, Schweben und Sinken

1. Warum schwimmt ein Körper in einer Flüssigkeit?

Man sagt: „Jeder Körper, der leichter als Wasser ist, schwimmt." Physikalisch ausgedrückt: Körper, deren mittlere Dichte kleiner als die einer Flüssigkeit ist, schwimmen in ihr. Stimmt das?

Auf jeden *völlig eingetauchten Körper* wirken zwei entgegengesetzt gerichtete Kräfte, nämlich seine Gewichtskraft G und die Auftriebskraft F_A *(Bild 72.2)*. Je nachdem, ob F_A kleiner, gleich oder größer als G ist, *sinkt, schwebt* oder *steigt* der Körper *(Tabelle 73.1)*.

Hat der Körper das Volumen V und die Dichte $\varrho_{Kö}$, so erfährt er selbst die Gewichtskraft

$$G = m_{Kö} \cdot g = \varrho_{Kö} \cdot V \cdot g.$$

Der völlig eingetauchte Körper und die von ihm verdrängte Flüssigkeitsmenge der Masse m_{Fl} besitzen dasselbe Volumen V. Nach dem *Satz des Archimedes* beträgt somit der Auftrieb

$$F_A = m_{Fl} \cdot g = \varrho_{Fl} \cdot V \cdot g.$$

Mit diesen beiden Angaben folgt die 3. Zeile der *Tabelle 73.1* unmittelbar aus der zweiten.

	Sinken	Schweben (beliebige Tiefe)	Steigen
Kräftevergleich am völlig eingetauchten Körper	$G > F_A$	$G = F_A$	$G < F_A$
Vergleich der Dichten	$\varrho_{Kö} > \varrho_{Fl}$	$\varrho_{Kö} = \varrho_{Fl}$	$\varrho_{Kö} < \varrho_{Fl}$

Tabelle 73.1 Zum Sinken, Schweben, Steigen

Unter $\varrho_{Kö}$ versteht man bei zusammengesetzten Körpern die *mittlere Dichte* $\varrho_{Kö} = m/V$. – Ein Körper, der steigt, kommt an die Oberfläche und schwimmt dort. Daher gilt:

> **Ein Körper schwimmt, wenn seine mittlere Dichte kleiner als die der Flüssigkeit ist.**

Ein Schiff aus Eisen schwimmt *(Bild 72.3)*, weil durch die großen luftgefüllten Hohlräume das Volumen V so groß geworden ist, daß seine mittlere Dichte kleiner als 1 g/cm³ ist.

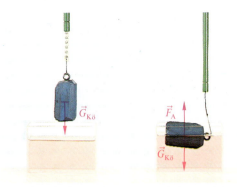

73.1 Ein schwimmender Körper scheint gewichtslos.

2. Schwimmen, noch genauer betrachtet

Wir behandeln hier nur das *Schwimmen* eines *ruhenden Körpers* in einer *ruhenden Flüssigkeit*. Von Schwimmbewegungen sehen wir ab.

Versuch 83: Ein Körper aus Holz schwimmt auf Wasser *(Bild 73.1)*. Er taucht so weit ein, bis seine Gewichtskraft $G_{Kö}$ durch die Auftriebskraft F_A ausgeglichen ist. Die Anzeige des Kraftmessers geht auf Null zurück. Der Körper erscheint gewichtslos; es gilt $G_{Kö} = F_A$. Drücken wir den schwimmenden Körper etwas tiefer, so erhöhen wir den Auftrieb F_A. Wenn wir den Körper dann loslassen, steigt er so weit, bis wieder $G_{Kö} = F_A$ ist. Ziehen wir den Körper etwas hoch, so vermindern wir F_A. In beiden Fällen sind die Kräfte bestrebt, das Gleichgewicht wieder herzustellen. Es handelt sich um ein *stabiles Gleichgewicht*.

Nach dem *Satz des Archimedes* ist der Auftrieb F_A gleich der Gewichtskraft G_{Fl} der verdrängten Flüssigkeit. Hieraus folgt mit $G_{Kö} = F_A$:

> **Ein schwimmender Körper taucht so tief ein, bis die Gewichtskraft G_{Fl} der verdrängten Flüssigkeit gleich dem Körpergewicht $G_{Kö}$ ist: $G_{Fl} = G_{Kö}$.**

Da der *Satz des Archimedes* auch für Gase gilt, treffen die in *Tabelle 73.1* aufgestellten Beziehungen auch für Körper zu, die sich in einem Gas befinden. Insbesondere folgt:

> **Ein Körper steigt in Luft auf, wenn seine mittlere Dichte kleiner als die Dichte der Luft ist.**

> **Beispiel:**
> Auf dem Gleichgewicht beim Schwimmen beruht die **Senkwaage** (auch **Aräometer** genannt) *(Bild 74.1)*. Mit ihr mißt man die Dichte von Flüssigkeiten. Eine Senkwaage wiegt z.B. 10 cN. Dann muß sie beim Schwimmen auch eine Flüssigkeitsmenge, die 10 cN wiegt, verdrängen ($G_{Kö} = F_A = G_{Fl}$). Dies sind 10 cm³ Wasser, 8 cm³ Salzlösung ($\varrho = 1{,}25$ g/cm³) oder 12,5 cm³ Alkohol (0,8 g/cm³). In Salzwasser sinkt sie am wenigsten ein, in Alkohol am meisten. An der Eintauchtiefe kann man also die Dichte der Flüssigkeit ablesen. Die Skala am Hals der Senkwaage muß man natürlich zuvor geeicht haben.

Aufgaben

1. Fülle einen Papierbecher zur Hälfte mit Wasser und lasse ihn auf Wasser schwimmen! Wie tief sinkt er ein, wenn man von der Gewichtskraft des Papiers absieht?

2. Ein 50 cm³ fassender Körper taucht beim Schwimmen auf Wasser (1 g/cm³) mit 40 cm³ unter die Oberfläche. Wie groß ist seine Gewichtskraft? Wie groß müßte die Dichte einer Flüssigkeit sein, daß er darin schwebt?

3. Ein Körper wiegt 100 cN und schwebt unter Wasser (1 g/cm³). Mit welcher Kraft sinkt er in Alkohol (0,8 g/cm³)? Mit welcher Kraft steigt er in Kochsalzlösung (1,12 g/cm³)? Wie viele cm³ ragen beim Schwimmen in der Kochsalzlösung über die Oberfläche?

4. Wieviel Prozent eines Eisbergs (0,90 g/cm³) ragen über die Oberfläche (Dichte des Salzwassers 1,02 g/cm³)?

5. 1 cm³ Kork ($\varrho = 0{,}3$ g/cm³) wird mit 1 cm³ Aluminium (2,7 g/cm³) verbunden. Schwimmt dieser Körper auf dem Wasser? Berechne seine mittlere Dichte! Wieviel Kork müßte man nehmen, damit solch ein Körper gerade schwebt? Wie groß ist dann die mittlere Dichte?

6. Zwei gleich große Bechergläser sind randvoll mit Wasser gefüllt. Dabei schwimmt in einem ein Stück Holz ($\varrho = 0{,}8$ g/cm³). Welches Glas hat den schwereren Inhalt?

7. In einem kleinen Teich schwimmt ein mit Steinen beladenes Boot. Ein Kind wirft aus ihm Steine ins Wasser. Hebt oder senkt sich der Wasserspiegel? (Rechne mit 1 m³ Steinen der Dichte 2,5 g/cm³.) — Was geschieht mit dem Wasserspiegel, wenn das Kind Holz aus dem Boot ins Wasser wirft, das dort schwimmt?

§ 28 Molekularkräfte bei Flüssigkeiten

1. Kohäsionskräfte und Oberflächenspannung

Versuch 84: Lege auf eine saubere Wasseroberfläche vorsichtig eine Rasierklinge, eine Büroklammer oder ein ebenes Stück von einem Drahtnetz. Diese Gegenstände schwimmen, obwohl ihre Dichten größer sind als die von Wasser; man kann sie sogar noch etwas belasten. Erst wenn man die Gegenstände unter die Oberfläche gedrückt hat, sinken sie. Offensichtlich sind an der Oberfläche besondere Kräfte wirksam.

Versuch 85: In einem waagerechten Ring ist eine Seifenhaut gespannt *(Bild 75.1)*. Auf sie wurde eine (schon angefeuchtete) Fadenschlinge gelegt. Wenn man mit einer Nadel die Seifenhaut innerhalb der Schlinge verletzt, so zieht die äußere Seifenhaut die Schlinge zu einem Kreis auseinander *(Bild 75.3)*.

Eine Seifenhaut scheint also wie die Gummihülle eines Luftballons gespannt zu sein. Nun wissen wir bereits, daß zwischen den Molekülen fester Körper Molekularkräfte, sogenannte **Kohäsionskräfte**, wirken. Solche Kohäsionskräfte halten auch die Moleküle des Wassertropfens in *Bild 75.2* zusammen; sonst würde er herabfallen. Doch sind diese Kräfte in Flüssigkeiten klein und verhindern nicht, daß man ihre Moleküle leicht gegeneinander verschieben kann.

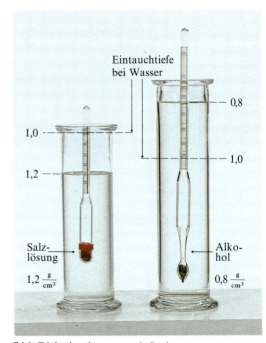

74.1 Dichtebestimmung mit Senkwaagen

75.1 Fadenschlinge auf einer Seifenhaut

75.3 Zu Versuch 85: Die Haut wurde verletzt.

Betrachten wir nach *Bild 75.4* ein solches Molekül im Inneren der Flüssigkeit! Es erfährt von den Nachbarmolekülen Kräfte nach allen Richtungen. Diese heben sich auf; ihre Resultierende (Vektorsumme) $\vec{R}$ ist Null. Bei Molekülen an der *Oberfläche* fallen die nach oben gerichteten Kräfte weg. Die anderen addieren sich zu einer starken Resultierenden $\vec{R}$, die ins Innere gerichtet ist. Sie ist bestrebt, das Oberflächenmolekül ins Innere zu ziehen, also die Oberfläche zu verkleinern. Die Oberfläche ist wie eine „Haut" gespannt, die sich so weit wie möglich zusammenzieht; man spricht von einer **Oberflächenspannung.** Diese „Haut" hält einen Tropfen angenähert kugelrund; sie zieht auch kleine Quecksilbermengen zur Kugelform zusammen; denn die Kugel hat von allen Körpern gleichen Volumens die kleinste Oberfläche. (1 cm³ hat als Kugel die Oberfläche 4,8 cm², als Würfel 6 cm², als Folie von 0,1 mm Dicke etwa 200 cm²!) In diese „Haut" drücken die Körper in Versuch 84 kleine Mulden, so daß sie mehr Wasser verdrängen, als ihrem Volumen entspricht, und schwimmen können. Auch manche Insekten laufen auf der Oberflächenhaut.

Versuch 86: Die trockenen Haare eines Pinsels sind etwas gespreizt. Dies ist auch der Fall, wenn der Pinsel in Wasser taucht. Holt man ihn heraus, so zieht die Oberflächenspannung die Haare zusammen.

Versuch 87: Durch die Oberflächenspannung wird auch eine Seifenblase in Kugelform gehalten. Nimmt man den Mund vom Blasröhrchen, so erkennt man die Oberflächenspannung besonders deutlich: Sie drückt die Luft aus der Blase; diese zieht sich zusammen und verkleinert ihre Oberfläche.

Versuch 88: Wir bringen einige Tropfen eines *Spülmittels* auf die Wasseroberfläche in Versuch 84. Das Drahtnetz sinkt, die Oberflächenspannung des Wassers wurde stark verkleinert. Deshalb tritt Wasser durch die Öffnungen im Netz nach oben und benetzt die Drähte von allen Seiten; die Oberflächenspannung entfällt nun für das Netz, und es sinkt. Man sagt, das Wasser wurde „entspannt".

Beim *Waschvorgang* dringt Wasser, das durch Waschmittel „entspannt" wurde, zwischen Schmutzteilchen und Textilfasern und löst beide voneinander. Auf Geschirr vermag „entspanntes Wasser" keine haftenden Tropfen zu bilden. Reines Wasser hat eine so große Oberflächenspannung, daß man aus ihm keine seifenblasenähnliche Gebilde machen kann; Seifenblasen haben ja viel größere Oberflächen als Tropfen (bei gleicher Wassermenge). Schaum ist nur dann beständig, wenn die Oberflächenspannung herabgesetzt ist, etwa durch Waschmittelreste in Flüssen oder bei Wasser aus Moorgebieten.

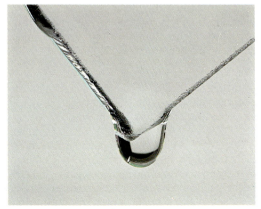

75.2 Der Tropfen hält am Glas durch Adhäsion; seine Moleküle halten zusammen durch Kohäsion.

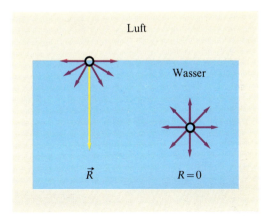

75.4 Teilchen an der Oberfläche (links) und im Innern einer Flüssigkeit (rechts)

Schall und Schallausbreitung

§ 29 Die Erregung von Schall

Für einen völlig tauben Menschen gibt es keine Töne, keinen Laut. Was das für ihn bedeutet, kannst du nachempfinden, wenn du bei einem Fernsehgerät den Ton abstellst. Vielleicht zeigt der Bildschirm in diesem Augenblick gerade eine Szene, wie sie *Bild 76.2* wiedergibt. Könnte ein Gehörloser, der sich im Fernsehstudio befindet, feststellen, ob die Gruppe tatsächlich Musik macht, also *Schall* erzeugt, oder ob sie nur so tut, als ob? Diese Frage können wir entscheiden, wenn wir uns mit dem Schall und seiner Entstehung eingehend beschäftigt haben.

Wie entsteht Schall?

Auf die Frage, was **Schall** ist, scheint die Antwort recht leicht zu sein: Alles, was wir *hören* können. Aber unserem gehörlosen Studiogast nützt diese Antwort nichts. Was könnte *er* vom Schall erfassen?

Versuch 89: Wenn wir beim Sprechen die Hand so an den Hals legen, daß die Finger am Kehlkopf anliegen, spüren wir dort ein eigenartiges Vibrieren oder Schwingen. Es beginnt und endet mit dem Sprechen. Offenbar hängt es mit der Erzeugung der Sprechlaute zusammen. Sind solche *Schwingbewegungen* immer hörbar?

Versuch 90: Wir spannen einen elastischen Streifen aus Federstahlband in einen Schraubstock ein. Das freie Ende biegen wir zur Seite

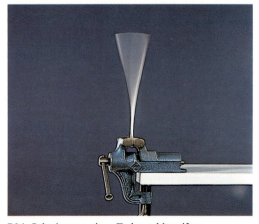

76.1 Schwingung eines Federstahlstreifens

76.2 Eine Band musiziert.

und lassen es los. Es führt eine hin- und hergehende Bewegung aus, die sich ständig wiederholt, also **periodisch** ist *(Bild 76.1)*. Verkürzen wir den Streifen, so sehen wir, daß die Schwingungen *schneller* werden. Schließlich werden sie so schnell, daß unser Auge ihnen im einzelnen nicht mehr folgen kann. Außerdem tritt etwas Neues ein: Wir sehen nicht nur die schwirrende Bewegung, wir hören dazu auch noch einen **Ton.** Dieser Ton wird höher, wenn wir den Streifen weiter verkürzen, die Zahl der Schwingungen in der Sekunde also erhöhen.

Bei manchen *Musikinstrumenten* entstehen die Töne durch solche schwingenden Streifen: Bei einer *Spieldose* werden Stahlzungen durch kleine Metallzapfen, die auf einer rotierenden Trommel angebracht sind, ausgelenkt und losgelassen. Bei der *Mund-* und bei der *Ziehharmonika* werden solche Zungen durch einen Luftstrom zum Schwingen gebracht. Beim *Xylophon* werden Holzplättchen mit einem kleinen Hammer in Schwingungen versetzt. Als Kinderspielzeug kennst du sicher das „*Glockenspiel*" oder *Metallophon*, bei dem anstelle der Holzplättchen kleine Metallplatten zum Klingen gebracht werden.

Wir kennen noch weitere Vorgänge, bei denen schnelle Schwingbewegungen mit Schall zusammen auftreten: den Flügelschlag von Insekten, eine tönende Glocke oder Saite.

Versuch 91: Schallerreger machen bei ihren Schwingungen oft nur sehr kleine Ausschläge. Wir können die Schwingungen aber dadurch leicht nachweisen, daß wir ein kleines *Pendelchen* gegen den Erreger halten: Es wird durch die unsichtbaren Schwingungen lebhaft abgestoßen *(Bild 77.1)*.

77.1 Das schwingende Glas stößt das Pendel an.

> Schall entsteht durch Schwingbewegungen von Schallerregern. Sie erfolgen so rasch, daß unser Auge sie nicht verfolgen kann.

Stellt unser gehörloser Studiogast durch Befühlen der Instrumente solche kleinen, schnellen Schwingbewegungen fest, so kann er mit Recht darauf schließen, daß tatsächlich Schall erzeugt wird.

Aufgaben

1. Wo hast du schon die Erfahrung gemacht, daß rasch schwingende Körper Schall erzeugen?

2. Vergleiche die Tonhöhen, die du bei einer Hummel und bei einer kleinen Mücke wahrnimmst! Was entnimmst du den Beobachtungen über die Schwingbewegungen ihrer Flügel? (Vergleiche Bild 77.2!)

77.2 Die Schwebfliege erzeugt im Flug einen Ton.

§ 30 Pendelschwingung und Zeitmesser

1. Wir beschreiben eine Pendelschwingung

Ganz langsame Schwingungen erzeugen zwar *keinen Ton*, wir können sie aber gut *beobachten*.

Versuch 92: Wir hängen eine Bleikugel an einen Faden. Dieses *Pendel* bringen wir zum Schwingen. Es führt eine hin- und hergehende Bewegung aus, die sich *periodisch* wiederholt. Die Ausschläge werden allmählich kleiner. Diese *Dämpfung* durch Reibung und Luftwiderstand könnte man ausgleichen, indem man das Pendel jeweils im Umkehrpunkt leicht anstößt.

Den *Weg* eines Schwingers von der Gleichgewichtslage (Mitte) bis zum Umkehrpunkt nennt man die **Amplitude**, *eine* volle Hin- und Herbewegung die **Periode** einer Schwingung. Die *Zeit* für einen Hin- und Hergang heißt **Periodendauer T.**

Versuch 93: Wir bestimmen die *Periodendauer T* unseres Pendels zunächst bei kleinen, dann bei etwas größeren Amplituden mit einer Stoppuhr. Beim Stoppen macht man Fehler bis zu etwa einer fünftel Sekunde. Um trotzdem gute Werte für die Periodendauer zu bekommen, stoppt man nicht nur *eine*, sondern *viele* Perioden und teilt die gemessene Zeit durch ihre Zahl. Damit verteilt sich der Fehler, und die Angabe der Periodendauer wird genauer. — Überraschenderweise finden wir bei kleinen und größeren Amplituden den gleichen Wert für die Periodendauer unseres Pendels, sofern wir die Ausschläge kleiner als 30° halten. Es ist etwa wie beim *Schlittenfahren* an einem Berg, der nach oben immer steiler wird: Je höher man startet, desto rascher kommt man auf große Geschwindigkeit. So wird verständlich, daß die Zeit für die Talfahrt unabhängig davon ist, in welcher Höhe man gestartet ist.

Bei einem kurzen Pendel von etwa 7 cm Länge stoppen wir für $n = 40$ Perioden z.B. genau $t = 20$ s. Wir finden für seine *Periodendauer* $T = \frac{t}{n} = \frac{20\,\text{s}}{40} = \frac{1}{2}$ s. In 1 s führt es also 2 Schwingungen aus. Man sagt, seine **Frequenz** sei $2\frac{1}{\text{s}}$, gelesen „zwei durch Sekunde". Die *Frequenz f* gibt also die Zahl der Schwingungen in einer Sekunde an: $f = \frac{n}{t}$. Hat ein Schwinger die *Periodendauer* $T = \frac{1}{10}$ s, so führt er in 1 s 10 Schwingungen aus, hat also die *Frequenz* $f = 10\frac{1}{\text{s}}$.

Die Maßbezeichnung 1/s wird auch „Hertz" genannt, geschrieben Hz. (Diese Bezeichnung wurde dem deutschen Physiker **Heinrich Hertz** zu Ehren gewählt, der das Gebiet der elektrischen Schwingungen erforscht hat.) Das kurze Pendel schwingt also mit der Frequenz $f = 2$ Hz. Wir entnehmen der Rechnung, daß Frequenz f und Periodendauer T *Kehrwerte* voneinander sind: $f = 1/T$.

Jetzt fehlen uns noch *genauere* Angaben über den Schwingungsvorgang. Die Geschwindigkeit des Pendels ist beim Durchgang durch die Gleichgewichtslage am größten, anschließend geht es ja wieder „den Berg hinauf". Der Abstand s von dieser Gleichgewichtslage ändert sich ständig. In einem Diagramm wollen wir darstellen, *wie* er sich im Lauf der Zeit ändert. Ein solches Diagramm lassen wir von einem schreibenden Pendel selbst aufzeichnen.

Versuch 94: Wir hängen einen schweren Tonnenfuß nach *Bild 78.1* an zwei Fäden auf. Den Folienschreiber eines Schreibprojektors stecken wir in ein Kunststoffrohr, das wir in der Bohrung des Tonnenfußes festklemmen. Der Schreibstift muß sich im Rohr ganz leicht und ohne zu verkanten bewegen lassen. Ziehen wir die Folie unter dem ruhenden Pendel nach links weg, so schreibt der Stift eine gerade Linie.

Wir stellen die Ausgangslage wieder her, stoßen das Pendel an und ziehen die Folie nach links weg; dabei achten wir darauf, daß wir sie gleichmäßig und langsam bewegen. *Bild 78.2* gibt die aufgezeichnete Kurve (etwas idealisiert) wieder. Der Schreibstift hat das *nebeneinander* gelegt, was das Pendel *nacheinander* ausgeführt hat.

Auf der waagerechten, zuerst geschriebenen Achse sind nicht Wege, sondern die Zeiten aufgetragen, zu denen die jeweiligen Auslenkungen s registriert wurden.

In *Bild 78.2* hat das schreibende Pendel etwas mehr als eineinhalb *Perioden* aufgezeichnet. Die *Periodendauer* T kann zwischen zwei Umkehrpunkten auf derselben Seite gemessen werden oder zwischen zwei Durchgängen durch die Gleichgewichtslage in derselben Richtung.

Die Schwingbewegung ist eine periodisch hin- und hergehende Bewegung. Eine Periode umfaßt einen Hin- und einen Hergang. Die Frequenz f gibt die Zahl der Perioden in einer Sekunde an: $f = n/t$.

Die Einheit der Frequenz ist $1\,\text{Hz} = 1\,\frac{1}{\text{s}}$.

Die Periodendauer $T = t/n$ ist der Kehrwert der Frequenz f. Es gilt $f = 1/T$.

Die Amplitude ist der Weg zwischen Gleichgewichtslage und Umkehrpunkt.

---

2. Zeitmesser schwingen!

Ein *Tag* ist die Zeit zwischen zwei aufeinander folgenden Höchstständen der Sonne. Er ist nicht immer gleich lang; das hat man durch den Vergleich mit *Pendelschwingungen* gefunden, die in genau gehenden Uhren ablaufen. Man mittelt deshalb über ein ganzes Jahr und legt so einen **mittleren Sonnentag** fest. Mit höchst genauen Uhren, die durch periodische Vorgänge in *Atomen* geregelt werden, ist heute die Einheit der Zeit, die **Sekunde,** festgelegt.

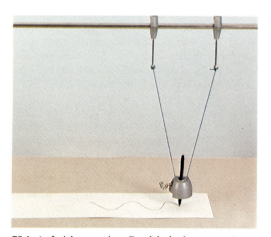

78.1 Aufzeichnung einer Pendelschwingung

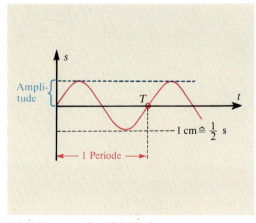

78.2 Diagramm einer Schwingbewegung

In *Gebrauchsuhren* schwingt heute meist kein Pendel mehr, sondern ein kleines Rad, die „Unruhe", um ihre Gleichgewichtslage, in die sie eine kleine Spiralfeder zurückzuziehen sucht. Noch genauer sind *Quarzuhren*, bei denen die hohe Frequenz eines elektrisch angeregten kleinen Quarzkristalls durch Untersetzungen so oft verkleinert wird, bis eine Frequenz von $1\frac{1}{s}$ erreicht ist. Diese Uhren sind gegenüber Temperaturschwankungen fast völlig unempfindlich.

> **Die Einheit der Zeit ist die Sekunde (s); sie ist durch Atomuhren festgelegt.**
>
> **Bei den Uhren wird von der Tatsache Gebrauch gemacht, daß die benutzten Schwinger konstante Periodendauern haben.**

Aufgaben

1. Welche Einheiten könnten auf der waagerechten Achse, welche auf der senkrechten Achse des Diagramms einer Schwingbewegung aufgezeichnet sein?

2. Wie viele Perioden der Pendelschwingung sind in Bild 78.1 aufgezeichnet worden?

3. Worin unterscheidet sich das idealisierte Diagramm in Bild 78.2 von dem selbstaufgezeichneten Diagramm in Bild 78.1?

4. Die Unruhe einer Weckeruhr macht in der Minute 120 Schwingungen, die einer Armbanduhr braucht für 100 Schwingungen 40 s. Wie groß sind bei den Uhren jeweils Periodendauer und Frequenz?

5. In der Zeit $t = 5$ s zählt man bei einem Schwinger $n = 8$ Perioden seiner Schwingung. Berechne Periodendauer T und Frequenz f der Schwingbewegung! Zeige, daß T und f Kehrwerte voneinander sind!

6. Untersuche bei einem alten Wecker und mit Hilfe einer Lupe bei einer alten Taschenuhr, wie die Unruhe die kleinen Anstöße erhält, die sie zur Aufrechterhaltung einer ungedämpften Schwingung braucht!

7. Welche der in §29 angeführten Musikinstrumente führen gedämpfte, welche ungedämpfte Schwingungen aus?

8. Der Schwingquarz einer Uhr schwingt mit 32 768 Hz. Wie oft muß man diese Frequenz halbieren, damit man eine Schwingung von 1 Hz erhält?

§31 Schallfrequenzen

1. Eine Stimmgabel lernt schreiben

Versuch 95: Wir benutzen als Schallerreger die vom Musikunterricht her bekannte *Stimmgabel*. Ihre Schwingungen können wir in einem Versuch sehr schön sichtbar machen. Wir befestigen eine kleine Drahtspitze an einer ihrer Zinken. Nachdem wir die Gabel angeschlagen haben, führen wir diese Spitze leicht über eine berußte Glasplatte, die auf dem Schreibprojektor liegt. Die Spur, die wir in der Projektion beobachten, sieht aus wie ein gefrorener *Wellenzug* mit langsam kleiner werdender Wellenhöhe (*Bild 79.1*): Die Stimmgabel hat ihre kaum gedämpfte Schwingung selbst aufgeschrieben.

2. Schall, den wir nicht hören

Versuch 96: Mit Hilfe eines elektrischen Geräts, des **Tonfrequenzgenerators,** kann man Lautsprecher zu Schwingungen beliebiger Frequenz anregen. Erhöht man dabei die Frequenz auf über 12 000 Hz, so hören manche, vor allem ältere Personen, den zugehörigen Ton nicht mehr. Bei anderen liegt diese Grenze höher, bei Kindern oft erst bei 20 000 Hz.

Den Frequenzbereich oberhalb der menschlichen Hörgrenze von etwa 16 000 Hz nennt man **Ultraschall.** Unser Ohr nimmt Schwingungen von so hoher Frequenz nicht mehr wahr, obwohl sich physikalisch weiter nichts geändert hat als die Frequenz.

Der Versuch nach *Bild 80.1* zeigt auch, daß unser Ohr Schwingungen mit Frequenzen unter 16 Hz nicht als Ton wahrnimmt. Es gibt also für die Frequenzen der wahrnehmbaren Töne einen **Hörbereich** mit Unter- und Obergrenze.

79.1 Schwingungen einer Schreibstimmgabel

3. Schallschwingung und Schallempfindung sind nicht dasselbe

Wir haben erfahren, daß wir deutlich unterscheiden müssen zwischen dem *physikalischen* Vorgang „**Schall**" und der *subjektiven* **Schallempfindung**. Schallschwingungen sind oft vorhanden, auch wenn niemand da ist, der sie hört; andererseits wissen wir z.B. vom „*Klingen*" unseres Ohrs her, daß wir die Empfindung „*Schall*" auch ohne äußere Schallerregung haben können.

> **Schall entsteht, wenn ein Schallerreger schwingt. Schall ist hörbar, wenn seine Frequenz im Hörbereich liegt, d.h. etwa zwischen 16 Hz und 16 000 Hz.**

Aufgaben

1. *Welche Frequenz der Schreibstimmgabel ergibt sich aus Bild 79.1, wenn auf 6 cm Weg 5 Perioden geschrieben wurden und die Stimmgabel mit 3 m/s über die Platte gezogen wurde?*

2. *Pfeifen geben einen um so höheren Ton, je kürzer sie sind. Wie muß demnach eine Hundepfeife gebaut sein, deren Ton so hoch ist, daß er zwar von Hunden, aber nicht mehr von Menschen wahrgenommen werden kann?*

§32 Die Ausbreitung des Schalls

1. Wie kommt Schall vom Erreger zum Ohr?

Schnell schwingende Körper erregen Schall. Aber diese Körper befinden sich meist nicht unmittelbar an unserem Ohr. Trotzdem hören wir etwas. Der Schall kann also die Entfernung irgendwie überbrücken. Wie macht er das?

Versuch 97: Unter die Glasglocke einer Luftpumpe bringen wir eine elektrische Klingel *(Bild 80.2)*. Ihr Ton wird um so leiser, je weniger Luft noch in der Glocke ist. Schließlich verschwindet er vollständig, falls die Klingel auf einer weichen Unterlage liegt. Berührt sie aber den Teller oder die Glasglocke, so dringt trotzdem ein leiser Ton nach außen.

Im leeren Raum kann sich Schall also *nicht* ausbreiten. Im allgemeinen wird er durch die Luft weitergeleitet, doch eignen sich auch feste Körper und Flüssigkeiten dazu: An *Eisenbahnschienen* vernimmt man über große Entfernungen das Rollen der Räder; unter *Wasser* getaucht, hört man ein klingendes Geräusch, wenn man zwei Steine gegeneinander stößt. Das Ticken einer auf dem Tisch liegenden Uhr wird durch das *Holz* zum Ohr geleitet, das man nach *Bild 81.1* an die Tischplatte drückt.

80.1 Bestimmung des Hörbereichs. Hier bist du deinem Lehrer vielleicht überlegen.

80.2 Eine Klingel in einem ausgepumpten Glas hört man nicht.

Versuch 98: Ein Modellversuch soll uns die Vorgänge bei der Schallausbreitung klar machen. Dazu bringen wir kleine Magnetrollen so auf eine Schiene, daß sich aufeinanderfolgende Rollen immer abstoßen. Der ersten Rolle am einen Ende geben wir einen Stoß *(Bild 81.2 oben)*. Nähert sie sich der zweiten Rolle, so wird diese abgestoßen und weicht aus — zur dritten Rolle hin. So wandert der Stoß durch die ganze Reihe hindurch. Wo die Rollen nahe beieinander sind, spricht man von einer *Verdichtung*. Diese wandert mit dem Stoß durch die Kugelreihe *(Bild 81.2 unten)*. Denken wir uns an Stelle der Rollen die Luftteilchen, so gewinnen wir eine gute Vorstellung von der Ausbreitung des Schalls in Luft. Der folgende Versuch bestätigt sie:

81.1 Holz leitet Schall.

Versuch 99: Ein *Tamburin* oder ein mit einer Gummihaut überzogener Ring wird einem zweiten wie in *Bild 81.3* gegenübergestellt. Schlägt man auf die Membran links, so wird ein die rechte Membran berührendes kleines Pendel kräftig weggestoßen: Die Luftteilchen haben die Bewegung der Membran Schicht für Schicht weitergegeben. Von einem Schallgeber, z.B. einer Glocke, wird in jeder Sekunde die seiner Frequenz entsprechende Zahl von Stößen von Luftteilchen zu Luftteilchen übertragen. Keineswegs bewegt sich dabei Luft von der Glocke bis hin zu unserem Ohr.

81.2 Modellversuch zur Schallausbreitung

Bild 82.1 zeigt, wie die Luft von der Membran eines **Lautsprechers** angestoßen wird und wie sie diese Anstöße weitergibt. Auf diese Weise entsteht eine Folge von *Luftverdichtungen* und *-verdünnungen*, die vom Erreger wegeilen. Das erinnert uns an **Wasserwellen,** die von einer Erregerstelle ausgehen *(Bild 81.4)*. Auch hier bewegt sich nicht das Wasser selbst vom Erreger weg, sondern nur die vom Erreger erzeugte *Wellenform* der Oberfläche. Das sehen wir deutlich, wenn wir kleine Korkstücke auf das Wasser werfen. Sie bewegen sich nur ein wenig auf und ab, wenn sie von den Wellen erfaßt werden.

81.3 Ein Stoß geht durch Luft. Das rechte Pendelchen zeigt die ankommende Schwingung.

Analog zum Wort *Wasserwellen* sprechen wir beim Schall von **Schallwellen.** Das sind aber **räumliche Wellen** in Kugelschalenform; die kreisförmigen Wasserwellen dagegen verlaufen (hauptsächlich) in der *Ebene* der Wasseroberfläche.

> **Schallerreger erzeugen im Schallträger Schallwellen, die von der Erregerstelle nach allen Seiten wegeilen.**

81.4 Erregung von Wasserwellen

2. Läßt sich der Schall Zeit?

Oft hört man Schläge, die jemand mit einer Axt oder einer Ramme auf einer Baustelle ausführt, *später*, als man sie sieht. Wie Wasserwellen brauchen auch *Schallwellen* eine bestimmte Zeit t, um einen Weg s zurückzulegen. Ihre *Geschwindigkeit* v kann dann nach Seite 13 mit der Gleichung $v = s/t$ berechnet werden. Mit Startpistole und Stoppuhr läßt sich eine ungefähre Messung auf dem Sportplatz leicht ausführen: Wir lassen den Schall 100 m „laufen" (*Bild 82.2*). Der Zeitnehmer startet seine Uhr, wenn er den Rauch der Pistole sieht, er stoppt sie, wenn er den Knall hört.

Versuch 100: Wir schließen zwei Mikrofone A und B so an eine elektrische Uhr an, daß sie auf ein Signal von A startet und auf ein Signal von B wieder anhält. (Mikrofone wandeln ein Schallsignal in ein elektrisches Signal um.) Das kurze Schallsignal erzeugen wir in gerader Linie BA vor A mit einer Pistole oder einem Lautsprecher. Haben die Mikrofone voneinander den Abstand $s = 1,70$ m, so finden wir die Laufzeit $t = 0,0050$ s. Verdoppeln wir die Strecke, so verdoppelt sich auch die gemessene Zeit. Die Geschwindigkeit des Schalls wird also mit größerer Entfernung vom Erreger nicht kleiner, der Schall wird unterwegs nicht langsamer.

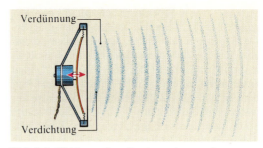

82.1 Schallfeld vor einer Lautsprechermembran

Wir berechnen die Schallgeschwindigkeit aus unserem Versuch zu $v = s/t = 340$ m/s. Dieses Ergebnis kann keine sehr große Genauigkeit haben. Ein Meßfehler von einer 10000stel Sekunde gibt einen Geschwindigkeitsunterschied von ± 6 m/s. Genaue Messungen haben aber unser Ergebnis bestätigt und außerdem gezeigt, daß die **Schallgeschwindigkeit** mit höheren Temperaturen etwas steigt. Als einfache Merkregel wollen wir festhalten:

> **In Luft legt der Schall in 3 Sekunden etwa einen Kilometer zurück.**

Man hat die *Schallgeschwindigkeit* auch in anderen Stoffen gemessen und bekam die in *Tabelle 82.1* enthaltenen Werte.

Stoff	Schallgeschwindigkeit
Feste Stoffe:	
Kautschuk	35 m/s
Kork	500 m/s
Blei	1200 m/s
Kupfer	3900 m/s
Holz bis	5500 m/s
Eisen bis	5800 m/s
Flüssigkeiten:	
Tetrachlorkohlenstoff	950 m/s
Alkohol	1180 m/s
Benzol	1350 m/s
Quecksilber	1450 m/s
Wasser	1480 m/s
Gase:	
Kohlendioxid	260 m/s
Sauerstoff	322 m/s
Luft	340 m/s
Stickstoff	345 m/s
Helium	1005 m/s
Wasserstoff	1330 m/s

Tabelle 82.1 Schallgeschwindigkeiten bei 20 °C

82.2 Messung der Schallgeschwindigkeit

§ 33 Die Wahrnehmung des Schalls

1. Die Vielfalt von Schallschwingungen

Schallerreger schwingen im allgemeinen nicht in so einfachen Formen, wie sie die *Stimmgabel* in Versuch 95 zeigte; vor allem lassen sich die Schwingungskurven im allgemeinen nicht so leicht aufzeichnen wie in *Bild 79.1*. Besser geht das mit Hilfe eines **Oszilloskops** *(Bild 83.1)*. Die Membran des angeschlossenen Mikrofons wird vom Schall getroffen. Mit elektronischen Hilfsmitteln wird die Membranschwingung dann sichtbar gemacht.

83.1 Oszilloskop macht Schallschwingungen sichtbar.

Versuch 101: Wir untersuchen Schall verschiedener Herkunft mit einem Oszilloskop. *Einfache* Töne, z.B. die einer *Stimmgabel* oder einer schwach angeblasenen *Pfeife*, ergeben *glatte Schwingungszüge (Bild 83.2 a)*; zwei zusammen erklingende Stimmgabeln mit 440 Hz und 1760 Hz ergeben einen gekräuselten Kurvenzug. Man sieht ihm an, daß sich zwei Schwingungen *überlagert* haben *(Bild 83.2 b)*. Ein ähnliches Bild sehen wir bei einer stark angeblasenen *Pfeife*. Bei ihr hat sich auch der subjektive Eindruck geändert; man sagt, der dabei entstehende Ton habe eine andere *Klangfarbe* als der der schwach angeblasenen Pfeife.

Ein noch komplizierteres Bild finden wir, wenn wir einen *Vokal* gegen das Mikrofon singen *(Bild 83.2 c)*. Auch hier ist eine bestimmte **Grundfrequenz** noch deutlich zu erkennen. *Geräusche* ergeben Kurvenzüge mit vielen dicht liegenden verschieden hohen Spitzen. Bei ihnen kann man keine bestimmte Grundfrequenz mehr ausmachen. Schließlich ist ein *Knall* im wesentlichen durch *einen* kräftigen Ausschlag gekennzeichnet, der rasch wieder in die gerade Linie übergeht *(Bild 83.2 d)*.

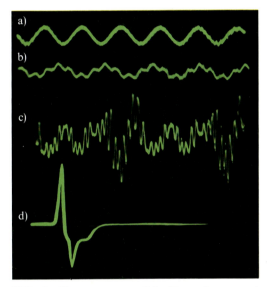

83.2 Oszillogramm von Schwingungsformen: a) Stimmgabel, b) zwei zusammenklingende Stimmgabeln, c) der Vokal o, d) ein Knall

2. Das Ohr als Schallempfänger

Der von der Ohrmuschel aufgefangene Schall kommt über den Gehörgang zum **Trommelfell**. Dieses führt *Membranschwingungen* aus, wie sie in *Bild 83.2* wiedergegeben sind. Über die Gehörknöchel werden sie zum inneren Ohr weitergeleitet. Dort werden die Enden des **Hörnervs** gereizt. Diese Reizung löst die *Schallempfindung* aus. *Tabelle 83.1* zeigt, welche Klangempfindungen den verschiedenen Schwingungsformen des Erregers zugeordnet sind.

Physikalischer Vorgang	Unsere Empfindung
Amplitude wird größer	Ton wird lauter
Frequenz wird höher	Ton wird höher
Einfache Schwingung	Einfacher Ton
Überlagerte Schwingung mit erkennbarer Grundfrequenz	Klang bestimmter Tonhöhe mit bestimmter Klangfarbe
Kompliziert überlagerte Schwingung ohne erkennbare Grundfrequenz	Geräusch wie z.B. der Sprechlaut „sch"
Einzelner Ausschlag mit hoher Amplitude, rasch abklingend	Knall

Tabelle 83.1 Akustische Empfindungen physikalisch gedeutet

Wärmelehre

§ 34 Die Temperatur und ihre Messung

Hans und Peter gehen in eine Badeanstalt. Zunächst duschen sie, Hans warm, Peter dagegen kalt. Nach dem Sprung in das Schwimmbecken schimpft Hans über das kalte Wasser, Peter findet es angenehm warm. Wie ist das möglich?

Ob das Badewasser uns warm oder kalt erscheint, beruht auf der Wärmeempfindung unseres Körpers. Sie ist unzuverlässig und läßt sich leicht täuschen. Deshalb benutzen wir in der Physik objektive (vom Sinneseindruck des einzelnen Menschen unabhängige) Meßgeräte; sie heißen **Thermometer**. Mit ihnen können wir die **Temperatur** eines Körpers messen. Wir wollen zunächst die Wirkungsweise der *Flüssigkeitsthermometer* kennenlernen.

Versuch 102: Wir füllen einen Glaskolben mit Wasser, das durch Auskochen luftfrei gemacht wurde, verschließen ihn durch einen Stopfen mit Steigrohr *(Bild 84.1)* und erwärmen ihn. Der Wasserspiegel im Rohr beginnt nach einiger Zeit zu steigen. Lassen wir dann das Wasser im Kolben abkühlen, so sinkt auch der Wasserspiegel im Rohr wieder.

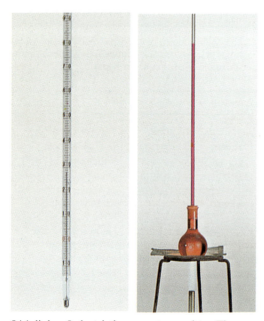

84.1 links: Industriethermometer, rechts: Thermometermodell von Versuch 102

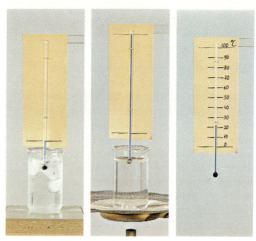

84.2 Wir stellen eine Thermometerskala her.

Wir wollen ein Flüssigkeitsthermometer bauen. Als Steigrohr nehmen wir eine Kapillare, deren eines Ende zu einem kleinen Glasgefäß erweitert wurde. Dieses ist ganz mit einer geeigneten Thermometerflüssigkeit gefüllt, z.B. mit Quecksilber oder mit gefärbtem Alkohol. Erwärmen wir das Glasgefäß, so dehnt sich die Flüssigkeit aus und steigt in der Kapillare hoch. Um die Temperatur eines Körpers zu messen, bringen wir das Glasgefäß in engen Kontakt mit ihm und warten, bis sich die Flüssigkeitssäule in der Kapillare nicht mehr ändert. Dann dürfen wir annehmen, daß die Thermometerflüssigkeit die gleiche Temperatur wie der Körper hat. Aber vorläufig können wir diese Temperatur noch nicht ablesen, denn das Gerät besitzt noch keine Skala.

Versuch 103: Wir tauchen das Gerät in ein Gefäß mit zerstoßenem Eis *(Bild 84.2)*. Die Quecksilbersäule sinkt ab. Ihre Kuppe bleibt schließlich so lange an einem bestimmten Punkt stehen (fixiert), bis alles Eis geschmolzen ist. Man nennt diesen so erhaltenen „Fixpunkt" den **Eispunkt** und hat ihm die Temperatur 0 °C (sprich Null Grad Celsius) zugeschrieben. Anschließend tauchen wir das Gerät in siedendes Wasser. Seine Quecksilbersäule stellt sich auf einen anderen Fixpunkt ein, den **Siedepunkt**. Man hat ihm die Temperatur 100 °C zugeschrieben. (Genaugenommen muß der Versuch beim Normluftdruck von 1013 mbar ausgeführt werden.)

Der Abstand zwischen Eispunkt und Siedepunkt wird nach dem Vorschlag des Schweden *Celsius* (1701 bis 1744) in hundert gleiche Teile, Grade genannt, eingeteilt. Erst jetzt können wir den Wärmezustand eines Körpers durch einen exakten Zahlenwert mit Einheit beschreiben, den wir seine Temperatur nennen. Wir sind heute damit vertraut und übersehen dabei leicht, daß der so festgelegte physikalische Begriff „Temperatur" erst mit der Erfindung der Thermometer geschaffen wurde. Vorher wäre z.B. die Angabe, daß die Körpertemperatur eines gesunden Menschen 37 °C beträgt, völlig sinnlos gewesen.

Die auf der **Celsius-Skala** gemessene Temperatur bezeichnen wir mit dem griechischen Buchstaben ϑ (sprich Theta). Setzen wir die Celsius-Skala nach unten fort, so müssen wir dort negative Celsius-Grade (-1 °C, -2 °C usw.) eintragen. Man muß, ähnlich wie bei Zeitangaben, zwischen Temperaturpunkten ϑ_1 oder ϑ_2 (Angabe in °C) und Temperaturdifferenzen $\Delta\vartheta = \vartheta_2 - \vartheta_1$ unterscheiden. Bei den Differenzen benennen wir die Gradschritte nach dem englischen Physiker *Kelvin* (1824 bis 1907). Diese neue Einheit hilft uns, Verwechslungen zu vermeiden. Steigt z.B. die Temperatur von $\vartheta_1 = -2$ °C auf $\vartheta_2 = +9$ °C, so beträgt die Temperaturdifferenz $\Delta\vartheta = \vartheta_2 - \vartheta_1 = 11$ K (sprich: Delta Theta gleich elf Kelvin).

Oft kommt es darauf an, Bruchteile eines Grades zu messen, z.B. mit einem **Fieberthermometer** *(Bild 85.1)*. Dazu muß die Skala möglichst weit auseinandergezogen sein. Deshalb gibt man dem Thermometergefäß ein großes Volumen und der Kapillare einen kleinen Querschnitt. Bringt man ein Fieberthermometer in engen Kontakt mit dem menschlichen Körper, so nimmt es allmählich dessen Temperatur an. Das dauert mehrere Minuten, denn das Thermometer erwärmt sich um so langsamer, je geringer der Temperaturunterschied zwischen ihm und dem zu prüfenden Körper ist. Will man genau messen, so muß man also Geduld haben. Beim Fieberthermometer ist außerdem der Kapillarenansatz dicht über dem Thermometergefäß verengt; über dem Quecksilberfaden ist die Kapillare luftleer. Dadurch kann sich das Quecksilber zwar nach oben ausdehnen, doch reißt der Faden beim Wiederabkühlen an der Verengung ab und bleibt in der Kapillare stehen. Das Fieberthermometer zeigt deshalb die erreichte Höchsttemperatur an. Vor jeder neuen Messung muß man den Quecksilberfaden wieder nach unten schleudern.

Am **Maximum-Minimum-Thermometer** *(Bild 85.1)* kann man die höchste und die tiefste Temperatur seit der letzten Einstellung ablesen. Es enthält im Mittelteil Quecksilber und links darüber in einer Erweiterung der Kapillare die eigentliche Thermometerflüssigkeit. Dehnt sich diese beim Erwärmen aus, so schiebt sie den Quecksilberfaden in den rechten Schenkel hinüber. Die Gasblase im Ausgleichsgefäß rechts oben wird dabei etwas zusammengedrückt. Über den beiden Schenkeln des Quecksilberfadens befinden sich kleine Eisenstäbchen. Sie werden vom Quecksilber angehoben und bleiben in der höchsten erreichten Lage durch Reibung an der Glaswand hängen. Dann kann man rechts das Temperaturmaximum und links das Temperaturminimum ablesen. Anschließend führt man die Eisenstäbchen wieder an das Quecksilber heran (z.B. mit Hilfe eines Magneten).

Flüssigkeitsthermometer sind zwar sehr bequem zu handhaben; man kann sie aber leider nur in einem beschränkten Temperaturbereich verwenden. Quecksilber wird bei -39 °C fest, bei 357 °C (bei normalem Luftdruck) siedet es. Alkoholthermometer sind zwischen -70 °C und $+60$ °C brauchbar. Pentanthermometer erlauben Messungen bis -200 °C. Man verwendet deshalb noch andere Meßverfahren; wir werden sie später untersuchen.

In den angelsächsischen Ländern wird neben der Celsius-Skala noch die *Fahrenheit-Skala* benutzt. Auf ihr wird der Eispunkt mit 32 °F und der Siedepunkt des Wassers mit 212 °F bezeichnet. Den 100 Gradschritten der Celsius-Skala entsprechen also 180 Gradschritte der Fahrenheit-Skala. 37 °C entsprechen etwa 100 °F.

In einer Badeanstalt in England wird die Wassertemperatur 77 °F gemessen. Ist das kalt oder warm? Wir können umrechnen! Die Temperatur 77 °F liegt $77 - 32 = 45$ Gradschritte über dem Eispunkt; aber diese Gradschritte sind kleiner als auf der Celsius-Skala. Wir rechnen nun $\frac{45 \cdot 100}{180} = 25$. Also beträgt die Wassertemperatur 25 °C; es ist angenehm warm.

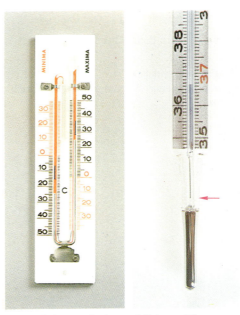

85.1 links: Maximum-Minimum-Thermometer, rechts: Fieberthermometer mit Engstelle (Pfeil)

§ 35 Die thermische Ausdehnung

1. Dehnen sich auch feste und gasförmige Körper aus?

Flüssigkeiten dehnen sich beim Erwärmen aus; sonst würden Flüssigkeitsthermometer schlecht funktionieren. Wie verhalten sich nun feste Stoffe und Gase beim Erwärmen? Könnte man vielleicht auch ein „Eisenthermometer" oder gar ein „Luftthermometer" konstruieren? Die folgenden Versuche sollen dies klären.

Versuch 104: Eine Messingkugel geht bei Zimmertemperatur nur knapp durch einen Messingring hindurch *(Bild 86.1 a)*. Sie bleibt darin stecken, wenn sie zuvor mit einem Bunsenbrenner erhitzt wurde *(Bild 86.1 b)*. Doch geht sie wieder hindurch, wenn sie sich abgekühlt hat oder wenn der Ring erwärmt wurde. Der Ring verhält sich beim Erwärmen wie ein Gürtel, den man länger, also weiter einstellt.

Versuch 105: Wir verschließen die Öffnung eines mit Luft gefüllten Kolbens mit einem durchbohrten Gummistopfen, in den wir ein Rohr eingesetzt haben. Wir halten die Rohröffnung unter Wasser und erwärmen den Kolben. Die Luft dehnt sich aus; Luftblasen verlassen das Rohr und steigen im Wasser hoch. Kühlt sich die Luft ab, so steigt Wasser durch das Rohr in den Kolben.

Diese und andere Beobachtungen zeigen uns:

> Im allgemeinen dehnen sich Körper beim Erwärmen aus, beim Abkühlen ziehen sie sich zusammen.

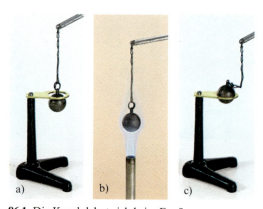

86.1 Die Kugel dehnt sich beim Erwärmen aus.

Interzonenzug entgleist

Hannover (dpa)
Bei einem Zugunglück auf der Strecke Hannover–Wolfsburg sind am 28.7. vier Menschen getötet und mehr als 20 zum Teil schwer verletzt worden. Nach Mitteilung der Bundesbahndirektion Hannover entgleiste der Interzonenzug D 136 vor dem Bahnhof Leiferde (Kreis Gifhorn), weil sich das Gleis – vermutlich durch die außergewöhnlich hohe Temperatur dieses Tages – verbogen hatte.

86.2 So stand es 1969 in der Zeitung.

2. Weshalb verbiegt sich eine Schiene?

Im Sommer 1969 entgleiste zwischen Hannover und Wolfsburg ein Schnellzug. Durch den starken Temperaturanstieg dieses Tages hatten sich die Schienen stark ausgedehnt und schließlich seitlich verschoben. Weitere Beispiele für die *thermische (durch Temperaturänderung bewirkte) Ausdehnung* fester Körper:

a) Metallräder werden fest mit ihrer Achse verbunden, indem man die kalte Achse in das Mittelloch des erwärmten Rades einpaßt und dieses dann abkühlen läßt. Das Rad wird „aufgeschrumpft". Ebenso wird ein eiserner Reifen, der ein Holzrad zusammenhalten soll, heiß aufgezogen; beim Abkühlen zieht er sich zusammen und gibt dadurch dem ganzen Rad festen Halt.

b) Der Fahrdraht einer Bahnlinie wird an den Enden eines jeden Streckenabschnittes über eine Rolle geführt und durch ein schweres Gewicht straff gehalten. Bei starrer Befestigung würde er entweder im Sommer stark durchhängen oder im Winter einen Mast umreißen.

87.1 Die Rollenlager verhindern gefährliche Spannungen, wenn sich die Länge der Brücke durch Temperaturschwankungen ändert.

Material	Dehnung Δl in mm	Material	Dehnung Δl in mm
Zink	2,6	Chrom	0,9
Aluminium	2,4	Platin	0,9
Messing	1,9	Jenaer Glas	0,8
Kupfer	1,7	Porzellan	0,3
Eisen	1,2	Invarstahl	0,15
Beton	1,2	Quarzglas	0,06

Tabelle 87.1 Ein Stab mit der Ausgangslänge l_0 = 1,00 m dehnt sich bei Erwärmung um 100 °C um Δl.

3. Feste Körper dehnen sich unterschiedlich

Ein Ausdehnungsapparat *(Bild 87.2)* hat ein Metallrohr, durch das unterschiedlich heißes Wasser geleitet werden kann; dabei wird das Rohr länger. Mit einem solchen Apparat läßt sich außerdem feststellen, daß die Längenänderung Δl der Temperaturänderung $\Delta \vartheta$ proportional ist. Es leuchtet ein, daß die Längenzunahme Δl auch proportional ist zur Ausgangslänge l_0. Bei dreifacher Ausgangslänge l_0 und doppelter Temperaturzunahme $\Delta \vartheta$ erfährt ein Rohr (allg. jeder Körper) folglich die sechsfache Längenzunahme Δl. Insgesamt gilt also:

$\Delta l \sim l_0 \cdot \Delta \vartheta$.

Verwendet man in *Bild 87.2* Rohre aus verschiedenen Materialien, so findet man für jeden Stoff eine eigene Längenänderung Δl. *Tabelle 87.1* zeigt einige Werte.

In anderen Tabellen findest du vielleicht den sogenannten *Längenausdehnungskoeffizienten* α angegeben. Er gibt die relative Längenänderung $\frac{\Delta l}{l_0}$ bezogen auf die Temperaturänderung $\Delta \vartheta = 1$ K an.

4. Hier ein Nachteil, dort ein Vorteil

Die unterschiedliche thermische Ausdehnung fester Körper ist für zahlreiche Anwendungen von Bedeutung:

a) *Eisenbeton,* der die günstigen Festigkeitseigenschaften von Eisen und Beton in sich vereinigt, ist nur deshalb brauchbar, weil beide Stoffe sich nahezu gleich ausdehnen bzw. zusammenziehen (siehe *Tabelle 87.1*). Anderenfalls würden bei Temperaturänderungen starke Kräfte auftreten und zu Rissen im Bauwerk führen.

b) *Elektrische Zuleitungen* können nur dann luftdicht in Glasgeräte eingeschmolzen werden, wenn Draht und Glas sich in gleicher Weise ausdehnen. Das ist wichtig für die Herstellung von Glühlampen und Elektronenröhren.

c) Werden zwei Blechstreifen, zum Beispiel aus Messing und Eisen, fest miteinander vernietet oder verschweißt, so erhält man einen sogenannten **Bimetallstreifen** *(Bild 87.3)*. Beim Erwärmen biegt er sich nach der Seite, an der das Metall liegt, das sich weniger ausdehnt.

87.2 Links ist das Rohr fest eingespannt. Seine Längenausdehnung kann man am Zeiger rechts ablesen.

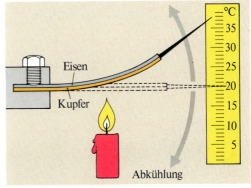

87.3 Dieser Bimetallstreifen verbiegt sich beim Erwärmen nach oben.

In vielen technischen Geräten wird diese Eigenschaft der Bimetallstreifen genutzt:

Man stellt sie in Form einer Spirale her und versieht sie am Ende mit einem Zeiger, der auf einer Skala die Temperatur anzeigt. So erhält man ein *Bimetallthermometer*.

Bimetallsicherungen sorgen bei Gasgeräten dafür, daß nur dann Gas ausströmen kann, wenn die Zündflamme brennt.

Besonders vielseitig verwendbare Bauelemente erhält man, wenn man an Bimetallstreifen elektrische Kontakte anbringt. Mit diesen *Bimetallschaltern* kann man beim Überschreiten einer bestimmten Temperatur automatisch Feueralarm auslösen oder eine Löscheinrichtung einschalten. Ein im Wohnzimmer angebrachter Bimetallkontakt schaltet die Zentralheizung aus, wenn eine bestimmte Temperatur erreicht ist. Kühlt sich das Zimmer danach ein wenig ab, so schließt sich der Kontakt, und die Heizung arbeitet wieder. Hier wird der Bimetallschalter zum *Regler*, der die Temperatur nahezu konstant hält. Daher heißt er **Thermostat**.

5. Wasser ist ein Außenseiter!

Thermometer können mit unterschiedlichen Flüssigkeiten gefüllt sein. Beim Erwärmen steigt bei allen die Flüssigkeitssäule in der Kapillare, obwohl sich auch das Thermometergefäß ausdehnt.

> **Flüssigkeiten dehnen sich beim Erwärmen wesentlich stärker aus als feste Stoffe. Bei allen Materialien ist die Ausdehnung abhängig von Stoff und Temperaturänderung.**

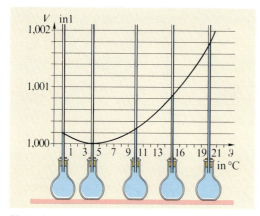

88.1 Die Dichteanomalie des Wassers

Umgekehrt erwartet man, daß sich Flüssigkeiten beim Abkühlen zusammenziehen, also ihre Dichte vergrößern. Das sollte auch dann noch zutreffen, wenn der flüssige Stoff schon erstarrt ist. Überprüfen wir in dieser Hinsicht Wasser!

Versuch 106: Man füllt einen Kolben aus Quarzglas mit ausgekochtem (luftfreiem) Wasser und verschließt ihn mit einem doppelt durchbohrten Stopfen, durch den ein Thermometer und eine Kapillare gesteckt wurden. Der Kolben wird längere Zeit in ein Eisbad gestellt, so daß sein Inhalt schließlich fast die Temperatur 0 °C angenommen hat. Erwärmt man ihn dann langsam wieder, so beobachtet man, daß sich das Wasser in ihm mit steigender Temperatur zunächst zusammenzieht, sich beim weiteren Erwärmen aber wieder ausdehnt. Durch Präzisionsmessungen, die auch die Volumenänderung des Gefäßes berücksichtigen, hat man festgestellt, daß das Wasser sein geringstes Volumen bei 4 °C erreicht (*Bild 88.1*).

Dieses im Vergleich zu anderen Stoffen ungewöhnliche Verhalten nennt man die *Anomalie des Wassers* (anomal, regelwidrig). Berechnet man die Dichte $\varrho = m/V$ des Wassers bei verschiedenen Temperaturen, so zeigt sich:

> **Wasser hat bei 4 °C seine größte Dichte.**

Die meisten Flüssigkeiten ziehen sich beim Erstarren erheblich zusammen. Ist Wasser auch hierbei ein Außenseiter?

Versuch 107: Wir füllen ein Reagenzglas bis zu einer Höhe von 10 cm mit Wasser und stecken es in eine sogenannte **Kältemischung** (das ist eine Mischung von Eis oder Schnee mit Salz im Verhältnis 3:1). Sie bringt das Wasser im Reagenzglas schnell zum Gefrieren. Der entstehende Eiszylinder hat eine Länge von annähernd 11 cm. Im Gegensatz zu den meisten anderen Stoffen dehnt sich also Wasser beim Erstarren aus, und zwar um etwa 9% seines Volumens bei 0 °C. Deshalb schwimmt Eis an der Wasseroberfläche.

Das anomale Verhalten des Wassers hat in der Natur wichtige Auswirkungen:

a) Im Frühjahr und Sommer wird das Wasser an der Oberfläche eines Sees durch die wärmere Luft und durch die Sonneneinstrahlung erwärmt. Es dehnt sich etwas aus und bleibt oben; denn seine Dichte hat abgenommen.

Unter dieser warmen Schicht liegt kälteres Wasser, das man beim Tauchen schnell erreicht. Es wird vorwiegend durch den Kontakt mit dem Oberflächenwasser erwärmt, und das geht nur langsam vonstatten (siehe auch Versuch 146).

b) Im Herbst und Winter wird zunächst das Oberflächenwasser abgekühlt. Dabei nimmt seine Dichte zu, es sinkt ab. Daneben steigt Wasser aus einer tieferen Schicht auf und nimmt seinen Platz ein. Diese Umschichtung endet, wenn bei einer Temperatur von 4 °C das Wasser seine größte Dichte erreicht hat. Das Wasser der Oberflächenschicht kann zwar noch weiter abgekühlt werden, aber dabei dehnt es sich wieder aus und bleibt deshalb oben. Stehende und langsam fließende Gewässer gefrieren daher stets von oben. Die bodennahen Schichten hinreichend tiefer Süßwasserseen haben aus diesen Gründen das ganze Jahr hindurch angenähert die Temperatur 4 °C. (In den Ozeanen liegen infolge des Salzgehalts andere Verhältnisse vor.)

c) Bildet sich an der Wasseroberfläche Eis, so schwimmt dieses wegen seiner geringen Dichte. Eine geschlossene Eisdecke verzögert die Abkühlung tieferer Wasserschichten erheblich.

d) Die Verwitterung des Gesteins wird stark beschleunigt, wenn in seine Spalten und Ritzen Wasser eindringt und dann gefriert (Spaltenfrost). Ebenso werden Straßenbeläge zerstört, wenn eingesickertes Wasser im Winter gefriert (Frostaufbrüche).

Aufgaben

1. Um wieviel verlängert sich ein 120 cm langer Kupferdraht, wenn er von 0 °C auf 40 °C erwärmt wird?

2. Um wieviel ist der Eiffelturm (Eisen, Höhe rund 300 m) an einem Sommertag bei 30 °C höher als im Winter bei −20 °C?

3. Warum ist Wasser als Thermometerflüssigkeit unbrauchbar?

4. Warum muß im Herbst das Wasser aus den im Garten liegenden Leitungen abgelassen werden?

5. Jemand mißt mit einem Stahllineal, das in der Sonne gelegen hat. Werden die Meßwerte zu groß oder zu klein?

6. Fernsehtürme werden oft aus aufeinandergesetzten Betonrohren gebaut. Welche Wirkung hat die einseitige Sonnenstrahlung auf sie?

§ 36 Das thermische Verhalten der Gase

1. Eine neue Temperaturskala

Versuch 108: Benetze die Öffnung einer leeren Flasche mit Seifenlösung oder einem Spülmittel und lege eine kleine Münze darauf. Erwärme dann die Flasche mit deinen Händen oder setze sie in ein heißes Wasserbad. Nach kurzer Zeit hebt sich die Münze etwas; gleichzeitig bildet sich eine Seifenblase. (Wer schafft das mit seinen Händen am schnellsten?)

Der Versuch 108 zeigt, daß Luft sich schon bei geringer Erwärmung erheblich ausdehnt. Das wollen wir nun genauer untersuchen. Dazu benutzen wir ein sogenanntes **Gasthermometer.** Sein Hauptteil besteht aus einem engen Rohr mit konstantem Querschnitt, in dem eine bestimmte Gasmenge (z.B. Luft) abgegrenzt ist. Als beweglicher Verschluß dient ein kleiner Quecksilbertropfen. Da das Gerät oben offen ist, bleibt der Druck der abgegrenzten Gasmenge konstant. In der kugelförmigen Erweiterung befindet sich ein Trockenmittel, weil Wasserdampf die Messungen stören würde.

Versuch 109: Wir stecken das Gasthermometer wie ein gewöhnliches Thermometer in schmelzendes Eis und markieren mit einem Klemmring das abgeschlossene Luftvolumen bei $\vartheta_E = 0$ °C. Anschließend stecken wir es in siedendes Wasser und markieren mit einem zweiten Klemmring das Volumen bei $\vartheta_S = 100$ °C. Damit sind *Eis-* und *Siedepunkt* gekennzeichnet.

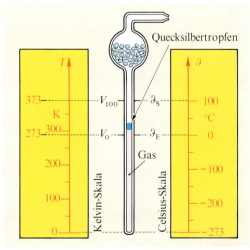

89.1 Gasthermometer mit Celsius- und Kelvinteilung

Wir teilen den dazugehörigen Abstand in 100 gleiche Teile. Dann stecken wir das Gasthermometer zusammen mit einem Quecksilberthermometer in Wasser beliebiger Temperatur. Dabei können wir bei der von uns erreichten Genauigkeit keinen Unterschied der beiden Temperaturanzeigen feststellen. Die Skaleneinteilung setzen wir nun nach beiden Seiten fort. Dabei kommen wir am unteren Ende der Kapillare zu einem Teilpunkt, der auf der Celsius-Skala die Bezeichnung $\vartheta = -273\,°C$ trägt (*Bild 89.1*, rechts). Es hat sich als zweckmäßig erwiesen, diesen Punkt zum Nullpunkt einer neuen Temperaturskala, der **Kelvin-Skala**, zu machen (*Bild 89.1*, links). Dann liest man an *Bild 89.1* unmittelbar ab, daß die Temperaturangaben auf der Kelvin-Skala dem Volumen des Gases proportional sind.

Kelvin- und Celsius-Skala haben gleich große Gradschritte, die wir schon bisher mit 1 K bezeichnet haben. Der Anfangspunkt der Kelvin-Skala wird mit 0 K bezeichnet. Er liegt, wie sehr genaue Messungen gezeigt haben, bei $-273{,}15\,°C$. Temperaturangaben auf der Kelvin-Skala werden mit dem Buchstaben T bezeichnet. Eispunkt ($\vartheta_E = 0\,°C$) und Siedepunkt ($\vartheta_S = 100\,°C$) tragen auf der Kelvin-Skala die Bezeichnung $T_E = 273\,K$ und $T_S = 373\,K$. Der Celsius-Temperatur $\vartheta = 20\,°C$ entspricht die Kelvin-Temperatur $T = 293\,K$. Man kann die Temperaturangaben umrechnen, denn $\vartheta = x\,°C$ bedeutet dasselbe wie $T = (273 + x)\,K$.

> **Die Zahlenwerte bei Temperaturangaben auf der Kelvin-Skala sind um 273 höher als die auf der Celsius-Skala.**

Wir werden künftig beide Skalen nebeneinander verwenden. Temperaturunterschiede, die wir sowohl mit ΔT als auch mit $\Delta\vartheta$ bezeichnen können ($\Delta T = \Delta\vartheta$), geben wir ausschließlich mit der Einheit **Kelvin** an.

2. Auch für Gase gelten Gesetze

a) Volumenänderung bei konstantem Druck

Benutzen wir Gasthermometer mit anderen Füllgasen, so ergibt der Versuch 109 stets den gleichen Zusammenhang zwischen Volumen und Temperatur des Gases. Auch hierbei ist der Gasdruck konstant, da das Gerät stets oben offen ist. Der Zusammenhang zwischen Kelvintemperatur T und Gasvolumen V gilt allgemein:

> **Die Kelvin-Temperatur T ist bei konstantem Druck p dem Volumen V einer abgeschlossenen Gasmenge proportional:**
>
> $T \sim V$ (p konstant).

Vergleichen wir die Volumenzunahme je 1 K Erwärmung mit dem Volumen V_0 bei $\vartheta = 0\,°C$, d.h. $T = 273\,K$, so stellen wir fest:

Beim Erwärmen um 1 K wächst das Volumen bei allen Gasen um $\frac{1}{273}$ des bei 273 K (0 °C) gemessenen Volumens, sofern der Druck konstant bleibt. Gase dehnen sich also beim Erwärmen viel stärker aus als feste Stoffe oder Flüssigkeiten.

Im Jahre 1783 stiegen die Brüder *Montgolfier* bei Paris mit einem **Heißluftballon** auf. Sie hatten die Luft in einer riesigen Papierhülle erhitzt, bis diese sich vom Boden erhob. Wie war das möglich?

Erwärmt man z.B. 1000 cm³ (1 l) eines beliebigen Gases von 0 °C auf 1 °C, so nimmt sein Volumen um $\Delta V = \frac{1}{273} \cdot 1000\,\text{cm}^3 = 3{,}66\,\text{cm}^3$ zu. Erwärmt man in einer Ballonhülle 3000 m³ Luft von 0 °C auf 50 °C, so nimmt ihr Volumen um $\Delta V = \frac{1}{273} \cdot 3000\,\text{m}^3 \cdot 50 = 549\,\text{m}^3$ zu. Diese Luftmenge entweicht aus dem Füllstutzen und macht den Ballon um etwa 6000 N leichter. So schwer dürfen Hülle, Gerät und Passagiere dieses Heißluftballons insgesamt sein. Natürlich steigt eine erwärmte Luftmenge auch ohne eine Ballonhülle nach oben. Dies geschieht bei sommerlichem Wetter in sehr großen Luftblasen, von denen sich Segelflieger gern nach oben tragen lassen (*Bild 93.1*).

90.1 Moderne Heißluftballons

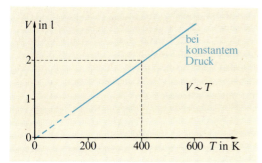

91.1 Das erste unserer Gasgesetze

b) Druckänderung bei konstantem Volumen

Hält man beim Erwärmen einer Gasmenge das Volumen konstant, so erhöht sich ihr Druck. Dies kann man mit einem Spezialgerät genauer untersuchen, aber unsere bisher durchgeführten Messungen reichen schon aus, um die Druckzunahme allgemein zu berechnen. Wir lernen damit ein Beispiel für eine *deduktive Ableitung* eines Gesetzes kennen.

Wir wissen, daß sich das Volumen einer Gasmenge bei konstantem Druck ver-n-facht, wenn man seine Kelvin-Temperatur auf das n-fache erhöht (siehe Kasten Seite 90). Um das Ausgangsvolumen wieder zu erreichen (oder gleich beizubehalten), muß man dann nach dem Gesetz von *Boyle und Mariotte* (siehe Seite 68) den Druck, unter dem das Gas steht, ver-n-fachen. Demnach ist der Druck einer abgeschlossenen Gasmenge ihrer Kelvin-Temperatur proportional, wenn das Volumen konstant bleibt (*Bild 91.2*). Es gilt also:

Der Druck p einer abgeschlossenen Gasmenge ist bei konstantem Volumen V der Kelvin-Temperatur T proportional:

$p \sim T$ (V konstant).

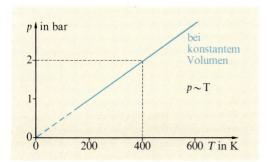

91.2 Das zweite unserer Gasgesetze

Beim Erwärmen um 1 K steigt bei allen Gasen der Druck um $\frac{1}{273}$ des Druckes bei 273 K (0 °C), sofern das Volumen konstant bleibt.

3. Wir kombinieren die Gasgesetze

Die einfache Form der Gasgesetze zeigt, wie zweckmäßig es ist, die Celsius-Skala durch die Kelvin-Skala zu ersetzen. Noch einfacher wird es für uns, wenn wir die verschiedenen Gasgesetze zu einem einzigen zusammenfassen.

Erwärmen wir Gasmengen, so ändert sich dabei häufig sowohl ihr Volumen als auch ihr Druck. Erhöht man z.B. die Kelvin-Temperatur T einer Gasmenge zunächst bei konstantem Druck p auf das Dreifache, so steigt auch ihr Volumen V auf den dreifachen Wert (siehe Seite 90). Wird anschließend bei der erreichten Temperatur der Druck p verfünffacht, so sinkt das Volumen V auf $\frac{3}{5}$ des Ausgangswertes (siehe Seite 68). Das Volumen V einer Gasmenge ist also dem Quotienten aus der Kelvin-Temperatur T und dem Druck p proportional: $V \sim T/p$. Wenn man bei einer bestimmten Gasmenge den Druck p und die Kelvin-Temperatur T ändert, so erhält das Gas im allgemeinen ein anderes Volumen V. Der Bruch $\frac{V}{T/p} = \frac{p \cdot V}{T}$ bleibt aber konstant. Bezeichnet man mit V_0 das Volumen einer Gasmenge bei der Temperatur $T_0 = 273$ K (0 °C) und beim Normdruck $p_0 = 1013$ mbar, mit p, V und T dagegen die Werte für irgendeinen anderen Zustand der Gasmenge, so lautet der gefundene Zusammenhang:

$$\frac{p \cdot V}{T} = \frac{p_0 \cdot V_0}{T_0} = \text{konstant.} \quad (91.1)$$

Dieses Gesetz gilt streng nur für ein *gedachtes (ideales) Gas*, das auch bei tiefsten Temperaturen gasförmig bleibt und bei 0 K, dem **absoluten Nullpunkt,** überhaupt kein Volumen mehr hat. *Wirkliche (reale) Gase* werden bei sehr tiefen Temperaturen flüssig; sie kommen jedoch dem idealen Gaszustand um so näher, je weiter sie von ihrer Verflüssigungstemperatur entfernt sind (siehe *Tabelle 92.1*). Dann gilt die *Gleichung 91.1* für jede Zustandsänderung einer beliebigen abgeschlossenen Gasmenge. Deshalb nennt man sie die **allgemeine Zustandsgleichung der Gase** oder auch das **allgemeine Gasgesetz.** Für unsere Versuche benutzen wir meistens Luft. Sie ist von ihrer Verflüssigungstemperatur genügend weit entfernt.

Gasart	Kelvin-Temperatur	Celsius-Temperatur
Helium	4 K	−269 °C
Wasserstoff	21 K	−253 °C
Neon	27 K	−246 °C
Stickstoff	77 K	−196 °C
Sauerstoff	91 K	−182 °C
Kohlendioxid*	194 K	−79 °C
Propan	228 K	−45 °C
Butan	272,5 K	−0,5 °C

Tabelle 92.1 Verflüssigungstemperatur verschiedener Gase bei normalem Druck $p_0 = 1013$ mbar.
* Sublimationstemperatur

In der allgemeinen Zustandsgleichung der Gase sind der Druck p, das Volumen V und die Kelvin-Temperatur T einer Gasmenge für zwei verschiedene Zustände enthalten. Sind von diesen insgesamt sechs Größen fünf bekannt, so kann man die sechste berechnen. Vor allem kann man das Volumen V einer Gasmenge, das man beim Druck p und der Temperatur T kennt, auf „**Normbedingungen**", das heißt auf $T_0 = 273$ K (0 °C) und $p_0 = 1013$ mbar umrechnen. Das so erhaltene Volumen V_0 heißt *Normvolumen*. Diese Umrechnungen sind für die Praxis von besonderer Bedeutung, da man so Gasmengen auf Grund ihres Volumens bequem vergleichen kann. Dabei wird jedoch vorausgesetzt, daß die Gase genügend weit von ihrer Verflüssigungstemperatur entfernt sind, so daß man sie bei der Berechnung wie ein ideales Gas behandeln darf (siehe Seite 91).

Beispiel: In einer Spritze mit leicht verschiebbarem Kolben ist bei $T = 288$ K (15 °C) und $p = 995$ mbar Luft mit dem Volumen $V = 80,0$ cm³ eingeschlossen. Wie groß ist das Normvolumen V_0? Aus der *Gleichung 91.1* ergibt sich:

$$\frac{995 \text{ mbar} \cdot 80,0 \text{ cm}^3}{288 \text{ K}} = \frac{1013 \text{ mbar} \cdot V_0}{273 \text{ K}}.$$

Daraus folgt:

$$V_0 = \frac{995 \text{ mbar} \cdot 273 \text{ K}}{1013 \text{ mbar} \cdot 288 \text{ K}} \cdot 80,0 \text{ cm}^3 = 74,5 \text{ cm}^3.$$

4. Temperaturmessung mit dem Gasthermometer

Wie sich ein Gasthermometer zum Messen von Temperaturen verwenden läßt, zeigt das folgende Beispiel.

Versuch 110: Bei $T_0 = 273$ K (0 °C) sei das Volumen des eingeschlossenen Gases $V_0 = 175$ mm³. Wir halten das Thermometer in warmes Wasser und messen das Volumen $V = 205$ mm³. Bei konstantem Druck ($p = p_0$) kann man die *Gleichung 91.1* vereinfachen zu $\frac{V}{T} = \frac{V_0}{T_0}$ und dann umformen zu $\frac{T}{T_0} = \frac{V}{V_0}$. Es gilt also

$$\frac{T}{273 \text{ K}} = \frac{V}{V_0} = \frac{205 \text{ mm}^3}{175 \text{ mm}^3},$$

das heißt $T = \frac{205}{175} \cdot 273$ K $= 320$ K, das sind 47 °C.

Ein Quecksilberthermometer liefert bei der von uns erreichten Genauigkeit den gleichen Wert, das heißt, wir können im normalen Temperaturbereich keine ungleichmäßige Ausdehnung des Quecksilbers gegenüber den Gasen feststellen (siehe auch *Tabelle 88.1*). Erst oberhalb von 470 K (etwa 200 °C) treten mit der Annäherung an den Siedepunkt auch bei Quecksilber ebenso wie bei anderen Flüssigkeiten erhebliche Abweichungen auf. Das weiß man durch Vergleich mit Gasthermometern. Während Flüssigkeitsthermometer bei sehr tiefen und sehr hohen Temperaturen versagen, ist ein Gasthermometer mit dem Füllgas Helium auch unter extremen Bedingungen noch brauchbar (siehe *Tabelle 92.1*). Deshalb hat man die heute gültige Temperaturskala mit einem Gasthermometer festgelegt. Gasthermometer sind allerdings umständlicher als Quecksilberthermometer zu handhaben, da sich zwischen zwei Messungen ihr Gasdruck nicht ändern darf.

Aufgaben

1. a) Rechne in Kelvin-Temperatur T um: $\vartheta = 25$ °C, -183 °C, 10000 °C!
b) Rechne in Celsius-Temperatur ϑ um: $T = 350$ K, 1000 K, 0 K!

2. *Eine Gasmenge hat bei 293 K (20 °C) und 1025 mbar das Volumen 25 cm³. Welches Volumen hat das Gas unter Normbedingungen, das heißt bei 273 K (0 °C) und 1013 mbar? (Siehe Beispiel links!)*

3. *Welches Volumen bekommt ein mit Wasserstoff gefüllter Ballon, der bei 1013 mbar und 15 °C ein Volumen von 250 m³ hat, wenn in großer Höhe ein Druck von 350 mbar und eine Temperatur von -50 °C herrschen? Überwiegt der Druck- oder der Temperatureinfluß? (Wir denken uns die Hülle so nachgiebig, daß sie keinen nennenswerten Unterschied zwischen Innen- und Außendruck verursacht. Bestimme als Zwischenergebnis das Normvolumen des Wasserstoffs!)*

4. *Der Luftdruck in einem Autoreifen beträgt bei 20 °C $p_1 = 2,8$ bar (absolut); das Volumen beträgt $V_1 = 26,0$ dm³. Durch Erwärmung auf 60 °C gibt der Reifen so weit nach, daß das Volumen auf $V_2 = 26,4$ dm³ ansteigt. Welcher Druck p_2 stellt sich ein? (Bestimme als Zwischenergebnis das Normvolumen der eingeschlossenen Luft; siehe Beispiel Seite 92!)*

5. *Ein Schlauchboot wird bei einer Lufttemperatur von 20 °C mit einem Druck von 1200 mbar (absolut) aufgepumpt. Durch kräftige Sonnenbestrahlung steigt anschließend die Temperatur der Hülle und damit auch die der eingeschlossenen Luft auf 50 °C. Berechne den erreichten Innendruck unter der Annahme, daß die Hülle nicht nachgibt!*

6. *Ein Segelflugzeug gleitet in der umgebenden Luft in jeder Sekunde 0,8 m abwärts. Der Segelflieger findet eine sogenannte „Thermikblase", in der die am Erdboden erwärmte Luft mit der Geschwindigkeit $v = 3,0 \frac{m}{s}$ steigt. Welchen Höhengewinn kann er beim Kreisen in dieser Thermikblase in 5 min erzielen? Eine andere Thermikblase steigt langsamer. Unter welcher Bedingung kann er darin gerade seine Höhe halten?*

7. *Die Lunge eines Tauchers enthält in 20 m Wassertiefe 4 l Luft mit dem Druck $p = 3$ bar (absolut). Ein Notfall treibt ihn schnell an die Wasseroberfläche ($p_0 = 1$ bar). Welche in der Gleichung 91.1 enthaltene Größe ist hierbei konstant? Auf welches Volumen dehnt sich die in der Lunge vorhandene Luft beim Aufstieg aus? Was muß der Taucher also während des Aufstiegs tun?*

8. *Weshalb ist für unsere Messungen mit dem Gasthermometer Luft als Füllgas geeignet, Propan dagegen nicht? (Siehe Tabelle 92.1!)*

93.1 Segelflieger im Aufwind

§ 37 Gasgleichung und Moleküle

1. Warum gelten für Gase einfache Gesetze?

Wir sahen in Versuch 50 (Bild 51.1): Mit der Temperatur T steigen Gasdruck p und Gasvolumen V so, daß der Ausdruck $\frac{p \cdot V}{T}$ für eine bestimmte Gasmenge konstant bleibt. Hängt diese Konstante $\frac{p \cdot V}{T}$ von der Gasmenge und der Art des Gases ab?

Nehmen wir aus einer Menge Wasserstoffgas beim gleichen Druck p und der gleichen Temperatur T das halbe Volumen V; dann wird $\frac{p \cdot V}{T}$ auch halbiert. Mit dem Volumen haben wir die Zahl der Moleküle – also die **Stoffmenge** v – halbiert. $\frac{p \cdot V}{T}$ ist deshalb der Stoffmenge v (Molekülzahl) proportional.

Vergleichen wir mit einem anderen Gas, etwa mit Sauerstoff. Dessen Moleküle haben eine größere Masse. Deshalb ziehen wir zum Vergleich wieder die Molekülzahlen heran. Das ist gar nicht so schwierig: Wenn man etwa Sauerstoff mit Wasserstoff verbindet, so holt sich ein O-Atom zwei H-Atome zum H_2O-Molekül. Die Teilchen vereinigen sich bei chemischen Reaktionen nämlich nach bestimmten einfachen Zahlenverhältnissen (hier 1:2; *Gesetz der konstanten Proportionen*). Die Natur ordnet dabei ganz von selbst Atom- bzw. Molekülzahlen einander zu. Deshalb benutzen wir diese Zahlen zur Festlegung der Stoffmenge v, nicht die von der jeweiligen Gasart abhängigen Massen.

Stoffmengen (v) bestimmt man durch Atom- bzw. Molekülzahlen, nicht durch Massen.

Bei diesem Zuordnen der riesigen Molekülzahlen kommt uns die Natur bei Gasen – und nur bei diesen – nochmals entgegen: Beim Herstellen von H_2O-Gas in der Knallgasreaktion braucht man das doppelte Volumen an Wasserstoff wie an Sauerstoff. Nach der Formel H_2O sind aber auch doppelt so viele H-Teilchen wie O-Teilchen nötig. Aus vielen solchen Reaktionen schloß schon um 1800 *Avogadro*:

Gasportionen, die in Volumen, Temperatur und Druck übereinstimmen, enthalten stets gleich viele Moleküle, also die gleiche Stoffmenge v.

Bei Normbedingungen enthalten 1 dm³ Wasserstoffgas und 1 dm³ Sauerstoffgas gleich viele Moleküle; es sind gleiche Stoffmengen. Nun hat 1 dm³ H_2 die Masse 0,08987 g, 1 dm³ O_2 aber 1,429 g, also die 16fache Masse. Daraus folgt zwingend: Ein O_2-Molekül hat die 16fache Masse wie ein H_2-Molekül, ein O-Atom die 16fache Masse wie ein H-Atom. Diese Zahl 16 steht im Periodensystem bei Sauerstoff und heißt **relative Atommasse**.

2. Die Einheit der Stoffmenge v, das Mol

Besteckmengen gibt man oft in der Zähleinheit 12, genannt *1 Dutzend*, an: In 1 Dutzend Bestecken sind 12 Gabeln, 12 Löffel, 12 Messer, insgesamt 3 Dutzend (=36) Besteckstücke. Analog dazu definiert man: In der **Einheit der Stoffmenge 1 mol** befinden sich so viele Teilchen wie Atome in 1 g Wasserstoff (genauer in 12 g Kohlenstoff). 2 g Wasserstoff enthalten also 2 mol H-Atome — oder 1 mol H_2-Moleküle, da jedes H_2-Molekül aus 2 Atomen besteht. 16 g Sauerstoff enthalten 1 mol an O-Atomen, aber nur $\frac{1}{2}$ mol an O_2-Molekülen. Da 1 Eisenatom 56mal so schwer ist wie 1 H-Atom, hat 1 mol Eisen die Masse 56 g, aber gleich viele Atome wie 1 g Wasserstoff.

Bei *Gasen* bekommt 1 mol noch eine weitere sehr anschauliche Bedeutung: 1 mol H_2-Moleküle hat die Masse $m \approx 2$ g. Aus der Normdichte $\varrho \approx 0{,}09 \frac{g}{dm^3}$ von Wasserstoffgas folgern wir, daß 1 mol bei Normbedingungen das Volumen

$$V = \frac{m}{\varrho} \approx \frac{2\,g}{0{,}09\,\frac{g}{dm^3}} \approx 22{,}2 \text{ dm}^3 \text{ (exakt 22,4 dm}^3\text{)}$$

hat. Nach *Avogadro* gilt dies für alle Gase.

> **1 mol ist die Stoffmenge, die so viele Teilchen — seien es Atome oder Moleküle — enthält wie 1 g Wasserstoff.**
>
> **In allen Gasen nimmt 1 mol Moleküle bei Normbedingungen das Volumen 22,4 dm³ ein.**

Schätzen wir die Größenordnung der Zahl der Teilchen in 1 mol ab: 1 Ölmolekül besteht aus C-, H- und O-Atomen. Die Chemiker fanden, daß es die gleiche Masse hat, als wenn es aus etwa 1000 H-Atomen bestünde. Seinen Durchmesser haben wir auf Seite 52 zu etwa 10^{-6} mm bestimmt. Hätte es Würfelform, so würde es das Volumen 10^{-18} mm³ = 10^{-21} cm³ einnehmen. In 1 cm³ Öl wären 10^{21} solcher Würfelchen, also etwa 10^{24} H-Atome. Aus der Dichte $\varrho \approx 1 \frac{g}{cm^3}$ von Öl folgt, daß 10^{24} H-Atome etwa die Masse 1 g haben, 1 H-Atom also die Masse 10^{-24} g. Genauere Verfahren liefern $1{,}67 \cdot 10^{-24}$ g (Seite 349). 1 mol H-Atome hat die Masse 1 g, enthält also $6{,}02 \cdot 10^{23}$ Atome. Man nennt diesen Wert die **Avogadrokonstante** N_A (oder Loschmidtzahl L).

> **Die Avogadrokonstante $6{,}02 \cdot 10^{23}$/mol gibt die Zahl der Teilchen in 1 mol an.**

Diesen Wert kann man auf Atome und Moleküle anwenden; man muß, wie wir es schon oben getan haben, dabei immer sagen, *welche Teilchenart* man meint: Da 1 H_2-Molekül 2 H-Atome hat, besteht 1 mol Wasserstoffmoleküle aus $6{,}02 \cdot 10^{23}$ H_2-Molekülen, also aus $2 \cdot 6{,}02 \cdot 10^{23}$ H-Atomen. Dies sind 2 mol H-Atome. Die Zahl $6{,}02 \cdot 10^{23}$ kennzeichnet 1 Mol so wie die Zahl 12 die Zähleinheit 1 Dutzend.

3. Die atomare Masseneinheit 1 u

Es ist unbequem zu sagen, 1 H-Atom hat die Masse $1{,}66 \cdot 10^{-24}$ g und das 16mal so schwere O-Atom die Masse $26{,}72 \cdot 10^{-24}$ g. Man erhob deshalb die Masse $1{,}66 \cdot 10^{-24}$ g zur atomaren Masseneinheit 1 u und sagt, 1 H-Atom hat die Masse 1 u, 1 O-Atom die Masse 16 u, ein H_2O-Molekül die Masse 2 u + 16 u = 18 u.

> **$1\,u = 1{,}66 \cdot 10^{-24}$ g ist die atomare Masseneinheit.**

Im Periodensystem steht bei Stickstoff die relative Atommasse 14,007. Sie bedeutet:
1 Stickstoffatom hat die Masse 14,007 u $= 14{,}007 \cdot 1{,}67 \cdot 10^{-24}$ g $= 23{,}4 \cdot 10^{-24}$ g.
1 mol Stickstoffatome hat die Masse 14,007 g,
1 mol Stickstoffmoleküle die Masse 28,014 g.

4. Die allgemeine Gasgleichung

Nun können wir die Gasgleichung $\frac{pV}{T}$ = konstant für beliebige Gasmengen angeben: Die Stoffmenge $v = 1$ mol einer beliebigen Gasart nimmt ja beim Normdruck $p = 1013$ mbar $= 1{,}013 \cdot 10^5 \frac{N}{m^2}$ und der Temperatur $T = 273$ K das Volumen $V = 22{,}4$ dm³

= 0,0224 m³ ein. v mol haben das Volumen $V = v \cdot 0{,}0224$ m³. Also gilt bei der Gasmenge v mol

$$\frac{p \cdot V}{T} = \frac{1{,}013 \cdot 10^5 \frac{N}{m^2} \cdot v \cdot 0{,}0224 \text{ m}^3}{273 \text{ K}} = v \cdot 8{,}31 \frac{Nm}{K}$$

$$= v \cdot 8{,}31 \frac{J}{K}.$$

$R = 8{,}31 \frac{J}{K \cdot mol}$ heißt **allgemeine Gaskonstante**.

Allgemeine Gasgleichung: **Für die (in mol angegebene) Gasmenge v eines beliebigen Gases gilt**

$$\frac{p \cdot V}{T} = v \cdot R = v \cdot 8{,}31 \frac{Nm}{K \cdot mol}. \qquad (95.1)$$

Beispiel: Eine Stahlflasche von 0,050 m³ Volumen ist für den Höchstdruck 200 bar = $200 \cdot 10^5 \frac{N}{m^2}$ zugelassen. Mit wieviel Gas beliebiger Art darf sie gefüllt werden, wenn mit Temperaturen bis zu 50 °C = 323 K zu rechnen ist?

Wir berechnen die Gasmenge v.

$$v = \frac{pV/T}{8{,}31 \frac{Nm}{K \cdot mol}} = \frac{200 \cdot 10^5 \frac{N}{m^2} \cdot 0{,}050 \text{ m}^3 / 323 \text{ K}}{8{,}31 \frac{Nm}{K \cdot mol}}$$

$= 372{,}6 \approx 373$ mol.

373 mol sind bei Normbedingungen $373 \cdot 22{,}4$ dm³ = 8,35 m³, unabhängig von der Gasart. Die entsprechende Masse beträgt
bei Wasserstoff (H_2): $m = 373 \cdot 2$ g = 746 g,
bei Sauerstoff (O_2): $m = 373 \cdot 32$ g = 11,9 kg.

Aufgaben

1. *a)* In welchem Zahlenverhältnis stehen in Ammoniakgas (chemische Formel NH_3) die Atome? Welches Massen- und Volumenverhältnis haben die Bestandteile? Was kann man darüber bei Kalkstein mit der Formel $CaCO_3$ sagen?
b) Neben CO_2 gibt es auch CO. Hierauf bezieht sich das Gesetz der multiplen Proportionen. Was bedeutet es?

2. Wieviel Mol an Atomen gibt es in 5 mol Na_2CO_3-Molekülen? Wie viele Atome sind dies insgesamt und von jeder Sorte? Vergleiche mit der Aussage: In einem Regal liegen 5 Dutzend Bestecke. Davon sind 2 Dutzend Löffel, 1 Dutzend Messer und 3 Dutzend Gabeln!

3. Luft hat im Normzustand die Dichte $1{,}293 \frac{g}{l}$. Wie groß ist ihre Dichte bei 960 mbar und 20 °C? Wieviel Mol enthält jeweils 1 m³ (mittlere Molekülmasse 29 u)?

§ 38 Temperatur und Molekülbewegung

Feste Körper und auch Flüssigkeiten werden durch Kräfte zwischen den Molekülen zusammengehalten (siehe § 18). Diese *Molekularkräfte* sind vom gegenseitigen Abstand der Moleküle abhängig und bei geringem Abstand besonders stark. Sie sind bei festen Körpern so groß, daß sie eine nahezu unveränderliche und bei Kristallen sogar völlig regelmäßige Anordnung der Moleküle erzwingen. Bei Gasen kann man die Kräfte zwischen den Molekülen wegen ihres großen Abstandes im allgemeinen vernachlässigen. Deshalb zeigen Gase keinen Zusammenhalt, sondern ein Ausdehnungsbestreben. Dabei üben sie eine Kraft auf die Gefäßwand aus. Diese Kraft erklärten wir auf Seite 67 damit, daß sich die Gasmoleküle heftig bewegen und dabei gegen die Wand des Gefäßes prallen. Können wir so auch das Verhalten eines Gases beim Erwärmen deuten?

Versuch 111: Wir benutzen das Gerät von Versuch 50 (Seite 51) und lassen die Grundplatte so heftig schwingen, daß die durch das Gefäß fliegenden Kügelchen die Deckplatte anheben. Verstärken wir die Bewegung der Grundplatte, so stoßen die Kügelchen heftiger gegen die Deckplatte und heben diese noch mehr: *Das Volumen des Modellgases nimmt zu.* Wollen wir dabei die Deckplatte in der ursprünglichen Höhe halten, so müssen wir sie stärker belasten, so daß sie einen höheren Druck auf das Modellgas ausübt.

Die entsprechenden Beobachtungen machen wir auch an wirklichen Gasen bei Temperaturerhöhung. Daraus können wir schließen:

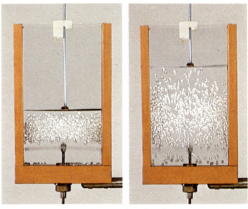

95.1 Modellversuch zum Gasdruck

> **Beim Erwärmen eines Gases wird die ungeordnete Bewegung seiner Moleküle stärker.**

Mit dieser Vorstellung von der Molekülbewegung können wir auch folgende Versuche verstehen:

Versuch 112: Wir füllen einen Standzylinder mit braunem Bromdampf und decken ihn mit einer Glasplatte ab. (Vorsicht, Brom ist giftig!) Dann stülpen wir einen gleichen luftgefüllten Zylinder darüber und ziehen die Glasplatte heraus (*Bild 96.1*). In wenigen Minuten haben sich beide Gase völlig durchmischt, wie die gleichmäßige Braunfärbung zeigt. Diesen Vorgang nennt man **Diffusion**. Sie verläuft um so schneller, je höher die Temperatur ist.

Der Versuch zur *Brownschen Bewegung* in Milch (siehe Seite 48f.) zeigt, daß sich auch *Flüssigkeitsmoleküle* bewegen. Werden auch sie mit steigender Temperatur schneller?

Versuch 113: Wir füllen zwei gleiche Bechergläser mit 500 g Wasser von 10 °C bzw. 80 °C. Anschließend legen wir in jedes Becherglas ein kleines Stück Zucker und lassen dann beide Gläser erschütterungsfrei stehen. Im heißen Wasser löst sich der Zucker innerhalb weniger Minuten, im kalten Wasser braucht er dazu viel mehr Zeit. Offensichtlich haben die Wassermoleküle bei höherer Temperatur eine größere Geschwindigkeit. So können sie durch ihre Stöße die Zuckermoleküle leichter vom festen Zuckerstück losschlagen und schneller abtransportieren. Auch viele andere Vorgänge, wie z.B. das Garen von Speisen, verlaufen um so schneller, je höher die Temperatur ist, je schneller sich also die Moleküle bewegen.

96.1 Brom und Luft mischen sich durch Diffusion.

Versuch 114: Mit einem Quirl wird Glyzerin in einem Becherglas etwa eine Minute lang möglichst kräftig gerührt. Die Stäbe des schnell rotierenden Quirls schlagen gegen die Glyzerinmoleküle und verstärken deren ungeordnete Bewegung. Die Temperatur des Glyzerins steigt dadurch etwas an. Das kann man mit einem empfindlichen Thermometer messen.

Sogar in festen Stoffen bewegen sich die Moleküle. Dabei führen sie winzige unregelmäßige Schwingungen aus, die mit steigender Temperatur heftiger werden (in festen Stoffen um ihren „Stammplatz" herum). Dazu benötigen sie mehr Platz, und deshalb dehnen sich die Körper aus.

Tauchen wir ein Thermometer in heißes Wasser, so stoßen zunächst die sehr schnellen Wassermoleküle gegen die Glasteilchen der Thermometeroberfläche. Diese schwingen allmählich schneller und geben, ohne ihren Stammplatz zu verlassen, ihre verstärkte Bewegung von Schicht zu Schicht nach innen weiter. Schließlich erfaßt diese auch das Quecksilber, und erst jetzt steigt die Quecksilbersäule. Deshalb darf man Thermometer nicht sofort ablesen.

Kühlt man ein Gas ab, so werden seine Moleküle langsamer. Bei konstant gehaltenem Druck nimmt das Gasvolumen ab, der gegenseitige Abstand der Moleküle wird kleiner. Dadurch nehmen die Anziehungskräfte zwischen ihnen zu; schließlich vereinigen sie sich zu Flüssigkeitströpfchen. Die Zunahme der Dichte einer Flüssigkeit mit fallender Temperatur läßt sich wie bei einem Gas durch die geringer werdende Geschwindigkeit deuten. Bei weiterer Abkühlung ordnen sich die Moleküle und bilden ein *Kristallgitter*: Die Flüssigkeit ist erstarrt.

Setzt man die Abkühlung fort, so werden die Moleküle immer langsamer. Schließlich kann der Körper nicht mehr kälter werden; er hat die Temperatur $T = 0$ K ($\vartheta = -273$ °C) erreicht. Deshalb nennt man diese Temperatur den *absoluten Nullpunkt*.

Bei keinem Versuch konnten wir ein einzelnes Molekül beobachten, denn Moleküle sind so klein, daß man sie mit dem besten Mikroskop nicht sehen kann. Aber viele Versuche gaben uns sehr deutliche Hinweise auf das Vorhandensein der Moleküle und ihre Bewegung. Wir können uns deshalb die Wärmebewegung der Moleküle gut vorstellen und damit zahlreiche Vorgänge deuten.

§ 39 Arbeit, Wärme und innere Energie

1. Reibung macht die Moleküle schneller

Wie wir nun wissen, beruht die höhere Temperatur eines Körpers auf der heftigeren Bewegung seiner Moleküle. Welche Möglichkeiten haben wir, sie schneller zu machen? Wir können sie nicht einzeln anstoßen, wohl aber den ganzen Körper. Wenn wir diesen anschließend sich selbst überlassen, so wird er im allgemeinen durch die Reibung langsamer. Was geschieht bei solchen *Reibungsvorgängen* mit den einzelnen Molekülen?

Versuch 115: Presse deine Handflächen fest zusammen und reibe sie kräftig gegeneinander. Sie werden warm.

Ähnliche Vorgänge sind dir vermutlich schon bekannt:

a) Rutscht man an einer Kletterstange oder einem Seil unvorsichtig schnell herunter und hält sich dabei nur mit den bloßen Händen fest, so kann man sich leicht die Handflächen verbrennen.

b) Fährt man mit einem Fahrrad bergab und betätigt dabei die Rücktrittbremse, so steigt die Temperatur in der Nabe um so höher, je stärker und länger man bremst. Fährt ein Kraftfahrer versehentlich mit angezogener Bremse, so wird sie in kurzer Zeit sehr heiß *(Bild 97.1)*. Dadurch kann schließlich die ganze Bremsanlage unwirksam werden. Versagt die Schmierung eines Eisenbahnwagens, so erhitzen sich die Achsen bis zur Rotglut.

c) Beim Bohren und Sägen von Metall oder hartem Holz entstehen so hohe Temperaturen, daß Bohrer und Sägeblatt gelegentlich blau anlaufen. Beim Anfeuchten zischt es!

d) Beim Schleifen von Metallstücken entstehen oft so hohe Temperaturen, daß die abgetrennten Metallteile hell aufglühen.

Die *Molekülvorstellung* gibt uns eine einfache Erklärung für alle diese Vorgänge:

Rutscht ein Körper auf seiner Unterlage, so verzahnen sich winzige Unebenheiten der Berührungsflächen kurz miteinander (siehe Versuch 23 auf Seite 27). Reißen sie sich anschließend los, so geraten ihre Moleküle in stärkere Schwingungen. Ist der Körper durch die Reibung zum Stillstand gekommen, so ist aus der *geordneten Bewegung*, bei der sich alle Moleküle des Körpers in der gleichen Richtung bewegten, verstärkte *ungeordnete Bewegung* der Moleküle der Reibungsflächen geworden. Da sich die Schwingungsenergie der Moleküle im Laufe der Zeit auf alle Moleküle verteilt, nimmt schließlich die Temperatur des ganzen Körpers und die seiner Unterlage zu.

2. Wo bleibt die Reibungsarbeit?

Beim Händereiben und bei den anderen aufgeführten Reibungsvorgängen wird Arbeit verrichtet. Durch diese wird aber der geriebene Körper weder gehoben noch beschleunigt noch wie eine Feder gespannt (siehe §12). Vielmehr wird die Energie der *ungeordneten Bewegung* der Moleküle erhöht. Außerdem rücken die Moleküle etwas auseinander, und dabei müssen sie Arbeit gegen ihre Anziehungskräfte verrichten. Diese verschiedenen Anteile erhöhen die sogenannte **innere Energie** des Körpers.

> **Man kann die Temperatur und damit die innere Energie eines Körpers durch Verrichten von Reibungsarbeit erhöhen. Je höher die Temperatur eines Körpers ist, desto größer ist seine innere Energie.**

Bei einem Gas kann man die innere Energie noch auf andere Weise erhöhen.

Versuch 116: Nimm eine Fahrradluftpumpe in die Hand und bewege den Pumpenkolben! Es geht ganz leicht; die zwischen den einzelnen Teilen auftretenden Reibungskräfte sind offenbar sehr gering. Nun presse einen Finger auf den Luftaustritt, so daß nur wenig Luft entwei-

97.1 Eine glühende Bremsscheibe

chen kann, und führe etwa 10 Pumpenstöße aus! Die komprimierte Luft ist spürbar wärmer als die Raumluft und erwärmt auch die Wandung der Pumpe. Dabei mußt du dich sehr anstrengen, weil du Arbeit bei der Kompression der Luft verrichtest.

Versuch 117: In das Ansatzrohr einer Glasspritze schieben wir das Meßelement eines elektrischen Spezialthermometers (Thermoelement), das Temperaturänderungen sofort anzuzeigen vermag, und verschließen die Öffnung luftdicht *(Bild 98.1)*. Komprimieren wir dann die Luft in der Glasspritze, so zeigt das Thermometer eine deutliche Temperaturerhöhung an. Die Temperatur sinkt, wenn sich die Luft wieder ausdehnen kann.

Um diesen Vorgang besser verstehen zu können, führen wir einen Modellversuch mit einem Ball als „Riesenmolekül" aus.

Versuch 118: Wir hängen einen sogenannten Superball (Flummi) an langen Fäden bifilar zwischen zwei schweren Klötzen pendelnd auf. So vermeiden wir die Reibung auf der Tischplatte und hindern ihn auch am seitlichen Ausbrechen. Zunächst lassen wir den Ball so schwingen, daß er leicht gegen beide Klötze stößt. Schieben wir nun einen Klotz genau dann gegen den Ball, während dieser ihn berührt, so prallt der Ball mit erhöhter Geschwindigkeit zurück und schlägt heftig gegen den anderen Klotz. Ziehen wir dagegen den Klotz beim Zusammenprall zurück, so wird der Ball langsamer.

So ergeht es auch den Gasmolekülen in der Pumpe und in der Glasspritze. Stoßen sie gegen den nach innen bewegten Kolben, so prallen sie mit erhöhter Geschwindigkeit zurück. (Vergleiche auch mit dem Aufprall eines Balles auf einen schnell bewegten Tennisschläger!) Schließlich ist die ungeordnete Bewegung aller Gasmoleküle stärker geworden; das Gas wurde erwärmt. Entsprechend vermindert sich die Geschwindigkeit der Moleküle, und das Gas wird kälter, wenn der Kolben nach außen gezogen wird.

3. Wärmezufuhr macht Moleküle schneller

Weit bequemer als durch Reibungsvorgänge können wir einen Körper erwärmen, wenn wir ihn in enge Berührung mit einem anderen Körper bringen, der heißer ist.

Versuch 119: Wir bringen ein heißes Stück Eisen in kaltes Wasser. Die Temperatur des Eisens und damit seine innere Energie nimmt ab. Die des Wassers nimmt zu, bis beide die gleiche Temperatur haben. Ein in das Wasser gehaltenes Thermometer zeigt dann keine weitere Temperaturzunahme an, auch wenn wir es direkt an das Eisen halten. Die schließlich erreichte Temperatur lesen wir ab.

Versuch 120: Wir mischen heißes Wasser der Temperatur T_1 mit kaltem Wasser der Temperatur T_2. Nach gründlichem Umrühren messen wir eine zwischen T_1 und T_2 liegende Mischungstemperatur T. Es gilt: $T_1 > T > T_2$. Die Moleküle des heißen Wassers haben dabei die des kalten Wassers in stärkere Bewegung versetzt, so wie sie im Versuch 113 Zuckermoleküle durch Stöße losgeschlagen haben.

Wenn wir die Temperatur eines Körpers erhöhen (erniedrigen), so sagen wir auch, wir erwärmen ihn (wir kühlen ihn ab). Damit werden wir künftig ausdrücken, daß wir ihm Wärme zuführen (entziehen). Bei obigen Versuchen gab der Körper mit der höheren Temperatur ohne unser Zutun so lange Energie in Form von Wärme an den kälteren ab, bis beide die gleiche Temperatur hatten. *Dies ist ein wichtiger Erfahrungssatz der Physik!*

> **Berühren oder mischen sich zwei Körper verschiedener Temperatur, so geben die Moleküle des heißeren Körpers durch Stöße so lange Energie an die des kälteren Körpers ab, bis beide Körper dieselbe Temperatur haben. Der heiße Körper verliert innere Energie, der kältere nimmt sie auf. Wärme geht von selbst vom heißeren zum kälteren Körper!**

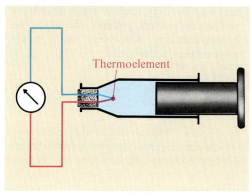

98.1 Zu Versuch 117

Energie kann man auch durch die Arbeit $W = F_s \cdot s$ übertragen. Dabei übt man auf einen Körper die meßbare Kraft F_s längs des Weges s aus. Für diese Arbeit ist es gleichgültig, ob der Körper heiß oder kalt ist.

Die Energie des Körpers A nimmt ab	A verrichtet Arbeit an B → A erwärmt B	Die Energie des Körpers B nimmt zu

Die bei einem Temperaturunterschied mittels ungeordneter Molekülbewegung übertretende Energie nennt man Wärme oder Wärmemenge. Wir bezeichnen sie mit Q.

Weil in der Umgangssprache häufig Wärme mit Temperatur gleichgesetzt wird, benutzen wir zur besseren Unterscheidung oft den Ausdruck *Wärmemenge* statt Wärme. Wir können damit auch hervorheben, daß wir *bestimmte Portionen an Wärme*, das heißt an übertragener Energie, meinen.

Große Wärmemengen werden übertragen, wenn wir brennbare Stoffe (Stadtgas, Benzin, Holz, Kohle usw.) entzünden und den zu erwärmenden Körper in die heißen Flammengase bringen. Auf bequeme und saubere Weise erhalten wir Wärme, wenn elektrischer Strom durch die Drähte von elektrischen Heizgeräten (Tauchsieder usw.) fließt. Bei Elektromotoren wird dagegen die zugeführte Energie benutzt, um mechanische Arbeit zu verrichten (*Bild 99.1*). Diese elektrische Energie wurde vorher im Elektrizitätswerk aus mechanischer Energie gewonnen (siehe Seite 36f.). Der Strom erwärmt aber auch die Drähte des Elektromotors und dadurch (z. B. in einem Staubsauger) auch die vorbeiströmende Luft.

§ 40 Wie bestimmt man Wärmemengen?

1. Wie wirkt sich die Zufuhr von Wärme aus?

Wir wollen nun die Temperatur eines Körpers stufenweise erhöhen. Hierzu könnten wir an ihm mehrmals nacheinander eine bestimmte Reibungsarbeit verrichten und ihm so einzelne Energieportionen zuführen. Es ist aber einfacher, einer *Wassermenge* einzelne Wärmeportionen mit einem *Tauchsieder* zuzuführen.

Versuch 121: Wir erwärmen eine Wassermenge von $m_1 = 300$ g mit einem 300 W-Tauchsieder, den wir nur 30 s lang einschalten. Wir warten etwas, bis der Tauchsieder seine Wärme abgegeben hat. Dabei rühren wir gut um und messen die Wassertemperatur ϑ. Anschließend schalten wir den Tauchsieder wieder 30 s lang ein und führen noch einmal die gleiche Wärmeportion zu. Auf diese Weise erwärmen wir schrittweise das Wasser und notieren die Meßwerte (siehe *Tabelle 99.1*). Wir finden, daß die Temperaturerhöhung $\Delta\vartheta$ des Wassers der Anzahl der Wärmeportionen, das heißt der insgesamt zugeführten Wärme Q proportional ist.

t in s	Q in Port.	Q in kJ	ϑ in °C	$\Delta\vartheta$ in K
0	0	0	20	0
30	1	9	27	7
60	2	18	34	14
90	3	27	41	21
120	4	36	48	28

Tabelle 99.1 Zu Versuch 121

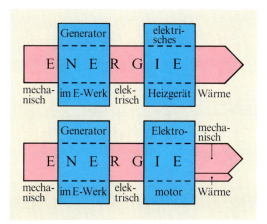

99.1 Energieumwandlung im E-Werk, elektrischen Heizgerät und Elektromotor (schematisch)

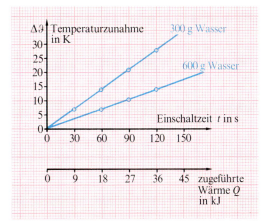

99.2 Temperaturzunahme verschiedener Wassermengen bei den Versuchen 121 und 122

Versuch 122: Wir wiederholen den Versuch 121 mit der *doppelten* Wassermenge $m_2 = 600$ g. Jetzt brauchen wir für eine Erwärmung um $\Delta\vartheta = 7$ K genau *zwei* Wärmeportionen. Für die *dreifache* Temperaturerhöhung müssen wir *sechs* Wärmeportionen zuführen. Die benötigte Wärme Q ist also dem Produkt $(m \cdot \Delta\vartheta)$ aus der Masse m und der Temperaturerhöhung $\Delta\vartheta$ proportional, das heißt $Q \sim m \cdot \Delta\vartheta$. Fügen wir einen Proportionalitätsfaktor c ein, dann können wir dadurch zur Gleichung $Q = c \cdot m \cdot \Delta\vartheta$ übergehen.

Die vom Tauchsieder in Wärme umgewandelte *elektrische Energie* können wir bestimmen, denn seine Leistung $P = 300$ W wurde vom Hersteller auf dem Tauchsieder vermerkt. Diese Angabe besagt, daß die Maschinen des Elektrizitätswerkes je Sekunde 300 J mechanische Arbeit verrichten müssen, um diesen Tauchsieder zu betreiben. (Im Versuch 33 auf Seite 35 haben wir die Umwandlung mechanischer Arbeit in elektrische Arbeit und schließlich in Wärme bereits untersucht.) In 30 s, also während eines Versuchsschrittes, hat der Tauchsieder die Arbeit $W = P \cdot t = 300$ W $\cdot$ 30 s $= 9000$ J $= 9$ kJ aufgenommen und als Wärme wieder abgegeben. Deshalb gibt man die Wärme ebenfalls in der Einheit J oder kJ an. Die bei unseren Versuchen benutzten Wärmeportionen betrugen also $Q = 9000$ J $= 9$ kJ. Auf Seite 105f. werden wir mit Reibungsversuchen diese Aussagen bestätigen.

> **Ein Heizgerät mit der Leistung P gibt in der Zeit t die Wärme $Q = P \cdot t$ ab. Die Einheit der Wärmemenge Q ist das Joule (J).**
>
> **Die Wärmemenge Q ist dem Produkt aus der Masse m des erwärmten Körpers und der Temperaturzunahme $\Delta\vartheta$ proportional:**
>
> $$Q = c \cdot m \cdot \Delta\vartheta. \qquad (100.1)$$

2. Gibt es gute Wärmespeicher?

Wollen wir die *Gleichung 100.1* anwenden, so müssen wir den Proportionalitätsfaktor c kennen. Um ihn zu bestimmen, formen wir die Gleichung um und setzen Werte des Versuchs 121 ein:

$$c = \frac{Q}{m \cdot \Delta\vartheta} = \frac{36000 \text{ J}}{300 \text{ g} \cdot 28 \text{ K}} = 4{,}3 \frac{\text{J}}{\text{g} \cdot \text{K}}.$$

Man kann auch rechnen:

$$c = \frac{Q}{m \cdot \Delta\vartheta} = \frac{36 \text{ kJ}}{0{,}3 \text{ kg} \cdot 28 \text{ K}} = 4{,}3 \frac{\text{kJ}}{\text{kg} \cdot \text{K}}.$$

Dieser Wert ist etwas zu groß, denn wir haben nicht berücksichtigt, daß zusätzlich zur benutzten Wassermenge auch das Gefäß und sogar die umgebende Luft vom Tauchsieder erwärmt wurden. Sehr genaue Messungen, die diese Fehler berücksichtigen, führen für Wasser zu dem Wert:

$$c = 4{,}1868 \frac{\text{J}}{\text{g} \cdot \text{K}} \approx 4{,}2 \frac{\text{J}}{\text{g} \cdot \text{K}} = 4{,}2 \frac{\text{kJ}}{\text{kg} \cdot \text{K}}.$$

Man braucht also 4,2 J, um 1 g Wasser um 1 K zu erwärmen. Gilt dies für alle Stoffe?

Versuch 123: Mit einem 300 W-Tauchsieder erwärmen wir 300 g *Glykol* (Frostschutzmittel) statt 300 g Wasser. Wir führen dem Glykol in einer Minute $300 \cdot 60$ Ws $= 18000$ J zu. Dabei steigt seine Temperatur um $\Delta\vartheta = 24$ K (statt $\Delta\vartheta = 14$ K bei Wasser; *Bild 100.1*). Aus $Q = c \cdot m \cdot \Delta\vartheta$ folgt nun $c = Q/(m \cdot \Delta\vartheta)$, und mit den gemessenen Werten des Glykols erhalten wir:

$$c_{\text{Glykol}} = \frac{18000 \text{ J}}{300 \text{ g} \cdot 24 \text{ K}} = 2{,}5 \frac{\text{J}}{\text{g} \cdot \text{K}}.$$

Damit haben wir gefunden, daß c eine *Materialkonstante* ist. Man nennt sie **spezifische Wärmekapazität**. (Manchmal sagt man dazu kurz *spezifische Wärme*.) Um gleiche Mengen verschiedener Stoffe um die gleiche Temperaturdifferenz zu erwärmen, ist der Energiebedarf im allgemeinen verschieden.

> **Die spezifische Wärmekapazität c ist eine Materialkonstante. Sie hat die Einheit $1 \frac{\text{J}}{\text{g} \cdot \text{K}} = 1 \frac{\text{kJ}}{\text{kg} \cdot \text{K}}$. Ihr Zahlenwert gibt an, welche Wärme (in J bzw. kJ) man braucht, um 1 g bzw. 1 kg des betreffenden Stoffes um 1 K zu erwärmen.**

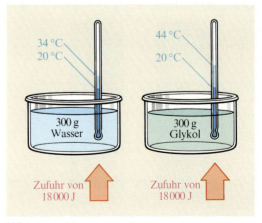

100.1 Glykol hat eine geringere spezifische Wärmekapazität als Wasser.

Beispiel: Welche Wärmemenge braucht man, um das Wasser einer Badewanne (100 l) von 15 °C auf 37 °C zu erwärmen? Nach *Gleichung 100.1* gilt
$Q = c \cdot m \cdot \Delta\vartheta = 4{,}2 \, \frac{\text{kJ}}{\text{kg} \cdot \text{K}} \cdot 100 \, \text{kg} \cdot 22 \, \text{K} = 9240 \, \text{kJ}$.

Wollen wir nun die spezifische Wärmekapazität eines festen Stoffes bestimmen, so können wir diesen nur schlecht durch Berühren mit dem Tauchsieder erwärmen; besser geht es mit einem Wasserbad.

Versuch 124: Wir füllen ein Becherglas zum Teil mit Wasser ($m_1 = 300$ g), legen ein Kupferstück ($m_2 = 1000$ g) hinein und erwärmen beides mit dem 300 W-Tauchsieder 120 s lang (*Bild 101.1*). Die Wassertemperatur steigt zunächst schnell an, geht aber nach dem Abschalten des Tauchsieders wieder etwas zurück, weil noch Wärme vom Wasser an das Kupferstück abgegeben wird. Die Temperaturzunahme $\Delta\vartheta$ beträgt schließlich 21 K. (Im Versuch 121 betrug sie in der gleichen Zeitspanne 28 K.) Das Wasser hat die Wärmemenge $Q_1 = 4{,}19 \, \frac{\text{J}}{\text{g} \cdot \text{K}} \cdot 300 \, \text{g} \cdot 21 \, \text{K} = 26400$ J aufgenommen, der Tauchsieder aber $Q_2 = 300 \, \frac{\text{J}}{\text{s}} \cdot 120 \, \text{s} = 36000$ J abgegeben. Die Differenz $Q_2 - Q_1 = 9600$ J diente dazu, 1000 g Kupfer um 21 K zu erwärmen. Daraus berechnen wir nun c_{Cu}:

$$c_{Cu} = \frac{Q_2 - Q_1}{m_2 \cdot \Delta\vartheta} = \frac{9600 \, \text{J}}{1000 \, \text{g} \cdot 21 \, \text{K}} = 0{,}46 \, \frac{\text{J}}{\text{g} \cdot \text{K}}.$$

Dieser Wert ist etwas zu groß, denn wir haben mehrere Fehlerquellen nicht berücksichtigt. Genauere Verfahren liefern den Wert $c_{Cu} = 0{,}38 \, \frac{\text{J}}{\text{g} \cdot \text{K}}$.

101.1 So kann man die spezifische Wärmekapazität eines festen Stoffes bestimmen.

In der *Tabelle 101.1* sind die spezifischen Wärmekapazitäten von festen und flüssigen Stoffen angegeben. Die spezifische Wärmekapazität des Wassers übertrifft die der anderen Stoffe wesentlich. Wasser ist also ein guter Wärmespeicher (Warmwasserheizung; Speicher einer Solarheizungsanlage). Hierin liegt auch ein Grund, weshalb sich große Wassermassen, wie sie die Weltmeere darstellen, im Frühling erheblich langsamer erwärmen als das Festland. Umgekehrt kühlt sich das Meer im Herbst viel langsamer ab als das Festland (Unterschied zwischen *See-* und *Landklima*). Die ausgleichende Wirkung des Meeres auf das Klima wird wesentlich dadurch verstärkt, daß es an der Oberfläche ständig durch Wind und Gezeitenströmungen umgerührt wird. Es nehmen viel größere Wasser- als Gesteinsmassen in der Nähe der Oberfläche am Wärmeaustausch teil.

Stoff	c in $\frac{\text{J}}{\text{g} \cdot \text{K}}$	Stoff	c in $\frac{\text{J}}{\text{g} \cdot \text{K}}$
Eis	2,09	Wasser	4,19
Gestein, Sand	0,90	Glykol	2,4
Aluminium	0,90	Alkohol	2,4
Glas	0,75	Petroleum	2,0
Eisen	0,45	Quecksilber	0,14
Messing	0,38		
Kupfer	0,38	Luft	1,005

Tabelle 101.1 Spezifische Wärmekapazitäten einiger Stoffe

Die Angaben der *Tabelle 101.1* gelten für den bei Schulversuchen üblichen Temperaturbereich. So zeigt der gleichmäßige Anstieg der Wassertemperatur bei Versuch 121, daß c_Wasser im Rahmen der Meßgenauigkeit konstant ist. Bei anderen Stoffen und bei extremen Temperaturen gibt es dagegen merkliche Abweichungen.

Früher gab man Wärmemengen in der Einheit Kalorie (cal) an. Für die Umrechnung gilt: 1 cal ≈ 4,2 J und 1 J ≈ 0,24 cal.

Weil 1 Joule eine sehr kleine Energieeinheit ist, verwendet man in der Praxis der Physik meist die größeren Einheiten 1 kJ = 1000 J = 10^3 J und 1 MJ = 1 Megajoule = 10^6 J. In der Technik verwendet man auch die **Kilowattstunde** (kWh; siehe Seite 193). Sie wird z.B. bei Elektrizitätszählern benutzt. Man kann umrechnen:

$1 \, \text{kWh} = 1 \, \text{kW} \cdot 1 \, \text{h} = 1000 \, \frac{\text{J}}{\text{s}} \cdot 3600 \, \text{s} = 3{,}6 \cdot 10^6 \, \text{J}.$

Eine weitere Energieeinheit neben dem Joule ist die Kilowattstunde (kWh). Es gilt:

$1 \, \text{kWh} = 3{,}6 \cdot 10^6 \, \text{Ws} = 3{,}6 \cdot 10^6 \, \text{J} = 3{,}6 \, \text{MJ}.$

Wir rechnen einige Beispiele aus dem Alltag!

Beispiele: a) Für die Erwärmung von 100 kg Wasser von 10 °C (das ist etwa die Temperatur des Leitungswassers) auf 35 °C (Temperatur des warmen Badewassers) braucht man $Q = c \cdot m \cdot \Delta \vartheta = 4{,}2 \frac{kJ}{kg \cdot K} \cdot 100 \text{ kg} \cdot (35-10) \text{ K} = 4{,}2 \cdot 100 \cdot 25 \text{ kJ} = 10500 \text{ kJ} = \frac{10500}{3600} \text{ kWh} = 2{,}9 \text{ kWh}$. Die dafür erforderliche Energie liefern uns die Generatoren des Elektrizitätswerks. Bei einem Preis von 0,20 DM je kWh kostet uns das Bad rund 0,60 DM; dazu kommt der Preis des Wassers.

b) Will man die Wasserfüllung eines kleinen Schwimmbeckens, das 100 m³ (10^5 kg) Wasser faßt, von 12 °C auf 22 °C elektrisch erwärmen, so braucht man dazu $Q = 4{,}2 \frac{kJ}{kg \cdot K} \cdot 10^5 \text{ kg} \cdot 10 \text{ K} = 4{,}2 \cdot 10^6 \text{ kJ} \approx 1170 \text{ kWh}$. Diese kosten etwa 200 DM.

c) In einem stark ausgekühlten Zimmer befinden sich 35 m³ Luft ($m = 45$ kg), die von 5 °C auf 20 °C erwärmt werden soll. Dazu braucht man $Q = 1{,}005 \frac{kJ}{kg \cdot K} \cdot 45 \text{ kg} \cdot 15 \text{ K} = 678 \text{ kJ}$. Ein Heizgerät mit der Leistung $P = 2$ kW müßte dazu nur etwa sechs Minuten lang betrieben werden. (Rechne nach!) In Wirklichkeit dauert die Erwärmung länger, weil die im Zimmer befindlichen Gegenstände und die Wände ebenfalls erwärmt werden müssen und dazu sehr viel Wärme brauchen.

Aufgaben

1. Welche Wärmemenge braucht man, um 2,5 l Wasser von 17,5 °C auf 35,0 °C zu erwärmen?

2. Ein Bunsenbrenner liefert 16 kJ/min. In welcher Zeit kommen 0,3 l Wasser von 15 °C zum Sieden?

3. Erwärme mit einem Tauchsieder 1 l Wasser 3 min lang, und ermittle aus der Temperaturzunahme $\Delta \vartheta$ die Wärmeleistung des Tauchsieders! Vergleiche das Ergebnis mit der auf dem Tauchsieder vermerkten Leistung! Prüfe diese Leistungsangabe, indem du die Zeit für mehrere Umdrehungen des Elektrizitätszählers bestimmst! Da auf dem Zähler angegeben ist, wie viele Umdrehungen einer Kilowattstunde entsprechen, kannst du umrechnen. Achte darauf, daß kein anderes elektrisches Gerät (z.B. Kühlschrank) gleichzeitig betrieben wird!

Beispiel: Zähleraufschrift 120 Umdr. $\hat{=}$ 1 kWh
Gemessen: 6 Umdrehungen in 10 Minuten ($\frac{1}{6}$ h)
Gerechnet: $W = \frac{6}{120}$ kWh, also
$P = \frac{W}{t} = \frac{6}{120}$ kWh : $\frac{1}{6}$ h
$= \frac{6 \cdot 6}{120}$ kW = 0,3 kW = 300 W.

4. Welche Leistung muß die Heizspirale einer Waschmaschine haben, um 10 l Wasser in 30 min von 15 °C auf 95 °C zu erhitzen?

§ 41 Mischungsversuche

1. Wir sagen Temperaturen voraus

Du hast versehentlich eine Badewanne mit zu kaltem Wasser gefüllt, z.B. mit 80 l der Temperatur 20 °C. Was tust du? Läßt du das Wasser dann ablaufen und füllst neues hinein; oder erwärmst du das Wasser vielleicht mit einem Tauchsieder? Vermutlich keines von beiden, denn das erste wäre Verschwendung, das zweite wäre zu gefährlich (siehe Seite 211 f.). Du mischst einfach heißes Wasser dazu, z.B. 40 l von 65 °C. Kannst du schon vorher angeben, welche Temperatur ϑ_m die Wannenfüllung haben wird? Wir führen zunächst die Mischung mit kleineren Mengen aus.

Versuch 125: Wir stellen in einem großen Becherglas 400 g Wasser mit der Temperatur 65 °C bereit. Dann gießen wir 800 g Wasser von 20 °C hinein, rühren um und messen die Mischungstemperatur. Sie beträgt $\vartheta_m = 35$ °C.

Bei diesem Versuch hat das heiße Wasser die Aufgabe eines Tauchsieders übernommen. Es hat dem kalten Wasser Wärme zugeführt und sich selbst abgekühlt, das heißt seine innere Energie erniedrigt. Die von dem kalten Wasser aufgenommene Wärmemenge Q_{auf} und die von dem warmen Wasser abgegebene Wärmemenge Q_{ab} können wir mit der *Gleichung 100.1* berechnen:

$Q_{auf} = 4{,}19 \frac{J}{g \cdot K} \cdot 800 \text{ g} \cdot (35 - 20) \text{ K} \approx 50300 \text{ J}$,

$Q_{ab} = 4{,}19 \frac{J}{g \cdot K} \cdot 400 \text{ g} \cdot (65 - 35) \text{ K} \approx 50300 \text{ J}$.

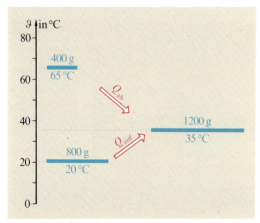

102.1 Veranschaulichung des Mischungsvorganges in Versuch 125

Beide Wärmemengen sind also gleich! (Gibt bei diesem Versuch das Gefäß Wärme an die Umgebung ab, so beeinträchtigen diese Wärmeverluste das Ergebnis.) Wiederholt man den Versuch mit anderen Wassermengen, anderen Ausgangstemperaturen und auch mit anderen Stoffen, so findet man stets: $Q_{auf} = Q_{ab}$.

> **Bei Mischungsversuchen ist stets die aufgenommene gleich der abgegebenen Wärmemenge: $Q_{auf} = Q_{ab}$.**
>
> **Auch in der Wärmelehre gilt der Satz von der Erhaltung der Energie.**

Nun können wir die Mischungstemperatur ϑ_m des Badewassers schon ausrechnen, *bevor* wir 40 l heißes Wasser von 65 °C in 80 l kaltes Wasser von 20 °C gießen. Wir setzen $\vartheta_m = x$ °C.

$Q_{auf} = 4,19 \frac{kJ}{kg \cdot K} \cdot 80 \text{ kg} \cdot (x - 20) \text{ K}$.

$Q_{ab} = 4,19 \frac{kJ}{kg \cdot K} \cdot 40 \text{ kg} \cdot (65 - x) \text{ K}$.

Da $Q_{auf} = Q_{ab}$ ist, erhalten wir für die unbekannte Mischungstemperatur $\vartheta_m = x$ °C die Gleichung:

$4,19 \frac{kJ}{kg \cdot K} \cdot 80 \text{ kg} \cdot (x - 20) \text{ K}$
$= 4,19 \frac{kJ}{kg \cdot K} \cdot 40 \text{ kg} \cdot (65 - x) \text{ K}$.

Diese Gleichung vereinfachen wir zu $2 \cdot (x - 20) = 1 \cdot (65 - x)$ und errechnen daraus $x = 35$. Die Mischungstemperatur wird also $\vartheta_m = 35$ °C sein.

2. Wir bestimmen die spezifische Wärmekapazität von Glas

Bei Mischungsversuchen kann man statt der Mischungstemperatur auch andere Größen berechnen. Dazu „mischen" wir einen festen mit einem flüssigen Körper. Durch eine große Berührungsfläche erreichen wir dabei einen schnellen Wärmeübergang.

Versuch 126: Wir geben so viele Glaskugeln in ein Becherglas, daß die Gesamtmasse einschließlich Becherglas $m_1 = 300$ g beträgt. Deren Temperatur ist gleich der Zimmertemperatur, z.B. $\vartheta_1 = 20$ °C. Dann gießen wir Wasser ($m_2 = 200$ g) mit der Temperatur $\vartheta_2 = 60$ °C dazu, warten den Temperaturausgleich ab und messen die Mischungstemperatur $\vartheta_m = 51,5$ °C. Das Wasser hat sich um 8,5 K abgekühlt und dabei die Wärmemenge

$Q_{ab} = 4,19 \frac{J}{g \cdot K} \cdot 200 \text{ g} \cdot 8,5 \text{ K} = 7120 \text{ J}$

abgegeben. Diese hat das Glas aufgenommen. Wir gehen von der *Gleichung 100.1* aus und rechnen nun:

$c_{Glas} = \frac{Q}{m \cdot \Delta \vartheta} = \frac{7120 \text{ J}}{300 \text{ g} \cdot 31,5 \text{ K}} = 0,75 \frac{J}{g \cdot K}$.

(Vergleiche mit *Tabelle 101.1!*)

3. Wie heiß ist ein glühendes Metallstück?

Versuch 127: Wir erhitzen einen kleinen Kupferklotz ($m_{Cu} = 200$ g, $c_{Cu} = 0,38$ J/(g·K)) in der Bunsenflamme auf Rotglut und tauchen ihn dann *schnell* in einem bereitgestellten Gefäß ganz unter Wasser ($m_W = 250$ g, $c_W = 4,2$ J/(g·K)). Die Wassertemperatur steigt von $\vartheta_1 = 20$ °C auf $\vartheta_2 = 70$ °C. Das Wasser hat die Wärmemenge

$Q_{auf} = 4,2 \frac{J}{g \cdot K} \cdot 250 \text{ g} \cdot 50 \text{ K} = 52500 \text{ J}$

aufgenommen; das Kupfer hat die Wärmemenge

$Q_{ab} = 0,38 \frac{J}{g \cdot K} \cdot 200 \text{ g} \cdot \Delta \vartheta$

abgegeben. Nimmt man an, daß dabei keine Verluste aufgetreten sind, so folgt aus $Q_{auf} = Q_{ab}$ die Gleichung $52500 \text{ J} = 76 \frac{J}{K} \cdot \Delta \vartheta$. Daraus errechnen wir $\Delta \vartheta = 690$ K. Die Temperatur des Kupfers betrug daher etwa $\vartheta = \vartheta_2 + \Delta \vartheta = 760$ °C.

Aufgaben

1. *Um wie viele Kilowattstunden läuft das Zählwerk im Elektrizitätszähler weiter, wenn eine Waschmaschine 10 l Wasser von 15 °C auf 95 °C erwärmt?*

2. *In einem Becherglas ($m = 100$ g) sind 500 g Wasser. Welche Wärmemenge ist nötig, um das Becherglas mit Inhalt von 20 °C auf 50 °C zu erwärmen? ($c_{Glas} = 0,75 \frac{J}{g \cdot K}$)*

3. *Eine Porzellantasse ($m = 125$ g) mit der spezifischen Wärmekapazität $c = 0,8 \frac{J}{g \cdot K}$ hat Zimmertemperatur $\vartheta_1 = 20$ °C. Welche Endtemperatur ergibt sich, wenn man 125 g Tee (Wasser) von $\vartheta_2 = 80$ °C hineingießt? (Vorausgesetzt, es geht keine Wärme an die Umgebung verloren.)*

4. *Wie kann es die Mischungstemperatur in Versuch 125 beeinflussen, wenn das heiße Wasser in das kalte Gefäß gegossen wird?*

5. *Bei Versuch 127 läßt der glühende Kupferklotz bei langsamem Eintauchen Wasser verdampfen. In welchem Sinne wird dadurch das Versuchsergebnis verfälscht?*

§ 42 Wärmequellen

Der für das Leben auf der Erde entscheidende *Energiespender* ist die **Sonne**. Jedes Quadratmeter der Erde, das senkrecht von den Sonnenstrahlen getroffen wird, erhält bei völlig klarem Himmel in jeder Sekunde etwa 1 kJ (Seite 120). Diese Energie kann von Pflanzen in chemischer Form gespeichert werden. (Schließlich ist sie auch in unserer Nahrung enthalten.) In früheren Erdperioden entstanden daraus durch verschiedenartige Umwandlungen große Lager von Kohle, Öl und Erdgas. Die bequem und preiswert zu nutzende Energie dieser **fossilen Brennstoffe** ist eine wesentliche Grundlage unseres hohen Lebensstandards; aber die in Millionen von Jahren entstandenen Lager sind in absehbarer Zeit erschöpft. Deshalb müssen wir bereits heute mit dieser Energie sparsam umgehen und z.B. Gebäude gegen Wärmeabgabe möglichst gut isolieren. An manchen Stellen, z.B. auf Island, kann man auf die im heißen Erdinneren gespeicherte Energie zurückgreifen, indem man das heiße Wasser vulkanischer Quellen zu Heizzwecken benutzt. Von besonderer Bedeutung ist die Verwendung der Kernenergie (siehe Seite 547f.).

Sind alle brennbaren Stoffe gleichwertige Energiespender? Um einen Vergleich zu ermöglichen, bestimmen wir ihren **spezifischen Heizwert**. Das ist der Quotient Q/m aus der beim Verbrennen gelieferten Wärmemenge Q und der Masse m des verbrannten Stoffes; seine Einheit ist $1 \frac{kJ}{kg}$. Den spezifischen Heizwert eines brennbaren Stoffes können wir durch folgenden Versuch annähernd ermitteln:

Versuch 128: Unter einem mit 250 g kaltem Wasser gefüllten dünnwandigen Aluminiumtopf ($m_{Al} = 59$ g; $c_{Al} = 0{,}90 \frac{J}{g \cdot K}$) verbrennen wir 2,0 g Hartspiritus (*Bild 104.1*). Dabei geht ein großer Teil der von der Flamme gelieferten Wärme in das Gefäß und in das Wasser über. Die Temperatur des Wassers (und natürlich auch die des Gefäßes) steigt von 19 °C auf 54 °C. An das Wasser wird die Wärmemenge $Q_1 = 4{,}19 \frac{J}{g \cdot K} \cdot 250$ g $\cdot (54 - 19)$ K ≈ 36660 J $\approx 36{,}7$ kJ, an das Gefäß wird die Wärmemenge $Q_2 = 0{,}90 \frac{J}{g \cdot K} \cdot 59$ g $\cdot (54 - 19)$ K $\approx 1{,}9$ kJ abgegeben. Die von 2 g Hartspiritus an Wasser und Gefäß abgegebene Wärmemenge beträgt insgesamt $Q = Q_1 + Q_2 = 38{,}6$ kJ. Daraus berechnen wir den spezifischen Heizwert von Hartspiritus:

$$\frac{Q}{m} = \frac{38{,}6 \text{ kJ}}{0{,}002 \text{ kg}} = 19{,}3 \cdot 10^3 \frac{kJ}{kg}.$$

Die *Tabelle 104.1* gibt aber für Hartspiritus den spezifischen Heizwert $31 \cdot 10^3 \frac{kJ}{kg}$ an. Bei unserem Versuch wurde die Verbrennungswärme also schlecht genutzt, nämlich nur zu $\frac{19{,}3}{31} = 62\%$.

Die beim Verbrennen von 1 m³ Erdgas entstehende Wärmemenge beträgt ungefähr 31 MJ = $31 \cdot 10^3$ kJ. Von dieser Wärmemenge werden beim Kochen auf dem Gasherd in der Regel nur 30 bis 40 % genutzt. Ebenso entweicht ein beträchtlicher Teil der in Heizungen und Öfen erzeugten Wärme durch den Schornstein ins Freie. Um zu beschreiben, ob ein Heizgerät die Wärme gut nutzt oder vergeudet, gibt man seinen **Wirkungsgrad** an. Man versteht darunter den Quotienten aus der tatsächlich genutzten Wärme zu der insgesamt aufgewandten Wärme. Er hat als Quotient zweier gleichbenannter Größen (Wärme) keine Einheit und wird im allgemeinen in Prozent angegeben.

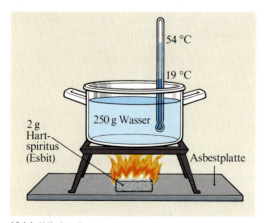

104.1 Wir bestimmen den spezifischen Heizwert von Hartspiritus.

Brennstoff	spezifischer Heizwert in $10^3 \frac{kJ}{kg}$	in $10^3 \frac{kJ}{m^3}$
trockenes Holz	14	
Rohbraunkohle	8…15	
Braunkohlenbrikett	20	
Koks	29	
Steinkohle	31	
Heizöl	42	
Benzin	46	
Äthylalkohol	30	
Hartspiritus	31	
Stadtgas	29	17
Erdgas	30…35	31
Propan	50	104
Wasserstoff	143	13

Tabelle 104.1 Spezifischer Heizwert verschiedener Brennstoffe

$$\text{Wirkungsgrad} = \frac{\text{genutzte Wärme}}{\text{aufgewandte Wärme}} \cdot 100\%$$

Einen besseren Wirkungsgrad als die üblichen Gasherde erreichen die sogenannten *Durchlauferhitzer*. Bei ihnen strömen die Flammengase entlang eines zur Spirale gebogenen Wasserrohres. Dabei geben sie bis zu 85% ihrer Verbrennungswärme an das Wasser ab. Bei einem Tauchsieder beträgt der Wirkungsgrad praktisch 100%. Der Wirkungsgrad spielt auch bei den Wärmeenergiemaschinen (siehe Seite 122f.) eine wichtige Rolle.

Ein Beispiel zur Bestimmung des Wirkungsgrades: Wir setzen einen Topf mit 1l Wasser auf eine elektrische Kochplatte und erhitzen das Wasser von 18 °C bis auf 100 °C. Am Elektrizitätszähler zählen wir unterdessen 19 Umdrehungen. Da laut Zähleraufschrift mit 120 Umdrehungen 1 kWh (= 3600 kJ) gemessen wird, liefert der elektrische Strom $\frac{19}{120} \cdot 3600 \text{ kJ} = 570 \text{ kJ}$. Davon hat das Wasser nur die Wärmemenge

$$Q = 4{,}19 \tfrac{\text{kJ}}{\text{kg} \cdot \text{K}} \cdot 1 \text{ kg} \cdot 82 \text{ K} = 344 \text{ kJ}$$

aufgenommen. Der Wirkungsgrad beträgt also $\frac{344 \text{ kJ}}{570 \text{ kJ}} = 0{,}60 = 60\%$.

Aufgaben

1. Bestimme wie in dem oben angeführten Beispiel den Wirkungsgrad einer elektrischen Kochplatte oder eines elektrisch beheizten Wassertopfes! Weshalb ist der Wirkungsgrad einer Kochplatte schlechter als der eines Tauchsieders?

2. Wie teuer wäre eine Kilowattstunde, wenn man sie durch Verbrennen von Benzin gewinnen wollte? (Siehe Tabelle 104.1; Benzin hat die Dichte 0,75 g/cm³.) Benutze den Tankstellenpreis für Normalbenzin, und führe die Rechnung für die Wirkungsgrade von 100% und von 25% (Automotor, siehe Seite 125) aus!

3. Auf dem Dach eines Hauses sind Sonnenkollektoren zur Warmwasserbereitung angebracht. Ihre Fläche beträgt insgesamt 10 m². Welche Wassermenge könnte damit unter idealen Bedingungen pro Stunde von 15 °C auf 40 °C erwärmt werden? Welche Leistung müßte ein elektrischer Heißwasserbereiter haben, um die gleiche Wirkung zu erzielen? Nenne Gründe, weshalb Sonnenkollektoren in der Praxis nur einen kleinen Bruchteil der idealen Heizleistung erreichen!

§ 43 Mechanische Arbeit und Wärme

Braunschweig (dpa)
Auf der Autobahn bei Peine geriet gestern ein Reifen eines Lastwagens in Brand. Obwohl die Feuerwehr schon nach 10 Minuten am Brandort eintraf, konnte sie nur noch verhindern, daß die Flammen auf den Anhänger übergriffen. Der Motorwagen brannte völlig aus; seine Ladung wurde total vernichtet. Während der Lösch- und Bergungsarbeiten mußte der Verkehr in Richtung Hannover umgeleitet werden. Die Höhe des Sachschadens steht zur Zeit noch nicht fest. Man vermutet, daß der Brand durch zu niedrigen Luftdruck im Reifen verursacht wurde.

Was hat der Reifendruck mit diesem Feuer zu tun? Bei jeder Radumdrehung wird die Gummiwandung eines Reifens durchgebogen, bei zu geringem Luftdruck im Reifen sogar besonders stark. Wie sich dieser Vorgang auswirkt, zeigt uns ein einfacher Versuch:

Versuch 129: Fasse einen dünnen Blechstreifen an den Enden, und biege ihn schnell mehrfach hin und her! Dabei mußt du dich anstrengen, das heißt Arbeit verrichten. Gleichzeitig stellst du fest, daß sich die gebogene Zone spürbar erwärmt.

Um diese *Umformung von mechanischer Arbeit in Wärme* genauer zu untersuchen, machen wir einen weiteren Versuch. Hierbei gewinnen wir die Wärme aus Reibungsarbeit, die wir genau messen können. So können wir dann nachprüfen, ob die Versuche mit dem Tauchsieder (siehe Seite 99) die richtigen Werte lieferten.

Versuch 130: Unser Versuchsgerät besteht aus einem Kupferzylinder, der auf einer Seite drehbar gelagert ist (Bild 106.1). In eine axiale Bohrung auf der anderen Seite geben wir zum besseren Wärmekontakt etwas gekörntes Kupfer (notfalls etwas Wasser), setzen dann ein Thermometer mit $\frac{1}{10}$ °C-Skalenteilung ein und verschließen die Bohrung mit einer Gummidichtung. Dann schlingen wir ein Reibband mehrfach um den Zylinder und hängen ein 5 kg-Wägestück daran. Eine Schraubenfeder (Federkraftmesser) hält das freie Ende des Reibbandes. Wir drehen nun die Kurbel so, daß die Schraubenfeder fast entspannt ist. Dann wirkt praktisch die gesamte Gewichtskraft des Wägestücks mit $F_G = 49{,}1$ N in tangentialer Richtung auf den Zylinder und hält damit das Reibband gestrafft. Offenbar schafft es jetzt die Reibungskraft allein, der Gewichtskraft $F_G = 49{,}1$ N das Gleichgewicht zu halten. Die Reibungskraft F_R muß also ebenfalls den Betrag 49,1 N haben. *Der Zylindermantel muß mit dieser Reibungskraft $F_R = 49{,}1$ N gegenüber dem ruhenden Reibband bewegt werden, und zwar bei jeder Umdrehung um die Strecke des Zylinderumfangs $U = 0{,}157$ m.* Wer die Kurbel des Gerätes dreht, muß sich deshalb anstrengen und Arbeit verrichten.

Nach *Gleichung 31.1* ergibt sich bei $n = 200$ Umdrehungen die insgesamt verrichtete Reibungsarbeit $W = n \cdot U \cdot F_R = 200 \cdot 0{,}157 \text{ m} \cdot 49{,}1 \text{ N} = 1540$ Nm $= 1540$ J. Diese von uns aufgewandte Arbeit wird durch Reibung vollständig in Wärme Q umgewandelt; denn die Lage des Wägestücks haben wir nicht verändert, also auch nicht seine Lageenergie. Wir erwarten nach *Gleichung 100.1* die Temperaturerhöhung $\Delta\vartheta = \frac{Q}{c \cdot m}$. Die gesamte Masse des Kupfers (Zylinder, Reibband, Kupferkörner) beträgt $m = 690$ g; die spezifische Wärmekapazität des Kupfers ist nach *Tabelle 101.1* $c_{Cu} = 0{,}38 \frac{J}{g \cdot K}$. Damit errechnen wir die zu erwartende Temperaturzunahme

$$\Delta\vartheta = \frac{1540 \text{ J}}{0{,}38 \frac{J}{g \cdot K} \cdot 690 \text{ g}} \approx 5{,}9 \text{ K}.$$

Während des Versuchs halten wir nach jeweils 50 Umdrehungen kurz an und lesen die Temperatur des Kupferzylinders ab. Wir finden, daß die Temperaturzunahme der Zahl der Umdrehungen, das heißt der verrichteten Reibungsarbeit, proportional ist. Nach insgesamt $n = 200$ Umdrehungen ist die Temperatur, wie vorausberechnet, um 5,9 K gestiegen.

Auf Seite 99 hatten wir *angenommen*, daß ein Tauchsieder mit der Leistungsangabe 300 W eine Wärmemenge von 300 J je Sekunde abgibt. (Dazu mußte zunächst mechanische Energie im E-Werk in elektrische Energie, diese dann im Tauchsieder in Wärme umgewandelt werden.) Damit haben wir dann die spezifische Wärmekapazität des Kupfers ermittelt (siehe Versuch 124) und schließlich das Ergebnis des Reibungsversuchs vorhergesagt. Im Reibungsversuch konnten wir *unmittelbar* ohne den Umweg über ein Elektrizitätswerk die Umwandlung von mechanischer Energie in Wärme verfolgen.

Weil der Versuch das vorhergesagte Ergebnis brachte, ist dadurch nachträglich unsere Annahme über die Wärmeabgabe des Tauchsieders bestätigt.

Wir haben einem Körper auf zwei Arten Energie zugeführt und dabei das gleiche Ergebnis erhalten:

a) auf *direktem* Weg durch Reibungsvorgänge,

b) *auf dem Umweg* über die elektrische Energie mit Hilfe eines Tauchsieders.

Die Art der Umwandlung (das Verfahren) beeinflußt also das Ergebnis nicht. Es ist das Verdienst des Engländers *J.P. Joule* (1818 bis 1889), durch eine große Zahl von Versuchen viele dieser Umwandlungsmöglichkeiten erprobt zu haben. Nach ihm wurde die heutige Energieeinheit 1 Joule benannt.

106.1 Zu Versuch 130

106.2 Aus Reibungsarbeit wird Wärme!

Der deutsche Arzt *Julius Robert Mayer* hat 1842 als erster gezeigt, daß sich umgekehrt unter gewissen Umständen wiederum eine gegebene Wärmemenge in gleich große mechanische Arbeit umwandelt. Er ist damit der eigentliche Entdecker des **Energieerhaltungssatzes** geworden, auf den wir mehrfach (siehe Seite 35) gestoßen sind. Wir wollen ihn so formulieren:

> **Es gibt verschiedene Energieformen, die sich bei Naturvorgängen ineinander umwandeln. Dabei wird insgesamt keine Energie vernichtet; sie vermehrt sich aber auch nicht.**

Die Umwandlung mechanischer Energie in Wärme ist für die moderne Technik meistens unerwünscht, ja sogar gefährlich. So kann die Reibungsarbeit, die beim fortgesetzten Verformen eines Autoreifens verrichtet wird, diesen so stark erhitzen, daß er schließlich Feuer fängt. Ein schwergängiges Lager, dessen Schmierung versagt, kann sich in kurzer Zeit stark erwärmen. Von Naturvölkern wird diese Umwandlung heute noch genutzt, um durch Reiben harter Hölzer mit einem sogenannten Feuerbohrer ein Feuer anzuzünden *(Bild 106.2)*. Die umgekehrte Umwandlung, nämlich von Wärme in Arbeit, wird bei den *Wärmeenergiemaschinen* durchgeführt. Wir werden diese später besprechen (siehe Seite 122f.).

Aufgaben

1. Ein Eisennagel von 5 g Masse ($c = 0{,}45 \frac{J}{g \cdot K}$) wird mit einer Kraft von durchschnittlich 1000 N 6 cm tief in ein Brett getrieben. Um wieviel Kelvin erwärmt er sich, wenn er 80% der Reibungswärme aufnimmt?

2. Ein Bleistück von 1 kg Masse fällt aus 10 m Höhe auf eine harte Unterlage. Um wieviel Kelvin erwärmt sich das Blei, wenn die ganze Lageenergie $W = G \cdot h$ in innere Energie umgewandelt wird und im Blei bleibt? ($c_{Blei} = 0{,}13 \frac{J}{g \cdot K}$)

3. Aus welcher Höhe muß (z.B. bei einem Wasserfall) 1 kg Wasser herabfallen, damit die freiwerdende Lageenergie $W = G \cdot h$ bei vollständiger Umwandlung in innere Energie das Wasser um 1 K erwärmt?

4. Wie oft muß man bei Versuch 130 die Kurbel herumdrehen, um eine Wärmemenge zu erzeugen, die 200 g Wasser für eine Tasse Kaffee von 20 °C auf 100 °C erwärmen kann?

5. Wie groß ist die Temperaturerhöhung des Wassers beim höchsten Wasserfall der Erde (in Venezuela; 810 m hoch), wenn bei der Energieumwandlung keine Verluste eintreten?

§ 44 Schmelzen und Erstarren

1. Wärmezufuhr, und doch keine Erwärmung!

Daß Wärmezufuhr nicht immer zugleich Temperaturanstieg bedeutet, haben wir schon bei der Festlegung des Nullpunkts der Celsius-Skala bemerkt (siehe Seite 84): Obwohl dem benutzten Eis-Wasser-Gemisch ständig Wärme durch die wärmere Zimmerluft zugeführt wurde, blieb seine Temperatur konstant 0 °C, bis alles Eis geschmolzen war. Verhalten sich andere Stoffe ähnlich?

Versuch 131: In ein Reagenzglas geben wir Naphthalinpulver und stecken ein Thermometer hinein. Das Ganze tauchen wir in siedendes Wasser, das wir durch schwaches Heizen am Sieden halten. Die Temperatur des Naphthalins steigt zunächst ziemlich gleichmäßig bis zur *Schmelztemperatur* (etwa 80 °C) an. Dann bleibt sie konstant, bis *alles* Naphthalin geschmolzen ist. Erst jetzt steigt sie weiter *(Bild 107.1)*.

Während des Schmelzvorganges hat das siedende Wasser ($\vartheta_W = 100$ °C) dem Naphthalin ($\vartheta_N = 80$ °C) ständig Wärme, das heißt Energie, zugeführt; trotzdem stieg dessen Temperatur nicht an. Wozu diente dann diese Energie? Im festen Naphthalin sind die Moleküle an feste Plätze gebunden, um die herum sie mit zunehmender Temperatur immer heftiger schwingen. Schließlich reißen sie sich aus dem geordneten Verband los. Dazu ist Energie erforderlich. Deshalb steigt trotz Energiezufuhr die Temperatur nicht weiter. Wo bleibt aber diese Energie, wenn das Naphthalin später wieder erstarrt?

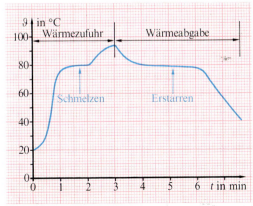

107.1 Schmelz- und Erstarrungstemperatur von Naphthalin liegen bei 80 °C.

Versuch 132: Das Reagenzglas mit dem geschmolzenen Naphthalin von Versuch 131 tauchen wir in kaltes Wasser. Die Temperatur des flüssigen Naphthalins sinkt bis zur *Erstarrungstemperatur* (80 °C) und bleibt dann einige Zeit konstant, obwohl ständig Wärme an das Kühlwasser abgegeben wird und dessen innere Energie erhöht. Diese Energie stammt von den sich ordnenden Molekülen des erstarrenden Naphthalins; sie geben die beim Schmelzen aufgenommene Energie wieder bei der gleichen Temperatur ab. Wenn *alles* Naphthalin erstarrt ist, sinkt die Temperatur wieder (*Bild 107.1*).

> **Zum Schmelzen ist Energie nötig; beim Erstarren wird sie wieder frei.**

Wir sehen außerdem: Beim Naphthalin stimmen Schmelztemperatur und Erstarrungstemperatur überein. Gilt das auch für andere Stoffe, zum Beispiel Wasser?

Versuch 133: Wir stecken ein mit Wasser gefülltes Reagenzglas in eine sogenannte Kältemischung (siehe Seite 88). Während das Wasser erstarrt, messen wir seine Temperatur. Wir stellen fest, daß die Erstarrungstemperatur des Wassers bei 0 °C liegt.

> **Die Erstarrungstemperatur eines Stoffes ist gleich seiner Schmelztemperatur.**

In der *Tabelle 108.1* findest du die Schmelztemperaturen mehrerer Stoffe. Sie gelten für den Normdruck 1013 mbar. Ändert sich etwa die Schmelztemperatur mit dem Druck?

Versuch 134: Um einen Eisblock legen wir eine Schlinge aus sehr dünnem Stahldraht und hängen ein 5 kg-Wägestück daran (siehe *Bild 108.1*). Weil die Auflagefläche des Drahtes sehr klein ist, entsteht ein sehr hoher Druck (siehe Seite 55f.). Das Eis schmilzt unmittelbar unter dem Draht und läßt ihn langsam nach unten sinken. Das entstandene Schmelzwasser erstarrt über dem Draht sofort wieder zu Eis, denn dort herrscht der normale Luftdruck von 1013 mbar. So wandert der Draht allmählich durch den Block hindurch, ohne ihn zu zerlegen.

Der Versuch zeigt, daß die Schmelztemperatur des Eises bei wachsendem Druck sinkt. (Die vom Druck des Drahtes bewirkte Erniedrigung der Schmelztemperatur ist aber so gering, daß der Versuch schon bei Eistemperaturen unter −2 °C mißlingt.) − Gletschereis kann durch seinen eigenen Gewichtsdruck schmelzen und anschließend wieder erstarren. So wandert der ganze Gletscher langsam talwärts.

Alle Stoffe reagieren auf Druck so, daß das Volumen kleiner wird. Man sagt: Sie weichen dem Druck aus. Die meisten Stoffe nehmen im flüssigen Zustand einen größeren Raum ein als im festen. Sie werden deshalb im Gegensatz zu Eis durch hohen Druck fest, auch wenn ihre Temperatur etwas höher ist als die für den Normdruck geltende Schmelztemperatur. Ihre Schmelztemperatur wird also mit wachsendem Druck erhöht. Weil beim Eis die Moleküle sperriger (mit größerem Abstand) als im flüssigen Wasser zusammengefügt sind, nimmt sein Volumen beim Erstarren zu. Diese Molekülanordnung kann durch hohen Druck zerstört werden; das Eis schmilzt. Die Erniedrigung der Schmelztemperatur durch Druck, die Dichteanomalie des Wassers und sein Volumensprung beim Erstarren haben also die gleiche Ursache: das weiträumige Kristallgitter des Eises.

108.1 Eis schmilzt unter Druck. Denke an das Schlittschuhlaufen!

Stoff	Schmelztemperatur in °C	Stoff	Schmelztemperatur in °C
Quecksilber	−39	Zinn	232
Eis	0	Blei	327
Fixiersalz	48	Kupfer	1083
Paraffin	53 (etwa)	Eisen (rein)	1535
Naphthalin	80	Platin	1769
Natrium	98	Wolfram	3390

Tabelle 108.1 Schmelztemperaturen einiger Stoffe bei dem Normdruck 1013 mbar

2. Wieviel Wärme braucht Eis zum Schmelzen?

Wieviel Wärme man braucht, um einen Eisblock zu schmelzen, hängt sicher von der Größe des Blockes, das heißt von seiner Masse ab. Um einen Vergleich mit anderen Stoffen zu ermöglichen, teilt man deshalb die zum Schmelzen erforderliche Wärmemenge Q durch die Masse m des geschmolzenen Stoffes. Dieser Quotient heißt **spezifische Schmelzwärme** s; er ist eine Materialkonstante.

> **Die spezifische Schmelzwärme s ist der Quotient aus der zum Schmelzen erforderlichen Wärmemenge Q und der Masse m des geschmolzenen Stoffes: $s = Q/m$.**
>
> **Ihre Einheit ist $1\,\frac{J}{g} = 1\,\frac{kJ}{kg}$.**

Versuch 135: Um die spezifische Schmelzwärme von Eis zu bestimmen, geben wir etwa 300 g abgetrocknetes Eis ($\vartheta_E = 0\,°C$) in ein isoliertes Gefäß. Dann wiegen wir die gleiche Menge heißes Wasser ($\vartheta_W = 90\,°C$) ab und gießen dieses über die Eisstückchen. Wir warten ab, bis alles Eis geschmolzen ist. Dann messen wir die Mischungstemperatur $\vartheta_m = 5\,°C$. Das heiße Wasser hat je Gramm $85 \cdot 4{,}19\,J = 356\,J$ abgegeben, während zum Erwärmen des Schmelzwassers je Gramm $5 \cdot 4{,}19\,J = 21\,J$ benötigt wurden. Der Rest von $80 \cdot 4{,}19\,J = 335\,J$ diente also dazu, ein Gramm Eis zu schmelzen, das heißt aus Eis von $0\,°C$ Wasser von $0\,°C$ zu machen. Die geringe Erwärmung des Gefäßes vernachlässigen wir. Die spezifische Schmelzwärme von Eis ist dann

$$s = \frac{Q}{m} = \frac{335\,J}{1\,g} = 335\,\frac{J}{g}.$$

109.1 Eisberge schmelzen nur langsam; sie können die Schiffahrt gefährden.

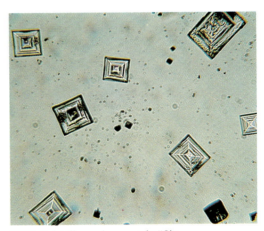

109.2 Kristalle wachsen regelmäßig.

Stoff	spezifische Schmelzwärme in J/g	Stoff	spezifische Schmelzwärme in J/g
Quecksilber	13	Fixiersalz	200
Blei	23	Kupfer	205
Schwefel	42	Eisen	277
Zinn	60	Eis (Wasser)	335
Silber	105	Aluminium	397
Naphthalin	148	Kochsalz	500

109.1 Spezifische Schmelzwärmen

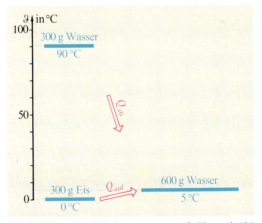

109.3 Schema des Mischungsvorgangs in Versuch 135

Weil man zum Schmelzen von Eis viel Wärme braucht, kann man Getränke mit Eisstücken gut kühlen. Sie schwimmen in der Flüssigkeit und entziehen ihr die Schmelzwärme. Gibt man zum Beispiel in ein Getränk ($m_1 = 200$ g; $\vartheta_1 = 22$ °C) etwas Eis ($m_2 = 40$ g; $\vartheta_2 = 0$ °C), so schmilzt dieses. Dazu braucht es $40 \cdot 335$ J $= 13400$ J. Das Getränk (Wasser) muß diese Wärmemenge liefern; wir können also die Temperaturabnahme berechnen. Aus *Gleichung 100.1* folgt:

$$\Delta\vartheta = \frac{Q}{c \cdot m} = \frac{13400 \text{ J}}{4{,}2 \frac{\text{J}}{\text{g} \cdot \text{K}} \cdot 200 \text{ g}} = 16 \text{ K}.$$

Sobald das Eis geschmolzen ist, hat also das Getränk die Temperatur $\vartheta = \vartheta_1 - \Delta\vartheta = (22-16)$ °C $= 6$ °C. Es mischt sich aber noch mit dem Schmelzwasser ($\vartheta_3 = 0$ °C) und wird dadurch noch weiter abgekühlt auf $\vartheta_m = x$ °C. Aus $Q_{ab} = Q_{auf}$ (siehe Seite 103) folgt:

$4{,}2 \frac{\text{J}}{\text{g} \cdot \text{K}} \cdot 200 \text{ g} \cdot (6-x) \text{ K} = 4{,}2 \frac{\text{J}}{\text{g} \cdot \text{K}} \cdot 40 \text{ g} (x-0) \text{ K}.$

Daraus errechnen wir $x = 5$. Das schließlich etwas verdünnte Getränk hat also die Temperatur $\vartheta_m = 5$ °C. Wir erkennen, daß der Schmelzvorgang eine weit stärkere Abkühlung bewirkt hat als die anschließende Mischung mit dem eiskalten Schmelzwasser.

Auf den Meeren treiben *Eisberge* oft wochenlang und gelangen dabei bis in Breiten mit verhältnismäßig hohen Temperaturen. Durch langsames Abschmelzen entziehen sie ihrer Umgebung Wärme. Gleichzeitig umgeben sie sich mit dem kalten Schmelzwasser, das eine weitere Wärmezufuhr erschwert. Das salzfreie Schmelzwasser schwimmt nämlich auf dem Meerwasser, das durch seinen Salzgehalt eine höhere Dichte hat.

Nach dem Energieerhaltungssatz muß die zum Schmelzen aufgewandte Wärme beim Erstarren wieder frei werden. Diese *Erstarrungswärme* zeigte sich bereits in Versuch 132.

Aufgaben

1. *Welche Wärmemenge braucht man, um 5 kg Eis von 0 °C zu schmelzen?*

2. *0,5 kg Eis von 0 °C sollen in Wasser von 100 °C verwandelt werden. Welche Wärmemenge ist dazu nötig?*

3. *Welche Mischungstemperatur ergibt sich, wenn man 50 g Eis von 0 °C in 0,5 l Wasser von 50 °C zum Schmelzen bringt?*

4. *Wieviel Gramm Eis von 0 °C muß man mit 1 kg Wasser von 20 °C zum Schmelzen bringen, damit Schmelzwasser von genau 0 °C entsteht?*

5. *Man wirft einen Eiswürfel von 15 cm³ (Dichte 0,9 g/cm³) in ein Glas mit 200 m³ Wasser von 25 °C. Welche Temperatur stellt sich nach dem Schmelzen ein, wenn man vom Wärmeaustausch mit der Umgebung absieht?*

§ 45 Verdampfen und Kondensieren

1. Wasser wird unsichtbar

Hängen wir feuchte Wäschestücke bei regnerischem Wetter in einem kühlen, geschlossenen Raum auf, so trocknen sie sehr langsam, in einem warmen Raum dagegen schnell. Häufig bilden sich dabei an den kalten Fensterscheiben zahlreiche Wassertropfen. Wie ist das Wasser aus der Wäsche an das Fenster gelangt? Das wollen wir näher untersuchen.

Versuch 136: Wir erwärmen in einem großen Becherglas etwas Wasser mit einem Tauchsieder. Mit einer Glasplatte decken wir das Becherglas fast ganz zu (*Bild 110.1*). Schon nach kurzer Zeit erkennen wir an der Unterseite der Deckplatte einen Beschlag aus sehr kleinen Wassertröpfchen. Aus ihnen werden langsam größere Tropfen. Dabei ist die Wassertemperatur noch weit von der **Siedetemperatur** entfernt. Erhitzen wir das Wasser weiter bis auf 100 °C, so bilden sich am Tauchsieder (also an der Stelle, an der Wärme zugeführt wird) Blasen, die hochsteigen: *das Wasser siedet.* Aus diesen Blasen entweicht ein *unsichtbares Gas.* Es ist aber keine Luft!

Halten wir nämlich eine kalte Glasscheibe in den Gasstrom, so setzen sich darauf sofort viele Wassertropfen ab. Das Gas war unsichtbares, gasförmiges Wasser. Man nennt es auch *Wasserdampf*. An der Glasscheibe wurde der Wasserdampf wieder zu flüssigem Wasser, *er kondensierte*. Bringen wir ein Thermometer an diese Stelle, so zeigt es die Temperatur 100 °C an.

110.1 Wasserdampf kondensiert unter Normdruck bei 100 °C.

Wir wollen einige der in *Tabelle 111.1* angegebenen Siedetemperaturen nachprüfen:

Versuch 137: Wir erwärmen mit einem kleinen Tauchsieder je 300 g verschiedener Flüssigkeiten (Wasser, Alkohol, Glykol). Mit einem genauen Thermometer messen wir alle 30 s die Temperatur. In allen Fällen siedet die Flüssigkeit bei einer ganz bestimmten Temperatur, ihrer *Siedetemperatur*. Bei Glykol (Frostschutzmittel) steigt die Temperatur weit über 100 °C, denn die Siedetemperatur des reinen Glykols ist 197 °C. Die Siedetemperatur des Äthers liegt dagegen weit unter der des Wassers. Wir ermitteln sie, indem wir etwas Äther in ein Reagenzglas füllen und dieses in ein Wasserbad von etwa 50 °C stecken. (Vorsicht, Äther ist leicht brennbar! Keine Flamme in der Nähe brennen lassen!) Der Äther siedet bei 35 °C.

An seiner *Oberfläche* geht dagegen Wasser schon bei erheblich unter der Siedetemperatur liegenden Temperaturen aus dem flüssigen in den gasförmigen Zustand über, *es verdunstet*. Das können wir beim Wäschetrocknen beobachten und auch bei Versuch 136. *Verdunsten* und *Sieden* faßt man unter dem Oberbegriff *Verdampfen* zusammen und bezeichnet mit diesem Wort den Übergang in die Dampfform (Wasserdampf). Kühlt man das gasförmige Wasser ab, so wird es wieder flüssig, *es kondensiert* (condensare, lat.: verdichten). Häufig entstehen dabei Wassertröpfchen, die so klein sind, daß sie sich lange Zeit in der Luft halten und sichtbare Wolken bilden. Bei einer „Dampfwolke" über einem Topf oder Schornstein sehen wir diese zahlreichen Wassertröpfchen. Den Wasserdampf sehen wir dagegen nicht.

2. Kochen in Rekordzeit

Versuch 138: In einen kleinen Rundkolben geben wir etwas heißes Wasser und verschließen ihn mit einem Stopfen, durch den ein Thermometer und ein Glasrohr in das Gefäß ragen (siehe *Bild 112.1*). Pumpen wir mit einer Wasserstrahlpumpe Luft aus dem Kolben, so fängt nach kurzer Zeit das Wasser zu sieden an, obwohl seine Temperatur *weit unter* 100 °C liegt.

Umgekehrt kann man die Siedetemperatur des Wassers in einem Drucktopf *heraufsetzen*, um Speisen schneller garzukochen. Durch einen Deckel mit Gummidichtung und eingebautem Sicherheitsventil läßt sich dieser Topf luftdicht verschließen. Erhitzt man nun die Speisen (mit etwas Wasser) in dem starkwandigen Topf, so kann der entstehende Wasserdampf zunächst nicht entweichen. Der Druck im Topf steigt stark an, bis sich das Sicherheitsventil öffnet. Nun siedet das Wasser bei einer Temperatur, die über 100 °C liegt. Dabei werden Speisen schnell gar.

Wie wir wissen, nimmt der Luftdruck in der Atmosphäre mit zunehmender Höhe immer mehr ab. Die Siedetemperatur des Wassers wird also um so tiefer liegen, je größer die Höhe ist, in der man es sieden läßt (siehe *Tabelle 112.1*). Auf den Gipfeln des Himalaja siedet Wasser schon unter 75 °C! Dort müßte man auf das Garwerden einer Speise lange warten. Astronauten müssen bei einem „Weltraumspaziergang" einen Schutzanzug tragen, damit ihr Körper dem gewohnten Druck ausgesetzt ist. Ihr Blut würde sonst bei der normalen Körpertemperatur sieden.

Ruhig stehendes, sauberes Wasser kann man unter 0 °C abkühlen, ohne daß es zu Eis erstarrt. Man nennt es dann *unterkühltes Wasser*. Daß man Wasser auch *überhitzen* kann, zeigt der folgende Versuch.

Versuch 139: Erwärmt man destilliertes Wasser in einem sauberen Reagenzglas möglichst allseitig und erschütterungsfrei (z.B. in einem heißen Glykolbad), so steigt seine Temperatur auf über 100 °C. Das Wasser ist nun überhitzt. Erschüttert man das Glas oder bringt man ein paar Sandkörner hinein, so siedet das Wasser schlagartig sehr stark. Ein Teil des Wassers wird durch die entstehenden Dampfblasen hinausgeschleudert (Vorsicht! Reagenzglas nicht gegen das Gesicht richten!). Dabei sinkt die Temperatur auf 100 °C. Man kann diesen unerwünschten und gefährlichen **Siedeverzug**

Stoff	Siedetemperatur in °C	Stoff	Siedetemperatur in °C
Ammoniak	−33	Glykol	197
Frigen*	−30	Glyzerin	290
Äther	35	Quecksilber	357
Alkohol	78	Schwefel	444
Benzol	80	Zink	910
Wasser	100	Eisen	2880

Tabelle 111.1 Siedetemperaturen einiger Stoffe beim Normdruck 1013 mbar (* Kältemittel R 12)

112.1 Hier siedet Wasser unter vermindertem Druck.

Höhe ü. M. in m	Siedetemperatur	Luftdruck in mbar
0	100 °C	1013
1 000	96,8 °C	892
2 000	93,5 °C	791
3 000	90,1 °C	699
5 000	83,3 °C	537
10 000	66,5 °C	272
15 000	49,5 °C	122

Tabelle 112.1 Siedetemperatur des Wassers und Luftdruck in verschiedenen Höhen über dem Meeresspiegel

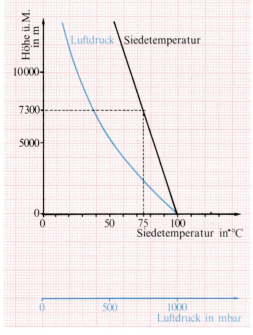

112.2 Diagramm zu *Tabelle 112.1*

durch hineingebrachte Fremdkörper, sogenannte *Siedesteinchen*, verhindern; an diesen setzt bei 100 °C die Dampfbildung ohne Verzögerung ein.

3. Verdampfungs- und Kondensationswärme

Wenn in einem offenen Gefäß Wasser siedet, steigt die Temperatur darin nicht mehr an, obwohl man weiter Wärme zuführt. Diese dient dazu, das flüssige Wasser in gasförmiges umzuwandeln. Dabei muß Arbeit gegen die Anziehungskräfte zwischen den Molekülen und gegen den äußeren Luftdruck verrichtet werden, und zwar um so mehr, je mehr Wasser verdampft. Teilt man die zum Verdampfen erforderliche Wärmemenge Q durch die Masse m des verdampften Stoffes, so erhält man einen Quotienten, der von der Art des verdampften Stoffes abhängt; man nennt ihn **spezifische Verdampfungswärme r**.

> **Die spezifische Verdampfungswärme r ist der Quotient aus der zum Verdampfen erforderlichen Wärmemenge Q und der Masse m des verdampften Stoffes:**
>
> $$r = \frac{Q}{m}.$$
>
> **Ihre Einheit ist $1\,\frac{\text{J}}{\text{g}} = 1\,\frac{\text{kJ}}{\text{kg}}$.**

Versuch 140: Um die spezifische Verdampfungswärme des Wassers näherungsweise zu bestimmen, bringen wir in eine kleine Blechdose 50 g Wasser von 20 °C. Wir erwärmen das Wasser mit dem Bunsenbrenner und bestimmen die Zeit, bis das Wasser siedet, zum Beispiel 30 s. Ohne am Bunsenbrenner etwas zu verändern, warten wir, bis *alles* Wasser verdampft ist. Das dauert zum Beispiel 180 s. Das Verdampfen des Wassers von 100 °C braucht also sechsmal soviel Zeit wie das Erwärmen von 20 °C auf 100 °C. Das Erwärmen von 1 g Wasser von 20 °C auf 100 °C erfordert die Wärmemenge $Q = 4,2 \cdot 80\,\text{J} = 336\,\text{J}$. Die zum Verdampfen nötige Wärmemenge ist sechsmal so groß und beträgt also 2016 J je Gramm. Genaue Messungen liefern das folgende Ergebnis:

> **Die spezifische Verdampfungswärme des Wassers beträgt beim Normdruck von 1013 mbar 2258 $\frac{\text{J}}{\text{g}}$.**

Können wir verstehen, warum eine Flüssigkeit zum Verdampfen Energie braucht? In einer Flüssigkeit haben keineswegs alle Moleküle die gleiche Geschwindigkeit; deshalb fliegen beim Verdunsten zuerst die schnellsten durch die Flüssigkeitsoberfläche davon. Dabei müssen sie Arbeit gegen die Anziehungskräfte verrichten und werden so etwas abgebremst. Auch die mittlere Geschwindigkeit der zurückbleibenden Moleküle ist nun kleiner als vorher. (Wenn der längste Schüler der Klasse fehlt, wird dadurch auch die mittlere Körpergröße der anwesenden Schüler geringer.) Die Flüssigkeit wird also kälter! Man spricht dabei (etwas ungenau) von „**Verdunstungskälte**". Unser Körper regelt für uns unbewußt seine Temperatur mit Hilfe der Verdunstungskälte; beim Schwitzen verdunstet Wasser auf der Haut und kühlt diese dadurch ab. Durch Luftzug wird dieser Vorgang stark beschleunigt, und man kann sich dabei leicht „erkälten". Bei schwüler Witterung ist die Luft zu fast 100 % mit Wasserdampf gesättigt. Der Schweiß verdunstet dann kaum; die Haut wird nur wenig gekühlt. Bei großer Anstrengung droht eine gefährliche Überhitzung des Körpers; man kann einen *Hitzschlag* bekommen.

Versuch 141: Umgib das Vorratsgefäß eines Thermometers mit Watte und tränke diese mit Äther oder Schwefelkohlenstoff. Weil diese Flüssigkeiten schon bei niedriger Temperatur sieden, verdunsten sie schon bei Zimmertemperatur sehr stark und kühlen dabei das Thermometer (z.B. auf 6 °C). Bläst man gegen den Wattebausch, so wird dadurch die Verdunstung gefördert; die Flüssigkeitssäule des Thermometers sinkt weiter ab (z.B. auf -10 °C). Wiederholst du den Versuch mit Wasser, so erreichst du damit ebenfalls eine Temperaturerniedrigung. Sie ist aber viel kleiner.

Versuch 142: Lege zwei gleiche Uhrgläser aufeinander, gib einige Tropfen Wasser dazwischen und zuletzt etwas Äther auf das obere Glas. Dann läßt du den Äther durch kräftiges Blasen schnell verdunsten. Die beiden Uhrgläser frieren aneinander fest.

Verdunstungskälte tritt auch auf, wenn Benzin in einem Autovergaser zerstäubt wird und teilweise verdampft. Dem Vergaser wird dabei so viel Wärme entzogen, daß er sich zuweilen bis unter 0 °C abkühlt. Dann kann sich auf der Außenseite Reif bilden, gelegentlich auch an der Innenseite. Das kann zu Betriebsstörungen führen (Vergaservereisung). Man kann sie vermeiden, indem man den Vergaser mit der Motorwärme beheizt. – In heißen Ländern bewahrt man Trinkwasser gern in porösen Tongefäßen auf. Bei diesen dringt ständig etwas Wasser an die Oberfläche des Gefäßes, wo es verdunstet. Dadurch wird der restliche Inhalt gekühlt.

Nach dem *Energieerhaltungssatz* muß die zum Verdampfen zugeführte Wärme beim Kondensieren wieder abgegeben werden. Das prüfen wir im folgenden Versuch.

Versuch 143: Wir geben 600 g Wasser ($\vartheta_1 = 20$ °C) in ein Becherglas oder ein isoliertes Gefäß und leiten aus einem spitzen Glasrohr einen kräftigen Dampfstrom hinein (siehe *Bild 114.1*). Nach einigen Minuten nehmen wir das Einleitungsrohr aus dem Wasser heraus und beenden erst dann die Dampferzeugung. Die Wassertemperatur ist nun erheblich gestiegen ($\vartheta_2 = 58$ °C). Durch genaue Wägungen zu Beginn und am Ende des Versuches stellen wir fest, daß die Wassermasse um 40 g zugenommen hat; soviel Dampf ist also kondensiert.

Dem Wasser wurde also die Wärmemenge $Q_1 = c \cdot m \cdot \Delta\vartheta = 4{,}19 \frac{J}{g \cdot K} \cdot 600 \text{ g} \cdot 38 \text{ K} = 95530 \text{ J}$ zugeführt. Das Kondenswasser wurde von 100 °C auf 58 °C abgekühlt; dabei hat es die Wärmemenge $Q_2 = 4{,}19 \frac{J}{g \cdot K} \cdot 40 \text{ g} \cdot 42 \text{ K} = 7040 \text{ J}$ abgegeben. Woher kam die Differenz $Q_1 - Q_2 = 95530 \text{ J} - 7040 \text{ J} = 88490 \text{ J}$? Der eingeleitete Wasserdampf von 100 °C kondensierte zu flüssigem Wasser von zunächst ebenfalls 100 °C; dabei gab er die bei seiner Entstehung zugeführte Verdampfungswärme wieder ab. 40 g Wasserdampf haben beim Kondensieren 88 490 J geliefert, 1 g also $\frac{1}{40} \cdot 88490 \text{ J} = 2213 \text{ J}$. Unsere Vermutung hat sich also im Rahmen unserer Meßgenauigkeit bestätigt.

> **Die spezifische Kondensationswärme eines Stoffes ist (unter gleichen Versuchsbedingungen) gleich seiner spezifischen Verdampfungswärme.**

4. Ein Kühlschrank pumpt Wärme!

Versuch 144: In einen kleinen Rundkolben füllen wir etwas Äther und pumpen anschließend mit einer Wasserstrahlpumpe die Luft und auch die Ätherdämpfe aus dem Kolben (*Bild 114.2*). Infolge der Druckverminderung siedet der Äther unterhalb seiner normalen Siedetemperatur (siehe *Tabelle 111.1*). Die dazu erforderliche Verdampfungswärme wird der Umgebung entnommen; dadurch werden die restliche Flüssigkeit und auch die Gefäßwand stark abgekühlt. Schließlich bildet sich Reif an der Außenseite des Kolbens. Hält man ein feuchtes Tuch an den Kolben, so friert es schnell fest.

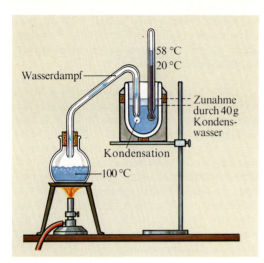

114.1 So bestimmen wir die spez. Kondensationswärme des Wassers.

Stoff	spez. Verdampfungswärme in J/g	Stoff	spez. Verdampfungswärme in J/g
Wasser	2256	Benzin	419
Ammoniak	1369	Sauerstoff	214
Alkohol	840	Stickstoff	201
Wasserstoff	467	Frigen	168
Propan	427	(R 12)	

Tabelle 114.1 Spezifische Verdampfungswärme einiger Stoffe

Dieser Vorgang wird in *Kühlanlagen* praktisch genutzt. Sie verwenden aber im allgemeinen statt des Äthers das wesentlich besser geeignete *Frigen* als „*Kältemittel*" (siehe *Tabelle 111.1*). Es siedet bei erheblich tieferer Temperatur als Äther. Außerdem greift es Metalle nicht an, schädigt allerdings die Ozonhülle der Erde; es ist nicht brennbar, ungiftig und geruchlos. Das ist von Bedeutung, falls einmal aus einem defekten Kühlschrank das Frigen ausströmen sollte. Im Gegensatz zu Versuch 144 gelangt der abgepumpte Dampf des Kältemittels weder in die Luft noch in das Abwasser, denn es durchläuft ein in sich geschlossenes Rohrsystem. Also braucht man auch kein Frigen nachzufüllen; deshalb ist das Kühlaggregat „wartungsfrei".

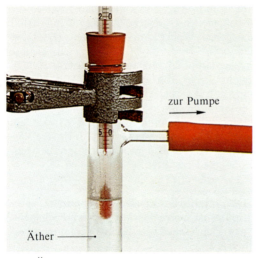

114.2 Äther siedet unter vermindertem Druck bei −20 °C.

Bei einem **Kühlschrank** pumpt ein Elektromotor aus einem besonderen Rohrsystem, das sich im Inneren des Kühlschranks befindet und *Verdampfer* genannt wird, Frigen heraus und erzeugt so einen möglichst niedrigen Druck. Das restliche Frigen im Verdampfer siedet dadurch und entzieht die zum Verdampfen nötige Wärme dem *Innenraum* des Kühlschranks und den darin aufbewahrten Lebensmitteln. Die elektrisch angetriebene Pumpe saugt den entstandenen Frigendampf aus dem Verdampfer und preßt ihn in ein zweites Rohrsystem *(Kondensator)* außerhalb des Kühlschranks. (Deshalb nennt man die Pumpe auch Kompressor.) Dort kondensiert er unter hohem Druck und gibt die Kondensationswärme an die Zimmerluft ab. Die Rohrschlange des Kondensators wird dabei spürbar erwärmt. (Das kannst du zu Hause selbst nachprüfen. Du kannst auch die Siedegeräusche im Verdampfer hören.) Anschließend fließt das jetzt flüssige Frigen durch ein sehr enges Kapillarrohr wieder in den Verdampfer; der Kreislauf ist geschlossen. Trotz dieser direkten Verbindung bleiben der hohe Druck im Kondensator und der niedrige Druck im Verdampfer bestehen, denn das Frigen kann durch das Kapillarrohr nur langsam fließen. Ein besonderer Regler (Thermostat) schaltet den Kompressor automatisch ein und auch wieder aus (siehe auch Seite 87f.). Auf diese Weise sorgt er dafür, daß die Innentemperatur des Kühlschranks nur geringfügig schwankt.

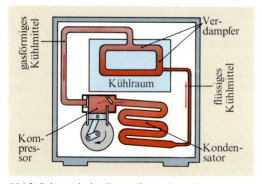

114.3 Schematische Darstellung eines Kompressorkühlschranks

Das gleiche Prinzip wird auch bei einem **Gefrierschrank** angewandt. In seinem Innenraum wird eine Temperatur von etwa −20 °C erzeugt. Die eingelagerten Lebensmittel sind gefroren, und eventuell vorhandene Bakterien können sich bei der tiefen Temperatur kaum vermehren. Deshalb halten sich die Lebensmittel lange.

Bei einem Kühlschrank merkt man von außen nur, daß er einer Stelle Wärme entzieht und diese einer anderen Stelle (z.B. dem Zimmer) zuführt. Man nennt einen Kühlschrank deshalb auch eine **Wärmepumpe**. Entsprechend große Wärmepumpen kann man zur Beheizung von Wohnräumen und ganzen Häusern verwenden. Mit Hilfe des Verdampfers wird dem Erdreich und dem Grundwasser Wärme entzogen. Diese wird im Kondensator wieder abgegeben und mit einem sogenannten „Wärmetauscher" über eine große Kontaktfläche auf einen besonderen Wasserkreislauf übertragen. Dieser führt sie den einzelnen zu beheizenden Räumen zu. Wenn der Kompressor der Wärmepumpe läuft, werden Erdreich und Grundwasser abgekühlt und gleichzeitig die Wohnräume erwärmt. Auch die dem Motor zugeführte elektrische Energie wird schließlich als Wärme abgegeben und genutzt. Mit 300 J elektrischer Energie kann man dem Grundwasser etwa 700 J entziehen und erhält so insgesamt 1 000 J an Wärme.

Diese Heizungsart gewinnt zunehmend an Bedeutung, denn mit ihr kann man einen Teil der Heizkosten einsparen. Dreht man den Kreislauf um, so kann eine Wärmepumpe ein Haus auch kühlen. Man erhält so eine *Klimaanlage*.

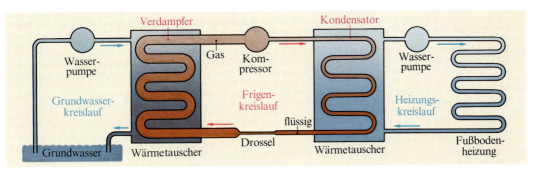

115.1 Schematische Darstellung einer Wärmepumpe. Im linken Wärmetauscher verdampft das Frigen, im rechten kondensiert es. Dabei werden große Wärmemengen vom Wasser auf das Frigen bzw. umgekehrt übertragen.

5. Zusammenfassung

Vorgang	Molekulartheoretische Deutung	Wärmeaufwand
I. Erwärmen des festen Körpers mit Temperaturanstieg bis zum Schmelzpunkt	Die zugeführte Wärme wird zum Erhöhen der Energie der um ihre Gleichgewichtslage schwingenden Moleküle verwendet.	spezifische Wärmekapazität fester Stoffe (Eis: 2,1 $\frac{J}{g \cdot K}$)
II. Schmelzen des Körpers ohne Temperaturänderung	Die Bewegungsenergie der Moleküle wird so groß, daß sie nicht mehr in die Gleichgewichtslage zurückkehren. Gegen die Kohäsionskräfte wird Arbeit verrichtet.	spezifische Schmelzwärme (Eis: 335 $\frac{J}{g}$)
III. Erwärmen der Flüssigkeit bis zum Siedepunkt	Die zugeführte Wärme erhöht die Bewegungsenergie der gegeneinander beweglichen Moleküle.	spezifische Wärmekapazität der Flüssigkeit (Wasser: 4,19 $\frac{J}{g \cdot K}$)
IV. Verdampfen der Flüssigkeit ohne Temperaturänderung	Die zugeführte Wärme wird größtenteils zur Überwindung der zwischen den Flüssigkeitsmolekülen vorhandenen Kohäsionskräfte benutzt.	spezifische Verdampfungswärme (Wasser: 2258 $\frac{J}{g}$)
V. Erwärmen des Gases	Die Bewegungsenergie der Gasmoleküle nimmt zu.	spezifische Wärmekapazität des Gases (Wasserdampf: 1,95 $\frac{J}{g \cdot K}$)

Tabelle 115.1 Zusammenfassende Rückschau auf die verschiedenen Aggregatzustandsänderungen bei Wärmezufuhr. Alle Vorgänge I–V verlaufen bei Wärmeabgabe in umgekehrter Richtung.

Aufgaben

1. Weshalb „schwitzen" Fensterscheiben, besonders in der Küche?

2. Weshalb soll man einen Raum, in dem Wäsche getrocknet wird, besonders gut lüften?

3. Gib gleiche Wassermengen in zwei gleiche, flache Schalen. Stelle eine an einem warmen Ort auf, die andere an einem kühlen und beobachte täglich! Erkläre die unterschiedliche Verdunstung!

4. Unter welchen Bedingungen kannst du deinen „Atem" sehen? Was siehst du dabei eigentlich? Unter welchen Bedingungen bildet sich an Gräsern und Zweigen Tau, unter welchen Bedingungen Reif?

5. Warum spritzt und prasselt es, wenn man Fleisch in siedendes Fett ($\vartheta \approx 200\,°C$) legt?

6. Warum friert man auch bei großer Hitze, wenn man bei windigem Wetter aus dem Wasser kommt?

7. Mit 1 g Wasserdampf von 100 °C, der schnell aus einem Rohr strömt, kann man sich eine schwerere Verbrennung zuziehen als mit 1 g Wasser von 100 °C. Warum?

8. Bei Versuch 143 soll man erst das Dampfeinleitungsrohr aus dem Wasser nehmen und dann die Dampferzeugung beenden. Weshalb ist diese Reihenfolge wichtig?

9. Warum bedeckt sich die Kühlfläche eines Kühlschranks mit einer ständig wachsenden Reifschicht?

10. Bei welcher Temperatur siedet das Wasser a) auf der Zugspitze (2960 m), b) auf dem Mt. Blanc (4810 m), c) auf dem Mount Everest (8848 m)? Wie groß ist der Luftdruck in diesen Höhen? Verwende das Schaubild 112.2!

11. Das in Kühlschränken benutzte Kältemittel Frigen hat eine niedrige Siedetemperatur, greift Metalle nicht an, ist geruchlos, ungiftig und unbrennbar. Weshalb hat man bei der Auswahl des Kältemittels auf jede dieser Eigenschaften Wert gelegt? Denke an mögliche Defekte eines Kühlschranks! Vergleiche mit Äther!

12. In industriellen Kühlanlagen verwendet man auch Ammoniak als Kältemittel, da es im Gegensatz zu Frigen nicht die Ozonschicht schädigt. Begründe mit Hilfe der Tabellen 114.1 und 111.1, daß die Verwendung von Ammoniak noch weitere Vorteile bietet!

§ 46 Wärmetransport

Nicht immer entsteht die Wärme dort, wo man sie haben möchte. Man braucht sie im Kochtopf, erzeugt sie aber im allgemeinen darunter. Brenner und Kessel der Zentralheizung stehen im Keller; wir brauchen die Wärme aber im Wohnzimmer. Von der Sonne erhalten wir Wärme über eine „astronomische" Entfernung. In allen genannten Fällen muß die Wärme transportiert werden. Wie geht das vor sich?

1. Wärme wandert durch die Materie

Versuch 145: Vier Schüler halten je einen gleichlangen Stab aus Kupfer, Eisen, Aluminium und Glas mit der Hand in die Flamme eines Bunsenbrenners. Wer gibt zuerst auf? Nach kurzer Zeit muß der Schüler, der den Kupferstab hält, diesen aus der Hand legen (auf eine Asbestplatte). Den Aluminiumstab kann man etwas länger halten, den Eisenstab noch länger. Wer den Glasstab hält, braucht nicht aufzugeben: Glas ist also ein schlechter **Wärmeleiter.**

In allen Stäben wandert Wärme von selbst vom heißen zum kalten Ende, allerdings verschieden schnell. Wie macht sie das? Die von außen zugeführte Wärme versetzt zunächst die Moleküle des einen Stabendes in heftige Schwingungen. Diese stoßen ihre Nachbarn an, und so wandert die Schwingungsenergie durch eine Vielzahl von Stößen von Molekül zu Molekül. *Diesen Energietransport durch Teilchenstöße nennt man* **Wärmeleitung.** *Dabei wandern die Moleküle selbst nicht mit.*

Wie wir festgestellt haben, leiten Stäbe aus verschiedenem Material die Wärme unterschiedlich gut. Wie können wir nun die Wärmeleitfähigkeit von Flüssigkeiten und Gasen untersuchen?

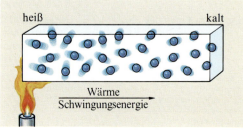

116.1 Stoß folgt auf Stoß! So wird Wärme geleitet.

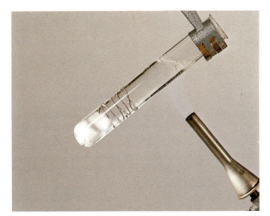

117.1 Wasser ist ein schlechter Wärmeleiter.

117.2 Auch Wasserdampf leitet die Wärme schlecht!

Versuch 146: Wir füllen ein weites Reagenzglas mit Wasser, geben ein Stück Eis hinein und drücken dieses mit einer Drahtspirale nach unten. Dann erwärmen wir das Reagenzglas oben mit dem Bunsenbrenner *(Bild 117.1)*. Nach kurzer Zeit siedet oben das Wasser; unten bleibt es dagegen lange kalt; das Eis schmilzt nicht. Wasser leitet also die Wärme schlecht.

Versuch 147: Wir erhitzen ein Kupferblech oder einen flachen Blechlöffel stark und spritzen einige Tropfen Wasser darauf *(Bild 117.2)*. Die Tropfen laufen auf dem heißen Metall hin und her und scheinen zu schweben. Zwischen dem Wasser und dem heißen Metall bildet sich nämlich eine dünne Dampfschicht, auf der die Tropfen schweben. Diese Dampfschicht leitet die Wärme schlecht und verlangsamt das weitere Verdampfen.

Weitere Versuche mit festen Stoffen, Flüssigkeiten und Gasen zeigen:

> **Alle Metalle sind gute Wärmeleiter. Glas, Keramik, Holz, Kunststoffe und alle Flüssigkeiten (ausgenommen geschmolzene Metalle) sind schlechte Wärmeleiter. Alle Gase sind sehr schlechte Wärmeleiter.**

Durch die verschiedene Wärmeleitfähigkeit der Stoffe täuschen wir uns leicht über die Temperatur eines Körpers. Wenn im Winter ein Fahrrad lange im Freien steht, haben die Metallteile und die aus Kunststoff bestehenden Handgriffe sicher die gleiche Temperatur. Trotzdem erscheinen uns beim Anfassen die Metallteile kälter, weil sie von unserem Körper schneller Wärme ableiten als die Handgriffe.

Die schlechten Wärmeleiter werden oft zur *Wärmeisolation* benutzt. Die Handgriffe von Töpfen und Pfannen stellt man aus Kunststoff her. Das Glas der Fensterscheiben leitet an sich schlecht. Aber da die Scheiben groß und dünn sind, kann trotzdem viel Wärme aus einem Raum durch die Fensterflächen entweichen. Man verringert diese Wärmeverluste bei Doppelfenstern erheblich, wenn man zwei Glasscheiben durch eine Luftschicht trennt. Erzeugt man in einem Kunststoff viele kleine Gasblasen, so erhält man einen besonders gut isolierenden, das heißt schlecht wärmeleitenden Schaumstoff (z.B. Styropor®). Mit solchen Stoffen umhüllt man Heizungsrohre, um Wärmeverluste zu vermeiden und dadurch Heizkosten zu sparen. Auch bei der Herstellung von Kühlschränken und Kühltaschen und vor allem beim Hausbau werden sie verwendet.

Soll die Wärme gut geleitet werden, so benutzt man Metalle. Bei einem Gasdurchlauferhitzer muß die Wärme der Gasflammen an das durch ein Rohrsystem fließende Wasser weitergegeben werden. Deshalb stellt man die Rohre aus Kupfer her, denn dieses ist ein vorzüglicher Wärmeleiter. Auch die Spitze eines Lötkolbens besteht meist aus Kupfer. In der Technik dienen Kupferdrahtnetze und auch dickere Metallteile mit zahlreichen engen Schlitzen als Explosionsschutz, denn sie verhindern das „Durchschlagen" einer Flamme. Entzündet sich ein explosives Gasgemisch in einem Rohr, so dringt die Flamme bis zur Explosionssperre vor und in deren Schlitze ein. Dort werden die Flammengase durch den Kontakt mit der noch kalten Metalloberfläche so weit abgekühlt, daß der Verbrennungsvorgang gestoppt wird.

2. Energie wandert mit der Materie

Vom Kessel einer Zentralheizung bis in die Wohnräume muß die Wärme über eine beträchtliche Strecke transportiert werden. Durch Wärmeleitung ginge das sehr schlecht. Man kann viel leichter Wasser in einem Heizungskessel erhitzen und dieses durch Röhren in ein Zimmer strömen lassen, in dem es dann seine Wärme wieder abgibt. Weil hierbei die Übertragung von Wärme durch den Transport erwärmter Materie erfolgt, spricht man von Wärmemitführung oder **Konvektion**.

Bei einer *Warmwasserheizung* wird im allgemeinen das im Kessel erwärmte Wasser den einzelnen Heizkörpern zugepumpt. Es erwärmt diese (und damit auch deren Umgebung) und strömt abgekühlt in den Kessel zurück. Unter günstigen Bedingungen kommt dieser Kreislauf ohne Pumpe aus. Das warme Wasser hat eine geringere Dichte als das kalte, denn es hat sich beim Erwärmen ausgedehnt. Es steigt deshalb in einem Rohr nach oben, während gleichzeitig in einem zweiten Rohr das abgekühlte und deshalb dichtere Wasser nach unten sinkt *(Bild 118.1)*. Temperaturunterschiede erzeugen Dichteunterschiede und können dadurch eine Strömung auch ohne Pumpe herbeiführen.

Ähnliche Strömungen bilden sich in der Atmosphäre aus. Die Erdoberfläche wird von den Sonnenstrahlen aufgeheizt und erwärmt dann die darüber befindliche Luft. Diese steigt auf und sinkt an anderer Stelle wieder ab *(Bild 118.2)*. So entstehen örtlich begrenzte Auf- und Abwinde und ebenso die von der Wetterkarte her bekannten Hoch- und Tiefdruckgebiete mit ihren Windsystemen. Bei diesen bemerken wir den bodennahen Teil der Strömung als Wind oder sogar als Sturm. Am Äquator wird die Luft regelmäßig erwärmt. Dadurch bilden sich nördlich und südlich davon sehr beständige Windsysteme, die als *Passate* bekannt sind. Als Folge der Erddrehung werden alle Winde auf ihrem Weg vom „Hoch" (z.B. Roßbreiten) zum „Tief" (z.B. Äquator) abgelenkt, und zwar auf der Nordhalbkugel nach rechts, auf der Südhalbkugel nach links (jeweils in Strömungsrichtung der Winde). Die Passate strömen also nicht auf dem kürzesten Wege, das heißt in Nord-Süd-Richtung, sondern nach Westen abgelenkt zum Äquator.

Wasserströmungen in den Ozeanen können gewaltige Wassermengen aus den heißen Tropen in kältere Gebiete der Erde transportieren und dadurch „Warmwasserheizungen" für große Gebiete darstellen. So fließt zum Beispiel der *Golfstrom* aus dem Golf von Mexiko bis an die Küsten Nordeuropas und sorgt dort für relativ milde Winter. Ein Gegenstück dazu ist der kalte *Labradorstrom* an der Ostküste Nordamerikas.

Will man den Wärmetransport durch Konvektion vermeiden, so muß man die zugehörigen Strömungen verhindern. Dazu schließt man bei Schaumstoffen (z.B. Styropor®) die Luft oder ein anderes Gas in kleine Poren ein. Haare (Fell, Pelz), Teppiche, Kleidung und Federn haben nahezu die gleiche Wirkung. Wassersportler benutzen in kaltem Wasser gern einen Naßtaucheranzug. Er besteht aus 3 bis 5 mm dickem porösem Material. In die kleinen Hohlräume kann zwar Wasser eindringen; es strömt aber nicht und wird vom menschlichen Körper bald erwärmt. Einmal angewärmt schützt es den Sportler sogar in eiskaltem Wasser vor übermäßiger Abkühlung.

118.1 Warmwasserheizung (schematisch)

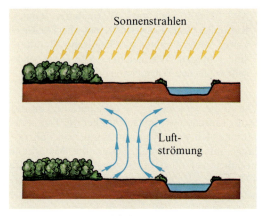

118.2 So entsteht örtlich begrenzter Aufwind.

Wärmeleitung und Konvektion unterscheiden sich grundlegend. Bei der *Wärmeleitung* sind die Moleküle ortsfest und geben Energie durch zahlreiche Stöße weiter. Bei der *Konvektion* werden die Moleküle zusammen mit ihrer Bewegungsenergie transportiert.

> **Die Wärmeübertragung durch Konvektion ist an den Transport von Materie gebunden.**

Häufig treten Konvektion und Wärmeleitung gemeinsam auf. Strömt Luft oder Wasser an einer festen Wand entlang, so ist die Strömungsgeschwindigkeit unmittelbar an der Wand sehr klein. In dieser sogenannten Grenzschicht findet kaum Konvektion statt, und der Wärmetransport ist stark behindert. Das ist vorteilhaft bei allen Isolierstoffen. Wünscht man aber einen guten Wärmetransport, so muß die Strömungsgeschwindigkeit erhöht werden; dadurch wird dann auch die Grenzschicht dünner. Beim Autokühler bewirkt das der Fahrtwind oder ein besonderes Gebläse.

3. Wärme wandert ohne Materie

Obwohl im Weltraum zwischen Sonne und Erde kaum Materie existiert, erreicht uns die von der Sonne stammende Wärme. Wird es uns zu heiß, so gehen wir in den Schatten. Dort kann uns die Sonnenstrahlung nicht mehr direkt erreichen. Es gibt also eine Art des Wärmetransportes, die ohne Materie als Überträger auskommt; man nennt sie **Wärmestrahlung.** Bei hoher Temperatur des Strahlers wird sie teilweise als Licht sichtbar. Wovon die Aufnahme und Abgabe von Wärmestrahlung abhängen, zeigen die folgenden Versuche.

Versuch 148: Wir nehmen zwei gleiche Thermometer, berußen die Kugel des einen über brennendem Naphthalin und umwickeln die Kugel des anderen mit Stanniol. Dann halten wir beide einige Zeit in die Strahlung der Sonne oder einer Bogenlampe. Das Thermometer mit der berußten Kugel zeigt eine beträchtlich höhere Temperatur als das andere an, weil Ruß die Wärmestrahlen absorbiert (verschluckt), während Stanniol sie reflektiert (zurückwirft).

Versuch 149: Wir füllen einen Blechwürfel, von dem eine Fläche poliert und die gegenüberliegende geschwärzt ist, mit Wasser von etwa 60 °C. Vor diese Flächen bringen wir im glei-

chen Abstand gleichartige Thermometer *(Bild 119.1)*. Beide zeigen eine Temperaturerhöhung an; sie ist vor der schwarzen Fläche größer als vor der anderen. Die schwarze Fläche emittiert (emittere, lat.; aussenden) also mehr Wärmestrahlung als die blanke Fläche. Füllt man anschließend den Würfel mit 90 °C heißem Wasser, so steigen die Temperaturen beider Thermometer noch weiter an. Ihre Temperaturdifferenz wird dabei noch größer.

Auch der *Erdboden* strahlt Wärme ab; deshalb sinkt seine Oberflächentemperatur in einer wolkenlosen Nacht stark ab. Am Tage überwiegt die von der Sonne zugestrahlte Wärme. Sie durchdringt die Lufthülle der Erde nahezu ungehindert und ändert deren Temperatur kaum. Erst der Erdboden absorbiert die Wärmestrahlung. Er wird dadurch erwärmt und kann dann auch Wärme an die Luft abgeben. Langfristig gleichen sich Wärmeeinstrahlung und Wärmeabstrahlung nahezu aus. In den Polargebieten ist die Einstrahlung schwach, aber wegen der niedrigen Oberflächentemperatur auch die Abstrahlung. In den Tropen sind beide stark.

> **Wärmestrahlung transportiert Energie.**
>
> **Dunkle Körper absorbieren einen großen Teil der auftreffenden Wärmestrahlung; helle reflektieren sie, glänzende besonders stark.**
>
> **Dunkle Körper emittieren mehr Wärmestrahlung als helle Körper der gleichen Temperatur. Die Wärmestrahlung aller Körper wird bei steigender Temperatur intensiver. Bei sehr hoher Temperatur entsteht auch sichtbare Strahlung.**

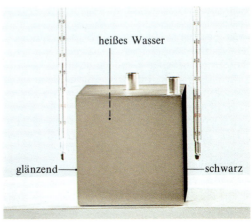

119.1 Welche Fläche strahlt mehr Wärme ab?

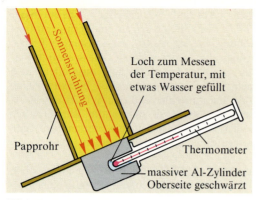

120.1 Zu Versuch 150

Versuch 150: Ein am Fuß einer Pappröhre befestigter Aluminiumblock wird so auf die Sonne gerichtet, daß er von den einfallenden Sonnenstrahlen senkrecht getroffen wird *(Bild 120.1)*. Aus der Temperaturerhöhung, der Masse des Blocks und der spezifischen Wärmekapazität von Aluminium erhalten wir nach *Gleichung 100.1* die absorbierte (=eingestrahlte) Energie. Dividieren wir diesen Wert durch die Meßdauer und durch die von der Sonne bestrahlte Fläche, so erhalten wir die *Intensität der Sonnenstrahlung* in W/m². Man mißt — je nach Jahreszeit und Witterung — Werte zwischen 200 und 1000 W/m².

Außerhalb der Erdatmosphäre würde man eine Intensität von etwa 1400 W/m² messen. Dieser Wert heißt **Solarkonstante**.

4. Wärmetechnik

Ein Zimmer, das im Winter längere Zeit nicht geheizt wurde, empfinden wir als kühl, auch wenn die Lufttemperatur inzwischen wieder 20 °C beträgt. Ob uns ein Raum ausreichend warm erscheint, hängt nämlich nicht nur von der *Lufttemperatur*, sondern auch von der *Temperatur der Wände* ab. Sind diese zu kalt, so strahlt unser Körper trotz ausreichend warmer Luft erheblich mehr Wärme an sie ab als er empfängt; wir frösteln. Umgekehrt kann man bei niedriger Lufttemperatur behaglich im Freien sitzen, wenn die Wärmestrahlung der Sonne oder eines elektrischen Heizstrahlers stark genug ist.

Den Glühdraht einer Glühlampe wickelt man zu einer *Wendel* oder sogar *Doppelwendel*. Die einzelnen Windungen strahlen sich gegenseitig Wärme zu. Sie erreichen dadurch eine höhere Temperatur und geben dann mehr Licht ab. Weil dazu keine stärkere elektrische Heizung gebraucht wird, ist nun die Lichterzeugung wirkungsvoller als bei gestrecktem Glühdraht.

Die verschiedenen Formen der Wärmeübertragung kommen häufig kombiniert vor. Bei einer Zentralheizung wird die Wärme der Verbrennungsgase der Kesselwand *zugestrahlt* und durch die Metallwand des Kessels *geleitet*. Dann wird sie durch *Konvektion* mit dem Wasser in die zu beheizenden Räume gebracht, dort durch Wärmeleitung an die Luft abgegeben und schließlich durch die Strömung der Luft im Raum verteilt. Ein Teil der Wärme gelangt auch durch Strahlung direkt vom Heizkörper an den zu erwärmenden Gegenstand. Auch bei einer Ofenheizung gibt es den kombinierten Wärmetransport.

Bei der Erwärmung eines Raumes ist es von Bedeutung, *wo* sich die Wärmequelle befindet. Von einem unter dem Fenster angebrachten Heizkörper steigt die erwärmte Luft nach oben, während andere Zimmerluft über dem Fußboden dem Heizkörper zuströmt (siehe *Bild 120.2*). Auch über einem entfernt vom Fenster aufgestellten Kachelofen steigt die erwärmte Luft auf. Aber die über dem Fußboden nachströmende Luft kommt direkt vom kalten Fenster her. Sie gelangt unmittelbar an die Füße der Bewohner und wird von diesen als unangenehm kalt empfunden.

Will man eine sehr gute Wärmeisolation erreichen, so muß man alle Arten des Wärmetransportes möglichst unterbinden. Zum Beispiel enthält eine *Thermosflasche*, von einer Schutzhülle umgeben, ein doppelwandiges Glasgefäß

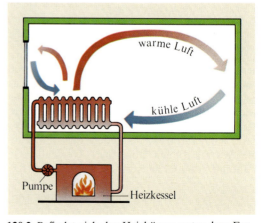

120.2 Befindet sich der Heizkörper unter dem Fenster, ist die Temperatur nahezu ausgeglichen.

(Bild 121.2). Seine Wände sind verspiegelt; dadurch wird die Wärmestrahlung in beiden Richtungen verhindert. Aus dem Raum zwischen den Glaswänden hat man die Luft herausgepumpt, also sind dort Leitung und Konvektion ausgeschaltet. Die Einfüllöffnung wird mit einem schlecht leitenden Stopfen verschlossen. Zu ihr hin kann längs der Glaswand nur wenig Wärme transportiert werden, denn Glas ist ein schlechter Wärmeleiter; außerdem ist der Weg viel länger als zum Beispiel durch eine Fensterscheibe hindurch. Deshalb behält ein in der Thermosflasche aufbewahrtes heißes oder auch kaltes Getränk lange Zeit annähernd die Temperatur, mit der es eingefüllt wurde.

Aufgaben

1. Untersuche mit einer Kerzenflamme die Luftströmung in verschiedenen Höhen an der etwas geöffneten Tür eines geheizten Zimmers! Führe diese Untersuchung auch in der Umgebung des Heizkörpers oder des Ofens aus! Beschreibe deine Beobachtungen! Vergleiche mit Bild 121.1!

2. Wie würde der Versuch 146 ablaufen, wenn das Eis oben im Reagenzglas schwimmen und dieses dafür unten erwärmt würde?

3. Warum sind Behälter, in denen in Selbstbedienungsgeschäften Tiefkühlkost offen aufbewahrt wird, von oben und nicht von vorn zugänglich?

4. Viele Dia-Projektoren enthalten zwischen Glühlampe und Diapositiv ein Spezialfilter, das zwar das Licht, aber nicht den übrigen Teil der Strahlung durchläßt. Weshalb ist dieses „Wärmeschutzglas" bei Projektoren mit heller Lampe erforderlich?

5. Warum sind die Kühlwagen der Bundesbahn weiß angestrichen?

6. Vögel plustern sich bei kaltem Wetter auf. Was bezwecken sie damit? Wie passen sich Pelztiere dem Winter an?

7. Hältst du deine Hand dicht vor einen Eisblock, so kommt von dort nur eine schwache Wärmestrahlung auf deine Haut. Was empfindest du? Welche Wirkung hat eine dazwischengehaltene Glasscheibe? Was bewirkt ein dazwischengehaltenes Papierblatt? Wiederhole den Versuch mit einem Heizstrahler!

8. Bei einigen elektrischen Heizgeräten befindet sich ein glühendes Heizelement vor einem Metallspiegel. Bei anderen Heizgeräten wird durch einen Ventilator Luft am Heizelement vorbeigeblasen. Um welche Art des Wärmetransportes handelt es sich jeweils?

9. Welche Arten des Wärmetransports erkennst du bei einer Ofenheizung?

10. Auf welche verschiedenen Arten kann Wärme aus einem beheizten Raum verschwinden?

11. Warum erreicht die Temperatur der Außenluft nicht um 12 Uhr ihren höchsten Wert, sondern erst um 14 Uhr? Weshalb ist es nicht um 24 Uhr am kältesten, sondern erst gegen Sonnenaufgang?

12. Auf einem Parkplatz findest du Autos verschiedener Farbe. Prüfe bei starker Sonneneinstrahlung mit dem Handrücken die Temperatur der Blechoberfläche! Was stellst du fest?

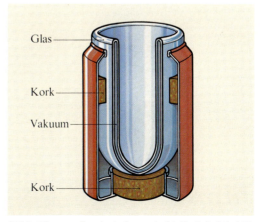

121.1 Wenn die Wärmequelle vom Fenster entfernt ist, treten große Temperaturunterschiede auf.

121.2 Thermosflasche (schematisch). Ihr Inhalt behält lange die ursprüngliche Temperatur.

§47 Wärmeenergiemaschinen

1. Maschinen ersetzen Sklaven

Seit jeher wünschten sich die Menschen, daß ihnen schwere, langwierige und ermüdende Arbeiten abgenommen werden. Deshalb zähmten sie Tiere, ließen andere Menschen als Sklaven für sich arbeiten und erfanden das Wasserrad (siehe Seite 37) und die Windmühle. Ein entscheidender Fortschritt wurde erzielt, als man lernte, die in den sogenannten *fossilen Brennstoffen,* vor allem in der Kohle, verfügbare Energie zu nutzen. Der Engländer *J. Watt* (1736 bis 1819) verbesserte die in Vorstufen schon vorhandene **Kolbendampfmaschine** um 1780 so weit, daß sie auch tatsächlich im Bergbau und in Textilbetrieben eingesetzt werden konnte. Nur wenige Jahre später folgte die Entwicklung der Dampflokomotiven und der Dampfschiffe und damit der Beginn des Massentransportes bzw. -verkehrs. Erst durch die Dampfmaschine wurde die Industrielle Revolution des 19. Jahrhunderts möglich.

Die Kolbendampfmaschine war der vorherrschende Antrieb der Industrie, in der Seefahrt und als Dampflokomotive beim Landverkehr sogar bis weit in das 20. Jahrhundert hinein. Heute ist die Kolbendampfmaschine weitgehend durch die **Dampfturbine** und den **Verbrennungsmotor** ersetzt. Diese treiben Fahrzeuge an und erzeugen elektrische Energie. Damit kann man viele Hilfsgeräte, zum Beispiel Staubsauger und Bohrmaschinen, betreiben.

122.1 Montage einer Dampfturbine

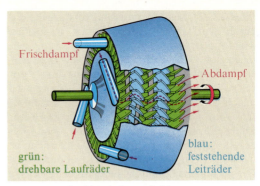

122.2 Dampfturbine (schematisch)

grün: drehbare Laufräder
blau: feststehende Leiträder

2. Weshalb dreht sich eine Dampfturbine?

In einem modernen *Dampfkessel* fließt Wasser durch ein Rohrsystem, das von den Flammengasen umspült und stark erhitzt wird. Der dadurch in den Rohren entstehende Wasserdampf hat schließlich bei einem Druck von etwa 200 bar eine Temperatur zwischen 500 und 600 °C. (Zum Vergleich: Luftdruck im Autoreifen 2 bis 3 bar.) Dieser Dampf strömt dann in der **Turbine** gegen die schräggestellten Schaufeln eines Laufrades, drückt diese seitlich weg und versetzt so das Laufrad in Rotation (*Bild 122.2*). Anschließend wird der Dampf durch feststehende Leitschaufeln wieder in eine günstige Richtung umgelenkt und strömt dann gegen ein zweites Laufrad, das gemeinsam mit allen anderen auf derselben Welle sitzt. Das wiederholt sich mehrfach, denn eine Turbine hat üblicherweise viele Lauf- und Leiträder. Jedesmal, wenn Moleküle des heißen Wasserdampfes gegen die ausweichende Fläche einer Laufschaufel stoßen, geben sie einen Teil ihrer Bewegungsenergie an diese ab und prallen dann mit verminderter Geschwindigkeit zurück (Versuch 118). Hinter jedem Laufrad ist also der Wasserdampf weniger heiß als davor. Auch sein Druck nimmt dabei ab und gleichzeitig sein Volumen zu. Deshalb müssen die Schaufelkränze im Niederdruckteil einer Turbine eine größere Durchtrittsfläche haben als im Hochdruckteil. Hinter dem letzten Laufrad läßt man den Wasserdampf kondensieren und pumpt das Kondenswasser wieder in den Dampfkessel.

Große Turbinen werden vor allem in den *Elektrizitätswerken* („Kraft"werken) eingesetzt. Sie drehen dort die Generatoren mit 50 Umdrehungen je Sekunde und wandeln die Verbrennungswärme des Heizmaterials teilweise in elektrische Energie um. Sie erreichen Leistungen von über 1000 MW; das entspricht der Antriebsleistung von etwa 20000 Personenwagen. Bei so großen Anlagen ist es sinnvoll, alle nur möglichen technischen Hilfsmittel einzusetzen, um ihren **Wirkungsgrad** zu erhöhen, das heißt um mit möglichst wenig Brennstoff auszukommen. Unter dem Wirkungsgrad versteht man hier das Verhältnis der erzeugten elektrischen Energie zur dafür benötigten Verbrennungswärme. Mit modernen Turbinenanlagen erhält man aus 100 J Verbrennungswärme etwa 40 J elektrische Energie; der Wirkungsgrad ist schon sehr günstig. Er ist aber nur mit Dampftemperaturen von über 500 °C und einem Dampfdruck von etwa 200 bar zu erreichen. Deshalb mußten für die Dampfrohre und besonders für die Turbinenschaufeln spezielle Metallegierungen entwickelt werden, die bei dieser hohen Temperatur noch eine ausreichende Festigkeit haben. Auch die Abkühlung des Dampfes hinter der Turbine beeinflußt den Wirkungsgrad günstig. Kondensiert zum Beispiel der Dampf bei der Temperatur 100 °C, so beträgt sein Druck noch 1 bar. Kondensiert er dagegen hinter der Turbine in einer von Flußwasser gekühlten Kammer (Wärmetauscher) bei 24 °C, so beträgt sein Druck nur 0,03 bar. Entsprechend größer ist die von der Turbine genutzte Druck- und Temperaturdifferenz.

Alle Kraftwerke benötigen vor allem für die Kondensation des Abdampfes viel Kühlwasser, und zwar bis zu 100 m³ je Sekunde. Am einfachsten entnimmt man es einem größeren Gewässer und leitet es etwas erwärmt wieder dorthin zurück. Ist das nicht möglich, so läßt man das benutzte Kühlwasser in einem hohen Kühlturm herabrieseln, während gleichzeitig Luft von unten nach oben strömt. Der Wärmeaustausch zwischen Luft und Wasser verläuft bei diesem *Gegenstromverfahren* besonders gut. Außerdem verdunstet ein Teil des Wassers und sorgt so für weitere Abkühlung (siehe Seite 113).

Dampfturbinen liefern im Gegensatz zur Kolbendampfmaschine direkt die gewünschte Drehbewegung und laufen deshalb erschütterungsfrei. Das ist z.B. bei Schiffsantrieben wichtig. Turbinen haben nur wenige gegeneinander bewegte Einzelteile; sie erfordern daher wenig Wartungsarbeiten. Vor allem aber ist ihr Wirkungsgrad besser als der von Kolbendampfmaschinen, und deshalb haben sie diese heute weitgehend verdrängt.

Wenn ein Kraftwerk in jeder Sekunde mehr als 100 kg Steinkohle oder 100 l Heizöl verbrennt, so gelangen trotz der Verwendung wirksamer Elektrofilter noch beträchtliche Mengen an Verbrennungsrückständen (Ruß, Asche, Schwefeldioxid) mit den Abgasen in die Umgebung. Sein Betrieb ist dennoch umweltfreundlicher, als wenn entsprechend viele Haushalte und Industriebetriebe ihren Energiebedarf durch eigene Kleinanlagen decken würden. – In einem sogenannten Kernkraftwerk wird der heiße Dampf durch einen Kernreaktor (siehe Seite 547f.) erzeugt. Er ist nicht auf die fossilen Brennstoffe angewiesen und erzeugt weder Ruß noch Asche. Dafür wirft sein Betrieb andere Probleme auf. Die in einem Kernkraftwerk benutzten Turbinen und Generatoren unterscheiden sich nicht von denen in einem anderen Kraftwerk.

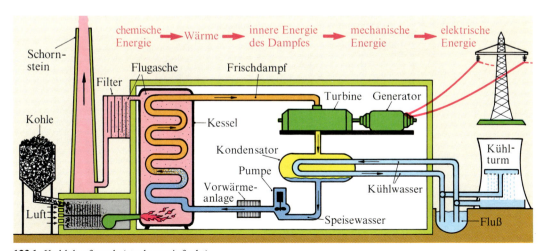

123.1 Kohlekraftwerk (stark vereinfacht)

3. Verbrennungsenergiemaschinen

a) Der Viertaktmotor. 1867 führte *N. Otto* seinen ersten „Verbrennungsmotor" vor: Er verbrannte *Gas* direkt im Zylinder des Motors statt unter einem besonderen Kessel. Heute sind Motoren dieser Art allgemein als **Ottomotoren** bekannt. Den von *Otto* entwickelten **Viertaktmotor** verbesserten *Daimler* und *Benz* um 1883, indem sie aus flüssigem Treibstoff im Vergaser ein Gas-Luft-Gemisch erzeugten. Erst dadurch konnte er auch als Antrieb von *Fahrzeugen* dienen. Sein Arbeitsprinzip zeigt uns der folgende Versuch.

Versuch 151: In eine kleine Blechbüchse, deren Seitenwand durchbohrt ist, geben wir einige Tropfen Äther. Dann decken wir eine leichte Pappscheibe darauf und warten einige Sekunden, bis in der Büchse ein Gemisch aus Luft und verdampftem Äther entstanden ist. Halten wir jetzt eine Flamme an die seitliche Öffnung, so explodiert das Gemisch mit lautem Knall und schleudert die Pappscheibe empor. Vor einer Wiederholung des Versuchs müssen wir wieder unverbrauchte Luft in die Büchse bringen. Diese einzelnen Schritte finden wir in den vier Takten (Teilschritte einer Periode) eines Ottomotors wieder *(Bild 124.1)*.

1. Ansaugtakt: Zu Beginn des 1. Taktes öffnet sich das Einlaßventil. Der Kolben bewegt sich nach unten. Dabei saugt er ein Treibstoff-Luft-Gemisch in den Zylinder. Dieses wird von dem in der Ansaugleitung liegenden *Vergaser* erzeugt. Er arbeitet ähnlich wie ein Zerstäuber und reguliert außerdem die Benzinzufuhr selbsttätig.

2. Verdichtungstakt: Nachdem sich das Einlaßventil am Ende des 1. Taktes geschlossen hat, drückt der nach oben gehende Kolben das Gasgemisch zusammen. Dabei steigt der Druck auf 10 bis 12 bar; gleichzeitig steigt die Temperatur im Zylinder auf 300 bis 400 °C.

3. Arbeitstakt: Ein Funke der Zündkerze entzündet das Gemisch am Anfang des 3. Taktes. Dabei entsteht im Innern des Zylinders ein Druck von 50 bis 70 bar und eine Temperatur von etwa 2000 °C. Ein Teil der Bewegungsenergie der Gasmoleküle wird auf den Kolben übertragen, wobei sich das Gas etwas abkühlt. Der Kolben wird nach unten gedrückt und treibt über eine Pleuelstange die Kurbelwelle. Dabei wird Arbeit verrichtet.

4. Auspufftakt: Der wieder nach oben gehende Kolben drückt das verbrannte Gasgemisch bei geöffnetem Auslaßventil ins Freie. Dann beginnt die nächste Periode wieder mit dem 1. Takt.

Eine Periode besteht aus 2 Umdrehungen der Kurbelwelle und 4 Takten, von denen nur einer Arbeit verrichtet. Ein Motor mit nur einem Zylinder müßte daher unregelmäßig (stoßweise) laufen, wenn man nicht ein schweres Schwungrad zum Ausgleich verwenden würde. Die meisten Fahrzeugmotoren baut man deshalb mit 4 Zylindern, deren Kolben auf dieselbe Welle wirken. Sie sind so angeordnet, daß bei jeder halben Umdrehung jeweils einer der 4 Zylinder seinen Arbeitstakt hat.

Beim Viertaktmotor wird nur bei einem von vier Takten Arbeit verrichtet. Kann man vielleicht einige der „nutzlosen" Takte einsparen? Diese Überlegung führte zum Zweitaktmotor.

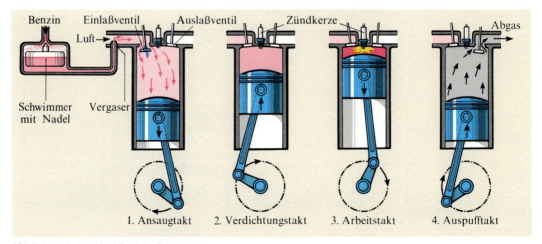

124.1 So arbeitet ein Viertakt-Ottomotor.

b) Der Zweitaktmotor. Bei ihm erfolgen Ausstoßen und Ansaugen in der sehr kurzen Zeit zwischen Arbeits- und Verdichtungstakt. Seine Arbeitsweise zeigt *Bild 125.1*.

Im ersten Takt drückt der Kolben auf dem Weg nach oben das Gemisch über sich zusammen, während er den Auslaßkanal und den Überströmkanal verschließt. Gleichzeitig strömt frisches Gasgemisch durch den vom Kolben freigegebenen Einlaßkanal in das darunterliegende Kurbelgehäuse. Ist der Kolben oben angelangt, wird das Gemisch gezündet und drückt den Kolben wieder nach unten. Dabei wird das Gemisch im Kurbelgehäuse vorverdichtet und kann am Ende des Arbeitstaktes durch den Überströmkanal in den Zylinder strömen, während gleichzeitig die Verbrennungsgase durch die Auslaßöffnung entweichen. Dabei wird die Strömung so gelenkt, daß das frische Gemisch nicht unmittelbar durch den Auslaßkanal den Zylinder wieder verläßt.

Der Vorteil des Zweitakters gegenüber dem Viertakter liegt in der Ersparnis der Ventile und der zugehörigen beweglichen Teile (Nockenwelle, Ventilstangen, Ventilfedern) sowie in der höheren Leistung bei gleichem Gewicht und Platzbedarf. Sein wesentlicher Nachteil ist, daß das Kurbelgehäuse in den Prozeß einbezogen ist. Es muß in Kammern (für jeden Zylinder eine) abgeteilt werden, und das erschwert den Bau mehrzylindriger Motoren nach dem Zweitaktprinzip wesentlich. Durch die Konzentration des Auspuff- und Ansaugvorgangs auf den äußerst kurzen Zeitraum zwischen den Takten ist es schwer, die Gasfüllung des Zylinders vollständig zu erneuern. Dadurch wird der Treibstoffverbrauch erhöht. Das Zweitaktprinzip konnte sich deshalb bei Ottomotoren bisher nur bei kleinen Leistungen durchsetzen.

c) Der Dieselmotor. Einen weiteren Fortschritt in der Entwicklung der Verbrennungsmaschinen erzielte *R. Diesel*, der von 1892 bis 1897 den nach ihm benannten Motor entwickelte. Er kann mit schwer verdampfenden Treibstoffen betrieben werden.

An Stelle eines Treibstoff-Luft-Gemisches saugt er reine Luft an. Diese komprimiert er auf mindestens 25 bar und erhitzt sie dadurch auf über 600 °C. Hat der Kolben seinen höchsten Punkt erreicht, so sprüht eine Hochdruckpumpe den flüssigen Teibstoff in den Zylinder. In der heißen Luft entzündet er sich sofort. Bei seiner Verbrennung steigt die Temperatur auf über

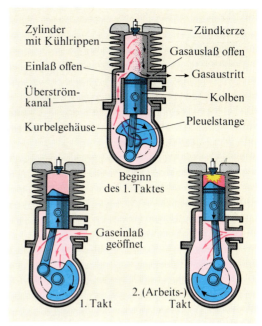

125.1 Aufbau und Arbeitsweise des Zweitakt-Ottomotors

2000 °C, und der Druck wächst entsprechend. Die heißen Verbrennungsgase pressen dann den Kolben nach unten.

Bei allen Motoren ist das Verhältnis der Motormasse zur Motorleistung von Bedeutung. Man nennt diesen Quotienten auch „*Leistungsgewicht*" und gibt ihn in kg/kW an. Von den 4-Takt-Motoren hat ein Schiffsdiesel zum Beispiel ein Leistungsgewicht von 60 kg/kW, ein Automotor etwa 3 kg/kW und ein Flugzeugmotor nur 0,6 kg/kW. Zweitakter haben kleinere Leistungsgewichte.

Für die Praxis ist außerdem der **Wirkungsgrad** eines Motors wichtig. Er erreicht beim Ottomotor 35%, beim Dieselmotor wegen der besonders hohen Temperatur der Verbrennungsgase sogar 40%. Die Kolbendampfmaschine wandelt dagegen nur etwa 20% der beim Verbrennen von Kohle gelieferten Wärme in mechanische Energie um. Eine Dampflokomotive arbeitet also nicht so wirtschaftlich wie ein Dieselfahrzeug.

Soll der Wirkungsgrad eines Verbrennungsmotors gesteigert werden, so muß er den Treibstoff bei höherem Druck und höherer Temperatur verbrennen. Diesem Prinzip sind aber technische Grenzen gesetzt. Komprimiert ein Ottomotor das Benzin-Luft-Gemisch zu stark, so entzündet es sich vorzeitig von selbst und ver-

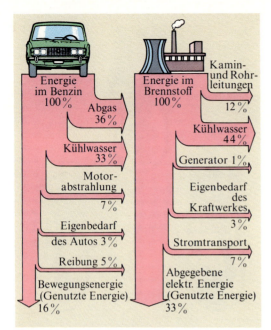

126.1 Ein Kraftwerk nutzt den Brennstoff besser aus als ein Auto.

brennt schlagartig. Mit klopfendem Geräusch schlägt dann der Explosionsdruck auf den noch nach oben bewegten Kolben; dadurch werden dessen Lager nach kurzer Zeit zerstört. Durch chemische Zusätze (früher das giftige Blei) kann man die Klopffestigkeit *(Oktanzahl)* des Benzins erhöhen. Der Dieselmotor komprimiert nur reine Luft und braucht deshalb keine Klopfbremse im Treibstoff. Die Steigerung seines Wirkungsgrades ist nur durch die Festigkeit der hochbeanspruchten Bauteile begrenzt.

Aufgaben

1. *Der spezifische Heizwert der in den großen Kraftwerken verwendeten Brennstoffe (Steinkohle, Öl) liegt bei etwa 30 MJ/kg. Wie viele Tonnen Brennstoff muß ein Kraftwerk mit der Leistung von 1000 MW täglich verfeuern, wenn sein Wirkungsgrad 40% beträgt? Mindestens 5% der Kohle bleibt als Asche zurück; davon halten die Filteranlagen 99% zurück. Wieviel Flugasche gelangt täglich in die Atmosphäre?*

2. *Ein Ottomotor verbraucht pro kWh etwa 250 g Benzin, dessen spezifischer Heizwert 46 MJ/kg beträgt. Welchen Wirkungsgrad hat er? Um 1 g Benzin zu verbrennen, sind etwa 12 l Luft erforderlich. Wieviel Luft braucht ein 50 kW-Motor in einer Stunde?*

§ 48 Energiewirtschaft

1. Energiequellen

Wir leben heute im allgemeinen viel bequemer als frühere Generationen. Schwere körperliche Anstrengung wird kaum von uns verlangt; fast alle Arbeit geschieht „auf Knopfdruck". Zum Heben von Lasten dient ein Kran mit einem Elektromotor; große Entfernungen legen wir nicht zu Fuß, sondern mit der Eisenbahn oder einem Auto zurück; im Winter begnügen wir uns nicht mit einem dürftig erwärmten Zimmer, sondern wir beheizen die ganze Wohnung. Dabei sind wir sogar bei der Auswahl des Brennstoffes sehr anspruchsvoll. Statt Kohle in den Ofen zu schaufeln, verbrennen wir lieber Öl oder Gas im Kessel der Zentralheizung. Das ist bequemer und außerdem sauberer. Unsere derzeitige Lebensweise beruht darauf, daß uns Energie in beliebiger Menge preiswert zur Verfügung steht. Ist das eines Tages nicht mehr der Fall, so ist es mit unserem hohen Lebensstandard vorbei.

Der größte Teil der von uns genutzten (und oft sogar verschwendeten) Energie entstammt der Verbrennung **fossiler Brennstoffe** (Kohle, Erdöl, Erdgas). Andere Energiequellen sind zur Zeit noch von untergeordneter Bedeutung; das zeigt *Tabelle 126.1*. Diese Tabelle zeigt nicht nur den allgemeinen Anstieg des Energieverbrauchs, sondern auch die z.Z. überragende Bedeutung des Erdöls. Leider ist das Erdöl schon jetzt knapp, und es wird immer weniger.

	1960		1975		1990 (geschätzt)	
	in W	in %	in W	in %	in W	in %
Steinkohle	2241	60,7	1008	19,4	1211	15,1
Braunkohle	508	13,8	523	10,0	535	6,7
Erdöl	775	21,0	2702	52,0	3412	42,6
Erdgas	14	0,4	707	13,6	1354	16,9
Wasserkraft	84	2,2	62	1,2	91	1,0
Kernenergie	0	0,0	108	2,1	1258	15,7
Sonstige	70	1,9	90	1,7	154	2,0
insgesamt	3692	100	5200	100	8015	100

Tabelle 126.1 Leistung, die jedem Bundesbürger aus den verschiedenen Energiequellen im Durchschnitt zur Verfügung stand. Er hätte z.B. 1975 damit Tag und Nacht 52 Glühlampen mit je 100 W leuchten lassen können, davon 27 mit der Energie des Erdöls, eine mit Kernenergie gespeist.

Die anderen Brennstoffe reichen wesentlich länger, aber auch sie sind nicht unerschöpflich. Wollen wir unseren Nachkommen keine „ausgeblutete" Erde zurücklassen, so müssen wir diese Vorräte möglichst schonen.

Kohle und Erdöl sind außerdem wichtige *Rohstoffe* der chemischen Industrie. Sie stellt aus ihnen eine Vielzahl von Produkten her, z.B. Kunststoffe (darunter Nylon und Perlon), Schädlingsbekämpfungsmittel und Medikamente. Die fossilen Brennstoffe liefern uns also Kleidung und indirekt auch Nahrung. *Sie sind zum Verbrennen viel zu schade.* Außerdem wandeln sie dabei Luftsauerstoff in Kohlendioxid um. Es ist zu befürchten, daß die jetzt schon nachweisbare Anreicherung der Atmosphäre mit Kohlendioxid das Klima weltweit ungünstig beeinflußt. Talsperren, Kernreaktoren und Solarheizungen verbrauchen keine wertvollen Rohstoffe, liefern aber Energie, also auch Wärme. Deshalb können sie uns helfen, die Vorräte an Kohle und Erdöl zu schonen. Andere Verfahren, die den Wind, die Gezeiten oder die Wärme des Erdinnern zur Energiegewinnung nutzen, sind für das Gebiet Europas kaum von Bedeutung.

2. Weshalb ist elektrische Energie so begehrt?

Das Wasser eines hochgelegenen Stausees hat einen großen Vorrat an *Lageenergie* gespeichert. Sie läßt sich mit einer Wasserturbine leicht in *mechanische Arbeit* umformen. Wie kann man damit zum Beispiel eine Werkzeugmaschine in einer fernen Fabrik antreiben? Es geht, wenn man mit einem Generator zunächst *elektrische Energie* erzeugt und diese in der Fabrik mit einem Elektromotor wieder in *mechanische Energie* umwandelt. Die elektrische Energie läßt sich gut transportieren und den jeweiligen Bedürfnissen anpassen. Deshalb gilt sie als wertvolle Energieform.

Daß nicht alle Energiearten für uns den gleichen Wert haben, zeigt uns ein Gedankenversuch: Die gleiche Wassermenge, die am Fuße einer Talsperre eine Turbine drehen könnte, lassen wir am Staudamm einen Wasserfall herabstürzen. Beim Aufprall wird aus der *geordneten* Bewegung der ganzen Wassermenge *ungeordnete* Bewegung der einzelnen Moleküle. Das abfließende Wasser ist also etwas wärmer als zuvor (bei 427 m Fallhöhe gerade um 1 K wärmer). Mit dieser geringen Erwärmung können wir aber gar nichts anfangen.

3. Wie kann man Energie sparen?

Die in den *fossilen Brennstoffen* vor mehreren Millionen Jahren „eingefangene" Energie der Sonnenstrahlung nutzen wir heute vor allem, um Wärme zu erzeugen. Mit dieser beheizen wir Häuser und Fabrikanlagen; wir benutzen sie auch bei technischen Verfahren als *„Prozeßwärme"*, zum Beispiel um Stahl zu schmelzen. Einen großen Teil der erzeugten Wärme verwenden wir, um Fahrzeuge anzutreiben und elektrische Energie zu erzeugen. Mit dieser können wir viele verschiedenartige Geräte betreiben (und natürlich auch wieder heizen). Um bei diesen Umformungen Energie zu sparen, wird stets ein möglichst hoher Wirkungsgrad der Umwandlung angestrebt. Um bei der Beheizung von Räumen Wärme zu sparen, kann man sich mit einer geringeren Temperatur begnügen. Vor allem aber kann man durch eine gute Wärmedämmung dafür sorgen, daß wenig Wärme durch die Wände und Fenster nach außen entweicht. Das haben wir schon auf Seite 117f. untersucht.

Daß man sich beim Abschätzen von sinnvollen Energiesparmaßnahmen leicht irren kann, hat vor einiger Zeit eine Umfrage ergeben. Für die meisten befragten Personen war „Energie" gleichbedeutend mit „Elektrizität" und Licht. Energiesparen hieß für sie: Licht aus! *Bild 127.1* zeigt dagegen, daß im Haushalt weniger als 2% des gesamten Energiebedarfs für die Beleuchtung benötigt werden. Der große „Energiefresser" ist die Heizung (64%). Bei ihr müssen die Sparmaßnahmen vor allem ansetzen. Auch beim privaten Autoverkehr könnte man viel Energie sparen.

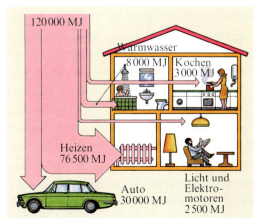

127.1 Jährlicher Energieverbrauch eines Durchschnittshaushalts

Optik

§ 49 Die Ausbreitung des Lichts

Das Licht ist eine Naturerscheinung, die für unser Leben eine besondere Bedeutung besitzt. Gäbe es kein Licht, so würden wir von der ganzen bunten Welt um uns herum überhaupt nichts sehen. Doch nicht nur dies: Die meisten Pflanzen könnten ohne Licht gar nicht wachsen; Licht ist also lebensnotwendig! Die Energie der Sonnenstrahlung spielt in der Natur eine wichtige Rolle. Das Licht ferner Sterne liefert uns Informationen über den Aufbau des Weltalls; aber auch die Atome verraten uns viele ihrer Geheimnisse durch das Licht, das sie aussenden. Mit den interessanten Eigenschaften des Lichts beschäftigt sich die **Optik**.

1. Wie kommt Licht ins Zimmer?

Schon seit alters her weiß man, daß Körper Licht aussenden, wenn man sie stark erhitzt. Auf diese Weise wirken z.B. Fackeln und Kerzen, aber auch elektrische Glühlampen als Lichtquellen. Die Leuchtstofflampe und der Laser dagegen erzeugen Licht nicht durch hohe Temperaturen, sondern auf eine andere Art. Auch das Licht des Glühwürmchens entsteht nicht durch Erwärmung. Unsere wichtigste Lichtquelle ist die Sonne; bei Tag beleuchtet sie alle Gegenstände draußen im Freien. Aber auch die Innenräume unserer Wohnungen werden durch Sonnenlicht erhellt. Dieses Tageslicht erhalten wir meist gar nicht direkt von der Sonne; es wird vielmehr an Häusern, Bäumen und sonstigen Gegenständen in die verschiedensten Richtungen abgelenkt. Man sagt dazu, es werde nach allen Seiten **gestreut**; erst so gelangt es durch die Fenster in unsere Zimmer.

Versuch 152: Wir wollen damit beginnen, das von außen in unseren Physiksaal einfallende Licht zu untersuchen. Dazu verdunkeln wir den Raum und bringen im Vorhang eine kleine Öffnung an. Das durch sie dringende Licht fangen wir mit einem **Schirm** auf; er besteht aus durchscheinendem Papier oder einem ähnlichen Material, an dem das auftreffende Licht nach allen Seiten gestreut wird. Was auf dieser sogenannten *Mattscheibe* zu sehen ist, wird sicher manchen überraschen: Dort erscheint ein auf dem Kopf stehendes farbiges Abbild der Umgebung vor dem Fenster unseres Raumes; Autos, die draußen vorüberfahren, huschen im Bild über die Mattscheibe! – Nimmt man diese weg, so ist der Spuk vorüber. Wo ist jetzt das Licht?

2. Kann man Licht sehen?

Das Entstehen des Bildes auf der Mattscheibe hat sicher etwas mit der kleinen Öffnung im Verdunkelungsvorhang zu tun. Wir gehen dieser Vermutung nach und untersuchen zuerst einmal die Wirkung einer solchen *Lochblende*.

Versuch 153: Etwa 50 cm vor einem weißen Schirm stellen wir eine Glühlampe auf; ihr Glühfaden ist so klein, daß man ihn praktisch als punktförmig betrachten kann. Das von dieser *Punktlichtlampe* ausgehende Licht beleuchtet die gesamte Fläche des Schirms, außerdem aber auch Wände und Decke des Physiksaals. Daraus können wir schließen: Das von einem leuchtenden Punkt ausgehende Licht breitet sich nach allen Seiten aus.

Nun bringen wir zwischen Lichtquelle und Schirm eine Lochblende. Dann entdecken wir auf dem Schirm nur noch einen kleinen *Lichtfleck*. Wie er zustandekommt, ist leicht einzusehen: Die Blendenöffnung läßt lediglich einen kleinen Teil des von der Lampe ausgesandten Lichts durch. Welchen Weg nimmt nun dieses ausgeblendete Licht?

Versuch 154: Damit kein störendes Seitenlicht entsteht, nehmen wir eine Lampe, die in ein Gehäuse eingebaut ist. Diese sogenannte *Expe-*

128.1 Licht breitet sich geradlinig aus.

rimentierleuchte richten wir auf die Blendenöffnung. Den Lichtfleck, der dann auf dem Schirm entsteht, erkennen wir gut; von dem Licht, das zwischen der Öffnung und diesem Lichtfleck unterwegs ist, sehen wir jedoch keine Spur! Unser Auge nimmt nämlich nur dann einen Lichteindruck wahr, wenn es vom Licht getroffen wird. Dies ist aber offenbar nicht der Fall, wenn wir von der Seite auf das durch die Blendenöffnung dringende Licht blicken. Nun schütteln wir aus einem Lappen Kreidestaub zwischen Blende und Schirm: Daraufhin wird ein geradlinig begrenztes Lichtbündel sichtbar, das von der Blendenöffnung direkt auf den Lichtfleck zuführt *(Bild 128.1)*. An den feinen Kreidestäubchen wird ein Teil des Lichts nach allen Seiten gestreut. Jetzt kann es in unser Auge gelangen: Wir nehmen den Verlauf des Lichtbündels wahr! Dabei erkennen wir, daß es sich *geradlinig* ausbreitet.

Bild 129.1 zeigt, daß wir die geradlinige Ausbreitung des Lichts auch in der Natur beobachten können. Hier wird das Licht an den Wassertröpfchen des Nebels gestreut; dadurch sehen wir die Begrenzungen der Lichtbündel. – Man kann den Weg, den das Licht nimmt, noch auf eine weitere Art sichtbar machen.

Versuch 155: Wir setzen vor eine Experimentierleuchte eine Schlitzblende. Das auf diese Weise entstehende Lichtband streift an einem Schirm entlang; dabei wird es teilweise gestreut, und wir nehmen seinen Verlauf wahr. Diese einfache Methode, die Ausbreitung von Licht sichtbar zu machen, werden wir oft anwenden. Wir wollen sie gleich zu einer weiteren Untersuchung benutzen!

129.2 Ein Lichtermeer: New York bei Nacht

Nach *Bild 129.3* bringen wir neben der streuenden Wand eine weitere Experimentierleuchte mit Schlitzblende an. Wie werden sich die beiden Lichtbündel verhalten? Prallen sie im Treffpunkt vielleicht aneinander ab? – Der Versuch zeigt, daß dies nicht der Fall ist. Vielmehr durchkreuzen sich die beiden Lichtbündel geradezu geisterhaft, ohne sich gegenseitig zu beeinflussen.

Aus unseren bisherigen Versuchen folgt:

> **Ein leuchtender Punkt strahlt nach allen Seiten Licht aus.**
>
> **Lichtbündel breiten sich geradlinig aus; sie durchkreuzen sich gegenseitig ungestört.**

129.1 Der Nebel macht Lichtbündel sichtbar.

129.3 Die beiden Lichtbündel stören einander nicht.

§ 50 Optische Abbildung

1. Vom Lichtfleck zum optischen Bild

Nun können wir leicht erklären, warum durch ein kleines Loch im Verdunkelungsvorhang eine Abbildung der Außenwelt auf die Mattscheibe gezeichnet wird: Die Häuser und Bäume vor dem Fenster des Physiksaals streuen das auf sie fallende Sonnenlicht; das heißt aber, sie strahlen selbst nach allen möglichen Richtungen wieder Licht aus. In der Optik bezeichnen wir einen lichtaussendenden Körper allgemein als *Gegenstand* und stellen

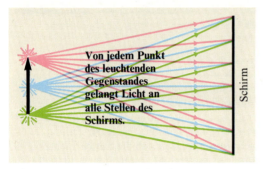

130.1 So entsteht ein Durcheinander.

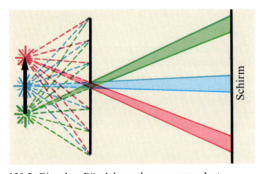

130.2 Einzelne Bündel werden ausgesondert.

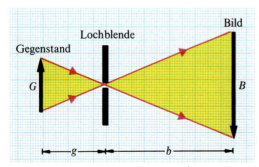

130.3 Konstruktion der Abbildung mit Lichtstrahlen

ihn symbolisch durch einen Pfeil dar. Einen solchen Gegenstand können wir uns aus vielen leuchtenden Punkten zusammengesetzt denken. Sie erzeugen insgesamt ein ziemliches Durcheinander von auseinanderlaufenden Lichtbündeln. *Bild 130.1* zeigt einen Gegenstand, aus dem willkürlich drei lichtaussendende Punkte herausgegriffen sind. Ein Schirm, auf den ein solches Gewirr von Lichtbündeln fällt, wird *diffus* (zerstreut) beleuchtet.

In *Bild 130.2* ist die Wirkung einer Lochblende dargestellt. Wegen der geradlinigen Ausbreitung läßt sie von dem Licht, das ein Gegenstandspunkt aussendet, nur ein schmales Bündel auf den Schirm gelangen; dort entsteht ein Lichtfleck. Die von anderen Gegenstandspunkten ausgehenden Lichtbündel überkreuzen sich in der Blendenöffnung ungestört wie in *Bild 129.3*; sie erzeugen auf dem Schirm ebenfalls Lichtflecke. Von benachbarten Gegenstandspunkten hervorgerufene Lichtflecke sind wiederum benachbart. Auf diese Weise fügen sich die Bildflecke zu einem naturgetreuen, aber auf dem Kopf stehenden **optischen Bild** des Gegenstandes zusammen: Einen solchen Vorgang nennt man eine **optische Abbildung.**

Wenn auf der Mattscheibe ein schärferes Bild entstehen soll, müssen wir die Blendenöffnung verkleinern. Dann werden die Lichtbündel schlanker und damit die Lichtflecke feiner. Praktisch läßt sich allerdings kein beliebig schmales Lichtbündel herstellen. In Gedanken können wir jedoch eine derartige Verfeinerung immer weiter treiben; dabei wird das Lichtbündel mehr und mehr auf eine gerade Linie zusammengeschnürt. Eine solche Gerade – wir können sie als Mittelachse eines sehr schmalen Lichtbündels betrachten – nennt man **Lichtstrahl.** In Wirklichkeit gibt es nur *Lichtbündel*; der *Lichtstrahl* ist eine Gedankenkonstruktion, mit deren Hilfe die Ausbreitung von Licht anschaulich beschrieben und geometrisch verarbeitet werden kann.

Mit Lichtstrahlen läßt sich die optische Abbildung eines Gegenstandes durch eine Lochblende einfach darstellen *(Bild 130.3)*. Dabei genügt es, die beiden Lichtstrahlen zu zeichnen, die von der Spitze bzw. dem Fußpunkt des Gegenstandes jeweils durch die Öffnung führen. *Bild 130.3* entnehmen wir vier Größen, die bei jeder optischen Abbildung eine wichtige Rolle spielen, nämlich die *Gegenstandshöhe G*, die *Bildhöhe B*, die *Gegenstandsweite g* und die *Bildweite b*.

2. Wie groß wird das optische Bild?

Entsteht z.B. bei einer Abbildung eines Gegenstands mit $G=2$ cm ein Bild der Höhe $B=6$ cm, so ist dieses Bild 3fach vergrößert: Der **Abbildungsmaßstab** beträgt $A=3$. Er errechnet sich als der Quotient $A=B/G$. Der geometrischen Konstruktion in *Bild 130.3* können wir entnehmen, daß nach dem Strahlensatz $B/G=b/g$ ist. Wenn also – wie in unserem Beispiel – das optische Bild 3mal so hoch ist wie der Gegenstand, dann ist es auch 3mal so weit von der Lochblende entfernt wie der Gegenstand.

Für den Abbildungsmaßstab A, die Bildhöhe B, Gegenstandshöhe G, Bildweite b und Gegenstandsweite g gilt

$$A = \frac{B}{G} = \frac{b}{g}. \qquad (131.1)$$

131.2 Dieses Foto wurde mit einer Lochkamera gemacht. Durchmesser der Blendenöffnung: 0,57 mm, Bildweite $b=231$ mm, Belichtungsdauer: 45 s.

3. Der einfachste Fotoapparat der Welt

Versuch 156: Schneide aus der Rückwand einer Pappschachtel ein Stück heraus und überklebe es mit durchscheinendem Papier! Bohre in die Vorderwand ein kleines Loch – schon ist die **Lochkamera** fertig! Hält man das störende Tageslicht fern, so sieht man auf dem Papierschirm das auf dem Kopf stehende optische Bild der Umgebung *(Bild 131.1)*.

Mit einer solchen Lochkamera kann man auch Fotografien herstellen. Dazu benötigt man einen lichtdichten Kasten; er besitzt an der Vorderwand eine feine Öffnung, die nur bei der Aufnahme freigegeben wird. Anstelle der Mattscheibe legt man (natürlich in der Dunkelkammer!) eine Fotoplatte oder einen Film ein. *Bild 131.2* ist auf diese Weise entstanden!

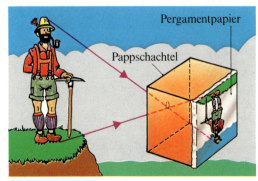

131.1 So einfach ist eine Lochkamera!

Aufgaben

1. Was geschieht, wenn man in einer Lochkamera die Mattscheibe durch eine a) saubere, b) eingepuderte Glasscheibe ersetzt?

2. Welche Bedingung müssen Gegenstandsweite g und Bildweite b erfüllen, damit das optische Bild bei der Abbildung durch eine Lochblende genauso groß wird wie der Gegenstand?

3. In welchem Abstand vom Bergsteiger in Bild 131.1 ist die Blende der Lochkamera aufgestellt, wenn die Pappschachtel 20 cm tief ist, die Bildhöhe auf dem Pergamentpapier 15 cm beträgt und der Bergsteiger 1,80 m groß ist?

4. Mit einer Lochkamera wird aus 20 m Entfernung ein 8 m hoher Baum aufgenommen. Wie hoch wird das optische Bild, wenn die Fotoplatte 15 cm hinter der Lochblende angebracht ist?

5. Bei einer Lochkamera ist die Mattscheibe 8 cm hinter der Blendenöffnung angebracht; das optische Bild ist 4 cm hoch. Wie verändert sich die Bildhöhe, wenn man die Mattscheibe weiter von der Lochblende entfernt? Wie hoch wird das optische Bild, wenn der Abstand der Mattscheibe a) auf 16 cm, b) auf 20 cm erhöht wird?

6. Mit einer Lochkamera soll aus 15 m Entfernung ein Haus aufgenommen werden, das 12 m breit und 7,50 m hoch ist. In welchem Abstand von der Lochblende muß man die Fotoplatte anbringen, damit die Fotografie des Hauses 8 cm breit wird? Wie hoch ist dann die Fotografie?

§ 51 Reflexion am ebenen Spiegel

1. Glatte Flächen spiegeln

An der Wand hängt ein Spiegel. Die Wand neben ihm siehst du, weil sie rauh ist und deshalb das Licht nach allen Seiten streut; etwas davon gelangt auch in dein Auge. Die Oberfläche des Spiegels nimmst du kaum wahr. Dagegen siehst du dich selbst im Spiegel. Grenzt das nicht an Zauberei?

Versuch 157: Nach *Bild 132.1* fällt das breite Lichtbündel einer Experimentierleuchte schräg auf mehrere verschiedenfarbige Pappstreifen, die zusammen mit einem kleinen Spiegel auf dem Tisch liegen. Die Pappstreifen sind deutlich zu erkennen: Ihre Oberflächen sind rauh und streuen deshalb das Licht nach allen Seiten. Dagegen erscheint uns der Spiegel als dunkle Lücke zwischen den beleuchteten Pappstücken. Dafür ist hinter ihm an der Wand ein scharf begrenzter Lichtfleck zu sehen. Er zeigt uns, daß das auf den Spiegel fallende Licht *nicht* nach allen Seiten gestreut, sondern nur in *eine* ganz bestimmte Richtung gelenkt wird. Das kommt von der glatten Oberfläche, die ein solcher Spiegel besitzt! Auch ein blank poliertes Metallstück oder eine ruhige Wasserfläche – kurz, alles, was „spiegelglatt" ist – wirft das Licht in derselben Weise zurück wie der kleine Spiegel in unserem Versuch.

Für den praktischen Gebrauch werden Spiegel gewöhnlich aus einer ebenen Glasplatte hergestellt, die auf der Rückseite versilbert und mit einer Schutzschicht überzogen ist.

2. Das Reflexionsgesetz

Versuch 158: Wir erzeugen mit Hilfe einer Experimentierleuchte ein schmales Lichtbündel, das auf der gegenüberliegenden Wand einen Lichtfleck hervorruft. Nun halten wir einen ebenen Spiegel in den Strahlengang. Damit können wir den Lichtfleck an alle möglichen anderen Stellen dirigieren: an die Decke, die seitlichen Wände, ja sogar an die hinter der Leuchte liegende Wand. Wie in Versuch 157 wird das Lichtbündel am Spiegel in eine *bestimmte Richtung* gelenkt; sie hängt von der Stellung dieses Spiegels ab. Man sagt, das Licht werde **reflektiert.**

Versuch 159: Markiere einen Punkt an der Wand! Halte nach *Bild 132.2* einen Spiegel so in den Strahlengang, daß das reflektierte Lichtbündel diesen Punkt trifft: Wiederhole das Spiel, indem du den Punkt an anderen Stellen anbringst!

Du wirst sehr schnell herausfinden, wie du den Spiegel halten mußt, damit das reflektierte Lichtbündel ins Ziel trifft. Gefühlsmäßig ist die Sache also klar. Doch ist die Gesetzmäßigkeit, die dahintersteckt, nicht so leicht zu finden.

Um die Lage des Spiegels im Raum beschreiben zu können, führen wir eine geeignete Hilfslinie ein, das sogenannte *Einfallslot*. Wir verstehen darunter die Senkrechte auf der Spiegelfläche im Auftreffpunkt des Lichtstrahls. Wir können uns das Einfallslot als Zeiger denken, der fest mit dem Spiegel verbunden ist. Er weist bei jeder Verdrehung der Spiegelebene in eine andere Richtung und charakterisiert so die Lage des Spiegels.

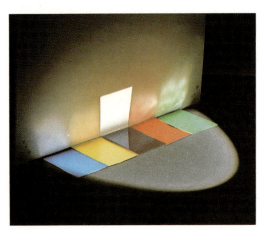

132.1 Ein Spiegel streut Licht *nicht* nach allen Seiten.

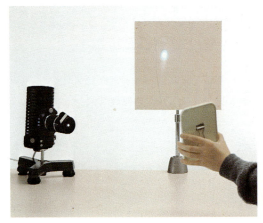

132.2 Ein Spiegelspiel

Versuch 160: Klebe auf den Spiegel einen Strohhalm als Einfallslot und wiederhole damit den Versuch 159! Ein Mitschüler hält einen Bleistift längs des einfallenden und einen anderen längs des reflektierten Lichtstrahls. Dabei stellst du fest: *Einfallender Strahl, Einfallslot und reflektierter Strahl liegen in einer Ebene.*

Versuch 161: Nun wiederholen wir den vorigen Versuch mit einem *Laserstrahl*. Er trifft den Spiegel im Fußpunkt des aufgeklebten Einfallslotes. Blasen wir Rauch in den Strahlengang, so können wir den Verlauf des einfallenden und des reflektierten Lichtstrahls deutlich verfolgen. Vorsicht! Der Laserstrahl darf nicht ins Auge gelangen. Auch muß man darauf achten, daß er auf keine spiegelnden Flächen (Fensterscheiben, verglaste Schranktüren) fällt; diese könnten den Laserstrahl unter Umständen so reflektieren, daß er in ein Auge trifft!

Es sieht so aus, als ob der Winkel zwischen den beiden Lichtstrahlen durch das Einfallslot gerade halbiert würde. Doch ist es schwierig, diese Vermutung in einem Freihandversuch genau nachzuprüfen. Deshalb messen wir die Winkel der Lichtstrahlen zum Einfallslot in einem besonderen Experiment mit Hilfe der sogenannten *optischen Scheibe*.

Versuch 162: An einer drehbaren optischen Scheibe mit Winkelteilung wird nach *Bild 133.1* ein kleiner Spiegel so befestigt, daß er senkrecht zur Scheibenebene steht. Eine Experimentierleuchte mit vorgeschalteter Schlitzblende erzeugt ein Lichtbündel, das an der Scheibe entlangstreift; auf diese Weise können wir den Verlauf des einfallenden und des reflektierten Lichtstrahls genau verfolgen. Wir justieren die Versuchsanordnung so, daß die Null-Grad-Linie das Einfallslot bildet. Bezeichnen wir den Winkel zwischen Lot und einfallendem Strahl als *Einfallswinkel α*, den Winkel zwischen Lot und reflektiertem Strahl als *Reflexionswinkel β*, so finden wir stets, daß $\beta = \alpha$ ist. Das Einfallslot stellt also — wie wir vermutet haben — die Winkelhalbierende zwischen einfallendem und reflektiertem Strahl dar.

Lassen wir das Lichtbündel senkrecht auf den Spiegel fallen, so geht es nach der Reflexion in sich selbst zurück. Auch in diesem Spezialfall sind Einfallswinkel α und Reflexionswinkel β gleich groß; sie sind dann nämlich beide Null.

> *Reflexionsgesetz:*
> **1. Einfallender Strahl, Einfallslot und reflektierter Strahl liegen in einer Ebene.**
> **2. Einfallswinkel und Reflexionswinkel sind gleich groß.**

Wir denken uns nun in *Bild 133.1* die Experimentierleuchte so angebracht, daß der *einfallende* Strahl den Weg nimmt, auf dem vorher der *reflektierte* Strahl verlief, jedoch in umgekehrter Richtung. Wir haben also den Einfallswinkel mit dem Reflexionswinkel vertauscht. Da beide gleich sind, verläuft bei diesem umgekehrten Strahlengang der *reflektierte* Strahl auf demselben Weg, den vorher der *einfallende* Strahl nahm. Man drückt das auch so aus:

> **Beim ebenen Spiegel ist der Lichtweg umkehrbar.**

3. Vorspiegelung falscher Tatsachen

Versuch 163: Vor einer sauber geputzten Glasplatte ist eine brennende Kerze aufgestellt. Hinter der Scheibe befindet sich ein Becherglas, in dem wir eine weitere brennende Kerze erblicken. Dieses Becherglas füllen wir nun mit Wasser. Seltsam: Die Kerze geht dabei nicht aus; sie brennt sogar unter Wasser weiter!

Wie funktioniert dieser Zaubertrick? Ein Blick hinter die Glasplatte zeigt uns, daß sich im Becherglas gar keine Kerze befindet. Was wir dort gesehen haben, wurde uns nur vorgetäuscht: Wir erblickten ein *Spiegelbild* der vor

133.1 Zum Reflexionsgesetz

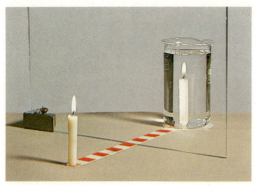

134.1 Kann die Kerze unter Wasser brennen?

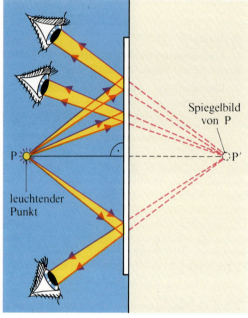

134.2 Das Licht scheint von P′ herzukommen.

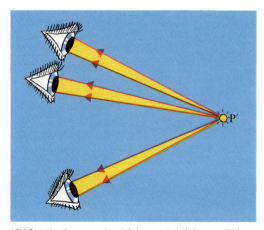

134.3 Hier kommt das Licht tatsächlich von P′ her.

der Scheibe aufgestellten Kerze. Die von ihr ausgehenden Lichtstrahlen wurden nämlich zum Teil an der Glasoberfläche reflektiert; dabei erhielten wir den Eindruck, *hinter* der Glasscheibe stünde ebenfalls eine brennende Kerze (*Bild 134.1*). Interessant ist, daß dieses vorgetäuschte Spiegelbild *allen* Beobachtern – die ja aus *verschiedenen* Richtungen auf die Glasplatte schauten – an *derselben Stelle* erschien. Dort steht das Becherglas; im Unterschied zum nur vorgetäuschten Kerzenbild befindet sich das Glas tatsächlich an diesem Ort. Mit einem Bandmaß, das wir nach *Bild 134.1* unter der Scheibe durchschieben, messen wir ab, daß die Kerze und ihr Spiegelbild bezüglich der Glasplatte *symmetrisch* liegen.

Wenn du in einen Spiegel schaust, der an der Wand hängt, siehst du dich dort, als ob du dir selbst gegenüberstündest. Auch alles, was dich umgibt, kannst du im Spiegel erblicken. In das Mauerwerk hinein wird für deinen Blick ein sich in die Tiefe erstreckendes räumliches Spiegelbild „gezaubert". Dabei handelt es sich um dieselbe Erscheinung wie bei der Kerze, die in das Becherglas gehext wurde. Wie eine solche Zauberei zustandekommt, wollen wir uns nun mit Hilfe des Reflexionsgesetzes klarmachen.

Vor einem ebenen Spiegel befinde sich ein beleuchteter Gegenstand. Er besteht aus vielen leuchtenden Punkten; von diesen betrachten wir vorerst nur einen einzelnen Punkt P. Er sendet nach allen Seiten Licht aus. Welcher Eindruck wird dadurch den Betrachtern vermittelt, die nach *Bild 134.2* aus verschiedenen Richtungen auf den Spiegel schauen?

Das vom Punkt P ausgehende Licht wird am Spiegel *reflektiert*. Auf diese Weise gelangen ganz bestimmte Strahlenbündel in das Auge des jeweiligen Beobachters. Ihr Verlauf ist in *Bild 134.2* nach dem Reflexionsgesetz konstruiert. Verlängert man die reflektierten Strahlen nach rückwärts, so stellt man fest, daß sie sich alle in einem Punkt P′ schneiden. Nehmen wir nun in Gedanken den Spiegel aus *Bild 134.2* heraus und versetzen gleichzeitig den leuchtenden Punkt P nach P′, so kommen in den Augen der Betrachter *genau dieselben Lichtbündel an wie vorher*. Das heißt aber: Der leuchtende Punkt P erzeugt in jedem Auge, das in den Spiegel blickt, denselben Lichteindruck, *als ob der Spiegel nicht vorhanden wäre und der leuchtende Punkt in P′ stünde (Bild 134.3)*. Man nennt P′ das *Spiegelbild* des Punktes P.

Diese Überlegung kann man für sämtliche Punkte anstellen, aus denen der lichtaussendende Gegenstand zusammengesetzt ist. Damit haben wir erklärt, warum das Auge eines jeden Beobachters ein Spiegelbild des gesamten Gegenstandes wahrnimmt. Man sagt, es sei *scheinbar* oder *virtuell* (virtuel, französisch; möglich), da es dem Auge nur vorgetäuscht wird. In unserem Zauberversuch haben wir also keine Kerze, sondern nur deren virtuelles Bild begossen. Kein Wunder, daß sie dabei nicht ausging!

Auf einer Mattscheibe, die man an den Ort eines virtuellen Bildes bringt, ist nichts von ihm zu sehen. Dagegen läßt sich das Bild bei der Lochkamera mit einem Schirm auffangen; es heißt deshalb auch *reelles* (wirkliches) Bild.

In *Bild 135.1* wird das Bild und das Spiegelbild des Buchstabens F gezeigt. Ein Beobachter, der *vor* dem F steht, sieht Original und Bild gleich orientiert. Er sagt: „Sowohl beim F als auch bei seinem Spiegelbild weisen die Querbalken nach rechts." Stellt er sich aber *zwischen* das F und den Spiegel, so muß er seinen Blick erst vom Original zum Bild wenden und sich dabei um 180° drehen. Jetzt sagt er: „Beim Original weisen die Querbalken nach links, im Spiegelbild dagegen nach rechts."

4. Wie schnell ist das Licht?

Richten wir das Lichtbündel einer Taschenlampe auf einen Spiegel, so hat es den Anschein, als ob das Licht überhaupt keine Zeit benötigte, um von der Lampe zum Spiegel und von diesem wieder in unser Auge zu gelangen. Führt man jedoch ein entsprechendes Experiment mit sehr großen Lichtwegen durch, so stellt man fest, daß das Licht zu seiner Ausbreitung tatsächlich eine gewisse Zeit braucht.

135.2 Warum die unleserliche Aufschrift?

Es ist heute möglich, einen Lichtblitz von der Erde zum Mond zu senden. Dort haben Astronauten einen Spiegel aufgestellt, der das Lichtsignal reflektiert und auf die Erde zurückschickt. Vom Augenblick des Absendens bis zur Rückkehr vergehen 2,56 Sekunden. Da der Mond etwa 384 000 km entfernt ist, braucht das Licht für eine Strecke von 768 000 km eine Zeit von 2,56 Sekunden. In einer Sekunde legt es also den 2,56ten Teil von 768 000 km zurück, das sind recht genau 300 000 km.

Licht breitet sich mit rund 300 000 km/s aus.

Aufgaben

1. *Bild 135.2* zeigt einen Krankenwagen, der auf seiner Vorderseite eine unleserliche Aufschrift trägt. Welche Absicht steckt dahinter?

2. Bringe einen Bleistift vor einen Winkelspiegel (*Bild 135.3*)! Wie entsteht das Bild? Wie ändert sich das Spiegelbild, wenn man den Winkel zwischen den beiden Spiegeln vergrößert?

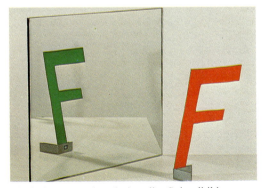

135.1 Gegenstand und virtuelles Spiegelbild

135.3 Winkelspiegel

136.1 Welchen Weg nimmt das Licht durch die Glasplatte?

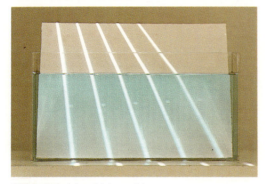

136.2 Geknickte Lichtstrahlen

136.3 Der Lichtstrahl wird gebrochen.

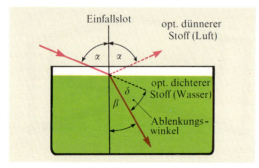

136.4 So werden die Winkel bei der Brechung gemessen.

§ 52 Die Brechung des Lichts

1. Geknickte Lichtstrahlen

Lege eine dicke Glasplatte auf eine Buchseite! Sicher wunderst du dich nicht darüber, daß du dann die Schrift immer noch sehen kannst — Glas ist ja durchsichtig. Etwas anderes ist jedoch merkwürdig: Blickst du schräg auf die Glasplatte, so erscheinen die Buchstaben seltsam verschoben *(Bild 136.1)*. Wie kommt das? Breitet sich das Licht vielleicht in Glas und anderen durchsichtigen Stoffen nicht — wie in der Luft — geradlinig aus? Wie dringt Licht überhaupt in solche durchsichtigen Stoffe ein, und wie verläßt es sie wieder? Diese Fragen wollen wir vorerst einmal am *Wasser* untersuchen.

Versuch 164: a) Wir lassen das Licht einer Experimentierleuchte durch eine Blende mit mehreren parallelen Schlitzen fallen: Es entstehen verschiedene schmale Lichtbündel, die nach *Bild 136.2* in eine mit Wasser gefüllte Glaswanne eindringen. Sie streifen an einer Mattglasscheibe entlang; dabei stellen wir fest, daß sie nicht nur in der Luft, sondern auch im Wasser *geradlinig* verlaufen. Das haben wir wohl auch gar nicht anders erwartet! Etwas anderes aber überrascht uns: *Die Lichtbündel bekommen beim Übergang von Luft in Wasser einen Knick;* man sagt, sie werden **gebrochen.** Je flacher ein Lichtstrahl auf die Grenzfläche zwischen Luft und Wasser trifft, desto stärker wird er aus seiner ursprünglichen Richtung abgelenkt. Eines der Lichtbündel wird allerdings *nicht* abgeknickt; nämlich das genau *senkrecht* auf die Wasseroberfläche auftreffende. In diesem besonderen Fall geht ein Lichtstrahl offenbar *ungebrochen* von der Luft in das Wasser über. Außerdem beobachten wir noch, daß ein Teil jedes Lichtbündels an der Wasseroberfläche wie an einem Spiegel *reflektiert* wird.

b) Nun setzen wir vor die Experimentierleuchte eine Blende mit einem kleinen Loch und senden nach *Bild 136.3* ein schmales Lichtbündel schräg auf die Wasseroberfläche. Damit wir seinen Verlauf wahrnehmen können, blasen wir Rauch in die Luft; das Wasser trüben wir mit einem geeigneten Mittel. Dabei erkennen wir sehr deutlich: *Einfallender Strahl, Einfallslot und gebrochener Strahl liegen zusammen mit dem reflektierten Strahl in einer Ebene.*

Nach *Bild 136.4* bezeichnen wir den Winkel zwischen dem Einfallslot und dem in *Luft* verlaufenden Lichtstrahl mit α; den Winkel zwischen diesem Lot und dem Lichtstrahl im Wasser nennen wir β. Nur in *einem* Fall wird der Lichtstrahl nicht gebrochen: Wenn er die Wasseroberfläche *senkrecht* trifft. Dann ist $α = β = 0°$. In allen anderen Fällen ist der Winkel β im Wasser stets kleiner als der Winkel α in Luft; es gilt also $β < α$. Für den Ablenkungswinkel δ, um den der Lichtstrahl durch die Brechung abgeknickt ist, gilt dann $δ = α − β$.

2. Ist der Lichtweg bei der Brechung umkehrbar?

Bei der Reflexion des Lichts haben wir gefunden, daß der Lichtweg umkehrbar ist. Ob dies auch für die *Brechung* des Lichts zutrifft, läßt sich nicht ohne weiteres vorhersagen. Wir prüfen deshalb nach, wie sich ein Lichtstrahl verhält, der von *Wasser* in *Luft* übergeht.

Versuch 165: Wir lassen ein Lichtbündel *schräg* auf eine Wasseroberfläche fallen. Auf dem Boden des Gefäßes befindet sich nach *Bild 137.1* ein kleiner Spiegel, den wir so kippen, daß der Lichtstrahl *senkrecht* auf ihn trifft: Dann wird er unter Wasser in sich selbst zurückgeworfen. Leider sieht man einem Lichtbündel nicht ohne weiteres an, in welcher Richtung es verläuft. Wir sind deshalb nicht sicher, ob das Licht auch wirklich wieder aus dem Wasser herauskommt. Mit einem kleinen Trick läßt sich dies jedoch leicht feststellen: Wir legen auf den Spiegel eine rote Farbglasscheibe. Das von der Luft ins Wasser dringende Licht wird dadurch nicht beeinflußt. Was jetzt „errötet", kann also nur das *zurücklaufende* Lichtbündel sein. Dabei stellen wir fest: Der Rückweg des Lichtbündels verläuft genauso wie der Hinweg.

Bei der Brechung des Lichts an der Grenzfläche zwischen Luft und Wasser ist also der Lichtweg umkehrbar. In welcher Richtung der schräg auftreffende Lichtstrahl auch verläuft: Stets ist der Winkel β zum Lot im Wasser kleiner als der Winkel α in der Luft. Derjenige der beiden Stoffe, in dem der Lichtstrahl mit dem Lot den *kleineren* Winkel bildet, wird das *optisch dichtere Mittel* genannt; den anderen bezeichnet man als *optisch dünneres Mittel*. Wasser ist also optisch dichter als Luft.

3. Wird Licht auch von Glas gebrochen?

Versuch 166: Als Versuchskörper benutzen wir einen flachen Halbzylinder aus *Glas*. Er wird nach *Bild 137.2* so an einer optischen Scheibe befestigt, daß die Nullgradlinie durch den Grundkreismittelpunkt M geht und auf der ebenen Seite des Halbzylinders senkrecht steht. Mit einer Experimentierleuchte, vor die wir eine Schlitzblende und eine Farbscheibe bringen, wird ein einfarbiges Lichtbündel erzeugt. Es streift an der optischen Scheibe entlang und trifft die ebene Seite des Glaskörpers in M. Zunächst stellen wir die Scheibe so ein, daß dieses Lichtbündel *senkrecht* — also längs der Nullgradlinie — auf die Grenzfläche zwischen Luft und Glas fällt; dann geht es ohne Richtungsänderung in den Glaskörper über. Das Licht verhält sich in diesem besonderen Fall ebenso wie beim Übergang von Luft in Wasser.

Nun drehen wir die optische Scheibe so, daß das Lichtbündel *schräg* auf die ebene Glasfläche fällt. *Jetzt entsteht bei M ein Knick!* Ein Lichtstrahl wird also auch beim Übergang von Luft in *Glas* gebrochen. Dabei stellen wir fest, daß der Winkel β zwischen dem Strahl und dem Einfallslot in Glas kleiner ist als der Winkel α in Luft. Glas ist also optisch dichter als

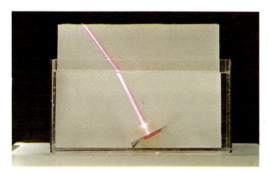

137.1 Das Lichtbündel nimmt denselben Hin- und Rückweg.

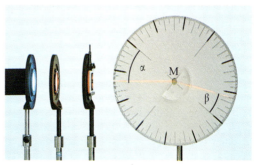

137.2 Der Lichtstrahl wird beim Übergang von Luft in den Glaskörper gebrochen.

Luft. Außerdem beobachten wir, daß ein Teil des Lichts nach dem Reflexionsgesetz an der ebenen Glasfläche gespiegelt wird.

Die Winkelteilung an der optischen Scheibe erlaubt uns, die Winkel α (in Luft) und β (im Glas) zwischen den Lichtstrahlen und dem Einfallslot zu messen. Wegen der halbrunden Form des Glaskörpers trifft der von M aus im Glas verlaufende gebrochene Strahl *(Bild 137.2)* stets *senkrecht* auf die Grenzfläche zur Luft. Also verläßt er den Glaskörper in derselben Richtung, ohne nochmals gebrochen zu werden. Deshalb kann man den Winkel β, der ja eigentlich *innerhalb* des Glases abgelesen werden müßte, am *Rand* der optischen Scheibe messen, obwohl dort *Luft* ist.

Versuch 167: Stelle an der optischen Scheibe verschiedene Winkel α zwischen dem Lichtstrahl und dem Einfallsslot in *Luft* ein und miß jeweils die zugehörigen Winkel β in *Glas!*

Sorgfältige Messungen ergeben die in *Tabelle 138.1* verzeichneten Winkel. Dort sind auch die zueinander gehörigen Werte für α und β angegeben, die man bei der Brechung eines Lichtstrahls an der Grenzfläche zwischen Luft und *Wasser* erhält.

Winkel α in Luft	Winkel β in		Ablenkung beim Übergang Luft–Glas $\delta = \alpha - \beta$
	Glas	Wasser	
0°	0°	0°	0°
10°	6,6°	7,5°	3,4°
20°	13,2°	14,9°	6,8°
30°	19,5°	22,0°	10,5°
40°	25,4°	28,8°	14,6°
50°	30,7°	35,1°	19,3°
60°	35,3°	40,5°	24,7°
70°	38,8°	44,8°	31,2°
80°	41,0°	47,6°	39,0°
90°	41,8°	48,6°	48,2°

Tabelle 138.1 Lichtbrechung zwischen Luft und Glas bzw. Wasser

In *Bild 138.1* ist der Zusammenhang zwischen α (in Luft) und β in *Wasser, Glas* und *Diamant* grafisch dargestellt. Das Schaubild zeigt, daß diese drei Stoffe optisch dichter als Luft sind. Greifen wir auf der α-Achse einen beliebigen Winkel (z.B. α = 60°) heraus, so erkennen wir, daß der zugehörige Winkel β in Wasser (40,5°) *größer*, in Diamant (20°) dagegen *kleiner* als

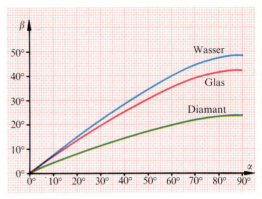

138.1 Zusammenhang zwischen α und β

in Glas (35,3°) ist. Demnach wird ein Lichtstrahl beim Übergang in Wasser *schwächer* (um δ = 19,5°), in Diamant dagegen *stärker* (um δ = 40°) gebrochen als beim Übergang in Glas.

Weiter entnehmen wir dem Schaubild und auch der Tabelle: Der größtmögliche Winkel α (in Luft) beträgt 90°. In diesem Fall streift der Lichtstrahl gerade noch an der Grenzfläche zwischen der Luft und dem dichteren Mittel entlang. Der zu α = 90° gehörige Winkel β ist also der größte bei der Brechung vorkommende Winkel im *dichteren* Mittel; wir nennen ihn den Grenzwinkel β_g. Da β < α sein muß, ist β_g stets kleiner als 90°. Wir finden z.B. für den Übergang von Luft in Glas $\beta_g = 41,8$.

Versuch 168: Wir drehen den Glaskörper so, daß das Licht auf die Rundung fällt, also erst beim Übergang von Glas in Luft gebrochen wird. Dabei erhalten wir wieder die alten Wertepaare (α, β): Der Lichtweg ist umkehrbar.

> **Geht ein Lichtstrahl von einem Stoff in einen anderen über, so wird er (im allgemeinen) gebrochen, und zwar um so stärker, je flacher er auf die Grenzfläche beider Stoffe trifft. Der Stoff, in dem der Lichtstrahl mit dem Lot den kleineren Winkel (β) bildet, heißt das optisch dichtere Mittel; der Stoff, in dem er mit dem Lot den größeren Winkel (α) bildet, wird optisch dünneres Mittel genannt.**
>
> **Einfallender Strahl, Einfallsslot und gebrochener Strahl liegen in einer Ebene.**
>
> **Bei der Brechung ist der Lichtweg umkehrbar.**
>
> **Ein Teil des Lichts wird an der Grenzfläche reflektiert.**

4. Ein idealer Spiegel

Beim Übergang eines Lichtstrahls von Luft in Glas können wir an der optischen Scheibe den Winkel α (in Luft) auf beliebige Werte zwischen 0° und 90° *einstellen*. Für die zugehörigen Winkel β (in Glas) ergeben sich dann Werte von 0° bis zum Grenzwinkel $β_g = 41{,}8°$. Größere Werte als $β_g$ kommen nicht vor.

Läßt man aber — wie in Versuch 168 — den Lichtstrahl von Glas in Luft übergehen, so ist es jetzt der Winkel β, den man beliebig zwischen 0° und 90° *einstellen* kann. Dabei ist es durchaus möglich, auch Werte zu wählen, die über den Grenzwinkel $β_g$ hinausgehen, z.B. $β = 60°$. Hier läßt uns die *Tabelle 138.1* im Stich: Für $β = 60°$ in Glas gibt sie uns keinen zugehörigen Wert α in Luft an. Was macht dann ein Lichtstrahl, der unter $β = 60°$ von Glas auf die Grenzfläche zur Luft trifft?

Versuch 169: Wiederhole den Versuch 168 und nähere dabei den Winkel β vorsichtig dem kritischen Wert $β_g = 41{,}8°$! Dann wird das in die Luft übergehende Lichtbündel immer schwächer sichtbar, der reflektierte Teil dagegen um so deutlicher! — Nun kommt der spannende Moment: Hast du β über den Grenzwinkel $β_g = 41{,}8°$ hinaus vergrößert, so findet das Licht überhaupt nicht mehr aus dem Glas heraus. Dafür wird jetzt mit einem Schlag das *gesamte* Lichtbündel in voller Helligkeit reflektiert. Es findet **Totalreflexion** statt *(Bild 139.1)*.

Totalreflexion tritt nicht nur bei Glas auf. Immer, wenn das Licht aus einem optisch *dichteren* auf ein optisch *dünneres Mittel* trifft, kann der Fall eintreten, daß der Winkel α im dünneren Mittel 90° beträgt. Dann liegt der Winkel β im dichteren Mittel (der ja kleiner als α sein muß) *unter* 90°. Dieser zum Winkel α = 90° gehörige Winkel ist der Grenzwinkel $β_g$ für das betreffende Stoffpaar. Bei allen Winkeln $β > β_g$ tritt dann *Totalreflexion* ein.

> Trifft aus einem optisch dichteren Mittel kommendes Licht auf die Grenzfläche zu einem optisch dünneren Mittel und wird dabei der Grenzwinkel $β_g$ überschritten, so tritt Totalreflexion ein.
>
> Auch für total reflektierte Lichtstrahlen gilt das Reflexionsgesetz.

Beleuchtet man das eine Ende eines gebogenen Stabes aus *Plexiglas* (wie in *Bild 139.2* von links unten), so kommt das Licht am anderen Ende des Stabes wieder heraus, auch wenn dieser mehrfach gewunden ist. Da der Stab einen kleinen Durchmesser besitzt, werden seine seitlichen Begrenzungsflächen von allen Lichtstrahlen so flach getroffen, daß *Totalreflexion* eintritt. Das Licht kann deshalb den Plexiglasstab seitlich nicht verlassen; es wird von Wand zu Wand reflektiert, bis es fast senkrecht auf die Endfläche dieses sogenannten *Lichtleitstabes* trifft; dort kann es wieder in die Luft übergehen.

Ein biegsames Bündel aus mehreren Tausend feiner Glasfasern — jedes ein Lichtleitstab — überträgt das Bild eines beleuchteten Gegenstandes Punkt für Punkt. Auf diese Weise können auch innere Organe des menschlichen Körpers abgebildet und untersucht werden *(Endoskopie)*.

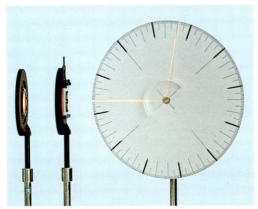

139.1 Hier wird das Licht total reflektiert.

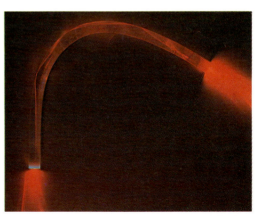

139.2 Der Lichtleitstab beruht auf Totalreflexion.

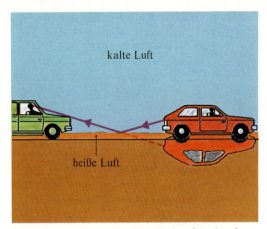

140.1 Der Autofahrer meint, die Straße sei naß.

Von der Sonne erhitzte Straßen wirken manchmal wie ein Spiegel; sie sehen dann aus, als seien sie naß. Über dem Boden hat sich eine heiße Luftschicht gebildet; darüber liegt kältere Luft. Diese ist optisch dichter als die warme Luft. Fällt aus ihr das Tageslicht sehr flach auf die optisch dünnere Warmluftschicht, so findet eine *Reflexion* statt. Man kann diese Erscheinung – etwas vereinfacht – als Totalreflexion am optisch dünneren Mittel auffassen *(Bild 140.1)*. Solche Spiegelungen treten auch an der Warmluftschicht über heißem Wüstensand auf *(Bild 140.2)*, man spricht dann von einer *Fata Morgana*.

Manchmal bildet sich auch eine umgekehrte Luftschichtung aus, z.B. über dem Meer. Dort liegt gelegentlich eine optisch dichtere Kaltluftschicht *unter* einer optisch dünneren Warmluftschicht. Dann kann es nach *Bild 140.3* zu einer *Luftspiegelung* kommen.

Aufgaben

1. *Eine punktförmige Lichtquelle* L, *von der nach allen Seiten Lichtstrahlen ausgehen, ist* 5 cm *von der ebenen Oberfläche eines Glaskörpers entfernt. Der senkrecht zur Glasoberfläche verlaufende Strahl treffe diese in* P. *Zeichne die von* L *ausgehenden Lichtstrahlen, die* 1,8 cm; 4,2 cm *bzw.* 6 cm *von* P *entfernt auf der Glasoberfläche ankommen! Wie laufen diese Lichtstrahlen im Glas weiter? (Siehe Tabelle 138.1!)*

2. *Ein Wasserbehälter ist* 6 cm *hoch mit Wasser gefüllt; der Boden des Behälters ist verspiegelt. Auf die Wasseroberfläche fällt bei* E *unter dem Winkel* 50° *(zum Lot) ein Lichtstrahl. Zeichne seinen weiteren Verlauf! Wie weit ist die Austrittsstelle von* E *entfernt?*

3. *Ein Lichtstrahl trifft unter dem Winkel* α = 60° *(zum Lot) aus der Luft auf einen unbekannten Stoff. Dort wird er gebrochen, so daß er unter dem Winkel* β = 20,5° *weiterläuft. Entnimm dem Schaubild 138.1, um welchen Stoff es sich handelt!*

4. *Warum können wir einen Glasstab in Luft und auch in Wasser sehen, obwohl Glas durchsichtig ist?*

5. *Wie groß ist nach dem Schaubild 138.1 der Grenzwinkel* $β_g$ *für Diamant?*

6. *Eine punktförmige Lichtquelle* L, *die nach allen Seiten Licht aussendet, befindet sich* 4 cm *unter Wasser. Der senkrecht zur Wasseroberfläche verlaufende Lichtstrahl treffe diese in* P. *Zeichne drei von* L *ausgehende Lichtstrahlen, die* 2 cm; 4 cm; 6 cm *von* P *entfernt auf die Wasseroberfläche treffen. Wie verlaufen diese Strahlen weiter?*

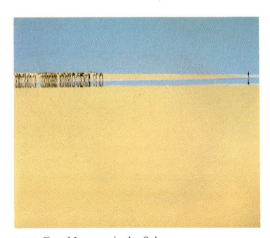

140.2 Fata Morgana in der Sahara

140.3 Luftspiegelung vor Westgrönland

§ 53 Mehrmalige Brechung

1. Lichtstrahlen werden verschoben

Licht, das durch eine Fensterscheibe dringt, geht von einem optischen Mittel in ein anderes über, muß dabei also *gebrochen* werden. Blicken wir aber durch ein Fenster, so bemerken wir von einer Brechung nichts. Wie kommt das?

Eine Fensterscheibe ist eine sogenannte *planparallele Platte*, d.h. die beiden Grenzflächen zwischen der Luft und dem Glas sind *eben* und zueinander *parallel*. In *Bild 141.1* ist ein Lichtstrahl gezeichnet, der unter dem Winkel α_1 aus der Luft auf die Glasfläche trifft. Wie er weiterlaufen wird, können wir vorhersagen:

– Bei A geht der Strahl von Luft in das dichtere Mittel Glas über und wird dabei so gebrochen, daß $\beta_1 < \alpha_1$ ist.

– Bei B trifft der gebrochene Strahl auf die zweite Trennfläche. Da diese parallel zur ersten ist, gilt $\beta_2 = \beta_1$ (Wechselwinkel!)

– Nun geht der Strahl vom Glas wieder in die Luft über. Der Lichtweg ist umkehrbar: Aus $\beta_2 = \beta_1$ folgt deshalb $\alpha_2 = \alpha_1$.

Der Lichtstrahl erhält damit wieder seine ursprüngliche Richtung; er wird lediglich um eine Strecke d parallel verschoben. Bei einer *dünnen* planparallelen Platte (z.B. einer Fensterscheibe) ist d sehr klein, so daß man die geringfügige Parallelverschiebung der Lichtstrahlen kaum bemerkt. Bei *dicken* planparallelen Platten *(Bild 136.1)* kann man jedoch eine solche Parallelverschiebung sehr deutlich sehen.

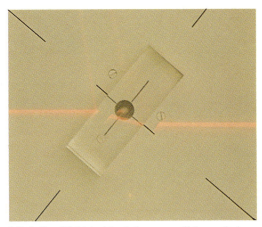

141.2 Der Lichtstrahl wird nur parallel verschoben.

Versuch 170: Wir lassen nach *Bild 141.2* ein schmales einfarbiges Lichtbündel schräg auf einen dicken planparallelen Glaskörper fallen. Tatsächlich: Das Bündel läuft nach der zweimaligen Brechung *parallel versetzt* weiter.

2. Ein optisches Prisma lenkt Licht ab

Nun wollen wir untersuchen, wie das Licht an einem durchsichtigen Körper gebrochen wird, dessen ebene Grenzflächen *nicht* parallel, sondern gegeneinander *geneigt* sind. Ein solcher keilförmiger Körper wird **optisches Prisma** genannt.

Versuch 171: Wir erzeugen mit einer Experimentierleuchte, vor die wir eine Schlitzblende und eine Farbscheibe bringen, ein schmales einfarbiges Lichtbündel. Es trifft nach *Bild 141.3* auf ein optisches Prisma aus Glas.

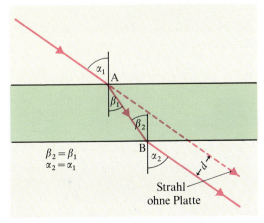

141.1 Brechung an der planparallelen Platte

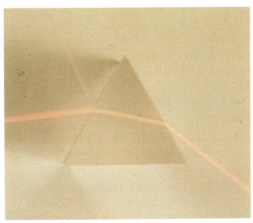

141.3 Ein Prisma lenkt Licht besonders stark ab.

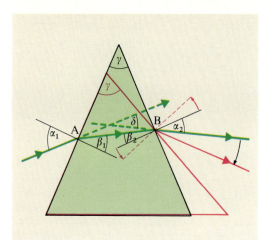

142.1 Brechung am optischen Prisma

Im Gegensatz zur planparallelen Platte wirkt sich jetzt die zweimalige Brechung so aus, daß der Lichtstrahl besonders stark aus seiner ursprünglichen Richtung zum dickeren Ende des Prismas hin abgelenkt wird.

In *Bild 142.1* ist ein Lichtstrahl gezeichnet, der bei A unter dem Winkel α_1 aus der Luft in ein Glasprisma übergeht. Er wird gebrochen und läuft unter dem Winkel $\beta_1 < \alpha_1$ weiter. Bei B trifft er unter dem Winkel β_2 auf die gegenüberliegende Grenzfläche; dort wird er abermals *im selben Sinn* gebrochen. Dadurch wird die Ablenkung, die der Strahl schon bei A erfuhr, noch *verstärkt*. Den Ablenkungswinkel bezeichnen wir mit δ.

Die beiden Grenzflächen des Prismas, an denen das Licht jeweils gebrochen wird, bilden miteinander den sogenannten *Keilwinkel* γ. Die Strahlengänge für das rote und das schwarze Prisma in *Bild 142.1* zeigen, daß der *Ablenkungswinkel δ um so größer wird, je stumpfer der Keilwinkel γ des Prismas ist.* Macht man γ gar so groß, daß der Winkel β_2 den Grenzwinkel β_g übersteigt, so kommt der Lichtstrahl bei B nicht mehr aus dem Prisma heraus, sondern wird dort *total reflektiert*.

Aufgaben

1. *Ein Lichtstrahl fällt unter einem Winkel von 60° (zum Lot) auf eine planparallele Platte der Dicke* 2 cm. *Zeichne den Strahlengang!*

2. *Ein Glasprisma hat als Querschnitt ein gleichseitiges Dreieck. Konstruiere den Weg eines Lichtstrahls, der die Seitenfläche des Prismas in ihrer Mitte unter dem Winkel 40° trifft!*

§54 Sammellinsen

1. Wie sieht eine Sammellinse aus?

Bild 142.2 zeigt, wie man mit Lichtenergie ein Streichholz entzünden kann. Dazu wird ein *Brennglas* benutzt; da dieses linsenförmige Gebilde Lichtstrahlen sammelt, wird es **Sammellinse** genannt. Bei vielen optischen Instrumenten finden wir solche Sammellinsen als wichtigsten Bestandteil. In *Bild 142.3* sind etliche verschieden geformte Sammellinsen im Schnitt gezeichnet. Sie werden aus Glas oder durchsichtigem Kunststoff hergestellt; ihre Begrenzungsflächen sind meist *sphärisch*, d.h. Teile von Kugeloberflächen. *Allen Sammellinsen ist gemeinsam, daß sie in der Mitte dicker sind als am Rand.* Grundsätzlich besitzen die vier in *Bild 142.3* dargestellten Linsenformen dieselben optischen Eigenschaften. Wir können uns deshalb in unseren Versuchen mit nur *einer* Art von Sammellinsen begnügen; wir wählen dazu die Form, die aus zwei nach außen ge-

142.2 Ein Brennglas ist eine Sammellinse.

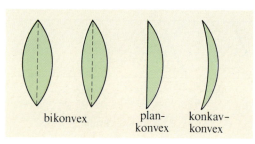

142.3 Sammellinsen sind in der Mitte dicker als am Rand.

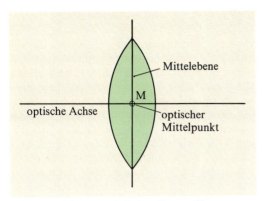

143.1 Bezeichnungen bei einer Sammellinse

wölbten Kugelteilen derselben Krümmung besteht. In *Bild 143.1* ist eine solche Sammellinse dargestellt. Wir sehen im Schnitt ihre *Mittelebene* und ihren *optischen Mittelpunkt* M; die Senkrechte zur Mittelebene durch M wird *optische Achse* der Sammellinse genannt.

2. Sammellinsen haben Brennpunkte

Wir beginnen unsere Versuche an der Sammellinse mit Lichtstrahlen, die — wie das Sonnenlicht beim Brennglas — *parallel* sind.

Versuch 172: Wir befestigen nach *Bild 143.2* an der optischen Scheibe einen Glaskörper, der den Schnitt durch eine Sammellinse darstellt. Mit einer Experimentierleuchte und einer aus etlichen Schlitzen bestehenden Blende stellen wir mehrere schmale parallele Lichtbündel her, die wir in Richtung der optischen Achse auf das Linsenmodell fallen lassen. Sie werden so gebrochen, daß sie sich hinter der Linse ungefähr in einem Punkt der optischen Achse schneiden. Wir beobachten, daß sich dabei die *achsenfernen* Strahlen etwas *vor* diesem gemeinsamen Schnittpunkt auf der Achse treffen. Decken wir solche *Randstrahlen* ab, so erkennen wir, daß sich die restlichen *achsennahen* Strahlen ziemlich genau in *einem* Punkt der optischen Achse schneiden. Man nennt ihn den **Brennpunkt F**; seine Entfernung vom optischen Mittelpunkt bezeichnet man als **Brennweite f** der Sammellinse.

In unserem Versuch treffen die achsenparallelen Strahlen von *links* her auf die Sammellinse; der Brennpunkt liegt *rechts*. Natürlich kann man das Parallelbündel auch von *rechts* her auf die Linse fallen lassen; dann entsteht auf der linken Seite ebenfalls ein Brennpunkt mit derselben Brennweite. Eine Sammellinse besitzt also auf *beiden Seiten* jeweils einen Brennpunkt.

Eine Sammellinse können wir uns nach *Bild 147.3* in lauter *Prismenstücke* zerlegt denken. Dabei stellen wir fest:

— Das „dickere" Ende dieser Prismenstücke ist stets der Linsenmitte zugewandt. Deshalb werden die achsenparallelen Strahlen zur optischen Achse *hin* gebrochen: Wir haben eine **Sammel**linse vor uns.

— Die Prismen werden nach außen hin *stumpfer*; die äußeren Strahlen werden daher stärker abgelenkt als solche, die näher an der Achse liegen. So wird verständlich, daß sich alle Strahlen ungefähr in einem Punkt der Achse treffen.

— Die Mitte der Sammellinse können wir als *planparallele Platte* auffassen. Lichtstrahlen durchdringen sie ohne Richtungsänderung.

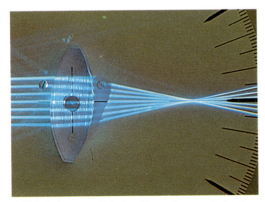

143.2 Achsenparallele Strahlen gehen nach der Brechung durch den Brennpunkt.

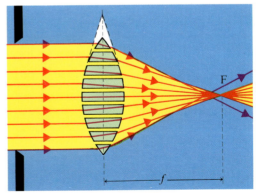

143.3 Eine Sammellinse — aus Prismenstücken zusammengesetzt

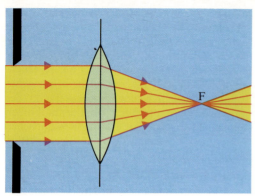

144.1 Diese Konstruktion ist einfacher.

3. Was wird aus schiefen Lichtstrahlen?

Versuch 173: Ein schmales Lichtbündel, das wir *schief* zur Mittelebene auf den optischen Mittelpunkt einer Sammellinse fallen lassen, durchdringt diese *ohne Richtungsänderung*. Ihre mittlere Zone wirkt wie eine planparallele Platte. Bei *dünnen* Linsen – die wir ja ausschließlich verwenden wollen – kann man die geringfügige Parallelverschiebung des Lichtstrahls vernachlässigen. Einen Lichtstrahl, der durch den optischen Mittelpunkt einer Sammellinse geht, bezeichnen wir als **Mittelpunktsstrahl**.

In *Bild 143.3* wurde der Strahlengang für jedes Prismenstück genau konstruiert. Strahlen, die nach der Brechung am Brennpunkt vorbeizielen, sind violett gezeichnet. Bei unseren weiteren Betrachtungen wollen wir solche achsenfernen Strahlen nicht berücksichtigen. Wir denken sie uns stets durch entsprechende Blenden zurückgehalten. Weiter wollen wir vereinbaren: Anstatt die Brechung der Lichtstrahlen wie in *Bild 143.3* an der Vorder- und Rückseite der Linse zu konstruieren, zeichnen wir die Strahlen ungebrochen bis zur Mittelebene und knikken sie dort nur *einmal* zum Brennpunkt hin ab *(Bild 144.1)*. Bei *dünnen* Linsen – die wir ausschließlich benutzen wollen – genügt die Genauigkeit dieses Verfahrens vollauf.

> **Achsenparallele Lichtstrahlen werden an einer Sammellinse so gebrochen, daß sie sich in einem Punkt F der optischen Achse schneiden. F wird Brennpunkt genannt; seine Entfernung vom optischen Mittelpunkt bezeichnet man als Brennweite f der Linse.**

Da der Lichtweg bei der Brechung umkehrbar ist, folgt unmittelbar: *Vom Brennpunkt F ausgehende Lichtstrahlen verlaufen nach der Brechung an einer Sammellinse achsenparallel.* Drehe die Pfeilrichtung in *Bild 144.1* um!

Ob ein Lichtstrahl von ferne kommt und dabei durch den Brennpunkt F geht oder ob er in F „entspringt", ist für die Brechung an der Linse gleichgültig. Ein solcher Strahl wird **Brennstrahl** genannt.

> **Ein Brennstrahl verläuft nach der Brechung an einer Sammellinse achsenparallel.**

Ein Mittelpunktsstrahl durchdringt eine Sammellinse ohne Richtungsänderung.

Versuch 174: Nun lassen wir mehrere schmale zueinander parallele Lichtbündel *schief* auf eine Sammellinse fallen. Solche Strahlen wollen wir **schiefparallel** nennen. Sie schneiden sich – wie der Versuch zeigt – nach der Brechung ungefähr *in einem Punkt P*.

In *Bild 144.2* sind mehrere *schiefparallele* Strahlen gezeichnet, die auf eine Sammellinse fallen. Aus unserem Versuch folgt, daß sie sich *alle* nach der Brechung in *einem* Punkt schneiden. Nun ist aber ein Punkt schon durch den Schnitt *zweier* Geraden festgelegt; also genügt es, zur Konstruktion von P *zwei* beliebige Strahlen herauszugreifen. Wir wählen zwei besonders geeignete aus, nämlich den Mittelpunktsstrahl (grün gezeichnet) und den *Brennstrahl* (rot); sie bilden in der Zeichnung zusammen mit der optischen Achse und dem zu

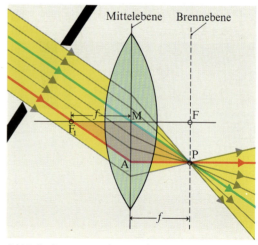

144.2 So kann man den Punkt P konstruieren.

ihr parallelen Strahl ein *Parallelogramm*. Da seine gegenüberliegenden Seiten $\overline{F_1M}$ und $\overline{AP}$ gleich lang sind, ist der Abstand des Punktes P von der Mittelebene so groß wie die Brennweite f der Linse. Alle Punkte P, die diese Bedingung erfüllen, liegen in einer Ebene, die zur Mittelebene parallel ist und von ihr den Abstand f besitzt. Man nennt sie **Brennebene**.

Schiefparallele Lichtstrahlen werden an einer Sammellinse so gebrochen, daß sie sich in einem Punkt der Brennebene schneiden.

Da der Lichtweg bei der Brechung umkehrbar ist, folgt:
Von einem Punkt der Brennebene ausgehende Lichtstrahlen sind nach der Brechung an einer Sammellinse schiefparallel.

---

4. Die wichtigste Eigenschaft einer Sammellinse

Bis jetzt haben wir nur *Parallelstrahlen* betrachtet sowie Strahlen, die von einem Punkt der *Brennebene* ausgehen. Nun geht Licht meist von Punkten aus, die nicht gerade in der Brennebene einer Linse liegen. Eine besonders wichtige Frage ist: *Wie werden Lichtstrahlen gebrochen, die von einem Punkt außerhalb der Brennebene herkommen?*

Versuch 175: a) Wir knüpfen an den vorigen Versuch an, bringen jetzt aber eine Punktlichtlampe in die Brennebene der Linse: Es entsteht das vorhergesagte Bündel schiefparalleler Lichtstrahlen *(Bild 145.1a)*. Schieben wir den Lichtpunkt *näher* an die Linse heran, so spreizen sich die vorher parallelen Strahlen auseinander: Es entsteht ein *divergentes* (auseinanderlaufendes) Lichtbündel *(Bild 145.1b)*.

b) Nun rücken wir die Punktlichtlampe in entgegengesetzter Richtung aus der Brennebene heraus, *entfernen sie also von der Linse. Jetzt neigen sich die vorher parallelen Strahlen einander zu:* Es entsteht ein *konvergentes* (zusammenlaufendes) Lichtbündel; *die Lichtstrahlen schneiden sich dabei in einem Punkt (Bild 145.1c)*.

Lichtstrahlen, die von einem Punkt ausgehen, dessen Abstand von der Mittelebene größer als die Brennweite ist, werden an einer Sammellinse so gebrochen, daß sie sich wieder in einem Punkt schneiden.

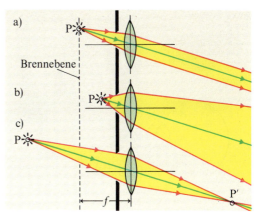

145.1 Die Lichtstrahlen sind nach der Brechung a) schiefparallel; b) divergent; c) konvergent.

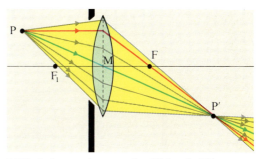

145.2 So konstruiert man den Bildpunkt P′!

Die Sammellinse bricht also die von einem genügend weit entfernten *Gegenstandspunkt* P ausgehenden Lichtstrahlen so, daß sie sich in einem *Bildpunkt* P′ treffen. *Bild 145.2* zeigt, wie man P′ konstruieren kann. Da P′ bereits durch *zwei* Geraden festgelegt ist, genügen zur Konstruktion *zwei* Lichtstrahlen. Wir wählen zu diesem Zweck aus der Vielzahl der von P ausgehenden Strahlen den *Mittelpunktsstrahl* (grün) und den *achsenparallelen Strahl* (rot). Der erste Strahl verläuft ungebrochen durch den optischen Mittelpunkt M, der zweite geht nach der Brechung durch den Brennpunkt F. Im Schnittpunkt P′ dieser beiden Strahlen treffen sich dann auch alle anderen Lichtstrahlen.

Aufgabe

Ein leuchtender Punkt P befindet sich 2 cm über der optischen Achse und 9,5 cm vor der Mittelebene einer Linse (f = 5 cm). Konstruiere den Bildpunkt! Verwende zur Kontrolle auch den von P ausgehenden Brennstrahl! Nun wird P auf einen Abstand von 1,5 cm an die Mittelebene herangerückt. Wie verlaufen die drei Strahlen jetzt?

146.1 Das leuchtende L wird durch die Sammellinse abgebildet.

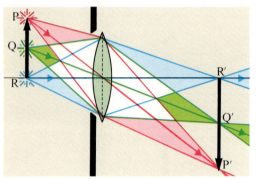

146.2 Gegenstandspunkte und Bildpunkte

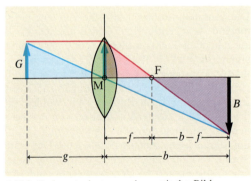

146.3 So konstruiert man das optische Bild.

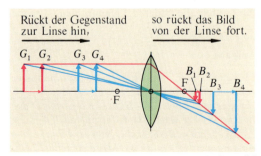

146.4 Mit dem Gegenstand wandert auch das Bild.

§55 Abbildungen durch Sammellinsen

1. Linsen machen Bilder

Versuch 176: Vor einer Sammellinse stellen wir ein mit Transparentpapier hinterlegtes, beleuchtetes L auf *(Bild 146.1)*. Es liegt in einer Ebene senkrecht zur optischen Achse, der sogenannten *Gegenstandsebene*; wir achten darauf, daß ihr Abstand von der Linse größer als deren Brennweite ist. Dann bringen wir hinter die Linse einen Schirm; bei einer bestimmten Stellung erscheint auf ihm ein umgekehrtes, helles und scharfes Abbild des L.

Wir dürfen uns einen leuchtenden Gegenstand aus lauter leuchtenden Punkten zusammengesetzt denken. Das von jedem einzelnen dieser *Gegenstandspunkte* ausgehende Licht wird wie in *Bild 145.1c* durch die Sammellinse jeweils wieder in einem *Bildpunkt* vereinigt. Alle diese Bildpunkte fügen sich zu einem naturgetreuen Abbild des Gegenstandes zusammen *(Bild 146.2)*. Die Lichtstrahlen, aus denen die Bildpunkte entstehen, schneiden sich in einem ganz bestimmten Abstand von der Mittelebene der Linse; in der dadurch festgelegten *Bildebene* muß der Schirm aufgestellt werden. Die Lage und Größe eines solchen optischen Bildes läßt sich einfach ermitteln: Man stellt den Gegenstand durch einen Pfeil der Höhe G dar, dessen Fußpunkt auf der optischen Achse liegt. Es genügt nun, mit Hilfe des Mittelpunktsstrahles und des achsenparallelen Strahles den Bildpunkt der *Pfeilspitze* zu konstruieren *(Bild 146.3)*. Damit ist die zur Gegenstandsebene parallele *Bildebene* festgelegt. Ihr Schnitt mit der optischen Achse ergibt den *Fußpunkt* des Bildes der Höhe B. Gegenstandsweite g und Bildweite b werden jeweils von der Mittelebene der Linse aus gemessen.

In *Bild 146.4* ist diese Konstruktion für verschiedene Gegenstandsweiten durchgeführt. Dabei erkennen wir: Je näher der Gegenstand auf den linken Brennpunkt zukommt, desto weiter rückt der Bildpunkt der Pfeilspitze von der Linse weg, desto größer wird dann auch das Bild. Befindet sich der Gegenstand schließlich in der Brennebene, so werden die von der Pfeilspitze ausgehenden Lichtstrahlen nach der Brechung *schiefparallel:* Es kommt kein Bild mehr zustande. *Entfernt* sich der Gegenstand von der Linse, so rückt das Bild dem rechten Brennpunkt näher; dabei wird es kleiner.

Betrachten wir in *Bild 146.3* die sich in M kreuzenden Geraden, so finden wir nach dem Strahlensatz der Geometrie den *Abbildungsmaßstab* $A = B/G = b/g$.

Für die sich in F kreuzenden Geraden ergibt der Strahlensatz $B/G = (b-f)/f$.

Da die linken Seiten B/G der beiden obigen Gleichungen gleich sind, folgt $b/g = (b-f)/f$ oder $b/g = (b/f) - 1$. Division durch b und Umordnen ergibt $1/g + 1/b = 1/f$.

Diese Beziehung wird **Linsengleichung** genannt.

Von einem Gegenstand der Höhe G, der sich in der Gegenstandsweite $g > f$ vor einer Sammellinse der Brennweite f befindet, entsteht in der Bildweite b ein optisches Bild der Höhe B.

Dabei beträgt der Abbildungsmaßstab

$$A = \frac{B}{G} = \frac{b}{g}. \qquad (147.1)$$

Außerdem gilt die Linsengleichung

$$\frac{1}{g} + \frac{1}{b} = \frac{1}{f}. \qquad (147.2)$$

Beispiele zur Anwendung der Linsengleichung:

a) 15 cm vor einer Sammellinse der Brennweite $f = 10$ cm befindet sich ein 3 cm hoher Gegenstand. In welchem Abstand von der Linsenmitte entsteht das Bild? Wie hoch ist es?

Lösung: Durch Multiplikation mit dem Hauptnenner $g \cdot b \cdot f$ folgt aus *Gleichung 147.2* $bf + gf = gb$ oder $b \cdot (g - f) = gf$ oder $b = \frac{gf}{g-f}$. Daraus ergibt sich $b = \frac{15\,\text{cm} \cdot 10\,\text{cm}}{5\,\text{cm}} = 30$ cm. Aus *Gleichung 147.1* folgt $B = \frac{b}{g} \cdot G = \frac{30\,\text{cm}}{15\,\text{cm}} \cdot 3\,\text{cm} = 6\,\text{cm}$.

b) Nun befindet sich derselbe Gegenstand 20 cm vor der Linse ($f = 10$ cm). Wie groß sind jetzt Bildweite b und Bildhöhe B?

Lösung: Dieselbe Rechnung wie in a) ergibt

$b = \frac{gf}{g-f} = \frac{20\,\text{cm} \cdot 10\,\text{cm}}{10\,\text{cm}} = 20$ cm und

$B = \frac{b}{g} \cdot G = \frac{20\,\text{cm}}{20\,\text{cm}} \cdot 3\,\text{cm} = 3\,\text{cm}$.

Offenbar sind Bild und Gegenstand gleich hoch und gleich weit von der Linse entfernt. Tritt dieser besondere Fall wohl *immer* ein, wenn man den Gegenstand im Abstand der doppelten Brennweite vor eine Sammellinse bringt?

Ist $g = 2f$, so folgt $f = g/2$. Setzen wir dies in die Linsengleichung ein, so ergibt sich

$\frac{1}{g} + \frac{1}{b} = \frac{2}{g}$.

Wir subtrahieren auf beiden Seiten der Gleichung $\frac{1}{g}$ und erhalten $\frac{1}{b} = \frac{1}{g}$ oder $b = g$. Aus *Gleichung 147.1* folgt dann für den Abbildungsmaßstab

$A = \frac{B}{G} = \frac{b}{g} = 1$, also $B = G$.

Damit ist unsere Vermutung bestätigt: *Befindet sich ein Gegenstand im Abstand der doppelten Brennweite vor einer Sammellinse, so entsteht im selben Abstand hinter ihr ein gleich hohes Bild.*

c) Ein Baum ist 40 m von einer Sammellinse mit $f = 15$ cm entfernt. Berechne die Bildweite b!

Lösung: Wir benutzen nochmals die Gleichung aus Aufgabe a) und erhalten

$b = \frac{gf}{g-f} = \frac{40\,\text{m} \cdot 0{,}15\,\text{m}}{39{,}85\,\text{m}} \approx 0{,}15\,\text{m} = f$.

Wieder ein besonderes Ergebnis! Das Bild des weit entfernten Baumes entsteht in einem Abstand hinter der Linse, der etwa gleich ihrer Brennweite ist; es wird also $b \approx f$. Das kann man leicht einsehen: Ist die Gegenstandsweite g sehr viel größer als die Brennweite f, so unterscheidet sich die Differenz $g - f$ nur sehr wenig von g; es ist $g - f \approx g$. Also wird die Bildweite

$b = \frac{gf}{g-f} \approx \frac{gf}{g} = f$.

Dieses wichtige Ergebnis läßt sich auch *geometrisch* herleiten: *Bild 147.1* zeigt, wie sich die Entfernung eines leuchtenden Punktes P auf das von einer Linse aufgefangene Lichtbündel auswirkt: Je weiter P von der Linse wegrückt, desto weniger unterscheidet sich das dort ankommende Licht von einem *Parallelbündel*. In *Bild 147.1c* ist der Punkt P so weit entfernt, daß man ihn nicht mehr auf die Buchseite zeichnen kann: Die von ihm ausgehenden Lichtstrahlen treffen die Linse jetzt praktisch *parallel*; sie werden also in der *Brennebene* vereinigt.

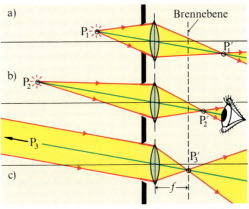

147.1 Die Lichtbündel werden „immer paralleler".

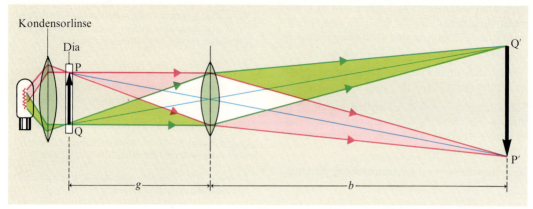

148.1 So wird das Dia richtig durchleuchtet.

Das heißt aber: Die Bildweite b ist in diesem Fall gleich der Brennweite f der Linse.

> **Das Bild eines weit entfernten Gegenstandes liegt in der Brennebene der Sammellinse.**

2. Der Projektionsapparat

Natürlich ist die Sammellinse nicht allein dazu erfunden worden, ein leuchtendes L abzubilden. Wir brauchen das L jedoch nur durch ein beleuchtetes *Diapositiv* zu ersetzen, und schon haben wir einen *Diaprojektor* vor uns!

In *Bild 148.2* sind die von der Glühwendel ausgehenden Lichtstrahlen blau dargestellt, die einen mehr am Rand des Dias liegenden Punkt P durchleuchten. Wie wir sehen, trifft nun aber das von P ausgehende Lichtbündel überhaupt nicht mehr auf die Sammellinse; also kann dieser Punkt auch nicht abgebildet werden. Beim leuchtenden L trat ein solches Problem nicht auf. Das durchscheinende Papier, mit dem das L hinterlegt war, sorgte dafür, daß das Licht in jedem Gegenstandspunkt nach allen Seiten – also auch zur Linse hin – gestreut wurde.

Wir könnten beim Dia ebenso vorgehen. Doch geht dabei viel Licht verloren. Deshalb biegen wir das durch P gehende Lichtbündel einfach so hin, daß es auf die Linse trifft! Dazu brauchen wir eine weitere Sammellinse; sie muß zwischen der Glühlampe und dem Dia angebracht werden. *Bild 148.1* zeigt, wie diese sogenannte *Kondensorlinse* wirkt.

Der **Filmprojektor** ist optisch wie ein Diaprojektor gebaut. Das Filmband besteht aus vielen hintereinander aufgereihten Dias. Sie sind in rascher Folge nacheinander aufgenommen worden. Jedes hält also einen gewissen Augenblick des Bewegungsablaufs in einer Momentaufnahme fest. Bei der Wiedergabe wird ruckartig ein Dia nach dem anderen zwischen die Beleuchtungseinrichtung und eine Sammellinse gebracht und dabei auf eine Wand abgebildet. Während des Bildwechsels wird das Licht durch eine Blende zurückgehalten. Folgen die einzelnen Bilder genügend rasch aufeinander, so verschmelzen die Bilder für das Auge zum Eindruck einer stetigen Bewegung.

Aufgaben

1. *Ein* 3 cm *hoher Gegenstand befindet sich* 9 cm *vor einer Sammellinse der Brennweite* $f =$ 5 cm. *Bestimme durch Zeichnung und Rechnung die Bildweite und die Bildhöhe!*

2. *Stellt man einen Gegenstand* 20 cm *vor eine Sammellinse, so entsteht das Bild* 60 cm *hinter ihr. Wie groß ist die Brennweite dieser Linse?*

3. *Ein Fotoamateur kauft sich einen Diaprojektor nach Maß: Seine Dias sind* 3 cm *hoch; die Bilder sollen eine Höhe von* 1,50 m *erhalten. Die Projektionswand möchte er so aufstellen, daß sie vom Projektor* 5,10 m *entfernt ist. Welche Brennweite muß die Abbildungslinse des Diaprojektors besitzen?*

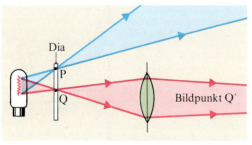

148.2 Das blaue Lichtbündel trifft die Linse nicht.

§ 56 Linsensysteme

1. Aus zwei mach eins!

Bei einem guten Projektionsapparat wird das Dia nicht wie in *Bild 148.1* durch eine *einzige* Sammellinse abgebildet. Man benutzt vielmehr ein sogenanntes *Objektiv*, das aus *mehreren* Linsen zusammengesetzt ist; dadurch werden Linsenfehler ausgeglichen. Zuerst wollen wir zeigen, daß zwei zu einem solchen *Linsensystem* zusammengefaßte Sammellinsen wie eine einzige Linse wirken.

Versuch 177: Wir wiederholen Versuch 176, benutzen aber zur Abbildung *zwei* dicht hintereinandergestellte Sammellinsen mit den Brennweiten $f_1 = 15$ cm und $f_2 = 30$ cm *(Bild 149.1)*. Wir verschieben den Schirm, bis auf ihm ein scharfes Bild des leuchtenden L zu sehen ist. Nun ersetzen wir die beiden Linsen durch eine einzige Sammellinse der Brennweite $f = 10$ cm: Auf dem Schirm entsteht dasselbe optische Bild wie vorher. Die beiden hintereinandergestellten Sammellinsen mit den Brennweiten $f_1 = 15$ cm und $f_2 = 30$ cm wirken offenbar wie eine einzige Sammellinse der Brennweite $f = 10$ cm!

Wie es zu einer solchen Verkürzung der Brennweite kommt, zeigt *Bild 149.2*: Ein achsenparalleles Strahlenbündel wird durch die erste Sammellinse *allein* so gebrochen, daß es durch den Brennpunkt F_1 dieser Linse geht. Die zweite Linse bricht nun die nach F_1 zielenden Lichtstrahlen *nochmals*, so daß sie sich in einem nähergelegenen Achsenpunkt F – dem neu entstandenen Brennpunkt des Linsensystems –

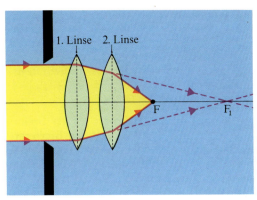

149.2 Auch ein Linsensystem besitzt einen Brennpunkt.

treffen. Wir könnten nun die Brennweite unseres Linsensystems ($f_1 = 15$ cm; $f_2 = 30$ cm) ermitteln, indem wir in einer optischen Abbildung g und b messen und dabei bedenken, daß *jede beliebige* Gegenstandsweite g zusammen mit der zu ihr gehörigen Bildweite b die Linsengleichung $1/g + 1/b = 1/f$ erfüllt. Aus der Messung *eines* zusammengehörigen Wertepaares (g, b) ergibt sich dann bereits die Brennweite f. Nun wissen wir schon so viel über Strahlengänge an der Sammellinse, daß es gar nicht nötig ist, dazu einen Versuch aufzubauen. Es genügt, wenn wir dies in Gedanken tun; wir machen einen sogenannten *Gedankenversuch!* Dazu setzen wir (in Gedanken!) einen Gegenstand nach *Bild 149.3* in die *Brennebene* der ersten Linse. Dann sind die von seiner Spitze ausgehenden Lichtstrahlen nach der Brechung *schiefparallel*, werden also von der zweiten Linse in deren *Brennebene* wieder vereinigt. Dort entsteht dann das Bild. Sind die beiden Linsen dünn und stehen sie außerdem unmittel-

149.1 Die beiden Sammellinsen wirken wie eine einzige.

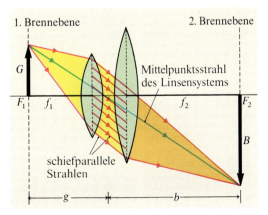

149.3 Strahlengang durch zwei nahe hintereinander gestellte Sammellinsen

bar hintereinander, so können wir mit guter Näherung die Gegenstandsweite $g = f_1$ und die zugehörige Bildweite $b = f_2$ setzen *(Bild 149.3)*. Nach der Linsengleichung gilt dann $\frac{1}{f_1} + \frac{1}{f_2} = \frac{1}{f}$. Dabei ist f die Brennweite des *Linsensystems*. In unserem Beispiel ergibt sich $\frac{1}{15\,\text{cm}} + \frac{1}{30\,\text{cm}} = \frac{1}{f}$ oder $\frac{1}{f} = \frac{3}{30}\frac{1}{\text{cm}}$, also $f = 10$ cm.

Man bezeichnet den *Kehrwert* $1/f$ der Brennweite mit D und nennt $D = 1/f$ den **Brechwert** der Sammellinse. Mißt man die Brennweite f in Metern, so erhält der Brechwert $D = 1/f$ die Einheit $\frac{1}{\text{m}}$. Den Brechwert $D = 1\frac{1}{\text{m}}$ nennt man 1 **Dioptrie** (1 dpt). Eine Linse der Brennweite $f = 20$ cm $= 0{,}20$ m besitzt demnach den Brechwert $D = \frac{1}{0{,}2\,\text{m}} = 5$ dpt. Daraus folgt: Bei einem Linsensystem addieren sich die Brechwerte; es gilt $\boldsymbol{D = D_1 + D_2}$.

2. Linsen, die zerstreuen

Setzt man zu einer Sammellinse noch eine weitere Sammellinse, so wird dadurch die ursprüngliche Brennweite stets *verkleinert*. (Vergleiche *Bild 149.2!*) Nun gibt es aber auch Fälle, in denen man die Brennweite einer Sammellinse durch Vorsetzen einer weiteren Linse *vergrößern* möchte. Diesem Zweck dient die **Zer-**

150.1 Zerstreuungslinsen sind in der Mitte dünner als am Rand.

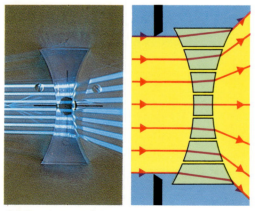

150.2 Achsenparallele Strahlen und Zerstreuungslinse

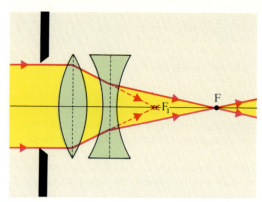

150.3 Die Brennweite der Kombination ist größer.

streuungslinse *(Bild 150.1)*. Wie bei der Sammellinse gibt es auch hier verschiedene Formen. Grundsätzlich ist eine Zerstreuungslinse in der Mitte *dünner* als am Rand. Die Ersatzprismen, in die man sie nach *Bild 150.2* zerlegen kann, haben ihr „dickes Ende" außen. Achsenparallele Strahlen werden an so gelagerten Prismen von der optischen Achse weg gebrochen.

Versuch 178: Wir lassen nach *Bild 150.2* schmale *achsenparallele Lichtbündel* auf das Modell einer Zerstreuungslinse fallen, das an der optischen Scheibe befestigt ist. Wir erkennen, daß die Lichtstrahlen nach der Brechung auseinanderstreben. Ein Lichtbündel, das von einem Punkt ausgeht, also an sich schon *divergent* ist, divergiert nach der Brechung an einer Zerstreuungslinse *noch stärker*. Mit einer Zerstreuungslinse allein kann man also sicher keine Abbildung eines Gegenstandes erzeugen.

In *Bild 150.3* fällt ein Bündel achsenparalleler Strahlen auf ein Linsensystem, das aus einer Sammellinse und einer Zerstreuungslinse zusammengesetzt ist. Die auf den Brennpunkt F_1 der Sammellinse hinzielenden Lichtstrahlen werden durch die Zerstreuungslinse etwas auseinandergebogen. Deshalb wirken die beiden Linsen wie eine einzige Sammellinse mit vergrößerter Brennweite f. Folglich ist die Brechkraft $D = 1/f$ des Systems kleiner geworden. Damit die Gleichung $D = D_1 + D_2$ auch für diese Kombination aus Sammel- und Zerstreuungslinsen gilt, ordnet man der Zerstreuungslinse einen negativen Brechwert D_2 zu.

> **Zerstreuungslinsen machen Lichtbündel stärker divergent bzw. schwächer konvergent.**

§ 57 Der Fotoapparat

1. Physik beim Kamerakauf

Wenn du eine Kamera kaufen willst, kann dir die Physik bei einigen Entscheidungen helfen. Da ist zunächst einmal die Frage, welche *Brennweite* das Objektiv haben soll.

Versuch 179: Halte eine Sammellinse der Brennweite $f = 10$ cm vor eine Wand! Damit dort ein optisches Bild der weit entfernten Häuser und Bäume vor den Fenstern des Physiksaals entsteht, muß die Wand in der Brennebene der Linse liegen, also 10 cm von ihr entfernt sein. Wiederhole den Versuch mit einer Sammellinse, die denselben Durchmesser, aber die *doppelte* Brennweite $f = 20$ cm besitzt! Du mußt sie 20 cm vor die Wand halten, damit dort ein scharfes Bild entsteht; es ist doppelt so hoch und auch doppelt so breit wie vorher.

a) Wenn man ein Objektiv mit größerer Brennweite benutzt, erhält man ein größeres Bild, auf dem mehr Einzelheiten zu erkennen sind. Soll dabei der Ausschnitt gleich bleiben, so muß man ein entsprechend großes Filmformat wählen. Man kann aber auch das ursprüngliche Format beibehalten. Dieses wird dann schon von einem verhältnismäßig kleinen Teil des fotografierten Objektes *ganz ausgefüllt*: Ein Objektiv mit großer Brennweite wirkt also als **Teleobjektiv**. Soll andererseits ein großer Ausschnitt einer Landschaft auf dem Film *zusammengedrängt*, also ein großer Winkelbereich aufgenommen werden, so muß man ein Objektiv mit möglichst *kleiner* Brennweite nehmen (etwa $f = 35$ mm); man nennt es **Weitwinkelobjektiv**. Bei *Zoomobjektiven* läßt sich die Brennweite verändern. Dazu werden die einzelnen Linsen eines mehrlinsigen Systems geeignet gegeneinander verschoben.

b) Bei verdoppelter Brennweite f verteilt sich das Licht auf die 4fache Bildfläche: Das optische Bild wird entsprechend dunkler. Deshalb gilt für die notwendige *Belichtungsdauer* $T \sim f^2$. Verdoppelt man dagegen den Linsendurchmesser d, so geht die 4fache Lichtmenge durch: Es gilt also $T \sim 1/d^2$. Daraus folgt $T \sim (f/d)^2$.

Man nennt den Quotienten f/d die **Blendenzahl**. *Für die doppelte Blendenzahl benötigt man die 4fache Belichtungsdauer!*

2. Blende 4 und 1/60 oder Blende 5,6 und 1/30?

Am Objektiv eines Fotoapparates findest du neben den Entfernungsangaben noch eine weitere Skala; sie enthält die Blendenzahlen f/d in einer ganz bestimmten Reihenfolge, nämlich 1,4; 2; 2,8; 4; ... Stellt man eine solche Zahl ein, so wird dabei der Durchmesser einer sogenannten *Irisblende* verändert. Sie ist in das Objektiv eingebaut und dient dazu, dessen wirksamen Durchmesser und damit die Lichteintrittsfläche zu verkleinern. Eine solche Blende macht also das Objektiv absichtlich lichtschwächer! Ist sie ganz geöffnet, so besitzt das Objektiv seine maximale Lichtstärke, z.B. 1:4. Das bedeutet: Der Quotient aus Brennweite und Durchmesser der Linse ist $\frac{f}{d} = 4$.

Wenn du nun die nächst höhere Blendenzahl 5,6 einstellst, *verkleinert* sich der wirksame Durchmesser d der Linse so, daß jetzt $\frac{f}{d} = 5,6$ wird. Warum gerade 5,6? Nun — dann muß man gegenüber vorher genau doppelt so lange belichten; so ist nämlich die Zahlenfolge auf der Skala konstruiert! Bei Blende 8 muß man die Belichtungsdauer T abermals verdoppeln usw., und zwar nach der genormten Folge mit den gerundeten Werten (in Sekunden)

$\frac{1}{1000}, \frac{1}{500}, \frac{1}{250}, \frac{1}{125}, \frac{1}{60}, \frac{1}{30}, \frac{1}{15}, \frac{1}{8}, \frac{1}{4}, \frac{1}{2}, 1$.

Stellt man die Blendenzahl um 1 Stufe größer, so muß man die Belichtungsdauer verdoppeln.

Wozu das? Man ist doch froh, wenn man ein lichtstarkes Objektiv besitzt! Dafür hat man ja schließlich das viele Geld bezahlt! Warum wird dann zusätzlich eine Blende eingebaut, die das Objektiv wieder so lichtschwach macht?

3. Das Problem mit der Schärfentiefe

Du fotografierst Affen im Zoo: Etliche sind 3 m weit weg, andere 7 m; in 10 m Entfernung laust sich ein Pavian. Der Belichtungsmesser zeigt Blende 5,6 und 1/125 s an. Da die Affen umherhüpfen, nimmst du 1/250 s und zum Ausgleich Blende 4. Aber — welche *Entfernung* sollst du einstellen, damit alle Affen scharf abgebildet werden?

Versuch 180: Vor eine Sammellinse ($f = 10$ cm) bringen wir in den Gegenstandsweiten 25 cm und 50 cm jeweils ein leuchtendes L. Auf einem

152.1 Am Objektiv ist eine Schärfentiefeskala.

Schirm hinter der Linse läßt sich nur das eine oder das andere L scharf abbilden. Wir bringen den Schirm in eine Mittelstellung; dann sind beide Bilder etwas unscharf. Nun verkleinern wir mit einer *Irisblende* allmählich die Linsenöffnung: Die Helligkeit der Bilder nimmt zwar immer mehr ab; sie erscheinen uns aber schließlich *beide zugleich* scharf.

Zur Erklärung betrachten wir *Bild 152.2*. A und B seien zwei verschieden weit entfernte Gegenstandspunkte. Bringt man den Schirm bzw. den Film in den Bildpunkt A′, so schneidet er den von B kommenden Lichtkegel in einem Kreis. Deshalb erhält man von B keinen Bild*punkt,* sondern einen sogenannten *Zerstreuungskreis*. Stellt man dagegen den Schirm im Bildpunkt B′ auf, so ist zwar B′ scharf, doch entsteht nun statt A′ ein Zerstreuungskreis. Blendet man aber ab, so werden alle Lichtbündel *schlanker;* dadurch bleiben die Zerstreuungskreise auch noch in einiger Entfernung vom Bildpunkt klein: *Jedes* der beiden L erscheint auf dem Schirm einigermaßen scharf.

Die sogenannte **Schärfentiefe** ist nach Versuch 180 von der Blendenzahl abhängig. Die Skala am Objektiv in *Bild 152.1* zeigt, daß bei einer Einstellung auf 5 m ab Blende 8 alle Affen in deinem Foto scharf abgebildet werden. Du mußt also Blende 8 und 1/60 s wählen. Hoffentlich hüpfen die Affen nicht zu schnell!

4. Auf die Belichtung kommt's an!

Sollen deine Fotos gut werden, so mußt du sie richtig belichten; dies gilt vor allem für Farbdias. Die Belichtungswerte zeigt dir der *Belichtungsmesser* an; in viele Kameras ist er fest eingebaut.

Versuch 181: Wir richten ein *Fotoelement* (Solarzelle, Seite 357), das mit einem empfindlichen elektrischen Meßgerät verbunden ist, auf verschiedene Gegenstände, z.B. ein weißes Papier, die Zimmerwand oder ein farbiges Tuch. Dabei schlägt der Zeiger des Meßinstruments mehr oder weniger aus. Ein Teil des an diesen Gegenständen gestreuten Lichts gelangt in das Fotoelement und ruft dort einen elektrischen Strom hervor. Seine Stärke ist ein Maß für die Helligkeit, mit der das Fotoelement beleuchtet wird. Nach demselben Prinzip arbeitet der *Belichtungsmesser;* er mißt, wie stark das Objektiv vom Streulicht der zu fotografierenden Gegenstände beleuchtet wird.

Für die *Beleuchtungsstärke* gibt es ein besonderes Maß, das Lux (lx): Beleuchtet man mit einer normalen Kerze aus 1 m Abstand eine Fläche, so erfährt diese ungefähr die Beleuchtungsstärke 1 lx. Durch zwei Kerzen wird die Fläche mit ungefähr 2 lx beleuchtet.

Die Skala des Belichtungsmessers ist allerdings nicht in Lux eingeteilt; vielmehr sind auf ihr die Blendenzahlen samt zugehörigen Belichtungsdauern angegeben, die bei einer bestimmten Filmempfindlichkeit am Fotoapparat eingestellt werden müssen.

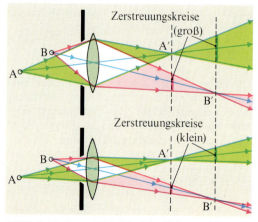

152.2 Schlankere Lichtbündel, kleinere Zerstreuungskreise

Aufgabe

Wie weit muß das Objektiv ($f = 10$ cm) einer Kamera jeweils verschoben werden, wenn es zunächst auf ∞, dann auf die Entfernungen 10 m, 5 m; 2 m; 1 m; 0,50 m *und* 0,25 m *eingestellt wird?*

§ 58 Das menschliche Auge

1. Das Auge, eine Fernsehkamera

Alle wichtigen Funktionen eines so komplizierten technischen Geräts wie einer Fernsehkamera finden sich im Prinzip auch beim Auge. Betrachten wir *Bild 153.1*, das einen Schnitt durch ein menschliches Auge darstellt: Die gekrümmte durchsichtige *Hornhaut*, die *Augenlinse* und die dazwischen befindliche *wäßrige Flüssigkeit* sowie der *Glaskörper* bilden zusammen ein Linsensystem. Es entspricht dem Objektiv einer Kamera und erzeugt auf der sogenannten *Netzhaut* ein optisches Bild der Außenwelt. Die Netzhaut enthält eine unglaublich große Zahl feinster lichtempfindlicher Elemente. Sie werden wegen ihrer unterschiedlichen Form *Zapfen* und *Stäbchen* genannt. 7 Millionen Zapfen reagieren auf die Farben des Lichts; sie ermöglichen bei Helligkeit das Farbensehen und das Erkennen scharfer Konturen. 125 Millionen Stäbchen sind helligkeitsempfindlich; sie geben nur Grauwerte wieder (*Bild 153.2*).

Alle Zapfen und Stäbchen sind über feinste Verästelungen mit dem *Sehnerv* verbunden. Wie das Kabel, das aus der Fernsehkamera herausführt, leitet er die aufgefangenen Lichtreize einem Empfänger – dem Gehirn – zu. Die für das Farbensehen empfindlichste Stelle der Netzhaut ist der sogenannte *gelbe Fleck*. Er besitzt einen Durchmesser von kaum 1 mm und enthält etwa 160000 Zapfen. Die Stelle, an welcher der Sehnerv in das Auge eintritt, ist für Lichteindrücke unempfindlich; sie wird deshalb „*blinder Fleck*" genannt. Diesen blin-

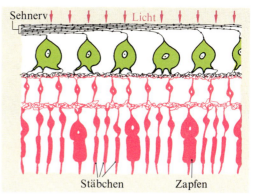

153.2 Vergrößerter Schnitt durch die Netzhaut. Das Licht fällt von oben ein!

den Fleck kann man leicht nachweisen. Dazu legt man zwei kleine Münzen im Abstand von 6 bis 8 cm nebeneinander auf den Tisch. Schließt man das linke Auge und nähert das *rechte* Auge der *linken* Münze, so scheint auf einmal die *rechte* Münze verschwunden zu sein. Denn jetzt fällt ihr Bild auf den blinden Fleck.

Wie die Fernsehkamera besitzt auch das Auge eine *Blende*. Sie wird *Regenbogenhaut* oder *Iris* genannt – daher die Bezeichnung *Irisblende* beim Fotoapparat! Die Iris im Auge wird – durch die Lichthelligkeit gesteuert – automatisch größer und kleiner und sorgt so stets dafür, daß das Netzhautbild die richtige Helligkeit hat.

2. Wie funktioniert beim Auge die Scharfeinstellung?

Fotoapparat und Fernsehkamera liefern nur scharfe Bilder, wenn das Objektiv auf die richtige Entfernung eingestellt ist. Je kleiner diese Entfernung ist, desto weiter muß das Objektiv aus dem Apparat herausgeschoben werden (vergleiche *Bild 152.1*). Funktioniert das eigentlich beim Auge auch so? Zwar spricht man manchmal von „Stielaugen", wenn jemand besonders scharf blickt; doch dürfen wir das wohl nicht so wörtlich nehmen. Oder hast du schon einmal bemerkt, daß sich beim Blick in die Nähe die Augenlinse vorschiebt? – Sicher nicht.

Die Augenlinse besteht aus einem elastischen, halbfesten Stoff. Sie hängt in der Öffnung eines Ringmuskels, der sie flachzieht, wenn er *entspannt* ist. Wird er erregt, so läßt sein Zug an der Linse nach, und diese krümmt sich stärker; dadurch wird ihre Brennweite und mit ihr

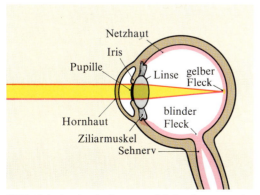

153.1 Schnitt durch das menschliche Auge, vereinfacht dargestellt

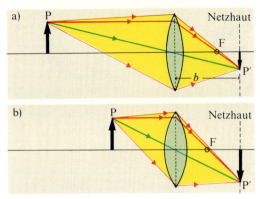

154.1 Rückt der Gegenstand näher, so muß auch der Brennpunkt näherrücken.

auch die des gesamten brechenden Systems *kleiner*. Im Ruhezustand, d.h. bei *entspanntem* Ringmuskel, ist die Augenlinse so flach, daß der Brennpunkt des Systems auf der Netzhaut (im gelben Fleck) liegt. Dann werden weit entfernte Gegenstände scharf abgebildet. Im Ruhezustand ist das Auge also auf ∞ eingestellt. Je näher der Gegenstand liegt, den wir „ins Auge fassen", desto stärker muß sich die Augenlinse krümmen. Dieser Anpassungsvorgang wird *Akkommodation* genannt. Das Auge kann jedoch nicht bis in jede beliebige Nähe *akkommodieren*; befindet sich ein Gegenstand im sogenannten *Nahpunkt* – er liegt bei jungen Menschen etwa 10 cm vor dem Auge –, so ist eine Grenze erreicht: Stärker kann sich die Augenlinse nicht mehr krümmen. Eine andauernde Akkommodation auf den Nahpunkt ermüdet und ist für das Auge schädlich. Die kürzeste Entfernung, in der ein Gegenstand ohne Überanstrengung betrachtet werden kann, beträgt etwa 25 cm. Man nennt diese Entfernung die **deutliche Sehweite** s.

3. Wozu braucht man eine Brille?

Die häufigsten Augenfehler sind **Kurzsichtigkeit** und **Übersichtigkeit**. Beim *kurzsichtigen* Auge ist der Augapfel für den Brechwert der Linse *zu lang*. Deshalb liegt der Brennpunkt bei entspanntem Ringmuskel *nicht in* der Netzhaut, sondern etwas davor (Bild 154.2b). Um weit entfernte Gegenstände scharf sehen zu können, müßte man die Krümmung der Linse noch schwächer machen, als sie im entspannten Zustand schon ist. Das geht nicht; deshalb sieht ein solches Auge ferne Gegenstände nur verschwommen. Abhilfe schafft eine Brille mit *Zerstreuungslinsen*. Sie bildet zusammen mit dem Auge ein Linsensystem größerer Brennweite. Der Blick in die Nähe ist dagegen auch ohne Brille gut möglich: Stellt sich ein kurzsichtiges Auge auf einen nahen Punkt ein, so muß seine Linse nicht so stark gekrümmt werden wie die des normalsichtigen Auges.

Der Augapfel des *Übersichtigen* ist für den Brechwert der Linse *zu kurz*. Deshalb liegt der Brennpunkt bei entspanntem Ringmuskel *hinter* der Netzhaut *(Bild 154.2c)*. Zum Blick in die Ferne muß der Ringmuskel also schon etwas angespannt werden. Das läßt sich machen; deshalb kann ein übersichtiges Auge ferne Gegenstände durchaus scharf sehen. Doch ist die stärkste Krümmung der Augenlinse schon erreicht, wenn der Gegenstand noch relativ weit vom Auge entfernt ist. Nahe Gegenstände erscheinen nur verschwommen. Setzt man vor ein solches Auge eine Brille mit Sammellinsen, so wird die zu große Brennweite dadurch herabgesetzt.

Mit zunehmendem Alter läßt die Krümmungsfähigkeit der Augenlinse nach. Dadurch kann die Brennweite nicht so stark verkleinert werden, wie dies zum Blick in die Nähe notwendig ist: Es tritt eine **Altersübersichtigkeit** auf. Auch hier hilft eine Brille mit Sammellinsen.

Aufgaben

1. *Bestimme den Nahpunkt für dein Auge!*

2. *Wie erkennt man an der Brille, ob der Träger kurz- oder übersichtig ist?*

3. *Welche Brennweite hat eine Linse mit +5 dpt? Welchem Augenfehler kann sie helfen?*

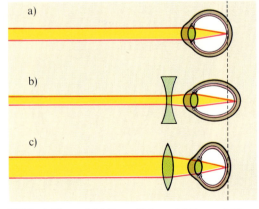

154.2 a) Normalsichtiges, b) kurzsichtiges, c) übersichtiges Auge mit Brille

§59 Instrumente zur Nahbeobachtung

1. Die Lupe macht das Netzhautbild größer

Wenn du eine Briefmarke ganz genau betrachten willst, bringst du sie nahe ans Auge. Damit sorgst du unbewußt dafür, daß das Netzhautbild möglichst groß wird, also viele Sehzellen überdeckt. Nun kann die Augenlinse (auf die Dauer) nur bis herab zur Gegenstandsweite $g = s = 25$ cm akkommodieren. Deshalb siehst du die Briefmarke am besten, wenn du sie in die *deutliche Sehweite* $s = 25$ cm bringst.

Versuch 182: a) Zur Untersuchung des Netzhautbildes stellen wir ein *Modellauge* her. Es besteht aus einer Sammellinse der Brennweite 20 cm, die wir so vor einem Schirm anbringen, daß weit entfernte Gegenstände darauf scharf abgebildet werden. Damit ist es auf ∞ eingestellt. Mit diesem Modellauge wollen wir nun die Glühwendel einer 6 V-Lampe möglichst gut sehen. Zur Scharfeinstellung dürfen wir aber die Bildweite nicht ändern – das ginge ja bei einem richtigen Auge auch nicht! Wir können dazu lediglich die Brennweite der „Augenlinse" verkleinern. Wir tauschen also die Linse gegen eine solche mit $f = 10$ cm aus; dies soll die kleinstmögliche Brennweite unseres Modellauges sein.

Bringe nun das Lämpchen so nahe heran, daß auf dem Schirm ein scharfes Bild der Wendel entsteht. Dies ist das größtmögliche Netzhautbild, das in unserem Modell **ohne** Hilfsmittel erzeugt werden kann. Seine Höhe bezeichnen wir mit B_o. Miß B_o!

Doch gibt es noch eine andere Möglichkeit, die Brennweite zu verkleinern: Man setzt *vor* die Augenlinse eine weitere Linse. Dann entsteht ein *Linsensystem* mit verkleinerter Brennweite. Eine solche *Vorsatzlinse* wird *Lupe* genannt.

b) „Entspanne" zunächst das Modellauge, indem du die Linse mit $f = 20$ cm einsetzt (als richtiges Auge würde es jetzt nicht ermüden)! Bringe unmittelbar davor als Lupe eine weitere Linse mit der Brennweite $f_L = 5$ cm! Nun kannst du die Glühwendel der 6 V-Lampe bis auf 5 cm an das Modellauge heranrücken. Damit ein scharfes Netzhautbild entsteht, mußt du nämlich den Gegenstand so weit heranschieben, daß er in der *Brennebene* der Lupe liegt. Dann verlassen die von einem Gegenstandspunkt ausgehenden Lichtstrahlen die Lupe schiefparallel

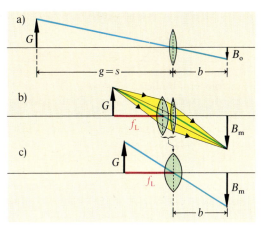

155.1 Netzhautbild a) ohne, b) mit Lupe; c) Lupe und Augenlinse wirken wie eine einzige Linse.

und werden von der auf ∞ eingestellten („entspannten") Augenlinse in der Netzhaut vereinigt. *Bild 155.1b* zeigt, warum jetzt ein größeres Netzhautbild entsteht. Miß seine Höhe B_m! (B_m bedeutet „Bild **m**it Lupe".) Du hast z.B. $B_o = 2$ mm und $B_m = 8$ mm gemessen. Dann erscheint die Glühwendel dem Modellauge *mit* Lupe 4mal so lang wie in deutlicher Sehweite *ohne* Lupe: Die Lupe vergrößert 4fach. Das Netzhautbild wird auch 4mal so *breit*, seine Fläche also 16fach: Die Zahl der überdeckten *Sehelemente* wird 16mal so groß!

Definition: **Unter der Vergrößerung V durch ein optisches Instrument versteht man den Quotienten**

$$\frac{\text{Höhe des Netzhautbildes mit Instrument } B_m}{\text{Höhe des Netzhautbildes ohne Instrument } B_o}$$

$$V = \frac{B_m}{B_o}. \tag{155.1}$$

Wir berechnen mit dem Strahlensatz B_o und B_m:

Aus *Bild 155.1a* folgt $\frac{B_o}{G} = \frac{b}{s}$ oder $B_o = \frac{G \cdot b}{s}$.

Aus *Bild 155.1c* folgt $\frac{B_m}{G} = \frac{b}{f_L}$ oder $B_m = \frac{G \cdot b}{f_L}$.

Die Vergrößerung durch die Lupe beträgt

$$V = \frac{B_m}{B_o} = \frac{s}{f_L}. \tag{155.2}$$

Dabei ist $s = 25$ cm (deutliche Sehweite) und f_L die Brennweite der Lupe.

2. Das Mikroskop macht Unsichtbares sichtbar

Zum genauen Betrachten von Briefmarken reicht eine Lupe mit 10facher Vergrößerung aus. Nun gibt es aber auch weit kleinere Objekte, die mit bloßem Auge überhaupt nicht mehr zu erkennen sind. Man könnte denken: Solch „mikroskopisch kleine" Gegenstände betrachtet man eben durch eine Lupe mit 100facher oder gar noch stärkerer Vergrößerung. Nach *Gleichung 155.2* müßte eine derartige Lupe jedoch eine äußerst kleine Brennweite und deshalb eine besonders starke Wölbung besitzen. Dabei würde das Bild durch Linsenfehler völlig verzerrt. Deshalb geht man bei Lupen nicht über eine 20fache Vergrößerung hinaus.

Weit stärkere Vergrößerungen erzielt man mit dem **Mikroskop.** Bei ihm wird das zu betrachtende Objekt auf den sogenannten *Objekttisch* gelegt und — wie beim Diaprojektor — über einen Kondensor von unten durchstrahlt (*Bild 156.2*). Das *Objektiv* der Brennweite f_1 erzeugt an einer bestimmten Stelle im oberen Teil des sogenannten *Tubus* in der Bildweite b_z ein stark vergrößertes *Zwischenbild* der Bildhöhe B_z. Der Abbildungsmaßstab dieser Dia-Vergrößerung beträgt $A = B_z/G = b_z/g$. Damit A möglichst groß wird, muß demnach die Gegenstandsweite g und damit auch die Brennweite des Objektivs $f_1 < g$ sehr klein gemacht werden. Das Objekt werde z.B. in der Gegenstandsweite $g = 2{,}05$ mm vor ein Objektiv der Brennweite $f_1 = 2{,}00$ mm gebracht. Dann entsteht in der Bildweite $b_z = 82$ mm ein 40fach vergrößertes Zwischenbild. Der Abbildungsmaßstab $A = 40$ ist auf dem Objektiv angeschrieben.

Das 40fach vergrößerte Zwischenbild wird nun mit einer Lupe — *Okular* genannt — betrachtet. Besitzt dieses Okular z.B. die Brennweite $f_2 = 25$ mm, so wird das Zwischenbild nach *Gleichung 156.2* vom Auge 10fach vergrößert gesehen. (Der Vergrößerungsfaktor 10 ist auf dem Okular vermerkt.) Insgesamt entsteht damit eine 40×10fache = 400fache Vergrößerung. Das bedeutet: Blickt man durch dieses Mikroskop, so ist das Netzhautbild 400mal so hoch, wie wenn man denselben Gegenstand mit bloßem Auge in deutlicher Sehweite $s = 25$ cm betrachten würde.

Versuch 183: Betrachte mit dem rechten Auge durch ein Mikroskop einen Draht der Dicke $G = 0{,}05$ mm (mit der Mikrometerschraube gemessen)! Nach einiger Übung gelingt es dir,

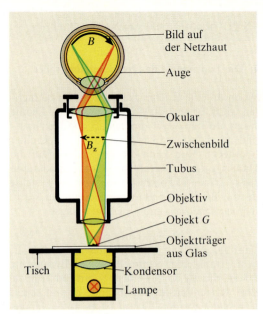

156.1 Strahlengang in einem Mikroskop

gleichzeitig mit dem linken Auge auf einen Maßstab zu schauen, der in $s = 25$ cm Entfernung quer zum Draht neben dem Mikroskop liegt. Stellst du z.B. fest, daß der Draht 30 mm des Maßstabs überdeckt, so ist die Vergrößerung $V_M = 30 \text{ mm}/0{,}05 \text{ mm} = 600$.

Das Objektiv des Mikroskops erzeugt von einem kleinen Objekt ein vergrößertes Zwischenbild. Dieses wird durch eine Lupe (das Okular) betrachtet.

Die Vergrößerung des Mikroskops ist gleich dem Produkt aus dem Abbildungsmaßstab A des Objektivs und der Vergrößerung V_o des Okulars: $V_M = A \cdot V_o$.

Nach den Gesetzen der geometrischen Optik ließe sich die Vergrößerung beliebig steigern. Aus Gründen, die wir erst in der Oberstufe erklären können, geht man jedoch über eine 1500fache Vergrößerung nicht hinaus.

Aufgabe

Bei einem Mikroskop besitzen die Mittelebenen von Objektiv ($f_1 = 3{,}00$ mm) und Okular ($f_2 = 50$ mm) einen Abstand von 143 mm. Berechne die Bildweite b_z des Zwischenbildes! Wie groß ist die Gegenstandsweite? Berechne die Vergrößerung dieses Mikroskops!

§ 60 Instrumente zur Fernbeobachtung

1. Wie funktioniert ein astronomisches Fernrohr?

Unser Auge kann eine Amöbe deshalb nicht deutlich sehen, weil seine Scharfeinstellung versagt, wenn es zu nahe an dieses kleine Objekt herangeht. Lupe und Mikroskop sind sozusagen „vorgeschobene Beobachter", die sich der Amöbe auf sehr kleine Entfernung nähern und damit dem Auge ein relativ großes Netzhautbild verschaffen können.

Auch ein Mondkrater ist von der Erde aus kaum zu erkennen. Daß man ihn mit bloßem Auge nicht größer sehen kann, liegt nicht – wie bei der Betrachtung einer Amöbe – an der begrenzten Akkommodationsfähigkeit des Auges, sondern an der großen Entfernung des Mondes. Nun erinnern wir uns, daß sich mit einem Teleobjektiv (*große* Brennweite!) von einem weit entfernten Gegenstand ein großes Bild erzeugen läßt (Seite 151). Ein solches Bild ist natürlich immer noch viel kleiner als das Original. Doch ist es uns so nahegerückt, daß wir es bequem durch eine Lupe betrachten können. Vielleicht sehen wir dann das Objekt größer als mit bloßem Auge? Versuchen wir es einmal!

Versuch 184: Stelle eine Sammellinse der Brennweite $f_1 = 50$ cm so auf, daß sie auf einem Schirm das optische Bild eines fernen Gegenstandes (z.B. eines Baumes vor dem Fenster) erzeugt! Bringe als Lupe eine Sammellinse der Brennweite $f_2 = 10$ cm hinter den Schirm und nimm diesen dann weg! Wenn du nun durch die Lupe blickst, siehst du das ferne Objekt zwar auf dem Kopf stehend, doch größer als mit bloßem Auge.

Du hast damit ein **astronomisches Fernrohr** gebaut. Aus dem in *Bild 157.1* gezeichneten Strahlengang geht hervor, wie die Vergrößerung zustandekommt. Als Gegenstand denken wir uns einen weit entfernten Baum. Von seiner Spitze und von seinem Fuß gehen Lichtstrahlen aus; sie kommen sowohl beim Auge als auch auf der Abbildungslinse des Fernrohrs – dem *Objektiv* – als Parallelbündel unter gleichem Sehwinkel α an. Auf der Netzhaut des Auges erzeugen sie ein sehr kleines Bild der Höhe B_o (*Bild 157.1a*), beim Fernrohr lassen sie in der Brennebene des Objektivs ein Zwischenbild der Höhe B_z entstehen (*Bild 157.1b*). Die von seiner Spitze S wieder auseinanderlaufenden Strahlen treffen auf eine als Lupe wirkende Sammellinse, das *Okular*. Von ihm werden sie so gebrochen, daß sie das Fernrohr wieder als *Parallelbündel* verlassen. Dazu muß das Okular so angebracht sein, daß das Zwischenbild in seiner Brennebene liegt. Dem in *Bild 157.1* dargestellten Strahlengang entnehmen wir:

– Das Netzhautbild ist gegenüber der Betrachtung ohne Fernrohr gerade umgekehrt. Für den Beobachter steht der Baum also kopf; auch die Seiten erscheinen vertauscht.

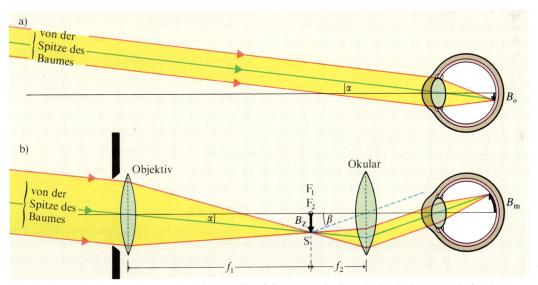

157.1 Die von der Baumspitze ausgehenden Strahlen fallen a) unmittelbar; b) durch das Fernrohr ins Auge.

– Das aus dem Okular austretende Parallelbündel ist wesentlich steiler als das Bündel, das von der Baumspitze herkommt. Deshalb entsteht im Auge beim Blick durch das Fernrohr ein größerer Sehwinkel und damit auch ein größeres Netzhautbild.

Die *Richtung* der Parallelbündel läßt sich mit Hilfe der Mittelpunktsstrahlen einfach bestimmen (in *Bild 157.1b* grün gezeichnet). Dabei erkennen wir: Je größer die Objektivbrennweite f_1 und je kleiner die Okularbrennweite f_2 ist, desto *steiler* tritt das Lichtbündel aus dem Fernrohr heraus, desto stärker ist also die Vergrößerung des Sehwinkels und damit auch des Netzhautbildes.

Ist die Brennweite f_1 des Objektivs genauso groß wie die Brennweite f_2 des Okulars, so verlaufen die Mittelpunktsstrahlen völlig symmetrisch *(Bild 158.1)*. In diesem Fall vergrößert das Fernrohr den Sehwinkel überhaupt nicht. Aus $f_1 = f_2$ folgt also $B_m = B_o$.

Vergrößern wir nun – von diesem Sonderfall ausgehend – die Brennweite des *Objektivs* auf das *n*-fache, machen also $f_1 = n \cdot f_2$, so wird das *Zwischenbild* und damit auch das *Netzhautbild* gegenüber vorher ebenfalls *n* mal so hoch. Aus $f_1 = n \cdot f_2$ folgt also $B_m = n \cdot B_o$: Wir erhalten eine *n*-fache Vergrößerung. Für die Vergrößerung gilt demnach

$$V = \frac{B_m}{B_o} = n = \frac{f_1}{f_2}.$$

Beim astronomischen Fernrohr erzeugt das Objektiv (Brennweite f_1) von einem fernen Gegenstand ein Zwischenbild. Dieses wird durch das Okular (Brennweite f_2) wie mit einer Lupe betrachtet.

Die Vergrößerung ist $V = \dfrac{B_m}{B_o} = \dfrac{f_1}{f_2}.$ **(158.1)**

Versuch 185: Wir richten eine Videokamera auf einen weit entfernten Gegenstand und messen die Höhe B_o seines Bildes auf dem Fernsehschirm. Dann bringen wir vor die Kamera ein astronomisches Fernrohr, das wir aus zwei Sammellinsen ($f_1 = 50$ cm; $f_2 = 10$ cm) zusammenbauen. Messen wir das Netzhautbild B_m, das jetzt auf dem Fernsehschirm zu sehen ist, so können wir leicht feststellen, daß es 5mal so groß ist wie das Netzhautbild B_o ohne Fernrohr. Damit ist die Richtigkeit der *Gleichung 158.1* bestätigt: Aus ihr folgt $V = f_1/f_2 = 5$.

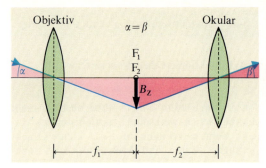

158.1 Wenn $f_1 = f_2$ ist, bleibt der Sehwinkel gleich.

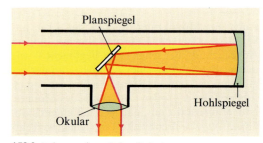

158.2 Schema eines Spiegelteleskops

2. Das Spiegelteleskop

Das *Spiegelteleskop* arbeitet nach demselben Prinzip wie das astronomische Fernrohr. Jedoch wird das Zwischenbild durch einen gekrümmten Spiegel erzeugt. Er hat wie Linsen eine Brennebene. In dieser entsteht das Zwischenbild, das durch ein als Lupe wirkendes Okular betrachtet wird *(Bild 158.2)*. Die reflektierten Lichtstrahlen werden durch einen Spiegel zur Seite gelenkt, damit der Beobachter dem einfallenden Licht nicht im Wege ist.

Eines der größten Spiegelteleskope steht auf dem *Mount Palomar* (Kalifornien). Sein Spiegeldurchmesser beträgt 5 m, die Brennweite 16,8 m. Das Teleskop bei *Tiflis* besitzt sogar einen Durchmesser von 6,10 m und eine Brennweite von mehr als 20 m.

Aufgaben

1. *Ein Fernglas mit der Okularbrennweite 80 mm soll 15fach vergrößern. Berechne die Brennweite des Objektivs!*

2. *Die Objektivbrennweite eines Fernrohrs ist 1 m. Berechne die Okularbrennweite für eine 20fache Vergrößerung! Um wieviel cm muß das Fernrohr verlängert werden, wenn ein 25 m entfernter Gegenstand betrachtet wird?*

§61 Farbige Lichter; das Spektrum

1. In Weiß steckt Farbe

Fällt Sonnenlicht durch eine geschliffene Glasschale oder eine Kristallvase, so kannst du eine interessante Beobachtung machen: Auf dem Tischtuch entstehen Lichtstreifen, die in allen Regenbogenfarben leuchten!

Blicke durch ein Glasprisma! Da es die Lichtstrahlen stark bricht, kannst du mit ihm um die Ecke schauen. Die Gegenstände, die du auf diese Art betrachtest, weisen seltsame Farbsäume auf. Wie kommt das? – Solchen merkwürdigen Farberscheinungen wollen wir in den folgenden Versuchen auf den Grund gehen!

Versuch 186: Als Lichtquelle benutzen wir eine Glühlampe, die anstelle der sonst üblichen *Wendel* einen *geraden Draht* besitzt. Wir stellen diesen Glühdraht senkrecht und bilden ihn mit einer Sammellinse ($f = 15$ cm) auf einen Schirm ab: Dort erscheint ein weißer hell leuchtender Strich.

Nun stellen wir nach *Bild 159.1* dicht hinter die Abbildungslinse ein *Prisma* aus stark brechendem *Flintglas*. Wegen der Brechung geht das Licht jetzt um die Ecke. Deshalb müssen wir den Schirm seitlich aufstellen, damit wir das optische Bild des Glühdrahtes auffangen können. Dabei erhalten wir aber nun zu unserer Überraschung nicht etwa wieder einen weißen Strich, sondern ein in vielen Farben leuchtendes Band *(Bild 160.1)*; es wird **Spektrum** genannt. Wie kommt es zustande? Um diese Frage zu beantworten, untersuchen wir zuerst, ob auch andere Lichtquellen ein solches Spektrum liefern.

Versuch 187: a) Wir benutzen als Lichtquelle einen *Laser*. Das von ihm ausgehende Parallellichtbündel kommt aus einer kreisrunden Öffnung. Damit wir wie in Versuch 186 einen *leuchtenden Strich* erhalten, weiten wir das Laserlichtbündel nach *Bild 159.2* durch eine Sammellinse auf und beleuchten damit einen schmalen Spalt. Dieser ersetzt nun den leuchtenden Draht. Wird das von ihm ausgehende Licht durch das gleiche Glasprisma gebrochen wie in Versuch 186, so erleben wir wieder eine Überraschung! Diesmal passiert genau das, was wir eigentlich im vorigen Versuch erwartet hatten: Auf dem seitlich aufgestellten Schirm entsteht ein scharfes Bild des rot leuchtenden Spaltes. Wir markieren seine Lage mit einem Bleistift.

b) Nun wechseln wir den Laser durch eine *Natriumdampflampe* aus und achten darauf, daß sich die Versuchsanordnung dabei nicht verschiebt. Wieder erhalten wir nach der Brechung am Prisma auf dem Schirm ein scharfes Bild des Spaltes; diesmal leuchtet es *gelb*. Wir halten auch seine Lage mit einem Bleistiftstrich fest. Vergleichen wir ihn mit der Marke des vorigen Versuchs, so stellen wir fest: *Das gelbe Spaltbild liegt rechts vom roten Spaltbild.* Das heißt aber: Das gelbe Licht der Natriumdampflampe wird am Prisma stärker gebrochen als das rote Licht des Lasers. **Offenbar gibt es verschiedene Lichtarten.** Dem Auge geben sie sich durch verschiedene *Farben* zu erkennen; physikalisch unterscheiden sie sich dadurch, daß sie verschieden stark gebrochen werden. Diese Abhängigkeit der Brechung von der Farbe des Lichts nennt man **Dispersion**.

Damit sind wir dem Geheimnis der Farben um ein gutes Stück näher gekommen! Im Spektrum des weißen Glühlichts ist offenbar das-

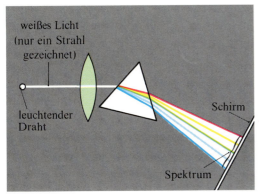

159.1 Es entsteht ein farbiges Band.

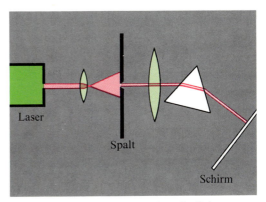

159.2 Der Laserstrahl wird nicht aufgefächert.

160.1 Bei der Brechung des weißen Lichts am Prisma entsteht ein leuchtendes farbiges Band.

selbe rote Licht, das der Laser aussendet, und auch das gelbe Licht der Natriumdampflampe enthalten.

Versuch 188: Wir erzeugen nach *Bild 160.2* das Spektrum von weißem Glühlicht und blenden die rote Farbe unterwegs aus; dann erscheint auf dem Schirm ein schmaler roter Strich. Das zu ihm führende Lichtbündel lenken wir nun durch ein weiteres Prisma zur Seite ab: Dort entsteht wieder ein roter Strich! Das ausgeblendete rote Lichtbündel wird also – wie der rote Laserstrahl – durch das zweite Prisma nicht mehr weiter aufgefächert.

Dasselbe Ergebnis erhalten wir, wenn wir irgend eine andere Farbe des Spektrums ausblenden und anschließend durch das zweite Prisma ablenken. Licht, das sich bei der Brechung am Prisma in keine weiteren Farben mehr aufspaltet, nennt man *spektralrein* oder *einfarbig*. Der Laser und die Natriumdampflampe z.B. senden von vornherein ein solches spektralreines Licht aus.

> **Die Farben des Spektrums lassen sich nicht weiter zerlegen; sie sind spektralrein.**

Unsere Versuche deuten darauf hin, daß alle diese Spektralfarben im weißen Glühlicht schon enthalten sind. Ein ungewohnter Gedanke! Dann müßte eigentlich umgekehrt wieder weißes Licht entstehen, wenn man sämtliche Farben des Spektrums mit Hilfe einer Sammellinse vereinigt.

Versuch 189: Wir erzeugen wie in Versuch 186 das Spektrum von Glühlicht. Dann bringen wir nach *Bild 160.3* eine Sammellinse so in den Strahlengang, daß sie die von der Eintrittsfläche des Prismas an aufgefächerten verschiedenfarbigen Lichter auf dem Schirm wieder vereinigt. *Das Ergebnis dieser Addition farbiger Lichter ist ein strahlendes Weiß!*

Damit kommen wir zu folgender Deutung: Das weiße Glühlicht enthält viele farbige Lichtarten. Diese unterscheiden sich physikalisch dadurch, daß bei der Brechung *Rot* am schwächsten, *Gelb* stärker, *Grün* noch stärker und *Violett* am stärksten abgelenkt wird.

Jetzt haben wir auch eine Erklärung dafür, wie das bunte Band des Spektrums in Versuch 186 zustandekommt: Jede der im weißen Glühlicht enthaltenen Farben läßt nach der Brechung das Bild des leuchtenden Drahtes an einer anderen Stelle des Schirms entstehen. Das Spektrum, das in Versuch 186 entstanden ist, baut sich also aus lauter nebeneinanderliegenden optischen Bildern des weiß leuchtenden Glühdrahtes auf, die *nahtlos* ineinander übergehen.

Man spricht deshalb auch von einem **kontinuierlichen Spektrum.**

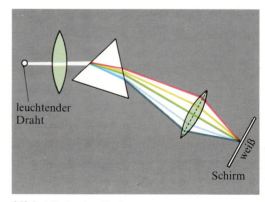

160.2 Das ausgeblendete rote Licht bleibt rot.

160.3 Alle Spektralfarben werden zu Weiß addiert.

> Das weiße Glühlicht enthält alle farbigen Lichter des Spektrums. Sie werden durch ein Prisma verschieden stark gebrochen.
>
> Man hebt 6 Spektralfarben namentlich hervor: Rot, Orange, Gelb, Grün, Blau und Violett.
>
> Rot wird am schwächsten, Violett am stärksten gebrochen.

2. Unsichtbares Licht

Versuch 190: Wir benutzen nun in der Anordnung von Versuch 187 als Lichtquelle eine *Halogenleuchte* oder eine *Kohlebogenlampe*. Durch das Spektrum, das wir auf einem Schirm sichtbar machen, führen wir ein kleines *Silicium-Fotoelement*. Wird es vom Licht getroffen, so schlägt der Zeiger eines mit ihm verbundenen Meßinstrumentes aus. Erstaunlicherweise erhalten wir auch dann einen Ausschlag, wenn wir das Fotoelement über das sichtbare Spektrum hinaus in den dunklen Bereich jenseits von Violett bringen. Schalten wir die Lampe aus, so geht das Meßinstrument auf Null zurück. Das Fotoelement wird also von Strahlen getroffen, die von der *Lichtquelle* ausgehen. Sie werden offenbar durch das Prisma noch stärker gebrochen als violettes Licht. Diese für das menschliche Auge unsichtbare Strahlung nennt man **ultraviolettes Licht.**

Versuch 191: Wir wiederholen den vorhergehenden Versuch, fangen aber das Spektrum nicht mit einem Papierschirm, sondern mit einem *Zinksulfidschirm* auf: Jetzt entsteht jenseits von Violett ein *heller Streifen!* Er leuchtet etwas nach, wenn wir das vom Prisma kommende Licht abdecken; dann sehen wir ihn besonders deutlich. – Die Beschichtung des Schirms wird im Bereich dieses Streifens vom ultravioletten Licht zum Leuchten angeregt. Man sagt dazu: „Der Schirm fluoresziert."

Fluoreszierende Briefmarken enthalten an bestimmten Stellen – ähnlich wie der Zinksulfidschirm – Stoffe, die im Dunkeln hell aufleuchten, wenn sie mit ultraviolettem Licht bestrahlt werden.

Ultraviolettes Licht wird von sehr heißen Lichtquellen und von besonderen *UV-Lampen* ausgestrahlt. Es bräunt die Haut und fördert die Bildung des wichtigen Vitamins D in unserem Körper. Zu starkes Einwirken ultravioletten Lichts ist aber schädlich; es erzeugt u.a. den *Sonnenbrand*, vermutlich aber auch Hautkrebs. Das von der *Sonne* ausgehende ultraviolette Licht wird zum großen Teil in der Lufthülle der Erde *absorbiert*. Es wirkt daher in größeren Höhen, z.B. auf Bergen, stärker. Manche Insekten, z.B. *Bienen,* können ultraviolettes Licht wahrnehmen.

Versuch 192: Wir wiederholen Versuch 190, bringen aber nun das Fotoelement in den dunklen Bereich, der sich an das *rote* Ende des Spektrums anschließt. Hier erhalten wir sogar einen besonders starken Ausschlag des Meßinstruments. Von der Lampe geht demnach verhältnismäßig viel unsichtbare Strahlung aus, die am Prisma *schwächer* gebrochen wird als das rote Licht. Man nennt sie **infrarote Strahlung.** Sie macht den Hauptteil der *Wärmestrahlung* aus, die auf Seite 119f. besprochen wurde.

Infrarotstrahlung wird von einem heißen Körper auch dann schon ausgesandt, wenn er noch nicht sichtbar glüht. Infrarotlicht durchdringt Nebel und Dunstschichten besser als sichtbares Licht. Mit Filmen, die für infrarote Strahlen empfindlich sind, erhält man deshalb auch bei Dunst deutliche fotografische Aufnahmen (*Bild 161.1*). Die Infrarotstrahlen werden durch das Objektiv der Kamera gebrochen; dabei entsteht eine optische Abbildung. Sogar im Dunkeln kann man Infrarotaufnahmen herstellen, da alle Objekte infolge ihrer Temperatur Infrarotstrahlen aussenden.

> **Glühende Körper senden nicht nur sichtbares Licht aus. Das Spektrum des Glühlichts und des Sonnenlichts enthält sowohl ultraviolette als auch infrarote Strahlung.**

161.1 Infrarotfotografie, rechts Normalfilm

§ 62 Die Farbwahrnehmung im Auge

1. Rot und Grün gibt — Weiß

Die Summe sämtlicher farbiger Lichter des Spektrums empfinden wir als etwas Neues, nämlich als *Weiß*. Welchen Eindruck erhält unser Auge wohl, wenn wir nun nicht *alle* farbigen Lichter des Spektrums, sondern nur einen Teil davon vereinigen? Welche Gesetze gelten für eine solche Addition *einzelner* farbiger Lichter?

Zur Beantwortung dieser Frage untersuchen wir vorerst, welchen Eindruck unser Auge erhält, wenn wir aus dem kontinuierlichen Spektrum *eine* Farbe weglassen und dann die restlichen farbigen Lichter des Spektrums wieder addieren.

Versuch 193: Wir wiederholen Versuch 189, in dem alle Spektralfarben zu Weiß vereinigt werden. Mit einem schmalen Prisma lenken wir nun nach *Bild 162.2* das *rote* Licht so zur Seite, daß es nicht mehr an der Farbaddition beteiligt ist: *Die Stelle, an der alle übrigen Spektralfarben vereinigt werden, leuchtet jetzt grün!* — Nun schieben wir das schmale Prisma durch das gesamte Spektrum und blenden so die einzelnen Spektralfarben der Reihe nach aus. Dabei entsteht an der Vereinigungsstelle ein buntes Farbenspiel. Die Farben, die unser Auge jeweils empfindet, sind in *Bild 162.1* verzeichnet. Die in dieser Darstellung übereinander liegenden Farben werden **Komplementärfarben** genannt.

Erblicken wir z.B. das rote Licht einer Verkehrsampel, so könnte dieser Farbeindruck auf verschiedene Arten zustandekommen:
— In unser Auge könnte spektralreines (einfarbiges) rotes Licht gelangen.
— Das Auge könnte aber auch sämtliche Spektralfarben außer Grün empfangen.

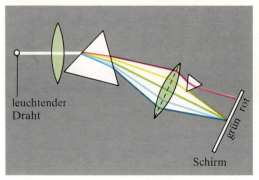

162.2 Aus dem Spektrum wird das rote Licht herausgenommen.

Welcher dieser beiden Fälle zutrifft, kann das Auge allein nicht feststellen.

Das durch Addition entstandene Rot kann man als „Weiß ohne Grün" bezeichnen. Fügt man die Spektralfarbe Grün hinzu, so ist das Spektrum wieder komplett; es ist also klar, daß dabei Weiß entsteht. Seltsamerweise erhalten wir aber auch dann Weiß, wenn wir mit zwei schmalen Spiegeln aus dem Spektrum die beiden *Spektralfarben* Rot und Grün so ablenken, daß sie aufeinanderfallen. Auch die übrigen Komplementärfarben ergeben stets zusammen Weiß. Ob es sich nun um reine Spektralfarben handelt oder um Farben, die durch Addition entstanden sind, stets gilt:

> **Zwei Komplementärfarben ergeben zusammen Weiß.**

Welchen Eindruck erhält das Auge aber, wenn wir keine Komplementärfarben, sondern zwei *ganz beliebige* farbige Lichter addieren?

Versuch 194: Zur Erzeugung farbiger Lichter benutzen wir zwei *Diaprojektoren* mit vorgeschalteten *Farbfiltern*. Damit werfen wir zwei im Spektrum nahe beieinander liegende farbige Lichter — so z.B. Rot und Gelb — auf einen

162.1 Hier stehen Paare von Komplementärfarben übereinander.

Schirm: Unser Auge erhält den Farbeindruck Orange! Projizieren wir Orange und Grün aufeinander, so erhalten wir Gelb.

Nun addieren wir die beiden jeweils am äußersten Rand des Spektrums vorkommenden farbigen Lichter Rot und Violett. Dabei entsteht ein ganz neuer Farbeindruck, der im Spektrum überhaupt nicht vorkommt, nämlich *Purpur*. Je nachdem, ob man in dieser Addition das Rot oder das Violett *intensiver* macht, erhält man immer wieder andere Purpurtöne; man kann sie auf diese Weise kontinuierlich von Rot in Violett übergehen lassen.

Damit ist für das Auge ein Übergang vom einen Ende des Spektrums zum anderen geschaffen. Man kann dies dadurch sinnfällig zum Ausdruck bringen, daß man die Spektralfarben in einem Kreis anordnet. Er wird geschlossen, indem man zwischen Violett und Rot die Mischfarbe *Purpur* einfügt *(Bild 163.1)*. Dieser **Farbenkreis** verhilft uns zu einer einfachen Merkregel für die Addition farbiger Lichter:

> **Addiert man Lichter, deren Farben sich im Farbenkreis gegenüberliegen (Komplementärfarben), so erhält man Weiß. Addiert man Lichter, deren Farben im Farbenkreis näher beieinander liegen, so erhält man eine Farbempfindung, die der dazwischenliegenden Farbe entspricht.**
>
> **Die Gesetze der additiven Farbmischung sind unabhängig davon, ob man einfarbiges oder Mischlicht verwendet.**

163.1 Purpur schließt das Spektrum zum Farbenkreis.

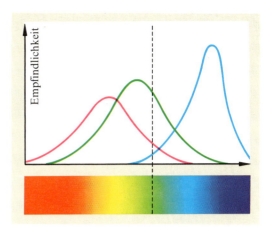

163.2 Farbempfindlichkeit der drei Zapfenarten

2. Das Auge kommt mit drei Farben aus

Die Farbwahrnehmung geschieht auf raffinierte Weise in der Netzhaut des Auges: Von den dort eingelagerten *Zapfen* ist eine Sorte für *Rot*, die andere für *Grün* und die dritte für *Blau* besonders empfindlich.

Versuch 195: Wir projizieren nach *Bild 164.1* rotes, grünes und blaues Licht teilweise aufeinander. *Die Summe dieser drei Grundfarben ergibt den Eindruck Weiß!* Den Empfindlichkeitskurven *(Bild 163.2)* entnehmen wir, daß Gelb die Grün meldenden und die Rot meldenden Zapfen gleich stark reizt. Demnach löst die Summe von gleich starkem grünem und rotem Licht im Auge die Empfindung *Gelb* aus. Ebenso kann man erklären, warum Blau und Grün die dazwischenliegende Farbe Hellblau ergibt. Auch das Zustandekommen von *Purpur* folgt aus der Dreifarbentheorie: Betrachten wir die Empfindlichkeitskurven, so stellen wir fest, daß es keine Spektralfarbe gibt, die gleichzeitig einen Rot meldenden *und* einen Blau meldenden Zapfen erregt, ohne dabei auch einen Grün meldenden Zapfen zu reizen. Deshalb erzeugt rotes Licht und blaues Licht zusammen eine Farbempfindung, die von keiner Spektralfarbe allein hervorgerufen werden kann, eben die Mischfarbe Purpur!

Die Intensitäten der drei Grundfarben sind in Versuch 195 gerade so bemessen, daß sie zusammen Weiß ergeben. Ändert man die Stärke der einzelnen Farbanteile (etwa durch Abblenden), so entstehen statt Weiß alle möglichen *Mischfarben*. Nach diesem Prinzip arbeitet z.B. das *Farbfernsehen*.

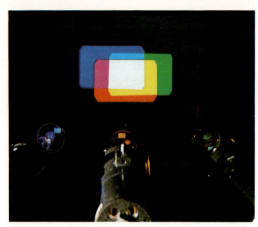

164.1 Hier werden die drei Grundfarben addiert.

3. Wie funktioniert das Farbfernsehen?

Im Studio wird das Objekt gleichzeitig von drei in einem Gerät zusammengefaßten Kameras aufgenommen. Sie empfangen durch vorgesetzte Farbfilter jeweils nur den *roten* bzw. *grünen* bzw. *blauen* Anteil des von einem Punkt des Objektes ausgestrahlten Lichts *(Bild 164.2 a)*. Jede der drei *Farbkomponenten* wird gemäß ihrer Intensität in stärkere oder schwächere elektrische Signale umgesetzt. Diese werden vom Sender ausgestrahlt.

Auf dem Bildschirm des Empfängers sind nach *Bild 164.3* viele kleine Farbscheibchen regelmäßig angeordnet; sie leuchten *rot* bzw. *grün* bzw. *blau*, wenn sie von einem Elektronenstrahl getroffen werden (betrachte sie mit der Lupe!). In der Bildröhre werden nun drei Elektronenstrahlen erzeugt, die eine etwas voneinander verschiedene Richtung besitzen. Sie gehen nach *Bild 164.2 b)* durch eine *Lochmaske*, so daß an allen Stellen des Bildschirms der erste Strahl auf ein rot leuchtendes, der zweite auf ein grün und der dritte auf ein blau leuchtendes Scheibchen trifft. Da die drei Farbscheibchen sehr nahe beieinander liegen, addieren sich die von ihnen ausgehenden Lichter in unserem normalerweise weit vom Bildschirm entfernten Auge zu einem neuen Farbeindruck.

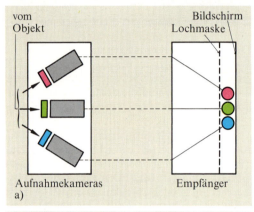

Werden nun die Sendesignale von einer Antenne aufgenommen und dem Fernsehgerät zugeführt, so steuert das von der roten Farbkomponente stammende Signal die Intensität des *ersten* Elektronenstrahls; die Intensität des *zweiten* Elektronenstrahls wird vom „grünen", die des *dritten* vom „blauen" Signal gesteuert. Die Helligkeit eines jeden Farbscheibchens erhält dadurch genau den Wert, der bei der Farbaddition dicht benachbarter Scheibchen wieder zur Originalfarbe des Objektpunktes führt. Auf diese Weise erzeugen die drei rasch über den Bildschirm geführten Elektronenstrahlen Punkt für Punkt ein farbrichtiges Bild des im Fernsehstudio aufgenommenen Objektes.

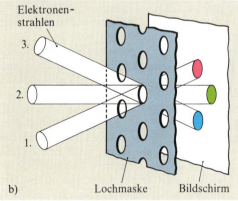

164.2 a) Das Fernsehbild besteht aus 3 Grundfarben. b) Jeder Strahl ist für eine Grundfarbe zuständig.

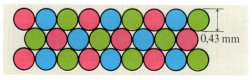

164.3 So sehen die Farbscheibchen aus.

> **In der Netzhaut des menschlichen Auges befinden sich 3 Arten farbempfindlicher Zapfen. Sie melden die Farben Rot, Grün bzw. Blau an das Gehirn weiter.**
>
> **Durch additive Mischung der drei Grundfarben Rot, Grün und Blau lassen sich alle Lichter des Farbenkreises herstellen.**

4. Filter subtrahieren Farben

Eine Farbscheibe nimmt aus dem weißen Licht bestimmte Spektralfarben heraus; den Rest erhält unser Auge als *Mischfarbe*. Dieses Filterverfahren heißt **subtraktive Farbmischung**.

Versuch 196: Wir nehmen ein Farbfilter, das den roten und orangefarbenen Teil des Spektrums zurückhält; es erscheint unserem Auge *blau*. Ein zweites Farbfilter, das wir benutzen wollen, absorbiert das blaue Ende des Spektrums; es sieht für unser Auge *gelb* aus. Diese beiden Farbscheiben halten wir nun hintereinander und schicken durch sie das weiße Licht einer Experimentierleuchte *(Bild 165.1)*. Auf dem Schirm sehen wir die einzige Farbe, die von *beiden* Filtern durchgelassen wird, nämlich *Grün!*

Eine solche subtraktive Farbmischung liegt auch vor, wenn man farbige Substanzen aus dem Malkasten mischt. Streicht man z.B. eine Mischung aus blauer und gelber Wasserfarbe auf weißes Papier, so entsteht *Grün*. Da die Farbkörnchen in mehreren Schichten auf dem Papier liegen, dringt das Licht vor und nach der Streuung am weißen Untergrund durch *beide* Arten der Farbkörnchen. Dabei entsteht derselbe Effekt wie in Versuch 196. *Bild 165.2* zeigt die subtraktive Farbmischung für eine blaue, eine gelbe und eine rote Farbscheibe. Alle drei Filter zusammen lassen überhaupt kein Licht durch; deshalb ist die Mitte schwarz.

> Bei der subtraktiven Farbmischung werden aus Weiß bestimmte Anteile herausgenommen. Die restlichen Lichter addieren sich.

165.2 Subtraktive Farbmischung

5. Auch beim Farbdruck wird gemischt

Von einem Bild, das farbig gedruckt werden soll, stellt man zuerst *Farbauszüge* in den drei Grundfarben her. Nach ihnen werden dann im Rasterverfahren Druckplatten geätzt. Sie werden entsprechend eingefärbt und anschließend aufeinander gedruckt. Dabei fallen die farbigen Rasterpunkte teils aufeinander, teils nebeneinander *(Bild 165.3)*. Die Farbmischung kann also *subtraktiv* (wie beim Farbfilm), aber auch *additiv* (wie beim Farbfernsehen) zustandekommen. Meist wird noch eine Schwarzplatte mitgedruckt, damit das Bild scharfe Konturen erhält. Weil man für dieses Verfahren *vier* verschiedene Druckplatten benötigt, wird es **Vierfarbendruck** genannt.

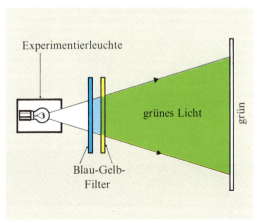

165.1 Die Filter lassen zusammen nur Grün durch.

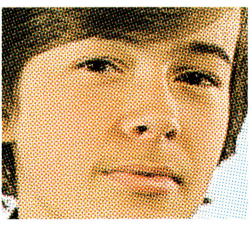

165.3 Rasterpunkte eines Vierfarbendrucks

Ladung und Strom

Stromausfall legte Frankreich lahm
Überlastung ließ das Leitungsnetz zusammenbrechen – Überall im Land stand alles still

Paris, 19. Dez. 1978 afp
Ein gebietsweise mehrstündiger Stromausfall in ganz Frankreich hat das öffentliche Leben des Landes heute erheblich durcheinandergebracht. Um 8.30 Uhr gingen schlagartig alle Lichter aus. In den Städten brach der Verkehr an den stilliegenden Ampeln zusammen. Tausende blieben in den Schächten der U-Bahn und in Aufzügen stecken. Die Ölzentralheizungen wurden kalt; Schulen blieben geschlossen.

Das macht deutlich, wie sehr wir heute auf die Elektrizität angewiesen sind. Dabei wurden erst vor etwa 100 Jahren die Gesetze der Elektrizitätslehre zusammenfassend aufgestellt und die ersten technisch brauchbaren *Dynamomaschinen* zum Erzeugen elektrischer Energie erfunden. Seitdem entwickelte sich die *Elektrotechnik* ungewöhnlich stürmisch. Heute gelten Erzeugung und Nutzung elektrischer Energie als Maßstab für die wirtschaftliche Stärke eines Landes.

Weißt du, was „Strom" ist? Nach Behebung einer Panne im **E-Werk** (Elektrizitätswerk) leuchten die Lampen wieder auf. Du sagst *„Der Strom ist wieder da"*. Hast du recht? Du siehst doch nicht, ob in den Leitungen etwas strömt. Unsere Sinnesorgane nehmen nur die von Lampen und Motoren in Form von Licht, Wärme Schall und Bewegung abgegebene *Energie* wahr. Sie kommt vom E-Werk.

Es wäre viel zu gefährlich, die Leitungen des elektrischen Versorgungsnetzes daraufhin zu untersuchen, ob in ihnen etwas strömt. Deshalb benutzen wir zunächst die Teile von Taschenlampen, mit denen wir gefahrlos experimentieren können. **Hantiere nie an der Steckdose oder an anderen Teilen des Netzes! Berühre weder Geräte noch Leitungen auf dem Experimentiertisch, wenn dich nicht der Lehrer dazu auffordert!**

Aufgabe

Gib elektrische Geräte an, die von Batterien, und solche, die vom Netz gespeist werden!

§63 Der elektrische Stromkreis

1. Der Stromkreis muß geschlossen sein

Versuch 197: a) Du möchtest hinter die Geheimnisse des Stromes kommen und ein Lämpchen unmittelbar an einer Flachbatterie zum Leuchten bringen. Zunächst hältst du sein Gewinde an einen ihrer beiden Messingstreifen; es bleibt dunkel. Also genügt eine Berührungsstelle, ein *Kontakt*, nicht. Auch der andere Messingstreifen muß den Metallknopf unten am Lampensockel berühren *(Bild 166.1)*.

Warum? Jetzt ist der Glühfaden im Lämpchen mit den beiden Anschlüssen der Batterie in einen **geschlossenen Stromkreis** einbezogen. Dies mag als *erstes Indiz* dafür gelten, daß die uns noch nicht genauer bekannte „*Elektrizität*" einen Rückweg zur Batterie braucht und einen **Kreislauf** ausführt. Man sagt **„es fließt Strom"**. Wir denken dabei an den *Blutkreislauf* mit dem Herzen als Pumpe und den Körperorganen als „Durchlaufstationen". *Gas* dagegen strömt zum Küchenherd und verbrennt dort – Endstation. Da Gas keine Rückleitung zum Gaswerk braucht, dürfen wir es nicht mit der Elektrizität im Stromkreis vergleichen.

b) Damit die elektrischen Kontakte sicher und beständig sind, benutzen wir eine *Lampenfassung* nach *Bild 168.4*. Untersuche sie, schraube das Lämpchen ein und verbinde die beiden Anschlußbuchsen durch Leitungsdrähte nach *Bild 167.2* mit den beiden Messingstreifen der Batterie! Benutze dabei *Krokodilklemmen* (oder Büroklammern)! Wenn du den Stromkreis an irgendeiner Stelle AB unterbrichst, erlischt das Lämpchen *(Bild 167.4)*. **Die Elektrizität kann hier bei geöffnetem Stromkreis nicht fließen.**

166.1 Ein einfacher Stromkreis ist geschlossen. Verfolge ihn im Lämpchen!

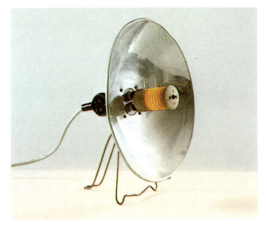

167.1 Heizstrahler mit Heizwendel

167.3 Er hat noch Probleme mit der Elektrizität.

c) Überbrücke die Unterbrechungsstelle AB in *Bild 167.4* mit verschiedenen Gegenständen! Leuchtet das Lämpchen hell auf, so sagt man, die Unterbrechungsstelle AB sei durch einen guten **Leiter** überbrückt. Leuchtet es nur schwach, so liegt ein *schlechter Leiter* vor. Leuchtet es nicht, so unterbricht ein **Isolator** den Stromkreis. Stelle deine Versuchsergebnisse gemäß *Tabelle 167.1* zusammen!

Gegenstand	Stoff	Lämpchen	Stoff leitet
Münze	Metall	hell	gut
Radiergummi	Gummi	dunkel	nicht
Bleistiftmine	Graphit	schwach leuchtend	mäßig

Tabelle 167.1 Untersuchung auf Leitfähigkeit

Versuch 198: Verbinde die beiden Anschlußbuchsen des Lämpchens unmittelbar durch einen Draht — aber ohne Batterie! Obwohl ein geschlossener Leiterkreis vorliegt, bleibt die Lampe dunkel.

Man muß in den „Kreis" noch eine **Stromquelle** legen: Die *Batterie*, einen *Fahrraddynamo*, einen *Akkumulator* (kurz *Akku*) oder *Netzgeräte* nach *Bild 171.3*. Diese enthalten *Transformatoren* (kurz *Trafo*); du kennst sie von der Spielzeugeisenbahn. — Die Anschlüsse einer Stromquelle nennt man **Pole**. Sie haben nichts mit magnetischen Polen zu tun; so bestehen die beiden Pole einer Taschenlampenbatterie aus Messing, nicht aus Eisen. Sie werden durch Plus- und Minuszeichen unterschieden.

Unter Polen versteht man in der Physik besondere Stellen, vor allem, wenn sie durch einen Gegensatz gekennzeichnet sind: Pole der Erde, einer Batterie, eines Magneten.

> **Der elektrische Stromkreis enthält eine Stromquelle und ist durch Leiter geschlossen. Elektrizität fließt nur in Leitern. Leiter sind Metalle und Graphit. Isolatoren sind Luft, Bernstein, Glas, Gummi, Keramik und die meisten Kunststoffe.**

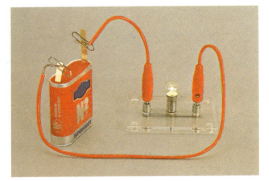

167.2 Der Stromkreis nach *Bild 167.1* ist durch die Drähte und eine Lampenfassung erweitert.

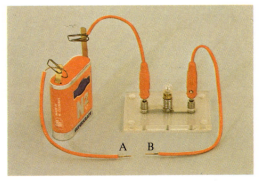

167.4 Zwischen A und B ist der Stromkreis unterbrochen, deshalb leuchtet das Lämpchen nicht.

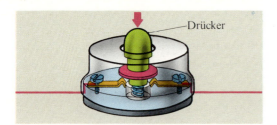

168.1 Durch die rote Metallplatte wird der Stromkreis beim Drücken des Klingelknopfs geschlossen.

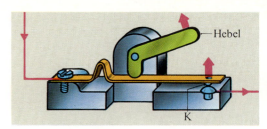

168.3 Hebelschalter: Beim Umlegen des Hebels wird der Stromkreis geöffnet.

2. Schalter, Schaltpläne und Lampen

a) In **Schaltern** sind nach *Bild 168.1* und *168.3* die Leitungsdrähte unterbrochen und die Enden auf *Isoliermaterial* (Porzellan oder Kunststoff) befestigt. Beim Einschalten schließt ein Metallstück diese Lücke im Stromkreis; es wird durch Drücker *(Bild 168.1)* oder Hebel *(Bild 168.3)* bewegt. Diese bestehen genau so wie das Gehäuse aus guten *Isolatoren*, damit wir vor *elektrischen Schlägen* geschützt sind. Zahlreiche Schalter findet man am Armaturenbrett eines Autos oder eines Flugzeugs *(Bild 9.3)* und als Tasten der Taschenrechner für die vielen Stromkreise in diesen Geräten.

Bild 168.2a zeigt rechts den Schalter einer *Taschenlampe*. Die Bahn des Stroms (rot) verläuft bei ihr zum Teil im Metallgehäuse. Um sie klar zu erkennen, zeichnen wir sie nicht naturgetreu nach, sondern entwerfen einen übersichtlichen Schaltplan:

b) Im **Schaltplan** nach *Bild 168.2b* sind die wichtigsten Teile des Stromkreises in ihrer *physikalisch wesentlichen Zuordnung* dargestellt: Die Linien symbolisieren die verbindenden Leitungsdrähte. Präge dir die benutzten **Schaltzeichen** gut ein! *Fertige stets einen Schaltplan an, bevor du eine Schaltung aufbaust!*

c) *Bild 168.4* zeigt eine **Glühlampe** mit ihrer *Fassung*. Verfolge die rot gezeichneten Leitungen! Der *Glühfaden* besteht aus dem *Metall Wolfram*. Beim Einschrauben wird P mit P' sowie F mit dem Sockel L der Lampe verbunden. Der Sockel ist in den Stromkreis einbezogen und darf beim Ein- und Ausschrauben nicht berührt werden. Man weiß ja oft nicht, ob der Schalter den Stromkreis unterbrochen hat. *Vor Glühlampenwechsel Sicherungen „ausschalten"!*

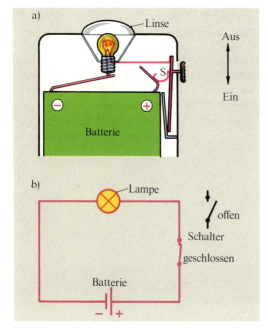

168.2 Stromkreis in der Taschenlampe

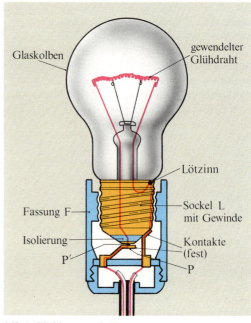

168.4 Glühlampe mit Fassung

3. Auch Flüssigkeiten können Strom leiten

Wenn ein Fön ins Badewasser fällt, besteht Lebensgefahr. Leitet Wasser den Strom?

Versuch 199: a) Wir stecken nach *Bild 169.1* zwei Kohlestäbe in ein Glasgefäß, ohne daß sie sich berühren. Das Lämpchen leuchtet hell, wenn wir *verdünnte Säuren, Basen (Laugen)* oder *Salzlösungen* einfüllen. Es leuchtet nur schwach bei *Leitungswasser* und *feuchtem Erdreich*. Bei reinem Wasser bleibt das Lämpchen dunkel.

b) Wir schütten *trockenes Kochsalz* zwischen die Kohlestäbe nach *Bild 169.1*; das Lämpchen leuchtet nicht. Wenn wir reines Wasser dazugeben, leuchtet es um so stärker, je mehr Salz sich gelöst hat (umrühren). Die schwache Leitfähigkeit von *Leitungswasser* rührt also von gelösten Stoffen her.

Auch *unser Körper* leitet den Strom, besonders gut die Blutbahnen, Muskeln und Nervenstränge, also gerade die empfindlichen Teile. Die trockene Haut dagegen leitet nur schlecht und bietet so einen gewissen Schutz. Wenn aber die Haut durch Regen, Schweiß oder im Bad feucht wurde, ist die Gefahr elektrischer Schläge groß (siehe Seite 171 und 211).

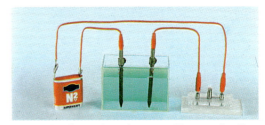

169.1 Mit dieser Anordnung prüft man in Versuch 199, welche Flüssigkeiten den Strom leiten.

Versuch 201: Nach *Bild 169.2* leuchtet das Gas nur an der rechten Elektrode; sie ist mit dem *Minuspol* der Stromquelle verbunden. Vertauschen wir die Anschlüsse an der Glimmlampe oder an der Stromquelle, so leuchtet das Gas um die linke Elektrode. Wir sehen: *Die Pole der benutzten Stromquelle sind verschiedenartig:* Man nennt sie *Pluspol* (+) und *Minuspol* (−). Siehe auch den Leitungsprüfer in *Bild 211.3*!

> Unter besonderen Umständen können auch Gase den Strom leiten. Dann senden sie Licht aus (Blitz, Glimm- und Leuchtstofflampen). In Glimmlampen leuchtet das Gas um die mit dem Minuspol der Stromquelle verbundene Elektrode.

> **Säuren, Basen und Salzlösungen leiten den elektrischen Strom.**

4. Gase leuchten, wenn sie Strom leiten

Luft und andere *Gase* sind im allgemeinen gute Isolatoren. Doch gibt es wichtige Ausnahmen:

Versuch 200: a) Die **Glimmlampe** nach *Bild 169.2* enthält zwei Drähte (*Elektroden* genannt), die in ein Glasröhrchen eingeschmolzen sind und sich nicht berühren. Im Röhrchen ist das Edelgas *Neon* unter vermindertem Druck (10 mbar). Beim Anschluß an ein Netzgerät leuchtet das *Gas* in der Umgebung einer Elektrode rötlich auf (Vorsicht, Gefahr!).

b) Wir legen eine 15-Watt-Glühlampe in die Zuleitung; sie leuchtet kaum, die Glimmlampe dagegen sehr hell. Glimmlampen sind also empfindlichere Nachweisgeräte für Strom als Glühlampen. Von *Reklamebeleuchtungen (Neonröhren)* und *Leuchtstofflampen* her kennst du diese Stromleitung in Gasen bei vermindertem Druck.

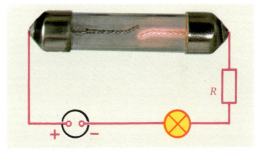

169.2 Stabglimmlampe: Das Gas um die rechte Elektrode leuchtet. R ist ein Strombegrenzer.

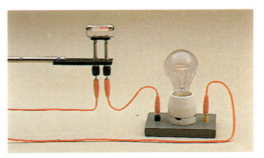

169.3 In Versuch 200b sind eine Glüh- und eine Glimmlampe hintereinandergeschaltet.

§64 Leitungsnetz und Wechselstrom

1. Wo braucht man Isolatoren?

Unsere Häuser werden häufig durch Freileitungen aus blanken Drähten an das *elektrische Versorgungsnetz* angeschlossen. Diese hängen nicht unmittelbar am Mast, sondern an *Isolatoren* aus Glas, Kunststoff oder Porzellan. Die blanken Drähte selbst sind gegeneinander durch die *Luft* isoliert. Im Haus fließt der Strom in Kupferdrähten, die mit Kunststoffen gegeneinander isoliert werden. Man verlegt sie in Rohren oder als sogenannte *Impuleitungen* (*Bild 170.1*) in den Wandputz. Wenn man Löcher in die Wand bohrt oder Nägel einschlägt, darf man nicht auf solche Leitungen treffen. Man kann die Leitung vorher durch *Suchgeräte* aufspüren – frage den Elektriker! Bevor man Drähte anschließt, muß man die *Isolierschicht* an den Enden entfernen. Auch *Experimentierkabel, Bananenstecker, Buchsen, Lüsterklemmen, Krokodilklemmen* usw. bestehen aus Metallteilen, die meist von Isolierstoffen umgeben sind (*Bild 170.1*). Diese Isolation schützt vor unerwünschtem Berühren der stromführenden Metallteile. Wird die Isolierschicht beschädigt, so kann der Strom unmittelbar vom einen Draht zum anderen fließen; es entsteht ein gefährlicher **Kurzschluß**. Tritt er bei der elektrischen Spielzeugeisenbahn auf, so wird der Trafo überlastet und heiß: die Lämpchen leuchten nu. noch schwach. Liegt in einem Leitungskabel des Netzes ein Draht blank, so kann das Berühren lebensgefährlich sein! Besonders gefährdet sind *die* Stellen von Gerätekabeln, die oft geknickt werden, zum Beispiel unmittelbar am Bügeleisen oder am Staubsauger. – Haustiere wie Goldhamster und Meerschweinchen nagen gerne Leitungskabel an. Sie gefährden damit nicht nur sich selbst.

> Elektrische Leitungen und Geräte werden so isoliert, daß der Strom nur den vorgesehenen Weg nehmen kann. Das Berühren nicht isolierter Netzleitungen ist lebensgefährlich.

2. Hat die Steckdose zwei Minuspole?

Versuch 202: Der Lehrer schließt die Glimmlampe (mit Strombegrenzer R) an eine Steckdose des Netzes an: das Gas leuchtet an *beiden* Elektroden. Sind also beide Pole *zugleich* Minuspole? Zur Klärung bewegt man die Glimmlampe schnell hin und her (oder beobachtet sie über einen rotierenden Spiegel). *Bild 171.2* zeigt, daß ihre beiden Elektroden nie gleichzeitig, sondern *schnell nacheinander* von der Glimmhaut bedeckt sind. *Die Polung der Steckdose wechselt also in rascher Folge:* 50mal in jeder Sekunde ist die eine Buchse Minuspol, dazwischen Pluspol. Die andere Buchse hat jeweils die entgegengesetzte Polarität; es ist eine **Wechselstromsteckdose.** Sie wird mit ~ bezeichnet. An Batterien und Akkus behalten die Pole dagegen ihre Polarität bei; es sind **Gleichstromquellen,** die man mit — bezeichnet.

3. Genügt der E-Lok *ein* Draht? Erdschluß

Straßenbahnen und *elektrische Lokomotiven* fahren mit nur einem *Stromabnehmer,* der am *Oberleitungsdraht* schleift und oft Funken erzeugt (*Bild 170.2*). Über ihn fließt der Strom vom E-Werk zu den Motoren und Lampen – aber wohin weiter? Nun – man leitet ihn zu den Rädern und den Schienen; diese sind gut miteinander verbunden und bilden die Rückleitung zum E-Werk. Du kannst gefahrlos auf die Schienen treten, der Strom fließt an dir vorbei. Es ist aber *lebensgefährlich* – etwa über eine feuchte und damit leitende *Drachenschnur* – Kontakt mit der Oberleitung zu bekommen (*Bild 170.2*)! Der Strom würde durch deinen Körper zur Erde und über diese zu den Schienen und damit zum E-Werk fließen. Ähnliches gilt für *Hochspannungsleitungen.*

Bild 170.2 zeigt links unten das Zeichen für Leitungen, die mit der Erde verbunden („geerdet") sind oder für Buchsen, die „geerdet" werden sollen, etwa an der Rückseite von Radios (Versuch 203).

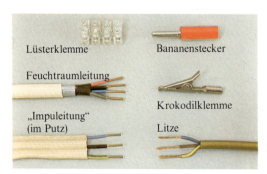

170.1 Elektrisches Installationsmaterial

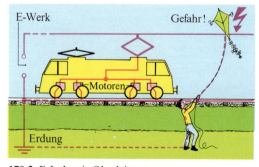

170.2 E-Lok mit Oberleitung

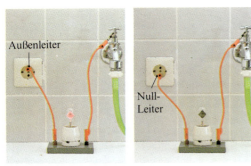

171.1 Außen- und Null-Leiter der Steckdose; vergleiche mit *Bild 170.2!*

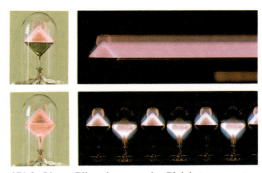

171.2 Oben Glimmlampe mit Gleichstrom, unten mit Wechselstrom betrieben

Versuch 203: Der Lehrer schließt nach *Bild 171.1* eine gesicherte Glimmlampe mit einem Draht an die Wasserleitung an **(nicht nachmachen, Gefahr!)**. Die Lampe leuchtet, wenn ihr zweiter Anschluß mit dem einen (hier dem oberen) Steckdosenpol verbunden wird. Dieser entspricht nämlich der Oberleitung der Straßenbahn und wird **Außenleiter** (früher Phase) genannt. Am anderen Pol (führt zum **Null-Leiter**) leuchtet die Lampe nicht; er entspricht den Schienen und wird beim E-Werk wie auch in den Häusern **geerdet**, das heißt mit der Wasserleitung oder einem langen, im Grundwasser versenkten Metallband verbunden.

Merke: Es besteht **Lebensgefahr durch Erdschluß,** wenn man den *Außenleiter* (die Phase) und zugleich Rohre der Wasserleitung, Heizkörper oder andere Metallteile, die zur Erde Kontakt haben, berührt. Gefahr besteht auch, wenn man den Außenleiter berührt und auf *leitenden Böden* (Stein, Erde, Balkon) steht! Fällt ein Fön ins Badewasser, so fließt Strom vom Außenleiteranschluß seiner Heizspirale durch das Wasser und den Badenden zur geerdeten Wanne. Weiteres über die Gefahren des Stroms auf Seite 211.

Wir benutzen oft **Netzgeräte** (auch **Stromversorgungsgeräte** genannt) nach *Bild 171.3* oder *171.4*. Sie haben Buchsen für *Gleichstrom* (−) und für *Wechselstrom* (∼). Man kann ihnen verschiedene Spannungen (salopp „Voltzahl" genannt) abnehmen: Du kennst den Aufdruck 4,5 V (Volt) bei Taschenlampenbatterien und 220 V oder gar 380 V bei Steckdosen. *Spannungen unter 40 V sind ungefährlich* (Spielzeugeisenbahn bis 17 V). **Mit Spannungen über 42 V darfst du nicht experimentieren!** An vielen Stromversorgungsgeräten kann man die Spannung von Null bis zu einem Höchstwert (15 V oder auch 250 V) ändern. Was das Wort Spannung in der Physik bedeutet, werden wir auf Seite 189 klären. Die Angabe „max. 6 A" bezeichnet die Höchststromstärke.

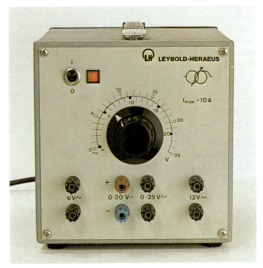

171.3 Ein Netzgerät, auch Stromversorgungsgerät genannt

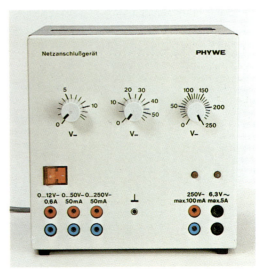

171.4 Netzgeräte gibt es in vielen Ausführungen.

§65 Strom ist fließende Ladung

1. Hat der Strom seinen Namen zu Recht?

Der geschlossene Stromkreis war ein erstes Indiz dafür, daß in den Leitungen etwas strömt. Ein viel stärkeres Indiz wäre es natürlich, wenn wir dieses „Etwas" irgendwie „fassen" und näher untersuchen könnten. Wir fragen also: Gibt es eine *elektrische Substanz*, die im Kreis läuft; können wir sie abzapfen, „löffelweise" wegtragen und genauer untersuchen?

Versuch 204: In *Bild 172.1* ist der Stromkreis zwischen den beiden Glimmlampen bei A und B unterbrochen. Wir berühren das rechte Lämpchen bei A mit einer Metallkugel, die auf einem Isolierstiel sitzt. Es blitzt auf und zeigt so einen kurzen Stromstoß zur Kugel hin an. Wurde dabei etwas von der gesuchten Substanz an die Kugel abgegeben, wurde sie also damit **geladen**? Wenn ja, so müßte es möglich sein, diese **elektrische Ladung** auf der Kugel über die Unterbrechungsstelle hinweg „löffelweise" nach B zur linken Glimmlampe zu transportieren. Dies gelingt! Das linke Lämpchen blitzt kurz auf, wenn wir es mit der geladenen Kugel berühren. Dabei fließt die elektrische Ladung über das Lämpchen zur Stromquelle zurück; wir haben den Elektrizitäts„löffel" **entladen**.

Damit sind wir dem Geheimnis des elektrischen Stroms wesentlich näher gekommen: *Das Wort Strom bedeutet:* **Es fließt Ladung.** Noch mehr: Wir sehen nun Möglichkeiten, diese Ladung auf der Kugel genauer zu untersuchen; unserem Forschungsdrang eröffnet sich ein weites Feld!

Versuch 205: a) Wir experimentieren mit dieser Ladung. Zunächst tragen wir sie auf der geladenen Kugel durchs Zimmer. Berühren wir mit ihr nach *Bild 172.2* eine Glimmlampe, so blitzt diese kurz auf: Die Kugel wird durch einen Stromstoß *entladen*.

b) Wir berühren mit der geladenen Kugel eine zweite, zunächst ungeladene und ebenfalls isoliert gehaltene Kugel. Diese nimmt einen Teil der Ladung auf: Die Glimmlampe leuchtet an beiden Kugeln schwächer. *Die Ladung kann aufgeteilt werden:* Sie hat *Mengencharakter*.

c) Wir übertragen nach *Bild 172.1* Ladung von A nach B, einmal mit einer kleinen, dann mit einer großen Kugel. Die kleine läßt das Lämpchen nur schwach aufblitzen; sie nimmt weniger Ladung auf als die große.

Wir wollen stets beachten, daß in den Kugeln kein *„Strom"*, sondern *ruhende Ladung* ist. Das Wort „Strom" wollen wir sinngemäß nur für das *Strömen von Ladung* benutzen. Ladung als solche können wir mit unseren Sinnen nicht wahrnehmen. Deshalb sehen wir sie nicht unmittelbar, wie sie in den Drähten strömt. Wir erkennen beim Strömen nur bestimmte *Wirkungen*, etwa die Abgabe von Energie in Form von Wärme und Licht. — Beim Entladen einer Kugel kann man auch ein Knistern hören und im Dunkeln einen kleinen Funken sehen. Der *Funke* ist ein kleiner *Blitz*, das Knistern ein überaus schwacher Donner. In der Bahn eines Blitzes fließt Ladung; dort leitet die Luft.

> **Mit einer isoliert gehaltenen Metallkugel kann man elektrische Ladung portionsweise transportieren. Der elektrische Strom ist fließende Ladung; er macht sich durch Wärme und Licht bemerkbar.**

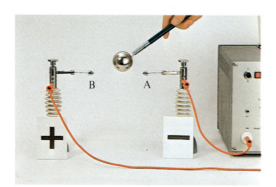

172.1 Mit der isoliert gehaltenen Kugel wird elektrische Ladung von A nach B transportiert.

172.2 Die Kugel wurde am Minuspol geladen; das Gas an der *anliegenden* Elektrode blitzt auf.

2. Wird im Stromkreis Ladung verbraucht?

Versuch 206: a) Wir überbrücken die Unterbrechungsstelle AB in *Bild 172.1* durch einen guten Leiter, z.B. einen Kupferdraht. Beide Glimmlampen leuchten ohne Unterbrechung. Die Ladung, die wir vorher „löffelweise" übertragen haben, fließt nun dauernd. Unterwegs geht nichts davon verloren; die beiden gleich gebauten Lampen leuchten *gleich hell.*

b) Wir überbrücken AB durch einen schlechten Leiter, etwa durch eine leicht angefeuchtete Schnur. Beide Lämpchen glimmen wiederum gleich hell, jetzt aber viel schwächer als beim Kupferdraht. Also fließt in der gleichen Zeit viel weniger Ladung; aber auch von ihr bleibt in der schlecht leitenden Schnur nichts „hängen", **die Ladung wird nicht verbraucht:** Die Stromquelle führt der Schnur nur soviel Ladung zu, wie diese durchläßt; all diese Ladung erhält die Quelle bei Dauerbetrieb wieder zurück.

Im Stromkreis wird Ladung nicht verbraucht; *also braucht die Quelle keine Ladung zu erzeugen; es genügt, wenn sie bereits vorhandene Ladungen pumpt:* Die Stromquelle ist eine **Ladungspumpe,** vergleichbar mit dem Herzen im Blutkreislauf.

Allerdings braucht man zum Pumpen *Energie:* Wenn man einen Fahrraddynamo nicht dreht, also keine Arbeit verrichtet, so pumpt er auch keine Ladung. – In einer „leeren" Batterie ist die *Energie* zum Pumpen erschöpft, nicht aber die Ladung.

> **Im geschlossenen Stromkreis findet ein ständiger Kreislauf elektrischer Ladung statt; die Stromquelle pumpt Ladung.**

Versuch 207: Als wirkungsvolle Ladungspumpe betreiben wir den **Bandgenerator** *(Bild 8.2)*. Seiner großen Kugel steht eine zweite gegenüber, die mit dem Fuß des Generators verbunden ist. Zwischen diesen beiden Polen leuchtet eine Glimmlampe hell auf, wenn das breite Gummiband umläuft und dabei Ladung in die große Kugel pumpt. Wir können ihr viel Ladung entnehmen, vor allem an den Stellen ihrer Kugeln, die dem jeweils anderen Pol am nächsten liegen.

So wie man einem Blutkreislauf etwas Blut entnehmen kann, haben wir in Versuch 207 der Stromquelle mit der Kugel etwas Ladung abgezapft. Diese ist nach *Bild 172.2* von der Kugel über die Glimmlampe und die Hand zur Erde abgeflossen. Die Erde kann – als große isolierte Kugel – auch Ladung aufnehmen und (später) wieder an die Stromquelle zurückgeben.

Aufgaben

1. Man vergleicht gern einen elektrischen Stromkreis mit dem Wasserstromkreis nach Bild 173.1 und 173.2. a) Was entspricht der Wasserpumpe, was der Turbine, was dem Absperrhahn? – b) Geht Wasser verloren? Warum brauchen Pumpe und Turbine je zwei Wasseranschlüsse? – c) Könnte man den Absperrhahn auch in die Rückleitung legen? Was bedeutet dies im Stromkreis? – d) Was entspricht in diesem Wassermodell einem guten, was einem schlechten Leiter, was einem Isolator? e) Der Wasserpumpe muß man ständig Energie zuführen. Wohin gelangt sie? Vergleiche mit dem Stromkreis! Wird sie verbraucht?

2. Man sagt häufig, „in einer Steckdose ist Strom", auch wenn kein Gerät angeschlossen wurde. Ist dies korrekt? Was meint man?

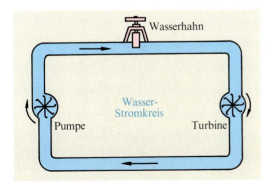

173.1 Wasserstromkreis; vergleiche mit dem elektrischen Stromkreis rechts (Aufgabe 1)!

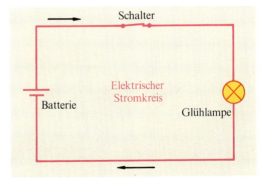

173.2 Der elektrische Stromkreis kann mit dem Wasserstromkreis links verglichen werden.

§66 Eigenschaften ruhender Ladungen

1. Gibt es wirklich nur eine Art von Ladung?

Versuch 208: a) Wir entnehmen mit einer am Isolierstiel gehaltenen Kugel dem *Minuspol* des Bandgenerators Ladung (möglichst an dem Punkt des Minuspols, der dem Pluspol am nächsten liegt). Nach *Bild 172.2* fließt diese Ladung über eine Glimmlampe zur Erde; das Gas an der Elektrode, die der Kugel **zu**gewandt ist, blitzt auf. Die geladene Kugel verhält sich wie der *Minuspol* einer Stromquelle; doch fehlt der Nachschub an Ladung; sie ist schnell entladen.

b) Überraschenderweise läßt sich die Kugel auch am *Pluspol* aufladen; doch leuchtet dann das Gas an der **ab**gewandten Elektrode.

Man kann also beiden Polen einer Stromquelle Ladungen entnehmen; diese verhalten sich aber verschieden: **Es gibt zwei Arten von Ladung:** Ladung vom Pluspol nennt man **Plus-Ladung**, Ladung vom Minuspol heißt **Minus-Ladung**. Können wir diese beiden Ladungsarten auch dann unterscheiden, wenn sie in Ruhe sind?

Versuch 209: a) Ein leichtes, leitendes Kügelchen wird an einem dünnen, isolierenden Faden aufgehängt und am Pluspol des Bandgenerators geladen. Nähert man eine am Minuspol geladene Kugel, so wird das Kügelchen *angezogen (Bild 174.1, rechts).*

b) Zwei *gleichnamige* Ladungen (Plus und Plus oder Minus und Minus) stoßen sich ab. Die Kräfte steigen mit abnehmender Entfernung.

> Es gibt zwei Arten der Ladung: positive und negative Ladungen. Sie sitzen auf den entsprechenden Polen der Stromquelle. Gleichnamige Ladungen stoßen sich ab, ungleichnamige ziehen sich an.

2. Können wir ruhende Ladung nachweisen?

Glüh- und Glimmlampen zeigen das Fließen von Ladungen im Stromkreis oder das Abfließen von einer geladenen Kugel. Mit Hilfe der nun gefundenen Kräfte zwischen Ladungen können wir ein einfaches Nachweisgerät für *ruhende Ladungen* bauen:

Versuch 210: a) An eine kleine Kugel auf dem Bandgenerator sind lange Papierstreifen geklebt *(Bild 174.2).* Sie spreizen sich, wenn man den Generator auflädt: Die auf seinem Pol sitzenden *gleichnamigen Ladungen* stoßen sich untereinander ab; ein Teil fließt auf die Streifen und treibt diese durch Abstoßungskräfte auseinander (Papier leitet ein wenig).

b) In ein Metallgehäuse ist – durch Kunststoff gut isoliert – ein Metallstab eingeführt. Er trägt z. B. ein leichtes Aluminiumblättchen oder einen Zeiger *(Bild 175.1).* Wir berühren den oberen Knopf dieses **Elektroskops** mit einer geladenen Kugel. Da sich deren Ladungen gegenseitig abstoßen, fließt ein Teil in den Stab und auf den Zeiger. Dieser spreizt sich vom Stab weg und zeigt so, daß Ladung auf das Gerät gebracht wurde. – Bei wiederholtem Aufbringen von Ladungsportionen der gleichen Art nimmt der Ausschlag zu.

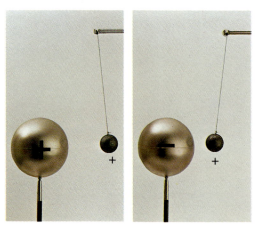

174.1 Links: Abstoßung gleichnamiger Ladungen, rechts: Anziehung ungleichnamiger Ladungen

174.2 Gleichnamige Ladungen stoßen sich ab; sie verteilen sich über die Papierstreifen.

c) Entlade ein Elektroskop über eine Glimmlampe: Ihr Aufleuchten zeigt, ob das Elektroskop positive oder negative Ladung trug (wie in *Bild 174.2*). An seinem Ausschlag allein erkennt man das Vorzeichen der Ladung nicht.

3. Ist man im Auto vor Blitzschlag sicher?

Im Innern eines Autos mit Metallkarosserie ist man vor Blitzen sicher (Seite 8). Kann sich dort – etwa wegen der Abstoßungskräfte – kein Überschuß an gleichnamiger Ladung bilden?

Versuch 211: a) Wir bringen nach *Bild 175.2* mit einer Kugel Ladung in einen isoliert stehenden Metallbecher. Die Kugel ist nachher ungeladen; sie gab im Innern alle Ladung ab. Wohin ging diese Ladung?

b) Wir laden den Becher wieder wie in a auf. Aus seinem Innern können wir mit einer Kugel keine Ladung holen, wohl aber von der äußeren Oberfläche; *nur außen sitzt Ladung;* **das Innere dieses geladenen Faraday-Bechers ist ladungsfrei** (*M. Faraday,* engl. Physiker, um 1830).

c) Ein Elektroskop trage bereits viel Ladung. Von einer gleichnamig geladenen Kugel nimmt es möglicherweise keine weitere Ladung auf; es kann sogar Ladung an sie abgeben. Dies stört bei manchen Versuchen. Hier hilft der Faraday-Becher: Wir verbinden ihn mit dem Elektroskop und bringen die geladene Kugel in sein Inneres. Dort gibt sie all ihre Ladung ab; diese wird vom Elektroskop nachgewiesen, auch wenn es schon Ladung trägt.

M. Faraday zeigte, daß die Ladung eines Blitzes nicht ins Innere eines solchen Bechers, allgemein eines metallisch umschlossenen Raums, dringen kann: Er setzte sich in einen Metallkäfig und ließ von außen Funken aufschlagen. Auch wenn er von innen das Metall berührte, ging keine Ladung auf ihn über. Die *metallischen Außenwände* von Flugzeugen und Autos stellen solche *Faraday-Käfige* dar (*Bild 8.2* und *8.3*).

Der beste **Blitzschutz** für ein *Haus* wäre eine metallische Außenwand. Doch genügt es, Metallbänder und Stangen um Dach und Schornsteine zu legen und sie mit Dachrinnen und Regenfallrohren zu verbinden. Diese **Blitzschutzanlage** (*Blitzableiter*) muß gut geerdet, d.h. mit der Wasserleitung oder mit Metallkabeln, die im Grundwasser verlegt sind, verbunden werden (Seite 171). Die oberen Enden brauchen nicht spitz zu sein; doch muß man den Leitungen genügend Querschnitt geben, damit sie bei Blitzschlag nicht schmelzen.

4. Ladungen können sich neutralisieren

Versuch 212: Wir verbinden nach Versuch 211c ein Elektroskop mit einem isoliert stehenden Faraday-Becher. In sein Inneres bringen wir mit einer kleinen Kugel nacheinander mehrere *positive* Ladungsportionen vom Pluspol eines Netzgerätes (*Bild 175.2*). Der Ausschlag steigt jedesmal weiter an. Gleichnamige Ladungen verstärken sich also in ihren Wirkungen, wenn man sie zusammenbringt. – Dann geben wir *negative* Ladungen hinzu: Der Ausschlag sinkt stufenweise auf Null: **Die ungleichnamigen Ladungen neutralisieren sich** (vergleiche mit den Magnetpolen, Seite 214!).

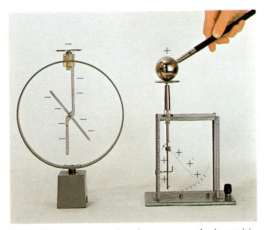

175.1 Elektroskope; wie erkennt man, ob sie positiv oder negativ geladen sind?

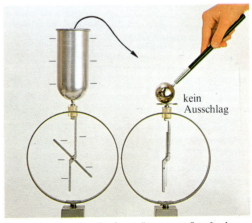

175.2 Der Faraday-Becher trägt nur außen Ladung; zu Versuch 211a und b sowie Versuch 212.

Versuch 213: a) *Was geht beim Neutralisieren von Ladungen vor sich?* Wir hängen nach *Bild 176.1* das kleine Pendel P_+ an zwei gespreizten Fäden so auf, daß es nur in Richtung auf die beiden Kugeln (K_+ und K_-) hin schwingen kann. Dann laden wir P_+ und K_+ am Bandgenerator positiv auf. P_+ wird von K_+ mit der Kraft F_+ abgestoßen (im Schattenwurf sichtbar). Neben K_+ stellen wir die negativ geladene Kugel K_-. Sie zieht P_+ mit der Kraft F_- an. Wenn sich die Kräfte F_+ und F_- am Pendel ausgleichen, so hängt dieses wieder senkrecht. Wir sagen dann, die *entgegengesetzten Ladungen auf K_+ und K_- sind gleich groß und heben sich in ihrer Wirkung nach außen hin auf.* Sollte aber z.B. F_+ überwiegen, dann nehmen wir mit einer kleinen Kugel solange Ladung von K_+ weg, bis das Pendel senkrecht hängt.

b) Wenn wir die beiden entgegengesetzten Ladungen auf K_+ und K_- gleich groß gemacht haben, lassen wir die Kugeln einander berühren. Dabei springt die Ladung in einem Funken über. Jetzt erweist sich jede der beiden Kugeln an einem Elektroskop als ungeladen; ihre entgegengesetzten Ladungen haben sich neutralisiert.

> **Entgegengesetzte Ladungen heben sich in ihrer Wirkung nach außen hin auf, wenn man sie in gleichen Mengen zusammenbringt; sie neutralisieren sich.**

Diese Neutralisation läßt es sinnvoll erscheinen, die beiden Ladungsarten durch die mathematischen Zeichen + und − zu unterscheiden. Elektrische Ladung bezeichnet man mit dem Buchstaben Q. Die Neutralisation beschreibt man dann durch die Gleichung $(+Q)+(-Q)=+Q-Q=0$.

5. Enthalten auch neutrale Körper Ladung?

Haben sich beim Neutralisieren die Plus- und Minusladungen gegenseitig vernichtet oder nur vermischt? Können wir sie wieder voneinander trennen? Womit?

Versuch 214: a) Wir nehmen das Elektroskop, auf dem sich in Versuch 212 Ladungen neutralisiert haben. Ihm nähern wir nach *Bild 176.2* von oben eine positiv geladene Kugel K_+; es schlägt zunehmend aus, obwohl keine Ladung von K_+ übergeht! *Also enthält auch das ungeladen erscheinende Elektroskop Ladungen:* Negative Ladungen $-Q_i$ werden nach oben zu K_+ hin gezogen; sie können mit einer isolierten Kugel abgenommen und nachgewiesen werden. Unten bleibt positive Ladung $+Q_i$ zurück und ruft den Ausschlag hervor. Man kann diese auch mit einer Glimmlampe nachweisen.

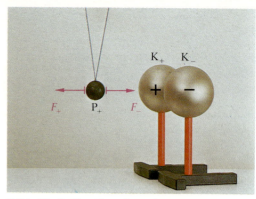

176.1 Die Kräfte F_+ und F_- der entgegengesetzten Ladungen heben sich am Pendel auf.

Diese Ladungstrennung nennt man **Influenz** und die getrennten Ladungen $+Q_i$ und $-Q_i$ **Influenzladungen**. Dieses Wort kommt von influere, lat.: hineinfließen; es wäre aber irreführend, anzunehmen, Influenzladungen seien in das Elektroskop geflossen. *In Wirklichkeit wurden bereits vorhandene Ladungen getrennt.*

Versuch 215: a) Wir wiederholen Versuch 214, entfernen aber die trennende Ladung Q_+. Der Ausschlag geht ganz zurück: Die influenzierte Ladung $+Q_i$ zieht die nach oben gewanderte negative Ladung $-Q_i$ wieder zu sich nach unten. *Die beiden entgegengesetzten Ladungen vermischen sich wieder gleichmäßig.*

b) Wir nähern nach *Bild 177.1* zwei sich berührende Kugeln einer zuvor am Minuspol eines Bandgenerators geladenen Kugel, ohne daß Ladung von ihr überspringt. Dann trennen wir sie voneinander. Eine Glimmlampe zeigt, daß

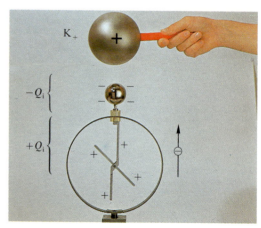

176.2 Die Plus-Ladung K_+ trennt im Elektroskop bereits vorhandene Ladungen $-Q_i$ und $+Q_i$.

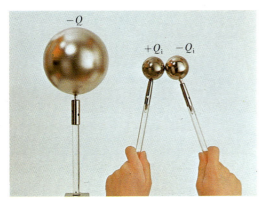

177.1 Die in den Kugeln influenzierten Ladungen $+Q_i$ und $-Q_i$ können voneinander getrennt werden.

jetzt die linke Kugel positive Influenzladung ($+Q_i$), die rechte negative Influenzladung ($-Q_i$) trägt. Bringt man die Kugeln nach der Trennung in einen Faraday-Becher mit angeschlossenem Elektroskop, so erweisen sich ihre Ladungen als gleich groß: Sie neutralisieren sich wieder.

c) Wir befestigen zwei beliebige metallische Körper, mit denen wir noch keine elektrischen Versuche ausgeführt haben, an Isolierstäben. Mit ihnen wiederholen wir Versuch b und sehen: Alle leitenden Körper enthalten bewegliche Ladungen, auch wenn sie neutral sind.

Leiter enthalten auch im neutralen Zustand bewegliche Ladungen. Diese werden beim Annähern eines geladenen Körpers teilweise getrennt und können abgenommen werden. Man nennt dies Influenz.

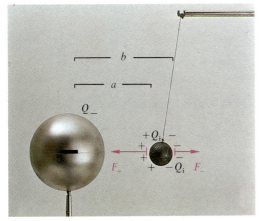

177.2 Zuerst influenziert Q_- im Kügelchen; dann zieht es die dort influenzierte Ladung $+Q_i$ an.

6. Werden auch ungeladene Körper angezogen?

Versuch 216: a) Nach *Bild 177.2* zieht die negative Ladung Q_- das „ungeladene", leitende Kügelchen, das am isolierenden Faden hängt, an. „Ungeladen" bedeutet, daß es gleich viele positive wie negative Ladungen enthält. Negative Ladungen $-Q_i$ werden von Q_- nach rechts abgestoßen, und zwar mit der Kraft F_- über den Abstand b. Links bleibt positive Ladung $+Q_i$ im Überschuß. Sie wird von Q_- wegen des kleineren Abstandes a mit der größeren Kraft F_+ angezogen. Da $F_+ > F_-$ ist, überwiegt die Anziehungskraft nach links.

b) Das Kügelchen wird mit großer Kraft abgestoßen, wenn es die linke Kugel (Q_-) berührt hat: Von ihr ging negative Ladung zum Kügelchen und gab auch ihm einen Überschuß an negativer Ladung.

Aufgaben

1. *Beim Versuch nach Bild 177.1 benutze man zwei verschieden große Kugeln! Trägt die größere Kugel mehr Influenzladung als die kleinere? (Denke an die Neutralisation!)*

2. *Warum wird der Ausschlag beim Influenzversuch nach Bild 176.2 viel größer, wenn man oben an das Elektroskop eine isolierte, ungeladene Kugel hält und dann erst die geladene Kugel nähert?*

3. *Wenn man im Versuch nach Bild 174.2 die Hand den geladenen Papierstreifen nähert, so werden diese angezogen. Ist die Hand geladen?*

4. *Was ändert sich bei den Versuchen 214 bis 216, wenn die influenzierende Ladung das entgegengesetzte Vorzeichen hat?*

5. *Ein Elektroskop ist positiv geladen und schlägt etwa zur Hälfte aus. Was geschieht, wenn man ihm eine positive, was, wenn man ihm eine negative Ladung nähert?*

6. *Ändert sich in Versuch 213a (Bild 176.1) der Ausschlag des Pendelchens, wenn man die Kugel K_- links von ihm aufstellt? – Was geschieht, wenn man sie positiv auflädt?*

7. *Warum kann man einer Bandgeneratorkugel am meisten Ladung an den Stellen entnehmen, die dem anderen Pol am nächsten sind?*

8. *Worin unterscheiden sich die elektrischen Erscheinungen wesentlich von den Vorgängen in einem Wasserstromkreis? Warum trifft also das Wassermodell nicht vollständig zu?*

9. *Jemand sagt: „Ein elektrisch neutraler Körper enthält keine Ladung." Wie müßte er korrekterweise sagen?*

§ 67 Freie Elektronen

1. Welche Ladung fließt denn in Metallen?

Kupferchloridlösung leitet, in ihr können sich geladene Kupferteilchen leicht bewegen. Betrachten wir aber den dünnen, aus Wolfram bestehenden Glühfaden einer Lampe! Ihm wird der Strom letztlich aus roten Kupferdrähten zugeführt *(Bild 178.1)*. Auch wenn tagelang Strom fließt, wird dieser Glühfaden weder dicker noch rot gefärbt; *Kupfer fließt nicht einmal spurenweise.* Die Metallteilchen bleiben stets an ihrem Platz. Deshalb müssen wir nach etwas suchen, das in den Metallen sehr „locker" sitzt und geladen ist. Vielleicht können wir dieses „Etwas" aus dem Glühfaden einer Lampe durch Glühen „austreiben", lange bevor das Metall verdampft (so wie beim Erwärmen eines Apfels zuerst locker sitzende Duftstoffe und Wasser abdampfen)?

Versuch 217: Wir benutzen eine Glühlampe mit einem luftleer gepumpten Glaskolben; die Luft kann dann nicht stören. Oben ist ein Metallblech, **Anode A** genannt, eingeschmolzen *(Bild 178.2)*. Es soll Ladungen, die vielleicht beim Glühen des Fadens abdampfen, auffangen. Hierzu wird es mit einem Elektroskop verbunden und positiv geladen. Sobald der Glühdraht K zu glühen beginnt, geht der Ausschlag des Elektroskops zurück. Wir haben es nicht berührt; also kann seine positive Ladung nicht abgeflossen sein. Was ist mit ihr geschehen?

Offensichtlich wurde die positive Ladung auf der Anode durch negative Ladungen neutralisiert. Sie dampften vom Glühdraht ab und wurden zur Anode gezogen. Mit ihnen haben wir die Ladungen gefunden, die im Metall locker sitzen. Diese negativen Ladungen bilden auch nach stundenlangem Glühen in der Röhre weder Niederschläge noch Gase. *Sie geben also für sich allein noch keinen chemisch nachweisbaren Stoff* und sind für uns etwas Neues. Für die Elektrizität haben sie allergrößte Bedeutung; man nennt sie **Elektronen.** *Sie tragen negative Ladung.*

Versuch 218: a) Wir laden nun die Platte A und das Elektroskop *negativ* auf. Sein Ausschlag bleibt bestehen, auch wenn der Draht glüht. Also verlassen den Draht keine positiven Ladungen; diese sitzen in ihm viel fester als die

178.1 In diesem Glühdraht fließt kein chemisch nachweisbarer Stoff. Was fließt dann?

negativen Ladungen. Natürlich dampfen auch jetzt Elektronen ab. Doch werden sie von der ebenfalls negativ geladenen Platte A abgestoßen. Sie kehren zum Glühdraht zurück; die Röhre braucht nicht wegen Überfüllung mit Elektronen zu platzen!

b) Wenn man in Versuch 218a den Glühdraht kurzzeitig *überhitzt,* so geht der Ausschlag des negativ geladenen Elektroskops langsam zurück. Dann verdampfen auch *positiv geladene Wolframteilchen,* das heißt Materie! Sie bilden einen dunklen Wolframniederschlag im Innern des Glaskolbens. *Positive Ladung ist also an Materie gebunden.*

c) In Versuch 217 wird das Elektroskop erst entladen, wenn die **Kathode K** hell glüht, nicht schon, wenn man den Heizstrom einschaltet. Der Heizstrom ist nebensächlich; man läßt deshalb im Schaltsymbol nach *Bild 179.1* die Heizbatterie weg und deutet die Kathode K durch einen dicken Punkt an. Die Schaltskizze zeigt dann nur noch zwei Anschlüsse, die Elektroden K und A. Man nennt die Röhre **Diode.**

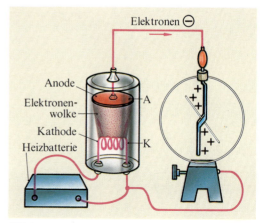

178.2 Beim Glühen dampfen aus dem Glühdraht Elektronen ab und neutralisieren die Plusladung.

> *Glühelektrischer Effekt:* **Ein zum Glühen erhitztes Metall sendet Elektronen aus. Sie sind negativ geladen und sitzen in den Metallen verhältnismäßig locker. Die positive Ladung ist in Stoffen dagegen an chemisch nachweisbare Materie gebunden.**

Damit verstehen wir, warum in den Drähten nach *Bild 178.1* keine chemisch nachweisbaren Stoffe (Kupfer, Wolfram) wandern; sie sitzen fest. Die negativ geladenen Elektronen fließen dagegen von einem Metall zum andern; wir dürfen also annehmen, daß es *nur eine Art von Elektronen* gibt, die in *allen* Metallen beweglich sind. Wir können sie in den Drähten genauso wenig sehen wie im Vakuum der Diode. Trotzdem experimentieren wir mit ihnen.

2. Elektronen im Kreislauf

Versuch 219: a) Wir lassen nun die beim Glühen abgedampften Elektronen im geschlossenen Kreis fließen. Hierzu verbinden wir nach *Bild 179.1* den Minuspol der Gleichstromquelle S unmittelbar mit der Kathode K einer Diode. In ihr ist der Kreis zunächst unterbrochen. Erst wenn wir die Kathode K zum Glühen bringen, leuchtet die Glimmlampe G auf, und zwar ständig. Die aus K abgedampften Elektronen überbrücken die Vakuumlücke K—A, indem sie völlig unsichtbar von K nach A fliegen. Da sie in Metallen beweglich sind, können sie durch den Metalldraht von A zur Glimmlampe weiterfließen. Diese leuchtet an der oberen Elektrode; sie ist dem Minuspol der Stromquelle S zugewandt, so daß ihr die Elektronen von der Anode her zufließen.

b) Nun legen wir die Diode unmittelbar vor den Pluspol der Stromquelle S und die Glimmlampe zwischen Minuspol und Glühkathode. Die von der Anode A aufgenommenen Elektronen fließen jetzt unmittelbar zum Pluspol.

Wir verstehen jetzt, wie die Stromquelle den einen ihrer beiden Anschlüsse zum Minuspol macht. Sie pumpt ihm Elektronen zu, so daß auf ihm **Elektronenüberschuß** entsteht. Diese Elektronen holt die Stromquelle vom anderen Anschluß; auf ihm entsteht **Elektronenmangel**; die ortsfeste Plusladung überwiegt und bildet so den Pluspol.

> **Der Minuspol hat wie jeder negativ geladene Körper Elektronenüberschuß, der Pluspol hat wie jeder positiv geladene Körper Elektronenmangel.**

Dies soll ein anschauliches *Modell* verdeutlichen. Nach *Bild 179.2* sind zwei Gefäße je zur Hälfte mit Wasser und mit Steinen bis zum Wasserspiegel gefüllt. Die Steine stellen die ortsfesten positiven Ladungen, das sie umgebende Wasser die im Metall beweglichen Elektronen (Minus-Ladung) dar. Wenn das Wasser bis zum Oberrand der Steine reicht, sollen sich in diesem Modell Plus- und Minusladungen neutralisieren. Nun schafft die Pumpe Wasser vom rechten in das linke Gefäß. Links bildet sich Wasserüberschuß (bedeutet Minusladung), rechts Wassermangel (Plusladung). Durch das obere Rohr fließt nun ein Wasser-(Elektronen-)strom nach rechts und schließt den Kreislauf.

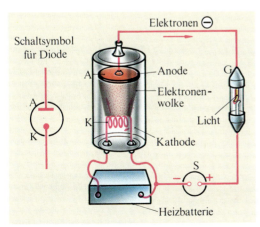

179.1 Die von der Kathode K abgedampften Elektronen pumpt die Stromquelle S durch den Kreis.

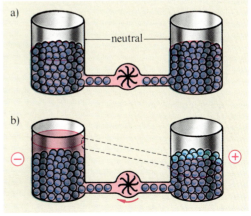

179.2 Die Pumpe erzeugt links Wasserüberschuß und rechts Wassermangel.

3. Elektronen in der Einbahnstraße

Versuch 220: Wir polen die Stromquelle S in *Bild 179.1* um. Ihr Minuspol rechts erzeugt nun auf der Platte A der Diode Elektronenüberschuß. Zwar dampfen vom Glühdraht K nach wie vor Elektronen ab. Doch werden sie von der *negativen* Ladung der Platte A abgestoßen und vom Glühdraht wieder aufgenommen (wie in Versuch 218a). *Der Stromkreis bleibt unterbrochen.* Die Diode läßt also Elektronen nur in einer Richtung, nämlich von K nach A, fließen; sie wirkt als **elektrisches Ventil**.

> **Der Elektronenstrom fließt immer vom Minuspol zum Pluspol.**

Versuch 221: a) Wir ersetzen nach *Bild 180.1* die Gleichstromquelle S durch eine *Wechselstromquelle*. Trotzdem leuchtet nur die obere Elektrode der Glimmlampe. Wenn man diese bewegt, so sieht man nur die oberen hellen Bögen in *Bild 180.1a*. Dazwischen ist die Glimmlampe dunkel. Die Diode läßt nämlich nur während der Zeit Elektronen fließen, in der A dem Pluspol und K dem Minuspol der Wechselstromquelle zugewandt ist; die andere Richtung des Wechselstroms wird unterdrückt. Die Diode ist eine **Gleichrichterröhre**.

b) Wir überbrücken die Diode zwischen K und A durch einen Draht (Strombegrenzer R nicht vergessen). Das Neongas leuchtet um beide Elektroden abwechselnd (*Bild 180.1b*; vergleiche mit Versuch 202). Der Draht läßt ja Elektronen in beiden Richtungen fließen.

Bei unseren **Netzsteckdosen** ist eine Buchse 50mal in jeder Sekunde Minuspol, dazwischen Pluspol. Die andere Buchse hat jeweils die entgegengesetzte Polarität. Die Elektronen sind sehr beweglich und folgen im angeschlossenen Kreis ohne Verzögerung; sie schwingen bei diesem **Wechselstrom** mit der Frequenz 50 Hz hin und her (1 Hertz = 1 Hz = 1 Schwingung je Sekunde). Dabei hat der Strom in jedem Augenblick eine bestimmte Richtung.

4. Ladungen im Atom

Durch Versuche (Seite 531) fanden die Physiker, daß diese negativ geladenen Elektronen einem **Atomkern** (+) zu nahe kamen und zur Seite hin abgelenkt wurden: *Der Atomkern ist positiv geladen.* Jedes Atom hat solch einen Kern; sein Durchmesser ist $\frac{1}{100\,000}$ des Atomdurchmessers, der seinerseits unter $\frac{1}{1\,000\,000}$ mm liegt (Ölfleckversuch Seite 52).

Weiter fand man: Im Atomkern sind über 99,9% der Masse eines Atoms konzentriert; der Rest von weniger als 0,1% verteilt sich auf die Elektronen. Diese sind noch kleiner als die Atomkerne. Sie schwirren (ähnlich Gasmolekülen) in den großen, sonst völlig leeren Bereichen um den Kern herum, ohne daß man ihre Bahnen genauer angeben könnte.

Ein Atom ist dann *neutral,* wenn den Kern so viele Elektronen umgeben, daß sie seine positive Ladung neutralisieren. In diesen *neutralen Atomen* „versteckt" sich also die Ladung; kein Wunder, daß wir sie nicht unmittelbar wahrnehmen!

> **Der positiv geladene Atomkern ist von einer Elektronenhülle umgeben.**

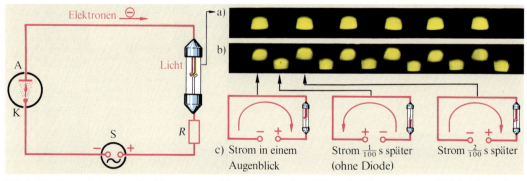

180.1 Die Wechselstromquelle S ändert schnell ihre Polung, desgleichen die Platte A in der Gleichrichterröhre. a) Bewegte Glimmlampe bei gleichgerichtetem Wechselstrom, b) Glimmlampe bei Wechselstrom, also A mit K verbunden, c) Elektronenrichtung bei Wechselstrom

§68 Influenz und statische Aufladung

1. Influenz: Elektronen werden verschoben

Können wir mit Hilfe der Elektronen auch die *Influenzversuche* verstehen? Betrachten wir Versuch 215b von Seite 176: Die linke Metallkugel in *Bild 181.1* sei zunächst elektrisch neutral. Nehmen wir einmal an, sie enthalte 70 000 Elektronen, dann trägt sie auch exakt 70 000 ortsfeste Plusladungen. Die rechte, kleinere Kugel trage vielleicht 50 000 Elektronen und dann auch genau 50 000 Plusladungen.

Nun nähern wir den positiv geladenen Körper ($+Q_1$) von links. Er zieht vielleicht 5 Elektronen von der rechten zur linken Kugel. Die positiven Ladungen bleiben am Platz; sie sind an die schweren Atomkerne gebunden. Verfolge den Vorgang am Zahlenbeispiel:

	linke Kugel	rechte Kugel
Vorher:	70 000 − 70 000 +	50 000 − 50 000 +
Nachher:	70 005 − 70 000 +	49 995 − 50 000 +
	5 Elektronen Überschuß: $-Q_i$	5 Elektronen Mangel: $+Q_i$

Wenn wir an alle Zahlen 18 Nullen anhängen, kommen wir der Wirklichkeit näher!

Die linke Kugel hat einen Überschuß an Elektronen; sie trägt die negative Influenzladung $-Q_i$. Die rechte Kugel hat Mangel an Elektronen; sie trägt die positive Influenzladung $+Q_i$.

2. Statische Aufladung: Elektronen werden aus Atomen gerissen

Du kennst sicher das Knistern beim Ausziehen eines Perlonpullovers oder beim Kämmen trockener Haare. Wenn du über Kunststoffböden gegangen bist, kannst du unangenehme *elektrische Schläge* erhalten. Solche *elektrostatischen Aufladungen* treten bei *guten Isolatoren* auf. Was haben diese mit Elektrizität zu tun? Sehr viel: Sie gaben ihr den Namen. Die Griechen beobachteten, daß der Isolator *Bernstein (griech.: Elektron)* nach dem Reiben kleine Körperchen anzieht; sie sagten, er wird „elektrisch"! Wir wissen heute, warum:

Auch die Isolatoren enthalten zahlreiche Elektronen. *Allerdings lösen sich diese Elektronen nicht von selbst von ihren Atomen;* deshalb gibt es bei Isolatoren kein Elektronengas und folglich keinen Strom. Vielleicht kann man aber Elektronen aus Atomen an der *Oberfläche* des Isolators reißen?

Versuch 222: a) Bringe einen *Kunststoffstab* durch kräftiges Reiben auf großer Fläche in enge Berührung mit einem trockenen *Fell!* Der Stab zieht anschließend aufgehängte Kügelchen oder Papierschnitzel an. Hält man ihn an eine Glimmlampe, so blitzt das Gas an der dem Stab zugewandten Elektrode kurz auf (wie in *Bild 172.2). Die Oberfläche des Kunststoffstabes war also negativ geladen.* Offensichtlich hatte sie beim engen Berühren den Atomen des Fells Elektronen entrissen. Wenn dies richtig ist, so müßte beim Fell die positive Ladung überwiegen:

b) Befestige ein kleines Stück *Fell* an einem Isolierstab und reibe es mit einem Kunststoff-

181.1 Influenz: Elektronen werden vom rechten Rand der rechten Kugel zum linken Rand der linken verschoben. Dort sitzen die Influenzladungen.

181.2 a) Isoliert gehaltene Körper werden aneinander gerieben. b) Ihre Ladung wird über den Faraday-Becher dem Elektroskop zugeleitet.

182.1 Elektrische Struwwelpetra!

182.2 Der Schnellhefter war geladen!

182.3 Auch das Elektroskop reagiert.

182.4 Tanz der Papierschnipsel

stab *(Bild 181.2a)!* Halte dann Stab und Fell nacheinander in einen *Faraday-Becher (Bild 181.2b).* Das angeschlossene Elektroskop schlägt (durch Influenz) beidemal gleich stark aus. Bringst du dann Stab und Fell zusammen in den Becher, so tritt nicht etwa der doppelte, sondern überhaupt *kein Ausschlag* auf: Das Fell wurde also durch den Verlust an Elektronen genau so stark positiv geladen wie der Kunststoff durch die Übernahme dieser Elektronen negativ. *Elektronen wurden also auch hier nicht neu erzeugt, sondern nur getrennt und anders verteilt.* Den Elektronenübergang verdeutlicht das links stehende Zahlenbeispiel. Ersetze in ihm „linke Kugel" durch „Kunststoff" und „rechte Kugel" durch „Fell"!

c) Zeige die *positive* Ladung des Fells unmittelbar! Bringe das Fell allein in den *Faraday-Becher (Bild 181.2b)* und berühre ihn mit der Glimmlampe. Die abgewandte Seite blitzt auf.

d) Ein *Glasstab* wird durch Reiben mit *Seide,* die an einem Isolierstab befestigt ist, *positiv* geladen, die *Seide negativ.* Denn die Seide reißt die Elektronen aus den Atomen der Glasoberfläche. Ersetze im linken Beispiel „linke Kugel" durch „Seide", „rechte Kugel" durch „Glas"!

Bei dieser *statischen Aufladung* können *positive* Ladungen nicht übertreten; sie sind nach Versuch 218b an Materie (an die Atomkerne) gebunden und sitzen insgesamt viel fester als die negativ geladenen Elektronen der Atomhülle.

Elektronen treten beim Berühren verschiedener Stoffe sehr häufig von einer Oberfläche zur anderen über; es wäre verwunderlich, wenn alle Stoffe die Elektronen ihrer Elektronenhüllen gleich stark festhalten würden! Diejenigen, die sie stärker festhalten, bekommen einen kleinen Elektronenüberschuß. Die anderen verlieren Elektronen und werden positiv geladen. – Bei *Isolatoren* läßt sich die übergetretene Ladung leicht nachweisen; denn dort kann sie nicht sofort abfließen. Deshalb finden wir elektrostatische Aufladungen bei den Isolatoren. Will man sie z.B. bei Teppichböden vermeiden, so macht man die Textilfasern durch Zusätze etwas leitend (antistatisch).

Versuch 223: Reibe eine Kunststoff-Folie (etwa vom Tageslichtprojektor) mit einem Wolltuch. Hebe sie von der Unterlage ab und prüfe ihre Ladung mit einer Glimmlampe (Polsuchlampe), einem Elektroskop, durch die Anziehung kleiner Körperchen oder einfach an deinen Haaren *(Bild 182.1 bis 182.4)!*

§ 69 Ionen, chemische Stromwirkungen

1. Wie geben Ionen ihre Ladung ab?

Wenn durch Kupferchlorid ($CuCl_2$) Strom fließt (*Elektrolyse*), werden die *negativ* geladenen Chlorteilchen, *Chlorionen* genannt, zur Anode (+) gezogen (*Bild 183.1*). Im sich anschließenden Draht fließen dann Elektronen zum Pluspol der Stromquelle weiter. Woher kommen sie? Jedes Cl^--Ion hat in seiner Hülle ein Elektron *mehr* als ein neutrales Cl-Atom. Dieses *Überschußelektron* ist in *Bild 183.1* symbolisch angeheftet und wird an die Anode und damit an den Stromkreis abgegeben (*Bild 183.2*). Das Cl^--Ion wird so zum neutralen Cl-Atom; neutrales Chlorgas steigt auf, die Lösung verarmt an Chlor.

Wollen wir also doppelt so viel Chlorgas abscheiden, so müssen auch doppelt so viele Cl-Ionen ihr Überschußelektron abgeben; dann fließen im Draht auch doppelt so viele Elektronen weiter. *Aus der doppelten Gasmenge dürfen wir auf die doppelte Ladung schließen* – wenn die Ionentheorie richtig ist! Wir verfolgen dies auf Seite 185 weiter.

Die *Kupferionen* werden zur Kathode (−) gezogen: Sie sind also *positiv* geladen. Dort wird jedes Cu^{++}-Ion von zwei Elektronen, welche die Stromquelle heranführt, neutralisiert (*Bild 183.2*). In seiner Hülle fehlten nämlich zwei Elektronen (in *Bild 183.1* bis *183.3* durch zwei Aussparungen in der Elektronenhülle angedeutet; der Kern überwiegt mit 2 positiven Elementarladungen über die restliche negative Ladung der Elektronenhülle). Die chemische Formel $CuCl_2$ klärt auf: Nach ihr kommt 1 Cu^{++}-Ion auf 2 Cl^--Ionen (*Bild 183.3*). Dem Überschuß von 2 Elektronen in beiden Cl^--Ionen zusammen steht also der Fehlbestand von 2 Elektronen in 1 Cu^{++}-Ion gegenüber. *Die Lösung ist insgesamt elektrisch neutral.* – Beachte: Im Gegensatz zu den Metallen haben Elektrolyte keine freien Elektronen.

> **Negative Ionen haben in der Atomhülle einen Überschuß an Elektronen. Bei positiven Ionen überwiegt die Kernladung, da Elektronen fehlen. Durch Abgabe bzw. Aufnahme von Elektronen entstehen an den Elektroden neutrale Atome.**

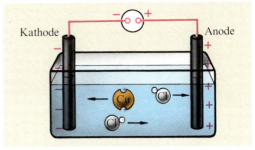

183.1 Negative Cl^--Ionen werden zur Anode (+) und positive Cu^{++}-Ionen zur Kathode (−) gezogen.

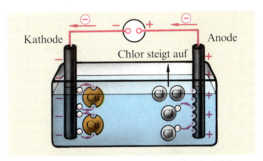

183.2 Ein Cl^--Ion gibt an der Anode ein Elektron ab, ein Cu^{++}-Ion nimmt an der Kathode zwei Elektronen auf. Beide Ionenarten werden zu neutralen Atomen.

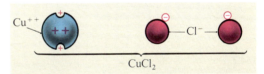

183.3 Auf zwei Cl^--Ionen kommt in Kupferchlorid ($CuCl_2$) ein Cu^{++}-Ion.

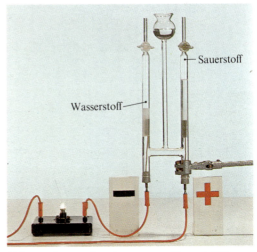

183.4 Hofmannscher Apparat; zu Versuch 224

184.1 Knallgaszelle im Stromkreis

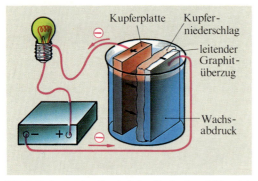

184.2 Galvanoplastik: Auf der Kathode schlägt sich eine dünne Kupferschicht nieder.

184.3 Hier wird großtechnisch elektrolysiert.

Versuch 224: Im **Hofmannschen Apparat** nach *Bild 183.4* fließt der Strom zwischen den beiden Nickelelektroden durch verdünnte Kalilauge. An der mit dem negativen Pol der Stromquelle verbundenen Kathode bildet sich Wasserstoffgas (H_2; siehe Chemielehrbuch). Es steigt in Form kleiner Blasen hoch und kann am geöffneten Hahn entzündet werden. An der Anode (+) wird Sauerstoffgas (O_2) abgeschieden. Es läßt am geöffneten Hahn einen glimmenden Holzspan hell aufleuchten; denn in konzentriertem Sauerstoff laufen alle Verbrennungsprozesse viel schneller ab als in Luft. — Der Wasserstoff nimmt doppelt so viel Raum ein wie der gleichzeitig gebildete Sauerstoff.

Versuch 225: In der *Knallgaszelle* nach *Bild 184.1* liegen Kathode und Anode nahe beisammen; Sauerstoff und Wasserstoff werden deshalb zusammen aufgefangen; sie bilden *hochexplosibles Knallgas (nicht an der Öffnung des Rohrs entzünden!)* Man kann damit Seifenblasen füllen und von der Knallgaszelle entfernt zur Explosion bringen. Nach *Bild 184.1, rechts*, wird das Volumen des Gases in der Glasröhre mit cm³-Skala gemessen.

2. Der Strom versilbert und verchromt

Verwendet man im Versuch nach *Bild 183.1* als Anode eine Platte unreinen Kupfers, so scheidet sich an der Kathode sehr reines *Elektrolyt-Kupfer* ab. An der Anode geht die gleiche Menge an Kupfer in Lösung.

Will man Löffel, Fahrradteile usw. aus unedlem Metall mit einem beständigeren, edleren überziehen, so taucht man diese Gegenstände in die Lösung eines Silber-, Nickel-, Chrom- oder Goldsalzes und verbindet sie mit dem *negativen* Pol einer Stromquelle. Der *positive* Pol wird an eine Platte aus dem betreffenden edleren Metall in der Lösung angeschlossen. Nach einiger Zeit haben die Gegenstände einen *reinen Metallüberzug* erhalten. Man nennt dies *galvanisches Versilbern, Vernickeln, Verchromen* usw. (*Galvani*, ital. Naturforscher um 1760).

Um von einer Münze oder Plakette eine formgetreue Nachbildung zu erhalten, stellt man zunächst einen Abdruck in Wachs oder Gips her; Erhöhungen im Original sind in diesem sogenannten *Negativ* Vertiefungen und umgekehrt. Dieser Abdruck wird mit einem Überzug aus dünnem Graphitstaub leitend gemacht und dann mit dem negativen Pol verbunden (*Bild 184.2*). In Kupfersalzlösungen scheidet sich auf ihm Kupfer originalgetreu als *Positiv* ab. Man nennt dieses Verfahren *Galvanoplastik*. So stellt man z. B. die Prägestempel für *Schallplatten* her.

§70 Messung von Ladung und Stromstärke

1. Was mißt die Benzinuhr?

Kann man 50 l Benzin tanken, wenn die Leitung nach *Bild 185.1 a* nur 30 l faßt? Ja! Wenn die Benzinuhr 50 l anzeigt, so fließen aus dem Zapfhahn auch 50 l; die gleiche Menge wird dem Erdtank entnommen und *durchfließt jeden Querschnitt der Leitung* − falls diese dicht ist und keine Luftblasen enthält (blasenfrei zapfen!).

Wenn man sagt, in einem Stromkreis fließe die Ladung Q, so meint man nicht die Ladung (etwa die Elektronenzahl), die der Kreis insgesamt enthält. Man meint vielmehr die Ladung, die *während der Meßzeit eine Meßstelle durchläuft*. In *Bild 185.1b* ist während dieser Zeit das linke Teilchen noch nicht durch den Querschnitt der Leitung, der als Meßstelle dient, getreten; es wird also nicht mitgezählt.

2. Kann man die Elektronen zählen?

Leider genauso wenig wie die Benzinmoleküle! An der Tankstelle mißt man das Benzinvolumen. Die Elektrolyse zeigt einen ähnlichen Ausweg: Nach den auf Seite 183 gebildeten Vorstellungen ist die *Menge* des vom Strom entwickelten *Gases* der *Zahl* der geflossenen Elektronen und damit deren *Ladung* proportional. Doch könnten auch die Konzentration des Elektrolyten oder Form und Abstand der Elektroden von Einfluß sein. Vielleicht stauen sich auch Elektronen unterwegs merklich an oder es bilden sich im Leiter elektronenfreie „Blasen".

Versuch 226: Wir schalten nach *Bild 185.2* mehrere mit Lauge unterschiedlicher Konzentration gefüllte Knallgaszellen (*Bild 184.1*) hintereinander und lassen Strom fließen. Nach einiger Zeit finden wir in jeder Zelle die *gleiche Gasmenge,* auch wenn die Elektroden verschieden sind. Selbst Zellen vor und nach einer Glühlampe zeigen gleiche Gasmengen; sie wurden also auch von gleich vielen Elektronen durchflossen. Von den Elektronen geht unterwegs nichts verloren; sie stauen sich auch nicht wie Autos. *Knallgaszellen sind also ein bequemes Meßgerät für fließende Ladungen.*

Könnte man Elektronen zählen, so würde man als Ladungseinheit vielleicht die Ladung eines Elektrons wählen. Für uns liegt es nahe, als Einheit die Ladung festzulegen, die eine bestimmte Kupfer- oder Knallgasmenge abscheidet. Man nennt die international gebräuchliche **Einheit der Ladung 1 Coulomb (C)** nach dem französischen Physiker *Coulomb* (um 1800). 1 C scheidet 0,19 cm³ Knallgas ab (bei 20 °C und 1 bar). Auf Seite 332 werden wir berechnen, wie viele Elektronen die Ladung 1 C ergeben: Es sind $6{,}25 \cdot 10^{18}$.

Die Einheit der elektrischen Ladung ist das Coulomb (C). 1 C entspricht der Ladung von $6{,}25 \cdot 10^{18}$ Elektronen.

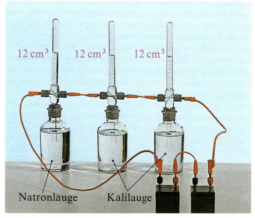

185.1 a) Durch jeden Querschnitt der Benzinleitung tritt beim blasenfreien Zapfen die gleiche Menge Benzin. b) Die durch den roten Querschnitt geflossene Menge wird gezählt.

185.2 In jeder der hintereinandergeschalteten Knallgaszellen wird die gleiche Gasmenge abgeschieden, auch wenn sie verschieden gebaut oder gefüllt sind; auch in Lampen ginge keine Ladung verloren.

3. Was heißt, der Strom ist stark?

Eine Pipeline liefere einen Ölstrom der Stärke 2 Tonnen Öl je Sekunde. Dann braucht man zum Füllen eines Tanks von $Q = 1000$ t Inhalt die Zeit $t = 500$ s. Dabei ist es gleichgültig, ob das Öl aus einer engen Öffnung schnell oder aus einer weiten langsam fließt. Entsprechend gibt man die **Stärke** I (Intensität) des elektrischen Stroms durch die in 1 s durch einen Leiterquerschnitt fließende Ladung Q (Quantität) an. Fließt z.B. in $t = 5$ s die Ladung $Q = 20$ C, so beträgt die **Stromstärke**

$$I = \frac{Q}{t} = \frac{20 \text{ C}}{5 \text{ s}} = 4 \frac{\text{C}}{\text{s}} = 4 \text{ Ampere (4 A)}.$$

Dabei ist **1 Ampere** $= 1$ C/s die nach dem französischen Physiker *A.M. Ampère* (um 1800) benannte Einheit der Stromstärke. Bei der Stromstärke $I = 1$ A fließt **in 1 s** die Ladung $Q = 1$ C ($6{,}25 \cdot 10^{18}$ Elektronen) durch einen beliebigen Querschnitt der Leitung:

Definition: Stromstärke $I = \dfrac{Q}{t}$.   (186.1)

Q **ist die Ladung, die in der Zeit** t **durch einen Leiterquerschnitt fließt. Einheit der Stromstärke ist das Ampere (A):**

$$1 \text{ A} = 1 \frac{\text{C}}{\text{s}}. \qquad (186.2)$$

1 mA (Milliampere) $= \frac{1}{1000}$ A.

Versuch 227: a) Um Stromstärken zu messen, genügt die Knallgaszelle allein nicht; man braucht noch eine *Uhr:* In der Zeit $t = 100$ s wird z.B. das Volumen $V = 19$ cm³ Knallgas abgeschieden. Da 1 C immer 0,19 cm³ Knallgas ergibt, fließt in 100 s folglich die Ladung $Q = 100$ C. Die Stromstärke ist dann $I = Q/t = 1$ C/s $= 1$ A; bei ihr werden in 1 s genau 0,19 cm³ Knallgas abgeschieden.

b) Nun bringt man die Lampe im Stromkreis zu hellerem Leuchten; dann perlen die Gasblasen in kürzeren Abständen. *In der gleichen Zeit* (100 s) *erhält man mehr Knallgas,* z.B. 38 cm³. Dann beträgt die Stromstärke $I = 2$ C/s $= 2$ A; in jeder Sekunde fließt die Ladung 2 C durch einen Leiterquerschnitt.

Bei der Stromstärke $I = 2$ A $= 2$ C/s fließt in der Zeit $t = 30$ s durch jeden Leiterquerschnitt die Ladung $Q = I \cdot t = (2 \text{ C/s}) \cdot 30 \text{ s} = 60$ C.

4. Geräte zum Messen der Stromstärke

Am Zeiger des Tachometers liest du unmittelbar die Geschwindigkeit v des Autos ab; ob er richtig anzeigt, prüfst du mit einer Uhr (t) an den Kilometermarken der Autobahn nach; etwas Rechnung ($v = s/t$) ist dabei nötig. Auch für die Stromstärke $I = Q/t$ gibt es bequeme Zeigermeßgeräte. Wir wollen sie kennenlernen und mit Knallgaszelle (Q) und Uhr (t) eichen:

Versuch 228: a) Nach *Bild 186.1* ist ein dünner Eisendraht zwischen zwei Isolierklemmen gespannt und an eine leistungsfähige Stromquelle (Akku oder Netzgerät nach *Bild 171.3*) angeschlossen. Der Strom erwärmt und verlängert den Draht. Der in der Mitte hängende Körper M sinkt um so mehr ab, je stärker der Strom ist, je mehr Wärme er in 1 s erzeugt (Versuch 227 b.) M hebt sich wieder, wenn man den Strom ausschaltet.

b) Wir erhöhen die Stromstärke so lange, bis der Draht zuerst rot, dann weiß glüht; schließlich schmilzt er durch: Perlen an seiner Oberfläche zeigen, daß Teile von ihm flüssig wurden. Der zu stark gewordene Strom hat den Stromkreis unterbrochen. Dies werden wir in der *Schmelzsicherung* (Seite 188) ausnutzen.

Versuch 228a erklärt das *Hitzdrahtinstrument:* Nach *Bild 187.1* durchfließt der zu messende Strom den *Hitzdraht* AMB; dieser wird erwärmt und verlängert. Deshalb kann die gespannte Feder F über den Faden MF die Mitte M des Hitzdrahts nach unten ziehen. Da dieser Faden um die Rolle R geschlungen ist, dreht sich der Zeiger Z mit der Rolle R nach rechts. Wenn der Strom nicht mehr fließt, verkürzt sich der kälter werdende Draht AMB und zieht den Zeiger wieder zum Nullpunkt der Skala zurück.

186.1 Zu Versuch 228; Modell für *Bild 187.1*

Armbanduhr, elektrisch	0,001 mA
Glimmlampe	0,1 bis 3 mA
Taschenlampe	0,07 bis 0,6 A
Haushaltsglühlampe	0,07 bis 0,7 A
Heizkissen	ca. 0,3 A
Bügeleisen	2 bis 5 A
Autoscheinwerfer	ca. 5 A
Elektrischer Ofen	5 bis 10 A
Straßenbahnmotor	150 A
E-Lok	1000 A
Blitz	100000 A

Tabelle 187.1 Stromstärken

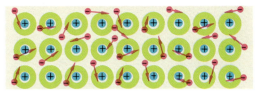

187.2 In Kupfer gibt jedes Atom ein Elektron (rot) frei. Diese Elektronen schwirren — auch wenn kein Strom fließt — im Metall umher.

Der Strom entwickelt *ständig* Wärme; warum wird der Draht nicht ständig heißer, sondern nimmt eine bestimmte Temperatur an? Es ist die Temperatur, bei welcher in jeder Sekunde der Draht genauso viel an Wärme an die kältere Umgebung abführt, wie der Strom erzeugt.

Das Hitzdrahtinstrument braucht natürlich noch eine *Skala*. Um ihre Striche festzulegen, schaltet man es zusammen mit einer Knallgaszelle und einer Glühlampe in einen Stromkreis. Alle Geräte werden in der gleichen Zeit t von der gleichen Ladung Q durchflossen. Darum ist die Stromstärke $I=Q/t$ in allen Geräten gleich groß. Man berechnet sie nach Versuch 227 und markiert diesen Wert. Wenn man die Stromstärke ändert — etwa durch Auswechseln der Lampe —, so erhält man mehrere Marken.

5. Wie erwärmen Elektronen einen Draht?

Nachdem wir auf Seite 180 die Elektronen in der Hülle der Atome gefunden haben, verstehen wir, woher die Stromquelle die Elektronen nimmt, die sie durch den Kreis pumpt (Seite 179): Von jedem Metallatom haben sich 1 bis 3 Elektronen getrennt (in *Bild 187.2* rot).

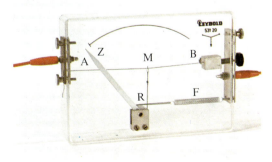

187.1 Hitzdrahtstrommesser zur Demonstration

Auch wenn kein Strom fließt, bewegen sie sich in den großen, fast leeren Räumen zwischen den Atomkernen unregelmäßig hin und her; sie verhalten sich ähnlich den Atomen eines Gases; man spricht von einem **Elektronengas**. Schließt man eine Stromquelle an, so werden diese freien Elektronen zum Pluspol gezogen. Die Stromquelle, z.B. ein Fahrraddynamo, pumpt sie an ihrem Minuspol wieder in den Kreis. Dabei erwärmen sie die Drähte. Warum?

Versuch 229: Eine Diode, die kräftige Ströme aushält, wird an eine starke Stromquelle in Durchlaßrichtung angeschlossen. Nach kurzer Zeit kommt das Blech der Anode zum Glühen. Die von der Kathode abgedampften Elektronen werden schnell zur positiv geladenen Anode beschleunigt. *Dort prallen sie mit großer Wucht auf die Atome und regen sie zu starkem Schwingen an.* Nach Seite 95f. steigt dabei die Temperatur.

Wenn in einem Draht Elektronen fließen, so stoßen sie ebenfalls auf Atomrümpfe. Sie bringen diese zu stärkerem Schwingen: Der stromdurchflossene Leiter wird erwärmt. Die Elektronen werden bei diesen Stößen abgebremst; sie erfahren einen *Widerstand* (Seite 197f.). Durch die Stromquelle werden sie immer wieder in Bewegung gesetzt.

6. Wo wendet man die Stromwärme an?

Die fließenden Elektronen stoßen die Atome an und erzeugen zwangsläufig Wärme. Nach *Tabelle 187.1* braucht man in **elektrischen Heizgeräten** große Stromstärken. Deshalb muß man beim Bau der Heizgeräte vielerlei beachten: Zum einen müssen die Heizdrähte vor Berühren geschützt liegen (Brandgefahr, Schutz vor elektrischen Schlägen). Andererseits sollen diese Drähte ihre Wärme gut abgeben: In *Brotröstern* sieht man die rotglühenden Heizdrähte deutlich (Vorsicht!). Beim *Heizkissen* liegt der Heizdraht sehr gut isoliert in einer biegsamen,

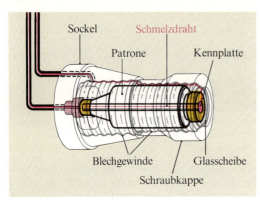

188.1 Schmelzsicherung

Aufgaben

1. *In 60 s werden 23,4 cm³ Knallgas (bei 20° C und 1000 mbar) abgeschieden. Berechne Ladung und Stromstärke!*

2. *Eine Taschenlampenbatterie gibt 8 h lang einen Strom der Stärke 0,2 A ab. Wieviel Knallgas könnte sie erzeugen?*

3. *Warum ist bei der Definition der Einheit 1 A der Zusatz „durch einen Querschnitt des Leiters" wichtig?*

4. *Unterscheide zwischen der Größengleichung $I = Q/t$ und der Einheitengleichung $1\,A = 1\,C/s$! Führe weitere derartige Gleichungspaare aus der Mechanik an!*

5. *1 C nennt man auch 1 Amperesekunde (1 As = 1 s · 1 C/s). Sie ist ein Produkt! Wieviel C sind somit 1 Ah (Ampere-Stunde)? Ein frisch geladener Bleiakkumulator „gibt 84 Ah ab". Wie lange kann ihm der Strom der Stärke 1 A „entnommen" werden? Wieviel Knallgas könnte er erzeugen? Wie lange kann er im Auto zwei Scheinwerferlampen, die je von Strom der Stärke 5 A durchflossen werden, speisen?*

6. *a) Wie viele Elektronen geben die Ladung 10 C? b) Wie groß ist die Ladung von 1 Elektron (sog. Elementarladung)? — c) Auf einer geladenen Kugel sitzt die Ladung 10^{-7} C. Wie viele Elektronen sind dies? d) Wie viele Elektronen fließen bei 100 mA in 5 s durch einen Leiterquerschnitt? — e) Die kleinste Stromstärke, die man mit Schulgeräten messen kann, beträgt 10^{-12} A. Wie viele Elektronen fließen dabei in 1 s durch einen Leiterquerschnitt?*

7. *Bild 188.3 zeigt eine Thermo-Sicherung mit Bimetallstreifen. Auf welcher Seite ist bei ihm das Metall, das sich stärker ausdehnt (Seite 97)? Verfolge den Strom! Spricht eine solche Sicherung sofort an?*

hitzebeständigen Asbestschnur. In *Heizlüftern* und *Haartrocknern* bläst ein Ventilator Luft an Heizdrähten vorbei. Sie geben die Wärme an die Luft und nicht wie beim veralteten *Heizstrahler* (Bild 167.1) durch Strahlung an die Gegenstände der Umgebung ab.

Versuch 230: Wir überbrücken nach *Bild 188.2* das Lämpchen mit einem dicken Kupferdraht. Bei diesem **Kurzschluß** schmilzt der dünne *Sicherungsdraht* durch. Wenn dieser durch einen neuen Draht ersetzt ist, schaltet man dem einen Lämpchen weitere parallel, bis der Draht schmilzt. Der Strommesser zeigt, wie die Stromstärke mit der Zahl der Lampen steigt.

Die **Schmelzsicherung** nach *Bild 188.1* besteht aus einer Porzellanpatrone, die den dünnen Sicherungsdraht enthält. Er schmilzt durch, wenn der Strom zu stark ist (Versuch 228b). Dann fällt das farbige Kennplättchen ab, das am Draht hängt. — Es ist strafbar, Sicherungen zu flicken. Nähme man hierzu einen zu dicken Draht, so würden bei einem Kurzschluß im Haus die Leitungen so stark erhitzt, daß Brände ausbrechen könnten!

188.2 Kurzschluß am Lämpchen

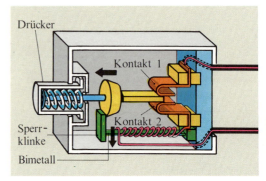

188.3 Thermosicherung; zu Aufgabe 7

§71 Die elektrische Spannung

1. Ladung in „gespanntem Zustand"

Man sagt, **zwischen den Polen von Stromquellen und Steckdosen herrsche Spannung.** Dies zeigt sich an einem Bandgenerator, wenn Ladung überspringt und in einem Blitz *Energie* freisetzt. Diese Energie steht offensichtlich zusammen mit der Ladung *auf Abruf bereit* — wie in einer gespannten Feder, die ebenfalls Energie speichert. Wie man eine Feder spannt, weißt du. Aber wie erzeugt man einen *elektrischen Spannungszustand?*

Versuch 231: a) Nach *Bild 189.1* stehen sich zwei große, isolierte Metallplatten auf kleinem Abstand (1/2 mm) gegenüber. Wir berühren sie vorübergehend je mit einem Pol eines Netzgeräts, geben ihnen also entgegengesetzte Ladungen ($+Q$ und $-Q$). Dann entladen wir die Platten über eine Glimmlampe; diese leuchtet nur schwach auf. Hinter den Ladungen steckt jetzt noch sehr wenig Energie.

b) Nun laden wir die Platten nochmals auf und ziehen sie dann weit auseinander. Jetzt leuchtet die Glimmlampe beim Entladen sehr hell. Die Energie in diesem *Plattenkondensator* hat also beim Auseinanderziehen der Platten erheblich zugenommen; man sagt, die Spannung zwischen ihnen sei gestiegen.

Woher kam diese Energie? Wir haben zwar die entgegengesetzten Ladungen auf den isolierten Platten nicht vergrößert. Doch haben wir sie gegen die Kraft F, mit der sie sich anziehen, um die Strecke s weiter voneinander getrennt. Hierzu mußten wir die *Arbeit* $W = F \cdot s$ verrichten. Diese Arbeit ging nicht verloren; sie wurde als Energie gespeichert und stand dann auf Abruf bereit. Wenn die *arbeitsfähige Ladung* über die Glimmlampe abfließt, wird diese Energie in Licht und Wärme umgesetzt.

> **Herrscht zwischen zwei Leitern elektrische Spannung, so steht Energie auf Abruf bereit. Spannung entsteht, wenn man entgegengesetzte Ladungen unter Arbeitsaufwand trennt. Die Energie wird frei, wenn Strom fließt.**

2. Kann man sehen, daß Spannung herrscht?

Versuch 232: a) Wir legen zwischen die Platten in *Bild 189.1* ein *Elektroskop* und wiederholen den Versuch 231. Beim Auseinanderziehen der Platten steigt der Ausschlag erheblich an; er zeigt so das Anwachsen der Spannung. Die Ladungen auf den Platten haben nämlich so viel Energie erhalten, daß sie zu einem Teil auf das Elektroskop übertreten können — *trotz der dort bestehenden Abstoßungskräfte.* Ladung bei geringer Spannung, hinter der also wenig Energie steckt, kann dagegen ein Elektroskop kaum aufladen.

b) Wir legen ein Elektroskop zwischen die Pole eines Bandgenerators und treiben ihn langsam unter Arbeitsverrichtung an: Das umlaufende Band pumpt immer mehr Ladungsteilchen eines Vorzeichens in die obere Kugel, obwohl sich diese dort abstoßen. Der Ausschlag des Elektroskops steigt an und zeigt die zunehmende Spannung. — Ein empfindliches Elektroskop, das nach *Bild 189.2* zwischen die Pole einer *Steckdose* gelegt wird, zeigt, daß auch zwischen ihnen Spannung besteht. **Die Spannung zwischen den Polen einer Stromquelle wird von einem Elektroskop angezeigt, das man zwischen diese Pole schaltet.**

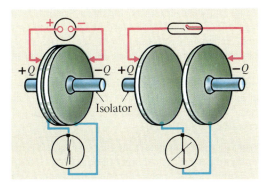

189.1 Nach Versuch 231 wird Spannung erhöht.

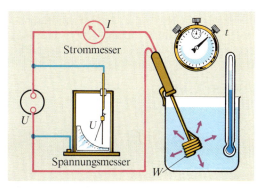

189.2 Zu Versuch 234

3. Wie ist die Spannung definiert?

Zwischen den Polen einer Steckdose besteht ein *Spannungszustand*. Die Energie wird aber erst frei, wenn Ladung fließt; dann läuft der Elektrizitätszähler und registriert die abgerufene Energie W; man muß für sie bezahlen. Das E-Werk liefert sofort diese Energie nach und hält so den Spannungszustand aufrecht. Dabei besteht ein einfacher Zusammenhang zwischen der entnommenen Energie W und der geflossenen Ladung Q:

Versuch 233: Ein Tauchsieder liegt am Netz. In 1 s gibt er die Energie W_1 als Wärme ab. In der n-fachen Zeit fließt die n-fache Ladung Q; man erhält auch die n-fache Energie $W_n = n W_1$ (Seite 99): *Die an einer Stromquelle abgerufene Energie W ist also der geflossenen Ladung Q proportional:* $W \sim Q$.

Wir fragen nun, welche Energie beim Fließen der Ladung 1 C frei wird, und benutzen Tauchsieder, deren Leistung wir kennen (Seite 106).

Versuch 234: Wir legen einen Tauchsieder mit der Leistung $P = 300$ Watt $= 300$ J/s an die Steckdose (Seite 99). Der nach *Bild 189.2* eingeschaltete Strommesser zeigt $I = 1{,}35$ A $= 1{,}35$ C/s. In 1 s fließt also die Ladung $Q = 1{,}35$ C und setzt die Energie $W = 300$ J frei. *Tabelle 190.1* zeigt die Meßwerte auch bei anderen Tauchsiedern. Auch hier ist die abgerufene Energie W der geflossenen Ladung Q proportional; der Quotient W/Q (3. Spalte) erweist sich im Rahmen der Meßgenauigkeit als konstant. *Er ist vom benutzten Gerät unabhängig* und beträgt an der vorliegenden Steckdose $W/Q = 220$ J/C. Dieser Quotient W/Q kennzeichnet also den Spannungszustand zwischen den Polen der Steckdose, und zwar unabhängig von der Stärke des Stroms.

Die Zahlenwerte für W/Q in der 3. Spalte der Tabelle kommen uns bekannt vor: Man sagt, die Steckdose hat 220 V. Laut Definition bedeutet die Spannungsangabe 220 V, daß in einem an die Steckdose gelegten Gerät beim Fließen der Ladung 1 C die Energie 220 J frei wird.

Arbeit W in 1 s in Joule	Ladung Q in 1 s in Coulomb	W/Q in J/C
300	1,35	222
600	2,75	218
1000	4,55	220
1500	6,8	221

Tabelle 190.1 Zu Versuch 234

190.1 Hochspannung; Energie ist abrufbereit!

1 Volt (V) bedeutet, daß beim Fließen von 1 C die Energie 1 Joule umgesetzt wird.

> *Definition:* An einer Stromquelle werde beim Fließen der Ladung Q die Energie W abgegeben. Man sagt dann, zwischen ihren Polen besteht die Spannung
>
> $$U = \frac{W}{Q}. \qquad (190.1)$$
>
> **Die Einheit der Spannung U ist 1 Volt:**
>
> $$1 \text{ Volt} = 1 \frac{\text{Joule}}{\text{Coulomb}}. \qquad (190.2)$$

4. Kann man Spannung weiterleiten?

Versuch 235: Wir führen durch zwei Leitungen Ladungen eines Bandgenerators oder einer Steckdose „in die Ferne". Am Ende der *Fernleitung* zeigen Glimmlampe und Elektroskop, daß auch Energie und Spannung fortgeleitet wurden.

Am Anfang von *Hochspannungsleitungen* erzeugt man zwischen den Drähten Spannungen von z.B. 380000 V. Sie werden zusammen mit der „arbeitsfähigen" Ladung in die Ferne geleitet. Die Spannung zwischen den Drähten bleibt längs der Leitung konstant, wenn die Ladung unterwegs weder Arbeit verrichtet noch Wärme erzeugt, also nichts an Arbeitsfähigkeit verliert: Die Energie 380000 J je Coulomb bleibt erhalten (*Bild 190.1*).

Aus diesem Grund wird in *Bild 189.2* die Spannung an der Steckdose sowohl dem Elektroskop wie auch dem Tauchsieder zugeführt und kann dort nachgewiesen oder gemessen werden.

5. Kann man Spannungen addieren?

In batteriebetriebenen Geräten hast du wohl schon mehrere Einzel-(Mono-)Zellen zu einer „Batterie" zusammengestellt. Die Flachbatterie einer Taschenlampe enthält 3 Einzelzellen. Diese werden so „hintereinandergelegt", daß *der Pluspol der einen mit dem Minuspol der nächsten verbunden ist (Bild 191.1).* Die Stromstärke ist in jeder Zelle gleich groß; „unterwegs" werden also die Elektronen nicht zahlreicher. Werden sie vielleicht „energiereicher"?

Versuch 236: a) Lege ein Lämpchen über einen Strommesser an eine Batterie. Sie pumpt je Sekunde die Ladung $Q = It = 0{,}1$ C und gibt die Energie W_1 an das Lämpchen ab. Die Spannung ist also $U_1 = W_1/Q$.

b) Schalte nun zwei Batterien, d.h. zwei Ladungspumpen, *hintereinander.* Wir vermuten, daß sie zusammen mehr Energie in die Ladung pumpen, diese also arbeitsfähiger machen. Dies könnte einem Lämpchen schaden. Vorsichtigerweise schalten wir deshalb zwei gleiche Lämpchen hintereinander; dann kann die Ladung ihre Energie nacheinander „loswerden". Wir haben richtig vermutet: Jedes Lämpchen leuchtet wie in (a), gibt also in 1 s die Energie W_1 ab. Zusammen liefern beide Lämpchen in 1 s die doppelte Energie $2\,W_1$. In 1 s fließt aber nur die gleiche Ladung $Q = 0{,}1$ C wie in (a) (Strommesser). Die zwei Zellen zusammen haben also *mit Hilfe derselben Ladung Q die doppelte Energie $2\,W_1$* in den Stromkreis gepumpt; sie erzeugten die doppelte Spannung $U_2 = 2W_1/Q = 2\,U_1$.

> **Beim Hintereinanderschalten von Stromquellen addieren sich die Spannungen.**

191.1 Drei hintereinander geschaltete Mono-Zellen in der Flachbatterie

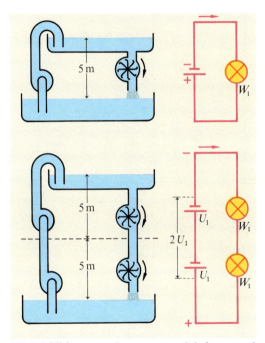

191.2 Addition von Spannungen; Schaltung und Modell

Wir veranschaulichen dies mit *Wasserpumpen* nach *Bild 191.2:* Zwei Pumpen, von denen jede nur 5 m hoch fördern kann, sind übereinandergestaffelt. Zusammen haben sie an einem Liter Wasser, das sie insgesamt 10 m hoch pumpten, die doppelte Arbeit wie nur eine Pumpe allein verrichtet. In 1 l Wasser steht oben die doppelte Energie auf Abruf bereit; es hat die doppelte Lageenergie wie in 5 m Höhe und kann beim Herabstürzen doppelt so viel Arbeit verrichten.

Entsprechend pumpt eine Stromquelle (Elektronenpumpe) Ladung in ihrem Innern unter Arbeitsaufwand von einem Pol zum anderen. Nach *Bild 191.1* sind mehrere Zellen hintereinandergeschaltet. Dieselbe Ladungsmenge Q durchfließt nacheinander die einzelnen Zellen. Die an ihr verrichteten Arbeitsbeträge W addieren sich und damit die Spannungen.

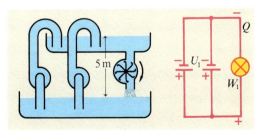

191.3 Parallelschaltung samt Modell

191

Nach *Bild 191.3* fördern 2 Pumpen *nebeneinander* Wasser; hierbei addiert sich die je Liter abrufbereite Energie nicht; das Wasser fließt ja nur aus 5 m Höhe herab. Was bedeutet dies elektrisch?

Versuch 237: Wir schalten analog zu *Bild 192.1* mehrere gleiche Batterien **parallel** zueinander: *Pluspol wird mit Pluspol und Minuspol mit Minuspol verbunden.* Das Lämpchen wird je Sekunde von der gleichen Ladung $Q = 0{,}1$ C wie bei nur einer Batterie durchflossen und gibt auch die gleiche Wärme W_1 ab. Also bleibt beim Parallelschalten die Spannung $U = W_1/Q$ unverändert: Ein Ladungsteilchen fließt entweder durch die eine oder die andere Zelle; nur einmal wird an ihm Arbeit verrichtet. Allerdings kann die ganze Anordnung länger Strom liefern als eine einzelne Zelle, weil jede weniger beansprucht wird.

> Beim Parallelschalten von gleichen Stromquellen bleibt die Spannung unverändert.

6. Spannungsmessung mit Tauchsieder

Versuch 238: Wir bestimmen die Spannung einer Akku-Batterie, in der 10 Zellen hintereinander liegen. Als „Tauchsieder" benutzen wir eine Drahtwendel, die an dicke Kupferdrähte gelötet ist. Sie taucht in $m_W = 200$ g Wasser der spezifischen Wärmekapazität $c_W = 4{,}2$ J/(g · K). Dieses Wasser ist in einem Plastikgefäß mit $m_G = 40$ g; $c_G = 1{,}5$ J/(g · K). Die Stromstärke beträgt $I = Q/t = 5{,}0$ A $= 5{,}0$ C/s. In der Zeit $t = 300$ s fließt die Ladung $Q = I \cdot t = 1500$ C. Während dieser Zeit werden Wasser und Gefäß um $\Delta \vartheta = 19$ K erwärmt. Die entwickelte Wärme beträgt $W = c_W \cdot m_W \cdot \Delta \vartheta + c_G \cdot m_G \cdot \Delta \vartheta = 17\,100$ J (Seite 100).

Die Spannung U der aus 10 Zellen bestehenden Batterie ist nach *Gleichung 190.1*

$$U = \frac{W}{Q} = \frac{17\,100 \text{ J}}{1500 \text{ C}} = 11{,}4 \, \frac{\text{J}}{\text{C}} = 11{,}4 \text{ V}.$$

Eine Zelle hat also die Spannung 1,14 V.

In *Tabelle 192.1* ist für die Spannung einer Zelle des benutzten Akkus 1,2 V angegeben. Unser Meßwert ist etwas zu klein; offensichtlich gab das Gefäß Wärme an die Umgebung ab; auch behielt die Heizwendel noch etwas Wärme. Vor allem entwickelte der Strom in den Zuleitungen und im Meßinstrument Wärme, die wir nicht gemessen haben. Bequemere Meßmethoden lernen wir auf Seite 199 und 336 kennen.

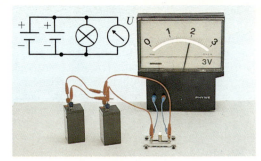

192.1 Parallelgeschaltete Zellen von je 2 V geben auch nur 2 V (beachte die farbigen Pole!).

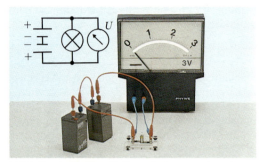

192.2 Zwei gleiche Zellen sind gegeneinandergeschaltet: Die Spannung ist auf Null gesunken.

Versuch 239: Ein Spielzeugauto soll mit 2 Monozellen zu je 1,5 V betrieben werden. Um 3 V zu erhalten, muß man sie nach *Bild 191.2* hintereinanderlegen! Wenn du sie versehentlich **gegeneinander** schaltest (+ mit + oder − mit − verbunden), läuft das Auto nicht mehr; die Spannung ist Null (*Bild 192.2*). Die Ströme, die jede Zelle für sich erzeugen würde, wären einander entgegengerichtet.

Zelle eines	
Nickel-Cadmium-Akkus	1,2…1,3 V
Bleiakkus (Auto)	2 V
Taschenlampenbatterie	
Monozelle	1,5 V
Flachbatterie, 3 Zellen	4,5 V
Lichtanlage im Auto	6 oder 12 V
Spielzeugeisenbahn	17 V
lebensgefährliche Spannungen	über 42 V
Lichtnetz:	
USA	110…120 V
bei uns	220 V
Drehstromnetz	380 V
Straßenbahn	550 V
Elektrische Eisenbahn	15 000 V
Hochspannungsleitungen	bis 380 000 V
große Überlandleitungen UdSSR	800 000 V
Gewitter	bis 10^8 V
Bandgenerator im Unterricht	einige 10^5 V

Tabelle 192.1 Einige Spannungen

§ 72 Elektrische Arbeit und Leistung

1. Wann arbeitet der Strom viel?

Wofür schickt das E-Werk seine Rechnung? Sicherlich nicht für die angelieferten Elektronen; diese bleiben im geschlossenen Kreislauf, im „Netz". Wir entnehmen ihm dagegen auf sehr bequeme Weise *Energie*. Sie wird in Wärme, Licht oder mechanische Arbeit umgesetzt. Das Wasserrad einer Mühle entnimmt dem Bach auch kein Wasser; vielmehr entzieht das Rad dem fließenden Wasser Energie; das Wasser verliert an Höhe und damit an Lageenergie (*Bild 37.1*). Diese haben wir in *Bild 191.2* mit der elektrischen Spannung U verglichen. Sie ist nach der Gleichung $U = W/Q$ durch die Arbeitsfähigkeit der fließenden Ladung $Q = I \cdot t$ definiert. Für die entnommene Energie folgt

$$W = U \cdot Q = U \cdot I \cdot t. \qquad (193.1)$$

Beispiel: Ein Heizgerät an 220 V wird von Strom der Stärke $I = 4{,}5$ A während der Zeit $t = 1$ h durchflossen. Es gibt die Energie W ab:

$$W = U \cdot I \cdot t = 220 \text{ V} \cdot 4{,}5 \text{ A} \cdot 3600 \text{ s}$$
$$= 220 \tfrac{J}{C} \cdot 4{,}5 \tfrac{C}{s} \cdot 3600 \text{ s} \approx 3\,600\,000 \text{ J} \quad (= 1 \text{ kWh}).$$

Wir sehen, daß die vom Strom entwickelte Wärme oder die von ihm verrichtete Arbeit W von der Stromstärke I allein nicht abhängt. Große Spannung U und lange Betriebszeit t erhöhen in gleichem Maße die entnommene Energie W. Nur weil Stromquellen im allgemeinen eine konstante Spannung haben, entsteht der falsche Eindruck, die „Stromwärme" hänge nur von der Stromstärke I und der Zeit t ab.

2. „Starke" Glühlampe – große Leistung

Wenn du eine Glühlampe kaufst, gibst du neben der Spannung (220 V) die gewünschte „Stärke" in Watt an, z.B. 60 W. Wie du aus der Mechanik weißt, mißt man in der Einheit Watt die **Leistung** $P = W/t$, d.h. die *Energieabgabe je Sekunde* (Seite 38 und 100). Diese Leistung ist auch in der Elektrizitätslehre von großer Bedeutung; kann man sie doch unmittelbar und vollständig aus den elektrischen Größen U und I berechnen (benutze *Gleichung 193.1*!):

$$P = \frac{W}{t} = \frac{U \cdot I \cdot t}{t} = U \cdot I. \qquad (193.2)$$

Die Leistung eines elektrischen Geräts (salopp „Wattzahl" oder „Stärke" genannt) ist also einfach das Produkt Spannung mal Stromstärke:

$$1 \text{ V} \cdot 1 \text{ A} = 1 \tfrac{J}{C} \cdot 1 \tfrac{C}{s} = 1 \tfrac{J}{s} = 1 \text{ W (Watt)} \qquad (193.3)$$

$1000 \text{ W} = 1 \text{ kW}$ (Kilowatt); $10^6 \text{ W} = 1 \text{ MW}$ (Megawatt).

Das angeführte Heizgerät hat die Leistung

$$P = U \cdot I = 220 \tfrac{J}{C} \cdot 4{,}5 \tfrac{C}{s} \approx 1000 \tfrac{J}{s} = 1000 \text{ W} = 1 \text{ kW}.$$

Diese Leistung 1 kW tritt nur bei der vorgesehenen **Betriebsspannung** 220 V auf. Man sagt, das Gerät habe den **Anschlußwert** 1 kW.

Quarzuhr	10^{-6} W	Farbfernseher	150 W
Taschenlampe	1 W	Bügeleisen	1 kW
Rasierapparat	10 W	Kochplatte	2 kW
Autolampe	45 W	Straßenbahn	100 kW
Glühlampen	15–200 W	Lokomotiven	5000 kW
Heizkissen	60 W	Blitz	10^{10} kW

Tabelle 193.1 Elektrische Leistungen

3. Abrechnung nach Kilowattstunden

Aus der Leistungseinheit 1 kW und der Zeiteinheit 1 h erhält man die große Arbeits- und Energieeinheit **1 kWh (Kilowattstunde)**:

$$W = P \cdot t = 1 \text{ kW} \cdot 1 \text{ h} = 1 \text{ kWh} = 1000 \text{ W} \cdot 3600 \text{ s}$$
$$= 3\,600\,000 \text{ Ws} = 3\,600\,000 \tfrac{J}{s} \text{s} = 3\,600\,000 \text{ J}.$$

Ein Heizgerät der Leistung 1 kW liefert folglich in 1 h die Wärme 1 kWh. Bei der Leistung 2 kW würde es diese Energie in 1/2 h abgeben. Verwechsle nie die *Leistungs*einheit kW mit der *Energie*einheit kWh!

Die elektrische *Arbeit* ist das Produkt aus Spannung U, Stromstärke I und Zeit t:

$$W = U \cdot I \cdot t. \qquad (193.4)$$

Einheiten: kWh und J; $1 \text{ kWh} = 3{,}6 \cdot 10^6$ J.

Die elektrische *Leistung* $P = W/t$ ist das Produkt aus Spannung U und Stromstärke I:

$$P = U \cdot I. \qquad (193.5)$$

Einheiten: $1 \text{ kW} = 1000 \text{ W}$; $1 \text{ Watt} = 1 \text{ V} \cdot \text{A}$.

Der *Mensch* selbst braucht an Energie beim Nichtstun pro Tag insgesamt 1 kWh, bei Schwerstarbeit 4 kWh. Er „leistet" also im Durchschnitt 40 W bis 160 W. Die Leistung *aller technischen Geräte* (Haushalt eingeschlossen) beträgt in Entwicklungsländern je Einwohner 200 W, in Industrieländern um 5000 W (USA 10 000 W).

Das E-Werk schickt für die entnommene elektrische Energie eine **„Stromverbrauchsabrechnung"** *(Bild 194.1)*. Dieses Wort ist irreführend: Man verbraucht ja keinen Strom, d.h. keine fließende Ladung. Vielmehr wird die dem Netz entnommene Energie, berechnet nach der Gleichung $W = UIt$, in der Einheit kWh in Rechnung gestellt. Diese Energie wird vom **Elektrizitätszähler** angegeben *(Bild 194.3*, suche ihn bei dir zu Hause). In ihm ist ein Rad sichtbar. Wie die Aufschrift 75 Umdr./kWh angibt, dreht es sich bei der Lieferung von 1 kWh jeweils 75mal. Ist z.B. ein Gerät mit 1 kW Leistung während der Zeitspanne $t = 1/75$ h = 48 s in Betrieb, so wird in ihm die elektrische Arbeit $W = Pt = 1/75$ kWh umgesetzt. Das Rad dreht sich dabei 1mal. — Je größer die Gesamtleistung aller eingeschalteten Geräte ist, um so schneller dreht sich dieses Rad. Dabei rückt das Zählwerk, an dem man nach *Bild 194.3* die entnommene elektrische Energie abliest, weiter.

Der Verbrauch in 6 Monaten ist in Spalte 7 der „Stromverbrauchsabrechnung" nach *Bild 194.1* angegeben. Nach Haushaltstarif H I (Spalte 8) beträgt der Arbeitspreis je kWh 12 Pf. Hinzu tritt ein nach der Größe der Wohnung und der darin aufgestellten Geräte berechneter monatlicher Grundpreis von 23,70 DM und eine Ausgleichsabgabe von 4% (zur Förderung des deutschen Steinkohlenbergbaus, „Kohlepfennig" genannt). Mit 13% Umsatzsteuer muß man hier 483,57 DM für 2244 kWh bezahlen, d.h. 21,5 Pf/kWh.

Bild 194.2 zeigt einen **Heißwasserspeicher**. Beim Öffnen des Heißwasserhahns tritt unten kaltes Wasser in den Heizbehälter ein und drängt oben bereits aufgeheiztes Wasser in die Mischbatterie. Dort kann man Kaltwasser zugeben.

Elektrische Energie kann man nicht wie Kohle oder Gas billig speichern; man muß sie im gleichen Augenblick, in dem sie der Verbraucher anfordert, aus anderen Energiearten gewinnen. Früher überwog nachts das Angebot bei weitem, der Preis für **„Nachtstrom"** wurde gesenkt, der Zähler mit einer Uhr gekoppelt. Mit diesem billigen „Nachtstrom" heizt man Keramikblöcke oder Wasser in wärmeisolierten Speichern auf. Sie geben tagsüber die gespeicherte Wärme ab. **Elektrische Energie ist aber zum „Verheizen" viel zu schade** (Seite 127); in manchen Versorgungsbereichen sind auch schon zu viele Nachtspeicher installiert.

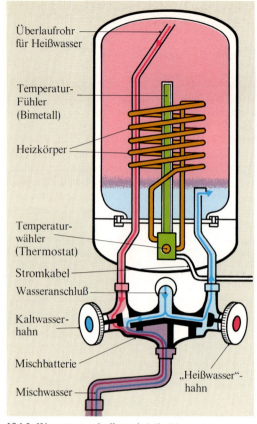

194.2 Warmwasserboiler mit Mischbatterie

194.3 Der „Elektrizitätszähler" mißt Energie in kWh.

7	8	9		10			11		12
		Arbeitspreis		Grundpreis			Ausgleichsabgabe		Summe
Verbrauch kWh	Abr.-Art	je kWh Pf	Betrag DM	monatl. DM	Monate	Betrag DM	%	DM	DM
2244	H I	12	269,28	23,70	6	142,20	4	16,46	427,94

194.1 Ausschnitt aus einer sogenannten Stromverbrauchsabrechnung

4. Rückblick: Kannst du zwischen Spannung, Stromstärke und Ladung unterscheiden?

Wir gehen von der **Ladung Q** aus. Mit ihr mißt man die Zahl der Elektronen, die als Überschuß oder als Fehlbestand registriert werden: $6,25 \cdot 10^{18}$ Elektronen geben die Ladungseinheit 1 Coulomb. — Beim Fließen gibt man mit der Ladung die Zahl der Elektronen an, die in beliebiger Zeit durch einen Querschnitt des Leiters treten *(Bild 185.1)*, unabhängig davon, ob sie viel oder wenig Wärme erzeugen. Man mißt ja in der Knallgaszelle die Gasmenge und nicht die Wärme.

Mit der **Stromstärke I** gibt man die Zahl der Elektronen an, die *in 1 s* durch einen Leiterquerschnitt treten. Einheit ist $1 A = 1 C/s$, d.h. $6,25 \cdot 10^{18}$ Elektronen je Sekunde. Messungen mit Knallgaszelle und Uhr sind zu umständlich. Man benutzt deshalb meist die *Wärmewirkung des Stroms* im Hitzdrahtinstrument. Selbstverständlich legt man dabei den Strommesser *in die Leitung, also in Reihe mit dem Gerät,* in dem man die Stromstärke messen möchte.

Bei der **Spannung U** ist nun alles ganz anders als bei der Stromstärke: Sie besteht *zwischen zwei Polen* oder *zwei Leitungsdrähten, auch wenn kein Strom fließt!* Mit ihr gibt man die Energie W an, die dort *auf Abruf je Coulomb* bereitsteht. Diese Energie wird aber nur frei, wenn Ladung fließt; man legte fest: $U = W/Q$ und $1 \text{ Volt} = 1 \text{ J/C}$. Die Spannung ist deshalb so wichtig, weil man die Elektrizität der Energie wegen ins Haus leitet. Die Elektronen fließen wieder zurück; die Energie bleibt.

Die Spannung $U = W/Q$ haben wir nach *Bild 189.2* oder nach Versuch 238 mit einem Heizgerät und einem Strommesser samt Uhr gemessen. Dies ist viel zu umständlich. Bequemer sind *Elektroskope* oder *Oszilloskope,* die man nach *Bild 189.2* zwischen die Pole legt, zwischen denen man die Spannung messen will. Diese Geräte messen die Spannung, ohne daß Strom fließt.

An der *Hochspannungsleitung* sind 10^5 Volt überaus gefährlich: In 1 s können ohne weiteres 10^3 C fließen und 10^8 Joule freisetzen (30 kWh; Kosten 5,50 DM); das E-Werk sorgt ständig für Nachschub. — Ein *Bandgenerator* hat zwar auch diese Spannung; er trennt aber höchstens die Ladung $Q = 10^{-6}$ C; sie kann zwar in kürzester Zeit abfließen, aber nur die Energie 0,1 J abgeben ($3 \cdot 10^{-8}$ kWh; $5 \cdot 10^{-9}$ DM). Dies ist völlig ungefährlich. Man erkennt: Für die freigesetzte Energie $W = U Q$ sind Spannung U und geflossene Ladung Q gleichermaßen von Bedeutung.

Wir dürfen die Spannung nicht als *elektrische Kraft* ansprechen. Beim Auseinanderziehen der Platten in *Bild 189.1* steigen zwar Energie und Spannung erheblich; die Kraft zwischen den entgegengesetzt geladenen Platten nimmt dagegen nicht zu, sondern eher ab. Wasser wird beim Hochheben ja auch nicht schwerer, wohl aber energiereicher.

Aufgaben

1. Warum definiert man die Spannung nicht einfach durch die Arbeit W, sondern bildet den Quotienten W/Q?

2. Zerlege eine verbrauchte, flache Taschenlampenbatterie und suche die Plus- und Minuspole ihrer drei Zellen (orientiere dich vorher an der Aufschrift)! Wie sind sie geschaltet? — Schalte kurzzeitig zwei gute Batterien gleicher Spannung gegeneinander! Prüfe mit einem 4 V-Lämpchen nach! — Wie viele 4,5 V-Batterien mußt du hintereinanderschalten, damit ein 18 V-Lämpchen richtig leuchtet (Spielzeugeisenbahn)? Wie viele brauchte man für eine 220 V-Lampe?

3. Auf dem Typenschild eines Heizofens steht 220 V, 2 kW. Wie groß ist die Stromstärke? Welche Energie (in kWh und in J) wird in 10 min geliefert? Was kostet dies (20 Pf je kWh)? Um wieviel würde die Temperatur der Luft eines Zimmers mit 100 m³ Inhalt steigen, wenn keine Wärme an Möbel, Wände und Fenster abgegeben würde? Luftdichte 1,2 g/l; spezifische Wärmekapazität 1 J/(g·K).

4. Ein Lämpchen für 4,5 V wird von einem Strom der Stärke 0,20 A durchflossen. Welche Leistung hat es? Die Batterie ist nach 8,0 h „leer". Wieviel Energie gab sie ab? Um wieviel Kelvin könnte man damit 10 l Wasser erwärmen? Die Batterie kostet 2 DM. Wie teuer kommt 1 kWh?

5. Im Badezimmer bleiben versehentlich der Heizstrahler (2 kW) und eine Leuchtstofflampe (40 W) während der Nacht (10 h) eingeschaltet. Was kostet dies für jedes Gerät (20 Pf/kWh)?

6. Eine Sicherung im Haushalt (220 V) kann bis 10 A belastet werden. Welche Leistung darf ein Heizofen höchstens haben, den man gerade noch anschließen kann? Hängt dies von der Einschaltzeit ab?

7. Das Rad im Zähler dreht sich laut Aufschrift beim Verbrauch von 1 kWh 75mal. Fließt schwacher Strom, so dreht es sich langsam; dann dauert es lange, bis 1 kWh verbraucht ist. Berechne die Leistung eines Radios, wenn sich das Rad bei seinem Betrieb in 10 min 1mal dreht! — Bestimme mit deinem Zähler zu Hause die Leistungen anderer Geräte! Was ist dabei zu beachten?

8. Jemand möchte einen Heizofen für 2 kW Leistung für die Autobatterie (12 V) bauen. Welche Stromstärke wäre nötig?

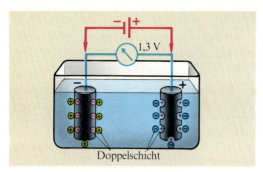

196.1 Zu Versuch 240; Doppelschicht

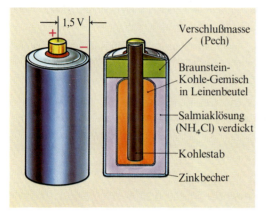

196.2 Zelle einer Taschenlampenbatterie

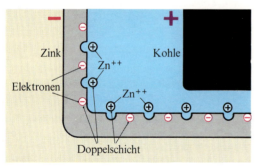

196.3 Teil einer Batterie mit Doppelschicht

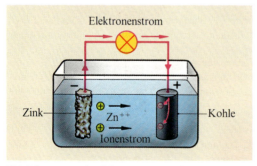

196.4 Ionen- und Elektronenstrom in der Batterie

§73 Galvanische Elemente

1. Brennstoffe erzeugen Spannung

Versuch 240: a) Wir legen an eine Knallgaszelle nach *Bild 196.1* Spannung. Der Minuspol zieht positive Ionen (grün), der Pluspol negative Ionen (blau) zu sich her. Diese Ionen werden neutralisiert, wenn sie an den Polen angekommen sind; Sauerstoff (O_2) und das brennbare Gas Wasserstoff (H_2) steigen auf.

b) Wir nehmen die von außen angelegte Spannung weg. Dann bleibt zwischen den Polen noch die Spannung 1,2 V bestehen. Der bisherige Minuspol ist dabei wieder Minuspol. Die Ionen des „Brennstoffs" H_2 erzeugen eine Spannung. Dies ist das Prinzip der **Brennstoffzellen**; man benutzt sie z. B. in der Raumfahrt. — Nach *Bild 196.1* ist eine Schicht positiver Ionen (grün) am Minuspol nicht mehr abgeschieden worden. Sie „belagern" ihn und „binden" auf ihm durch Influenz eine Schicht Elektronen (rot); deshalb bleibt er Minuspol. Dabei stehen sich in einer **Doppelschicht** positive und negative Ladungen gegenüber — genau wie bei den geladenen Platten in *Bild 189.1*. Entsprechendes tritt am Pluspol auf. Erst wenn Strom fließt, brechen Doppelschicht und Spannung zusammen. Was tut man dagegen?

2. Spannung aus der Taschenlampenbatterie

Versuch 241: Nimm eine verbrauchte Batterie auseinander! Ein zerfressener *Zinkbecher* (Minuspol) enthält *Salmiaklösung*, die mit Kleister eingedickt wurde (**„Trockenbatterie"**). In der Mitte steckt ein unversehrter *Kohlestab* als Pluspol (*Bild 196.2*). Warum bleibt in dieser Batterie die Spannung auch bei Stromfluß bestehen, solange das Zink noch nicht zerfressen ist?

Zink löst sich „*von selbst*" auf, indem Zinkatome als positiv geladene Ionen (grün) in „Lösung" gehen. Diese Tendenz zur „*Selbstauflösung*" zeigen alle unedlen Metalle (Rost auf Eisen). Die von den Zinkatomen abgegebenen *Elektronen* müssen im Zinkbecher zurückbleiben und ihn *negativ* aufladen. Elektrolyte können ja nach Seite 183 nur Ionen, keine freien Elektronen, aufnehmen. Den Elektronen im Zink stehen nun in einer *Doppelschicht* die in Lösung gegangenen positiven Zinkionen gegenüber (*Bild 196.3*). Sie laden die Lösung und den darin steckenden Kohlestab *positiv* auf (Kohle gibt wie „edle Metalle", z. B. Kupfer, fast keine Ionen ab). Wenn sich diese *Doppelschicht* mit einer Spannung von 1,5 V aufgebaut hat, verhindert sie den Austritt weiterer Zn^{++}-Ionen durch Abstoßungskräfte; das Zink wird nicht weiter abgebaut. Sobald aber Strom fließt, verliert der Zinkbecher Elektronen über den äußeren Stromkreis (*Bild 196.4*); sie gelangen zum Kohlestab und ziehen in der Lösung Zink-Ionen zu

197.1 Volta-Element

sich herüber: Der *Elektronenstrom* im äußeren Kreis wird also durch einen *Ionenstrom* in der Lösung ergänzt; der Stromkreis ist auch im Innern dieses **galvanischen Elements** geschlossen (nach dem ital. Physiker *Luigi Galvani*, um 1790, benannt). Für das Zink wirkt sich der Stromfluß verheerend aus: Es muß weitere positive Ionen in die Lösung „entlassen" und löst sich allmählich auf. Die Selbstauflösung liefert Energie zum Trennen von Ladungen, d.h. zum Erzeugen von Spannung. Beim Auflösen von Zink in Säure würde diese Energie nutzlos als Wärme abfließen!

Versuch 242: Tauche eine Zink- und eine Kupferplatte in verdünnte Schwefelsäure! Nach *Bild 197.1* leuchtet ein 0,07 A-Lämpchen schwach auf. Die Spannung dieses **Volta-Elements** beträgt 1 V (*A. Volta*, ital. Physiker, entwickelte um 1800 die erste brauchbare Stromquelle); Zink ist Minus-, das „edlere" Kupfer Pluspol.

3. Akkumulatoren kann man wieder „aufladen"

In der verbrauchten Batterie kann man die abgebaute Substanz (Zink) nicht wieder aus den in Lösung gegangenen Ionen „aufbauen". In den **Akkumulatoren** nimmt man Substanzen, bei denen dies gelingt, z.B. Blei (Pb) und Bleisulfat ($PbSO_4$) in verdünnter Schwefelsäure (H_2SO_4).

Beim *Laden* liegt der *Pluspol* des *Ladegeräts* am *Pluspol* des Akkus. Die Spannung des Ladegeräts muß über der des Akkus liegen; dann ist der Ladestrom entgegengesetzt zum Entladestrom gerichtet. Das Ladegerät muß ja Elektronen in die Minusplatte des Akkus pumpen; gegen die Abstoßungskräfte verrichtet es Arbeit. *Beim Laden steckt man also Energie in den Akku*; beim Entladen gibt er sie wieder ab.

> **Im Akku wird nicht Ladung gespeichert, sondern Energie in chemischer Form.**

§74 Ohmsches Gesetz und Widerstand

1. Lampen sollen richtig leuchten!

Versuch 243: a) Wir legen ein Lämpchen von der Spielzeugeisenbahn (17 V) zusammen mit einem Strommesser an eine Taschenlampenbatterie (4,5 V). Der Glühfaden leuchtet viel zu schwach. Anders am Trafo für die Bahn: Seine größere Spannung $U = 17$ V (Ursache des Stroms) ruft eine größere Stromstärke I hervor: ***I* hängt von *U* ab!**

b) Nimm ein Lämpchen, das an 4,5 V normal leuchtet. Am Trafo schmilzt der Glühfaden sofort durch. In diesem Lämpchen ist bei 17 V die Stromstärke viel zu groß: ***I* hängt auch vom Gerät ab!**

Einem Ingenieur dürfen solche Pannen nicht passieren, wenn er elektrische Anlagen plant. Er muß die richtige Stromstärke I vorausberechnen. Hierzu braucht er *Gesetze*, die angeben, wie die Stromstärke I abhängt:
(a) von der angelegten Spannung U,
(b) von den Geräten im Stromkreis.

Wenn wir nun nach solchen Gesetzen suchen, so müssen wir diese beiden Einflüsse auf die Stromstärke klar trennen. Wir ändern zunächst die Spannung an einem bestimmten Draht.

Versuch 244: Wir bauen nach *Bild 197.2* einen bestimmten Stromkreis auf. Als wesentlichen Teil enthält er einen 0,10 mm dicken und 1,0 m langen Draht aus *Konstantan* (Legierung aus Kupfer und Nickel). Er wird mit dicken Kupferkabeln über einen Strommesser an Akkuzellen gelegt. Wir erhöhen die Spannung U, indem wir immer mehr Zellen (je 1,2 V) zuschalten. *Tabelle 198.1* zeigt die Meßergebnisse, *wenn wir am Draht nichts ändern.*

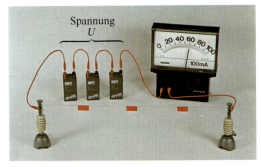

197.2 Zu Versuch 244

U in Volt	I in Ampere	Quotient U/I in V/A
0	0	—
1,2	0,020	60
2,4	0,040	60
3,6	0,060	60
4,8	0,080	60

Tabelle 198.1 Drahtlänge $l=1{,}0$ m; Dicke 0,10 mm

U in Volt	I in Ampere	Quotient U/I in V/A
0	0	—
1,2	0,01	120
2,4	0,02	120
3,6	0,03	120
4,8	0,04	120

Tabelle 198.2 Drahtlänge $l=2{,}0$ m; Dicke 0,10 mm

Diese Tabelle zeigt für den benutzten Draht:

a) Bei *n*-facher Spannung U wird auch die Stromstärke I *n*-fach. Folglich gilt:

b) Der Quotient U/I (hier 60 V/A) ist konstant, also von der Spannung U unabhängig.

c) Wenn man in einer *I-U*-Kennlinie I über U aufträgt, erhält man eine Gerade durch den Ursprung (*Bild 198.1*).

Diesen Zusammenhang zwischen U und I fand um 1826 der Gymnasiallehrer **Georg Simon Ohm**. Beim benutzten Konstantandraht gilt:

Ohmsches Gesetz: **Die Stromstärke I ist der Spannung U proportional;** $I \sim U$.

Ob dieses *Ohmsche Gesetz* immer gilt, untersuchen wir auf Seite 200.

2. Was bedeutet der Quotient U/I?

Versuch 245: Wir verdoppeln die Länge l des Konstantandrahts auf 2,0 m. Nach *Tabelle 198.2* sinkt die Stromstärke gegenüber der Länge 1 m bei gleichen Spannungen jeweils auf die Hälfte; z.B. bei 1,2 V von 0,02 A auf 0,01 A. Jedes Elektron stößt bei seinem doppelt so langen Weg auf doppelt so viele Atome und wird doppelt so oft abgebremst wie bei der einfachen Drahtlänge; es erfährt den *doppelten Widerstand*. Wir können diese Stöße zwar nicht zählen; doch ist beim Draht doppelter Länge der Quotient U/I auch doppelt so groß, nämlich 120 V/A statt 60 V/A. Man nennt ihn deshalb den **Widerstand R** des Drahtes. Er ist der Drahtlänge l proportional.

Definition: **Der elektrische Widerstand R eines Leiters ist der Quotient aus der zwischen den Leiterenden liegenden Spannung U und der Stromstärke I:**

$$R = \frac{U}{I}. \tag{198.1}$$

Die Einheit des Widerstands ist

$1\,\dfrac{\text{Volt}}{\text{Ampere}} = 1\,\text{Ohm}$ (abgekürzt Ω; griech. Buchstabe Omega); $1\,\text{k}\Omega = 1000\,\Omega$.

Der Leiter der Länge 1 m hat nach *Tabelle 198.1* den Widerstand 60 V/A = 60 Ω: Wenn man die Spannung 60 V anlegt, so ist $I = 1$ A; bei doppelter Länge ist $R = 120$ V/A = 120 Ω; man muß 120 V anlegen, damit $I = 1$ A wird.

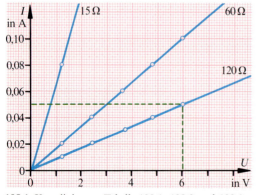

198.1 Kennlinien zu *Tabelle 198.1; 198.2* und *199.1*

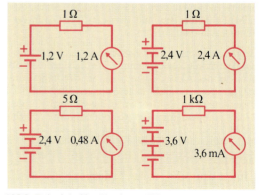

198.2 Beispiele für *Gleichung 198.1*

U in Volt	I in Ampere	Quotient U/I in V/A
0	0	–
1,2	0,08	15
2,4	0,16	15
3,6	0,24	15
4,8	0,32	15

Tabelle 199.1 Drahtlänge $l = 1$ m; Dicke $d = 0,2$ mm

3. Berechnung von Stromstärken

Wir wollen Stromstärken vorausberechnen. Also lösen wir die Definitionsgleichung für den Widerstand, nämlich $R = U/I$, nach I auf:

Berechnung der Stromstärke: $I = \dfrac{U}{R}$ (199.1)

Beispiel: Legt man an einen Konstantandraht mit dem Widerstand $R = 120\,\Omega$ die Spannung $U = 6$ V (5 Akkuzellen), so ist $I = \frac{U}{R} = \frac{6\,V}{120\,V/A} = 0,05$ A. Dies können wir in Versuch 245 oder an der Kennlinie in *Bild 198.1* nachprüfen (grün gestrichelt). Die Gleichung $I = U/R$ beantwortet unsere Fragen (a) und (b) von Seite 197. Sie zeigt:

(a) Hält man den Widerstand R konstant (Nenner), dann ist $I \sim U$ *(Ohmsches Gesetz)*.

(b) Hält man die Spannung U konstant, so zeigt sich, daß der Widerstand R den Einfluß des Geräts, hier des Drahtes, angibt: Benutzt man einen Draht von n-fachem Widerstand, dann sinkt die Stromstärke I auf den n-ten Teil. **Die Stromstärke I ist dem Kehrwert $1/R$ des Widerstandes R proportional;** man schreibt (bei konstanter Spannung U) $I \sim 1/R$. Bei 5fachem Widerstand sinkt I auf den 5ten Teil ab. Manchmal sagt man auch: *Die Stromstärke I ist umgekehrt proportional zum Widerstand R.*

4. Warum benutzt man dicke Leitungsdrähte?

Versuch 246: Wir nehmen gegenüber Versuch 244 einen Draht vom doppelten Durchmesser d (0,2 mm statt 0,1 mm), aber gleicher Länge l. Nach *Tabelle 199.1* ist bei der gleichen Spannung U die Stromstärke I 4mal so groß; z.B. steigt sie bei 1,2 V von 0,02 A auf 0,08 A. Der Widerstand $R = U/I$ sinkt auf den 4. Teil, nämlich von 60 Ω auf 15 Ω. Um dies zu verstehen, denken wir uns 4 Drähte, je mit der Querschnittsfläche A, parallelgelegt. Werden sie zu *einem* Draht verschmolzen, so hat dieser die 4fache

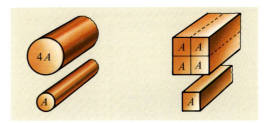

199.1 Ein Draht vom doppelten Durchmesser d hat die 4fache Querschnittsfläche A. Bei einem Kreis mit Radius $r = d/2$ ist $A = 3,14\,r^2$.

Querschnittsfläche $A = 4\,A_1$, aber nur den doppelten Durchmesser. Wie der Versuch 246 zeigt, sinkt der Widerstand $R = U/I$ auf ein Viertel.

Bei dreifachem Durchmesser wird die Querschnittsfläche A 9fach und auch die Stromstärke I 9fach: Der Widerstand R sinkt auf ein Neuntel. R ist dem Kehrwert $1/A$ der Querschnittsfläche A proportional.

Der Widerstand R eines Drahtes ist der Länge l und dem Kehrwert der Querschnittsfläche A proportional.

Dicke Leitungsdrähte haben kleine Widerstände. Wenn wir in Versuch 244 ein kurzes Zuführungskabel durch ein langes ersetzen, so ändert sich die Stromstärke kaum. Der Widerstand R „steckt" im dünnen Draht. Wir können also vom Widerstand der dicken Kabel absehen.

5. Einfache Spannungsmessung

Wir kehren nun den Versuch 244 um und lesen zunächst am Strommesser die Stromstärke I ab, z.B. 0,1 A. Da wir den Widerstand R kennen (60 Ω), gibt uns die Kennlinie nach *Bild 198.1* sofort die angelegte Spannung an: 6 V; man hat 5 Akkuzellen benutzt. – Man kann auch $I = U/R$ nach U auflösen und U berechnen:

$U = I \cdot R = 0,1\,\text{A} \cdot 60\,\Omega = 0,1\,\text{A} \cdot 60\,\frac{\text{V}}{\text{A}} = 6\,\text{V}$.

Man kann also mit einem Strommesser Spannungen ermitteln, wenn man ihm Drähte von bekanntem Widerstand vorschaltet. Vollausschlag bedeutet dann z.B. 10 V statt 1 mA. Da $I \sim U$ ist, bleibt die Skala gleichmäßig unterteilt.

Viele Spannungsmesser bestehen aus einem Widerstand und einem Strommesser, der nach dem Ohmschen Gesetz umgeeicht wurde.

200.1 Zu Versuch 247; Widerstandsthermometer

U	in V	0	1,2	2,4	4,8	7,2	
I	in A	0	2,2	3,5	4,6	5,1	in Luft
R	in Ω	–	0,55	0,69	1,0	1,4	in Luft
I	in A	0	2,2	4,4	8,5	13	in Wasser
R	in Ω	–	0,55	0,55	0,56	0,55	in Wasser

Tabelle 200.1 Zu Versuch 248

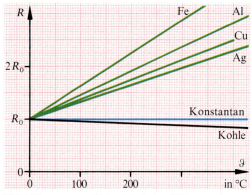

200.2 Temperaturabhängigkeit des Widerstands

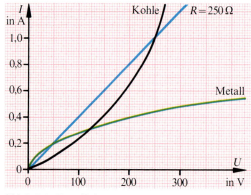

200.3 I-U-Kennlinien

6. Erwärmen stört das Ohmsche Gesetz

Versuch 247: a) Wir erwärmen eine Wendel aus *Eisendraht* nach *Bild 200.1* mit einer Flamme. Die Stromstärke I sinkt erheblich, obwohl die Spannung U konstant bleibt. Nach der Definitionsgleichung $R = U/I$ wächst also der Widerstand vom Eisendraht mit der Temperatur. Dies gilt nach *Bild 200.2* auch für die anderen reinen Metalle, nicht dagegen für Konstantan. Deshalb benutzten wir diese Legierung bei den bisherigen Versuchen.

b) Bei *Graphit* (Bleistiftmine) sinkt der Widerstand beim Erwärmen. – Gilt dies auch dann, wenn nicht eine Flamme, sondern der Strom selbst die Temperatur erhöht?

Versuch 248: a) Wir erhöhen in Versuch 247 ohne Flamme die Spannung stufenweise so weit, daß die entwickelte Stromwärme den Eisendraht erhitzt. Nach *Tabelle 200.1* wächst die Stromstärke I nicht proportional mit der Spannung U, sondern langsamer. Der Widerstand steigt.

b) Wir halten den Eisendraht im Wasserbad angenähert auf konstanter Temperatur. Nach *Tabelle 200.1* gilt nun das *Ohmsche Gesetz* ($I \sim U$); R ist jetzt auch bei Eisen konstant.

c) Wir wiederholen den Versuch 248a mit Glühlampen, die *Metall*-(Wolfram-)Drähte oder einen *Kohlefaden* enthalten.

Die I-U-Kennlinie ist nach *Bild 200.3* keine Ursprungsgerade mehr: Bei Wolframmetall verlangsamt sich der Anstieg der Stromstärke; denn der Widerstand steigt mit der Temperatur. Bei Kohle (Graphit) ist es umgekehrt. Für beide Lampen gilt das *Ohmsche Gesetz* ($I \sim U$) bei größeren Temperaturveränderungen nicht. Es hat wie das *Hookesche Gesetz* ($s \sim F$; Seite 24) einen beschränkten Gültigkeitsbereich.

> **Der Widerstand bei reinen Metallen steigt beim Erwärmen. Das Ohmsche Gesetz gilt dann exakt nur bei konstanter Temperatur. Bei Konstantan ist der Widerstand temperaturunabhängig.**

Die Motortemperatur im Auto wird am Armaturenbrett elektrisch angezeigt. In das Kühlwasser ist ein *stark temperaturabhängiger Widerstand* eingebaut. Je nach Kühlwassertemperatur ändert sich sein Widerstand und damit die Stromstärke. Solche **Widerstandsthermometer** finden sich auch bei Öfen, allgemein an schwer zugänglichen Meßstellen.

7. Rückblick und Zusammenfassung

Mit der Gleichung $R = U/I$ definiert der Physiker den Begriff „elektrischer Widerstand" R. Dabei ist es gleichgültig, ob sich dieser Widerstand mit der Temperatur ändert oder nicht. Man entnimmt dem *Bild 200.2*, wie der Widerstand mit der Temperatur steigt. Dann kann man berechnen, wie die Stromstärke $I = U/R$ bei konstanter Spannung abnimmt. Offensichtlich erfahren die Elektronen bei höherer Temperatur mehr Zusammenstöße mit den Atomen; diese schwingen ja schneller (über Graphit und ähnliche Stoffe siehe Seite 353).

Das *Ohmsche Gesetz* $I \sim U$ gibt einen Zusammenhang zwischen den bereits definierten Größen I und U. Ob es von der Natur erfüllt wird, kann man nicht von vornherein sagen; es bildet eher die Ausnahme. Allerdings sind die Abweichungen von ihm meist zu vernachlässigen: Der Widerstand von Kupfer erhöht sich beim Erwärmen um 1 K nur um etwa 0,4 % *(Bild 200.2)*. Wenn also die Stromstärke nicht zu groß ist und die entwickelte Wärme gut abfließen kann, so darf man im allgemeinen von der Widerstandsänderung absehen. Dann bekommen die aus der Definitionsgleichung $R = U/I$ für den Widerstand gewonnenen Gleichungen $I = U/R$ und $U = I \cdot R$ große Bedeutung: Man kann mit ihnen Stromstärken oder Spannungen vorausberechnen, wenn man den (hinreichend konstanten) Widerstand R kennt. Merke:

$$R = \frac{U}{I}; \quad U = I \cdot R; \quad I = \frac{U}{R}. \tag{201.1}$$

Beispiele:

a) Man legt zwischen die Enden eines Kupferdrahts (etwa einer Spule) die Spannung $U = 20$ V und mißt die Stromstärke $I = 0,04$ A. Der Widerstand ist $R = U/I = 20$ V/0,04 A = 500 V/A = 500 Ω. Würde sich der Widerstand nach dem Einschalten merklich durch Erwärmen ändern, so ginge die Anzeige des Strommessers allmählich zurück. Da dies nicht der Fall ist, können wir die Stromstärke bei $U = 12$ V berechnen zu

$$I = \frac{U}{R} = \frac{12\,V}{500\,\Omega} = \frac{12\,V}{500\,V/A} = 0,024\,A.$$

b) In einem Draht mit 500 Ω Widerstand soll ein Strom der Stärke $I = 0,001$ A fließen. Man braucht die Spannung

$U = I \cdot R = 0,001$ A $\cdot$ 500 Ω = 0,001 A $\cdot$ 500 V/A = 0,5 V.

Aufgaben

1. *In Versuch 243a hielt das Lämpchen für die Spielzeugeisenbahn die Spannung 17 V aus. Worin könnte es sich vom 4,5 V-Lämpchen unterscheiden?*

2. *a) Berechne für die Leiter in Tabelle 198.1 bis 199.1 die Stromstärken bei der Spannung 5 V und prüfe an der I-U-Kennlinie nach Bild 198.1 nach!*
b) Welche Spannung braucht man jeweils, damit die Stromstärke 0,05 A beträgt? Rechnung und Kennlinie!

3. *An Drähte mit den Widerständen 0,5 Ω, 1 Ω, 5 Ω, 10 Ω, 20 Ω wird die Spannung 10 V gelegt. Zeichne in einem Schaubild die Stromstärke I über dem Widerstand R auf und erkläre an diesem Schaubild, was „proportional zum Kehrwert" bedeutet. Vergleiche mit einem Schaubild, das eine Proportionalität, z.B. $I \sim U$, ausdrückt! Maßstab: 1 cm $\hat{=}$ 2 Ω; 1 cm $\hat{=}$ 2 A.*

4. *Wie groß ist der Widerstand eines Bügeleisens, das bei 220 V Spannung von einem Strom der Stärke 4 A durchflossen wird?*

5. *Welcher Strom fließt durch das Bügeleisen in Aufgabe 4, wenn die Spannung auf 200 V sinkt? Bei welcher Spannung würde ein Strom von nur 1 A fließen (R = konst.)?*

6. *Manchmal bezeichnet man die Gleichung $I = U/R$ als Ohmsches Gesetz. Unter welcher Voraussetzung ist dies richtig?*

7. *Berechne die Wärmeleistungen im Draht der Tabelle 198.1 für 1,2 V, 2,4 V und 4,8 V! Vergleiche! Erkläre, warum ein Lämpchen schnell „durchbrennt", wenn man die „Nennspannung" etwas überschreitet!*

8. *Ein Draht hat den Widerstand 100 Ω. Wie groß wird R, wenn man die Länge verdreifacht und die Querschnittsfläche verfünffacht?*

9. *Um wieviel Prozent ändert sich der Widerstand der in Bild 200.2 angegebenen Stoffe beim Erwärmen um 200 K, um wieviel beim Erwärmen um 1 K?*

10. *Die I-U-Kennlinien von Widerständen sind um so steiler, je kleiner der Widerstand ist (Bild 198.1). Begründe dies und wende diese Aussage auf die gekrümmten Kennlinien von Wolfram und Kohle in Bild 200.3 an!*

11. *Welchen Widerstand hat eine 15 W-Lampe für die Nennspannung 220 V bzw. 110 V?*

§75 Berechnung von Widerständen

1. Kann man Widerstände vorausberechnen?

Der Widerstand R eines Drahtes ist proportional
- seiner Länge l (Versuch 245),
- dem Kehrwert $1/A$ der Querschnittsfläche A.

Wenn wir also die Länge l verfünffachen, so steigt der Widerstand auf das 5fache. Wird zudem die Querschnittsfläche A verdoppelt, dann erhöht sich R nur auf das 5/2fache. Folglich ist der Widerstand R dem Quotienten l/A proportional: $R \sim l/A$. Mit dem Proportionalitätsfaktor ϱ (Rho) schreiben wir $R = \varrho\, l/A$. Der Faktor $\varrho = R A/l$ kann nicht mehr von A und l abhängen; hängt er vom Material ab?

Versuch 249: Wir vergleichen die Widerstände eines Kupfer- und eines Konstantandrahts gleicher Länge l und gleicher Querschnittsfläche A. Im Kupferdraht ist bei der gleichen Spannung U die Stromstärke I etwa 30fach; $R = U/I$ ist nur 1/30 des Werts beim Konstantandraht.

Dies gilt auch für die Konstante $\varrho = R \cdot A/l$; sie hängt vom Material ab, es ist eine **Materialkonstante**. Man nennt sie den **spezifischen Widerstand**. Nach *Tabelle 198.1* hat ein Konstantandraht der Länge $l = 1{,}0$ m mit dem Radius $r = d/2 = 0{,}05$ mm und dem Querschnitt $A = 3{,}14\, r^2 = 0{,}0078$ mm² den Widerstand $R = 60\,\Omega$. Der spezifische Widerstand von Konstantan ist

$$\varrho = \frac{RA}{l} = \frac{60\,\Omega \cdot 0{,}0078\,\text{mm}^2}{1{,}0\,\text{m}} = 0{,}47\,\frac{\Omega\,\text{mm}^2}{\text{m}}.$$

> Der Widerstand R eines Drahtes der Länge l und der Querschnittsfläche A aus einem Material mit dem spezifischen Widerstand ϱ ist
>
> $$R = \varrho\, \frac{l}{A}. \qquad (202.1)$$

Silber	0,016	Kohle	50 bis 100
Kupfer	0,017	Germanium	900
Gold	0,023	Silizium	1 200
Aluminium	0,028	Akkusäure	um 13 000
Eisen	um 0,1	Meerwasser	200 000
Wolfram	0,05	dest. Wasser	10^{10}
Konstantan	um 0,5	Porzellan	10^{18}

Tabelle 202.1 Spezifische Widerstände bei 18 °C in $\Omega\,\text{mm}^2/\text{m}$

Was bedeutet der spezifische Widerstand? Setzen wir in *Gleichung 202.1* für $l = 1$ m und $A = 1$ mm², so ist bei Konstantan

$$R = \varrho\, \frac{l}{A} = 0{,}47\, \frac{\Omega\,\text{mm}^2}{\text{m}} \cdot \frac{1\,\text{m}}{1\,\text{mm}^2} = 0{,}47\,\Omega.$$

Der Zahlenwert des spezifischen Widerstands ϱ gibt also den Widerstand R (in Ω) an, den ein Leiter aus dem betreffenden Material bei 1 m Länge und 1 mm² Querschnitt hat. — *Kupfer ist nach Silber der beste Leiter (Tabelle 202.1).*

> **Beispiel:** Ein Kupferdraht hat die Länge $l = 4$ m und den Radius $r = 1$ mm, also die Querschnittsfläche $A = 3{,}14\, r^2 = 3{,}14$ mm². Sein Widerstand ist nach *Tabelle 202.1*
>
> $$R = \varrho\, \frac{l}{A} = 0{,}017\, \frac{\Omega\,\text{mm}^2}{\text{m}}\, \frac{4\,\text{m}}{3{,}14\,\text{mm}^2} = 0{,}022\,\Omega.$$

Ein so kleiner Widerstand der Kupferzuleitungen spielt im Stromkreis nach *Bild 197.2* gegenüber dem Widerstand des Konstantandrahts von 60 Ω keine Rolle. Deshalb konnten wir die Zuleitungsdrähte vernachlässigen. — Würden wir solche Kupferdrähte aber unmittelbar zwischen die Pole einer starken Stromquelle mit der konstanten Spannung $U = 220$ V legen, so müßte ein Strom der Stärke

$$I = \frac{U}{R} = \frac{220\,\text{V}}{0{,}022\,\Omega} = \frac{220\,\text{V}}{0{,}022\,\text{V/A}} = 10\,000\,\text{A fließen}.$$

Bei einem defekten Bügeleisenkabel tritt ein derartig starker Strom kurzzeitig auf, wenn sich die beiden Leitungsdrähte berühren. Man nennt dies einen **Kurzschluß**. Bevor der Strom die Leitungen gefährlich erhitzt, unterbricht er sich selbst, indem er die Sicherung auslöst.

2. Widerstände in Labor und Technik

Beim Experimentieren, aber auch in Radios und Fernsehgeräten usw., braucht man Leiter mit einer bestimmten „Ohmzahl", „Widerstände" genannt. Beim **Schiebewiderstand** nach *Bild 203.1* ist ein Konstantandraht auf ein isolierendes Keramikrohr gewickelt. Eine Isolierschicht auf der Drahtoberfläche verhindert, daß der Strom parallel zur Achse des Keramikrohrs durch die sich berührenden Drahtlagen fließt. Er muß jede Windung um das Rohr durchlaufen. Oben kann ein **Schieber** verstellt werden; er hat längs seiner Bahn die Isolierschicht abgerieben und findet deshalb Kontakt mit dem Konstantandraht. Je weiter wir den Schieber nach rechts rücken, um so länger wird der vom Strom durchflossene Teil des Drahtes (rot gezeichnet), um so größer der Widerstand im Stromkreis. Die Stromstärke sinkt, eine eingeschaltete Lampe wird dunkler. Häufig werden die Schleifkontakte solcher veränderlicher Widerstände mit einem Drehknopf bedient (Lautstärkeregler im Radio usw.).

Nichtregelbare **Schichtwiderstände** in Radios, Fernsehern und Meßgeräten brauchen nur wenig Platz *(Bild 203.3)*. Bei ihnen ist auf ein kleines Porzellanrohr eine dünne Kohle- oder Metallschicht aufgedampft.

Da die Ziffernangaben auf Schichtwiderständen oft nur schwer lesbar sind, wurde ein Farbcode nach *Bild 203.3* eingeführt. Der 4. Ring gibt die Toleranz an. $\pm 10\%$ Toleranz bedeutet bei einer Widerstandsangabe von 1200 Ω, daß einzelne Exemplare Widerstände zwischen 1080 Ω und 1320 Ω haben können.

203.1 Schiebewiderstand im Stromkreis

Aufgaben

1. *Ein Kupferdraht ist 10 m lang und hat $1/10$ mm^2 Querschnittsfläche. Wie groß ist sein Widerstand? Welche Spannung muß man zwischen seine Enden legen, damit Strom der Stärke 0,30 A fließt?*

2. *Wie lang muß ein Draht von 1 mm^2 Querschnittsfläche sein, damit er 1000 Ω Widerstand aufweist, wenn er a) aus Kupfer, b) aus Konstantan ist? Welche Dicke hat er?*

3. *Eine 1 km lange Kupferleitung hat 10 Ω Widerstand. Sie soll durch eine gleich lange Aluminiumleitung von ebenfalls 10 Ω ersetzt werden. Vergleiche Durchmesser und Masse!*

4. *Ein Kupferdraht auf einer Spule hat die Querschnittsfläche 0,002 mm^2. Legt man zwischen seine Enden 20 V Spannung, so fließt ein Strom von 1 mA. Wie lang ist der Draht?*

5. *Der Wolframdraht einer Glühlampe hat 0,04 mm Durchmesser. Legt man an die Lampe 220 V, so fließt Strom der Stärke 0,2 A. Wie lang ist der Draht? (Spezifischer Widerstand im Betrieb 7mal so groß wie bei 18 °C.) Welche Leistung hat die Lampe?*

6. *Welche Spannung darf man höchstens an einen Widerstand von 100 Ω legen, wenn für ihn 0,1 A als maximale Stromstärke angegeben ist? Wie ändert sich die Leistung, wenn man die Spannung verdoppelt?*

7. *Welche Farbringe trägt ein Schichtwiderstand (von links nach rechts) mit 5600 Ω, der eine Toleranz von 5% aufweist? Wie groß ist R bei der Farbenfolge grün-braun-orange-rot?*

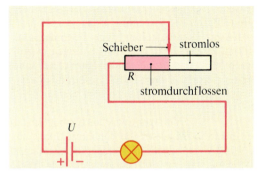

203.2 Schaltskizze zu *Bild 203.1*

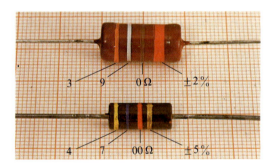

203.3 Farbcode auf Schichtwiderständen

	1. Ring	2. Ring	3. Ring	4. Ring
schwarz	0	0		
braun	1	1	0	$\pm$ 1%
rot	2	2	00	$\pm$ 2%
orange	3	3	000	
gelb	4	4	0000	
grün	5	5	00000	
blau	6	6	usw.	
violett	7	7		
grau	8	8		
weiß	9	9		
gold			:10	$\pm$ 5%
silber			:100	$\pm$ 10%

§76 Der verzweigte Stromkreis

1. Wie sind die Geräte im Haushalt geschaltet?

Versuch 250: Lege ein Lämpchen an eine Batterie! Schalte ein zweites zunächst mit ihm *in Reihe* (hintereinander), dann ihm *parallel*. Drehe jeweils ein Lämpchen aus der Fassung! Welche Schaltung schlägst du für Lampen vor?

Im Haushalt liegen alle elektrischen Geräte an der gleichen Spannung (meist an 220 V; wichtig beim Kauf). Jedes ist nach *Bild 204.1* für sich zwischen die beiden Leitungsdrähte geschaltet. Diese führen die Spannung U an jedes Gerät; man kann es ausschalten, ohne die anderen zu stören. In *Bild 204.2* sind die Leitungen in größerem Abstand voneinander gezeichnet und die Geräte als Widerstände R_1, R_2 und R_3 dazwischengelegt: *Sie liegen parallel zueinander.*

Versuch 251: Wir legen zwischen die beiden Zuleitungen in *Bild 204.2* die konstante Spannung $U = 100$ V (stabilisiertes Netzgerät!). Zunächst schließen wir nur den Widerstand $R_1 = 10$ kΩ an; er wird vom Strom $I_1 = U/R_1 = 10$ mA durchflossen. Legt man den doppelten Widerstand $R_2 = 20$ kΩ parallel, so bleibt die Spannung U erhalten; in R_2 mißt man die halbe Stromstärke $I_2 = U/R_2 = 5$ mA. Am Strom I_1 ändert sich nichts. Der Strommesser in der unverzweigten Leitung zeigt als **Gesamtstrom** die Summe

$$I = I_1 + I_2 = 10\text{ mA} + 5\text{ mA} = 15\text{ mA} \quad \text{an.}$$

Schaltet man noch den Widerstand $R_3 = 5$ kΩ parallel, so wird er vom Strom $I_3 = U/R_3 = 20$ mA durchflossen. Der Gesamtstrom steigt auf 35 mA. Er wird um so stärker, je mehr parallele Wege man ihm anbietet; für jeden Weg gilt $I_n = U/R_n$. Der Elektrizitätszähler liegt in der unverzweigten Zuleitung; in ihr fließt der Gesamtstrom I. Dieser ist um so stärker, je mehr Geräte man parallel geschaltet hat.

> **1. Kirchhoffsches Gesetz:** Bei der Stromverzweigung ist der Gesamtstrom I im unverzweigten Teil gleich der Summe der Zweigströme I_1, I_2, I_3, ...
>
> $$I = I_1 + I_2 + I_3 + \ldots \quad (204.1)$$

2. Welcher Zweigstrom ist am stärksten?

Versuch 252: Wir vergewissern uns mit einem Spannungsmesser, daß an allen parallel gelegten Widerständen die gleiche Spannung U liegt. Dividieren wir die Gleichungen $I_1 = U/R_1$ und $I_2 = U/R_2$ durcheinander, so entfällt U. Wir erkennen, welcher Zweigstrom stärker ist:

> **2. Kirchhoffsches Gesetz:** $\quad \dfrac{I_1}{I_2} = \dfrac{R_2}{R_1} \quad (204.2)$
>
> **Bei einer Stromverzweigung (Parallelschaltung) verhalten sich die Zweigströme umgekehrt wie die Verzweigungswiderstände. Durch den größeren Widerstand fließt der schwächere Strom. An allen Widerständen liegt die gleiche Spannung.**

3. Mehr Geräte — weniger Widerstand!

Wir beginnen in *Bild 204.2* mit dem *kleinsten* Widerstand $R_3 = 5$ kΩ. Ihm legen wir $R_2 = 20$ kΩ parallel. Die Stromstärke I steigt, der Strom hat es noch „leichter": Denken wir uns diese Widerstände „zusammengeschoben", so

204.1 Parallelschaltung im Haushalt

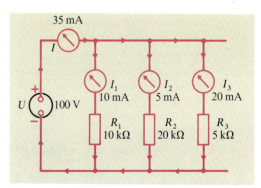

204.2 Parallelschaltung von R_1, R_2 und R_3

entsteht ein Draht von größerem Querschnitt. Sein Widerstand ist kleiner als der kleinste Einzelwiderstand! Wir vereinfachen uns nun die Parallelschaltung in *Bild 204.2*, indem wir alle Einzelwiderstände durch einen ersetzt denken. Dabei darf sich aber weder die Spannung $U = 100$ V noch der Gesamtstrom $I = 35$ mA ändern. Dieser **Ersatzwiderstand** muß den Betrag $R = \frac{U}{I} = \frac{100\,\text{V}}{35\,\text{mA}} = 2,86$ kΩ haben. Er ist kleiner als der kleinste Einzelwiderstand 5 kΩ!

Für den Gesamtstrom gilt $I = U/R = I_1 + I_2 + \ldots$. Wir setzen $I_1 = U/R_1$, $I_2 = U/R_2$ ein:

$I = \frac{U}{R} = \frac{U}{R_1} + \frac{U}{R_2} + \ldots$. Hieraus folgt nach Division mit der gemeinsamen Spannung U

$$\frac{1}{R} = \frac{1}{R_1} + \frac{1}{R_2} + \frac{1}{R_3} + \ldots. \qquad (205.1)$$

Der Kehrwert $1/R$ des Ersatzwiderstands R einer Parallelschaltung ist die Summe der Kehrwerte $1/R_i$ der Einzelwiderstände.

Beispiel: Man schaltet 4 gleiche Widerstände von je 100 Ω parallel. Dann gilt für den Ersatzwiderstand R

$\frac{1}{R} = \frac{1}{100\,\Omega} + \frac{1}{100\,\Omega} + \frac{1}{100\,\Omega} + \frac{1}{100\,\Omega} = \frac{4}{100\,\Omega}$

oder $R = 100\,\Omega/4 = 25\,\Omega$. Der Ersatzwiderstand ist hier nur der 4. Teil eines Einzelwiderstands. Beim Parallelschalten von 4 gleichen Drähten vervierfacht sich ja die Querschnittsfläche. — Je mehr Geräte du zu Hause parallel schaltest, um so kleiner ist der Widerstand, den die Anlage dem Strom entgegensetzt, um so größer die Stromstärke, die das E-Werk liefert, und damit auch die Leistung.

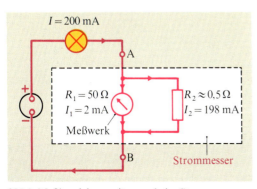

205.1 Meßbereichserweiterung beim Strommesser

4. Ein Meßwerk — viele Strommeßbereiche

Versuch 253: a) Ein Strommeßgerät zeigt Ströme z.B. bis 2 mA an; sein **Meßbereich** ist 0...2 mA. Nun will man Ströme bis 4 mA messen, den Meßbereich also verdoppeln. Man legt ein zweites, genau gleiches Meßwerk parallel. Der Strom teilt sich auf, jedes zeigt z.B. 1,6 mA an. Die Stromstärke in der gemeinsamen Zuleitung beträgt also 3,2 mA.

b) Meßwerke sind teuer. Wir ersetzen das eine durch einen viel billigeren Parallelwiderstand R_2. Er soll so groß sein, daß der Meßbereich sogar auf $I = 200$ mA erweitert, also verhundertfacht wird. Durch das Meßwerk selbst soll der Strom $I_1 = 2$ mA fließen. Dann zeigt es Vollausschlag. Den Rest, nämlich $I_2 = 198$ mA, leitet man durch R_2 seitlich vorbei (*Bild 205.1*). Das Meßwerk hat für sich den Widerstand $R_1 = 50\,\Omega$; nach *Gleichung 204.2* gilt:

$\frac{R_2}{R_1} = \frac{R_2}{50\,\Omega} = \frac{I_1}{I_2} = \frac{2\,\text{mA}}{198\,\text{mA}}$ oder $R_2 = \frac{2 \cdot 50\,\Omega}{198} \approx 0,5\,\Omega$.

In **Vielfachmeßinstrumenten** schaltet man den Widerstand R_2 im Gehäuse **parallel** zum Meßwerk. Das Instrument verhält sich dann bei der Messung wie *ein* Widerstand R, für den nach *Gleichung 205.1* gilt:

$\frac{1}{R} = \frac{1}{50\,\Omega} + \frac{198}{100\,\Omega} = \frac{100}{50\,\Omega}$ oder $R = 0,5\,\Omega$.

Wenn man also den Meßbereich von 2 mA auf 200 mA verhundertfacht, so sinkt der Ersatzwiderstand des ganzen Meßgeräts von 50 Ω auf 0,5 Ω, das heißt auf den 1/100. Teil. Schaltet man einen derartig kleinen Widerstand in einem Stromkreis mit wesentlich größeren Widerständen in Reihe, so verändert sich die zu messende Stromstärke kaum. Dies erwartet man von einem guten Strommesser. Wir dürfen ihn allerdings nicht unmittelbar an eine Stromquelle legen: Wegen des kleinen Widerstandes gäbe es Kurzschluß. Lies Seite 202 und 226!

Aufgaben

1. *Eine Glühlampe für 220 V hat den Widerstand 660 Ω. Wie viele Lampen kann man höchstens parallelschalten, damit die Stromstärke den Wert 6 A nicht überschreitet? (Grenze durch Sicherung gegeben.)*

2. *Wie geht man beim Instrument nach Bild 205.1 vor, um den Meßbereich auf 1 A zu erweitern? Wie groß ist dann der Ersatzwiderstand?*

3. *Ein Meßwerk hat 100 Ω Widerstand und 1 mA Vollausschlag. Wie erweitert man den Meßbereich auf 5 A? Mit diesem Meßbereich wird ein Strom von 3 A gemessen. Wie teilt er sich auf das Meßwerk und auf den Nebenwiderstand auf? (Berechne zuerst die Spannung!)*

§ 77 Der unverzweigte Stromkreis

1. Ein 4 V-Lämpchen an 220 V?

Versuch 254: a) Wir legen ein Lämpchen für 4 V und 70 mA mit einer 15 Watt-Lampe in Reihe (hintereinander). Dann erhöhen wir die Spannung vorsichtig über 4 V hinaus. Erst bei 220 V leuchten beide Lampen normal *(Bild 206.1)*!

b) Muß dabei das 4 V-Lämpchen 220 V aushalten? Um dies zu prüfen, legen wir nach *Bild 206.1* zwischen seine Anschlüsse einen Spannungsmesser. Er zeigt nur 4 V an; an der großen Lampe dagegen liegen 216 V. Damit haben wir etwas Neues entdeckt: **Bei der Reihenschaltung von Widerständen teilt sich die angelegte Spannung auf.** Dies klären wir in Ziffer 3. — Von der **Stromstärke** wissen wir bereits, daß sie in diesem *unverzweigten Stromkreis* überall gleich groß ist: Ladung wird ja unterwegs weder abgezweigt, noch geht sie verloren. In der 15 Watt-Lampe ist $I = P/U \approx 15\,\text{VA}/220\,\text{V} \approx 70\,\text{mA}$, also dem 70 mA-Lämpchen gerade angemessen; so haben wir es ausgesucht. Es wird vom Widerstand der großen Lampe geschützt. Dies betrachten wir nun genauer:

2. Mehr Geräte — mehr Widerstand

Versuch 255: Wir legen den Widerstand $R_1 = 10\,\Omega$ an die Spannung $U = 10\,\text{V}$; die Stromstärke ist $I = U/R_1 = 1\,\text{A}$. Nun schalten wir nach *Bild 206.2* (rot) zu R_1 noch die 2 Widerstände $R_2 = 20\,\Omega$ und $R_3 = 70\,\Omega$ in Reihe. Der Strom hat es jetzt „schwerer". Jedes Elektron wird auf seinem viel längeren Weg durch viel mehr Zusammenstöße abgebremst. Wir messen, daß die Stromstärke auf $I = 0{,}1\,\text{A}$ absinkt. Wir können die 3 hintereinandergelegten Widerstände durch *einen* Widerstand ersetzen, ohne daß sich Spannung (10 V) und Stromstärke (0,1 A) ändern. Dieser **Ersatzwiderstand** muß den Wert $R = \frac{U}{I} = \frac{10\,\text{V}}{0{,}1\,\text{A}} = 100\,\Omega$ haben. Er ist gleich der Summe $10\,\Omega + 20\,\Omega + 70\,\Omega$ der 3 hintereinandergelegten Einzelwiderstände:

> **Der Ersatzwiderstand R einer Reihenschaltung ist gleich der Summe der hintereinandergelegten Teilwiderstände:**
> $$R = R_1 + R_2 + R_3 + \ldots . \qquad (206.1)$$

In Versuch 254 hatte das Lämpchen nur etwa $60\,\Omega$ Widerstand (4 V/0,07 A). Die Lampe mit etwa $3140\,\Omega$ (220 V/0,07 A) erhöhte den Ersatzwiderstand auf $3200\,\Omega$. Die Stromstärke wurde $I = 220\,\text{V}/3200\,\Omega \approx 70\,\text{mA}$, also für beide Lampen richtig.

3. Wie wird die Spannung aufgeteilt?

Wie kam das Lämpchen in *Bild 206.1* zu seiner Betriebsspannung 4 V? Wir klären dies an *Bild 206.2*, indem wir die Gleichung $U = IR$ auf jeden der 3 Einzelwiderstände anwenden: Durch den Teilwiderstand $R_1 = 10\,\Omega$ muß — unabhängig von der Reihenfolge — der Strom $I = 0{,}1\,\text{A}$ fließen. Dies erfordert die Spannung

$$U_1 = I \cdot R_1 = 0{,}1\,\text{A} \cdot 10\,\text{V/A} = 1\,\text{V}.$$

Für den Teilwiderstand $R_2 = 20\,\Omega$ ist die Teilspannung $U_2 = 2\,\text{V}$ nötig. Für $R_3 = 70\,\Omega$ braucht man $U_3 = 7\,\text{V}$. Die Summe $U_1 + U_2 + U_3$ dieser berechneten Spannungen ergibt die von der Stromquelle gelieferte Spannung $U = 10\,\text{V}$. *Diese „bleibt" also nicht bei der Stromquelle, sondern verteilt sich über den Stromkreis!*

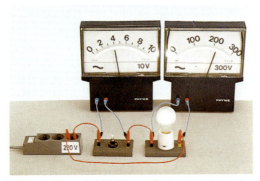

206.1 Zu Versuch 254. Die große Lampe schützt das kleine Lämpchen vor der Spannung 220 V.

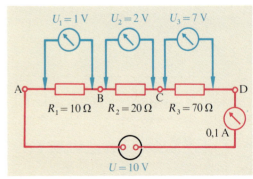

206.2 Zwischen den Enden der Teilwiderstände werden die Teilspannungen U_1, U_2 und U_3 gemessen.

Versuch 256: Wir prüfen, wie die von uns zwischen die Endpunkte A und D der Reihenschaltung gelegte Spannung 10 V aufgeteilt wird. Mit den in *Bild 206.2* blau gezeichneten Spannungsmessern finden wir tatsächlich die berechneten Teilspannungen $U_1 = 1$ V, $U_2 = 2$ V und $U_3 = 7$ V. Vergleiche die Spannungsaddition bei hintereinandergeschalteten Batterien!

> Bei Reihenschaltungen liegt zwischen den Enden eines jeden Teilwiderstands R_i die Teilspannung $U_i = I \cdot R_i$. Die Summe dieser Teilspannungen ist gleich der angelegten Gesamtspannung U:
>
> $$U = U_1 + U_2 + U_3 + \ldots$$
> $$= I(R_1 + R_2 + R_3 + \ldots) = I \cdot R. \quad (207.1)$$

Bei der *Parallelschaltung* dagegen kam allen Widerständen die gleiche Spannung zu; doch konnten dort die Ströme verschieden stark sein; sie addierten sich. – Bei der *Reihenschaltung* muß die Stromstärke gleich groß sein. Für sie gilt $I = U_1/R_1 = U_2/R_2 = \ldots$. Hieraus folgt:

> $$\frac{U_1}{U_2} = \frac{R_1}{R_2}; \quad \frac{U_1}{U_3} = \frac{R_1}{R_3} \text{ usw.} \quad (207.2)$$
>
> **In Reihenschaltungen verhalten sich die Teilspannungen wie die Teilwiderstände.**

In *Bild 206.1* ist der Glühfaden in der großen Lampe viel länger als im kleinen Lämpchen, sein Widerstand viel größer. Damit er vom gleichen Strom (70 mA) wie das Lämpchen durchflossen wird, muß er fast die ganze Spannung (216 V) abbekommen. Am kleinen Widerstand des Lämpchens dagegen genügen 4 V für 70 mA! – Die Zuleitungskabel aus Kupfer haben sehr kleine Widerstände. An ihnen findet man kaum eine Teilspannung (Seite 202).

4. Vorwiderstände schützen Lampen

In *Bild 206.1* schützt die große Lampe das kleine Lämpchen vor der zu großen Spannung; sie nimmt die Teilspannung $U_1 = 216$ V auf sich. Man kann diese Lampe durch einen **Vorwiderstand** R_1 ersetzen. Da er vom Lämpchenstrom $I = 0{,}07$ A durchflossen werden muß, gilt für ihn

$$R_1 = \frac{U_1}{I} = \frac{216 \text{ V}}{0{,}07 \text{ A}} = 3140 \, \Omega.$$

Wir ersetzen deshalb die große Lampe durch einen Schiebewiderstand, der auf 3140 Ω eingestellt wird.

Versuch 257: a) Ein Lämpchen für 0,1 A und 4 V hat den Widerstand $R_2 = 40 \, \Omega$. Es soll an $U = 10$ V betrieben werden. Der Vorwiderstand R_1 muß die Teilspannung $U_1 = 10 \text{ V} - 4 \text{ V} = 6 \text{ V}$ übernehmen. Da er auch vom Strom 0,1 A durchflossen wird, gilt $R_1 = 6 \text{ V}/0{,}1 \text{ A} = 60 \, \Omega$. Baue die Schaltung nach *Bild 207.1* auf, zeichne eine Schaltskizze und trage in diese die gemessenen Spannungen ein!

b) Der *Ersatzwiderstand* in (a) ist $R = R_1 + R_2 = 100 \, \Omega$. Schalte zusätzlich $R_3 = 100 \, \Omega$ in Reihe! Du mißt 5 V Spannung an R_3. Woher kommt sie? – Der Ersatzwiderstand hat sich auf 200 Ω verdoppelt; die Stromstärke sinkt auf die Hälfte, also auf 50 mA. Lämpchen und Vorwiderstand erhalten nach $U_i = I \cdot R_i$ nur noch die halben Teilspannungen, insgesamt 5 V. Der Rest (5 V) bleibt für R_3 übrig. Wir nehmen hier und im folgenden an, daß der Lampenwiderstand konstant sei.

Versuch 258: a) Benutze als Vorwiderstand einen *Schiebe-* oder *Drehwiderstand* mit $R_1 = 100 \, \Omega$! Lege ihn nach *Bild 207.1* zusammen mit dem Lämpchen von Versuch 257a und einem Strommesser an $U = 4$ V! Stelle R_1 zunächst auf 100 Ω (Abgriff S bei B; Foto in *Bild 203.1*), und miß die Teilspannungen U_1 an R_1 und U_2 am Lämpchen! Trage sie zusammen mit der Stromstärke I in eine Tabelle ein! Wiederhole dies bei $R_1 = 50 \, \Omega$ und $0 \, \Omega$! Wenn der Vorwiderstand R_1 kleiner wird, geschieht zweierlei: A) Der Gesamtwiderstand $R = R_1 + R_2$ sinkt, und die Stromstärke $I = U/R$ steigt; das Lämpchen wird heller. B) Die Teilspannung $U_1 = IR_1$ am Vorwiderstand sinkt. Dafür steigt die Teilspannung $U_2 = 4 \text{ V} - U_1$ am Lämpchen.

b) Baue den *Schalter* S ein und miß die Teilspannung U_S an ihm; sie ist am geöffneten

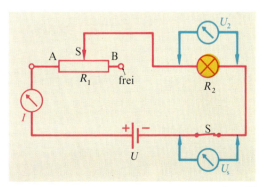

207.1 Zu Versuch 257 und 258; Foto von R_1 in *Bild 203.1*

Schalter 4 V. An den nun stromfreien Teilen des Kreises fällt ja keine Spannung mehr ab. – Entsprechend liegt zwischen den Kontakten eines geöffneten Lichtschalters die volle Spannung 220 V!

Kommt es auf die *Reihenfolge* der Widerstände an? Das Lämpchen in *Bild 207.1* liegt am Minuspol. Braucht man nicht zu befürchten, daß sich aus ihm die Elektronen ungehindert in den Glühdraht stürzen und erst im nachfolgenden Widerstand gebremst werden? Nein! Lampendrähte und Leitungen sind von vornherein mit Elektronen gefüllt! Wenn wir die Spannungsquelle anschließen, so wirkt sich die Kraft ihrer Pole im ganzen Kreis sofort aus. Sie setzt alle Elektronen gleichzeitig in Bewegung. *Der Vorwiderstand könnte also auch ein „Nachwiderstand" sein.*

In Versuch 258a konnten wir die Teilspannung U_2 am Lämpchen nicht auf Null senken, wohl aber die Teilspannung $U_1 = I \cdot R_1$ am Vorwiderstand R_1. Wir brauchten nur R_1 auf Null zu verkleinern. Dies führt uns zu einer Schaltung, bei der das Lämpchen ganz dunkel wird.

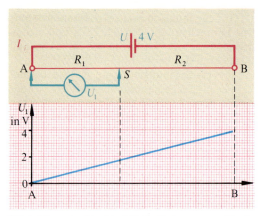

208.1 Längs des Drahts fällt die Teilspannung U_1 ab.

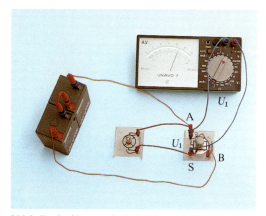

208.2 Drehwiderstand als Spannungsteiler

5. Wir erzeugen beliebig kleine Spannungen

Versuch 259: Wir legen nach *Bild 208.1* die Spannung $U = 4$ V zwischen die Enden A und B eines dünnen Drahtes, der zwischen zwei Klemmen gespannt ist. Er wird von einem konstanten Strom I durchflossen. Den linken Anschluß eines Spannungsmessers legen wir fest an A; mit dem anderen (S) gleiten wir längs des Drahts von B nach A. Wir messen also die Teilspannung $U_1 = I \cdot R_1$ zwischen S und A. Wie das Schaubild zeigt, fällt sie gleichmäßig von 4 V auf Null ab; denn der Widerstand R_1 des Drahtstücks AS ist dessen Länge proportional. Die abgenommene Teilspannung $U_1 = I \cdot R_1$ wird Null, wenn man den Abgriff S an das Ende A heranführt ($R_1 \to 0$). Für diese **Spannungsteilerschaltung** benutzen wir nun einen Schiebe- oder Drehwiderstand:

Versuch 260: a) Lege nach *Bild 208.1* und *Bild 208.2* zwischen die Enden A und B eines Widerstands mit beweglichem Abgriff S die Spannung $U = 4{,}0$ V! Miß die Spannung zwischen A und S und beobachte, wie sie von der Stellung von S abhängt!

b) Lege dem Spannungsmesser ein Lämpchen parallel und reduziere seine Helligkeit vom Höchstwert auf Null. Im Gegensatz zu Versuch 258a kann die Spannung am Lämpchen stetig auf Null gesenkt werden.

> **Ein stromdurchflossener Leiter unterteilt die angelegte Spannung.**

6. Spannungsmesser mit vielen Meßbereichen

a) Das Meßwerk eines Drehspulstrommessers (*Bild 226.2*) habe $R_2 = 50\,\Omega$ Widerstand und zeige bei $I = 2$ mA Vollausschlag. Dann liegt zwischen seinen Klemmen die Spannung $U_2 = I \cdot R_2 = 0{,}1$ V. Vollausschlag bedeutet also neben 2 mA auch 0,1 V (der halbe Ausschlag sowohl 1 mA wie auch 0,05 V).

b) Wir wollen nun den Meßbereich von 0,1 V auf 10 V verhundertfachen. Also müssen 9,9 V durch den Vorwiderstand $R_1 = 9{,}9\text{ V}/2\text{ mA} = 4950\,\Omega$ vom Meßwerk ferngehalten werden (er wird auch von 2 mA durchflossen). Der Widerstand des ganzen Spannungsmessers wird also von 50 Ω auf $R_1 + R_2 = 5000\,\Omega$ verhundertfacht (*Bild 209.1*).

> **Man erweitert den Meßbereich eines Spannungsmessers durch Vorschalten großer Widerstände, den Meßbereich eines Strommessers durch Parallelschalten kleiner Widerstände. Dabei steigt der Widerstand des Spannungsmessers, der des Strommessers sinkt.**

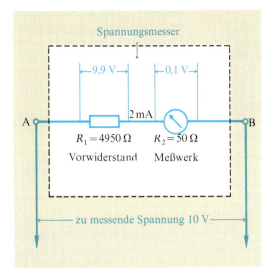

209.1 Der Meßbereich wird von 0,1 V auf 10 V erweitert. A und B sind die Anschlüsse des Spannungsmessers.

Aufgaben

1. Christbaumkerzen für je 11 V und 0,3 A sollen aus der 220 V-Steckdose gespeist werden. Wie viele muß man hintereinanderschalten? Leuchten alle gleich hell? Welche Leistung hat 1 Lampe, welche die ganze Kette?

2. Eine Lampe für 12 V und 3 A soll an der 220 V-Steckdose betrieben werden. Wie groß muß der Vorwiderstand sein? — Man tauscht sie dann gegen eine 12 V-Lampe, die nur 0,6 A braucht, aus. Warum brennt diese bald durch? Welchen Vorwiderstand braucht man jetzt?

3. Welchen Wert müßte der Vorwiderstand R_1 in Bild 207.1 annehmen, damit die Spannung am Lämpchen auf Null absinkt? Kann man mit einem Vorwiderstand die Spannung an einem Gerät regeln, das keinen Strom fließen läßt, z.B. zwischen den Platten in Bild 206.1?

4. Wie wäre der Spannungsverlauf in Bild 208.1, wenn man den Spannungsmesser zwischen S und B legte?

5. Wie erweitert man den Meßbereich des Spannungsmessers in Bild 209.1 auf 100 V, wie auf 500 V? Zeige, daß der Vorwiderstand die überschüssige Spannung vom Meßwerk fernhält! Wie groß ist jeweils der Widerstand des ganzen Spannungsmessers?

6. Warum sollen Spannungsmesser möglichst große, Strommesser dagegen möglichst kleine Widerstände haben?

§78 Wärmeleistung in Widerständen

1. Geteilte Spannung — geteilte Leistung

Wir teilen nach Bild 209.2 die Spannung $U = 24$ V auf ein Heizgerät und einen Vorwiderstand, je mit 5 Ω, auf und messen die Leistung:

Versuch 261: **a)** Ein Aluminiumgefäß von $m_{Al} = 72$ g Masse enthält $m_W = 200$ g Wasser und eine Heizwicklung. Nach Bild 209.2 messen wir die Stromstärke $I = 2,3$ A. Die Teilspannung zwischen den Anschlüssen der Heizwicklung beträgt $U_1 = 12$ V. Die der Wicklung zugeführte **elektrische Leistung** beträgt also nach Seite 193: $P_{el} = U_1 \cdot I = 12\text{ V} \cdot 2,3\text{ A} = 27,6$ W.

b) In $t = 300$ s steigt die Temperatur um $\Delta\vartheta = 9,1$ K. Mit den spezifischen Wärmekapazitäten $c_W = 4,2$ J/(g·K) und $c_{Al} = 0,9$ J/(g·K) von Wasser und Aluminium berechnen wir die Wärmemenge, die sie aufnehmen, zu

$$Q = (c_W \cdot m_W + c_{Al} \cdot m_{Al}) \cdot \Delta\vartheta = 8230 \text{ J}.$$

Die **Wärmeleistung** ist also

$$P_W = \frac{Q}{t} = \frac{8230 \text{ J}}{300 \text{ s}} = 27,4 \frac{\text{J}}{\text{s}} = 27,4 \text{ W} \approx P_{el}.$$

Die aus den elektrischen Größen Spannung und Stromstärke berechnete elektrische Leistung P_{el} stimmt gut mit der Wärmeleistung P_W überein; nur wenig Wärme wurde an die Umgebung abgeführt. Wir hätten auch die vom Netzgerät gelieferte Spannung $U = 24$ V in die Gleichung $P_{el} = U \cdot I$ einsetzen können. Dann hätten wir die gesamte Leistung bekommen, die im ganzen Kreis als Wärme frei wird. Um die Leistung der Heizwicklung zu berechnen, darf man nur ihre

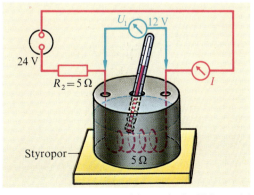

209.2 Messung der Wärmeleistung in der Heizwendel

Teilspannung U_1 einsetzen. Mit der Teilspannung $U_2 = I \cdot R_2$ am Vorwiderstand R_2 erhält man dessen Heizleistung $P_2 = U_2 \cdot I$.

2. Ein Widerspruch?

a) Wir sagten auf Seite 205, daß Lampen mit großer Leistung kleine Widerstände haben.

b) Im Versuch nach *Bild 206.1* leuchtete dagegen die 15-Watt-Lampe mit ihrem großen Widerstand viel heller als das kleine Lämpchen, hatte also eine viel größere Leistung. Wie klärt sich der Widerspruch auf?

Bei der Aussage **(a)** werden **parallelgeschaltete** Geräte miteinander verglichen; sie liegen an der **gleichen Spannung** U (220 V). Die Stromstärken sind $I_i = U/R_i$ und die Leistungen $P_i = U \cdot I_i = U^2/R_i$. Da U gleich ist, gilt $P_i \sim 1/R_i$.

Bei der Aussage **(b)** werden *hintereinandergeschaltete* Geräte miteinander verglichen; sie sind vom *gleichen Strom* I durchflossen; er erzeugt die Teilspannungen $U_i = I \cdot R_i$ und die Leistungen $P_i = U_i \cdot I = I^2 \cdot R_i$. Da jetzt I gemeinsam ist, gilt $P_i \sim R_i$.

> In hintereinandergeschalteten Widerständen R_i ist die Leistung diesen Widerständen R_i, in parallelgeschalteten ihren Kehrwerten $1/R_i$ proportional.

Versuch 262: Lege n gleiche Lämpchen nach Bild 210.1 a parallel zueinander an die gemeinsame Spannung U_1. Die gesamte Leistung $P = U_1 \cdot I$ steigt, weil sich die Stromstärke ver-n-facht hat. Der Ersatzwiderstand sinkt auf den n-ten Teil; $P \sim 1/R$.

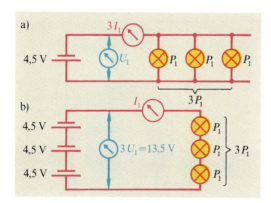

210.1 Zu den Versuchen 262 und 263

Versuch 263: Schalte n gleiche Lämpchen hintereinander (*Bild 210.1 b*). Damit die Stromstärke I und die Leuchtkraft einer jeden Lampe erhalten bleiben, mußt du die Spannung U ver-n-fachen. Die Leistung $P = U \cdot I$ steigt, weil man die Spannung U erhöht (Seite 191).

Aufgaben

1. *Ein Heizofen hat bei* 220 V *den Anschlußwert* 1 kW *(Seite 193). Wie groß sind Stromstärke und Widerstand? Welche Wärme erzeugt er in* 1 h? – *Welche Leistung hätte er bei* 110 V, *welche bei* 440 V *(gleicher Widerstand)?*

2. *Ein Tauchsieder hat bei* 220 V *die Leistung* 300 W. *Wie groß ist sein Widerstand? Wie lange muß er in Betrieb sein, um* 2 l *Wasser von* 20 °C *auf* 80 °C *zu erwärmen?* – *Wie ändern sich diese Werte, wenn man zwei solche Tauchsieder an* 220 V *in Reihe schaltet?*

3. *a) Man schaltet* 3 *Geräte, deren Widerstände sich wie* 1:4:5 *verhalten, parallel an die gleiche Spannung. Wie verhalten sich ihre Leistungen?* – *Vergleiche die Widerstände einer* 15 W-, *einer* 60 W- *und einer* 75 W-*Lampe bei gleicher Spannung* 220 V. *b) Man schaltet die* 3 *Geräte in Reihe. Wie verhalten sich ihre Leistungen?*

4. *Der Glühfaden einer Lampe wird heiß, die vom gleichen Strom durchflossenen Leitungsdrähte bleiben kalt. Erkläre dies mit den Gleichungen dieses Paragrafen und modellmäßig.*

5. *Im Heizkissen kann man einen Widerstand von* 800 Ω *allein oder zwei solche parallel bzw. hintereinander an* 220 V *legen. Welche dieser drei Schaltungen ergibt „schwach", welche „mittel", welche „stark"? Wie verhalten sich die Leistungen? Wie groß sind sie?*

6. *Zu einem Vollbad braucht man* 150 l *Wasser von* 40 °C, *zu einem Duschbad* 45 l *von* 40 °C. *Was kostet dies bei* 20 Pf/kWh, *wenn das Leitungswasser* 15 °C *hat? Vergleiche mit den Betriebskosten einer* 100 W-*Lampe für* 1 h!

7. *Ein Kühlschrank hat im Betrieb eine Leistung von* 120 W. *Nach* 30*tägiger Abwesenheit liest man am Zähler einen Verbrauch von* 20 kWh *ab. Wieviel % der Zeit war der Kühlschrank eingeschaltet?*

8. *Jemand schaltet ein* 4V-*Lämpchen für* 70 mA *und eines für* 0,2 A *hintereinander an* 8 V. *Leuchten sie normal? Wie groß ist die Stromstärke (R=konstant) im ersten Augenblick?*

§79 Gefahren des Stroms

1. Gefährliche Ströme und Spannungen

Schon schwache Ströme lösen im menschlichen Körper (elektrochemische) Wirkungen aus; so können Ströme durch die Brust bei mehr als 25 mA das Herz gefährden und ab **70 mA** zum Stillstand bringen! Wechselströme über 10 mA ziehen die Muskeln so stark zusammen, daß man von der angefaßten Leitung nicht mehr loskommt. Auch ein Helfer kann gefährdet sein! – Der Widerstand der trockenen Haut beträgt zwar mehrere Kilo-Ohm; er sinkt aber bei feuchter Haut! In ungünstigen Fällen kann im Körperinnern (ca. 600 Ω) eine Spannung von über $U = 70\text{ mA} \cdot 600\text{ Ω} = \mathbf{42\text{ V}}$ den lebensgefährlichen Strom 70 mA hervorrufen. Die Spannungen geriebener Stäbe, statisch geladener Kleider oder auch eines Schul-Bandgenerators sind zwar sehr hoch, aber ungefährlich; sie brechen sofort zusammen, wenn ein Funke überschlägt, wenn also Strom fließt.

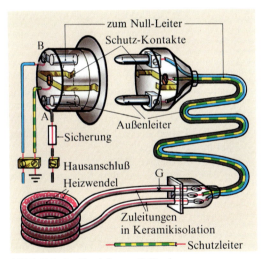

211.1 Schuko-Steckdose mit Stecker

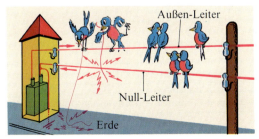

211.2 Durch welchen der Vögel fließt der Strom?

2. Erdung gefährdeter Teile durch Schutzleiter

Beim Umgang mit dem 220 V-Netz besteht **Lebensgefahr**: Man darf die beiden Pole oder die beiden Leitungen nie direkt berühren! Zwar ist der eine Pol mit dem Null-Leiter verbunden (in *Bild 211.1* blau isolierter Draht); er führt also keine Spannung gegen Erde. Der **Außenleiter** dagegen (früher Phase genannt, Draht mit brauner oder schwarzer Isolation) führt gegen Erde die volle Spannung 220 V. Also besteht schon dann Lebensgefahr, wenn man nur diesen Außenleiter berührt. Denn häufig hat man noch Kontakt mit geerdeten Gegenständen (Heizkörper, Wasserleitung), oder man steht auf leitendem Boden (Terrasse, Garten).

Versuch 264: Wir suchen den spannungführenden Außenleiter mit dem **Leitungsprüfer** (*Bild 211.3*). Am Außenleiter leuchtet die Glimmlampe auf. Der Schutzwiderstand (1 MΩ) begrenzt den Strom durch den Finger zur Erde auf unter 1 mA. Am Null-Leiter und an den Schutzkontakten (gelb in *Bild 211.1*) bleibt die Glimmlampe dunkel.

Null- und Außenleiter sind beim Betrieb des Tauchsieders in *Bild 211.1* stromdurchflossen. Wozu braucht man dann den gelb-grünen **Schutzleiter**? Er liegt nicht im *Betriebsstromkreis*, sondern hat eine *Sicherheits-* und *Reservefunktion*: Er verbindet über die gelb gezeichneten Schutzkontakte in Schukostecker und Steckdose die Metallhülle des Tauchsieders mit dem geerdeten Null-Leiter am Hausanschluß (beim Zähler). Dies erfolgt unabhängig davon, wie man den Stecker in die Dose steckt. *Bild 212.1* zeigt einen Modellversuch mit 4 V.

Versuch 265: a) Vom „E-Werk" (4 V) führt der *Außenleiter* (schwarz) über die *Sicherung* CD zum spannungführenden Pol A der „Steckdose". Der Null-Leiter ist mit dem Pol B der „Steckdose" und zugleich mit dem geerde-

211.3 Leitungsprüfer am Außenleiter der Steckdose

ten Metallstab verbunden. Dieser stellt den Boden dar, auf dem ein Drahtmännchen steht. Sein Herz ist durch ein Lämpchen dargestellt, das leuchtet, wenn Strom von der Hand zum Fuß fließt. Er berührt das Metallgehäuse eines Elektrogeräts. Von den Steckdosenpolen A und B führen Kabel ins Innere zu einer Lampe. Diese leuchtet. Der Außenleiter ist aber schlecht isoliert (brüchige Isolation an alten Kabeln) und erhält plötzlich bei G **Gehäuseschluß,** d.h. Kontakt mit dem Metallgehäuse (siehe auch *Bild 211.1*). So bekommt dieses Spannung gegen Erde. Vom Gehäuse fließt Strom über unser Männchen zur Erde; sein Lämpchen zeigt die Lebensgefahr an. Dieser Strom kann im Ernstfall tödlich sein (über 70 mA); die Sicherung CD spricht aber auf ihn nicht an!

b) Nun verbinden wir auch das Metallgehäuse über einen grüngelben *Schutzleiter* mit dem Erdanschluß am Null-Leiter. Bei Gehäuseschluß ist das Männchen jetzt geschützt:

— Vom Außenleiter fließt praktisch ohne Widerstand ein starker Strom über den Schutzleiter zur Erde. Die Sicherung im Außenleiter schmilzt durch.
— Der dicke Schutzleiter hat kaum Widerstand; an ihm tritt keine merkliche Teilspannung auf. **Deshalb bekommt das Gehäuse keine gefährliche Spannung gegen Erde.** Der Strom durch das Drahtmännchen bleibt jetzt so klein, daß die Gefahrenlampe auch nicht für einen Augenblick aufblitzt.

Das *Schutzleitersystem* birgt aber auch Gefahren in sich: Ein Bastler könnte bei der „Reparatur" eines Kabels den Schutzleiter mit einem der anderen beiden Leiter verwechseln. Schließt er ihn fälschlich an einen der beiden Kontaktstifte und wird dieser Stift in die Buchse des Außenleiters gesteckt, so bekäme das Metallgehäuse volle Spannung gegen Erde, auch wenn keinerlei Defekt vorliegt! Deshalb Vorsicht vor solchen Basteleien; Reparaturen gehören allein in die Hand des Fachmanns!

Nun verstehst du auch, warum man Steckdosen gegen die Berührung durch neugierige Kleinkinder zusätzlich mit Schutzplättchen sichern muß, welche die offenen Buchsen verdecken. Die Steckdosen des *Physiksaals* sollten heute durch wirkungsvolle **Fehlerstrom-Schutzschalter** gesichert sein. Dabei nimmt ein FI-Schutzschalter schon nach 0,03 s alle Spannung weg, wenn ein sog. Fehlerstrom von mehr als 30 mA vom Betriebsstromkreis zur Erde fließt, wenn sozusagen dem normalen Betriebsstromkreis Elektronen verlorengehen. Dies ist z.B. der Fall, wenn man zugleich den Außenleiter und irgend einen geerdeten Gegenstand, etwa das Gehäuse eines Elektrogeräts, berührt. Er spricht auch an, wenn man Versuch 203 von Seite 171 mit einer Glühlampe und nicht einer Glimmlampe (unter 30 mA) ausführt. Er würde auch ansprechen, wenn — wie beschrieben — ein Kind an der Steckdose in Gefahr kommt.

Sicherheitsregeln

— Experimentiere nur mit Spannungen unter 42 V!
— Bastle nie an elektrischen Geräten herum, die noch Verwendung finden könnten!
— „Do it yourself" an Steckdosen und Kabeln kann das Leben kosten! Ziehe immer einen Fachmann zu Rate!
— Geh nie mit einer elektrischen Lampe in der Hand barfuß auf den Balkon oder in den Garten! Vorsicht am elektrischen Rasenmäher und im Bad!
— Wechsle Lampen nur aus, wenn die Sicherung ausgeschaltet ist!
— Arbeite beim Experimentieren immer mit trockenen Händen und fasse keine blanken Leiter an! Berühre nie eine elektrische Anlage mit beiden Händen!
— Spiele nicht an Geräten im Physiksaal herum! Sie haben oft Spannungen über 42 V!
— Wenn im Physiksaal jemand zu Schaden gekommen ist und „nicht vom Strom loskommt", so drücke sofort den nächsten roten „**Pilzdrucktaster**" (NOT—AUS)!
— Wenn jemand durch einen elektrischen Schlag bewußtlos wurde, so schalte erst den Strom ab und leite dann Erste-Hilfe-Maßnahmen ein! Rufe einen Arzt!

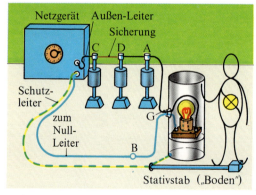

212.1 Modellversuch zum Gehäuseschluß

Magnetisches Feld

§80 Magnete und ihre Pole

1. Wie erkennt man Magnete und ihre Pole?

Du hast sicher schon mit Magneten gespielt. Wir wollen uns nun mit den geheimnisvollen Kräften beschäftigen, die Magnete ausüben.

Versuch 266: a) Nimm einen Magneten zur Hand! Mit Auge und Tastsinn allein erkennst du seine magnetischen Eigenschaften nicht; du bist ihnen gegenüber „blind". Als „Krücken" mußt du *Testkörper* wie Nägel, Büroklammern oder andere Gegenstände aus *Eisen* benutzen; sie werden von Magneten angezogen.

b) Metallkörper aus Kupfer und Silber oder gar Holz- und Glasstücke zieht ein Magnet nicht an. Bei der *Abfallverwertung* und in *Münzprüfern* von Automaten sortieren Magnete eiserne Gegenstände aus: Ein Markstück aus Eisen wäre falsch; Zehnpfennigstücke erkennt der Magnet am Eisenkern in der unmagnetischen Messinghülle.

c) An den Enden des Magneten, den **Polen**, bleiben besonders viele Nägel hängen. — Umgekehrt kannst du mit einem Nagel den Magneten an seinen Polen zu dir herziehen. Also zieht auch Eisen Magnetpole an. *Die Mitte des Magneten erscheint dagegen fast unmagnetisch.*

Auch die Metalle *Nickel* und *Kobalt* werden — wie *Eisen* (lat. ferrum) — von Magneten angezogen; man nennt diese Metalle **ferromagnetisch**. Aus Legierungen mit diesen ferromagnetischen Stoffen stellt man Magnete her.

2. Zweierlei Magnetpole?

Versuch 267: a) Hänge nach *Bild 213.2* einen Stabmagneten waagerecht an einem dünnen Faden auf oder beobachte eine spitzengelagerte *Kompaßnadel (Bild 213.1)!* Diese Magnete zeigen nach einigen Schwingungen mit einem Pol nach Norden; man nennt diesen Pol den **Nordpol N**. Kennzeichne ihn! Der andere Pol dagegen weist nach Süden; man nennt ihn den **Südpol S**. Kompaßnadeln zeigen deshalb die Nord-Süd-Richtung an. Andere Magnete stören.

b) Nähere den Polen eines drehbar aufgehängten Magneten die Pole anderer Magnete *(Bild 213.2)!* Die Nordpole stoßen sich gegenseitig ab, desgleichen die Südpole. Dagegen ziehen die Nordpole die Südpole an und umgekehrt. Die Pole unterscheiden sich also. Wir kennzeichnen Nordpole mit roter und Südpole mit grüner Farbe.

c) Halte zwei kräftige Magnete frei mit der Hand! Du kannst ihre *gleichnamigen Pole* (N und N oder S und S) wegen ihrer Abstoßungskraft kaum einander nähern. Die Kraft wächst nämlich mit abnehmender Entfernung stark an. — In *Bild 214.2* schwebt der obere Stabmagnet über dem unteren. Am oberen halten sich Abstoßungs- und Gewichtskraft das Gleichgewicht. Solche Abstoßungskräfte lassen **Magnet-Schwebebahnen** über Magnetschienen schweben. Diese Bahnen befinden sich aber noch im Versuchsstadium.

> Es gibt zwei Arten magnetischer Pole, Nord- und Südpole. Gleichnamige Pole stoßen einander ab, ungleichnamige ziehen sich an. Die magnetischen Kräfte nehmen mit kleiner werdendem Abstand stark zu.

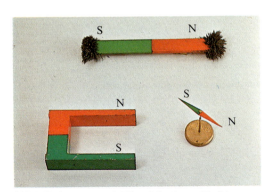

213.1 Stabmagnet mit Eisenfeilspänen, Hufeisenmagnet, Magnetnadel (Nordpol rot, Südpol grün)

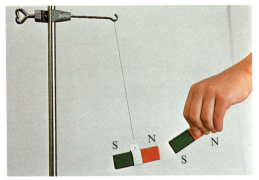

213.2 Der am Faden aufgehängte Stabmagnet zeigt mit seinem Nordpol zum angenäherten Südpol.

214.1 Kompaß mit Windrose

3. Geschichte der Magnete

Natürliche Magneteisensteine (aus Eisenoxid) findet man in Skandinavien und im Ural. Sie sind nur schwach magnetisch und wurden wahrscheinlich nach der Stadt *Magnesia* in Thessalien benannt. Schon im alten Ägypten kannte man magnetische Kräfte. Mit diesen verband man noch im 19. Jahrhundert Magie und Zauberei: Man glaubte, Magnete könnten von Eisen geschlagene Wunden schneller heilen. Doch benutzte man Magnete auch mit Erfolg: Die Chinesen kannten die Richtkraft der Kompaßnadel *(Bild 214.1)* schon im 1. Jahrhundert. Die Europäer erfuhren davon um 1200. Mit dem Kompaß wagten sich die Seeleute auf die hohe See *(Kolumbus)*.

Als erster unterschied der Engländer *Newton* (um 1700, Seite 16) klar zwischen der Anziehungskraft eines Magneten und der von der Erde ausgeübten Schwerkraft, die auf alle Körper einwirkt.

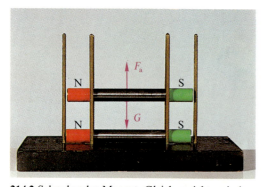

214.2 Schwebender Magnet: Gleichgewicht zwischen Gewichtskraft G und Abstoßungskraft F_a.

§81 Die Elementarmagnete

1. Was macht Eisen magnetisch?

Versuch 268: a) Du kannst Messer und andere Gegenstände aus Stahl leicht magnetisieren: Streiche über ein unmagnetisches Laubsägeblatt nur mit einem Pol, zum Beispiel dem Nordpol eines Magneten, mehrmals von links nach rechts *(Bild 215.2)*. Es zieht nun Eisenfeilspäne an. Dabei hast du das Laubsägeblatt überall nur mit dem Nordpol berührt — ist es nun rundum ein Nordpol? Nein! Eine Kompaßnadel zeigt, daß es zwar links einen Nord-, aber rechts einen Südpol bekommen hat!

b) Versuche nun, den Nord- vom Südpol zu trennen, indem du das Blatt in seiner unmagnetischen Mitte zerbrichst! Vergeblich! Die Kompaßnadel zeigt, daß sich an der linken Bruchstelle ein neuer Süd-, an der rechten ein neuer Nordpol gebildet hat (2. Zeile in *Bild 215.3*). *Wider Erwarten sind zwei vollständige Magnete entstanden!* Auch wenn du die Teilung beliebig fortsetzt, ist jedes Bruchstück stets wieder ein vollständiger Magnet mit zwei Polen, ein **magnetischer Dipol** (griech. Vorsilbe di, zwei). Niemand fand bisher einen *Einzelpol*.

Denken wir das Ergebnis von Versuch 268 folgerichtig weiter! Dann kommen wir zur Annahme *(Hypothese)*, daß die kleinsten magnetischen Teilchen, also die *Elemente eines Magneten*, nicht Einzelpole, sondern Dipole sind. Man nennt sie **Elementarmagnete.** Zugegeben, wir können sie nicht unmittelbar sehen. Deshalb gehen wir wie ein Detektiv vor: Wir suchen nach Beobachtungen, die wir ohne diese Hypothese nicht erklären können. Der Detektiv würde sagen, wir suchen nach *Indizien* für die Existenz von Elementarmagneten.

> Es gibt keine magnetischen Einzelpole, sondern nur magnetische Dipole.
>
> *Hypothese:* Ferromagnetische Stoffe enthalten Elementarmagnete in Form von Dipolen.

2. Indizien für die Elementarmagnete

a) *Wie sind Magnete aufgebaut?* Bild 215.3 zeigt in der untersten Reihe die Bruchstücke des zerlegten Magneten. Genauso geordnet stellen wir uns nach *Bild 215.4* die Elementarmagnete im Magneten vor: Alle ihre Nordpole zeigen nach links; am linken Ende liegen sie frei. Es leuchtet ein, daß sie sich dort verstärken und den starken Nordpol bilden. Rechts entsteht durch freiliegende Südpole der starke Südpol des Magneten. — *Und in seiner Mitte?* Dort liegen Nord- und Südpole benachbarter Elementarmagnete nahe beisammen; sie schwächen sich als entgegengesetzte Pole nach außen ab. Die schwach magnetische Mitte des Magneten spricht also genauso als Indiz für die Hypothese der Elementarmagnete wie die starken entgegengesetzten Pole an den Enden.

b) *Wie entstehen Pole neu?* Wenn wir den Magneten in seiner Mitte zerbrechen, bleiben die Elementarmagnete ganz; wir können nach *Bild 215.1* nur benachbarte Dipole voneinander trennen. Dann liegen ihre Pole S und N an der Bruchstelle AB frei und bilden nach außen hin neue Pole. Fügt man sie wieder zusammen, so erscheint die Bruchstelle unmagnetisch, obwohl der Magnet durchgängig magnetisiert ist.

c) *Können auch im nicht magnetisierten Eisen Elementarmagnete „versteckt" sein!* Ja — wenn sie so ungeordnet sind, daß nach jeder Seite gleich viele Nord- wie Südpole zeigen (*Bild 215.5*).

Versuch 269: Wir magnetisieren eine Nadel durch Streichen; dann erschüttern wir sie durch starkes Hämmern oder wir glühen sie aus. Sie wird wieder unmagnetisch. Denn die Elementarmagnete kommen beim Hämmern oder wegen der verstärkten Molekülbewegung beim Erhitzen (Seite 93f.) in Unordnung. Durch erneutes Streichen werden sie wieder ausgerichtet.

> **Beim Magnetisieren richtet man die in Eisen vorhandenen Elementarmagnete aus. Sie sind im nicht magnetisierten Eisen ungeordnet.**

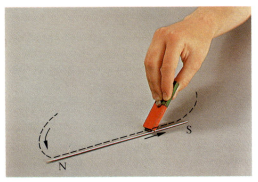

215.2 Die Stahlnadel wird durch Streichen mit einem Magneten auch magnetisch.

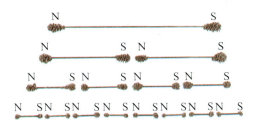

215.3 Beim Zerteilen eines Magneten erhält man immer nur Dipole, niemals Einzelpole.

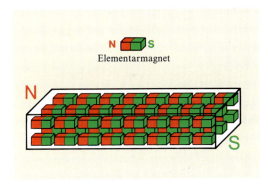

215.4 So sind die Elementarmagnete in einem Magneten geordnet; links der Nordpol.

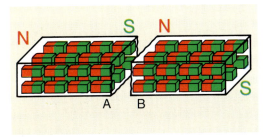

215.1 Beim Zerbrechen bilden sich an der Bruchstelle AB neue Pole.

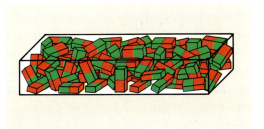

215.5 Ungeordnete Elementarmagnete in nicht magnetisiertem Eisen; symbolische Darstellung

3. Auf die Legierung kommt es an!

Wird ein Nordpol nach *Bild 216.1* einem unmagnetischen Stück **„Weicheisen"** (reinstes Eisen oder Eisenlegierungen mit Silicium oder Nickel) genähert, so werden dessen ungeordnete Elementarmagnete sofort ausgerichtet. Entfernt man den Nordpol, so verlieren sie diese Ordnung genauso leicht wieder.

Dauermagnete stellt man aus **hartmagnetischen** Werkstoffen her (*Stahl* oder besondere Eisenlegierungen). Man gibt dazu dem Eisen Zusätze von Kohlenstoff, Aluminium, Kobalt, Kupfer usw. Diese Zusätze erschweren die Ordnung der Elementarmagnete über das ganze Metallstück hinweg. Deshalb mußten wir das Laubsägeblatt in Versuch 268a mehrmals streichen. Andererseits bleibt die einmal erzwungene Orientierung erhalten; daher *Dauer*magnete.

Bestimmte Eisenlegierungen sind überhaupt nicht magnetisierbar. Man benutzt sie z.B. in *antimagnetischen Uhren.*

Versuch 270: a) Wir wollen prüfen, ob Weicheisen einen Magneten anziehen kann und nähern es dem Nordpol N einer Magnetnadel *(Bild 216.1).* Obwohl das Weicheisen zunächst nicht magnetisiert ist, zieht es diesen Nordpol an. Er dreht nämlich die Südpole der Elementarmagnete im Weicheisen zu sich her; sie bilden den Südpol S'. S' und N ziehen sich dann gegenseitig an. – Genauso zieht das Weicheisen den Südpol der Nadel an (Aufgabe 2).

b) Wir erhitzen nach *Bild 216.2* den an einem Draht aufgehängten kleinen Nagel zur Rotglut. Dann wird er vom Magneten genau so wenig angezogen wie ein Stück Kupfer! Die Wärmebewegung (Seite 93 f.) verhindert nämlich das Ausrichten der Elementarmagnete

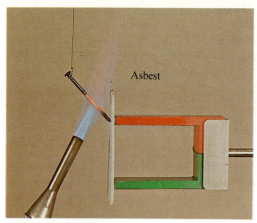

216.2 Zu Versuch 270 b

oberhalb von 770 °C vollständig. Diese strecken deshalb dem Nordpol des Magneten ebenso viele Nord- wie Südpole entgegen; Anziehung und Abstoßung halten sich dann die Waage; das Eisen ist unmagnetisch.

> **Ein Magnet zieht Eisenkörper erst dann an, wenn er dessen Elementarmagnete ausgerichtet hat. Von dem so magnetisierten Eisenstück wird auch der Magnet angezogen (Kraft und Gegenkraft).**

Durch Anziehung läßt sich also nicht entscheiden, ob ein Eisenstück schon vorher magnetisch war oder nur vorübergehend magnetisiert wurde. *Wir sind nur dann sicher, daß das Eisen schon vorher magnetisiert war, wenn es einen Pol der Kompaßnadel abstößt* (Aufgabe 3).

Aufgaben

1. a) Mit einem Nordpol kann man eine Kette zunächst unmagnetischer Nägel hochziehen. Was geschieht dabei in den Nägeln? *b)* Warum fällt die Nagelkette ab, wenn man dem Nordpol einen Südpol nähert?

2. Magnetisiere eine Rasierklinge und lege sie vorsichtig auf Wasser! Was geschieht?

3. Nähere ein schwach magnetisiertes Eisenstück langsam einer Magnetnadel so, daß sie abgestoßen wird. Nähere es demselben Pol schnell. Warum kann sie nun angezogen werden?

4. Was geschieht, wenn man in Versuch 268 mit dem Südpol streicht oder in Versuch 270a einen Südpol nähert?

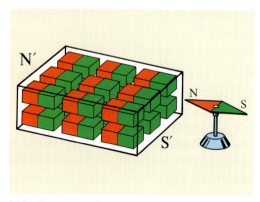

216.1 Der Nordpol N richtet Elementarmagnete aus.

§82 Das magnetische Feld

1. Was überträgt magnetische Kräfte?

Mit gespannten Seilen kannst du Kräfte auf entfernte Körper übertragen und so den Wirkungsbereich deiner Hände erweitern. Wie macht es der Magnet? In seinem Umfeld finden wir solche aus *Materie* bestehende „Hände" oder Seile nicht. Kann er also Kräfte ohne Hilfe und ohne Einfluß materieller Stoffe übertragen, kann er sogar durch materiefreie Räume „hindurchgreifen"?

Versuch 271: Ein Eisenkörper oder eine Magnetnadel hängen unter einer Glasglocke. Sie werden durch das Glas hindurch von einem Magneten angezogen. Nun schieben wir Platten aus Holz oder anderen nicht magnetisierbaren Stoffen dazwischen. Schließlich pumpen wir mit einer Vakuumpumpe die Luft unter der Glasglocke weg. *Die Anziehung bleibt unverändert:* Sie ist von der zwischenliegenden Materie unabhängig und erfolgt auch im leeren Raum, also ohne Materie! Dies gibt dem Raum um einen Magneten eine besondere physikalische Bedeutung; man nennt ihn ein **magnetisches Feld** oder kurz ein **Magnetfeld**. Es unterscheidet sich für unsere Sinne nicht von anderen Räumen; um es zu erforschen, müssen wir *ferromagnetische Testkörper* hineinbringen.

> Das magnetische Feld ist der Wirkungsbereich eines Magneten; dort wirkt er auf ferromagnetische Körper. Magnetfelder gibt es auch im Vakuum.

2. Feldlinien als Denk- und Anschauungshilfe

Versuch 272: a) Eine leichtbewegliche, magnetisierte Stricknadel soll ein Magnetfeld „abtasten". Sie steht, nach *Bild 217.1* in einem Korkstück befestigt, senkrecht zur Wasseroberfläche. Ihr Nordpol N beschreibt als Testkörper im Feld des Stabmagneten N'S' die gestrichelte Bahn von N' nach S'. Längs dieser Bahn erfährt der Nordpol N Kräfte. Wir nennen diese Bahn eine **magnetische Feldlinie.** (Der Südpol S der Nadel ist zu weit entfernt, um merkliche Kräfte zu erfahren.)

b) Nun halten wir den Stabmagneten N'S' unten an die Wanne; jetzt überwiegt die Kraft auf den Südpol S der Nadel. Er wird von S' abgestoßen und zugleich von N' angezogen. Deshalb bewegt sich S ebenfalls auf einer Feldlinie zunächst von S' weg und dann zurück zu N'. Damit wir uns kurz und eindeutig ausdrücken können, versehen wir die Feldlinien durch Pfeile mit einem *Richtungssinn* (*Bild 217.1* und *217.2*).

> Feldlinien geben die Richtung der Kraft an, die ein *Nord*pol erfährt, den man ins Feld bringt. *Süd*pole erfahren Kräfte *gegen* die durch Pfeile gekennzeichnete Feldlinienrichtung.

217.1 Die magnetisierte Stricknadel schwimmt längs einer Feldlinie.

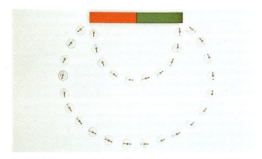

217.2 Magnetnadeln stellen sich längs der Feldlinien ein; siehe auch *Bild 218.1*.

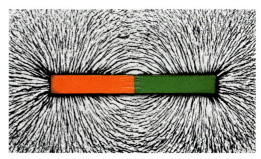

217.3 Eisenfeilspäne zeigen das Feld des Stabmagneten. Wie sind die Feldlinien gerichtet?

Nach dieser *Vereinbarung* weisen die mit Pfeilen versehenen Feldlinien außerhalb des Magneten stets vom Nord- zum Südpol *(Bild 217.2)*. In der Nähe der Pole S' und N' bewegt sich die schwimmende Stricknadel am schnellsten; sie erfährt dort größere Kräfte als weitab von den Polen.

> **Feldlinien zeigen am Nordpol vom Magneten weg. Am Südpol kehren sie wieder zu ihm zurück. Das Feld ist in der Nähe der Pole eines Stabmagneten am stärksten.**

Versuch 273: a) Um den Verlauf der Feldlinien mit einem Blick zu erkennen, bringen wir viele kleine Magnetnadeln in das Feld *(Bild 217.2, 218.1)*. Sie stellen sich nach einigen Schwingungen mit ihren Nordpolen in Richtung der jeweiligen Feldlinie ein.

b) Lege auf einen Magneten ein rauhes Fließpapier, streue Eisenfeilspäne darauf und klopfe! Die Späne ordnen sich längs der Feldlinien kettenförmig an *(Bild 217.3)*; sie werden nämlich vorübergehend zu kleinen Magnetnadeln. Wie bei der Nagelkette (Aufgabe 1, Seite 216) ziehen sich Nord- und Südpole benachbarter Späne an.

c) *Bild 218.1* zeigt das Feld eines Hufeisenmagneten. Zwischen seinen Polen laufen die Feldlinien weitgehend parallel und gerade. Diesen Bereich nennt man **homogen** (gleichartig). Dort zeigen die Nadeln mit ihren Spitzen (N-Pole) einheitlich nach der gleichen Richtung.

Im Feld bewegen sich Magnetpole auf vorgeschriebenen Bahnen, Magnetnadeln ordnen sich nach Plan. Magnetfelder haben also eine *Struktur*, die sie charakterisiert. Diese drücken wir durch das *zeichnerische Hilfsmittel* „Feldlinie" aus. An den Feldlinien können wir die Richtungen der Kräfte auf Magnetpole ablesen.

Versuch 274: a) Tauche den Nordpol eines starken, dünnen Stabmagneten in Eisenfeilspäne! Sie bilden stachelförmige „Bärte", deren Strähnen wie die Feldlinien vom Nordpol *nach allen Seiten* wegstreben. Am Ende dieser Strähnen liegen nämlich Nordpole von Eisenfeilspänen frei (betrachte die Dipolketten in *Bild 215.4*); diese Nordpole erfahren Kräfte in Feldlinienrichtung. Wir sehen: *Feldlinien sind nicht auf eine Ebene beschränkt.*

b) Nähere einen zweiten Nordpol mit dem gleichen Bart! Die Eisenfeilspankketten verdrängen sich gegenseitig *quer* zur Feldlinienrichtung; ihre frei liegenden Nordpole stoßen sich gegenseitig ab. Die Abstoßungskräfte der gleichnamigen Pole spürt man also nicht nur mit der Hand, man kann sie im Feldlinienbild auch am *Parallellauf* ihrer Feldlinien ablesen *(Bild 218.2)*.

c) Nähere die Bärte zweier *entgegengesetzter* Pole! Die Eisenfeilspankketten „suchen" sich längs der Feldlinienrichtung zu verkürzen (an den Enden liegen entgegengesetzte Pole frei). Die Anziehungskraft ungleichnamiger Pole kann man am Feldlinienbild als *Zug* (Verkürzungstendenz) *längs* der Feldlinien ablesen *(Bild 218.3)*. Feldlinien geben also wertvolle Aufschlüsse über die magnetischen Kräfte.

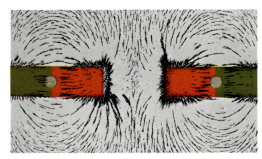

218.2 Die gleichnamigen Pole stoßen sich ab. Die Eisenfeilspankketten „verdrängen" sich gegenseitig.

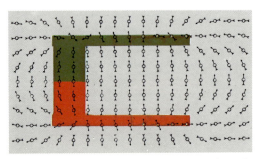

218.1 Feld eines Hufeisenmagneten: Wo ist sein Nordpol?

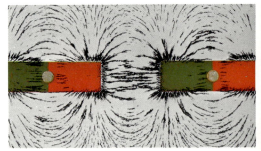

218.3 Ungleichnamige Pole ziehen sich an. Die Eisenfeilspankketten „suchen sich zu verkürzen".

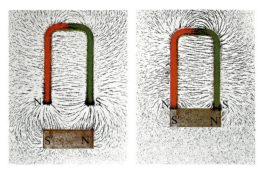

219.1 Der Raum unter dem Weicheisenstück ist vom Feld abgeschirmt; im Feld sitzt Energie!

§83 Die magnetische Stromwirkung

1. Ein Magnet zum Ein- und Ausschalten

Versuch 276: a) Wickle einen 2 m langen, isolierten Kupferdraht auf eine dicke Eisenschraube! Wenn Strom durch den Draht — nicht durch die Schraube — fließt, wird diese magnetisch; sie zieht Nägel an und lenkt eine Kompaßnadel ab: *Der Strom hat „Hände" bekommen!* Schaltet man ihn aus, so bleibt die Schraube noch etwas magnetisch.

b) Nimm die Schraube aus der Spule und schicke wieder Strom durch ihren Kupferdraht! *Auch ohne Eisen wird die Kompaßnadel abgelenkt,* wenn auch schwächer als mit dem Eisenkern. Beim Ausschalten des Stroms verliert die Spule ihren Magnetismus völlig; *er ist ein- und ausschaltbar. Du hast einen Magneten ohne Eisen!*

Der Strom kann also nicht nur Wärme und Knallgas erzeugen; er übt *magnetische Wirkungen* aus, *auch außerhalb seiner Bahn* — er machte z.B. die Schraube magnetisch. Diese magnetische Eigenschaft des Stroms fand 1820 der dänische Physiker *Oersted*.

3. Weicheisen schirmt Magnetfelder ab

Versuch 275: Halte ein Weicheisenstück vor einem Hufeisenmagneten fest und erzeuge nach *Bild 219.1* das Feldlinienbild: Die vom Nordpol N des Hufeisenmagneten ausgehenden Feldlinien verlaufen größtenteils zum Südpol S' im Weicheisen; er ist dort durch Ausrichten der Elementarmagnete vorübergehend entstanden *(Bild 216.1)*. Von N' gehen Feldlinien zurück zu S. Hinter dem Weicheisen ist das Feld weitgehend verschwunden; dort wird eine Magnetnadel nur wenig abgelenkt: *Dieser Bereich ist vor dem Magnetfeld abgeschirmt.* In nicht magnetisierbaren Stoffen (Glas, Holz usw.) entstehen keine Pole; solche Stoffe können deshalb Magnetfelder nicht abschirmen.

4. Im Magnetfeld ist Energie gespeichert

Um Körper zu heben, brauchst du neben der Kraft auch noch **Energie**; sie stammt bei dir aus der Nahrung. Wenn der Magnet nach *Bild 219.1, links* das Eisenstück hochzieht, so ändert sich in seinem Innern, an den Elementarmagneten, aber nichts. Von dort kann also die Energie nicht stammen. Dafür wurde der von Feldlinien und damit vom Magnetfeld erfüllte Raum kleiner *(Bild 219.1, rechts)*. Reißt du das Eisen wieder vom Magneten, so vergrößert sich der felderfüllte Raum. *Dabei speichert er die von dir verrichtete Arbeit als Energie.* Ein mit Magnetfeld erfüllter Raum ist also ähnlich „energiegeladen" wie ein Pulverfaß oder ein Butterpaket. Gilt dies auch für Felder im Vakuum (Versuch 271)? Nun — die Sonne strahlt uns riesige Energiemengen durch weite und völlig leere Räume zu. Dies zeigt, daß Energie nicht an Materie gebunden sein muß; Energie kann auch im leeren Raum vorkommen.

2. Gibt es Magnete ohne Pole?

Versuch 277: Nach *Bild 219.2* steht eine Magnetnadel *unter* einem in Nord-Süd-Richtung ausgespannten Kupferdraht. Wenn ein Gleichstrom (20 A) von links nach rechts fließt, wird der Nordpol der Nadel quer zum Leiter nach hinten abgelenkt. Kehrt man die Stromrichtung um, so wird der Nordpol nach vorne gezogen. — Wir stellen nun die Magnetnadel *über* den Draht; ihr Nordpol zeigt nun nach hinten.

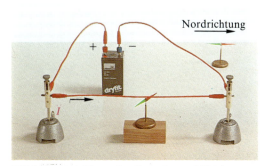

219.2 *Oersteds* Versuch mit modernen Mitteln

220.1 Magnetfeld um einen geraden Leiter

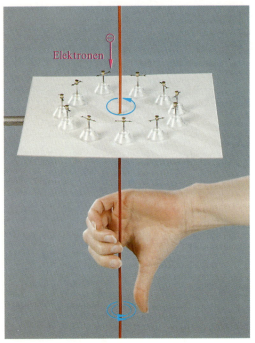

220.2 Linke-Faust-Regel für die Richtung der magnetischen Feldlinien

220.3 Magnetfeld senkrecht zum Leiter ($I \approx 50$ A)

Die Magnetnadel erfährt Kräfte *quer* zum stromdurchflossenen Leiter; er ist von einem *Magnetfeld* umgeben. Dieses Feld beschreiben wir mit Feldlinien:

Versuch 278: a) Wir führen nach *Bild 220.2* den vertikal gestellten stromdurchflossenen Leiter (20 A) durch ein Loch in einem waagerechten Karton und streuen Eisenfeilspäne auf. Wenn wir durch Klopfen die Reibung verkleinern, so ordnen sich die Späne zu Kreisen *(Bild 220.1)*. Ihr gemeinsamer Mittelpunkt liegt im Leiter; sie sind konzentrisch und werden nach außen hin immer undeutlicher; das Feld wird dort schwächer.

b) Wir prüfen, ob die Feldlinien genau senkrecht zur Stromrichtung stehen. Hierzu legen wir unter eine Glasplatte auf dem Projektor einen Kupferdraht und lassen ihn von einem starken Strom (50 A) durchfließen. Die aufgestreuten Eisenfeilspäne stellen sich genau senkrecht zum Leiter ein *(Bild 220.3)*.

> **Der elektrische Strom ist von einem Magnetfeld umgeben. Die magnetischen Feldlinien sind bei einem geraden Leiter konzentrische Kreise, die in Ebenen senkrecht zum Leiter liegen.**

Versuch 279: Wir kehren die Stromrichtung in *Bild 220.2* um: An den Feilspänen ändert sich nichts *(Bild 220.1)*. Doch drehen sich kleine Magnetnadeln, deren Nordpole die Richtung der Feldlinien anzeigen, um 180°. **Also hängt die Feldrichtung von der Stromrichtung ab;** wir merken uns:

> *Linke-Faust-Regel:* **Umfasse den Leiter so mit der linken Faust, daß der abgespreizte Daumen in die Strömungsrichtung der Elektronen (von − nach +) zeigt. Dann geben die gekrümmten Finger die Richtung der magnetischen Feldlinien an.**

An den *Bildern 220.1* und *220.2* fällt auf, daß die Feldlinien weder Anfang (Nordpol beim Stabmagneten) noch Ende (Südpol) haben: Hier liegt ein *Magnetfeld ohne Pole* vor. Man kann also mit Feldlinien die magnetischen Erscheinungen umfassender beschreiben als mit Magnetpolen. Dies wird im folgenden deutlich, wenn wir den aus Versuch 276 bekannten Magnetismus einer Spule genauer untersuchen.

3. Vom Draht zur Spule

In einer Spule erzeugt bereits ein schwacher Batteriestrom starken Magnetismus (Versuch 276). Die Spule besteht aus einem langen Draht, der eng zusammengewickelt ist. Dabei wird auch das Magnetfeld konzentriert; es zeigt zudem Eigenschaften, die wir vom Stabmagneten und von der Kompaßnadel her kennen:

Versuch 280: Wickle einen dünnen Kupferdraht zu einem Kreisring mit etwa 20 Windungen und hänge ihn an dünnen Lamettafäden nach *Bild 221.1* auf! Die Papierbespannung dämpft das Schwingen. Fließt Strom (2 A), so zeigt die eine Seite der Ringfläche (N) nach Norden. Sie wird vom Nordpol eines Dauermagneten abgestoßen, von dessen Südpol angezogen. Diese Seite verhält sich also wie der Nordpol einer Kompaßnadel. Die andere Seite der Kreisfläche verhält sich wie ein Südpol. *Der stromdurchflossene Kreisring ist ein Kompaß!*

221.1 Zu Versuch 280

Du kannst dies mit den Feldlinien, die du vom geraden Leiter her kennst, verstehen: Halte in *Bild 221.1* den Daumen deiner linken Faust an einer beliebigen Stelle des Kreisrings in die Stromrichtung. Die Finger zeigen gemäß *Bild 220.2*, daß die Feldlinien die papierbespannte Ringfläche auf der mit N bezeichneten Seite verlassen. Dies kennst du vom Nordpol eines Stabmagneten. An der anderen Seite treten sie in diese Fläche ein: Dort ist der Südpol.

> **Ein stromdurchflossener Ring verhält sich wie ein kurzer, dicker Stabmagnet. Wo Feldlinien die Ringfläche verlassen, ist der Nordpol.**

221.2 Feld einer stromdurchflossenen Spule

Wir denken uns die Windungen dieses Kreisrings auseinandergezogen; nach *Bild 221.2* entsteht so eine **Spule**.

Versuch 281: Nach *Bild 221.2* ist eine Spule in eine Plexiglasplatte eingelassen; auf ihr zeigen Eisenfeilspäne und Magnetnadeln die Feldlinien. Links weisen die Kompaßnadeln mit ihren Südpolen den Feldlinien entgegen zur Spule hin: Das linke Spulenende entspricht also dem *Nord*pol eines Stabmagneten. Der *Nord*pol der rechten Kompaßnadeln zeigt, daß die Spule rechts einen *Süd*pol hat.

Und zwischen den Windungen? Dort laufen nach *Bild 221.3* die Feldlinien benachbarter Windungen einander entgegen: Die Kräfte auf einen Nordpol heben sich im allgemeinen auf.

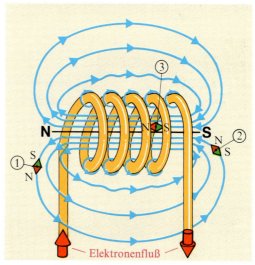

221.3 Feldlinien einer Spule

222.1 Hebemagnet

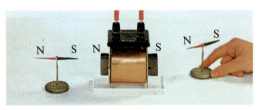

222.2 Zu Versuch 283

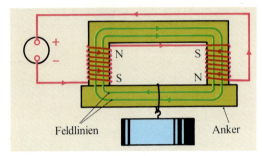

222.3 Zu Versuch 284, Elektromagnet (Prinzip)

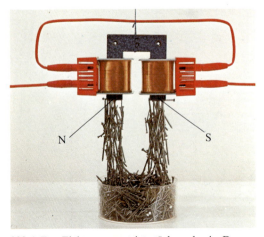

222.4 Der Elektromagnet ist stärker als ein Dauermagnet.

Besonders deutlich ist das Feld im **Innern** der Spule zu erkennen: Die Feldlinien aller Drahtstücke – der oberen wie der unteren, der vorderen wie der hinteren – laufen von rechts nach links. Sie geben dort ein starkes, nach links gerichtetes Feld parallel zur Spulenachse. Es ist **homogen** (Seite 218).

Versuch 282: Schiebe die rechte Nadel (2) entlang einer Feldlinie im Inneren durch die Spule hindurch. Ihr Nordpol zeigt stets den Feldlinienpfeilen entlang nach links (Nadel 3).

4. Der Elektromagnet: Strom erzeugt Kraft!

Versuch 283: a) Nach *Bild 222.2* steht eine Magnetnadel etwa 30 cm entfernt von einer Spule, deren Achse in O-W-Richtung liegt. Schalte den Spulenstrom ein! Die Nadel wird nur wenig abgelenkt. Das vom Strom erzeugte Magnetfeld ist außerhalb der Spule schwach.

b) Schiebe *magnetisch weiches* Eisen ins Innere der Spule! Dann wird die Nadel viel stärker abgelenkt. Das starke Feld im Innern der Spule richtet die Elementarmagnete im Eisen genauso aus wie die kleine Nadel (3) in *Bild 221.3*. Folglich zeigen alle Nordpole der Elementarmagnete zum Spulennordpol und bilden einen starken Stabmagneten. Sein Feld verstärkt das von den Spulendrähten herrührende Feld erheblich.

c) Ohne Strom wird die Nadel nur noch wenig abgelenkt. Im Eisen bleiben einige Elementarmagnete ausgerichtet; sie bilden einen **remanenten Magnetismus** (*remanere, lat.:* zurückbleiben).

d) Ersetze den Weicheisenkern durch hartmagnetisches Material (Stahl)! Das starke Spulenfeld richtet alle Elementarmagnete aus; es magnetisiert viel wirksamer als ein Nordpol, mit dem man eine Stricknadel streicht. Der Stahlstab bleibt auch nach dem Ausschalten des Stroms stark magnetisch: *Er ist ein kräftiger Dauermagnet geworden.*

Versuch 284: Wir wollen einen möglichst starken **Elektromagneten** bauen und beide Pole benutzen. Auf einen dicken, U-förmigen Eisenkern setzen wir zwei Spulen. Sie werden so angeschlossen, daß die eine Spule oben ihren Nord-, die andere ihren Südpol aufweist (Nachprüfung mit Kompaßnadel; verfolge die Windungen in *Bild 222.3*)!

5. Elektromagnete im Haushalt

Versuch 285: Nach *Bild 223.1* wird ein Eisenstück in eine stromdurchflossene Spule gezogen. Wir nehmen an, in der Spule laufen die Feldlinien nach unten; dann entsteht im Eisen durch Drehen der Elementarmagnete unten ein Nordpol N. Er erfährt eine Kraft in Richtung der Feldlinien und wird nach unten gezogen. Der oben entstandene Südpol S ist noch im schwächeren Feld außerhalb der Spule; er wird nicht so stark abgestoßen wie N angezogen. – Versuche das Eisenstück aus der Spule zu ziehen!

Beim **elektrischen Gong** schlägt ein solcher Eisenstab beim Einschalten des Spulenstroms gegen eine klingende Metallplatte. Beim Ausschalten drückt ihn eine Feder wieder zurück; er schlägt auf eine zweite Metallplatte mit anderer Tonhöhe *(Bild 223.2)*. **Elektrische Klingeln** rasseln dagegen ständig:

Versuch 286: Nach *Bild 223.3* ist der lange Eisenstab AD bei D so befestigt, daß er auf und ab schwingen kann. Sein freies Ende A steht über dem Elektromagneten S und wird angezogen, wenn Strom fließt. Dieser Strom fließt über den Stab von D bis zum Kontakt B. Er unterbricht sich bei B selbst, wenn das Stabende A genügend weit nach unten geschwungen ist (der Kontaktstab B federt auch etwas). Dann wird die Spule wieder unmagnetisch; der Stab schwingt zurück und schließt den Kontakt B erneut. Der Elektromagnet bekommt wieder Strom und zieht den Stab an; Schlag folgt auf Schlag!

Sicher hast du schon einmal die *technische Ausführung* einer Klingel gesehen. Dort trägt der Eisenanker den Klöppel, der auf die Glocke schlägt. Der von einer Blattfeder gehaltene Anker kann schnell schwingen und unterbricht dabei wie in Versuch 286 den Strom an einem mitschwingenden Kontakt. – Nach diesem Prinzip der **Selbstunterbrechung** arbeitet auch die **elektrische Hupe.** In ihr ersetzt eine schnell schwingende elastische Stahlmembran den Anker.

Elektrische Uhranlagen haben eine *Zentraluhr* (genaue Pendel- oder Quarzuhr). In ihr wird von einem umlaufenden Rad in jeder Minute kurzzeitig ein Kontakt geschlossen. Er erzeugt einen Stromstoß, der in allen *Nebenuhren* gleichzeitig Elektromagnete durchfließt. Diese lassen über Anker und Zahnräder alle Zeiger gleichzeitig um einen Minutenstrich weiterrücken. Weitere Kontakte an der Zentraluhr können zu festgesetzten Zeiten den Pausengong ertönen lassen.

In **elektrischen Türöffnern** löst der Strom durch einen Elektromagneten eine Verriegelung im Schloß. Dabei hört man ein Summen; man benutzt nämlich Wechselstrom, der die Elementarmagnete ständig umklappt. Doch stört dies die Anziehungskraft nicht; denn der Eisenanker bekommt stets den entgegengesetzten Pol wie der Elektromagnet und wird immer angezogen.

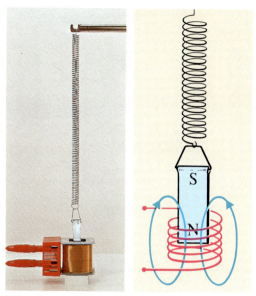

223.1 Zu Versuch 285

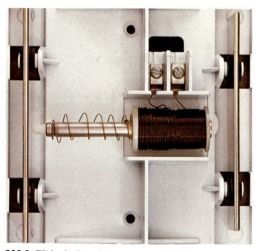

223.2 Elektrischer Gong

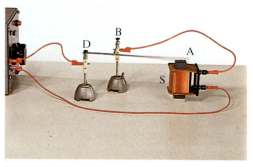

223.3 Modellversuch zur elektrischen Klingel

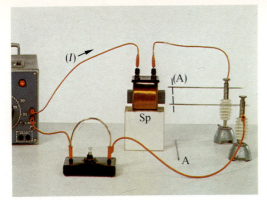

224.1 Bei Kurzschluß fällt die Nadel A herab, der Stromkreis wird unterbrochen.

6. Elektromagnete schützen vor Überlastung

Versuch 287: Nach *Bild 224.1* fließt der Lampenstrom *I* durch die Spule Sp und den Anker A (hier eine Stricknadel, gestrichelt gezeichnet). Zunächst ist der Strom noch nicht so stark, daß der Elektromagnet den Anker von den beiden Stiften, die ihn tragen, wegziehen kann. Dies geschieht erst, wenn man die Lampe kurzschließt oder ihr zu viele Lampen parallel schaltet: *Dann unterbricht der zu stark gewordene Strom sich selbst.* Man muß die Nadel A wieder auf die Stifte legen. Hierzu genügt bei den **Sicherungsautomaten** im Sicherungskasten ein Knopfdruck. Die Sicherung muß nicht — wie eine Schmelzsicherung nach Seite 188 — ausgewechselt werden. Solche *Sicherungsautomaten* schalten den Stromkreis bei erheblichem Überschreiten der Höchststromstärke (z.B. 6 A) sofort aus. Geringere Überschreitungen werden nach längerer Zeit ebenfalls gefährlich. Deshalb enthalten diese Sicherungsautomaten auch noch einen *Bimetallstreifen* nach Bild 188.3.

7. Nicht nur ein Rückblick

Oersted machte 1820 eine zunächst unscheinbare Entdeckung: Ein stromdurchflossener Leiter lenkt eine Magnetnadel in der Nähe ab. Zunächst horchten nur die Physiker auf: Zum ersten Mal war eine *Verbindung von Elektrizität und Magnetismus* gefunden. Weitere Entdeckungen machten diese Verbindung so eng, daß heute der *Magnetismus als Teilgebiet der Elektrizitätslehre* angesehen wird: **Bewegte Ladung und Magnetfeld gehören zusammen!**

Aufgaben

1. *Wie kannst du mit Draht und Kompaßnadel den Pluspol einer Akkubatterie herausfinden?*

2. *Wende die Linke-Faust-Regel auf die Bilder 221.1 bis 221.3, 222.3 und 223.1 an!*

§84 Elektromagnetische Strommesser

1. Das robuste Dreheiseninstrument

Versuch 288: a) Zwei gleich lange Stäbe aus Weicheisen liegen nach *Bild 224.2* in einer etwas geneigten Spule. Wenn durch die Spule Strom fließt, wird jeder Stab zu einem Magneten. Vorn liegen die beiden Südpole und stoßen sich ab, hinten die beiden Nordpole.

b) Wir kehren die Stromrichtung um. Zwar wechseln die Pole, doch bleibt die Abstoßung.

c) Durch die Spule fließt *Wechselstrom;* die Stäbe werden zwar ständig ummagnetisiert; nach (b) bleibt jedoch die Abstoßung bestehen. Man kann mit diesem Aufbau also auch Wechselstrom messen.

In der technischen Ausführung nach *Bild 224.2* wird das Eisenstück a an der Spule befestigt; Eisenstück b ist mit der Drehachse des Zeigers verbunden und wird von a abgestoßen. Dreheiseninstrumente sind robust: Der dicke Spulendraht hält auch Überlastungen stand.

2. Die Rückstellfeder in Meßinstrumenten

Warum haben die meisten elektrischen Meßinstrumente *Federn (Bild 224.2 und 225.2)*?
− Wenn kein Strom fließt, stellt die Feder den Zeiger auf den *Nullpunkt der Skala*.
− Die Feder erzeugt nach dem *Hookeschen Gesetz* wie bei Kraftmessern eine dem Ausschlag proportionale **Rückstellkraft**.

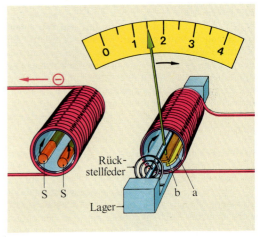

224.2 Dreheiseninstrument

Sie hält der vom Strom erzeugten Kraft das Gleichgewicht, wenn sich der richtige Ausschlag einstellt. Ohne Rückstellkraft würde der Zeiger schon bei schwachen Strömen voll ausschlagen. (Wir können hier auch vom Ausgleich zweier *Drehmomente* sprechen; Seite 40f.)

3. Drehspulinstrumente sind empfindlich

Versuch 289: Das *Prinzip des Drehspulinstruments* zeigt *Bild 225.1*: Eine leichte Spule hängt im Feld eines Hufeisenmagneten zwischen zwei Metallbändchen. Diese leiten den zu messenden Strom durch die Spule; zudem erzeugen sie die nach *Ziffer 2* nötige Rückstellkraft. Fließt Strom, so verhält sich die Spule wie ein Stabmagnet. In *Bild 225.1* liegt ihr Nordpol vorn; er wird nach links zum Südpol des Hufeisenmagneten gezogen. Die Spule und der an ihr befestigte Zeiger drehen sich und verdrillen die Aufhängebändchen, bis Gleichgewicht eintritt (Ziffer 2).

Kehrt man die *Stromrichtung* um, so werden die Pole der Drehspule, nicht aber die des Dauermagneten, vertauscht: Die Spule dreht sich nach der anderen Seite. Fließt *Wechselstrom*, dann zittert der Zeiger kaum merklich um die Ruhelage. Um ihn zu messen, wandelt man ihn in Gleichstrom um (Seite 180).

In der *technischen Ausführung (Bild 225.2)* sitzt die Spule auf einer Achse; sie lagert an den Enden mit zwei feinen Spitzen in Pfannen. Zwei *Spiralfedern* führen der Spule den Strom zu (etwa 1 mA) und erzeugen zudem die nach Ziffer 2 nötige *Rückstellkraft*. Auf Seite 205 wurde geklärt, wie man den *Meßbereich* von etwa 1 mA auf viele Ampere erweitern kann.

Wir stellen **Regeln für den Umgang mit Strommessern** zusammen (siehe *Bild 225.3*):

a) Stelle zunächst den höchsten Meßbereich ein!
b) Ist auf Wechsel- oder Gleichstrom eingestellt?
c) Bei Gleichstrom muß die mit + bezeichnete Buchse zum Pluspol der Stromquelle hin angeschlossen werden. **Schalte den Strommesser nie allein zwischen die Pole einer Stromquelle, sondern in Reihe mit den Geräten, deren Strom zu messen ist! Erniedrige vorsichtig den Meßbereich!**
d) Prüfe die Null-Einstellung und blicke senkrecht auf die Skala (Spiegelunterlegung beachten)!
e) Behalte den Zeiger im Auge und schalte sofort aus, wenn er nach links oder über den Vollausschlag hinausgeht!

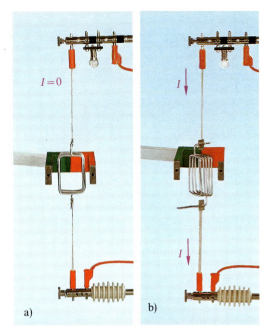

225.1 Versuch zum Drehspulinstrument

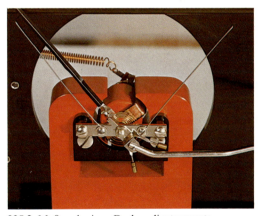

225.2 Meßwerk eines Drehspulinstruments

225.3 Drehspulinstrument

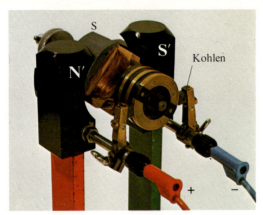

226.1 Experimentiermotor mit Doppel-T-Anker; man kann den Hufeisenmagneten für Wechselstrombetrieb durch einen Elektromagneten ersetzen.

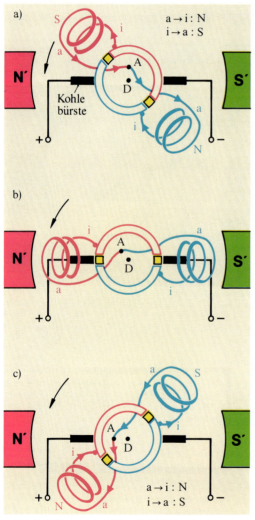

226.2 3 Stellungen des Doppel-T-Ankers

§85 Der Elektromotor

In Elektromagneten hat der Strom „starke Hände" bekommen. Kann man mit solchen Magneten eine ständige Rotation erzeugen? Einen bescheidenen Anfang zeigt das Modell des *Drehspulinstruments* (Seite 225). Der Nordpol N seiner stromdurchflossenen Drehspule wird zum Südpol S′ des feststehenden Dauermagneten gezogen. Dreht sich dann die Spule mit *Schwung* ein kleines Stück weiter, so wird sie zurückgezogen und in diesem **Totpunkt** festgehalten; die Drehung ist also schnell zu Ende!

Im Motor hilft ein Kunstgriff weiter: *Man wechselt im Totpunkt die Stromrichtung in der Drehspule und damit auch deren Magnetpole;* dann stehen sich plötzlich zwei gleichnamige Pole gegenüber. Ihre Abstoßungskraft setzt – zusammen mit dem Schwung der bisherigen Bewegung – die Rotation fort. Im nächsten Totpunkt muß man dann die Stromrichtung wieder umpolen.

Die in jedem Totpunkt nötigen Umpolungen führt der rotierende Elektromagnet – Anker genannt – selbst aus: In *Bild 226.1* und *226.2* besteht er aus zwei Spulen mit je einem T-förmigen Eisenkern; es ist ein **Doppel-T-Anker.** Der Innenanschluß i der blauen Spule liegt ständig am blau gezeichneten Halbring des **Kommutators** (Stromwenders). Dieser rotiert mit dem Anker, genauso wie der rote Halbring, der zum Innenanschluß i der roten Spule führt. Die beiden Außenanschlüsse a sind bei A miteinander verbunden. *Jede Spule ist so gewickelt, daß sie außen ihren Nordpol N hat, wenn sie von a nach i durchflossen wird* (a→i: N); *sonst hat sie außen den Südpol* (i→a: S). – Zeichne die feststehenden schwarzen Teile (Dauermagnet und Kohlen; **Stator** genannt) auf eine durchsichtige Folie, desgleichen die rotierenden Teile (Spulen mit Halbringen, **Rotor** genannt) auf eine zweite! Drehe den Rotor gegen den Stator um einen Reißnagel als Achse D! Bild 226.2 zeigt 3 Stellungen:

In *Bild 226.2a* fließen Elektronen vom Minuspol über die rechte feststehende Schleifkohle („**Kohlebürste**") dem roten Halbring zu. Die rote Spule wird von i nach a (außen S), die blaue von a nach i (außen N) durchflossen. N wird zum Südpol S′ des feststehenden Magneten, S zu dessen Nordpol N′ gezogen. Der Motor läuft gegen den Uhrzeigersinn.

Bild 226.2b zeigt das *Umpolen im Totpunkt.* Dabei wechselt jeder Halbring des Kommutators zur anderen Schleifkohle über. Deshalb ändert der Strom in den Spulen seine Richtung und dadurch die Polung der rotierenden Magnete. Für kurze Zeit ist der Strom wegen der gelb gezeichneten Isolierstücke zwischen den Halbringen unterbrochen. Sonst entstünde ein Kurzschluß. Wegen seines Schwungs erreicht der Anker die Lage von *Bild 226.2c:*

Nach der Umpolung (Bild 226.2c) fließt der Strom vom Minuspol über den blauen Halbring durch die blaue Spule von i nach a (außen S). Die rote Spule wird von a nach i durchflossen (außen N). Durch Abstoßung setzt sich die Rotation fort. Steht der Motor zu Beginn nach *Bild 226.2b* zufällig im Totpunkt, so erhält er keinen Strom und läuft nicht an; man muß ihn anstoßen! Um dies zu vermeiden, gibt man dem rotierenden Anker mehrere Wicklungen, die gegeneinander um gleiche Winkel versetzt sind. Auch der Kommutator wird unterteilt: *Bild 227.1* zeigt einen *Spielzeugmotor* mit 3 Wicklungen *(3-T-Anker)* und 3 Sektoren des Kommutators. Bei den Motoren üblicher Elektrogeräte hat man noch mehr Wicklungen in den Anker eingebaut *(Bild 227.4);* aus entsprechend vielen Sektoren besteht natürlich der Kommutator. Solche Anker nennt man **Trommelanker.**

Versuch 290: a) Entferne den Dauermagneten aus dem Motor nach *Bild 227.1* und schicke Strom durch den Anker! Eine Kompaßnadel zeigt, daß die jeweils links liegenden Wicklungen außen Nordpole, die rechts liegenden Südpole haben.

b) Baue den Dauermagneten so ein, daß er oben den Südpol S' hat. Der Anker ändert seinen Drehsinn.

c) Pole dann die Stromrichtung um! Auch dabei ändert sich der Drehsinn. Er bleibt jedoch erhalten, wenn man Strom *und* Dauermagnet umpolt.

In größeren Motoren ist der Dauermagnet des Stators (unbeweglicher Teil) durch stärkere Elektromagnete ersetzt. Sie sind ins Gehäuse eingearbeitet (rote Wicklung in *Bild 227.3).* Ändert man die Polung an der Batterie, so werden sowohl die Pole des Stators als auch die des Ankers vertauscht. Der Drehsinn bleibt erhalten (Versuch 290c). Solche Motoren laufen deshalb auch mit Wechselstrom; es sind **Allstrommotoren.**

Aufgabe

a) Ermittle die Magnetpole der Spulen in Bild 226.2a aus ihrem Wicklungssinn (dick gezeichnete Drahtstücke sind vorn)! – *b)* Warum benutzt man Kohlen und nicht Metallkontakte zur Stromzufuhr?

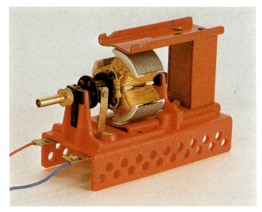

227.1 3-T-Anker im Spielzeugmotor

227.2 Allstrommotor

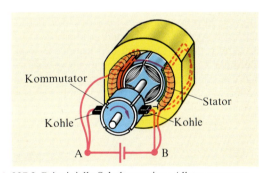

227.3 Prinzipielle Schaltung eines Allstrommotors

227.4 Trommelanker

Einfache lineare Bewegungen

§ 86 Bewegungen in ihrem Bezugssystem

1. Objektive Zeugen, die sich widersprechen?

Die Mechanik handelt von *Bewegungen*. Dabei gibt es Überraschungen: *Bild 228.1* und *228.2* zeigen das gleiche Rad, das ein reflektierendes Katzenauge trägt. Woher rührt der Unterschied? Beim linken Bild stand der Fotoapparat auf der Straße bei länger geöffnetem Verschluß still. Deshalb ist der Hintergrund scharf. Die Bewegung des Katzenauges wurde in bezug auf diesen Standpunkt als langgezogene Kurve auf den Film gezeichnet. Den *Kreis* in *Bild 228.2* lieferte dagegen ein Apparat, der mit dem Rad mitbewegt worden ist. Er stellt ein anderes **Bezugssystem** dar. *Von ihm aus sieht derselbe Vorgang anders aus.*

Bild 229.1 löst den Widerspruch; es zeigt ein Rad, das über den Tisch rollt. Die Achse, ein Punkt des Umfangs und der sie verbindende Radius sind hervorgehoben. Das Rad wurde während des Rollens in gleichen Zeitabständen durch verschiedenfarbige Lampen angeblitzt. Der Fotoapparat war relativ zum Tisch in Ruhe. In seinem ruhenden Bezugssystem bewegte sich die *Achse* des Rades geradlinig von Blitz zu Blitz um das gleiche Stück weiter (für den mitbewegten Apparat gab es diese Weiterbewegung nicht). Der von der Radachse wegführende Radius zeigt, wie sich das Rad zusätzlich um seine Achse um jeweils gleiche Winkel weitergedreht hat. So entwickelt sich aus der Kreisbewegung widerspruchslos die langgestreckte **Radlinie**, auch *Zykloide* genannt.

Diese Bilder verdeutlichen das Abrollen eines Rades auf der Straße. Der Radpunkt, der die Straße berührt, ist — relativ zu ihr — für einen Augenblick in Ruhe. Das Rad gleitet nicht, es hat festen Kontakt mit der Straße. Im nächsten Augenblick bewegt sich dieser Punkt nach oben, nicht nach hinten. Wir kommen hierauf zurück, wenn wir den Antrieb und das Bremsen von Fahrzeugen betrachten.

2. Umdenken fällt schwer

Bei der Aufnahme von *Bild 229.2* stand der Fotoapparat ruhig auf dem Boden. Sein Verschluß war 8 h lang geöffnet. Die kreisförmigen Linien wurden von Fixsternen gezeichnet. Am nächsten Abend stehen sie an gleicher Stelle.

Früher glaubte man, die Sterne wären an kristallene Himmelskugeln geheftet und würden sich in einem Tag einmal um die ruhende Erde drehen. Es dauerte Jahrhunderte, bis sich die Menschheit von diesem Bezugssystem Erde lösen konnte. Am Globus demonstriert man heute leicht, daß sich dagegen die Erde dreht. Aber erst Astronauten sahen dies unmittelbar vom Mond aus. Die Erdachse spielt bei diesem Umdenken eine ähnlich wichtige Rolle wie eine Radachse; denn ihre Punkte nehmen an der *Rotation* nicht teil, nur an der Weiterbewegung der Erde um die Sonne. Aber auch der Mond stellt kein ruhendes Bezugssystem dar. Er läuft in 27 Tagen um die Erde und mit der Erde um die Sonne. Auch diese steht nicht still, sondern kreist um das Zentrum der Milchstraße, und diese bewegt sich im Weltraum — relativ zu anderen Milchstraßen. In ihnen sind Milliarden von Sonnen (Fixsternen) angehäuft; wegen der großen Entfernung sehen wir sie als *Sternnebel*.

228.1 Radlinie im Bezugssystem „Straße"; der Radfahrer wurde am Schluß noch geblitzt.

228.2 Bezugssystem „Radfahrer". Der Hintergrund ist unscharf — wie bei Fotos von Autorennen.

3. Ein Problem wird durch Übereinkunft gelöst

Wie unterscheiden sich also Ruhe und Bewegung voneinander? Kann man überhaupt ein *absolut ruhendes Bezugssystem* finden? Astronomen und Physiker verneinen dies heute. Denken wir nach diesem Exkurs ins All an Situationen, die wir täglich erleben können: Sie warten im Zug auf die Abfahrt. Durch das Fenster sehen Sie, daß der Nachbarzug abfährt. Oder bleibt er am Bahnsteig zurück, und ist Ihr Zug abgefahren? Blicken Sie auf den Bahnsteig, auf Gegenstände, die mit der Erde verbunden sind! Da Sie relativ zu diesen verreisen wollen, benutzen Sie die Erdoberfläche als Bezugssystem. Dem schließen wir uns auch in der Physik an. Verwenden wir ein anderes Bezugssystem, so sagen wir dies ausdrücklich.

229.2 Zirkumpolarsterne umkreisen den Himmelspol.

> **Bewegungen beschreibt man als Ortsveränderungen gegenüber einem Bezugssystem. Findet ihm gegenüber keine Ortsveränderung statt, so spricht man von Ruhe gegenüber diesem System. Vorläufig benutzen wir die Erdoberfläche als bequemes Bezugssystem.**

4. Koordinaten geben den Standpunkt an

Wenn Sie die Radlinie in Bild 228.1 Punkt für Punkt ausmessen wollen, so legen Sie durchsichtiges Millimeterpapier darüber und tragen eine *x*- und eine *y*-Achse ein. Die einzelnen Radpunkte werden dann durch die *x*- und *y*-Koordinate gegenüber dem Ursprung dieses Systems, also durch 2 Koordinaten, gekennzeichnet. Diese Bewegung ist eben und *zweidimensional.* — Auf der Erdoberfläche benutzt man das vom Globus her bekannte Gradnetz, d.h. die geographische Breite (Winkel zum Äquator) und die geographische Länge (Winkel zum Nullmeridian durch Greenwich). Die Höhe eines Berges wird dann noch als 3. Koordinate hinzugefügt. Im Raum braucht man drei Koordinaten — er ist *dreidimensional.* Die Kilometermarken auf Autobahnen, längs Flüssen oder Eisenbahnlinien legen die Orte von Unfällen oder liegengebliebenen Fahrzeugen durch nur 1 Koordinate, also *eindimensional,* fest.

Aufgaben

1. *a) Wie schnell bewegen sich die oberen Punkte der Radlinie in Bild 229.1 gegenüber der Radachse? Versuchen Sie dies durch Einzeichnen eines Raddurchmessers zu begründen!
b) Sie blicken vom fahrenden Rad auf das Ventil Ihres Vorderrades, wenn dieses gerade im tiefsten Punkt ist. Welche Bewegung führt es in Ihrem System aus, welche der Radweg, welche die Radachse?*

2. *Skizzieren Sie die Radlinie eines rollenden Rades von $r = 2{,}0$ cm Radius! Berechnen Sie zunächst ihre Höhe und den Abstand ihrer Spitzen!*

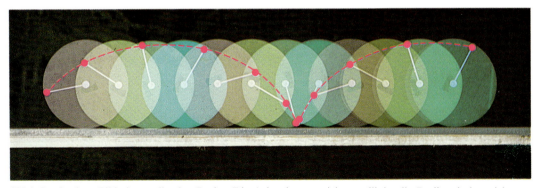

229.1 Stroboskop-Bild eines rollenden Rades. Die Achse bewegt sich geradlinig, die Radien drehen sich von Blitz zu Blitz um gleiche Winkel.

§ 87 Der Trägheitssatz im Inertialsystem

1. Haben Sie schon eine Kraft gesehen?

Wohl kaum! Man erkennt nur die *Wirkungen* von Kräften aller Art auf Körper. Welche sind dies?

Versuch 291: Wir legen auf den Projektor eine Kugel. Bleibt sie in Ruhe? Wenn sie in Bewegung kommt oder gar beschleunigt weiterrollt, so suchen wir — durch vielfältige Erfahrung belehrt — nach einer *Ursache*, nämlich der Einwirkung anderer Körper. Wir suchen nach einem Luftzug, der Anziehung eines versteckten Magneten oder nach einer Neigung der Unterlage. All diese Ursachen können allerdings auch noch andere Folgen haben: Sie können eine Feder, mit der wir die Kugel festhalten, verformen. *Wir nennen solche äußeren Einwirkungen auf die Kugel und die Feder „Kraft".* Dabei sehen wir nur die Wirkungen der Kraft, nicht diese selbst.

> Um einen Körper in Bewegung zu setzen, ihn weiter zu beschleunigen oder um ihn zu verformen, müssen andere Körper auf ihn einwirken; man sagt, diese üben eine Kraft auf ihn aus.

2. Gedanken beim Boccia-Spiel

Mit Spannung verfolgen Sie, wie Ihre Boccia-Kugel über den Rasen rollt. Wenn sie von ihrer Richtung abweicht oder gar zu früh zum Halten kommt, so machen Sie dafür den Rasen verantwortlich. Seine zahlreichen Unebenheiten ändern den *Bewegungszustand* der Kugel. Und wenn diese äußeren Einflüsse fehlen? Können Sie sich vorstellen, die Kugel würde dann, ganz allein auf sich gestellt, überhaupt nicht mehr anhalten? Wohl kaum — genau so wenig wie sich dies die Naturforscher vor *Galilei* (um 1630) denken konnten. Haben Sie aber schon einmal eine Kugel auf einer spiegelglatten Eis- oder Glasfläche beobachtet? Sie rollt kerzengerade weiter und wird nur allmählich langsamer. Denn hier fehlen Einwirkungen von außen weitgehend. Wenn gar ein *Erdsatellit* in seine Umlaufbahn im (fast) luftleeren Raum gebracht ist, braucht er keinen weiteren Antrieb mehr. Äußere Kräfte, die ihn abbremsen könnten, fehlen weitgehend. Er bleibt deshalb von sich aus über Jahre hinweg (fast) gleich schnell, die Erdanziehung hält ihn bei der Erde. Boccia im freien Weltraum wäre also wenig sinnvoll. Können wir uns auch im Laboratorium an solche Weltraumzustände herantasten?

Versuch 292: a) *Bild 230.1* zeigt Stroboskop-Bilder von drei Kugeln. Sie wurden gleichzeitig angestoßen; *oben*: auf einer waagerechten Glasplatte, *in der Mitte*: auf Seide, *unten*: auf einem Velours-Teppich. Oben sind die den Bewegungszustand ändernden äußeren Einflüsse — Kräfte genannt — fast unmerklich.

b) Nun vermeiden wir — wie bei einer magnetisch gehaltenen Schwebebahn oder einem Luftkissenboot — ein Berühren mit der Unterlage. Wir lassen eine Scheibe (Puck) auf einem Luftkissen schweben, indem wir durch viele kleine Löcher in der Unterlage (weiße Punkte in *Bild 230.2*) Luft unter die Scheibe blasen. Das Stroboskop-Bild zeigt:

— Die angestoßene Scheibe fährt geradlinig weiter, in ihrer Bewegungs*richtung* verharrend.

— Die Scheibe legt in gleichen Zeiten gleichlange Wegstrecken zurück. Sie wird also von sich aus *weder schneller noch langsamer*.

230.1 Stroboskop-Aufnahmen rollender Kugeln

230.2 Ein Puck auf der Luftkissenplatte

Man sagt, die Scheibe behalte ihren **Bewegungszustand** nach Richtung und Schnelligkeit bei. Da es vom Bezugssystem abhängt, ob man einen Körper als ruhend oder als bewegt ansieht, unterscheiden wir zwischen Ruhe und Bewegung nicht, sondern achten nur auf die *Änderung dieses Bewegungszustands*. Dann können wir den **Trägheitssatz** im Sinne von *Isaak Newton* als das **1. Grundgesetz der Mechanik** aussprechen:

> **Alle Körper behalten ihren Bewegungszustand bei, wenn dieser nicht von außen durch Kräfte geändert wird:** *Körper sind träge.*
>
> *Umkehrung:* Wenn ein Körper seinen Bewegungszustand (Richtung bzw. Schnelligkeit) ändert, so wird dies durch andere Körper, also durch Kräfte von außen, erzwungen.

3. Was hält den Apfel am Baum?

Kehren wir zur Kugel auf dem Projektor zurück (Versuch 291). Haben wir nicht übersehen, daß sie von der Erde angezogen wird, also eine Gewichtskraft erfährt? Sie werden sagen, die Unterlage hindere die Kugel am Fallen. Wir wollen dies physikalisch verstehen und hängen dazu einen Apfel an einen Kraftmesser (*Bild 231.2a*). Seine Feder wird verlängert und übt auf den Apfel eine Kraft $\vec{F}_1$ nach oben aus (der Pfeil über dem Buchstaben weist darauf hin, daß Kräfte eine Richtung haben; Seite 251). Wie wir von Seite 22 und 23 wissen, hält $\vec{F}_1$ der Gewichtskraft $\vec{G}$ des ruhenden Apfels das **Gleichgewicht**; er bleibt in Ruhe. Die beiden gleich großen, entgegengesetzt gerichteten Kräfte wirken auf den Bewegungszustand insgesamt wie keine Kraft. Man sagt, die **Resultierende** dieser Kräfte $\vec{F}_1$ und $\vec{G}$ ist Null. Natürlich sind diese beiden Kräfte nicht verschwunden. Eine hängende Seifenblase ist deshalb etwas in die Länge gezogen: Ihre Gewichtskraft zieht nach unten, die Haltekraft der Aufhängung nach oben.

In *Bild 231.2b* wird der Tannenzweig durch die Gewichtskraft des schweren Apfels verbogen. Solange der Zweig nicht bricht, wird in ihm – wie in der Feder des Kraftmessers – eine elastische Kraft $\vec{F}_1$ geweckt. Sie wirkt auf den Apfel nach oben zurück und hält seiner Gewichtskraft $\vec{G}$ das Gleichgewicht. Wir spüren diese nach oben gerichtete Kraft $\vec{F}_1$, wenn wir den Zweig ohne Apfel nach unten biegen.

231.1 Im Aufzug herrscht nicht immer Gleichgewicht.

4. Kräftegleichgewicht – aber keine Ruhe!

Versuch 293: Ein Wägestück hängt an einem Kraftmesser und wird von einem Motor an die Decke gezogen. Was zeigt der Kraftmesser?

a) Beim *Anfahren* zieht der Motor stärker nach oben als in Ruhe. Das Kräftegleichgewicht ist so gestört, daß K nach oben beschleunigt wird. Im Aufzug wirkt auf Sie eine Zusatzkraft nach oben, wenn er nach oben anfährt und Sie dabei aus der Ruhe in Bewegung setzt, das heißt beschleunigt (*Bild 231.1*).

b) Während der *gleichmäßigen Fahrt* dagegen hält der Motor nur der Gewichtskraft G des Wägestücks das *Gleichgewicht*. Doch kommt dieses nicht etwa zu Ruhe; es bewegt sich *gleichförmig* weiter. Im Aufzug spüren Sie auch nur die gleiche Kraft in den Beinen wie beim ruhigen Stehen; das Fahren merken Sie nicht!

c) Wenn dann oben der Motor kurzzeitig etwas schwächer zieht, überwiegt die Gewichtskraft und bremst ab. Das Gleichgewicht ist gestört. Im Aufzug spüren Sie eine angenehme Entlastung in den Beinen. Ein Teil Ihrer Gewichtskraft bremst Sie nämlich ab und belastet deshalb Ihre Beine kurzzeitig nicht.

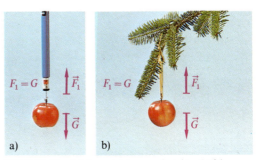

231.2 Kräftegleichgewicht am ruhenden Apfel

232.1 Mopeds sind nicht immer im Gleichgewicht.

5. Warum ist Ihr Moped so langsam?

Warum wird Ihr Moped nicht schneller als 40 km/h? Am Motor allein kann es nicht liegen; aufgebockt treibt er das Rad viel schneller an. Beim Fahren jedoch bekommt seine Kraft — es sind vielleicht 50 N — einen widerstrebenden Gegner, die Luftwiderstandskraft. Diese spüren Sie als Kraft gegen die Fahrtrichtung und wissen, daß sie mit der Geschwindigkeit schnell ansteigt. Bei 40 km/h ist sie so groß geworden wie die Motorkraft, also auch 50 N. Dann besteht Kräftegleichgewicht.

Wenn Sie Gas wegnehmen, sinkt die Motorkraft vielleicht auf 12 N. Zunächst überwiegt noch die Kraft des Luftwiderstands (50 N) und verzögert die Fahrt. Doch nimmt auch der Luftwiderstand mit sinkender Geschwindigkeit ab und ist vielleicht bei 20 km/h auch auf 12 N gesunken. Dann besteht wieder Kräftegleichgewicht; Sie fahren mit 20 km/h gleichförmig weiter.

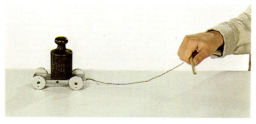

232.2 Gelingt der Abschleppversuch?

> Besteht Kräftegleichgewicht an einem Körper, so ist an ihm die resultierende Kraft Null. Er bleibt in Ruhe oder behält Bewegungsrichtung und Schnelligkeit bei, ändert also seinen Bewegungszustand nicht. Dieser läßt sich nur durch Kräfte ändern, die nicht im Gleichgewicht sind, deren Resultierende nicht Null ist.

6. Trägheit schmerzt oft mehr als Schwere

Eine Boccia-Kugel können Sie ruhig auf Ihren Zehen jonglieren und dabei der Gewichtskraft das Gleichgewicht halten. Zum Wegkicken der gleichen Kugel brauchen Sie aber so große Kräfte, daß die Zehen schmerzen! Dabei ist die Kugel nicht etwa schwerer geworden. Sie zeigt eine weitere Eigenschaft, ihre **Trägheit**. Diese sollte von Autofahrern beim Abschleppen beachtet werden: Das Abschleppseil reißt wegen der Trägheit, nicht wegen der Gewichtskraft des abzuschleppenden Wagens:

Versuch 294: Wir wollen einen Wagen an einem Faden abschleppen, der die Gewichtskraft des Wagens gut aushält (*Bild 232.2*). Trotzdem reißt der Faden, wenn wir an ihm ruckartig ziehen. Die Kraft, die zum schnellen Beschleunigen eines Körpers nötig ist, kann also viel größer als dessen Gewichtskraft sein. Diese Kraft hängt mit dem Trägsein des Körpers zusammen; das *Trägsein* ist vom *Schwersein* wohl zu unterscheiden:

Versuch 295: Nach *Bild 233.2* hängt ein Metallstück zwischen zwei Fäden. Ziehen wir am Handgriff A *langsam,* reißt der obere Faden. An ihm addiert sich zur Zugkraft die gleichgerichtete Gewichtskraft des Metallstücks. — Wenn wir dagegen *ruckartig* ziehen, reißt der untere Faden. Bevor der obere reißen würde, müßte er etwas verlängert, das Metallstück also ruckartig nach unten beschleunigt werden. Wegen seiner Trägheit braucht man hierzu eine große Kraft. Diese Kraft kann der untere Faden nicht übertragen und reißt. Der obere Faden wurde also durch die Trägheit des Metallstücks — und nicht durch dessen Gewichtskraft — vor dem Reißen bewahrt.

Bei solchen Versuchen reißt der Faden, gleichgültig, nach welcher Richtung man den Körper beschleunigen will. Das Trägsein ist also nicht an die stets nach unten gerichtete Gewichtskraft gebunden; es tritt auch dort im Weltraum auf, wo die Körper keine Gewichtskräfte erfahren. Auch dort brauchen Raketen zum Schnellerwerden wie zum Abbremsen die Kraft ihrer Triebwerke.

Man beachte: Das Trägsein eines Körpers ist nicht etwa eine ihm innewohnende Kraft. Von sich aus verharrt er ja im jeweiligen Bewegungszustand. Nur eine *Kraft von außen* kann seinen Bewegungszustand *ändern*; er wird beschleunigt oder abgebremst. Dies versteht man unter der Trägheit des Körpers.

7. Ausnahmen vom Trägheitssatz?

Sie sitzen im Speisewagen des D-Zugs und stellen ein 5-DM-Stück in Fahrtrichtung so auf seine Kante, daß es von Ihnen wegrollen kann. Solange der Zug gleichmäßig geradeaus fährt, bleibt es in Ruhe. Sie sehen also vom Fahren ab und sagen, in Ihrem Bezugssystem gelte der Trägheitssatz. Aber auch ein Beobachter, der durch das Fenster vom Bezugssystem Erde aus zuschaut, hält in seinem System den Trägheitssatz für richtig. *Bild 233.3a* zeigt: Für die Frau am Bahndamm bewegt sich das Geldstück zwar sehr schnell, ändert seinen Bewegungszustand aber auch nicht. In beiden Beobachter-Systemen gilt der Trägheitssatz. Man nennt jedes von ihnen ein **Inertialsystem** (inertia, lat.: Trägheit).

Nun bremse der Zug etwas ab, ohne daß es Ihnen bewußt wird. Das „träge" Geldstück fährt aber mit der vorangehenden Schnelligkeit weiter (wer sollte es schon bremsen); es rollt von Ihnen weg — wie von Geisterhand gezogen. Da Sie mit bestem Willen keine auf das Geldstück in Fahrtrichtung wirkende Kraft finden, zweifeln Sie mit Recht am Trägheitssatz. Dies gilt auch für das schnelle Anfahren (Geldstück bleibt zurück; *Bild 233.3b*) oder das Fahren in einer nicht überhöhten Kurve (es fällt um).

Der Trägheitssatz gilt nicht für den Mann in *Bild 233.1*. Er wechselt sein Bezugssystem abrupt von schneller Fahrt mit Rad zu sanfter Ruhe am Boden. In beiden Zuständen ist er in einem Inertialsystem.

> **Nur für Beobachter in Inertialsystemen gilt der Trägheitssatz. Für sie werden alle Änderungen des Bewegungszustands von Körpern durch Einwirkungen von außen, Kräfte genannt, verursacht.**

Die Erde und alle relativ zu ihr gleichförmig und geradlinig bewegten Bezugssysteme, etwa ein Zug, der gleichmäßig geradeaus fährt, können als Inertialsysteme angesehen werden. Abweichungen wegen der Erddrehung sind für uns unmerklich. Ein noch besseres Inertialsystem stellt die Sonne oder die Gesamtheit des Fixsternhimmels dar.

233.1 Der Wechsel des Bezugssystems will wohlüberlegt sein!

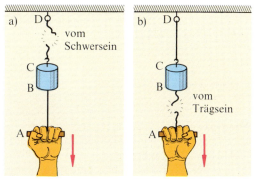

233.2 Der linke Riß kommt vom Schwersein, der rechte dagegen vom Trägsein.

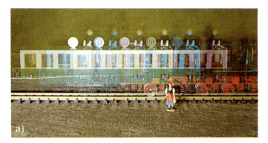

233.3 Das Stroboskop-Foto erzählt die Geschichte vom 5-DM-Stück im Bezugssystem „Zug".

§ 88 Gleichförmige Bewegungen

1. Keine Angst vor Differenzen!

Bei einer monotonen Autobahnfahrt sitzen Sie hinten im Bus. Fährt er gleichförmig oder wird er schneller? Alle 500 m sehen Sie auf Kilometersteinen Zahlen wie 73; 73,5; 74..... Der Ausgangspunkt dieser Streckenangaben ist für Ihr Problem belanglos. Sie brauchen nur die Weg-Zunahmen $\Delta s = s_2 - s_1 = s_3 - s_2 = 0{,}5$ km (s bedeutet Strecke; *Bild 234.1*). Die Differenzbildung wird durch Δ (Delta), das große griechische D, gekennzeichnet. – Beim Vorbeifahren an diesen Marken zeigt Ihre Uhr $t_1 = 9^{\text{h}} 17^{\text{min}} 10^{\text{s}}$, $t_2 = 9^{\text{h}} 17^{\text{min}} 40^{\text{s}}$, $t_3 = \ldots$ an. Wieder brauchen Sie nur Differenzen, z.B. $\Delta t = t_2 - t_1 = 30$ s; diese liefert Ihre Stoppuhr unmittelbar. *Bei gleichförmiger Fahrt sind die Zeitabschnitte Δt für gleiche Strecken Δs gleich.*

2. Jedes Tempo hat sein Maß

Versuch 296: a) Auf einer genau waagerechten Bahn steht ein leicht beweglicher Wagen. Seine Räder sind fast reibungsfrei gelagert. Wir stoßen ihn an und überlassen ihn dann sich selbst. Infolge des unvermeidlichen Luftwiderstands und der Reibung wird er langsamer. Um diese der Bewegung entgegengesetzt gerichteten Kräfte durch eine Kraft in der Fahrtrichtung auszugleichen, neigen wir die Bahn leicht. Ist dieser *Reibungsausgleich* richtig gewählt, so wird der angestoßene Wagen weder schneller noch langsamer (Seite 232). Ob uns dabei der Augenschein nicht trügt, wollen wir nun genauer nachprüfen:

b) Parallel zur Fahrbahnschiene ist nach *Bild 234.2* ein Papierstreifen ausgespannt. Ihm wurde eine dünne Metallschicht (meist Zink) aufgedampft. Der fahrende Wagen zieht eine feine Spitze darüber. Ein Zeitmarkengeber ZMG legt zwischen Metallpapier und Spitze sehr kurze Spannungsstöße (etwa 35 V) in konstanten Zeitabständen Δt, z.B. alle 0,10 s. Der kurzzeitig fließende Strom verdampft die Metallschicht auf dem Papier unter Funkenbildung und erzeugt so schwarze Punkte als *Brandmarken*. Wenn ihre Abstände Δs gleich groß sind, ist die Bewegung gleichförmig. Andernfalls korrigieren wir den Reibungsausgleich.

c) Wir ernennen nun eine der Brandmarken zum Anfangspunkt O der Weg- und Zeitmessungen. In O war der Wagen schon in gleichförmiger Bewegung begriffen (fliegender Start). So erhalten wir die Meßwerte der *Tabelle 234.1*. Wir entnehmen ihr im Rahmen der Meßgenauigkeit:

In gleichen Zeitabschnitten Δt werden gleich lange Wegstrecken Δs zurückgelegt. Die Quotienten $\Delta s/\Delta t$ sind deshalb gleich (3. und 4. Zeile in *Tabelle 234.1*). Daran erkennen wir die **gleichförmige Bewegung.** Vom Ausgangspunkt O aus wird in der doppelten (n-fachen) Zeit t der doppelte (n-fache) Weg s zurückgelegt; s ist zu t proportional: $s \sim t$.

Zeit t in s	0	0,1	0,2	0,3	0,4
Weg s in m	0	0,081	0,160	0,242	0,323
Δs in m	–	0,081	0,079	0,082	0,081
$\Delta s/\Delta t$ in m/s	–	0,81	0,79	0,82	0,81
s/t in m/s	–	0,81	0,80	0,81	0,81

Tabelle 234.1 Zu Versuch 296 mit $\Delta t = 0{,}10$ s

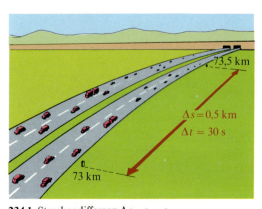

234.1 Streckendifferenz $\Delta s = s_2 - s_1$

234.2 Der Fahrbahnwagen schreibt Wegmarken.

Deshalb ist auch der Quotient s/t konstant (5. Zeile); s und t sind ja auch nur spezielle Änderungen, nämlich solche, die von O aus gemessen wurden.

Versuch 297: Wir stoßen den Wagen stärker an. Die Brandmarken haben nun bei gleichen Δt-Werten größere Abstände Δs voneinander. Die Quotienten $\Delta s/\Delta t$ und s/t sind zwar wieder unter sich gleich groß, aber größer als bei der langsameren Bewegung. Man nennt diese Quotienten die **Geschwindigkeit v**.

> **Definition:** Unter der Geschwindigkeit v einer gleichförmigen geradlinigen Bewegung versteht man den konstanten Quotienten aus den Weglängen Δs und den dazu benötigten Zeiten Δt bzw. aus s und t:
>
> $$v = \frac{\Delta s}{\Delta t} \quad \text{bzw.} \quad v = \frac{s}{t}. \qquad (235.1)$$

Aus den Definitionsgleichungen 235.1 folgt:

$$s = vt, \quad \Delta s = v \cdot \Delta t \quad \text{und} \quad t = \frac{s}{v}, \quad \Delta t = \frac{\Delta s}{v}.$$

Der Zahlenwert 2 bzw. 50 der Geschwindigkeit 2 m/s bzw. 50 km/h gibt zwar die in 1 s bzw. 1 h zurückgelegte Strecke bei gleichförmiger Bewegung unmittelbar an (in m bzw. in km). Doch ist die Geschwindigkeit nicht gleich dieser Strecke, sondern stets der *Quotient Strecke durch Zeit*. Deshalb braucht man für die Geschwindigkeit keine eigene Einheit zu definieren; man greift auf die Quotienten m/s und km/h zurück. Die Einheiten (m, s, km, h) werden steil, die Größensymbole v, t, s kursiv gedruckt. $[s] = 1$ m bedeutet: 1 m ist die *Einheit* des Weges s.

3. Bewegung im Schaubild

Meßwerte enthalten Meßfehler, die Quotienten s/t schwanken etwas. Dies zeigen die Schaubilder 235.1 und 235.2 auf einen Blick:

a) Im **Weg-Zeit-Diagramm** nach *Bild 235.1* sind die Meßwerte für s aus *Tabelle 234.1* über t aufgetragen. Im Ursprung O haben wir $t=0$ und $s=0$ festgesetzt. Von dort aus verbinden wir nun nicht etwa aufeinanderfolgende Meßpunkte durch Geradenstücke. Ein solcher Streckenzug wäre gewinkelt und würde nach einer Wiederholung der Messung anders aussehen. Vielmehr legen wir von O aus mit etwas Augenmaß eine Ursprungsgerade, von der die Meßpunkte nach beiden Seiten hin etwa gleich weit weg liegen. Weitere Meßpunkte würden an der Lage dieser Geraden kaum etwas ändern. Diese Gerade gleicht die Meßfehler aus; man nennt sie *Ausgleichsgerade*. Als Ursprungsgerade bestätigt sie unsere Vermutung, daß zur n-fachen Zeit t die n-fache Strecke s gehört: es ist $s \sim t$.

Die Meßwerte für die größere Geschwindigkeit v liefern eine steilere Ursprungsgerade. Die *Steigung im s-t-Diagramm* ist also ein Maß für die Geschwindigkeit der dargestellten Bewegung. Schon dies macht deutlich, daß die ansteigende Gerade im s-t-Diagramm nicht mit der waagerechten Bahn des Wagens verwechselt werden darf.

b) Im **Geschwindigkeits-Zeit-Diagramm** nach *Bild 235.2* sind die in *Tabelle 234.1* berechneten Geschwindigkeiten über der Zeit t aufgetragen. Beim Ausgleich der Meßfehler erhalten wir zwei horizontale Geraden. Sie entsprechen den konstanten Geschwindigkeiten $v_1 = 0{,}81$ m/s und $v_2 = 1{,}33$ m/s.

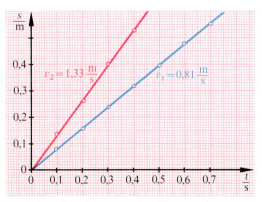

235.1 Weg-Zeit-Diagramm (s-t-Diagramm)

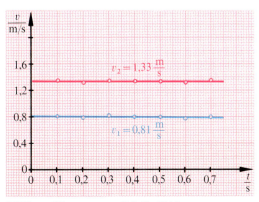

235.2 v-t-Diagramm zu *Tabelle 234.1*

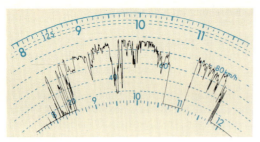

236.1 v-t-Diagramm eines Fahrtenschreibers

Der *Fahrtenschreiber* eines LKW registriert die jeweilige Geschwindigkeit; er liefert ein v-t-Diagramm *(Bild 236.1)*. Dieses verrät, wann die zulässige Höchstgeschwindigkeit – hier 80 km/h – überschritten worden ist und daß der Fahrer von 10.35^h bis 11.05^h eine Pause machte. Wir können aber auch die zurückgelegten Wegstrecken s entnehmen. Dies erläutert *Bild 236.2a* bei der konstanten Geschwindigkeit $v = 2$ m/s. Nach $t = 50$ s wurde mit ihr der Weg $s = vt = 100$ m zurückgelegt. Diese *Strecke* erscheint – so paradox es klingt – als *Fläche*, und zwar des blau getönten Rechtecks mit der Grundseite $t = 50$ s und der Höhe $v = 2$ m/s. Dies gilt auch für das schmale Rechteck mit der Grundseite Δt, dem der Weg $\Delta s = v \cdot \Delta t$ zugeordnet ist.

In *Bild 236.1* und *236.2b* ist der v-t-Verlauf beliebig. Man denkt sich deshalb die Fläche unter der Kurve aus schmalen Rechtecken der Breite Δt zusammengesetzt. Die Zeitintervalle Δt machen wir so klein, daß sich in ihnen die Geschwindigkeit v kaum noch ändert. Dann geben die darüberliegenden Flächenelemente die zugehörigen Wegelemente $\Delta s = v \cdot \Delta t$ an. Die Streckeneinheit 1 m ist in *Bild 236.2a* als Rechteck mit der Grundseite 1 s und der Höhe 1 m/s dargestellt. Aus den Wegelementen Δs setzt sich der gesamte Fahrweg s zusammen.

> **Im s-t-Diagramm wird die Geschwindigkeit durch die Steigung, im v-t-Diagramm die Fahrstrecke s durch eine Fläche angegeben.**

Bild 236.3 zeigt – stark vereinfacht – die Hinwie die Rückfahrt eines Autos von A nach B und zurück nach A. Die Verschiebung Δs und die Geschwindigkeit $v = \Delta s / \Delta t$ werden bei der Rückfahrt als *negativ* bezeichnet (Aufgabe 9).

4. Wer überholt, lebt gefährlich

a) Ein Lastzug der Länge $L = 15$ m fährt mit $v_1 = 54$ km/h $= 15$ m/s so vor sich hin. Ein PKW der Länge $l \approx 5$ m überholt ihn mit der konstanten Geschwindigkeit $v_2 = 90$ km/h $= 25$ m/s. Im Abstand $c = 35$ m hinter dem LKW schert er in die Gegenfahrbahn aus und ordnet sich wieder mit Abstand $c = 35$ m vor dem LKW ein. Zu diesem Manöver braucht er die *Überholzeit* $t_{ü}$ und legt auf der Gegenspur die Strecke $v_2 t_{ü}$ zurück. Diese setzt sich nach *Bild 237.1* aus dem Fahrweg $v_1 t_{ü}$ des LKW, der Summe $L + l$ der Fahrzeuglängen und dem doppelten Fahrzeugabstand $2c$ beim Fahrbahnwechsel zusammen. Man kann also die Überholzeit $t_{ü}$ aus der folgenden Gleichung berechnen:

$$v_2 t_{ü} = v_1 t_{ü} + L + l + 2c$$

$$t_{ü} = \frac{L + l + 2c}{v_2 - v_1} = \frac{90 \text{ m}}{25 \text{ m/s} - 15 \text{ m/s}} = 9 \text{ s}. \qquad (236.1)$$

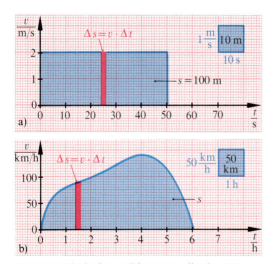

236.2 Die Fläche im v-t-Diagramm gibt den Weg s.

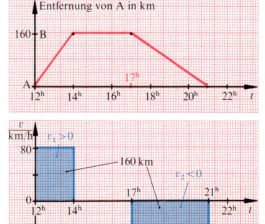

236.3 Hin- und Rückfahrt eines Autos im Diagramm

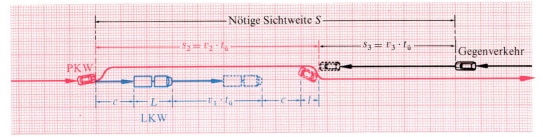

237.1 Kann der PKW den LKW überholen, bevor ein Auto entgegenkommt?

Der *Überholweg* $s_2 = v_2 t_ü \approx 225$ m ist gefährlich groß. Wird der Geschwindigkeitsunterschied $v_2 - v_1$ im Nenner von Gl. 236.1 kleiner, so wird s_2 sogar noch größer.

b) Dem überholenden PKW kommt ein Auto mit $v_3 = 108$ km/h $= 30$ m/s entgegen. Bei welchem Abstand S von diesem Auto darf der PKW nicht mehr zum Überholen ansetzen? Sein Fahrer muß bedenken, daß zu seinem Überholweg $s_2 = 225$ m noch die Fahrstrecke $s_3 = v_3 t_ü \approx 270$ m des entgegenkommenden Autos während der ganzen Überholzeit $t_ü$ hinzukommt. Es gilt

$$S = s_2 + s_3 = (v_2 + v_3) t_ü \approx 500 \text{ m} = \tfrac{1}{2} \text{ km!}$$

Ist die *Sichtweite* kleiner als S (Kurven, Kuppen, Nebel), so wird Überholen lebensgefährlich!

c) Wir haben den Überholvorgang in a) im Bezugssystem Straße betrachtet. Einfacher rechnet der LKW-Fahrer: In seinem Bezugssystem hat der PKW nur die Geschwindigkeit $v' = v_2 - v_1 = 10$ m/s (er ist um 10 m/s schneller als der LKW, legt also relativ zu diesem in 1 s 10 m mehr zurück). Während der Überholzeit $t_ü$ bewegt sich der PKW relativ zum LKW um die Strecke $s' = c + L + l + c = L + l + 2c = 90$ m weiter. Also folgt auch hier (wie aus Gl. 236.1) $t_ü = s'/v' = 9$ s.

5. Hubschrauber suchen Verkehrssünder

Bild 237.2 zeigt nicht etwa die Spuren von Motorrädern, die beim Sandbahnrennen *nebeneinander* fuhren und sich gegenseitig abdrängten. Da t an der Rechtsachse steht, handelt es sich um *Weg-Zeit-Diagramme*. Sie wurden aus Filmbildern zusammengestellt, die ein Hubschrauber von Autos aufnahm, welche *in derselben Bahn hintereinander* fuhren. Die Autos aus dem 1. Filmbild sind bei $t = 0$, also an der s-Achse, hintereinander aufgereiht. Verschieben Sie von dort einen zu ihr parallelen Maßstab nach rechts bis zum Zeitpunkt $t = 2$ s. Dann können Sie die zu diesem Zeitpunkt fotografierten Autos und die *Kopfabstände* Δs zwischen ihnen ablesen (Autolängen eingeschlossen). Sie betragen etwa 40 m.

Auf der t-Achse selbst und den Parallelen zu ihr liest man die *Zeitlücken* Δt zwischen den Fahrzeugen ab. Diese stoppt ein Polizist P am Straßenrand bei $s = 120$ m zu $\Delta t \approx 2$ s. Hieraus berechnet er die Geschwindigkeit des 1. Autos zu $v_1 = \Delta s/\Delta t = 40$ m/2 s $= 20$ m/s $= 72$ km/h. Mit diesem *Zwei-Sekunden-Abstand* kann relativ sicher gefahren werden. So bremste Fahrer 3 etwas ab. Sein s-t-Diagramm wurde etwas flacher. Doch schloß er dann wieder zum Vordermann auf. Diese Störung ist beim Fahrzeug 6 wie-

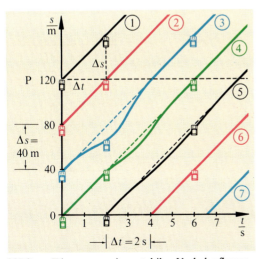

237.2 s-t-Diagramme eines stabilen Verkehrsflusses

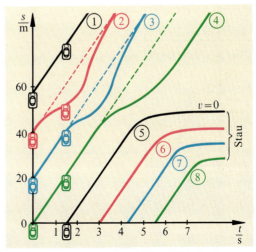

237.3 s-t-Diagramme eines labilen Verkehrsflusses

der vollständig abgeklungen. Es lag ein *stabiler Verkehrsfluß* vor. Die Zeitlücken Δt zwischen den Fahrzeugen nach *Bild 237.3* liegen dagegen unter 2 s. Das kurzzeitige Abbremsen von 3 löst bei den Nachfolgenden immer stärker werdende Reaktionen aus. 4 findet zwar noch den Anschluß an die Kolonne; 5 bis 8 kommen aber zum Stehen und lösen einen *Verkehrsstau aus dem Nichts* aus. Der Verkehrsfluß ist wegen der zu kurzen Zeit- und Weglücken *labil* und überaus gefährlich.

Aufgaben

1. *Warum darf man in der Gleichung $v = \Delta s/\Delta t$ nicht mit den Δ kürzen? Was bedeuten sie? Welche Einheit hat Δs, welche Δt? Ist $s/t = \Delta s/\Delta t$?*

2. *In der Gleichung $s = vt$ ist v ein Proportionalitätsfaktor. Was bedeutet er? Nennen Sie andere Größen, die auch Proportionalitätsfaktoren sind! Geben Sie die jeweilige Proportion und die daraus folgende Gleichung an!*

3. *Rechnen Sie um:* 36 km/h *in* m/s *und* mm/ms (ms = 10^{-3} s *heißt Millisekunde*), 10 m/s *in* km/h, 10^{-5} mm/s *in* m/a (*Geschwindigkeit des Haarwachstums;* a = annus, *lat.: Jahr*).

4. *Welche Geschwindigkeit hat die Erde auf ihrer Bahn um die Sonne (angenähert ein Kreis mit Radius 150 Millionen km; Kreisumfang $U = 2\pi r$; Umlaufdauer 1 a). Welche Strecke legt die Erde in 1 Tag (d), welche in 1 s zurück?*

5. *a) Schätzen Sie den Weg ab, der bei der Bewegung nach Bild 236.2b zurückgelegt wurde! b) Welcher Weg wurde vom LKW nach dem Fahrtenschreiber-Diagramm in Bild 236.1 zwischen 11.05^h und 11.45^h zurückgelegt?*

6. *a) Wie lange würde ein LKW ($v_1 = 60$ km/h) brauchen, um einen andern ($v_2 = 54$ km/h) zu überholen, wenn er bei $c = 20$ m Abstand ein- und ausschert und jeder $l = 10$ m lang ist? Wie groß ist der Überholweg? b) Bei welcher Sichtweite S wäre Überholen noch möglich, wenn man beim Gegenverkehr mit $v_3 = 108$ km/h rechnen muß? Zeichnen Sie ein Bild gemäß 237.1!*

7. *Welches ist der kürzeste Abstand von Auto 3 und 4 nach Bild 237.3, wenn die Fahrzeuge je 4,5 m lang sind? Darf man den kürzesten Abstand der gezeichneten Kurven zugrunde legen?*

8. *Tabelle 238.1 enthält Meßwerte von zwei Spielzeugautos, die nebeneinander herfahren. Tragen Sie diese Werte in einem Schaubild auf (1 cm $\hat{=}$ 1 s; 1 cm $\hat{=}$ 0,1 m). a) Zeichnen Sie eine Ausgleichsgerade bzw. -kurve. b) Bestimmen Sie die Geschwindigkeit der gleichförmigen Bewegung aus dem Schaubild wie auch aus den Meßwerten der Tabelle! c) Nimmt bei der nicht gleichförmigen Bewegung die Geschwindigkeit zu oder ab? d) Wann fahren beide Wagen auf gleicher Höhe nebeneinander, wann haben sie gleiche Geschwindigkeit?*

9. *Bestimmen Sie aus Bild 236.3, unten, die zurückgelegte Fahrstrecke auf 2 Arten und prüfen oben nach! Warum ist der Abfall unten rechts nicht so steil wie links der Anstieg?*

t in s	0	1	2	3	4	5	6	7
s_1 in cm	0	6	12,5	21	25	34	39	47
s_2 in cm	0	3	7,5	14	20	30	44	64

Tabelle 238.1 Zu Aufgabe 8

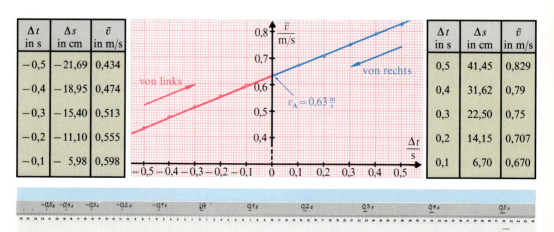

238.1 Registrierstreifen zur Bestimmung der Momentangeschwindigkeit v_A

§ 89 Momentangeschwindigkeit

1. Durchschnittsgeschwindigkeit, eine Als-Ob-Aussage

Wenn ein Autofahrer feststellt, daß er von Frankfurt nach Nürnberg ($\Delta s = 240$ km) 3 Stunden gebraucht hat, so sagt er damit, er sei „im Schnitt" mit $\bar v = \Delta s/\Delta t = 80$ km/h gefahren. Wir rechnen so, als ob er eine konstante Geschwindigkeit eingehalten hätte. *Die Durchschnittsgeschwindigkeit $\bar v = \Delta s/\Delta t$ gibt also die konstante Geschwindigkeit an, mit der man die Strecke Δs in der Zeit Δt gleichmäßig durchfahren müßte.*

239.1 Geschwindigkeitsmessung am Tunnelausgang

2. Geschwindigkeit in einem Punkt?

In einem Tunnel ist die Geschwindigkeit auf 60 km/h begrenzt, kann dort aber von der Polizei nicht ungesehen gemessen werden. Sie läßt deshalb von den Autos am Tunnelausgang A und nochmals in $\Delta s = 100$ m Abstand je einen quer zur Bahn laufenden Lichtstrahl unterbrechen. Jeder Strahl fällt nach *Bild 239.1* auf eine Fotodiode F. Der Zeitabstand Δt der Unterbrechungen wird gemessen und die *Durchschnittsgeschwindigkeit $\bar v = \Delta s/\Delta t$* im Intervall Δs berechnet. Ist $\bar v > 60$ km/h, so werden die Fahrer angehalten. Dabei wenden sie ein, erst nach dem Tunnel schneller gefahren zu sein. Sie verraten aber nicht, was ihr Tacho im *Moment* der Tunnelausfahrt bei A als **Momentangeschwindigkeit v_A** angezeigt hatte. Diese wird deshalb von der Polizei aus Δs- und Δt-Messungen rekonstruiert. Sie rückt künftig den zweiten Lichtstrahl so nahe an den ersten, daß sich zwischen beiden die Geschwindigkeit kaum noch ändern kann. *Die Durchschnittsgeschwindigkeit $\Delta s/\Delta t$ stimmt nämlich um so besser mit der Momentangeschwindigkeit v_A in einem beliebigen Intervallpunkt überein, je kleiner man das Intervall Δt macht.* Wir zeigen dies im Experiment:

Versuch 298: a) Wir lassen einen Fahrbahnwagen nach *Bild 239.2* durch ein Wägestück über Rolle und Faden nach rechts beschleunigt fahren. Die Nadel eines eingebauten Tachometers würde eine stetig steigende Momentangeschwindigkeit v anzeigen. Im Registrierstreifen nach *Bild 238.1* ist dieser stetige Vorgang aber in Stücke der Dauer 0,10 s zerhackt. A entspricht dem Tunnelausgang. Deshalb rekonstruieren wir die Momentangeschwindigkeit v_A in A aus den Spuren *rechts* von A. Wir beginnen mit dem großen Intervall $AR_5 = \Delta s_5 = 41,5$ cm. Es umfaßt 5 Zeitschritte von je 0,1 s; also ist $\Delta t_5 = 0,5$ s. Die mittlere Geschwindigkeit $\bar v_5 = \Delta s_5/\Delta t_5$ wurde in *Bild 238.1* über Δt_5 aufgetragen. Nun rücken wir mit dem rechten Intervallende R immer näher an A von *rechts* heran. Die berechneten Durchschnittsgeschwindigkeiten $\bar v$ nehmen ab und nähern sich der gesuchten Momentangeschwindigkeit v_A in A. Deshalb zeichnen wir die Ausgleichsgerade durch die $\bar v$-Punkte und verlängern sie kühn bis zum Schnitt mit der $\bar v$-Achse. So lassen wir – wenigstens auf dem Papier – die Intervall-Länge Δt gegen Null gehen. Die Momentangeschwindigkeit v_A wird als Grenzwert für $\Delta t \to 0$ zu 63 cm/s rekonstruiert, aber nicht unmittelbar gemessen.

b) Zur Kontrolle schleichen wir uns auch von den *links* liegenden Punkten L an A heran und erhalten den roten Geradenteil. Er führt zum gleichen Schnittpunkt v_A. Die Momentangeschwindigkeit v_A in A ist durch **Grenzwerte** (limes; lat.: Grenze) eingekreist. Man schreibt:

Momentangeschwindigkeit $v = \lim\limits_{\Delta t \to 0} \dfrac{\Delta s}{\Delta t}.$ (239.1)

Bei Bewegungen mit sich ändernder Geschwindigkeit unterscheidet man also zwischen der Durchschnittsgeschwindigkeit $\bar v$ in einem *Intervall* und den Momentangeschwindigkeiten v in bestimmten *Zeitpunkten*.

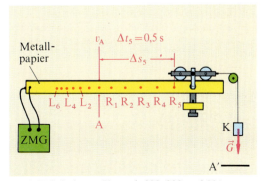

239.2 Fahrbahn zu Versuch 298, 300 und 301

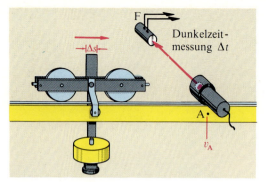

240.1 Mit der Fotodiode F mißt man die Zeit, während der ein Streifen der Breite Δs den Lichtstrahl bei A unterbricht.

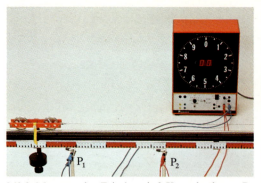

240.3 Messung der Zeit Δt mit 2 Kontaktplatten P_1 und P_2, die vom Fahrbahnwagen nacheinander geöffnet werden und eine elektrische Uhr betätigen.

3. Lichtschranken entlarven nicht nur Diebe

Wären die Fahrzeuglängen genau bekannt, so könnte die Polizei am Tunnelausgang A mit nur einem Lichtstrahl auskommen. Sie brauchte nur die Zeit Δt zu messen, während der ein Auto der Länge Δs diesen Strahl unterbricht. Der Quotient $\bar{v} = \Delta s/\Delta t$ käme der Momentangeschwindigkeit v_A sehr nahe, welche die Mitte des Fahrzeugs bei A hatte.

Versuch 299: Wir befestigen am Wagen aus Versuch 298 einen schmalen, vertikalen Streifen der Breite $\Delta s = 2{,}0$ cm. Er erzeugt während der Fahrt an der Fotodiode F nach *Bild 240.1* die „Dunkelzeit" $\Delta t = 0{,}0317$ s. Wir erhalten $\bar{v} = \Delta s/\Delta t = 63$ cm/s und damit recht genau die Momentangeschwindigkeit v_A nach *Bild 238.1*. Diese **Lichtschranke** erspart uns also die dortige Grenzwert-Konstruktion.

4. Konservierung der Geschwindigkeit

Die Polizei kann wohl kaum annehmen, daß die Fahrer bei ihrem Anblick die Geschwindigkeit v_A am Tunnelausgang A beibehalten und mit v_A gleichförmig weiterfahren. Sonst könnte sie nämlich v_A in einem sich an A anschließenden, beliebig langen Intervall Δs messen. Wir dagegen benutzen den Trägheitssatz.

Versuch 300: Wir stellen bei der Fahrbahn nach *Bild 239.2* eine Platte A' so unter den Antriebskörper K, daß dieser dann aufsetzt, wenn der Wagen den Punkt A durchfährt. Von A ab fehlt also die beschleunigende Kraft. Der Wagen behält nach dem Trägheitssatz die in A erreichte Momentangeschwindigkeit v_A bei. Wir messen sie auf dem sich anschließenden großen Intervall $\Delta s = 0{,}50$ m zu 63 cm/s, etwa mit den Kontaktplatten nach *Bild 240.3*.

5. Geschwindigkeit zur Halbzeit

Wir können die Momentangeschwindigkeit v_A in A auch den Brandmarken in *Bild 238.1* entnehmen, ohne einen Grenzwert bilden zu müssen. Hierzu nehmen wir Intervalle $\Delta s = LR$, die aus gleich vielen Zeitschritten links und rechts von A bestehen; in A ist „Halbzeit". In solchen Intervallen ist die Durchschnittsgeschwindigkeit $\bar{v}$ so groß wie die Momentangeschwindigkeit v_A zur „Halbzeit" (in A). Dies gilt aber nur, wenn der Wagen von einer konstanten Kraft beschleunigt wird.

Aufgabe

Bestimmen Sie aus Bild 238.1 die Durchschnittsgeschwindigkeit $\bar{v}$ in einem Intervall, das sich von A aus nach links wie nach rechts um 0,2 s bzw. 0,5 s erstreckt und vergleichen mit der Momentangeschwindigkeit v_A zur Halbzeit!

240.2 Registrierstreifen zur beschleunigten Bewegung (Versuch 301)

§ 90 Konstante Beschleunigung

1. Auch das Schnellerwerden hat sein Maß

Wer vor Ampeln oder im Autostau ständig anfahren muß, interessiert sich kaum noch für die Höchstgeschwindigkeit seines Wagens. Für ihn kommt es darauf an, wie schnell er seine Geschwindigkeit steigert, wie rasch er beschleunigt. Lassen wir einen Wagen mit *konstanter Kraft* aus der Ruhe heraus anfahren und untersuchen dabei, wie seine Geschwindigkeit von Sekunde zu Sekunde zunimmt.

Versuch 301: a) Wir gleichen die Reibung eines Fahrbahnwagens (Masse 1 kg) durch Neigen aus und befestigen an ihm einen Faden. Dieser wird von einem Wägestück (20 g) gespannt (*Bild 239.2*). Zunächst hält ein Elektromagnet den Wagen links fest. Wenn wir den Strom ausschalten, beginnt ein Zeitmarkengeber in Abständen von 0,2 s Stromstöße zu liefern. Die erste von ihnen erzeugte Brandspur entsteht dann, wenn sich der Zug in Bewegung setzt. Dies sei der Zeitpunkt $t = 0$. Von hier ab beschleunigt die konstante Gewichtskraft $F \approx 0,2$ N des Wägestücks den Zug. Wo er sich zu den Zeitpunkten $t = 1$ s, 2 s, 3 s befindet, entnehmen wir den Spuren in *Bild 240.2* und *241.1*.

b) Beim Wiederholen messen wir zu diesen Zeiten $t = 1$ s, 2 s, 3 s die Momentangeschwindigkeiten und finden die in *Tabelle 241.1* und *Bild 241.2* notierten Werte.

Anfahrzeit t in s	Geschwindigkeit v in m/s	$\dfrac{v}{t} = a$ in m/s²
0	0	—
1	0,19 ≈ **0,2**	0,19 ≈ **0,2**
2	0,39 ≈ **0,4**	0,195 ≈ **0,2**
3	0,59 ≈ **0,6**	0,197 ≈ **0,2**

Tabelle 241.1 v ist proportional zu t.

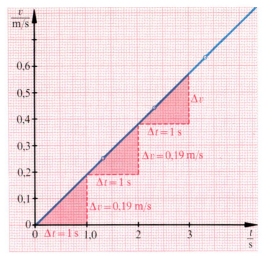

241.2 Geschwindigkeits-Zeit-Diagramm; $a = 0,2$ m/s²

Unter dem Einfluß der konstanten Kraft F erhöht sich die Geschwindigkeit v in gleichen Zeitabschnitten Δt um den gleichen Betrag, hier in $\Delta t = 1$ s um jeweils $\Delta v \approx 0,2$ m/s.

Dies gilt auch für den ersten Zeitabschnitt, also die Beschleunigung des Wagens aus der Ruhe heraus. Es ist also nicht so, daß man beim „Aus-der-Ruhe-Reißen" eine besonders große Trägheit überwinden müßte. *Vielmehr erzwingt die gleiche Kraft in gleichen Zeitabschnitten Δt stets die gleiche Geschwindigkeitszunahme Δv.*

In der doppelten Zeitspanne Δt steigt die Geschwindigkeit um den doppelten Betrag Δv. Der Quotient $\Delta v/\Delta t$ ist konstant. Dies gilt auch für v/t, wenn die Bewegung zur Zeit $t = 0$ mit $v = 0$ beginnt. Dann sind nämlich v und t Differenzen, die von Null aus gezählt werden.

$$a = \frac{\Delta v}{\Delta t} = \frac{v}{t} = \frac{0,19 \text{ m/s}}{1 \text{ s}} \approx \frac{0,39 \text{ m/s}}{2 \text{ s}} \approx 0,2 \frac{\text{m}}{\text{s}^2}.$$

Dieser Quotient $a = \Delta v/\Delta t$ gibt die Geschwindigkeitszunahme je Sekunde an und erhält die anschauliche Bezeichnung **Beschleunigung a** (acceleration). Ihre Einheit ist $1\,\frac{\text{m/s}}{\text{s}}$ oder kürzer geschrieben $[a] = \text{m/s}^2 = \text{m} \cdot \text{s}^{-2}$. Sie ist das Maß für das Schnellerwerden.

241.1 Fortsetzung des Streifens zu Versuch 301 von *Bild 240.2*

> *Definition:* Unter der konstanten Beschleunigung a versteht man bei geradlinigen Bewegungen den Quotienten aus der Geschwindigkeitszunahme Δv und der zugehörigen Zeitspanne Δt:
>
> $$a = \frac{\Delta v}{\Delta t}; \text{ Einheit } 1\frac{\text{m/s}}{\text{s}} = 1\frac{\text{m}}{\text{s}^2}. \qquad (242.1)$$

Das Top-Modell einer Autofirma beschleunigt in $t = 7$ s von $v = 0$ auf $v = 100$ km/h $= 28$ m/s, also um $\Delta v = 28$ m/s. Wäre die Beschleunigung konstant, so hätte sie den Wert $a = \Delta v/\Delta t = \frac{28 \text{ m/s}}{7 \text{ s}} = 4\frac{\text{m}}{\text{s}^2}$. Die Geschwindigkeit würde in jeder Sekunde um 4 m/s zunehmen. Sie erreichte in $t = 3$ s den Wert

$v = at = 4 \text{ ms}^{-2} \cdot 3 \text{ s} = 12 \text{ m/s}.$

2. Warum beschleunigen Autofahrer so gern?

a) Das Geschwindigkeits-Zeit-Gesetz. Wenn die Bewegung mit konstanter Beschleunigung a aus der Ruhe beginnt ($v = 0$ für $t = 0$), ist der Quotient $a = v/t$ konstant. In der Zeit t wird also die Geschwindigkeit $v = at$ erreicht.

Versuch 302: Wir wiederholen Versuch 301 mit einer größeren beschleunigenden Kraft und finden eine größere Beschleunigung. Die Ursprungsgerade des v-t-Diagramms in *Bild 241.2* ist steiler. Ein starker Motor beschleunigt stärker; er steigert die Geschwindigkeit schneller. Deshalb legt man mit ihm in einer bestimmten Zeit auch eine größere Wegstrecke s zurück.

Wir fragen nun, ob man mit der Beschleunigung a auch die nach beliebigen Zeiten t zurückgelegten Wegstrecken s berechnen kann. *Dann wäre die Bewegung durch ihre Beschleunigung a vollständig bestimmt.*

b) Das Weg-Zeit-Gesetz können wir dem v-t-Diagramm *242.1* entnehmen. Wir dürfen ja die Flächen unter seiner Ursprungsgeraden als Wegstrecken deuten (Seite 236). Die Katheten dieser Dreiecke geben die Zeiten t und die erreichten Geschwindigkeiten $v = at$ an. Die Dreiecksflächen liefern die Wege

$s = \frac{1}{2}tv = \frac{1}{2}tat = \frac{1}{2}at^2$.

Diese Überlegung wird von den Brandspuren in *Bild 240.2* bestätigt: Nach $t = 1$ s war $v = at = 0,19$ m/s. Der zugehörige Weg sollte also $s = \frac{1}{2}tv = \frac{1}{2} \cdot 1 \text{ s} \cdot 0,19 \frac{\text{m}}{\text{s}} = 0,095$ m betragen. Am Maßstab lesen wir 0,094 m ab. *Nach der doppelten Zeit t war auch die Geschwindigkeit $v = at$ doppelt, Dreiecksfläche und Weg 4fach.* In der 3fachen Zeit wird auch die 3fache Geschwindigkeit erreicht; s ist aber 9fach!

Die Wege $s = \frac{1}{2}at^2$ sind den Quadraten (t^2) der Zeit t proportional: $s \sim t^2$. Dies zeigt auch die *Tabelle 243.1*. In ihrer 3. Spalte berechnen wir mit der Gleichung $s = \frac{1}{2}at^2$ die Beschleunigung a aus Weg- und Zeitmessungen allein ohne Kenntnis der Geschwindigkeit. Wir lösen nach a auf und erhalten die konstante Beschleunigung $a = 2s/t^2 = 0,19$ m/s². Für solche **gleichmäßig beschleunigte Bewegungen** gilt:

> **Eine konstante Kraft erteilt einem Körper auch konstante Beschleunigung $a = \Delta v/\Delta t$.**
>
> *Geschwindigkeits-Zeit-Gesetz:* **Aus der Ruhe heraus steigt die Geschwindigkeit v an nach**
>
> $v = at.$ \hfill (242.2)
>
> *Weg-Zeit-Gesetz:* **Für die vom Anfahrpunkt ($t = 0$, $v = 0$) aus gemessenen Wege gilt**
>
> $s = \frac{1}{2}at^2.$ \hfill (242.3)

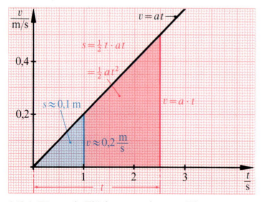

242.1 Weg s als Fläche unter dem v-t-Diagramm

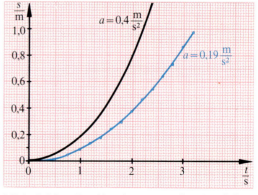

242.2 Größere Beschleunigung − steilere Parabel

Für diese Bewegung mit konstanter Beschleunigung sind in *Bild 242.2* die Werte für die Anfahrwege s über den zugehörigen Anfahrzeiten t aufgetragen. Die Proportion $s \sim t^2$ liefert einen *Parabelzweig* (bei gleichförmigen Bewegungen gibt $s \sim t$ dagegen eine Ursprungsgerade!). Er hat im Anfahrzeitpunkt die t-Achse zur Tangente. Für sehr kleine Anfahrzeiten sind die Wege extrem klein. *Stop-and-go-Verkehr* ist deshalb so zeitraubend. Wenn dagegen ein Autofahrer in einer Kolonne freie Fahrt bekommt und 4mal so lange Gas geben kann, legt er wegen des Quadrat-Gesetzes den 16-fachen Weg zurück. Die hinter ihm fahrenden bekommen diese Gelegenheit erst etwas später, so daß die Fahrzeugabstände rasch zunehmen: Die Kolonne beginnt sich schnell aufzulösen (*Bild 244.1* und Aufgabe 12).

Versuch 303: a) Wir wiederholen Versuch 301. Dort erfuhr der Wagen die Beschleunigung $a = 0{,}19$ m/s². Nun können wir aus dem Weg-Zeit-Gesetz $s = \frac{1}{2}at^2$ die Anfahrzeit t für eine beliebige Anfahrstrecke, z.B. für $s = 0{,}60$ m, berechnen. Wir erhalten $t = \sqrt{2s/a} = 2{,}52$ s. Wenn wir nach *Bild 243.1* bei $s = 0{,}60$ m die Kontaktplatte P aufstellen, zeigt die Uhr die Anfahrzeit $t = 2{,}5$ s. Sie wurde beim Drücken der Morsetaste durch Schließen des roten Stromkreises gestartet. Dabei wurde gleichzeitig der Elektromagnet (blauer Stromkreis) ausgeschaltet.

b) Mit einer Lichtschranke messen wir bei $s = 0{,}60$ m die Geschwindigkeit zu $v = 0{,}50$ m/s. Nach dem v-t-Gesetz erwarten wir $v = at = 0{,}19$ ms$^{-2} \cdot 2{,}5$ s $= 0{,}48$ m/s.

c) **Das Geschwindigkeits-Weg-Gesetz.** Sie treten bei Ihrem Rad kräftig in die Pedale und erreichen nach $s = 45$ m Anfahrweg die Geschwindigkeit $v = 30$ km/h $= 8{,}3$ m/s. Weder mit $v = at$ noch mit $s = \frac{1}{2}at^2$ allein können Sie Ihre Beschleunigung a berechnen, da Sie die Anfahrzeit t nicht gemessen haben. Also lösen Sie $v = at$ nach t auf und setzen $t = v/a$ in $s = \frac{1}{2}at^2$ ein. Sie erhalten so die von t freie Beziehung $s = v^2/(2a)$. Aus ihr folgt $a = v^2/(2s) = 0{,}77$ m/s². – Die Anfahrzeit t können Sie nachträglich zu $t = v/a \approx 11$ s berechnen.

Zeit t in s	Weg s in m	Beschleunigung $a = 2s/t^2$ in m/s²
0	0	–
1	$0{,}094 \approx 0{,}1$	0,19
2	$0{,}382 \approx 0{,}4$	0,19
3	$0{,}874 \approx 0{,}9$	0,19

Tabelle 243.1 Beschleunigung a aus Meßwerten von *Bild 240.2* berechnet. Siehe auch Aufgabe 10!

Anfahren von Personenzügen	0,15 m/s²
Anfahren von D-Zügen	0,25 m/s²
Anfahren von U-Bahnen	0,6 m/s²
Anfahren von Kraftwagen (60 kW)	3 m/s²
Anfahren von Krafträdern (15 kW)	4 m/s²
Freier Fall	9,81 m/s²
Rennwagen	8 m/s²
Geschoß im Lauf	500000 m/s²

Tabelle 243.2 Werte einiger Beschleunigungen

Geschwindigkeits-Weg-Gesetz für Bewegungen mit konstanter Beschleunigung: $s = \dfrac{v^2}{2a}$ (243.1)

Zeigt ein Tachometer, daß ein Auto in $t = 10$ s gleichmäßig von 0 km/h auf 72 km/h $= 20$ m/s beschleunigt, dann ist nach $v = at$ seine Beschleunigung $a = v/t = 2$ m/s². Die Geschwindigkeit nimmt also in jeder Sekunde um 2 m/s zu. Der Anfahrweg in $t = 10$ s beträgt $s = \frac{1}{2}at^2 = 100$ m.

Aufgaben
(Wenn nicht anders vermerkt, sei a konstant)

1. *Das Seite 242 betrachtete Top-Auto habe die Beschleunigung $a = 3{,}0$ m/s². Wann erreicht es aus dem Stand 105 km/h? Wie weit ist es dann gefahren? – Wie groß sind Geschwindigkeit und Weg nach der halben Zeit? Ist in der Wegmitte auch Halbzeit?*

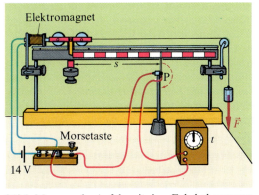

243.1 Messung der Anfahrzeit eines Fahrbahnwagens

2. Berechnen Sie Geschwindigkeit (km/h) und Weg des Kraftrads gemäß Tabelle 243.2 nach 2,0 s Anfahrzeit! Wie groß sind beide nach 1,0 s und 4,0 s?

3. a) Ein Auto fährt mit der konstanten Beschleunigung 2,0 m/s² an. Welchen Weg hat es nach 3,0 s zurückgelegt? Wie schnell ist es dann? b) Wie weit bewegt es sich in den nächsten 5,0 s, wenn man nach 3,0 s Anfahrzeit die beschleunigende Kraft wegnimmt? (Reibung sei durch Fahrbahnneigung ausgeglichen.) c) Zeichnen Sie das v-t- und das s-t-Diagramm!

4. Warum hat die Beschleunigung eine andere Einheit als die Geschwindigkeit? Rechnen Sie m/s² in cm/s² und km/h² um!

5. Ein Zug erreicht aus der Ruhe nach 10 s die Geschwindigkeit 5,0 m/s. Wie groß ist seine Beschleunigung? Wie weit ist er gefahren?

6. Ein mit konstanter Kraft anfahrender Wagen kommt in den ersten 12 s 133 m weit. Wie groß sind Beschleunigung und Geschwindigkeit nach 12 s?

7. Ein Körper erreicht bei konstanter Beschleunigung aus der Ruhe nach 45 m Weg die Geschwindigkeit 30 m/s. Wie lange braucht er?

8. a) In welchem einfachen Zahlenverhältnis stehen bei konstanter Beschleunigung die in der 1., 2., 3., 4. Sekunde zurückgelegten Wege zueinander? b) Ein Körper legt in der 1. Sekunde aus der Ruhe heraus 20 cm, in der 2. Sekunde 60 cm, in der 3. 100 cm zurück. Welche Bewegung liegt vor? Wie schnell ist er nach 1 s, 2 s, 3 s, 4 s?

9. Ein Auto fährt mit $a = 1,5$ m/s² an. Welchen Weg legt es im Laufe der 2. Sekunde zurück? Warum ist es falsch, hier die Momentangeschwindigkeit für $t = 2,0$ s zu benutzen? Könnte man mit $\bar{v}$ im angegebenen Intervall (2. Sekunde) rechnen?

10. a) Vervollständigen Sie anhand des Registrierstreifens in Bild 240.2 die Tabelle 243.1! b) Wählen Sie zu 4 Spurenmarken zeitlich symmetrische Intervalle und bestimmen aus ihnen die jeweilige Momentangeschwindigkeit als mittlere Geschwindigkeit! Ergänzen Sie so Bild 241.2 und Tabelle 241.1! Berechnen Sie die Beschleunigung!

11. In der Stadt fährt ein Auto mit 36 km/h. Auf einer Ausfallstraße gibt der Fahrer mehr Gas und beschleunigt mit $a = 2,0$ m/s² auf 90 km/h. Wie lange dauert die Beschleunigung? Auf welcher Strecke findet sie statt?

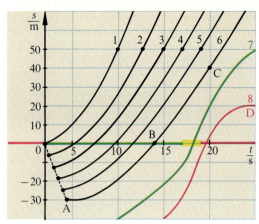

244.1 8 PKW an der Ampel (zu Aufgabe 13). Rotsünder 8 fährt nicht etwa vor der Polizei in eine Seitengasse ab, sondern wird bei D zur Kasse gebeten. Der Bewegungsablauf ist nämlich eindimensional.

12. Beim Auflösen eines Staus fährt ein Auto mit $a = 2,0$ m/s² an, ein im Kopfabstand 7,0 m folgendes 2,0 s später mit gleicher Beschleunigung. (Beim Kopfabstand ist die Fahrzeuglänge einbezogen.) a) Welchen Kopfabstand haben beide Autos nach 10 s? b) Ist dies der sog. „halbe Tachoabstand" (d.h. bei der Tachometeranzeige 50 km/h sollte man mindestens 50/2 m = 25 m Abstand vom Vordermann haben)? c) Welche Beschleunigung müßte der zweite haben, damit er zu diesem Zeitpunkt bereits neben seinem Vordermann herfährt (Länge beider PKW sei 4,5 m)? d) Welchen Abstand haben beide Autos 2,0 s später, wenn der zweite seine Beschleunigung nach c) beibehält? Fertigen Sie eine Skizze gemäß Bild 237.1 und ein s-t-Diagramm ähnlich Bild 244.1!

13. Bild 244.1 zeigt 8 PKW, die bei „Grün" an einer Ampel losfahren. a) Was bedeutet die Linie OA? War der erste bei $t = 0$ in Ruhe, der letzte bei A? Fuhren sie gleichzeitig an? Welchen Abstand hatten beim Halten ihre vorderen Stoßstangen? b) Wie groß war die Beschleunigung des 6. Autos von A bis C? Welche Geschwindigkeit hatte es bei C? c) Verfolgen Sie den Abstand zwischen dem 1. und dem 2. PKW! Wo mißt man ihn? d) Mit welcher Zeitdifferenz passieren die Fahrer die Haltelinie OB? Welche Zeitdifferenz hatten sie beim Überfahren von der Standlinie OA? e) Was machte Fahrer 7, als er „Gelb" sah?

14. Ein Geschoß wird in einem Pistolenlauf von 15 cm Länge auf 400 m/s beschleunigt. Wie groß ist die Beschleunigung und wie lange dauert sie?

§ 91 Der freie Fall

1. Die Luft als Bremse

Beim Formationssprung (*Bild 246.1*) lassen sich die Springer zunächst mit geschlossenem Fallschirm fallen. Dabei werden sie aber nicht beliebig schnell, denn mit wachsender Geschwindigkeit wird der bremsende Einfluß der Luft immer stärker. Während des Falls steuern die Springer mit Armen und Beinen, indem sie den Luftwiderstand verändern. Eine solche Veränderung zeigt uns auch folgender Versuch.

Versuch 304: Wir lassen zwei möglichst gleiche kleine Wattebäusche nebeneinander fallen. Sie sinken im *gebremsten Fall* relativ langsam zu Boden. Dann kneten und verdichten wir einen der Wattebäusche möglichst stark und wiederholen den Versuch: Der verdichtete Bausch ist viel schneller unten als der lockere. Sein Luftwiderstand ist offenbar viel kleiner geworden.

Versuch 305: **a)** Wir lassen eine Bleikugel und eine Flaumfeder in einer *Fallröhre* fallen (*Bild 245.1*). Nachdem die Röhre luftleer gepumpt worden ist, drehen wir sie schnell um. Beide Körper beginnen gleichzeitig zu fallen. Sie kommen auch gleichzeitig unten an.

b) Nun lassen wir Luft in die Röhre einströmen und wiederholen den Versuch. Die Flaumfeder schwebt jetzt langsam nach unten. Dagegen wird der Fall der schweren Bleikugel nicht merklich behindert.

Bei unseren weiteren Versuchen können wir die Luft nicht aussperren. Um ihren Einfluß aber möglichst gering zu halten, benutzen wir eine ziemlich schwere Kugel. Sie wird durch den Luftwiderstand bei niedrigen Geschwindigkeiten praktisch nicht beeinflußt und bewegt sich deshalb im **freien Fall**.

> Unter dem freien Fall versteht man die Fallbewegung eines Körpers, auf den allein seine Gewichtskraft einwirkt. — Bei relativ schweren Körpern, die nicht allzu schnell fallen, kann der Luftwiderstand vernachlässigt werden.

Versuch 306: Eine Eisenkugel K wird nach *Bild 245.2* vom Elektromagneten NS gehalten und gegen zwei Kontakte gedrückt. Dadurch schließt sie den rot gezeichneten Stromkreis. Öffnet man mit dem Schalter S den Stromkreis des Magneten, so beginnt die Kugel zu fallen. Gleichzeitig wird der Kurzzeitmesser durch Unterbrechen des rot gezeichneten Stromkreises gestartet. Sobald die Kugel unten auf die Kontaktplatte P fällt, öffnet sie den blau gezeichneten Stromkreis und stoppt den Kurzzeitmesser. Die Meßwerte sind in *Tabelle 246.1* zusammengestellt. Wir erkennen: Zur doppelten (dreifachen) Zeit gehört die vierfache (neunfache) Strecke. Der Fall ist also eine gleichförmig beschleunigte Bewegung! Ihre Beschleunigung nennt man **Fallbeschleunigung**. Sie kann nach Seite 242 mit $g = 2s/t^2$ berechnet werden. Sie ist (ohne Luftwiderstand) für alle Körper gleich.

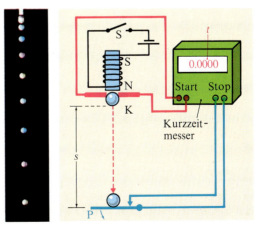

245.1 Fall mit und ohne Luft. Die Bedingungen des freien Falls sind nur dann erfüllt, wenn der Luftwiderstand die Fallbewegung nicht behindert.

245.2 Stroboskopische Aufnahme einer fallenden Kugel in Zeitabständen von 0,05 s (links), Messung von Fallzeit t und Fallbeschleunigung $g = 2s/t^2$ (rechts)

246.1 Eine Guppe beim Formationssprung (Spitzengeschwindigkeit der Springer etwa 50 m/s).

2. Ortsfaktor und Fallbeschleunigung

Wiederholt man Versuch 306 an verschiedenen Orten, so erhält man bei sehr genauen Messungen etwas unterschiedliche Werte für die Fallbeschleunigung g *(Tabelle 19.3)*. Diese ist genauso ortsabhängig wie der auf Seite 19 besprochene *Ortsfaktor g* und hat genau den gleichen Zahlenwert. Später werden wir noch sehen, daß auch die Einheiten übereinstimmen. Ortsfaktor und Fallbeschleunigung stellen dieselbe physikalische Größe dar und werden deshalb mit dem gleichen Formelzeichen g bezeichnet.

> **Beim freien Fall erfahren alle Körper am selben Ort die gleiche konstante Fallbeschleunigung g. Sie ist gleich dem Ortsfaktor g:**
>
> $$g = \frac{G}{m} = 9{,}81 \,\frac{\text{N}}{\text{kg}} = 9{,}81 \,\frac{\text{m}}{\text{s}^2}.$$

Für den freien Fall gelten die Gesetze der gleichmäßig beschleunigten Bewegung:

Weg-Zeit-Gesetz $\qquad s = \frac{1}{2} g t^2$ (246.1)

Geschwindigkeits-Zeit-Gesetz $v = g t$ (246.2)

Der Fallweg s ist dem Quadrat der Fallzeit t, die Fallgeschwindigkeit v ist der Fallzeit t direkt proportional. Sie erhöht sich (in Mitteleuropa) in jeder Sekunde um 9,81 m/s.

In vielen Fällen ist es vertretbar, für die Fallbeschleunigung den gerundeten Wert $g = 10$ m/s² zu verwenden. Der dadurch bedingte Fehler beträgt etwa 2%. Daraus ergibt sich eine einfache Merkhilfe: Läßt man einen Körper fallen ($v_0 = 0$ m/s), so hat er nach 1 s Fallzeit gerade 5 m durchfallen. Seine Geschwindigkeit beträgt dann 10 m/s.

Aufgaben

Wenn nichts anderes angegeben ist, setze man $g = 10$ m/s².

1. *Nach welchen Zeiten haben frei fallende Körper aus der Ruhe a) die Geschwindigkeit 25 m/s, b) den Fallweg 10 m erreicht? Welche Werte findet man jeweils nach der doppelten Zeit? Was gilt jeweils auf dem Mond? ($g_{\text{Mond}} = 1{,}62$ m/s²)*

2. *Wie lange braucht ein Stein von der Spitze des Ulmer Münsters (160 m), vom Eiffelturm (300 m) bis zum Boden? Mit welcher Geschwindigkeit kommt er dort an? Wie lange braucht er jeweils zum halben Weg? (Vom Luftwiderstand absehen!)*

3. *Aus welcher Höhe müßte ein Körper fallen, damit er Schallgeschwindigkeit (340 m/s) erreicht? (Vom Luftwiderstand absehen!)*

4. *Aus welcher Höhe müßte ein Auto frei fallen, damit es die Geschwindigkeit 108 km/h erreicht? (Demonstration der Wucht bei Unfällen)*

5. *Reaktionstest: Drücken Sie einen Maßstab mit dem Nullpunkt nach unten an eine glatte Wand! Die Testperson hält ihren Daumen — mit etwas Abstand — über diese Nullmarke und versucht, mit ihm den Stab an die Wand zu pressen, sobald sie erkennt, daß er unerwartet losgelassen worden ist. Der Daumen trifft erst die 25-cm-Marke. Bestimmen Sie daraus die Reaktionszeit!*

6. *a) Aus welcher Höhe müßte man auf den Mond herabspringen, um genauso schnell anzukommen wie auf der Erde beim Sprung aus 1 m Höhe? b) Wie groß sind die Geschwindigkeiten, mit denen man bei einem Sprung aus 1,25 m Höhe auf der Erde bzw. der Mondoberfläche ankommt? ($g_{\text{Mond}} = 1{,}62$ m/s²)*

7. *a) Ein schwerer Stein fällt in einen 17,0 m tiefen Brunnen. Nach welcher Zeit hört man oben den Aufschlag, wenn die Schallgeschwindigkeit 340 m/s ist ($g = 9{,}81$ m/s²)? b) Wie tief ist der Brunnen, wenn man den Aufschlag nach 2,00 s hört? (Hier brauchen Sie eine quadratische Gleichung; Lösung ohne Luftwiderstand.)*

s in m	t in s	g in m/s²
0,100	0,1428	9,80$_8$
0,400$_0$	0,28565	9,80$_4$
0,900$_0$	0,4287	9,79$_4$

Tabelle 246.1 Zu Versuch 306

Die Newtonschen Gesetze

§ 92 Die Newtonsche Grundgleichung

1. Die zentrale Frage an die Mechanik

Stop-and-go-Verkehr tritt immer häufiger auf. Dem möchte sich eine Autofirma anpassen; sie braucht eine Formel, um für all ihre Typen — beladen wie unbeladen — die Kraft F beim Anfahren zu berechnen. Dafür ist die Beschleunigung a maßgebend, da man aus ihr sowohl den Weg s als auch die Geschwindigkeit v berechnen kann. Die nötige Kraft F steigt mit der gewünschten Beschleunigung; sie hängt aber auch vom Fahrzeug und seiner Beladung ab. Nun ist es ein Grundprinzip aller Forschung, solche Abhängigkeiten getrennt voneinander zu untersuchen. Zwei Arbeitsgruppen erhalten die folgenden Fragen:

Gruppe A: Wie hängt die nötige Kraft F bei ein und demselben Fahrzeug von der gewünschten Beschleunigung a ab? (Ziffer 2)
Gruppe B: Wie hängt die Kraft F vom Fahrzeug und seiner Beladung ab, wenn sich die Beschleunigung nicht ändern soll? (Ziffer 3)

2. Große Kraft — schneller Spurt

Die Arbeitsgruppe A weiß bereits, daß eine konstante beschleunigende Kraft F einem Körper auch konstante Beschleunigung a erteilt. Sie ändert also die Kraft F:

Versuch 307: **a)** Auf der Schiene (Reibung durch Neigen ausgeglichen) steht ein Wagen der Masse $m_1 = 0{,}50$ kg. Er wird durch 4 Wägestücke von $m_2 = 40$ g Masse beschleunigt.

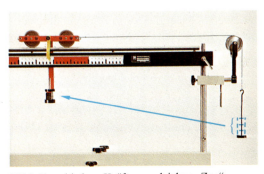

247.1 Verschiedene Kräfte am gleichen „Zug"

Sie wirken als „Lokomotiven" des Zugs, angetrieben von der Gewichtskraft $G_2 = m_2 g = 0{,}39$ N (mit Kraftmesser nachgeprüft). Nach $t = 1{,}65$ s hat der Zug den Anfahrweg $s = 1{,}00$ m zurückgelegt. Die Beschleunigung ist

$$a = \frac{2s}{t^2} = 0{,}726 \, \frac{\text{m}}{\text{s}^2}.$$

b) Nun soll auf denselben Zug nur die halbe Kraft wirken. Wir nehmen von den 4 „Loks" zwei weg; doch dürfen wir sie nicht beiseitelegen. Sonst hätten wir den Zug verkleinert, entgegen dem Untersuchungsauftrag der Gruppe A; wir hätten in den Auftrag der Gruppe B eingegriffen. Wir legen die beiden Loks auf den Wagen. Dort werden sie mitbeschleunigt, ohne daß ihre Gewichtskraft noch mitzieht: Ihr „Dampf" ist weg, die Trägheit bleibt. Für 1 m Anfahrweg braucht der Zug jetzt die Zeit $t = 2{,}37$ s. Seine Beschleunigung ist auf $a = 0{,}36$ m/s² halbiert: Die halbe Kraft F gibt dem Zug auch nur die halbe Beschleunigung a.

c) Wenn wir ein weiteres Wägestück übertragen, sinkt mit der beschleunigenden Kraft auch die Beschleunigung auf den 4. Teil (0,18 m/s²).

> **Die Beschleunigung a, die ein bestimmter Körper erfährt, ist der an ihm angreifenden Kraft F proportional: $F \sim a$.**

3. Große Masse — träger Spurt

Die Arbeitsgruppe B geht davon aus, daß die zum Beschleunigen nötige Kraft auch von der *Gewichtskraft des Wagens* abhängt. Braucht man doch eine viel größere Kraft, um einen beladenen Wagen *mit gleicher Beschleunigung* anzuschieben wie einen leeren. Gegen diese Ansicht erhebt sich jedoch Widerspruch:

a) Die Gewichtskraft G, die der Wagen von der Erde erfährt, wird von der waagerechten Schiene durch eine Gegenkraft ausgeglichen (Seite 231). Also kann die Gewichtskraft G des Wagens die Beschleunigung längs der horizontalen Bahn weder unterstützen noch hemmen.

b) Auf Seite 232 sahen wir, daß das sich beim Beschleunigen zeigende *Trägsein* etwas anderes ist als das *Schwersein*. Auch im schwerefreien Raum brauchen Raketen zum Beschleunigen Kräfte, die um so größer sein müssen, je mehr sie geladen haben — obwohl sie dort nichts wiegen! Die Körper sind auch dort *träge*.

Man fragt sich also, ob man das *Trägsein* mit Hilfe der vom Ort unabhängigen *Masse* beschreiben kann. Zunächst wird geprüft, ob Körper *doppelter Masse* aus gleichem Material zur gleichen Beschleunigung die doppelte Kraft brauchen, ob sie auch *doppelt so träge* sind:

Versuch 308: **a)** An den in Versuch 304 benutzten Wagen wird nach *Bild 248.1*, links, ein zweiter, genau gleicher Wagen gehängt. Auch vor den Faden werden zwei Loks (20 g statt 10 g) gespannt. So ist nicht nur die Masse des Zugs, sondern auch die beschleunigende Kraft verdoppelt. Die Beschleunigung bleibt 0,18 m/s². Dies kann man leicht einsehen: Man hätte ja jeden Wagen für sich mit der Kraft 9,8 cN beschleunigen können.

b) Man fragt sich weiter, ob nicht auch Form, Volumen und vor allem das Material der Körper von Einfluß auf ihr Trägsein sind. Man ersetzt deshalb den zweiten Wagen etwa durch 5 Schokoladentafeln. Vorher wurde ihnen auf der Waage die *gleiche Masse* (0,50 kg) gegeben wie dem weggenommenen zweiten Wagen. Erfreulicherweise erfährt der neue Zug durch die gleiche Kraft genau die gleiche Beschleunigung wie der alte: *Er ist auch gleich träge!* Dies wurde an den verschiedensten Orten mit großer Präzision bestätigt.

> **Zwei Körper seien am gleichen Ort gleich schwer, haben also die gleiche Masse.**
>
> **Dann brauchen sie überall zur gleichen Beschleunigung dieselbe Kraft, selbst wenn sie aus verschiedenen Stoffen bestehen. Sie sind auch gleich träge.**

Wenn ein Körper die Masse $m = 1$ kg hat, ist er *am gleichen Ort genau so schwer* wie das Urkilogramm und *überall genau so träge*.

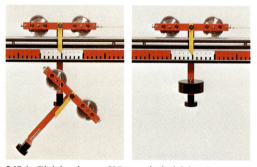

248.1 Gleich schwere Körper sind gleich träge.

Hat ein Körper die Masse 5 kg, so wird er mit der 5fachen Gewichtskraft nach unten gezogen wie 1 kg. Nach Versuch 308 braucht er zur gleichen Beschleunigung auch die 5fache Kraft.

> **Die Kraft F, die man zu einer bestimmten Beschleunigung braucht, ist der Masse m des zu beschleunigenden Körpers proportional, unabhängig vom Stoff: $F \sim m$.**

Schwersein und Trägsein sind zwar als Eigenschaften verschieden. Sie können trotzdem durch den gleichen Begriff Masse erfaßt werden! Dies vereinfacht viele Gleichungen erheblich.

4. Eine Formel, in der alles steckt!

Die beiden Arbeitsgruppen fanden:

A: Bei konstanter Masse m ist $F \sim a$.
B: Bei konstanter Beschleunigung ist $F \sim m$.

Zusammen folgern daraus beide Gruppen, daß die zum Beschleunigen eines Körpers nötige Kraft F bei doppelter Beschleunigung und dreifacher Masse des Körpers 6fach ist. Sie fragen sich, ob die Kraft F etwas mit dem Produkt $m \cdot a$ zu tun habe. Tatsächlich folgt aus $F \sim a$ und $F \sim m$ unmittelbar $F \sim m \cdot a$. Deshalb bilden sie aus den Meßwerten von Versuch 307 dieses Produkt $m \cdot a$. Dort war

Masse des ganzen beschleunigten Zugs
$m = 0{,}540$ kg
Beschleunigung $a = 0{,}726$ m/s²
$m \cdot a = 0{,}54$ kg $\cdot$ 0,726 m/s² $= 0{,}39$ kg m/s².

Der Kraftmesser gibt andererseits für die Gewichtskraft, mit der die Erde an den „Loks" zieht und so den Zug beschleunigt, $F = 0{,}39$ N an. Die Zahlenwerte (0,39) stimmen überein.

Die Physiker machten es sich und auch uns einfach. Sie erklärten 1 Newton als die Kraft, die einem Körper der Masse 1 kg die Beschleunigung 1 m/s² erteilt. Nach den Ergebnissen der Arbeitsgruppen braucht man dann unabhängig vom Stoff und vom Geschwindigkeitsbereich, in dem man beschleunigt:

bei $m = 1$ kg und $a = 1$ m/s² die Kraft 1 N,
bei $m = 1$ kg und $a = 3$ m/s² die Kraft 3 N,
bei $m = 5$ kg und $a = 3$ m/s² die Kraft 15 N.

Für $a = 3$ m/s² und $m = 5$ kg folgt also

$F = 5$ kg $\cdot$ 3 m/s² $= 15$ kg m/s².

Ein Kraftmesser würde $F=15$ N zeigen. Also dehnen wir die bei den Zahlenwerten so erfolgreiche Multiplikation auch auf die Einheiten aus und erklären 1 Newton als Abkürzung für die aus 1 kg, 1 m und 1 s „abgeleitete" Einheit 1 kg m/s²:

$$1\,\text{N} = 1\,\frac{\text{kg m}}{\text{s}^2}. \tag{249.1}$$

Dann können wir auch für die Größen F, m und a die einfache, aber wichtige Gleichung schreiben:

$$F = ma. \tag{249.2}$$

So wie die Krafteinheit Newton werden wir im Bereich der Mechanik alle weiteren Einheiten auf die drei Basiseinheiten Meter, Kilogramm und Sekunde zurückführen. Wir erhalten ein sehr einfaches **physikalisches Maßsystem**.

Die Fahrzeugfirma hätte sich diese Untersuchungen ersparen können. In Physikbüchern steht, daß bereits um 1686 *Isaak Newton* die wichtige Gleichung $F=ma$ aufgestellt hat, allerdings zunächst für die Bewegung von Himmelskörpern. Dann übertrug er sie auch auf irdische Körper, z.B. auf fallende Äpfel. Jetzt wissen wir, daß sie nicht nur für Planeten und Fallobst, sondern auch für anfahrende Autos gilt. Außerdem: Selberfinden macht Spaß!

> *Newtonsches Beschleunigungsgesetz als Grundgleichung der Mechanik:* (249.3)
>
> **Beschleunigende Kraft gleich Masse mal Beschleunigung:** $F = ma$

Finden Sie es als Radfahrer nicht überraschend, daß nach $F=ma$ die Kraft F mit der Beschleunigung a, d.h. der Geschwindigkeitsänderung, nicht aber mit der Geschwindigkeit v selbst, zusammenhängt? Sicher, beim Anfahren müssen Sie kräftig in die Pedale treten, wenn Sie schnell die Geschwindigkeit steigern wollen. Mit Ihrer Kraft bestimmen Sie aber auch die Endgeschwindigkeit. Diese wird nämlich erreicht, wenn die Luftwiderstandskraft F_L so groß geworden ist, daß sie der Antriebskraft F_A das Gleichgewicht hält: $F_A = F_L$. Dann ist die als beschleunigende Kraft wirkende Resultierende die Differenz $F = F_A - F_L = 0$. Mit ihr wird auch die Beschleunigung $a = F/m = 0$.

Versuch 309: Nach *Bild 249.1* zieht am Fahrbahnwagen (1,000 kg) nach rechts ein Wägestück mit 50 g, nach links mit 30 g Masse. Hätte das rechte auch nur 30 g Masse, so bestünde Gleichgewicht. So aber beschleunigt als resultierende Kraft die Differenz der Gewichtskräfte, nämlich

$$F = F_2 - F_1 = 50\,\text{cN} - 30\,\text{cN} = 20\,\text{cN}.$$

Die Gesamtmasse 1,080 kg des Zugs entsteht jedoch durch Addition. Er setzt sich nach rechts in Fahrt mit der Beschleunigung

$$a = F/m = 20\,\text{cN}/1{,}080\,\text{kg} = 0{,}19\,\text{m/s}^2.$$

Wirken auf eine Anordnung entgegengesetzte Kräfte F_1 und F_2, so beschleunigt die Differenz $F = F_2 - F_1$ in Richtung der größeren Kraft F_2. Bei Kräftegleichgewicht sind die resultierende Kraft F und die Beschleunigung Null.

> **Im Newtonschen Grundgesetz $F = m \cdot a$ ist die beschleunigende Kraft F die Resultierende der von außen einwirkenden Kräfte.**

5. $F=ma$ fährt immer mit

a) Ein Auto (Masse $m_1 = 1000$ kg) kommt bei rasantem Start in 2 s aus dem Stand auf die Geschwindigkeit $v = 36$ km/h $= 10$ m/s. Welche Kraft braucht es?

Zum Berechnen der Kraft $F=ma$ muß man nicht die Geschwindigkeit, sondern die Beschleunigung a kennen. Diese ist $a_1 = v/t = 5$ m/s², die Kraft $F = m_1 a_1 = 1000$ kg $\cdot$ 5 m/s² $= 5000$ kg m/s² $= 5000$ N. Die Motorkraft ist halb so groß wie die Gewichtskraft!

b) Das Auto in a) soll mit dieser Kraft $F = 5000$ N auch noch einen Anhänger der Masse $m_2 = 500$ kg ziehen oder 500 kg zuladen. Wie schnell ist es nach 2 s?

Wiederum müssen wir zunächst die Beschleunigung a_2 berechnen. Da sich die Masse von m_1 auf $m = m_1 + m_2$ erhöht hat, gilt für die verminderte Beschleunigung

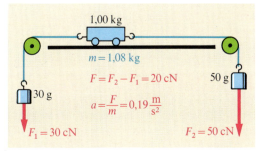

249.1 Zu Versuch 309

$$a_2 = \frac{F}{m} = \frac{F}{m_1 + m_2}$$

$$= \frac{5000 \text{ N}}{1500 \text{ kg}} = \frac{5000 \text{ kg m/s}^2}{1500 \text{ kg}} = 3{,}3 \text{ m/s}^2.$$

Nach 2 s ist die Geschwindigkeit $v = a_2 t = 6{,}6$ m/s.

6. Nun können wir den freien Fall verstehen

Beim freien Fall erfahren am *gleichen Ort* alle Körper die *gleiche Fallbeschleunigung*, bei uns $g = 9{,}81$ m/s². Warum ist das so?

In der luftleeren Fallröhre wirkt auf den fallenden Körper nur seine Gewichtskraft $\vec{G}$ nach unten. Sie bleibt auf nicht zu großen Fallstrecken konstant. Nach dem Grundgesetz der Mechanik $\vec{F} = m\vec{a}$ erzeugt eine konstante Kraft $\vec{G}$ an einem Körper mit konstanter Masse m die ebenfalls konstante Beschleunigung $\vec{a} = \vec{G}/m$. Wir haben sie mit $\vec{g}$ bezeichnet. Da sie konstant ist, gelten auch die schon bekannten Gleichungen $\vec{s} = \frac{1}{2} \vec{g} t^2$ und $\vec{v} = \vec{g} t$.

Warum aber ist diese Fallbeschleunigung an einem bestimmten Ort für alle Körper gleich groß? Müßte nicht eine Bleikugel, welche die 1000fache Gewichtskraft wie die Flaumfeder erfährt, auch mit der 1000fachen Beschleunigung fallen? Halt! Nach Versuch 308 hat dann die Kugel auch die 1000fache Masse; sie ist 1000mal so träge wie die Feder. Da die Masse im Nenner steht, bleibt für alle Körper der Quotient

$$g = \frac{G}{m} = \frac{1000\,G}{1000\,m}$$

gleich. Vielleicht verstehen Sie jetzt den Unterschied zwischen Gewichtskraft $\vec{G}$ und Masse m noch besser: $\vec{G}$ ist eine nach unten gerichtete Kraft und beschleunigt den fallenden Körper. Die Masse m beschreibt aber das Trägsein des Körpers, gleichgültig nach welcher Richtung er beschleunigt wird. So hat bei den Fahrbahnversuchen die Gewichtskraft des angehängten Wägestücks den Wagen *und* das Wägestück gegen deren Trägheit beschleunigt. Das Wägestück mußte noch den trägen Wagen mit sich schleppen, dessen Gewichtskraft durch die Fahrbahnschiene ausgeglichen worden ist. Deshalb waren dort die Beschleunigungen viel kleiner. Lassen wir dagegen beide zusammen fallen, so müssen wir auch die Gewichtskraft beider berücksichtigen.

Können wir mit der Grundgleichung auch den Wert der Fallbeschleunigung g berechnen — ohne Fallversuche? Da g für alle Körper gleich groß ist, greifen wir einen bestimmten heraus, etwa ein Wägestück der Masse $m = 1$ kg. Es erfährt bei uns die Gewichtskraft $G = 9{,}81$ N. Wirkt nun G allein, so ist $a = F/m = G/m = 9{,}81$ N/1 kg $= 9{,}81$ kg ms^{-2}/kg $= 9{,}81$ m/s². Diesen theoretisch berechneten Wert haben wir auch gemessen. Die Grundgleichung der Mechanik gilt also für langsame Fahrbahnversuche wie auch für schnell fallende Körper.

Den Wert $G/m = 9{,}81$ N/kg haben wir auf Seite 19 Ortsfaktor g genannt. Die soeben ausgeführte Rechnung zeigt, warum er auch die Fallbeschleunigung angibt. Selbst die Einheiten sind gleich: 1 N/kg geht beim Einsetzen von 1 N = 1 kg m/s² unmittelbar in 1 m/s² über. Auf dem Mond ist der Ortsfaktor $g = 1{,}6$ N/kg; ein Körper der Masse 1 kg erfährt dort die Gewichtskraft 1,6 N. Jeder Körper fällt also mit der Beschleunigung $g = 1{,}6$ m/s².

Aufgaben
Beschleunigung a stets konstant

1. *Ein Zug der Masse* 700 t *fährt mit der Beschleunigung* 0,15 m/s² *an. Welche Kraft braucht man zum Beschleunigen? Welcher Bruchteil seiner Gewichtskraft ist dies? Welche beschleunigende Kraft erfährt ein Mitfahrer (90 kg Masse)?*

2. *An einem Schlitten (80 kg, reibungsfrei auf Eis) zieht man mit der Kraft* 50 N. *Wie groß sind die Beschleunigung sowie Weg und Geschwindigkeit nach* 4,0 s *(Die Anfahrt erfolge aus der Ruhe)?*

3. *a) Welche Kraft ist nötig, um ein Auto (1000 kg) in* 10 s *aus der Ruhe auf* 20 m/s *zu beschleunigen? b) Welche Kraft würde man brauchen, wenn es in* 10 s *nur den halben Weg zurücklegen sollte? Wie schnell wäre es dann?*

4. *a) Ein Fahrbahnwagen (2,00 kg) steht reibungsfrei auf waagerechter Unterlage. Über einen Faden beschleunigt ihn ein Körper der Masse* 100 g *(Bild 239.2). Wie groß sind die Beschleunigung und der nach* 2,00 s *zurückgelegte Weg sowie die erreichte Geschwindigkeit? b) Könnte man mit einem Antriebskörper von* 100 kg *Masse eine 1000mal so große Beschleunigung erreichen? c) Wie ändern sich die in a) berechneten Werte, wenn gemäß Bild 249.1 zusätzlich ein Körper (80 g) nach links zieht?*

§ 93 Kräfte als Vektoren

1. Welche Kraft beschleunigt einen Pfeil?

Die Sehne in *Bild 251.1* ist stets vom Bogen straff gespannt. Sie kann den Pfeil aber erst dann abschießen, wenn der Schütze sie in der Mitte abgewinkelt hat. Warum ist das so?

Versuch 310: Nach *Bild 251.2* ist eine „Sehne" über zwei Rollen gelegt und an beiden Enden durch Kräfte von gleichbleibendem Betrag $F_1 = F_2 = 5$ N gespannt. Je weiter wir diese

251.1 Wie entsteht die beschleunigende Kraft?

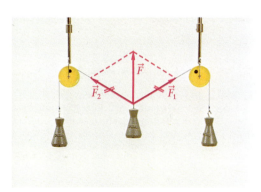

251.2 Kräfteparallelogramm

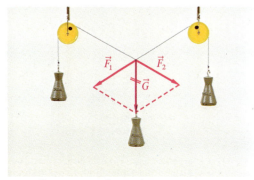

251.3 $\vec{G}$ wird durch $\vec{F}_1$ und $\vec{F}_2$ ersetzt.

„Sehne" in ihrer Mitte M nach unten ziehen, um so größer wird die Kraft $\vec{F}$, mit der sie einen Pfeil nach oben beschleunigen könnte. Wir halten dieser Kraft $\vec{F}$ durch ein angehängtes Wägestück das Gleichgewicht. Wie Sie aus der Mittelstufe wissen, setzt sich die nach oben gerichtete Kraft $\vec{F}$ als **Resultierende** aus den beiden längs der Seilhälften schräg nach oben ziehenden **Komponenten** $\vec{F}_1$ und $\vec{F}_2$ zusammen. Diese bilden die Seiten eines **Kräfteparallelogramms**. Seine Diagonale gibt nach Betrag und Richtung die *Resultierende* $\vec{F}$. Diese wird größer, wenn man den Winkel φ, den die Komponenten $\vec{F}_1$ und $\vec{F}_2$ einschließen, von 180° aus verkleinert (*Bild 252.1*). Das Kräfteparallelogramm setzt sich aus zwei **Vektordreiecken** zusammen. In ihnen wird der eine Vektorpfeil ($\vec{F}_1$) an den anderen ($\vec{F}_2$) gehängt (*Bild 254.1 b*).

> Zwei Kräfte $\vec{F}_1$ und $\vec{F}_2$, die in einem Punkt zugleich angreifen, lassen sich durch eine einzige Kraft $\vec{F}$, ihre Resultierende, ersetzen. $\vec{F}$ ist Diagonale des Kräfteparallelogramms, dessen Seiten die Komponenten $\vec{F}_1$ und $\vec{F}_2$ bilden: $\vec{F} = \vec{F}_1 + \vec{F}_2$. (251.1)

Nach *Bild 252.1* ist der Betrag F der Resultierenden $\vec{F}$ höchstens so groß wie die algebraische Summe ihrer Beträge (ohne Vektorpfeil geschrieben): $F \leq F_1 + F_2$. Einige Sonderfälle:

a) Sind $\vec{F}_1$ und $\vec{F}_2$ gleichgerichtet, so hat die Resultierende $\vec{F}$ den größtmöglichen Betrag $F = F_1 + F_2$ (Seite 15).

b) Bilden $\vec{F}_1$ und $\vec{F}_2$ den Winkel $\varphi = 180°$ und haben gleiche Beträge, so halten sie sich das Gleichgewicht. Die Resultierende ist $F = 0$.

c) Für einen beliebigen Winkel φ liefert der Cosinussatz der Trigonometrie:

$$F^2 = F_1^2 + F_2^2 + 2 F_1 F_2 \cdot \cos\varphi. \qquad (251.2)$$

Wenn die Komponenten $\vec{F}_1$ und $\vec{F}_2$ aufeinander senkrecht stehen, ist $\varphi = 90°$, $\cos 90° = 0$. Dann folgt $F = \sqrt{F_1^2 + F_2^2}$ (*Pythagoras*).

Bei $\varphi = 0°$ ist $\cos\varphi = 1$ und $F = F_1 + F_2$.

Bei $\varphi = 180°$ ist $\cos\varphi = -1$ und aus *Gl. 251.2* folgt $F = F_1 - F_2$ (Seite 249).

All diese Fälle umfaßt die Vektorgleichung $\vec{F} = \vec{F}_1 + \vec{F}_2$ durch die Anweisung: *Zeichne das Vektorparallelogramm aus $\vec{F}_1$ und $\vec{F}_2$!* Dabei streichen wir die beiden Komponenten, die wir durch ihre Resultierende $\vec{F}$ ersetzt haben, durch.

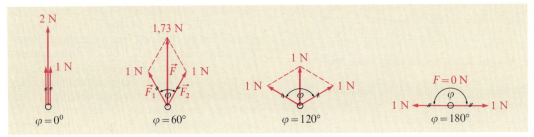

252.1 Vektoraddition zweier Kräfte mit Betrag 1 N unter verschiedenen Winkeln

2. Mit Komponenten läßt sich's leichter denken

In *Bild 251.3* zieht die Gewichtskraft G in der Mitte nach unten. Sie kann an den beiden seitlichen Fäden nur in deren Längsrichtung, also schräg nach unten ziehen. Wir zeichnen deshalb das Kräfteparallelogramm auf einen Karton. Diesen stellen wir mit dem Parallelogramm auf den Kopf. Damit kehren wir auch die Problemstellung um: Wir *ersetzen* $\vec{G}$ durch die beiden schräg nach unten zeigenden Komponenten $\vec{F}_1$ und $\vec{F}_2$, welche die beiden Fäden spannen. Wenn man ihre Beträge berechnen will, so beachte man, daß das Kräfteparallelogramm gleiche Winkel wie der Lageplan aufweist. Man findet in beiden ähnliche Dreiecke. Damit verhalten sich die Beträge von zwei Kräften wie die zu ihnen gleich liegenden Strecken (*Bild 251.3*).

> **Eine gegebene Kraft $\vec{F}$ kann (als Diagonale eines Parallelogramms) durch zwei Komponenten $\vec{F}_1$ und $\vec{F}_2$ (Parallelogrammseiten) ersetzt werden. $\vec{F}$ wird in die Komponenten $\vec{F}_1$ und $\vec{F}_2$ zerlegt. Diese drei Kräfte müssen in einer Ebene liegen. Es gilt $\vec{F} = \vec{F}_1 + \vec{F}_2$.**

Die Richtungen der Komponenten werden nach physikalischen Gesichtspunkten gewählt:

a) Nach *Bild 252.2* zieht der angehängte Körper (1 kg) mit der Kraft $F = 10$ N unter dem Winkel φ am rechten Teller A der Tafelwaage. Damit dieser nicht nach oben gezogen wird, belasten wir ihn mit einem 500 g-Stück. Dann kommt die Waage zum Einspielen, wenn die *vertikale Komponente* von $\vec{F}$ den Betrag $F_1 = 5$ N hat. Dann ist $\sin \varphi = F_1 / F = 5\,\text{N}/10\,\text{N} = 0{,}5$, also $\varphi = 30°$ ist. Die *horizontale Komponente* $\vec{F}_2$ von $\vec{F}$ wird vom Kraftmesser angezeigt, der die auf Rollen gelagerte Waage hält. Es gilt $F_2 = F \cdot \cos 30° = 8{,}67$ N. Die beiden Komponentenrichtungen sind durch die Bewegungsmöglichkeiten der Waage (vertikal und horizontal) festgelegt.

b) Nach *Bild 252.3* ist der Stab AC bei C mit einem Gelenk an einer Mauer befestigt. Das waagerechte Seil AB hindert ihn am Abkippen. Die Gewichtskraft $\vec{G}$ des angehängten Ballens steht schräg zur Stange AC und erzeugt in ihr die Druckkraft $\vec{F}_2$. Sie muß *längs* des Stabs AC wirken, da dieser wegen des Gelenks bei C nur eine Kraft *in seiner Längsrichtung* aufnehmen kann, also nicht auf Biegung beansprucht werden kann. Das horizontale Seil dagegen kann nur die *horizontale* Kraftkomponente $\vec{F}_1$ erfahren (Aufgabe 10). Die beiden getönten Dreiecke des Kräfte- und Lageplans sind zueinander ähnlich, also die Quotienten entsprechend liegender Strecken bzw. Kräfte gleich.

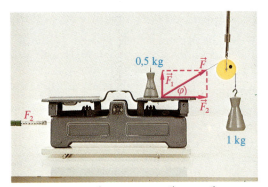

252.2 Die Kraft $\vec{F}$ wird durch $\vec{F}_1$ und $\vec{F}_2$ ersetzt. $\vec{F}_1$ hält der Gewichtskraft des Wägestücks das Gleichgewicht. $\vec{F}_2$ zieht am Kraftmesser nach rechts.

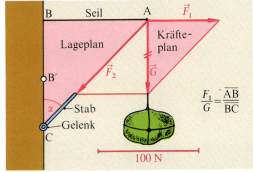

252.3 Die Gewichtskraft $\vec{G}$ wird durch die Zugkraft $\vec{F}_1$ im Seil und die Druckkraft $\vec{F}_2$ im Stab ersetzt (zu Aufgabe 10).

3. Schiefe Ebene: Bergab geht's leichter!

Welche Kraft beschleunigt Ihr Rad bei der Talfahrt? Die Gewichtskraft $\vec{G}$ würde ihm die Fallbeschleunigung g erteilen; dies wäre zuviel! Wir betrachten also die Gewichtskomponente, die *parallel* zur **schiefen Ebene** wirkt, die sog. **Hangabtriebskraft** $\vec{F}_H$. Die Komponente, die *senkrecht* zur möglichen Bewegungsrichtung steht, kann dagegen weder verzögern noch beschleunigen. Man nennt sie die *Normalkraft* $\vec{F}_N$ („Normale" bedeutet „Senkrechte"). Sie preßt das Fahrzeug senkrecht auf die Straße; ihr hält die Straße durch eine Gegenkraft das Gleichgewicht (Seite 300). *Also brauchen wir zum Beschleunigen nur noch die Hangabtriebskraft F_H zu betrachten.* Die Beträge F_H und F_N der Komponenten können wir berechnen, da der Neigungswinkel φ der schiefen Ebene im rot gezeichneten Kräfteparallelogramm wieder auftritt (Schenkel stehen paarweise aufeinander senkrecht). Im rechtwinkligen Dreieck gilt:

Hangabtriebskraft	$F_H = G \cdot \sin \varphi$	(253.1)
Normalkraft	$F_N = G \cdot \cos \varphi$	(253.2)

Versuch 311: Nach *Bild 253.1* hindern wir den Wagen der Gewichtskraft $G = 5$ N durch den Kraftmesser 1 daran, die schiefe Ebene mit Neigungswinkel $\varphi = 30°$ hinabzurollen. Er zeigt die Hangabtriebskraft an: $F_H = G \cdot \sin 30° = 5\text{N} \cdot 0{,}5 = 2{,}5 \text{N}$. Die Normalkraft $F_N = G \cdot \cos 30° = 4{,}33$ N gibt der Kraftmesser 2 an, wenn wir mit ihm den Wagen ein wenig von der schiefen Ebene abheben; er wurde ja mit der Kraft $\vec{F}_N$ auf seine Unterlage gepreßt.

Die alten Ägypter zogen beim Pyramidenbau Steinquader (bis 40 t) auf schiefen Rampen mit Schlamm als Schmiermittel hoch. Ausgerechnet kurz vor dem Umbiegen in die Horizontale soll bisweilen das Seil gerissen sein (*Bild 253.2*). Um dies zu verstehen, ersetzen wir jetzt $\vec{G}$ durch anders gerichtete Komponenten: Das horizontale Seil nimmt die *horizontale* Komponente $\vec{F}_1$ von $\vec{G}$ auf. Sie ist größer als $\vec{F}_H$ in *Bild 253.1*. Auch ist jetzt die Normalkraft F_2 größer als F_N dort. Der Block wird ja vom waagerechten Seil noch zusätzlich auf seine Unterlage gepreßt.

4. Was ist eine negative Kraft $-\vec{F}$?

Zwei Kräfte $\vec{F}_i$ und $\vec{F}_k$ von gleichem Betrag ($F_i = F_k$) halten sich das Gleichgewicht, wenn sie einander entgegengesetzt gerichtet sind (*Bild 254.1a*). Ihre Resultierende ist $\vec{F} = \vec{F}_i + \vec{F}_k = \vec{0}$. Wir schreiben $\vec{F}_k = \vec{0} - \vec{F}_i = -\vec{F}_i$. Das Minuszeichen an $-\vec{F}_i$ bedeutet Richtungsumkehr ohne Betragsänderung.

5. Es geht auch ohne Parallelogramm!

Beim Zusammensetzen und Zerlegen von Kräften bevorzugten wir das *Kräfteparallelogramm*. Bei ihm bleiben ja die Angriffspunkte der Komponenten $\vec{F}_1$ und $\vec{F}_2$ „am Platz". Einfacher ist jedoch die Addition von Vektoren nach dem **Vektordreieck** (*Bild 254.1b*): Man hängt den einen Vektor $\vec{F}_2$ mit seinem Ende an die Spitze von $\vec{F}_1$. Dies gibt beim Addieren mehrerer Kräfte eine übersichtlichere Konstruktion, das **Kräftepolygon** nach *Bild 254.1c*. Dabei ist die Reihenfolge beliebig. Die Resultierende $\vec{F}$ ist der Vektor vom Ausgangspunkt A zum Ende E des Polygons.

$$\vec{F} = \vec{F}_1 + \vec{F}_2 + \vec{F}_3 + \cdots + \vec{F}_n = \Sigma \vec{F}_i.$$

Wenn der Endpunkt E auf den Anfangspunkt A fällt, ist das Polygon geschlossen, die Resultierende $\vec{F} = \vec{0}$.

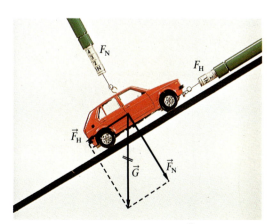

253.1 An der schiefen Ebene wird $\vec{G}$ durch Hangabtriebskraft $\vec{F}_H$ und Normalkraft $\vec{F}_N$ ersetzt.

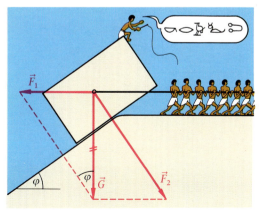

253.2 Wer an der schiefen Ebene horizontal zieht, muß mehr Kraft als nach *Bild 253.1* aufbringen.

Aufgaben
$g = 10$ m/s²

1. *Zwei gleich große Kräfte von je 20 N bilden den Winkel 60° miteinander und greifen am gleichen Punkt an. Ermitteln Sie die Resultierende durch Konstruktion und nach Gl. 251.2!*

2. *a) Wie groß sind Hangabtriebs- und Normalkraft an einer schiefen Ebene mit 20° Neigung bei einem Körper mit Masse 30 kg? Bei welchen Winkeln ist $F_H = G/2$, $F_H = G$ bzw. $F_H = 0$? b) Wie groß ist jeweils die Beschleunigung, wenn Reibung fehlt?*

3. *a) Ein reibungsfreier Wagen (2,0 kg) setzt sich auf einem geneigten Brett mit der Beschleunigung $a = 0{,}50$ m/s² nach unten in Bewegung. Wie groß sind Hangabtriebskraft und Neigungswinkel? b) Wie groß ist die Beschleunigung beim 3fachen Neigungswinkel?*

4. *Ein Anhänger (1 000 kg) soll auf einer Straße bei 15° Neigung mit $a = 1{,}0$ m/s² bergauf gezogen werden. Welche Kraft ist insgesamt nötig?*

5. *Der Block in Bild 253.2 hat 30 t Masse, der Neigungswinkel ist 30°. Wie groß sind F_1 und F_2? Wie groß wären F_H und F_N nach Bild 253.1?*

6. *Im Versuch nach Bild 252.2 werden statt 500 g a) 250 g, b) 750 g, c) 1000 g auf die rechte Waagschale gelegt. Welche Winkel φ stellen sich bei Gleichgewicht ein? Wie groß ist F_2?*

7. *a) Eine Lampe (20 kg) hängt nach Bild 254.2a in der Mitte eines Seils zwischen zwei 30 m voneinander entfernten Masten, das den Durchhang $h = 0{,}50$ m bzw. 0,10 m erfährt. Wie groß sind die Zugkräfte im Seil? b) Wie groß muß der Durchhang h mindestens sein, wenn die Seilkräfte höchstens 1000 N betragen dürfen?*

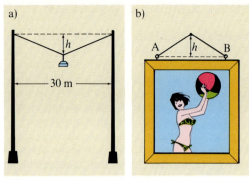

254.2 a) Zu Aufgabe 7; b) zu Aufgabe 8

8. *Wie groß ist die Kraft in der Aufhängeschnur, die nach Bild 254.2b das Bild (5,0 kg) hält, wenn die Ösen A und B 40 cm voneinander entfernt sind und $h = 10$ cm ist?*

9. *Ein Bogenschütze zieht mit der Kraft 100 N die Sehne so weit zurück, daß ihre beiden Hälften den Winkel $\varphi = 135°$ miteinander bilden. Wie groß sind die Kräfte in der Sehne (Bild 251.1)?*

10. *a) Das Seil AB nach Bild 252.3 ist 3,00 m, die Stange AC 5,00 m lang, der in A angehängte Körper hat 30 kg Masse. Wie groß sind die Kräfte in Seil und Stange? b) Bei welchem Winkel α ist die Seilkraft so groß wie die Gewichtskraft des angehängten Körpers, bei welchem doppelt so groß? c) Wie groß ist jeweils die Druckkraft in der Stange?*

11. *Der Pendelkörper in Bild 254.3 hat 2,0 kg Masse und wird um $\alpha = 45°$ ausgelenkt. Welche Kraft zeigt der Kraftmesser in Stellung 1 bzw. 2 an? Wie groß ist jeweils die Zugkraft im Faden (vergleichen Sie Bild 253.1 und 253.2)? Welche Richtung haben stets solche Zugkräfte in Fäden?*

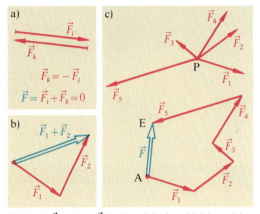

254.1 a) $\vec{F}_i$ und $-\vec{F}_i$ halten sich das Gleichgewicht; b) Kräftedreieck; c) Kräftepolygon

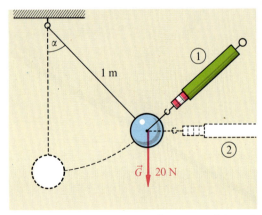

254.3 Zu Aufgabe 11: Der Kraftmesser muß je nach Stellung verschieden stark ziehen.

§ 94 Kraft und Gegenkraft

1. Eine Kraft ist nie allein

Die Erde beschleunigt den fallenden Apfel zu sich hin. Muß dann nicht auch die Erde zum Apfel hinfallen (von der Sonne aus gesehen; *Bild 256.1*)? Das würde aber bedeuten, daß sich alle Körper *gegenseitig* anziehen. Stimmt das?

Versuch 312: Ein Magnet A und ein Eisenstück B liegen je auf einem schwimmenden Styroporstück. Sie ziehen sich gegenseitig mit den Kräften $\vec{F}_A$ und $\vec{F}_B$ an und schwimmen beschleunigt aufeinander zu. Der Körper mit der größeren Masse erfährt die kleinere Beschleunigung. Ist die Beschleunigung der Erde nur deshalb unmerklich klein, weil sie eine viel größere Masse als der Apfel hat? Oder sind auch die Anziehungskräfte verschieden groß? Ein einfacher Versuch bringt uns Klarheit:

Versuch 313: a) Hans und Max stehen auf Rollschuhen. Die *Wechselwirkung* zwischen beiden findet mit Hilfe eines Seils statt *(Bild 255.1)*. Auf Kommando ziehen sie gleichzeitig daran. Haben sie gleiche Masse, so kommen sie in der Mitte zusammen. *Auch wenn die Massen verschieden sind, zeigen die beiden Kraftmesser an, daß jeder auf den anderen eine gleich große Kraft ausgeübt hat.* Ist das immer so?

b) Hans möchte, daß nur er allein beschleunigt wird. Er hält sich am Seil fest, zieht es aber nicht zu sich her. Trotzdem fahren wieder beide zueinander hin. Hans gibt zu, dabei auch eine Kraft F_H ausgeübt zu haben, um das Seil nicht durch die Hand rutschen zu lassen. Es war wiederum die gleichgroße Gegenkraft $-\vec{F}_M$ (**reactio**) auf die Zugkraft $\vec{F}_M$ von Max.

c) Hans möchte die Natur überlisten und diese Gegenkraft $-\vec{F}_M$ (reactio) ganz vermeiden. Dies geht aber nur, wenn er das Seil losläßt. Es ist für den Umgang mit Kräften von fundamentaler Bedeutung, daß dann Max auch keine Kraft $\vec{F}_M$ ausüben kann, selbst wenn er wollte. **Kraft und Gegenkraft gehören zusammen! Kräfte treten immer paarweise auf!**

d) Hans befestigt das Seil an seinem Gürtel. Max zieht mit der Kraft $\vec{F}_M$. Die Kraftmesser zeigen, daß der nun gestreckte Gürtel von Hans eine gleich große Gegenkraft $-\vec{F}_M$ auf Max ausübt. Auch hier erfährt der Junge mit der größeren Masse die kleinere Beschleunigung.

Da Erde und Apfel gleich große Kräfte aufeinander ausüben, ist $F_A = F_B$. Für ihre Beschleunigungen a_A und a_B gilt: $m_A a_A = m_B a_B$ oder $a_A/a_B = m_B/m_A$; sie verhalten sich umgekehrt wie ihre Massen m_A und m_B *(Bild 256.1)*.

Versuch 314: Wir tauchen nach Bild *255.2* den am Kraftmesser hängenden Körper der Masse 80 g in ein mit Wasser gefülltes Gefäß. Es steht austariert auf einer Waage. Der Kraftmesser zeigt statt 80 cN nur noch 30 cN an; der Körper erfährt also vom Wasser eine Auftriebskraft F_A von 50 cN nach oben. Überraschenderweise senkt sich dabei die Waagschale; man muß auf der andern Seite 50 g auflegen. Der Körper wirkt nämlich ohne unser weiteres Zutun auf das Wasser mit der reactio $\vec{F}_B = -\vec{F}_A$ vom Betrag 50 cN nach unten zurück.

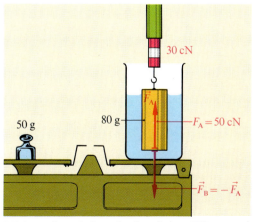

255.1 Auch bei verschiedenen Massen sind die Kräfte zwischen beiden gleich groß.

255.2 Kraft und Gegenkraft zwischen Körper und Wasser

Wechselwirkungsgesetz: Greift der Körper A mit der Kraft $\vec{F}_A$ am Körper B an, so übt B auf A die Gegenkraft (reactio) $\vec{F}_B$ aus. Sie hat den gleichen Betrag wie $\vec{F}_A$, aber die entgegengesetzte Richtung: $\vec{F}_A = -\vec{F}_B$.

Kraft und Gegenkraft (actio und reactio) greifen an verschiedenen Körpern an. Sie halten sich also nicht das Gleichgewicht.

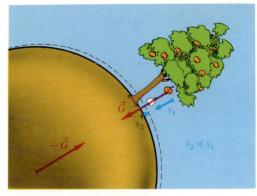

256.1 Die Erde wird auf den fallenden Apfel zu beschleunigt, getrieben von dessen reactio $-\vec{G}$.

2. Erst die reactio macht's möglich!

a) Fortbewegung zu Lande: Wenn ein Läufer startet, so üben seine Füße eine große Kraft auf den Boden nach *hinten* aus. Die *reactio* des Bodens setzt den Läufer in Bewegung; bei Glatteis fiele er auf die Nase! Je größer die actio der Beinmuskeln auf den Boden nach hinten ist, desto größer wird die beschleunigende reactio des Bodens auf den Läufer nach vorn.

Versuch 315: Die Schienen einer Spielzeugeisenbahn sind auf ein Brett montiert, das auf Rollen leicht läuft (*Bild 256.2*). Wenn man über bewegliche Kabel Strom zuführt, setzt sich die Lokomotive nach vorn in Bewegung, die Schienen jedoch nach hinten. Die Räder üben nämlich auf die Schienen eine Kraft $\vec{F}_A$ nach hinten aus; erst deren reactio $\vec{F}_B = -\vec{F}_A$ bringt die Lokomotive in Fahrt. Wäre Eis auf den Schienen, so würden sich die Räder fast reibungsfrei drehen; die Lokomotive bliebe stehen: $F_A = F_B \approx 0$.

b) Fortbewegung im Wasser: Ein Junge sitzt in einem Boot. Wenn er Steine kräftig nach hinten schleudert, fährt das Boot nach vorn. Die *Gegenkraft* der beschleunigten Steine wirkt auf den Jungen und damit auch auf das Boot. Wenn er keine Steine hat, schöpft er Wasser und schleudert es nach hinten. Einfacher ist es, die Hände, ein Paddel oder eine motorgetriebene Schraube zu benutzen. Die Schiffsschraube wirkt also im Wasser nicht wie ein Korkenzieher! Vielmehr weckt sie die Gegenkraft des Wassers, indem sie es gegen die gewünschte Fahrtrichtung beschleunigt.

c) Fortbewegung in der Luft: Der Drehflügel eines *Hubschraubers* beschleunigt Luft nach unten und wird durch deren reactio gehoben. Im *Propellerflugzeug* schleudert die Luftschraube Luft nach hinten. Das *Strahltriebwerk* der Düsenflugzeuge erwärmt Luft, die vorn in die Düse strömt, stark und beschleunigt sie so, daß sie mit großer Geschwindigkeit — zusammen mit den Verbrennungsprodukten — hinten ausgeschleudert wird. Dadurch erfährt sie eine große Kraft. Die dabei auftretenden Gegenkräfte treiben das Flugzeug voran. Der *Auftrieb* entsteht dadurch, daß der Tragflügel die anströmende Luft nach unten beschleunigt. Die reactio der Luft wirkt auf den Tragflügel nach oben.

d) Fortbewegung im Weltraum: Im leeren Weltraum findet man keine Materie, an der man sich „abstoßen" könnte. Die Rakete muß deshalb die hierzu nötige Materie mit sich führen und sie mit großer Kraft ausstoßen. Die reactio treibt sie voran.

3. Reactio muß, Gleichgewicht kann sein!

In Versuch 312 schwimmen Magnet und Eisen aufeinander zu, von actio und reactio beschleunigt. Wenn das Eisenstück beim Magneten angekommen ist, verformt es diesen ein wenig; deshalb erfährt das Eisenstück vom Magneten auch noch eine elastisch erzeugte Abstoßungskraft von gleichem Betrag. Sie hält am Eisenstück der magnetischen Anziehungskraft das Gleichgewicht. Auch am Magneten herrscht Gleichgewicht.

Kraft und Gegenkraft greifen stets an verschiedenen Körpern an. Sie können diese beschleunigen. Nur Kräfte, die am gleichen Körper angreifen, können sich das Gleichgewicht halten.

256.2 Ohne die reactio der Schienen bliebe die Lok stehen. Hält man sie fest, fahren nur die Schienen.

§ 95 Reibungskräfte

1. Bremskraft durch Gleitreibung

Sie müssen auf Ihrem Rad bei voller Fahrt plötzlich stark bremsen. Die Räder drehen sich nicht mehr, sondern gleiten über die Straße. Steinchen oder Schnee „spritzen" nach vorn: Ihr Rad übt auf die Straße eine Kraft nach vorne aus. Die reactio der Straße wirkt als **Gleitreibungskraft** F_{gl} der Bewegung Ihres Rades entgegen. Wie diese Gleitreibungskraft zustandekommt, sehen Sie unmittelbar, wenn Sie zwei Bürsten – die Borsten ineinander verkeilt – gegeneinander verschieben. Bei dieser *Relativbewegung* der Bürsten gegeneinander erzeugen die verbogenen Borsten entgegengesetzt gerichtete Reaktionskräfte an beiden Bürsten. Wenn Körper sich enger berühren, so wirken dabei nicht nur die Rauhigkeiten der Oberflächen, sondern auch molekulare Anziehungskräfte *(Adhäsion)* mit. Öl vermindert als Flüssigkeit die Reibung *(Schmieren)*.

Versuch 316: a) Zur Messung der Gleitreibungskraft ziehen wir den Körper an einem Kraftmesser mit konstanter Geschwindigkeit über die horizontale Unterlage. Kräfte, die man zum Beschleunigen braucht, sollen ja nicht stören.

b) Wir vermeiden beschleunigende Kräfte am Körper vollends, wenn wir ihn nach *Bild 257.1* auf ein horizontales Fließband legen und es unter ihm wegziehen. Ein Kraftmesser hält den Körper und zeigt die Gleitreibungskraft F_{gl} an. Sie ist von der Relativgeschwindigkeit zwischen den beiden aneinander reibenden Flächen fast unabhängig. Bei schneller Bewegung sinkt F_{gl} etwas; die Unebenheiten verzahnen sich nicht mehr so stark ineinander.

c) Wir pressen den Körper durch Auflegen von Wägestücken mit *n*-facher Normalkraft F_N auf seine Unterlage. Dann ver-*n*-facht sich auch die Gleitreibungskraft F_{gl}. Die Verzahnungen fassen jetzt fester ineinander.

d) Wir geben dem Fließband und damit der Unterlage in *Bild 257.1* die Neigung $\varphi = 60°$ senkrecht zur Bewegungsrichtung. Dann geht die Normalkraft gemäß *Gl. 253.2* auf $F_N = G \cdot \cos 60° = G/2$ zurück. Man mißt auch nur noch die halbe Gleitreibungskraft. Diese hängt also nicht eigentlich von der Gewichtskraft G, sondern von der Normalkraft F_N ab und ist ihr proportional.

257.1 Das weiße Laufband wird unter dem Körper (blau) weggezogen. Der Kraftmesser zeigt die Reibungskraft an. Seitliches Neigen verkleinert sie.

e) Die Reibungskraft hängt kaum von der Größe der reibenden Flächen ab, wohl aber von deren Beschaffenheit. Dies zeigt sich, wenn wir den reibenden Körper auf seine verschiedenen Flächen legen.

2. Reibung auch ohne Bewegung (Haftkräfte)

Versuch 317: Wir ziehen das Fließband in *Bild 257.1* unter dem Körper vorsichtig nach links weg. Wenn er gerade noch auf ihm haftet, zeigt der Kraftmesser mehr an als nachher beim gleichförmigen Gleiten. Beim Haften können sich nämlich die Unebenheiten und Adhäsionskräfte stärker auswirken als beim raschen Hinweggleiten. Obwohl man beim „Reiben" zunächst nur an Bewegungsvorgänge denkt, entstammen die Reaktionskräfte beim Haften den gleichen Ursachen wie beim Gleiten. Die größte Kraft, mit der man am Fließband – oder am Körper – ziehen kann, bis das Gleiten einsetzt, nennt man die **maximale Haftkraft** F_h. Sie ist größer als die Gleitreibungskraft F_{gl}. – Wenn die Körper bei einer Zugkraft $F < F_h$ aneinander haften, so ist die reactio der Unterlage gleich der jetzt wirkenden Kraft F, nicht gleich dem Maximalwert F_h; andernfalls bestünde kein Gleichgewicht.

3. Man muß oft mit Reibung rechnen

Die Proportionalitätsfaktoren $f_{gl} = F_{gl}/F_N$ und $f_h = F_h/F_N$ zwischen den Reibungs- und Normalkräften heißen **Gleitreibungszahl** f_{gl} und **Haftzahl** f_h. Beide hängen stark von der Oberflächenbeschaffenheit ab und sind reine Zahlen. Sie finden ungefähre Werte in *Tabelle 258.1*.

Stoffpaar	Haften f_h	Gleiten f_{gl}
Stahl auf Stahl	0,15	0,05
Eichenholz auf Eichenholz parallel zu den Fasern quer zu den Fasern	0,62 0,54	0,48 0,34
Holz auf Stein	0,7	0,3
Schlittschuh auf Eis	0,03	0,01
Gummi auf Straße	0,65	0,3
Riemen auf Rad	0,7	0,3
Autoreifen: trocken naß Glatteis	0,65 0,4 0,1	0,5 0,3 0,05

Tabelle 258.1 Haftzahlen f_h; Gleitreibungszahlen f_{gl}

> **Gleitreibungskraft** $F_{gl} = f_{gl} F_N$ (258.1)
> **Maximale Haftkraft** $F_h = f_h F_N$ (258.2)
> $F_h > F_{gl}; f_h > f_{gl}$ (258.3)

Ein Auto mit der Gewichtskraft $G = 10^4$ N übt an einem Hang mit $\varphi = 20°$ Neigung die Normalkraft $F_N = G \cdot \cos 20° = 9400$ N aus. Seine Räder sind durch die Bremsen blockiert. Solange sie noch haften, muß man mit der *maximalen Haftkraft* $F_h = f_h F_N = 0{,}65 \cdot 9400$ N $= 6100$ N rechnen. Beim *Gleiten* sinkt die Reibungskraft auf $F_{gl} = f_{gl} F_N = 0{,}3 \cdot 9400$ N $= 2800$ N, beim *Rollen* gar auf 1% von F_N, d.h. 94 N.

4. Haftkräfte treiben das Auto an!

Betrachten Sie nochmals die Radlinie in *Bild 229.1*! Sie zeigt, daß das rollende Rad ohne wesentlichen „Schlupf" die Straße berührt, also für einen Augenblick an ihr *haftet*. Das vom Motor angetriebene Lokomotivenrad übt dabei nach *Bild 256.2* eine Kraft auf die Schienen nach *hinten* aus. Deren reactio treibt die Lokomotive nach vorn. Als Haftkraft kann sie deren Maximalwert F_h nicht überschreiten. *Paradoxerweise ist es die Haftkraft, die — als äußere Kraft — rädergetriebene Fahrzeuge voranbringt!* Auf steilen Gebirgsstrecken ist F_h zu klein; man benutzt Zahnradbahnen. Bei einem Land-Rover mit 4-Rad-Antrieb ist auf waagerechter Strecke die maximale Antriebskraft

$$F_{max} = F_h = f_h F_N = f_h G = f_h mg. \quad (258.4)$$

Die Anfahrbeschleunigung kann deshalb den Wert

$$a_{max} = F_{max}/m = f_h g \quad (258.5)$$

nicht überschreiten.

5. Am Skihang braucht man Mut!

Sie nutzen an einem Skihang mit dem Neigungswinkel $\varphi = 30°$ den Höhenunterschied $h = 5$ m aus *(Bild 258.1)*. Man warnt Sie mit der Begründung, unten hätten Sie genau so die Geschwindigkeit $v = 10$ m/s wie beim freien Fall aus 5 m Höhe. Stimmt das?

a) *Ohne Reibung:* Als äußere Kraft wirkt nach Seite 256 nur die Hangabtriebskraft $F_H = G \cdot \sin \varphi$ und erteilt die Beschleunigung

$$a = \frac{F_H}{m} = \frac{mg \cdot \sin \varphi}{m} = g \cdot \sin 30° = \frac{g}{2}.$$

Wie aber soll die halbe Beschleunigung zur gleichen Geschwindigkeit wie der freie Fall führen? Nach *Bild 258.1* ist die Beschleunigungsstrecke s nicht h, sondern $s = h/\sin \varphi = 2h$. Dies vergrößert die Beschleunigungsdauer auf

$$t = \sqrt{\frac{2s}{a}} = \sqrt{\frac{2h}{g \cdot \sin^2 \varphi}}.$$

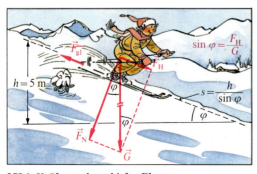

258.1 Kräfte an der schiefen Ebene

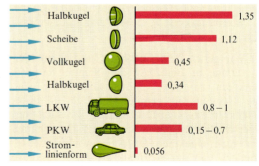

258.2 Widerstandsbeiwerte c_w

Für die Endgeschwindigkeit $v=at$ folgt

$$v = at = g \cdot \sin\varphi \cdot \sqrt{\frac{2h}{g \cdot \sin^2\varphi}} = \sqrt{2gh},$$

genau wie beim freien Fall nach Gl. 243.1.

> **Körper, die reibungsfrei schiefe Ebenen hinabgleiten, kommen — unabhängig vom Neigungswinkel — unten mit gleicher Geschwindigkeit wie beim freien Fall aus gleicher Höhe an.**

b) *Mit Reibung:* Von der Hangabtriebskraft F_H wird die entgegenwirkende Gleitreibungskraft

$F_{gl} = F_N f_{gl} = mg f_{gl} \cdot \cos\varphi$ abgezogen:

Beschleunigende Kraft: $F = F_H - F_{gl}$
$= G\sin\varphi - mg f_{gl} \cdot \cos\varphi$
$= mg(\sin\varphi - f_{gl} \cdot \cos\varphi).$

Beschleunigung:
$a = \frac{F}{m} = g(\sin\varphi - f_{gl} \cdot \cos\varphi).$

Reibung verringert die Endgeschwindigkeit.

6. Widerstandskräfte in Wasser und Luft

Autos, Schiffe, Meteore und landende Flugkörper erfahren Strömungswiderstände im umgebenden Medium. Windmühlen werden von strömender Luft, Wasserräder vom Wasser angetrieben. Bei hinreichend großen Geschwindigkeiten bilden sich hinter diesen Körpern Wirbel. Man erkennt sie etwa am Staub, den ein schnelles Kraftfahrzeug aufgewirbelt hat, aber auch an der Wirbelstraße hinter einem Schiff oder an den Luftwirbeln, die eine Fahne im Wind zum Flattern bringen. Diese Wirbelbildung entzieht einem Fahrzeug Energie: Die Bewegung des Fahrzeugs wird abgebremst. Die Widerstandskräfte F_w sind dem größten Querschnitt A, den der Körper senkrecht zur Strömung aufweist, dem Quadrat der Geschwindigkeit v und der Dichte $\varrho = m/V$ des strömenden Stoffs proportional. Wie jeder weiß, hängen sie auch von der „Windschnittigkeit", also der Form des Körpers ab, gekennzeichnet durch dessen *Widerstandsbeiwert* c_w *(Bild 258.2)*. Messungen (Seite 260) zeigen:

$$F_w = \frac{1}{2} c_w A \varrho v^2. \qquad (259.1)$$

Die Widerstandsbeiwerte c_w sind reine Zahlen. c_w war bei einem offenen Auto um 1900 etwa 1,2 und liegt bei heutigen Limousinen um 0,35; c_w sinkt bei windschnittiger Verkleidung auf 0,15. Bei Motorrädern ist $c_w \approx 0{,}7$, bei Lastzügen um 1,5.

Beispiel: Eine Limousine ($c_w = 0{,}35$) hat die größte Querschnittsfläche $A = 2{,}0\,\text{m}^2$ und fährt mit 30 m/s bei Gegenwind der Geschwindigkeit 10 m/s. Die Luftdichte beträgt $\varrho = 1{,}25\,\text{g/dm}^3 = 1{,}25\,\text{kg/m}^3$. Die Strömungsgeschwindigkeit ist $v = 40$ m/s und die Luftwiderstandskraft

$$F_w = \frac{1}{2} c_w A \varrho v^2 =$$
$$\frac{1}{2} \cdot 0{,}35 \cdot 2\,\text{m}^2 \cdot 1{,}25\,\frac{\text{kg}}{\text{m}^3} \cdot \left(40\,\frac{\text{m}}{\text{s}}\right)^2 = 700\,\text{N}.$$

Beim Annähern an die Schallgeschwindigkeit steigt der Luftwiderstand stärker an, als es dem Quadrat der Geschwindigkeit entspricht. Man spricht ungenau vom „Erreichen der Schallmauer".

Aufgaben

1. Welche Kraft braucht man, um einen Schlitten (80 kg) mit Stahlkufen auf Eis in Bewegung zu setzen bzw. mit konstanter Geschwindigkeit zu ziehen?

2. Welchen Neigungswinkel muß man einer schiefen Ebene geben, damit ein auf ihr liegender Körper gerade zu gleiten beginnt? Gleitet er anschließend mit konstanter Geschwindigkeit oder beschleunigt weiter; wie groß ist seine Beschleunigung? Wie groß muß der Neigungswinkel sein, damit der Körper nach einem Stoß mit konstanter Geschwindigkeit gleitet? ($f_h = 0{,}6$; $f_{gl} = 0{,}45$; spielt die Masse des Körpers eine Rolle?)

3. Wie groß ist die Bremskraft eines Autos (1000 kg) bei blockierten Reifen, wenn die Straße trocken, naß oder vereist ist? — Welche Kraft würde man zum Anschieben im ersten Augenblick brauchen?

4. a) Welches ist die maximale Antriebskraft eines Autos (1200 kg) auf waagerechter trockener Straße bei 4-Rad-Antrieb, welches die maximale Anfahrbeschleunigung? b) Wie groß werden diese Werte, wenn die Antriebsräder als Achslast 60% der Gewichtskraft erfahren?

5. Wie groß ist die maximale Anfahrbeschleunigung in Aufgabe 4 an einer Bergstraße mit 10° Neigungswinkel a) aufwärts, b) abwärts?

6. Die Antriebsräder eines Autos (1200 kg) erfahren 60% der Gewichtskraft als Achslast. Es zieht einen Anhänger (400 kg), dessen Bremsen blockiert sind. a) Welches ist die größte Anfahrbeschleunigung auf waagerechter Straße; b) bei 10° Neigungswinkel abwärts, c) bei 5° Steigungswinkel aufwärts? d) Bei welchem Steigungswinkel könnte es gerade noch bergauf anfahren? ($f_h = 0{,}65$; $f_{gl} = 0{,}5$)

§ 96 Der Fall mit Luftwiderstand

1. Auch die Luft mischt mit

Versuch 318: Wir lassen eine Eisenkugel und einen Papierkegel zugleich fallen und beleuchten sie mit Lichtblitzen in Zeitabständen von $\Delta t = 0{,}067$ s *(Bild 260.2)*. Zu Beginn fallen beide noch nebeneinander her; v wächst nach $v = gt$ gemäß der Ursprungsgeraden im v-t-Diagramm 260.3. Doch dann bleibt der Papierkegel zunehmend zurück. Mit der Geschwindigkeit v steigt an ihm die Luftwiderstandskraft F_L von Null aus schnell an. Dabei überschreitet v aber nicht den Grenzwert 3 m/s. Bei 3 m/s ist nämlich die nach oben, also der Bewegung entgegengerichtete *Luftwiderstandskraft* F_L so groß wie die Gewichtskraft G des Kegels; an ihm tritt Gleichgewicht zwischen F_L und G ein: $F_L = G$. Also ist die beschleunigende Kraft $F = G - F_L$ auf Null gesunken und mit ihr die Beschleunigung $a = F/m$. Der Kegel bleibt dann aber nicht etwa in der Luft stehen. Vielmehr fällt er jetzt mit der konstanten Geschwindigkeit 3 m/s weiter. Wir sehen in *Bild 260.2* gleiche Abstände; im v-t-Diagramm 260.3 biegt die Kurve in die Waagerechte. Wie schnell steigt F_L mit v an?

Versuch 319: Wir erhöhen die Gewichtskraft des Kegels, ohne Form und Fläche zu ändern. Hierzu setzen wir mehrere gleiche Papierkegel ineinander und lassen sie fallen *(Bild 260.1)*. Erst wenn wir 4 Kegel ineinandergesteckt haben, fallen sie nach Eintritt des Gleichgewichtszustands mit der doppelten Geschwindigkeit wie einer allein. Dann ist die Luftwiderstandskraft F_L im Gleichgewicht mit der 4fachen Gewichtskraft, also auch auf das 4fache gestiegen. Sie ist demnach dem Quadrat der Geschwindigkeit v proportional: Es gilt (siehe auch Seite 259):

$$F_L \sim v^2 \quad \text{oder} \quad F_L = Cv^2. \tag{260.1}$$

Als Radfahrer brauchen Sie bei doppelter Geschwindigkeit die 4fache Kraft! C steigt mit dem Querschnitt A des fallenden Körpers und der Dichte der Luft.

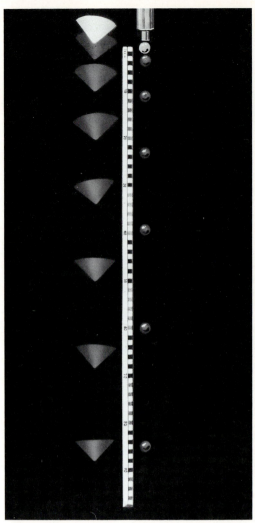

260.2 Stahlkugel und Papiertrichter fallen gemeinsam. Sie werden in Abständen von 0,067 s geblitzt. Der Kegel fällt nach einiger Zeit gleichförmig, die Kugel fällt ständig schneller.

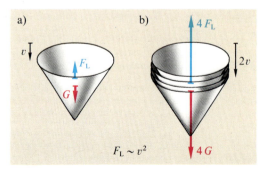

260.1 a) Bleibt bei Kräfte-Gleichgewicht der Trichter in der Luft stehen? b) Vier Kegel erfahren bei doppelter Geschwindigkeit die 4fache Luftwiderstandskraft.

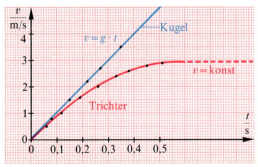

260.3 Geschwindigkeits-Zeit-Diagramm zu *Bild 260.2*. Die Kugel fällt nach $v = gt$, während der Kegel sich der Grenzgeschwindigkeit 3 m/s nähert.

§ 97 Geschichte der Mechanik

1. Trieb von innen oder Ursache von außen?

Der berühmte griechische Philosoph *Aristoteles* (um 350 v.Chr.) lehrte, ein Stein falle wegen eines ihm innewohnenden Triebs nach unten, zu seinem „natürlichen Ort" hin. Gewaltsam angestoßene Körper hätten dagegen den Trieb, von sich aus zur Ruhe zu kommen.

Der von *Galilei* und *Newton* aufgestellte *Trägheitssatz* sieht dagegen für alle Körper die gleichförmige Bewegung und den Zustand der Ruhe als gleichberechtigt an – der Unterschied hängt nur vom Bezugssystem des Beobachters ab. Jede Abweichung vom unbeschleunigten Zustand — sei es die Fallbewegung nach unten oder das Langsamerwerden eines angestoßenen Körpers — wird durch Ursachen von außen, Kräfte genannt, hervorgerufen, gemäß dem Newtonschen Grundgesetz $F = ma$.

2. Das Genie erkennt das Wesentliche

Aristoteles schloß aus der Erfahrung: „Der schwere Körper fällt schneller als der leichte". *Galilei* konstruierte aus diesem Satz einen Widerspruch: Wenn man einen schweren (schnell fallenden) mit einem leichten (langsam fallenden) kombiniert, so müßte die Verbindung langsamer fallen als der schwere allein. Andererseits sind beide zusammen schwerer als der schwere für sich. Bei dieser Betrachtungsweise sollte die Kombination noch schneller fallen als der schwere Körper.

Galilei beobachtete und *überlegte* noch weiter: In Quecksilber sinkt Gold nach unten, während Blei steigt. In Wasser fallen Körper aus beiden Stoffen, das Gold aber voraus. In Luft dagegen sind die Unterschiede belanglos. Also *abstrahierte Galilei* sogar von der Luft und lehrte, alle Körper fallen gleich schnell. Auch beim Aufstellen des *Trägheitssatzes* sah er von *Nebenumständen* wie Auftrieb, Luftwiderstand und Reibung ab. Welche Vorteile bringt eine solche Abstraktion, wenn man später diese Nebenumstände doch wieder berücksichtigen muß?

3. Das Grundsätzliche zeigt sich im Gedankenversuch am einfachen Beispiel, am „reinen Fall"

Als wesentlich bei der Fallbewegung erkannte *Galilei* die ständige Zunahme der Geschwindigkeit. Dabei „spielte" er im **Gedankenversuch** einfache Möglichkeiten *mathematisch* durch: Nach einem Fehlschlag mit der Annahme, die Geschwindigkeit v sei dem Fallweg s proportional ($v \sim s$), stellte er die **Hypothese** auf, die Fallgeschwindigkeit v wachse proportional mit der Zeit t ($v \sim t$). Hieraus leitete er theo-

261.1 Galileis „Laboratorium" (Nachbildung im Deutschen Museum, München)

retisch (deduktiv) ab, daß dann der Weg s proportional t^2 sein müsse. Er benutzte eine *Mittelwertsbetrachtung*, die in unserer Sprechweise lautet: Wenn $v \sim t$ ist, hat der fallende Körper nach der Zeit t die Geschwindigkeit $v = at$ von $v = 0$ aus erreicht. Seine mittlere Geschwindigkeit ist $\bar{v} = at/2$. Mit ihr hätte ein gleichförmig bewegter Körper in der Zeit t die Strecke $s = \bar{v}t = at^2/2 = \frac{1}{2}at^2$ zurückgelegt. Dann erst zog *Galilei* wieder das Experiment heran. Da er frei fallende Körper nicht genauer untersuchen konnte, ließ er Kugeln längs einer schiefen Ebene *(Fallrinne)* hinabrollen und bestätigte das Quadratgesetz. Seine theoretischen Überlegungen hatten ihn darin bestärkt, daß man das Wesentliche seines Denkansatzes auch an rollenden Kugeln prüfen könne.

Galilei schälte also aus einfachen Beobachtungen den wesentlichen Kern heraus und stellte für ihn eine einfache *Hypothese* auf — hier zeigte sich das Genie des Forschers. Aus ihr zog er mit den Mitteln der Mathematik Folgerungen, die er dann im Experiment „dem Gericht der Natur" zur Bestätigung oder Widerlegung unterbreiten ließ. Dieses **hypothetisch-deduktive Vorgehen mit anschließender experimenteller Prüfung** wurde zur wesentlichen Forschungsmethode moderner Wissenschaften, nicht nur der Physik. Sie führt dazu, daß Wissenschaft nicht nur eine Summe von Einzeltatsachen ist, die beziehungslos nebeneinanderstehen, sondern ein in sich vielfältig verknüpftes Gedankengebäude, aus dem man neue Erkenntnisse durch Nachdenken gewinnen kann.

Galilei war es nicht vergönnt, das fertige Gebäude der Mechanik aufzustellen; dies vermochte erst *Newton* etwa 100 Jahre später. *Galilei* zeigte aber an einem einfachen Sonderfall, an einem *Paradebeispiel* könnte man sagen, wie die „Neue Physik" aussehen kann. So leitete er vom Beispiel ausgehend eine *Revolution des Denkens* ein. Daß seine Methode allgemeinen Erfolg zeigen würde, konnte erst die Zukunft lehren. Ähnlich revolutionär waren seine Betrachtungen zur Astronomie.

Überlagerung von Bewegungen

§ 98 Vektoraddition bei Bewegungen

a) Das gelbe Modellauto im Stroboskop-Bild *262.1 a* fährt auf dem Transportband eines Flughafens *in* dessen *Laufrichtung*. Das Band läuft mit $v_0 = 30$ cm/s nach rechts und transportiert das oben mitfahrende „Männchen" von Blitz zu Blitz um das gleiche Stück weiter. Relativ zu ihm fährt das Auto mit seiner „Eigengeschwindigkeit" $v_1 = 40$ cm/s auch nach rechts. *Relativ zum Bezugssystem* „Fußboden" (Maßstab) kommt es also in jeder Sekunde um 70 cm weiter. In diesem System ist seine Geschwindigkeit $v = s/t = 70$ cm/s.

In *Bild 262.1 b* dagegen fährt das Auto gegen das Band nach links. Relativ zum Maßstab legt es in der Sekunde nur noch 40 cm − 30 cm = 10 cm zurück und hat die Geschwindigkeit $v' = 10$ cm/s.

Offensichtlich spielen hier die *Richtungen,* in denen Auto und Transportband verschoben werden, eine ausschlaggebende Rolle. Wir fassen deshalb Verschiebungen $\Delta \vec{s}$ — wie Kräfte — als Vektoren auf (Sie kennen dies von der Mathematik). Dann wird in der Definitionsgleichung für die Geschwindigkeit der Vektor $\Delta \vec{s}$ durch die Zeit Δt, die keine räumliche Richtung hat, dividiert. Diese Division $\vec{v} = \Delta \vec{s}/\Delta t$ überträgt die Richtung von $\Delta \vec{s}$ auf die Geschwindigkeit und macht aus ihr einen Vektor $\vec{v}$ in Richtung von $\Delta \vec{s}$.

Definition: Legt ein Körper bei gleichförmiger Bewegung in der Zeitspanne Δt die Wegstrecke $\Delta \vec{s}$ zurück, so ist seine Geschwindigkeit $\vec{v}$ ein Vektor in Richtung von $\Delta \vec{s}$. Es gilt:

$$\vec{v} = \frac{\Delta \vec{s}}{\Delta t}. \tag{262.1}$$

Für *Bild 262.1* und *263.1* schneiden Sie die Geschwindigkeitsvektoren $\vec{v}_1$ (Auto relativ zum Band) und $\vec{v}_0$ (Band relativ zum Maßstab) als Pfeile aus Pappe. Für die Fahrt in Bandrichtung legen Sie diese Pfeile hintereinander. Hier addieren sich die Geschwindigkeits*beträge* zu

$v = v_1 + v_0 = 40$ cm/s + 30 cm/s = 70 cm/s.

Für die *Gegenbewegung* legen Sie die $\vec{v}$-Pfeile gegeneinander; v sinkt auf $v = v_1 - v_0 = 10$ cm/s. Die Vektorgleichung $\vec{v} = \vec{v}_1 + \vec{v}_0$ umfaßt beide Fälle gleichermaßen mit der Anweisung: **Addiere die Geschwindigkeiten vektoriell!**

b) Rolf möchte mit seinem Auto das Band möglichst schnell überqueren. Er setzt es — und damit dessen Geschwindigkeitsvektor $\vec{v}_1$ — quer zur Bandgeschwindigkeit $\vec{v}_0$ (in *Bild 263.1 a* nach oben). Peter sagt: „Statt in B anzukommen, wirst du auf der längeren Strecke $\overline{AC}$ nach C abgetrieben." Bevor Sie den Versuch wagen, rechnen Sie: Das Band hat die Breite $\overline{AB} = 120$ cm. Wäre es in Ruhe, so hätte das Auto nach $t = 120$ cm$/40\,\frac{\text{cm}}{\text{s}} = 3$ s den Punkt B am gegenüberliegenden Bandrand erreicht ($\overline{AB} = v_1 t$; $v_1 = 40$ cm/s). Auch bei rollendem Band erreicht das Auto nach $t = 3$ s den anderen Rand.

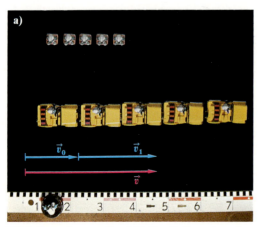
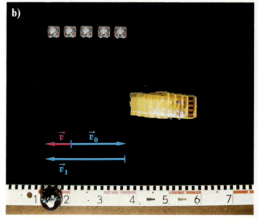

262.1 Das schwarze Band läuft mit $\vec{v}_0$ nach rechts und nimmt den 5mal geblitzten Mann (oben) mit. Das Auto ($\vec{v}_1$) fährt in a) nach rechts, in b) nach links. $\vec{v}$ ist die Geschwindigkeit relativ zum ruhenden Maßstab.

Doch wird es um $\overline{BC} = v_0 t = 30\,\frac{cm}{s} \cdot 3\,s = 90$ cm nach rechts mitgenommen und kommt in C an. Vom ruhenden Boden aus gesehen fährt es längs der Geraden AC, also schief zum Rand. Peter rechnet vor, daß dabei die Fahrtstrecke von 120 cm auf $\overline{AC} = \sqrt{\overline{AB}^2 + \overline{BC}^2} = 150$ cm angewachsen sei, man also mehr Zeit brauche. Rolf kontert: „Da das Band mein Auto mitnimmt, hat das Auto relativ zum Boden auch die größere Geschwindigkeit

$v = \overline{AC}/t = 150$ cm$/3$ s $= 50$ cm/s."

Dies wird durch die Vektorpfeile in *Bild 263.1a* bestätigt: Die aus $\vec{v}_0$ und $\vec{v}_1$ resultierende Geschwindigkeit $\vec{v}$ des Autos *relativ zum Boden* ist die Diagonale des Vektordreiecks aus $\vec{v}_0$ und $\vec{v}_1$. Dabei gilt genau so der Satz des *Pythagoras* wie im ähnlichen Dreieck ABC des Lageplans. In dem Maße, in dem die Strecke $\overline{AC} = 150$ cm länger als $\overline{AB} = 120$ cm ist, wächst auch die Geschwindigkeit v relativ zum Boden auf

$v = \sqrt{v_1^2 + v_0^2} = \sqrt{(40\text{ cm/s})^2 + (30\text{ cm/s})^2}$
$= 50$ cm/s.

c) Rolf möchte nun — in der Hoffnung auf eine noch kürzere Zeit — das Band auf dem kürzesten Weg überqueren. Wie, das zeigt er am Vektormodell: Er dreht nach *Bild 263.1b* den Vektor $\vec{v}_1$ so um die Spitze von $\vec{v}_0$, daß die resultierende Geschwindigkeit $\vec{v}$ senkrecht zum Rand steht. Die Längsachse des Autos steht wiederum parallel zu seiner Eigengeschwindigkeit $\vec{v}_1$. Für den Geschwindigkeitsbetrag v *relativ zum Boden* gilt nunmehr

$v = \sqrt{v_1^2 - v_0^2} = \sqrt{(40\text{ cm/s})^2 - (30\text{ cm/s})^2}$
$= 26$ cm/s.

Zur Überfahrt braucht das Auto jetzt die Zeit $t = \overline{AB}/v = 4{,}6$ s, also länger als nach *Bild 263.1a*. Es hat ja teilweise gegen die Bandbewegung anzukämpfen, während es sich nach *Bild 263.1a* einfach mitnehmen ließ. Deshalb sollte ein Schwimmer, den die Kräfte in einer Strömung verlassen, nicht einen festen Punkt am Ufer (im Beispiel B) anzustreben suchen. Er kommt i.a. schneller ans Ufer, wenn er senkrecht zur Strömung schwimmt und nicht gegen sie!

Aufgaben

1. *Ein Fluß strömt mit $v_0 = 3$ m/s. Längs seines Ufers ist die Strecke $s = 140$ m abgesteckt.*

a) Wie lange braucht ein Boot (Eigengeschwindigkeit $v_1 = 4$ m/s) bei der Tal-, wie lange bei der Bergfahrt für s?

b) Wie lange würde das Boot hin und zurück bei ruhendem Wasser brauchen? Ist es der Mittelwert zwischen den Ergebnissen in a)?

2. *Ein Flugzeug mit Eigengeschwindigkeit $v_1 = 540$ km/h soll eine auf der Karte in Ost-West-Richtung ausgesteckte Strecke $\Delta s = 1200$ km hin und zurück fliegen. Wie lange braucht es bei Windstille, wie lange bei einem Westwind mit $v_0 = 60$ km/h?*

3. *Der Fluß in Aufgabe 1 ist 150 m breit.*

a) Das Boot fährt quer zur Strömung. Wie lange braucht es? Um wieviel wird es abgetrieben?

b) Wie lange würde die Fahrt auf der kürzesten Strecke $\overline{AB}$ gemäß Bild 263.1b dauern? Wie groß wäre dabei die Geschwindigkeit relativ zum Ufer?

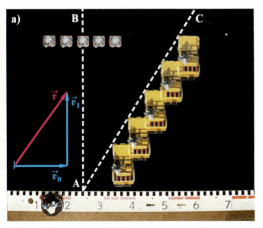
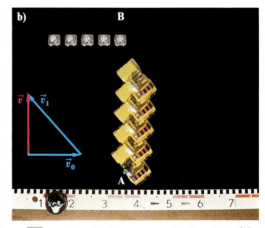

263.1 a) Das Auto ($\vec{v}_1$) fährt quer zum Band und wird um $\overline{BC}$ vom Band mitgenommen. b) Das Auto fährt quer zum Bandrand (Maßstab) längs AB, aber schräg zum Band.

§ 99 Wurfbewegungen

1. Wer fällt zuerst ins Wasser?

Zwei mutige Mädchen springen vom breiten 5 m-Turm. Anna (A) nimmt einen weiten Anlauf und legt einen großen Bogen zurück. Bettina (B) möchte schneller unten sein und läßt sich neben Anna einfach fallen, wenn diese abspringt *(Bild 264.1)*. Doch schlagen beide gleichzeitig auf. Merkwürdig — Anna legt doch einen viel längeren Weg als Bettina zurück! Wir ahmen diesen Sachverhalt mit zwei Kugeln A und B nach.

Versuch 320: Kugel A wird von einer Feder waagerecht mit der Anfangsgeschwindigkeit $\vec{v}_0$ abgeschleudert. Im selben Augenblick beginnt B aus gleicher Höhe senkrecht nach unten zu fallen *(Bild 264.2)*. Nun sind beide Kugeln nur ihrer Gewichtskraft überlassen (vom Luftwiderstand sei abgesehen). Obwohl Kugel A einen längeren Weg zurücklegt, schlägt sie gleichzeitig mit B am waagerechten Boden auf. Dies ist (ohne Luftwiderstand) unabhängig von:

a) der Höhe h über dem Boden,
b) der Abwurfgeschwindigkeit $\vec{v}_0$,
c) den Massen der Kugeln.

Beide Kugeln brauchen also zum Durchfallen gleicher Höhenunterschiede die gleiche Zeit t. Dies zeigt die Stroboskop-Aufnahme in *Bild 264.2* deutlich: Die Kugeln gleicher Farbe (gleicher „Blitz-Augenblick") befinden sich jeweils in gleicher Höhe! Mit jedem Farbwechsel rückt B dabei um die gleiche Strecke nach rechts: Hätte Bettina bei ihrem Fall die Augen aufgemacht, so hätte sie *in ihrem Bezugssystem* gesehen, daß Anna mit ihr stets auf gleicher Höhe war. Dabei entfernte sich Anna von ihr mit der konstanten horizontalen Anfangsgeschwindigkeit v_0 um die Strecke $x = v_0 \cdot t$ in *gleichförmiger Bewegung*.

Bettina kann Annas Sprung auch *von oben* verfolgen, indem sie auf einem horizontalen „Laufsteg" mit der konstanten Geschwindigkeit v_0 über Anna weiterläuft (B' in Bild 264.1). Dabei gewinnt sie von der abwärts zeigenden y-Achse den wachsenden Abstand $x = v_0 \cdot t$. Von ihrem neuen Bezugssystem aus sieht sie Anna ganz einfach senkrecht unter sich fallen, gemäß dem Fallgesetz $y = \frac{1}{2} g t^2$ für die vertikale Fallstrecke y. Im Grunde sind wir auch beim freien Fall eines Steins in einen Brunnen in der Lage von Bettina. Bewegen wir uns doch — zusammen mit Brunnen und Stein — wegen der Erdrotation mit 300 m/s nach Osten. Dies haben wir früher nur nicht bedacht!

2. Warum ist die Wurfbahn krumm?

Die Kugel A werde relativ zum Erdboden waagerecht mit der Anfangsgeschwindigkeit $v_0 = 10$ m/s abgestoßen *(Bild 265.1)*. Anschließend wirke in der waagerechten x-Richtung keine Kraft; vom Luftwiderstand sehen wir ab. Im schwerefreien Raum würde die Kugel A nach dem Trägheitssatz die Abstoßgeschwindigkeit $\vec{v}_0$ beibehalten und in der Zeit t in x-Richtung die Strecke $x = v_0 \cdot t$ zurücklegen; sie würde für $t = 1$ s, 2 s, ... die Punkte $x_1 = 10$ m, $x_2 =$

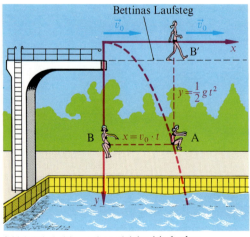

264.1 Die beiden gehen gleichzeitig baden.

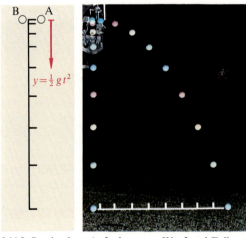

264.2 Stroboskop-Aufnahme von Wurf und Fall

20 m... auf der x-Achse erreichen — genau wie Bettina auf ihrem Laufsteg. Da aber die Gewichtskraft G nach unten wirkt, legt die Kugel A „unter Bettina" die Fallstrecke $y = \frac{1}{2}gt^2$ zurück, in 1 s 5 m, in 2 s 20 m.... Dies ist unabhängig von v_0. Vergleichen Sie mit *Bild 264.2*, links!

Ein *Beobachter am Beckenrand* erhält für $t = 1$ s den Punkt P_1 mit den Koordinaten $x_1 = 10$ m und $y_1 = 5$ m. Für $t = 2$ s hat A den Punkt P_2 mit den Koordinaten $x_2 = 20$ m und $y_2 = 20$ m erreicht. Aus diesen Punkten entsteht die gekrümmte Bahnkurve.

Ist die Bahnkurve bei diesem **waagerechten Wurf** eine Parabel? Für die Gestalt der Kurve spielt es keine Rolle, wo sich der Körper zur Zeit t befindet. Wir entnehmen deshalb der Gleichung $x = v_0 \cdot t$ für die x-Koordinate die Zeit $t = x/v_0$ und setzen sie in die Gleichung $y = \frac{1}{2}gt^2$ für die y-Koordinate ein. So erhalten wir die von t freie *Gleichung der Bahnkurve*

$$y = \frac{1}{2} g \frac{x^2}{v_0^2} = \frac{g}{2v_0^2} x^2.$$

Wir haben die *Parabelgleichung* $y = Cx^2$ erhalten, da $C = g/(2v_0^2)$ konstant ist.

Bild 265.1 zeigt im Punkt P_2 auch die *Geschwindigkeitsvektoren*: $v_x = v_0 = 10$ m/s ist der Betrag der konstanten *Horizontalkomponente*, $v_y = gt = 20$ m/s die vom freien Fall bekannte *Vertikalkomponente* für $t = 2$ s. Der daraus resultierende Geschwindigkeitsvektor $\vec{v}$ liegt nach der Zeichnung längs der *Tangente* an die Bahnkurve. Er gibt nämlich den Weg an, den der Körper in der nächsten Sekunde zurücklegen würde, falls er sich nach 2 s kräftefrei weiterbewegen könnte (Schwerkraft ausgeschaltet). Da die Gewichtskraft jedoch weiter angreift, ist die Bahn nach unten gekrümmt. In jedem Punkt gilt für den Winkel φ des $\vec{v}$-Vektors gegen die Horizontale:

$$\tan \varphi = \frac{v_y}{v_0} = \frac{gt}{v_0}. \quad \text{Für } t = 0 \text{ ist } \varphi = 0.$$

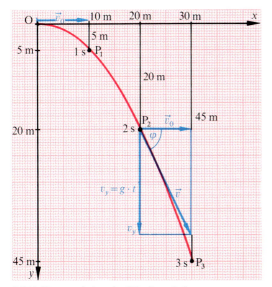

265.1 Konstruktion der Wurfparabel

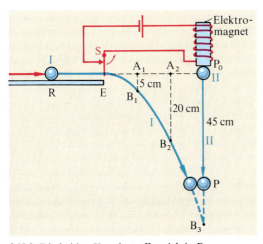

265.2 Die beiden Kugeln treffen sich in P.

> Der waagerechte Wurf eines Körpers A im luftleeren Raum erscheint für einen Beobachter B, der sich gleichförmig mit der Anfangsgeschwindigkeit $\vec{v}_0$ von A weiterbewegt, als freier Fall. — Ein außenstehender Beobachter erhält die Koordinaten x und y der Bahnkurve zu
>
> $$x = v_0 \cdot t \qquad (265.1)$$
>
> $$y = \tfrac{1}{2}gt^2 \qquad (265.2)$$
>
> und die Geschwindigkeitskomponenten
>
> $$v_x = v_0 = \text{konstant} \qquad (265.3)$$
>
> $$v_y = gt. \qquad (265.4)$$
>
> Die Gleichung der Wurfparabel lautet
>
> $$y = \frac{g}{2v_0^2} x^2. \qquad (265.5)$$

Versuch 321: Wir stoßen nach *Bild 265.2* die Kugel I längs der horizontalen Rinne R mit der Hand an. Am Ende E der Rinne öffnet sie den elektrischen Kontakt S. Dabei wird der Strom unterbrochen, der die Kugel II an einer kleinen

Spule im Punkt P_0 genau in der Verlängerung der Rinne festhält. Im schwerefreien Raum ($g=0$) würde die Kugel II am Magneten bleiben und von der ebenfalls gewichtslosen Kugel I in P_0 getroffen. Wegen der Schwerkraft haben jedoch beide Kugeln gleichzeitig die gleiche Beschleunigung $\vec{g}$ nach unten. Sie treffen sich in P. Je schneller wir die Kugel I abgestoßen haben, desto höher liegt der Treffpunkt P.

Als denkender Mensch muß man sich in die Lage anderer hineinversetzen können: Ein Betrachter, der sich – wie Bettina auf dem Laufsteg – mit der konstanten Geschwindigkeit $\vec{v}_0$ längs EP_0 bewegt, sieht die Kugel I unter sich frei fallen. Dafür stellt er von seinem Bezugssystem aus fest, daß ihm die Kugel II entgegenfliegt und eine waagerechte Wurfbewegung nach links ausführt. – Was würde wohl Münchhausen berichten, der auf der Kugel I mitreitet?

Stellen Sie sich vor, Kugel II sei ein Faultier, das am Baum hängt und auf das der Jäger seinen Gewehrlauf genau längs der Rinne R richtet. Es sieht das Mündungsfeuer und läßt sich fallen – in der Hoffnung, die Kugel fliege über ihm vorbei. Leider wird es getroffen. Offensichtlich gibt es solche falsch denkenden Faultiere nicht mehr. Wie trifft aber der Jäger die richtig denkenden, die hängen bleiben? Nun, für ihn dachte der Büchsenmacher. Er richtet das Visier so aus, daß der Lauf vorn etwas angehoben wird.

3. Im Brunnenstrahl steckt eine Wurfparabel

Versuch 322: Beim „Wasserwerfer" nach *Bild 266.1* strömt Wasser horizontal aus einer Düse. In ihre Verlängerung zeigt eine Latte. Daran hängen in Abständen von 20 cm Stäbe der Länge 5 cm, 20 cm, 45 cm und 80 cm. Wenn man die Ausströmgeschwindigkeit v_0 des

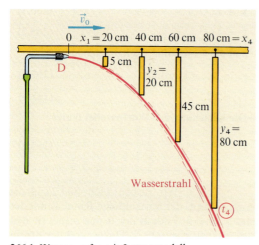

266.1 Wasserwerfer mit Lattenmodell

Wassers richtig einstellt, streifen Tropfen bei ihrem waagerechten „Wurf" die Enden der Stäbe. Projiziert man den Strahl auf eine Wand, so erkennt man – wie im Brunnenstrahl – die Wurfparabel und in ihr das Fallgesetz. Wenn wir die früheren Überlegungen rückwärts verfolgen, so können wir v_0 berechnen: Zum Durchfallen der Länge $y_4 = 0{,}80$ m des letzten Stäbchens braucht das Wasser nach *Gl. 265.2* die Zeit $t_4 = \sqrt{2y_4/g} = 0{,}4$ s. In dieser Zeit hat es horizontal die Strecke $x_4 = 0{,}80$ m zurückgelegt, nämlich den Abstand des 4. Stäbchens von der Düsenöffnung. Nach *Gl. 265.1* ist $v_0 = x_4/t_4 = 2$ m/s. Für die Wurfparabel gilt *Gl. 265.5*:

$$y = \frac{g}{2v_0^2}x^2 = 1{,}25\,\frac{1}{\text{m}}\cdot x^2.$$

In dieser Rechnung hat $t_4 = 0{,}4$ s 3fache Bedeutung:
- t_4 ist die Zeit, die ein Tropfen brauchen würde, um von der Latte weg die Länge $y_4 = 80$ cm des 4. Stäbchens aus der Ruhe frei zu durchfallen.
- In dieser Zeit würde ein längs der horizontalen Latte gleichförmig bewegter Beobachter (Bettina auf dem Laufsteg) die horizontale Strecke $x_4 = 0{,}80$ m zurücklegen.
- In der Zeit t_4 fliegt ein Tröpfchen tatsächlich von der Düse zum unteren Ende des 4. Stäbchens.

Aufgaben ($g = 10$ m/s²)

1. *Zeichnen Sie die Bahn des waagerechten Wurfs mit Anfangsgeschwindigkeit $v_0 = 20$ m/s und die Geschwindigkeitsvektoren für $t = 2{,}0$ s und $4{,}0$ s! Längenmaßstab 1:1000; Geschwindigkeitsmaßstab 1 cm $\widehat{=}$ 10 m/s.*

2. *1,5 m über dem Boden wird eine Kugel waagerecht abgeschleudert und fliegt in horizontaler Richtung gemessen 4,0 m weit. Wie lange war sie unterwegs? Mit welcher Geschwindigkeit wurde sie abgeschossen? Unter welchem Winkel gegen die Horizontale trifft sie am Boden auf?*

3. *Ein unerfahrener Pilot läßt einen schweren Versorgungssack genau senkrecht über dem Zielpunkt aus der in 500 m Höhe horizontal fliegenden Maschine fallen. Der Sack schlägt 1,0 km vom Ziel entfernt auf. Welche Geschwindigkeit hatte das Flugzeug, welche hatte der Sack am Boden?*

4. *Eine Kugel wird mit $v_0 = 20$ m/s waagerecht abgeschleudert. In welcher Höhe unter dem Abwurfpunkt trifft sie eine 10 m entfernte Wand? Wie schnell ist sie dort?*

§ 100 Bewegungsgleichungen für Würfe

1. Dieser Schuß geht nach oben los!

Versuch 323: Wir drehen den „Wasserwerfer" in *Bild 266.1* so, daß das Waser (fast) senkrecht nach oben spritzt. Nach wie vor streifen die Tröpfchen an den Stabenden. So entwickelt sich der **senkrechte Wurf** aus dem waagerechten.

Beim Wurf senkrecht nach oben würde ein Ball im *schwerefreien Raum* mit der Abwurfgeschwindigkeit v_0 gleichförmig nach oben steigen und nach der Zeit t die Höhe $y = v_0 \cdot t$ erreichen (y nach oben positiv). Würde Bettina in einem Aufzug mit v_0 nach oben fahren, so könnte sie den Ball stets neben sich in Ruhe sehen (2. Spalte in *Tabelle 267.1* für $v_0 = 30$ m/s). Im *Schwerefeld der Erde* dagegen sieht sie, wie der Ball unter ihr *frei fällt* (3. Spalte). Die 4. Spalte gibt die Höhe $h(t) = v_0 t - \frac{1}{2}gt^2$ des Balls für die Zeitpunkte t an, *gemessen vom Abwurfpunkt* aus. Diese Höhe $h(t)$ nimmt zunächst zu (0 s $< t <$ 3 s), dann wieder ab.

Liefert unser Denkansatz auch, daß der Ball aufwärts langsamer wird? Bettina hat in ihrem Aufzug die konstante Geschwindigkeit $v_0 = +30$ m/s nach oben. Relativ zu ihrem Bezugssystem fällt der Ball mit $v = -gt$ nach unten (5. Spalte). Vom Boden aus gesehen ist seine Geschwindigkeit also $v(t) = v_0 - gt$ (6. Spalte; *Bild 267.1b*). Zunächst ist $v(t)$ positiv. Bei dieser *Aufwärts*bewegung nimmt $v(t)$ aber in jeder Sekunde gleichmäßig um 10 m/s ab, nämlich von $v_0 = +30$ m/s über 20 m/s auf Null. Hier liegt eine **gleichmäßig verzögerte Bewegung** vor. Die **Verzögerung** ist 10 m/s².

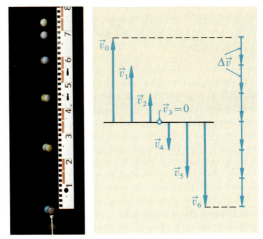

267.1 Wurf nach oben; links: Stroboskop-Bild, rechts: aufeinanderfolgende Geschwindigkeitsvektoren

Bei $t = 3$ s bleibt der Ball für einen Augenblick im höchsten Punkt stehen ($v = 0$). Die Rechnung läuft aber weiter und zeigt:

— Der Ball verliert wieder an Höhe.
— Das negative Vorzeichen der Geschwindigkeit zeigt die Abwärtsbewegung.
— Die Abwärtsbewegung läuft genau so ab, als ob man im Umkehrpunkt ($v_3 = 0$) den Ball aus der Ruhe losgelassen hätte.
— Auf- und Abwärtsbewegung sind zueinander völlig symmetrisch (*Bild 267.1*, links).

> **Unter dem Einfluß derselben Kraft ist die verzögerte Bewegung eine Umkehrung der beschleunigten, symmetrisch zum Umkehrpunkt.**

Zeit t	Höhe von Bettina gesehen $y = v_0 t$	Fallweg von Bettina gesehen $\frac{1}{2}gt^2$	Höhe über Abwurfpunkt $h(t) = v_0 t - \frac{1}{2}gt^2$	Fallgeschwindigkeit von Bettina gesehen: $-gt$	Geschwindigkeit relativ zum Abwurfort $v(t) = v_0 - gt$	
in s	in m	in m	in m	in m/s	in m/s	
0	0	0	0	0	+30	⎫
1	30	5	25	−10	+20	⎬ verzögert
2	60	20	40	−20	+10	⎭
3	90	45	**45**	−30	0	Umkehrpunkt
4	120	80	40	−40	−10	⎫
5	150	125	25	−50	−20	⎬ beschleu-
6	180	180	**0**	−60	−30	⎬ nigt
7	210	245	−35	−70	−40	⎭

Tabelle 267.1 Wurf mit Anfangsgeschwindigkeit $v_0 = 30$ m/s nach oben

> Verzögerung ist eine negative Beschleunigung; sie gibt die Abnahme der Geschwindigkeit je Sekunde an.

Bild 267.1 zeigt die Aufeinanderfolge der $\vec{v}$-Vektoren für $t = 0$, 1 s, 2 s, ... Sie weisen zunächst nach oben, dann nach unten. Die Vektoren $\Delta \vec{v}$ der Geschwindigkeits*änderungen* dagegen zeigen stets nach unten, genau so wie beim waagerechten Wurf (Seite 266).

2. Wie hoch fliegt der Ball?

Im höchsten Punkt der Wurfbahn hat der Ball die Geschwindigkeit $v = 0$. Wir suchen also im v-t-Gesetz (Spalte 6) den Zeitpunkt $t = T$, zu dem $v = 0$ ist. Dieses Gesetz lautet für beliebige Werte der Zeit t (wir schreiben deshalb v als Funktion von t, kurz $v(t)$):

$$v(t) = v_0 - g t. \quad (268.1)$$

Für die Steigzeit T gilt $v(T) = 0$, also $0 = v_0 - g T$.

Die **Steigzeit** ist $\quad T = \dfrac{v_0}{g}. \quad (268.2)$

Dies hätten wir schon vorher sagen können: Bei der verzögerten Aufwärtsbewegung nimmt die Geschwindigkeit vom Anfangswert $v_0 = 30$ m/s in jeder Sekunde um 10 m/s ab. Nach $t = T = 3$ s ist sie Null geworden.

Der vierten Spalte in Tabelle 267.1 entnehmen wir die Höhe $h(t)$ für die einzelnen Zeitpunkte t:

$$h(t) = v_0 t - \tfrac{1}{2} g t^2. \quad (268.3)$$

Wenn wir hier für t die Steigzeit $T = v_0/g$ einsetzen, erhalten wir als Abschluß der Aufwärtsbewegung die **Wurfhöhe H**:

$$H = h(T) = v_0 T - \tfrac{1}{2} g T^2 = \dfrac{v_0^2}{2g} \quad (268.4)$$

Beispiel: Von einer Federkanone wird eine Kugel mit $\Delta s = 2$ cm Durchmesser vertikal hochgeschleudert. Sie durchsetzt nach Ablösung von der Kanone eine Lichtschranke während der Dunkelzeit $\Delta t = 5{,}0$ ms. Die Abschußgeschwindigkeit ist also $v_0 = \Delta s/\Delta t = 4{,}0$ m/s. Nach Gl. 268.4 erwarten wir für die Wurfhöhe $H = v_0^2/2g = 0{,}815$ m. Ein in dieser Höhe angebrachtes waagerechtes Brett dürfte höchstens leicht berührt werden.

3. Der Schuß in die Tiefe

Wir können die Latte des Modells nach Bild 266.1 auch senkrecht nach unten halten; die Stäbchen zeigen ebenfalls nach unten. Also addieren sich bei einem senkrechten Wurf nach unten nicht nur die Vektoren, sondern auch die Beträge für Weg s und Geschwindigkeit v aus der gleichförmigen und der beschleunigten Bewegung. Wenn wir beide nach unten als positiv annehmen, gilt in jedem Augenblick für den *senkrechten Wurf nach unten*:

$$v(t) = v_0 + g t \quad \text{und} \quad s(t) = v_0 t + \tfrac{1}{2} g t^2 \quad (268.5)$$

Aufgaben ($g = 10$ m/s²)

1. *a) Mit welcher Anfangsgeschwindigkeit muß ein Körper vertikal in die Höhe geworfen werden, damit er 25 m erreicht? b) Wie groß ist die Geschwindigkeit in halber Steighöhe?*

2. *In welcher Höhe über dem Erdboden hat sich die Anfangsgeschwindigkeit eines mit 30 m/s vertikal nach oben geworfenen Steins auf ein Drittel vermindert?*

3. *Ein Wasserstrahl steigt 80 cm hoch. Mit welcher Geschwindigkeit verläßt er die Düse senkrecht nach oben? Man spritzt ihn nun gleich schnell waagerecht ab; 1,25 m tiefer trifft er den Boden. Wie weit kommt er in waagerechter Richtung? Unter welchem Winkel trifft er am Boden auf?*

4. *Wie hoch kann man Wasser spritzen, das mit 15 m/s die Düse verläßt? Zeichnen Sie das v-t-Diagramm und bestätigen Sie an ihm das Ergebnis! Wie hoch ist ein Wasserteilchen 2 s nach dem Abspritzen und welche Geschwindigkeit hat es?*

5. *Ein Körper wird mit der Geschwindigkeit v_0 senkrecht nach oben geworfen. Vergleichen Sie die Wurfhöhen auf Mond und Erde!*

6. *Ein Stein wird mit $v_0 = 4$ m/s senkrecht nach unten geworfen. a) Wann und wo hat er die Geschwindigkeit 15 m/s? b) Wann und mit welcher Geschwindigkeit trifft er 25 m tiefer auf?*

7. *Wie schnell muß man einen Körper senkrecht nach oben werfen, damit er in 10 m Höhe noch die Geschwindigkeit 5 m/s hat? Nach welcher Zeit ist dies der Fall? In welcher Höhe und wann kehrt er im höchsten Punkt um? Wann kommt er wieder zur Abwurfstelle zurück? Was ändert sich an den Überlegungen, wenn in 10 m Höhe $v = -5$ m/s ist?*

§ 101 Bremsvorgänge; Verkehrsprobleme

1. Wann endlich steht das bremsende Auto?

Zwei Autofahrer fahren nebeneinander mit der gleichen Geschwindigkeit v_0. Zum Zeitpunkt $t=0$ muß der eine bremsen; auf ihn wirkt nach hinten die konstante Bremskraft F (Seite 258). Der nicht bremsende legt den Weg $s_0 = v_0 t$ gleichförmig zurück. Er sieht im Rückspiegel, wie sich das bremsende Auto laut quietschend in einer beschleunigten Bewegung nach dem Gesetz $s_1 = \frac{1}{2} a t^2$ nach hinten „verabschiedet". Dabei gewinnt es – im Bezugssystem des weiterfahrenden – die Geschwindigkeit $v_1 = a t$ nach hinten. Die Bremsbeschleunigung $a = F/m$ wird von der Bremskraft F erteilt.

Für einen *Beobachter auf der Straße* handelt es sich um eine *verzögerte Bewegung* mit der Verzögerung $a = F/m$. Die Geschwindigkeit des bremsenden Autos (Masse m) nimmt für diesen Beobachter ab nach der Gleichung

$$v(t) = v_0 - a t. \qquad (269.1)$$

Nach der **Bremszeit** $T = v_0/a$ ist v auf Null gesunken. (Man ersetze in *Gl. 268.2* g durch a). Für den Fahrweg gilt bis zum Stillstand

$$s(t) = v_0 t - \tfrac{1}{2} a t^2. \qquad (269.2)$$

Für $t = T = v_0/a$ folgt hieraus der **Bremsweg**

$$S = v_0 \cdot T - \frac{1}{2} a T^2 = \frac{v_0^2}{2a}. \qquad (269.3)$$

Versuch 324: Die Fahrbahn nach *Bild 269.1* wird nach *links* so geneigt, daß die Reibung ausgeglichen ist. Am Wagen der Masse $m_1 = 1000$ g hängt über einen Leinenfaden (Perlon würde sich verlängern) ein Körper der Masse $m_2 = 100$ g.

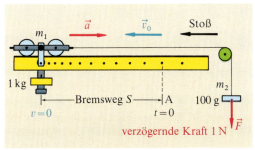

269.1 Nach dem Anstoß nach links führt der Wagen eine verzögerte Bewegung aus, da F verzögert.

Man gibt dem Wagen einen Stoß nach links. Die Gewichtskraft $F = G = m_2 g$ des angehängten Körpers bremst anschließend den „Zug" mit der Bremsverzögerung

$$a = \frac{F}{m} = \frac{m_2 g}{m_1 + m_2} = 0{,}89 \frac{\mathrm{m}}{\mathrm{s}^2}.$$

Die Geschwindigkeit verringert sich also in jeder Sekunde um 0,89 m/s. An einer beliebigen Stelle A mißt man sie in einem kleinen Intervall zu $v_0 = 1{,}00$ m/s (Brandspuren auf Metallpapier; Zeitintervall $\Delta t = 0{,}1$ s). Von hier ab berechnet man die Bremszeit $T = v_0/a = 1{,}1$ s und den Bremsweg $S = v_0^2/2a = 0{,}56$ m. Beide Werte werden am Registrierstreifen bestätigt.

2. Der Bremsweg verrät den Verkehrssünder!

a) Der *Deutsche Verkehrssicherheitsrat* empfiehlt Autofahrern, bei großer Gefahr mit voller Kraft auf die Bremse zu treten. Dann werden alle 4 Räder sicher blockiert. Sie gleiten, ohne zu rollen, quietschend über die Straße. Man kann zwar nicht mehr lenken; bei zu schwachem Bremsen würde aber vielleicht nur ein Teil der Räder blockiert; das Auto käme in die Gefahr zu schleudern, da die Bremskräfte rechts und links verschieden groß sein könnten.

Als *Bremskraft* wirkt bei waagerechter Straße nach Seite 258 die Gleitreibungskraft

$$F_{\mathrm{gl}} = f_{\mathrm{gl}} F_{\mathrm{N}} = f_{\mathrm{gl}} G = f_{\mathrm{gl}} m g.$$

Dann ist die

Bremsverzögerung $a = \dfrac{F_{\mathrm{gl}}}{m} = f_{\mathrm{gl}} g.$

Sie hängt von der Fahrzeugmasse m nicht mehr ab. Die Polizei kann aus dem *Bremsweg* $S = v_0^2/2a = v_0^2/(2g \cdot f_{\mathrm{gl}})$, d.h. der Länge der *Bremsspur*, auf die Geschwindigkeit v_0 vor dem Bremsen schließen, ohne den Beladezustand zu kennen. Dieser Bremsweg S ist proportional v_0^2, d.h. bei doppelter Geschwindigkeit 4fach. Fährt man in einem Ort mit 70 km/h statt mit 50 km/h, so ist der Bremsweg S bereits verdoppelt!

b) Wenn die Geschwindigkeit beim Bremsen schon erheblich reduziert ist, kann man den Fuß mehrmals kurz vom Bremspedal nehmen (*Intervallbremsen*). Dann drehen sich kurzzeitig die Räder wieder; man kann eventuell noch an einem Hindernis vorbeilenken. Heute versucht man, mit *Antiblockiersystemen* jedes Rad

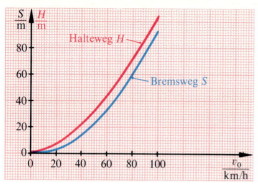

270.1 Bremsweg S und Halteweg H steigen schnell mit wachsender Geschwindigkeit ($f_{gl}=0{,}5$; Reaktionszeit $T_s=1$ s).

für sich nur so stark abzubremsen, daß es gerade noch nicht blockiert wird, und zwar angepaßt an den jeweiligen f_h-Wert für die Haftreibung. Dann haftet das Rad am Berührpunkt und rollt ab. In die Gleichung für den Bremsweg S ist der größere Haftwert f_h statt f_{gl} einzusetzen. Der Bremsweg S wird paradoxerweise kürzer; man kann außerdem noch lenken.

c) Zwischen dem Auftreten des Hindernisses und dem Betätigen der Bremse vergeht eine vom Fahrer abhängende „Schrecksekunde" $T_s \approx 1$ s. Zum Bremsweg S wird noch der Weg $s \approx v_0 \cdot 1$ s addiert. Dies gibt den Halteweg $H \approx S + v_0 \cdot 1$ s bis zum Stehen des Fahrzeugs. Die Haltezeit ist um etwa 1 s verlängert (*Bild 270.1*).

3. Ein Auffahrunfall und anderes Mißgeschick

a) Sie sitzen neben einem Fahrer, der bei „nur" 50 km/h einen Baum zum Bremsen mißbraucht. Das Vorderteil des Wagens wird – als Knautschzone – um etwa 60 cm zusammengedrückt. Ihr *Gurt* dehnt sich zusätzlich um 20 cm. Also ist Ihr Bremsweg $S \approx 0{,}8$ m. Nach Gl. 269.3 erfahren Sie die Bremsverzögerung $a = v_0^2/(2S) = 120$ m/s². Ihr Brustkorb muß die verzögernde Kraft $F = ma = 70$ kg · 120 m/s² = 8400 N aushalten. Dies ist kurzzeitig möglich; Sie überleben, vielleicht mit angebrochenen Rippen.

Verkehrs-mittel	Bremsverzögerung a in m/s²	
	Normalbremsung	Notbremsung
PKW	bis 3,0	bis 8
Omnibus	1,2 bis 1,5	bis 4,5
Straßenbahn	0,6 bis 1,2	bis 4
Personenzüge	0,6 bis 0,8	0,7 bis 1

Tabelle 270.1 Mittlere Bremsverzögerungen verschiedener Fahrzeuge

Ohne Gurt „fahren" Sie jedoch zunächst fast ungebremst weiter. Wenn der Wagen schon zerknautscht ist, sind Sie am Armaturenbrett angelangt. Dann erst beginnt für Sie der Bremsvorgang, aber nur auf $S' \approx 5$ cm Bremsweg! Die Bremsverzögerung ist $a' = v_0^2/(2S') = 2000$ m/s². Dies gibt Kräfte von etwa 10^5 N, die i.a. tödlich sind. Schlägt Ihr Kopf an den Dachrahmen, dann mit solcher Geschwindigkeit, als ob Sie aus dem 3. Stock mit dem Kopf voraus aufs Straßenpflaster fallen würden! Legen Sie also den Gurt auch bei Fahrten in der Stadt an!

Ihr *Sturzhelm* hat nicht nur die Aufgabe, den Schädelbereich vor spitzen Gegenständen und Abschürfungen zu schützen. Er verteilt eine einwirkende Kraft auf eine größere Fläche A. Dann wird der Druck $p = F/A$ kleiner. Bei einem Sturz vergrößert er zudem den Bremsweg S von vielleicht 1 mm bei direktem Aufprall auf 10 mm. Die Folgen untersuchen wir in Aufgabe 10.

b) Theorie der kaputten Uhr. Eine Taschenuhr mit Rädern (sie kann heute sehr wertvoll sein) habe die Masse $m = 100$ g. Sie fällt mit der Geschwindigkeit $v_0 = 5$ m/s auf einen harten Steinboden. An der Auftreffstelle wird ihr Gehäuse um 1 mm eingebeult. Der Bremsweg ist also $S = 1$ mm, die mittlere Bremsverzögerung $a = v_0^2/(2S) = 12\,500$ m/s²! Sie wird von der Bremskraft $F = ma = 1250$ N $= 1250$ G verursacht. Jedes Teil in der Uhr, z.B. die empfindliche Unruh, muß kurzzeitig eine Bremskraft aushalten, die das 1250fache seines Eigengewichts ist. Dabei brechen vor allem die dünnen Achszapfen der Unruh. Ist der Bremsweg S der Uhr auf einem weichen Kissen 100fach, so sinkt die Kraft auf den 100sten Teil. In der Gleichung $a = v_0^2/(2S)$ steht der Bremsweg S ja im Nenner!

c) Bremsen am Hang. Auf einer Gebirgsstraße mit Steigungswinkel $\varphi = 15°$ fährt ein Auto **bergauf** mit $v_0 = 20$ m/s. Beim Bremsen setzt sich die verzögernde Kraft F aus dem Hangabtrieb $F_H = G \cdot \sin 15°$ und der Gleitreibungskraft $F_{gl} = f_{hl} \cdot N = f_{gl} \cdot G \cdot \cos 15°$ zu

$$F = F_H + F_{gl} = mg\,(\sin 15° + f_{gl} \cdot \cos 15°)$$

zusammen. Vergleichen Sie mit Seite 259!

Die *Bremsverzögerung* ist bei $f_{gl} = 0{,}5$

$$a = F/m = g\,(\sin 15° + f_{gl} \cdot \cos 15°) = 7{,}4 \text{ m/s}^2.$$

Der *Bremsweg* beträgt $S = v_0^2/(2a) = 27$ m, die *Bremszeit* $T = v_0/a = 2{,}7$ s.

Hier wirken der Hangabtrieb, also eine Komponente der Gewichtskraft, und die Reibungskraft der Bewegung entgegen, in die gleiche Richtung. Sie addieren sich. Bergauf kann man also auf jeden Fall bremsen. Dies ist bei Talfahrt anders:

Dasselbe Auto bremse **bergab**. Die Reibungskraft F_{gl} ist nach oben, also dem Hangabtrieb F_H, entgegengesetzt gerichtet. Da $F_{gl} > F_H$ ist, kann man überhaupt noch bremsen, aber mit der kleineren Verzögerung

$$a' = F'/m = g\,(f_{gl} \cdot \cos 15° - \sin 15°) = 2{,}2 \text{ m/s}^2.$$

Der Bremsweg $S' = 90$ m und die Bremszeit $T' = 9$ s sind viel größer geworden als bergauf. Vor allem in Gebirgsstraßen ist Vorsicht geboten.

Es kann noch schlimmer kommen. Wird die Straße steiler, so kann der Fall eintreten, daß der Hangabtrieb F_H gleich der Reibungskraft F_{gl} ist oder gar größer wird als diese. Dann ist das Fahrzeug durch die Bremskraft nicht mehr zum Halten zu bringen. Man muß sich nach anderen — möglichst sanft wirkenden — Bewegungshindernissen umsehen.

Aufgaben

1. *Ein Auto der Masse 800 kg wird durch Blockieren aller Räder gebremst. — a) Wie groß sind die verzögernde Gleitreibungskraft ($f_{gl} = 0{,}50$), die Bremsverzögerung, die Bremszeit und der Bremsweg bei $v_0 = 36$ km/h bzw. 72 km/h auf waagerechter Straße? — b) Wie ändern sich diese Werte am Berg mit 10° Neigungswinkel auf- bzw. abwärts?*

2. *Die folgende Fahrschulregel gibt den Bremsweg in Metern: „Man streiche vom Zahlenwert der in km/h angegebenen Geschwindigkeit die Null und multipliziere das Ergebnis mit sich selbst". Bringen Sie diese Regel mit Gl. 269.3 in Einklang! Für welche Bremsverzögerung gilt sie? Beispiel: Bei $v_0 = 70$ km/h ist der Bremsweg $7 \cdot 7$ m = 49 m.*

3. *Skizzieren Sie in Diagrammen: a) Die Bremskraft F als Funktion des Bremswegs S bei konstanter Anfangsgeschwindigkeit v_0; b) den Bremsweg S als Funktion von v_0 bei konstanter Bremskraft! — Diagramm (a) erläutert die folgenden Aufgaben, Diagramm (b) die Gefahren bei hohen Geschwindigkeiten.*

4. *Ein Hammer der Masse 500 g schlägt waagerecht mit 4,0 m/s auf einen Nagel. Dieser gibt 2 cm nach. Wie groß ist die mittlere Kraft des Hammers? Wie groß ist sie, wenn der Nagel fester sitzt und nur um 0,5 mm nachgibt? Zeigen Sie, daß die Kraft des Hammers automatisch mit der Härte des Widerstands steigt! Formulieren Sie damit eine „Theorie des blauen Daumens"!*

5. *a) Eine Gewehrkugel von 30 g Masse wird im Lauf längs 60 cm Weg auf 500 m/s beschleunigt. Wie groß ist die mittlere Beschleunigungskraft? b) In einer Mauer wird sie von der gleichen Geschwindigkeit aus auf 5 cm Weg abgebremst. Vergleichen Sie die hierzu nötige Bremskraft mit der Beschleunigungskraft im Lauf! Wie ändert sich die Bremskraft, wenn die Kugel an einer Stahlplatte auf 0,5 cm abgebremst wird?*

6. *Ein Auto bremst auf waagerechter Straße ($f_{gl} = 0{,}4$) bei $v_0 = 90$ km/h. a) Welche Geschwindigkeit hat es noch nach 2 s? Welchen Weg hat es dann zurückgelegt? b) Es möchte — im Anblick eines Radarwagens — schnell von 90 km/h auf 50 km/h abbremsen. Wie lange und welche Strecke braucht es hierzu?*

7. *Auf einer schiefen Ebene mit 30° Neigungswinkel wird ein Körper (10 kg) mit 6,0 m/s nach oben angestoßen. Wie groß ist die Bremsverzögerung, wenn die Reibungszahl $f_{gl} = 0{,}30$ beträgt? Wie weit kommt er? Mit welcher Geschwindigkeit passiert er wieder die Abstoßstelle?*

8. *Mit welcher Geschwindigkeit muß die Kugel in Bild 265.2 waagerecht abgeworfen werden, damit sie Kugel II nach einer Fallstrecke von 45 cm trifft, wenn die Strecke EP_0 50 cm beträgt? Nach welcher Zeit treffen sich beide Kugeln? Welche Geschwindigkeit haben sie dann?*

9. *Beim Schrägaufzug nach Bild 271.1 soll der Wagen (20 kg) die Strecke $\overline{AB} = 10$ m in 5 s aus der Ruhe heraus zurücklegen. Welche Beschleunigung braucht er? Welche Masse muß der angehängte Körper haben, wenn die Reibungszahl $f = 0{,}10$ ist?*

10. *Ein Mokikfahrer mit Helm prallt mit dem Kopf bei 36 km/h gegen ein festes Hindernis. Der Helm gewährt einen Bremsweg von 3 cm. Berechnen Sie die verzögernde Kraft (Masse des Kopfes 8 kg) und vergleichen mit der Kraft bei einem Sturz ohne Helm (Bremsweg 1 mm)!*

11. *Ein Auto fährt mit 108 km/h und bremst mit $a = 6$ m/s². 2,0 s nach Bremsbeginn schleudert es an einem Fußgänger vorbei, der sich gerade noch retten kann. Mit welcher Geschwindigkeit wäre es auf den ruhenden Fußgänger gefahren?*

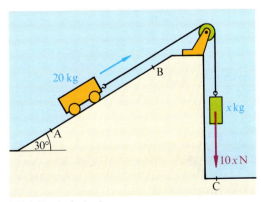

271.1 Zu Aufgabe 9

§ 102 Die Newtonschen Grundgesetze

1. Mechanik in vier Sätzen

Im Jahre 1687 erschien das Buch Newtons *„Philosophiae naturalis principia mathematica"* mit den folgenden vier mechanischen Grundgesetzen:

a) *Trägheitssatz.* Er legt fest, was man unter einem Inertialsystem versteht (Seite 231).
b) *Newtonsches Beschleunigungsgesetz* $F = ma$, für Inertialsysteme gültig
c) *Wechselwirkungsgesetz* (actio und reactio)
d) Gesetz über die *Vektoraddition von Kräften.*

Diese Grundgesetze sind mathematisch formuliert; aus ihnen können die mechanischen Vorgänge berechnet, also durch *logisches Schließen* deduziert werden. Die Grundgesetze selbst werden aber mathematisch (logisch) nicht weiter zurückverfolgt, sondern als gültig vorausgesetzt. Bei der *experimentellen Prüfung* bewähren sich diese Grundsätze und ihre Folgerungen im weiten Bereich der *makroskopischen Physik,* also in unserer Erfahrungswelt, hervorragend. Bei Annäherung an die Lichtgeschwindigkeit und in atomaren Bereichen müssen sie jedoch durch die *Relativitätstheorie* und die *Quantenmechanik* erweitert werden.

Newton hat diese Axiome für einen sehr weit gesteckten Bereich des Naturgeschehens aufgestellt. Deshalb mußte er sie von einzelnen konkreten Beispielen losgelöst, das heißt *abstrakt,* formulieren. Sie enthalten zwar *Begriffe,* die man an Körpern messen kann, wie Masse, Beschleunigung, Kraft, dagegen keine Hinweise auf *konkrete Körper,* wie „Stein", „Planet" oder Stoffe wie „Wasser". Deshalb versteht man die Bedeutung dieses großartigen Gedankengebäudes „Mechanik" nur dann, wenn man in den anschaulich ablaufenden Vorgängen das Allgemeingültige sieht, das in diesen Grundgesetzen niedergelegt ist. Die Möglichkeit, eine ungeheure Vielfalt von Erscheinungen auf wenige Sätze zurückzuführen, erregte in der wissenschaftlichen Welt großes Aufsehen. Es prägte fast alle Wissenschaften in mehrfacher Hinsicht durch

- Betonung des *quantitativen Aspekts,*
- Gedankliche Konstruktion vereinfachter *Modelle* (Ziffer 2),
- das *kausale Denken* (Ziffer 3).

2. Modelle als Gedankenkonstruktionen

Warum neigt sich ein bremsendes Auto nach vorne, geht also in die Knie? Die Bremskraft wird — als *äußere Kraft* — von der Straße unten auf die Räder nach hinten ausgeübt. Die träge „Masse" des Autos „sitzt" aber viel weiter oben. Statt nun das Beharrungsvermögen all seiner Teilchen mühsam zu berücksichtigen, denkt man sich die Masse des Autos im **Massenmittelpunkt M** zusammengefaßt. (Auf Seite 47 nannten wir ihn *Schwerpunkt.*) Da die verzögernde Bremskraft weit unterhalb von ihm angreift, kommt es beim Bremsen zu der beobachteten Nickbewegung des Autos um diesen Massenmittelpunkt. So verstehen wir auch, warum sich ein Motorrad beim „Kavalierstart" vorne aufbäumt. Die Hinterräder üben eine Kraft auf die Straße aus. Deren reactio wirkt weit unterhalb des Massenmittelpunktes des Motorrades nach vorne.

Wir haben das *2. Newtonsche Grundgesetz* $F = ma$ an Fahrbahnversuchen entwickelt. Dabei sahen wir ebenfalls von Form, Größe und anderen Eigenschaften des Wagens ab. Wir berücksichtigten nicht einmal die Rotation seiner Räder. Im Grund beschränkten wir uns auf die im Massenmittelpunkt des Wagens vereinigt gedachte Masse und arbeiteten — ohne es ausdrücklich zu sagen — mit der *Modellvorstellung* **Massenpunkt.** Wir müßten sie erweitern, wenn wir die *Rotation* eines Rades betrachten wollten. Dann würden wir kleine Bezirke (sogenannte „kleinste Teilchen") in diesen Körpern als Massenpunkte ansehen.

> „Massenpunkt" ist die Modellvorstellung, die man sich von einem Körper macht, wenn man von Form, Größe und Drehungen absieht und nur die fortschreitende Bewegung des Körpers oder „kleinster Teilchen" davon betrachtet.

Modelle bezeichnen wir als *Gedankengebilde.* So wollen wir verhindern, daß sie mit der Wirklichkeit gleichgesetzt werden. Sie gehören nämlich der Welt unseres Denkens und Vorstellens an. Gute Modelle geben in unserem Denken ein — für die betreffende Fragestellung — möglichst *getreues Abbild der Wirklichkeit* in unserem Bewußtsein. Auch wenn die Fotografie eines Gemäldes alle seine Einzelheiten genau wiedergibt, so ist sie mit ihm doch nicht identisch.

273.1 Nichts geschieht ohne Ursache — Kausalität, Schuld und Zufall im täglichen Leben

3. Nichts geschieht ohne Grund (Kausalität)

Den Wert der Fallbeschleunigung g kann man für einen bestimmten Ort mit großer Präzision angeben. Denn ein Körper verhält sich bei der Wiederholung eines Experiments unter gleichen Umständen stets genau gleich. Er gelangt aus dem gleichen Ausgangszustand in der gleichen Zeit in den gleichen Endzustand. *Die gleiche Ursache (lat.: causa) ruft die gleiche Wirkung hervor.* Man kann sie aus den mechanischen Gesetzen genau vorausberechnen. Soweit sich Vorgänge durch die Gesetze der *Newtonschen Mechanik* erfassen lassen, ist dieser kausale Zusammenhang zwischen Ursache und Wirkung streng erfüllt. Sie kennt innerhalb ihres Gültigkeitsbereichs kein willkürliches Walten des Zufalls. Allerdings können sich kleine Störungen nach einiger Zeit ganz erheblich auswirken: *deterministisches Chaos*.

Kausalität gilt für alle Gebiete der **klassischen Physik**, für *Akustik, Wärmelehre, Magnetismus, Elektrizitätslehre* und *Optik*. In der *Atom-* und *Quantenphysik* werden wir später sehen, daß man diese kausale Betrachtung nicht mehr bei Einzelvorgängen in atomaren Bereichen durchgehend anwenden kann. Trotzdem gibt es auch dort strenge physikalische Gesetze.

> **In der klassischen Physik ist das Künftige eindeutig aufgrund der kausal formulierten Naturgesetze durch das Gegenwärtige bestimmt und im Prinzip berechenbar.**

§ 103 Unsere bisherige kausale Strategie

Um den Bewegungsverlauf eines Körpers zu berechnen, benutzten wir folgende Strategie:

1. Wir faßten den Körper als *Massenpunkt* auf, sahen also etwa von Drehungen ab.
2. Wir benutzten ein geeignetes *Inertialsystem*.
3. Wir zeichneten alle Kräfte $\vec{F}_1, \vec{F}_2, \ldots$ am Körper ein, die auf ihn von außen wirkten. Sie kennen bis jetzt als *Kraftgesetze*
   - Gewichtskraft $\qquad \vec{G} = m\vec{g}$
   - Federkraft nach *Hooke* $\quad F = Ds$
   - Reibungskräfte $\qquad F = fF_N$
   - Hangabtriebskraft $\qquad F_H = G \cdot \sin\varphi$
   - Luftwiderstandskraft $\quad F_L = \frac{1}{2} c_w A \varrho v^2$.
4. Wir bildeten die *resultierende Kraft* $\vec{F} = \vec{F}_1 + \vec{F}_2 + \vec{F}_3 + \ldots$ durch Vektoraddition.
5. Wir berechneten die *Beschleunigung* $\vec{a}$, die der Körper erfährt, mit Hilfe des zweiten Newtonschen Grundgesetzes $\vec{F} = m\vec{a}$.
6. Aus der Beschleunigung $a(t)$ bestimmten wir den *Geschwindigkeitsverlauf* $v(t)$, dann den *Wegverlauf* $s(t)$. Dabei gingen wir von der vorgegebenen *Anfangsgeschwindigkeit* v_0 und der *Anfangsposition* s_0 aus. Wir beschränkten uns bisher auf die folgenden beiden **Sonderfälle**:

a) Wenn in einer bestimmten Komponentenrichtung *keine Kraft* wirkt, so läuft nach einem Anstoß in dieser Richtung eine gleichförmige Bewegung mit konstanter Anfangsgeschwindigkeit v_0 ab:
$F_x = 0$
$v_x = v_0 = $ konstant
$x = v_0 t + x_0$.

b) Wirkt in einer bestimmten Komponentenrichtung eine *konstante Kraft,* so gelten längs dieser Richtung die Gesetze der gleichmäßig beschleunigten Bewegung.

Beispiel: Freier Fall

$F_y = G = mg$
$a_y = \dfrac{F_y}{m} = g$
$v_y = a_y \cdot t + v_{0y} = g t + v_{0y}$
$y = \frac{1}{2} a_y t^2 + v_{0y} t + y_0 = \frac{1}{2} g t^2 + v_{0y} t + y_0$

Ist die Beschleunigung a nicht konstant, so nehmen wir *Computer* zu Hilfe. Sie berechnen aus der Beschleunigung $a(t)$ Geschwindigkeits- und Bahnverlauf.

Erhaltungssätze

§ 104   Energie und Arbeit beim Heben

1. Was man sich so unter Energie vorstellt

Für den „Mann auf der Straße" — heute zumeist ein Autofahrer — ist Energie etwas, das er als Benzin oder Dieselöl teuer kaufen muß. Deshalb ist er über den Verbrauch und jeden Verlust von Energie besorgt. Da man mit Energie im Motor Kraft erzeugt, sagt er statt Energie oft Kraft. Doch ist dies falsch. Man kann ja mit Energie auch heizen. *Sie reicht also weit über die Mechanik hinaus.* Hier, in der Mechanik, müssen wir lernen, Energie und Kraft klar voneinander zu unterscheiden.

2. Zum Festhalten genügt Kraft, zum Hochheben braucht man auch noch Energie

Wir betrachten den Kran in *Bild 274.1a*. Das von ihm verbrauchte Dieselöl sehen wir zunächst als Maß für die vom Kran gelieferte Energie an. Solange die Last ruhig an seinem Seil hängt, braucht er kein Öl. Wenn er dagegen die Last gleichmäßig hebt, ist die verbrauchte Ölmenge der Hubstrecke $s=h$ proportional. Wenn nun eine Last doppelt so schwer ist, wie es die maximale Hubkraft des Krans zuläßt, so muß man zwei Kräne einsetzen (*Bild 274.1b*). Zusammen üben sie die doppelte Kraft F_s in der Wegrichtung (s) aus und verbrauchen auch doppelt so viel Öl. — Wenn die Kraft doppelt ist und die Hubhöhe $s=h$ 4fach, braucht man die 8fache Ölmenge. Diese ist dem Produkt $F_s s$ proportional.

In der *Mechanik* betrachten wir die vom Motor abgeführte Wärme nicht. Wir beschränken uns auf die *mechanische Energie W*, die der Motor *mit Hilfe von Kraft* liefert. Man nennt sie auch **mechanische Arbeit W** und definiert sie durch das Produkt $W = F_s s$ mit der Einheit 1 Nm = 1 J (Joule; dʒuːl). Bevor wir uns mit weiteren Energieformen beschäftigen, betrachten wir die Definitionsgleichung $W = F_s s$ genauer:

a) Solange der Kran die Last auf gleicher Höhe hält, sind Verschiebung s wie auch Arbeit $W = F_s s = 0$. Die Kraft zum Halten ist „arbeitslos".

b) Ein Körper bewege sich horizontal und ohne Reibung. Um diesen Bewegungszustand zu bewahren, braucht man *keine Kraft in der Bewegungsrichtung*: $F_s = 0$. Man braucht kein Öl und nach $W = F_s s$ keine Arbeit. Die Gewichtskraft G steht hier senkrecht zum Weg s und ist „arbeitslos". Dies gilt für jede Kraft, die senkrecht auf dem Verschiebungsweg steht.

c) Ein Eisenträger ($G = 10^4$ N) wird um die Strecke $s = h = 10$ m langsam hochgezogen. Der Kran übt die Kraft $F_s = G = 10^4$ N nach oben, also *längs der Wegrichtung,* aus. Diese Kraft ist „arbeitsam". Mit ihr liefert der Kran die mechanische Energie

$$W = F_s \cdot s = Gh = 10^4 \text{ N} \cdot 10 \text{ m} = 10^5 \text{ Nm} = 10^5 \text{ J}.$$

Man sagt, er verrichtet die **Hubarbeit** $W = Gh$.

Definition: Arbeit ist mit Hilfe von Kraft zugeführte Energie; sie ist das Produkt aus der in Richtung des Verschiebungswegs s wirkenden Kraft F_s und s (wenn F_s konstant):

$W = F_s s.$

Einheit: $[W] = 1$ **Nm** $= 1$ **J** (Joule)   (274.1)

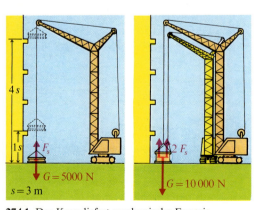

274.1 Der Kran liefert mechanische Energie.

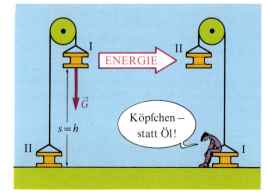

274.2 Träger I gibt Energie an Träger II weiter.

3. Schräge Kräfte arbeiten nur teilweise

Wir ziehen nach *Bild 275.2* an der Deichsel des Wagens schräg nach oben. Der Wagen fährt aber waagerecht. Ihn bringt nur die horizontale Komponente $\vec{F}_s$ vorwärts. Sie verrichtet mechanische Arbeit $W = F_s s$; F_s ist „arbeitsam". Die Komponente $\vec{F}_2$ dagegen zieht senkrecht zu $\vec{s}$, also weder nach vorn noch nach hinten; sie ist „nicht-arbeitsam". Sie hebt einen Teil der Gewichtskraft $\vec{G}$ des Wagens auf. Nach *Bild 275.2* ist die senkrechte Projektion $\vec{F}_s$ der Kraft F auf die Wegrichtung $F_s = F \cdot \cos\varphi$, also die Arbeit der schräg wirkenden Kraft $\vec{F}$

$$W = F_s\, s = F s \cdot \cos\varphi. \qquad (275.1)$$

4. Energieübertragung ohne Energieverlust

Arbeiter haben den falschen Träger I vom Kran hochziehen lassen *(Bild 274.2)*. Sie müssen ihn gegen den zweiten, gleich schweren Träger II austauschen. Dazu brauchen sie keinen Betriebsstoff mehr, wenn sie Träger II unten am Seil befestigen. Mit nur wenig Hilfe (wegen der Reibung müssen die Arbeiter schon ein wenig für ihre Nachlässigkeit büßen) senkt sich Träger I. Mit seiner großen Gewichtskraft G hebt er den Träger II. Dabei liefert er die gleiche Energie $W = Gh$, die er vom Kran bekommen hatte; denn auch die Wegstrecke $s = h$ ist die gleiche. Wir sagen also: *Der Träger I hat die vom Kran gelieferte Energie übernommen. Er speichert sie verlustlos als* **Lageenergie** W_L, *solange er im Zustand erhöhter Lage ist.*

In bestimmten Zuständen wird also Energie gespeichert – so wie Geld auf der Bank, „auf der hohen Kante". Man kann die Energie auch weitergeben – so wie man gespartes Geld in Umlauf setzt. Energie, die man mit Hilfe von Kraft *weitergibt*, nennt man auch *mechanische Arbeit*. So unterscheidet man sie von *gespeicherter Energie*. Vergleichen Sie Kontostand und Überweisungsbetrag; beides ist Geld!

Man mißt die Lageenergie des gehobenen Trägers durch die Energie $W = Gh$, die er vermöge seiner Gewichtskraft G beim Absinken um h liefern kann. Als **Nullniveau** NN für h und die Lageenergie haben wir hier den Boden festgelegt. Ihm gegenüber schreiben wir dem gehobenen Körper die Lageenergie $W = Gh$ zu. Dabei beziehen wir im Grunde die Erde mit ein; ohne die von ihr verursachte Gewichtskraft könnte man ja nicht von Lageenergie sprechen. Die Lageenergie gehört zum System Körper-Erde.

275.1 Energie aus dem Erdinnern

Definition: **Die Lageenergie W_L eines Körpers in der Höhe h über einem Nullniveau NN ist die Energie, die er vermöge seiner Gewichtskraft G beim Absinken um die Höhe h liefern kann. Man nennt sie auch** *potentielle Energie*

$$W_L = Gh = mgh. \qquad (275.2)$$

Wenn Träger I nur um $\frac{1}{4}$ seiner Höhe, also von h auf $\frac{3}{4}h$ absinkt, liefert er nur $\frac{1}{4}$ seiner Lageenergie, d.h. $\frac{1}{4}Gh$, an den andern. Er selbst behält $\frac{3}{4}Gh$. Was also der eine an Lageenergie verliert, gewinnt der andere.

Wir gehen nun einen wesentlichen Schritt weiter und fassen beide Träger (wenn Sie wollen, auch noch die Erde) zu einem **System** zusammen. In diesem System bleibt die *Summe der Energien* konstant. Man nennt dies die **Erhaltung von Energie in einem System.**

275.2 Projektion von Zugkraft $\vec{F}$ auf Wegrichtung $\vec{s}$. F_s ist „arbeitsam", F_2 dagegen „nicht-arbeitsam".

5. Energieerhaltung — auch auf Umwegen

a) Unser „Mann auf der Straße" ist durch das Beispiel in *Bild 274.2* noch nicht von der allgemeinen Energieerhaltung überzeugt. Er glaubt, in seinem Auto ein energiesparendes Getriebe zu haben. Es enthält Zahnräder. Wie diese wirken, wurde schon auf Seite 41 am *Wellrad (Bild 276.1)* erläutert. Links hängt die Last L und zieht mit der Kraft $F_1 = 6\,\text{N}$. Damit sie um die Strecke s_1 gehoben wird, braucht man die Energie $W_1 = F_1 s_1$. Dabei muß man am Rad mit dem 3fachen Radius nur mit der Kraft $F_2 = F_1/3 = 2\,\text{N}$ ziehen. Der Kraftweg $s_2 = s'''$ ist nämlich 3mal so lang wie der Lastweg $s_1 = s'$. Man muß also die gleiche Energie $W_2 = F_2 s_2 = F_1/3 \cdot 3 s_1 = F_1 s_1$ aufwenden wie ohne diese einfache Maschine.

Alle *Maschinenelemente* (Rollen, Flaschenzüge, Hebel, hydraulische Pressen usw.) liefern die aufgenommene Energie unverändert weiter. Deshalb braucht man sie bei Energiebetrachtungen nicht zu berücksichtigen. Sie verändern zwar die Kraft — ein Grund mehr, zwischen Kraft und Energie zu unterscheiden. Daß der 5. Gang im Autogetriebe als Spargang wirkt, liegt am Motor. Dieser braucht im 5. Gang auch bei schneller Fahrt nur langsam zu drehen. Dann nutzt er die Energie des Benzins mechanisch gesehen besser aus.

b) Die Pyramidenbauer im alten Ägypten hoben schwere Steinquader nicht senkrecht in die Höhe. Sie zogen diese auf Schlitten (mit geschmierter Unterlage) längs schräger Rampen nach oben. Dabei sparten sie viel an Kraft. Sparten sie auch Arbeit, d.h. Energie?

Die Zugkraft F_s in Wegrichtung ist nach *Bild 276.2* gleich der Hangabtriebskraft $F_H = G \cdot \sin\varphi$, also kleiner als G (von Reibung und Beschleunigung sehen wir zunächst ab). Um einen vorgegebenen Höhenunterschied h beim Neigungswinkel φ zu bewältigen, ist der Verschiebungsweg s, d.h. die Länge der schiefen Ebene, größer. Sie beträgt nach *Bild 276.2*

$$s = \frac{h}{\sin\varphi}, \quad \text{da } \sin\varphi = \frac{h}{s} \text{ ist.}$$

Zum Hochziehen braucht man die Energie

$$W = F_s s = G \cdot \sin\varphi \cdot \frac{h}{\sin\varphi} = Gh. \qquad (276.1)$$

Sie ist — im Gegensatz zur Kraft F_s — vom Winkel φ unabhängig und genau so groß, als ob man den Körper senkrecht hochgezogen hätte, nämlich Gh. Auch Gebirgsstraßen stellen solche schiefen Ebenen dar.

c) Nun kehren wir den Vorgang um und lassen nach *Bild 277.1* einen schweren Abschleppwagen die schiefe Ebene von C nach A reibungsfrei hinabrollen. Mit seiner Hangabtriebskraft $F_H = G \cdot \sin\varphi$ kann er einen leichteren Wagen der Gewichtskraft $G' = G \cdot \sin\varphi$ senkrecht hochziehen. Da dies nun auf der längeren Strecke $s = h/\sin\varphi$ geschieht, ist hierzu nach *Gl. 276.1* ebenfalls die Energie Gh nötig. Es ist die gleiche Energie, die man brauchte, um den schweren Wagen umgekehrt von A nach C hochzufahren. Diese Energie ging also nicht verloren.

Die Energieumsetzungen $W = Gh$ beim Heben oder beim Herabsinken von Körpern hängen also nur von ihrer Gewichtskraft G und dem Höhenunterschied h ab. Sie sind unabhängig vom Weg, auf dem die Körper dabei transportiert werden. Deshalb können wir mit der einfachen Gleichung $W = Gh$ die Lageenergie berechnen, auch wenn wir noch nicht wissen, wie sie später umgesetzt und ausgenutzt wird. Sie steht im gehobenen Zustand zur beliebigen Verfügung — so wie Geld auf einem Konto. — Wir fragen nun nach dem Energieaufwand für eine beliebige Bahn von A nach C in *Bild 277.2a*. Hierzu zerlegen wir diese in kurze Stücke aus schiefen Ebenen (blau) und diese

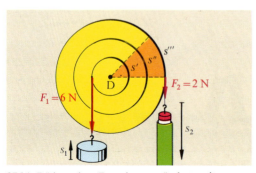

276.1 Räder geben Energie unverändert weiter.

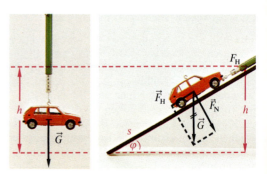

276.2 Gleiche Arbeit bei verschiedener Kraft

weiter in kleine Treppenstufen (rot). Die Summe der Hubarbeiten auf den vertikalen Strecken ist so groß wie die Arbeit von B nach C, nämlich $W = Gh$. Auf den waagerechten Teilstücken hat man dagegen keine Energie aufzuwenden. Sie sehen, wie einfach man mit der Energie rechnen kann!

> Die Lageenergie $W_L = Gh$ ist unabhängig davon, wie der Körper in die erhöhte Lage gebracht worden ist oder wieder aus ihr zurückkehrt. Sie ist – nach Angabe des Nullniveaus – eindeutig bestimmt.

Aufgaben

1. *Betrachten Sie bei der losen Rolle, dem Flaschenzug und der hydraulischen Presse die Weitergabe von Energie an Hand des Produkts Kraft mal Kraftweg! Warum darf man nicht die Summe dieser beiden Größen nehmen?*

2. *Ein Junge (60 kg) hat sich nach Bild 277.2 b ein Seil um den Bauch gebunden, das über eine Rolle läuft. a) Mit welcher Kraft muß er am andern Ende mit den Händen ziehen, wenn er über dem Boden schweben will? Ist dies überhaupt möglich? b) Mit welcher Kraft zieht dann sein Bauch? c) Wieviel Seil muß er „durch die Hand" ziehen, damit er 5 m höher kommt? d) Welche Arbeit bringt er dabei mit den Händen auf, welche mit dem Bauch?*

§ 105 Energie in der Bewegung

1. Schnellerwerden erfordert Energie

Unser Mann auf der Straße beschleunigt sein Auto ($m = 1000$ kg) aus der Ruhe auf die Geschwindigkeit 20 m/s. Er nimmt an, daß man dazu bei mehr „Gas", also bei größerer Kraft, mehr Energie braucht. Wir rechnen: Mit der Kraft F_s steigt die Beschleunigung $a = F_s/m$. Dafür braucht man die kürzere Zeit $t = v/a$ und die kürzere Strecke $s = \frac{1}{2}v^2/a$, um auf die gewünschte Geschwindigkeit $v = 20$ m/s zu kommen. In *Tabelle 277.1* haben wir die nötigen mechanischen Energien $W_B = F_s\,s$ für verschiedene Kräfte berechnet. Die letzte Spalte zeigt, daß W_B von F_s unabhängig ist. Dies können wir auch allgemein beweisen:

$$W = F_s s = ma \cdot \tfrac{1}{2}at^2 = \tfrac{1}{2}m(at)^2 = \tfrac{1}{2}mv^2. \quad (277.1)$$

Der Aufwand an mechanischer Energie beim Beschleunigen, also $W_B = \tfrac{1}{2}mv^2$, hängt nur vom Endergebnis ab, nämlich von der Geschwindigkeit v, auf die der Körper mit Masse m beschleunigt wird. Unabhängig von der Kraft F braucht man für das Auto nach *Tabelle 277.1* zum Beschleunigen auf 20 m/s die mechanische Energie

$$W_B = \tfrac{1}{2}mv^2 = \tfrac{1}{2} \cdot 1000 \text{ kg} \cdot \left(20\,\frac{\text{m}}{\text{s}}\right)^2 = 2 \cdot 10^5 \text{ J}.$$

Beschleunigende Kraft F_s in N	Beschleunigung a in m/s²	Zeit t in s	Weg s in m	nötige Energie $W_B = F_s \cdot s$ in J
100	0,1	200	2000	$2 \cdot 10^5$
1000	1,0	20	200	$2 \cdot 10^5$
10000	10,0	2	20	$2 \cdot 10^5$

Tabelle 277.1 Ein Auto der Masse 1000 kg wird durch verschiedene Kräfte auf 20 m/s beschleunigt.

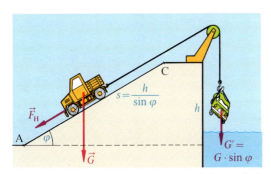

277.1 So braucht der Abschleppwagen kein Benzin!

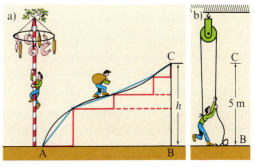

277.2 „Hocharbeiten" auf verschiedenen Wegen

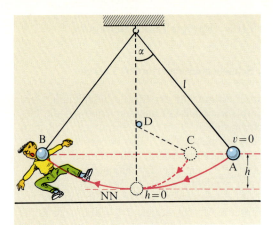

278.1 Er hat es gerade noch geschafft!

In der Praxis hat unser Mann auf der Straße recht: Wenn er zu viel Gas gibt, nutzt der Motor die Energie des Benzins ungünstiger aus; er liefert einen größeren Anteil an Wärme. Die zum Beschleunigen nötige mechanische Energie bleibt aber hiervon unberührt.

Was kostet die Energie $W = 2 \cdot 10^5$ J zum Anfahren? 1 l Benzin liefert insgesamt $46 \cdot 10^6$ J und kostet 1,5 DM. Davon gibt der Motor aber nur 17% an mechanischer Energie, d.h. $8 \cdot 10^6$ J, weiter. Das Anfahren kostet also 4 Pf.

2. Doppelte Geschwindigkeit — vierfache Energie

Ein schnell fahrendes Auto muß auch einmal gebremst werden. Heiße Bremsen setzen es aber nicht wieder in Gang! Ist also die zum Beschleunigen gebrauchte mechanische Energie verloren? Nun, der Fahrer könnte sie retten, indem er ungebremst und ohne Gas zu geben eine Steigung hinauffährt. Dann erhält er Lageenergie. Wir denken an die „Rettung" der Hubarbeit in *Bild 274.2*. Würde dabei alle Energie erhalten bleiben, wenn wir Reibung ausschließen?

Versuch 325: a) Wir hängen eine schwere Kugel an der Decke auf *(Bild 278.1)*. Dann lenken wir sie seitlich auf einer Kreisbahn aus. Am immer steiler werdenden Hang müssen wir eine wachsende Kraft ausüben. Im Punkt A haben wir die Kugel gegenüber NN um die Strecke h gehoben, ihr also als „Startkapital" die Lageenergie Gh gegeben. Diese ist nach Seite 276 unabhängig davon, wie wir die Kugel gehoben haben. Wenn wir sie loslassen, schwingt sie nach NN zurück. Dort hat sie die größte Geschwindigkeit, aber keine Lageenergie mehr. Wir dürfen nun sagen, die Kugel habe dafür eine gleich große **Bewegungsenergie** erhalten. Sie steigt nämlich auf der andern Seite gleich hoch zum Punkt B und gewinnt dort wieder die ursprüngliche Lageenergie ($v = 0$).

b) Nun befestigen wir bei D einen festen Balken und lassen die Kugel bei C am gespannten Draht los. Jetzt wird sie auf einem viel kürzeren Bogen beschleunigt. Trotzdem erreicht sie auf der andern Seite im Umkehrpunkt B wieder die Ausgangshöhe h. Am steileren Hang (von C aus) war zwar der Weg kürzer, aber die Kraft größer. Die Lageenergie Gh hängt eben nur von der Gewichtskraft G und dem Höhen*unter*schied h ab und nicht vom speziellen Weg, den der Körper im Schwerefeld zurücklegt!

c) Auch wenn die Kugel von B über NN nach C zurückschwingt, erreicht sie auf dem nun verkürzten Bogen rechts dieselbe Höhe h. Die hier gezeigten Umwandlungen von Bewegungs- in Lageenergie und zurück hängen also nicht vom eingeschlagenen Weg ab; die verzögernde Kraft braucht auch nicht gleich groß zu sein wie die beschleunigende. Deshalb können wir für die Energie leicht *Bilanzabrechnungen* aufstellen, ohne nachzudenken, was unterwegs geschieht.

> **Um einen Körper der Masse m aus der Ruhe auf die Geschwindigkeit v zu beschleunigen, braucht man die Energie**
>
> $$W_B = \tfrac{1}{2} m v^2. \tag{278.1}$$
>
> **Sie steckt im Körper als Bewegungsenergie (kinetische Energie) und wird beim Abbremsen wieder frei.**

Ein Auto hat — wegen v^2 in Gl. 278.1 — bei 2facher Geschwindigkeit 4fache Energie. Diese wirkt sich bei Unfällen entsprechend verheerender aus. Wer in einer Ortschaft mit 70 km/h statt nur mit 50 km/h fährt, hat fast schon die doppelte kinetische Energie!

Wenn ein Körper zu Beginn der Beschleunigung bereits die Geschwindigkeit v_1 hatte, so baut man auf der vorhandenen kinetischen Energie $W_{B1} = \tfrac{1}{2} m v_1^2$ auf. Um ihn weiter auf die Geschwindigkeit $v_2 > v_1$ zu beschleunigen, braucht man nur noch die Energie

$$W_B = \tfrac{1}{2} m v_2^2 - \tfrac{1}{2} m v_1^2 = \tfrac{1}{2} m (v_2^2 - v_1^2).$$

Wir vertiefen dies auf Seite 282.

§ 106 Energieerhaltung in der Mechanik

1. Energie wandelt sich — und bleibt konstant

a) Wir heben einen Stein der Masse $m = 10$ kg um $H = 45$ m. Dabei wenden wir als Startkapital die Lageenergie $W = GH = 4500$ J auf. Beim Fallen nimmt seine Bewegungsenergie $\frac{1}{2}mv^2$ zu. Diese ist in *Tabelle 279.1* für aufeinanderfolgende Zustände aus der jeweiligen Geschwindigkeit $v = gt$ zusammen mit der zugehörigen Lageenergie Gh berechnet.

Wir vergleichen die 4. und 6. Spalte miteinander: Was der Körper an Lageenergie verliert, gewinnt er an Bewegungsenergie. Deshalb ist die Summe aus beiden konstant (4500 J; letzte Spalte). Dies können wir auch allgemein beweisen. Das Nullniveau NN sei der Boden, $s = \frac{1}{2}gt^2$ die jeweilige Fallhöhe, $h = H - s$ die Höhe über dem Boden. Die Energiesumme ist

$$W_{ges} = mgh + \tfrac{1}{2}mv^2 = mg(H-s) + \tfrac{1}{2}m(gt)^2$$
$$= mgH - mg \cdot \tfrac{1}{2}gt^2 + \tfrac{1}{2}mg \cdot gt^2$$
$$= mgH. \quad (279.1)$$

Wir sehen: A) Terme, in denen die Zeit t vorkommt, treten bei der *Energiesumme* am Schluß (mgH) nicht mehr auf. Diese ist konstant und damit unabhängig vom jeweiligen Zeitpunkt t und der zugehörigen Höhe h. Die Energie wandelt nur ihre Form.

B) Diese Energiesumme $W_{ges} = mgH$ ist gleich der Energie, die man beim Heben als Hubarbeit aufbrachte und in das System steckte. Sie bleibt beim freien Fall erhalten.

b) Wir werfen den Stein mit $v_0 = 30$ m/s vom Boden aus nach oben. Hier müssen wir ihm als Startkapital die Bewegungsenergie $W_B = \frac{1}{2}mv_0^2 = 4500$ J mitgeben. Er durchläuft dann die Zustände in *Tabelle 279.1* von unten nach oben und kommt in $h = 45$ m Höhe für einen Augenblick zur Ruhe (Seite 268). Wiederum bleibt die Energiesumme konstant. Obwohl die Geschwindigkeiten jetzt entgegengesetzt zu denen beim freien Fall gerichtet, also negativ sind, haben wir auch hier die Bewegungsenergie $\frac{1}{2}mv^2$ zur Lageenergie addiert. $\frac{1}{2}mv^2$ bleibt positiv, auch wenn das Vorzeichen von v negativ ist. Energie — als Skalar — hängt im Gegensatz von der Geschwindigkeit nicht von der Richtung ab (Aufgabe 1). Oder wollen Sie vielleicht der Energie von 10 l Benzin eine Richtung zuordnen? Dies erleichtert den Umgang und das Rechnen mit der Energie ungemein.

c) Der Körper der Masse m durchläuft im Schwerefeld der Erde gemäß *Tabelle 279.1* viele Zustände. Zu jedem gehört eine bestimmte Höhe ($h_1, h_2, \ldots$) und ein Geschwindigkeitsbetrag ($v_1, v_2, \ldots$). Dann gilt nach *Gl. 279.1* beim Fehlen von Reibung und Luftwiderstand der **Erhaltungssatz** für die Summe mechanischer Energieformen

$$\mathbf{W_{ges}} = \mathbf{Gh_1 + \tfrac{1}{2}mv_1^2 = Gh_2 + \tfrac{1}{2}mv_2^2 = \ldots}$$
$$= \mathbf{konstant.} \quad (279.2)$$

d) Diesen Erhaltungssatz für die Energiesumme entwickelten wir aus den Gesetzen der gleichmäßig beschleunigten Bewegung. Gilt er auch dann in jedem Augenblick, wenn die Kräfte sich ändern, also etwa bei einer Pendelschwingung? Bei ihr wächst die Kraft mit zunehmender Auslenkung (Versuch 325).

Versuch 326: a) Wir halten nach *Bild 280.1* die Pendelkugel der Masse $m = 0,500$ kg in der ausgelenkten Stellung mit einem Elektromagneten in völliger Ruhe. Gegenüber der tiefsten Stellung NN, die wir als Nullniveau für die Lageenergie wählen, wurde sie um $h_1 = 0,0815$ m gehoben. In diesem *Zustand 1* hat die Kugel die *Lageenergie* $W_{L1} = mgh_1 = 0,400$ Joule, die *Bewegungsenergie* $W_{B1} = 0$ und die *Energiesumme*

$$W_1 = mgh_1 + \tfrac{1}{2}mv_1^2 = 0,400\,\text{J} + 0\,\text{J} = \mathbf{0,400\,J.}$$

Zeit t in s	Fallweg s in m	Höhe h über dem Boden in m	Lageenergie Gh in Joule	Geschwindigkeit $v = gt$ in m/s	Bewegungsenergie $\frac{1}{2}mv^2$ in Joule	Lage+Bewegungsenergie $Gh + \frac{1}{2}mv^2$ in Joule
0	0	45	4500	0	0	4500
1	5	40	4000	10	500	4500
2	20	25	2500	20	2000	4500
3	45	0	0	30	4500	4500

Tabelle 279.1 Ein Körper (10 kg) fällt aus 45 m Höhe. Wie ändert sich dabei die Energie? (NN ist der Boden.)

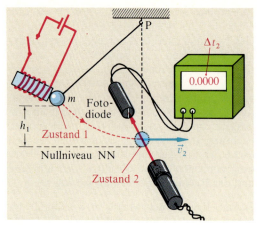

280.1 Messung der Energiesumme für Versuch 326

280.2 Beim *Maxwell-Rad* tritt Rotationsenergie auf.

Nachdem die Kugel vom Durchmesser $\Delta s = 5{,}0$ cm losgelassen worden ist, durchsetzt sie im tiefsten Punkt, dem *Zustand 2*, eine Lichtschranke. Diese meldet die Dunkelzeit $\Delta t_2 = 0{,}0399$ s. Dort ist $v_2 = \Delta s/\Delta t = 1{,}25$ m/s, die Bewegungsenergie $W_{B2} = 0{,}391$ J.

Für die *Energiesumme* im *Zustand 2* ($h_2 = 0$) gilt:

$$W_2 = mgh_2 + \tfrac{1}{2}mv_2^2 = 0\,\text{J} + 0{,}391\,\text{J} = \mathbf{0{,}391\,J.}$$

Die Energiesumme 0,40 J bleibt also im Rahmen der Meßfehler konstant: $W_1 \approx W_2$.

b) Wir schwenken den Aufhängepunkt der Lichtschranke um den Befestigungspunkt P des Pendelfadens und damit den Lichtstrahl an eine andere Stelle der Pendelbahn. Dann erhalten wir die Meßwerte in *Tabelle 280.1*. Klarheit bringt die letzte Spalte. Sie zeigt, daß auch bei Pendelschwingungen die Energiesumme konstant bleibt. Sie ist eine *verläßliche Konstante* im Naturgeschehen. Wir wollen deshalb künftig auch bei noch komplizierteren Vorgängen nach dieser *konstanten Gesamtenergie* suchen. Hierzu greifen wir einige Zustände im Bewegungsablauf heraus – etwa Anfang und Ende – und bilden für diese die Energiesumme.

Höhe h in m	Dunkel- zeit Δt in s	$v = \Delta s/\Delta t$ in m/s	mgh in J	$\tfrac{1}{2}mv^2$ in J	$mgh + \tfrac{1}{2}mv^2$ in J
0,085	–	–	0,400	0	**0,40**
0,062	0,0806	0,620	0,304	0,096	**0,400**
0,035	0,0523	0,956	0,172	0,226	**0,398**
0,015	0,0437	1,14	0,074	0,325	**0,399**
0	0,0395	1,25	0	0,391	**0,391**

Tabelle 280.1 Zu Versuch 326 und *Bild 280.1*

Versuch 327: Beim *Jo-Jo* (*Maxwell-Rad* nach *Bild 280.2*) wickeln sich beim Drehen beide Fäden um die Achse. Das Rad hebt sich und gewinnt Lageenergie. Beim selbständigen Absinken bekommt es aber nicht nur kinetische Energie wegen der geradlinigen Abwärtsbewegung, sondern vor allem wegen der Rotation. Beide Energieformen verwandeln sich beim Wiederhochsteigen fast ganz in Lageenergie zurück. Verluste durch Reibung und Luftwiderstand können nicht ausbleiben; das Rad erreicht die Ausgangslage nicht mehr ganz. Solche Verluste wollen wir nun betrachten und überlegen, ob die Energie irgendwie „abfließt".

2. Ein Loch ist im Eimer...

Hat der Mann auf der Straße nicht doch recht, wenn er sagt, Energie geht verloren? Er bremst sein Auto (Masse m) bei v_0 mit der Verzögerung a scharf ab. Hat sich dabei die Bewegungsenergie $W_B = \tfrac{1}{2}mv_0^2$ am Ende des Bremswegs $S = v_0^2/2a$ in Nichts aufgelöst oder ist sie durch ein „Loch" unbemerkt abgeflossen? Sie gab dem Auto zwar keine Lageenergie, hinterließ aber eine Bremsspur der Länge S. Wollten wir das Auto um diese Strecke S bei blockierten Rädern gegen die Bremskraft F_R verschieben, so müßten wir selbst die Energie $W_R = F_R S$ aufbringen. Statt dessen wurde die Bewegungsenergie $\tfrac{1}{2}mv_0^2$ aufgezehrt. Mit $F_R = ma$ (Seite 269) folgt nämlich:

$$F_R S = \tfrac{1}{2}mv_0^2 \quad \text{oder} \quad S = \frac{mv_0^2}{2F_R} = \frac{v_0^2}{2a},$$

d.h. der schon bekannte *Bremsweg* $S = \dfrac{v_0^2}{2a}$

> **Reibung mit der konstanten Kraft F_R entzieht dem System längs des Reibungswegs S die mechanische Energie** $W_R = F_R\, S$.   (281.1)

Diese Energie ist aber nicht verloren, genau so wenig wie die Energie, mit der wir auf der Seite 96 Glyzerin gequirlt haben. Die *geordnete Bewegung* der Quirlstäbe ging dabei in *ungeordnete Bewegung* der Moleküle über. Deren Energie heißt **innere Energie**. Man erkennt sie an der *erhöhten Temperatur*. Warum spricht man dann trotzdem von einem Energieverlust? Nun, heißgelaufene Bremsen ersetzen mit ihrer inneren Energie Benzin nicht. Die ungeordnete Molekülbewegung kann — auch in Wärmeenergiemaschinen — nur zum Teil in mechanische Energie makroskopischer Körper, also in einen geordneten Zustand, zurückgeführt werden. Oder halten Sie es für wahrscheinlich, daß sich bei der *Brownschen Bewegung* in Milch plötzlich alle Fett-Tröpfchen nur nach rechts bewegen? Der Energiesatz wäre zwar nicht verletzt — aber beobachtet hat dies noch niemand.

Noch in anderer Hinsicht unterscheidet sich der Energieaufwand beim Reiben von dem beim Heben und Beschleunigen: Er hängt meist stark vom eingeschlagenen Weg ab. So kann ein Radfahrer sein Ziel auf einer guten Straße mit nur wenig Energieaufwand erreichen. Die Fahrt querfeldein wird aber bedeutend mühsamer.

3. Das abgeschlossene System — ein Energietresor

Energie ist ein Verwandlungskünstler:

a) Sie kann von einem Körper auf einen andern *übergehen*, z.B. vom Kran zum ersten Träger in *Bild 274.2* und von diesem zum zweiten.

b) Energie kann sich von einer Form in eine andere *umwandeln*: Beim fallenden Ziegel wird aus Lageenergie Bewegungsenergie.

c) Energie kann lange Zeit *gespeichert* sein, etwa als Lageenergie eines Ziegelsteins auf dem Dach oder im Mond, der um die Erde kreist.

d) Beim Reiben *verflüchtigt* sich Energie in **innere Energie** — in einen ungeordneten Zustand. In Wärmeenergiemaschinen wird sie zum Teil wieder in mechanischer Form „geordnet".

Wenn wir also den Erhaltungssatz für Energie aussprechen, so müssen wir genau angeben, welche Körper wir in Betracht ziehen und ob Reibung eine merkliche Rolle spielt. Wir müssen diese Körper zu einem *System* zusammenfassen, *das energetisch abgeschlossen ist*. Um dieses System können wir uns eine *Hülle* gelegt denken, durch die keine Energie tritt (*Bild 281.1*). Sie darf weder von Körpern noch von Seilen durchsetzt werden, die Energie zu- oder abführen. Nur die Gewichtskraft darf durch die Systemhülle greifen. Wenn sie Arbeit verrichten sollte, so berücksichtigen wir dies durch die beim Absinken des Körpers frei werdende *potentielle Energie Gh*.

Wollen wir uns — wie bisher — auf die mechanischen Energieformen beschränken und von der inneren Energie (Molekülbewegung usw.) absehen, so gilt der Erhaltungssatz nach *Gleichung 279.2* nur, wenn im System keine Reibung auftritt und keine Wärmeenergiemaschine (etwa aus Öl) mechanische Energie liefert.

> **Der Erhaltungssatz für mechanische Energieformen gilt in abgeschlossenen reibungsfreien Systemen.**
>
> **Ist ein System nicht abgeschlossen, ändert sich die Energiesumme um die Energie, die dem System zugeführt oder entzogen wurde.**

Die *Anlaufbahn AB einer Sprungschanze* ist eine schiefe Ebene mit 30° Neigung (*Bild 281.1*). Vom Niveau NN des Sprungtischs aus steigt der Springer (Masse 80 kg) $h_1 = 40$ m hoch. So gewinnt er gegenüber diesem Nullniveau die

Lageenergie $W_{L1} = G h_1 = 800\,\text{N} \cdot 40\,\text{m} = 32\,000\,\text{J}$.

Zusätzlich gibt er sich in A durch Anlauf und Abstoß die Geschwindigkeit $v_1 = 5$ m/s und die

kinetische Energie $W_{B1} = \tfrac{1}{2} m v_1^2 = 1\,000$ J.

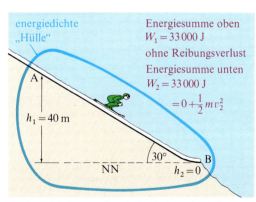

281.1 „Hülle" um die Anlaufbahn einer Sprungschanze

Sein Startkapital an Energie ist *im oberen Niveau die Energiesumme*

$$W_1 = W_{L1} + W_{B1} = \mathbf{33\,000\ J}.$$

Zunächst sehen wir von Reibungsverlusten ab. Dann hat der Springer am Sprungtisch (NN) die Lageenergie $Gh_2 = 0$. Seine Geschwindigkeit ist v_2, seine Bewegungsenergie $\frac{1}{2}mv_2^2$. Im *unteren Niveau ist also die Energiesumme*

$$W_2 = Gh_2 + \tfrac{1}{2}mv_2^2 = 0 + \tfrac{1}{2}mv_2^2.$$

Da im abgeschlossenen reibungsfreien System keine Energie verloren geht, gilt $W_2 = W_1$ oder

$$\tfrac{1}{2}mv_2^2 = \mathbf{33\,000\ J}, \text{ d.h. } v_2 = 29 \text{ m/s}.$$

Für diese Energieumsetzungen brauchten wir Neigungswinkel und Länge S der Anlaufbahn nicht zu beachten. Dies wird anders, wenn wir die *Reibungsverluste* $W_R = F_{gl} S$ berücksichtigen: Wenn die Gleitreibungszahl $f_{gl} = 0{,}05$ ist, beträgt die Reibungskraft

$$F_{gl} = f_{gl} F_N = f_{gl} G \cdot \cos 30° = 35 \text{ N}.$$

Der Reibungsweg S ist die Länge $\overline{AB}$ des Anlaufwegs $S = h/\sin 30° = 80$ m. Durch Reibung geht die Energie $W_R = F_{gl} S = 2800$ J verloren. *Energiesumme im unteren Niveau:*

$$W_2' = W_1 - W_R = 33\,000 \text{ J} - 2800 \text{ J} = \mathbf{30\,200\ J}.$$

Der Springer kommt mit $v_2' = 27{,}5$ m/s an.

Aufgaben

1. *Ein Körper der Masse* $m = 10$ kg *wird in* 45 m *Höhe über dem Boden a) aus der Ruhe losgelassen, b) mit* 10 m/s *nach unten, nach oben bzw. waagerecht abgeworfen. Berechnen Sie die Geschwindigkeiten, mit denen er jeweils am Boden ankommt! (Energie ist nach Seite 279 ein Skalar!)*

2. *Ein Auto fährt mit* 72 km/h *eine Straße mit* 5° *Steigung aufwärts. Dann kuppelt der Fahrer den Motor aus. Wie weit fährt das Auto noch, von Reibung und Luftwiderstand abgesehen?*

3. *Ein Auto prallt mit* 108 km/h *gegen eine feste Mauer. Aus welcher Höhe müßte es frei herabfallen, um die gleiche zerstörende Energie zu bekommen?*

4. *Ein Radfahrer kommt mit* 10 m/s *an einen Abhang, an dem er, ohne zu bremsen,* 5 m *an Höhe verliert. Dann prallt er auf ein Hindernis. Aus welcher Höhe hätte er frei fallen müssen, um mit gleicher Geschwindigkeit aufzutreffen?*

5. *Ein Körper der Masse* $m = 10$ kg *wird mit der Anfangsgeschwindigkeit* $v_1 = 20$ m/s *eine schiefe Ebene mit Neigungswinkel* 30° *aufwärts gestoßen. Wie hoch und wie weit kommt er a) ohne Reibung, b) bei* $f_{gl} = 0{,}40$? *c) Mit welcher Geschwindigkeit passiert er beim Zurückgleiten die Abstoßstelle mit bzw. ohne Reibung?*

6. *In einem Auto der Masse* 800 kg *werden bei* 72 km/h *Geschwindigkeit die Bremsen gezogen. Wie groß ist die anfängliche Bewegungsenergie? Nach welcher Wegstrecke ist die Energie aufgezehrt, wenn die Gleitreibungszahl* $f_{gl} = 0{,}5$ *beträgt? Kann man mit Energiebetrachtungen auch die Bremszeit berechnen?*

7. *Ein Lastzug von* 20 t *Masse vermindert auf* 50 m *Weg seine Geschwindigkeit durch Bremsen von* 30 m/s *auf* 20 m/s. *Wie groß ist die mittlere Bremskraft und die Gleitreibungszahl?*

8. *Ein Auto* (1000 kg) *wird von Null auf* 36 km/h, *dann von* 36 km/h *auf* 72 km/h *beschleunigt. Braucht man in beiden Abschnitten die gleiche Energie?*

9. *Ein Körper* (100 kg) *wird eine* 20 m *lange schiefe Ebene, die* 10 m *Höhenunterschied überwindet, mit der Anfangsgeschwindigkeit* 20 m/s *hochgestoßen. Wie groß ist die Gleitreibungszahl, wenn er oben mit* $v = 0$ m/s *ankommt? Welche Geschwindigkeit hat er in halber Höhe?*

10. *Ein Lastwagen von* 4 t *hat einen* 60 kW-*Motor. Welche Geschwindigkeit kann er auf ebener Straße beibehalten, wenn mit einer gesamten Fahrwiderstandskraft von* 8% *der Gewichtskraft des Wagens gerechnet wird? (Siehe Seite 38!)*

11. *a) Wieviel Wasser fördert eine Pumpe von* 75 kW *Leistung in* 48 h *aus einem Schacht von* 250 m *Tiefe? b) Wieviel Wasser wird in derselben Zeit aus der gleichen Tiefe gefördert, wenn die Pumpe mit einem Elektromotor betrieben wird, der eine Leistung von* 30 kW *abgibt und die Pumpe einen Wirkungsgrad (Seite 104) von* 80% *besitzt?*

12. *a) Ein Pendel der Länge* $l = 2{,}0$ m *wird in seiner tiefsten Lage durch einen Stoß in waagerechter Richtung um* $d = AB/2 = 0{,}10$ m *ausgelenkt (Bild 278.1). Wie groß sind der Auslenkungswinkel* α *und die in A gewonnene Höhe* h? *Welche Geschwindigkeit* v *bekam der Pendelkörper im tiefsten Punkt? Hängt sie von der Masse des Pendelkörpers ab? b) Wie groß war die Geschwindigkeit* v, *wenn die Auslenkung* d *nur halb so groß ist? c) Welchen Zusammenhang vermuten Sie zwischen* v *und* d? *Gilt er auch noch, wenn* $d = 1{,}8$ m *wird?*

§ 107 Spannungsenergie

1. Ein flinker Energiespeicher

Versuch 328: Eine kleine Stahlkugel von etwa 3 mm Durchmesser fällt auf eine dicke Glasplatte. Im tiefsten Punkt kehrt die Kugel um, ist also für einen Moment in Ruhe. Dort hat sie weder Bewegungs- noch Lageenergie. Woher nimmt sie die Energie für den nächsten Sprung?

Ein Trampolinspringer zeigt die Lösung. Er verformt im Sprungtuch Federn. Diese speichern seine Energie für kurze Zeit und schleudern ihn dann wieder in die Höhe.

Zum Spannen einer elastischen Feder braucht man nach dem *Hookeschen Gesetz* (Seite 24) die Kraft $F_s = Ds$ längs der Verformung, also Energie. Beim Entspannen wirken die gleichen Kräfte längs der gleichen Wegstrecken rückwärts. Deshalb wird die aufgenommene Energie ohne Verlust wieder frei. Sie war als **Spannungsenergie** in der Feder gespeichert. Wir wollen sie auch zu den mechanischen Energieformen zählen. Doch können wir bei ihr keine konstante Kraft voraussetzen. Wir benutzen zum Berechnen der Spannungsenergie deshalb einen Kunstgriff:

2. Energie aus einer Fläche berechnet

Wie sich eine Kraft F_s bei einer Verschiebung s ändert, erkennt man am besten, wenn man F_s über s aufträgt (*Bild 283.1*).

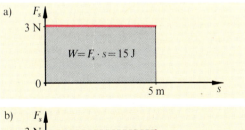

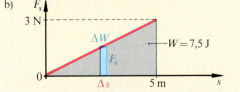

283.1 Arbeitsdiagramm: a) bei konstanter, b) bei veränderlicher Kraft gemäß dem *Hookeschen Gesetz*

a) Zunächst sei F_s konstant, das Schaubild ist eine Parallele zur s-Achse. Betrachten wir die Fläche darunter! Sie stellt die von der konstanten Kraft F_s verrichtete Arbeit $W = F_s s$ dar, wenn man die Einheiten (1 N und 1 m) an den Achsen beachtet (vergleiche mit *Bild 236.2*). Beim Maßstab 1 cm ≙ 1 N und 1 cm ≙ 1 m bedeutet 1 cm² dieser Fläche die Energieeinheit 1 J. In *Bild 283.1 a* ist die Arbeit $W = 3 \text{ N} \cdot 5 \text{ m} = 15 \text{ Nm}$ dargestellt.

b) Das Spannen von Federn und Expandern geht am Anfang leicht, wird aber bald sehr mühsam. Wir wollen dies am **Arbeitsdiagramm** verfolgen: Die Feder gehorche dem *Hookeschen Gesetz*, dargestellt durch die Ursprungsgerade in *Bild 283.1 b*. Betrachten wir das schmale blau getönte Rechteck! Wenn wir die Feder um die sehr kleine Strecke Δs, die Grundseite des Rechtecks, verlängern, können wir dessen Höhe F_s als hinreichend konstant ansehen. Das Flächenelement $F_s \cdot \Delta s$ gibt den Energiebeitrag beim Spannen der Feder um Δs. Alle Flächenelemente zusammen — also die grau getönte Dreiecksfläche mit der Grundseite s und der Höhe $F_s = Ds$ — liefern die Gesamtenergie zum Spannen

$$W_{Sp} = \tfrac{1}{2} s F_s = \tfrac{1}{2} D s^2.$$

Diese **Spannungsenergie** wird beim Entspannen wieder frei; Kräfte F_s und Wegelemente Δs sind nämlich bei elastischen Federn die gleichen.

> Um eine zunächst entspannte Feder mit der Federhärte D um die Strecke s zu verlängern, braucht man die Energie
>
> $$W_{Sp} = \tfrac{1}{2} D s^2. \tag{283.1}$$
>
> Sie steckt als Spannungsenergie in der Feder.

Ein zunächst entspannter Kraftmesser wird durch $F = 4 \text{ N}$ um $s = 0{,}04 \text{ m}$ verlängert. Seine Federhärte ist also $D = F/s = 100 \text{ N/m}$. Zum Spannen braucht man die Energie

$$W_{Sp} = \tfrac{1}{2} D s^2 = \tfrac{1}{2} \cdot 100 \text{ N/m} \cdot (0{,}04 \text{ m})^2 = \mathbf{0{,}08 \text{ J}}.$$

Verlängert man um weitere 4 cm auf die doppelte Länge $s = 8$ cm, so braucht man *insgesamt* 4fache Energie, d.h. **0,32 J**, da $W_{Sp} \sim s^2$. Die Verlängerung von $s = 4$ cm auf 8 cm forderte eine Erhöhung des Energiebetrags von 0,08 J auf 0,32 J, das heißt um 0,24 J. Dieses schnelle Anwachsen der Spannungsenergie wird von der schnell anwachsenden Dreiecksfläche im Arbeitsdiagramm sehr anschaulich dargestellt (*Bild 283.1 b*). Sie spüren es selbst, wenn Sie einen Expander zunächst 10mal um die einfache, dann 10mal um die doppelte Strecke verlängern.

3. Energieerhaltung in der Mechanik — beweisbar!

Wir beziehen nun auch die Spannungsenergie einer Feder in den Energieerhaltungssatz ein: Ein Körper mit der Gewichtskraft G wird von einer Feder mit der Spannkraft F_{Sp} nach oben gezogen; die Gewichtskraft G wirkt nach unten. Die Differenz $F_b = F_{Sp} - G$ ist die beschleunigende Kraft. Auf einem hinreichend kleinen Stück Δs können wir die Spannkraft F_{Sp} als konstant ansehen. Nun multiplizieren wir die nach F_{Sp} aufgelöste Gleichung $F_{Sp} = F_b + G$ mit Δs:

$$F_{Sp} \cdot \Delta s = F_b \cdot \Delta s + G \cdot \Delta s. \qquad (284.1)$$

$F_b \cdot \Delta s$ gibt die von der beschleunigenden Kraft F_b längs Δs verursachte *Zunahme der Bewegungsenergie* an, $G \cdot \Delta s = G \cdot \Delta h$ die *Zunahme der Lageenergie* des gehobenen Körpers. $F_{Sp} \cdot \Delta s$ gibt an, um wieviel dafür die Spannungsenergie der Feder *abnimmt*. Nach Gl. 284.1 ist diese *Abnahme* genau so groß wie die *Summe der Zunahmen* der beiden anderen Energieformen. Die Gesamtenergie bleibt also konstant. Ferner sind diese Energieumwandlungen vom speziellen Weg und der Art und Weise des Bewegungsablaufs unabhängig (Seite 276f.). Allerdings macht die Reibungsarbeit nach Seite 281 eine Ausnahme: Sie hängt vom eingeschlagenen Weg ab. Wir müssen deshalb Reibungskräfte ausschließen, wenn wir den **Energieerhaltungssatz der Mechanik** formulieren:

Die Summe aus Lage-, Bewegungs- und Spannungsenergie ist bei reibungsfreien mechanischen Vorgängen in einem abgeschlossenen System konstant. Energie geht nicht verloren, Energieformen wandeln sich um.

$$Gh_1 + \tfrac{1}{2}mv_1^2 + \tfrac{1}{2}Ds_1^2 = Gh_2 + \tfrac{1}{2}mv_2^2 + \tfrac{1}{2}Ds_2^2$$
$$= \ldots = \textbf{konstant} \qquad (284.2)$$

Beispiel: Ein Körper der Masse $m = 1,0$ kg wird an eine entspannte Feder der Federhärte $D = 100$ N/m gehängt und aus der Ruhe losgelassen. Wo kommt er für einen Augenblick wieder zur Ruhe (NN)?

Energiesumme oben (h_1 sei die Höhe über NN):
$Gh + \tfrac{1}{2}mv^2 + \tfrac{1}{2}Ds^2 = 10\,\text{N} \cdot h_1 + 0 + 0 = 10\,\text{N} \cdot h_1$.

Energiesumme unten (h_1 ist Verlängerung der Feder):
$Gh + \tfrac{1}{2}mv^2 + \tfrac{1}{2}Ds^2 = 0 + 0 + \tfrac{1}{2} \cdot 100\,\tfrac{\text{N}}{\text{m}} \cdot h_1^2$.

Energiesatz: $10\,\text{N} \cdot h_1 = 50\,\tfrac{\text{N}}{\text{m}} \cdot h_1^2$.

Neben $h_1 = 0$ m (oben) folgt $h_1 = \tfrac{1}{5}$ m $= 20$ cm.

4. Das Denken mit Erhaltungsgrößen — eine neue Strategie (Bilanzdenken)

Mit diesem Erhaltungssatz für Energie verfolgen wir eine neue Strategie. Im Gegensatz zu der auf Seite 273 zusammengefaßten Strategie fragen wir nicht mehr nach den Kräften, also den *Ursachen* einer Bewegung. Die dort vertretene *kausale Betrachtungsweise* wird jetzt durch die Frage nach der *Erhaltung einer Größe*, hier der Energie, ergänzt und teilweise abgelöst. Wir werden dieses Denken mit Erhaltungsgrößen bald auf einen weiteren Begriff, den Impuls, ausdehnen. Doch dürfen wir einen Nachteil nicht verschweigen: Da im Energieerhaltungssatz die Zeit t nicht auftritt, erfahren wir von ihm unmittelbar nichts über den zeitlichen Ablauf eines Vorgangs, wir erfahren nicht die Periodendauer des Pendels in Bild 278.1. Doch sind solche Bilanzrechnungen — wie beim Kaufmann — oft eine sehr wertvolle Kontrolle für die Richtigkeit einer Überlegung oder Rechnung.

Aufgaben

1. Die zwei Pufferfedern eines Eisenbahnwagens (10 t *Masse*) *werden um je* 10 cm *eingedrückt, wenn dieser mit der Geschwindigkeit* 1 m/s *auf ein festes Hindernis prallt. Wie groß ist die Härte D einer jeden Feder?*

2. Die vertikal gehaltene Feder einer Federpistole wird durch Auflegen von Körpern der Masse 500 g *um* 5 cm *zusammengedrückt und rastet dann ein. a) Wie groß ist ihre Federhärte? b) Dann legt man einen Pfeil der Masse* 12 g *auf die Feder. Wie hoch wird er geschossen, wenn man von Reibung und der Masse der Feder absieht? c) Dann wird die Pistole in* 1,25 m *Höhe über dem Boden waagerecht gehalten. Wie weit fliegt der Pfeil? Mit welcher Geschwindigkeit verläßt er die Pistole? Mit welcher Geschwindigkeit kommt er am Boden an? Welchen Winkel hat er dann gegen die Horizontale?*

3. An eine Feder der Richtgröße $D = 100$ N/m *wird ein Wägestück der Masse* 3 kg *gehängt und die Feder insgesamt um* 50 cm *verlängert. a) Welche Geschwindigkeit hat das Wägestück, wenn es von der Feder* 10 cm *hoch gezogen worden ist? b) In welcher Höhe kommt es vorübergehend zur Ruhe? c) In welcher Höhe hat es die Geschwindigkeit* 0,8 m/s? *Warum gibt es hier zwei Lösungen? d) In welcher Höhe hat es die größte Geschwindigkeit?*

§ 108 Impulserhaltung

1. Restlos zufrieden mit dem Energiesatz?

Bisher ließen wir einzelne Wagen fahren oder Kugeln fallen. An Stöße zwischen mehreren Körpern, zwischen Billardkugeln, Münzen oder Autos wagten wir uns dagegen nicht heran. Was ist bei solchen Stößen anders?

Versuch 329: a) Auf dem Projektor lassen wir eine Kugel oder eine Münze auf eine andere, die noch ruht, stoßen. Beide fliegen nach dem Stoß i.a. nach verschiedenen Richtungen weg.

b) Stöße wie bei der *Kugelreihe* in *Bild 285.2* sind einfacher: Wir heben links eine Kugel an und lassen sie auf die andern prallen. Die äußerste fliegt in der gleichen Richtung weg. Hier liegen die Geschwindigkeitsvektoren $\vec{v}$ vor dem Stoß und $\vec{u}$ nach dem Stoß auf derselben Geraden. Wir beschränken uns vorerst auf solche **geraden Stöße**. – Die rechte Kugel fliegt gleich weit weg, hat also die gleiche Geschwindigkeit wie die linke (Seite 280). Also bleibt die *Energie erhalten*. Warum teilt sie sich aber nicht auf die andern Kugeln auf, sondern läuft einfach durch sie hindurch? – Noch merkwürdiger: Warum fliegen rechts zwei Kugeln weg, wenn wir von links zwei aufprallen lassen? Betrachten wir zunächst nur zwei Stoßpartner:

Versuch 330: Auf einer Fahrbahn ruht nach *Bild 285.1* Wagen 2 (Geschwindigkeit vor dem Stoß $v_2 = 0$) oder ein Luftkissengleiter. Er trägt links eine elastische Feder. Auf diese lassen wir von links Wagen 1 mit der gleichen Masse $m_1 = m_2$ und der Geschwindigkeit $v_1 = 0{,}8$ m/s stoßen. Dabei kommt der stoßende Wagen 1 zum Stehen ($u_1 = 0$; Geschwindigkeiten nach dem Stoß bezeichnen wir mit u, solche vor dem Stoß mit v). Der gestoßene Wagen fährt mit $u_2 = 0{,}8$ m/s weiter. Er hat dem stoßenden alle Energie gestohlen. Offensichtlich gilt bei diesem **vollelastischen** Stoß die *Erhaltung mechanischer Energie*:

$$\tfrac{1}{2}m_1 v_1^2 + \tfrac{1}{2}m_2 v_2^2 = \tfrac{1}{2}m_1 u_1^2 + \tfrac{1}{2}m_2 u_2^2. \qquad (285.1)$$

Da $v_2 = u_1 = 0$ und $m_1 = m_2 = m$ ist, folgt

$$\tfrac{1}{2}m v_1^2 + 0 = 0 + \tfrac{1}{2}m u_2^2, \text{ also } u_2 = v_1.$$

Die Energiesumme wäre in *Gl. 285.1* aber auch dann erhalten geblieben, wenn der 1. Wagen nur die Hälfte seiner Energie an den zweiten weitergegeben und den Rest behalten hätte. Warum er dies nicht tat, sagt uns der Energiesatz nicht. Da er uns nur die *eine* Gleichung *285.1* für die *beiden* zunächst unbekannten Geschwindigkeiten u_1 und u_2 nach dem Stoß liefert, können wir diese mit ihm allein auch nicht berechnen. *Bei elastischen Stößen gilt zwar der Energieerhaltungssatz der Mechanik, er reicht aber für Berechnungen nicht aus.* Zudem gibt es Stöße, bei denen er nicht gilt:

Nur Auto-Skooter auf Rummelplätzen stoßen wegen ihrer Gummiwülste elastisch aufeinander, ohne Beulen zu hinterlassen. Richtige Autos dagegen verkeilen sich bei schweren Zusammenstößen. Die Bewegungsenergie verrichtet Deformationsarbeit. Wir ahmen solche **unelastischen Stöße** nach, indem wir die elastische Feder in Versuch 330 durch einen unelastischen Klumpen Klebwachs ersetzen. Er dient als *Knautschzone* (*Bild 285.1*, unten).

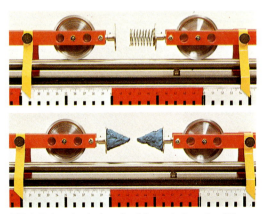

285.1 Beim elastischen Stoß ist zwischen den Wagen eine Feder, beim unelastischen Stoß Klebwachs.

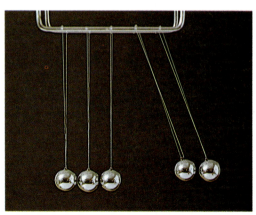

285.2 Wenn links *n* Kugeln auf die Reihe prallen, fliegen rechts auch *n* mit gleicher Masse weg.

Versuch 331: a) Wir stoßen beide Wagen gleicher Masse *gegeneinander* mit gleichem Betrag der Geschwindigkeit ($\vec{v}_2 = -\vec{v}_1$). Wäre eine elastische Feder zwischen ihnen, so würden sie gleich schnell zurückprallen. Das Klebwachs jedoch hält sie bei diesem unelastischen Stoß beisammen. Zudem kommen sie zur Ruhe. Die Reibung der Wachsteilchen aneinander führt alle mechanische Energie als Wärme ab. Mechanische Energie bleibt hier nicht erhalten.

b) Wir lassen nun Wagen 1 mit $v_1 = 0{,}8$ m/s auf den ruhenden Wagen 2 ($v_2 = 0$) prallen. Wieder hält das unelastische Klebwachs beide zusammen.

Diesmal fährt das Gespann jedoch mit der halben Geschwindigkeit $u_1 = u_2 = u = 0{,}4$ m/s $= v_1/2$ weiter. Das Geschwindigkeitsquadrat geht auf den 4. Teil zurück. Da sich die Masse m der bewegten Teile verdoppelt hat, wird die Bewegungsenergie $\frac{1}{2}mv^2$ halbiert. Der Rest fließt im Klebwachs als Wärme ab. Dagegen blieb das *Produkt mv* erhalten; m wurde ja verdoppelt, v halbiert. Gilt vielleicht für dieses Produkt mv, das uns bisher noch nicht begegnet ist, ein eigener Erhaltungssatz?

2. Noch ein Erhaltungssatz?

Nicht bei allen Stößen bleibt die mechanische Energie erhalten. Deshalb sehen wir vorläufig von der Energie ab und gehen wieder auf die Gleichung $\vec{F} = m\vec{a} = m \cdot \Delta\vec{v}/\Delta t$ zurück. Dazu betrachten wir die Geschwindigkeitsänderungen von Körper 1 und Körper 2

$$\Delta \vec{v}_1 = \vec{u}_1 - \vec{v}_1 \quad \text{und} \quad \Delta \vec{v}_2 = \vec{u}_2 - \vec{v}_2 \quad (286.1)$$

(Geschwindigkeit ‚nachher' minus ‚vorher'). Zwar kennen wir nicht die Kräfte, die etwa zwei Billardkugeln aufeinander ausüben, auch nicht ihre Einwirkungsdauer Δt. Aber wir wissen: Die Kraft $\vec{F}_2 = m_2 \cdot \vec{a}_2$, die Körper 2 erfährt, ist in jedem Augenblick genau so groß, aber entgegengesetzt gerichtet zur Kraft $\vec{F}_1 = m_1 \cdot \vec{a}_1$ auf Körper 1 (actio-reactio; *Bild* 286.1):

$\vec{F}_2 = -\vec{F}_1$. Also gilt

$$m_2 \cdot \Delta \vec{v}_2 / \Delta t_2 = - m_1 \cdot \Delta \vec{v}_1 / \Delta t_1. \quad (286.2)$$

Dabei wirkt Körper 1 genau so lange auf Körper 2 wie Körper 2 auf 1. Wir können deshalb mit der gemeinsamen Stoßzeit $\Delta t_2 = \Delta t_1$ multiplizieren und erhalten — auch ohne Kenntnis dieser Stoßzeit[1]:

$$m_2 \cdot \Delta \vec{v}_2 = - m_1 \cdot \Delta \vec{v}_1 \quad (286.3)$$

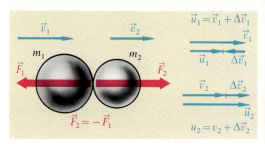

286.1 actio und reactio beim Stoß sind innere Kräfte.

oder mit *Gl.* 286.1 (und dann geordnet):

$$m_2(\vec{u}_2 - \vec{v}_2) = - m_1(\vec{u}_1 - \vec{v}_1)$$

$$\boldsymbol{m_1 \cdot \vec{u}_1 + m_2 \cdot \vec{u}_2 = m_1 \cdot \vec{v}_1 + m_2 \cdot \vec{v}_2}. \quad (286.4)$$

In dieser übersichtlich geschriebenen Gleichung kommen nur die Produkte *Masse mal Geschwindigkeit* vor. Wir geben der Vektorgröße $\boldsymbol{m\vec{v}}$ den Namen **Impuls** $\vec{p}$ (impellere, lat.: anstoßen).

> *Definition:* **Unter dem Impuls p eines Körpers der Masse m, der sich mit der Geschwindigkeit $\vec{v}$ bewegt, versteht man die Vektorgröße $\vec{p} = m\vec{v}$ in Richtung des Geschwindigkeitsvektors $\vec{v}$.**
>
> **Die Einheit des Impulses ist 1 kg m/s = 1 Ns.**

In *Gl.* 286.4 steht links die Vektorsumme $m_1 \cdot \vec{u}_1 + m_2 \cdot \vec{u}_2$ der Impulse der stoßenden Körper *nach* dem Stoß, rechts $m_1 \cdot \vec{v}_1 + m_2 \cdot \vec{v}_2$ *vor* dem Stoß. Der **Gesamtimpuls** bleibt also wie erwartet erhalten. Dabei wirken auf die stoßenden Körper ausschließlich *innere Kräfte* (actio-reactio, Seite 256). *Das System ist nach außen abgeschlossen.*

> *Impulserhaltungssatz:* **Die Vektorsumme der Impulse $\vec{p}_i = m_i \cdot \vec{v}_i$ eines abgeschlossenen Systems ist ein konstanter Vektor, nämlich der Gesamtimpuls $\vec{p}$. Auf die Körper des Systems wirken nur innere Kräfte.**

---

[1]) Diese Herleitung gilt zunächst nur für Zeitintervalle $\Delta t'$, während der sich die Kraft $\vec{F}$ kaum ändert, die also noch kleiner als die Stoßzeit Δt sind. Die in ihnen erzeugten kleinen Geschwindigkeitsänderungen $\Delta \vec{v}'$ addieren wir vektoriell zu den Größen $\Delta \vec{v}_1$ und $\Delta \vec{v}_2$ in *Gl.* 286.2. Wir können ja nur diese Gesamtänderungen messen.

3. Gilt die Impulserhaltung bei allen Stößen?

a) Vor dem *unelastischen Stoß* in Versuch 331 b hatte Wagen 1 einen Impuls vom Betrag

$p_1 = m_1 v_1 = 1 \text{ kg} \cdot 0{,}8 \text{ m/s} = \textbf{0{,}8 kg m/s}$;

der Impuls von Wagen 2 war $p_2 = 0$. Nach dem Stoß fuhr das zusammenhängende Gespann mit der doppelten Masse 2 kg aber nur mit der halben Geschwindigkeit $u_1 = u_2 = u = 0{,}4$ m/s weiter. Der Impuls des Systems nach dem Stoß hatte den Betrag $p' = mu = 2 \text{ kg} \cdot 0{,}4 \text{ m/s} = \textbf{0{,}8 kg m/s}$. Also blieb der Gesamtimpuls nach Betrag und Richtung erhalten, allerdings wurde innerhalb des Systems Impuls von Wagen 1 auf Wagen 2 übertragen.

b) In Versuch 331 a kamen die mit gleichem Geschwindigkeitsbetrag einander *entgegenfahrenden* Wagen zum Stehen. Der Impuls war nach diesem unelastischen Stoß Null. Zwar hatte vorher jeder der beiden Wagen für sich Impuls. Doch waren diese Impulsvektoren einander entgegengesetzt gerichtet. Ihre Vektorsumme war wegen der gleichen Masse $m = m_1 = m_2$ und wegen $\vec{v}_2 = -\vec{v}_1$ schon vor dem Stoß Null:

$m_1 \vec{v}_1 + m_2 \vec{v}_2 = m\vec{v}_1 - m\vec{v}_1 = \vec{0}$.

Wir müssen den Vektorcharakter des Impulses ernst nehmen! Dann können wir sagen, daß auch bei diesem unelastischen Stoß der Gesamtimpuls erhalten blieb. – Anders verhielt es sich mit der *Energie*. Jeder Wagen hatte vor dem Stoß die Bewegungsenergie 0,32 J, beide Wagen zusammen 0,64 J. Energien werden ja wie Zahlen addiert. Nach dem Stoß war die Bewegungsenergie wegen der Reibung Null.

c) Bei den *elastischen Stößen* in Versuch 330 blieben *Energie und Impuls* erhalten. Der gestoßene Wagen nahm dem stoßenden gleicher Masse dessen gesamte Habe an Energie und Impuls ab und fuhr damit weiter. Energie wie Impuls wechselten zwar das „Pferd", blieben aber unverändert! Zwar hätte sich — wie beim unelastischen Stoß in Versuch 331 — der Impuls auf beide „Pferde" aufteilen können (v halbiert, m verdoppelt). Dann wäre aber die Summe der Bewegungsenergie halbiert worden (siehe Ende von Ziffer 1). Die Energiebilanz hätte nicht gestimmt. Beim hier vorliegenden elastischen Stoß müssen jedoch beide Bilanzen stimmen. Die Kugelreihe in *Bild 285.2* führt uns dies überzeugend vor Augen: Rechts fliegen genau so viele Kugeln gleicher Masse weg wie links aufprallen; die Zahl der „Pferde", die Energie und Impuls tragen, ändert sich nicht (Seite 289).

§ 109 Berechnung von Stößen

1. Was macht die Impulserhaltung so wichtig?

Was verschafft ausgerechnet dem Impulserhaltungssatz bei Stößen eine solche Bedeutung?

— Wir haben diesen Satz aus den allgemeingültigen *Newtonschen Axiomen* hergeleitet. Deshalb gilt er *unabhängig von Größe und Art der Stoßkräfte*. Er gilt auch, wenn sich magnetische Pucks auf dem Luftkissentisch abstoßen oder wenn schnelle Elektronen an Atomkernen vorbeifliegen, also in der Welt der Atome.

— Die Stoßkräfte zwischen den Stoßpartnern sind innere Kräfte und so groß, daß man ihnen gegenüber während der kurzen Stoßzeit äußere Kräfte wie Luftwiderstand und Gewichtskraft im allgemeinen vernachlässigen kann: *Beim Stoß bilden die Stoßpartner praktisch ein abgeschlossenes System.*

— Man braucht Größe und Einwirkungsdauer der Stoßkräfte nicht zu kennen. Der Impulserhaltungssatz kommt unserer neuen Strategie des *Bilanzdenkens bei Erhaltungsgrößen* in geradezu idealer Weise entgegen.

— Die großen Stoßkräfte erzeugen häufig starke bleibende Verformungen — begleitet von Reibung. Dann geht mechanische Energie verloren. Bei diesen unelastischen Stößen gilt der Energieerhaltungssatz der Mechanik nicht. Der Impulssatz beruht jedoch auf actio und reactio; er gilt also auch, wenn die *Stoßkräfte mit Reibung verbunden sind*.

2. Unelastische Stoßpartner kleben wie Kletten

Versuch 332: An langen Fäden hängen zwei Kugeln auf gleicher Höhe. Sie sind so von Klebwachs umgeben, daß sie sich nach einem Zusammenstoß — wie zusammengebacken — mit gleicher Geschwindigkeit weiterbewegen. Die Wachsteilchen haben sich aneinander gerieben und gegeneinander verschoben. Sie zeigen keinerlei elastische Kraft, um die erlittene Verformung wieder rückgängig zu machen und so die Kugeln auseinanderzutreiben. Wir haben einen völlig unelastischen Stoß wie in Versuch 331 mit Fahrbahnwagen und Klebwachs als Knautschzone. Dabei geht ein Teil der Bewegungsenergie verloren. Wir geben mit der Hand den

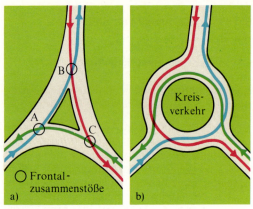

288.1 a) Das Verkehrsdreieck begünstigt Frontalzusammenstöße bei A, B und C. b) Der Kreisverkehr vermeidet sie.

beiden Kugeln vor ihrem Stoß beliebig große und beliebig gerichtete Geschwindigkeiten $\vec{v}_1$ und $\vec{v}_2$. Nach dem Stoß sind die Geschwindigkeiten $\vec{u}_1$ und $\vec{u}_2$ noch unbekannt, aber wegen des Zusammenklebens gleich: $\vec{u}_1 = \vec{u}_2 = \vec{u}$. Wir können sie also mit der einen Gleichung, die der Impulserhaltungssatz liefert, berechnen:

$$m_1 \vec{v}_1 + m_2 \vec{v}_2 = m_1 \vec{u}_1 + m_2 \vec{u}_2 = (m_1 + m_2) \vec{u}$$

ergibt $\vec{u}_1 = \vec{u}_2 = \vec{u} = \dfrac{m_1 \vec{v}_1 + m_2 \vec{v}_2}{m_1 + m_2}$. (288.1)

Bei einem *geraden Stoß* liegen alle Vektoren längs einer Geraden. Wir können auf die Vektorschreibweise verzichten, wenn wir Geschwindigkeiten nach rechts mit positivem, nach links mit negativem Vorzeichen versehen. Zudem beschränken wir uns auf *Sonderfälle*:

a) Zwei Kugeln gleicher Masse ($m_1 = m_2 = m$) prallen mit gleichem Geschwindigkeitsbetrag gegeneinander ($\vec{v}_2 = -\vec{v}_1$ wird $v_2 = -v_1$). Dann ist nach *Gl. 288.1* $u_1 = u_2 = 0$. Die Kugeln kommen beim Stoß zur Ruhe; alle Bewegungsenergie geht in innere Energie über oder verrichtet Deformationsarbeit wie beim Frontalzusammenstoß von Autos *(Bild 288.1 a)*.

b) Auf ein langsames Auto (v_1) fährt von hinten ein schnelles mit doppelter Geschwindigkeit ($v_2 = 2 v_1$). Beide haben gleiche Masse m. Die ineinander verkeilten Wagen haben unmittelbar nach dem Stoß die Geschwindigkeit

$$u_1 = u_2 = u = \frac{m v_1 + m \cdot 2 v_1}{2 m} = 1{,}5 \, v_1.$$

Bei allen unelastischen Stößen gilt die *Energiegleichung 285.1* nicht mehr. Man erhält den *Verlust ΔW an Bewegungsenergie*, wenn man in ihre rechte Seite u aus *Gl. 288.1* einsetzt und beide Seiten voneinander abzieht:

$$\Delta W = \frac{1}{2} \frac{m_1 m_2}{m_1 + m_2} (v_1 \pm v_2)^2. \qquad (288.2)$$

Dabei gilt das Minuszeichen, wenn die Geschwindigkeiten v_1 und v_2 vor dem Stoß *gleichgerichtet* sind *(Bild 288.1 b, Fall b, Auffahrunfall)*. Sind dagegen v_1 und v_2 *entgegengesetzt* gerichtet, gilt das Pluszeichen. Bei diesem Frontalzusammenstoß sind die freigesetzten zerstörerischen Energiebeträge viel größer. Deshalb baut man heute Straßeneinmündungen nach *Bild 288.1 a* wieder ab, da sie Frontalzusammenstöße begünstigen. Als besonders sicher gelten dagegen Verkehrsknoten, die zum *Kreisverkehr* ausgebildet wurden, da hier die Fahrzeuge beim Zusammenstoß fast die gleiche Richtung haben (round-abouts in England). Sie brauchen aber mehr Platz und haben eine geringere Durchlässigkeit. Signalgesteuerte Kreuzungen gelten heute — insbesondere bei „grüner Welle" — als günstiger.

Wir messen nun den Impuls einer Gewehrkugel mit einem **ballistischen Pendel** und berechnen daraus ihre Geschwindigkeit:

Versuch 333: Ein Geschoß (Masse m_1; noch unbekannte Geschwindigkeit v_1) wird in eine mit Sand gefüllte, als Pendel aufgehängte Kiste (Masse m_2, Geschwindigkeit $v_2 = 0$) geschossen und bleibt dort stecken. Man kann auch nach *Bild 288.2* aus der Federkanone eine Kugel in einen Auffänger schießen, der am Pendelbrett befestigt ist (v_1 nach Seite 268 bestimmt). Das Geschoß gibt seinen Impuls $m_1 v_1$ an das zur Schwingung mit der gemeinsamen Geschwindigkeit u ansetzende Pendel ab. Es handelt sich um einen unelastischen Stoß. Weil die Pendelmasse ($m_1 + m_2$) viel größer als die Geschoßmasse m_1 ist, wird $u \ll v_1$. Diese gemeinsame, erheblich reduzierte Geschwindigkeit wird aus

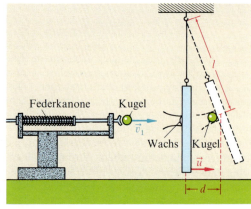

288.2 Ballistisches Pendel zu Versuch 333

dem Ausschlag d des Pendelschwerpunkts nach $u = d\sqrt{g/l}$ berechnet (Aufgabe 12, Seite 282). Energieverluste durch den Luftwiderstand kann man beim ersten Ausschlag vernachlässigen.

3. Stöße ohne mechanischen Energieverlust

Billard- und Stahlkugeln kleben beim Stoß nicht zusammen. Sie werden von elastischen Kräften mit verschiedenen Geschwindigkeiten $\tilde{u}_1$ und $\tilde{u}_2$ wieder auseinander getrieben. Diese beiden Unbekannten $\tilde{u}_1$ und $\tilde{u}_2$ können wir aber mit dem Impulserhaltungssatz allein (nur 1 Gleichung) nicht berechnen. Da aber kaum Verluste an mechanischer Energie auftreten, nehmen wir idealisierend an, die Bewegungsenergie bleibe vollständig erhalten. *Diese Idealisierung nennt man elastischen Stoß.*

Beim *elastischen* Stoß bleibt die kinetische Energie erhalten, die Stoßpartner trennen sich wieder.

Nach einem völlig *unelastischen* Stoß bewegen sich die Stoßpartner mit der gleichen Geschwindigkeit weiter; sie kleben zusammen, kinetische Energie geht verloren.

Zunächst sollen sich die Körper vor und nach dem Stoß längs einer horizontalen Geraden bewegen. Bei diesem *geraden Stoß* setzen wir die Lageenergie gleich Null. Geschwindigkeiten nach rechts bekommen das positive Vorzeichen, solche nach links das negative. Der *Impulserhaltungssatz* lautet nach Gl. 286.4:

$$m_1 v_1 + m_2 v_2 = m_1 u_1 + m_2 u_2. \tag{289.1}$$

Hinzu tritt der *Energieerhaltungssatz*

$$\tfrac{1}{2} m_1 v_1^2 + \tfrac{1}{2} m_2 v_2^2 = \tfrac{1}{2} m_1 u_1^2 + \tfrac{1}{2} m_2 u_2^2. \tag{289.2}$$

Um die unbekannten Geschwindigkeiten u_1 und u_2 nach dem Stoß zu bestimmen, bringen wir alle Terme, die zur Kugel 1 gehören, nach links:

$$\tfrac{1}{2} m_1 (v_1^2 - u_1^2) = \tfrac{1}{2} m_2 (u_2^2 - v_2^2) \tag{289.3}$$

oder:

$$m_1 (v_1 + u_1)(v_1 - u_1) = m_2 (u_2 + v_2)(u_2 - v_2). \tag{289.4}$$

Wir dividieren durch die gleichermaßen umgestellte Impulsgleichung („1 links, 2 rechts")

$m_1(v_1 - u_1) = m_2(u_2 - v_2)$ und erhalten
$v_1 + u_1 = v_2 + u_2$.

Die letzten beiden Gleichungen liefern die Geschwindigkeiten u_1 und u_2 nach dem Stoß. Geschwindigkeiten nach rechts sind positiv.

$$u_1 = \frac{2 m_2 v_2 + (m_1 - m_2) v_1}{m_1 + m_2} \tag{289.5}$$

$$u_2 = \frac{2 m_1 \cdot v_1 + (m_2 - m_1) v_2}{m_1 + m_2} \tag{289.6}$$

Wir diskutieren **Sonderfälle:**

a) *Beide Massen gleich groß:* $m_1 = m_2$

In obigen Gleichungen verschwinden die Klammerterme; es folgt $u_1 = v_2$ und $u_2 = v_1$. Körper gleicher Masse tauschen beim elastischen, geraden Stoß ihre Geschwindigkeiten aus. Impuls und der Transport von Energie behalten Betrag und Richtung bei; sie wechseln nur die „Pferde". — War der zweite Körper vor dem Stoß gar in Ruhe ($v_2 = 0$), so übernimmt er Geschwindigkeit, Impuls und Energie des ersten. Dieser kommt zur Ruhe: $u_1 = 0$, $u_2 = v_1$.

b) *Ein Kleiner stößt auf einen ruhenden Großen*

Jetzt ist $m_2 > m_1$, $v_1 > 0$ und $v_2 = 0$ (Pfennig auf 5 DM-Stück). In Gl. 289.5 wird u_1 negativ: Der stoßende Kleine prallt zurück. Ist $m_1 = m_2/2$, so wird $u_1 = v_1/3$ (nach links gerichtet). Der gestoßene Große setzt sich mit $u_2 = +\tfrac{2}{3} v_1$ in Bewegung und nimmt dem stoßenden Kleinen 8/9 von dessen Energie ab (sie ist $\sim mv^2$).

c) *Ein Großer stößt auf einen ruhenden Kleinen*

Hier ist $m_1 > m_2$, $v_1 > 0$ und $v_2 = 0$. Schiebt der Große den Kleinen ständig vor sich her? Da $m_1 > m_2$, bleibt $u_1 > 0$: Der stoßende Große behält seine Richtung bei und wird langsamer, weil $(m_1 - m_2)/(m_1 + m_2) < 1$ ist ($u_1 < v_1$). Zudem ist $2 m_1 > (m_1 + m_2)$ und $v_2 = 0$. Deshalb wird nach Gl. 289.6 $u_2 > v_1$: Der Kleine fliegt schneller weg, als sich ihm der Große vor dem Stoß genähert hat; der Große hat hier das Nachsehen: Ist $m_2 = m_1/2$, dann wird $u_2 = \tfrac{4}{3} v_1$. Der Kleine stiehlt also dem Großen $\tfrac{8}{9}$ an Energie und $\tfrac{2}{3}$ an Impuls und entfernt sich schnell damit.

Aufgaben

1. *Drei Eisenbahnwagen von je 20 t stehen zusammengekoppelt; ein vierter von gleicher Masse fährt mit 5,0 m/s auf. Dabei rastet die automatische Kupplung ein. Wie schnell rollen die 4 Wagen reibungsfrei weiter?*

2. *Ein Ball (0,40 kg) fliegt nach einem Bombenschuß mit 30 m/s in die Arme eines senkrecht hochspringenden Torwarts (75 kg). Welchen Impuls erhält dieser? Mit welcher Geschwindigkeit fliegt der Torhüter nach dem völlig unelastischen Stoß rückwärts?*

§ 110 Der 1. Hauptsatz der Wärmelehre

1. Alle reden von der Energie

Der Begriff der Energie begegnet uns heute auf Schritt und Tritt, im Alltag und im politischen Leben ebenso wie in allen Gebieten der Physik und Technik. Warum reden die Leute von Energie, wenn sie doch Erdöl, Strom, Kohle, aufgestautes Wasser oder sogar Nahrungsmittel meinen *(Bild 290.1)? – Was wissen wir von der Energie?*

a) *Jeder Körper und jedes System von Körpern enthält Energie.* Wenn in der Natur irgendetwas geschieht, ändert sich fast immer auch die Energie der beteiligten Körper: Es wird Energie von einem Körper auf einen anderen übertragen. Beispiel: Wir verbrennen im Winter 1 Liter Heizöl, damit sich unser warmes Wohnzimmer nicht abkühlt. Die Energie des Systems „1 l Heizöl plus 10 m^3 Luft" nimmt um 37 MJ ab, die Energie der Außenluft wächst nach einiger Zeit um ebensoviel. In einer langen Übertragungskette geht Energie von den heißen Flammengasen auf das Kesselwasser, zugleich vom Heizkörper auf die Zimmerluft, ... von der Hauswand auf die Außenluft über.

b) *Energie ist ein Verwandlungskünstler.* Sie tritt in verschiedenen Formen auf. In diesem Buch haben wir die *mechanischen* Energieformen genauer kennen und berechnen gelernt: potentielle Lageenergie, Federspannungs- und Bewegungsenergie. Beim Schwingen eines Pendels beispielsweise wandeln sich Lage- und Bewegungsenergie dauernd ineinander um. Oder denken Sie ans Trampolinspringen! Hier spielt auch Federspannungsenergie mit.

Energie ist eine wesentliche Voraussetzung für die wirtschaftliche Entwicklung unseres Landes. Die industrielle und landwirtschaftliche Produktion, das Verkehrswesen und alle anderen Wirtschaftsbereiche sind auf ausreichende Energieversorgung angewiesen. Aber auch jeder einzelne Bürger braucht Heizöl oder Kohle, Benzin oder elektrischen Strom für seinen persönlichen Bedarf. So hängt von der Versorgung mit Energie nicht nur unsere Volkswirtschaft, sondern auch der Lebensstil und Lebensstandard der Bevölkerung ab.

290.1 Der Bundesminister für Forschung und Technologie (Hg.): Was geht uns Forschung an? (1980)

Von früher kennen wir auch die *innere Energie* der Körper. Wenn sie sich vermehrt, wird der Körper wärmer, oder er schmilzt bzw. verdampft. Schon auf Seite 49 und 96 vermuteten wir aufgrund der *Brownschen Bewegung,* daß die innere Energie wenigstens zu einem Teil aus der ungeordneten Bewegungsenergie der Moleküle besteht, also insofern eine mechanische Energieform ist. Diese Vorstellung wurde als sogenannte **kinetische Gastheorie** wissenschaftlich ausgebaut. Ein anderer Teil der inneren Energie ist die potentielle Energie der gegenseitigen Anziehung bzw. Abstoßung der Teilchen eines Körpers, also ebenfalls durch die Mechanik erfaßbar. Die Gültigkeit der Mechanik erstreckt sich so bis in die „Mikrowelt" der Atome hinein und bleibt nicht auf greifbare makroskopische Körper beschränkt.

Allerdings passen andere wichtige Energieformen nicht ins Konzept der *Newton-Mechanik,* wie die Energie der *Lichtstrahlung* oder die *chemische Energie* eines geladenen Akkus. Sie zeigen uns, daß der Begriff der Energie noch über die Mechanik hinausreicht.

c) *Energie ist eine Erhaltungsgröße.* Sie kann nicht erzeugt und nicht zerstört werden. – In der makroskopischen Mechanik konnten wir diesen Satz immer nur unter dem Vorbehalt fehlender Reibung aussprechen. Dies war unbefriedigend, denn ganz läßt sich die Reibung ja nie vermeiden. Hier hilft uns die kinetische Gastheorie einen gewaltigen Schritt weiter; sie sagt: Durch Reibung wird mechanische Energie nicht vernichtet! Sie wird zwar auf chaotische Molekülbewegungen verzettelt, bleibt aber ohne jeden Abstrich als mechanische Energie erhalten (falls nicht in Extremfällen Strahlung oder chemische Umsetzungen eine Rolle spielen). Eine Mechanik unter Einschluß aller individuellen Molekülbewegungen kennt keine Reibungsverluste mehr!

Warum also müssen wir uns mit der Energie so intensiv beschäftigen? Es ist wegen des *absolut strengen Erhaltungssatzes,* der für sie gilt. Alle Vorgänge werden von der Natur von selbst so bemessen, daß die Energiebilanz stimmt. Freilich sind nicht alle Vorgänge von der Natur erlaubt, wenn bei ihnen nur die Energie und die anderen Erhaltungsgrößen wie z.B. die Masse, konstant bleiben. Dieser Aspekt wird uns später noch eingehend beschäftigen. Zuvor wollen wir die Energieerhaltung am Beispiel der Gase noch näher studieren. Mit der *allgemeinen Gasgleichung 95.1* können wir ihre Reaktion auf äußere Einflüsse voraussagen.

2. Energie im Grenzverkehr

Volkszählungen waren in alten Zeiten eine schwierige Sache. Die Einwohnerzahl einer Großstadt konnte man nur schätzen. Um so genauer nahm man es aber mit *Änderungen* der Bevölkerungszahl. Geburten und Todesfälle wurden so wie heute sorgfältig registriert, und an den Stadttoren wurde über jeden Zu- und Abgang Buch geführt.

Mit der Energie verhält es sich oft ähnlich. Woher sollen wir die innere Energie einer Gasportion kennen? Wir können zwar die Bewegungsenergie der Moleküle messen oder berechnen; aber auch in der Rotation und vielleicht in inneren Schwingungen der Atome gegeneinander steckt Energie. Wie kann man unter diesen Umständen die Erhaltung der Energie prüfen? Man muß an den Grenzen des Körpers Wachen aufstellen und den Energieübergang kontrollieren. Die Energie kennt viele Wege, um in einen Körper zu gelangen, offene und Schleichwege. Wenn eine Kraft wirkt oder wenn elektrischer Strom durch den Körper geschickt wird, können wir die Energiezufuhr berechnen (Kraft mal Weg bzw. Spannung mal Ladung). Wir sprechen dann von *Arbeitsverrichtung* und nennen die zugeführte Energie selbst auch mechanische bzw. elektrische *Arbeit W*. Hier geht die Energie gleichsam handgreiflich über. Sind dagegen keine derartigen makroskopischen Mechanismen am Werk, so kann dennoch Energie übergehen: Ein heißer Körper erwärmt einen kälteren bei Berührung oder sogar durch den leeren Raum hindurch mit seiner Strahlung. Die Moleküle übertragen dann Energie allein aufgrund ihrer ungeordneten Bewegung. Wir nennen dies *Wärmeübergang*, die dabei zugeführte Energie selbst auch *Wärme Q*. Will man den Wärmeübergang verhindern, so muß man Isoliermaterial (Schaum- oder Faserstoffe) und Reflektoren für die Strahlung (Metallfolie) anbringen.

> Energie, die allein aufgrund eines Temperaturgefälles mittels ungeordneter Teilchenbewegung von einem Körper auf einen anderen übergeht, heißt Wärme Q. Alle auf andere Art, also durch eine makroskopische Wechselwirkung übertragene Energie, heißt Arbeit W. Vorgänge, bei denen keine Wärme übertragen wird, heißen adiabatisch[1]).

Es ist nicht immer leicht, Wärme und Arbeit klar zu unterscheiden. Wir betrachten ein *Beispiel:* Beim Reiben verrichtet man *Arbeit;* die rauhen, reibenden Flächen gleiten aneinander; ihre Moleküle stoßen sich gegenseitig an. Dies erhöht ihre ungeordnete Bewegung (siehe den „Bürsten"-Versuch *Bild 26.3*). Die Temperatur der Reibflächen steigt. Das Temperaturgefälle bewirkt, daß *Wärme* von den Reibflächen ins Körperinnere abfließt. Je nachdem, wohin wir in Gedanken die Übergangsfläche legen, durch welche Energie hindurchtritt, haben wir also Arbeitsverrichtung oder Wärmezufuhr.

3. Der erste Hauptsatz der Wärmelehre

Weil sich die Energie beim Wärmeübergang im Gewimmel der Teilchen versteckt, ist es dann gar nicht mehr leicht, ihre Erhaltung nachzuprüfen. Es hat lange Jahre gedauert, bis sich *Robert Mayer* (1814 bis 1878, deutscher Arzt) mit seiner Erkenntnis von der allgemeinen Erhaltung der Energie durchsetzen konnte. Inzwischen gibt es in diesem Punkt keine Zweifel mehr. Wir formulieren den Energiesatz nun so, wie ihn *Hermann v. Helmholtz* (1821 bis 1894, deutscher Arzt und Physiker) als **ersten Hauptsatz der Wärmelehre** bezeichnet hat:

> Ein System besitzt in jedem Zustand eine bestimmte Energie U. Wird ihm beim Übergang vom Zustand 1 in den Zustand 2 die Arbeit W und die Wärme Q zugeführt, so gilt
>
> $$W + Q = U_2 - U_1 = \Delta U. \qquad (291.1)$$

Falls Arbeit und/oder Wärme von dem System weggeführt wird, sind W bzw. Q negative Größen. *Bild 291.1* veranschaulicht diese Vereinbarung über die Vorzeichenwahl.

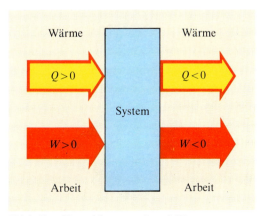

291.1 Zum Vorzeichen von Q und W

---

[1]) adiábatos, griech.: undurchlässig

In dieser Formulierung des 1. Hauptsatzes ist eine wichtige Erfahrung enthalten: Wenn das System abgeschlossen ist, wird weder Arbeit noch Wärme zu- oder abgeführt, seine Energie bleibt erhalten. Wir kennen das von der Mechanik.

4. Keine Regel ohne Ausnahme?

Viele Gesetze der Physik haben einen begrenzten Gültigkeitsbereich, zum Beispiel das Gesetz von *Ohm* oder das von *Hooke*. Beim **Energieerhaltungssatz** verhält es sich grundsätzlich anders. Immer wenn seine Gültigkeit verletzt schien, zum Beispiel bei Reibung, gelang es, eine neue Energie-Art aufzuspüren (die innere Energie), so daß der Satz wieder „gerettet" war. Der Energiesatz ist kein Naturgesetz im üblichen Sinne. Er ist vielmehr ein „Rahmengesetz". Wenn der Physiker neuartige Phänomene untersucht, wird er immer sogleich nach der Energieerhaltung fragen. Er wird eher eine ganze Theorie verwerfen, als an der Gültigkeit des Energiesatzes zu zweifeln.

Das Vertrauen der Naturwissenschaftler auf den Satz von der Erhaltung der Energie gründet sich nicht zuletzt auf die zahllosen vergeblichen Bemühungen von Erfindern seit dem Altertum bis in die Gegenwart hinein, die Natur zu überlisten und ein **Perpetuum mobile** zu bauen (perpetuus, lat.: ewig; mobilis, lat.: beweglich). Solche Maschinen sollten nicht nur von selbst ewig weiterlaufen, sondern dabei auch noch Energie abgeben. Mit einiger Übung im physikalisch-technischen Denken sieht man diesen Konstruktionen *(Bild 292.1)* meist sehr schnell an, daß sie nur mechanische Energie umwandeln und dabei einen Teil davon durch Reibung verlieren.

§ 111 Der 2. Hauptsatz der Wärmelehre

1. Warum müssen wir Energie einkaufen?

Energie läßt sich bekanntlich nicht erzeugen — werden Sie antworten. Aber ist nicht Energie überall reichlich vorhanden, im Wasser der Seen, im Erdboden und in der Luft? Offenbar ist diese Energie für uns ohne Nutzen. *Es gibt brauchbare und unbrauchbare Energie.* Die brauchbare müssen wir teuer kaufen *(Bild 292.2)*. Die nützlichsten Formen der Energie, die wir bisher kennen gelernt haben, sind die *mechanischen* Energieformen. Sie lassen sich nämlich im Prinzip restlos in jede beliebige andere mechanische oder nicht mechanische Energieform umwandeln. Eine Energiequelle ist also um so wertvoller, je mehr mechanische Energie man aus ihrem Energieinhalt gewinnen kann. Wieviel ist das?

Wir beschränken uns auf die Art von Energiequelle, die in den größten Energieversorgungswerken angezapft wird: das heiße Wasser bzw. den Dampf im Kessel des Wärmekraftwerks *(Bild 293.1)*. Die Arbeitsmaschine — heute meist eine Dampfturbine — setzt einen Teil der inneren Energie dieses „Reservoirs" in mechanische Energie um; der Rest geht als Abwärme an das Kühlwasser oder in die Atmosphäre und belastet die Umwelt. *Muß das sein??*

2. Ein Kraftwerk im eigenen Heim

Versuch 334: Wir saugen in eine Glasspritze etwas Ether, eine sehr leicht verdampfende Flüssigkeit. Dann tauchen wir die Spritze in heißes Wasser. Der Kolben bewegt sich nach au-

292.1 Ein Perpetuum mobile von 1550 (Nachbau)

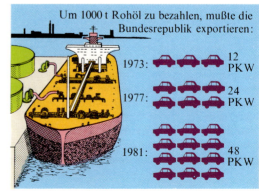

292.2 Gute Energie wird immer teurer.

ßen, während ein Teil der Flüssigkeit verdampft. Wir tauchen die Spritze nun in kaltes Wasser. Der Dampf im Innern kondensiert sich wieder; der Kolben wird vom äußeren Luftdruck hineingedrückt, also dabei auch Energie aus der Luft entnommen.

Mit einem geeigneten Mechanismus könnte man bei beiden Kolbenbewegungen eine Last ein Stückchen höher heben, also mechanische Energie gewinnen. Woher kommt diese Energie? Aus dem Ether kann sie nicht stammen, denn nach einem Hin- und Hergang ist dessen Zustand genau wieder der alte. Unsere „Maschine" arbeitet **periodisch.** Während des Eintauchens ins heiße Wasser wurde aber diesem *Wärme* entzogen. Ein Teil davon ging später beim Abkühlen an das kalte Wasser über; der Rest ist gleich der als Arbeit gewonnenen Energie. Aus einem kleinen Teil der ungeordneten Energie durcheinander bewegter Wassermoleküle wurde die geordnete, wertvolle Energie einer gehobenen Last.

Die allerersten Dampfmaschinen um 1700 arbeiteten nach dem Prinzip von Versuch 334. Bald wurden Verbesserungen erfunden. So ist es z.B. sehr unpraktisch, den ganzen Zylinder fortwährend zu heizen und zu kühlen. Bei dem um 1800 erfundenen *Stirling*- oder *Heißluftmotor* wird der eine Teil des Zylinders dauernd geheizt und der andere dauernd gekühlt. Dafür muß dann das Gas im Zylinder (Luft oder Helium) abwechselnd vom heißen in den kalten Teil und zurück geschoben werden. Dies besorgt ein mit Bohrungen versehener Hilfskolben, der *Verdränger*.

Versuch 335: Der Modellmotor *Bild 293.2* wird elektrisch durch eine Drahtspirale im Zylinderkopf geheizt und durch einen Wassermantel um die untere Zylinderhälfte gekühlt. Wir heizen ihn kurz vor und werfen ihn dann an. Der Motor läuft, kann aber leicht angehalten werden. Sein *Wirkungsgrad* ist wegen der zwar übersichtlichen, technisch aber ungünstigen Bauweise gering.

Der Heißluftmotor war vor der Entwicklung des Diesel- und Ottomotors recht verbreitet. Er wird auch heute für Sonderzwecke wieder gebaut. Der Wirkungsgrad ist bei den industriellen Ausführungen so hoch wie beim Dieselmotor. Vorteile sind saubere Abgase, Sparsamkeit und ruhiger Lauf, da der Brennstoff nicht explosionsartig im Innern, sondern kontinuierlich außerhalb des Zylinders verbrannt wird.

3. Innere Energie in der Sackgasse

Auch unser kleines Modell-Kraftwerk von Versuch 334 liefert unerwünschte Abwärme bei niedri-

293.1 Modernes Wärmekraftwerk

gerer Temperatur — wie die großen Kraftwerke. Wollte man sie vermeiden, so müßte man auf die Kondensation des Dampfes bei der tieferen Temperatur verzichten. Man könnte ihn natürlich bei der höheren wieder kondensieren lassen, indem man den Stempel unter Aufwand der gerade gewonnenen Arbeit wieder hineindrückt. Das Wasser würde seine Wärme zurückerhalten, nichts wäre gewonnen.

Der Etherdampf müßte schon irgendwie, also „so ganz von selbst" flüssig werden, ohne Abwärme an ein kälteres Reservoir zu liefern. Dies wäre ideal: Wir hätten Wärme aus einem Reservoir bestimmter Temperatur genommen und diese *restlos — ohne einen Temperaturunterschied auszunutzen —* in Arbeit umgesetzt. Es gibt Flüssigkeiten, bei denen schon die Temperatur des Meerwassers zum Verdampfen ausreicht. Das Meer ist ein praktisch unerschöpfliches Reservoir an innerer Energie — nur fehlt das genügend große kältere Reservoir zur Aufnahme der Abwärme. Eine Maschine, die ohne dieses kältere Reservoir funktioniert, wäre ebenso viel wert wie ein Perpetuum mobile, obwohl sie nicht gegen den Energiesatz verstieße. Leider hat niemand je ein solches „*Pertuum mobile zweiter Art*" zustande gebracht, obwohl sich auch hierum viele Erfinder bemüht haben. Von dieser gesicherten Erfahrung müssen wir ausgehen.

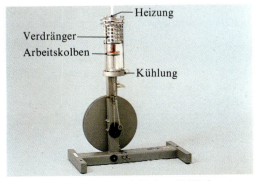

293.2 Demonstrationsmodell eines Heißluftmotors

Zweiter Hauptsatz der Wärmelehre, formuliert nach Max Planck:
Es ist unmöglich, eine periodisch arbeitende Maschine zu bauen, die weiter nichts bewirkt als die Hebung einer Last und die Abkühlung eines Körpers. (294.1)

Die Umkehrung des im zweiten Hauptsatz beschriebenen Vorgangs ist nun sehr wohl möglich und kommt jeden Tag vor: Ein hochgehobener Stein fällt herab und bleibt am Boden liegen. Seine Lage-Energie ist verschwunden; der Boden hat sich dafür ein wenig erwärmt. Sonst ist keine Veränderung in der Natur vorgegangen.

Definition: **Man nennt Vorgänge, die nur in einer Richtung ablaufen können, ohne daß sonstige Veränderungen in der Natur zurückbleiben, irreversible Prozesse.**

Das Fallen des Steins mit anschließender Erwärmung des Bodens ist also ein irreversibler (nicht umkehrbarer) Prozeß. Wir können noch viele andere solche Prozesse angeben. Zum Beispiel hat man noch nie beobachtet, daß ein kalter Gegenstand von selbst, das heißt ohne sonstige Veränderungen in der Natur, noch kälter und dafür ein warmer Gegenstand noch wärmer wurde, obwohl vom Energiesatz her nichts dagegen einzuwenden wäre, wenn nur die Energiebilanz dabei stimmt. Es gilt also der

Erfahrungssatz: **Der spontane Wärmeübergang von einem wärmeren Körper auf einen kälteren ist ein irreversibler Prozeß (spontan: von selbst ablaufend).** (294.2)

4. Wärmepumpen laufen rückwärts!

Nach dem zweiten Hauptsatz hat es den Anschein, als seien Vorgänge mit Beteiligung von Wärme grundsätzlich irreversibel. Dem ist aber nicht so! Man kann das „Kraftwerk" von Versuch 334 so umbauen, daß es rückwärts läuft.

Bei einem Umlauf wird insgesamt Arbeit verbraucht. Dem kalten Wasser wird Wärme entzogen. Die Summe dieser beiden Energien wird an das heiße Wasser als Wärme abgegeben. Ganz genau so wirkt eine *Kältemaschine* oder eine *Wärmepumpe* (Seite 115). Das Besondere an dieser Wärmepumpe ist, daß sie fast genau die gleichen Energieumsetzungen bewirkt wie eine Arbeitsmaschine, nur mit entgegengesetztem Vorzeichen. Man nennt eine solche Maschine **reversibel**.

Zwischen zwei Reservoirs der Temperaturen T_1 und T_2 kann man eine reversible Maschine betreiben. Als Arbeitsmaschine entzieht sie dem heißen Reservoir die Wärme Q_2 und gibt an das kalte die Wärme Q_1 ab. Die Differenz $Q_2 - Q_1 = W$ wird als Arbeit gewonnen. Als Wärmepumpe verbraucht sie die Arbeit W, um dem kalten Reservoir die Wärme Q_1 zu entziehen und an das heiße die Wärme $Q_2 = Q_1 + W$ abzugeben.

In *Bild 294.1* und *295.1* sind die Energieumsetzungen für beliebige Arbeitsmaschinen und Wärmepumpen schematisch dargestellt. Der *Stirlingmotor* ist ebenfalls eine Maschine, die sich als Arbeitsmaschine *und* Wärmepumpe betreiben läßt.

Versuch 336: Wir bauen in den Stirlingmotor (*Bild 293.2*) oben statt der Heizspirale ein Thermometer ein. Dann treiben wir ihn verkehrt herum an, von Hand oder mit einem Elektromotor. Das Thermometer zeigt, daß die obere Zylinderhälfte heiß wird! Es handelt sich nicht etwa um Reibungswärme; diese ist bei dem sorgfältig konstruierten Motor verschwindend gering. Die Wärme stammt aus dem Wasser, das die untere Zylinderhälfte umspült, und aus der Kompressionsarbeit, die der Antrieb verrichtet.

Für einen idealen reversiblen Stirlingmotor, der mit einem idealen Gas gefüllt ist, läßt sich aus den Gasgesetzen auch berechnen, welche Energiemengen bei einem Umlauf umgesetzt werden. Wir wollen die Rechnung nicht durchführen, uns aber das sehr einfache Ergebnis merken:

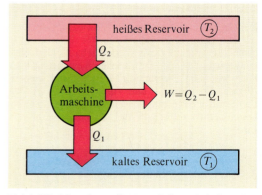

294.1 Wir bilanzieren die Energieflüsse bei einer Arbeitsmaschine.

> Es gibt eine reversible Maschine, die beim Betrieb zwischen Reservoirs der Temperaturen T_1 und T_2 Wärmemengen umsetzt, die sich wie die Reservoirtemperaturen verhalten:
> $$\frac{Q_2}{Q_1} = \frac{Q'_2}{Q'_1} = \frac{T_2}{T_1}. \qquad (295.1)$$

Hat man also z.B. ein heißes Reservoir von 500 °C (hoch überhitzter Wasserdampf) und ein kaltes von 20 °C (Fluß), so kann man „dazwischen" eine Maschine M_r betreiben, die den Reservoirs Wärmemengen im Verhältnis $\frac{273+500}{273+20} = \frac{2,6}{1}$ entzieht bzw. zuführt. Entzieht sie als Arbeitsmaschine dem Dampfkessel $Q_2 = 2600$ kJ, so führt sie dem Fluß $Q_1 = 1000$ kJ Wärme zu und liefert dabei $W = 1600$ kJ Arbeit. Ihr Wirkungsgrad ist

$$\eta = \frac{W}{Q_2} = \frac{1600}{2600} = 0,62 = 62\%.$$

Beim umgekehrten Lauf als Wärmepumpe kann die Maschine alle diese Veränderungen wieder rückgängig machen. Es werden 1600 kJ Arbeit verbraucht, um dem Fluß 1000 kJ Wärme zu entziehen und 2600 kJ Wärme an den heißen Kessel abzuführen.

5. Grenzen des Wirkungsgrads

Unsere modernsten Kraftwerke mit Kohleverbrennung arbeiten mit ähnlichen Reservoirtemperaturen wie im Beispiel der vorigen Ziffer. Sie haben geringere Wirkungsgrade, um 30% *(Bild 126.1)*. Ihre Dampfturbinen sind aber keine schlechteren Konstruktionen als der Heißluftmotor. Wir haben nur im Rechenbeispiel von Reibungs- und sonstigen Verlusten abgesehen, die bei einer technischen Anlage unvermeidbar sind. Müssen die Wirkungsgrade so niedrig sein? Fehlt es hier noch an den richtigen Erfindungen, an der zündenden Idee? Diese Frage beantwortete der französische Physiker *S. Carnot* schon zu Beginn des 19. Jahrhunderts, also in der Frühzeit der Dampfmaschine. Wir wollen seine einfache und geniale Überlegung nachvollziehen.

Gegeben seien zwei Reservoirs der Temperaturen 500 °C und 20 °C. Lassen wir den idealen Heißluftmotor M_r zwischen ihnen arbeiten, so ergeben sich die in der vorigen Ziffer berechneten Energieumsetzungen. Nehmen wir stattdessen irgendeinen anderen Motor M und lassen ihn so lange laufen, bis er ebenfalls $Q_1 = 1000$ kJ Wärme an den Fluß abgeführt hat, so werden die übrigen Energiebeträge i.a. anders lauten. *Beliebig anders?* Angenommen, die Maschine M entziehe dabei dem heißen Reservoir 3000 kJ Wärme, liefere also nach dem Energiesatz 2000 kJ Arbeit *(Bild 295.2)*. Sie wäre damit eine bessere Arbeitsmaschine als M_r, mit dem Wirkungsgrad $\frac{2000}{3000} = 0,67$. Wir schalten nun die ideale Heißluftmaschine M_r auf Wärmepumpenbetrieb und entziehen dem Fluß die 1000 kJ wieder. Was bleibt danach zurück? Ein unveränderter Fluß, ein um 400 kJ „erleichtertes" heißes Reservoir und dementsprechend 400 kJ gewonnene mechanische Energie. Sonst hat sich nichts in der Welt verändert. Das Perpetuum mobile zweiter Art ist geboren; die Energiesorgen der Menschheit sind behoben! Leider kann das nicht sein. Die Maschine M kann also höchstens 2600 kJ Hochtemperaturwärme entziehen; ihr Wirkungsgrad kann nicht größer sein als jener der reversiblen Maschine M_r. Sollte die Maschine M zur *reversiblen* Sorte gehören, so darf sie auch nicht *schlechter* als M_r sein. Sonst würden wir sie nämlich sofort als Kühlmaschine und M_r als Arbeitsmaschine laufen lassen und wieder ein Perpetuum mobile zweiter Art erhalten.

Der Grenzwert des Wirkungsgrads für die Maschine M beträgt in unserem Beispiel 62%. Wir lesen aus dem Beispiel ab, daß allgemein für den höchstmöglichen Wirkungsgrad gilt:

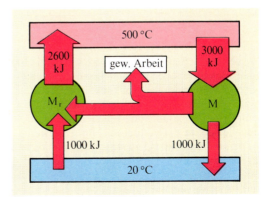

295.1 Energieflüsse bei einer Wärmepumpe bzw. Kältemaschine

295.2 Annahme, die Arbeitsmaschine M sei besser als die reversible Maschine M_r

$$\eta_{\text{grenz}} = \frac{W}{Q_2} = \frac{Q_2 - Q_1}{Q_2} = 1 - \frac{Q_1}{Q_2} = 1 - \frac{T_1}{T_2}.$$

Es ist der Wirkungsgrad jeder reversiblen Maschine, auch unseres „Heimkraftwerks" oder einer Wärmepumpe, und die reversiblen Maschinen sind die besten!

> **Alle reversiblen Maschinen, die zwischen zwei Reservoirs der Temperaturen T_1 und T_2 arbeiten, haben den gleichen Wirkungsgrad $\eta_{\text{grenz}} = 1 - \dfrac{T_1}{T_2}$; keine Arbeitsmaschine hat einen höheren Wirkungsgrad.** (296.1)

Damit sehen wir ein, daß den Wirkungsgraden unserer Kraftwerke natürliche Grenzen gesetzt sind. Das *Gesetz 296.1* enthält zugleich eine Anweisung, wie man Wirkungsgrade verbessern kann: Man wähle hohe Verbrennungstemperaturen T_2 und niedrige Kühlertemperaturen T_1. Die Konstrukteure haben sich natürlich längst an diese Anweisung gehalten. Man verwendet bei den Turbinen Schaufeln aus hochtemperaturfesten Legierungen, um die Dampftemperatur steigern zu können. Mit den Kühlertemperaturen geht man so nahe wie möglich an die Umgebungstemperatur heran.

6. Was steckt hinter dem zweiten Hauptsatz?

Der zweite Hauptsatz setzt unseren technischen Wunschträumen ein hartes „bis hierher und nicht weiter" entgegen. Versuchen wir wenigstens zu verstehen, warum in der Natur ein solches unerbittliches Prinzip gilt! Den Schlüssel dazu liefert der Aufbau der Materie aus Atomen. Gehen wir dazu von folgender Situation aus.

In zwei thermisch isolierten Behältern mögen sich zwei Portionen des gleichen idealen Gases auf verschiedenen Temperaturen befinden. In jedem Behälter haben die Teilchen die verschiedensten Geschwindigkeiten und bewegen sich in allen möglichen Richtungen; jedoch sind in dem einen Behälter die Teilchen im Mittel schneller als in dem anderen. Nun „schalten" wir den Wärmekontakt zwischen den Behältern ein. Wir ziehen z.B. eine Trennwand aus isolierendem Schaumstoff heraus. Nach einiger Zeit sind in jedem Behälter die Teilchen im Mittel gleich schnell, entsprechend dem beobachteten Temperaturausgleich.

Diese Aussage ist aber nicht unbedingt richtig. Sind nur wenige Teilchen in den Behältern, so kommt es infolge der regellosen Teilchenbewegung sicherlich bisweilen vor, daß im einen Behälter zufällig im Mittel etwas schnellere Teilchen sind als im anderen. Könnte man einen solchen Augenblick abpassen und dann schnell die isolierende Wand zwischen die Behälter schieben, so hätte man wieder Gase von verschiedenen Temperaturen, im Widerspruch zu dem *Satz 294.2*. Es leuchtet aber ein, daß bei den in solchen Behältern üblichen ungeheuer großen Teilchenzahlen diese zufälligen Schwankungen der mittleren Teilchenenergie im allgemeinen sehr klein sein werden. Eine makroskopisch meßbare Ungleichheit, wie sie dem Ausgangszustand unmittelbar nach dem Einschalten des Wärmekontakts entspricht, ist **extrem unwahrscheinlich.** Bestimmen wir zu irgendeinem Zeitpunkt die Energie in jedem Behälter, so werden wir mit erdrückend hoher Wahrscheinlichkeit keinen meßbaren Unterschied in der mittleren Translationsenergie pro Teilchen finden. Man müßte länger warten, als das Alter der Welt beträgt, um einmal eine Schwankung zu erleben, die einem merklichen Temperaturunterschied entspräche. Wir können also in diesem Gedankenversuch den zweiten Hauptsatz folgendermaßen deuten:

> **In einem abgeschlossenen System sind nur solche Vorgänge möglich, die von einem Zustand niedriger Wahrscheinlichkeit zu einem Zustand höherer Wahrscheinlichkeit führen.** (296.2)

Diese Deutung des zweiten Hauptsatzes trifft auch für alle anderen Naturvorgänge zu.

Wenn in einem von zwei Behältern die Gasteilchen im Mittel schneller sind als im anderen, so wird man diesem Zustand beider Behälter einen höheren Grad von *Ordnung* zuschreiben als dem Zustand mit gleicher mittlerer Geschwindigkeit in ihnen. Die Teilchen sind ja dann wenigstens teilweise nach der Geschwindigkeit *sortiert*. Verstehen wir allgemein unter einem Zustand von höherer Ordnung einen solchen von geringerer Wahrscheinlichkeit, so können wir den *Satz 296.2* auch so aussprechen:

> **Ein abgeschlossenes System strebt stets einem Zustand maximaler Unordnung als dem wahrscheinlichsten zu.**

7. Der 2. Hauptsatz bei offenen Systemen

Auf der Erde bilden sich vor allem in Lebewesen geordnete Strukturen. Dies widerspricht dem zweiten Hauptsatz nicht, da es sich dabei nicht um abgeschlossene, sondern um **offene Systeme** handelt, die ständig von Materie und Energie durchsetzt werden. Die Sonne sendet uns Lichtenergie mit hohem Ordnungsgrad zu, das von Pflanzen aufgenommen wird. Die gleiche Energie wird zwar in Form ungeordneter Wärme wieder in den Weltraum abgestrahlt (sonst würde sich die Erde in kürzester Zeit aufheizen). Mit der auf der Erde „verbleibenden Ordnung" formen nun die Pflanzen aus ungeordnetem anorganischem Material (C, O, H, N usw.) organische Nährstoffe von hohem Ordnungsgrad. Wir und die Tiere nehmen mit ihnen *Energie und Ordnung* auf. Die Energie geben wir – zum Teil als Wärme, d.h. im Zustand größerer Unordnung – wieder ab und bauen so komplexe, geordnete Strukturen auf. Hierzu ist also keine *übernatürliche Lebenskraft* – wie man früher annahm – nötig.

Aufgaben

1. Was erwarten Sie, wenn Sie den Stirling-Demonstrationsmotor (mit Thermometer statt Heizung) in der Motor-Laufrichtung antreiben?

2. Bei einer Kältemaschine (Bild 295.1) verwendet man den Quotienten $\eta_{\text{Kälte}} = Q'_1/W$ als „Leistungszahl" (Wirkungsgrad). Warum ist dies sinnvoll? Wie berechnet man $\eta_{\text{Kälte}}$ aus den Temperaturen im Idealfall?

3. Ein Kühlschrank ist auf die Innentemperatur 2 °C eingestellt und steht in einer Küche mit 20 °C Lufttemperatur. Man stellt 5 l Wasser von 60 °C hinein. Was kostet die Abkühlung des Wassers, wenn $\eta_{\text{Kälte}}$ ein Viertel vom Idealwert der Aufgabe 2 beträgt? Wieviel von diesen Kosten hätte man sparen können? (1 kWh elektrische Arbeit koste 20 Pfennig.)

5. Für eine Abschätzung betrachten wir einen Ottomotor als Maschine, die zwischen Reservoirs von 600 °C (Verbrennungsgase) und 80 °C (Auspuff) arbeitet. Welcher maximale Wirkungsgrad errechnet sich hieraus?

6. Was geschieht, wenn man die Tür des Kühlschranks über Nacht offen läßt?

7. Ein Gas dehnt sich ins Vakuum aus. Zeigen Sie durch einen Gedankenversuch, daß dies ein irreversibler Prozeß ist!

§ 112 Energiequellen der Zukunft

1. Tatsachen, die man nüchtern sehen muß

Unser Leben, so wie wir es zu führen gewohnt sind, beruht auf dem Verbrauch fossiler Brennstoffe: Kohle, Erdöl, Erdgas. Andere Energiequellen spielen eine sehr geringe Rolle (Holz, Wasserkraft, Kernenergie). Es gibt heute noch keine mächtige Bewegung, die hieran etwas ändern wollte. Vergleichen wir also einmal die Vorräte mit dem derzeitigen Verbrauch. Als passend große Einheiten verwenden wir das Terawatt 1 TW = 10^{12} W = 1 Billion Watt für die Leistung und das Terawattjahr 1 TWa = $3{,}15 \cdot 10^{19}$ J für die Energie.

Der Weltverbrauch an Primärenergie betrug 1985 etwa 8,75 TWa. Würde dieser Verbrauch nicht weiter steigen, was sehr unwahrscheinlich ist, so könnten die Vorräte *(Tabelle 297.1)* noch 957 Jahre: 8,75 ≈ 110 Jahre reichen. Diese Rechnung ist sehr pauschal. Als Faktum müssen wir trotzdem anerkennen:

> **In einigen Jahrzehnten sind die heute verfügbaren Brennstoffreserven der Erde erschöpft, wenn die bisherige Energiewirtschaft beibehalten wird.**

Die Zahlen zeigen übrigens, daß dieses Ergebnis von einer Entscheidung für oder gegen die umstrittene Kernenergiewirtschaft ziemlich unabhängig ist. Lediglich eine weltweit eingeführte Technik der *Brutreaktoren* (Seite 553) oder der *Fusionsreaktoren* (Seite 555) könnte die Frist wesentlich hinausschieben. Dieser Gedanke hat aber beim gegenwärtigen Diskussionsstand um die Kernenergie den Charakter einer Utopie. Natürlich wird sich der Begriff des „ökonomisch

Kohle	507
Erdöl	131
Erdgas	89
Uran und Thorium (ohne Brutreaktoren)	230
Fossile und Kernbrennstoffe insgesamt	957

Tabelle 297.1 Gesicherte ökonomisch gewinnbare Vorräte (Stand von 1980) in TWa

gewinnbaren" Brennstoffs im Laufe der Zeit und mit steigenden Energiepreisen ändern. Die Abschätzung der ohne Rücksicht auf die Wirtschaftlichkeit „technisch gewinnbaren" Vorräte ergibt rund 4mal so große Zahlen wie oben. Es wäre aber nicht vernünftig, sich auf diese Restbestände zu verlassen, an die man vielleicht nur unter enorm großem Aufwand (auch an Brennstoff!) herankommen kann.

Das Versiegen der Brennstoffquellen bedeutet das Ende von Industrie und Wohlstand, wahrscheinlich angesichts der sozialen Probleme auf der Erde das Ende der Menschheit überhaupt. Was kann man für die Zukunft tun? Hat es überhaupt einen Sinn, Pläne zu machen?

2. Unerschöpfliche Energiequellen

Wir wissen, daß alle aus fossilen Brennstoffen gewonnene Energie im Grunde gespeicherte Sonnenenergie ist. Erdwärme und Gezeitenenergie sind nur an einzelnen Orten verwertbar. Die Sonnenstrahlung selbst können wir als ewig fließende Energiequelle ansehen. Die Leistung, die sie der Erde dauernd zuführt, ist gewaltig groß. Sie beträgt $1{,}7 \cdot 10^{17}$ W, also mehr als das 10000fache des derzeitigen Energieumsatzes der Menschheit. Aber diese Leistung ist über einen Strahlquerschnitt von $13 \cdot 10^7$ km² gleichmäßig verteilt. **Ein Sonnenstrahlbündel von 1 m² Querschnitt liefert die Leistung 1,35 kW.** Diese **Solarkonstante** (Seite 120) sollte man sich merken. Sie ist wahrscheinlich die für die Menschen in Zukunft wichtigste physikalische Größe!

Die Solarkonstante gilt für einen Ort oberhalb der Atmosphäre. Am Erdboden kommt eine je nach Lage und Sonnenstand verschiedene kleinere Leistung an. Eine Übersicht gibt *Tabelle 298.1*; die Zahlenwerte sind wie folgt zu verstehen: Würde man in Deutschland eine 1 m² große Platte ein Jahr lang stets senkrecht zu den Sonnenstrahlen stellen, so könnte man auf ihr die Energie 0,11 kWa = 964 kWh = 3,5 GJ einfangen. Zum Vergleich ist auch die Leistung für 1 m² „Kraftwerksfläche" angegeben. So wird das Problem deutlich: Die Leistung der Sonnenstrahlung ist sehr „dünn" verteilt. Eine bequeme Energietechnik benötigt eine viel höhere Leistungsdichte. Solartechnik wird immer unbequem bleiben. Man kann mit ihr heute noch keine großen Sprünge machen. Trotzdem muß diese Technik entwickelt werden, denn es bleibt auf lange Sicht keine andere

Wüste in Afrika und USA	0,26 kW	
Mittelmeergebiet	0,18 kW	
Deutschland	0,11 kW	
Skandinavien	0,08 kW	
Zum Vergleich: Leistung, die durch 1 m² Kesselfläche im Kraftwerk tritt	500	kW

Tabelle 298.1 Leistung der Sonnenstrahlung am Erdboden für 1 m² Strahlquerschnitt, gemittelt über ein Jahr

Wahl. Daneben gilt es, die Brennstoffe besser auszunutzen. Die Kenntnis der physikalischen Zusammenhänge ist dazu das unentbehrliche Rüstzeug.

3. Wer verbraucht den meisten Brennstoff?

„Natürlich die Industrie!" werden Sie antworten. Weit gefehlt! *Bild 298.1* zeigt, daß heute die Haushalte, also wir alle, die meiste Energie verbrauchen. — Wie kann man wirkungsvoll sparen? Darüber informiert uns sofort *Bild 299.1*. Es wäre witzlos, am Licht zu sparen. Fast der ganze Brennstoff (heute vorwiegend Öl) geht in die Heizung und Warmwasserbereitung. Dies stimmt auch dann noch, wenn man berücksichtigt, daß die elektrische Energie ebenfalls aus Brennstoffen gewonnen wird und dabei das Dreifache ihres Betrages an Brennstoffenergie erfordert (Wirkungsgrad des Kraftwerks 33%). Unsere Heizung bietet die wirkungsvollsten Möglichkeiten, Brennstoff zu sparen. Welche Sparmaßnahmen sind möglich, welche sind vernünftig?

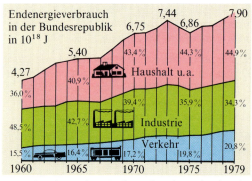

298.1 Struktur des Endenergieverbrauchs in der Bundesrepublik Deutschland

a) *Isolation* von Decken, Wänden und Fenstern, Abdichtung gegen Zugluft (Seite 117). Hier gibt es gerade an älteren Häusern noch viel nachzuholen. Nach Möglichkeit sollte die Isolierschicht (Schaumstoff, Steinwolle, Glaswolle) an der Außenseite der Wand angebracht werden, damit die Wand selbst im Winter warm bleibt.

b) *Beschränkung der Raumtemperatur* auf 20 °C. Warme Kleidung kostet kein Heizöl.

Mehr physikalische Einsicht erfordern die folgenden weitergehenden Maßnahmen:

c) *Wärme-Kraft-Kopplung.* Die großen Kraftwerke entlassen ihre Abwärme üblicherweise auf einer möglichst tiefen Temperatur, um nach *Gl. 296.1* einen hohen Wirkungsgrad zu erzielen. Dies ist vernünftig, so lange man nur an den unmittelbaren Zweck des Kraftwerks denkt, nämlich elektrische Arbeit bereitzustellen. Im Zusammenhang der Gesamtwirtschaft ist es aber günstiger, die Abwärme auf einer so hohen Temperatur abzugeben, daß sie nutzbringend verwertet werden kann dort, wo man gar keine Arbeit, sondern eben nur Wärme benötigt, also vor allem zur Heizung. Diese Wärme-Kraft-Kopplung wird bei neueren Kraftwerken schon vielfach durchgeführt. Natürlich ist zur Fernwärmeversorgung dann ein hochisoliertes Rohrleitungsnetz erforderlich. Das Kraftwerk muß deshalb nahe bei einem dicht besiedelten Gebiet liegen, was wieder nicht nach jedermanns Geschmack ist.

d) *Wärmepumpen.* Heizwärme ist Niedertemperaturwärme. Wenn man die Heizkörper großflächig anlegt (Fußbodenheizung), genügt eine Heizwassertemperatur von 45 °C. Beim Verbrennen von Öl entstehen Temperaturen von über 1000 °C. In unseren üblichen Heizan-

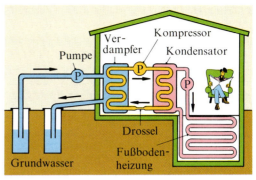

299.2 Wärmepumpenanlage zur Beheizung eines Hauses

lagen geht die Wärme von den heißen Verbrennungsgasen ohne weiteres auf das viel kältere Heizungswasser über. Hier wird Energie verschwendet! Wärme auf dem 1000 °C-Niveau ist wertvollere Energie als solche auf dem 45 °C-Niveau! Wir wissen, daß man zwischen zwei Reservoirs von 1000 °C und 45 °C eine Arbeitsmaschine vom maximalen Wirkungsgrad $1-\dfrac{273+45}{273+1000}=75\%$ betreiben kann (*Gl. 296.1*). Das kalte Reservoir (das Heizungswasser) erhält dann zwar nicht mehr die volle Verbrennungsenergie. Aber mit dem als Arbeit abgezweigten Rest kann man eine Wärmepumpe antreiben. Sie benutzt als kaltes Reservoir die Außenluft, das Erdreich oder das Grundwasser von z.B. 0 °C Temperatur, als heißes Reservoir das Heizwasser (*Bild 299.2*). Die übertragenen Wärmemengen verhalten sich im Idealfall nach *Gl. 295.1* wie $273+45$ zu 273. Das Verhältnis $\dfrac{\text{gewonnene Heizenergie}}{\text{aufgewandte Arbeit}}$ beträgt demnach $\dfrac{273+45}{45}=7{,}1$. Aus *Bild 299.3*

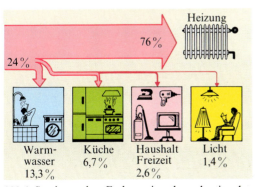

299.1 Struktur des Endenergieverbrauchs in den Haushalten (Bundesrepublik Deutschland 1981)

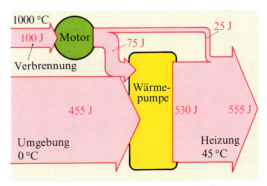

299.3 Energiebilanz für den Idealfall einer Ölheizung mit Wärmepumpe

geht hervor, daß man so für 100 J Verbrennungsenergie nicht weniger als 555 J Heizenergie bekommen könnte! Dies ist natürlich ein Idealwert, den die Naturgesetze als äußerste Grenze gestatten würden, wenn alle Verluste vermeidbar wären. Für die Praxis schätzen Fachleute, daß man mit Wärmepumpensystemen aus 100 J Verbrennungsenergie bis zu 147 J Heizenergie gewinnen kann.

Wärmepumpen sind als Kühlmaschinen längst technisch durchentwickelt. Für Heizungssysteme kann man noch mit Verbesserungen rechnen, sobald dies einmal als lohnender Produktionszweig erscheinen wird.

e) *Sonnenkollektoren* nutzen die direkte Sonnenstrahlung *(Bild 300.1)*. Unter einer doppelten Glasscheibe befindet sich ein schwarzer Boden, in dem Leitungsrohre für Wasser oder eine andere Kühlflüssigkeit verlaufen. Darunter kommt eine Isolierschicht. Die schwarze Fläche („Absorber") erhitzt sich im Sonnenlicht. Die Doppelscheibe verhindert, daß Wärme durch Luftströmung abgeführt wird. Durch Auswahl besonderen Oberflächenmaterials (z.B. Kupferoxid auf Aluminium) erreicht man, daß die heiße schwarze Fläche auch durch eigene Abstrahlung nur wenig Energie verliert. Wenn der Sonnenschein senkrecht auf den Kollektor fällt, erhitzt sich dieser ohne Wärmeentnahme auf 150 bis 200 °C. Das Röhrenmaterial und die Isolation müssen diese Temperatur im Störfall aushalten können. Sonnenkollektoren liefern also die Wärme bei Temperaturen, die für Heizung und Warmwasserbereitung ausreichen – allerdings nur bei schönem Wetter! Eine Alternative ist das *Energiedach* (die Energiewand, der Energiezaun). Hier verzichtet man auf die Abdeckscheiben. Die Absorberfläche und das Kühlmittel nehmen bei bewölktem Himmel ungefähr die Temperatur der Außenluft an. Bei Sonnenschein erhitzt sich auch das Energiedach, aber weit weniger als der Sonnenkollektor. Das Energiedach dient nun als kaltes Reservoir für eine Wärmepumpe. Je nach Außentemperatur und Wetterlage muß diese mehr oder weniger Arbeit aufbringen, um die Wärme von der Temperatur des Energiedachs auf die gewünschte Heiztemperatur zu „pumpen". Die direkte Sonnenstrahlung wird dadurch zwar schlechter als beim Sonnenkollektor, die diffuse Himmelsstrahlung und die in warmem Regenwasser gespeicherte Sonnenenergie jedoch optimal genutzt. In unseren Breiten mit ihrer geringen Sonnenscheindauer ist dies oft das

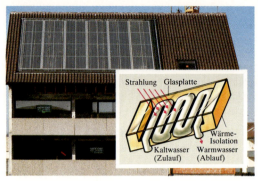

300.1 „Sonnenhaus"; Aufbau des Sonnenkollektors

günstigere Verfahren. Die Praxis ergibt, daß man mit einer Absorberfläche, die ungefähr gleich der halben Wohnfläche ist, in einem gut isolierten Haus an etwa 90% der Heiztage die Heizung voll betreiben kann. Für die 10% extrem kalten Tage wird eine Zusatzheizung benötigt („bivalenter Betrieb").

4. Welche Energiepolitik sollen wir uns wünschen?

Noch sind die natürlichen Brennstoffe nicht verbraucht. Die Aufgabe der nächsten Jahrzehnte wäre es, mit ihrer Hilfe eine leistungsfähige Solartechnik aufzubauen. Wenn man aus Sonnenstrahlung Niedertemperaturwärme herstellt, so ist das im Grunde immer noch verschwenderisch. Theoretisch ließe sich die Temperatur der Sonne selbst, das sind an die 6000 °C, herstellen! Im Sonnenofen von *Odeillo* (Pyrenäen) kam man mit Hohlspiegeln immerhin auf 3 900 °C *(Bild 300.2)*. Diese

300.2 Das Sonnenlaboratorium in den Pyrenäen

Anlage diente nur zu Forschungszwecken. Echte Sonnenkraftwerke, bei denen das Licht aus zahlreichen der Sonne automatisch nachgeführten Spiegeln auf eine Turmspitze konzentriert wird, sind in der Erprobung. Sie werden aber wohl nur in äquatornahen Ländern sinnvoll sein. Im übrigen wird man sich für die indirekten Wirkungen der Sonnenstrahlung interessieren müssen:

— *Wasserkraft:* Bereits im großen Stil ausgenutzt. Die damit verbundenen ökologischen Probleme sind bekannt.
— *Windenergie:* Nur an der Meeresküste in größerem Maßstab verwertbar. Versuchsanlagen sind im Bau.
— *Energie der Meereswellen:* Nur im kleinen Maßstab (z.B. Stromversorgung einer Leuchtboje) verwertbar.
— *Fotosynthese* organischer Substanz („Biomasse"): Jahrtausendelang war das Holz der einzige Brennstoff für den Menschen und ist es — sehr zum Schaden der Umwelt — in den Länder der Dritten Welt weitgehend noch heute. Bei uns arbeitet man an Verfahren zur Vergasung von Müll; Kläranlagen können mit dem dort anfallenden Methangas ihre Motoren betreiben.

Ist der Weg über die Wärme überhaupt das Richtige, wenn man mechanische oder elektrische Energie benötigt? Alle Wärmequellen — auch der Kernfusionsreaktor, wenn seine Verwirklichung einst gelingen sollte! — gestatten die Energiegewinnung nur um den Preis großer Mengen von Abwärme mit all ihren Problemen. Dies haben wir auf Seite 294 erkannt. Daher widmet man mit Recht allen Energietechniken große Aufmerksamkeit, bei denen keine hohen Temperaturen gebraucht werden:

— *Solarzellen* (Seite 358) sind Halbleiter, die Lichtenergie unmittelbar in elektrische Arbeit umwandeln. In der Raumfahrt werden sie umfassend verwendet; für die Großtechnik sind sie noch viel zu teuer.
— *Brennstoffzellen* arbeiten nach dem Prinzip der Taschenlampenbatterie: Eine chemische Reaktion führt unmittelbar zu einer Ladungstrennung und kann damit elektrische Arbeit liefern. In der Raumfahrt verwendet man Brennstoffzellen, in denen Wasserstoff mit Sauerstoff zu Wasser oxidiert (aber nicht verbrannt!) wird. Weil keine hohen Temperaturen auftreten, kann man die chemische Energie sehr viel besser ausnutzen.

Auch die Brennstoffzellen sind heute noch für eine breite Anwendung zu teuer, d.h. letzten Endes: in der Herstellung zu energieaufwendig. Die intensive Forschung läßt aber auf größere Fortschritte hoffen.

Was können wir von der Sonnenenergie im Idealfall erwarten? — Eine grobe Abschätzung möge es verdeutlichen. Die Sonne strahlt uns beständig $1{,}7 \cdot 10^{17}$ W Leistung zu. Am Erdboden kommen unter günstigen Bedingungen (klare Luft) 70% davon an. 30% der Erdoberfläche sind Land, davon 0,2% Wüsten, die optimal bestrahlt und anderweitig nicht genutzt werden. Würde man die auf sie entfallende Leistung zu 20% nutzen können, so wären das

$$1{,}7 \cdot 10^{17} \text{ W} \cdot 0{,}7 \cdot 0{,}3 \cdot 0{,}002 \cdot 0{,}2 = 14 \cdot 10^{12} \text{ W},$$

also nicht wesentlich mehr, als heute schon verbraucht wird! Was bedeutet dies? Die Menschheit könnte allein mit Sonnenenergie im Prinzip beliebig lange existieren. Sie müßte diese aber global umfassend ausnutzen — die Anlagen dazu wären erst noch zu schaffen — und dürfte ihren Aufwand über das heutige Maß hinaus nicht mehr wesentlich steigern. Bei den gegenwärtigen krassen Unterschieden zwischen den Lebensbedingungen der Industrie- und Entwicklungsländer kann das für die reichen Nationen, zu denen auch wir gehören, nur Verzicht und Einschränkung bedeuten.

Technische Verbesserungen auszudenken, müssen wir den Fachleuten überlassen. Den Konsum an wertvoller Energie einzuschränken ist die Sache eines jeden von uns.

Aufgaben

1. *84,7% der im Haushalt umgesetzten Energie stammen direkt aus Heizöl, 15,3% aus elektrischer Arbeit, die ihrerseits mit 46% Wirkungsgrad aus dem gleichen Heizöl gewonnen werde. Wie viele % des gesamten für die Haushalte verbrannten Öls entfallen auf die Heizung?*

2. *Vergleichen Sie folgende Alternativen:*
a) Sie verbrennen Heizöl mit dem feuerungstechnischen Wirkungsgrad 85% zur Schwimmbadheizung.
b) Sie treiben mit dem gleichen Heizöl über einen Dieselmotor ($\eta = 40\%$) eine Wärmepumpe an, die das 4fache der mechanischen Arbeit als Heizenergie liefert. Die Abwärme des Motors wird ebenfalls zur Hälfte für die Heizung verwendet. Um wieviel ist der Ölverbrauch geringer als bei a)?

Kreisbewegungen

§ 113 Die Kreisbewegung

1. Gleichförmig im Kreis herum

Kreisbewegungen spielen in unserer Umwelt und in der Technik eine große Rolle. Dabei sind die kreisenden Körper häufig recht kompliziert geformt. Zur Vereinfachung untersuchen wir nur die Kreisbewegungen von Körpern, deren Ausdehnung gegenüber dem Radius r der Kreisbahn sehr klein ist. Mit dieser Vorstellung eines kreisenden *„Massenpunkts"* erfassen wir viele Beispiele aus unserer Umwelt. Ein Auto etwa, das eine Kurve durchfährt, erscheint aus einem hochfliegenden Hubschrauber als bewegter Massenpunkt; ebenfalls ein Volksfestbesucher im Kettenkarussell. Welche physikalischen Größen beschreiben derartige Kreisbewegungen?

Versuch 337: Ein Junge schleudert einen Ball an einer Schnur über seinem Kopf möglichst waagerecht und gleichmäßig im Kreis herum. Wie beschreiben Sie die Bewegung des Balls? — Sie sagen: „Der Ball bewegt sich auf seiner Kreisbahn immer gleich schnell." Damit meinen Sie, daß er in gleichen Zeitabschnitten Δt gleich große Kreisbögen Δs durchläuft. Also ist hier der **Betrag der Bahngeschwindigkeit** $v = \Delta s/\Delta t$ konstant. Man spricht von einer **gleichförmigen Kreisbewegung**.

Die Zeit, die der Ball für einen Umlauf auf der Kreisbahn benötigt, bezeichnet man als **Umlaufdauer** T. Bei einer gleichförmigen Kreisbewegung läßt sich v einfach aus dieser Umlaufdauer $\Delta t = T$ und dem Kreisumfang $\Delta s = 2\pi r$ berechnen (r = Radius des Kreises). Es ist:

$$v = \Delta s/\Delta t = 2\pi r/T. \tag{302.1}$$

Definition: **Die Kreisbewegung eines Massenpunktes heißt gleichförmig, wenn der Betrag v seiner Bahngeschwindigkeit konstant ist. — Die Zeit, die der Massenpunkt für einen Umlauf auf der Kreisbahn braucht, wird Umlaufdauer T genannt.**

Hat der Kreis den Radius r, gilt: $v = \dfrac{2\pi r}{T}$.

Je kleiner die Umlaufdauer T des Balls in Versuch 337 wird, desto öfter durchläuft er in jeder Sekunde den Kreis. Wir sagen, seine **Drehfrequenz** f wird größer. Unter der Drehfrequenz versteht man allgemein den Quotienten $f = n/t$ aus der Zahl n der Umläufe des Balls und der dazu benötigten Zeit t. Ihre Einheit ist $1/s = s^{-1}$, da die Zahl der Umläufe eine reine Zahl ist. Man nennt diese Drehfrequenz auch manchmal *Drehzahl* oder *Tourenzahl*. Sie ist aber keine unbenannte Zahl, sondern eine Größe mit der Einheit s^{-1}.

Da die Umlaufdauer $T = t/n$ ist, gilt $f = n/t = 1/T$. Der Betrag der Bahngeschwindigkeit v läßt sich daher bestimmen nach $v = 2\pi r/T = 2\pi r f$. Bei fest vorgegebener Drehfrequenz f ist v also dem Radius r der Kreisbahn proportional.

Beispiel: Der Ball in Versuch 337 führe in $t = 10$ s insgesamt 30 Umläufe auf einem Kreis mit dem Radius $r = 0{,}6$ m aus. Es ist:

$$f = \frac{n}{t} = \frac{30}{10\ \text{s}} = 3\ \text{s}^{-1}; \quad T = \frac{t}{n} = \frac{1}{3}\ \text{s};$$

$$v = 2\pi r f = 2\pi \cdot 0{,}6\ \text{m} \cdot 3\ \text{s}^{-1} \approx 11\ \frac{\text{m}}{\text{s}}.$$

Den Ausdruck $2\pi f = 2\pi/T$ faßt man oft zu einer neuen Größe $\omega = 2\pi f$ zusammen, die man **Winkelgeschwindigkeit** ω nennt. Sie gibt an, welchen Winkel (im Bogenmaß) der Fahrstrahl in 1 s überstreicht.

Definition: **Die Drehfrequenz $f = n/t$ ist der Quotient aus der Zahl n der Umläufe eines Körpers auf der Kreisbahn und der dazu nötigen Zeit t. Es gilt $f = 1/T$ und bei einer gleichförmigen Kreisbewegung $v = 2\pi r f$.**

2. Eine Wurfbahn wird zum Kreis

Wir werfen in Gedanken einen Körper von einem sehr hohen Berg horizontal ab. Nach Seite 266 beschreibt er (ohne Luftwiderstand) eine Wurfparabel, wenigstens solange Betrag und Richtung der Fallbeschleunigung hinreichend konstant sind. Nun wissen wir aber, daß sehr schnelle Körper zu Erdsatelliten werden können und die Erde auf Kreisbahnen — also in konstanter Höhe h über dem Erdboden — umrunden. Dabei bleiben die potentielle Energie $W = Gh$ und folglich auch die kinetische Energie $W = \tfrac{1}{2}mv^2$ konstant, also auch der Betrag der Geschwindigkeit v. Wie groß ist diese Geschwindigkeit v?

Die Gewichtskraft von Satelliten zeigt stets zum Erdmittelpunkt M, ändert also ständig ihre Richtung. In einer kleinen Umgebung eines *beliebigen* Bahnpunkts A können wir allerdings von dieser Richtungsänderung absehen und erhalten dort näherungsweise die uns bekannte Flugbahn des waagerechten Wurfs nach Seite 265 mit der Gleichung $y = g x^2 / 2 v_0^2$.

Diese Parabelbahn ist in der betrachteten Umgebung kaum vom Kreis zu unterscheiden. Das Dreieck ABC in *Bild 303.1* ist rechtwinklig (Thaleskreis), seine Höhe $\overline{DC}$ ist gleich x. Mit dem Höhensatz erhalten wir $x^2 = (2r - y) y$. Da C nahe bei A liegt, können wir sogar y gegenüber dem Erddurchmesser $2r$ vernachlässigen und schreiben deshalb $x^2 = 2r y$. Das setzen wir in die Bahngleichung ein und erhalten $y = g \cdot 2 r y / 2 v^2$. Daraus folgt $v^2 = r g$. Mit $r = 6371$ km und $g = 9{,}81$ m/s² errechnen wir jetzt die Geschwindigkeit des Satelliten zu $v = \sqrt{rg} = 7{,}9$ km/s. Damit könnte er in etwa 84 Minuten die Erde umrunden.

3. Kreise werden erzwungen

Beim Umlauf eines Satelliten auf seiner Kreisbahn wirkt die Gewichtskraft stets zum Kreismittelpunkt. Solch eine Kraft ist bei allen Kreisbewegungen nötig. Man nennt sie **Zentripetalkraft F_z**. In Versuch 337 zwingt sie den Ball auf eine Kreisbahn. Bleibt die Zentripetalkraft F_z aus, z.B. wenn die Schnur reißt, so verläßt der Ball die Kreisbahn. Die Zentripetalkraft F_z steht immer *senkrecht* auf dem momentanen Geschwindigkeitsvektor $\vec{v}$. Die von dieser Kraft erzwungene **Zentripetalbeschleunigung a_z** des Balls ändert deshalb nicht den *Betrag* des Geschwindigkeitsvektors, wohl aber dessen *Richtung* — und das dauernd.

Bei der Satellitenbewegung ist $a_z = g$ und $F_z = m g = m v^2 / r$. Was gilt für andere Kreisbewegungen? Gilt die Beziehung $F_z = m v^2 / r$ vielleicht für jede Kreisbewegung?

Versuch 338: Wir prüfen diese Vermutung nach. Der Wagen ($m = 0{,}10$ kg) in *Bild 303.2* kann sich auf einer Schiene bewegen und ist mit einem Faden über eine Umlenkrolle und ein Kugelgelenk an einem Federkraftmesser befestigt. Läßt man die Schiene rotieren, so bewegt sich der Schwerpunkt des Wagens zunächst auf einer Kreistangente, entfernt sich also von der Drehachse. Dadurch werden der Faden gespannt und der Federkraftmesser so weit gedehnt, bis die nötige Zentripetalkraft F_z erreicht ist. Erst jetzt beschreibt der Schwerpunkt des Wagens eine Kreisbahn. Der Kraftmesser zeigt zunächst, daß die Zentripetalkraft F_z mit der Bahngeschwindigkeit v des Wagens steigt und bei einer gleichförmigen Kreisbewegung einen konstanten Betrag hat. Der Radius r des Kreises richtet sich nach der eingestellten Drehfrequenz $f = 1/T$ und kann an der Schiene abgelesen werden.

Wir lassen den Wagen gleichförmig kreisen und messen $r = 0{,}208$ m; $20 T = 19{,}0$ s; $F_z = 0{,}92$ N. Diese Meßwerte bestätigen die Gleichung $F_z = m v^2 / r$, denn mit $r = 0{,}208$ m und $T = 0{,}95$ s ist $v = 2 \pi r / T = 1{,}38$ m/s und die Zentripetalbeschleunigung $a_z = v^2 / r = 9{,}2$ m/s². Damit wird $F_z = m a_z = m v^2 / r = 0{,}92$ N, also gleich der Kraft, die der gespannte Federkraftmesser angezeigt hat.

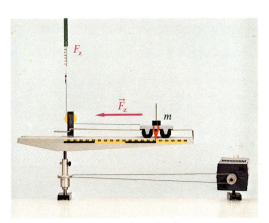

303.1 Der Wurf um die Erde

303.2 Messung der Zentripetalkraft

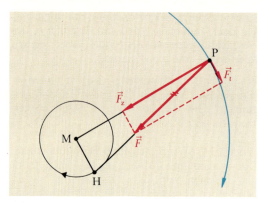

304.1 Nur die Tangentialkraft F_t verrichtet Arbeit.

Die gleichförmige Kreisbewegung ist eine beschleunigte Bewegung. Die Zentripetalbeschleunigung hat den Betrag $a_z = v^2/r$; die Zentripetalkraft hat den Betrag

$$F_z = \frac{mv^2}{r}. \qquad (304.1)$$

Beide sind zum Kreismittelpunkt gerichtet.

Beispiel: a) Ein Auto ($m = 1000$ kg) fährt mit der Geschwindigkeit $v = 72$ km/h $= 20$ m/s durch eine Kurve mit dem Radius $r = 200$ m. Wie groß sind a_z und F_z?

$$a_z = \frac{v^2}{r} = \frac{400 \text{ m}^2/\text{s}^2}{200 \text{ m}} = 2 \frac{\text{m}}{\text{s}^2};$$

$$F_z = m a_z = \frac{mv^2}{r} = 2000 \text{ N}.$$

F_z beträgt 20% der Gewichtskraft $G = mg$.

b) Der in Versuch 337 benutzte Ball habe die Masse $m = 0{,}40$ kg. Er werde in 8 s genau 10mal herumgeschleudert; seine Drehfrequenz ist also $f = 1{,}25$ s; seine Umlaufdauer ist $T = 0{,}8$ s. Der Bahnradius sei $r = 1{,}5$ m. Wir ersetzen nun v durch $2\pi r/T$ und erhalten

$$F_z = \frac{4\pi^2 m r}{T^2}. \qquad (304.2)$$

Daraus folgt $F_z = (4\pi^2 \cdot 0{,}40$ kg $\cdot 1{,}5$ m$)/0{,}64$ s$^2 \approx 37$ N. Diese Kraft muß also von der Hand ausgeübt und durch die Schnur auf den Ball übertragen werden.

Bei der gleichförmigen Kreisbewegung ist der Betrag der Bahngeschwindigkeit v konstant und damit die Bewegungsenergie $W_{kin} = \frac{1}{2} m v^2$. Konstante Energie bedeutet aber, daß an dem Körper *keine Arbeit verrichtet* wird: Die Zentripetalkraft steht nämlich senkrecht auf der momentanen Bahn des Körpers (Kreistangente). Bei der gleichförmigen Kreisbewegung wirkt in Bahnrichtung keine Kraft: $F_t = 0$ N.

Will man aber den Körper *längs seiner Bahn* beschleunigen, also v und damit W_{kin} erhöhen, oder muß man den Luftwiderstand oder Reibung überwinden, so braucht man eine Kraftkomponente $\vec{F}_t$ in Richtung der Kreistangente. Wie kann man z.B. in Versuch 337 den Ball schneller werden lassen? Bei dieser *ungleichförmigen* Kreisbewegung wird die Hand so geführt, daß die am Ball angreifende Kraft eine große Komponente F_z und zusätzlich eine kleine Komponente F_t aufweist (siehe *Bild 304.1*). Diese *Tangentialkraft* F_t verrichtet Arbeit am Ball (sie ist „arbeitsam"), die *Zentripetalkraft* F_z dagegen ist „nicht-arbeitsam".

304.2 Reifen bei einer schnell durchfahrenen Kurve. Quer zur Fahrtrichtung wirkt die Haftkraft F_h.

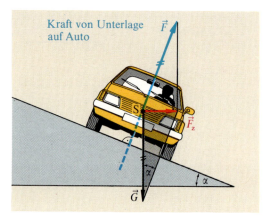

304.3 Ein Auto durchfährt ohne Reibung eine überhöhte Kurve (Schnittbild mit äußeren Kräften).

4. Achtung: Kurvenfahrt!

Werden die Vorderräder eines Autos zur Kurvenfahrt eingeschlagen, so bewegt sich der Schwerpunkt des Fahrzeuges zunächst noch einige Zentimeter geradeaus. Dadurch werden die (hoffentlich noch) am Boden haftenden Reifen verformt *(Bild 304.2)* und üben auf die Straße eine nach außen gerichtete Kraft aus. Die Reaktionskraft der Straße wirkt nach innen auf das Fahrzeug als Zentripetalkraft F_z. Erst jetzt beginnt dessen Kurvenfahrt.

Für die Haftkraft gibt es eine Obergrenze $F_{h\,max} = f_h\,m\,g$. Also gilt:

$$F_z \leq F_{h\,max} \Rightarrow \frac{mv^2}{r} \leq f_h\,m\,g$$

$$\Rightarrow v \leq \sqrt{f_h\,g\,r} = v_{max}.$$

Solange $v < v_{max}$ ist, durchfährt das Auto die gewünschte Kurve. Ist v zu groß, so ergibt sich bei gegebener Zentripetalkraft F_z ein zu v passender größerer Radius von selbst: Mit rutschenden Reifen durchfährt das Auto eine Kurve mit diesem größerem Radius. Dabei wirkt zwischen Reifen und Straße die *Gleit*reibungskraft F_r, und diese ist kleiner als $F_{h\,max}$. Diese gefährliche Situation kann auch eintreten, wenn der Autofahrer in der Kurve bremst und dadurch einen Teil der Haftkraft als Bremskraft beansprucht. Bei Glatteis können beide Reibungskräfte so klein und folglich der Kurvenradius so groß werden, daß das Auto praktisch geradeaus rutscht.

Um dennoch eine Kurve auch bei geringer Haftreibungskraft schnell durchfahren zu können, muß eine zusätzliche Kraft wirken, die die Zentripetalkraft liefert. Man überhöht deshalb die Straße. Dadurch entsteht eine Zusatzkraft, wie *Bild 304.3* zeigt. Auf das Auto wirkt die Gewichtskraft G und senkrecht zur Straßenoberfläche die Kraft F als Reaktionskraft der Normalkraft F_N. Wenn die Neigung der Straße und die Geschwindigkeit des Fahrzeuges zueinander passen, ist die Resultierende aus F und G waagerecht gerichtet und stellt gerade die Zentripetalkraft F_z dar. Dann gilt (siehe das schwarze Dreieck in *Bild 304.3*):

$$\tan \alpha = \frac{F_z}{G} = \frac{mv^2}{r\,m\,g} \quad \text{und damit } v = \sqrt{r\,g\,\tan\alpha}.$$

Mit dieser Geschwindigkeit könnte z.B. eine Kugel ohne Haftkraft durch die geneigte Kurve rollen, ohne aus der Bahn zu geraten. Beim Auto bleibt glücklicherweise noch eine erhebliche Haftkraft in Reserve.

Ist die Geschwindigkeit etwas größer oder kleiner, dann wird die Haftkraft benötigt, allerdings längst nicht so stark wie auf waagerechter Straße.

Auch ein **Radfahrer** benötigt für die Kurvenfahrt die *Zentripetalkraft* F_z. Sie ergibt sich aus der Schräglage, die der Radfahrer „nach Gefühl" einnimmt. Wie groß muß der Neigungswinkel φ (gemessen gegen die Vertikale) sein?

Die Gewichtskraft $\vec{G}$ des Systems „Rad + Fahrer" wird durch ein Gestänge (Rahmen, Speichen, Reifen) vom Schwerpunkt S auf die Straße übertragen. Nach dem Prinzip actio = reactio übt die Straßenoberfläche die betragsgleiche vertikale Gegenkraft $\vec{F}_v = \vec{F}'$ aus. Es besteht Kräftegleichgewicht. Das genügt für die Geradeausfahrt *(Bild 305.1a)*. Während der Kurvenfahrt tritt wie beim Auto die horizontale Haftreibungskraft $\vec{F}_h$ auf. Die aus den Kräften $\vec{F}_h$ und $\vec{F}_v$ resultierende Gesamtkraft $\vec{F}$ wird durch das Gestänge auf den Schwerpunkt übertragen *(Bild 305.1b)*. Dort ergibt sich aus $\vec{F}$ und $\vec{G}$ als resultierende Kraft die Zentripetalkraft $\vec{F}_z$. Die beiden schraffierten Dreiecke sind kongruent, also ist $F_z = F_h$. Für den Neigungswinkel φ gilt

$$\tan\varphi = \frac{F_z}{G} = \frac{mv^2}{r\,m\,g} = \frac{v^2}{r\,g}.$$

Je höher die Geschwindigkeit v und je kleiner der Kurvenradius r, desto größer sind die Zentripetalkraft F_z und der Neigungswinkel φ.

Genauso wie beim Auto gibt es auch für den Radfahrer eine Obergrenze der Haftreibungskraft. Reicht diese maximale Kraft nicht aus, so rutscht das Rad weg und ein Sturz ist unvermeidbar.

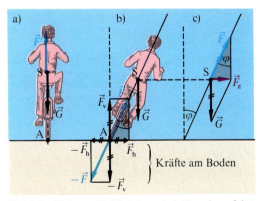

305.1 Radfahrer: Kräftebilanz bei Geradeausfahrt (a) und in einer Rechtskurve (b); c) $\vec{F}_z = \vec{G} + \vec{F}$

306.1 Warum fallen die Wagen nicht herunter?

5. Physik auf dem Volksfest

Auf jedem Volksfest gibt es Kreisbewegungen, bei denen die kreisenden Körper in guter Näherung als Massenpunkte behandelt werden können. Wir können also annehmen, daß unsere bisherigen Überlegungen auf diese realen Bewegungen anwendbar sind. Als ein Beispiel von vielen möglichen betrachten wir die „Loopingbahn" *(Bild 306.1)*. Wir führen einen dazu analogen Versuch durch.

Versuch 339: Wir schleudern eine mit Wasser gefüllte Blechbüchse an einer Schnur in einem vertikalen Kreis *(Bild 306.2)*. Im obersten Punkt der Kreisbahn zeigt die Öffnung der Büchse nach unten. Trotzdem fließt bei nicht zu langsamer Rotation kein Wasser aus.

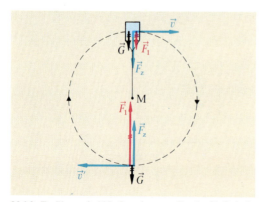

306.2 Zu Versuch 339: Im obersten Punkt fließt kein Wasser aus, wenn $F_z > G$ ist.

Damit die Büchse samt dem in ihr befindlichen Wasser auf einem Kreis läuft, muß sie andauernd in Richtung auf den Kreismittelpunkt beschleunigt werden, also fortwährend auf M zu „fallen". Die dazu benötigte Zentripetalbeschleunigung a_z wächst mit der Drehfrequenz. Macht man diese so groß, daß $a_z = g$ ist, so ist im höchsten Punkt der Bahn die zur Kreisbewegung notwendige Zentripetalbeschleunigung gerade die Fallbeschleunigung g: Büchse und Wasser fallen beide „von selbst" mit der richtigen Zentripetalbeschleunigung.

Bei größerer Drehfrequenz muß $a_z > g$ sein: Jetzt muß man die wassergefüllte Büchse der Masse m im obersten Punkt der Bahn noch mit der zusätzlichen Kraft $F_1 = m(a_z - g) = F_z - G$ nach unten ziehen.

Im tiefsten Punkt ist die Seilspannung dagegen $F_1 = F_z + G$. Sie muß der Gewichtskraft G das Gleichgewicht halten *und* die Zentripetalkraft aufbringen. Bei der Bestimmung von F_z muß man darauf achten, ob die Kreisbewegung gleichförmig erfolgt oder ob sich $|\vec{v}|$ ändert.

Auch bei der Loopingbahn muß für den höchsten Punkt der Kreisbahn $a_z \geq g$ sein. Ist z.B. der Radius $r = 5{,}0$ m, so gilt

$$g \leq a_z = \frac{v^2}{r},$$

also $\quad v \geq \sqrt{r g} = \sqrt{50 \, \frac{\text{m}^2}{\text{s}^2}} \approx 7{,}1 \, \frac{\text{m}}{\text{s}}.$

Mit dieser *Mindest*geschwindigkeit kann der obere Bogen durchfahren werden. Durch den unteren Bogen fährt der Wagen mit wesentlich höherer Geschwindigkeit, also ist dort F_z größer. Die Sitzfläche wird mit $F_1 = F_z + G$ belastet, und das spüren die Insassen.

Aufgaben
Rechnen Sie mit $g = 10$ m/s²

1. *Suchen Sie Beispiele von Kreisbewegungen aus der Umwelt, für die das Modell eines Massenpunkts auf einer Kreisbahn gilt!*

2. a) *Welche Teilchen auf einer rotierenden Schallplatte haben gleichen Betrag der Bahngeschwindigkeit v, welche gleiche Umlaufdauer T? b) Wie groß ist bei Schallplatten mit 33 Umdrehungen je Minute die Drehfrequenz und wie groß ist v eines Punktes auf dem Plattenrand (Plattendurchmesser 30 cm)? c) Wo befindet sich der Tonabnehmer eines Plattenspielers nach der Hälfte der Spieldauer einer Schallplatte?*

3. Ein Mensch ($m = 75$ kg) befindet sich am Äquator. Wie groß ist die Zentripetalkraft F_z, die nötig ist, damit er die Rotation der Erde mitmacht? Wer bringt F_z auf? Wird F_z zu den Polen hin größer oder kleiner? Warum? (Erdradius $r = 6378$ km). Wie groß ist F_z bei uns (49° Breite; Erde sei Kugel)?

4. a) Welche Geschwindigkeit darf ein Auto in einer nicht überhöhten Kurve von 100 m Radius höchstens haben, wenn es bei der Haftzahl $f_h = 0{,}40$ nicht rutschen soll? b) Mit welcher Geschwindigkeit muß eine mit $\alpha = 5{,}7°$ überhöhte Kurve mit Radius 100 m durchfahren werden, so daß keine Haftkräfte quer zur Fahrtrichtung zwischen Rädern und Straße auftreten?

5. Wie stark muß die äußere Schiene überhöht sein, damit ein Zug mit 216 km/h in der Kurve von 900 m Radius senkrecht auf die Verbindungslinie der beiden Schienen drückt, so daß jegliche Kipp- und Schleudergefahr ausgeschlossen ist? (Spurweite 1435 mm).

6. a) Um welchen Winkel muß sich ein Radfahrer gegen die Vertikale neigen, wenn er mit 18 km/h einen Kreisbogen mit 10 m Radius durchfährt? b) Wie groß muß die Haftreibungszahl f_h mindestens sein, damit das Rad bei waagerechtem Boden nicht rutscht?

7. a) Der Radfahrer von Aufgabe 6 durchfährt dieselbe Kurve bei glattem Boden. Wie stark muß die Bahn geneigt sein, damit keine Rutschgefahr besteht? b) Wie groß ist dann die Kraft F, die das Rad (Gesamtmasse 100 kg) auf den Boden ausübt? c) Rutscht das Fahrrad bei derselben Bahnneigung wie in Teilaufgabe a) weg, wenn es spiegelglatt ($f_h = 0$) ist und der Fahrer seine Geschwindigkeit auf unter 18 km/h drosselt?

8. Welchen Radius hat ein Radfahrer bei 36 km/h mindestens einzuhalten, damit er bei $f_h = 0{,}50$ in einer Kurve nicht ausgleitet, wenn der Boden waagerecht ist? Um welchen Winkel muß das Rad geneigt sein?

9. Bei einem Kettenkarussell nach Bild 307.1 ist $r_0 = 6{,}0$ m und $l = 5{,}0$ m. Das Karussell dreht sich gleichförmig und der Winkel φ ist 55°. a) Wie groß ist die Bahngeschwindigkeit v? b) Wie groß sind Umlaufdauer T und Drehfrequenz f? c) Welche Kraft greift im Aufhängepunkt der Kette an (Fahrer mit Sitz 85 kg)?

10. Von welcher Drehfrequenz f an bleibt eine Person (75 kg) an der Wand des Rotors nach Bild 307.2 hängen, wenn dieser 4,2 m Durchmesser hat und $f_h = 0{,}50$ ist? (Der Schwerpunkt der Person habe von der Wand 10 cm Abstand.)

11. Ein Stein (0,20 kg) wird immer schneller an einer 50 cm langen Schnur in einem horizontalen Kreis herumgeschleudert. Bei welcher Drehfrequenz reißt sie, wenn sie 100 N aushält?

12. Die Erde bewegt sich in guter Näherung auf einer Kreisbahn um die Sonne ($r = 1{,}5 \cdot 10^{11}$ m). Bestimmen Sie den Betrag der Bahngeschwindigkeit v der Erde!

13. a) Von welcher Drehfrequenz f an könnte die Achse des Rotors nach Bild 307.2 horizontal gelegt werden, ohne daß die Personen im höchsten Punkt herabfallen, wenn der Rotordurchmesser 5,2 m beträgt? b) Welche Kraft übt bei dieser Drehfrequenz der Rotor im tiefsten Punkt auf eine Person (75 kg) nach oben aus?

14. Ein Zug durchfährt mit 72 km/h eine nicht überhöhte Kurve ($r = 500$ m). Um welchen Winkel neigt sich im Innern ein aufgehängtes Lot gegen die Vertikale?

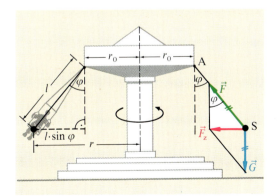

307.1 Kräftebilanz beim Kettenkarussell; ähnlich wie in Bild 304.3 und 305.1 ist $\vec{F}_z = \vec{G} + \vec{F}$.

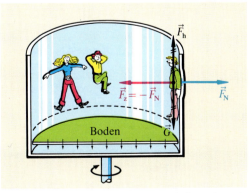

307.2 Rotor auf dem Volksfest; auf die rotierende Person wirkt als resultierende äußere Kraft nur $\vec{F}_z$.

§ 114 Gravitation

1. Guter Mond, du gehst so stille...

Als großer *natürlicher Satellit* umkreist der Mond auf seiner fast kreisförmigen Bahn mit dem Radius $r = 384\,400$ km in 27,322 Tagen (bezogen auf den Fixsternhimmel) die Erde. Die erforderliche Zentripetalkraft F_z liefert die Erde, die infolge ihrer großen Masse den Mond anzieht. Zur Vereinfachung berechnen wir den Betrag der Zentripetalkraft auf 1 kg Mondgestein nach *Gl. 304.2:*

$$F_z = \frac{4\pi^2 m r}{T^2} = \frac{4\pi^2 \cdot 1\,\text{kg} \cdot 384\,400\,000\,\text{m}}{(2\,360\,621\,\text{s})^2}$$
$$= 0{,}00272\,\text{N}.$$

Haben wir etwas falsch gemacht? 1 kg Gestein wird doch von der Erde mit der Kraft $F = 9{,}81$ N angezogen! Aber der Mond ist viel weiter vom Erdmittelpunkt entfernt, und viele physikalische Wirkungen werden mit zunehmendem Abstand schwächer. Bereits um 1700 fand *Newton*, daß für 1 kg Masse auf der Erde bzw. auf dem Mond sich die Entfernungen zum Erdmittelpunkt zueinander verhalten wie 1:60, die Gewichtskräfte dagegen wie 3600:1. Er schloß daraus: $F \sim 1/r^2$.

Denkt man sich neben der Erde eine zweite gleichartige Kugel, so müßte diese den Brocken Mondgestein ebenfalls mit der oben berechneten Kraft anziehen. Die insgesamt verdoppelte Erdmasse bewirkt also die doppelte Anziehungskraft. Ein Brocken Mondgestein mit *dreifacher* Masse m würde von einer Erde mit *verdoppelter* Masse M mit der *sechsfachen* Kraft angezogen. *Newton* formulierte deshalb als **Gravitationsgesetz** (Massenanziehungsgesetz):

$$F = G^* \frac{m M}{r^2}.$$

Der Faktor G^* heißt **Gravitationskonstante**.

Newtonsches Gravitationsgesetz: Alle Körper üben aufeinander Gravitationskräfte aus.

Zwei kugelsymmetrische Körper der Massen m und M, deren Mittelpunkte voneinander den Abstand r haben, ziehen sich mit der Gravitationskraft F an:

$$F = G^* \frac{m M}{r^2}. \qquad (308.1)$$

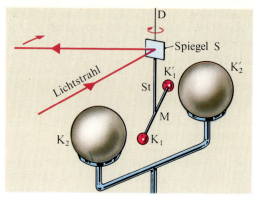

308.1 Die kleinen Bleikugeln werden zu den großen hingezogen — wie ein Apfel zur Erde!

2. Das Weltall im Labor

Um die Gravitationskonstante zu bestimmen, nahm *Newton* stellvertretend für Erde und Mond zwei Körper mit den Massen m und M und brachte sie im Abstand r beweglich an. Mit seinen Hilfsmitteln gelang es ihm jedoch nicht, die zwischen beiden Körpern wirkende Anziehungskraft zu messen. Mit einer modernen Drehwaage, auch Gravitationswaage genannt, ist das möglich. *Bild 308.1* zeigt ihr Funktionsprinzip. Damit ausgeführte sehr genaue Messungen ergaben

$$G^* = 6{,}672 \cdot 10^{-11}\,\text{m}^3/(\text{kg s}^2).$$

Was kann man damit anfangen? Wir betrachten einen Probekörper mit der Masse $m = 1{,}0$ kg. Der zweite Körper sei die Erde; also ist $F = 9{,}81$ N. Der Abstand der Mittelpunkte beider Körper ist der Erdradius $r = 6371$ km. Setzen wir diese Werte in *Gl. 308.1* ein, so kann die Erdmasse M berechnet werden. Sie ergibt sich zu $M = 5{,}97 \cdot 10^{24}$ kg. — Da das Volumen der Erde mit Hilfe des Radius berechnet werden kann, läßt sich nun die mittlere Dichte der Erde bestimmen. Die Rechnung liefert $\varrho = 5{,}5$ g/cm³, was erheblich von den gefundenen Werten der Erdkruste abweicht. Man nimmt deshalb an, daß der Erdkern aus sehr dichtem Material (z.B. Nickel und Eisen) besteht.

Die Kräfte, die der Mond und etwas auch die Sonne auf die Wassermassen der Erde ausüben, bewirken deren Verschiebung. So entstehen die *Gezeiten* (Ebbe und Flut), die an der Nordseeküste den Wasserstand um etwa 3 m schwanken lassen. Je nach Stellung der Himmelskörper zueinander tritt eine Spring- oder eine Nipptide ein.

Weitere Untersuchungen haben gezeigt, daß das Gravitationsgesetz auch für die Bewegung der Erde sowie der anderen Planeten um die Sonne gilt. Zwar sind die Massen m und M nun andere als bei dem Paar Erde/Mond, aber die Gravitationskonstante ist unverändert. Allgemein zieht jeder Himmelskörper jeden anderen infolge seiner Masse an: Er hat ein *Gravitationsfeld*. — Das Gravitationsgesetz gilt auch für die Himmelskörper, deren Bahn um das Zentralgestirn von der Kreisbahn abweicht. Das konnte man sogar an den langgestreckten Bahnen von Kometen nachweisen, obwohl diese nur auf dem sonnennahen Teil ihrer Bahn beobachtet werden können.

3. Satelliten — an den Himmel genagelt

Bei Satelliten ist die stets zum Erdmittelpunkt gerichtete Gravitationskraft die Zentripetalkraft F_z, die sie für die Kreisbewegung um die Erde benötigen. **Satelliten** bewegen sich also grundsätzlich auf *Großkreisen*; das sind Kreise mit dem Erdmittelpunkt als Zentrum. — Der Mond benötigt für einen Umlauf etwa 27 Tage; ein niedrig fliegender Satellit umkreist die Erde dagegen in etwa 90 Minuten. Je größer die Entfernung r vom Erdmittelpunkt, desto größer ist offenbar die Umlaufdauer T.

Für die Nachrichtenübertragung sind Satelliten zweckmäßig, die sich möglichst exakt mit der Erde mitdrehen und dadurch am Himmel scheinbar feststehen. Dann brauchen nämlich die Antennenschüsseln der Empfangsstationen nur minimal nachgeführt zu werden. Von den vielen möglichen Großkreisen eignen sich für diese Satelliten nur diejenigen, die in der Äquatorebene liegen. Die Umlaufdauer eines solchen *geostationären* Satelliten (bezogen auf den Fixsternhimmel) beträgt

$T = 23\text{ h }56\text{ min} = 86\,160\text{ s}$.

In welcher Höhe muß nun ein geostationärer Satellit kreisen? Wir benutzen *Gl. 304.2* und *308.1* und erhalten:

$$F_z = G \Rightarrow \frac{4\pi^2 m r}{T^2} = G^* \frac{mM}{r^2}. \qquad (309.1)$$

Daraus folgt:

$$r^3 = G^\star \frac{MT^2}{4\pi^2} \qquad (309.2)$$

Setzt man Zahlenwerte ein, ergibt sich schließlich $r = 42\,153$ km.

Mit diesem Bahnradius, also etwa 36 000 km über der Erdoberfläche, kreisen die geostationären Satelliten. Sie ermöglichen uns weltweite Telefongespräche und Fernsehübertragungen sowie die umfassende Beobachtung der Erdoberfläche *(Bild 309.1)*. Spezielle *Wettersatelliten* funken Bilder der Wolkenbedeckung und helfen dadurch bei der Wettervorhersage. Diese ist dadurch wesentlich zuverlässiger als früher geworden.

Aufgaben

1. *Welche Geschwindigkeit hat ein Erdsatellit, der in 1 000 km Höhe eine Kreisbahn beschreibt? Welche Bewegungsenergie hat er (1 000 kg Masse)? Welche Energie braucht man also, um ihn von der ruhend gedachten Erdoberfläche in die Umlaufbahn zu bringen? Warum schießt man Satelliten nah am Äquator und nach Osten ab?*

2. *Bestimmen Sie die Erdmasse aus der Umlaufdauer des Mondes und seiner Entfernung von der Erde!*

3. *a) Die Umlaufdauer der Mondfähre im Abstand 1 848 km vom Mondmittelpunkt war 7 130 s. Wie groß ist die Mondmasse? b) Welcher Ortsfaktor gilt für die Mondoberfläche, wenn der Mondradius 1 738 km beträgt?*

4. *Der Radius der Sonne ist $6{,}95 \cdot 10^8$ m, ihre Masse $1{,}989 \cdot 10^{30}$ kg. Wie groß ist die Fallbeschleunigung an ihren Polen?*

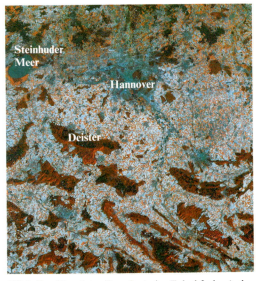

309.1 Satellitenfoto (Landsat; in Falschfarben) des Großraumes Hannover

§ 115 Die Kepler-Ellipsen

1. Sind am Himmel nur Kreise erlaubt?

Was macht ein Satellit, der auf einer der großen Weltraumrampen (Cape Canaveral, Baikonur) aus Versehen eine andere Geschwindigkeit erhalten hat, als sie für eine Kreisbahn mit dem Radius r vorgesehen ist (Seite 303)? Entflieht er ins All oder stürzt er sofort ab?

Wir können das Experiment nicht machen und verfügen in der Schule auch nicht über die mathematischen Hilfsmittel, mit denen *Newton* solche Bewegungen vollständig berechnete, nachdem er sich zunächst – wie wir – auf Kreisbahnen beschränkt hatte. Dafür haben wir einen *Computer*. Wir füttern ihn mit dem *Gesetz*, dem der *Satellit* und jeder *Planet* unterworfen ist, nämlich dem Gesetz für die Beschleunigung $\vec{a} = \vec{F}/m$ durch die Gravitationskraft $\vec{F}$. Wir sagen ihm weiterhin mit der Gleichung $\vec{v}_2 = \vec{v}_1 + \vec{a} \cdot \Delta t$, wie man aus der Geschwindigkeit $\vec{v}_1$ die nach dem kurzen Zeitschritt Δt gültige Geschwindigkeit $\vec{v}_2$ berechnet. Damit bestimmt er die neue Position $\vec{s}_2 = \vec{s}_1 + v \cdot \Delta t$ des Satelliten. Wenn wir dann noch als Anfangsbedingungen seine Höhe und die Startgeschwindigkeit eintippen, ahmt er schnell den Weg des Satelliten im All nach – Schrittchen um Schrittchen. Die Rechnungen werden um so genauer, je kleiner die Schrittdauer Δt ist. Prüfen wir das Verfahren an der Kreisbahn!

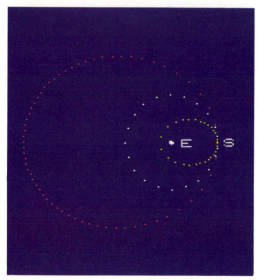

310.1 Satellitenbahnen, vom Computer gezeichnet

In der Höhe $H = 400$ km über dem Boden, also mit Radius $r = 6770$ km, braucht er die Geschwindigkeit $v_0 = 7{,}671 \cdot 10^3$ m/s nach Seite 303. Wenn wir sie dem Computer eingegeben haben, so baut sich auf dem Bildschirm der weiße Kreis nach *Bild 310.1* auf. Die Punkte werden nach jeweils gleicher Schrittdauer ausgegeben. Sie haben gleiche Abstände voneinander; der Betrag der Geschwindigkeit bleibt also gleich. Nach einem Umlauf gibt der Computer die Umlaufdauer $T = 5545 \text{ s} \approx 1{,}54$ h aus, in Übereinstimmung mit *Gl. 309.2*.

Bild 310.1 zeigt rot die Bahn bei der größeren Startgeschwindigkeit $v_0 = 9{,}5 \cdot 10^3$ m/s. Der Satellit entfernt sich vom Erdmittelpunkt E und wird langsamer. Vielleicht haben Sie es nicht erwartet: Er kehrt wieder an seinen Ausgangspunkt – sogar mit der Ausgangsgeschwindigkeit – zurück. Er beschreibt also auch hier wieder eine geschlossene, ebene Kurve, aber keinen Kreis. Dazu braucht er $T = 17400$ s.

Bei der kleineren Startgeschwindigkeit $4{,}7 \cdot 10^3$ m/s müssen wir uns schon die Erdmasse im Mittelpunkt E vereinigt denken. Er kommt ihm bedenklich nahe, wird dabei schneller – und kehrt wieder zurück, nach $T = 2700$ s (gelb). An sich würde er schon bald am Boden aufschlagen.

2. Das erste Gesetz von Kepler

Der Astronom *Kepler* (Seite 313) kannte das Gravitationsgesetz nicht. Er besaß aber – als unwahrscheinlich wertvollen Schatz – die für die damalige Zeit äußerst präzisen Messungen des Dänen *Tycho Brahe* (1546 bis 1601) an der Bahn des Planeten Mars. Nach mühsamen Zahlenrechnungen fand *Kepler*, daß dieser eine *Ellipse* durchläuft. Was ist das?

Versuch 340: Licht von einer punktförmigen Lichtquelle fällt durch eine kreisförmige Blende. Dahinter bildet es einen *Kreiskegel*. Sie können auch den Lichtkegel einer geeigneten Taschenlampe benutzen. Wenn er *senkrecht* auf eine Wand fällt, so erzeugt er einen *kreisförmigen* Lichtfleck. Bei schrägem Auffall nimmt dieser Fleck die Form einer *Ellipse* an, ist also ein *Kegelschnitt*. Sie hat eine große Achse, deren Hälfte **große Halbachse a** genannt wird. Senkrecht dazu steht die kleine Achse; ihre Hälfte heißt **kleine Halbachse b** (*Bild 311.1*). Der Kreis ist ein Spezialfall einer Ellipse; bei ihm wird $a = b = r$.

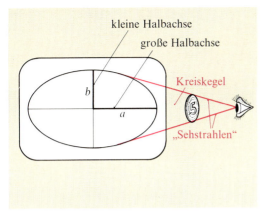

311.1 Ellipse, aus einem Kreiskegel geschnitten

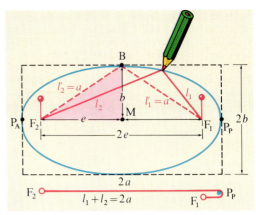

311.2 So können Sie selbst Ellipsen zeichnen.

Nun können Sie die Bahnkurven in *Bild 310.1* leicht als Ellipsen erkennen: Halten Sie gemäß *Bild 311.1* vor Ihr Auge ein Geldstück senkrecht zu Ihren „Sehstrahlen". Diese bilden um den Rand einen Kreiskegel (wie oben die Lichtstrahlen durch die Kreisblende). Wenn Sie in Richtung der großen Ellipsenachse schräg auf die Bahnkurven blicken, werden diese bei einer bestimmten Stellung vom Geldstück genau verdeckt, sind also auch Kegelschnitte.

Eine weitere Möglichkeit, Ellipsen herzustellen, benutzen Gärtner, wenn sie Blumenbeete in Ellipsenform anlegen. Sie schlagen zwei Pflöcke F_1 und F_2 im Abstand $2e$ ein (benutzen Sie Reißnägel). e heißt *lineare Exzentrizität*. Zwischen den Pflöcken knüpfen sie eine Schnur der Länge $2a$ und führen den „Schreibpflock" (Bleistift) nach *Bild 311.2* so, daß die Schnur stets gespannt bleibt. Alle Punkte der sich bildenden Ellipse liegen deshalb so, daß die *Summe der Entfernungen l_1 und l_2 von den beiden „Brennpunkten" F_1 und F_2 gleich der konstanten Schnurlänge $2a$ bleibt*. $2a$ gibt nach *Bild 311.2* auch die Entfernung der beiden *Hauptscheitel* P_P und P_A, also die Länge der großen Achse an. Aus der Lage des *Nebenscheitels* B erkennt man:

$$a^2 = e^2 + b^2. \qquad (311.1)$$

Läßt man beide Brennpunkte F_1 und F_2 in der Mitte M zusammenfallen, so beschreibt der Schreibpflock einen *Kreis* (Zirkelersatz!). Der Kreis ist also eine Ellipse mit $e=0$, $a=b=r$, $F_1=F_2=M$. Die Zahl e/a heißt *numerische Exzentrizität*. Bei langgestreckten Ellipsen liegt sie nahe bei Eins, beim Kreis ist sie Null. Sie gibt die Abweichung von der Kreisform an. F_1 und F_2 heißen *Brennpunkte*, weil Lichtstrahlen, die von F_1 ausgehen, an einer innen verspiegelten Ellipse nach F_2 reflektiert werden.

Der eine Brennpunkt der Ellipse hat große physikalische Bedeutung: *Kepler* fand wiederum an der Marsbahn, daß die Sonne in einem ihrer Brennpunkte steht. Bei Erdsatelliten liegt er im Erdmittelpunkt. Der andere Brennpunkt hat keine physikalische Bedeutung. Nach *Bild 310.1* steht die Mitte des Zentralkörpers in dem Brennpunkt, der näher beim Startpunkt liegt, wenn die dortige Abschußgeschwindigkeit v_0 größer ist als für die Kreisbahn nötig. Sonst liegt er im anderen Brennpunkt.

> *Erstes Kepler-Gesetz:* **Trabanten bewegen sich auf Ellipsen, in deren einem Brennpunkt der Zentralkörper (Sonne, Erde) steht.**

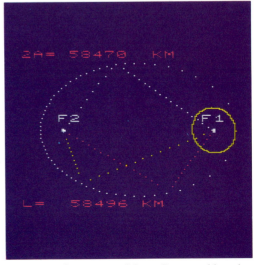

311.3 Der Computer zeichnet Brennstrahlen, berechnet deren Länge (L) und $2a$ (2A geschrieben).

Für *Bild 311.3* wurde der Computer so programmiert, daß er beim Durchlaufen des Nebenscheitels B die kleine Halbachse b und beim Hauptscheitel P_A die große Halbachse a speichert. Nach $a^2 = b^2 + e^2$ berechnet er daraus die lineare Exzentrizität e und die Lage der Brennpunkte F_1 und F_2. Zu diesen zieht er die *Brennstrahlen* und berechnet die Summe $L = l_1 + l_2$ der Brennstrahllängen. Diese Summe L bleibt beim Umlauf konstant und gleich der großen Achse $2a$: *Die Gravitationskraft erzwingt Ellipsenbahnen, sog.* **Kepler-Ellipsen.**

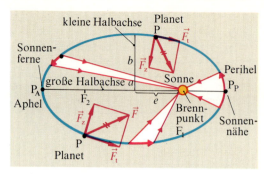

312.2 Zum Flächensatz

3. Das zweite Gesetz von Kepler

Kepler fiel auf, daß der Planet Mars in der Sonnennähe P_P (Perihel) am schnellsten, in der Sonnenferne P_A (Aphel) am langsamsten läuft. Der Computer zeichnet in *Bild 312.1* nur noch die sog. **Fahrstrahlen** vom Zentralkörper zur jeweiligen Position P des Trabanten. Sie haben große physikalische Bedeutung, da längs dieser Fahrstrahlen die Gravitationskraft zum Gravitationszentrum hin wirkt. Entfernt sich dabei der Trabant von diesem Zentrum, so zeigt die Gravitationskraft $\vec{F}$ schräg zur Bahn nach hinten. In *Bild 312.2* ist $\vec{F}$ durch ihre Tangentialkomponente $\vec{F}_t$ und die senkrecht zur Bahn stehende Komponente $\vec{F}_z$ ersetzt. $\vec{F}_t$ verzögert den Trabanten und entzieht ihm Bewegungsenergie. $\vec{F}_z$ verrichtet keine Arbeit, sondern krümmt an dieser Stelle die Bahn nach innen. $\vec{F}_z$ wirkt als Zentripetalkraft. Nähert sich der Trabant wieder dem Zentralkörper, so zeigt $\vec{F}_t$ in Richtung der Bahngeschwindigkeit und macht den Trabanten schneller. In den Punkten P_P und P_A ist nur $\vec{F}_z$ wirksam – wie auf Kreisbahnen.

Kepler kannte diese Kräfte nicht. Trotzdem erkannte er das Gesetz, nach dem die Planeten bei länger werdendem Fahrstrahl ihre Geschwindigkeit verkleinern; er betrachtete die Flächen, welche die Fahrstrahlen überstreichen und fand den sog. **Flächensatz:**

> *Zweites Kepler-Gesetz:* **Der vom Zentralkörper zum Trabanten gezogene Fahrstrahl überstreicht in gleichen Zeiten gleiche Flächen.**

Zeichnen Sie *Bild 312.1* auf durchsichtiges Papier, kleben es auf dicke Pappe und schneiden dann die Sektoren aus. Diese sind gleich schwer, haben also die gleiche Fläche. Nach

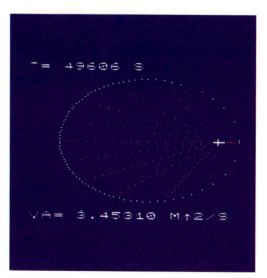

312.1 Der Computer zeichnet auf dem Bildschirm „Fahrstrahlen" und gibt v_A in 10^{10} m²/s an.

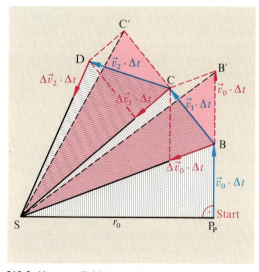

312.3 *Newtons* Erklärung des *zweiten Kepler-Gesetzes* durch Vergleich flächengleicher Dreiecke

Bild 312.3 wird der Satellit in P_P mit der Geschwindigkeit $\vec{v}_0$ senkrecht zum Fahrstrahl $\overline{SP_P} = r_0$ abgeschossen. In der kurzen Zeit Δt legt er die Strecke $\vec{v}_0 \cdot \Delta t$ zurück; der Fahrstrahl überstreicht die untere Dreiecksfläche $\Delta A = \frac{1}{2} r_0 v_0 \cdot \Delta t$. Den Quotienten $v_A = \Delta A / \Delta t$ nennt man **Flächengeschwindigkeit.** Er gibt die in 1 s vom Fahrstrahl überstrichene Fläche an. Wenn $\vec{v}_0 \perp \vec{r}_0$ steht, ist $v_A = \frac{1}{2} r_0 v_0$.

Der Computer kann diese Flächengeschwindigkeit v_A auch bei beliebiger Stellung von $\vec{v}$ gegenüber $\vec{r}$ berechnen und ausdrucken. Bei Kreis- wie auch Ellipsenbahnen bleibt dabei der auch vom Taschenrechner ermittelte Anfangswert $v_A = \frac{1}{2} r_0 v_0$ mit großer Genauigkeit konstant.

Newton konnte dieses *2. Keplersche Gesetz* nach *Bild 312.3* erklären. Hierzu zerlegt er die Bahn in kleine Schrittchen — wie unser Computer. Die folgende Überlegung zeigt also so nebenbei, wie dieser vorgeht:

Der Planet (oder Satellit) bewege sich in der Zeit Δt von P_P nach B mit der Geschwindigkeit $\vec{v}_0$ um $\overline{P_P B} = v_0 \cdot \Delta t$ weiter. Im Punkt B werde ihm in Richtung auf den Zentralkörper S (Sonne oder Erde) ein Stoß versetzt. Dieser erteilt dem Planeten die zusätzliche Geschwindigkeit $\Delta \vec{v}_0$ zu S hin (rot). Also hat er im nächsten Zeitintervall die Geschwindigkeit $\vec{v}_1 = \vec{v}_0 + \Delta \vec{v}_0$ und bewegt sich statt nach B' in Richtung von $\vec{v}_1$ nach C. Dabei ist B'C $\parallel \Delta \vec{v}_0$. Deshalb haben die Dreiecke $\Delta SP_P B$ (schraffiert) und $\Delta SBB'$ (rot) wie auch ΔSBC (schraffiert) gleichen Flächeninhalt (gleiche Grundlinie, gleiche Höhe). Erteilt man dem Planeten in C eine weitere Geschwindigkeitsänderung $\Delta \vec{v}_1$ (rot), *die wiederum auf* S *weist, aber durchaus einen anderen Betrag als* $\Delta \vec{v}_0$ *haben kann*, so geht $\vec{v}_1$ in $\vec{v}_2 = \vec{v}_1 + \Delta \vec{v}_1$ über (blau). Das dritte schraffierte Dreieck SCD ist mit den beiden andern schraffierten flächengleich — und so weiter. Denkt man sich kleinere Stöße in kürzeren Abständen Δt, so rundet sich die eckige Bewegung ab. An der Gleichheit der Flächen ändert sich nichts. Wir sehen: Das *2. Keplersche Gesetz* gilt, wenn auf den Trabanten eine *Kraft* wirkt, die *stets auf ein ruhendes Zentrum* S *gerichtet ist*, bei den Planeten zur Sonne hin.

So hat *Newton* ein schlagendes Argument für die Existenz der *Massenanziehung* und zugleich für das *heliozentrische System* erbracht. Die geschichtlichen Zusammenhänge vertiefen wir auf den folgenden Seiten.

4. Das dritte Kepler-Gesetz

Auf Seite 309 haben wir das Gesetz $r^3/T^2 = C$ für Kreisbahnen kennengelernt. Bei diesen sind die kleine Halbachse b und die große a gleich dem Radius r. Was hat man bei Ellipsenbahnen statt des Radius r zu setzen? *Kepler* fand — wiederum aus Meßdaten an Planeten:

> *3. Kepler-Gesetz:* **Die Quadrate der Umlaufzeiten T_1 und T_2 zweier Trabanten um den gleichen Zentralkörper verhalten sich wie die dritten Potenzen der großen Halbachsen a_1 und a_2:**
>
> $$\frac{T_1^2}{T_2^2} = \frac{a_1^3}{a_2^3} \quad \text{oder} \quad \frac{a^3}{T^2} = C. \qquad (313.1)$$

Wir sehen daraus, daß der großen Halbachse a einer *Kepler-Ellipse* größere physikalische Bedeutung zukommt als der kleinen (b) oder dem Brennpunktabstand $2e$, die für sich ohne Einfluß auf die Umlaufdauer T sind. Die große Halbachse allein bestimmt die Umlaufdauer T. Deshalb ist T bei einer Kepler-Ellipse genau so groß wie bei einem Kreis über der großen Ellipsenachse ($r = a$). Wenn man dies weiß, kann man sofort nach *Gl. 309.2* die Umlaufdauer T berechnen, wenn man M und die große Halbachse a kennt und $r = a$ setzt. Der Computer bestätigt dies.

Aufgaben

1. *In der Nähe eines Gebirges zeigt das Lot nicht zum Erdmittelpunkt. Wie verändert ein Gebirgsstock die Lotrichtung? Wie wirkt sich das auf den Wasserspiegel eines Teiches im niederen Vorland des Gebirges aus? Warum wachsen dort die Tannen mit ihren Wipfeln ein wenig vom Gebirge fort, obgleich sie doch dorthin gezogen werden? (Bei Bad Harzburg steht das Wasser in einem 153 m langen Teich auf der Gebirgsseite um 1 cm höher.)*

2. *Kann man auf der Erde nachweisen, daß die Gewichtskraft mit der Höhe abnimmt? Um wieviel wird ein 1 kg-Wägestück leichter, wenn es sich in einem Ballon 1 km oder 10 km über der Erde befindet? Entwerfen Sie einen Versuch zur Messung dieser Gewichtsabnahme? Warum nimmt die Gewichtskraft auf einem Berg der gleichen Höhe merklich weniger — nur etwa halb so viel — ab (z.B. im Harz auf 500 m Höhe nur um 0,84 mN)?*

§ 116 Die Kopernikanische Wende

1. Vom Mythos zur Wissenschaft

Seit Urzeiten rankten sich um das Geschehen am Himmel mythische Vorstellungen: Sonne und Mond werden bei ihrem Untergang im Westen von Ungeheuern verschlungen, müssen sich durch die Unterwelt kämpfen oder — wie bei den Azteken — durch Menschenblut am Leben gehalten werden. Fast alle Völker glaubten, das Schicksal der Menschen sei durch die Gestirne bestimmt. Man könne es vorhersagen, wenn man ihren Lauf im voraus kennt. So versteht man, daß seit etwa 5000 Jahren Ägypter, Babylonier, Chinesen und Inder die Vorgänge am Himmel systematisch beobachtet haben. Die Griechen gingen um 600 v.Chr. einen wesentlichen Schritt weiter: Sie bemühten sich, diese Erscheinungen aus allgemeinen Annahmen zu *erklären*. Sie gingen von der unmittelbaren Anschauung aus, nach der die Sonne, alle Planeten, ja sogar die Fixsterne die Erde täglich umkreisten. Als Ersatz für eine fehlende physikalische Theorie konnten sich mehr als $1\frac{1}{2}$ Jahrtausende zwei Hypothesen halten.

2. Undurchdringliche Sphären gliedern das All

Die Erde mit den Menschen — als der Krone der Schöpfung — ist der Mittelpunkt des Universums. Alle Himmelskörper sind an durchsichtige **Sphären,** das heißt an Hohlkugeln, geheftet und umkreisen die Erde täglich einmal. Nach *Bild 314.1* ist uns die Sphäre des Mondes am nächsten; sie wird von der Sphäre, an die der Planet Merkur geheftet ist, völlig umschlossen. Nach außen folgen die Sphären von Venus, Sonne, Mars, Jupiter und Saturn. In diesem

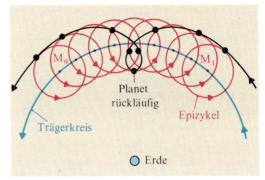

314.2 Die Epizykel-Theorie des *Ptolemäus* soll die Schleifenbahn (schwarz) eines Planeten erklären.

geozentrischen System kreisen am weitesten entfernt die Fixsterne an ihre eigene Kristall-Sphäre geheftet, ebenfalls täglich einmal um die Erde,

3. Kreis und Kugel sind vollkommen

Die *Pythagoreer,* aber auch *Aristoteles* (um 350 v.Chr.) lehrten, daß sich die Himmelskörper auf der vollkommensten aller Bahnen, dem *Kreis,* bewegen müssen, und zwar stets gleich schnell. Diesem rein spekulativen Postulat unterwarfen sich sogar noch *Kopernikus* und *Galilei.* Erst *Kepler* rückte von ihm auf Grund der Meßergebnisse an der Marsbahn um 1609 ab. Abweichungen vom einfachen Kreis wurden zwar auch schon damals an der komplizierten Schleifenbahn der Planeten beobachtet. Der griechische Astronom *Ptolemäus* (um 150 n.Chr.) „rettete" aber die geheiligten Kreise, indem er sie vermehrte! Er heftete nach *Bild 314.2* die Planeten an *Epizykel-Kreise* (rot), deren Mittelpunkt M auf dem Trägerkreis (blau) weiterschreitet. So wird der Planet immer wieder „rückläufig".

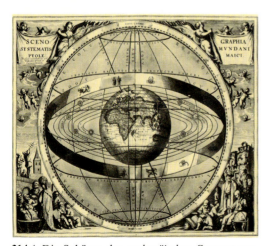

314.1 Die Sphären des *ptolemäischen Systems* umschließen die Erde, um die sich alles dreht.

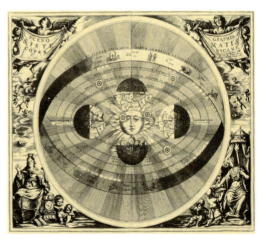

314.3 Im Weltbild des *Kopernikus* bleiben die Kreisbahnen. Im Zentrum steht aber die Sonne.

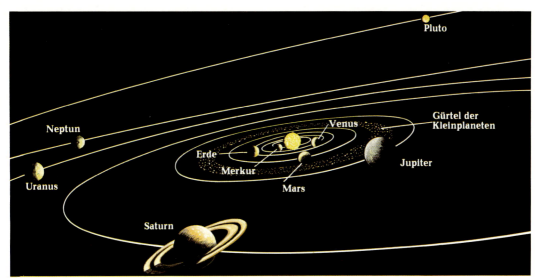

315.1 So sehen wir heute nach der Kopernikanischen Wende das Sonnensystem. Raumsonden stoßen bis zum Neptun und zum Pluto vor.

4. Die Kopernikanische Wende — zunächst nur ein Wechsel des Beobachterstandpunkts

Nikolaus Kopernikus (1473 bis 1543), Domherr von Frauenburg (Ostpreußen), gab in seinem berühmten Werk „De revolutionibus orbium coelestium" („Über die Umdrehungen der Himmelssphären", lateinisch geschrieben) den geozentrischen Standpunkt des *Ptolemäischen Systems* auf. Er beließ aber noch die Kreisbahnen. Sein heliozentrischer Standpunkt war für die meisten Gelehrten und die Theologen unannehmbar; er wurde im Vorwort des Buches — ohne Wissen von *Kopernikus* — als unbewiesene Hypothese bezeichnet. Zwar konnte er für den heliozentrischen Standpunkt keine schlüssigen Beweise beibringen. Doch er zeigte, daß sich die von der Erde aus beobachteten Planetenbewegungen heliozentrisch einfacher beschreiben lassen.

5. Galilei sucht Beweise mit dem Fernrohr

Der italienische Physiker *Galileo Galilei* (1564 bis 1642; Seite 261) führte einen temperamentvollen und tragischen Kampf um das neue heliozentrische Weltsystem. Mit seinem Fernrohr sah er, daß der Planet Jupiter von Monden umkreist wird, die Erde also nicht das einzige Zentrum von Bewegungen ist. Warum sollte dann nicht auch die Sonne ein solches Zentrum sein! Mit diesen Argumenten trat er öffentlich und in der Sprache des Volkes gegen das von den Gelehrten und der Kirche anerkannte Ptolemäisch-Aristotelische System auf. Da das heliozentrische System auch dem Wortlaut der Bibel widersprach, wurde *Galilei* der Ketzerei angeklagt, zum Widerruf der Kopernikanischen Lehre und der Form nach zu Gefängnis verurteilt.

6. Erst Kepler konnte sich von Kreisbahnen lösen

Johannes Kepler wurde 1571 in Weil der Stadt (Württemberg) geboren und starb 1630. Nach einem Theologiestudium wandte er sich der Astronomie zu. Dabei wurde er insgeheim mit der Kopernikanischen Theorie vertraut gemacht. Religiösen Ideen folgend suchte er in seinem Buch „Mysterium cosmographicum" (Geheimnis des Weltbaus) die Verhältnisse der Planetenbahnradien, die er dem Werk des *Kopernikus* entnahm, in Übereinstimmung mit den Proportionen an den fünf regulären Körpern und später auch mit musikalischen Harmonien zu bringen. Er zog 1600 zu *Tycho Brahe,* der in Prag als kaiserlicher Hofastronom einen großen Namen hatte, und wurde dessen Gehilfe und Nachfolger. In der *Astronomia nova* und der *Weltharmonik* (Harmonice mundi) schrieb er seine drei Sätze nieder, die zu den ersten mathematisch formulierten Naturgesetzen gehörten. Nun konnte er Planetenorte viel genauer vorausberechnen. Doch stieß er sogar bei den Fachgelehrten auf Ablehnung.

7. Newton sah Erde und Himmelskörper als Einheit an

Isaak Newton stellte um 1700 nicht nur die Grundgesetze der Mechanik auf. Er wandte sie auch sofort auf die Bewegungen der Himmelskörper an und leitete die *Keplerschen Gesetze* aus den Grundsätzen seiner Mechanik und dem von ihm aufgestellten Gravitationsgesetz ab. Seine Auffassung, das Gewicht sei nichts weiter als eine allgemeine Massenanziehung, erntete lange Zeit Widerspruch und Spott.

§ 117 Modernes astronomisches Weltbild

1. Woher kommen die Planeten?

Kopernikus hatte gelehrt, daß die Planeten um die Sonne Kreisbahnen beschreiben, *Kepler* ging zu Ellipsenbahnen über; *Newton* endlich zeigte, wie diese Bahnen durch Gravitationskräfte erzwungen werden. Heute berechnen Computer diese Bahnen nach *Newtons* Gesetzen. Warum aber hat die Sonne überhaupt Planeten? Diese Frage wird heute intensiv erforscht. Man schickte 1977 zwei Voyager-Sonden auf die Reise ans Ende des Sonnensystems *(Bild 315.1)*. Sie sollen 1990 den fernen Planeten Neptun erreichen und von ihm Bilder und Meßwerte zur Erde funken. *Bild 316.1* zeigt Ergebnisse vom Saturn mit seinen Ringen. Sie bestehen aus kleinen Brocken! Wie sind sie entstanden?

Warum laufen die Planeten fast in der gleichen Ebene und dazu noch im gleichen Sinn um die Sonne? Wurden sie sozusagen als Tropfen aus einer einst zu schnell rotierenden Sonne herausgeschleudert? Oder wurden sie von einem an der Sonne vorbeifliegenden Himmelskörper durch Gravitationskräfte herausgerissen? Warum haben die vier inneren Planeten (Merkur bis Mars) eine große, die äußeren eine der Sonne ähnliche kleinere Dichte?

2. Die Sonne als Fixstern unter vielen

Über die Vorgänge im gasförmigen Inneren der Sonne und der anderen Fixsterne weiß man genauer Bescheid als über das Erdinnere. Die Gesetze für Gase sind selbst bei 20 Millionen Kelvin genauer bekannt als für flüssige Metalle von 6000 Kelvin bei Drücken von $4 \cdot 10^{11}$ N/m^2.

Zum Schluß wollen wir noch zwei faszinierende Ergebnisse dieses Jahrhunderts erwähnen. Der Astronom *E. Hubble* zeigte 1924, daß der Andromeda-„Nebel" nicht etwa eine nahe himmlische Nebelbank ist, sondern aus Milliarden Sonnen besteht, die umeinander kreisen *(Bild 316.2)*. Unsere Sonne ist einer von Milliarden Fixsternen, in die sich mit dem Fernrohr unsere Milchstraße (Galaxis) auflösen läßt. Milliarden solcher Galaxien erfüllen das Weltall bis in die größten Tiefen, die wir heute mit Fernrohren erfassen können.

Daß zahlreiche der Milliarden Milliarden Sonnen auch ein Planeten-System ähnlich dem unseren haben, ist wahrscheinlich, aber noch nicht nachgewiesen. Zu groß sind die Entfernungen; von dem nächsten Fixstern unserer Milchstraße braucht das Licht zu uns 4,2 Jahre!

Hubble konnte 1927 sogar messen, daß sich alle Galaxien voneinander entfernen, und zwar um so schneller, je größer ihr Abstand ist. Dies deutet mit großer Wahrscheinlichkeit darauf hin, daß vor ca. 15 Milliarden Jahren die Materie des Weltalls in einer riesigen Explosion, dem sogenannten **Urknall** (big bang) auseinanderflog — und heute noch weiterfliegt. Ob die Massen und damit die Gravitationskräfte groß genug sind, diese Fluchtbewegung wieder abzubremsen und das Weltall wieder zusammenzuziehen, ist das wohl heute am meisten diskutierte Problem in der überaus intensiven Zusammenarbeit zwischen Physikern und Astronomen.

316.1 Der Planet Saturn und seine Ringe

316.2 Andromeda-Nebel

Elektrisches Feld

§118 Elektrische Felder

1. Faradays Feldidee

Wir wenden uns nun wieder der Elektrizität und ihren Ladungen zu. Wir fragen: Wie zieht eine Ladung eine andere zu sich her oder stößt sie ab? Früher glaubte man, die Kraft wirke als *Fernkraft*, also ohne Mitwirkung des Raums zwischen den Ladungen. Der Engländer *M. Faraday* dagegen sah ab 1835 das Umfeld um Ladungen als Mittler für elektrische Kräfte an und nannte es **elektrisches Feld**. Dies war ein Wagnis; denn er konnte noch keine zwingenden Beweise vorbringen, bestenfalls Indizien:

Versuch 341: Ein Bandgenerator lädt zwei Kugeln entgegengesetzt auf. Im Umfeld ihrer Ladungen $\pm Q$ fliegen Watteflocken wie von unsichtbarer Hand gezogen auf gekrümmten Bahnen hin und her. Bei $+Q$ erhalten die Flocken kleine positive, bei $-Q$ negative Ladungen q. Diese erfahren *Feldkräfte*.

Zur Untersuchung bringen wir also *Probeladungen* q in ein Feld. Sie erfahren **Feldkräfte** tangential zu gekrümmten Linien, **elektrische Feldlinien** genannt (*Bild 317.1b*). Mit ihnen beschreibt man die Struktur des Feldes. Liegen die Startpunkte der Watteflocken genügend nahe beisammen, so laufen die Flocken entlang benachbarter Feldlinien; man könnte diese beliebig dicht zeichnen. Wenn wir uns aber auf wenige Linien beschränken, erfassen wir das Feld besser: So liegen die Feldlinien an den geladenen Kugeln näher beisammen als weitab von ihnen. Da in Kugelnähe die Watteflocken schneller fliegen, können wir sagen: *Das Feld ist an Stellen größerer Feldliniendichte stärker.*

Versuch 342: Wir gießen auf den ebenen Boden einer Glasschale eine dünne Schicht Rizinusöl, mit Grieß vermischt. Darauf setzen wir zwei Metallscheiben und laden sie mit einem Bandgenerator entgegengesetzt auf. Die Grießkörner reihen sich kettenförmig aneinander (*Bild 317.1a und 317.2a*). In ihnen werden Influenzladungen durch Feldkräfte verschoben. Die entgegengesetzten Ladungen benachbarter Körner ziehen diese zu Ketten längs Feldlinien zusammen und zeigen die Struktur des Feldes.

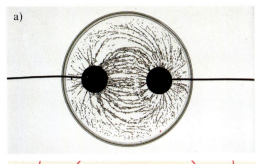
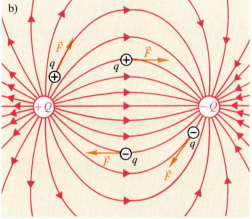

317.1 a) Zwischen entgegengesetzt geladenen Kugeln ordnen sich Grießkörner längs Feldlinien. b) Feldlinienbild gezeichnet mit Pfeilen.

Die Pfeile an den Feldlinien in *Bild 317.1b* geben die Richtung der *Feldkraft* $\vec{F}$ auf eine *positive Probeladung* $+q$, die man in ein schon bestehendes Feld bringt. Die Feldkraft an negativen Ladungen zeigt gegen die so festgelegte Feldlinienrichtung (*Bild 317.2b*). Die Feldlinien beginnen an den positiven Ladungen $+Q$ und enden an den negativen $-Q$.

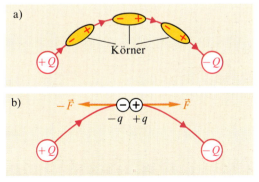

317.2 a) In den Grießkörnern werden Ladungen durch Influenz getrennt; sie ziehen die Körner zu Ketten zusammen. b) Feldkräfte an Probeladungen $\pm q$ im Feld von $+Q$ nach $-Q$.

2. Eine Vielfalt von Feldformen

Versuch 343: a) In die Mitte der Schale aus Versuch 342 bringen wir nur *eine* positiv geladene Scheibe. Von ihr gehen Feldlinien radial weg *(Bild 318.1 b)*. Sie enden bei diesem **radialen Feld** an negativen Ladungen auf einem Ring am Schalenrand. Längs dieser Linien sträuben sich geladene Papierstreifen *(Bild 318.1 a)*.

b) Wir laden zwei Scheiben *(Bild 318.2 und 318.3)* positiv auf. Ihre gleichnamigen Ladungen stoßen sich ab. Zwischen ihnen verläuft keine Feldlinie – im Gegensatz zu sich anziehenden Ladungen von entgegengesetztem Vorzeichen. In der Mitte bleiben die Grießkörner ungeordnet; dort ist das Feld schwach. Die Feldlinien laufen etwa parallel nach außen zum negativ geladenen Ring am Rand der Schale.

c) Wir wenden uns dem Feld zwischen zwei parallelen *Kondensatorplatten* zu. Die Feldlinien beginnen senkrecht auf der positiv geladenen Platte ($+Q$) und laufen parallel zueinander zur negativ geladenen ($-Q$). Probeladungen erfahren in diesem **homogenen Feld** Kräfte gleicher Richtung *(Bild 318.4 und 319.2)*.

Am Rand biegen sich die Feldlinien nach außen. Dieses **Randfeld** ist nicht mehr homogen; die Feldkräfte sind nicht mehr parallel.

318.1 a) Die Papierstreifen sträuben sich im Raum um eine kleine Kugel. Da Papier etwas leitet, laden sich die Streifen auf und stoßen sich dann gegenseitig ab. **b)** Radiales Feld um geladene Kugel, von Grießkörner-Ketten angezeigt.

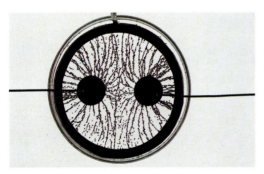

318.2 Feld um zwei gleichnamig geladene Kugeln

> **Ladungen sind von elektrischen Feldern umgeben. In ihnen erfahren ruhende wie bewegte Probeladungen Feldkräfte tangential zu den elektrischen Feldlinien. Positive Probeladungen erfahren Kräfte in Richtung der Feldlinien.**
>
> **Feldlinien beginnen an positiver Ladung $+Q$ und enden an negativer $-Q$; sie beginnen oder enden nie frei im Raum.**

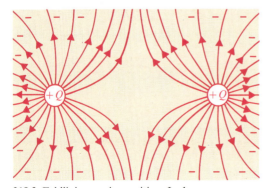

318.3 Feldlinien zweier positiver Ladungen

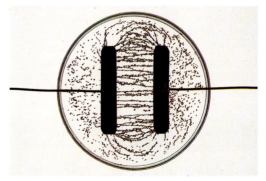

318.4 Grießkörner zeigen ein homogenes Feld.

3. Wie enden Feldlinien an Ladungen?

In all unseren Bildern enden Feldlinien auf Metalloberflächen *senkrecht*. Muß das immer so sein? Nach *Bild 319.1* stehe die Feldlinie (1) schräg zur Leiteroberfläche. Die dort sitzende bewegliche Ladung $-Q_1$ erfährt die schräg liegende Kraft $\vec{F}_1$. Ihre Komponente $\vec{F}_p$ parallel zur Oberfläche verschiebt die Ladung näher zur Mitte M hin. Die Feldlinie folgt der verschobenen Ladung und endet immer steiler. Die Ladungsverschiebung hört erst dann auf, wenn $\vec{F}_p = 0$ ist, d.h. wenn alle Feldlinien senkrecht an Leitern enden. Dann herrscht das die *Elektrostatik* kennzeichnende Gleichgewicht.

Wir dürfen nun aber nicht etwa sagen, $-Q_1$ werde zusätzlich von $-Q_2$ abgestoßen. Diese Abstoßung ist im Feldlinienbild bereits berücksichtigt; es gibt die *gesamte Kraft* an, die eine Ladung von allen andern Ladungen erfährt.

> An Feldlinienenden sitzen Ladungen. In der Elektrostatik ruhen sie. Dort enden Feldlinien auf allen Leiteroberflächen senkrecht. Andernfalls fließt Strom.

4. Blitz- und Feldschutz im Faraday-Käfig

Bisweilen sehen wir in der Grießkörnerschale Blitze entlang der Feldlinien. Wie können Auto- und Flugzeughüllen aus Metall (als *Faraday-Käfige*) vor solchen Blitzen schützen?

Versuch 344: Wir bringen nach *Bild 319.3* einen Metallring in das homogene Kondensatorfeld. Blitze schlagen von den Platten nur zur Oberfläche des Rings, nicht in sein Inneres. Im Innern des Rings liegen die Grießkörner ohne Struktur. Feldkräfte haben nämlich negative Influenzladungen $-Q_i$ auf die linke Ringseite gezogen. An ihnen enden die von links kommenden Feldlinien senkrecht. Rechts auf dem Ring sitzen die zugehörigen positiven Influenzladungen $+Q_i$. Von ihnen starten neue Feldlinien nach rechts.

> In Leitern können Feldkräfte Ladungen trennen und so auf den Oberflächen Influenzladungen bilden. In der Elektrostatik schützen diese das Leiterinnere vor Feldern, Ladungen und Strömen.

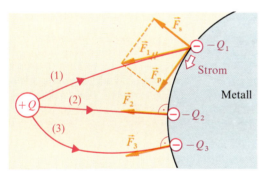

319.1 Wenn Feldlinien senkrecht auf Leiteroberflächen enden, besteht elektrostatisches Gleichgewicht.

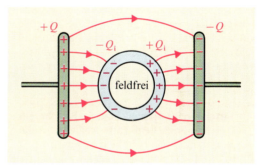

319.3 Das Innere des Metallrings ist in der Elektrostatik feldfrei.

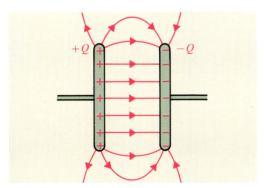

319.2 Homogenes Feld zwischen Kondensatorplatten

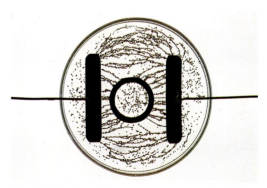

319.4 Die Influenzladungen unterbrechen das Feld.

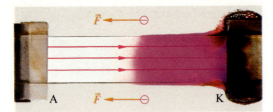

320.1 Feldkräfte treiben die Ionen auf Wanderschaft.

Dieses Phänomen kennen wir schon von Seite 175 her: Wenn man mit einer Kugel Ladung in einen isoliert stehenden *Faradaybecher* bringt, bleibt die in der Stromquelle von ihr abgetrennte entgegengesetzte Ladung außen. Sie zieht mit ihren Feldkräften die Kugelladung vollständig auf die Außenseite des Bechers. Die Kugel im Innern wird entladen.

5. Ist das Leiterinnere immer feldfrei?

Versuch 345: In *Bild 320.1* erzeugt die Quelle zwischen A und K ein elektrisches Feld. In die Rinne dazwischen bringen wir Wasser und etwas Kaliumpermanganat. Es enthält negative, lila färbende Permanganat-Ionen. Trotz des Widerstands, den sie im Wasser erfahren, wandern sie nach links. Sie zeigen uns als Probeladungen, daß sie auch im Innern der leitenden Flüssigkeit Feldkräfte erfahren, daß dort ein Feld besteht. Feldkräfte halten also den Strom aufrecht. *Ohne Feld gibt es in Leitern keine Feldkraft und damit keinen Strom!*

> **In stromdurchflossenen Leitern besteht ein elektrisches Feld. Feldkräfte treiben dort die Ladungen an; ohne Feld kein Strom.**

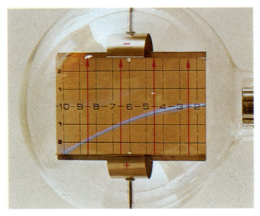

320.2 Feld zwischen geladenen Ablenkplatten

6. Elektrische Felder auch im Vakuum?

Auch im materiefreien Raum kann ein Feld existieren. Wir finden es zwischen den geladenen Ablenkplatten von *Braunschen Röhren*. (*Bild 320.2*). In ihm erfahren Elektronen sozusagen als Probeladungen Kräfte und werden abgelenkt. Dieses Feld ist homogen.

7. Kräfte zwischen felderzeugenden Ladungen

Feldlinienbilder geben nicht nur Auskunft über die Kräfte auf Probeladungen, die man in ein bereits bestehendes Feld bringt. Sie deuten auch die Kräfte an, die zwischen den felderzeugenden Ladungen wirken. Von benachbarten gleichnamigen Ladungen gehen Feldlinien etwa parallel weg; dies weist auf die dort bestehenden Abstoßungskräfte hin. Andererseits verbinden die Feldlinien entgegengesetzte Ladungen und deuten so auf die Anziehung zwischen felderzeugenden Ladungen. Dies sehen Sie an den *Feldlinienbildern 317.1 und 318.3*. In *Bild 319.1* kann man die Abstoßungskräfte zwischen $-Q_2$ und $-Q_3$ deutlich am Parallellauf der Feldlinien (2) und (3) ablesen.

Aufgaben

1. *a) Unterscheidet sich das Feldlinienbild einer positiven von dem einer negativen Kugelladung? b) Wo gibt es homogene, wo radiale Gravitationsfelder? Wie würden Sie die Richtung einer Gravitationsfeldlinie festlegen? Welche Richtungen können die Feldkräfte bei elektrischen bzw. Gravitationsfeldern haben?*

2. *Im Feld zwischen den Polen eines Bandgenerators fliegt eine Watteflocke. Zeichnen Sie alle auf die Flocke wirkenden Kräfte! Fliegt sie stets gleichförmig und exakt auf einer Feldlinie? (Beachten Sie Gewichtskraft, Trägheit und Luftwiderstand!)*

3. *Zeichnen Sie einen Stromkreis mit Glühlampe und Schalter! Skizzieren Sie das Feldlinienbild, ausgehend von den Polen der Quelle, a) bei geschlossenem, b) bei offenem Schalter! c) Wann ist das Leiterinnere feldfrei?*

4. *a) Eine positiv geladene Kugel wird vor eine Metallwand gehalten. Zeichnen Sie die entstandenen Influenzladungen und das Feld! Treten Kräfte zwischen Kugel und Wand auf? b) Man hält die Hand in die Nähe der Papierstreifen nach Bild 318.1. Warum werden sie angezogen? Zeichnen Sie das Feldlinienbild!*

§119 Die elektrische Feldstärke *E*

1. Ortsfaktoren — auch im elektrischen Feld?

Sie kennen die Gravitationsfelder von Erde und Mond. Mit dem **Ortsfaktor** $\vec{g}$ beschreiben wir ihre Stärke und berechnen die Gewichtskräfte $\vec{G}=m\vec{g}$, die dort Körper der Masse *m* erfahren. Nun versuchen wir, die Feldkraft $\vec{F}$, die eine Probeladung *q* in Punkten eines elektrischen Felds erfährt, mit Hilfe elektrischer Ortsfaktoren zu berechnen. Finden sich dabei Parallelen zum Gravitationsfeld?

Versuch 346: **a)** Wir hängen ein Metallplättchen bifilar, also an zwei nach oben stark auseinanderlaufenden isolierenden Perlonfäden auf. Wenn wir es laden, erfährt es in seinem eigenen Feld keine Kraft, sondern erst im Feld einer fremden Ladung. Auch die Erde als Ganzes erfährt im eigenen Gravitationsfeld keine Kraft, wohl aber in dem der Sonne.

b) Nun entladen wir das Plättchen und bringen es in das homogene Feld des Plattenkondensators nach *Bild 321.1*, also in ein fremdes Feld. Ungeladen erfährt es dort keine Kraft.

c) Wir geben dem Plättchen durch Berühren an der linken Kondensatorplatte eine positive Probeladung *q* (mit *Q* bezeichnen wir die großen felderzeugenden Ladungen auf den Platten). Die Auslenkung *s* des Plättchens wird durch Projektion mit einer Punktlichtlampe auf einem entfernten Maßstab vergrößert sichtbar.

d) Wir verschieben den Kondensator quer und auch parallel zur Richtung seiner Feldlinien.

Solange die Probeladung im homogenen Feldbereich bleibt, ändert sich die Auslenkung *s* nicht. Dies gilt selbst dann, wenn *q* näher an die Plattenladungen rückt, die das homogene Feld erzeugen. Seine Feldkräfte sind also nicht nur überall *gleich gerichtet*, sondern auch *gleich groß*; die Feldlinien laufen weder auseinander noch zusammen. Im Bereich eines Hauses ist das Gravitationsfeld ebenfalls homogen, der Ortsfaktor *g* ein konstanter Vektor, selbst unmittelbar am Erdboden. Er nimmt erst in großer Höhe ab, wenn die Feldlinien merklich auseinandergelaufen sind.

e) Wenn wir die Probeladung *q* in das inhomogene Randfeld des Kondensators bringen, wird die Feldkraft $\vec{F}$ kleiner, das Feld schwächer. Hier laufen die Feldlinien auseinander.

Bevor wir mit der Feldkraft $\vec{F}$ die Stärke des Feldes ermitteln, müssen wir den Betrag von $\vec{F}$ aus dem Ausschlag *s* berechnen. Nach *Bild 321.2a* erfährt die Probeladung *q* die horizontale Feldkraft $\vec{F}$ und die vertikale Gewichtskraft $\vec{G}$. Beide setzen sich zur resultierenden Zugkraft $\vec{R}$ am Aufhängefaden zusammen. Dieser stellt sich in Richtung der Resultierenden $\vec{R}$ ein. Der Ausschlag *s* ist klein gegenüber der Fadenlänge *l*, der Pendelkörper wird kaum gehoben. Die Höhe *h* ist fast gleich der Pendellänge *l* ($h \approx l$). Also gilt

$$\frac{F}{G} = \frac{s}{h} \approx \frac{s}{l} \quad \text{oder} \quad F \approx G\,\frac{s}{l}. \tag{321.1}$$

Die Feldkraft $\vec{F}$ ist bei kleinen Ausschlägen ($s \ll l$) der Auslenkung proportional.

Versuch 347: Wir laden das Plättchen aus Versuch 346 an der einen Kondensatorplatte auf und

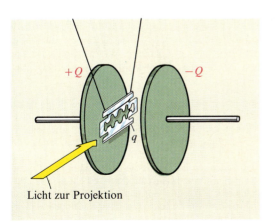

321.1 Das Kondensatorfeld wird mit der Probeladung *q* des Plättchens ausgemessen.

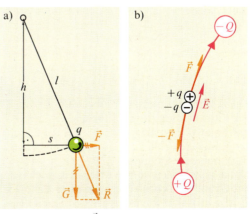

321.2 a) Feldkraft $\vec{F}$ zu *s* proportional. **b)** Feldstärke $\vec{E}$ zeigt in Feldlinienrichtung, auch bei $q<0$.

Kurz vor Durchschlag in Glimmer	70 · 10⁶
Kurz vor Blitzschlag in Luft	3,2 · 10⁶
Zwischen Hochspannungsleitungen	1 · 10⁵
Elektrisches Erdfeld bei schönem Wetter	1,3 · 10²
Für Radioempfang: Stereo	50 · 10⁻⁶
Mono	1 · 10⁻⁶

Tabelle 322.1 Werte einiger Feldstärken in NC^{-1}

messen seinen Ausschlag s. Dann nehmen wir das Feld weg und bringen das Plättchen in die Mitte zwischen beide Platten. Dort berühren wir es mit einem zweiten, genau gleichen, das vorher ungeladen war. Dabei verteilt sich die Probeladung q gleichmäßig auf beide. Erzeugen wir das Feld wieder, so erfährt die halbe Plättchenladung ($q/2$) nur die halbe Kraft ($F/2$), nach nochmaligem Halbieren nur noch $F/4$. Also ist die Kraft F zur Probeladung q proportional. Dies leuchtet ein: Die Hälfte einer negativen Probeladung besteht nur aus der Hälfte an Elektronen. Jedes Elektron erfährt die gleiche Kraft. Die Gesamtkraft auf alle Elektronen, also auf das ganze Plättchen, ist auch halbiert. Folglich bleibt der Quotient

$$E = \frac{F}{q} = \frac{F/2}{q/2} = \frac{F/4}{q/4}$$

konstant. Er ist von der Größe der benutzten Probeladung q unabhängig. Wenn mehrere Experimentatoren den gleichen Feldpunkt mit verschiedenen Probeladungen ausmessen, erhalten sie verschiedene Kräfte und sind sich vielleicht über die Stärke des Feldes uneins. Der Vektor $\vec{E} = \frac{1}{q}\vec{F}$ ist aber bei allen gleich.

Im schwächeren Randfeld nimmt F ab, wenn q unverändert bleibt. $E = F/q$ wird kleiner und eignet sich daher als Maß für die Stärke elektrischer Felder. Der Vektor $\vec{E} = \frac{1}{q}\vec{F}$ heißt **elektrische Feldstärke**. Sie ist analog zum Ortsfaktor $\vec{g} = \frac{1}{m}\vec{G}$ im Schwerefeld und kann wie dieser sehr wohl vom Feldpunkt abhängen.

Die Kraft $\vec{F}$ auf positive Probeladungen ($q > 0$) zeigt in Richtung der Feldlinien, die Kraft $-\vec{F}$ auf negative Ladungen $-q$ der Feldlinienrichtung entgegen (*Bild 321.2b*). Der als Vektor geschriebene Quotient $\vec{E} = \vec{F}/q = (-\vec{F})/(-q)$ hängt also weder vom Vorzeichen noch von der Größe der Probeladung q ab. Die Vektoren $\vec{E} = \frac{1}{q}\vec{F}$ zeigen in Richtung der Feldlinienpfeile. Im homogenen Feld haben diese $\vec{E}$-Vektoren gleiche Richtung und gleichen Betrag.

Erfahrung: Die Kraft $\vec{F}$, die eine Ladung q in einem Punkt eines elektrischen Feldes erfährt, ist q proportional.

Definition: Die Feldstärke $\vec{E}$ in einem Feldpunkt ist der von der Ladung q unabhängige Vektor

$$\vec{E} = \frac{1}{q}\vec{F}; \quad [E] = \frac{\text{Newton}}{\text{Coulomb}} = \frac{N}{C} = NC^{-1} \quad (322.1)$$

$\vec{E}$ zeigt in Richtung der Feldlinien.

Die Feldkraft $\vec{F}$ auf eine Ladung q beträgt

$$\vec{F} = q\vec{E}. \quad (322.2)$$

In einem homogenen Feld ist die Feldstärke $\vec{E}$ nach Betrag und Richtung überall gleich.

2. Feldstärke E — zunächst mühsam gemessen

Versuch 348: Wir messen nach Versuch 347 die Feldstärke E zwischen zwei Kondensatorplatten, die den Abstand $d = 6,0$ cm voneinander haben und durch die Spannung $U = 6,0$ kV aufgeladen sind. Das Plättchen mit der Gewichtskraft $G = 0,22$ cN hängt an Fäden der Länge $l = 150$ cm und wird um die Strecke $s = 3,3$ cm ausgelenkt. Nach *Gl. 321.1* erfährt es die Feldkraft $F = G\,s/l = 4,8 \cdot 10^{-5}$ N. Mit einem Meßverstärker (Seite 328) ermitteln wir im feldfreien Raum die Plättchenladung zu $q = 5,2 \cdot 10^{-10}$ C. Die Feldstärke ist also

$$E = \frac{F}{q} = \frac{4,8 \cdot 10^{-5} \text{ N}}{5,2 \cdot 10^{-10} \text{ C}} = 94 \cdot 10^3 \text{ NC}^{-1}.$$

Die (nicht realisierbare) Probeladung 1 C würde hier die große Kraft 94 kN erfahren. Den Punkten eines Feldes schreiben wir eine Feldstärke auch dann zu, wenn sich in ihnen keine Probeladung befindet. Dies liegt im Sinne der Feldtheorie *Faradays*. Wir werden bald sehen, daß sich diese kühne Erweiterung bewährt.

Stören wir nicht das Feld, ändern wir nicht die Feldstärke E, wenn wir eine größere Probeladung q zum Messen von E einbringen? Sicherlich; eine weitere Probeladung würde dies sofort bestätigen. Doch übt q auf sich selbst keine Kraft aus (Versuch 346a). Wer hier Bedenken hat, kann die Probeladung q so klein machen, daß sie das auszumessende Feld nicht merklich ändert. Wegen $F \sim q$ erhält er den gleichen Quotienten $E = F/q$ wie bei großen Probeladungen. — Die Leitfähigkeit der Kondensatorplatten kompliziert allerdings den Versuch: Wenn wir die Probeladung q einer Kondensatorplatte nähern, influenziert q auf der Platte um so mehr an entgegengesetzter Ladung, je größer q ist (Aufgabe 4, Seite 320). Diese zusätzliche Influenzladung zieht das Plättchen um so stärker zur Kondensatorplatte hin, je größer q ist. Deshalb benutzt man kleine Probeladungen. Man hängt sie zudem in die Mitte zwischen die Platten. Dann ziehen die störenden Influenzladungen beider Platten an ihnen nach entgegengesetzten Richtungen und heben sich auf.

Aufgaben

1. a) Welche Kraft erfährt die Ladung 10 nC bzw. -10 nC in einem Feld der Stärke 10 kN C^{-1}? b) Welche Ladung erfährt dort die Kraft 10 µN?

2. Die Ladung $q_1 = 1{,}0$ nC erfährt im Feld (1) die Kraft $F_1 = 0{,}10$ mN, die Ladung $q_2 = 3{,}0$ nC im Feld (2) die Kraft $F_2 = 0{,}20$ mN. a) Welches Feld ist stärker? b) Wie groß sind die Kräfte, wenn man die Ladungen vertauscht? c) In welchem Verhältnis stehen zwei Ladungen, die in Feld (1) und (2) gleich große Kräfte erfahren?

3. a) Welchen Ausschlags s erfährt ein Pendelchen der Masse 0,40 g, das am Faden der Länge $l = 1{,}0$ m hängt, wenn es die Ladung $q = 5{,}0$ nC im Feld der Stärke 70 kN C^{-1} trägt? b) Bei welcher Ladung q schlägt ein Pendel doppelter Länge gleich weit aus?

4. Ein Pendel ($m = 0{,}50$ g; $l = 0{,}50$ m) schlägt horizontal gemessen 30 cm weit aus. Welche Ladung trägt es im Feld der Stärke 10 kN C^{-1}?

5. a) Das Kügelchen der Aufgabe 3a pendelt in 10 s zwischen beiden Platten 40mal hin und 40mal her. Jedesmal trägt es die Ladung $\Delta Q = +5$ nC bzw. -5 nC. Welche Ladung fließt also in $\Delta t = 1/\text{s}$ im Kreis? Wie groß ist dort die **mittlere Stromstärke $I = \Delta Q / \Delta t$?** Wie lange würde es dauern, bis 1 cm^3 Knallgas abgeschieden wären (Seite 186)?

6. Das elektrische Gewitterfeld nach Tabelle 322.1 verlaufe vertikal nach unten. Ein Regentröpfchen von 1,0 mm Radius sei negativ geladen. Wie viele Elektronen muß es an Überschuß tragen, damit an ihm die elektrische Feldkraft der Gewichtskraft das Gleichgewicht hält? 1 Elektron trägt die Ladung $q = -1{,}6 \cdot 10^{-19}$ C (Elementarladung; Seite 332).

7. a) In Versuch 348 werden G, s und q je mit 3% relativem Fehler gemessen, die Pendellänge mit 1%. Welchen relativen Fehler kann die Feldstärke E ungünstigstenfalls auf Grund der Meßwerte haben? b) Wie groß ist der relative Fehler, wenn Sie die Näherungsrechnung in Gl. 321.1 statt der genauen Rechnung benutzen?

§120 Die elektrische Spannung

1. Nun kommt Energie ins Spiel

Wofür schickt das E-Werk seine Rechnung? Sicher nicht für die angelieferten Elektronen; diese bleiben im geschlossenen Kreislauf, im „Netz". Vielmehr bezahlen wir für die entnommene Energie. Nach welchem Prinzip pumpt das E-Werk diese Energie ins Netz; wie entnehmen wir sie ihm wieder?

Versuch 349: a) Nach *Bild 323.1 links* stehen sich zwei Kondensatorplatten in sehr kleinem Abstand gegenüber. Wir laden sie kurz mit einem Netzgerät auf und entladen sie dann über eine Glimmlampe. Diese leuchtet nur schwach auf. Die Quelle hatte nur wenig Energie in die Anordnung (das System) gepumpt, als sie die Ladungen trennte. Dem wollen wir nachhelfen:

b) Hierzu laden wir die Platten nochmals auf, trennen sie von der Quelle und ziehen sie dann weit auseinander. So setzen wir die von der Quelle begonnene Trennung der Ladungen $+Q$ und $-Q$ fort, ohne Q zu vergrößern. Dabei verrichten wir Arbeit gegen ihre Anziehungskraft. Jetzt leuchtet die Glimmlampe beim Entladen weithin sichtbar auf. Also steht im System mehr Energie auf Abruf bereit; man sagt, es herrscht eine größere *Spannung*.

c) Wir verbinden ein *Elektroskop* mit den Platten. Wenn wir sie auseinanderziehen, steigt sein Ausschlag erheblich an. Bei der größeren Spannung hat das System mehr Energie und zwingt mehr gleichnamige Ladung gegen deren Abstoßungskraft auf den Elektroskopstab.

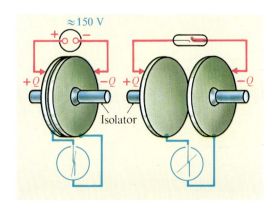

323.1 Energie wird in die Anordnung gepumpt, wenn man die Platten auseinanderzieht. Dadurch steigt die Spannung zwischen den Platten.

> Besteht zwischen Körpern Spannung, so steht elektrische Energie auf Abruf bereit. Spannung entsteht, wenn man entgegengesetzte Ladungen unter Arbeitsaufwand trennt. Die Energie wird frei, wenn Strom fließt.

2. Was bedeutet die Spannung 1 V?

Wie gewinnt man die ins System gesteckte elektrische Energie wieder zurück? Nach *Bild 324.1* transportiert die Feldkraft $\vec{F} = q\vec{E}$ die Ladung q von der oberen Platte A zur unteren B (analog dazu treibt im Schwerefeld die Gewichtskraft $\vec{G} = m\vec{g}$ einen Körper nach unten). Der *Transportweg* s ist der Plattenabstand d. Deshalb verrichtet die Feldkraft $F = qE$ an der bewegten Ladung q die Arbeit $W = Fs = qEd$ (im Schwerefeld $W = Gh = mgh$). Also ist die *Transportarbeit* $W = qEd$ der transportierten Ladung q proportional. Der Quotient

$$U = \frac{W}{q} = \frac{qEd}{q} = Ed \qquad (324.1)$$

hängt von der Ladung q nicht mehr ab. Er wird **Spannung** U genannt. Die Einheit der Spannung ist Volt (V). Die Spannung 1 V bedeutet dann, daß beim Transport der Ladung 1 C von den Feldkräften die Arbeit 1 J verrichtet wird.

> *Definition:* **Feldkräfte verrichten an der Ladung q zwischen zwei Punkten die Transportarbeit W. Die elektrische Spannung U zwischen diesen Punkten ist der Quotient**
>
> $$U = \frac{W}{q}; \quad [U] = \frac{J}{C} = V \text{ (Volt)}. \qquad (324.2)$$

3. Spannung ist weder Feldstärke nach Kraft!

Nach *Gl. 324.1* erhält man die Spannung $U = Ed$ im homogenen Kondensatorfeld als Produkt aus Feldstärke E und Plattenabstand d. Prüfen wir dies mit den Werten aus Versuch 348 nach: Das Produkt aus der Feldstärke $E = 94$ kN C^{-1} und dem Plattenabstand $d = 0{,}060$ m gibt die Spannung $U = Ed = 5{,}6$ kN m C^{-1} = 5,6 kJ C^{-1} = 5,6 kV. Das Elektroskop zeigte 6 kV. Die Feldstärkemessung war mühsam, Spannungsmessungen dagegen sind einfach. Also berechnen wir künftig die Feldstärke E — allerdings nur in homogenen Feldern — nach $U = Ed$ zu $E = U/d$. Dies gibt auch die übliche Einheit der Feldstärke

$$[E] = \frac{1\text{ V}}{1\text{ m}}, \text{ da } 1\frac{V}{m} = 1\frac{J}{C\,m} = 1\frac{N\,m}{C\,m} = 1\frac{N}{C}.$$

> **Der Betrag E der elektrischen Feldstärke im homogenen Feld eines Kondensators mit dem Plattenabstand d ist bei der Spannung U zwischen parallelen Platten**
>
> $$E = \frac{U}{d}; \quad [E] = V\,m^{-1} = N\,C^{-1}. \qquad (324.3)$$

Die Gleichung $E = U/d$ ist zwar für homogene Felder bequem, aber auf diese beschränkt. Mit ihr wird zudem nur der Betrag des Feldstärkevektors $\vec{E}$ ermittelt. Mit $\vec{E} = \frac{1}{q}\vec{F}$ ist dieser Vektor auch für inhomogene Felder definiert. Zudem zeigt $\vec{E} = \frac{1}{q}\vec{F}$, daß *jedem Punkt* schon für sich ein Feldstärkevektor — sozusagen als elektrischer Ortsfaktor – zugeordnet wird. Die Spannung U dagegen kann man als Transportarbeit nur *zwischen den Punkten* angeben, zwischen denen die Ladung transportiert wird.

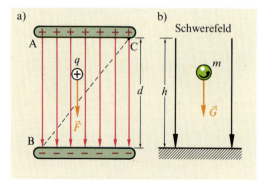

324.1 Vergleich von Energieumsetzungen a) im elektrischen, b) im Schwerefeld

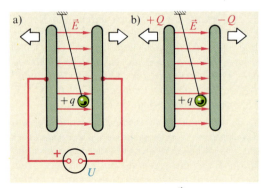

324.2 a) Quelle hält U konstant; $\vec{E}$ und Q sinken. b) Auf isolierten Platten bleibt Q konstant; U steigt.

Versuch 350: a) Wir hängen nach *Bild 324.2a* die Probeladung $+q$ in ein homogenes Feld. Die am Ausschlag s abgelesene Feldstärke E steigt proportional zur Spannung U zwischen den Platten. Dies bestätigt die Gleichung $E = U/d$.

b) Wir verdoppeln den Plattenabstand d bei konstanter Spannung U. $E = U/d$ wird halbiert.

c) Nun laden wir die Platten nach *Bild 324.2b* auf und trennen sie von der Quelle. Wenn wir sie dann mit ihren konstanten Ladungen $\pm Q$ auseinanderziehen, bleibt die Feldstärke E konstant (solange das Feld hinreichend homogen ist). Die Transportarbeit $W = F s$ an der Probeladung q steigt wegen des längeren Weges s an und mit ihr die Spannung $U = W/q$.

Das spektakuläre Ansteigen der Spannung $U = E d$ in Versuch 349 tritt also nur dann ein, wenn die Platten isoliert sind (*Bild 324.2b*). Sie behalten dabei ihre felderzeugende Ladung; nach Versuch 350c bleibt dann auch die Feldstärke gleich. Eine angelegte Spannungsquelle (*Bild 324.2a*) erzwingt dagegen konstante Spannung; $E = U/d$ nimmt dann beim Auseinanderziehen ab. – Diese Überlegungen sollen Sie zur Vorsicht mahnen: Beachten Sie stets, welche Größen (U, Q, E, d usw.) konstant bleiben und welche nicht!

Mit den Feldkräften haben wir nun die Überlegungen zur Spannung von Seite 189f. wesentlich vertieft. Im Feld zwischen den Polen der Quelle verrichten diese Feldkräfte die *Arbeit W* an der fließenden Ladung Q. Aus der Spannungsdefinition $U = W/Q$ berechnet sich diese Arbeit zu $W = U Q$. Sie ist sowohl zur transportierten Ladung Q als auch zur Spannung U proportional.

Aufgaben

1. *Zwischen zwei Kondensatorplatten mit 2,0 cm Abstand liegt die Spannung 1,0 kV. Wie groß ist die Feldstärke E, wie groß die Kraft F auf eine Probeladung q von 10 nC? Welche Arbeit W wird von den Feldkräften beim Transport von der einen zur anderen Platte verrichtet? Prüfen Sie die Spannungsangabe mit $U = W/q$ nach!*

2. *Eine Watteflocke hat die Masse 0,01 g und ist mit 0,1 nC geladen. Welche Arbeit verrichten Feldkräfte an ihr, wenn sie die Spannung $U = 100$ kV durchläuft? Welche kinetische Energie erhält sie dabei im Vakuum, wenn sie aus der Ruhe heraus startet? Wie groß wird also ihre Geschwindigkeit?*

3. *Zeigen Sie, daß in Bild 324.1 die Transportarbeit im homogenen Feld auf der Geraden CB so groß ist wie auf AB! Zeigen Sie dies auch für eine von C nach B laufende gekrümmte Bahn! Vergleichen Sie mit entsprechenden Überlegungen in der Mechanik!*

§121 Flächendichte der Ladung

1. Dichtere Ladung – stärkeres Feld?

Wie hängt die Stärke eines Kondensatorfeldes von seiner Ursache, den felderzeugenden Ladungen $\pm Q$ ab? Diese werden von Feldkräften auf die Innenseiten der Platten gezogen und bilden dort zwei dünne *Ladungsfilme*.

Versuch 351: Wir messen zunächst, wie dicht die Ladung in diesen Filmen sitzt; dazu halten wir eine dünne Testplatte mit der Fläche A' nach *Bild 325.1* auf die Innenseite der negativ geladenen rechten Platte. Feldkräfte ziehen die auf der Fläche A' (rot) sitzenden Elektronen auf die Testplatte. Mit ihr heben wir diese Elektronen ab und messen ihre Ladung $-Q'$ am Meßverstärker (Vorsicht: Platten nicht verkanten, sonst Feldverzerrung!). Überall wo das Feld homogen ist, entnehmen wir an beiden Kondensatorplatten gleich große Ladungen $+Q'$ bzw. $-Q'$. Also sitzen die felderzeugenden Ladungen dort gleich dicht, wo die Feldlinien gleich dicht enden. Im schwachen Feld an den Außenseiten finden wir dagegen kaum Ladung. – Benutzen wir zwei Testplatten nebeneinander, so heben wir auf der doppelten Fläche A' auch die doppelte felderzeugende Ladung Q' ab. Der Quotient $\sigma = Q'/A'$ ist also im homogenen Feldbereich konstant. Er gibt die *Dichte σ der Flächenladungen* an.

> *Definition:* Die Flächendichte σ einer über die Fläche A gleichmäßig verteilten Ladung Q ist der Quotient
>
> $$\sigma = Q/A; \quad [\sigma] = \text{C m}^{-2}. \qquad (325.1)$$

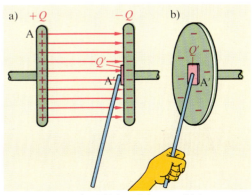

325.1 Messung der Flächendichte $\sigma = Q/A$

Versuch 352: **a)** Wir halbieren die Spannung U zwischen den Platten bei konstantem Abstand d. Mit der Feldstärke $E = U/d$ sinkt auch die gemessene Flächendichte σ auf die Hälfte.

b) Wenn wir dann bei halber Spannung auch noch den Plattenabstand d halbieren, steigen $E = U/d$ und die gemessene Flächendichte σ wieder auf den ursprünglichen Wert. σ ist also der Feldstärke E (nicht U) proportional: $\sigma \sim E$.

Bei der doppelten Ladungsdichte σ zeichnen wir auch die Feldlinien doppelt so dicht und veranschaulichen so die doppelte Feldstärke E. Nun verstehen wir, warum in Versuch 350c beim Auseinanderziehen der geladenen und isolierten Platten die Feldstärke E konstant blieb und die Spannung U anstieg: da die Ladung nicht abfließen konnte, änderten sich ihre Dichte σ und die Feldstärke E nicht. E nimmt erst ab, wenn bei zu großem Plattenabstand die Feldlinien nach außen drängen und ihre Dichte im inhomogenen Bereich sinkt.

Die grundlegende Proportionalität zwischen der Dichte σ der felderzeugenden Ladung und der Feldstärke E schreiben wir als Gleichung $\sigma = \varepsilon_0 E$. Der Faktor ε_0 heißt **elektrische Feldkonstante**. Wie groß ist sie?

Versuch 353: Zwischen zwei Kondensatorplatten mit dem Abstand $d = 6{,}0$ cm liegt die Spannung $U = 6{,}0$ kV und erzeugt die Feldstärke $E = U/d = 1{,}0 \cdot 10^5$ V m^{-1}. Mit einer Testplatte ($A' = 48$ cm^2) heben wir die Ladung $Q' = 4{,}2 \cdot 10^{-9}$ C ab. Die Ladungsdichte $\sigma = Q'/A' = 8{,}8 \cdot 10^{-7}$ C m^{-2} liefert die Feldkonstante

$$\varepsilon_0 = \frac{\sigma}{E} = \frac{8{,}8 \cdot 10^{-7} \text{ C m}^{-2}}{1{,}0 \cdot 10^5 \text{ V m}^{-1}}$$
$$= 8{,}8 \cdot 10^{-12} \text{ C (Vm)}^{-1}.$$

> **Die Flächendichte σ der felderzeugenden Ladung eines homogenen Feldes ist seiner Feldstärke E proportional. In Luft gilt $\sigma = \varepsilon_0 E$ mit der elektrischen Feldkonstanten**
>
> $\varepsilon_0 = 8{,}85 \cdot 10^{-12}$ C (Vm)$^{-1}$.   (326.1)

2. Stärkeres Feld – dichtere Influenzladung?

Versuch 354: Wir halten nach *Bild 326.1* zwei Testplatten mitten ins Feld, senkrecht zu den Feldlinien. In den Platten wird Ladung verschoben. Auf ihrer linken Oberfläche bildet sich die Influenzladung $-Q'_i$, auf der rechten die gleich große $+Q'_i$ (die Ladungssumme bleibt Null). Nach dem Trennen der Platten im Feld zeigt sich, daß die Influenzladung Q'_i die gleiche Flächendichte σ wie die Kondensatorladungen aufweist.

Dies ist nicht selbstverständlich: Liegt doch die linke Testplatte näher an der Plusladung $+Q$ der linken Kondensatorplatte als die rechte Kondensatorplatte. Das homogene Feld hat aber überall die gleiche Feldstärke E; dies führt zur gleichen Dichte $\sigma = \varepsilon_0 E$ der influenzierten Ladung. Also kann man die Feldstärke mit solchen Testplatten bestimmen, wenn sie senkrecht zu den Feldlinien stehen. Sonst wird das Feld erheblich verzerrt.

Aufgaben

1. Zwischen zwei Kondensatorplatten mit dem Abstand 5,0 cm und je 450 cm^2 Fläche liegt die Spannung $U = 10$ kV. **a)** *Wie groß sind Feldstärke E und Flächendichte σ der felderzeugenden Ladungen? Welche Ladung trägt jede Platte?* **b)** *Wie ändern sich diese Werte, wenn man die Platten* **A)** *bei konstanter Plattenladung (Platten isoliert),* **B)** *bei konstanter Spannung (Quelle angeschlossen) auseinanderzieht?* **c)** *Welche Spannung muß man bei $d = 5{,}0$ cm zwischen die Platten legen, damit sie 10 nC tragen?*

2. Man hat ermittelt, daß bei schönem Wetter die Spannung gegen den negativ geladenen Erdboden um 1300 V zunimmt, wenn man jeweils 10 m höher steigt. **a)** *Wie groß sind E und σ der Ladung an der Erdoberfläche?* **b)** *Welche Ladung hätte die Erdkugel mit Radius 6370 km (überall schönes Wetter)?* **c)** *Welche Ladung trägt ein Metallflachdach von 300 m^2 Fläche, welche ein Sonnenanbeter (1 m^2)?*

3. **a)** *Darf man aus obigen Versuchen die Proportionen $\sigma \sim U$ oder $Q \sim E$ verallgemeinern (ohne Nebenbedingungen)?* **b)** *Wären die beiden Platten nach Bild 326.1 in einem radialen Feld auch gleich stark geladen?*

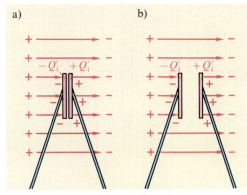

326.1 Messung der Dichte influenzierter Ladung

§122 Kondensatoren; Kapazität

1. Wieviel Ladung faßt ein Kondensator?

Bisher haben wir Plattenkondensatoren ihres Feldes wegen benutzt. Nun sind in Radios Kondensatoren so wichtig wie Widerstände — aber nicht um Felder zu erzeugen, sondern um *Ladung zu speichern*. Wieviel nehmen sie auf? Die Ladungsdichte $\sigma = Q/A$ auf ihrer Plattenfläche A beträgt $\sigma = \varepsilon_0 E = \varepsilon_0 U/d$. Die Ladung $Q = \sigma A = \varepsilon_0 A U/d$ ist also der Spannung U proportional. Deshalb wird der Quotient $C = Q/U$ von U unabhängig; er heißt **Kapazität**.

Versuch 355: Zwei Kondensatorplatten der Fläche $A = 450$ cm² haben den Abstand $d = 2{,}0$ mm. Wir laden sie mit der Spannung U und messen ihre Ladung Q mit dem Meßverstärker. Nach *Tabelle 327.1* ist $Q \sim U$, der Quotient $C = Q/U$, also die Kapazität, beträgt $0{,}2$ nC V^{-1}. Bei 1 V hat der Kondensator auf den Platten die Ladung $\pm 0{,}2$ nC, bei 100 V das 100fache.

Die Ladungen $+Q$ und $-Q$ auf den beiden Teilen eines Kondensators sind der Spannung U zwischen ihnen proportional.
Definition: **Unter der Kapazität C eines beliebigen Kondensators versteht man den von der Spannung U unabhängigen Quotienten aus Ladung Q und Spannung U:**

$$C = \frac{Q}{U}; \quad [C] = \frac{C}{V} = F \text{ (Farad).} \qquad (327.1)$$

Die Einheit Farad wurde nach *M. Faraday* benannt. Meist benutzt man $1\ \mu F = 10^{-6}$ F, 1 nF $= 10^{-9}$ F, 1 pF $= 10^{-12}$ F. Ein Kondensator habe die Kapazität $C = 2$ nF und kann wegen Funkenüberschlags nur bis zur Spannung $U_{max} = 5$ kV geladen werden. Er speichert dann die Ladung
$Q_{max} = CU = 2 \cdot 10^{-9}$ F $\cdot 5 \cdot 10^3$ V $= 10\ \mu$C.

Nach der obigen Rechnung ist die Kapazität C eines Plattenkondensators $C = Q/U = \varepsilon_0 A/d$. Sie ist proportional zu $1/d$. Beim Auseinanderziehen isolierter Platten steigt nach Seite 323 die Spannung U. Da Q konstant bleibt, sinkt die Kapazität $C = Q/U \sim 1/d$.

U	in V	50	100	150	200
Q	in nC	10	20	30	40
$C = Q/U$	in nF	0,20	0,20	0,20	0,20

Tabelle 327.1 $Q \sim U$: $A = 450$ cm²; $d = 2{,}0$ mm

Luft (bei 1 bar = 10⁵ Pa)	1,00058
Luft (bei 100 bar)	1,054
Papier	1,2 bis 3
Paraffin	2
Öl	2 bis 2,5 (keine Dipole)
Glimmer	4 bis 8
Glas	5 bis 16
Ethanol (Alkohol)	26 (Dipole)
Nitrobenzol	36
Wasser	81 (Dipole)
Keramik mit Ba, Sr	10^4

Tabelle 327.2 Dielektrizitätszahlen ε_r für verschiedene Stoffe

2. Mehr Kapazität durch Isolatoren!

Versuch 356: Wir bringen in den ganzen vom homogenen Feld erfüllten Raum des Kondensators aus Versuch 355 einen guten *Isolator*, etwa eine Glas- oder Hartgummiplatte. Sie erhöht die Kapazität C um einen Faktor ε_r, der bei Glas etwa 5 ist. Man nennt ihn die **Dielektrizitätszahl ε_r** *(Tabelle 327.2)*.

Diese Entdeckung machte *Faraday*. Er schloß daraus, daß auch Isolatoren elektrische Eigenschaften haben, und nannte sie *Dielektrika* (dia, griech.; durch — sie werden vom elektrischen Feld durchsetzt). Auf Seite 330 werden wir ihr Verhalten erklären. Luft erhöht die Kapazität gegenüber dem Vakuum nur geringfügig. Man bezieht ε_r bei genauen Versuchen auf das Vakuum und gibt ihm dort den Wert $\varepsilon_r = 1$.

Definition: **Die Dielektrizitätszahl ε_r gibt die Erhöhung der Kapazität durch ein Dielektrikum an. Im Vakuum ist $\varepsilon_r = 1$.**

Wir fügen nun diese Dielektrizitätszahl ε_r neben ε_0 in die Gleichung $C = \varepsilon_0 A/d$ für die Kapazität eines Plattenkondensators ein und erhalten:

Die Kapazität C eines Plattenkondensators mit der Fläche A und dem Plattenabstand d ist bei homogenem Feld

$$C = \varepsilon_0\ \varepsilon_r\ \frac{A}{d} \qquad (327.2)$$

3. Zeigerinstrumente messen auch Ladung

a) Elektroskope sind in Volt geeicht, also *Spannungsmesser*. Wir haben sie aber schon oft auf- und entladen. Also stellen sie auch *Kondensatoren* dar. Kennt man ihre Kapazität, so kann man die Ladung $Q = CU$ berechnen, die sie bei der von ihnen selbst angezeigten Spannung U tragen.

b) Auch **Meßverstärker** sind an sich *Spannungsmesser*, etwa für den Bereich 0 bis 0,3 V. Legt man parallel zu ihrem Eingang den hochisolierten Kondensator der Kapazität C, so nimmt er nach Aufbringen der zu messenden Ladung Q die Spannung $U = Q/C$ an. U wird gemessen, $Q = CU$ berechnet; damit ist Q bestimmt.

c) Versuch 357: Der Pendelschalter S (ein mit 50 Hz betriebenes Postrelais) legt nach *Bild 328.1* in Stellung 1 die Spannung $U = 10$ V an den Kondensator C. In Stellung 2 entlädt ihn der Schalter S schnell über den rechts liegenden Drehspulstrommesser. Dieser zeigt bei schnellem Pendeln nach Seite 323 die *mittlere Stromstärke* $\bar{I}$ an. Ist $\bar{I} = 1$ mA $= 1$ mC s^{-1}, so fließt in 1 s, also bei 50 Entladungen, die Ladung 1 mC ab. Die einzelne Kondensatorladung beträgt $Q = 1$ mC$/50 = 20$ µC. Mit diesem Experiment können wir Kapazitäten messen.

4. Kondensatoren in Radios und im Labor

a) In **Block-Kondensatoren** bestehen die „Platten" aus zwei langen, bandförmigen Aluminiumfolien. Das mit Paraffin getränkte Dielektrikum Papier trennt sie *(Bild 328.2a)*.

b) Bei hohen Spannungen benutzt man **Leidener Flaschen** nach *Bild 328.2b*. Innen- wie Außenseite sind mit Metallfolien beklebt. Man findet sie an der Influenzmaschine.

328.2 a) Blockkondensator; b) Leidener Flasche

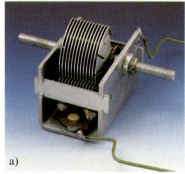

328.3 a) Drehkondensator; b) Elektrolytkondensator (Elko)

c) In der Radiotechnik benutzt man **Drehkondensatoren** *(Bild 328.3a)*. Sie bestehen aus zwei gut gegeneinander isolierten Plattensätzen, die sich ineinander drehen lassen. Dies ändert die Größe der sich gegenüberstehenden geladenen Flächenteile und deshalb die Kapazität stetig (mit Versuch 357 nachprüfbar).

d) Elektrolyt-Kondensatoren haben eine Aluminium- oder Tantalfolie als Plusplatte und eine saugfähige, mit einem Elektrolyten getränkte Papierschicht als Minusplatte. Beim Herstellen erzeugt man mit Gleichstrom elektrolytisch zwischen beiden eine extrem dünne Oxidschicht. So wird eine sehr hohe Kapazität auf kleinem Raum konzentriert (heute bis zu 1 F!). Doch muß man die zulässige Höchstspannung und die Polung genau beachten. Sonst kann die Oxidschicht abgebaut und der Kondensator durch eine Explosion zerstört werden. – Die meisten Kondensatoren kann man bereichsweise als Plattenkondensatoren auffassen und ihre Kapazität nach *Gl. 327.2* berechnen.

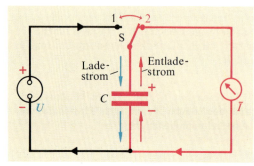

328.1 Zum Pendelschalter-Versuch 357

5. Geladene Kondensatoren sind gefährlich!

Versuch 358: Wir laden einen spannungsfesten Kondensator großer Kapazität (100 µF) mit der Spannung $U = 100$ V auf und trennen ihn von der Spannungsquelle. Nun wäre es gefährlich, die Anschlüsse des Kondensators zu berühren; er wurde nämlich selbst zur Spannungsquelle! Ein angeschlossener Spannungsmesser zeigt die Spannung $U = 100$ V an. Erst allmählich entlädt sich der Kondensator über den großen Instrumentenwiderstand. Dabei nimmt mit seiner Ladung Q auch die Spannung $U = Q/C$ ab.

Verbinden wir die Kondensatorplatten mit einem dicken Draht, so gibt es einen hellen Funken und einen lauten Knall. Man darf also nicht in ein geöffnetes Fernsehgerät greifen, auch wenn es vom Netz getrennt ist. Seine noch geladenen Kondensatoren stellen für einige Zeit Spannungsquellen dar, denen man die Gefahr nicht ansieht.

6. Kondensatoren als Energiespeicher

Wäre die Spannung U beim Aufladen eines Kondensators konstant, so könnten wir die zum Transport der Ladung Q nötige Energie mit $W = UQ$ berechnen. Ihr entspräche die Fläche des Rechtecks in Bild 329.1a. (Grundseite: geflossene Ladung Q; Höhe: konstante Spannung U). Nun ist aber $U = Q/C$ nach Bild 329.1b proportional zur aufgenommenen Ladung Q. In dem schmalen, rot getönten Streifen sei ΔQ so klein, daß U praktisch konstant bleibt. Seine Fläche gibt den Energiebeitrag $\Delta W = U \Delta Q$ an. Aus solchen Streifen kann für $\Delta Q \to 0$ die Dreiecksfläche zusammengesetzt werden. Sie liefert die gesamte Energie $W = \frac{1}{2} QU = \frac{1}{2} CU^2$, die man braucht, um dem Kondensator der Kapazität C die Ladung $Q = CU$ zuzuführen. Beim Entladen wird diese Energie wieder frei, da sich der Vorgang umkehrt. Sie war im Kondensator gespeichert.

> **Die Energie eines geladenen Kondensators ist**
> $W = \frac{1}{2} C U^2$.   (329.1)

Ein Kondensator der Kapazität $C = 100$ µF speichert im *Elektronenblitz* bei der Spannung $U = 1$ kV die Energie $W = \frac{1}{2} \cdot 10^{-4}$ F $\cdot 10^6$ V$^2 = 50$ CV $= 50$ Joule. Im Elektronenblitz wird die elektrisch gespeicherte Energie W in $t = 1$ ms frei — so lange blendet die riesige Leistung $P = W/t = 50$ kW!

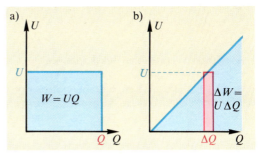

329.1 Arbeit beim Ladungstransport als Fläche im $U(Q)$-Diagramm

Aufgaben

1. a) Ein Streifen eines Blockkondensators hat auf jeder Seite 20 m² Fläche und 0,05 mm Abstand zum andern ($\varepsilon_r = 2{,}0$). Wie groß sind Kapazität und Ladung bei 100 V? Bei welcher Spannung hat er 100 µC? (Im Innern gehen von beiden Seiten eines Streifens Feldlinien zum anderen Streifen.) b) Wie lang müßten die 5,0 cm breiten Streifen sein, damit $C = 10$ µF wird? Warum haben Elektrolytkondensatoren gleicher Kapazität erheblich kleinere Abmessungen?

2. Eine Leidener Flasche hat den mittleren Durchmesser 10 cm und ist am Grund ganz und an den Seiten 25 cm hoch mit Stanniol belegt. Welche Ladung nimmt sie bei 50 kV auf, wenn das Glas ($\varepsilon_r = 6{,}0$) 3,0 mm dick ist?

3. Nach Bild 328.1 zeigt der Strommesser bei 20 Entladungen je Sekunde 2,0 mA an. Wie groß ist die Kapazität C bei $U = 40$ V?

4. Die Kapazität eines Drehkondensators kann zwischen 100 pF und 1 nF geändert werden. a) Welche Ladung nimmt er jeweils bei 10 V auf? b) Man lädt den Drehkondensator bei 1 nF mit 10 V auf und trennt ihn von der Spannungsquelle. Dann verkleinert man die Kapazität des isolierten Kondensators auf 100 pF. Wie verhält sich dabei die Spannung?

5. Welche Energie enthält die in Aufgabe 2 mit 50 kV geladene Leidener Flasche? Auf welchen Betrag würde die Energie steigen, wenn man die Spannung verdoppelt?

6. Zwei Kondensatoren von 10 µF und 30 µF werden parallel geschaltet. Welche Kapazität kommt ihnen insgesamt zu? Begründen Sie dies mit Hilfe der Definitionsgleichung $C = Q/U$ und den Vorgängen in den Leitungen beim Auf- bzw. Entladen! Was folgt also für die Kapazität parallel geschalteter Kondensatoren?

§123 Isolatoren; Kondensatorentladung

1. Isolatoren verraten uns ihre Ladungen

Versuch 359: Die Platten eines Kondensators werden mit einem Elektroskop verbunden, auf 1 kV geladen und dann von der Quelle getrennt. Zwischen die Platten schieben wir nach *Bild 330.3a* eine isolierende Plexiglasplatte. Dabei sinkt die Spannung; sie nimmt wieder 1 kV an, wenn wir die Platte herausziehen.

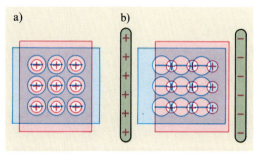

330.1 Verschiebbare Folien veranschaulichen die Polarisation.

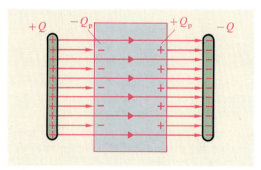

330.2 Ein Blick in das Dielektrikum und seine Feldbeeinflussung

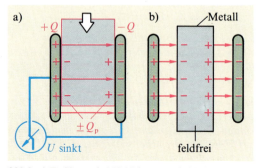

330.3 a) Zu Versuch 359 (Q konstant); b) das Metallinnere ist feldfrei.

Was geht im Nichtleiter Plexiglas vor? Seine Atome halten zwar die Elektronen fest; doch ist die atomare Elektronenwolke ein sehr lockeres Gebilde. Sie wird in einem äußeren Feld ein wenig zur Plusplatte hin verschoben. Wie wirkt dies nach außen? *Bild 330.1a* zeigt ein quadratisches Netzgitter aus roten Plus-Zeichen (Atomkernen) auf einer durchsichtigen Folie. Darunter liegt ein Gitter aus blauen Kreisen mit Minus-Zeichen (Elektronenhülle). Zusammen zeigen sie das unveränderte Dielektrikum, in dem sich überall die Ladungen neutralisieren. In *Bild 330.1b* ist die Minus-Folie ein wenig zur Plus-Platte des Kondensators verschoben. Das Dielektrikum bleibt *im Innern neutral*. Doch bildet sich vor der Plus-Platte ein hauchdünner Film von *Überschuß-Elektronen*. Sie gehören zwar nach wie vor zu ihren Atomen, bilden aber insgesamt eine negative **Polarisationsladung** $-Q_p$. An ihr endet nach *Bild 330.2* ein Teil der Feldlinien, die von der Plusplatte kommen. An der *rechten* Oberfläche des Dielektrikums entsteht ein Film positiver Polarisationsladung $+Q_p$. Von ihr gehen Feldlinien zur Minusplatte. Das von den Kondensatorplatten ausgehende Feld wird also von den Polarisationsladungen teilweise „abgefangen" und im Dielektrikum geschwächt. Feldstärke E und Spannung $U=Ed$ werden dabei kleiner. Die Ladung Q der isolierten Kondensatorplatten hat sich aber nicht geändert. Also steigt die Kapazität $C=Q/U$. ε_r ist deshalb bei allen Dielektrika größer als 1.

Wir schieben zum Vergleich nach *Bild 330.3b* eine isoliert gehaltene *Metallplatte* in den Kondensator, die dessen Platten nicht berührt. Da sich die Elektronen im Metall frei bewegen, wird die Influenzladung auf der Metallplatte so groß wie die Kondensatorladung und unterbricht das in der Luft weiterbestehende Feld im Metallinnern ganz. – Im *Isolator* dagegen bleiben die Elektronen noch an ihre Atome elastisch gebunden; die Polarisationsladung Q_p bleibt kleiner als die Plattenladung Q und schwächt das Feld im Innern nur, ohne es ganz zu beseitigen.

Quarz ist ein Silicium-Oxid-Kristall (SiO_2). Seine Si-Atome sind positiv, die O-Atome negativ geladen. Die Ladungen sind im Innern gemäß der Kristallstruktur geordnet. In Kristallmikrofonen und Tonabnehmern wird der SiO_2-Kristall von den Schallschwingungen so verformt, daß sich an der einen Oberfläche ein Überschuß an Si^+-Ionen, an der andern von O^--Ionen bildet. Diese Ionen influenzieren in anliegenden Kondensatorplatten Spannungen, im Kristallfeuerzeug bis zu 1 kV.

2. Wie schnell sind Kondensatoren entladen?

Versuch 360: a) Wir laden einen Kondensator ($C = 100\,\mu F$) auf $U_0 = 100$ V. Über ein dickes, isoliert gehaltenes Kabel entlädt er sich mit einem Knall, also praktisch momentan.

b) Dann legen wir den Kondensator an einen Spannungsmesser mit $R_i = 300$ kΩ Widerstand. Nun läßt sich der Entladevorgang mit einer Stoppuhr in Ruhe verfolgen. Nach 20 s ist die Spannung U von $U_0 = 100$ V und mit ihr die Ladung $Q = CU$ auf die Hälfte gesunken. Bild 331.1 zeigt diesen kriechenden Entladevorgang am t-y-Schreiber. Nach weiteren 20 s finden wir nicht etwa völlige Entladung ($U = 0$), sondern 25 V, also die Hälfte des letzten Werts, nach nochmals 20 s wieder die Hälfte (12,5 V) usw. Theoretisch wird der Kondensator nie ganz entladen. Man gibt deshalb keine Entladezeit, sondern die **Halbwertszeit** $T_H = 20$ s an, nach der Spannung und Ladung jeweils auf die Hälfte gesunken sind.

Warum ist das so? Mit der Spannung U sinkt auch die Stromstärke $I = \Delta Q/\Delta t = U/R$ im angeschlossenen Widerstand R. Die Ladung hat es um so weniger eilig abzufließen, je kleiner sie geworden ist! Nach einer Halbwertszeit, also für $t = T_H$, ist die Anfangsladung $Q_0 = CU_0$ auf $Q_1 = \frac{1}{2} Q_0$, nach $t = 2\,T_H$ auf $Q_2 = \frac{1}{2} \cdot \frac{1}{2} Q_0 = (\frac{1}{2})^2 Q_0 = Q_0 \cdot 2^{-2}$ gesunken. Nach n Halbwertszeiten, also für $t = n\,T_H$, bleibt

$$Q_n = Q_0 (\tfrac{1}{2})^n = Q_0 \cdot 2^{-n} \quad (n = 1, 2, 3, \ldots). \quad (331.1)$$

Gilt dieses Gesetz auch für beliebige Zeiten t? Nach $t = 35$ s sind $n = t/T_H = 1{,}75$ Halbwertszeiten verstrichen. Der Taschenrechner liefert $Q = Q_0 \cdot 2^{-1,75} = Q_0 \cdot 0{,}297$. Die Ladung ist in Übereinstimmung mit Bild 331.1 auf 29,7% ihres Ausgangswerts gesunken (nach $2\,T_H$ wären es 25%). Wegen $n = t/T_H$ gilt

$$Q(t) = Q_0 \cdot 2^{-n} = Q_0 \cdot 2^{-t/T_H}. \quad (331.2)$$

Die Halbwertszeit T_H nimmt mit der Kapazität C und dem Widerstand R zu; es gilt $T = RC \cdot 0{,}69$. Nach dieser Gleichung erwarten wir mit den Werten aus Versuch 360 $T_H = 300 \cdot 10^3\,\Omega \cdot 100\,10^{-6}$ F $\cdot 0{,}69 = 20$ s.

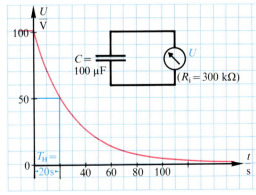

331.1 Entladekurve eines Kondensators (RC-Glied)

§124 Unsere bisherige Feldstrategie

1. Früher wußte man nichts von Feldern. Man nahm an, elektrische Ladungen würden ohne Vermittlung des Zwischenraums aufeinander einwirken; elektrische Kräfte seien Fernkräfte. *Faraday* sah dagegen das elektrische Feld als Mittler für elektrische Kräfte an und veranschaulichte es durch Feldlinien.

2. a) Das elektrische Feld übt Kräfte auf Ladungen aus, gleichgültig, ob diese ruhen oder sich bewegen.

b) An einem Ort mit der Feldstärke $\vec{E}$ erfährt die Ladung q die Feldkraft

$$\vec{F} = q\,\vec{E}. \quad (331.3)$$

Im homogenen Feld ist $\vec{E}$ überall gleich, im Plattenkondensator mit Spannung U und Abstand d gilt

$$E = U/d. \quad (331.4)$$

c) Feldlinien beschreiben durch ihre Richtung die Richtung der Feldstärke $\vec{E}$ (von + nach −) und durch ihre Dichte deren Betrag. In elektrostatischen Feldern stehen sie auf Leiteroberflächen senkrecht. Bei den bisher betrachteten statischen Feldern beginnen sie an Plusladungen und enden an Minusladungen, sind also nicht geschlossen.

3. In elektrischen Feldern hängt die mit dem Transport der Ladung q verknüpfte Arbeit W mit der Spannung U zwischen dem Anfangs- und dem Endpunkt des Transportwegs zusammen nach

$$U = W/q. \quad (331.5)$$

4. a) Zwischen der Ladungsdichte $\sigma = Q/A$ auf einer Fläche und dem angrenzenden homogenen Feld mit der Feldstärke E gilt im Vakuum mit $\varepsilon_0 = 8{,}85 \cdot 10^{-12}$ F/m

$$\sigma = \varepsilon_0\,E. \quad (331.6)$$

b) Ladung Q und Spannung U eines Kondensators sind proportional, die Kapazität $C = Q/U$ ist von U unabhängig. Beim Plattenkondensator gilt: (ε_r: Dielektrizitätszahl)

$$C = \varepsilon_0\,\varepsilon_r\,A/d. \quad (331.7)$$

c) Die Energie eines Kondensators mit der Kapazität C ist bei der Spannung U

$$W = \tfrac{1}{2} C U^2. \quad (331.8)$$

Bewegte Ladungen in Feldern

§125 Der Millikan-Versuch

1. Die Physiker greifen zum Kleinsten

Wir sprachen schon immer vom Elektron und seiner Ladung. Wie groß ist diese? Bei der Elektrolyse fand man, daß 1 mol Wasserstoff oder 1 mol Chlor, also $N_A = 6{,}02 \cdot 10^{23}$ Ionen, die Ladung $Q = 96\,500$ C abscheiden. 1 Ion transportiert folglich die Ladung $e = Q/N_A = 1{,}6 \cdot 10^{-19}$ C, **Elementarladung** genannt. N_A ist die Avogadro-Konstante (Seite 94). Der Amerikaner *Millikan* (Nobelpreis 1923) konnte ab 1909 die Elementarladung mit Hilfe eines einfachen Kondensators bestimmen:

Versuch 361: a) Mit einem Mikroskop betrachtet man den Raum zwischen zwei horizontalen Kondensatorplatten *(Bild 332.1)*. Er ist durch ein Gehäuse vor Luftzug geschützt. Im Mikroskop erkennt man Strichmarken für vertikale Strecken Δs zwischen den Platten. Durch eine Öffnung bläst man aus einem Zerstäuber kleine Öltröpfchen zwischen die Platten. Man sieht sie bei seitlicher Beleuchtung als helle Lichtpunkte nach unten sinken.

b) Nun legt man eine Spannung zwischen die Platten (die untere sei negativ geladen). Dann sinken die ungeladenen Tröpfchen unbeeinflußt weiter. Ein Teil steigt jedoch zur oberen Platte auf, ist also negativ geladen. Positiv geladene sinken schneller als ohne Feld. Die Ladung rührt daher, daß beim Zerstäuben des Öls das eine Tröpfchen einige Elektronen zuviel, das andere einige zu wenig erhält.

c) Man beobachtet nun ein negativ geladenes Tröpfchen über längere Zeit genau und ändert dabei die Spannung U_0 am Potentiometer solange, bis es *schwebt* (die andern verschwinden allmählich). Dann besteht am *ruhenden* Tröpfchen *Gleichgewicht*: Nach oben zieht die elektrische Feldkraft $F = q\,E$, die seine Ladung q im Feld der Stärke $E = U_0/d$ erfährt (d: Plattenabstand). Nach unten zieht die gleich große Gewichtskraft G. Es gilt $q\,E = q\,U_0/d = G$.

d) Leider sind die Tröpfchen so klein, daß man ihren Radius r und damit ihre Gewichtskraft G nicht unmittelbar bestimmen kann. Man mißt deshalb die Geschwindigkeit v_1, mit der das Tröpfchen nach Wegnahme der Schwebespannung U_0 in Luft *sinkt*. Diese *Sinkgeschwindigkeit* v_1 ist bekanntlich bei schweren Regentropfen groß, bei Nebeltröpfchen klein. Am *fallenden* Tröpfchen kommt nämlich *Gleichgewicht* zwischen der Gewichtskraft G und der von v_1 abhängigen Kraft des Luftwiderstands zustande. Der Zusammenhang zwischen v_1 und G ist in *Bild 332.2* aufgetragen. Man mißt nun ohne Feld die Fallzeit Δt längs der Strecke Δs. *Beispiel:* Die Strecke $\Delta s = 2{,}50$ mm wird in $\Delta t = 35{,}0$ s durchfallen. Also ist $v_1 = \Delta s/\Delta t = 7{,}14 \cdot 10^{-5}$ m s^{-1}. *Bild 332.2* entnimmt man $G = 15{,}8 \cdot 10^{-15}$ N. Aus der Schwebespannung $U_0 = 255$ V und dem Plattenabstand $d = 5{,}0$ mm folgt $q = G/E = G\,d/U_0 = 3{,}2 \cdot 10^{-19}$ C. Dies sind *zwei* Elementarladungen.

e) Für die Tröpfchenladung $q = G/E = G\,d/U_0$ erhält man auch bei Wiederholung an vielen Tröpfchen immer nur *kleine ganzzahlige Vielfache* der oben bei der Elektrolyse zunächst nur als Mittelwert berechneten Elementarladung e, nämlich e selbst oder $2\,e$, $3\,e$ usw. *(Bild 333.1)*. Zwischenwerte wie $0{,}7\,e$ oder $3{,}4\,e$ werden nicht beobachtet.

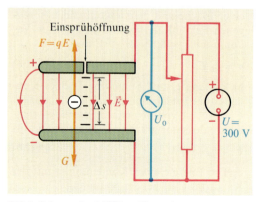

332.1 Schema des Millikan-Versuchs

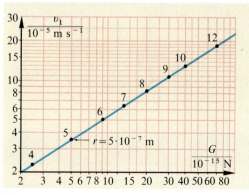

332.2 Sinkgeschwindigkeit v_1 in Luft

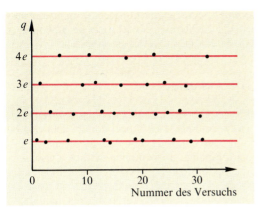

333.1 Streuung zahlreicher Meßwerte der Tröpfchenladung q um ne ($n = 1, 2, 3, \ldots$)

Versuch 362: Man polt die Spannung an den Platten um und mißt die Ladung eines *positiv* geladenen Tröpfchens. Der Wert für e ist der gleiche. Man kann Tröpfchen auch laden, indem man die Luft durch ein radioaktives Präparat kurzzeitig ionisiert. Auch hat man schon Elektronen von Glühdrähten aus beliebigen Metallen abgedampft und auf die Tröpfchen gebracht. Man erhält stets die gleiche Elementarladung.

> Positive wie negative Ladungen treten nur als ganzzahlige Vielfache der Elementarladung $e = 1{,}6 \cdot 10^{-19}$ C auf. Die Ladung des Elektrons ist $-e = -1{,}6 \cdot 10^{-19}$ C.

Wenn man mit diesem Millikan-Versuch den Wert für e genau bestimmt hat, kann man umgekehrt aus $e = 96\,500$ C$/N_A$ die **Avogadro-Konstante** N_A ermitteln. Dies ist eine der zahlreichen Methoden, um diese Grundkonstante der atomaren Welt zu bestimmen. Alle führen zum gleichen Ergebnis, ein schönes Beispiel für die *Konvergenz der Forschung*: Auch wenn man von ganz verschiedenen Problemen ausgeht und völlig verschiedene Versuche ausführt, erhält man übereinstimmende Aussagen. Dies erkennen wir hier in einem unseren Sinnen nicht zugänglichen Bereich, der Welt der Atome.

2. Ein eigenes Energiemaß eV für Elektronen

Wenn ein Elektron die Spannung U in einer Elektronenkanone – oder in der elektrischen Heizung – durchlaufen hat, so wurde an ihm von den Feldkräften die Arbeit $W = eU$ verrichtet. Um nicht immer mit e multiplizieren zu müssen, führt man die auf die Elementarladung zugeschnittene **Energieeinheit Elektronvolt (eV)** ein. Durchfliegt ein Elektron in der Fernsehröhre die Spannung 20 000 V, so steigt seine kinetische Energie um $W = qU = e \cdot 20\,000$ V $= 20\,000$ eV $= 20\,000 \cdot 1{,}6 \cdot 10^{-19}$ J $= 3{,}2 \cdot 10^{-15}$ J.

> *Definition:* Wenn ein Teilchen beliebiger Masse mit der Ladung 1 e im Vakuum die Spannung 1 V durchläuft, dann ändert sich seine kinetische Energie um 1 Elektronvolt:
>
> $1 \text{ eV} = 1\,e \cdot 1 \text{ V} = 1{,}6 \cdot 10^{-19}$ J (333.1)
>
> 1 MeV (Mega-Elektronvolt) $= 10^6$ eV (333.2)

Durchlaufen ein Cu^{++}-Ion oder ein Heliumkern, die beide zwei Elementarladungen tragen, die Spannung 1 V, so ändert sich die Energie um 2 eV. – In Bild 332.1 sei die untere Platte geerdet; die obere habe ihr gegenüber die Spannung $U = +200$ V. Um ein positives Teilchen der Ladung $q = +e$ von unten nach oben zu transportieren, braucht man die Energie $W = qU = +200$ eV; bei einem Elektron $(-e)$ wird sie frei. In der Mitte des Kondensators sind diese Werte halb so groß.

Aufgaben

1. a) Ein Öltröpfchen $(m = 2{,}4 \cdot 10^{-12}$ g$)$ schwebt in einem Kondensator von 0,50 cm *Plattenabstand* bei 250 V *(obere Platte negativ geladen)*. Welche Ladung und wieviel Elementarladungen trägt es? Wie ermittelt man ihr Vorzeichen? Mit welcher Geschwindigkeit sinkt es in Luft ohne elektrisches Feld *(Bild 332.2)*? b) Wieviel Überschußelektronen sitzen je cm² auf der negativ geladenen Platte? c) Auf wie viele Atome der Oberfläche kommt ein freies Elektron? (Ein Atom braucht 10^{-15} cm².)

2. a) Ein Tröpfchen mit $q = +e$ bzw. $-e$ durchläuft in Bild 332.1 von oben nach unten die Spannung 200 V. Wie groß ist die Energieänderung in eV und in Joule? b) Das Tröpfchen nach Aufgabe 1a sinkt langsam um 1,0 mm. Wieviel verliert es an Lageenergie? Welche Spannung durchläuft es?

3. a) Ermitteln Sie aus der Elementarladung e und der zum Abscheiden von 1 mol Natrium (23 g) nötigen Ladung $Q = 96\,500$ C die Avogadrokonstante N_A! Erhält man bei Wasserstoff (1 g) oder Chlor (35,5 g) einen anderen Wert? b) Welche Ladung braucht man, um 1 g Na abzuscheiden? c) Für 16 g O-Ionen braucht man $2 \cdot 96\,500$ C. Wie erklären Sie den Faktor 2?

§126 Der Elektronenstrahl

1. Ein Glühdraht liefert Elektronen

Freie Elektronen sind in der Technik recht nützlich, z.B. erzeugen sie Bilder im Fernsehgerät. Wie lassen sie sich auf einfache Weise gewinnen? Wir erinnern uns an den elektrischen Leitungsvorgang in einem Kupferdraht. In ihm befinden sich frei bewegliche Elektronen, die von den im Gitterverband festsitzenden Kupferatomen abgegeben werden. Beim Anlegen einer Spannung zwischen den Enden des Drahtes bewegen sich diese Elektronen in Richtung auf den positiven Pol der Spannungsquelle: Es fließt ein elektrischer Strom. Die Elektronen können aber den Draht im allgemeinen nicht verlassen, da sie ihn positiv geladen zurücklassen und dadurch eine Kraft erfahren würden, die sie in den Draht zurückholte. Nach Seite 178 werden sie aber durch Glühen freigesetzt.

Versuch 363: Wir benutzen eine Glühlampe mit einem luftleer gepumpten Glaskolben; die Luft kann dann nicht stören. Oben ist ein Metallblech, Anode A genannt, eingeschmolzen (Bild 334.1). Die Anode ist mit einem Elektroskop verbunden, das positiv geladen wird. Sobald der Glühdraht K zu glühen beginnt, geht der Ausschlag des Elektroskops zurück. Wir haben es nicht berührt, also kann seine positive Ladung nicht abgeflossen sein. Was ist mit ihr geschehen?

Offensichtlich wurde die positive Ladung auf der Anode durch negative Ladungen neutralisiert. Diese können nur vom Glühdraht gekommen sein. Bei der höheren Temperatur haben die Elektronen soviel Energie gewonnen, daß sie den Draht verlassen konnten.

2. Der Elektronenstrahl

Versuch 364: In einer Braunschen Röhre (Bild 334.2) befindet sich kurz hinter dem Heizdraht, der Kathode, ein Anodenblech mit einem schmalen, horizontalen Schlitz. Legen wir eine Spannung U_a zwischen Kathode und Anode, so daß die Anode positiv gegenüber der Kathode ist, so erfahren die aus dem Heizdraht austretenden Elektronen im elektrischen Feld dieses Kondensators eine Beschleunigung in Richtung Anode, also *gegen die Feldlinienrichtung*. Viele von ihnen werden durch den Schlitz in der Anode hindurchfliegen. Da sie dann keine Kraft mehr erfahren, fliegen sie gleichförmig weiter und treffen streifend auf den Leuchtschirm. Dieser ist mit einem Material beschichtet, das beim Auftreffen von Elektronen bläuliches Licht aussendet. Wir sehen einen scharfen Strahl längs der Mittellinie, dessen Intensität sich durch Änderung der Anodenspannung U_a oder der Heizspannung U_h beeinflussen läßt. Wie hängt die Geschwindigkeit v_x der Elektronen hinter der Anode von der Anodenspannung U_a ab?

Im elektrischen Feld wird an jedem Elektron die Arbeit $W = e U_a$ verrichtet; an der Anode hat es die kinetische Energie $W_k = \frac{1}{2} m v_x^2$. Nach dem Energiesatz gilt im Vakuum $\frac{1}{2} m v_x^2 = e U_a$, wenn alle Elektronen mit $v = 0 \text{ m s}^{-1}$ starten. Wir bekommen also

$$v_x^2 = 2e U_a / m. \tag{334.1}$$

334.1 Beim Glühen dampfen aus dem Glühdraht Elektronen ab und neutralisieren die Plusladung.

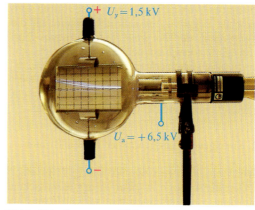

334.2 Ablenkung von Elektronen in einer Braunschen Röhre

Kennen wir Ladung $e = 1{,}6 \cdot 10^{-19}$ C und Masse $m = 9{,}1 \cdot 10^{-31}$ kg des Elektrons (Seite 345), so können wir v_x berechnen. Für $U_a = 1$ kV ergibt sich $v_x = 1{,}9 \cdot 10^7$ m/s.

3. Wir lenken einen Elektronenstrahl ab

Was geschieht nun mit schnellen Elektronen, die *senkrecht zur Feldlinienrichtung* in das Feld eines Plattenkondensators fliegen?

Versuch 365: Wir erzeugen einen Elektronenstrahl wie in Versuch 364. Legen wir nun eine Spannung U_y zwischen die horizontalen Platten (*Bild 334.2*), so daß die obere positiv und die untere negativ geladen ist, wird der Elektronenstrahl nach oben gekrümmt. Polen wir um, so ist die Krümmung entgegengesetzt.

Die Bahnkurve erinnert an eine *Parabel*. Zur Bestätigung betrachten wir den waagerechten Wurf (Seite 265 und 266); wir erkennen Analogien: In beiden Fällen bewegen sich Teilchen, die zunächst nur eine Geschwindigkeit v_x in horizontaler Richtung haben. Sie brauchen für die Strecke x längs der x-Achse die Zeit $t = x/v_x$. Während dieser Zeit durchfällt ein Körper beim waagerechten Wurf mit der Fallbeschleunigung g längs der y-Achse die Strecke $y = \tfrac{1}{2} g t^2 = \tfrac{1}{2} g x^2 / v_x$. Dies ist die Bahnkurve beim waagerechten Wurf.

Elektronen erfahren im Feld eines Kondensators eine Beschleunigung a_y senkrecht zu v_x. Wenn wir also in der Gleichung für die Bahnkurve beim waagerechten Wurf die Fallbeschleunigung g durch die Beschleunigung a_y ersetzen, erhalten wir bereits die Gleichung für die Bahnkurve der Elektronen

$$y = \frac{a_y}{2 v_x^2} x^2.$$

Die Beschleunigung a_y ist konstant, denn sie ergibt sich aus der konstanten Kraft F, die ein Elektron im homogenen Feld des Plattenkondensators erfährt. Es gilt $F = m a_y$. Wegen $E = F/e = U_y/d_y$ ergibt sich $m a_y/e = U_y/d_y$, also

$$a_y = \frac{e\, U_y}{d_y\, m}. \tag{335.1}$$

Setzen wir a_y und v_x nach *Gl. 334.1* in unsere Parabelgleichung ein, so finden wir

$$y = \frac{U_y}{4\, d_y\, U_a} x^2. \tag{335.2}$$

Versuch 366: Zur Bestätigung dieser Rechnung verdoppeln wir bei konstanter Anodenspannung U_a die Ablenkspannung U_y. Wir beobachten eine Verdopplung des y-Wertes am rechten Schirmrand. Verdoppeln wir dann auch U_a, so ergibt sich wieder der alte y-Wert.

> **Elektronen, die senkrecht zu den Feldlinien in das elektrische Feld eines Plattenkondensators hineinfliegen, bewegen sich auf einer Parabelbahn.**

In Versuch 365 haben wir bei $U_a = 6{,}5$ kV und $U_y = 1{,}5$ kV eine Auslenkung $y_1 = 1$ cm gemessen. Die Rechnung liefert für diese mit $d_y = 5{,}5$ cm und $x = l = 10$ cm den Wert $y_1 = U_y l^2 / 4 d_y U_a = 1{,}05$ cm. Unsere Messung stimmt mit der Rechnung gut überein.

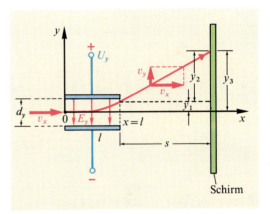

335.1 Ablenkung eines Elektronenstrahls im Feld eines Plattenkondensators

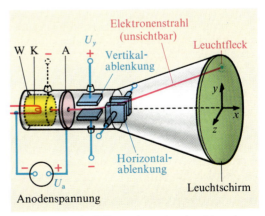

335.2 Braunsche Röhre mit zwei senkrecht zueinander angeordneten Plattenkondensatoren und dem Wehneltzylinder W

§127 Das Oszilloskop

1. Spannungsmessung — einmal anders

Wir wollen im folgenden eine Braunsche Röhre benutzen, die etwas anders aufgebaut ist als die aus Versuch 364 *(Bild 335.2)*. Wir erkennen statt des einen Ablenkkondensators zwei senkrecht zueinander angeordnete Plattenpaare. Außerdem hat diese Braunsche Röhre noch eine zusätzliche Elektrode zwischen Kathode und Anode, den *Wehneltzylinder* W. Schließlich ist der Bildschirm senkrecht zum nicht abgelenkten Elektronenstrahl angebracht.

Versuch 367: Wir erzeugen zunächst auf die bekannte Weise einen Elektronenstrahl und beobachten auf dem Bildschirm einen größeren Lichtfleck. Offensichtlich ist der Elektronenstrahl nicht so scharf gebündelt, wie es wünschenswert ist. Laden wir mit einer Hilfsspannung den Wehneltzylinder auf, so werden die Elektronen auf ihrem Weg von der Kathode zur Anode zusammengedrängt und wir erreichen eine gute Bündelung des Strahls. Nun wollen wir Ablenkversuche durchführen.

Versuch 368: Wir legen an das anodennahe Plattenpaar eine Gleichspannung U_y und beobachten die erwartete Ablenkung y_3 auf dem Bildschirm *(Bild 335.1)*. Messen wir für verschiedene Spannungen U_y die zugehörigen Werte y_3, so beobachten wir eine Proportionalität.

Wie ist das zu erklären? Die Ablenkung y_3 ergibt sich als Summe der Ablenkung y_1 im Plattenkondensator, die wir bereits kennen *(Gl. 335.1)*, und der Ablenkung y_2, die der Elektronenstrahl zwischen Plattenkondensator und Bildschirm erfährt. Im Kondensatorfeld verweilen die Elektronen die Zeit $t_1 = l/v_x$. Dabei erfahren sie in y-Richtung die Beschleunigung a_y, also erhalten sie zusätzlich zur Horizontalkomponente v_x die Vertikalkomponente $v_y = a_y t_1$ der Geschwindigkeit.

Mit dieser Geschwindigkeit fliegen sie nach Verlassen des Kondensators kräftefrei weiter, benötigen bis zum Schirm die Zeit $t_2 = s/v_x$ und werden um $y_2 = v_y t_2 = v_y s/v_x$ abgelenkt. Berücksichtigen wir, daß $v_y = a_y t_1$ mit $a_y = e U_y / d_y m$ ist *(Gl. 335.1)*, so bekommen wir

$$v_y = a_y t_1 = \frac{a_y l}{v_x} = \frac{e U_y l}{d_y m v_x}.$$

Daraus folgt die Ablenkung y_2

$$y_2 = \frac{v_y s}{v_x} = \frac{e U_y l s}{d_y m v_x^2}.$$

v_x kennen wir aber bereits *(Gl. 334.1)*, so daß wir durch Einsetzen zu dem Ergebnis $y_2 = U_y l s / (2 d_y U_a)$ gelangen. Jetzt brauchen wir lediglich noch die Gesamtablenkung y_3 zu berechnen. Es gilt:

$$y_3 = y_1 + y_2 = \frac{U_y l^2}{4 d_y U_a} + \frac{U_y l s}{2 d_y U_a},$$

also ergibt sich

$$y_3 = \frac{l(l/2 + s)}{2 d_y U_a} U_y.$$

Wir bekommen tatsächlich die beobachtete Proportionalität zwischen der Ablenkung y_3 und der Ablenkspannung U_y heraus. Damit können wir diese Braunsche Röhre als Spannungsmesser benutzen. Wir müssen lediglich noch eine Skala herstellen. Messen wir z.B. für eine Ablenkspannung $U_y = 20$ V eine Ablenkung von $y_3 = 0{,}8$ cm; dann hat dieser Spannungsmesser einen Umrechnungsfaktor von $U_y/y_3 = 25$ V/cm.

Das von uns benutzte sogenannte **Kathodenstrahloszilloskop** gestattet es, verschiedene Meßbereiche einzustellen. Das könnte durch Veränderung der Anodenspannung geschehen, denn sie beeinflußt ja v_x *(Gl. 334.1)*. In der Praxis läßt man U_a konstant und ändert den Umrechnungsfaktor mit Hilfe eines eingebauten Verstärkers für U_y. Der jeweilige Wert, z.B. 100 mV/cm wird angezeigt.

Versuch 369: Nun legen wir an das zweite Plattenpaar eine Gleichspannung U_x. Dann bekommen wir erwartungsgemäß eine Auslenkung in horizontaler Richtung, ebenso wie in y-Richtung proportional zur Spannung.

2. Ein flinker Spannungsmesser

Wozu verwendet man das Oszilloskop?

Versuch 370: Wir legen an das Plattenpaar für die senkrechte Ablenkung eine Wechselspannung $U_y(t)$ *(Bild 337.1a)*. Auf dem Bildschirm sehen wir eine senkrechte Linie.

Offensichtlich bewegt sich der Elektronenstrahl so schnell auf und ab, daß unser Auge zu träge ist, dieser Bewegung zu folgen. Außerdem leuchtet der Bildschirm etwas nach. Betrachten wir das Oszilloskopbild in einem Drehspiegel, so erkennen wir den zeitlichen Verlauf der Wechselspannung. Der Drehspiegel legt für uns das räumlich nebeneinander, was zeitlich nacheinander geschieht.

Elektrisch besorgt das eine geeignete Ablenkspannung $U_x(t)$ für die Horizontalablenkung. Ein linearer Anstieg von $U_x(t)$ führt den Elektronenstrahl in horizontaler Richtung gleichförmig über den Bildschirm. Da der Leuchtfleck am linken Bildrand starten soll, muß U_x zunächst negativ sein und dann bis zum gleich großen positiven Wert ansteigen. Wenn wir genau eine vollständige Periode ($\frac{1}{50}$ s) der Netzspannung $U_y(t)$ auf dem Bildschirm beobachten wollen, müssen wir dann dafür sorgen, daß der Strahl in $\frac{1}{50}$ s über den Bildschirm läuft. Springt er dann in sehr kurzer Zeit zurück, so findet er den gleichen Ausgangszustand der Spannung U_y vor wie beim erstenmal und beschreibt den Weg erneut. Da sich der beschriebene Vorgang ständig wiederholt, haben wir den Eindruck eines stehenden Bildes.

Nach *Bild 337.1* braucht der Strahl dagegen $\frac{1}{25}$ s; deshalb sieht man dort zwei Perioden. Wir sehen: Das lineare Ansteigen einer Sägezahnspannung $U_x(t)$ führt zu der gewünschten Darstellung der Wechselspannung in ihrem zeitlichen Verlauf. Stillschweigend haben wir bei unseren Betrachtungen vorausgesetzt, daß die horizontale und vertikale Bewegung des Elektronenstrahls unabhängig voneinander sind.

> **Mit dem Kathodenstrahloszilloskop läßt sich der zeitliche Verlauf schnell veränderlicher (periodischer) Spannungen darstellen.**

Mit dem in das Kathodenstrahloszilloskop eingebauten Sägezahngenerator kann man verschiedene Ablenkgeschwindigkeiten einstellen. Die Angabe 5 ms/cm bedeutet: Der Strahl braucht 5 ms für 1 cm Horizontalablenkung. Ändern wir die Periode der Sägezahnspannung geringfügig, so „läuft" die Sinuskurve.

Aufgaben

1. a) *Welche Geschwindigkeit erhalten Elektronen durch 1,0 kV Spannung?* **b)** *Wie lange brauchen sie zum Durchlaufen des Ablenkkondensators von 4,0 cm Länge? Wie groß ist dort die Feldstärke bei 1,0 cm Plattenabstand und 50 V Ablenkspannung?* **c)** *Um wieviel wird das Elektron am Ende des Ablenkkondensators senkrecht zu seiner Bahn abgelenkt und welche Quergeschwindigkeit erhält es?* **d)** *Wie groß ist die Gesamtablenkung auf dem 40 cm entfernten Leuchtschirm?* **e)** *Wie groß ist die spezifische Ablenkspannung U_y/y_3 in V/cm?*

2. a) *Welche Energie in eV hat das Elektron in Aufgabe 1 am Ende des Ablenkkondensators gewonnen?* **b)** *Wie stark wäre es dort allein durch seine Gewichtskraft nach unten abgelenkt ($U_y=0$)?*

3. *Wiederholen Sie Aufgabe 1 für Protonen! Welche Frequenz könnte man noch registrieren, wenn ein Teilchen höchstens während $\frac{1}{20}$ einer Periodendauer im Ablenkkondensator sein soll* **a)** *bei Elektronen,* **b)** *bei Protonen? ($m_{Proton}=1,67\cdot 10^{-27}$ kg)*

4. *Wie groß ist die Frequenz einer Wechselspannung, von der man dreieinhalb Perioden auf dem Bildschirm beobachtet, wenn die Zeitablenkung auf 20 ms/cm eingestellt ist und der Bildschirm einen Durchmesser von $d=8$ cm hat?*

5. *Man legt an beide Ablenkplattenpaare zwei gleiche Wechselspannungen, die beide gleichzeitig durch Null gehen. Was zeigt sich am Schirm? Wie wäre das Ergebnis bei nichtsinusförmigem Verlauf?*

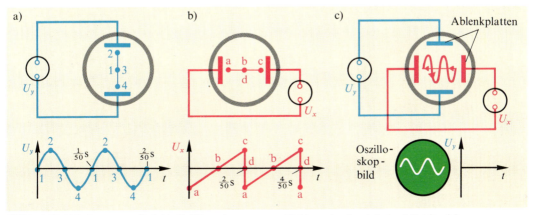

337.1 a) $U_y(t)$ lenkt nur vertikal ab, b) die Sägezahnspannung $U_x(t)$ nur horizontal ab. c) Beide wirken zusammen.

§128 Lorentzkraft an bewegter Ladung

1. Eine Kraft, die Elektronen nur ablenkt

Drehspulstrommesser enthalten eine drehbar gelagerte Spule im Feld eines Dauermagneten. Sie wird gedreht, wenn in ihr Elektronen fließen (Seite 225). Erfahren Elektronen auch dann eine Kraft, wenn sie als Strahl ein Magnetfeld in einer Braunschen Röhre durchfliegen?

Versuch 371: a) Wir nähern dem Elektronenstrahl in einer *Braunschen Röhre* einen Hufeisenmagneten (*Bild 338.1*). Die Elektronen werden weder zu seinem Nord- noch zum Südpol gezogen; sie sind keine magnetischen Mono-Pole. Vielmehr erfahren sie eine Kraft nach unten, also *rechtwinklig zu den magnetischen Feldlinien wie auch zur Elektronengeschwindigkeit.* Diese Kraft heißt **Lorentzkraft** F_L; sie lenkt den Elektronenstrahl nach unten ab.

b) Wir stülpen nun von vorn eine große stromdurchflossene Spule über die Braunsche Röhre. Die Elektronen fliegen längs der Spulenachse parallel zu den magnetischen Feldlinien und werden nicht mehr abgelenkt. Sie erfahren erst dann eine Lorentzkraft F_L, wenn wir sie senkrecht oder zumindest schräg zu den magnetischen Feldlinien fliegen lassen. Dann haben sie senkrecht zu den Feldlinien eine Geschwindigkeitskomponente v_s.

Versuch 372: Vor einem Elektromagneten hängt ein negativ geladenes Kügelchen. In ihm fließt kein Strom. Es bewegt sich nicht, wenn wir das Magnetfeld ein- und ausschalten. In Magnetfeldern erfahren eben nur bewegte Elektronen eine Lorentzkraft, nicht auch ruhende.

> Ladungen, die sich mit einer Geschwindigkeitskomponente v_s senkrecht zu magnetischen Feldlinien bewegen, erfahren eine Lorentzkraft F_L.

Die Richtung der Lorentzkraft liefert die folgende **Dreifinger-Regel** (*Bild 338.2*; bestätigen Sie diese an *Bild 338.1*): *Der Daumen der **linken** Hand zeige in Richtung der Geschwindigkeitskomponente v_s der Elektronen senkrecht zum Magnetfeld, der senkrecht dazu gespreizte Zeigefinger in Richtung der magnetischen Feldlinien. Dann gibt der zu beiden Fingern rechtwinklig stehende Mittelfinger die Richtung der Lorentzkraft F_L an* (H.A. Lorentz, niederländischer Physiker, Nobelpreis 1902).

2. Auch der Leiter spürt die Lorentzkraft

Versuch 373: a) Wir lassen nach *Bild 339.1* Elektronen in einem dünnen, unmagnetischen Metallband nach oben fließen. Die Feldlinien des Magneten zeigen nach hinten. Das Band wird nach rechts abgelenkt. Die Elektronen erfahren nämlich gemäß der Dreifinger-Regel eine Lorentzkraft nach rechts und übertragen diese auf den stromdurchflossenen Leiter (sie sind ja in ihn eingeschlossen).

b) Wir spannen das stromdurchflossene Metallband längs der Achse und damit längs der Feldlinien einer stromdurchflossenen Spule aus. Es erfährt genau so wenig eine Kraft wie die Elektronen, welche sich in Versuch 371b längs magnetischer Feldlinien bewegt haben.

Eine Elektronengeschwindigkeit v_p parallel zu magnetischen Feldlinien ist also auf die Lorentzkraft ohne Einfluß.

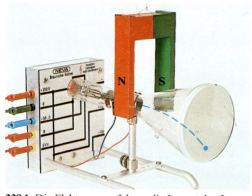

338.1 Die Elektronen erfahren die Lorentzkraft.

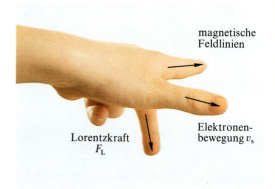

338.2 Dreifinger-Regel für die Lorentzkraft F_L

c) Während Elektronen durch das Metallband fließen, nehmen wir den Magneten weg. Der Ausschlag eines Strommessers ist anschließend genau so groß wie vorher. Die Elektronen erfahren demnach im konstanten Magnetfeld *längs ihrer Bewegungsrichtung keine Kraft*, die sie schneller oder langsamer machen würde, also ihre Energie ändern könnte. Die *Lorentzkraft wirkt stets senkrecht zum Elektronenfluß*. Sie lenkt bewegte Elektronen nur seitlich ab.

> **Ein stromdurchflossener Leiter, der nicht parallel zu den Feldlinien eines Magnetfelds steht, erfährt Lorentzkräfte nach der Dreifingerregel.**
>
> **Die Lorentzkraft steht senkrecht auf der Bewegungsrichtung der Elektronen. Deshalb ändert sie die Richtung, nicht aber die Energie der Elektronen.**

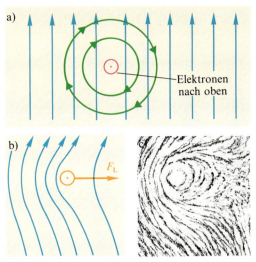

339.2 Die Lorentzkraft entsteht aus zwei Magnetfeldern: a) Einzelfelder; b) Überlagerung; c) Feilspanbild

3. Wie kommt die Lorentzkraft zustande?

Die Richtung der Lorentzkraft erscheint Ihnen ungewohnt. Wir versuchen deshalb, sie genau so an Feldlinienbildern abzulesen wie die Kräfte zwischen Ladungen oder zwischen Magnetpolen. In *Bild 339.1* fließen die Elektronen nach oben. Von oben gesehen erzeugen sie ein Magnetfeld im Uhrzeigersinn (grün in *Bild 339.2a*). Es überlagert sich dem Feld des Hufeisenmagneten (blau). Rechts laufen die Feldlinien einander entgegen, die Felder schwächen sich; links verstärken sie sich. Ihre ursprüngliche Symmetrie ist gestört. *Bild 339.2b* zeigt das resultierende Feld. Der Zug längs der Feldlinien übt nun zusammen mit ihrem Querdruck die Lorentzkraft auf den stromdurchflossenen Leiter nach rechts aus. Wir erkennen, wie Kräfte im Feld entstehen – ein weiteres Indiz für die Feldtheorie. – Wenn ein Strom dagegen parallel zu Feldlinien fließt, ist quer zu ihm keine Richtung ausgezeichnet; es gibt keine Lorentzkraft. Fertigen Sie eine Skizze!

Aufgabe

1. a) *Welche Richtung hat die Kraft, die im Magnetfeld bewegte positive Ladungen erfahren?* **b)** *Ionenkarussel: Die mit Salzlösung gefüllte Schale in Bild 339.3 steht auf einem Nordpol. Der Stab in der Mitte ist mit dem Pluspol, die äußere Ring-Elektrode mit dem Minuspol verbunden. Wie bewegen sich die positiv bzw. negativ geladenen Ionen ohne und mit Magnetfeld? Welche Wirkung hat dies auf die Flüssigkeit im Magnetfeld?*

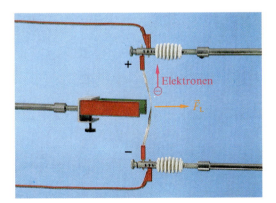

339.1 Der stromdurchflossene Leiter im Magnetfeld

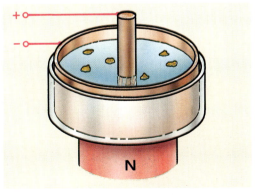

339.3 Ionenkarussell; zu Aufgabe 1b

§129 Messung magnetischer Felder

1. Die magnetische Flußdichte B

Die Richtung der Feldlinien ist durch die Kraft auf einen Nordpol festgelegt. Doch wir können mit ihm nicht die Stärke von Magnetfeldern messen, da wir kein Maß für Polstärken haben. Vielmehr benutzen wir die Lorentzkräfte auf leicht meßbare *Probeströme*:

Versuch 374: a) Wir setzen auf einen Hufeisenmagneten zwei Eisenstücke. Sie vergrößern die Polfläche und verkleinern den Polabstand. In den schmalen Luftspalt dazwischen hängen wir nach *Bild 340.1* und *340.2* an einem Kraftmesser den unteren Teil eines Drahträhmchens. Wird das horizontale Drahtstück der Länge $s = 5$ cm vom Probestrom I durchflossen, so erfährt es die Kraft $\vec{F}$ nach unten. Wenn wir es im Luftspalt verschieben, ändert sich $\vec{F}$ nicht. Dort ist das Feld überall gleich gerichtet und gleich stark, also *homogen*. Die vertikalen Drahtstücke erfahren nur die horizontalen Kräfte $\vec{F}_1$ und $\vec{F}_2$, die sich aufheben.

b) Nun ändern wir die Stärke I des Probestroms im Rähmchen. Nach *Tabelle 340.1* ist die Kraft F zu I proportional: $F \sim I$.

c) Ein Rähmchen mit der halben horizontalen Drahtlänge $s/2$ erfährt nur die halbe Kraft $F/2$. Die Kraft F ist also auch zur Leiterlänge s proportional. Wir messen ja die Summe der Lorentzkräfte auf alle im Leiter der Länge s fließenden Elektronen. Bei halber Drahtlänge $s/2$ sind es auch nur halb so viele.

Also ist die auf den Probestrom I ausgeübte Kraft F dem Produkt $I s$ proportional: $F \sim I s$.

I in A	10	7,5	5,0	2,5	0
F in cN	3,35	2,5	1,7	0,82	0
$F/(I s)$ in N (A m)$^{-1}$	0,067	0,067	0,068	0,066	–

Tabelle 340.1 Zur B-Messung: Leiterlänge $s = 0,05$ m

Der Quotient $F/(I s)$ ist von I und von s unabhängig. Auch Leiterquerschnitt und Drahtmaterial beeinflussen ihn nicht. Er wird erst dann größer, wenn wir das Magnetfeld durch einen zweiten Magneten verstärken.

Deshalb wäre für $F/(I s)$ die Bezeichnung magnetische Feldstärke sinnvoll. Doch nennt man $F/(I s)$ **magnetische Flußdichte B.** (Dichtere Feldlinien kennzeichnen ein stärkeres Feld. Bei ihm zeichnen wir durch eine Flächeneinheit, die senkrecht zu den Feldlinien steht, mehr Linien.)

> *Definition:* **Ein vom Strom I durchflossener Leiter der Länge s stehe senkrecht zu magnetischen Feldlinien und erfahre die Kraft F. Dann ist**
>
> $$B = \frac{F}{I s} \quad (340.1)$$
>
> **der Betrag der magnetischen Flußdichte des Magnetfeldes. Sie hat die Einheit**
>
> $$[B] = 1 \text{ N (A m)}^{-1} = 1 \text{ T (Tesla)}. \quad (340.2)$$

(N. Tesla, kroatisch-amerikanischer Physiker). Tabelle 340.1 liefert $B = 0,067$ N $(\text{A m})^{-1} = 0,067$ Tesla. Der Strom 1 A würde in einem 1 m langen Leiter die Kraft 0,067 N erfahren. *Tabelle 341.1* zeigt, daß 1 T bereits ein starkes B-Feld ist. Wir sprechen künftig von B-Feldern und unterscheiden sie von den elektrischen E-Feldern.

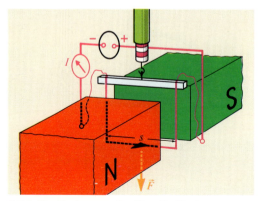

340.1 Der Probestrom I erfährt die Kraft F.

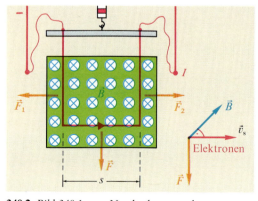

340.2 *Bild 340.1* vom Nordpol aus gesehen

2. Hallsonde zur bequemen B-Feld-Messung

Die Messung der Kraft F auf einen Probestrom ist mühsam. Der amerikanische Physiker *Hall* zeigte 1879 einen rein elektrischen Weg:

Versuch 375: a) n-Halbleiter enthalten wie Metalle freibewegliche Elektronen (Seite 354). Wir lassen sie nach *Bild 341.1* in einem Halbleiterplättchen von links nach rechts fließen. Ihm nähern wir von vorn den Nordpol eines Magneten. Seine Feldlinien durchsetzen das Plättchen nach hinten (Kreuze in *Bild 341.1*). Die Elektronen erfahren deshalb Lorentzkräfte F_L nach unten und laden den unteren Rand des Plättchens negativ auf. Vom oberen Rand werden sie weggelenkt; er wird positiv geladen. Wir messen zwischen den einander gegenüberliegenden Punkten C und D die **Hall-Spannung** U_H.

b) Für künftige Messungen der Flußdichte B eichen wir diese *Hallsonde* in Feldern, deren B wir nach Versuch 374 mit einem Probestrom gemessen haben. Dabei halten wir das Halbleiterplättchen senkrecht zu den Feldlinien.

3. Die magnetische Flußdichte ist ein Vektor

Versuch 376: Wir halten das Hallplättchen so in den Spalt eines Elektromagneten, daß es senkrecht zu den Feldlinien steht. Das Gerät zeige 100 mT an. Dann drehen wir das Plättchen, bis die Feldlinien mit ihm den kleinsten Winkel $\varphi = 45°$ bilden (*Bild 341.2a*). Das Gerät zeigt nur noch 70 mT, bei $\varphi = 30°$ nur 50 mT und bei 0° Null Tesla. Wir müssen also die magnetische Flußdichte als Vektor $\vec{B}$ in Richtung der Feldlinien auffassen und nach *Bild 341.2a* in Komponenten zerlegen. Die Hall-

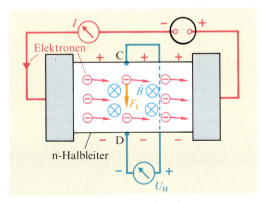

341.1 Lorentzkräfte in der Hallsonde

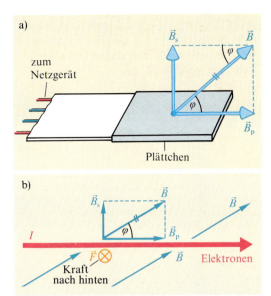

341.2 a) Das Hallplättchen mißt nur die Komponente $\vec{B}_s$ senkrecht zu seiner Fläche. **b)** Nur $B_s = B \sin \varphi$ wirkt auf den Strom.

sonde mißt nur die Komponente $\vec{B}_s$, die senkrecht zu ihrer Fläche steht. So ist beim Winkel $\varphi = 30°$

$B_s = B \sin 30° = 100 \, \text{mT} \cdot 0{,}5 = 50 \, \text{mT}$.

> **Die magnetische Flußdichte $\vec{B}$ ist ein Vektor in Richtung der Feldlinien.**

4. Welche Kraft erfahren Ströme im Magnetfeld?

Die Kraft F auf stromdurchflossene Leiter kommt als Summe von Lorentzkräften zustande. Sie spielt in der Elektrotechnik bei Motoren und Meßinstrumenten eine große Rolle. Wir berechnen ihren Betrag aus der Definitionsgleichung $B = F/(I\,s)$ für B zu $F = I\,B\,s$. Dabei dürfen wir nach Versuch 373b nur die Komponente $\vec{B}_s$ des $\vec{B}$-Feldes senkrecht zum Leiter benutzen (*Bild 341.2b*). Die Komponente $\vec{B}_p$ parallel zum Leiter ist wirkungslos.

Kompaßnadel an der Spitze	$\approx 1 \cdot 10^{-2}$ T
Erde, maximal	$\approx 7 \cdot 10^{-5}$ T
Hufeisenmagnet	$\approx 2 \cdot 10^{-1}$ T
Sonnenflecken	$\approx 4 \cdot 10^{-1}$ T
Teilchenbeschleuniger	≈ 10 T

Tabelle 341.1 Magnetische Flußdichten

> Den Betrag F der Kraft auf einen vom Strom I durchflossenen Leiter berechnet man mit der Komponente B_s des Magnetfeldes senkrecht zum Leiter nach
>
> $$F = I B_s s. \qquad (342.1)$$

5. Lorentzkräfte im Lautsprecher und Fernseher

Beim *dynamischen Lautsprecher* ist die Membran an einer kleinen Spule befestigt. Sie taucht in das sehr starke radiale B-Feld eines runden *Topfmagneten* (Nordpol in der Mitte, Südpol rings außen verteilt). In der Spule fließt ein Strom I, der im Rhythmus von Sprach- und Musikschwingungen schwankt und eine ihnen proportionale Kraft erfährt. Sie bringt die große schallabstrahlende Fläche der Membran zum Schwingen.

In *Fernsehröhren* werden Elektronen nicht durch elektrische, sondern durch magnetische Felder so abgelenkt, daß sie die Bild-Zeilen schreiben. Man erzeugt die Magnetfelder in Spulen, die am Röhrenhals befestigt sind.

Aufgaben

1. a) *Ein Strom von* 10 A, *der ein* 4,0 cm *langes Drahtstück im Feld eines Elektromagneten durchfließt, erfährt die Kraft* 20 cN. *Wie groß ist die Flußdichte B, wenn der Leiter senkrecht zu ihr steht?* **b)** *Nun dreht man den Leiter, daß er Winkel von* 0°, 30°, 45°, 60°, 90° *mit dem $\vec{B}$-Vektor bildet. Wie groß ist F?*

2. a) *Welche Richtung hat das B-Feld eines langen, stromdurchflossenen Leiters?* **b)** *Parallel zum ersten Leiter liegt ein zweiter, der von Strom gleicher Richtung durchflossen wird. In welcher Richtung erfährt er eine Kraft im Feld des ersten?* **c)** *Erfährt auch dieser eine Kraft? Wie ist sie gerichtet?* **d)** *Erklären Sie die Abstoßung der beiden Leiter in Bild 342.1!*

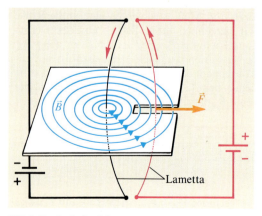

342.1 Zu Aufgabe 2d

§130 Magnetfeld von Spulen; Erdfeld

1. Die Flußdichte B einer schlanken Spule

Magnetfelder werden häufig in Spulen erzeugt. Von welchen Größen hängt hier die magnetische Flußdichte B ab?

Versuch 377: a) Im homogenen Feldbereich einer schlanken (langgestreckten) Spule messen wir die magnetische Flußdichte B mit der Hallsonde und finden: B ist dem Strom I_{err}, der das Spulenfeld „erregt", proportional: $B \sim I_{err}$.

b) Wir verlängern die schlanke Spule nach beiden Seiten durch weitere Windungen, die gleich dicht liegen. Halten wir I_{err} konstant, so steigt B in der Spulenmitte kaum weiter an.

c) Wir schicken denselben Strom I_{err} auch noch durch eine zweite Windungslage, die mit gleicher Länge l auf der ersten liegt. Mit der Windungszahl n verdoppelt sich die Windungsdichte n/l (Windungszahl auf 1 m Spulenlänge). Wir finden die doppelte Flußdichte B.

Zusammengefaßt gilt also: $B \sim I_{err} (n/l)$.

Zum Vergleich diene die Beleuchtung einer geraden Straße. Auf einer Strecke der Länge l hängen n Lampen in gleichen Abständen. Mit der Lampendichte n/l verdoppelt sich auch die Helligkeit in der Straßenmitte. Verlängert man von dort aus die Lampenreihe nach beiden Seiten, so steigt die Helligkeit um so weniger an, je weiter die zusätzlichen Lampen entfernt sind. Die Helligkeit nähert sich asymptotisch einem Grenzwert, den sie auch bei beliebig langer Straße nie ganz erreicht.

Versuch 378: a) Wir ersetzen eine schlanke Spule durch eine andere mit größerem Querschnitt. Wenn I_{err} und n/l gleich bleiben, erhalten wir die gleiche Flußdichte B. Sie hängt auch vom Material des Spulendrahts nicht ab. Es ist gleichgültig, ob die Elektronen durch Kupfer, Messing oder Silber fließen.

b) Die Flußdichte B steigt aber erheblich an, wenn wir den Feldbereich mit Eisen oder anderen *ferromagnetischen* Stoffen füllen. Das Spulenfeld richtet nämlich die Elementarmagnete aus. Hierauf beruhen die Elektromagnete mit ihren vielfältigen Anwendungen (Klingel, Relais, Türöffner). Der Verstärkungsfaktor heißt **Permeabilitätszahl** μ_r (permeare, lat.; hindurchtreten; *Tabelle 343.1*). Für Vakuum setzt man $\mu_r = 1$. Bei Luft können wir keine Abweichung von $\mu_r = 1$ finden.

Die Permeabilitätszahl μ_r eines Stoffs gibt an, auf das Wievielfache sich die Flußdichte B gegenüber Vakuum erhöht, wenn man den Feldbereich ganz mit dem Stoff ausfüllt. Bei Vakuum ist $\mu_r = 1$.

2. Die magnetische Feldkonstante μ_0

Mit der Permeabilitätszahl μ_r gilt in schlanken Spulen die Proportionalität $B \sim \mu_r I_{err} n/l$. Der Proportionalitätsfaktor μ_0, **magnetische Feldkonstante** genannt, macht daraus die Gleichung $B = \mu_0 \mu_r I_{err} n/l$. Wir ermitteln μ_0:

Versuch 379: In einer Spule der Länge $l = 1{,}0$ m mit $n = 2660$ Windungen erregt der Strom $I_{err} = 2{,}0$ A die Flußdichte $B = 6{,}7 \cdot 10^{-3}$ T. Die Spule enthält nur Luft ($\mu_r \approx 1$); wir finden $\mu_0 = B\,l/(\mu_r I_{err} n) = 1{,}26 \cdot 10^{-6}$ T m A^{-1}. Erst wenn der Quotient d/l aus Durchmesser d und Länge l der Spule größer als 0,2 ist, ergeben sich Abweichungen, die größer als 2% sind.

Der Erregerstrom I_{err} erzeugt im homogenen Feld einer schlanken Spule der Länge l mit n Windungen die Flußdichte

$$B = \mu_0 \mu_r I_{err} n/l. \qquad (343.1)$$

Dabei ist die magnetische Feldkonstante
$\mu_0 = 1{,}257 \cdot 10^{-6}$ T m A^{-1}.

---

3. Magnetische Eigenschaften der Materie

Die meisten Stoffe beeinflussen das Magnetfeld im Innern einer Spule kaum. Ihre Permeabilitätszahl μ_r liegt um 1 (bei Luft $\mu_r = 1{,}0000004$; Kupfer 0,99999). Nur bei den Ferromagnetika (Eisen, Cobalt, Nickel u.a.) ist μ_r sehr groß. Die Permeabilitätszahl eines Stoffes ist keine Konstante. Sie hängt sehr stark von der magnetischen Vorbehandlung des Materials und von der Erregerstromstärke ab. In *Tabelle 343.1* sind die maximal erreichbaren Sättigungswerte angegeben.

Gußeisen (2–4% C)	800
Flußstahl (unter 0,1% C)	4000
Transformatorenblech mit Silizium	8000
Permalloy (75% Ni; Rest: Fe, Cu, Mo, Cr)	300000

Tabelle 343.1 Permeabilitätszahlen (Maximalwerte)

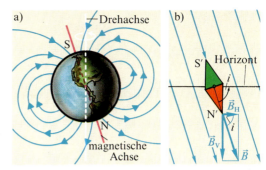

343.1 a) Magnetfeld der Erde; b) Inklinationswinkel i und Zerlegung von B in B_H und B_V

4. Das magnetische Erdfeld

Eine Kompaßnadel zeigt nicht genau die geographische Nordrichtung an. Sie weicht bei uns um ca. 4°, auf dem Atlantik bis zu 20° nach West ab. Man nennt dies *Mißweisung*. Die magnetischen Feldlinien laufen auch nicht horizontal. Sie sind um den *Inklinationswinkel i* nach unten geneigt (bei uns etwa 65°, am Äquator 0°). Nach *Bild 343.1* zeigt die Inklinationsnadel in Richtung der Feldlinien. Den zugehörigen Vektor der Flußdichte B des erdmagnetischen Feldes zerlegt man in die Horizontalkomponente B_H und die Vertikalkomponente B_V. Dabei gilt $B_H = B \cos i$.

Zugvögel haben ein *magnetisches Organ*. Damit orientieren sie sich auf dem Flug nach Süden am Inklinationswinkel. Erzeugt man um ihren Kopf mit einer batteriegespeisten Spule ein künstliches Magnetfeld, so verlieren die Vögel die Orientierung. Auch bei Walen und Insekten hat man magnetische Organe festgestellt. Der Mensch dagegen mußte erst den Kompaß erfinden.

Aufgaben

1. Wie groß ist die Flußdichte B in einer 60 cm *langen, mit Luft gefüllten schlanken Spule mit* 1000 *Windungen beim Erregerstrom* $I_{err} = 0{,}2$ A? *Wie groß wird sie, wenn man ihren Feldbereich mit Eisen* ($\mu_r = 1000$) *ausfüllt?*

2. a) Die Länge einer Spezialspule kann man wie bei einer Ziehharmonika ändern. Sie hat 40 *Windungen und ist* 30 cm *lang. Welche Stromstärke erzeugt in ihrer Längsrichtung ein Feld mit* $B = 0{,}020$ mT?
b) Dann drückt man die Spule auf 20 cm *Länge zusammen. Wie groß wird* B? *Bei welchem Strom ist* $B = 0{,}02$ mT?

3. Wie stellt sich ein nach allen Richtungen drehbar aufgehängter Magnet an den Polen der Erde ein? Wo hängt er waagerecht?

§131 Die Größe der Lorentzkraft F_L

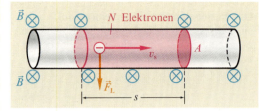

344.1 Im Leiter bewegen sich N freie Elektronen mit der vom Feld erzeugten „Driftgeschwindigkeit" v_s. Ihr ist eine starke Eigenbewegung der Elektronen überlagert, die wir hier nicht betrachten.

Senkrecht zu einem Magnetfeld mit der Flußdichte B fließt in einem Leiter der Länge s der Strom I. All seine mit der Geschwindigkeit v_s senkrecht zum B-Feld bewegten Elektronen erfahren zusammen die Kraft $F = I B s$. Die Lorentzkraft auf ein einzelnes Elektron ist so klein, daß wir sie nur berechnen können.

Hierzu drücken wir die Stromstärke $I = Q/t$ durch Größen aus, welche die Elektronen betreffen. Im Leiter der Länge s fließen nach Bild 344.1 N Elektronen mit der Ladung $Q = N e$. Diese Ladung schiebt sich mit der Elektronengeschwindigkeit v_s in der Zeit $t = s/v_s$ durch den roten Querschnitt rechts. Die Stromstärke ist $I = Q/t = N e v_s/s$, also proportional zu v_s. Setzen wir $I = N e v_s/s$ in $F = I B s$ ein, so folgt für die Kraft F auf alle N Elektronen

$$F = I B s = (N e v_s/s) B s = N e B v_s.$$

Ein einzelnes Elektron erfährt also die Lorentzkraft $F_L = F/N = e B v_s$.

Ein Elektron mit dem Ladungsbetrag e bewege sich mit der Geschwindigkeitskomponente v_s senkrecht zu den Feldlinien eines Magnetfelds mit der Flußdichte B. Es erfährt die Lorentzkraft vom Betrage

$$F_L = e B v_s. \qquad (344.1)$$

Die Lorentzkraft $\vec{F}_L$ steht sowohl zu $\vec{v}_s$ als auch zu $\vec{B}$ senkrecht. Sie verrichtet im Gegensatz zur elektrischen Feldkraft am Elektron keine Arbeit, sondern lenkt es nur senkrecht zu $\vec{v}_s$ und zu $\vec{B}$ ab.

Wir ersetzen e durch die beliebige Ladung q: Im Magnetfeld wirkt auf eine bewegte Ladung q die Lorentzkraft $F_L = q B v_s$. Im elektrischen Feld erfahren dagegen ruhende wie bewegte Ladungen q die Kraft $F_{el} = q E$, unabhängig von der Geschwindigkeit. Hierin besteht ein wesentlicher Unterschied zwischen beiden Feldarten. So mißt man E-Felder mit ruhenden Überschußladungen, B-Felder dagegen mit bewegten Ladungen, die in einem Leiter sogar von ruhenden Ladungen neutralisiert sein können.

Für die Stromstärke fanden wir soeben $I = N e v/s$ (da wir nun vom B-Feld absehen, haben wir v_s durch v ersetzt). Die Gesamtzahl N der Elektronen im Draht (Länge s, Querschnitt A) folgt aus ihrer Anzahldichte $n = N/V$ (Elektronenzahl je Volumeneinheit) und dem Drahtvolumen $V = A s$ zu $N = n V = n A s$. Für I gilt also allgemein

$$I = N e v/s = n A s e v/s = n A e v. \qquad (344.2)$$

Wir betrachten Silber mit der Atommasse 108 u und der Dichte $\varrho = 10{,}5 \text{ g cm}^{-3}$. 1 mol Ag ($m = 108$ g) hat das Volumen $V = m/\varrho = 10{,}3 \text{ cm}^3$ mit $N_A = 6{,}02 \cdot 10^{23}$ Atomen. Jedes liefert für das Elektronengas ein Elektron; die Anzahldichte oder Konzentration der Elektronen beträgt also $n = 6{,}02 \cdot 10^{23}/10{,}3 \text{ cm}^3 = 5{,}9 \cdot 10^{28} \text{ m}^{-3}$. Bei $I = 1$ A ist in Drähten mit Querschnitt $A = 1 \text{ mm}^2$ die Elektronengeschwindigkeit $v = I/(n A e) = 10^{-4} \text{ m s}^{-1}$ — ein kleiner Wert! Mit ihr setzen sich alle Elektronen beim Schließen des Stromkreises sofort in Bewegung, angetrieben vom elektrischen Feld.

Aufgabe

1. In Kupfer (Atommasse 64 u; $\varrho = 8{,}9 \text{ g cm}^{-3}$) liefert jedes Atom für das Elektronengas ein freies Elektron. Welche Geschwindigkeit hat es bei der Stromstärke $I = 5{,}0$ A und dem Drahtquerschnitt $0{,}50 \text{ cm}^2$? Welche Lorentzkraft erfährt es im Magnetfeld mit $B = 0{,}50$ T?

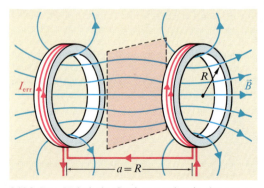

344.2 Das Helmholtz-Spulenpaar hat in der rot getönten Mittelebene ein weitgehend homogenes Magnetfeld. (Bild nicht maßstabsgetreu!)

§132 Die Elektronenmasse

1. Mechanik-Gesetze — auch für Elektronen?

Hinter der Anodenöffnung einer Braunschen Röhre fliegen Elektronen geradlinig weiter. Sie befolgen den Trägheitssatz, wenn sie kräftefrei sind. In einem homogenen elektrischen Querfeld durchlaufen sie eine Parabelbahn wie ein Wasserstrahl im homogenen Schwerefeld (Seite 266). Ein Blech, auf das sie schlagen, bringen sie mit ihrer Energie zum Glühen. Wenden wir also auch auf Elektronen die Gesetze der Mechanik und den Energiesatz an:

Zwischen Kathode und Anode einer Elektronenröhre liegt die Spannung U. Die Feldkräfte verrichten auf dieser Beschleunigungsstrecke an jedem Elektron die Arbeit $W = eU$ (auch im inhomogenen Feld). Im Vakuum der Röhre erhält das Elektron die kinetische Energie $W = \frac{1}{2} m v_s^2$. Für seine Geschwindigkeit v_s an der Anode gilt (Energieerhaltungssatz)

$$\tfrac{1}{2} m v_s^2 = e U. \tag{345.1}$$

2. Elektronen fahren im B-Feld Karussell

Gl. 345.1 enthält zwei Unbekannte: Masse m und Geschwindigkeit v_s eines Elektrons. Um beide zu bestimmen, brauchen wir eine zweite Gleichung. Hierzu unterwerfen wir Elektronen in einem homogenen Magnetfeld der Lorentzkraft $F_L = e B v_s$.

Um die Elektronenbahn gut beobachten zu können, erzeugen wir dieses Magnetfeld in einem *Helmholtz-Spulenpaar (Bild 344.2, 345.1)*. Es besteht aus zwei großen, vom Strom I_{err} durchflossenen Ringspulen. Ihr Radius R ist gleich ihrem Abstand a.

Versuch 380: Mit einer Hallsonde untersuchen wir die Flußdichte B in der vertikalen Mittelebene (rot getönt) der Helmholtz-Spulen. Das $\vec{B}$-Feld ist dort weitgehend homogen und hat horizontale Feldlinien. Die Flußdichte B ist der Erregerstromstärke I_{err} in den Spulen proportional. Es gilt $B = C I_{err}$. Für die Spule in Bild 345.1 ist der Faktor $C = 7{,}6 \cdot 10^{-4}\,\text{T A}^{-1}$.

Versuch 381: a) Wir setzen nach Bild 345.1 in einem *Fadenstrahlrohr* aus einer Glühkathode Elektronen frei und beschleunigen sie mit $U = 200$ V. Die Röhre enthält etwas Gas.

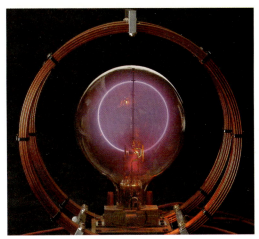

345.1 Fadenstrahlröhre zwischen zwei Helmholtz-Spulen; innen violett Bahn der Elektronen

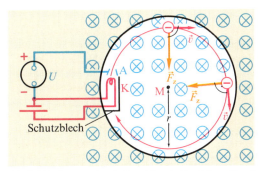

345.2 Die Lorentzkraft F_L wirkt als Zentripetalkraft F_Z und zwingt die Elektronen auf die Kreisbahn.

Wie in Glimmlampen leuchten die von Elektronen getroffenen Gasmoleküle. So machen sie in einem dünnen Fadenstrahl den Weg der Elektronen sichtbar, die bei dem geringen Gasdruck zufällig kein Molekül treffen und wie in einem perfekten Vakuum weiterfliegen.

b) Wir bringen den Fadenstrahl in die Mittelebene der Helmholtz-Spulen und schalten ihr Magnetfeld B ein. Die Elektronengeschwindigkeit v_s steht senkrecht zu den magnetischen Feldlinien; die Elektronen erfahren die Lorentzkraft $F_L = B e v_s$ *(Bild 345.2)*. Diese steht stets senkrecht zu v_s, wirkt also als Zentripetalkraft $F_Z = m v_s^2 / r$ (Seite 303f.). Daher gilt in jedem Punkt der gekrümmten Bahn $F_L = F_Z$:

$$F_L = B e v_s = F_Z = m v_s^2 / r \quad \text{oder}$$

$$B e = m v_s / r. \tag{345.2}$$

Die Lorentzkraft F_L verrichtet an den Elektronen keine Arbeit. Also bleiben v_s und nach

$Be = m v_s/r$ im homogenen B-Feld auch der Radius r konstant. F_L zwingt die Elektronen auf einen Kreis *(Bild 345.2)* mit Radius

$$r = \frac{v_s}{B\,e/m}. \qquad (346.1)$$

Die Elektronen fahren im Magnetfeld Karussell! Im Kreiszentrum M steht aber weder ein Magnet noch eine anziehende Ladung. Vielmehr wirkt auf die Elektronen an ihrem jeweiligen Ort im Magnetfeld die Lorentzkraft F_L. Diese bestimmt zusammen mit v_s das Kreiszentrum M. M verschiebt sich längs der Horizontalen in *Bild 345.2* von der Anode A weg, wenn wir B verkleinern oder v_s (die Spannung U) erhöhen und so den Radius $r = v_s/(B\,e/m)$ vergrößern.

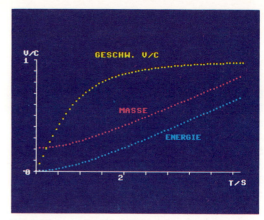

346.1 Elektron wird mit konstanter Kraft beschleunigt: v nähert sich $c = 3 \cdot 10^8$ m s^{-1}, Masse m_e und Energie W nehmen zu.

3. Welche Ladung hat 1 kg Elektronen?

Versuch 382: Wir stellen in Versuch 381 die Spannung U auf 200 V ein und messen die Flußdichte $B = 9{,}5 \cdot 10^{-4}$ T. In der Röhre leuchten phosphoreszierende Marken. An ihnen bestimmen wir den Radius der Kreisbahn zu $r = 0{,}050$ m. Mit Gl. 345.1 und Gl. 345.2 können wir die beiden unbekannten Größen v_s und m berechnen. Dabei finden wir m nicht für sich, sondern nur den Quotienten e/m, **spezifische Ladung** genannt. Sie folgt aus *Gl. 345.1, 345.2* und den Meßwerten zu

$$\frac{e}{m} = \frac{2\,U}{B^2\,r^2} = 1{,}77 \cdot 10^{11}\ \mathrm{C\,kg^{-1}}. \qquad (346.2)$$

Eine Menge Elektronen der Masse 1 kg hat also die riesige Ladung $1{,}77 \cdot 10^{11}$ C. Mit der Elementarladung $e = 1{,}6 \cdot 10^{-19}$ C folgt aus e/m die winzig kleine Masse $m_e = 9 \cdot 10^{-31}$ kg des einzelnen Elektrons. Erst $1{,}1 \cdot 10^{30}$ Elektronen haben die Masse 1 kg! Literaturwerte:

Spezifische Ladung: $e/m = 1{,}759 \cdot 10^{11}$ C kg^{-1},
Masse des Elektrons: $m_e = 9{,}109 \cdot 10^{-31}$ kg.

4. Elektronen schneller als Licht?

Mit Hilfe der spezifischen Ladung e/m und *Gl. 345.1* können wir jetzt die Geschwindigkeit v ($v = v_s$) der Elektronen nach dem Durchlaufen der Beschleunigungsspannung U berechnen:

$$v = \sqrt{2\,U\,e/m_e}. \qquad (346.3)$$

In Versuch 382 ist bei $U = 200$ V die Geschwindigkeit $v = 8400$ km s^{-1}, also 3% der Lichtgeschwindigkeit $c = 3 \cdot 10^8$ m s^{-1}. Dies können wir nicht mehr mit Geschwindigkeiten des täglichen Lebens vergleichen. Würden wir Elektronen gar mit $U = 300$ kV beschleunigen, so sollte nach *Gl. 346.3* $v > c$ werden! Wie aber *Einstein* 1905 in seiner speziellen Relativitätstheorie zeigte, können Körper, auf die ständig eine Kraft wirkt, die Lichtgeschwindigkeit c mit dem riesigen Wert $3 \cdot 10^8$ m s^{-1} nie überschreiten *(Bild 346.1)*. Die Masse m ist nämlich nur bei den uns vertrauten Geschwindigkeiten, also weit unter c, konstant und gleich der sogenannten Ruhemasse m_0. Nähert sich jedoch die Geschwindigkeit v dieser Grenzgeschwindigkeit c, so steigt m nach

$$m = m_0 / \sqrt{1 - (v/c)^2} \qquad (346.4)$$

über jeden noch so großen Wert. Der Körper wird also immer träger; seine Beschleunigung geht gegen Null. Diese theoretischen Voraussagen *Einsteins* revolutionierten die klassische Physik und wurden experimentell hervorragend bestätigt. So hat man Elektronenpulks durch Spannungen nach *Tabelle 347.1* beschleunigt. Die Geschwindigkeiten v_{kl}, die sie nach *Gl. 346.3* gemäß der klassischen Theorie bei konstanter Masse $m = m_0 = 9{,}1 \cdot 10^{-31}$ kg erhalten müßten, stiegen weit über c (kursive Werte). Zur Messung der tatsächlichen Geschwindigkeit v_{ex} ließ man diese Elektronenpulks auf zwei Sonden im Abstand $\Delta s = 8{,}4$ m nacheinander einwirken. Sie erzeugten durch Influenz zwei Spannungsstöße im zeitlichen Abstand Δt. Die daraus berechnete Elektronengeschwindigkeit $v_{ex} = \Delta s/\Delta t$ stieg auch bei höchsten Spannungen nie über $3{,}00 \cdot 10^8$ m s^{-1}.

Bei der Beschleunigungsspannung $15 \cdot 10^6$ V sollte ein Elektron die kinetische Energie $W_{kin} = Uq = Ue = 15$ MeV $= 2,4 \cdot 10^{-12}$ J^8 erhalten. Dieser Wert konnte aus der Wärmeentwicklung beim Abbremsen bestätigt werden. Doch läßt sich die Beschleunigungsarbeit W_{kin} nicht nach der klassischen Gleichung $W_{kin} = \frac{1}{2} mv^2$ aus der Endgeschwindigkeit v berechnen. Vielmehr zeigte *Einstein*, daß Energie W und Masse m nach $W = mc^2$ miteinander verknüpft sind. Der Ruhemasse $m = m_0$ ist demnach die **Ruhe-Energie** $W_0 = m_0 c^2$ zugeordnet. (Wir kennen heute Prozesse, bei denen sich ruhende Elektronen ganz in Strahlung auflösen und dabei diese Ruheenergie abstrahlen). Steigt nun beim Beschleunigen eines Elektrons dessen Masse von m_0 auf $m > m_0$, dann erhält es die Gesamtenergie $W = mc^2 > m_0 c^2$. Die Zunahme von W_0 auf W ist nach *Einstein* die kinetische Energie $W_{kin} = W - W_0 = (m - m_0) c^2$.

Bei der Geschwindigkeit v ist die relativistische Masse m eines Körpers mit m_0

$$m = \frac{m_0}{\sqrt{1 - (v/c)^2}}. \qquad (347.1)$$

Die kinetische Energie eines Körpers mit m_0 ist bei der relativistischen Masse m

$$W_{kin} = (m - m_0) c^2. \qquad (347.2)$$

Energie W und Masse m sind einander äquivalent nach

$$W = mc^2. \qquad (347.3)$$

Bei der Geschwindigkeit $v = 2,97 \cdot 10^8$ m s^{-1} hat ein Elektron nach *Gl. 347.1* die Masse $m = 6,45 \cdot 10^{-30}$ kg. Seine kinetische Energie ist nach *Gl. 347.2* $W_{kin} = 4,9 \cdot 10^{-13}$ J. Diese bekam es durch die Spannung $U = W_{kin}/e = 3,1 \cdot 10^6$ V.

Spannung U in 10^6 V	v_{kl} in 10^8 m s^{-1}	Flugzeit Δt in 10^{-8} s	v_{ex} in 10^8 m s^{-1}
0,01	0,58	15,4	0,57
0,50	4,09	3,23	2,60
1,0	5,78	3,08	2,73
4,5	12,26	2,84	2,97
15	22,4	2,80	3,00

Tabelle 347.1 $c = 3 \cdot 10^8$ m s^{-1} wird nicht überschritten!

5. Das Proton — ein Schwergewicht!

Für die Elektronenmasse $m_e = 9,1 \cdot 10^{-31}$ kg haben wir im täglichen Leben kein Vergleichsmaß. Wir müssen Vergleiche in atomaren Bereichen suchen, etwa beim Proton. Dieses kann man mit starken und ausgedehnten Magnetfeldern ebenfalls auf Kreisbahnen zwingen. Solche Felder stehen uns nicht zur Verfügung. Wir wissen aber, daß 1 mol H-Atome (also 1 g) $6,02 \cdot 10^{23}$ Elektronen und gleich viele Protonen enthält. Alle Elektronen zusammen haben die gegenüber 1 g winzig kleine Masse $M_e = 6,02 \cdot 10^{23} \cdot 9,1 \cdot 10^{-31}$ kg $= 5,5 \cdot 10^{-4}$ g. Die Protonenmasse ist also $m_P \approx 1$ g$/6,02 \cdot 10^{23} = 1,67 \cdot 10^{-27}$ kg. Dies ist das 1840fache der Elektronenmasse. Die Masse der Atome sitzt also fast ganz im Kern. Die spezifische Ladung der Protonen beträgt $e/m_P = 9,58 \cdot 10^7$ C kg^{-1}. Damit haben wir wichtige Konstanten der atomaren Welt in makroskopischen Versuchen gewonnen.

Aufgaben

1. a) *Durch welche Spannung erhält ein Elektron D-Zug-Geschwindigkeit (144 km h^{-1})?* **b)** *Welche Geschwindigkeit bekommt es durch $U = 5$ V? Welche Energie hat es in beiden Fällen in eV und J?* **c)** *Welche Geschwindigkeit bekommt ein Elektron in der Fernsehröhre durch 23 kV Spannung? Wie lange braucht es mit ihr von der Anode zum Leuchtschirm in 40 cm Abstand?*

2. *Zeigen Sie: Der Impuls p eines Teilchens, das im B-Feld auf einem Kreis mit Radius r fliegt, ist $p = Ber$. Warum ist es günstig, daß man m und v nicht kennen muß?*

3. *Elektronen, die durch 150 V beschleunigt worden sind, beschreiben im Magnetfeld mit $B = 0,85$ mT einen Kreis von 48 mm Radius.* **a)** *Berechnen Sie e/m!* **b)** *Mit welcher Geschwindigkeit verlassen die Elektronen die Anodenöffnung? Wie lange brauchen sie zu einem Umlauf?* **c)** *Berechnen Sie den Elektronenimpuls, ohne Geschwindigkeit und Masse zu benutzen! Warum ist diese Impulsbestimmung bei hohen Beschleunigungsspannungen sinnvoll?*

4. a) *Wie schnell werden Elektronen, wenn sie auf einer Strecke von 1,00 cm die Spannung 2,00 kV längs der Feldlinien eines homogenen Felds durchlaufen? Wie groß ist ihre Beschleunigung, wie lange wirkt sie?* **b)** *Welche Flußdichte braucht man, um diese Elektronen dann auf einen Kreis von 10,5 cm Radius zu zwingen? Wie groß ist jetzt die Beschleunigung? Worin unterscheidet sich diese Beschleunigung von der in (a) betrachteten? Wie lange dauert ein Umlauf auf der Kreisbahn?* **c)** *Kann man in (a) Geschwindigkeit und Beschleunigungsdauer auch dann berechnen, wenn das E-Feld nicht homogen ist?*

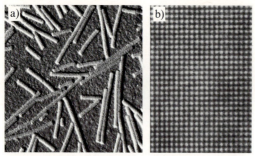

348.1 a) Tabakmosaik-Virus, 60000fach vergrößert; b) Gitterebenen in Goldkristall; Atomabstand 0,2 nm

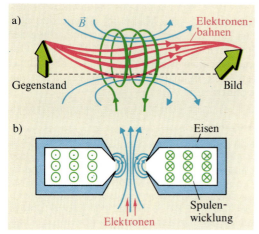

348.2 a) Fokussierung im Raum; b) magnetische Linse

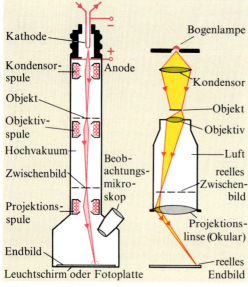

348.3 Vergleich von Elektronen- und Lichtmikroskop

§133 Das Elektronenmikroskop

Seit etwa 1930 dringt das Elektronenmikroskop in die Welt der Viren ein. Es benutzt Magnetfelder als magnetische Linsen.

Versuch 383: a) Die Fadenstrahlröhre enthält über der Anode ein kleines Ablenkplattenpaar. Eine dort angelegte Wechselspannung (30 V) fächert den Strahl in ein Band auf. Vom Magnetfeld der Spulen wird es nach Durchlaufen eines Halbkreises wieder fast in einen Punkt P' der Ebene zusammengeführt (*Bild 348.4*). Nach Drehen der Röhre erfolgt diese Fokussierung auf Schraubenbahnen im Raum.

b) Man bringt eine Schattenkreuzröhre so zwischen zwei Helmholtz-Spulen, daß die Elektronen etwa parallel zu den $\vec{B}$-Linien fliegen. Das B-Feld dreht das Bild des Kreuzes und verändert seine Größe (*Bild 348.2a*).

Magnetische Linsen sind Spulen, deren rotationssymmetrisches Feld durch einen Eisenmantel auf einen kleinen Bereich konzentriert ist. *Bild 348.2b* zeigt einen Querschnitt. Ein **Elektronenmikroskop** zum Durchstrahlen dünner Objekte ist aus drei magnetischen Linsen aufgebaut: Von der Glühkathode, die in *Bild 348.3* oben liegt, werden Elektronen zur Anode hin mit 60 kV bis 1,5 MV beschleunigt. Die Kondensorlinse richtet sie auf das dünne Objekt. Die durchstrahlte Substanz streut zwar die Elektronen etwas zur Seite. Doch werden sie von der Objektivlinse in den Punkten des vergrößerten Zwischenbildes vereinigt. Einen kleinen Ausschnitt davon vergrößert die Projektionslinse nochmals sehr stark auf den Leuchtschirm oder die Fotoplatte. Man kann Punkte in atomaren Abständen (0,2 nm) gerade noch getrennt sehen (*Bild 348.1b*) und die Schraubenstruktur von DNS-Molekülen (Desoxyribonukleinsäure) erkennen oder die Oberflächen von Metallen oder Halbleitern abtasten und untersuchen. Bei Lichtmikroskopen ist statt der hier gezeigten $7 \cdot 10^6$fachen Vergrößerung höchstens eine $2 \cdot 10^3$fache sinnvoll. Dies hängt mit der Wellennatur des Lichts zusammen.

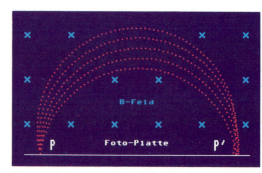

348.4 Elektronen in Ebene fokussiert (Computerbild)

§134 Massenspektrometer

1. Welche Masse hat ein einzelnes Ion?

Um die spezifische Ladung von Atomen oder Molekülen zu bestimmen, beschießt man sie in der Ionenquelle von *Bild 349.1* mit Elektronen. Dann tragen sie die Ladung q ($=e, 2e$ usw.) und werden bei A in den Plattenkondensator geschossen. In dessen Feld E erfahren sie die Kraft $F_{el}=qE$ nach links, falls sie positiv geladen sind. Im gleichzeitig bestehenden Magnetfeld B, das in die Zeichenebene hineinzeigt, erfahren sie die Lorentzkraft $F_L = qBv$ nach rechts. Nur wenn beide Kräfte gleich groß sind ($qBv=qE$), fliegen sie geradlinig nach unten durch die Öffnung bei C. Dann weiß man, daß ihre Geschwindigkeit $v=E/B$ ist. Diese Ionen beschreiben dann im unteren B-Feld eine Kreisbahn mit dem Radius $r=v/(Bq/m)=vm/(Bq)$. Auf der Fotoplatte F werden sie registriert. Man kennt v und B und berechnet aus dem Abstand $\overline{CD}=2r$ die spezifische Ladung q/m. $\overline{CD}=2r$ ist proportional zu m; deshalb treffen Ionen mit größerer Masse weiter rechts auf, sofern sie gleiche Ladung q haben. Auf der Platte entsteht ein *Massenspektrum*; das Gerät heißt **Massenspektrometer**. In modernen Anlagen konnten die Felder der q/m-Messung auf $10^{-5}\%$ reduziert werden. Die Ionenladung q selbst wird nicht gemessen; man muß anderweitig ermitteln, ob $q=e, 2e$ ... ist.

Dabei wurden wichtige Entdeckungen gemacht. Man fand z.B., daß Chloratome keine einheitliche Masse haben. 75,8% von ihnen kommt die Masse 34,9595 u und 24,2% die Masse 36,9566 u zu. Das chemische Element Chlor ist also aus zwei Nukliden (Kernarten) zusammengesetzt. Diese zeigen zwar das gleiche chemische Verhalten und stehen im Periodensystem an der gleichen Stelle. Man nennt sie **Isotope**. Sie haben die gleiche Elektronenhülle und im Kern die gleiche Protonenzahl 17. Doch enthält der schwerere Kern zwei Neutronen mehr als der leichtere, nämlich 20 statt 18. So zeigte die *Massenspektroskopie*, daß die chemischen Elemente nicht einheitlich sind.

C12-Atome sind die häufigsten Isotope des Kohlenstoffs. Man fand $m_{C12}=19,9266 \cdot 10^{-24}$ g. Der 12te Teil davon heißt *atomare Masseneinheit* 1 u und ist etwa die Masse von 1 H-Atom: $1\,u = m_{C12}/12 = 1,6606 \cdot 10^{-24}$ g. Sauerstoffatome O16 mit dem „Atomgewicht" 16 ha-

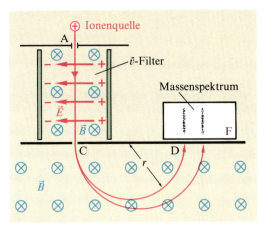

349.1 Prinzip eines einfachen Massenspektrometers

ben die Masse 16 u $= 16 \cdot 1,66 \cdot 10^{-24}$ g $= 2,656 \cdot 10^{-23}$ g. O18-Atome haben die Masse 18 u.

Bild 349.2 zeigt ein *Massenspektrogramm* in der Umgebung von $m=20$ u. Hierzu gehören H_2O-Moleküle. Man findet auch D_2O-Moleküle, also Wasser mit dem schweren Wasserstoffisotop D = H2 und O18D. Ganz rechts liegt $C12D_4$, ein seltenes Methanmolekül. Diese Massen unterscheiden sich nur um 0,01 u; man erkennt die ungeheure Präzision dieser Geräte. Mit ihnen sucht man unerlaubte Zusätze in Lebensmitteln und analysiert die Zusammensetzung von Rohöl.

> **Die atomare Masseneinheit 1 u ist der 12te Teil der Masse des häufigsten Kohlenstoffisotops (etwa die Masse von 1 H-Atom).**
>
> $1\,u = 1,6606 \cdot 10^{-24}$ g. \hfill (349.1)

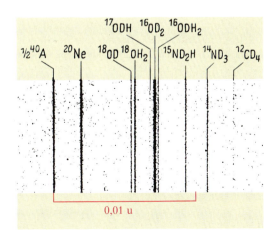

349.2 Feinstruktur-Massenspektrogramm

§135 Allgemeine Feldgesetze

1. Es gibt nicht nur Plattenkondensatoren

Das elektrische Feld untersuchten wir am Spezialfall des Plattenkondensators. Wir fanden in seinem homogenen Feld eine Beziehung zwischen der das Feld erzeugenden Ladung Q auf den Platten mit der Fläche A und der Feldstärke E zwischen den Platten: E ist der Flächendichte $\sigma = Q/A$ der Plattenladung proportional:

$$\varepsilon_0 E = \sigma = Q/A \quad \text{oder} \quad Q = \varepsilon_0 E A. \quad (350.1)$$

Diese Aussage wollen wir nun auf *beliebige Feldformen* erweitern. Wir lösen uns vom Plattenkondensator und zielen auf ein allgemeines Feldgesetz, das der Mathematiker und Physiker *C.F. Gauß* um 1830 aufgestellt hat. Da es mathematisch zu anspruchsvoll ist, benutzen wir das Feldlinienmodell. Wir stellen uns — mit *Faraday* — vor, man könne Feldlinien wie Fäden zählen. Durch eine Flächeneinheit senkrecht zum E-Vektor sollen so viele Feldlinien treten, wie die Maßzahl von E angibt. Bei doppelter Feldstärke wären dann die Feldlinien doppelt so dicht. Das Produkt EA in der obigen Gleichung lieferte die Gesamtzahl der Feldlinien, die von der einen Kondensatorplatte ausgehen und an der anderen enden. Würden wir diese Veranschaulichung wörtlich nehmen, so müßten von der Ladung $Q = 1$ nC nach $EA = Q/\varepsilon_0 = 1$ nC$/\varepsilon_0$ ca. 113 Feldlinien ausgehen. Feldlinien sind aber nur symbolhafte Modelle, also nicht zählbar. Trotzdem helfen sie uns, sehr allgemeine Gesetze aufzustellen!

Um uns vom Plattenkondensator zu lösen, entfernen wir die zweite Platte und entladen sie. Die Ladung $+Q$ der ersten Platte verteilt sich auf ihrer gesamten Oberfläche. Die Feldlinien gehen also nach allen Richtungen weg. Sie enden aber irgendwo an der gleich großen entgegengesetzten Ladung $-Q$. Halten wir nun die Platte an einem Isolierstiel in einen Faradaybecher (ohne diesen zu berühren!), so wird auf seiner Innenseite die Ladung $-Q$, auf seiner Außenseite $+Q$ influenziert. Ein Meßverstärker zeigt, daß die Außenladung so groß wie die ins Innere gebrachte Ladung ist. Deshalb können wir den Zusammenhang von Ladung und Feldlinienzahl auf beliebige Feldformen übertragen, wenn wir die Feldlinien nie frei im Raum beginnen oder enden lassen. An den Enden von Feldlinien „hängt" stets Ladung!

2. Das Coulombgesetz

Nun können wir die Feldstärke im radialen Feld einer einzelstehenden Kugel mit der Ladung Q berechnen. Wir legen um ihren Mittelpunkt eine Kugelfläche mit Radius r nach *Bild 350.1* (blau). Diese Hüllfläche hat die Größe $A = 4\pi r^2$. An den dort endenden Feldlinien können wir uns Teilladungen denken, deren Summe Q ergibt. Besteht an dieser Fläche — also im Abstand r vom Kugelmittelpunkt — die Feldstärke E, so gilt nach Gl. 350.1 $Q = \varepsilon_0 E A = \varepsilon_0 E \cdot 4\pi r^2$. Für die Feldstärke $E = F/q$ folgt $E = Q/(4\pi \varepsilon_0 r^2)$. Die Probeladung q erfährt im radialen Feld die Feldkraft $F = qE$, **Coulombkraft** genannt (*Ch. Coulomb*, um 1790):

> ***Coulombgesetz:*** **Die Kraft F zwischen den punktförmigen Ladungen Q und q im Abstand r beträgt**
> $$F = Eq = \frac{1}{4\pi\varepsilon_0} \frac{Qq}{r^2}. \quad (350.2)$$

Der Faktor $1/(4\pi\varepsilon_0) = 9 \cdot 10^9$ N m^2 C^{-2} ist sehr groß. Deshalb würden sich zwei entgegengesetzte Punktladungen von je 1 C (wenn man sie herstellen könnte) im Abstand von 1 km mit der riesigen Kraft $F = 9000$ N anziehen. F ist proportional zu $1/r^2$, sinkt also im doppelten Abstand auf $\frac{1}{4}$. Ein solches Gesetz kennen wir von der Gravitationskraft im radialen Gravitationsfeld (Seite 308).

Auch dieses Coulombgesetz ist allgemein anwendbar und hat große Bedeutung. Man kann nämlich mit ihm die Feldstärke um eine beliebige Ladungsverteilung berechnen, indem man die von ihren Teilladungen ausgeübten Kräfte vektoriell addiert. Wir haben also mit dem Coulombgesetz ein weiteres Grundgesetz der Elektrizitätslehre gewonnen.

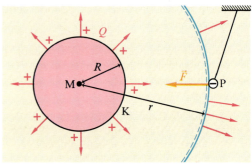

350.1 Anziehung des geladenen Pendels im radialen Feld

3. Zum Ionisieren braucht man Energie

Welche Energie braucht man, um ein H-Atom anzuregen, um also sein Elektron (Ladung $q=-e$) weiter vom Kern zu entfernen? Es wird von der Kernladung $Q=+e$ mit der Coulombkraft $F=Qe/(4\pi\varepsilon_0 r^2)$ angezogen. Man „hebe" es längs einer radialen Feldlinie von P_1 (Radius r_1 in Bild 351.1) nach P_2 (Radius r_2). Auf einer sehr kleinen Strecke Δr_i ändert sich die Kraft F kaum; dort beträgt die Teilarbeit $\Delta W_i = F_i \Delta r_i$. Die Summe dieser Teilarbeiten ist die gesamte Arbeit $W_{1,2}$ von P_1 nach P_2. Wir erhalten sie beim Verfeinern der Wegeinteilung $\Delta r_i \to 0$ als Grenzwert (Integral)

$$W_{1,2} = \int_{r_1}^{r_2} F(r)\,dr = \frac{Qe}{4\pi\varepsilon_0} \int_{r_1}^{r_2} \frac{dr}{r^2} = \frac{Qe}{4\pi\varepsilon_0}\left(\frac{1}{r_1} - \frac{1}{r_2}\right).$$

Um diesen Betrag steigt die potentielle Energie. Beim Radius $r_2 \to \infty$ ist das Atom ionisiert.

Auf Seite 509 werden wir sehen, warum man die Energie dieses ionisierten Zustands sinnvollerweise zu Null setzt. Folglich ist die potentielle Energie W_{pot} im Punkt P_1 mit Radius $r=r_1$

$$W_{\text{pot}} = \frac{Qq}{4\pi\varepsilon_0 r} = -\frac{Qe}{4\pi\varepsilon_0 r}. \quad (351.1)$$

Da die Kernladung Q positiv, die Elektronenladung $q=-e$ negativ ist, werden Qq und W_{pot} negativ. Die Energien im Atom gebundener Elektronen sind also immer negativ.

Aufgabe

1.a) *Welche Kraft üben zwei punktförmige Ladungen von je 1 nC im Abstand von 10 cm aufeinander aus?*
b) *Wie groß sind diese unter sich gleichen Ladungen, wenn die Kraft bei gleichem Abstand auf $\frac{1}{4}$ sinkt?*

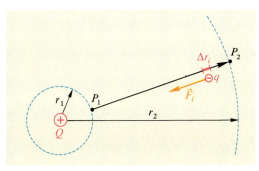

351.1 Die Ladung q wird durch Energiezufuhr im Feld der Kernladung Q von P_1 nach P_2 gehoben.

§136 Geladene Teilchen in Feldern

1. E-Felder beeinflussen Ladungen

Das elektrische Feld übt Kräfte auf Ladungen aus, gleichgültig, ob diese ruhen oder sich bewegen.

a) An einem Ort mit Feldstärke $\vec{E}$ erfährt die Ladung q (analog zu $\vec{G} = m\vec{g}$) die Feldkraft

$$\vec{F} = q\vec{E}. \quad (351.2)$$

$\vec{E}$ ist die Feldstärke, die im betreffenden Punkt *vor* Einbringen der Ladung q bestand; auf sich selbst übt q keine Kraft aus.

Im *homogenen Feld* ist E überall gleich; im Plattenkondensator mit Spannung U und Abstand d gilt speziell

$$E = U/d. \quad (351.3)$$

Im *radialen Feld* der kugelförmigen Ladung Q gilt nach *Coulomb* (analog zur Gravitation) im Abstand r vom Kugelmittelpunkt

$$E = Q/(4\pi\varepsilon_0 r^2). \quad (351.4)$$

Dort erfährt die Ladung q die Coulombkraft

$$F = Qq/(4\pi\varepsilon_0 r^2). \quad (351.5)$$

Dabei ist $\varepsilon_0 = 8{,}85 \cdot 10^{-12}\,\text{F m}^{-1}$ die elektrische Feldkonstante.

b) Im Coulombfeld der Ladung Q besitzt die Ladung q, wenn sie von Q den Abstand r hat, die potentielle Energie

$$W_{\text{pot}} = Qq/(4\pi\varepsilon_0 r). \quad (351.6)$$

2. Teilchen und Felder

1. Ein vom Strom I durchflossener Leiter der Länge s steht senkrecht zur Komponente B_s eines B-Feldes. Er erfährt als Kraft F die Summe aller Lorentzkräfte seiner fließenden Ladungen, nämlich

$$F = I B_s s. \quad (351.7)$$

2. a) Die Flußdichte einer schlanken Spule mit n Windungen und der Länge l ist beim Erregerstrom I_{err}

$$B = \mu_0 \mu_r n I_{\text{err}}/l. \quad (351.8)$$

Darin ist μ_0 die magnetische Feldkonstante: $\mu_0 = 1{,}256 \cdot 10^{-6}\,\text{T m A}^{-1}$.

b) Die Permeabilitätszahlen μ_r von ferromagnetischen Materialien sind zwar sehr groß, aber nicht konstant. Die Magnetisierung dieser Stoffe hängt von der Vorgeschichte ab.

3. Im Magnetfeld erfahren nur bewegte Ladungen Kräfte, im elektrischen auch ruhende:

a) Durchläuft ein Teilchen mit der spezifischen Ladung q/m aus der Ruhe die Spannung U, so erlangt es die Geschwindigkeit

$$v = \sqrt{2\,U\,q/m}. \tag{352.1}$$

b) Im homogenen elektrischen Feld beschreibt ein Teilchen mit der anfänglichen Geschwindigkeitskomponente v_x senkrecht zu den Feldlinien die Parabelbahn

$$y = \tfrac{1}{2}\,E\,\frac{q}{m}\,\frac{x^2}{v_x^2}. \tag{352.2}$$

c) Eine mit der Geschwindigkeitskomponente v_s senkrecht zu magnetischen Feldlinien bewegte Ladung q erfährt die Lorentzkraft (*Bild 338.2*)

$$F_L = q\,B\,v_s. \tag{352.3}$$

d) Die Lorentzkraft verrichtet keine Arbeit, ändert also nur die Bewegungsrichtung der Teilchen, nicht ihre Energie.

e) Ein Teilchen mit der Ladung q und der Masse m wird im homogenen magnetischen Feld auf eine Kreis- oder Schraubenbahn mit dem Radius

$$r = v/(B\,q/m) \tag{352.4}$$

und der Umlaufdauer

$$T = 2\pi/(B\,q/m) \tag{352.5}$$

gezwungen. T ist von v_s unabhängig.

f) Die spezifische Ladung q/m eines mit der Spannung U in Bewegung gesetzten Teilchens kann aus der Kreisbahn im homogenen Feld ermittelt werden zu

$$q/m = 2\,U/(B^2\,r^2). \tag{352.6}$$

Bei Elektronen und Protonen hat die Ladung den Betrag $q = e = 1{,}6 \cdot 10^{-19}$ C. Die spezifische Ladung der Elektronen hat den Wert $e/m_e = 1{,}759 \cdot 10^{11}$ C kg^{-1}, die der Protonen $e/m_P = 9{,}58 \cdot 10^{7}$ C kg^{-1}.

g) Ein senkrecht zum $\vec{B}$-Vektor fliegendes Teilchen beschreibe einen Kreis mit Radius r. Dann ist sein Impuls

$$p = m\,v = B\,q\,r. \tag{352.7}$$

3. Im Bereich der Relativitätstheorie

a) Ein Körper mit der Ruhemasse m_0 hat bei der Geschwindigkeit v die relativistische Masse

$$m_{\text{rel}} = \frac{m_0}{\sqrt{1 - v^2/c^2}}. \tag{352.8}$$

Die relativistische Massenänderung macht sich erst bei Annäherung an die Lichtgeschwindigkeit $c = 3 \cdot 10^{8}$ m s^{-1} bemerkbar.

b) Jede Masse ist äquivalent einer Energie

$$W = m_{\text{rel}}\,c^2. \tag{352.9}$$

c) Die kinetische Energie W_{kin} eines Körpers mit Ruhemasse m_0 ist bei der relativistischen Masse m_{rel}

$$W_{\text{kin}} = (m_{\text{rel}} - m_0)\,c^2. \tag{352.10}$$

Aufgaben

1. *Positive Ionen verschiedener Masse durchlaufen die im Plattenkondensator von Bild 349.1 gekreuzten E- und B-Felder geradlinig und senkrecht zu den Feldlinien ($E = 46{,}6$ kV m^{-1}; $B = 0{,}311$ T).* **a)** *Wie schnell sind sie?* **b)** *Auf der Fotoplatte F kommen die einen mit $\overline{CD} = 12$ cm, die andern mit 20 cm Abstand an. Welche Massen haben sie, wenn man $q = 1e$ bzw. $2e$ annimmt (in g und in u)? Welche Ionen könnten es sein?* **c)** *Wie lange fliegen sie auf dem Halbkreis?*

2. a) *Wie schnell werden Elektronen, wenn sie auf einer Strecke von 1,00 cm die Spannung 2,00 kV längs der Feldlinien eines homogenen Felds durchlaufen? Wie groß ist ihre Beschleunigung, wie lange wirkt sie?* **b)** *Welche Flußdichte braucht man, um diese Elektronen dann auf einen Kreis von 10,5 cm Radius zu zwingen. Wie groß ist jetzt die Beschleunigung? Worin unterscheidet sich diese Beschleunigung von der in (a) betrachteten? Wie lange dauert ein Umlauf?*

3. a) *Geben Sie genau die Voraussetzungen an, nach denen die Elektronen in der Fadenstrahlröhre einen Kreis beschreiben! Welche davon sind Naturgesetze, welche muß man im Versuch beobachten?* **b)** *Hängt das Ergebnis der Versuche von der Zahl der Elektronen im Strahl ab?* **c)** *In der Fadenstrahlröhre werden die Elektronen, die Licht erzeugen, von Gasatomen, auf die sie schlagen, abgebremst. Warum können wir trotzdem mit einer konstanten Elektronengeschwindigkeit rechnen und erhalten einen Kreis mit einem bestimmten Radius?*

4. a) *Bei welcher Geschwindigkeit ist m_{rel} doppelt so groß wie die Ruhemasse m_0? Wie groß ist dann die kinetische Energie eines Elektrons in eV bzw. eines Körpers mit $m_0 = 10$ g? Vergleichen Sie diese Werte mit der Energie 10^{8} MJ, der Hiroshima-Bombe!* **b)** *Wie groß wäre jeweils W_{kin} bei diesen Geschwindigkeiten, wenn man klassisch rechnete?*

Halbleiter

§137 Reine und dotierte Halbleiter

1. Wozu ausgerechnet Halbleiter?

Wir kennen sowohl gute Leiter (Kupfer) mit dem spezifischen Widerstand $\varrho = 0{,}017\ \Omega\ \text{mm}^2\ \text{m}^{-1}$ als auch Isolatoren (bis $10^{26}\ \Omega\ \text{mm}^2\ \text{m}^{-1}$). Beide braucht die *Starkstromtechnik*, um Energie längs vorgegebener Bahnen zu leiten. Die *Informatik* hat andere Ziele. Sie möchte energie- und raumsparend Informationen verarbeiten, also Rechnungen sowie logische Operationen ausführen und Daten speichern. Hierzu sind robuste und billige **Halbleiter** geeignet. Ihre Leitfähigkeit liegt zwischen der von Metallen und Isolatoren.

2. Wenig Energie macht Elektronen munter

Versuch 384: a) Wir legen in einen Stromkreis mit Strommesser einen Halbleiter (Siemens K 164b 7422). Wenn man ihn erhitzt, sinkt sein Widerstand stark — im Gegensatz zu dem von Metallen. Man nennt diesen Halbleiter einen **Heißleiter** oder *NTC-Widerstand* (*N*egativer *T*emperatur-*C*oefficient).

b) Der Widerstand eines Cadmium-Sulfid-Kristalls (LDR 05) sinkt beim Belichten von 10 MΩ auf 200 Ω. Man nennt dieses Bauelement **Fotowiderstand** oder *LDR* (*L*ight *D*ependent *R*esistor).

Zur Erklärung brauchen wir einige Kenntnisse aus dem Chemieunterricht. Dabei beschränken wir uns auf die Halbleiterelemente *Silicium* (Si) und *Germanium* (Ge). Sie stehen wie Kohlenstoff (C) in der vierten Spalte des Periodensystems und haben in der äußersten Schale vier *Valenzelektronen*. Im Kristallverband ist jedes Atom auch von vier nächsten Nachbarn umgeben *(Bild 353.1)*. Zwischen zwei Nachbaratomen sind jeweils zwei Valenzelektronen konzentriert, von jedem Atom eines (blaue Punkte). Diese Elektronen und die positiv geladenen Atomrümpfe ziehen sich gegenseitig an und halten sich so an ihrem Platz fest. *Bild 353.1* hebt durch größere Strichstärke eine eindimensionale Kette aus dem dreidimensionalen Kristall heraus. In *Bild 353.2* ist sie in einen Strom-

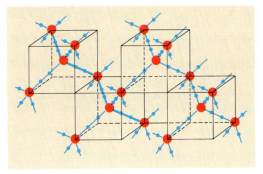

353.1 Kristallgitter von Halbleitern (Si und Ge)

kreis gezeichnet. Der Bereich zwischen zwei Atomrümpfen (+) wird bei dieser *kovalenten Bindung* nach dem *Pauliprinzip* mit zwei Valenzelektronen „gesättigt"; mehr können nicht aufgenommen werden (analog zur K-Schale).

Nach Versuch 384 steigt beim Erwärmen eines Halbleiters die Leitfähigkeit und folglich auch die Zahl der freien Elektronen. Woher kommen sie? Energie (Wärmebewegung, Licht) löst Valenzelektronen aus ihren Bindungen (in Silicium etwa jedes 10^{14}te). Dies stellen wir anschaulich in einem einfachen *Energieniveauschema* dar. Es entwickelt sich bei der Kristallbildung aus den in Einzelatomen erlaubten Energieniveaus. Sie liegen energetisch gesehen übereinander und sind durch verbotene Bereiche getrennt. Das mit Valenzelektronen besetzte Energieniveau des Atoms geht in das sogenannte **Valenzband VB** über *(Bild 353.2b)*. Darüber liegt — durch einen verbotenen Bereich getrennt — das sogenannte **Leitungsband**

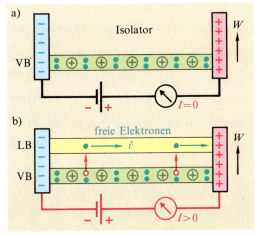

353.2 Dick gezeichnete Kette von *Bild 353.1* im Stromkreis a) bei sehr tiefer, b) bei Zimmertemperatur

LB, in das die durch Wärme oder Licht freigesetzten Valenzelektronen „gehoben" werden. Dort sind sie nicht mehr gebunden und bilden als *Leitungselektronen* ein **Elektronengas** — wie Metallelektronen. Im *E*-Feld einer angelegten Batterie werden sie zum Pluspol gezogen und treten am Minuspol in den Halbleiter ein.

Wichtig ist dabei, daß durch jeden Querschnitt je Sekunde gleich viele Elektronen strömen. Der Kristall muß ja im Innern neutral bleiben. Würden Elektronen vom linken Minuspol in ein leeres Leitungsband eindringen, so erzeugten sie im Kristall eine negative Raumladung, die weitere Elektronenzufuhr unterbindet. In leeren Bändern gibt es rechts keine freien Elektronen, die zum Ausgleich den Kristall verlassen könnten. *Auch in Halbleitern muß die Stromstärke überall gleich groß sein!*

Bei tiefen Temperaturen leitet der Halbleiter nicht. Sein Valenzband ist mit zwei Elektronen je Bindung gefüllt; jedes Elektron ist im ganz gefüllten Band an seinen Ort gebunden und für die Stromleitung blockiert.

> **Halbleiter sind Kristalle, die am absoluten Nullpunkt isolieren. Valenzelektronen binden die Atomrümpfe zusammen; ihr Valenzband ist bei tiefen Temperaturen voll besetzt, das Leitungsband leer. Stromleitung ist dann nicht möglich.**
>
> **Mit steigender Temperatur oder durch die Energie von Licht werden Valenzelektronen in das Leitungsband „gehoben" und sind dort beweglich. Der Kristall leitet.**

3. Noch bessere Leitung durch eine Gabe Arsen

a) n-Halbleiter: Man kann die Zahl der freien Elektronen künstlich erhöhen. Hierzu ersetzt man im reinen Kristall etwa jedes 10^6te Si- oder Ge-Atom durch ein neutrales Arsen-Atom (As) der fünften Spalte des Periodensystems. Diese Atome haben ein äußeres Elektron und eine Kernladung mehr als das Grundmaterial Si oder Ge. Sie lassen also den Kristall als Ganzes neutral. Das zusätzliche fünfte Elektron kann sich aber an der Bindung zu den vier Nachbaratomen nicht mehr beteiligen. Da im Valenzband kein Platz mehr frei ist, muß es ins Leitungsband eintreten (*Bild 354.1a*). Jetzt liefert jedes 10^6te Atom — und nicht wie im reinen Kristall nur jedes 10^{14}te — ein freies Elektron für das Leitungsband. Der Kristall wird durch das **Dotieren** (dos, lat.; Gabe) mit As ein *n-Halbleiter,* da negativ geladene freie Elektronen die Leitfähigkeit erhöhen. Ihnen stehen gleich viele ortsfeste As^+-Ionen gegenüber, die ein Elektron verloren haben. Auch der n-Halbleiter ist elektrisch neutral.

b) p-Halbleiter: Man kann reine Ge- und Si-Kristalle auch mit Atomen der dritten Spalte des Periodensystems dotieren, etwa mit Aluminium. Aluminiumatome haben eine Elektronen- und eine Kernladung weniger als Silicium. Also fehlt zunächst bei jedem Al-Atom ein Elektron in der Bindungsreihe. Ein Teil der Al-Atome holt sich die wenigen, aus der Wärmebewegung stammenden freien Elektronen des Leitungsbandes und wird zu ortsfesten Al^--Ionen. Also gibt es fast keine freien Elektronen mehr. Trotzdem leitet der Kristall viel besser als in reinem Zustand. Wie ist das möglich?

Die zahlreichen noch neutralen Al-Atome stehlen das zur Bindung nötige vierte Elektron aus dem Valenzband; dadurch entstehen sogenannte **Löcher** im Valenzband. Entsprechend Pfeil (1) in *Bild 354.1b* kann dann ein Valenzelektron ohne Energieaufwand in ein benachbartes Loch hüpfen. Es bleibt ja im Valenzband, d.h. auf gleicher Energie. Dafür entsteht am vorigen Platz des Elektrons ein Loch. Beim Anlegen von Spannung hüpfen nun Valenzelektronen von Loch zu Loch durch den ganzen

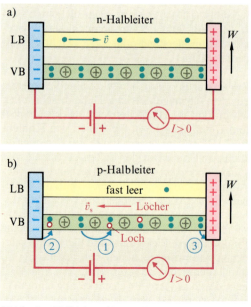

354.1 a) n-Halbleiter; b) p-Halbleiter

Kristall. Bei starker Dotierung mit Al sind in ihm sehr viele Löcher im Valenzband entstanden; er leitet gut. Gemäß Pfeil (2) können nämlich Elektronen aus dem Minuspol benachbarte Löcher im Kristall füllen. Dieser bleibt trotzdem elektrisch neutral, da durch jeden Leitungsquerschnitt gleich viele Valenzelektronen von Loch zu Loch zum Pluspol weiterhüpfen und in diesen übertreten (*Bild 354.1 b*, Pfeil (3); dort entsteht ein neues Loch). Hemmende Raumladungen bilden sich nicht.

Es ist sinnvoll, dieses Hüpfen der Valenzelektronen im Valenzband nach rechts zum Pluspol hin als *Wandern von Löchern* nach links zum Minuspol zu beschreiben. Die Löcher entstehen durch Elektronenmangel an der betreffenden Stelle. Sie erscheinen positiv geladen, da die benachbarte ortsfeste Kernladung überwiegt. Man nennt deshalb einen mit Al dotierten Kristall einen *p-Halbleiter*. Auch er ist – wie der n-Halbleiter – elektrisch neutral.

Auch im *reinen Halbleiter* entstehen Löcher, da Licht und Wärmebewegung Valenzelektronen anheben. Diese Löcher tragen wie die angehobenen Elektronen zur Leitfähigkeit bei.

Im n-Halbleiter jedoch werden fast alle Löcher von den vom Dotieren stammenden freien Elektronen zugeschüttet. Er hat kaum noch Löcher. Seine Leitfähigkeit rührt fast ganz von den Elektronen des Leitungsbandes her.

Valenzelektronen können sich nur dann im Halbleiter bewegen, wenn im Valenzband Löcher sind. Solche positiv geladene Löcher wandern zum Minuspol. Dies nennt man p-Leitung.

Ein Kristall, der nur ganz gefüllte *und* ganz leere Bänder hat, leitet nicht.

Bei nichtdotiertem, reinem Material spricht man von **Eigenleitung**, weil die freien Elektronen aus dem Grundmaterial Si oder Ge stammen. Auch Kupfer und Silber sind kristallin und haben Energiebänder. Doch sind diese selbst bei tiefen Temperaturen nicht voll besetzt. Deshalb leiten Cu und Ag auch am absoluten Nullpunkt. Bei Diamant dagegen ist das Valenzband ganz besetzt. Zum Anheben in das höher liegende leere Leitungsband braucht man jedoch 5 eV Energie. Soviel kann die Wärmebewegung zum Anheben der Valenzelektronen nicht liefern (bei Ge sind nur 0,7 eV, bei Si 1,2 eV nötig). Das *E*-Feld kann keine Elektronen anheben. Diamant ist also ein sehr guter *Isolator*. Die Bändervorstellung gilt auch für Metalle und Isolatoren.

§138 Gleichrichten mit Halbleitern

1. Einbahnstraße für Elektronen

Eine *Halbleiter-Diode*, auch *Kristalldiode* genannt, besteht aus einem n- und einem p-Halbleiter, die ohne Störung der Kristallstruktur einen **p-n-Übergang** bilden. Hierzu läßt man in einen erwärmten Ge- oder Si-Kristall von links Arsen-, von rechts Al-Atome eindiffundieren. Der Anschluß zum n-Halbleiter ist am Bauteil oft mit einem Ring markiert, im Schaltsymbol (*Bild 355.1*) mit einem Querstrich.

Versuch 385: a) Wir legen den **n**-Halbleiter der Diode an den **Minus**-, den **p**-Halbleiter an den **Plus**pol einer Quelle. Ein Strommesser registriert Strom; der Pfeil am Schaltsymbol zeigt entgegen der üblichen Stromrichtung. Ein Lämpchen verhindert ein auch nur kurzzeitiges Überschreiten der für den benutzten Typ zugelassenen Höchststromstärke (hier 100 mA).

b) Wenn wir umpolen, liegt der Minus-Strich der Diode, also der **n**-Halbleiter, am **P**luspol. *Nun sperrt der p-n-Übergang in der Diode.* Sie wirkt wie ein Ventil, also als *Gleichrichter*. Wie sieht ihre Kennlinie aus?

Versuch 386: Wir nehmen die Kennlinie des p-n-Übergangs einer Diode auf. Hierzu erhöhen wir die angelegte Spannung *U* bei Durchlaß- wie auch bei Sperr-Polung allmählich von Null aus und messen den Strom *I* (Strom im Spannungsmesser abziehen!). *Bild 355.1* zeigt, daß der Durchlaßstrom bei Ge-Dioden ab 0,2 V, bei Si-Dioden ab 0,6 V steil ansteigt.

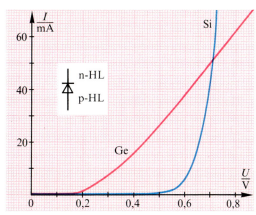

355.1 Kennlinie einer Si- und einer Ge-Diode; oben Schaltsymbol

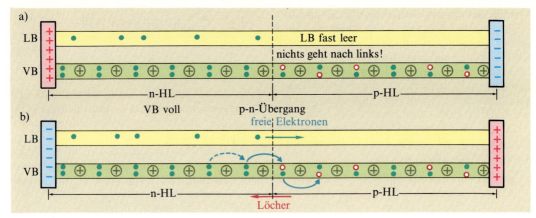

356.1 p-n-Übergang bei der Halbleiterdiode; a) Sperr-, b) Durchlaßpolung (im Valenzband VB laufen Elektronen nach rechts, d.h. Löcher nach links)

Zur Erklärung der Gleichrichterwirkung zeigt *Bild 356.1* die Bänder am p-n-Übergang einer Diode.

Bei **Sperrpolung** liegt der Pluspol der Batterie am n-Halbleiter (links). Dorthin versucht ihr Feld, die freien wie die Valenzelektronen zu ziehen. Doch kommen sie nicht über die p-n-Trennschicht. Der Grund ist einfach:

a) Der p-Halbleiter hat an sich keine freien Elektronen, die im Leitungsband nach links strömen könnten. Nur wenige Elektronen sind dorthin von der Wärmebewegung angehoben. Sie strömen widerstandslos über die Grenzschicht und geben einen schwachen *Sperrstrom*, in Si-Dioden bei 1 nA, in Ge-Dioden bei 1 μA. (Das E-Feld kann keine Valenzelektronen anheben.)

b) Der n-Halbleiter nimmt im Valenzband keine Elektronen auf, weil dort an sich alle Plätze besetzt sind. Nur die wenigen von der Wärmebewegung stammenden Löcher tragen zum genannten Sperrstrom bei.

Bei **Durchlaßpolung** liegt der Minuspol am n-Halbleiter, über die p-n-Schicht fließt Strom:

a) Aus dem Leitungsband des *n-Halbleiters* strömen zahlreiche freie Elektronen über die Grenzschicht in den p-Halbleiter *(Bild 356.1b)*. Dort fallen sie bald in Löcher des Valenzbandes. In *Leuchtdioden* entsteht dabei Licht (sonst Wärme). Nach *Bild 354.1b* hüpfen diese Elektronen im p-Halbleiter schnell nach rechts von Loch zu Loch weiter, d.h. ein Löcherstrom fließt vom Pluspol nach links.

b) Im *Valenzband* treten Valenzelektronen vom n- in den p-Halbleiter, bilden im n-Halbleiter Löcher und verstärken den eben genannten Löcherstrom. Die so am p-n-Übergang im n-Halbleiter entstandenen Löcher werden von Elektronen des Leitungsbands aufgefüllt. Diese erhalten Nachschub vom Minuspol.

Bei Durchlaßpolung fließen also in beiden Bändern Ladungen über den p-n-Übergang. Dies führt wie in Metallen zu keinerlei Verschleiß, es sei denn, man überlastet die Diode und zerstört so ihre Kristallstruktur durch Überhitzen. Im Gegensatz zur Vakuumdiode (Seite 178) braucht man keine Energie zum Heizen.

> **Eine Kristalldiode leitet, wenn der n-Halbleiter am Minus- und der p-Halbleiter am Pluspol liegt.**

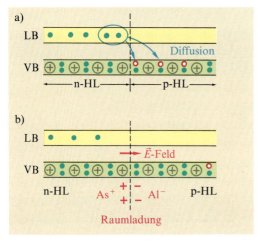

356.2 a) Elektronen-Diffusion vom n- zum p-Halbleiter; b) Raumladung und E-Feld im p-n-Übergang

2. Raumladungen — auch in Halbleiter-Dioden

a) Schon bei der Herstellung des p-n-Übergangs diffundieren nach *Bild 356.2a* Elektronen aus dem Leitungsband des n-Halbleiters über die Trennschicht und füllen im p-Halbleiter Löcher aus. Dort machen sich also die ortsfesten Al^--Ionen als *negative* Raumladung bemerkbar. Im n-Halbleiter treten nach dem Elektronenverlust die ortsfesten As^+-Ionen als *positive* Raumladung hervor. Zwischen beiden Raumladungen bildet sich ein starkes *E*-Feld. Es ist vom n- zum p-Halbleiter gerichtet und begrenzt die Diffusion und damit auch die Größe beider Raumladungen. Da sich diese gegenseitig anziehen, bleiben sie auf die nächste Nähe (1 µm) der Trennschicht beschränkt.

b) Dieses elektrische Feld wirkt ausgerechnet bei Durchlaßpolung dem Strom entgegen (in *Bild 356.2*; Minus links). Deshalb fließen nach der Kennlinie merkliche Durchlaßströme in Ge erst ab 0,2 V, in Si ab 0,6 V.

c) Nach (a) sind am p-n-Übergang im p-Kristall die Löcher von den eindiffundierten Elektronen teilweise zugeschüttet; im n-Kristall fehlen diese Elektronen. Der p-n-Übergang selbst ist also an beweglichen Ladungsträgern beider Sorten verarmt. Doch erklärt dies nicht seine Sperrwirkung. Elektronen wie Löcher könnten bequem über diese *Verarmungszone* diffundieren (dies zeigen der Sperrstrom wie auch Versuch 387). Doch mangelt es an ihnen im „Hinterland" des p-n-Übergangs (Ziffer 1).

3. Foto-Widerstand, Foto-Diode, Foto-Element

In Versuch 384b haben wir den *Foto-Widerstand* kennengelernt: Es ist ein reiner, nicht dotierter Halbleiter, z.B. Cadmium-Sulfid oder Selen. Man legt Spannung (4 V) an; ihre Polung ist gleichgültig. Je stärker man belichtet, um so mehr Elektronen werden vom Valenzin das Leitungsband gehoben; der Strom steigt.

Versuch 387: a) Eine **Foto-Diode** mit Glasfenster wird in Sperrpolung betrieben ($U = 4$ V; Pluspol am n-Halbleiter). Zunächst fließt nur der schwache Sperrstrom. Er rührt von freien Elektronen und von Löchern her, die von der Wärmebewegung ständig erzeugt werden. Fällt dann Licht durch das Fenster ein, so steigt der Sperrstrom erheblich an. Das Licht hebt nämlich viele Elektronen ins Leitungsband und erzeugt so weitere freie Elektronen und Löcher. Sie diffundieren schnell in das *E*-Feld des p-n-Übergangs. Es zieht die Elektronen zum Plus-,

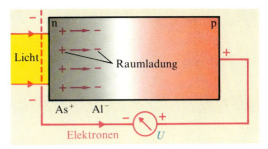

357.1 Ladungstrennung im Fotoelement

die Löcher zum Minuspol. Braucht man also überhaupt keine Spannungsquelle?

b) Wir legen diese Fotodiode *ohne* Spannungsquelle an einen empfindlichen Strommesser. Er zeigt Strom, sobald Licht auf den p-n-Übergang fällt. Das dort ständig vorhandene *E*-Feld zieht nämlich die vom Licht freigesetzten Elektronen zum n- und die Löcher in Feldlinienrichtung zum p-Halbleiter (*Bild 357.1*). Der n-Halbleiter bekommt negative Polarität. Dies bestätigt Existenz und Richtung dieses elektrischen Feldes im p-n-Übergang.

Der *Fotostrom* ist der Beleuchtungsstärke proportional und wird im *Belichtungsmesser* benutzt. Diese **Foto-Elemente** brauchen nicht nur keine Spannungsquelle. Sie geben sogar Energie ab. *Bild 358.1* zeigt den prinzipiellen Unterschied zwischen der Schaltung von Fotodiode und Fotoelement: Die *Fotodiode* braucht eine Stromquelle; das *Fotoelement* dagegen ist selbst die Quelle, da in ihr die eingefangene Lichtenergie zur Ladungstrennung benutzt wird. Der *Fotowiderstand* von Seite 353 braucht ebenfalls eine Stromquelle und wird wie eine Leuchtdiode geschaltet; nur ist bei ihm die Polung der Quelle gleichgültig.

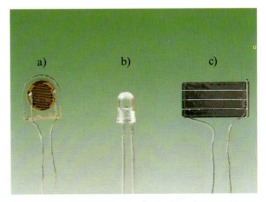

357.2 Fotowiderstand (a), -diode (b), -element (c)

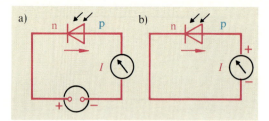

358.1 a) Fotodiode in Sperrschaltung; **b)** Das Fotoelement erzeugt bei Lichteinfall Spannung und wandelt Lichtenergie in elektrische Energie um.

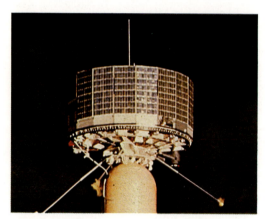

358.2 Solarzellen versorgen Satelliten mit Energie.

Versuch 388: Wir benutzen ein Fotoelement großer Fläche, das entsprechend mehr an Lichtenergie aufnimmt. Bei starker Beleuchtung liefert es genügend Strom und elektrische Energie, um einen Spielzeugmotor anzutreiben.

Die Außenseiten von *Erdsatelliten* sind mit Fotoelementen überzogen. Diese wandeln bis zu 20% der einfallenden Lichtenergie in elektrische Energie um. Die Fläche 1 cm² kann bei 0,5 V einen Strom von 40 mA, also 0,02 Watt liefern. Vorläufig sind großflächige Fotoelemente noch sehr teuer und brauchen zu ihrer Herstellung mehr Energie, als sie während ihrer mutmaßlichen Lebensdauer liefern. Doch bemüht man sich, ihren Wirkungsgrad über 20% hinaus zu verbessern und sie vor allem mit geringerem Aufwand herzustellen. Diese Umwandlung von Sonnenenergie in elektrische Energie heißt **Fotovoltaik**. Man denkt daran, riesige Wüstengebiete mit Fotoelementen zu pflastern und mit dem gewonnenen Strom Wasser zu zerlegen. Mit dem Wasserstoff will man dann bei uns Kohle, Erdgas, Erdöl und die Atomkraftwerke ersetzen.

Leuchtdioden haben ein Glasfenster. Wenn man sie über einen Schutzwiderstand in Durchlaßrichtung polt, fließt nicht nur ein schwacher Strom; sie senden auch Licht aus. Bei Sperrpolung bleiben sie dunkel. Im Fernbedienungsteil von Fernsehgeräten sitzen Leuchtdioden, die unsichtbares Infrarot aussenden. Darauf sprechen lichtempfindliche *Fotodioden* im Fernsehgerät an.

> **In Durchlaßrichtung gepolte Leuchtdioden senden sichtbares oder unsichtbares Licht aus. Fällt Licht auf eine in Sperrichtung gepolte Fotodiode, so wird sie leitend. Fotoelemente wandeln Lichtenergie in elektrische Energie um.**
>
> **Der Vorgang, bei dem Halbleiter durch Licht leitend gemacht werden, heißt *innerer Fotoeffekt*.**

Aufgaben

1. *Worin besteht der Unterschied zwischen Fotowiderstand, Fotodiode und Fotoelement hinsichtlich Aufbau bzw. Schaltung? Warum gibt man Fotoelementen eine möglichst große Fläche, während Fotodioden ein kleines Lichteintrittsfenster genügt?*

2. *Bei einer bestimmten Si-Diode darf die Stromstärke in Durchlaßrichtung höchstens 0,1 A betragen, damit das Kristallgitter durch Stromwärme nicht zerstört wird. Welchen Widerstand muß ein vor die Diode gelegtes Gerät bei einer insgesamt angelegten Spannung von 2,0 V haben? Was gilt bei Ge-Dioden?*

3. *An einer in Durchlaßrichtung gepolten Si-Diode fällt eine Spannung von etwa 0,7 V ab. Welcher Strom fließt durch die Diode bei einem Vorwiderstand von 100 Ω und einer Spannung von 4,5 V? Wie groß sind die elektrischen Leistungen, die in Diode und Vorwiderstand umgesetzt werden?*

4. *In der Schaltung von Bild 358.3 schließt man* **a)** *Schalter S_1,* **b)** *Schalter S_2. Bei welcher Schalterstellung leuchtet L_1 bzw. L_2?*

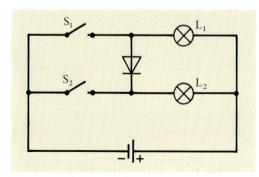

358.3 Zu Aufgabe 4

§139 Gleichrichten und Glätten

Wechselstrom läßt sich technisch einfach erzeugen und mit erträglichen Verlusten in die Ferne leiten. Viele Elektrogeräte können mit Wechselstrom betrieben werden (Lampen, Heizungen, Motoren). Fast alle „elektronischen" Geräte brauchen aber Gleichspannung (Radioapparate, Computer usw.). Für ihren Betrieb am Netz ist ein *Gleichrichter* eingebaut, der in der Regel aus Halbleiterdioden besteht.

Mit vier Dioden kann man eine sogenannte Zweiweggleichrichtung (*Graetz-Brücke*) aufbauen: Wenn die Wechselspannungsquelle gerade unten ihren Minuspol hat (*Bild 359.1c*), fließt der Strom durch D_2 und D_1; ist sie umgekehrt gepolt, fließt er durch D_4 und D_3. In jedem Fall fließt Strom im Verbraucher; beide Halbschwingungen tragen zum Gleichstrom bei.

Der *Graetz-Gleichrichter* hat noch einen entscheidenden Nachteil gegenüber einer chemischen Batterie: Betreibt man mit ihm ein Radiogerät am Netz, dann brummt der Lautsprecher unerträglich, denn die Betriebsspannung geht 100mal in der Sekunde von Null auf einen Scheitelwert und wieder zurück (*Bild 359.1b*). Für einen störungsfreien Betrieb muß diese pulsierende Gleichspannung geglättet werden. Man braucht einen Zwischenspeicher für Ladungen, der in den spannungslosen Zeiten aushilft. Dazu könnte ein Akkumulator dienen. Billiger ist aber ein Kondensator.

Versuch 389: Wir lassen in der Schaltung nach *Bild 359.2b* den Schalter S zunächst offen. Am Oszilloskop erscheint die pulsierende Gleichspannung. Nun schließen wir S. Die Spannungskurve ist nur mehr leicht gewellt (*Bild 359.2a rechts*). Ein zusätzlich angeschlossener Lautsprecher brummt schwächer. Die Glättung wird um so besser, je höher die Kondensatorkapazität ist. Aber auch wenn wir den Verbraucherwiderstand R_V vergrößern, wird die Gleichspannung glatter. In den Zeiten geringer Versorgungsspannung muß dann der Kondensator nur einen schwächeren Strom liefern, entlädt sich also nicht so stark.

Aufgaben

1. a) In Metallen leiten die stets vorhandenen freien Elektronen des Leitungsbandes. Was ist in Halbleitern anders? **b)** Der Widerstand von Metallen steigt mit der Temperatur. Warum sind Halbleiter anders?

2. Was bedeutet ein „Loch" im Halbleiter? Wie entsteht es? Worin unterscheidet es sich vom Elektron?

3. In der Zweiweggleichrichtung nach Bild 359.1 setzt man die Diode D_1 mit falscher Polung ein. Welche Dioden werden zerstört, auch wenn kein Verbraucher eingeschaltet ist?

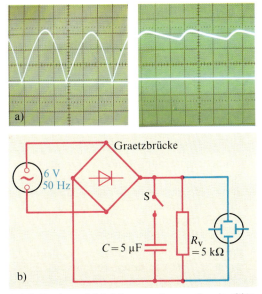

359.1 Zweiweggleichrichtung nach *Graetz*: a) Eingangsspannung; b) Spannung am Verbraucher („pulsierende Gleichspannung"); c) Schaltbild

359.2 Zweiweggleichrichtung ohne und mit Glättungskondensator: a) Oszilloskopbilder ohne und mit Glättung; b) Schaltbild mit Graetz-Brücke

§140 Der Transistor als Verstärker

1. Wie steuert man Ströme in Halbleitern?

Vom Tonarm eines Plattenspielers oder von einer Antenne kommen schwache Signale als winzig kleine Spannungen, die im Rhythmus von Musik oder Sprache schwanken. Sie sind nicht in der Lage, einen Lautsprecher mit voller Kraft zu betreiben, sondern müssen verstärkt werden. Hierzu nimmt man eine kräftige Stromquelle. Den starken Strom, den sie zu liefern vermag, steuert man mit Hilfe der kleinen Spannungen im Musik- oder Sprach-Rhythmus. Diese Spannungen müssen in den Kreis der starken Quelle eingreifen. Der 1948 erfundene Transistor macht dies möglich. Seine Erfinder waren die Amerikaner *Bardeen, Brattais* und *Shockley*.

Ein **Transistor** besteht aus drei Halbleiterschichten, die in *Bild 360.1* übereinander liegen. Sie werden von unten nach oben vom starken Elektronenstrom I_C, den die kräftige Quelle U_{CE} liefert, durchflossen (roter Stromkreis). Über die blau gezeichneten Leitungen wird die schwache, zu verstärkende Spannung U_{BE} angelegt. Um zu verstehen, wie sie I_C in ihrem Rhythmus ändert, betrachten wir die drei Halbleiterschichten.

a) Der untere n-Halbleiter ist stark mit Arsen dotiert und wird **Emitter E** genannt. Er emittiert nämlich die Elektronen des zu steuernden starken Stroms I_C in den sich anschließenden Bereich B. So entspricht er der Glühkathode einer Vakuumröhre (Seite 178 und 334), muß aber nicht geheizt werden. Transistorradios brauchen deshalb viel weniger Energie und können auch mit kleinen Batterien betrieben werden. Zudem entfällt die bei alten Röhrengeräten und Braunschen Röhren (Seite 334) nötige Anheizzeit.

b) Die **Basis B** ist ein p-Halbleiter. Wird sie gegenüber dem Emitter E positiv gepolt, so leitet der Übergang von E nach B gut. Da diese Basis im Hauptstromkreis liegt, kann sie I_C steuern. Wir benutzen sie sozusagen als Steuerhebel und legen die steuernde Spannung U_{BE} zwischen Basis B und Emitter E.

c) Der oben liegende n-Halbleiter, **Kollektor C** genannt, soll die von unten kommenden Elektronen des gesteuerten starken Kollektorstroms I_C sammeln und dem Lautsprecher L zuführen. Er entspricht also der Anode einer Vakuumröhre.

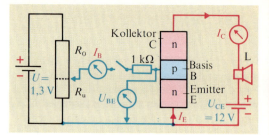

360.1 Transistor mit Schaltung; links Spannungsteiler zum Erzeugen von U_{BE}; Schutzwiderstand 1 kΩ beachten!

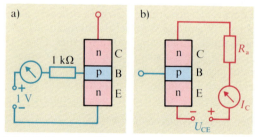

360.2 Prüfung des Übergangs Emitter – Basis; b) da B noch frei ist, bleibt $I_C = 0$ mA (Versuch 390).

Versuch 390: Um den Transistor kennenzulernen, untersuchen wir zunächst den Übergang Emitter-Basis auf Durchlässigkeit. (Schutzwiderstand 1 kΩ nach *Bild 360.2a* nicht vergessen!) Der Kollektoranschluß C bleibt frei. Wir finden das von der Diode her bekannte Verhalten: Es fließt Strom, wenn die Basis B positiv gegenüber dem Emitter ist. Andernfalls ist dieser Übergang gesperrt. — Dann prüfen wir den Übergang von der Basis zum Kollektor C und lassen den Emitteranschluß frei. Auch hier fließt Strom, wenn B am positiven Pol liegt, da die Basis ein p-Halbleiter ist.

> **Der Emitter bildet zusammen mit der Basis eine Diode. Sie ist in Durchlaßrichtung gepolt, wenn die Basis gegenüber dem Emitter positive Polarität hat.**

Versuch 391: a) Nach *Bild 360.2b* liegt zwischen Emitter E und Kollektor C die Gleichspannung $U_{CE} = 12$ V der starken Stromquelle, deren Strom I_C zu steuern ist (E negativ). I_C ist aber 0 A; der Übergang Basis-Kollektor sperrt, da die Basis (ein p-Halbleiter) negativ gegenüber dem Kollektor ist. Kann eine Spannung U_{BE} dieses Übel beseitigen?

b) In *Bild 360.1* liegt links ein Spannungsteiler. Wir schieben seinen Abgriff vorsichtig von unten nach oben. Die dabei von 0 V aus ansteigende Spannung U_{BE} (blau) liegt zwischen Basis und Emitter (Schutzwiderstand 1 kΩ vor der Basis nie vergessen!). So bekommt die Basis positive Polarität gegenüber dem Emitter. Bei Si-Transistoren sollte durch eine Spannung U_{BE}, die 0,6 V nur wenig übersteigt, die Diode Emitter-Basis schnell geöffnet werden. Ein starker Elektronenstrom sollte am Emitter dem Transistor zufließen und ihn über die Basisleitung wieder verlassen. Doch erreicht der Basisstrom I_B nur 1 mA. Dafür steigen Emitter- und Kollektorstrom I_C (rot) auf 100 mA an!

Dieser unerwartete, aber erwünschte **Transistoreffekt** tritt auf, da man die Basis B sehr dünn gemacht hat (etwa 0,01 mm; *Bild 361.1*). Vom Emitter strömen auf breiter Front Elektronen in die an Plus gelegte Basis und diffundieren schnell durch sie hindurch, überrennen sie also. So gelangen sie zu 99% in den positiv geladenen Kollektor. Von ihm werden sie durch die Spannungsquelle U_{CE} über den Arbeitswiderstand R_a (Lautsprecher, Lämpchen) zum Emitter zurückgepumpt. Bestätigung:

Versuch 392: Wir ändern U_{BE} und messen I_C. Dies liefert die *Steuerkennlinie* nach *Bild 361.2*. Sie verläuft ähnlich wie die Diodenkennlinie bei Silicium *(Bild 355.1)*. Nur fließt jetzt der dem Emitter zugeführte starke Emitterstrom nicht über den Basisanschluß ab, sondern durch die dünne Basis hindurch zum Kollektor und dann zum Lautsprecher L weiter, getrieben von U_{CE}. Wir sehen an dieser Kennlinie: Kleine Spannungsänderungen ΔU_{BE} zwischen Basis und Emitter ändern den starken Kollektorstrom I_C um ΔI_C.

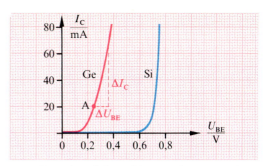

361.2 Steuerkennlinie: I_C hängt stark von U_{BE} ab.

Nur etwa 1% der Elektronen ($\widehat{=}$ 1 mA) gelangen zum seitlich liegenden Basisanschluß. Da auch die Spannung $U_{BE} \approx 0{,}6$ V zwischen Basis und Emitter klein ist, braucht man im Basiskreis zum Steuern des starken Kollektorstroms I_C insgesamt nur die kleine Leistung $P_B = I_B U_{BE} \approx 0{,}67$ mW aufzubringen. Schon ein Tonabnehmer im Basiskreis kann I_C steuern.

Die im roten Kollektorkreis von der kräftigen Quelle U_{CE} aufgebrachte Leistung ist $P_C = I_C U_{CE} = 0{,}1$ A $\cdot$ 12 V $= 1{,}2$ W, also 600mal mehr als im Steuerkreis. Deshalb liegt der Lautsprecher in diesem Kollektorkreis. Diese Rechnung verdeutlicht die Bedeutung des Transistors als verstärkendes Bauelement!

> **Durch die kleine Spannung U_{BE} zwischen Emitter und Basis werden der starke Kollektorstrom I_C und die Energieumsetzungen im Kollektorkreis gesteuert.**

Versuch 393: Wir messen in der Schaltung nach *Bild 360.1* den Basisstrom I_B und den Kollektorstrom I_C. *Bild 361.3* zeigt einen fast proportionalen Zusammenhang zwischen beiden.

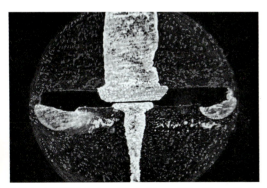

361.1 Schliffbild eines Transistors. Die dünne Basis ist schwarz; oben Kollektor, unten Emitter.

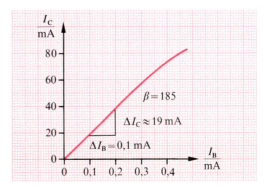

361.3 Stromverstärkung des Transistors: Der Kollektorstrom ist dem Basisstrom etwa proportional.

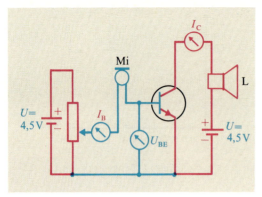

362.1 Eine einfache „Flüstertüte"

Kleine Änderungen ΔI_B von I_B führen zu großen Änderungen ΔI_C von I_C. Die *Stromverstärkung* $\beta = \Delta I_C/\Delta I_B$ ist nahezu konstant. Sie liegt je nach Transistortyp zwischen 20 und 900.

Stromverstärkung $\beta = \Delta I_C/\Delta I_B$

2. Ein einfacher Transistorverstärker

Versuch 394: Wir legen nach *Bild 362.1* ein Kohlekörnermikrofon Mi in die Basisleitung. In ihm durchfließt der Basisstrom I_B Kohlekörner. Sie werden von der Kohlemembran im Rhythmus der Schallschwingungen zusammengepreßt. Dabei ändern sich der Übergangswiderstand (etwa 1 kΩ) und auch der Basisstrom I_B mit diesen Schwingungen. Nach *Bild 361.3* führt dies im Lautsprecher L zu einer $\beta \approx 100$fachen Änderung von I_C. Ändert sich z.B. beim Sprechen I_B um $\Delta I_B = \pm 0{,}1$ mA, so schwankt I_C um $\Delta I_C = \beta\, \Delta I_B = \pm 10$ mA. Bei dieser Verstärkerschaltung treten zwei Probleme auf:

a) Am Spannungsteiler in *Bild 360.1* stellen wir die Spannung U_{BE} zwischen Basis und Emitter ein, ohne zu sprechen. So bestimmen wir I_C nach der Steuerkennlinie von *Bild 361.2* und damit den **Arbeitspunkt A** auf der Kennlinie. Beim Sprechen „arbeitet" dann die Schaltung nach *Bild 362.2* im Bereich des Arbeitspunkts A: U_{BE} schwankt mit ΔU_{BE} und I_C mit ΔI_C. Wir brauchen dabei I_C nicht sehr groß zu machen! Es kommt nicht darauf an, den Lautsprecher mit einem Kollektorstrom I_C zu heizen, sondern seine Membran mit Hilfe eines großen Wertes von ΔI_C stark hin und her schwingen zu lassen. Hier wie allgemein in der Informationstechnik will man mit möglichst wenig Energie Informationen verarbeiten, indem man physikalische Größen (etwa Mikrofon- und Lautsprecherströme) gezielt verändert.

b) Wenn wir allerdings die Spannung U_{BE} zwischen Basis und Emitter zu niedrig wählen, rutscht der Arbeitspunkt A in den unteren, flachen Teil der Steuerkennlinie von *Bild 362.2*. Die negativen Halbschwingungen des Mikrofonstroms haben dort keinen Einfluß auf I_C; sie entfallen. Wenn nämlich der Kollektorstrom $I_C = 0$ A ist, kann er nicht weiter verkleinert werden. Der Ton unserer Flüstertüte wird arg verzerrt. Wir wählen deshalb U_{BE} so, daß die Schaltung im steil ansteigenden Teil der Steuerkennlinie arbeitet.

3. Licht steuert den Transistor

Wenn wir in *Bild 360.1* den Abgriff des Spannungsteilers nach oben schieben, wird sein oberer Teilwiderstand R_o kleiner und die steuernde Spannung U_{BE} größer. Dabei wächst I_C. Kann man R_o auch mit Licht ändern?

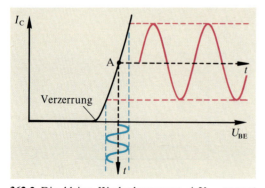

362.2 Die kleine Wechselspannung ΔU_{BE} erzeugt große Änderungen ΔI_C von I_C.

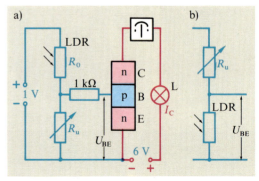

362.3 a) Lichtschranke; beim Dämmerungsschalter sind R_u und LDR (R_o) vertauscht (Versuch 396)

Versuch 395: Wir ersetzen den Widerstand R_o durch den Fotowiderstand LDR aus Versuch 100 und nehmen für R_u einen veränderbaren Drehwiderstand. Ihn stellen wir so ein, daß das Lämpchen L noch dunkel ist, solange kein Licht auf den LDR fällt. Dann ist R_o groß — wie wenn der Schieber in *Bild 360.1* weit unten wäre. Fällt Licht auf den LDR, so sinkt sein Widerstand. Dies vergrößert U_{BE} und damit I_C. Die Lampe L leuchtet, eine zugeschaltete Klingel läutet bei dieser Lichtschranke zum Einbrecherschutz.

Versuch 396: In *Bild 362.3b* sind der Fotowiderstand LDR und der Drehwiderstand R_u miteinander vertauscht. So lange Licht einfällt, ist der nun unten liegende Fotowiderstand klein und greift nur eine kleine Basisspannung U_{BE} ab. Die Lampe L bleibt dunkel. Nehmen wir das Licht weg, so steigt dagegen U_{BE} und L wird heller. Mit diesem Dämmerungsschalter könnte man eine Straßenbeleuchtung bei Eintritt der Dämmerung automatisch einschalten.

4. Andere Transistortypen

Bild 363.1 zeigt das Schaltsymbol des von uns benutzten npn-Transistors. npn bezeichnet die Aufeinanderfolge seiner Halbleiterschichten. Beim **pnp-Transistor** sind Emitter und Kollektor p-Halbleiter; die Basis ist ein n-Halbleiter. Beim pnp-Transistor muß man alle Polungen gegenüber dem npn-Typ umkehren. Der Pfeil am Emitter zeigt stets gegen die tatsächliche Richtung des Emitterstroms. Im **Fototransistor** ist die Kollektor-Basis-Strecke als Fotodiode ausgebildet. — Wenn der zu große Basisstrom stört, benutzt man **Feldeffekttransistoren.** Sie werden ohne Aufwand an Leistung gesteuert.

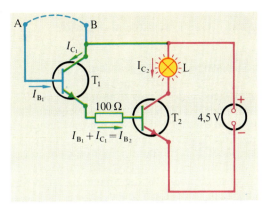

363.2 Zwei Transistoren geben eine 10000fache Stromverstärkung.

5. Zwei Transistoren können 100mal mehr!

Versuch 397: In *Bild 363.2* hat der bisher benutzte Transistor die Bezeichnung T_2. Sein Basisstrom ist zugleich Emitterstrom I_{E1} des linken Transistors T_1, wird also von T_1 vorverstärkt. Fließt also der Basis B_1 von T_1 kein Strom zu, so sperrt T_1 und I_{E1} ist sehr klein. Dann verbinden wir A mit dem Pluspol B der rechten Stromquelle über einen sehr großen Widerstand, etwa mit den immer etwas feuchten Fingern einer Hand. Durch sie fließt ein sehr kleiner Basisstrom I_{B1} (0,01 mA). Er wird von T_1 etwa 100fach verstärkt und fließt über den Emitter E_1 der Basis B_2 von T_2 zu. T_2 verstärkt nochmals 100fach. Der Lampenstrom I_{C2} ist etwa das 10000fache von I_{B1}!

Wir haben eine empfindliche Sensor- oder *Darlingtonschaltung* vor uns. Mit ihr kann man zum Beispiel den Feuchtigkeitsgehalt von verschiedenen, an sich isolierenden Stoffen bestimmen.

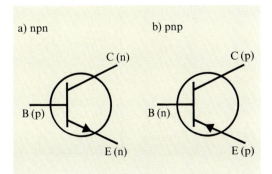

363.1 a) npn-Transistor; b) pnp-Transistor. An der Pfeilrichtung lassen sie sich unterscheiden.

Aufgaben

1. *Für den von uns benutzten Transistor BC 140 schreibt die Herstellerfirma folgende Grenzdaten vor: $I_C < 1$ A; $I_B < 0,1$ A. Welchen Wert muß der Widerstand im Kollektor- bzw. im Basisstromkreis bei einer Betriebsspannung von 4,5 V mindestens haben, damit der Transistor nicht beschädigt wird?*

2. *Wie kann man die Schaltung von Bild 362.3 unempfindlicher machen, damit der Transistor erst bei kräftiger Beleuchtung des LDR leitet?*

3. *Konstruieren Sie mit Hilfe eines Heißleiters und eines Transistors eine Warnanlage, die auf kleine Temperaturzunahmen reagiert!*

§141 Der Transistor als Schalter

1. Spannungen — stetig geändert

Beim Steuern des Transistors nach *Bild 360.1* entnehmen wir die Spannung U_{BE} zwischen Basis B und Emitter E dem Spannungsteiler links. Auch die Spannung des Kollektors geben wir gegenüber dem Emitter an. Wir bezeichnen sie deshalb mit U_{CE}. Sind $U_{CE} = 12$ V und $U_{BE} = 0{,}6$ V, so erhalten wir die Spannung U_{CB} zwischen dem Kollektor C und der Basis B als Differenz $U_{CB} = 12$ V $- 0{,}6$ V $= 11{,}4$ V. Bei solch aufwendigen Schaltungen gibt man zweckmäßigerweise die Spannungen ihrer Punkte gegenüber einem *Bezugspunkt* an, hier gegen den Emitter. Alle Spannungen zwischen beliebigen Punkten werden dann als Differenz berechnet.

Es wäre sinnlos, von der Spannung eines Punktes zu sprechen, etwa von der Spannung der Basis schlechthin. Die Spannung U gibt ja die Transportarbeit $W = U q$ an der Ladung q zwischen *zwei* Punkten an. Sprechen wir im folgenden von der Basisspannung, so meinen wir die Spannung U_{BE} zwischen Basis und Emitter.

Versuch 398: **a)** Nach *Bild 364.1* liegt zwischen den Enden des Widerstands EF die Spannung $U = 4$ V. F ist mit dem Pluspol verbunden. Wir messen die Spannungen des Schiebekontakts B' gegen den Bezugspunkt E, indem wir E mit der Minusbuchse eines Spannungsmessers verbinden. Seine Plusbuchse liegt an B'. Fahren wir mit B' von E nach F, so steigt die Spannung von B' gegen E gleichmäßig von 0 V auf +4 V. In Lautstärkereglern verändert man so eine Spannung und damit die Stärke des Lautsprecherstroms stetig.

b) Nun polen wir die Spannungsquelle um. F liegt am Minuspol der Quelle. Fahren wir mit B' wieder von E nach F, so schlägt der Zeiger des Spannungsmessers nach links aus (auch links vom Nullpunkt der Instrumentenskala sei eine Ablesung möglich). Jetzt fällt die Spannung des Punktes B' stetig von 0 V auf -4 V.

2. Spannungen — plötzlich geändert

Versuch 399: **a)** In *Bild 364.2* ist links der Schalter S geschlossen, Punkt C also durch einen sehr guten Leiter ohne merkliches Spannungsgefälle mit dem Bezugspunkt E verbunden. In C messen wir deshalb gegenüber E auch die Spannung 0 V. Im stromdurchflossenen Glühdraht des Lämpchens L fällt sie dagegen von $+4$ V auf 0 V ab, so wie im Draht EF nach *Bild 364.1*.

b) Beim Öffnen des Schalters S springt die Spannung von C gegenüber E plötzlich von 0 V auf $+4$ V. In der Lampe ist nämlich $I = 0$ A. An ihrem Widerstand R tritt das Spannungsgefälle $\Delta U = I R = 0$ V auf. C bekam deshalb gegenüber E die Spannung $+4$ V des Pluspols der Spannungsquelle — ohne jeden Abzug.

> **Alle Punkte stromloser Leiter haben die gleiche Spannung gegen einen Bezugspunkt. In stromdurchflossenen Leitern tritt dagegen ein Spannungsgefälle auf.**

In *Bild 366.1* sind Spannungen gegen das geerdete Gehäuse, „Masse" genannt, rot eingetragen. Sie heißen *Potentiale*. Ist ein Bauteil defekt, so sind diese Werte verändert. Nachmessen liefert schnell den Fehler.

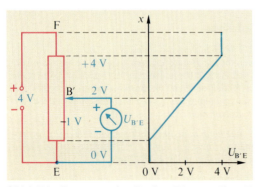

364.1 Die Spannung des Punkts B' gegenüber E steigt beim Verschieben stetig von 0 V auf $+4$ V.

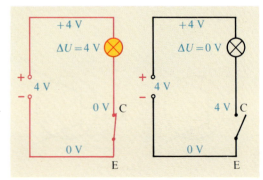

364.2 Beim Öffnen des Schalters S springt die Spannung des Punktes C gegenüber E von 0 V auf $+4$ V.

3. Der Transistor als Schalter

Nach der Kennlinie in *Bild 361.2* verstärkt ein Si-Transistor nur bei Basisspannungen, die zwischen $U_{BE} = 0{,}6$ V und $0{,}7$ V liegen, stetig. Wir sind im *Verstärkerbereich*. Unterhalb von 0,6 V ist der Kollektorstrom $I_C = 0$ A; der Transistor verhält sich wie ein geöffneter Schalter. Oberhalb von $U_{BE} = 0{,}7$ V ist dagegen $I_C = 100$ mA, weil der Arbeitswiderstand im Kollektorkreis I_C auf diesen Wert begrenzt. Der Transistor arbeitet als geschlossener Schalter.

Versuch 400: **a)** *Bild 365.1* zeigt nochmals die beiden Schaltungen aus Versuch 399. Nur ist der Schalter durch einen Transistor ersetzt. Wieder sei der Emitter der Bezugspunkt für Spannungen. Wenn wir die Basis B über den Schutzwiderstand R_S an den Pluspol einer Quelle legen, so bekommt B eine positive Spannung gegen E, der Transistor leitet gut. Er verbindet wie ein geschlossener Schalter mit geringem Widerstand seinen Kollektor C mit E. Wir messen an C gegenüber E eine sehr kleine Spannung von etwa +0,3 V. Erst im stromdurchflossenen Widerstand R_a steigt sie auf +12 V, also die Spannung des Pluspols der Quelle gegenüber E.

b) Nun legen wir die Basis B an den Emitter, geben ihr also die Spannung $U_{BE} = 0$ V. Der Transistor verhält sich wie ein geöffneter Schalter. Die Spannung des Kollektors gegenüber E springt von 0 V auf +12 V, die Spannung der Basis ist auf 0 V gesunken. Die Spannungssprünge an Basis und Kollektor sind also einander entgegengesetzt.

Der Transistor erzeugt als Schalter eine *Spannungsumkehr*: Eine hohe Basisspannung erzeugt eine niedrige Kollektorspannung und umgekehrt.

4. Eine Schaltung bekommt Gedächtnis

Versuch 401: **a)** Nach *Bild 365.2* wird der Kollektor C_1 des linken Transistors T_1 über den Widerstand R_1 (3 kΩ) mit der Basis B_2 von T_2 verbunden. Zunächst legen wir die Basis B_1 über den Schutzwiderstand R_S und den Punkt A auf die hohe Spannung +4 V gegenüber E. T_1 leitet, L_1 leuchtet. Nach Ziffer 3 sinkt die Spannung von C_1 und damit über R_1 auch die von B_2 fast auf Null *(1. Spannungsumkehr)*. Die niedrige Spannung von B_2 sperrt den rechten Transistor T_2. L_2 erlöscht. Der Kollektor C_2 nimmt deshalb die hohe Spannung +4 V an *(2. Spannungsumkehr)*. C_2 hat also wieder die hohe Spannung von A.

b) Nun lösen wir Punkt A von der hohen Spannung. U_{BE} sinkt i.a. (wegen Leitungsvorgängen in T_1) schnell ab; L_1 erlöscht und L_2 leuchtet. Dieses Umkippen tritt sicher ein, wenn wir Punkt A an die untere Schiene legen, also ihm die Spannung 0 V geben. Wenn wir A von oben lösen, „vergißt" die Schaltung ihren Zustand (linkes Lämpchen leuchtet, rechtes nicht). Kann man sie mit einem „Gedächtnis" zum Speichern dieses Zustands ausstatten?

Versuch 402: **a)** Wir legen die blaue Rückkopplungsleitung mit dem Widerstand R_2 zwischen C_2 und B_1. Sie führt die Spannung von C_2 (durch den Widerstand R_2 geschwächt) nach B_1 zurück. Hatte in Versuch 401a der Punkt A hohe Spannung, so auch C_2. Die Rückkopplungsleitung hält dann auch die Spannung von B_1 hoch, selbst wenn wir A von der oberen Schiene gelöst haben. Die Schaltung ist in dieser Stellung stabilisiert und „merkt" sich ihren Zustand. Er bleibt erhalten, selbst wenn wir die obere Schiene nur kurz angetippt hatten.

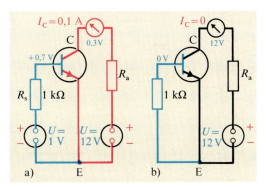

365.1 Im Transistor findet eine Umkehr der Spannung von der Basis zum Kollektor statt.

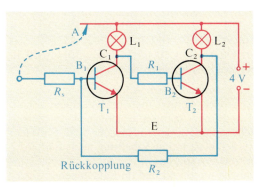

365.2 Die Rückkopplungsleitung mit R_2 gibt diesem Flip-Flop Gedächtnis (Versuch 402).

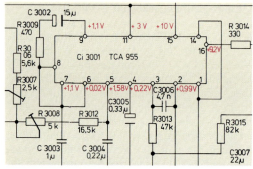

366.1 Spannungsangaben in einem Schaltplan gegenüber dem geerdeten Gehäuse. Abweichungen zeigen Fehler an.

b) Tippen wir mit A an die untere rote Schiene, so erhält B_1 die Spannung 0 V gegenüber E, desgleichen auch C_2 (wegen der doppelten Spannungsumkehr). Die Rückkopplungsleitung bindet B_1 an diese niedrige Spannung – bis man mit A wieder an der hohen angetippt hat. Wegen der zweifachen großen Verstärkung in beiden Transistoren erfolgt dieses Umkippen praktisch momentan – es findet ein „Erdrutsch" in der Schaltung statt. Dies zeigt ein zwischen C_2 und E gelegtes Oszilloskop als momentanen Spannungssprung. Diese Schaltung heißt **Flip-Flop**; sie kann nur zwei stabile Zustände einnehmen, ist also *bistabil*.

Im Gegensatz zu mechanischen Schaltern können Transistoren in 1 s viele Millionen Mal geöffnet und geschlossen werden. Dies benutzt man in der **Digitaltechnik**. Sie arbeitet nicht mit kontinuierlichen Änderungen von Strömen und Spannungen, sondern mit sprunghaften, wie sie beim Ein- und Ausschalten auftreten. In Taschenrechnern und Computern benutzt man beide Schaltzustände, um Zahlen im Zweiersystem darzustellen und mit ihnen zu rechnen. Der hohen Spannung ordnet man die Zahl 1, der niedrigen die Null zu. Die Dezimalzahl $67 = 1 \cdot 2^6 + 0 \cdot 2^5 + \ldots + 1 \cdot 2^1 + 1 \cdot 2^0$ lautet im Dualsystem 1000011. Jede Ziffer wird in einem Flip-Flop gespeichert.

Die kontinuierlichen Änderungen im Verstärkerbereich benutzt man in der **Analogtechnik** (Rundfunk, heutiges Telefon). Die stetigen Schwankungen des Luftdrucks beim Sprechen werden etwa in der Schaltung nach *Bild 362.1* in stetige Änderungen von Strömen und Spannungen umgesetzt und im Lautsprecher wieder in die analogen Luftdruckschwankungen verwandelt. Störsignale verändern diese Analogwerte unmittelbar. Zwischen den Digitalzuständen „Ein" und „Aus" besteht aber eine so große Differenz, daß sie kaum gestört werden. In **logischen Schaltungen** ordnet man einer hohen Spannung den logischen Wert „Ja" zu und einer niedrigen „Nein". Dann werden diese Werte durch einen Transistor auf dem Weg von der Basis zum Kollektor vertauscht. Aus „Ja" wird „Nein" und umgekehrt. Man sagt, der Transistor führe eine *Negation* im logischen Sinne aus. Mit zwei Transistoren haben wir im Flip-Flop den logischen Satz realisiert: Eine doppelte Verneinung ist eine Bejahung.

5. Eine Blinkschaltung (Multivibrator)

Nun soll die Schaltung ständig und ohne unser Zutun jeweils nach einer bestimmten Zeit umkippen. Hierzu müssen wir noch einen Zeitschalter einbauen. Was eignet sich hierzu?

Versuch 403: Ein Kondensator der Kapazität $C = 250$ μF wird über einen Spannungsmesser mit dem Innenwiderstand $R_i = 300$ kΩ entladen *(Bild 366.2)*. Wenn wir den Kondensator auf 100 V geladen haben, sinkt seine Spannung nach *Bild 366.2* zuerst schnell, dann immer langsamer. Diese Verbindung von Kondensator und Widerstand heißt *RC*-Glied. Es entlädt sich um so langsamer, je größer R und C sind.

Versuch 404: Wir legen nach *Bild 367.1* zwischen den ersten und zweiten Transistor als Zeitschalter das blau gezeichnete *RC*-Glied ($C_2 = 250$ μF, $R_2 = 10$ kΩ). Das gleiche führen wir in der Rückkopplungsleitung mit C_1 und R_1 aus. Die beiden Lämpchen (0,07 A) blinken abwechselnd mit etwa 2 s Dauer auf.

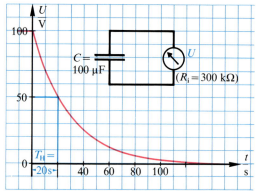

366.2 Der Kondensator C wird über den Widerstand R_i allmählich entladen; U sinkt.

a) Zur Erklärung springen wir mitten in den Vorgang. L_2 leuchte, L_1 sei dunkel; an L_1 fällt also keine Spannung ab. Der Kollektor C_1 ist deshalb auf hoher Spannung (+4 V) gegenüber E, desgleichen die linke „Platte" vom Kondensator C_2. Dessen rechte „Platte" hat gegenüber E die Spannung der Basis B_2, also höchstens +0,6 V. Zwischen den beiden „Platten" des Kondensators C_2 liegt deshalb eine Spannung von etwa 3,6 V. C_2 trägt die Ladung $Q = C_2 \cdot$ 3,6 V und wirkt wie eine Batterie als Spannungsquelle *(Bild 367.2a)*. Dieser Zustand könnte beliebig lange andauern. Doch zeigt der Versuch, daß plötzlich L_1 aufleuchtet. Wir sehen in (e), daß dieser „Erdrutsch" vom gleich gebauten Zeitschalter R_1-C_1 in der Rückkopplungsleitung ausgelöst wird. (Die Erklärung geben wir in (b) und (c) an R_2-C_2.)

b) Was ist die Folge dieses Erdrutsches? Nach ihm leitet der linke Transistor. Das Spannungsgefälle im stromdurchflossenen Lämpchen L_1 senkt die Spannung des Kollektors C_1 und damit auch die der linken Kondensatorplatte von +4 V auf etwa 0 V (gegenüber E). Nun kann aber Kondensator C_2 nicht sofort über den großen Widerstand R_2 entladen werden. Deshalb bleibt die Spannung zwischen seinen beiden Platten zunächst erhalten. Mit der Spannung des Kollektors C_1 sinkt also auch die Spannung der rechten „Platte" und damit die der Basis B_2 von 0 V auf −4 V *(Bild 367.2b)*.

c) Bei dieser negativen Spannung U_{BE} sperrt B_2 sofort den Basisstrom und damit den rechten Transistor. Der Kondensator C_2 entlädt sich nun langsam über R_2. Zwischen den Enden von R_2 liegt die Spannung 8 V (Differenz zwischen +4 V und −4 V; *Bild 367.2b*).

d) Durch das Entladen von C_2 sinkt diese Spannung 8 V allmählich; die Spannung der rechten Platte und die von B_2 steigen wieder von −4 V auf etwa +0,6 V. Dann leitet der rechte Transistor. L_2 leuchtet auf, und der Zustand (a) ist wiederhergestellt.

e) Da der linke Transistor genauso wie der rechte geschaltet ist, wiederholt sich am Zeitschalter R_1-C_1 alles wie in (b) und (c) für R_2-C_2 beschrieben. Die beiden Lämpchen lösen sich deshalb abwechselnd im Leuchten ab. Die Perioden werden um so länger, je größer die Kapazitäten C und die Widerstände R sind. Je größer R ist, desto langsamer wird der Kondensator entladen. Bei großer Kapazität braucht man mehr Ladung.

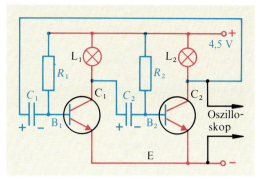

367.1 Blinkschaltung nach Versuch 404

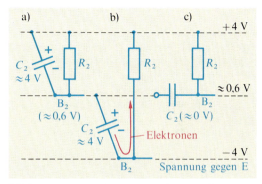

367.2 Spannungsänderungen erklären die Blinkschaltung.

Während der Umschaltzeit Δt, in der das Lämpchen L_2 dunkel ist, liegt an R_2 im Mittel die Spannung 6 V (sie sinkt von 8 V auf etwa 4 V). Die mittlere Stromstärke ist folglich $\bar{I} \approx$ 6 V/$R_2 = Q/\Delta t$. Da Q nach a) etwa $Q \approx C_2 \cdot 4$ V beträgt, ist $\Delta t \approx \frac{2}{3} C_2 R_2$, in unserem Beispiel etwa 1,6 s. Wenn man R_2 auf 1 kΩ und C_2 auf 10 µF verkleinert, sinkt Δt auf etwa 0,007 s (Nachprüfen mit dem Oszilloskop!).

Versuch 405: Wir schalten vor das Lämpchen L_2 einen Lautsprecher. Wenn wir die Widerstände und Kapazitäten verkleinern, sinken die Periodendauern. Die Kippfrequenz steigt erheblich an. Im Lautsprecher liefert diese *Multivibratorschaltung* immer höhere Töne.

Aufgaben

1. *Kann man in der Blinkschaltung nach Bild 367.1 erreichen, daß L_2 länger als L_1 leuchtet? Welche Möglichkeiten gibt es?*

2. *Wie groß ist die Umschaltzeit in Versuch 404, wenn $R_2 = 5$ kΩ und $C_2 = 0,5$ µF gewählt werden?*

§ 142 Steuerung und Regelung

1. Steuern mit und ohne Steuermann

Wie steuert ein Autofahrer seinen Wagen um eine Kurve? Nun, er dreht am Lenkrad, und das Fahrzeug schlägt eine neue Richtung ein. Auch wer nicht Auto fährt, führt Steuerungsvorgänge aus: Man drückt auf einen Schalter, und eine Glühlampe leuchtet auf; man dreht am Wasserhahn, und der Wasserstand steigt.

Was ist allen diesen Vorgängen gemeinsam? Zunächst ein **„Eingang"**, an welchem Veränderungen vorgenommen werden (das Lenkrad, der Schalter, der Wasserhahn). Dadurch werden die Verhältnisse am **„Ausgang"** auf genau festgelegte Weise beeinflußt (gesteuert): Richtungsänderung beim Auto, Temperatur- und Helligkeitsänderung bei der Glühlampe, Wasserstandsänderung bei der Badewanne. Für *Steuerungsvorgänge* braucht man nicht unbedingt einen Menschen als „Steuermann":

Versuch 406: Nach der Schaltung von *Bild 368.1* wird im Prinzip die Straßenbeleuchtung gesteuert: Bei Dunkelheit ist der Widerstand R_u des unbeleuchteten LDR viel größer als der Festwiderstand R_o; es gilt $R_u \gg R_o$. Zwischen Minusschiene und B liegt am großen Widerstand fast die gesamte Spannung; der Transistor wird leitend, L leuchtet. Sobald der LDR von der Sonne bestrahlt wird, sinkt sein Widerstand beträchtlich; jetzt gilt $R_u \ll R_o$. Nun liegt am kleinen Widerstand zwischen Minusschiene und B fast keine Spannung mehr; der Transistor sperrt, L erlischt. Eingang der Schaltung ist der Fotowiderstand, Ausgang die Glühlampe. Der Ausgang wird über den Eingang **gesteuert,** diesmal ohne menschliches Zutun.

Solche Steuerungsvorgänge spielen bei Überwachungsvorgängen aller Art eine wichtige Rolle. So kann z.B. bei einer Zentralheizung die Raumtemperatur über einen *Außen*thermostaten gesteuert werden: Je höher die Außentemperatur, um so seltener wird der Brenner in Gang gesetzt. Das Prinzip dieses Vorgangs bauen wir mit elektronischen Hilfsmitteln nach:

Versuch 407: In *Bild 368.2* verwenden wir als Eingang einen Heißleiter, als Ausgang die Glühlampe L (sie dient uns als Modell für einen elektrischen Heizofen). Zunahme der Außentemperatur bedeutet: Der Widerstand des Heißleiters sinkt, der Transistor wird leitend, das Relais spricht an, die Lampe wird abgeschaltet, die Wärmezufuhr hört auf.

2. Der Ausgang wirkt auf den Eingang zurück

Wir ändern Versuch 408 scheinbar nur geringfügig ab: Die Lampe L wird unmittelbar neben den Heißleiter gestellt (in *Bild 368.2* rot gestrichelt). Was ändert sich dadurch? Der Heißleiter, unser Temperaturfühler, befindet sich jetzt am gleichen Ort wie die Heizung und kann von dieser unmittelbar beeinflußt werden. Er wirkt also nicht mehr wie ein weit entfernter Außentemperaturfühler, sondern wie ein *Raum*thermostat: Jeder zu hohe Wert der „Raumtemperatur" führt zu einem sofortigen Abschalten der Heizung. Sobald die Temperatur aber wieder zu stark absinkt, sperrt der Transistor, der Ruhekontakt des Relais kehrt in seine Ausgangslage zurück, und die Heizung wird wieder in Betrieb genommen.

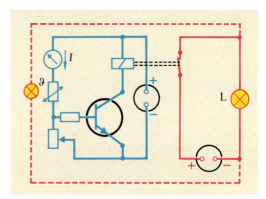

368.1 Steuerung der Glühlampe über einen Fotowiderstand (LDR)

368.2 Temperatursteuerung (rot gestrichelt: Temperaturregelung) mit Hilfe eines Heißleiters

Der Ausgang (die Heizung) **wirkt auf den Eingang** (den Temperaturfühler) **zurück.** Diesen Vorgang bezeichnet man als **Regelung**. Die gegenseitige Beeinflussung von Ein- und Ausgang ist in *Bild 369.1* schematisch beschrieben.

Was haben wir durch diese Regelung erreicht? Die Temperatur kann einen vorher festgelegten Wert nicht wesentlich über- oder unterschreiten. Sie hält (innerhalb einer gewissen Schwankungsbreite) den zuvor eingestellten **Sollwert** ein. Diesen können wir auch ohne Thermometer kontrollieren: Wir messen die Stärke des Stroms I durch den Heißleiter *(Bild 368.2)*. Jede Temperaturschwankung ändert den Heißleiterwiderstand und damit die Stromstärke I. Wir beobachten, daß die Anzeige des Strommessers nur ganz geringfügig schwankt. Also können wir auf eine nahezu gleichbleibende Temperatur zurückschließen.

> **Bei einem Regelungsvorgang wirkt der Ausgang eines Systems auf den Eingang zurück. So erreicht man, daß die Regelgröße innerhalb einer gewissen Schwankungsbreite einen bestimmten Sollwert einhält.**

Bei einem **Steuerungs**vorgang von Versuch 406 wirkte lediglich der Eingang auf den Ausgang. Dieser beeinflußte dagegen nicht die Verhältnisse am Eingang, es fehlte die sogenannte „**Rückkopplung**". Diese können wir jedoch in Versuch 406 leicht herstellen: Wir setzen die Lampe L (den Ausgang) unmittelbar neben den LDR (den Eingang). Leuchtet L sehr kräftig, sinkt R_u und damit U_{BE}; wenn wir im Verstärkerbereich des Transistors arbeiten, sinkt damit I_C (siehe *Bild 362.2*), und L leuchtet schwächer. So stellt sich eine mittlere Helligkeit der Lampe ein. Auch hier gibt es eine Regelgröße, die einen gewissen Sollwert annimmt: Die Beleuchtungsstärke auf der Eingangsfläche am „Fühler" (dem LDR). Störungen von außen können bis zu einem gewissen Grad ausgeglichen werden. Steigt z.B. die allgemeine Raumhelligkeit infolge von Sonneneinstrahlung, so wird L automatisch abgeschaltet, und die Beleuchtungsstärke nimmt keine zu hohen Werte an.

Regelungen lassen sich nicht nur mit elektronischen Hilfsmitteln bauen: *Bild 369.2* zeigt ein sogenanntes Reduzierventil, wie man es häufig auf Gasflaschen schraubt. Hier ist der Druck p_a des ausströmenden Gases die Regelgröße; sie soll einen festen Sollwert einhalten. Dros-

seln wir z.B. das ausströmende Gas bei C stark, so würde ohne Reduzierventil der Gasdruck in der Kammer K ansteigen und schließlich den Wert p_e des einströmenden Gases annehmen. Steigt aber p_a an, so nimmt sofort die Druckkraft auf die Membran zu, welche die Kammer K nach oben begrenzt. Dadurch wird die Feder F zusammengedrückt, und das Bodenventil V schließt sich: ein weiterer Druckanstieg ist verhindert, p_a hat den Sollwert nur wenig überschritten. *Bild 369.3* zeigt den Vorgang in schematischer Darstellung.

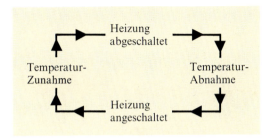

369.1 Schema der Temperaturregelung von Versuch 406

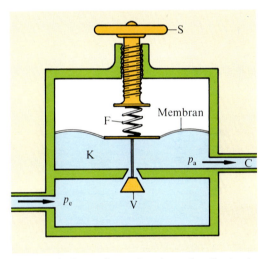

369.2 Reduzierventil zur Regelung des Gasdrucks

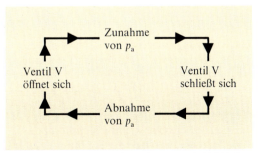

369.3 Schema der Druckregelung von *Bild 369.2*

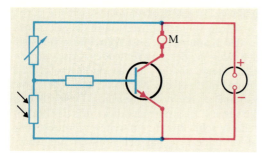

370.1 Zu Versuch 408

370.2 Ein Insekt als geregeltes biologisches System, simuliert mit elektronischen Hilfsmitteln

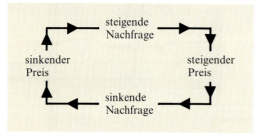

370.3 Schema eines geregelten Systems aus der Wirtschaft (Prinzip der Marktwirtschaft)

3. Regelungen überall

a) Regelungsvorgänge finden wir bei technischen Vorgängen aller Art. Sie spielen besonders im Hinblick auf die sinnvolle Verwendung von Energie eine zunehmende Rolle. So konnten wir in Versuch 407 durch eine geeignete Regelung ein unnötiges Aufheizen verhindern. Die Benzineinspritzung beim Auto stellt z.B. einen technisch sehr wichtigen, von außen beeinflußbaren Regelungsvorgang dar, der zu einem sparsameren Kraftstoffverbrauch beiträgt.

b) Auch biologische „Systeme" sind geregelt. So verengt sich z.B. die Pupille des menschlichen Auges bei starkem Lichteinfall und weitet sich bei schwacher Beleuchtung. Dadurch wird verhindert, daß die Beleuchtungsstärke auf der Netzhaut allzu große bzw. allzu kleine Werte annimmt. Bei manchen Insekten ist das anders: Sie sind auf große Beleuchtungsstärken „programmiert", fliegen also immer aufs Licht zu. Einen solchen Regelkreis können wir mit elektronischen Hilfsmitteln leicht nachbauen:

Versuch 408: *Bild 370.1 zeigt den Schaltplan, Bild 370.2 ein Foto unseres „Insekts". Der Fotowiderstand sitzt auf einer Drehscheibe, die von einem stark untersetzten Motor angetrieben wird. Diese Scheibe dreht sich so lange, bis der LDR in den Bereich der Lampe L kommt. Sobald eine gewisse Mindestbelichtung vorliegt, schaltet der Transistor den Motor ab. Verändern wir die Lage der Lampe, setzt sich die Drehscheibe erneut in Bewegung, der „Fühler" folgt dem Licht.*

c) *Bild 370.3* zeigt: Auch wirtschaftliche Vorgänge kann man als geregelte Systeme beschreiben. Regelungsvorgänge aller Art werden von der Wissenschaft der **Kybernetik** untersucht.

Aufgaben

1. *Warum ist ein Stromkreis mit Schalter ein gesteuertes, aber kein geregeltes System?*

2. *Welche „Fühler" verwendet man, um einen Stromkreis mit Hilfe von Schall (Licht, Wärme) zu steuern?*

3. *Warum muß man das „Steuern" eines Autos streng genommen als Regelungsvorgang bezeichnen? Geben Sie Sollwerte an, welche dabei eingehalten werden müssen!*

4. *Beschreiben Sie die Regelung der Beleuchtungsstärke von Versuch 406 mit Hilfe eines Schemas wie in Bild 369.1!*

5. *Wie kann man in Versuch 407 einen höheren (niedrigeren) Sollwert für die Temperatur einstellen? Wie macht sich dies am Strommesser bemerkbar?*

6. *Die Temperaturregelung von Versuch 407 soll mit Hilfe eines Bimetallstreifens im Lampenstromkreis vorgenommen werden (statt mit elektronischen Hilfsmitteln). Entwerfen Sie eine Schaltung! Welcher Teil der jeweiligen Schaltung dient als Temperaturfühler, welcher als Schalter?*

7. *Verkehrsampeln laufen i.a. nach einem fest eingestellten Programm ab. Wird mit ihrer Hilfe der Verkehr gesteuert oder geregelt?*

Elektromagnetische Induktion

§143 Induktion durch Lorentzkräfte

1. Einheit in der Natur — Fülle in der Technik

1820 erregte *Oersted* mit einer Flugschrift Aufsehen. Er teilte mit, der Strom bewege Magnetnadeln. Die Gelehrten Europas faszinierte diese für viele unerwartete Verbindung von Elektrizität und Magnetismus. *Faraday* wollte diesen Effekt umkehren und schrieb in sein Notizbuch: „Convert magnetism into electricity".

1831 gelang es ihm, mit Magneten Spannung zu „induzieren". Eine Parlamentskommission fragte ihn, wozu man das brauchen könne. Er sagte: „Das weiß ich nicht, wohl aber, daß Sie Steuern darauf nehmen werden". Wie kann man mit Magneten Spannung erzeugen?

Versuch 409: a) In einem Vorversuch nach Bild 371.1a liegt ein Aluminiumstab auf zwei waagerechten Schienen zwischen den Polen eines Hufeisenmagneten. Ein Akku treibt Elektronen im Stab von C nach D. Sie erfahren im Magnetfeld die Lorentzkraft F_L quer zum Stab. Diese rollt ihn — als Anker eines Minimotors — nach links.

b) Wir wandeln den Motor in einen *Generator* um, nehmen also den Akku weg (Bild 371.1b). Nun soll die Lorentzkraft die Elektronen längs des Stabs von C nach D treiben und so die vordere Schiene negativ aufladen; in der hinteren entsteht dann Elektronenmangel. Zu dieser Ladungstrennung brauchen wir nur den Stab

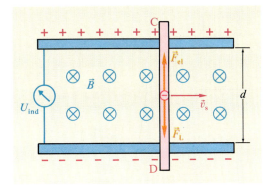

371.2 Eine Theorie mit weltweiter Wirkung

samt seinen Elektronen senkrecht zum $\vec{B}$-Feld nach rechts zu schieben. Dann entsteht zwischen den Schienen dieses Minigenerators die Induktionsspannung U_{ind}. Wie groß ist sie?

Auch nach Bild 371.2 bewegt sich der Stab mit der Geschwindigkeit $\vec{v}_s$ senkrecht zu den magnetischen Feldlinien nach rechts. Die Lorentzkräfte können in ihm nicht alle Elektronen ganz nach unten treiben. Die getrennten Ladungen bauen nämlich im Stab der Länge d ein Feld der Stärke $E = U_{ind}/d$ auf (Aufgabe 4). In ihm erfährt jedes Elektron die elektrische Feldkraft $F_{el} = eE$ nach oben, der Lorentzkraft $F_L = Bev_s$ entgegen. Deshalb gehen nur so viele Elektronen nach unten, bis sich die Kräfte F_L und F_{el} an jeder Stelle des bewegten Leiters Gleichgewicht halten. Dann gilt

$$eU_{ind}/d = Bev_s \quad \text{oder} \quad U_{ind} = Bdv_s. \quad (371.1)$$

Versuch 410: a) Wir kehren in Versuch 409b die Richtung von $\vec{v}_s$ oder von $\vec{B}$ um. U_{ind} polt sich auch um; $\vec{F}_L$ hat die Richtung geändert.

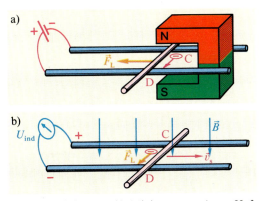

371.1 a) Minimotor; b) Minigenerator (vom Hufeisenmagneten ist nur das Feld gezeichnet)

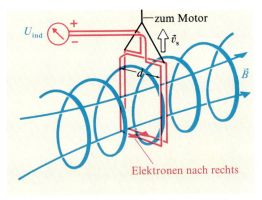

371.3 Der Drahtrahmen wird aus dem B-Feld nach oben gezogen.

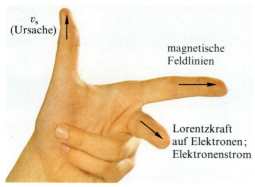

372.1 Dreifingerregel für die Induktion

Ein gerades Leiterstück der Länge d bewege sich mit der Geschwindigkeitskomponente v_s senkrecht zu einem Magnetfeld mit konstanter Flußdichte B. Lorentzkräfte erzeugen dann die Induktionsspannung

$$U_{ind} = B\, d\, v_s. \qquad (372.1)$$

b) Wir stellen den Magneten so, daß seine Feldlinien waagerecht liegen. Wenn wir dann den Leiter parallel zu ihnen verschieben, sind Lorentzkraft und Spannung Null. Also ist bei der Induktion nur die Geschwindigkeitskomponente v_s des Leiters senkrecht zu den magnetischen Feldlinien wirksam.

Bei geschlossenem Kreis fließen die Elektronen über das Meßinstrument zur oberen Schiene zurück. Die Lorentzkraft sorgt jedoch für weiteren Elektronennachschub und hält so das Gleichgewicht von F_L und F_{el} aufrecht. Für die Richtung des im geschlossenen Kreis fließenden Induktionsstroms gilt die *Dreifingerregel der linken Hand*: Der Daumen zeige in Richtung der Leitergeschwindigkeit $\vec{v}_s$, der Zeigefinger in Richtung von $\vec{B}$. Dann gibt der Mittelfinger die Richtung des Elektronenstroms an *(Bild 372.1)*.

Wir prüfen $U_{ind} = B\, d\, v_s$ im Versuch nach, um zu sehen, ob unsere Überlegungen richtig sind:

Versuch 411: In der waagerecht liegenden Spule (blau) nach *Bild 371.3* ist ein konstantes und homogenes Magnetfeld mit $B = 4{,}0 \cdot 10^{-3}$ T erregt. Den roten Drahtrahmen ($d = 5$ cm breit mit $n = 500$ Windungen) zieht ein Motor mit der Geschwindigkeit $v_s = 2{,}0 \cdot 10^{-3}$ m s^{-1} senkrecht zu den magnetischen Feldlinien nach oben. In jedem der unteren Leiterstücke sollte die Spannung $U_{ind} = B\, d\, v_s$ induziert werden. Für U_{ind} gilt:

$$U_{ind} = 4 \cdot 10^{-3}\text{ T} \cdot 0{,}05\text{ m} \cdot 2 \cdot 10^{-3}\text{ m s}^{-1}$$
$$= 4 \cdot 10^{-7}\text{ N m (A s)}^{-1} = 4 \cdot 10^{-7}\text{ V}.$$

Die Spule enthält $n = 500$ solcher Stücke. Ihre Spannungen addieren sich wegen der Hintereinanderschaltung zur Gesamtspannung $U = 2 \cdot 10^{-4}$ V. Ein empfindlicher Meßverstärker bestätigt diesen Wert und so den Satz:

2. Wir betrachten jetzt den ganzen Stromkreis

Versuch 412: a) Ein Elektromagnet erregt zwischen den großen Polschuhen ein konstantes homogenes Feld. Dorthin schieben wir nach *Bild 372.2a* die Leiterschleife ABCD senkrecht zu den Feldlinien. Die im unteren Teil AB induzierte Spannung wird so lange angezeigt, bis auch der obere Teil CD ins Feld taucht. Dabei nimmt die blaue Fläche A_s des Stromkreises, die vom B-Feld senkrecht durchsetzt wird, zu.

b) Dann bewegen wir die Schleife im homogenen Feld parallel zu sich weiter. Die Spannungsanzeige geht auf Null zurück. In CD werden zwar genauso viele Elektronen nach links verschoben wie in AB *(Bild 372.2b)*. Die in AB und CD induzierten Spannungen sind aber im Kreis entgegengesetzt gepolt und kompensieren sich. A_s bleibt konstant.

c) Wenn in *Bild 372.2c* das Teilstück AB unten das Feld verläßt, besteht nur noch die in CD induzierte Spannung. Das Instrument schlägt entgegengesetzt aus wie in (a). A_s nimmt ab.

Wir finden stets dann Spannung, wenn sich die vom Feld durchsetzte Schleifenfläche A_s ändert.

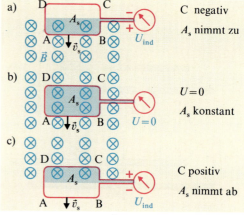

372.2 Spannung beim Ändern der felddurchsetzten Fläche A_s

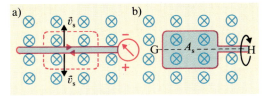

373.1 a) Beim Auseinanderziehen, b) beim Drehen der Leiterschleife ändert sich ihre vom $\vec{B}$-Feld durchsetzte Fläche A_s.

Versuch 413: **a)** Wir verändern die vom Feld durchsetzte Schleifenfläche A_s, indem wir die Schleife im Feld auseinanderziehen oder sie um ihre Achse GH drehen *(Bild 373.1)*. Auch hier induzieren Lorentzkräfte Spannungen wechselnder Polarität.

b) Wenn wir unsere Leiterschleife zu einer Spule mit n Windungen erweitert haben, ist gemäß Versuch 411 die Gesamtspannung n-fach.

3. Faraday dachte mit Feldlinienzahlen

Faraday konnte die Induktion nicht mit der Lorentzkraft erklären. Er beschrieb sie anschaulich mit Feldlinien. Diese sah er als reale Fäden an, die man im Prinzip zählen könne.

Immer dann fand er Induktionsspannung, wenn sich — nach seiner Vorstellung — die *Zahl der Feldlinien*, die den Stromkreis insgesamt durch „fließen", ändert. In *Bild 372.2a* nimmt die Feldlinienzahl (der magnetische „Fluß") zu, weil wir die Schleife ins Feld schieben. In *Bild 372.2b* bleibt diese Zahl konstant; oben verlassen ja gleich viele Feldlinien die Schleife, wie unten neu eintreten; U_{ind} ist Null. In *Bild 372.2c* nimmt dagegen die Feldlinienzahl ab; Plus und Minus sind nun vertauscht. Beim Zusammenpressen oder Drehen der Fläche ist die Änderung der Feldlinienzahl offenkundig. *Faradays Feldvorstellung* war einfach und genial! Doch können wir Feldlinien nicht zählen; wir müssen rechnen!

4. Induktionsgesetz — mathematisch formuliert

Faradays Feldlinienbetrachtungen führen uns nun zu einer umfassenden mathematischen Formulierung aller Induktionsversuche. Wir sehen die Flußdichte B als Maß dafür an, wie *dicht* Feldlinien liegen, wie viele durch eine Flächeneinheit „fließen", die senkrecht zum Feld steht. So erklärt sich historisch das Wort Flußdichte. Den gesamten magnetischen Fluß Φ (nach *Faraday* die Zahl aller Feldlinien durch die Leiterschleife) erhalten wir dann durch Multiplikation mit der Fläche A_s, welche die Leiterschleife dem Feld senkrecht darbietet: Dieser magnetische Fluß ist $\Phi = B A_s$.

Wir bringen diesen Fluß $\Phi = B A_s$ nun in die aus der Lorentzkraft gewonnene Gleichung $U_{ind} = B d v_s$ ein. Nach *Bild 373.2* bewegt sich der Leiter in der Zeit Δt um die Strecke Δs mit der Geschwindigkeit $v_s = \Delta s / \Delta t$ weiter. Im Bereich des B-Felds nimmt die vom Feld senkrecht durchsetzte Fläche A_s um $\Delta A_s = d \Delta s$ zu (blau); es gilt $U_{ind} = B d v_s = B d \Delta s / \Delta t = B \Delta A_s / \Delta t$. Weil diese felddurchsetzte Fläche um ΔA_s ansteigt, nimmt der magnetische Fluß $\Phi = B A_s$ um $\Delta \Phi = \Delta (B A_s) = B \Delta A_s$ zu. Da dort B konstant ist, haben wir B vor das Ände-

373.2 Im Bereich des $\vec{B}$-Felds steigt der Fluß um $\Delta \Phi = B \Delta A_s$; dies induziert die Spannung U.

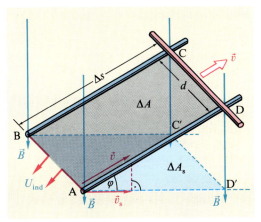

373.3 B-Linien projizieren ΔA auf $\Delta A_s = \Delta A \cos \varphi$ in die Ebene senkrecht zum $\vec{B}$-Feld; $v_s = v \cos \varphi$.

rungssymbol Δ gesetzt; es gilt $\Delta(B A_s) = B A_{s,2} - B A_{s,1} = B(A_{s,2} - A_{s,1}) = B \Delta A_s$. Für die Induktionsspannung in n Windungen folgt der n-fache Wert

$$U_{ind} = n \Delta \Phi / \Delta t = n B \Delta A_s / \Delta t. \qquad (374.1)$$

Diese Gleichung beschreibt die Versuche durch das „Tempo" $\Delta \Phi / \Delta t$, mit dem sich der Fluß Φ ändert. Nach Bild 373.3 kann die aus Schienen gebildete Fläche ΔA des Kreises sogar schräg zu den Feldlinien stehen. Dort ist die Geschwindigkeitskomponente des Leiters senkrecht zum Magnetfeld nur noch $v_s = v \cos \varphi$. v_s bestimmt die Lorentzkraft wie auch die induzierte Spannung $U_{ind} = B d v_s$. In der obigen Herleitung bedeutet also $d v_s \Delta t$ nicht mehr die Änderung der vom Stab auf den Schienen überstrichenen Fläche ΔA selbst. Vielmehr ist es die Änderung ihrer *Projektion* $\Delta A_s = \Delta A \cos \varphi$ auf eine Ebene senkrecht zu den Feldlinien. ΔA_s bildet ja mit ΔA den Winkel φ. ΔA_s ist der Querschnitt des Feldlinienbündels, das die Leiterschleife durchsetzt und bestimmt zusammen mit B die von der Schleife umfaßte Feldlinienzahl, also die Flußänderung $\Delta \Phi = B \Delta A_s$. Für $\varphi = 0°$ ist $\Delta A_s = \Delta A \cos 0° = \Delta A$, für $\varphi = 60°$ gilt $\Delta A_s = \Delta A \cos 60° = \Delta A / 2$, für $\varphi = 90°$ wird $\Delta A_s = 0$.

$U_{ind} = n \Delta \Phi / \Delta t$ liefert nur die *mittlere* Induktionsspannung im Zeitintervall Δt. Die Momentanspannung erhält man als Grenzwert von $n \Delta \Phi / \Delta t$ für $\Delta t \to 0$. Man schreibt $U_{ind} = n \dot{\Phi}$ (Φ wird nach t abgeleitet; Beispiel b).

Definition: Der magnetische Fluß Φ durch eine Leiterschleife ist das Produkt aus der Flußdichte B und dem Querschnitt A_s des Feldlinienbündels durch die Schleife:

$$\Phi = B A_s. \qquad (374.2)$$

$[\Phi] = $ T m² = N (A m)$^{-1}$ m²
     $= $ N m A^{-1} = J s C^{-1} = V s.

Satz: Die bei der Bewegung von Spulen mit n Windungen induzierte Spannung U_{ind} hängt nicht vom magnetischen Fluß Φ ab, der die Spulen durchsetzt, sondern vom „Tempo" $\Delta \Phi / \Delta t$ seiner Änderung nach

$$U_{ind} = n \Delta \Phi / \Delta t. \qquad (374.3)$$

Die Momentanspannung ist der Grenzwert

$$U_{ind} = n \lim_{\Delta t \to 0} \Delta \Phi / \Delta t = n \dot{\Phi}(t). \qquad (374.4)$$

Beim Einsetzen in $U_{ind} = n \Delta \Phi / \Delta t$ ist es bequem, die Einheit V s m^{-2} der Flußdichte B und nicht T = N (A m)$^{-1}$ zu benutzen. Man erhält dann sofort U_{ind} in der Einheit Volt.

Beispiele: a) In *Bild 373.2* haben die Schienen den Abstand $d = 0{,}05$ m; der Leiter bewegt sich mit $v_s = 0{,}2$ m s^{-1} in der Zeit $\Delta t = 2{,}0$ s durch das Feld der Flußdichte $B = 0{,}20$ T $= 0{,}20$ V s m^{-2}. Er überstreicht dabei die Fläche $\Delta A_s = d v_s \Delta t = 0{,}02$ m² senkrecht zu den B-Linien. Der umfaßte Fluß nimmt um $\Delta \Phi = B \Delta A_s = 0{,}004$ V s zu. Also ist $U_{ind} = \Delta \Phi / \Delta t = 0{,}002$ V. Dies folgt auch aus $U = B d v_s$.

b) Der Stab in *Bild 373.2* werde mit der konstanten Beschleunigung a nach rechts bewegt. Wenn er bei $t = 0$ startet, gilt $s(t) = \frac{1}{2} a t^2$ und $\Phi(t) = B A_s = B d s = \frac{1}{2} B d a t^2$. Durch Ableiten der $\Phi(t)$-Funktion nach der Zeit t wird $U_{ind} = n \dot{\Phi}(t) = B d a t$. Dieses Ergebnis folgt auch aus $U_{ind} = B d v_s$, wenn wir $v_s = a t$ setzen.

5. Der magneto-hydrodynamische Generator (MHD)

Im Dampfkraftwerk erzeugen heiße Flammen Wasserdampf. Er treibt Turbinen an und in den angeschlossenen Generatoren Leiterschleifen voller Elektronen durch ein B-Feld. Welch ein Umweg! Im **MHD-Generator** reichert man die Flammengase selbst mit positiven und negativen Ionen an und schickt sie mit großer Geschwindigkeit durch ein starkes magnetisches Querfeld (*Bild 374.1*). Wie beim Halleffekt werden in der dritten Raumrichtung die entgegengesetzten Ladungen getrennt und zwei feuerfesten Elektroden (rot) zugeführt. Zwischen ihnen entsteht Spannung. Die Flammengase treiben anschließend noch eine Gasturbine; der Gesamtwirkungsgrad erreicht 60%. Kraftwerke dieser Art sind bis 25 MW in Betrieb. Doch korrodieren die Werkstoffe schnell.

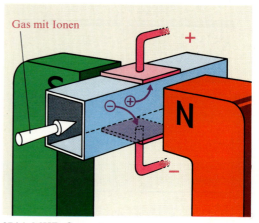

374.1 MHD-Generator

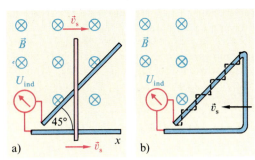

375.1 Zu Aufgabe 5

Aufgaben

1. a) *Ein Eisenbahnzug fährt mit* 40 m s^{-1} *über eine waagerechte Strecke. Zwischen den isolierten Schienen (Spurweite* 1435 mm*) liegt ein Spannungsmesser. Was zeigt er an, wenn die Vertikalkomponente des Erdmagnetfeldes* $B_V = 0,43 \cdot 10^{-4}$ T *beträgt? Benutzen Sie Gl. 372.1 und auch 374.3! Spielt die Zahl der Achsen des Zuges eine Rolle?* **b)** *Was zeigt ein mitfahrender Spannungsmesser an? Könnte man mit diesem Effekt die Wagen beleuchten?*

2. *Als ersten MHD-Generator benutzte Faraday die Themse. Sie ist* 300 m *breit und fließt mit* 2 m s^{-1}. *Welche Spannung hätte Faraday zwischen ihren Ufern messen können? Welche Komponente des Erdfeldes ist hier wirksam? (*$B = 0,6 \cdot 10^{-4}$ T; $i = 60°$*)*

3. *Ein dicker Stab wird parallel zu seiner Längsachse im Magnetfeld senkrecht zu dessen Feldlinien bewegt. Wie ist die Lorentzkraft auf seine Elektronen gerichtet? Was tragen also die vertikalen Leiterteile des Rähmchens in Versuch 411 zur Spannung bei?*

4. a) *Warum ist nach der Herleitung der Gl. 371.1 das E-Feld im Leiter homogen? Das E-Feld zwischen den ruhenden Stäben ist es sicherlich nicht.* **b)** *Vergleichen Sie die Herleitung der Hallspannung mit der von* $U_{ind} = B d v_s$! **c)** *Besteht zwischen* F_L *und* F_{el} *auch dann Gleichgewicht, wenn im Leiter mit Widerstand R Strom fließt?*

5. a) *Über die Schienen von Bild 375.1 a gleitet der Stab nach dem Gesetz* $x = v t$ *mit* $v = 10$ cm s^{-1} *nach rechts. Wie ist der* $U(t)$*-Verlauf* ($B = 1$ T)? **b)** *Umgekehrt wird die Leiterschleife nach Bild 375.1 b nach links in das gleiche Feld mit* $v = 10$ cm s^{-1} *geschoben. Vergleichen Sie Betrag und Polung von* U_{ind} *mit (a)!* **c)** *Der schräge Stab habe die gestrichelte Treppenform. Was folgt für* U_{ind} *bei der Bewegung nach (b)?*

6. *Im Beispiel (a) von Seite 374 sei zur Zeit* $t = 0$ *der nach rechts mit* $v_1 = 0,20$ m s^{-1} *gleitende Stab* 0,20 m *vom Spannungsmesser entfernt. Dann beginne auch die obere Schiene, sich von* $d = 0,050$ m *aus mit* $v_2 = 0,10$ m s^{-1} *nach oben zu bewegen; für den Schienenabstand gilt also* $d(t) = 0,05$ m $+ v_2 t$. *Berechnen Sie* U_{ind} *nach Gl. 372.1 oder 374.4 mit* $B = 0,20$ T! *Stellen Sie im zweiten Fall die Funktion* $\Phi(t)$ *auf!*

§144 Induktion allgemein

1. Induktion — auch ohne Lorentzkraft?

Versuch 414: Wir ziehen den in Versuch 411 benutzten roten Drahtrahmen schnell aus dem konstanten Magnetfeld und erhalten kurzzeitig Spannung. Überraschenderweise stellt sich der *gleiche Ausschlag* auch dann ein, wenn wir den Drahtrahmen in Ruhe lassen und durch Zurückdrehen des Drehknopfs am Netzgerät das *B*-Feld schnell ausschalten.

Diese neue Erscheinung können wir nicht mehr mit der Lorentzkraft erklären, da sich jetzt ja kein Leiter mehr im Magnetfeld bewegt. Wir betrachten deshalb die Änderung des Flusses $\Phi = B A_s$. Sie tritt ein, gleichgültig ob man die Leiterschleife aus dem Feld zieht, also A_s ändert, oder das Feld ausschaltet, also B ändert. Erfaßt etwa das nach *Faradays* Feldliniensprache formulierte Gesetz $U_{ind} = n \Delta\Phi/\Delta t$ auch diesen neuen Versuch?

Wir lassen die Fläche A_s konstant und ändern dafür die Flußdichte B. Wenn wir A_s vor das Änderungssymbol Δ setzen, müßte gelten

$$U_{ind} = n \frac{\Delta \Phi}{\Delta t} = n \frac{\Delta(B A_s)}{\Delta t} = n A_s \frac{\Delta B}{\Delta t}. \quad (375.1)$$

Versuch 415: a) Der Erregerstrom I_{err} durchfließt nach *Bild 376.1* die rote Feldspule. Ein elektronisches Gerät erhöht I_{err} proportional mit der Zeit t. Dann ist das Anstiegstempo $\Delta B/\Delta t$ der Flußdichte B konstant. In der Induktionsspule (blau, Fläche $A = A_s$ senkrecht zu B) entsteht konstante Spannung U_{ind}.

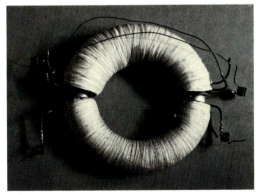

375.2 *Faradays* Entdeckergerät; er wickelte zwei Spulen auf denselben Eisenkern: dies war der erste Trafo! Anwendung in *Bild 376.1*.

b) Wenn B konstant ist, wird $\Delta B/\Delta t = 0$ und auch $U_{\text{ind}} = 0$. Nimmt B wieder ab ($\Delta B/\Delta t < 0$), ändert U_{ind} seine Polung.

c) Wir ändern $\Delta B/\Delta t$, bis sich U_{ind} verdoppelt hat, und messen $\Delta B/\Delta t$. U_{ind} erweist sich proportional zu $\Delta B/\Delta t$ und damit zu $\Delta \Phi/\Delta t$.

d) U_{ind} ist auch der Windungszahl n der Induktionsspule proportional; die Spannungen in den einzelnen Windungen addieren sich.

e) U_{ind} ist zur Fläche A der Induktionsspule proportional. Wenn wir zudem diese Fläche gegenüber einer Ebene, die senkrecht zu B steht, um den Winkel φ geneigt haben, ist $U_{\text{ind}} \sim \cos \varphi$. Also kommt es auch hier nur auf die projizierte Fläche $A_s = A \cos \varphi$ an *(Bild 373.3)*.

f) Wir lassen in der Feldspule den Strom I_{err} in $\Delta t = 20$ s von 20 mA auf 70 mA, also um $\Delta I = 50$ mA gleichmäßig ansteigen. Da sie $n_F = 16000$ Windungen auf $l = 0{,}48$ m Länge hat, ist nach Gl. 343.1 $\Delta B = \mu_0 n_F \Delta I_{\text{err}}/l = 2{,}1 \cdot 10^{-3}$ T. Die Induktionsspule steht mit ihrer Fläche $A = A_s = 28 \cdot 10^{-4}$ m² senkrecht zum Magnetfeld. In ihr ändert sich der Fluß um $\Delta \Phi = A_s \Delta B = 5{,}87 \cdot 10^{-6}$ V s. Wir erwarten die Spannung $U_{\text{ind}} = n \Delta \Phi/\Delta t = 2000 \cdot 5{,}87 \cdot 10^{-6}$ V s/20 s = 0,59 mV in ihren $n = 2000$ Windungen. Dies bestätigt der Spannungsmesser. Also gilt auch hier $U_{\text{ind}} = n \Delta \Phi/\Delta t$ oder $U_{\text{ind}} = n \dot{\Phi}$.

> **Für alle Induktionsvorgänge gilt**
> $$U_{\text{ind}} = n \dot{\Phi}. \qquad (376.1)$$

2. Welche Richtung hat der Induktionsstrom?

Bewegen wir in *Bild 373.2a* den roten Leiter nach rechts, so fließen in ihm die Elektronen des Induktionsstroms gemäß der *Dreifingerregel* nach unten. Dies ist für Kraftwerksbetreiber unangenehm. Dieser Strom erfährt nämlich im Magnetfeld, dem er seine Existenz verdankt, eine Kraft $F = I s B$ nach links, der Bewegung entgegen. Sie bremst die Bewegung, und zwar um so mehr, je größer die Stromstärke I ist. Wenn Strom fließt und Energie entnommen wird, muß man den Leiter unter Arbeitsaufwand weiterschieben. Je mehr *elektrische* Energie die Verbraucher anfordern, desto mehr *mechanische* Energie wird benötigt.

Würde der Induktionsstrom nach oben fließen, so erführe er eine Kraft in Bewegungsrichtung und würde die Bewegung, also seine Ursache, unterstützen. Die Geschwindigkeit des Leiters und damit Spannung, Strom, Kraft und wieder die Geschwindigkeit würden größer – man hätte ein *perpetuum mobile*. Die Elektrizitätswerke würden Energie aus nichts gewinnen! Also hatte *Lenz* recht, als er 1834 sagte:

> **Lenzsches Gesetz**: Der Induktionsstrom ist stets so gerichtet, daß er seiner Ursache entgegenwirkt.

Dies drückt man im Induktionsgesetz durch ein Minuszeichen aus:

$$U_{\text{ind}} = -n \dot{\Phi}. \qquad (376.2)$$

Aufgaben

1. In einer 53,5 cm *langen Spule mit 5000 Windungen steigt in 10 s die Stromstärke gleichmäßig von 1,0 A auf 6,0 A an. Wie groß ist* $\Delta B/\Delta t$? *In dieser Feldspule liegt eine Induktionsspule mit 100 Windungen und 20 cm² Fläche. Welche Spannung wird induziert, wenn die Achsen beider Spulen* **a)** *parallel sind,* **b)** *den Winkel 30°, 45°, 90° bilden?* **c)** *Welche Spannung wird in einer genau gleichen Spule induziert, die auf der Feldspule liegt, wenn beide 34 cm² Fläche haben?*

2. *Nach Bild 373.2 legt der Leiter in der Zeit* Δt *die Strecke* $\overline{AC} = \Delta s$ *zurück. Wie groß ist* U_{ind}, *wenn ein Hufeisenmagnet die Flußdichte B erzeugt hat? Man hätte den das Feld erzeugenden Magneten auch in der gleichen Zeit von links um* Δs *nach rechts über den ruhenden Leiter schieben können. Wie groß wäre* U_{ind}?

3. a) *Eine Leiterschleife der Fläche 50 cm² steht senkrecht zu einem Feld mit B = 0,20 T. Sie wird in 0,10 s auf 5,0 cm² zusammengedrückt. Wie groß ist die mittlere induzierte Spannung?* **b)** *Um welchen Winkel hätte man sie in dieser Zeit drehen müssen, um das gleiche Ergebnis zu erzielen?* **c)** *Wie groß ist die Spannung, wenn in (a) gleichzeitig B auf 0,10 T sinkt?*

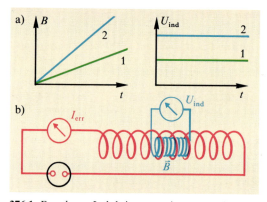

376.1 *Faradays* Induktionsexperiment nach *Bild 375.2* auf modern; a) Verlauf von B und von U_{ind}: (1) B-Anstieg langsam; (2) schnell; b) Anordnung

§145 Elektrische Wirbelfelder

1. Induktion durch Wirbelfelder — etwas Neues

Hinter der Induktion beim Ändern der Flußdichte B muß etwas Neues stecken. Hier ruhen die Leiterschleife und ihre Elektronen. Also gibt es keine Lorentzkraft. Ruhende Elektronen erfahren nur in elektrischen Feldern eine Kraft $(F = e E)$. Entsteht vielleicht beim Ändern eines Magnetfelds ein elektrisches Feld?

Versuch 416: a) Wir speisen eine Spule aus wenigen Windungen mit Wechselstrom sehr hoher Frequenz. Das sich sehr schnell ändernde Magnetfeld ($\dot B$ sehr groß) weisen wir mit einer Induktionsschleife am Oszilloskop nach. Es zeigt die induzierte Wechselspannung.

b) In die Spule setzen wir eine Glaskugel, die mit Gas von geringem Druck gefüllt ist *(Bild 377.1)*. Es leuchtet auf einem geschlossenen Kreisring hell auf. Er liegt in der Ebene senkrecht zum Spulenfeld, in der A_s und die induzierte Spannung am größten sind.

Im Gas fließt ein Strom, obwohl von außen keine Spannung elektrostatisch — etwa durch Ladungen auf eingeschmolzenen Elektroden — angelegt worden ist. Ein solcher Strom setzt in Gasen erst bei großen elektrischen Feldstärken ein. Also hat sich ein elektrisches Feld mit geschlossenen Feldlinien gebildet. Sie umgeben und durchsetzen das sich rasch ändernde $\vec B$-Feld ($\dot B$ groß), verlaufen also nicht zwischen Ladungen, sondern ungefähr kreisförmig. Wir haben ein **elektrisches Wirbelfeld** gefunden.

> **Induktion durch Wirbelfelder:** Ein sich änderndes magnetisches Feld ($\dot B$) wird von Feldlinien eines elektrischen Wirbelfeldes durchsetzt und umgeben. Diese Feldlinien haben weder Anfang noch Ende.

2. Was alles im Trafo vorgeht!

Versuch 417: *Bild 377.2* zeigt die Schaltung eines Transformators (Trafos). Die linke Primärspule wird vom Wechselstrom I_1 durchflossen, der im geschlossenen Eisenkern das von *Oersted* gefundene magnetische Wirbelfeld (blau) erzeugt. Dessen Fluß Φ ist fast ganz auf den Eisenkern beschränkt und ändert sich ständig. Deshalb wird es von einem starken elektrischen Wirbelfeld (rot) umgeben, das man — im Gegensatz zum B-Feld — auch außerhalb nachweisen kann. Denn es setzt in der rechten Sekundärspule die Elektronen in Bewegung. Die Sekundärspannung $U_2 = -n\dot\Phi$ entsteht also durch Induktion. Wie U_1 und U_2 zusammenhängen, werden wir auf Seite 390 sehen.

Also sind elektrische Wirbelfelder genau so alltäglich wie die magnetischen um Ströme. Haben Sie es schon bemerkt? Die Anordnung von *Faraday* nach *Bild 375.2* war der erste Trafo! Er bestand aus 2 Spulen auf einem Eisenkern. Für *Faradays* Feldvorstellung sind die elektrischen Wirbelfelder ein sehr starkes Indiz. Sie werden im Vakuum allein von magnetischen Feldern erzeugt. *Felder können andere Felder erzeugen,* sind also mehr als eine Fiktion! Wir müssen folglich auch dem leeren Raum physikalische Eigenschaften zusprechen.

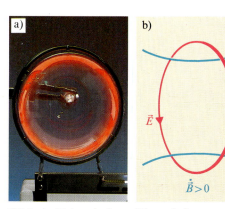

377.1 a) Elektrodenlose Ringentladung zu Versuch 416; die rote Gasentladung zeigt ein elektrisches Wirbelfeld. b) $\vec E$-Wirbel, wenn B wächst ($\dot B > 0$).

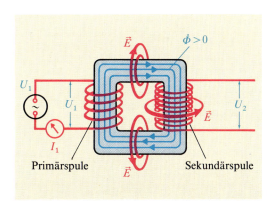

377.2 Elektrische Wirbelfelder umgeben den ganzen Eisenkern beim Trafo. In der Sekundärspule setzen sie Elektronen in Bewegung.

§146 Die Selbstinduktion

1. Der verspätete Strom

Versuch 418: Wir legen zwei gleiche Lämpchen L_1 und L_2 (4 V; 0,1 A) mit dem Schalter S an die gleiche Spannung U_1 *(Bild 378.1)*. Vor L_2 liegen zwei Spulen mit je 1000 Windungen auf demselben geschlossenen Eisenkern. Damit beide Lämpchen gleich hell leuchten, machen wir den Widerstand R vor L_1 so groß wie den Spulenwiderstand. Dann schalten wir aus. Beim Wiedereinschalten leuchtet L_2 überraschenderweise erst mit einiger Verspätung. Diese wird noch größer, wenn wir den Versuch wiederholen, aber vorher die Spulenanschlüsse umpolen. Warum ist das so?

Beim Einschalten baut der Strom in den Spulen ein Magnetfeld auf. Es durchsetzt alle ihre Windungen. So induziert der Strom in ihnen, also im eigenen Kreis, eine Spannung U_ind. Man nennt sie **Selbstinduktionsspannung** *(Bild 378.2)*. Nach *Lenz* wirkt sie ihrer Ursache, nämlich der Strom*änderung* entgegen: U_ind zögert so den Stromanstieg hinaus, wirkt also gegen die angelegte Spannung U_1. Der Vorgang heißt **Selbstinduktion**.

Nach dem Umpolen der Spulen ist die im Stromkreis vorübergehend eingenistete Selbstinduktionsspannung besonders groß. Hier wird zunächst der Restmagnetismus im Eisen beseitigt; dies vergrößert die Flußänderung $\Delta\Phi$. Dabei erweckt das verspätete Leuchten des Lämpchens den Eindruck, die Spulen verhindern für kurze Zeit den Strom überhaupt. Was zeigt ein flinkes Meßgerät, etwa ein automatischer T-Y-Schreiber?

Versuch 419: Wir legen eine große Spule mit geschlossenem Eisenkern und dem Widerstand $R = 8{,}3$ kΩ an die konstante Gleichspannung $U_1 = 2{,}5$ V. Ein T-Y-Schreiber ohne merkliche Trägheit registriert beim Einschalten im ersten Augenblick einen von $I = 0$ ausgehenden, schnellen Anstieg der Stromstärke $I(t)$ nach *Bild 379.1*. Dieser Anstieg verlangsamt sich dann zusehends. Schließlich nähert sich der Spulenstrom $I(t)$ dem erwarteten konstanten Endwert $I_1 = U_1/R = 0{,}3$ mA immer besser an und kann von ihm bald nicht mehr unterschieden werden.

2. Selbstinduktion in Formeln gefaßt

Wir berechnen nun die induzierte Spannung mit dem allgemeinen Induktionsgesetz $U_\text{ind} = -n\,\dot\Phi$: In einer schlanken Spule erzeugt der Strom I die Flußdichte $B = \mu_0\,\mu_\text{r}\,n\,I/l$ und den Fluß $\Phi = B\,A = \mu_0\,\mu_\text{r}\,n\,A\,I/l$. Bleibt die Permeabilitätszahl μ_r konstant, so ändert sich nur I und erzeugt die Spannung

$$U_\text{ind} = -n\,\dot\Phi = -(\mu_0\,\mu_\text{r}\,n^2\,A/l)\,\dot I = -L\,\dot I.$$

Dabei haben wir die konstanten Spulendaten n (Windungszahl), A (Querschnitt) und l (Länge) mit μ_0 und μ_r zu einer Spulengröße, der **Eigeninduktivität** $L = \mu_0\,\mu_\text{r}\,n^2\,A/l$, zusammengefaßt. Sie wird mit der Änderungsgeschwindigkeit $\dot I(t) = \lim_{\Delta t \to 0} \Delta I/\Delta t$ der Stromstärke $I(t)$ multipliziert. $\dot I$ bedeutet die Tangentensteigung der $I(t)$-Kurve in *Bild 379.1*. Dort sinkt $\dot I$, wenn I steigt; man darf nie I (in A) und $\dot I$ (in A s^{-1}) verwechseln! Die Gleichung $U_\text{ind} = -L\,\dot I$ gilt auch bei anderen Leiterformen, z.B. kurzen, dicken Spulen. Doch kann man die mit ihr definierte Eigeninduktivität L nicht aus Spulendaten berechnen.

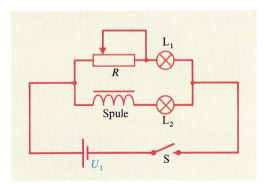

378.1 Warum leuchtet Lämpchen L_2 verzögert auf, wenn der Schalter S geschlossen wird?

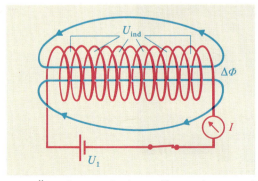

378.2 Über die ganze Spule verteilt entsteht U_ind und erzeugt in Reihe mit U_1 den Stromverlauf $I(t)$.

Wenn sich ein Strom ändert, induziert er im eigenen Leiterkreis eine Selbstinduktionsspannung. Sie wirkt ihrer Ursache, der Stromstärkeänderung, entgegen. Die Selbstinduktionsspannung U_{ind} ist der Änderungsgeschwindigkeit $\dot{I}$ der Stromstärke I proportional (μ_r = konstant):

$$U_{ind} = -L\dot{I}. \qquad (379.1)$$

Definition: Der Proportionalitätsfaktor L zwischen U_{ind} und $\dot{I}$ heißt Eigeninduktivität:

$[L] = 1 \text{ V s A}^{-1} = 1 \text{ H (Henry)}.$

Satz: **Die Eigeninduktivität L schlanker Spulen ist $L = \mu_0 \mu_r n^2 A/l$.** (379.2)

J. Henry war amerikanischer Physiker (1797–1878). Die Eigeninduktivität 1 V s A^{-1} = 1 H weist eine Spule dann auf, wenn in ihr 1 V induziert wird, falls sich der Spulenstrom in 1 s um 1 A gleichmäßig ändert.

3. U_{ind} von U_1 isoliert beobachtet

Die Selbstinduktionsspannung U_{ind} wird in den einzelnen Spulenwindungen erzeugt. Man kann sie aber nicht unmittelbar im Stromkreis messen, da dort auch noch die angelegte Spannung U_1 wirkt. Wir isolieren U_{ind} von U_1:

Versuch 420: Hierzu setzen wir auf den Eisenkern der Selbstinduktionsspule eine zweite genau gleiche Meßspule. Beide werden vom selben Fluß Φ durchsetzt, der in ihnen auch die gleiche Spannung U_{ind} induziert. Dann können wir U_{ind} in der zweiten Spule für sich beobachten, ungestört von U_1. Nach *Bild 379.2c* hat U_{ind} beim Einschalten einen großen negativen

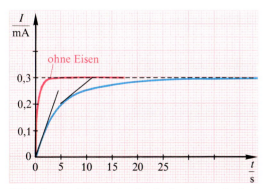

379.1 Stromstärkeanstieg in Spule mit und ohne Eisenkern

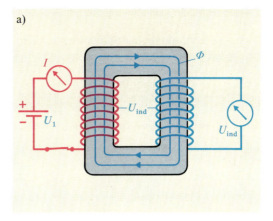

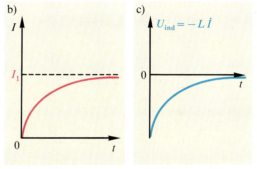

379.2 Im rechten Kreis ist U_{ind} von U_1 getrennt.

Wert, weil der Strom I und der von ihm erzeugte Fluß Φ schnell anwachsen. Wenn sich schließlich $\dot{I}$ Null nähert, so auch $U_{ind} = -L\dot{I}$. Dann erst kann $I(t)$ seinen Endwert I_1 erreichen – aber nur asymptotisch.

Versuch 421: Mit Hilfe von U_{ind} können wir sogar die Eigeninduktivität L ermitteln. Wir erzwingen in einer schlanken Spule mit dem schon aus Versuch 415 bekannten Gerät einen Strom, der in $\Delta t = 15$ s gleichmäßig von 20 mA auf 70 mA um $\Delta I = 50$ mA steigt *(Bild 376.1)*. Sein konstantes Anstiegstempo beträgt $\dot{I} =$ 50 mA/15 s = 0,0033 A s^{-1}. In der darüberliegenden, praktisch gleichen Meßspule erfolgt die gleiche Flußänderung $\dot{\Phi}$. Dort messen wir die Spannung $|U_{ind}| = 2,5$ mV. Nach $|U_{ind}| = L\dot{I}$ gilt in der schlanken Spule

$$L = \frac{|U_{ind}|}{\dot{I}} = \frac{2,5 \text{ mV}}{0,0033 \text{ A s}^{-1}} = 0,76 \frac{\text{Vs}}{\text{A}} = 0,76 \text{ H}.$$

Wir können die Eigeninduktivität L dieser eisenfreien Spule mit $n = 8000$ Windungen der Länge $l = 0,48$ m und der Querschnittsfläche $A =$ 48 cm^2 nach *Gl. 379.2* berechnen: $L = 0,80$ H.

4. Ein Strom, der sein Ziel nie erreicht

Nach *Bild 379.1* nimmt der Spulenstrom I nicht gleichmäßig zu. Warum steigt er zunächst schnell an? Solange er noch sehr klein ist, kompensiert die Gegenspannung $U_\text{ind} = -L\dot{I}$ fast ganz die angelegte Batteriespannung U_1. Nur die kleine Differenzspannung $U = U_1 - L\dot{I}$ treibt den Strom I durch den Widerstand R:

$$I = \frac{U}{R} = \frac{U_1 - L\dot{I}}{R}.$$

Ist $U_1 = 4\,\text{V}$, so nimmt beim Einschalten ($I=0$) die Gegenspannung $U_\text{ind} = -L\dot{I}$ den Wert $-4\,\text{V}$ an. Das Anstiegstempo der Stromstärke $\dot{I} = -U_\text{ind}/L \approx +4\,\text{V}/L$ ist deshalb noch groß, die Stromstärke I steigt schnell an.

Das Steigen der Stromstärke $I = (U_1 - L\dot{I})/R$ zeigt an, daß der Betrag $L\dot{I}$ der Gegenspannung U_ind unter 4 V fällt. Mit $L\dot{I}$ sinkt auch das Anstiegstempo $\dot{I}$ des Stroms erheblich. Die $I(t)$-Kurve wird flach. Sie nähert sich asymptotisch der Stromstärke $I_1 = U_1/R$ an, die man ohne Selbstinduktion erwartet. Je näher dabei I diesem Wert I_1 kommt, um so stärker hat sich die zu $\dot{I}$ proportionale Gegenspannung $U_\text{ind} = L\dot{I}$ und damit das Anstiegstempo $\dot{I}$ dem Wert Null genähert. Der Strom erreicht sein Ziel $I_1 = U_1/R$ theoretisch nie.

5. Ein Strom, der nicht aufhören will

Was machen Strom und Magnetfeld in einer Spule, wenn man den Schalter S in *Bild 380.1* öffnet und so die angelegte Spannung U_1 wegnimmt? Hier gibt es zwei Möglichkeiten:

Versuch 422: Zunächst geben wir dem Strom noch eine Chance und fügen den Überbrückungswiderstand R_2 ein *(Bild 380.1 a)*. Die jeweilige Stromrichtung in R_2 zeigen zwei einander entgegengesetzt geschaltete Leuchtdioden an. Solange S geschlossen ist, fließen die Elektronen durch R_2 und die Spule nach links. Die eine Diode leuchtet. — Nach dem Öffnen von S bildet R_2 mit der Spule (Widerstand R_1) und dem Strommesser einen geschlossenen Kreis ohne U_1. Der Spulenstrom nutzt diese Chance. Obwohl U_1 weggenommen ist, fließt er in der Spule nach links weiter, in R_2 aber nach rechts; nun leuchtet die andere Diode. Dabei sinkt der Strom nach *Bild 380.2* zuerst schnell, dann immer langsamer auf Null.

Nach *Lenz* stützt den Spulenstrom sein eigenes Magnetfeld, weil dieses zusammenbricht. Es induziert die Selbstinduktionsspannung $U_\text{ind} = -L\dot{I}$ in der Spule. So schafft sich der Strom für seinen Abgang seine eigene Spannung. Für diesen Ausschaltstrom gilt

$$I(t) = U_\text{ind}/R = -L\dot{I}/R. \qquad (380.1)$$

Da $I(t)$ abnimmt, ist $\dot{I}(t)$ negativ. $U_\text{ind}(t) = -L\dot{I}(t)$ ist jetzt positiv, $I(t) = -L\dot{I}(t)/R$ ebenfalls. Der Strom $I(t)$ fließt in der Spule in der von U_1 festgelegten Richtung weiter — als ob er ein Gedächtnis hätte — und ist zunächst noch groß. Nach Gl. 380.1 bekommt $\dot{I}(t) = -I(t)R/L$ einen großen negativen Wert; der Strom fällt also zunächst rasch ab. Wenn $I(t)$ auf einen kleinen Wert abgefallen ist, so gilt dies auch für den Betrag $|\dot{I}|$ seines Abnahmetempos. Beide nähern sich asymptotisch dem Wert Null: Der Strom hört theoretisch gesehen nie ganz auf!

> **Die Selbstinduktionsspannung $U_\text{ind} = -L\dot{I}$ verzögert nach *Lenz* sowohl den Anstieg des Stromes wie auch seine Abnahme, und zwar um so nachhaltiger, je größer die Eigeninduktivität L ist.**

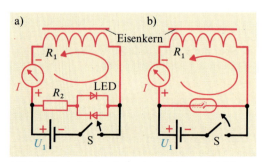

380.1 Selbstinduktion beim Ausschalten mit Elektronenfluß: a) zu Versuch 422; b) zu Versuch 423

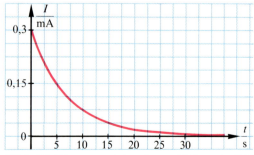

380.2 $I(t)$-Diagramm beim Stromabfall nach *Bild 380.1 a*

Versuch 423: Nun wollen wir dem Strom I beim Abschalten von U_1 seinen Weg verbauen, indem wir den Überbrückungswiderstand R_2 in *Bild 380.1a* wegnehmen. I müßte jetzt in sehr kurzer Zeit – eigentlich momentan – vom Wert $I_1 = U_1/R$ auf Null absinken. Dabei bekommt $\dot I$ hohe negative, $U_{ind} = -L\dot I$ hohe positive Werte. Sie ermöglichen es dem Strom, uns ein Schnippchen zu schlagen: Die hohe Spannung U_{ind} macht an der Unterbrechungsstelle die Luft leitend. Der Strom schafft sich jetzt seine Bahn selbst – allerdings nur für ganz kurze Zeit durch einen Funken. Eine Glimmlampe, die wir anstelle von R_2 parallel zur Spule gelegt haben *(Bild 380.1b)*, leuchtet kurz auf, obwohl ihre Zündspannung 80 V viel größer als die Batteriespannung $U_1 = 2$ V ist (Aufgabe 2).

Diese hohen Spannungsstöße können beim Ausschalten von *Motoren* und *Elektromagneten* mit großer Eigeninduktivität L gefährlich werden – auch in Rechnern, die über Trafos, also Spulen, vom Netz gespeist werden. Große Funken beim *Schalten hoher Leistung* bläst man durch einen kurzen Preßluftstrahl aus. Er reißt die entstandenen Luftionen fort. Auch an den Spulen einer elektrischen *Klingel* treten solche Funken auf und lassen die Kontakte allmählich verschmoren. Beim Berühren der Unterbrechungsstelle erhält man leichte elektrische Schläge. Sie halten Mensch und Tier vom *elektrischen Weidezaun* fern und zünden im Automotor die Zündkerzen.

6. Woher nehmen die Öffnungsfunken Energie?

Spulenströme können nach Wegnahme der Spannungsquelle weiterfließen und in Widerständen oder als Öffnungsfunken Wärme erzeugen. Woher nehmen sie ihre Energie?

Versuch 424: a) Wir ersetzen in *Bild 380.1a* den Überbrückungswiderstand R_2 durch einen Spielzeugmotor M *(Bild 381.1a)*. Die vor ihm liegende Diode D verhindert, daß er von der Quelle U_1 Strom bekommt. Erst wenn wir die Quelle durch Öffnen des Schalters S wegnehmen, springt der Motor kurz an. Er hebt ein Wägestück um so höher, je stärker wir das Magnetfeld durch Eisen gemacht haben. Speichert eine Spule also Energie wie ein Kondensator?

b) Um die gespeicherte Energie zu bestimmen, ersetzen wir den Motor durch einen Kondensator mit einem parallelgelegten hochohmigen Spannungsmesser (Meßverstärker; *Bild 381.1b*). Nach dem Öffnen des Schalters S wird der Kondensator auf die Spannung U geladen, bekommt also die Energie $W_{el} = \frac{1}{2} C U^2$.

U erweist sich dem Strom I, der vor dem Ausschalten das Magnetfeld B erregt hatte, proportional. Wegen $U \approx I$ und $W_{el} \approx U^2$ ist nach diesem Versuch die Energie W_{mag} des Magnetfeldes dem Quadrat I^2 des Erregerstroms I proportional. Sie ist auch zur Eigeninduktivität L der Spule proportional. Analog zu $W_{el} = \frac{1}{2} C U^2$ findet man für die in Spulen gespeicherte Energie W_{mag}:

> Fließt durch eine Spule der Eigeninduktivität L der Strom I, dann besitzt sie die Energie $W_{mag} = \frac{1}{2} L I^2$. (381.1)

Aufgaben

1. a) Warum wird in Versuch 418 der Stromanstieg stark gehemmt, wenn man beide Spulen, warum fast nicht, wenn man nur eine umpolt? **b)** Jemand behauptet, die ganze Theorie zur Selbstinduktion sei unnötig; man könne die Stromverzögerung einfach durch die Trägheit der Elektronen erklären. Was sagen Sie dazu? Welche Experimente widersprechen dem?

2. Jemand sagt, es sei undenkbar, daß ein Strom beim Ausschalten seine Richtung ändern könne. Betrachten Sie daraufhin die Stromrichtung in R_2 nach Bild 380.1a! Wo ist die ihr zugehörige Spannung lokalisiert? Welche Elektrode der Glimmlampe leuchtet in Bild 380.1b auf?

3. Welche Energie hat eine Spule von 4,0 H bei $I = 3{,}0$ A? Wieviel Energie wird frei, wenn die Stromstärke **a)** auf die Hälfte, **b)** auf Null absinkt? **c)** Wie hoch kann mit ihr ein 50 g-Stück gehoben werden?

4. a) Wie groß ist die Eigeninduktivität L einer 1,0 m langen, eisenfreien Spule, die 1000 Windungen und 50 cm² Querschnitt aufweist? Welche magnetische Energie ist in ihr bei 10 A gespeichert? **b)** Mit dieser Energie lädt man nach Bild 381.1 einen Kondensator ($C = 0{,}1$ μF) auf. Welche Spannung bekommt er?

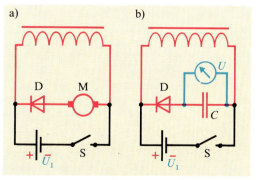

381.1 a) Erst beim Ausschalten von U_1 läuft der Motor M; b) der Kondensator C wird geladen.

§147 Sinusförmige Wechselspannung

1. Wie kommt dieser Sinus ins Netz?

Beim Rotieren einer Leiterschleife in einem Magnetfeld wechselt die induzierte Spannung die Richtung. Wie ist ihr zeitlicher Verlauf?

Versuch 425: Nach *Bild 382.1* rotiert eine rechteckige Spule gleichförmig um eine ihrer Flächenachsen M, die senkrecht zu den Feldlinien eines homogenen Magnetfelds steht. Die induzierte Spannung U_{ind} wird zwei mitrotierenden Schleifringen zugeführt. Zwei feststehende weiche Graphitstäbe nehmen sie ab. Man nennt diese Stäbe Bürsten, da man früher Metalldrahtborsten benutzte. Ein Oszilloskop zeigt, daß U_{ind} sinusförmig verläuft.

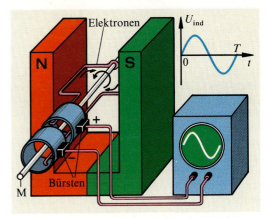

382.1 Rotation einer Spulenwindung im *B*-Feld

In *Bild 382.2* steht die Drehachse M senkrecht zur Zeichenebene. Zwei kleine Kreise deuten die für die Induktion wichtigen Drähte parallel zur Drehachse an. Sie bewegen sich gleichförmig auf dem gedachten Zylinder mit Radius r gegen den Uhrzeigersinn. Zu der dabei in jedem Draht der Länge d induzierten Spannung $U = B d v_s$ trägt aber nur die Geschwindigkeitskomponente $v_s = v \sin \alpha$ von $\vec{v}$ senkrecht zum $\vec{B}$-Feld bei. Von ihr rührt der Sinus! Die Komponente v_p parallel zu den B-Linien liefert keine Spannung. α ist der sogenannte **Phasenwinkel**, den die Windung in der Zeit t aus der vertikalen Stellung heraus überstreicht. Zu einer vollen Umdrehung ($\alpha = 2\pi \triangleq 360°$) ist die Umlaufdauer T nötig. α steigt proportional zu t an nach

$$\frac{t}{T} = \frac{\alpha}{2\pi} \quad \text{oder} \quad \alpha = \frac{2\pi}{T} t. \tag{382.1}$$

Während einer Periodendauer $\Delta t = T$ steigt α von Null auf 2π, also um $\Delta \alpha = 2\pi$; die Winkelgeschwindigkeit ist $\omega = \Delta \alpha / \Delta t = 2\pi/T$. Die Drehfrequenz $f = 1/T$ hat die Einheit s^{-1} = Hz und beträgt bei technischem Wechselstrom 50 Hz. Bei ihm ist $\omega = 2\pi/T = 2\pi f = 314\,s^{-1}$. ω heißt auch **Kreisfrequenz**. Damit wir sie nicht mit der Drehfrequenz f verwechseln, geben wir ω die Einheit s^{-1} (oder rad s^{-1}), nicht aber Hz. Nach *Gl. 382.1* gilt

$$\alpha = (2\pi/T)\, t = 2\pi f t = \omega t. \tag{382.2}$$

In einem Drahtstück der Länge d wird die Spannung $U = B d v_s = B d v \sin \alpha = B d v \sin \omega t$ induziert. Um U zu vergrößern, gibt man der Spule n Windungen. Jede Windung hat zwei Drähte der Länge d. Ihre Spannungen sind hintereinander geschaltet und addieren sich. Die Gesamtspannung der rotierenden Ankerspule mit n Windungen ist eine Sinus-Funktion der Zeit:

$$U(t) = 2 n B d v \sin \omega t. \tag{382.3}$$

Die Sinusfunktion $\sin \omega t$ hat den Maximalwert 1. Der größte Wert, den die sinusförmige Wechselspannung $U(t)$ annimmt, ist die **Scheitelspannung** $\hat{U} = \mathbf{2\, n\, B\, d\, v}$ *(Bild 383.1)*.

Sie wird dann erreicht, wenn sich in *Bild 382.2* die Spulendrähte beim Phasenwinkel $\alpha = 90°$ senkrecht zu den B-Linien bewegen, wenn also $v_s = v$ ist. Bei $\alpha = 270°$ ist $U = -\hat{U}$. Bei $\alpha = 0°$ und $180°$ gleiten die Drähte parallel zu den Feldlinien; v_s und $U(t)$ sind in diesem Augenblick Null und wechseln ihr Vorzeichen. Jetzt steht die Fläche der Leiterschleife senkrecht zu den Feldlinien.

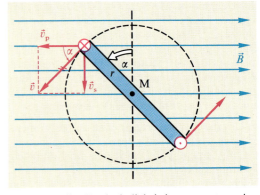

382.2 Nur die Geschwindigkeitskomponente v_s induziert Spannung; v_p bleibt wirkungslos.

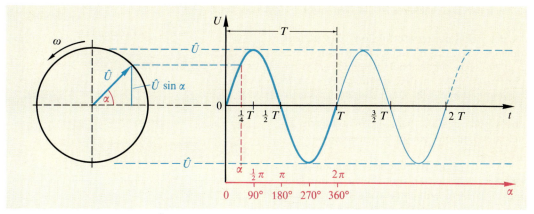

383.1 Bei Rotation des Zeigers $\hat{U}$ erhält man die Sinuslinie durch Projektion auf eine Vertikale.

2. Und bei beliebiger Spulenform?

Die Spule und ihre Windungen seien nicht mehr rechteckig. Für eine beliebige Form berechnen wir die Spannung nach $U(t)=-n\dot{\Phi}$. Dabei ist nach *Bild 383.2* der Fluß Φ

$$\Phi(t) = B\,A_s(t) = B\,A \cos\alpha = B\,A \cos\omega t.$$

Die Induktionsspannung $U(t)$ folgt durch Ableiten der Cosinusfunktion nach der Zeit t zu

$$U(t) = -n\dot{\Phi} = n\,B\,A\,\omega \sin\omega t.$$

Die Scheitelspannung ist hier $\hat{U} = n\,B\,A\,\omega$.

> **Rotiert eine Spule mit der Querschnittsfläche A und n Windungen in einem homogenen B-Feld, dann entsteht die sinusförmige Wechselspannung**
>
> $$U(t) = \hat{U} \sin\omega t \qquad (383.1)$$
>
> **mit der Kreisfrequenz $\omega = 2\pi/T = 2\pi f$ und der Scheitelspannung $\hat{U} = n\,B\,A\,\omega$.**
>
> **Die Spannung $U(t)$ geht unter Polaritätswechsel durch Null, wenn die Leiterschleife senkrecht zu den B-Linien steht.**

3. Zeigerdiagramm ersetzt Sinuslinie!

Wechselstrom hat viele technische Vorteile. Doch sind Berechnungen und Überlegungen komplizierter als bei Gleichstrom. Physiker und Ingenieure suchen nach Vereinfachungen. So kann man Sinuswerte mit dem Maximalwert 1 leicht als Hochwerte am „Einheitskreis" ablesen. Hat die sinusförmige Spannung den Scheitelwert $\hat{U}$, dann zeichnet man einen Kreis mit Radius $\hat{U}$ (*Bild 383.1*). In ihm soll ein *Zeiger* der Länge $\hat{U}$ gegen den Uhrzeigersinn mit der Frequenz f, also mit $\omega = 2\pi f$ rotieren. Seine Projektionen auf die vertikale U-Achse werden zu den entsprechenden Zeitwerten in das sich rechts anschließende $U(t)$-System übertragen. Im *Zeigerbild* erkennt man den Phasenwinkel α zwischen dem Zeiger und der Horizontalen. In *Bild 383.2* ist dagegen α der Winkel der rotierenden Schleife mit der Vertikalen, da die B-Linien waagerecht laufen.

Beispiel: Eine Wechselspannung der Frequenz $f=50$ Hz hat die Kreisfrequenz $\omega = 2\pi f = 314$ s^{-1}. Ihre Scheitelspannung sei $\hat{U} = 300$ V. Wie groß ist die Spannung $U(t)$ im Zeitpunkt $t = 1/400$ s $= T/8$?
Der zugehörige Phasenwinkel ist im Bogenmaß $\alpha = \omega t = 314$ s$^{-1} \cdot 1/400$ s $= 0{,}78$ (rad), im Gradmaß $\alpha = 0{,}78 \cdot 180°/\pi = 45°$; er gibt die Richtung des Zeigers in *Bild 383.1* an. Die Momentanspannung ist $U(t) = \hat{U} \sin\omega t = 300$ V $\cdot \sin(314$ s$^{-1} \cdot 1/400$ s$) = 300$ V $\cdot \sin 45° = 212$ V.

Bild 382.1 zeigt das Prinzip der **Außenpolmaschine**. Zwischen den ruhenden Magnetpolen rotiert die Leiterschleife. Bei **Innenpolmaschinen** dagegen (z.B. beim Fahrraddynamo) ruhen außen die Spulen; innen rotiert ein starker Elektromagnet. Er erzeugt in den Induktionsspulen einen veränderlichen Fluß Φ. Dies erzeugt nach Ziffer 2 ebenfalls eine Sinusspannung.

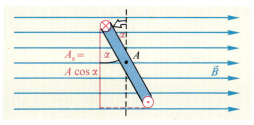

383.2 Die Leiterschleife umfaßt ein Feldlinienbündel mit Querschnittsfläche $A_s = A \cos\alpha$.

4. Auch der Tonabnehmer ist ein Generator

Bei der Schallplattenproduktion ritzt man in zunächst weiches Plattenmaterial eine Tonspur. Diese ist bei der heute benutzten „Seitenschrift" seitlich im Rhythmus der Schallschwingungen gewellt. Der Erfinder der Schallplatte, *Edison*, benutzte dagegen eine Tiefenschrift, bei der die Schallschwingungen als Tiefe der Tonspur konserviert worden sind.

Versuch 426: Eine Nähnadel ist an einer Karte befestigt. Wir stecken ihre Spitze in die Tonspur einer ausgebrauchten rotierenden Schallplatte. Die Nadel überträgt die ihr aufgezwungenen winzigen Schwingungen auf die Karte, die sie als Schall abstrahlt. Moderne Tonabnehmer wandeln die Nadelschwingungen in Spannungsschwankungen um, die man verstärkt und Lautsprechern zuführt.

a) Beim *dynamischen Tonabnehmer* ist an der Nadel eine Spule winziger Masse aus wenigen Windungen befestigt. Sie schwingt mit den Schallfrequenzen im Magnetfeld eines kleinen Dauermagneten. In ihr werden nach $U = Blv_s$ Spannungen induziert, die der Geschwindigkeit v_s der Nadelschwingungen proportional sind. Diese Anordnung entspricht also einem Außenpol-Generator, bei dem sich eine Spule zwischen ruhenden Magneten dreht. Die Übertragungsqualität ist hervorragend, die Anordnung mechanisch gesehen jedoch sehr empfindlich; auch sind die Spannungen klein. Man benutzt dieses System deshalb in Heimgeräten selten.

Versuch 427: Wir schieben eine Spule über einen Stabmagneten und bewegen sie schnell hin und her. Ein Oszilloskop zeigt die induzierten Spannungsschwankungen.

b) Bewegen wir in Versuch 427 den Magneten, nicht die Spule, so demonstrieren wir den *magnetischen Tonabnehmer*. Bei diesem sind gegenüber (a) Magnet und Spule vertauscht. Die Abtastnadel trägt einen kleinen Dauermagneten, der vor oder in einer Spule schwingt und in ihr Spannung induziert. Dieses Prinzip entspricht einem Innenpol-Generator; es liefert höhere Spannungen und wird viel benutzt.

c) In *Tonabnehmern mit bewegtem Eisen* bringt die Nadel einen Weicheisenstift zum Schwingen (in Bild 384.1 rot). Dabei ändern sich die Luftspalte zwischen Dauermagnet und Stift im Rhythmus der Tonfrequenz. B-Feld und ma-

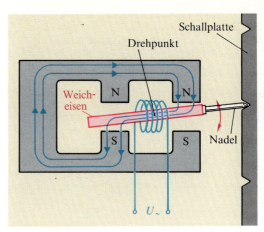

384.1 Tonabnehmer mit bewegtem Eisen. Wenn der Eisenanker auf und ab schwingt, ändert sich in ihm die Richtung der Feldlinien und damit der Fluß Φ.

gnetischer Fluß Φ wechseln deshalb im Stift und damit in der Spule ständig die Richtung. In *Bild 384.1* zeigen sie gerade nach links. Diese starken Flußänderungen induzieren nach $U = \Delta\Phi/\Delta t$ in der Spule Wechselspannungen mit der Tonfrequenz. Dieses Gerät findet man sehr häufig.

Versuch 428: Wir stülpen eine kleine Spule über einen Eisenanker. Diesen bewegen wir vor den Polen eines Hufeisenmagneten. Je näher er den Polen kommt, je kleiner also der Luftspalt zwischen beiden ist, um so größer wird die magnetische Anziehungskraft; dabei steigt der magnetische Fluß im Eisen (*Faraday* würde sagen, die Zahl der Feldlinien). Die Flußänderungen $\Delta\Phi$ im Eisenanker induzieren Spannungen in der Spule.

d) *Kristalltonabnehmer* benutzen nicht die elektromagnetische Induktion. Vielmehr verbiegen die Nadelschwingungen Kriställchen aus Seignettesalz oder besonderen Keramikstoffen. Diese enthalten (wie Kochsalzkristalle) positive und negative Ionen, die bei mechanischen Verformungen gegeneinander verschoben werden. Dabei treten an den Oberflächen in rascher Folge positive und negative Ladungen hervor, die man mit Metallplättchen (als Kondensatorplatten) durch ihre Influenzwirkung registriert und dann verstärkt. Diese Tonabnehmer erzeugen höhere Spannungen als die auf Induktion beruhenden. Man benutzt sie deshalb sehr häufig. Das Prinzip findet sich auch im Piezo-Feuerzeug, das Spannungen von über 1 kV liefert.

§148 Effektivwerte bei Wechselstrom

1. Wie folgsam sind Elektronen?

Versuch 429: An Wechselspannung niedriger Frequenz $f \approx 0{,}1$ Hz liegt ein Lämpchen (4 V; 0,07 A). Ein Oszilloskop zeigt den Momentanwert $U(t) = \hat{U} \sin \omega t$ der Spannung und ein Strommesser geringer mechanischer Trägheit die momentane Stromstärke $I(t)$ an. Spannung und Stromstärke gehen gleichzeitig durch Null. Auch erreichen beide gleichzeitig ihre Scheitelwerte $\hat{U}$ und $\hat{I}$. Man sagt, sie sind **„in Phase"**.

Zur Begründung betrachten wir Elektronen bei Gleichstrom. Sie passen ihre Geschwindigkeit ohne merkliche Verzögerung der jeweiligen Spannung und damit dem elektrischen Feld im Leiter an. Nehmen beide ab, so behalten die Elektronen nicht etwa aus Trägheit ihre kinetische Energie bei. Vielmehr geben sie diese fast momentan (in 10^{-12} s) durch Stöße an die Atome weiter. Liegt also die Wechselspannung $U(t) = \hat{U} \sin \omega t$ am Widerstand R, so folgt ihr auch bei hohen Frequenzen (wenn nur die Eigeninduktivität $L \approx 0$ ist) der Strom nach

$$I(t) = \frac{U(t)}{R} = \frac{\hat{U}}{R} \sin \omega t = \hat{I} \sin \omega t.$$

$\hat{I} = \hat{U}/R$ ist der **Scheitelwert** der ebenfalls sinusförmigen Stromstärke. Wir stellen ihn im Zeigerbild 385.1 neben dem Spannungszeiger $\hat{U}$ durch einen Zeiger der Länge $\hat{I}$ dar. Da U und I in Phase sind, liegt der $\hat{I}$-Zeiger auf dem $\hat{U}$-Zeiger und rotiert mit diesem. Man erhält die Momentanwerte $U(t)$ und $I(t)$, wenn man die Zeigerspitze nach rechts in das $U(t)$- und $I(t)$-Diagramm projiziert und ihre Hochwerte zu den jeweiligen Zeitpunkten t aufträgt.

2. Wie wärmt Wechselstrom?

Die Wärmeentwicklung hängt nicht von der Stromrichtung ab. Deshalb leuchtet in Versuch 429 das Lämpchen in jeder Periode zweimal hell auf, nämlich dann, wenn die Beträge von U und I maximal sind. Dazwischen ist es dunkel. Das Lämpchen leuchtet also mit der doppelten Wechselstromfrequenz.

Versuch 430: Wir vergrößern in Versuch 429 die Frequenz f, belassen aber $\hat{U}$. Das elektrische Wechselfeld schüttelt die Elektronen immer häufiger je Sekunde hin und her; das Lämpchen flackert immer schneller. Schließlich leuchtet es wegen seiner thermischen Trägheit für unser Auge gleichmäßig — aber nicht mehr so hell wie in den Maxima von Versuch 429. — Wir stellen nun neben das Wechselstromlämpchen ein gleiches Lämpchen und betreiben es mit einer solchen Gleichspannung U_{eff}, daß beide gleich hell leuchten. U_{eff} liefert also im gleichen Widerstand R die gleiche Leistung (den gleichen Wärmeeffekt) wie die Wechselspannung mit dem Scheitelwert $\hat{U}$ im Mittel. Man nennt U_{eff} ihren Effektivwert.

> **Definition:** Der Effektivwert U_{eff} einer Wechselspannung $U(t)$ gibt die Gleichspannung an, die im selben ohmschen Widerstand die gleiche Leistung hervorbringt wie die Wechselspannung im Mittel.

Bei Heizgeräten beachtet man Spannung und Leistung, nicht jedoch, ob sie mit Wechsel- oder Gleichspannung betrieben werden. Die Wechselspannung 220 V an der Steckdose gibt deshalb nicht den Scheitel-, sondern den Effektivwert an. Wie groß ist dann der Scheitelwert $\hat{U}$ der Netzspannung?

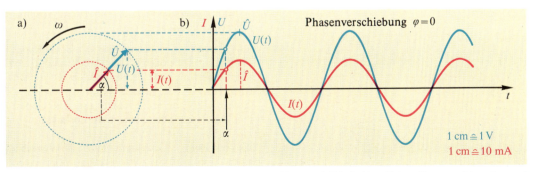

385.1 a) Zeigerbild für Spannung und Strom in einem Widerstand. Die beiden Zeiger liegen aufeinander und rotieren gemeinsam, sind also in Phase. b) $U(t)$- und $I(t)$-Diagramm

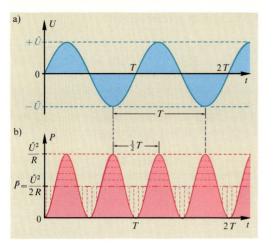

386.1 a) Spannung $U(t)$; b) ihre Momentanleistung $P(t)$ mit doppelter Frequenz; $\bar{P} = \hat{U}^2/(2R)$ ist die mittlere Leistung (siehe horizontale und vertikale Schraffur)

3. Wie effektiv ist Wechselspannung?

Lampe und Hitzdrahtstrommesser (Seite 186) sprechen auf die Wärmeleistung $P = UI$ an. Bei Wechselstrom ändert sie sich ständig. Wir erhalten die **momentane Leistung $P(t)$**, wenn wir $I(t)$ in $P(t) = U(t)I(t)$ durch $U(t)/R$ ersetzen:

$$P(t) = U(t)I(t) = \frac{U^2(t)}{R} = \frac{\hat{U}^2}{R}\sin^2\omega t.$$

Diese Momentanleistung $P(t)$ zeigt Bild 386.1b. Im Gegensatz zur darüber gezeichneten Spannung $U(t)$ ist $P(t)$ als quadrierte Funktion nie negativ. Das Maximum von $\sin^2\omega t$ ist 1, das von $P(t)$ also $\hat{U}^2/R$. Da Heizgeräte thermisch träge sind, liefern sie den Mittelwert $\bar{P}$ von $P(t)$. Er ist halb so groß wie das Maximum $\hat{U}^2/R$ von $P(t)$ (die horizontal und vertikal gestrichelten Flächen sind gleich groß). Also ist $\bar{P} = \hat{U}^2/(2R)$ die mittlere Leistung im Widerstand R, erzeugt von der sinusförmigen Spannung mit dem Scheitelwert $\hat{U}$. Damit läßt sich ihr Effektivwert U_{eff} angeben. U_{eff} soll ja die Gleichspannung sein, die im selben Widerstand R die konstante Leistung $P = U_{\text{eff}}^2/R$ erbringt.

Wir setzen also P gleich der mittleren Leistung $\bar{P} = \hat{U}^2/(2R)$ der Wechselspannung:

$$U_{\text{eff}}^2/R = \hat{U}^2/(2R) \text{ oder } U_{\text{eff}} = \hat{U}/\sqrt{2} = 0{,}707\,\hat{U}.$$

> Der Effektivwert U_{eff} einer sinusförmigen Wechselspannung mit dem Scheitelwert $\hat{U}$ ist
>
> $$U_{\text{eff}} = \hat{U}/\sqrt{2} = 0{,}707\,\hat{U}. \qquad (386.1)$$

Die Angabe 220 V an der Steckdose bedeutet $U_{\text{eff}} = 220$ V. Der Scheitelwert beträgt also bei sinusförmiger Wechselspannung $\hat{U} = \sqrt{2}\,U_{\text{eff}} = 311$ V. Die Momentanspannung $U(t)$ schwankt folglich zwischen $+311$ V und -311 V sinusförmig.

Versuch 431: a) Um die Gleichung $U_{\text{eff}} = 0{,}707\,\hat{U}$ nachzuprüfen, legen wir zunächst eine sinusförmige Wechselspannung in der Schalterstellung 1 nach Bild 386.2 an den dünnen Widerstandsdraht R eines Hitzdrahtinstruments. Das ihm parallel gelegte Oszilloskop gibt den Spannungsverlauf $U(t)$ an. Sein Strahl wird im Maximum $\hat{U}$ um $\hat{s} = 5{,}0$ cm ausgelenkt. In der Schalterstellung 2 benutzt man Gleichspannung und ändert sie so lange, bis das Hitzdrahtinstrument den gleichen Ausschlag zeigt, also die gleiche Wärmeleistung erbringt. Die Auslenkung am Oszilloskop ist konstant und beträgt nur $s_{\text{eff}} = 3{,}5$ cm. Durch Vergleich mit $\hat{s}$ folgt

$$U_{\text{eff}}/\hat{U} = s_{\text{eff}}/\hat{s} = 3{,}5\text{ cm}/5{,}0\text{ cm} = 0{,}70.$$

b) Wir messen beide Spannungen mit dem Drehspulinstrument ①, das wir auf Gleich- bzw. auf Wechselspannung stellen. Beide Anzeigen stimmen überein; es liefert bei Wechselspannung wegen seiner Eichung den Effektiv- und nicht den Scheitelwert.

c) Wir legen einen Kondensator ($C = 4$ μF) an die Wechselspannung $U_{\text{eff}} = 220$ V und fügen in die Zuleitung eine Diode ein. Am Kondensator messen wir die Gleichspannung $U = 310$ V. Er wurde bis zur Spitzenspannung aufgeladen, über die Diode aber nicht mehr entladen.

Die bisherigen Überlegungen und Versuche lassen sich auf die *Stromstärke* übertragen. Der Vergleich von I_{eff} und $\hat{I}$ ist mit Hilfe des Strommeßgerätes ② möglich.

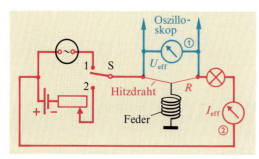

386.2 Zu Versuch 431; Vergleich von U_{eff} und $\hat{U}$

Definition: Der Effektivwert I_{eff} eines Wechselstroms ist die konstante Stromstärke, die im selben Widerstand die gleiche mittlere Leistung erbringt wie der Wechselstrom.

Nach dem Ohmschen Gesetz ist $I_{eff} = U_{eff}/R = \hat{U}/(\sqrt{2}\,R) = \hat{I}/\sqrt{2}$. Der Umrechnungsfaktor $1/\sqrt{2}$ ist der gleiche wie bei sinusförmigen Spannungen. Hitzdrahtinstrumente geben nach der Definition den Effektivwert an, unabhängig von der Kurvenform. Sie arbeiten ja mit der Wärmeleistung $P = I^2 R$; ihr Ausschlag wird nicht durch die Stromstärke I selbst, sondern durch die im Draht umgesetzte mittlere Leistung $\bar{P}$ bestimmt. Man eicht mit Gleichstrom. Dann wird bei Wechselspannung von selbst der Effektivwert angegeben.

Der Effektivwert I_{eff} eines sinusförmigen Wechselstroms mit Scheitelwert $\hat{I}$ ist
$$I_{eff} = \hat{I}/\sqrt{2} = 0{,}707\,\hat{I}. \qquad (387.1)$$

4. Auch die Kurvenform ist wichtig

Nach *Bild 387.1* springt die Rechteck-Spannung zwischen $\hat{U} = +2$ V und $\hat{U} = -2$ V. Da die Wärmeentwicklung von der Polarität der Spannung nicht abhängt, ist ihr Effektivwert U_{eff} auch 2 V. Der Quotient $U_{eff}/\hat{U}$ wird hier gleich 1; er hängt also stark von der Kurvenform ab.

Aufgabe

1. a) *Wie groß ist U_{eff} bei der sinusförmigen Spannung mit $\hat{U} = 10{,}0$ V?* **b)** *Welche Wärme entwickelt sie in 10 s in einem Widerstand von 100 Ω?* **c)** *Welchen Wert haben $\hat{I}$ und I_{eff} in diesem Widerstand?* **d)** *Gilt $I = U/R$ für Scheitel- wie für Effektivwerte?*

§149 Kondensatoren und Wechselstrom

1. Blockiert ein Kondensator Ströme?

Versuch 432: Wir legen eine Wechselspannung über ein Lämpchen an einen Kondensator genügend großer Kapazität. Das Lämpchen leuchtet, obwohl der Kondensator nicht leitet; er wird nicht warm. Wie kann das sein?

Die Wechselspannung erzeugt zwischen den Platten ein Wechselfeld; diese werden ständig umgeladen. Das Lämpchen registriert die Ladungsverschiebungen zu den Platten hin und von diesen zurück, also den Umladestrom. Der Kondensator gibt die beim Aufbau seines Feldes aufgenommene Energie beim Abbau wieder her. Wozu dann der Aufwand? Warum braucht man Kondensatoren in Radios usw.?

Versuch 433: a) Was beim Umladen eines Kondensators geschieht, zeigen wir zunächst ganz langsam: Wir legen an ihn ($C = 10\,\mu F$) die mit dem Gerät aus Versuch 415 erzeugte Spannung $U(t)$. Sie steigt nach *Bild 387.2* (blau) gleichmäßig von Null aus an (a). Ein Strommesser zeigt den konstanten Aufladestrom $I(t)$ (rot). $I(t)$ wird dagegen Null, sobald man die Spannung konstant hält (b), und kehrt seine Richtung um, wenn die Spannung sinkt (c).

b) Wir legen eine Wechselspannung der Frequenz $f = 0{,}05$ Hz an und beobachten die Momentanwerte $U(t)$ und $I(t)$ an Instrumentenzeigern. Die Ecken in *Bild 387.2* sind jetzt zwar abgerundet, die Zeiger aber nicht in Phase. Wenn der U-Zeiger durch Null nach rechts schwingt, hat der I-Zeiger rechts schon seinen Größtausschlag. Das Maximum des Stroms eilt also dem der Spannung um 90° voraus – kaum zu glauben! Was zeigt das Oszilloskop?

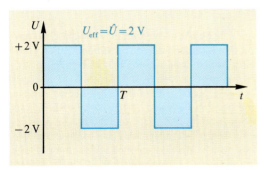

387.1 Bei dieser Rechteckspannung ist $U_{eff} = \hat{U}$.

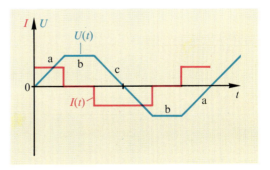

387.2 Auf- und Entladestrom in Versuch 433a

c) *Bild 388.1* zeigt rot einen Stromkreis mit Wechselspannungsquelle ($U_{eff} = 4$ V; $f = 50$ Hz), Kondensator $C = 10$ µF und Widerstand $R = 10\;\Omega$. Der Umladestrom $I(t)$ des Kondensators erzeugt im Widerstand R nach Versuch 429 eine ihm phasengleiche und proportionale Teilspannung $\Delta U = R\,I(t)$. Sie wird an den Kanal 2 eines Zweikanal-Oszilloskops gelegt, das einen sehr schnell arbeitenden elektronischen Umschalter enthält. Liegt dieser 1 µs lang an Kanal 2, so gelangt $\Delta U = I R \sim I$ an die Braunsche Röhre und wird als I-Punkt registriert. Liegt der Schalter anschließend für 1 µs an Kanal 1, so erzeugt $U(t)$ einen U-Punkt.

Wegen des sehr schnellen Umschaltens fügen sich die U-Punkte zur $U(t)$-Kurve und die I-Punkte zur $I(t)$-Kurve auf dem Schirm nach *Bild 388.2* zusammen. Die niedrigere $I(t)$-Kurve ist um $T/4$ gegen $U(t)$ nach links zu früheren t-Werten verschoben.

> **Legt man eine sinusförmige Wechselspannung $U(t)$ an einen Kondensator, so ist der Auf- und Entladestrom $I(t)$ ebenfalls sinusförmig. Er eilt aber der Spannung $U(t)$ um $90° = \pi/2$ in der Phase vor ($\triangleq T/4$).**

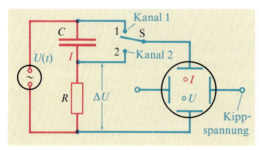

388.1 Schaltung für Versuch 433c. Die Teilspannung $\Delta U = I R$ an R gibt einen kleinen Fehler.

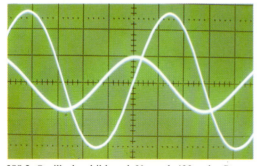

388.2 Oszilloskopbild nach Versuch 433c; der Strom (niedrige Kurve) eilt der Spannung voraus.

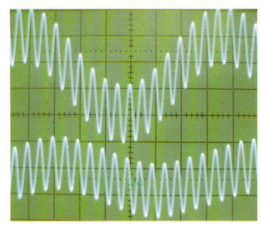

388.3 Der Kondensator bevorzugt die hohen Töne! Oben Spannung, unten Strom

2. Kondensatoren ändern die Klangfarbe

Die Klangfarbe eines Tons ist um so heller, je mehr Obertöne hoher Frequenz dem Grundton überlagert sind. Wie kann man ihren Anteil und damit die Klangfarbe ändern, also etwa die „Höhen" noch stärker herausheben?

Versuch 434: a) Für *Bild 388.3* oben wurden die Wechselspannungen von zwei Generatoren hintereinandergeschaltet (Erdung beachten). Dabei überlagern sich 16 Spannungsperioden der höheren Frequenz nur einer Periode der niedrigeren. Im Kondensatorstrom (unten) sind die Periodendauern nicht verändert. Doch tritt der Strom höherer Frequenz 16mal so stark hervor. Er passiert diesen **Hochpaß** 16mal so gut wie die niedere Frequenz. In der HiFi-Technik senkt man mit ihm „Tiefen" (Bässe) ab, hebt also die „Höhen" relativ dazu an.

b) Man ersetzt die eine Wechselspannung durch Gleichspannung. Diese tritt in der Stromkurve überhaupt nicht mehr auf. Der Kondensator blockt Gleichströme ab.

Versuch 435: Wir ersetzen in Versuch 433b und 434 den Kondensator durch einen großen **ohmschen Widerstand** ohne merkliche Eigeninduktivität, etwa durch einen geraden Draht mit $R = \varrho\,l/A$. Er bevorzugt keine Frequenz. Zudem sind bei ihm $U(t)$ und $I(t)$ am Oszilloskop stets proportional. Es gibt keine Phasenverschiebung. Dies bekräftigt, daß bei ohmschen Widerständen die Elektronen dem E-Feld der Spannung verzögerungsfrei folgen (Versuch 427).

§150 Spulen im Wechselstromkreis

1. Wechselstrom in Spulen?

Wenn man Gleichspannung an eine Spule mit großer Eigeninduktivität legt, kommt der Strom nur langsam in Fahrt. Kann Wechselstrom in solchen Spulen überhaupt fließen? Welche Form hat er in Trafos und Motoren?

Versuch 436: a) Wir legen die Gleichspannung $U_1 = 4{,}0$ V an eine Spule mit dem ohmschen Widerstand $R = 10\,\Omega$. Dabei stellt sich der Strom $I_1 = U_1/R = 0{,}40$ A ein. Er hängt nicht davon ab, ob Eisen in der Spule die Eigeninduktivität L erhöht oder nicht.

b) Anders bei Wechselspannung! Ohne Eisen ist bei $U_{\text{eff}} = 4$ V der Strom $I_{\text{eff}} = 0{,}35$ A nur wenig kleiner als bei Gleichspannung. I_{eff} sinkt aber auf $\frac{1}{50}$, wenn wir die Spule in einen geschlossenen Eisenkern setzen. Sie stellt dann einen **„induktiven Widerstand"** dar, der 50mal so groß wie ihr ohmscher Widerstand R ist, den man hier vernachlässigen kann. Die induzierte Gegenspannung U_{ind} kompensiert nämlich die angelegte Spannung U_1 fast ganz. Wir kennen dies vom Einschaltmoment einer Gleichspannung (Seite 380).

Versuch 437: Wir ersetzen in Versuch 433 *(Bild 388.1)* den Kondensator durch eine Spule mit geschlossenem Eisenkern und legen die sinusförmige Spannung $U(t)$ an. Am Oszilloskop sehen wir, daß der Strom $I(t)$ auch sinusförmig ist *(Bild 389.1)*. Er hinkt aber der Spannung in der Phase um fast 90° nach; sein Maximum folgt um $T/4$ später (weiter rechts).

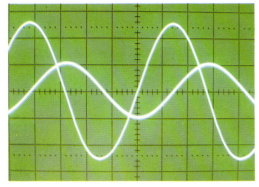

389.1 Oszilloskopfoto zu Versuch 437; der Strom (niedrige Kurve) hinkt der Spannung nach.

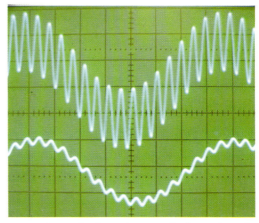

389.2 Die „Höhen" werden von Spulen gedrosselt. Oben ist die angelegte Spannung $U(t)$, unten der Strom $I(t)$ zu sehen. Er ist erheblich geglättet.

> **Legt man eine sinusförmige Wechselspannung an eine Spule, so ist der Strom auch sinusförmig. Er hinkt bei geschlossenem Eisenkern der Wechselspannung um fast 90° in der Phase nach.**

2. Selbstinduktion macht Radioklänge dumpf

Versuch 438: Wir wiederholen Versuch 434, ersetzen aber den Kondensator durch eine Spule mit Eisenkern. Von dieser *„Drosselspule"* werden nach *Bild 389.2* die Ströme hoher Frequenz (die „Höhen") viel stärker gedrosselt als die Bässe oder gar als Gleichstrom.

Bei Spulen steigt der von der induzierten Gegenspannung erzeugte induktive Widerstand mit wachsender Frequenz. Kondensatoren dagegen setzen dem Strom immer weniger „Widerstand" entgegen. In einer Spule hinkt der Strom der angelegten Spannung nach, im Kondensator eilt er voraus. Welches Bauelement setzt sich durch, wenn beide in einer ‚Kette' hintereinanderliegen?

Bei niedrigen Frequenzen erhalten wir *Bild 388.2*: Der Strom $I(t)$ eilt der Gesamtspannung voraus; der Kondensator hat ‚gesiegt'. Bei hohen Frequenzen zeigt sich *Bild 389.1*: Der Strom hinkt nach; die Spule hat die Oberhand. In einem kleinen Frequenzbereich dazwischen sind $I(t)$ und $U(t)$ wegen des ohmschen Widerstands fast in Phase. Die Stromstärke kann bei einer bestimmten *Resonanzfrequenz* (Seite 412) sehr groß werden.

§151 Der Transformator (Trafo)

1. Der unbelastete Trafo (im Leerlauf)

Wir kennen Trafos und ihre Anwendungen aus dem täglichen Leben. Welche Naturgesetze sind bei diesen Geräten wirksam? Im Trafo einer Spielzeugeisenbahn legt man die gefährliche Netzspannung $U_{1,\text{eff}} = 220$ V an die Primärspule mit n_1 Windungen. Sie sitzt auf einem geschlossenen Eisenkern. Dieser brummt, da er von einem magnetischen Fluß Φ durchsetzt und ständig ummagnetisiert wird. Dessen Änderung $\Delta\Phi$ induziert in der Sekundärspule mit $n_2 < n_1$ Windungen die ungefährliche Spannung $U_{2,\text{ind}} = 17$ V. Diese Spule hat keinen metallischen Kontakt mit dem Netz (Bild 390.1). Solange man der Sekundärspule keinen Strom entnimmt ($I_2 = 0$), ist der Trafo *unbelastet*. Die Sekundärspule erzeugt dann selbst kein Magnetfeld, wirkt also nicht auf die Primärspule. Die Primärspule verhält sich wie ein induktiver Widerstand:

Versuch 439: An der Primärspule liegt zunächst die Gleichspannung $U_1 = 6$ V. Der Primärstrom I ist wegen des geringen ohmschen Widerstands dieser Spule groß, etwa 5 A. Legen wir nun die Wechselspannung 6 V an, so sinkt I_{eff} auf 50 mA, also auf etwa 1%. Wegen des dicken, geschlossenen Eisenkerns ist der induktive Widerstand groß. Der schwache Magnetisierungsstrom von 50 mA genügt in der Primärspule, um in ihren n_1 Windungen eine Selbstinduktionsspannung U_{ind} zu erzeugen, welche die angelegte Spannung U_1 fast kompensiert. Nach dem Induktionsgesetz gilt $|U_1| = n_1 \cdot \dot{\Phi}$. Φ durchsetzt den Eisenkern und auch die Sekundärspule. In ihren n_2 Windungen wird die Spannung $|U_2| = n_2 \cdot \dot{\Phi}$ induziert.

Versuch 440: Man legt als Sekundärwicklung $n_2 = 2, 4, 6, \ldots$ Windungen eines Experimentierkabels um den Eisenkern und mißt $U_{2,\text{eff}}/U_{1,\text{eff}}$, übereinstimmend mit dem Windungsverhältnis $ü = n_2/n_1$. Benutzt man Sekundärspulen mit sehr vielen Windungen, dann treten hohe Spannungen auf. Solche *Hochspannungstrafos* sind lebensgefährlich; sie geben viel mehr Energie ab als Bandgeneratoren. Bei $n_2/n_1 = 20:1$ kann man die Primärspannung $U_1 = 220$ V auf $U_2 \approx 4$ kV hochtransformieren (Bild 390.2).

$$ü = \frac{U_{2,\text{eff}}}{U_{1,\text{eff}}} = \frac{n_2}{n_1}. \tag{390.1}$$

Die Spannungen eines guten Trafos verhalten sich wie die Windungszahlen. $ü$ ist das Übersetzungsverhältnis für Spannungen.

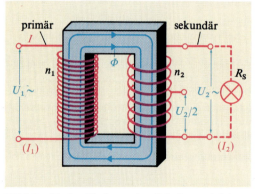

390.1 Im idealen Trafo werden Primär- und Sekundärspule vom gleichen Fluß Φ durchsetzt.

Warum wird U_2 verdoppelt, wenn man n_1 halbiert? Nun, nach $U_1 = n_1 \cdot \dot{\Phi}$ ist die Änderungsgeschwindigkeit $\dot{\Phi} = U_1/n_1$ des Flusses bei halber Windungszahl n_1 verdoppelt. Bei doppeltem $\dot{\Phi}$ wird in der Sekundärspule die doppelte Spannung induziert.

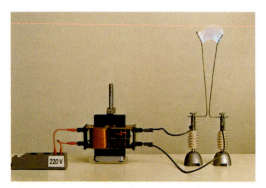

390.2 Hochspannungstrafo erzeugt Funken

390.3 Hochstromtrafo bringt Nagel zum Glühen

2. Der Trafo wird sekundärseitig belastet

Im allgemeinen liegt an der Sekundärspannung U_2 ein Gerät mit einem Widerstand R_s. Ihn durchfließt der Strom $I_{2,\text{eff}} = U_{2,\text{eff}}/R_s$ *(Bild 390.1)* und liefert Wärme. Die nötige Energie erzeugt der Trafo natürlich nicht selbst. Seine Primärspule entnimmt sie dem Netz.

Versuch 441: Wir erhöhen den Sekundärstrom I_2 langsam, belasten also den Trafo. Dabei steigt auch der Primärstrom I_1. Wenn wir also dem Trafo sekundärseitig mehr Energie entnehmen, nimmt er primärseitig mehr Energie aus dem Netz. Da bei der Induktion die Energie erhalten bleibt, ist die Leistung in Primär- und Sekundärspule gleich. Es ist $P_2 = P_1$ also gilt

$$U_{2,\text{eff}} \cdot I_{2,\text{eff}} = U_{1,\text{eff}} \cdot I_{1,\text{eff}} \quad \text{oder}$$

$$\frac{I_{2,\text{eff}}}{I_{1,\text{eff}}} = \frac{U_{1,\text{eff}}}{U_{2,\text{eff}}} = \frac{n_1}{n_2} = \frac{1}{\ddot{u}}. \quad (391.1)$$

Die beim Belasten eines Trafos zusätzlich auftretenden Ströme verhalten sich umgekehrt wie die Windungszahlen.

Versuch 442: Zur Nachprüfung legen wir an die Sekundärspule eines Experimentiertrafos sehr kleine Widerstände und messen neben I_2 auch den Sekundärstrom I_1. Gl. 391.1 wird gut bestätigt.

Hat die Sekundärspule sehr wenig Windungen, dann ist $n_2 \ll n_1$ und $I_2 \gg I_1$. Solche *Hochstromtrafos* benutzt man beim Elektroschweißen *(Bild 390.3)*. In den Transformatorenhäuschen reduzieren sie die vom E-Werk kommende Spannung von etwa 220 kV stufenweise auf 220 V. Das Übersetzungsverhältnis ist insgesamt $\ddot{u} = 1:1000$. Also besteht in den langen Fernleitungen vom E-Werk zu den Verbrauchern nur 1/1000 der Stromstärke, den diese anfordern. Sonst müßten die Fernleitungen viel dicker sein. Dafür ist die Spannung 1000mal so groß *(Bild 391.1)*.

> **Allgemein gilt: Ist das Windungsverhältnis $\ddot{u} = n_2/n_1$ vorgegeben, so richtet sich die Sekundärspannung U_2 nur nach der Primärspannung U_1, der Primärstrom I_1 dagegen nur nach dem Sekundärstrom I_2!**
>
> **Ein guter Transformator hat Spulen mit dicken Drähten und viel Eisen. Was er sekundärseitig an Energie abgibt, nimmt er an der Primärspule auf.**

3. Energieverbund

Bei 500 km Entfernung kostet der Transport elektrischer Energie etwa 10% der Energiekosten. Dies ist fast doppelt so viel wie bei Kohle oder Erdgas oder sechsmal so viel wie bei einer Öl-Pipeline. Man siedelt deshalb die E-Werke in der Nähe der Verbraucher, also der industriellen Ballungsräume an. Dies gibt Konflikte mit den Anliegen des Umweltschutzes. Man kommt ihnen entgegen, wenn man die E-Werke nicht alle auf Spitzenbelastung auslegt. Dann muß aber ein internationales *Verbundsystem* dafür sorgen, daß sie sich bei Engpässen gegenseitig aushelfen. An dieses System schließt man auch die Wasserkraftwerke an. Die elektrischen Übertragungsverluste reduziert man, soweit es geht. Wie hier dargestellt, benutzt man hierzu hohe Spannungen, in Deutschland bis zu 420 kV. Länder, die große Entfernungen zu überwinden haben (USA, UdSSR) gehen bis 800 kV.

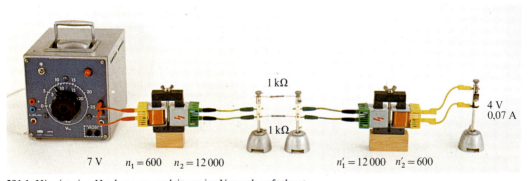

391.1 Hier ist eine Hochspannungsleitung im Versuch aufgebaut

§152 Drehstrom

1. Warum drei Leitungen?

An der Drehstromsteckdose stehen uns mit drei Außenleitern L_1, L_2 und L_3 drei Wechselspannungen mit $U_{\text{eff}} = 220$ V gegen „Erde" zur Verfügung. Worin unterscheiden sie sich?

Versuch 443: a) Wir benutzen ein Gerät mit den ungefährlichen Spannungen 12 V und verbinden seine „Phase" L_1 über die Glühlampe G_1 mit Erde. Der Strommesser zeigt nach *Bild 392.2* den Lampenstrom I_1 an. Dann leiten wir auch von der „Phase" L_2 den Strom I_2 über eine zweite gleiche Lampe G_2 und denselben Strommesser zur Erde. Überraschenderweise steigt sein Ausschlag nicht.

b) Er geht sogar auf Null, wenn wir auch noch den Strom I_3 aus L_3 über die Lampe G_3 und das Meßgerät leiten. Wie können sich drei gleich starke Ströme ständig „aufheben"?

Versuch 444: Ein Zweikanal-Oszilloskop zeigt nach *Bild 392.1 b*: Bezüglich der Spannung U_1 aus L_1 hinkt U_2 aus L_2 um 120° und U_3 aus L_3 sogar um 240° in der Phase nach. Also fließen in den gleichen Widerständen drei jeweils um 120° gegeneinander phasenverschobene Wechselströme I_1, I_2 und I_3. Ihre Scheitelwerte $\hat{I}$ sind gleich. Wenn wir im Zeitpunkt t_1 die Momentanwerte von Strom oder Spannung unter Beachtung des Vorzeichens addieren, erhalten wir Null: An der gestrichelten Vertikalen sind U_1 und U_3, also auch I_1 und I_3 negativ; I_2 ist doppelt so stark positiv. In diesem Augenblick verlassen L_1 und L_3 zusammen so viele Elektronen, wie L_2 anfordert; L_2 dient als Rückleitung. Dies gilt bei Strömen gleicher Scheitelwerte stets. Im *Zeigerbild 392.1c* ist der

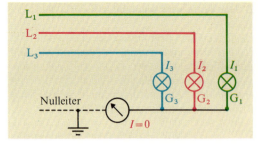

392.2 Drei Ströme addieren sich zu Null!

aus $\hat{I}_1$ und $\hat{I}_3$ resultierende Zeiger $\hat{I}_{1,3}$ genau so lang wie der $\hat{I}_2$-Zeiger. Deshalb war in Versuch 443 die Stromsumme von zwei Lampen gleich dem Strom einer Lampe. Da der $\hat{I}_{1,3}$-Zeiger zum $\hat{I}_2$-Zeiger entgegengesetzt liegt, gibt die Summe aller drei Ströme stets Null. Wenn man die drei „Phasen" gleich belastet, braucht man für drei Ströme nur drei Drähte. Wir sehen sie auf den Masten des Drehstromnetzes.

Unsere Steckdosen im Haushalt führen jeweils eine „Phase" (Außenleiter) und den Null-Leiter. Die Wohnungen sind so angeschlossen, daß im Mittel alle drei Phasen gleich belastet werden. Wäre dies ständig erfüllt, so könnte man den Null-Leiter entbehren. Geringe Abweichungen nimmt er bzw. die „Erdung" auf.

2. Generator und Motor — besonders einfach

Bild 393.1 zeigt links, wie einfach man diesen *Dreiphasen-Strom* erzeugt: In einem Innenpolgenerator rotiert ein starker Elektromagnet und sein Feld $\vec{B}_1$ mit der Umlaufdauer T. Die Induktionsspulen für die drei „Phasen" sind gegeneinander um gleiche Winkel versetzt. Also folgen die Maxima der induzierten Spannungen U_1, U_2 und U_3 mit dem Zeitunterschied $T/3$ aufeinander.

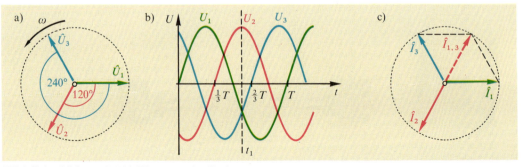

392.1 Zeigerbilder und $U(t)$-Diagramm des Drehstroms

Der rechts dargestellte *Drehstrommotor* ist genauso einfach. Seine drei Spulen sind wie im Generator angeordnet. Dabei ist der Moment herausgegriffen, in dem L_1 und L_3 zwei gleich starke Ströme führen (Pfeile in den Leitungen). Ihre Spulen erzeugen zur Mitte hin zwei benachbarte Nordpole. Sie addieren sich zu einem kräftigen Nordpol rechts. Die L_2-Leitung führt nach *Bild 392.2* den doppelt so starken Rückstrom. Ihre Spule liefert links einen kräftigen Südpol. So entsteht ein resultierendes, nach links gerichtetes Magnetfeld $\vec{B}_2$.

Da die drei „Phasen" kontinuierlich ihre Rolle wechseln, rotiert dieses Feld $\vec{B}_2$ im Kreis mit der gleichen Frequenz wie der Magnet im Generator und sein $\vec{B}$-Feld. Man spricht von **Drehfeldern** und von **Drehstrom**. Was dreht er?

Versuch 445: a) Wir stellen drei Spulen nach *Bild 393.1* rechts auf und legen sie an den Drehstromtrafo. Zwischen den Spulen dreht sich nach einem Anstoß eine kleine Magnetnadel mit der Wechselstromfrequenz, also 50mal je Sekunde. Wir erkennen dies beim Beleuchten mit einem Stroboskop. Die Anordnung stellt einen *Synchronmotor* dar (synchron, griech.; im Gleichtakt). Bei geringer Belastung fällt die Nadel außer Tritt und bleibt stehen.

b) In das Drehfeld bringen wir einen käfigartig aufgebauten Anker aus in sich geschlossenen Kupferstäben oder den Induktionsring nach *Bild 393.2*. Er wird vom Drehfeld $\vec{B}_2$ durchsetzt. Der sich dabei ständig ändernde magnetische Fluß Φ induziert in diesem *Kurzschlußanker* einen Strom. Er erfährt im Feld $\vec{B}_2$ eine Kraft und setzt den Anker in Rotation. Würde er gleich schnell wie $\vec{B}_2$ rotieren, so wäre in ihm die Flußänderung $\Delta\Phi$ Null, es würde nichts mehr induziert; Ströme und Kräfte zum Überwinden der Reibung würden fehlen. Deshalb bleibt auch im Leerlauf die Drehzahl des Ankers hinter der des Drehfeldes $\vec{B}_2$ mit einem „*Schlupf*" zurück, der um so größer wird, je mehr man den Motor belastet. Dieser *Asynchronmotor* läuft also nie mit dem Netz synchron.

Der Vorteil aller Drehstrommotoren ist, daß sie – im Gegensatz zu den Elektromotoren von Seite 226 – den Strom und damit das Magnetfeld im Anker ohne elektrischen Kontakt über Bürsten und Kommutator erzeugen. Das verlängert ihre Lebensdauer und macht sie wartungsfreier, weil die Beschädigung von Motorteilen durch das Bürstenfeuer und die Abnutzung der Bürsten selbst wegfallen. Da man den elektrischen Teil (Spulen, Stromzuführung usw.) leicht isolieren kann, lassen sich Drehstrommotoren auch in feuchter, ja sogar in explosionsgefährdeter Atmosphäre betreiben.

Aufgaben

1. Ein Generator erzeugt 10 kV *und* 15 MW *an Leistung; die Fernleitung hat* 10 Ω *Widerstand. Bei welcher Stromstärke betragen die Leitungsverluste 6%? Welches Übersetzungsverhältnis muß dann der Trafo zwischen Generator und Leitung haben? Um wieviel Prozent fällt die Spannung bis zum Verbraucher ab? Wie groß wären die Leitungsverluste ohne Transformator?*

2. *Ein Trafo hat primärseitig 1000 Windungen und wird an* $U_{\text{eff}} = 220$ V *gelegt. Als Sekundärspule dient ein Kupferring von* 50 mm² *Kupferquerschnitt und* 10 cm *Durchmesser. Auf der Primärseite fließt ein Strom von* 3,0 A. *Nach* 5 min *Betrieb wird der Ring in* 500 g *Wasser von* 20 °C *geworfen und erhitzt es auf* 80 °C. *Wie groß ist der Wirkungsgrad bei diesem Versuch?* ($c_W = 4,2$ J g^{-1} K^{-1})

3. *Eine der drei* 380 kV-*Leitungen besteht aus vier parallelen Seilen. Jedes hat einen Stahlkern von* 60 mm², *einen Aluminiummantel von* 240 mm² *Querschnittsfläche und wird von* 500 A *durchflossen. Wie groß ist der Widerstand eines Seils von* 100 km *Länge, wie groß der Spannungsabfall?* (ϱ *in* Ω mm² m^{-1}: Fe 0,09; Al 0,025)

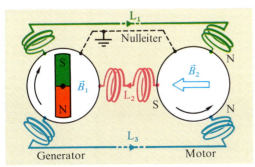

393.1 links Drehstromgenerator, rechts Motor

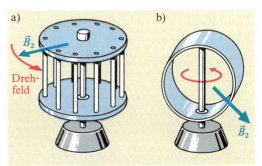

393.2 Kurzschlußanker rotieren wie das Drehfeld.

§153 Induktion und Wechselstromkreis

1. Erzeugung von Induktionsspannung U_{ind}

a) Ein Leiter der Länge d bewegte sich mit der Geschwindigkeitskomponente v_s senkrecht zu magnetischen Feldlinien. Die Induktionsspannung ist (wegen der Lorentzkraft)

$$U_{\text{ind}} = B\, d\, v_s. \tag{394.1}$$

b) Die Flußdichte B und der Fluß $\Phi = B A_s$ durch die senkrecht zu den Feldlinien stehende Fläche A_s ändern sich. Die induzierte Spannung beträgt

$$U_{\text{ind}} = -n\dot\Phi. \tag{394.2}$$

c) Das Minuszeichen in $U_{\text{ind}} = -n\dot\Phi$ weist auf das *Lenzsche Gesetz* hin: Ein von der Induktionsspannung erzeugter Induktionsstrom ist so gerichtet, daß er seine Ursache hemmt.

d) Bei der Änderungsgeschwindigkeit $\dot I \approx \Delta I/\Delta t$ der Stromstärke I eines Kreises wird in diesem die *Selbstinduktionsspannung* U_{ind} induziert:

$$U_{\text{ind}} = -L\dot I. \tag{394.3}$$

e) Die *Eigeninduktivität* L einer Spule mit Länge l und Querschnittsfläche A ist bei Füllung mit Material der Permeabilitätszahl μ_r

$$L = \mu_0\,\mu_r\,n^2\,A/l. \tag{394.4}$$

f) Eine Leiterschleife der Fläche A hat n Windungen und rotiert mit der Winkelgeschwindigkeit $\omega = 2\pi f$ in einem Feld mit Flußdichte B. Die in ihr induzierte Spannung ist

$$U(t) = n\,B\,A\,\omega \cdot \sin\omega t. \tag{394.5}$$

2. Gesetze des Wechselstromkreises

a) *Effektivwerte* sinusförmiger Größen sind

$$U_{\text{eff}} = \hat U/\sqrt{2} \text{ und } I_{\text{eff}} = \hat I/\sqrt{2}. \tag{394.6}$$

Es sind die Gleichstromwerte, die im gleichen Widerstand die gleiche Wärme erzeugen.

b) Die *Energie* in einer Spule mit der Eigeninduktivität L ist bei der Stromstärke I

$$W_{\text{mag}} = \tfrac{1}{2} L I^2. \tag{394.7}$$

c) In ohmschen Widerständen $R = U_{\text{eff}}/I_{\text{eff}}$ sind Strom und Spannung in Phase.

d) Spulen mit Eisenkern haben große induktive Widerstände. In ihnen hinkt der Strom der Spannung nach. Spulen sperren hohe Frequenzen.

e) In Kondensatoren eilt der Strom der Spannung voraus. Kondensatoren sperren niedrige Frequenzen und Gleichstrom.

f) Beim *Transformator* gilt (1: Primär, 2: Sekundär)

$$\frac{U_{1,\text{eff}}}{U_{2,\text{eff}}} = \frac{I_{2,\text{eff}}}{I_{1,\text{eff}}} = \frac{n_1}{n_2}. \tag{394.8}$$

Aufgaben

1. Alte Telefonhörer enthalten eine Eisenmembran vor einer Spule, die in einem Dauermagneten sitzt. Fließt Sprechstrom der Frequenz 400 Hz durch die Spule, so schwingt die Membran auch mit 400 Hz. **a)** *Warum schwingt sie mit 800 Hz, wenn der Dauermagnet seine Kraft verloren hat?* **b)** *Warum wirkt die Anordnung als Mikrofon? Welche Frequenz hat der Mikrofonstrom, wenn die Membran mit 400 Hz schwingt?*

2. Entnehmen Sie Bild 379.1 die Werte von $\dot I$ für $I=0$ und $I=0{,}15$ mA und den Widerstand des Kreises! Berechnen Sie die Eigeninduktivität der Spule, wenn die angelegte Spannung $U_1 = 2{,}5$ V war!

3. Auf einen 160 cm langen ringförmigen Eisenkern ($\mu_r = 10^4$; $A = 10$ cm^2) ist rundum eine Spule mit 1000 Windungen gewickelt. Berechnen Sie die Eigeninduktivität! (Rechnen Sie wie bei einer geraden, langen Spule!) Die Spule wird an $U_1 = 4{,}0$ V Spannung gelegt. Welches ist die Endstromstärke, wenn der Widerstand des Kreises 10 Ω beträgt? Wie groß ist im ersten Augenblick das Anstiegstempo $\dot I$ der Stromstärke?

4. Wie ändert sich die Eigeninduktivität L einer Spule, wenn man ihre Windungszahl und zugleich den Querschnitt verdoppelt? Hängt L vom Widerstand der Spule ab?

5. **a)** *Prüfen Sie das Lenzsche Gesetz in Versuch 412 (Bild 372.2) nach!* **b)** *Ein starker magnetischer Nordpol wird einem aufgehängten Aluminiumring genähert. Welche Richtung hat der Strom im Ring? Wird der Ring abgestoßen oder angezogen? Woher kommt die Energie für den Induktionsstrom?*

6. Verfolgen Sie die Hochspannungsleitung in Bild 391.1 von links nach rechts! Welche Wärmeleistung entsteht im Birnchen, welche in den beiden 1 kΩ-Widerständen der Fernleitung, wenn man von Verlusten beim Transformieren absieht? Welche Spannung würde man brauchen, wenn man das Birnchen über diese beiden Widerstände betreiben wollte, ohne die Spannung zu transformieren?

7. Ein Generator erzeugt 10 kV und 15 MW an Leistung; die Fernleitung hat 10 Ω Widerstand. Bei welcher Stromstärke betragen die Leitungsverluste 6%?

Schwingungen

§154 Schwingungen

1. Wo kommen Schwingungen eigentlich vor?

Bei vielen Vorgängen in der Natur und auch in der Technik kommen hin- und hergehende Bewegungen — sogenannte **mechanische Schwingungen** — vor. So ist z.B. die Bewegung einer *Schaukel* oder der Hin- und Hergang eines *Pendels* eine solche mechanische Schwingung. *Uhren* messen die Zeit mit Hilfe einer schwingenden *Unruhe* oder eines *Schwingquarzes*. Brücken, Fernsehtürme, ja, sogar Häuser können schwingen. Ebenso gibt es bei Fahrzeugen Schwingungen, die aber unerwünscht sind und durch *Stoßdämpfer* unterbunden werden müssen. In der **Akustik** spielen Schwingungen eine wichtige Rolle. Schließlich kommen Schwingungen überhaupt bei jedem festen Körper vor: Die Moleküle, aus denen er aufgebaut ist, schwingen andauernd um ihre Gleichgewichtslagen *(Bild 395.2)*. Auch der Punching-Ball in *Bild 395.3* ist ein gutes Beispiel für Schwingungen

395.1 Das Pendel gibt den Zeittakt an.

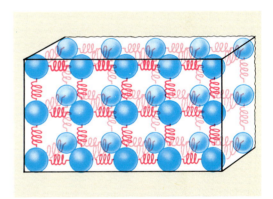

395.2 Modellvorstellung vom Aufbau eines kristallinen Festkörpers: Seine Moleküle sind in andauernder Schwingbewegung.

2. Schwingungen — genauer betrachtet

Bleiben wir noch eine Weile beim Punching-Ball. Warum gerät er eigentlich nach einem Boxhieb in Schwingungen und bewegt sich dann selbständig hin und her? Nun — wenn er in Ruhe gelassen wird, ist er im Gleichgewicht. Versetzt man ihm aber einen Schlag — z.B. nach links — so wird er beschleunigt und zur Seite ausgelenkt. Dabei spannen sich die elastischen Seile, an denen er befestigt ist, wie die Sehne eines Bogens und üben auf den Ball eine Kraft nach rechts aus. Dadurch wird er abgebremst, bis er schließlich für einen Augenblick auf der linken Seite stillsteht. Aus dieser Lage wird er nun von den gespannten Seilen wie ein Pfeil nach rechts „zurückgeschossen". Ist der Ball wieder in der Gleichgewichtslage angelangt, so kommt er dort aber nicht etwa zur Ruhe: Wegen seiner Trägheit schießt er übers Ziel hinaus und bewegt sich nach rechts weiter! Dabei wird der „Bogen" wieder gespannt; jetzt geht die Kraft, die er auf den Ball ausübt, nach links. Dieser wird dadurch abgebremst; schließlich kehrt er wieder um — und so geht das weiter ...

395.3 Musterbeispiel eines Schwingers oder die Folgen von Rückstellkraft und Trägheit

An der Schwingung des Punching-Balls können Sie die folgenden typischen Merkmale ablesen: Es liegt ein Körper vor, der eine *stabile Gleichgewichtslage* besitzt. Entfernt er sich aus ihr, so tritt eine **Rückstellkraft** auf, die ihn abbremst, zur Umkehr zwingt und ihn wieder auf die Gleichgewichtslage hin beschleunigt. Wegen seiner **Trägheit** bewegt er sich aber über diese Gleichgewichtslage hinaus, und alles beginnt von neuem. Ein solches Spiel zwischen Rückstellkraft und Trägheit wollen wir nun in einem Versuch genauer betrachten.

Versuch 446: Ein auf einer Fahrbahn beweglicher Wagen ist nach *Bild 397.1* zwischen zwei Schraubenfedern eingespannt; damit befindet er sich im stabilen Gleichgewicht. Nun lenken wir ihn etwa 10 cm zur Seite aus und lassen ihn anschließend los. Dann vollführt der aus Wagen und Federn bestehende *Schwinger* mehrere Hin- und Herbewegungen, die immer mehr abnehmen, bis der Wagen schließlich in seiner Gleichgewichtslage wieder zur Ruhe kommt. Diese periodische Bewegung kommt im Grunde auf die gleiche Weise zustande wie die Schwingung des Punching-Balls. Wir bezeichnen sie als **freie gedämpfte mechanische Schwingung.**

Wir nennen sie

— frei, weil der Schwinger seinen Rhythmus *selbst bestimmt;* er wird ihm nicht etwa von außen aufgezwungen;

— gedämpft, weil die Bewegung allmählich abklingt.

Die Dämpfung kommt zustande, weil die anfangs in den Schwinger gesteckte Energie durch *Reibung* allmählich aus dem System herausgeführt wird. Wäre keine Reibung vorhanden, so würde sich der Wagen in unserem Versuch ohne Aufhören hin und her bewegen. Diesen (praktisch nie ganz zu verwirklichenden) Idealfall nennt man eine **freie ungedämpfte mechanische Schwingung.**

Wir wollen nun die in Versuch 446 auftretenden Reibungskräfte vorerst vernachlässigen, also annehmen, der Wagen schwinge frei und ungedämpft. Damit wir seine Bewegung rechnerisch erfassen können, führen wir ein Koordinatensystem ein *(Bild 397.1).* Seinen Ursprung legen wir in den Ort, an dem der Massenmittelpunkt M des schwingenden Körpers in seiner Gleichgewichtslage ist. Die Stelle, an der er sich in einem beliebigen Zeitpunkt t seiner Bewegung befindet, ist nun durch die Koordinate $s(t)$ festgelegt, die sein Massenmittelpunkt M in diesem Moment besitzt. $s(t)$ wird **Elongation** oder Auslenkung genannt. Wir geben ihr auf der einen Seite des Nullpunktes das positive, auf der anderen das negative Vorzeichen. Befindet sich der Massenmittelpunkt M des Wagens in Versuch 446 z.B. 3 cm rechts der Gleichgewichtslage, so besitzt er die Elongation $s = +3$ cm; ist M 5 cm links der Gleichgewichtslage, so beträgt die Elongation $s = -5$ cm.

Auch die *Momentangeschwindigkeiten* und die am schwingenden Körper angreifenden *Kräfte* erhalten in Richtung der positiven s-Achse das *positive,* in Gegenrichtung das *negative* Vorzeichen.

Der absolute Betrag der maximalen Elongation eines Schwingers wird **Amplitude** genannt und mit $\hat{s}$ (gelesen: „s-Dach") bezeichnet. Die Amplitude $\hat{s}$ ist also die vom Nullpunkt bis zu einem der beiden *Umkehrpunkte* gemessene Strecke. Wegen des absoluten Betrags besitzt $\hat{s}$ stets das positive Vorzeichen.

3. Die harmonische Schwingung

Wir wollen nun die Kräfte, die bei den Schwingungen in Versuch 446 auftreten, genauer untersuchen. Befindet sich der Wagen im Nullpunkt ($s = 0$), so zieht an ihm die rechte Feder mit der Kraft $F_1 > 0$ nach *rechts*, die linke Feder mit der Kraft $F_2 < 0$ nach *links*. Da in diesem Punkt Gleichgewicht herrscht, gilt $F_2 = -F_1$ und daher $F_1 + F_2 = 0$ *(Bild 397.1a).* Wenn Ihnen das Minuszeichen in dieser Gleichung Schwierigkeiten bereitet, machen Sie sich ein Zahlenbeispiel: Die rechte Feder ziehe mit $F_1 = +3$ N nach rechts; dann muß die linke mit $F_2 = -3$ N nach links ziehen.

Die Federhärten der beiden Federn seien D_1 (rechts) bzw. D_2 (links). Bei der Elongation $s > 0$ zieht die rechte Feder mit der positiven Kraft $F_1^* = F_1 - D_1 s$ weniger stark nach rechts, die linke Feder mit der negativen Kraft $F_2^* = F_2 - D_2 s$ stärker nach links als im Gleichgewicht *(Bild 397.1b).* Die resultierende Rückstellkraft beträgt dann

$$F = F_1^* + F_2^* = F_1 + F_2 - D_1 s - D_2 s.$$

Da $F_1 + F_2 = 0$ ist, folgt

$$F = -(D_1 + D_2)s. \tag{396.1}$$

Für die Elongation $s < 0$ liefert eine entsprechende Überlegung dasselbe Ergebnis. Mit der konstanten Summe $D_1 + D_2 = D > 0$ erhalten

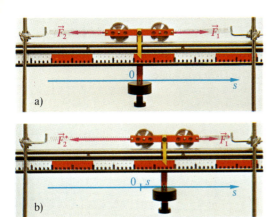

397.1 Ein harmonischer Schwinger; a) in der Gleichgewichtslage; b) mit der Elongation s nach rechts; dabei tritt eine Rückstellkraft nach links auf.

wir für unseren Versuch das Kraft-Weg-Gesetz

$$F = -Ds. \tag{397.1}$$

Die positive Konstante D nennt man **Richtgröße** des schwingenden Systems. Gl. 397.1 sagt aus, daß die Rückstellkraft F proportional zur Elongation s ist. Bewegungen, für die ein solches *lineares Kraftgesetz* gilt, nennt man **harmonische Schwingungen**.

> **Eine freie mechanische Schwingung, bei der die Rückstellkraft F proportional zur Elongation s ist, erfüllt das lineare Kraftgesetz $F = -Ds$; sie wird harmonische Schwingung genannt.**

4. Ein Ausflug in die Mathematik

Wie schnell ändert sich die Stromstärke in einer Spule beim Einschalten? Wie rasch nimmt die Ladung eines Kondensators zu, wenn man ihn über einen Widerstand auflädt? Wie schnell nimmt die Zahl der Atome beim radioaktiven Zerfall ab? — Solche und ähnliche Probleme kommen in der Physik häufig vor. Sie laufen alle auf die Frage hinaus, wie schnell sich eine physikalische Größe mit der Zeit ändert. Ein besonders einfaches Beispiel dafür kennen Sie schon lange: Es ist das Problem, wie schnell sich die Ortskoordinate s eines bewegten Körpers mit der Zeit t ändert, also die Frage nach der *Geschwindigkeit*.

Bei einer gleichförmig-geradlinigen Bewegung läßt sich diese „Schnelligkeit der Ortsveränderung" leicht angeben: Befindet sich der Körper zur Zeit t_1 an der Stelle s_1 und zur Zeit t_2 an der Stelle s_2, so definiert man seine Geschwindigkeit als $v = \dfrac{s_2 - s_1}{t_2 - t_1} = \dfrac{\Delta s}{\Delta t}$.

Das Schaubild der Weg-Zeit-Funktion ist eine Gerade, die Geschwindigkeit $v = \Delta s/\Delta t$ ist ihre *Steigung* (*Bild 397.2*).

Ist die Bewegung nicht gleichförmig, so erhält man mit $\bar{v} = \Delta s/\Delta t$ nur die *mittlere* Geschwindigkeit im Zeitintervall Δt. Was man unter der **Momentangeschwindigkeit** v in einem Zeitpunkt t zu verstehen hat, muß erst festgelegt werden. Aus der Mechanik (Seite 239) kennen Sie die Definition

$$v(t) = \lim_{\Delta t \to 0} \frac{\Delta s}{\Delta t}. \tag{397.2}$$

Dieser Grenzwert ist nichts anderes als die Ableitung $\dot{s}(t)$ der Weg-Zeit-Funktion nach t; für die Momentangeschwindigkeit gilt also

$$v(t) = \dot{s}(t). \tag{397.3}$$

Sie können damit einen anschaulichen Sinn verbinden, wenn Sie in Gedanken das in der Mechanik auf Seite 240 beschriebene Meßverfahren für Momentangeschwindigkeiten anwenden: Betrachten Sie dazu in *Bild 397.3* das Dia-

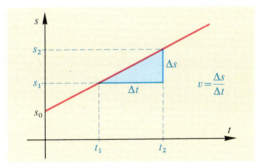

397.2 Geschwindigkeit bei gleichförmiger Bewegung

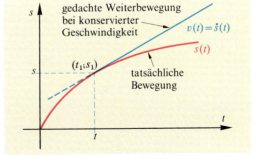

397.3 Die Geschwindigkeit wird konserviert.

gramm der Weg-Zeit-Funktion einer nicht gleichförmigen geradlinigen Bewegung! Zur Bestimmung der Momentangeschwindigkeit $v(t)$ denken Sie sich nun einfach, die Bewegung werde vom Zeitpunkt t_1 an *gleichförmig* fortgesetzt. Im Schaubild stellt sich eine solche gedachte Weiterbewegung als Tangente an die Kurve im Punkt $(t_1; s_1)$ dar, die „konservierte" Momentangeschwindigkeit als ihre *Steigung*. Aus der Mathematik wissen Sie aber, daß die Tangentensteigung im Punkt $(t_1; s_1)$ der Kurve gleich der Ableitung $\dot{s}(t_1)$ ist.

Unter der Beschleunigung a versteht man die Schnelligkeit, mit der die Geschwindigkeit v zunimmt. Die Beschleunigung ist also sozusagen die Geschwindigkeit der Geschwindigkeitsänderung. Dementsprechend lautet die Definition der **Momentanbeschleunigung**

$$a(t) = \lim_{\Delta t \to 0} \frac{\Delta v}{\Delta t}. \tag{398.1}$$

Dieser Grenzwert ist die Ableitung der Geschwindigkeits-Zeit-Funktion nach der Zeit; es gilt also $\quad a(t) = \dot{v}(t) = \ddot{s}(t).$ (398.2)

Damit lassen sich die Bewegungsgesetze der Mechanik wesentlich einfacher behandeln als bisher. Kennt man das Beschleunigungs-Zeit-Gesetz, so erhält man daraus wegen $a(t) = \dot{v}(t)$ das Geschwindigkeits-Zeit-Gesetz als *Stammfunktion* von $a(t)$. Aus $v(t) = \dot{s}(t)$ gewinnt man dann das Weg-Zeit-Gesetz $s(t)$ wiederum als Stammfunktion, diesmal aber von $v(t)$.

Für die Bewegung mit konstanter Kraft F sieht das so aus: Nach dem Grundgesetz von *Newton* ist mit der Kraft F auch die Beschleunigung a konstant. Aus $a(t) = \dot{v}(t) = \text{konstant} = a$ folgt

$v(t) = \dot{s}(t) = a\,t + v_0$ und

$s(t) = \frac{1}{2} a\,t^2 + v_0\,t + s_0.$

v_0 und s_0 sind Konstanten. Ihre physikalische Bedeutung ist unmittelbar einzusehen: v_0 ist die Geschwindigkeit, s_0 der Ort zur Zeit $t = 0$. Lassen Sie zu dieser Zeit die Bewegung aus der Ruhe ($v_0 = 0$) bei der Wegmarke $s_0 = 0$ beginnen, so stehen die bekannten Bewegungsgesetze für die konstante Beschleunigung aus der Ruhe da.

Aufgabe

1. *Ein Fahrbahnwagen der Masse 0,8 kg wird aus der Ruhe heraus durch die Kraft $F = k\,t$ mit $k = 0{,}2$ N s^{-1} auf waagerechter Bahn beschleunigt. Berechnen Sie Geschwindigkeit und Weg nach 3 Sekunden!*

§155 Harmonische Schwingungen

1. Die Differentialgleichung der harmonischen Schwingung

Wir wollen nun unsere neuen Erkenntnisse auf die *harmonische Schwingung* anwenden. Dazu setzen wir die Newtonsche Grundgleichung in das lineare Kraftgesetz *Gl. 397.1* ein und erhalten $m a = -D s$ oder

$$a(t) = -\frac{D}{m} s(t) = -k\,s(t) \quad \text{mit} \quad k = \frac{D}{m}. \tag{398.3}$$

Diese Gleichung zeigt, wie die *zeitlich veränderliche* Beschleunigung $a(t)$ des Schwingers von der jeweiligen Elongation $s(t)$ abhängt. Mit $a(t) = \ddot{s}(t)$ lautet *Gl. 398.3*

$$\ddot{s}(t) = -k\,s(t) \quad \text{mit} \quad k = \frac{D}{m}. \tag{398.4}$$

Gl. 398.4 ist eine sogenannte **Differentialgleichung**. Bisher sind Ihnen nur Gleichungen mit *Zahlenwerten* als Lösungsmenge begegnet. In einer Differentialgleichung werden dagegen als Lösungsmenge *Funktionen* $s(t)$ gesucht: In *Gl. 398.4* sollen sie gleich dem negativen Faktor $-1/k$ mal ihrer eigenen zweiten Ableitung sein. Wenn Sie ein wenig nachdenken, ob Ihnen wenigstens *eine* Funktion mit dieser Eigenschaft bekannt ist, fällt Ihnen als Lösung sicher die *Sinusfunktion* ein. Vielleicht lehnen Sie ein derartiges Erraten einer Lösung als unzureichende Methode ab. Man geht jedoch öfter, als Sie meinen, in dieser Weise vor. So werden Sie z.B. für die Gleichung $x^5 = 32$ schnell eine Lösung finden, nämlich $x = 2$. Und wie sind Sie darauf gekommen? Nun – eben durch Erraten, Probieren und Bestätigen!

Die als Lösung für *Gl. 398.4* in Frage kommende Sinusfunktion lautet in ihrer allgemeinsten Form

$s(t) = \hat{s} \sin(\omega\,t + \varphi_0).$ Dann ist (398.5)

$\dot{s}(t) = \hat{s}\,\omega \cos(\omega\,t + \varphi_0)$ und

$\ddot{s}(t) = -\hat{s}\,\omega^2 \sin(\omega\,t + \varphi_0) = -\omega^2\,s(t).$

Wenn wir wissen wollen, ob $s(t)$ tatsächlich eine Lösung der Differentialgleichung *398.4* ist, müssen wir $s(t)$ und $\ddot{s}(t)$ in diese Gleichung einsetzen und prüfen, ob sie damit für jeden Zeitpunkt t erfüllt ist. Wir erhalten dabei

$$-\omega^2\,s(t) = -k\,s(t) \quad \text{mit} \quad k = \frac{D}{m}.$$

Wählen wir nun die bis jetzt noch nicht festgelegte Konstante ω so, daß $\omega^2 = k$, also $\omega = \sqrt{k} = \sqrt{D/m}$ ist, so stehen auf der linken und rechten Seite der Differentialgleichung genau dieselben Funktionen; sie ist damit für jeden Zeitpunkt t erfüllt. Nun könnte es auch noch weitere Lösungsfunktionen geben; aus mathematischen Überlegungen folgt jedoch, daß wir mit $s(t) = \hat{s} \sin(\omega t + \varphi_0)$ schon alle Lösungen gefunden haben.

2. Was bedeuten die Konstanten?

Für einen bestimmten harmonischen Schwinger gibt es viele Lösungsfunktionen. Nur $\omega = \sqrt{D/m}$ ist durch die Anordnung (Härte der Federn, Masse des Wagens) festgelegt; die Konstanten $\hat{s}$ und φ_0 sind dagegen frei wählbar.

Die Konstante $\hat{s}$ ist die *Amplitude* der Schwingung; sie wird durch die erstmalige Auslenkung festgelegt. φ_0 ist der *Nullphasenwinkel*, d.h. der Phasenwinkel der Schwingung zur Zeit $t = 0$. φ_0 ist durch den Zeitpunkt bestimmt, in dem der Beobachter die Stoppuhr zur Zeitmessung drückt. Wählt er $\varphi_0 = 0$, so geht der Schwinger zur Zeit $t = 0$ mit positiver Geschwindigkeit durch die Nullmarke. Dann ist $s(t) = \hat{s} \sin \omega t$; das $s(t)$-Diagramm besteht hier also aus einer *Sinuskurve*. Der Beobachter kann auch $\varphi_0 = \pi/2$ wählen: Jetzt hat der Schwinger zur Zeit $t = 0$ maximale positive Elongation. Es gilt $s(t) = \hat{s} \sin(\omega t + \pi/2) = \hat{s} \cos \omega t$; das $s(t)$-Diagramm ist in diesem Fall eine *Cosinuskurve*. Die Konstanten $\hat{s}$ und φ_0 legen also die **Anfangsbedingungen** fest.

Bild 399.1 zeigt ein Diagramm der allgemeinen Lösungsfunktion in Abhängigkeit von der Zeit t und dem Phasenwinkel φ. Nach der *Periodendauer* T wiederholt sich die Sinusfunktion; deshalb gehört zur Zeit T der Phasenwinkel $\varphi = \omega T + \varphi_0 = 2\pi + \varphi_0$. Also ist $\omega T = 2\pi$ oder

$$T = \frac{2\pi}{\omega} = 2\pi \sqrt{\frac{m}{D}}. \qquad (399.1)$$

Die Frequenz ist $f = 1/T$. Die Konstante $\omega = 2\pi/T = 2\pi f$ nennt man auch *Kreisfrequenz*.

Hätte man den Phasenwinkel φ nicht auch im *Gradmaß* angeben können? Dann wäre $\omega T = 360°$, und für die Periodendauer käme etwas ganz anderes heraus. Dieser Einwand ist leicht zu widerlegen: Wir haben in der Herleitung auf Seite 398 benutzt, daß zur Sinusfunktion $y = \sin \varphi$ die Ableitung $y' = \cos \varphi$ gehört. Dies gilt aber nur, wenn für φ das *Bogenmaß* genommen wird.

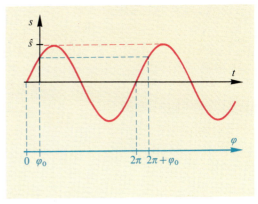

399.1 Lösungsfunktion der harmonischen Schwingung

Die Differentialgleichung $\ddot{s}(t) = -k\, s(t)$ der harmonischen mechanischen Schwingung hat die allgemeine Lösungsfunktion

$s(t) = \hat{s} \sin(\omega t + \varphi_0)$ mit $\omega = \sqrt{k}$. (399.2)

Dabei ist $k = D/m$, also $\omega = \sqrt{D/m}$; für die Periodendauer gilt $T = 2\pi \sqrt{m/D}$. (399.3)

$\hat{s}$ ist die Amplitude, φ_0 der Nullphasenwinkel. T ist von $\hat{s}$ und φ_0 unabhängig.

Aufgaben

1. *Gegeben ist ein ungedämpfter harmonischer mechanischer Schwinger mit der Periodendauer $T = 1{,}20$ s und der Amplitude $\hat{s} = 0{,}20$ m. Die Stoppuhr wird beim Nulldurchgang gestartet. Welche Elongation hat der Schwinger zu den Zeiten $t = 0{,}10$ s; $0{,}30$ s; $0{,}60$ s erreicht?*

2. *Der Wagen in Versuch 446 hat die Masse $m = 0{,}60$ kg; die Richtgröße der einen Feder beträgt $9{,}50\,\mathrm{N\,m^{-1}}$. Wie groß muß man die Richtgröße der anderen Feder wählen, damit das System mit der Periodendauer $T = 1{,}00$ s schwingt?*

3. *Der Wagen in Versuch 446 hat die Masse $0{,}5$ kg; die Härte der Federn beträgt $D_1 = 8{,}0\,\mathrm{N\,m^{-1}}$ bzw. $D_2 = 12\,\mathrm{N\,m^{-1}}$. Er wird um $8{,}0$ cm nach links ausgelenkt und anschließend losgelassen.* **a)** *Mit welcher Periodendauer schwingt er dann?* **b)** *Wo befindet er sich $0{,}6$ s nach dem ersten Nulldurchgang? Welche Geschwindigkeit hat er in diesem Augenblick?* **c)** *In welchem Bruchteil der Periodendauer T wird der Wagen aus der Gleichgewichtslage um 4 cm ausgelenkt?*

4. *Ein Körper schwingt harmonisch mit der Frequenz $f = 0{,}8$ Hz und der Amplitude $\hat{s} = 10$ cm.* **a)** *Mit welcher Geschwindigkeit geht er durch die Gleichgewichtslage?* **b)** *An welchen Stellen hat er die Geschwindigkeit $v = 0{,}25\,\mathrm{m\,s^{-1}}$?*

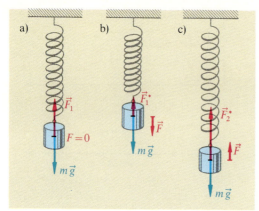

400.1 Feder-Schwere-Pendel; a) in der Gleichgewichtslage; b) die Schwere überwiegt; c) die Federkraft überwiegt.

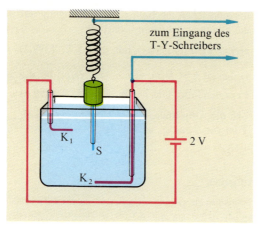

400.2 Die zwischen S und K_2 abgegriffene Spannung ist ein Maß für die Elongation.

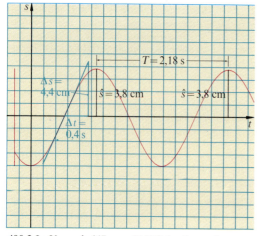

400.3 In Versuch 447 vom T-Y-Schreiber aufgenommenes Diagramm

§156 Mechanische Schwingungen

1. Das Feder-Schwere-Pendel

Hängen Sie an einen Federkraftmesser ein Gewichtsstück, so schaukelt dieses zuerst etliche Male auf und ab; erst, wenn es zur Ruhe gekommen ist, können Sie die Gewichtskraft ablesen. Solche Schwingungen treten immer auf, wenn ein Körper elastisch aufgehängt ist. Wir wollen sie an einem **Feder-Schwere-Pendel** studieren, das nach *Bild 400.1* aus einer vertikal aufgehängten Schraubenfeder (Federhärte D) und einem darangehängten Körper der Masse m besteht.

Damit wir seine Bewegung beschreiben können, führen wir eine vertikale s-Achse ein; dabei wollen wir nach *oben* gerichtete Elongationen, Geschwindigkeiten und Kräfte *positiv* rechnen, nach *unten* gerichtete *negativ*.

a) In der Gleichgewichtslage hebt die nach oben gerichtete (positive) Zugkraft F_1 der Feder die nach unten gerichtete (negative) Gewichtskraft $G = mg$ gerade auf. Es gilt also
$G = -F_1$ oder $G + F_1 = 0$ (*Bild 400.1 a*).

b) Nun werde der Körper um die Strecke $s > 0$ nach *oben* ausgelenkt. Dann *verkleinert* sich die nach oben wirkende Zugkraft der Feder auf $F_1^* = F_1 - Ds$. Die Gewichtskraft überwiegt: Es ergibt sich eine resultierende Kraft
$F = G + F_1^* = G + F_1 - Ds = 0 - Ds$
$= -Ds < 0$ nach *unten* (*Bild 400.1 b*).

c) Lenkt man den Körper um die Strecke $s < 0$ nach *unten* aus, so *vergrößert* sich die nach oben wirkende Zugkraft der Feder auf $F_2^* = F_1 - Ds$. Beachten Sie, daß hier s negativ, also $-Ds$ positiv ist! Jetzt überwiegt die Federkraft: Die resultierende Kraft ist
$F = G + F_2^* = G + F_1 - Ds = 0 - Ds$
$= -Ds > 0$ nach *oben* (*Bild 400.1 c*).

Für die Rückstellkraft F ergibt sich in beiden Elongationsrichtungen dasselbe lineare Kraftgesetz $F = -Ds$. Das Feder-Schwere-Pendel schwingt also *harmonisch*. Die Richtgröße D ist hier gleich der Federhärte.

Versuch 447: An einem Feder-Schwere-Pendel wird nach *Bild 400.2* als Sonde ein gut isolierter Kupferdraht befestigt, bei dem nur die Spitze S blank ist. Der Draht wird leitend mit der Feder verbunden. Schwingt nun der Körper auf und ab, so taucht S mehr oder weniger weit in einen Glastrog. Dieser ist mit Wasser gefüllt, in dem zur Verbesserung der Leitfähigkeit etwas CuCl$_2$ gelöst wurde. K$_1$ und K$_2$ sind zwei Kupferdrähte, an die über gut isolierte Zuleitungen eine Gleichspannung von ungefähr 2 V gelegt wird. S wirkt wie der Gleitkontakt eines Potentiometers, der sich praktisch reibungsfrei bewegt. Zwischen S und einem der beiden Kupferdrähte kann deshalb eine Spannung abgegriffen werden, die ein Maß für die Elongation des Feder-Schwere-Pendels ist. Ein angeschlossener T-Y-Schreiber zeichnet das Diagramm des Elongation-Zeit-Gesetzes auf (*Bild 400.3*). Zweckmäßigerweise stellt man die Verstärkung so ein, daß die Elongationen des Schwingers im Maßstab 1:1 auf den Schreiber übertragen werden. Das Registrierpapier läuft mit der Geschwindigkeit 5,00 cm s^{-1}, d.h. 1 cm auf der *t*-Achse bedeutet eine Zeitdauer von 0,20 s.

Diesem Schaubild können Sie wesentliche Informationen über die Schwingung des Feder-Schwere-Pendels entnehmen:

— Das *s-t*-Diagramm ist eine **Sinuskurve**;
— die Amplitude beträgt $\hat{s} = 3{,}80$ cm;
— Die Periodendauer ist $T = 2{,}18$ s.
— Auch die Momentangeschwindigkeit *v* läßt sich aus dem Diagramm herauslesen. Da $v = \lim\limits_{\Delta t \to 0} \frac{\Delta s}{\Delta t}$ ist, erhält man sie jeweils aus der Steigung der Kurventangente. Für die (maximale) Geschwindigkeit $\hat{v}$ beim Nulldurchgang entnehmen Sie dem Steigungsdreieck die Katheten $\Delta s = 4{,}40$ cm und $\Delta t = 0{,}40$ s. Daraus folgt $\hat{v} = \Delta s / \Delta t = 0{,}11$ m s^{-1}.

Der in diesem Versuch benutzte Schwinger besaß die Masse $m = 0{,}50$ kg; die Federhärte betrug $D = 4{,}15$ N m^{-1}. Daraus ergibt sich

$$\omega = \sqrt{D/m} = 2{,}88 \text{ s}^{-1}, \quad T = 2\pi/\omega = 2{,}18 \text{ s}$$

und $\hat{v} = \hat{s}\omega = 0{,}11$ m s^{-1}.

Diese nach den Formeln für die harmonische Schwingung errechneten Werte stimmen ausgezeichnet mit den experimentell gefundenen Daten überein.

Zur Kontrolle kann man mit $\hat{s} = 3{,}80$ cm und $\omega = 2{,}88$ s^{-1} das *Schaubild* von $s = \hat{s} \cdot \sin \omega t$ anhand einer Wertetafel aufzeichnen. Wählt man den entsprechenden Maßstab, so erhält man genau dieselbe Kurve, wie sie der T-Y-Schreiber in Versuch 447 erzeugt hat.

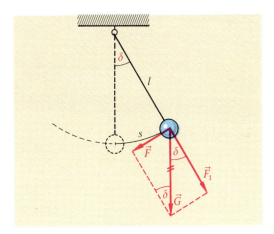

401.1 Kräfte am Fadenpendel

2. Das Fadenpendel

Eine kleine Kugel ist an einem dünnen Faden aufgehängt. Lenkt man sie aus und läßt sie dann los, so beginnt sie zu schwingen. Als Elongation dieser Schwingung nehmen wir die von der Gleichgewichtslage aus gemessene Länge *s* des Bogens, auf dem sich die Kugel bewegt. Wir rechnen sie *rechts* vom Nullpunkt *positiv*, *links* davon *negativ* (*Bild 401.1*). Die entsprechende Vorzeichenregelung treffen wir auch für Geschwindigkeiten und Kräfte.

Die Rückstellkraft finden wir, wenn wir die auf den Pendelkörper der Masse *m* wirkende Gewichtskraft $\vec{G} = m\vec{g}$ nach *Bild 401.1* durch die beiden Komponenten $\vec{F}$ und $\vec{F}_1$ ersetzen. Die Komponente $\vec{F}$ ist tangential zur Kreisbahn gerichtet, $\vec{F}_1$ senkrecht dazu. $\vec{F}_1$ wird durch die Spannkraft des Fadens aufgehoben; $\vec{F}$ bleibt als einzige äußere Kraft übrig. Sie ist der Elongation stets entgegengerichtet und damit die gesuchte Rückstellkraft.

Ist das Pendel um den Winkel δ ausgelenkt, so folgt aus dem Kräfteparallelogramm $F = -mg \cdot \sin \delta$. Wenn *l* die Entfernung des Kugelmittelpunktes vom Aufhängepunkt ist, dann beträgt der Winkel $\delta = s/l$ (im Bogenmaß); also ist die Elongation $s = l\delta$. Hier liegt der Vorteil des Bogenmaßes.

Schwingt nun ein Fadenpendel harmonisch? Dazu müssen wir nachprüfen, ob ein lineares Kraftgesetz vorliegt: Ist der Quotient $\frac{F}{s} = -\frac{mg \cdot \sin \delta}{l\delta}$ konstant? — Leider *nicht*, denn der Bruch $\frac{\sin \delta}{\delta}$ läßt sich nicht etwa kür-

δ in Grad	δ im Bogenmaß	$\dfrac{\sin\delta}{\delta}$
1°	0,017453	0,99995
5°	0,087266	0,9987
10°	0,174533	0,9949
20°	0,349066	0,9798

Tabelle 402.1

zen; sein Betrag ist vielmehr von δ abhängig. Nun können Sie aber mit dem Taschenrechner leicht nachprüfen, daß sich $\dfrac{\sin\delta}{\delta}$ um so weniger von 1 unterscheidet, je kleiner der Winkel δ gemacht wird (Rechner auf „rad" stellen!). Nach *Tabelle 402.1* ist die Abweichung vom Wert 1 für Winkel unter 10° geringer als 0,5%. Ist also der Elongationswinkel δ klein, so dürfen wir näherungsweise $\sin\delta = \delta$ setzen. Dann wird $\dfrac{F}{s} = -\dfrac{mg}{l} \cdot \dfrac{\sin\delta}{\delta} = -\dfrac{mg}{l} = $ konstant.

Wir können demnach das Fadenpendel mit jeder gewünschten Genauigkeit als harmonischen Schwinger der Richtgröße $D = mg/l$ betrachten, wenn wir nur die Amplitude hinreichend klein wählen. Aus *Gl. 399.3* folgt dann für die Periodendauer $T = 2\pi\sqrt{l/g}$.

Ein Fadenpendel schwingt bei hinreichend kleiner Amplitude harmonisch. Seine Periodendauer ist dann

$$T = 2\pi\sqrt{l/g}. \qquad (402.1)$$

Versuch 448: Wir bauen ein Fadenpendel mit einer *kleinen* Kugel als Pendelkörper auf.

a) Wir lassen das Pendel mit kleiner Amplitude schwingen und ermitteln die Zeit für 100 Perioden. Bei $l = 3,00$ m messen wir eine Periodendauer von $T = 3,47$ s. Mit $g = 9,81$ m s^{-2} finden wir *Gl. 402.1* gut bestätigt.

b) Wir wiederholen den Versuch; dabei lassen wir die Länge l unverändert, nehmen aber als Pendelkörper eine Kugel mit anderer Masse: Die Periodendauer T ist dieselbe wie vorher. Nach *Gl. 402.1* ist T von der Masse des Pendelkörpers unabhängig.

c) Nun lassen wir das Pendel sehr weit ausschwingen. Dabei erhalten wir eine etwas *größere* Periodendauer als vorher: *Gl. 402.1* gibt jetzt einen etwas zu kleinen Wert.

3. Der Energiesatz bei Schwingungen

Freie mechanische Schwingungen kommen nur zustande, wenn ein Körper an eine stabile Gleichgewichtslage gebunden ist. Um ihn daraus zu entfernen, muß Arbeit gegen die Rückstellkraft verrichtet werden. Sie spüren das, wenn Sie einen Schwinger mit einem Federkraftmesser aus seiner Gleichgewichtslage in positiver oder auch in negativer Richtung auslenken: Das System gewinnt dadurch Energie; wir wollen sie **Elongationsenergie** nennen. Sie ist in der Gleichgewichtslage Null.

Ist keine Dämpfung vorhanden, so wandelt sie sich in kinetische Energie des Schwingers um; diese wird danach wieder zu Elongationsenergie, später wieder zu kinetischer usw. — immer schön periodisch. *Dabei bleibt ihre Summe nach dem Energiesatz der Mechanik erhalten.*

Für die ungedämpfte *harmonische* Schwingung läßt sich diese Energiesumme sogar berechnen: Wenn ein lineares Kraftgesetz $F = -Ds$ vorliegt, ist die Elongationsenergie $W_{\text{Elong}} = \tfrac{1}{2}Ds^2$. Die Summe aus Elongationsenergie und kinetischer Energie bleibt konstant; sie ist gleich der Elongationsenergie $\tfrac{1}{2}D\hat{s}^2$, die bei der ersten Auslenkung in das System hineingesteckt wurde.

Mit $D = m\omega^2$ wird die Konstante zu $\tfrac{1}{2}m\omega^2\hat{s}^2$. Daraus folgt: Die Gesamtenergie des harmonischen Schwingers ist den Quadraten der Amplitude und der Frequenz (wegen $\omega = 2\pi f$) proportional.

Aufgaben

1. *Hängt man einen Körper der Masse 400 g an eine Schraubenfeder, so verlängert sie sich um 10 cm. Mit welcher Periodendauer schwingt dieses Feder-Schwere-Pendel?*

2. *An eine Schraubenfeder ($D = 100$ N m^{-1}) wird ein Körper der Masse 800 g gehängt, um 4 cm aus seiner Gleichgewichtslage nach unten gezogen und losgelassen.* **a)** *Mit welcher Periodendauer schwingt der Körper?* **b)** *Welche Strecke hat er 0,10 s nach dem Nulldurchgang zurückgelegt? Wie schnell ist er jetzt?*

3. *Wie lang muß ein Fadenpendel sein, das an der Erdoberfläche ($g = 9,81$ m s^{-2}) mit der Periodendauer $T = 1,00$ s schwingt?*

4. *Ein Fadenpendel schwingt mit der Periodendauer $T_1 = 2,15$ s. Wenn man den Faden um 80,0 cm verlängert, erhöht sich die Periodendauer auf $T_2 = 2,80$ s. Berechnen Sie die Fallbeschleunigung für den Ort, an dem das Pendel schwingt!*

5. *Der Körper eines Feder-Schwere-Pendels hat die Masse $m = 200$ g. Er schwingt mit der Periodendauer $T = 1,25$ s und der Amplitude $\hat{s} = 5,0$ cm. Mit welcher Geschwindigkeit geht er durch die Gleichgewichtslage?*

§157 Der Schwingkreis

1. Was ist ein Schwingkreis?

Bei freien mechanischen Schwingungen wandeln sich Elongationsenergie und Bewegungsenergie periodisch ineinander um. Solche *Energiependelungen* kommen auch bei elektrischen und magnetischen Feldern vor. Entlädt man z.B. einen Kondensator, so verschwindet sein elektrisches Feld und die darin gespeicherte Energie; dafür fließt aber ein Strom, der ein Magnetfeld mit magnetischer Feldenergie aufbaut. Verschwindet andererseits ein Magnetfeld, so entsteht eine Induktionsspannung und damit auch ein elektrisches Feld. Verbinden wir also einmal einen Speicher für elektrische Feldenergie — einen Kondensator — und einen Speicher für magnetische Feldenergie — eine Spule — miteinander!

403.1 Ein Schwingkreis besteht aus einem Kondensator als elektrischem und einer Spule als magnetischem Energiespeicher.

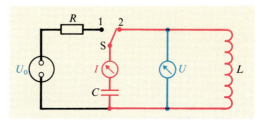

403.2 *Schalterstellung 1:* Der Kondensator wird über den Schutzwiderstand R geladen; *Schalterstellung 2:* Geladener Kondensator und Spule werden zu einem Schwingkreis zusammengeschaltet.

Versuch 449: a) Zunächst trennen wir nach *Bild 403.2* Kondensator und Spule voneinander, indem wir den Schalter S in die Stellung 1 bringen. Dabei wird der Kondensator ($C = 200\ \mu F$) über den Schutzwiderstand R auf die Spannung U_0 geladen; es wird ihm also Energie zugeführt.

b) Nun legen wir den Schalter S in die Stellung 2 um. Dann ist der geladene Kondensator mit einer Spule hoher Induktivität ($L \approx 600\ H$) verbunden. Was dabei passiert, können Sie an einem Strommesser (I) und einem Spannungsmesser (U) verfolgen: Die Zeiger beider Instrumente schwingen — in der Phase ungefähr 90° gegeneinander versetzt — mit einer Periodendauer von etwa 2 Sekunden hin und her. Der Strommesser zeigt einen Wechselstrom an, der durch die Kondensatorzuleitungen und die Spule fließt, der Spannungsmesser eine in der Phase verschobene Wechselspannung, die am Kondensator und an der dazu parallel geschalteten Spule liegt. Wir haben also ein schwingungsfähiges Gebilde, einen **elektromagnetischen Schwingkreis** hergestellt.

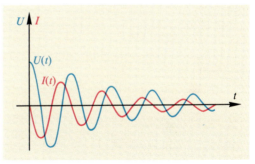

403.3 Gedämpfte Schwingungen der Spannung U und der Stromstärke I im Schwingkreis

Allerdings nehmen die Ausschläge der Meßinstrumente ziemlich rasch ab: Die Strom- und Spannungsschwingungen sind nach *Bild 403.3* gedämpft. Der Schwingkreisstrom erzeugt nämlich in der Spule nicht nur magnetische Felder, sondern wegen des ohmschen Widerstands der Drähte auch *Wärme*, die dem schwingenden System verlorengeht.

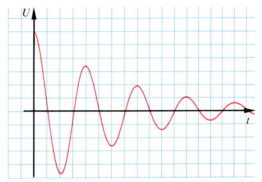

403.4 Mit dem T-Y-Schreiber aufgenommene Spannungs-Zeit-Funktion eines gedämpften Schwingkreises ($C = 200\ \mu F$, $L = 600\ H$, $R = 300\ \Omega$)

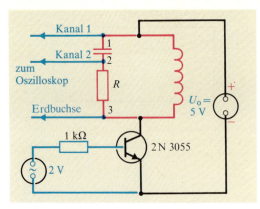

404.1 Schwingkreis mit elektronischem Schalter

Versuch 450: Nun soll die gedämpfte Schwingung eines Schwingkreises auf dem Bildschirm eines Oszilloskops als stehendes Bild sichtbar gemacht werden. Dazu brauchen wir Schwingungen größerer Frequenz, die wir durch Verkleinern der Kapazität C des Kondensators und der Induktivität L der Spule erhalten.

Damit das Oszillogramm ständig der Kippfrequenz angepaßt wird, muß der Schwingkreis regelmäßig im richtigen Takt immer wieder neu „angestoßen" werden. Dies erreichen wir durch einen elektronischen Schalter, den wir nach *Bild 404.1* mit Hilfe eines Transistors herstellen.

Die zwischen Basis und Emitter gelegte Wechselspannung $U_{\text{eff}} = 2$ V (bei $f = 50$ Hz) macht den Transistor während eines Teils ihrer positiven Halbperiode leitend, so daß der Schwingkreiskondensator etwas kürzer als $\frac{1}{100}$ Sekunde an der Gleichspannung $U_0 = 5$ V liegt und damit wie in der Schalterstellung 1 des Versuchs 449 *geladen* wird. In der negativen Halbperiode sperrt der Transistor und trennt den Schwingkreis von der Gleichspannung U_0. Wie in der Schalterstellung 2 des Versuchs 449 ist sich der Schwingkreis jetzt selbst überlassen und kann mit hoher Frequenz frei ausschwingen. In der nun folgenden positiven Halbperiode der 50 Hz-Wechselspannung wird der Kondensator wieder mit der Spannung U_0 geladen, und das Spiel beginnt von neuem.

Mit einem Zweikanal-Oszilloskop können wir Spannungs- und Stromstärkeverlauf gleichzeitig sichtbar machen (*Bild 404.2*). Dazu legen wir die Erdbuchse des Oszilloskops nach *Bild 404.1* an Punkt 3 des Schwingkreises. Punkt 1 wird mit Kanal 1 des Oszilloskops verbunden, so daß dieser den Spannungsverlauf $U(t)$ zeigt. Der Schwingkreisstrom I erzeugt am Widerstand $R = 10\,\Omega$ eine zu I proportionale Teilspannung $U = R\,I$. Sie wird in Punkt 2 an den Kanal 2 gelegt, der dann den Verlauf des Schwingkreisstroms $I(t)$ wiedergibt.

Die *Phasenverschiebung* zwischen Spannung und Stromstärke im Schwingkreis ist leicht einzusehen: Wenn die gesamte Energie im elektrischen Feld steckt, liegt maximale Spannung am Kondensator; die Stromstärke ist in diesem Augenblick Null. Befindet sich dagegen die gesamte Energie im Magnetfeld, so fließt durch die Spule ein Strom maximaler Stärke, wobei gleichzeitig die Spannung am Kondensator Null wird.

Während bei der *mechanischen* Schwingung ein Körper sichtbar hin und her pendelt, verläuft die *elektromagnetische* Schwingung wesentlich unanschaulicher. Bei genauer Betrachtung zeigt sich jedoch, daß beide sehr viel Ähnlichkeit miteinander haben. So wird beim Federpendel zu Beginn eine *Feder* gespannt, deren Energie sich anschließend in kinetische Energie des *Pendelkörpers* umwandelt — beim Schwingkreis wird zuerst ein *Kondensator* geladen, dessen elektrische Feldenergie dann in magnetische Feldenergie der *Spule* übergeht.

Vergleichen wir also einmal die verschiedenen Schwingungsphasen eines Federpendels mit denen eines Schwingkreises! Dabei wollen wir vom Idealfall einer *ungedämpften* Schwingung ausgehen; beim Federpendel sei also keinerlei Reibung vorhanden, Spule und Zuleitungen im Schwingkreis sollen den ohmschen Widerstand Null haben.

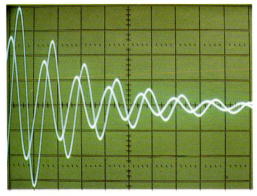

404.2 Spannung (große Amplitude) und Stromstärke (kleine Amplitude) am gedämpften Schwingkreis (nach Versuch 450)

Federpendel

a) Der ausgelenkte Körper werde losgelassen. Er wird durch die Kraft der Federn beschleunigt; seine Geschwindigkeit steigt aber infolge der Trägheit nur langsam an. Die Federkraft $F = -Ds$ ist nach der Newtonschen Grundgleichung der Mechanik in jedem Augenblick der Bewegung gleich Masse mal Beschleunigung des Körpers. Die ansteigende Geschwindigkeit ist mit einer Zunahme der kinetischen Energie verbunden; die Spannungsenergie der Feder nimmt dabei entsprechend ab.

b) Schließlich sind die Federn entspannt. In diesem Augenblick ist nur Bewegungsenergie vorhanden; die Geschwindigkeit des Körpers hat jetzt ihr Maximum erreicht. Könnten wir in diesem Augenblick die Federn wegnehmen, so würde der Körper wegen seiner Trägheit mit konstanter Geschwindigkeit weiterfliegen.

c) Die Federn bleiben aber am Körper. Er bewegt sich wegen seiner Trägheit weiter und spannt dabei die Federn entgegengesetzt zu a). Die dazu nötige Kraft $F = ma = -Ds$ wird von der Abnahme seiner Geschwindigkeit geliefert. Diese muß ja abnehmen, da sich die Federn dem Körper entgegenstellen. So geht die kinetische Energie ganz in Federenergie über.

d) Die Federn entspannen sich nun wieder; der Körper wird so beschleunigt, daß die Federkraft $F = -Ds$ in jedem Augenblick gleich Masse mal Beschleunigung ist, und das Spiel setzt sich fort.

Elektromagnetischer Schwingkreis

a) Der geladene Kondensator werde mit der Spule verbunden. Diese wird dann vom Entladestrom durchflossen, dessen Stärke I nach dem Lenzschen Gesetz nur langsam ansteigt. Dabei ist die Spannung $U_C = Q/C$ am Kondensator in jedem Augenblick gleich der in der parallel liegenden Spule induzierten Spannung $U = -L\dot{I}$. Der ansteigende Entladestrom erzeugt in der Spule ein Magnetfeld, dessen Energie zunimmt, während die des elektrischen Feldes im Kondensator abnimmt.

b) Schließlich ist der Kondensator entladen. Da keine Energie verlorengeht, muß in diesem Augenblick die gesamte Energie im Magnetfeld stecken; die Stromstärke I hat jetzt ihr Maximum erreicht. Überbrückten wir in diesem Augenblick den Kondensator ($R = 0\ \Omega$), so würde der Strom mit konstanter Stärke weiterfließen.

c) Der Kondensator bleibt aber an der Spule. Ihr weiterfließender Strom lädt ihn entgegengesetzt zu a) auf. Die dazu nötige Spannung $U_{ind} = -L\dot{I} = Q/C$ wird von der Abnahme des Stroms geliefert. Dieser muß ja abnehmen, da sich ihm die wachsende Ladung des Kondensators entgegenstellt. So geht die magnetische Energie ganz in elektrische des Kondensators über.

d) Der Kondensator entlädt sich nun wieder so, daß seine Spannung $U_C = Q/C$ in jedem Augenblick gleich der in der Spule induzierten Spannung $U = -L\dot{I}$ ist, und das Spiel setzt sich fort.

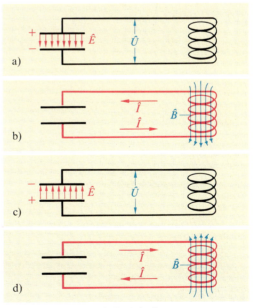

405.1 Mechanische Schwingungen

405.2 Elektromagnetische Schwingungen

2. Die Differentialgleichung der elektromagnetischen Schwingung

Leuten, die etwas von Mathematik verstehen, sagen manchmal Formeln mehr als viele Worte. Also wollen wir zum Schluß unserer Betrachtungen über den Schwingkreis die vielen erklärenden Worte des vorigen Abschnitts noch in kurze mathematische Formeln kleiden. Wir brauchen dazu nur die Gleichung $U_C = Q/C$ der am Kondensator liegenden Spannung U_C sowie die Gleichung für die in der Spule induzierte Spannung $U_{ind} = -L\dot{I}$. Weil Kondensator und Spule parallel geschaltet sind, muß zu jeder Zeit $U_{ind} = U_C$ sein. Daraus folgt

$$-L\dot{I}(t) = \frac{Q(t)}{C} \quad \text{oder} \quad \dot{I}(t) = -\frac{1}{CL} Q(t).$$

Nun ist die Stromstärke $I(t) = \dot{Q}(t)$; also gilt $\dot{I}(t) = \ddot{Q}(t)$. Damit erhalten wir für die sich zeitlich ändernde Kondensatorladung $Q(t)$ die Differentialgleichung

$$\ddot{Q}(t) = -k\, Q(t) \quad \text{mit} \quad k = \frac{1}{CL}. \quad (406.1)$$

Sie hat genau dieselbe Struktur wie die Differentialgleichung 398.4 der mechanischen harmonischen Schwingung. Wir können also die Lösung einfach übernehmen − mit dem einzigen Unterschied, daß an die Stelle der Elongation $s(t)$ die Kondensatorladung $Q(t)$ tritt und die Konstante $k = 1/(CL)$ ist. Damit erhalten wir die allgemeine Lösungsfunktion

$$Q(t) = \hat{Q} \sin(\omega t + \varphi_0) \quad \text{mit}$$

$$\omega = \sqrt{k} = \sqrt{\frac{1}{CL}}. \quad (406.2)$$

Dabei ist $\hat{Q}$ die maximale Ladung des Kondensators. Die Periodendauer einer Sinusschwingung ist $T = 2\pi/\omega$; mit $\omega = 1/\sqrt{CL}$ erhalten wir für den Schwingkreis die Periodendauer

$$T = 2\pi\sqrt{CL}. \quad (406.3)$$

Man nennt diese Beziehung auch die **Thomsonsche Schwingungsgleichung**.

Wir legen nun den Zeitnullpunkt so fest, daß der Kondensator zu Beginn der Schwingung mit der Spannung $\hat{U}$ geladen ist. Zur Zeit $t=0$ hat er dann seine maximale Ladung $\hat{Q} = \hat{U}C$; es gilt also $\hat{Q} = \hat{Q} \sin(0 + \varphi_0)$; daraus folgt $\sin \varphi_0 = 1$ und $\varphi_0 = \pi/2$. Mit dieser Anfangsbedingung wird

$$Q(t) = \hat{Q} \sin(\omega t + \pi/2) = \hat{Q} \cos \omega t. \quad (406.4)$$

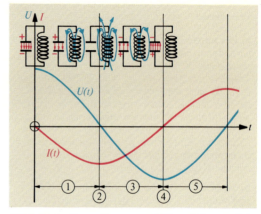

406.1 Verlauf von Spannung $U(t)$ und Stromstärke $I(t)$ beim Schwingkreis

Alle anderen Größen können wir nun aus $Q(t)$ leicht gewinnen:

Für die *Spannung* $U(t)$ am Kondensator gilt

$$U(t) = \frac{Q(t)}{C} = \frac{\hat{Q}}{C} \cos \omega t \quad \text{oder}$$

$$U(t) = \hat{U} \cos \omega t \quad \text{mit} \quad \hat{U} = \hat{Q}/C. \quad (406.5)$$

Die *Stromstärke* ist $I(t) = \dot{Q}(t)$, also

$$I(t) = -\hat{Q}\omega \sin \omega t \quad \text{oder}$$

$$I(t) = -\hat{I} \sin \omega t. \quad (406.6)$$

Dabei ist die maximale Stromstärke

$$\hat{I} = \hat{Q}\omega = \hat{U}C \frac{1}{\sqrt{CL}} \quad \text{oder} \quad \hat{I} = \hat{U}\sqrt{\frac{C}{L}}. \quad (406.7)$$

Bild 406.1 zeigt abschließend ein Spannungs- und Stromdiagramm, an dem Sie alle Vorgänge im elektromagnetischen Schwingkreis ablesen können:

① Die Schwingung beginnt im Zeitpunkt $t=0$ mit der Entladung des Kondensators. Für Spannung U und Ladung Q des Kondensators gilt $U(0) = \hat{U}$ und $Q(0) = \hat{Q}$. Die Stromstärke $I(t) = \dot{Q}(t)$ ist zunächst negativ, da $Q(t)$ bei der Entladung des Kondensators abnimmt, also $\dot{Q}(t) < 0$ wird. Beachten Sie, daß in jedem Augenblick $Q(t) = C U(t)$ ist, daß also die Kurve des Ladungsverlaufs (bis auf den konstanten Faktor C) ebenfalls durch die blaue Kurve des Spannungsverlaufs $U(t)$ wiedergegeben wird. Der Betrag des Entladestroms steigt, $\dot{I}(t) = \ddot{Q}(t)$ ist negativ, wird aber Null, wenn $I(t)$ seinen Tiefstwert $-\hat{I}$ erreicht hat.

② Für den Augenblick, in dem $I(t) = -\hat{I}$ ist, gilt $\dot{I}(t) = 0$, also $U(t) = -L\dot{I}(t) = 0$ und auch $Q(t) = 0$.

③ Jetzt nimmt der Betrag der Stromstärke ab, $I(t)$ selbst steigt von $-\hat{I}$ gegen 0 hin, daher ist $\dot{I}(t)$ positiv; also werden $U(t) = -L\dot{I}(t)$ und $Q(t)$ negativ: Der Kondensator wird mit entgegengesetztem Vorzeichen aufgeladen.

④ An dieser Stelle ist die I-Kurve am steilsten, d.h. die Ableitung $\dot{I}$ der Stromstärke hat ihren größten positiven Wert erreicht; also hat dort die jetzt negative Spannung ebenfalls ihren Extremwert $-\hat{U}$. Die Stromstärke $I(t)$ ist in diesem Augenblick Null, da $Q(t)$ ebenso wie $U(t)$ einen Extremwert hat, also $\dot{Q}(t) = 0$ ist.

⑤ Die Vorgänge wiederholen sich. Dabei haben die Spannung $U(t)$, die Stromstärke $I(t)$ und deren Ableitung $\dot{I}(t)$ jetzt gegenüber ① bis ④ das entgegengesetzte Vorzeichen.

3. Der Energiesatz beim Schwingkreis

Im Schwingkreis wandeln sich elektrische und magnetische Feldenergie periodisch ineinander um. Die folgende Rechnung zeigt, daß dabei in jedem Augenblick die *Energiesumme* erhalten bleibt.

In einem beliebigen Zeitpunkt t ist die Spannung $U(t) = \hat{U}\cos\omega t$, also die Energie des elektrischen Feldes im Kondensator
$$W_{el}(t) = \tfrac{1}{2}CU^2(t) = \tfrac{1}{2}C\hat{U}^2\cos^2\omega t.$$

Die Stromstärke ist in diesem Zeitpunkt $I(t) = -\hat{I}\sin\omega t$, also ist die Energie des Magnetfeldes in der Spule
$$W_{mag}(t) = \tfrac{1}{2}LI^2(t) = \tfrac{1}{2}L\hat{I}^2\sin^2\omega t.$$

Nun ist $\hat{I} = \hat{U}\sqrt{C/L}$. Setzen wir dies in die Gleichung für die Gesamtenergie W des Schwingkreises ein, so folgt

$$W = \tfrac{1}{2}C\hat{U}^2\cos^2\omega t + \tfrac{1}{2}L\hat{U}^2\frac{C}{L}\sin^2\omega t$$
$$= \tfrac{1}{2}C\hat{U}^2\cos^2\omega t + \tfrac{1}{2}C\hat{U}^2\sin^2\omega t \quad \text{oder}$$
$$W = \tfrac{1}{2}C\hat{U}^2(\cos^2\omega t + \sin^2\omega t) = \tfrac{1}{2}C\hat{U}^2.$$

Die Gesamtenergie W ist also in jedem Zeitpunkt der Schwingung konstant und gleich der anfänglich in den Schwingkreis gesteckten Energie $\tfrac{1}{2}C\hat{U}^2$.

In einem Schwingkreis wandeln sich elektrische und magnetische Energie periodisch ineinander um.

Die Induktivität sei L; ist der ohmsche Widerstand $R=0$ und wird der Kondensator der Kapazität C zu Beginn auf die Spannung $\hat{U}$ geladen, so entsteht eine ungedämpfte Schwingung mit der Wechselspannung $U = \hat{U}\cos\omega t$ und dem Wechselstrom $I = -\hat{I}\sin\omega t$ mit

$$\omega = \frac{1}{\sqrt{CL}} \quad \text{und} \quad \hat{I} = \hat{U}\sqrt{\frac{C}{L}}. \qquad (407.1)$$

Die Periodendauer einer Schwingung ist

$$T = 2\pi\sqrt{CL}. \qquad (407.2)$$

Aufgaben

1. Eine 0,60 m *lange Spule mit 1500 Windungen und* 42 cm² *Querschnittsfläche ohne Eisenkern wird mit einem Kondensator von* $C = 0,5\,\mu F$ *zu einem Schwingkreis zusammengeschaltet. Berechnen Sie seine Periodendauer und seine Frequenz! Wie groß ist die Frequenz bei 3000 Windungen?*

2. **a)** *Der Kondensator eines Schwingkreises hat die Kapazität* $C = 0,5\,\mu F$, *die Spule eine Induktivität von* $L = 2,0\,H$. *Der ohmsche Widerstand kann vernachlässigt werden. Berechnen Sie die Periodendauer und die Frequenz der Schwingung!* **b)** *Zeigen Sie, daß die gesamte Energie im ungedämpften Schwingkreis stets* $W = \tfrac{1}{2}L\hat{I}^2$ *ist!* **c)** *Der Kondensator wird zur Zeit* $t = 0$ s *mit der Spannung 400 V geladen. Berechnen Sie die maximale und die effektive Stromstärke des im Schwingkreis fließenden Wechselstroms!* **d)** *Wie groß sind Spannung und Stromstärke zur Zeit* $t = T/6$? *Wie ist die Energie in diesem Augenblick auf das elektrische und das magnetische Feld verteilt?*

3. *Mit einem Kondensator der Kapazität* 80 µF *soll ein Schwingkreis der Frequenz 40 Hz gebildet werden.* **a)** *Wie groß muß die Induktivität L sein?* **b)** *Der Kondensator wird zu Beginn der Schwingung* ($t = 0$ s) *mit 100 V geladen. Wie groß ist dann die Stromstärke in dem Augenblick, in dem die Spannung am Kondensator 50 V beträgt?* **c)** *Wie lange dauert es, bis die Spannung von 100 V auf 50 V abgesunken ist?* **d)** *Zu welchen Zeiten innerhalb einer Periodendauer des Schwingkreises sind die elektrische und die magnetische Energie gerade gleich?*

4. *Eine ungedämpfte elektromagnetische Schwingung hat eine Frequenz von 460 Hz. In den Zuleitungen zum Kondensator mißt man* $I_{eff} = 52$ mA, *zwischen den Platten* $U_{eff} = 12$ V. *Berechnen Sie daraus den induktiven und den kapazitiven Widerstand! Wie groß sind demnach L und C?*

§158 Ungedämpfte elmag. Schwingungen

1. Die Meißner-Schaltung

Bisher konnten wir nur gedämpfte elektromagnetische Schwingungen erzeugen. Ungedämpfte Schwingungen erhalten wir so:

Versuch 451: a) Ein Schwingkreis ($C = 100$ μF; $L = 600$ H) ist nach *Bild 408.1* mit einem Oszilloskop verbunden, dessen Horizontalablenkung ausgeschaltet wurde. Die Anschlüsse der Vertikalablenkung sind so gepolt, daß der Elektronenstrahl nach *oben* abgelenkt wird, wenn der Punkt 1 der Schaltung *positiv* ist. Drücken Sie nun kurz die Taste, so wird der Kondensator geladen, und es entsteht eine elektromagnetische Schwingung: Der Leuchtpunkt des Oszilloskops schaukelt auf und ab.

Wenn Sie den Schwingkreis sich selbst überlassen, klingt die Schwingung rasch wieder ab, denn die Spule hat einen ziemlich hohen ohmschen Widerstand.

b) Versuchen Sie nun, die Taste periodisch so zu drücken, daß eine *ungedämpfte* Schwingung mit möglichst großer Amplitude entsteht! Nach einigem Probieren werden Sie finden, daß Sie dazu die Taste *genau während der Halbperiode gedrückt halten müssen*, in welcher der Punkt 1 des Schwingkreises positiv geladen ist.

Warum gerade so? Nun – so lange die Taste gedrückt ist, soll ja die Batterie dem Schwingkreis Energie liefern, um die Dämpfungsverluste wieder auszugleichen. Das kann sie aber nur tun, wenn der Anschlußpunkt 1 des Schwingkreises gleich gepolt ist wie die Batterie. Nur dann ist es dieser nämlich möglich, dem Kreis eine zusätzliche Energiespritze zu liefern. Bei der umgekehrten Polung würde der Kreis nach außen Energie abgeben; das wäre dann sogar noch eine zusätzliche Dämpfung. Deshalb muß die Taste während der Halbperiode, in der Punkt 1 *negativ* ist, losgelassen werden. Denken Sie zum Vergleich an das Laden eines Akkus: Er erhält nur dann Energie, wenn sein Pluspol an den Pluspol und sein Minuspol an den Minuspol des Ladegerätes angeschlossen ist. Der umgekehrte Fall wäre für den Akku so schlimm wie ein Kurzschluß: Er würde sich rasch entladen.

Immer wieder eine Taste drücken zu müssen, ist recht lästig. Deshalb wollen wir nun die periodische Energiezufuhr für den Schwingkreis von der handbetriebenen **Rückkopplung** auf eine automatische Schaltung umstellen.

Versuch 452: Als Schalter bauen wir nach *Bild 408.2* einen *Transistor* in die Zuleitung zwischen Batterie und Schwingkreis ein. Die Schwingkreisspule ($L = 600$ H) hat eine zusätzliche Wicklung, die sich als Induktionsspule verwenden läßt. Ihre Enden werden einerseits mit der Basis des Transistors, andererseits mit dem Abgriff eines Spannungsteilers verbunden. Wir stellen ihn so ein, daß der Transistor gerade noch nicht leitet. Dies ist der Fall, wenn die Spannung zwischen Basis und Emitter $U_{BE} \approx 0{,}6$ V beträgt. Wird nun beim Betrieb des Schwingkreises der obere Anschluß 1 gerade *positiv*, so ist die Polarität der Induktionsspannung in der Zusatzspule in Punkt 3 *positiv*, in Punkt 4 *negativ* (bei gleichem Windungssinn). U_{ind} addiert sich also zu der am Spannungsteiler eingestellten Spannung von 0,6 V auf $U_{BE} > 0{,}6$ V: Der Transistor leitet, die Batterie pumpt

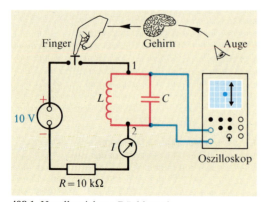

408.1 Handbetriebene Rückkopplung

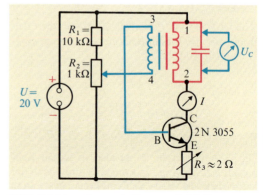

408.2 Rückkopplungsschaltung nach *Meißner*

Energie in den Schwingkreis. – Wird der obere Anschlußpunkt 1 dagegen negativ, so erhält die Induktionsspannung in 3 negative und in 4 positive Polarität. Jetzt *subtrahiert* sich U_{ind} von 0,6 V auf $U_{\text{BE}} < 0{,}6$ V: Der Transistor sperrt und trennt so den Schwingkreis von einer weiteren Energiezufuhr durch die Batterie ab.

Der Transistor wird also vom Schwingkreis selbst über die Induktionsspule – man nennt sie auch *Rückkopplungsspule* – so gesteuert, daß er sich genau so verhält wie der von Hand betriebene Schalter in Versuch 451. Dabei wird dem Schwingkreis stets im richtigen Zeitabschnitt eine Energiespritze verpaßt: Die anfangs nur zaghafte elektromagnetische Schwingung schaukelt sich immer weiter auf, bis die während einer Periode entstehenden Dämpfungsverluste durch die in derselben Zeit von der Batterie gelieferten Energiezufuhren gerade ausgeglichen sind.

Die Periodendauer der Schwingung beträgt ungefähr 1,5 s. An einem in die Zuleitung geschalteten Strommesser und einem zwischen die Punkte 1 und 2 geschalteten Spannungsmesser kann man den wechselnden Verlauf der Stromstärke I und der Spannung U_C gut verfolgen. I und U_C sind in der Phase um 90° gegeneinander verschoben. Der Spannungsmesser muß einen hohen Widerstand haben, damit er dem System wenig Energie entzieht; sehr geeignet ist ein T-Y-Schreiber.

Ist die Induktionsspannung zwischen den Punkten 3 und 4 der Rückkopplungsspule zu hoch, so wird der Transistor übersteuert. Der Strom I und die Spannung U_C zeigen dann starke Abweichungen von der Sinusform. Abhilfe schafft der Emitterwiderstand R_3: Er bewirkt eine **Gegenkopplung** und damit eine Schwächung. Seine Einstellung ist kritisch: Ist er zu klein, so erhält man Verzerrungen; ist er zu groß, so brechen die Schwingungen ab.

Die erste Rückkopplungsschaltung wurde von A. Meißner im Jahr 1913 entwickelt. Als Schalter benutzte er eine Vakuumröhre; der Transistor war damals noch nicht erfunden.

In der Rückkopplungsschaltung steuert sich der Schwingkreis selbst über eine Induktionsspule so, daß der Transistor stets im richtigen Zeitabschnitt leitet und dabei dem Schwingkreis Energie zuführt. Die Schwingung schaukelt sich auf, bis die Dämpfungsverluste durch diese periodische Energiezufuhr gerade ausgeglichen sind.

---

2. Rückkopplung und Regelkreis

Die Rückkopplung kommt nicht nur bei der Meißnerschaltung vor. Sie spielt auch in vielen anderen Vorgängen eine Rolle.

a) Als erstes Beispiel sei das **Antiblockiersystem (ABS)** genannt: Wird das Ventil für die Druckluftbremse eines Lastkraftwagens betätigt, so greifen die Bremsen, die Bewegung der Räder wird verzögert. Dadurch kommt es nun aber zu einem *Schlupf*, d.h. zu einer Relativgeschwindigkeit zwischen Reifenumfang und Straße; er ist besonders groß, wenn die Räder *blockieren*. Nur bei einem ganz bestimmten (relativ kleinen) Schlupf sind Bremskraft und Lenkbarkeit des Fahrzeugs optimal.

Um diese besonders günstigen Verhältnisse herzustellen, wird sowohl die Geschwindigkeit als auch die Verzögerung der Räder mit speziellen *Sensoren* ermittelt. Die Werte werden einem *Mikroprozessor* zugeführt, der daraus den Schlupf berechnet. Und nun kommt die *Rückkopplung* ins Spiel! Der Mikroprozessor meldet sein Ergebnis an das Bremsventil zurück: Bei zu großem Schlupf wird schwächer, bei zu kleinem stärker gebremst.

Allgemein läßt sich das Antiblockiersystem folgendermaßen charakterisieren: Ein *Eingang* (Bremsventil) beeinflußt einen *Ausgang* (Rad), der nun wiederum auf den Eingang zurückwirkt. Ein solches rückgekoppeltes System nennt man auch einen **Regelkreis.**

b) Ein biologisches Beispiel für einen Regelkreis ist die **Pupillenreaktion** beim Auge: Licht gelangt durch einen Eingang – die Pupille – zu einem Ausgang – der Netzhaut. Diese ist mit dem Eingang rückgekoppelt, so daß sich die Pupille bei starkem Lichteinfall verengt, bei schwachem erweitert. Damit wird automatisch für eine gleichmäßige Beleuchtungsstärke auf der Netzhaut gesorgt. – Die **Körpertemperatur** wird ebenfalls durch einen biologischen Regelkreis konstant gehalten.

c) Auch das **marktwirtschaftliche Prinzip** von *Angebot* und *Nachfrage* ist ein solches geregeltes System: Die Nachfrage nach einer Ware beeinflußt deren Preis (Angebot) und dieser wirkt nun wieder auf die Nachfrage zurück. Bei starker Nachfrage steigt der Preis; dadurch wird die Nachfrage geringer. Das hat nun aber wieder ein Sinken des Preises und eine steigende Nachfrage zur Folge usw.

3. Erzwungene Schwingungen

In der Meißner-Rückkopplungsschaltung bestimmt der Schwingkreis selbst den Takt des Energienachschubs, mit dem die Dämpfung aufgehoben wird. Wie wird er sich wohl verhalten, wenn ihm von außen Energie in einem Rhythmus mit *beliebiger Frequenz* aufgezwungen wird? Macht er mit − oder ist er ein „Eigenbrötler", der nur mit seiner Eigenfrequenz schwingen kann?

Wir wollen diese Frage nach dem Verhalten bei erzwungenen Schwingungen zuerst an einem anschaulichen mechanischen Analogon klären.

Versuch 453: Als Schwinger benutzen wir ein Feder-Schwere-Pendel. Es besteht aus einem Kraftmesser (1 N), an den ein Stabmagnet der Masse $m = 63$ g gehängt ist *(Bild 410.1)*. Der Kraftmesser ist damit in der Gleichgewichtslage etwa zur Hälfte ausgelenkt. Eine Kraft von 0,1 N verlängert die Feder im Kraftmesser um 1 cm; die Federhärte ist also $D = 10$ N m^{-1}. Die Periodendauer dieses Feder-Schwere-Pendels beträgt

$$T_0 = 2\pi\sqrt{\frac{m}{D}} = 2\pi\sqrt{\frac{0{,}063}{10}}\ \text{s} = 0{,}50\ \text{s};$$

seine *Eigenfrequenz* $f_0 = 1/T_0 = 2{,}0$ Hz (Hertz).

Ein Pol des Stabmagneten taucht nach *Bild 410.1* in eine Spule mit 500 Windungen ein. Sie wird von einem *Sinusgenerator* mit niederen Frequenzen gespeist; dadurch erfährt der in das Spuleninnere tauchende Stabmagnet *Kräfte,* die sich nach einem Sinusgesetz periodisch ändern und dabei am Magneten abwechselnd nach unten und oben ziehen. Damit wir den zeitlichen Verlauf dieser Kräfte verfolgen können, verbinden wir den Ausgang des Sinusgenerators mit einem *Oszilloskop.* Wir wählen die Anschlüsse (durch Probieren) so, daß die Ablenkung des auf dem Bildschirm erscheinenden Leuchtpunkts gleich gerichtet ist wie die entsprechende Kraft auf den Stabmagneten (die Sägezahnspannung zur x-Ablenkung wird abgeschaltet). Zur Messung der Erregerfrequenz f ist der Sinusgenerator außerdem noch mit einem elektronischen Zähler verbunden (in *Bild 410.1* links oben eingebaut).

Wir wollen wissen, ob das Feder-Schwere-Pendel nur mit seiner Eigenfrequenz $f_0 = 2{,}0$ Hz schwingen kann oder ob es sich auch zu Schwingungen mit anderen Frequenzen „überreden" läßt. Stellen wir also die Erregerfrequenz f so ein, daß sie deutlich von f_0 verschieden ist, z.B. auf $f = 0{,}5$ Hz! Dabei wird das Pendel zunächst einmal angestoßen − und dann wird's spannend: Das Feder-Schwere-Pendel versucht's zuerst ein bißchen mit seiner Eigenfrequenz! Diese klingt jedoch bald ab − und jetzt läßt sich das Pendel herumkriegen: Es schwingt ungedämpft nur noch mit der ihm aufgezwungenen Frequenz $f = 0{,}5$ Hz. An der Skala des Federkraftmessers können Sie die Amplitude $\hat{s}$ ablesen; sie ist verhältnismäßig klein.

Der auf und ab tanzende Leuchtpunkt auf dem Bildschirm des Oszilloskops zeigt an, daß die Elongation des Schwingers und die von außen auf ihn wirkende Kraft ungefähr im Gleichtakt (man sagt dazu auch „in Phase") sind.

Nun wiederholen wir den Versuch mit höheren Erregerfrequenzen. Dabei läßt sich das Feder-Schwere-Pendel jedesmal nach einer kurzen Einschwingzeit zu einer ungedämpften Schwingung mit derselben Frequenz wie der Erreger hinreißen.

Je näher die Zwangsfrequenz f an die Eigenfrequenz f_0 des Feder-Schwere-Pendels heranrückt, desto größer wird die Amplitude der erzwungenen Schwingung. Der tanzende Leuchtpunkt auf dem Bildschirm des Oszilloskops zeigt an, daß sich dabei die Phasenwinkel der Kraft und der Elongation immer mehr gegeneinander verschieben.

Liegt f schließlich ganz dicht bei f_0, so fühlt sich das Feder-Schwere-Pendel offenbar besonders stark angesprochen: Es schwingt mit maximaler Amplitude auf und ab. Dieser Zustand wird mit **Resonanz** bezeichnet. Am Oszilloskop sehen Sie, daß jetzt die auf den Schwinger von

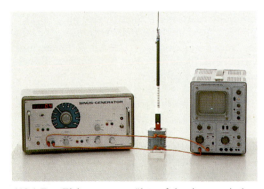

410.1 Der Elektromagnet übt auf den harmonischen Schwinger periodisch wechselnde Kräfte aus; sie führen zu erzwungenen Schwingungen.

außen einwirkende Kraft der Elongation in der Phase etwa um eine Viertelperiode voraus ist: Die Phasenverschiebung zwischen Kraft und Elongation beträgt ca. 90°.

Wahrscheinlich haben Sie erwartet, daß sich die Resonanz genau dann einstellt, wenn $f=f_0$ ist. Exakte Untersuchungen und Berechnungen zeigen jedoch, daß die Resonanzfrequenz wegen der Dämpfung etwas unterhalb der Eigenfrequenz f_0 des Schwingers liegt.

Erhöhen wir nun die Zwangsfrequenz über die Resonanzfrequenz hinaus, so nehmen die Amplituden $\hat{s}$ der erzwungenen Schwingung wieder ab. Am Oszilloskop erkennen Sie, daß dabei Kraft und Elongation immer mehr in Gegenphase geraten, also einer Phasenverschiebung von 180° zustreben.

Als Ergebnis unseres Versuchs tragen wir die Amplituden $\hat{s}$ in einem Schaubild über den Zwangsfrequenzen f auf. Dabei erhalten wir eine **Resonanzkurve** nach *Bild 411.1a*. Dämpfen wir die Schwingung stärker, indem wir den Magneten erst in Wasser, dann in Glycerin eintauchen lassen, so ist die Resonanzkurve immer weniger scharf ausgeprägt *(Bild 411.1b und c)*. Bei sehr starker Dämpfung verschwindet das Maximum der Kurve schließlich ganz *(Bild 411.1d)*.

Warum eilt eigentlich bei der Resonanz die Kraft $F(t)$ der Elongation $s(t)$ um eine Viertelperiode voraus? Nun – in diesem Fall zieht die Kraft gerade dann am stärksten nach unten, wenn die Elongation Null ist. Im selben Augenblick hat aber die nach unten gerichtete Geschwindigkeit ihren Höchstwert: *Bei Resonanz sind Kraft und Geschwindigkeit in Phase.* Das bedeutet, daß die Momentanleistung $P(t)=F(t) \cdot v(t)$ stets *positiv* ist: Die während einer Periode in den Schwinger „gepumpte" Energie ist *maximal*.

Erzwungene Schwingungen spielen in vielen Gebieten der Physik eine Rolle, vor allem in der Akustik und der Rundfunktechnik, aber auch in der Optik. Manchmal wirken Resonanzerscheinungen auch störend, ja, sogar schädlich. So erregt z.B. der Motor eines Kraftfahrzeugs bei bestimmten Drehfrequenzen unter Umständen Teile der Karosserie zu Resonanzschwingungen *(Bild 411.2)*. Gelegentlich ist es sogar schon zu einer *Resonanzkatastrophe* gekommen. So haben z.B. Windstöße eine Brücke so stark zu Eigenschwingungen aufgeschaukelt, daß sie schließlich auseinanderbrach *(Bild 411.3)*.

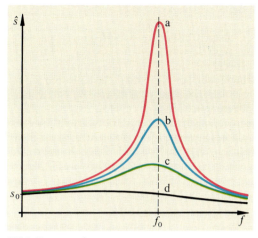

411.1 Resonanzkurven

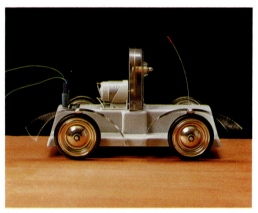

411.2 Auch bei Kotflügeln kann es Resonanz geben.

411.3 Resonanzkatastrophe

4. Beim Schwingkreis ist es ebenso

Bei unseren bisherigen Überlegungen hat sich eine enge Verwandtschaft zwischen elektromagnetischer und mechanisch-harmonischer Schwingung herausgestellt. Deshalb sind Sie sicher nicht überrascht, daß sich ein elektromagnetischer Schwingkreis ebenso zu *erzwungenen* Schwingungen anregen läßt wie ein mechanischer Schwinger. Wir wollen also versuchen, dem Schwingkreis von außen eine sinusförmige Wechselspannung $U(t)$ aufzuzwingen, deren Frequenz f von der Eigenfrequenz f_0 des Schwingkreises verschieden ist.

Versuch 454: Ein Schwingkreis besteht aus einem Kondensator der Kapazität $C = 0{,}5\ \mu\text{F}$ und einer langen, eisenfreien Spule der Länge $l = 1{,}0$ m mit 2660 Windungen und einer Querschnittsfläche von $46{,}5\ \text{cm}^2$. Nach *Gl. 379.2* beträgt ihre Induktivität $L = \mu_0\, \mu_r\, n^2\, A/l = 41{,}3$ mH; die Eigenfrequenz des Schwingkreises ist also $f_0 = 1/(2\pi \sqrt{CL}) = 1100$ Hz. Die Wechselspannung mit der Zwangsfrequenz f wird von einem Sinus-Generator geliefert und nach *Bild 412.1* durch Induktion auf den Schwingkreis übertragen. Punkt 0 der Schaltung verbinden wir mit der Erdbuchse, Punkt 1 und 2 jeweils mit einem der beiden Eingänge eines Zweikanal-Oszilloskops. Erregerspannung und Schwingkreisspannung erscheinen dann gleichzeitig auf dem Bildschirm. Nach kurzer Einschwingzeit ist die Eigenfrequenz f_0 abgeklungen, und der Kreis schwingt mit der ihm vom Erreger aufgezwungenen Frequenz.

a) Wir bestimmen nun am Oszilloskop die Amplituden der erzwungenen elektromagnetischen Schwingung in Abhängigkeit von der Anregungsfrequenz f, die sich mit einem angeschlossenen elektronischen Zähler messen läßt. Dabei müssen wir darauf achten, daß die Amplitude der Erregerspannung konstant bleibt. Die Meßergebnisse übertragen wir in ein Schaubild: Wir erhalten eine **Resonanzkurve**, wie wir sie bereits von den erzwungenen mechanischen Schwingungen kennen. Ihr Maximum liegt etwas unterhalb der Eigenfrequenz $f_0 = 1100$ Hz des ungedämpften Schwingkreises.

b) Wir wiederholen den Versuch, schalten aber noch zusätzliche Widerstände in den Schwingkreis ein. Dabei stellen wir fest: Je größer der Dämpfungswiderstand ist, desto flacher wird die Resonanzkurve. Mit der Vergrößerung des Widerstandes sinkt auch die Resonanzfrequenz noch weiter unter die Eigenfrequenz f_0 des ungedämpften Schwingkreises.

c) Bei einer nochmaligen Wiederholung des Versuchs achten wir jetzt auf die Phasenverschiebung φ zwischen der Erregerschwingung und der erzwungenen Schwingung. Auch hier finden wir völlige Übereinstimmung mit den erzwungenen mechanischen Schwingungen:

Für $f \ll f_0$ wird $\varphi = 0$;
für $f = f_0$ wird $\varphi = 90°$;
für $f \gg f_0$ wird $\varphi = 180°$.

Versuch 455: Die Resonanzkurve des elektromagnetischen Schwingkreises läßt sich auch mit Hilfe des T-Y-Schreibers aufzeichnen. Dazu wird die am Schwingkreis auftretende Wechselspannung in einer Graetz-Schaltung gleichgerichtet und dem Y-Eingang des Schreibers zugeführt *(Bild 412.2)*. Erhöhen wir nun die Frequenz f der vom Sinus-Generator gelieferten Wechselspannung durch möglichst gleichmäßiges Drehen am Frequenzwähler, so zeichnet der T-Y-Schreiber die Resonanzkurve

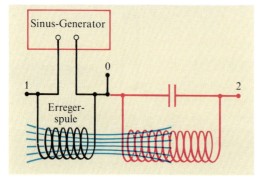

412.1 Schaltung zur Beobachtung erzwungener elektromagnetischer Schwingungen mit dem Oszilloskop

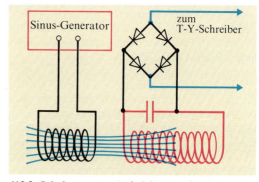

412.2 Schaltung zur Aufzeichnung der Resonanzkurve mit einem T-Y-Schreiber

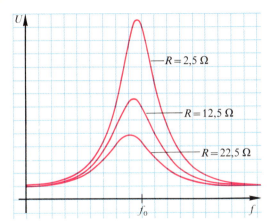

413.1 Resonanzkurven für $C = 0{,}5\,\mu\text{F}$, $L = 58\,\text{mH}$ und verschiedene Dämpfungswiderstände R

auf. Der Versuch gelingt besonders gut, wenn wir einen Sinus-Generator benutzen, dessen Frequenz proportional zu einer von außen zugeführten Hilfsspannung vergrößert (gewobbelt) werden kann. Wir legen eine linear ansteigende Spannung an den Wobbeleingang eines solchen Generators. Dann ändert sich die Zwangsfrequenz f exakt proportional zur Zeit, und der T-Y-Schreiber, dessen Papiervorschub ja ebenfalls proportional zur Zeit verläuft, zeichnet eine saubere Resonanzkurve auf. Bild 413.1 zeigt das Ergebnis: Je kleiner der Dämpfungswiderstand wird, desto schärfer ist das Maximum der Resonanzkurve ausgeprägt.

Aufgaben

1. *Ein Schwingkreis besteht aus einem Kondensator der Kapazität $C = 1{,}0\,\mu\text{F}$ und einer Spule der Induktivität $L = 0{,}04\,\text{H}$. Bei der Darstellung seiner gedämpften Schwingung auf dem Bildschirm eines Oszilloskops mißt man für zwei aufeinanderfolgende Maxima der Stromstärke die Werte $\hat{I}_1 = 0{,}12\,\text{A}$ und $\hat{I}_2 = 0{,}10\,\text{A}$.*
a) *Berechnen Sie die Energie, die der Schwingkreis während der zwischen $\hat{I}_1$ und $\hat{I}_2$ vergangenen Zeit verloren hat!* **b)** *Stellen Sie eine Formel für die in dieser Zeit im Widerstand R der Spule entstandene Wärmemenge auf! (Die einzelnen Abschnitte des Stromverlaufs dürfen mit guter Näherung als sinusförmig betrachtet werden. Die Periodendauer ist praktisch dieselbe wie beim ungedämpften Schwingkreis.)* **c)** *Wie groß ist demnach der ohmsche Widerstand im Schwingkreis?*

2. *Vergleichen Sie die Vorgänge bei einer Heizung, die* **a)** *mit einem außerhalb des Gebäudes angebrachten,* **b)** *mit einem im beheizten Raum befindlichen Thermostaten arbeitet! Worin besteht der Eingang bzw. der Ausgang? In welchem Fall handelt es sich um ein geregeltes System?*

§159 Hochfrequenz

1. Wozu braucht man hochfrequente Schwingungen?

Elektromagnetische Schwingungen mit sehr hohen Frequenzen (100 000 Hz bis zu vielen Millionen Hertz) finden in der Praxis vielfache Anwendungen. So werden z.B. im *Hochfrequenzherd*, den man auch *Mikrowellenherd* nennt, die Speisen dadurch erwärmt, daß die darin vorhandenen Ionen von einem außerordentlich rasch wechselnden elektrischen Feld „geschüttelt" werden. In der *Kurzwellentherapie* werden innere Bereiche des menschlichen Körpers durch hochfrequente Schwingungen erwärmt. Die betreffende Stelle wird in ein hochfrequentes elektrisches Wechselfeld zwischen zwei Kondensatorplatten gebracht. Die dabei zustandekommenden schnellen Schwingungen der Ionen im Gewebe bringen die gewünschte Erwärmung. Die Energie wird hier durch elektrische Felder direkt in das Körperinnere geführt und nicht — wie bei Heizkissen und Heizsonne — in Form von Wärme über die Moleküle der empfindlichen Haut geleitet.

Zum Schmelzen von Metallen benutzt man den *Hochfrequenz-Induktionsofen*. In einer Spule, die den Schmelztiegel umfaßt, fließt ein Wechselstrom sehr hoher Frequenz. Er induziert im Metall Wirbelströme, die es bis zum Schmelzen erhitzen. Die zum Abbinden von Kunstharzleimen notwendige Wärme wird ebenfalls durch hochfrequente Schwingungen erzeugt (Hochfrequenzverleimung). Eine besonders hervorragende Rolle spielen hochfrequente elektromagnetische Schwingungen in der *Nachrichtentechnik* (§168).

2. Die Erzeugung hochfrequenter Schwingungen

Zur Erzeugung hochfrequenter elektromagnetischer Schwingungen braucht man nach der Thomsonschen Gleichung Schwingkreise mit möglichst kleiner Kapazität und Induktivität. Statt der induktiven Rückkopplung benutzt man meist eine sogenannte **Dreipunktschaltung** *(Bild 414.1)*. Sie arbeitet folgendermaßen: Während des Zeitabschnitts, in dem der obere Anschluß des Schwingkreises *positiv* geladen ist, entsteht zwischen den Punkten 1 und 3 eine Spannung U; dabei erhält Punkt 1 positive Polarität. Da Punkt 3 in bezug auf den Minuspol der Spannungsquelle die Spannung U_0 hat, erhält Punkt 1 das Potential $U_0 + U$. Der Trennkondensator C' hält die konstante Spannung U_0 zurück und überträgt nur den Wechselspannungsanteil U auf die Basis des Transistors: So lange der obere Anschluß des Schwingkreises *positiv* ist, erhält auch die Basis positive Polarität, und der Transistor leitet. Ist der obere Anschluß dagegen *negativ*, so wird die Basis ebenfalls negativ, und der Transistor sperrt. Es liegen also dieselben Verhältnisse wie bei der in Versuch 452 behandelten induktiven Rückkopplung vor.

Versuch 456: Für den Schwingkreis einer Dreipunktschaltung verwenden wir eine Spule der Länge $l = 10$ cm mit 14 Windungen. Ihr Durchmesser beträgt 4,5 cm, die Querschnittsfläche also $A = 1,6 \cdot 10^{-3}$ m². Nach der Formel $L = \mu_0 \mu_r n^2 A/l$ ist die Induktivität dieser Spule $L \approx 4 \cdot 10^{-6}$ H. Als Kapazität nehmen wir einen Drehkondensator mit $C \approx 100$ pF. Die Eigenfrequenz des Schwingkreises beträgt damit

$$f_0 = \frac{1}{2\pi} \frac{1}{\sqrt{4 \cdot 10^{-6} \cdot 10^{-10}}} \text{ s}^{-1} \approx 8 \text{ MHz}.$$

Für diese hohe Frequenz ist der bis jetzt benutzte Transistor zu träge. Wir ersetzen ihn deshalb durch den Hochfrequenztransistor 2 N 3553. Bei einer Betriebsspannung von $U_0 = 50$ V nehmen wir $R_1 = 5{,}6$ kΩ, $R_2 = 5$ kΩ, $R_3 = 1$ kΩ und $C' = 100$ pF; der Abgriff in Punkt 3 liegt an der fünften Windung (von Punkt 1 aus gezählt).

Die hochfrequente Schwingung weisen wir mit dem Oszilloskop nach; ihre Periodendauer ermitteln wir entweder aus der Zeitablenkung des Oszilloskops oder mit einem elektronischen Zähler.

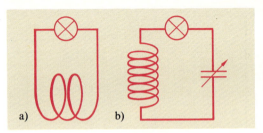

414.2 a) Prüfspule mit Glühlämpchen; b) abstimmbarer Resonanzkreis mit Glühlämpchen

Wir können zum Nachweis der hochfrequenten Schwingung auch eine Prüfspule (5 Windungen, Durchmesser 4,5 cm) mit einem Glühlämpchen (3,8 V; 0,07 A) benutzen *(Bild 414.2a)*. Bringen wir sie in die Nähe der Schwingkreisspule, so wird die Prüfspule von einem Induktionsstrom durchflossen, und das Lämpchen leuchtet.

Versuch 457: Statt der Prüfspule benutzen wir nun einen Resonanz-Schwingkreis mit eingebautem Glühlämpchen *(Bild 414.2b)*. Nähern wir die Spulen der beiden Schwingkreise einander, so leuchtet das Lämpchen, nur dann hell auf, wenn die Drehkondensatoren auf Resonanz eingestellt sind.

Versuch 458: Zur Erzeugung noch höherer Frequenzen setzen wir die Induktivität immer weiter herab, bis für die Spule des Schwingkreises schließlich nur noch eine einzige Windung übrigbleibt. So kommt die Dreipunktschaltung nach *Bild 414.3* zustande. Die Schwingkreisspule ist zu einer Drahtschleife verkümmert; die Schwingkreiskapazität wird im wesentlichen durch die Kapazität C_{BC} zwischen Basis und Kollektor des Transistors gebildet. Der

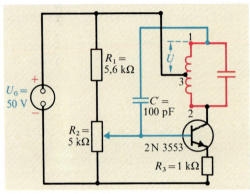

414.1 Dreipunktschaltung

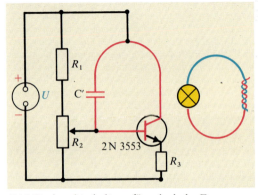

414.3 Dreipunktschaltung für sehr hohe Frequenzen

Trennkondensator C' ist mit C_{BC} in Reihe geschaltet; dadurch wird die frequenzbestimmende Kapazität sogar noch etwas herabgesetzt. ($R_1 = 1$ kΩ, $R_2 = 5$ kΩ, $R_3 = 100$ Ω, $C' = 300$ pF, $U = 40$ V, Durchmesser der Drahtschleife 5 cm)

Zum Nachweis der hochfrequenten Schwingungen bringen wir einen Resonanzkreis in die Nähe der Drahtschleife. Er besteht nach Bild 414.3 aus einer einzigen Windung (Durchmesser 5 cm); sie bildet wegen ihres Magnetfeldes die Induktivität des Kreises. Die Kapazität stellen wir dadurch her, daß wir die beiden Enden der isolierten Drähte mehr oder weniger miteinander verflechten, bis das Lämpchen maximal leuchtet. Dann ist der aus der Drahtschleife gebildete Schwingkreis in Resonanz.

Versuch 459: Noch höhere Frequenzen erreichen wir mit dem *Röhrengenerator (Bild 415.1)*. Er arbeitet prinzipiell wie die Transistorschaltung in Versuch 458, benutzt aber eine Triode (Vakuumdiode mit zusätzlicher Elektrode (Gitter) zwischen Kathode und Anode; R verhindert, daß sich Elektronen auf dem Gitter ansammeln und dieses so lange negativ aufladen würden, bis die Röhre blockiert wäre).

Der zum Nachweis der Schwingung benutzte Resonanzkreis besteht wieder aus einer einzigen Windung (der Durchmesser der Schleife beträgt ungefähr 6 cm). Wegen der hohen Frequenz muß die Kapazität noch kleiner sein als in Versuch 458. Deshalb besteht der Kondensator des Resonanzkreises jetzt im wesentlichen nur noch aus den beiden nebeneinander gelegten isolierten Drahtenden. Wir biegen sie so zurecht, daß das eingebaute Lämpchen möglichst hell leuchtet.

3. Vom Schwingkreis zum Dipol

Auf dem Weg zu immer noch höheren Frequenzen ist aus dem elektromagnetischen Schwingkreis eine offene Drahtschleife geworden. Was könnte man jetzt noch tun, um Induktivität und Kapazität weiter herabzusetzen? Nun – man könnte die Schleife nach Bild 415.2 immer mehr auseinanderbiegen, bis man schließlich bei einem geraden Leiter gelandet ist. Ist ein gerades Leiterstück etwa auch schon ein Schwingkreis?

Versuch 460: Wir bringen in die Nähe eines Hochfrequenzgenerators einen leitenden Stab, dessen Länge durch übergeschobene Metallhülsen verändert werden kann. Bei einer bestimmten Länge leuchtet das in der Mitte des Stabs eingebaute Lämpchen hell auf; verändert man diese Länge, so wird es dunkler und erlischt schließlich ganz: Der Stab zeigt überraschenderweise eine *Eigenfrequenz*, wie wir sie vom Schwingkreis aus Versuch 457 kennen.

Der Hochfrequenzgenerator induziert im Stab Elektronenschwingungen. Diese führen zu rasch wechselnden Ladungsanhäufungen an beiden Enden. Deshalb wird der Stab auch **Hertz-Dipol** genannt (nach *Heinrich Hertz*, 1857 bis 1894).

Weil sich an den Enden des Dipols Ladungen anhäufen können, besitzt er eine *Kapazität*. Die dauernd wechselnden Ladungen werden von elektrischen Wechselströmen begleitet, die in der Stabmitte am stärksten sind und das dort eingebaute Lämpchen zum Leuchten bringen. Ströme erzeugen aber Magnetfelder; der Stab hat deshalb außer der Kapazität auch noch eine *Induktivität*. Damit kann man verstehen, weshalb er sich wie ein Schwingkreis verhält.

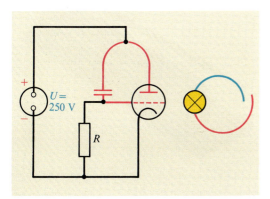

415.1 Röhrengenerator für höchste Frequenzen

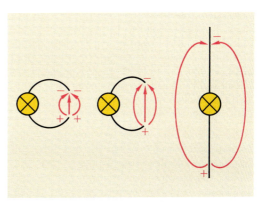

415.2 Vom Schwingkreis zum Dipol

Wellen

§160 Fortschreitende Wellen

1. Wellen – ein Naturereignis

Wenn von „Wellen" die Rede ist, denken Sie wahrscheinlich zuerst an Wasserwellen – an das großartige Naturschauspiel heranrollender Meereswogen, an die Bugwelle eines Bootes oder an die Kreiswellen, die ein Stein hervorruft, den Sie ins Wasser geworfen haben. Sicher haben Sie aber auch schon von Erdbebenwellen gehört, von Schallwellen, Radiowellen und Lichtwellen.

Die Erscheinungsformen dieser Wellen sind recht verschieden – und doch haben sie viel Gemeinsames! Betrachten Sie z.B. eine Wasserwelle, so finden Sie, daß ein darauf schwimmendes Blatt zwar auf und ab tanzt, im wesentlichen aber samt dem umgebenden Wasser am selben Ort bleibt. Die *Welle* dagegen „läuft" weiter. Wo sie hinkommt, kann sie wieder Blätter tanzen lassen oder auch ein Brett, das im Wasser liegt, zum Schaukeln bringen. Sie sehen: Mit der Wasserwelle wird zwar keine Materie fortbewegt, aber *Energie transportiert!* Das ist auch für andere Wellen typisch. So führen z.B. Erdbebenwellen ungeheure Energiemengen mit sich, die noch in großen Entfernungen vom Herd verheerend wirken können. Das eindrucksvollste Beispiel für einen Energietransport durch Wellen liefert uns die Natur aber mit der *Sonnenenergie:* Sie erreicht uns über *elektromagnetische Wellen*.

Außer Energie können Wellen aber auch *Information* transportieren. So wird z.B. die Information, die in diesem Text steckt, durch *Lichtwellen* auf Ihr Auge übertragen; gesprochene oder musikalische Informationen erreichen Ihr Ohr über *Schallwellen*. Telefon, Rundfunk und Fernsehen leiten Informationen über große Strecken mit Hilfe *elektromagnetischer Wellen* weiter. Auch *Atome* senden elektromagnetische Wellen aus. Sie liefern wichtige Aufschlüsse über die Struktur der Materie.

Es lohnt sich also, wenn wir uns mit Wellen beschäftigen. Vorerst wollen wir uns dabei auf *mechanische* Wellen beschränken; das sind Wellen, die zu ihrer Ausbreitung auf *Materie* angewiesen sind. Sie benötigen einen festen, flüssigen oder gasförmigen **Wellenträger**.

2. Die Wellenmaschine

Wesentliche Eigenschaften einer mechanischen Welle lassen sich anschaulich an einer sogenannten *Wellenmaschine* zeigen. Sie besteht aus einer Anzahl nebeneinander aufgereihter Stäbe, die an ihren Enden kleine Metallkörper tragen und in der Mitte drehbar gelagert sind (*Bild 416.1*). Ein Spannband verbindet jeden Stab *elastisch* mit seinen Nachbarn. Bewegen wir nun den ersten Stab, so kommt Leben in die übrigen aneinander geketteten Stäbe und damit auch in die Reihe der an ihren Enden befestigten Metallkörperchen. Werden sie alle Bewegungen, die ihnen vom ersten Stab – dem sogenannten **Erreger** – diktiert werden, genau nachmachen?

Versuch 461: Wir lenken das erste Metallkörperchen der Wellenmaschine nach oben aus und halten es dann fest. Dadurch wird das Spannband verdrillt: Der zweite Stab setzt sich in Bewegung, dann der dritte ... In langsamer Folge wird ein Metallkörperchen nach dem anderen von der Auslenkung nach oben erfaßt. – Warum geschieht dies eigentlich nicht *gleichzeitig?*

Wenn das Spannband durch die Auslenkung des ersten Stabes um einen bestimmten Winkel verdrillt wird, übt es zwangsläufig auf den nachfolgenden Stab ein *Drehmoment* (Seite 40) aus. Das am Stabende angebrachte Körperchen erfährt dadurch eine Kraft *quer* zur Bandrichtung. Wegen seiner *Trägheit* wird es nun aber nicht etwa augenblicklich in seine neue Lage gerissen; vielmehr vergeht eine gewisse Zeit, bis das zweite Körperchen gleich weit ausgelenkt

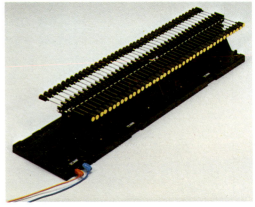

416.1 Wellenmaschine. Sie besteht aus elastisch gekoppelten Drehstäben.

ist wie das erste — seine Bewegung hinkt der des vorhergehenden Körperchens zeitlich nach.

Warum entfernt es sich nun aber genau so weit aus seiner Ruhelage wie das erste Körperchen? Müßte es nicht — wiederum wegen seiner Trägheit — übers Ziel hinausschießen? Gewiß — wenn das Spannband hinter dem zweiten Stab aufhörte! Nun geht dieses aber weiter, und deshalb passiert zweierlei:

— Der zweite Stab verdrillt den nächsten Teil des Spannbandes. Dadurch wird das dritte Körperchen beschleunigt: Es setzt sich (gegen das zweite wieder etwas verspätet) in Bewegung.

— Das dritte Körperchen wirkt dabei über die Kopplung mit einer *Gegenkraft* auf das vorhergehende zurück, so daß dieses *abgebremst* wird. Deshalb schießt das zweite Körperchen nicht übers Ziel hinaus. Bei sehr genauem Beobachten können Sie im ersten Moment ein kurzes kaum merkliches Überschwingen feststellen. Letztlich wird jedoch das zweite Körperchen so weit ausgelenkt, wie dies der Erreger vorschreibt.

Die Überlegungen, die wir für das zweite und dritte Körperchen angestellt haben, lassen sich natürlich ebenso auch auf alle weiteren Körperchen der Wellenmaschine übertragen.

> **Bei der Wellenmaschine führt ein Körperchen nach dem anderen genau die Bewegung aus, die ihm vom Erreger vorgeschrieben wird. Je weiter ein Körperchen vom Erreger entfernt ist, desto später wird es von dieser Bewegung erfaßt.**

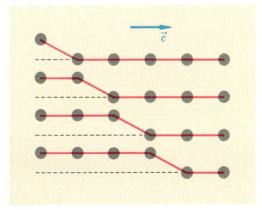

417.1 Eine Querstörung wandert auf der Wellenmaschine von links nach rechts.

417.2 Gewaltige natürliche Wellen

In Versuch 461 besteht die Bewegung des ersten Körperchens darin, daß es nach oben ausgelenkt wird. Dadurch wurde seine Gleichgewichtslage *gestört:* Eine sogenannte **Querstörung** wandert mit konstanter Geschwindigkeit c über den Träger (die Wellenmaschine) bis zum letzten Körperchen hin. Dieses wird durch eine besondere *Dämpfungseinrichtung* abgebremst. Anschließend verharren die ausgelenkten Körperchen — längs einer Linie ausgerichtet — in der neuen Stellung. Sie warten sozusagen auf den nächsten Befehl des Erregers.

Wovon hängt nun die Geschwindigkeit c ab, mit der die Querstörung über die Kette der elastisch gekoppelten Körperchen wandert? — Je weicher das Spannband ist, desto schwächer wird das bei einer bestimmten Verdrillung entstehende Drehmoment und damit die Kraft F auf das jeweilige Körperchen; desto *kleiner* ist dann auch dessen Beschleunigung a. Dies folgt aus der Grundgleichung der Mechanik $a = F/m$. Ihr entnehmen wir außerdem, daß die Beschleunigung der Körperchen mit zunehmender Masse *abnimmt*. Die Querstörung breitet sich demnach um so langsamer aus, je weicher das Spannband ist und je größer die Massen der an den Stabenden angebrachten Körper sind. (Außerdem muß man noch die Masse der Stäbe berücksichtigen!)

Unser Versuch läßt sich noch unter einem anderen Gesichtspunkt deuten: Mit der Auslenkung des ersten Körperchens haben wir eine *Energieportion* in die Wellenmaschine gesteckt. Sie tritt zu Beginn in Form von Spannungsenergie des Bandstückes zwischen den beiden ersten Stäben auf. Anschließend verwandelt sie sich zum einen Teil in Bewegungsenergie des zweiten Körperchens, zum anderen in Spannungsenergie des nachfolgenden Bandstückes usw. Die anfänglich in die Wellenmaschine gesteckte Energieportion wird also durch den Träger weitergereicht, bis sie schließlich am letzten Körperchen angelangt ist. Dieses gibt sie an die mit ihm verbundene Dämpfungseinrichtung ab. Damit verläßt die Energieportion den Träger wieder, und zwar in Form von Wärme, die nach außen abgegeben wird.

Versuch 462: Wieder lenken wir das erste Körperchen der Wellenmaschine nach oben aus, führen es aber anschließend gleich wieder in seine ursprüngliche Lage zurück. Diese Hin- und Herbewegung des Erregers wandert nach *Bild 418.2* als **Wellenberg** über den Träger hinweg. In *Bild 418.1* ist davon eine Momentaufnahme festgehalten: Das Körperchen a ist soeben erst von der Störung nach oben erfaßt worden. Körperchen b – das die Bewegung nach oben ja schon *früher* begonnen hatte – besitzt im selben Moment bereits seinen Höchstausschlag und steht für einen Augenblick still. Das Körperchen c hat den Höchstausschlag schon hinter sich und ist gerade in der Rückwärtsbewegung begriffen.

Beachten Sie, daß *Bild 418.1* eine *Momentaufnahme* darstellt! Im nächsten Augenblick hat sich der gesamte Wellenberg verschoben; er wandert – mit derselben Geschwindigkeit c wie eine einzelne Störung – nach *rechts*. Dabei kommen die Körperchen aber nicht von der Stelle; sie schwingen lediglich senkrecht zur Fortschreitungsrichtung des Wellenberges einmal nach oben und dann wieder zurück. Ihre Momentangeschwindigkeit v, die sich bei der Hin- und Herbewegung ständig ändert, bezeichnen wir als **Schnelle** v. Dieser besondere

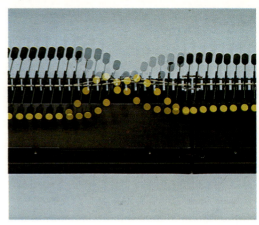

418.2 Ein Wellenberg wandert über den Träger.

Name soll den Unterschied zur konstanten *Ausbreitungsgeschwindigkeit c* der Störung hervorheben. Beachten Sie, daß die Vektoren $\vec{v}$ und $\vec{c}$ aufeinander senkrecht stehen!

An der Schnelle $\vec{v}$ der einzelnen Körperchen können Sie ablesen, in welcher Richtung ein Wellenberg fortschreitet: Aus *Bild 418.1* geht hervor, daß die Schnellepfeile an der *Vorderseite* des Wellenbergs stets nach *oben*, an seiner *Rückseite* dagegen nach *unten* gerichtet sein müssen.

Lenken wir das erste Körperchen der Wellenmaschine zuerst nach *unten* aus und führen es dann wieder zurück, so wandert eine Störung über den Träger, die nach *unten* ausgebuchtet ist. Dieses **Wellental** ist das Spiegelbild eines Wellenberges bezüglich des Spannbandes. Deshalb zeigen bei ihm die *vorderen* Schnellevektoren nach *unten*, die *hinteren* nach *oben* (*Bild 418.3*).

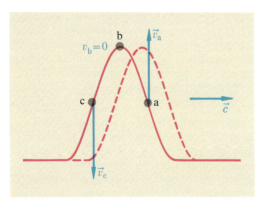

418.1 Momentaufnahme eines Wellenberges, der nach rechts wandert

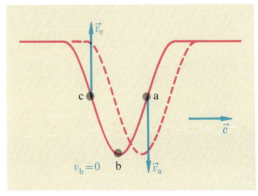

418.3 Momentaufnahme eines Wellentales, das nach rechts wandert

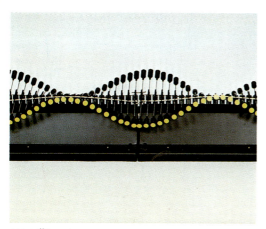

419.1 Über den Träger wandert eine Schlangenlinie.

3. Querwellen — auch ohne Wellenmaschine

Versuch 464: Auf dem Schreibprojektor liegt eine weiche *Schraubenfeder*. Ihr Ende ist mit einer Sicherheitsnadel an einem Tuch befestigt, das auf einem Tisch neben der Schreibplatte liegt und einen Teil der Feder umhüllt. Diese Anordnung dient als Dämpfungseinrichtung. Das andere Federende versetzen wir mit der Hand in fortwährende Querschwingungen. In der Projektion erblicken wir die von Versuch 463 her wohlbekannte wandernde Schlangenlinie.

Die einzelnen Windungen einer Schraubenfeder sind zugleich „Masseteilchen" und elastisches Kopplungsband. Wir dürfen also auch eine langgestreckte Feder als eindimensionalen Wellenträger betrachten.

Statt der Schraubenfeder kann man einen *Gummischlauch* oder ein *Seil* benutzen. Deshalb nennt man derartige Querwellen auch *Seilwellen*.

Versuch 463: Nun versetzen wir von Hand oder mit Hilfe eines Elektromotors das erste Körperchen der Wellenmaschine in *andauernde* Schwingungen. Durch die elastische Kopplung müssen dann alle weiteren Körperchen diese Schwingung mit derselben *Frequenz* und der gleichen *Amplitude* nachmachen. Da jedes Körperchen mit seiner Auslenkung etwas später beginnt als das vorhergehende, hinkt es diesem gegenüber zur selben Zeit in der Schwingungsphase nach. Deshalb bilden die Körperchen eine aus Wellenbergen und -tälern bestehende Schlangenlinie, deren Gestalt sich fortwährend von der Erregerstelle *wegschiebt (Bild 419.1)*: Es ist eine *eindimensionale fortschreitende* **Querwelle** oder **Transversalwelle** entstanden:

— Wir nennen die Welle *eindimensional*, weil sie auf eine (gerade) Linie beschränkt bleibt und nicht wie eine Wasserwelle nach allen Richtungen wegläuft;
— Wir nennen die Welle eine *Querwelle*, weil die Teilchen, die eine wandernde Schlangenlinie bilden, senkrecht (quer) zur Ausbreitungsrichtung der Welle schwingen.
— Wir nennen die Welle *fortschreitend*,
 a) weil sich die *Gestalt* der Schlangenlinie andauernd mit der Geschwindigkeit c längs des Trägers verschiebt,
 b) weil dabei mit derselben Geschwindigkeit *Energie* vom Erreger zur Dämpfungseinrichtung transportiert wird.

Die Körperchen, aus denen die Schlangenlinie gebildet wird, bleiben dagegen an ihrem Ort; sie schwingen lediglich auf und ab. *Beim „Fortschreiten" der Welle wird also keine Materie transportiert.*

Unsere Wellenmaschine ist so gebaut, daß die elastisch gekoppelten Körperchen nur auf und ab schwingen können. Wegen dieser konstruktionsbedingten Eigenschaft der Wellenmaschine war es für uns bis jetzt ganz selbstverständlich, daß die Schlangenlinie der Querwelle in einer bestimmten Ebene lag. Trifft dies allgemein für Seilwellen zu?

Versuch 465: Wir erzeugen auf einem horizontal ausgespannten Gummischlauch eine Querwelle, indem wir das eine Ende mit der Hand längs einer Senkrechten s zum Schlauch periodisch hin und her bewegen. Diese Bewegung wird von allen Teilchen des Gummischlauchs nachgeahmt: Sie schwingen — zeitlich versetzt — *parallel* zu s. Die Seilwelle liegt also in einer Ebene, deren Lage im Raum durch die Schwingungsrichtung des Erregers bestimmt ist. Man sagt dazu, die Querwelle sei *linear polarisiert*; die Schwingungsebene wird *Polarisationsebene* genannt.

Man kann das Ende des Gummischlauchs auch in kreisende Bewegung versetzen. Dann entsteht ebenfalls eine Querwelle, die nun aber nicht mehr in *einer* Schwingungsebene liegt, also nicht linear polarisiert ist. Die Welle besteht jetzt aus einer sich um ihre Längsachse drehenden *Schraubenlinie*; man sagt, sie sei *zirkular polarisiert*. Wir werden uns im folgenden nur mit *linear* polarisierten Querwellen beschäftigen.

4. Wir versuchen durchzublicken

Wir wollen nun die fortschreitende Querwelle anhand eines einfachen Beispiels noch etwas genauer beschreiben. Dazu denken wir uns, der Erreger schwinge *harmonisch* mit der Periodendauer $T = 2$ s und einer Amplitude von $\hat{s} = 1$ cm. Die Körperchen der Wellenmaschine seien jeweils 0,5 cm voneinander entfernt; das erste beginne seine Schwingung zur Zeit $t=0$ mit einer Auslenkung nach oben. Die Welle breite sich mit der Geschwindigkeit $c = 2$ cm s^{-1} aus; eine Störung braucht also von einem Körperchen zum nächsten jeweils $\frac{1}{4}$ s. In denselben zeitlichen Abständen folgen auch die in *Bild 421.1* dargestellten 12 Momentaufnahmen der Wellenmaschine aufeinander. Stellen Sie sich vor, sie seien mit einer Filmkamera gemacht worden.

Vielleicht erscheint Ihnen diese Darstellung zunächst ziemlich unübersichtlich. Sie blicken jedoch ganz einfach durch, wenn Sie *Bild 421.1* nach drei bestimmten Richtungen lesen:

a) Zeitlicher Durchblick (von oben nach unten): Betrachten Sie die erste Spalte von oben nach unten! Damit verfolgen Sie das *zeitliche Nacheinander* der harmonischen Schwingung des *ersten* Körperchens. Die Aufzeichnung beginnt mit dem Phasenwinkel $\frac{\pi}{4} \hat{=} 45°$, es folgen $\varphi = \frac{\pi}{2}, \frac{3\pi}{4}, \pi$. Dazu gehören die Elongationen $s = 0{,}7$ cm, $1{,}0$ cm, $0{,}7$ cm, $0{,}0$ cm. Die angefügten Vektorpfeile geben die *Schnelle* des betreffenden Körperchens bei der jeweiligen Elongation an.

In *Bild 421.1* wurde jedes Körperchen in den ersten drei aufeinanderfolgenden Schwingungsphasen verschieden gefärbt: Bei $\frac{\pi}{4} \hat{=} 45°$ rot, bei $\frac{\pi}{2} \hat{=} 90°$ blau und bei $\frac{3\pi}{4} \hat{=} 135°$ grün.

Wenn Sie die zweite Spalte von oben nach unten durchgehen, erkennen Sie den zeitlichen Ablauf der Schwingung des zweiten Körperchens: Zur Zeit $t = \frac{1}{4}$ s $= \frac{T}{8}$ (zweite Zeile) wird es eben erst von der Störung erfaßt; eine Achtelperiode später (3. Zeile) hat seine Schwingung den Phasenwinkel $\varphi = \frac{\pi}{4}$ erreicht, dann $\varphi = \frac{\pi}{2}, \frac{3\pi}{4}, \pi, \ldots$. Das zweite Körperchen schwingt also gegenüber dem ersten mit einer Phasenverzögerung von $\frac{\pi}{4}$. Das dritte Körperchen wird noch später von der Störung erfaßt; seine Schwingungsphasen sind gegenüber denen des zweiten Körperchens wieder um $\frac{\pi}{4}$ verzögert, und so geht das von einem Körperchen zum anderen jeweils mit einer Phasenverzögerung von $\frac{\pi}{4}$ weiter.

b) Räumlicher Durchblick (von rechts nach links): Betrachten Sie zu einer bestimmten Zeit (z.B. für $t = \frac{5T}{8}$) die verschieden weit ausgelenkten Körperchen des Trägers! Beim Blick von rechts nach links finden Sie, daß sich alle möglichen Phasenzustände *nebeneinander* gelegt haben. Dieses *räumliche Nebeneinander verschiedener* Körperchen weist dieselbe Folge von Elongationen auf wie das *zeitliche Nacheinander* eines *einzelnen* schwingenden Körperchens. Schwingt also der Wellenerreger *harmonisch*, d.h. nach einem *zeitlichen* Sinusgesetz, so liegen die von der Querwelle erfaßten Körperchen in jedem Augenblick *räumlich* auf einer Sinuskurve.

c) Diagonaler Durchblick (von links oben nach rechts unten): Er zeigt, wie eine bestimmte Schwingungsphase (z.B. $\varphi = \frac{\pi}{2}$, also ein Wellenberg) zeitlich *und* räumlich weiterläuft. Sie wandert mit derselben Geschwindigkeit c wie die Störung über den Träger hinweg. Statt von der *Ausbreitungsgeschwindigkeit c* der Welle spricht man deshalb auch von ihrer *Phasengeschwindigkeit c*.

Nachdem eine Periodendauer T vergangen ist, hat sich die Welle so weit auf dem Träger vorgeschoben, daß sämtliche Schwingungsphasen von $\varphi = 2\pi$ bis $\varphi = 0$ fein säuberlich nebeneinander liegen. Von nun an wiederholt sich die Welle; sie besitzt also eine *räumliche Periode*. Diese ist gleich dem Abstand zweier aufeinanderfolgender Wellenberge – allgemein gleich dem Abstand zweier benachbarter Stellen mit derselben Schwingungsphase; die Länge einer solchen räumlichen Wellenperiode wird **Wellenlänge** λ genannt. In unserem Beispiel ist $\lambda = 4$ cm. Der diagonale Durchblick zeigt Ihnen: Während der Periodendauer T hat sich die Welle um die Wellenlänge λ vorgeschoben, und zwar mit der *konstanten* Ausbreitungsgeschwindigkeit c. Für die Geschwindigkeit dieser *gleichförmigen* Verschiebung gilt

$$c = \frac{\text{zurückgelegter Weg}}{\text{dafür benötigte Zeit}}; \text{ also } c = \frac{\lambda}{T}.$$

Da die Schwingungsfrequenz $f = 1/T$ ist, folgt der für alle Wellen wichtige Zusammenhang zwischen Ausbreitungsgeschwindigkeit, Wellenlänge und Frequenz

$$c = f \cdot \lambda. \tag{420.1}$$

Die Frequenz f wird ausschließlich vom Erreger bestimmt; die Ausbreitungsgeschwindigkeit c hängt dagegen von der Beschaffenheit des Trägers ab.

5. Mathematischer Durchblick

Es ist nicht schwer, aus *Bild 421.1* die *Gleichung* einer fortschreitenden Sinuswelle herauszulesen. Der Ort, an dem sich ein Körperchen zu einem bestimmten Zeitpunkt t gerade befindet, wird durch die Koordinaten x (Rechtswert) und s (Elongation = Hochwert) gekennzeichnet. Betrachten Sie nun *Bild 421.1* im zeitlichen Durchblick von oben nach unten: Für den zeitlichen Verlauf der Schwingung des *ersten* Körperchens ($x=0$) gilt nach Seite 398 bekanntlich

$$s(t) = \hat{s} \cdot \sin \omega t \quad \text{mit} \quad \omega = 2\pi f.$$

Das Körperchen an der Stelle x schwingt nun aber gegenüber dem ersten verspätet mit der Zeitverschiebung $\Delta t = x/c$. Also lautet sein Elongations-Zeit-Gesetz

$$s(t,x) = \hat{s} \cdot \sin \omega \left(t - \frac{x}{c} \right). \qquad (421.1)$$

Diese Funktion der beiden Variabeln t und x ist die Gleichung der fortschreitenden Sinuswelle. Sie drückt die auf Seite 420 in Worte gefaßten „Durchblicke" mathematisch aus.

a) Beim *zeitlichen* Durchblick (von oben nach unten) betrachten Sie in *Bild 421.1* ein bestimmtes Körperchen mit $x = x_1$. Sie halten also in Gl. 421.1 $x = x_1$ konstant und sehen t als Variable an. $s(t, x_1)$ ist dann eine Funktion von t allein und liefert das Elongations-Zeit-Gesetz der Sinusschwingung des *einen* ins Auge gefaßten Körperchens am Ort x_1.

b) Beim *räumlichen* Durchblick betrachten Sie zu einer bestimmten Zeit t_1 eine Zeile des *Bildes 421.1* von links nach rechts. Dies bedeutet, daß Sie in Gl. 421.1 $t = t_1$ konstant halten und x als Variable ansehen. $s(t_1, x)$ ist dann eine Funktion von x allein, stellt also die Gleichung der Sinuslinie dar, auf der alle von der Welle erfaßten Körperchen im Zeitpunkt t_1 liegen.

c) Auch der *diagonale* Durchblick spiegelt sich in Gl. 421.1 wieder. Er wird besonders einfach, wenn Sie in *Bild 421.1* den *Kopf* der Welle betrachten; dieser zeichnet sich ja durch den Phasenwinkel $\varphi = 0$ aus. Da der Phasenwinkel $\omega(t - \frac{x}{c})$ beträgt, folgt aus der Beziehung $s(t,x) = \hat{s} \cdot \sin \omega \, (t - \frac{x}{c})$, daß für den Kopf der Welle stets $t - \frac{x}{c} = 0$ oder $\frac{x}{t} = c$ sein muß. Er verschiebt sich demnach längs der x-Achse mit der konstanten Geschwindigkeit c. Auch diese — uns schon bekannte — Tatsache läßt sich also aus Gl. 421.1 herausholen!

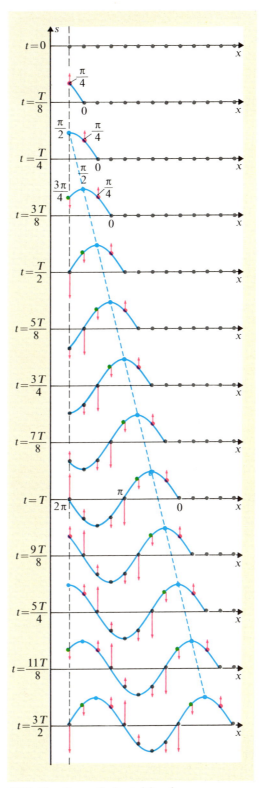

421.1 Eine Querwelle baut sich auf.

Der Träger einer linearen mechanischen Querwelle besteht aus einer eindimensionalen Kette elastisch aneinander gekoppelter Masseteilchen. Diese übernehmen die Bewegungen eines Erregers, der mit der Frequenz f senkrecht zum Träger schwingt. Dabei hinken sie in ihrer Schwingungsphase gegenüber dem Erreger um so mehr nach, je weiter sie von ihm entfernt sind.

Dadurch werden die Elongationen, die der Erreger zeitlich nacheinander ausführt, räumlich nebeneinander gelegt: Es entsteht eine Wellenlinie mit Bergen und Tälern. Ihre Gestalt schreitet mit der Geschwindigkeit c längs des Trägers fort.

Der Abstand zweier benachbarter Wellenberge wird Wellenlänge λ genannt. Es gilt der Zusammenhang $c = f \cdot \lambda$.

Aufgaben

1. Worin unterscheidet sich die wandernde Schlangenlinie einer Querwelle von einer sich vorwärts schlängelnden Ringelnatter?

2. In Bild 421.1 beginnt die Schwingung des Wellenerregers mit einer Elongation nach oben. Was ändert sich an der fortschreitenden Welle, wenn die Erregerschwingung mit einer Elongation nach unten anfängt?

3. Eine lineare Querwelle schreite mit der Geschwindigkeit $c = 2,5$ m s^{-1} längs der x-Achse eines Koordinatensystems fort. Der Erreger schwinge harmonisch mit der Frequenz $f = 50$ Hz und der Amplitude $\hat{s} = 2$ cm längs der y-Achse. **a)** Zeichnen Sie die Welle zu den Zeiten $t_1 = 0,050$ s und $t_2 = 0,005$ s! **b)** Zeichnen Sie das Schaubild der Schwingung des Teilchens an der Stelle $x = 3,75$ cm! **c)** Welcher grundlegende Unterschied besteht zwischen den Kurven in a) und in b)?

4. Stellen Sie die Gleichung der in Aufgabe 3 gegebenen Querwelle auf! Lösen Sie damit nochmals die Teilaufgaben a) und b)!

5. Leiten Sie aus der Wellengleichung $s(t,x) = \hat{s} \cdot \sin \omega(t - x/c)$ die Beziehung $c = f \lambda$ her! (*Anleitung:* Vergleichen Sie die Funktion $s(t,x)$ an den Stellen x und $x + \lambda$!)

6. Zeichnen Sie ein Momentbild der Querwelle $s(t,x) = A \cdot \sin(Bt + Cx)$ mit $A = 0,02$ m, $B = 377,0$ s^{-1}, $C = -125,7$ m^{-1} zur Zeit $t = 0,05$ s!

7. Auf dem Fußboden liegt ein straff gespannter Schlauch. Ein Ende ist befestigt; das andere wird harmonisch mit der Frequenz $f = 2,0$ Hz so angeregt, daß eine Querwelle mit $c = 3,0$ m s^{-1} entsteht. Wie groß ist die Wellenlänge? Wie ändert sich die Welle, wenn der Schlauch mit Sand gefüllt wird? Wodurch wird die Welle gedämpft?

§161 Reflexion mechanischer Wellen

1. Störung mit Echo

Bei unseren bisherigen Versuchen haben wir dafür gesorgt, daß die von der fortschreitenden Welle mitgeführte Energie dem Träger am Ende wieder entzogen wurde. Was geschieht eigentlich *ohne* eine solche Dämpfung? – Das wird sich zeigen, wenn wir an der Wellenmaschine die Dämpfungseinrichtung weglassen! Dabei betrachten wir für das letzte Körperchen der Wellenmaschine zwei verschiedene Möglichkeiten:

a) Es ist unverrückbar fest (festes Ende);
b) es kann frei ausschwingen (freies Ende).

Versuch 466: Der letzte Stab der Wellenmaschine wird arretiert; damit besitzt der Träger ein festes Ende. Nun lenken wir das erste Körperchen nach oben aus und halten es in dieser Lage fest: Wie in Versuch 461 wandert eine Querstörung über die Wellenmaschine hinweg. Nachdem sie am Ende angekommen ist, läuft sie als Echo wieder zurück. Dabei sind die Auslenkungen der Körperchen gerade entgegengesetzt wie vorher; offenbar hat sich die Schnellerichtung der Körperchen nach der Reflexion umgekehrt. Wie kommt das?

Bild 423.1a zeigt den Augenblick, in dem das *vorletzte* Körperchen bereits von der Störung erfaßt worden ist; es ist gerade in der Auslenkung nach oben begriffen und verdrillt dabei das letzte Stück des Spannbandes. Dadurch wird es – genau so, wie zuvor alle anderen Körperchen – abgebremst. In *Bild 423.1b* ist das vorletzte Körperchen (kurzzeitig) zur Ruhe gekommen. Was passiert nun anschließend? – Sehr einfach: Betrachten Sie das letzte Körperchen! *Es liegt relativ zu den momentan ruhenden übrigen Körperchen tiefer und wird in dieser Lage festgehalten.* Also muß es – nach allem, was wir von der Ausbreitung einer Welle wissen – eine *Querstörung* mit nach *unten* gerichteter Schnelle erzeugen: Sie läuft als Echo über den Träger zurück, wird also *reflektiert* (*Bild 423.1c und d*). Dieser gelangt dabei wieder in seine ursprüngliche Ausgangslage.

> Eine Querstörung wird am festen Ende des Trägers reflektiert; dabei kehrt sich die Richtung der Schnelle um.

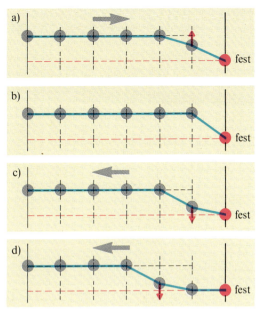

423.1 Reflexion am festen Ende

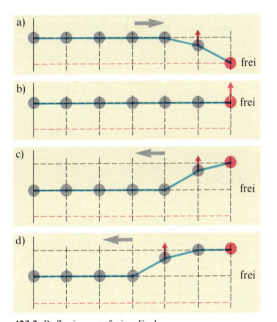

423.2 Reflexion am freien Ende

Versuch 467: Nun bleibt der letzte Stab der Wellenmaschine *frei beweglich*. Erzeugen wir auf dieselbe Weise wie im vorigen Versuch eine Querstörung nach oben, so wird sie an diesem *freien Ende* reflektiert und läuft als Echo wieder zurück. Doch behalten die Körperchen der Wellenmaschine jetzt nach der Reflexion ihre Schnellerichtung bei.

In *Bild 423.2a* ist das *vorletzte* Körperchen schon von der Querstörung erfaßt worden; sie kommt soeben beim letzten Körperchen an. Dieses setzt sich in Bewegung; dadurch wird das vorletzte abgebremst. Diesmal muß nun aber das letzte Körperchen kein *rechts* von ihm liegendes Bandstück mehr verdrillen. Deshalb kann es in der Situation, die *Bild 423.2b* zeigt, *frei durchschwingen*. Es spielt dabei die Rolle eines Erregers, der relativ zu den übrigen – für einen Augenblick ruhenden – Körperchen nach *oben* ausgelenkt wird: Es entsteht eine Störung, die mit unveränderter Schnellerichtung zurückläuft *(Bild 423.2c* und *d)*. Dabei wird der ganze Wellenträger schließlich um eine Strecke nach oben verschoben, die gleich der doppelten Auslenkung des Erregers ist.

> **Eine Querstörung wird am freien Ende des Trägers reflektiert; dabei bleibt die Richtung der Schnelle erhalten.**

2. Das Echo einer fortschreitenden Welle

Nicht nur eine *einmalige* Störung, sondern auch eine Folge von Störungen, also eine *fortschreitende Welle*, wird am Ende des Trägers reflektiert. Dabei müssen wir wieder zwischen einer Reflexion am festen und am freien (losen) Ende des Trägers unterscheiden.

a) Reflexion einer Querwelle am festen Ende

Bei einem Träger mit festem Ende ist das letzte Teilchen unbeweglich; also könnte man denken, es verhalte sich völlig passiv. Weit gefehlt – das Gegenteil ist der Fall!

Betrachten Sie eine nach *oben* gerichtete Störung, die bis an das feste Ende eines Trägers herangekommen ist: Vom vorletzten (nach oben ausgelenkten) Teilchen aus beurteilt bleibt dann das letzte (feste) Teilchen *unten*; relativ zu einer nach *unten* gerichteten Störung bleibt es *oben*. Demnach ist das letzte (feste) Teilchen recht aktiv! Es „zieht" nämlich bei aufwärts gerichteten Elongationen nach unten, bei abwärts gerichteten Elongationen nach oben. *Das feste Ende verhält sich wie ein Erreger, der gegenphasig zur ankommenden Störung tätig wird.* Es muß also einen ankommenden Wellenberg mit einem zurücklaufenden Wellental „beantworten". Aus demselben Grund muß ein Wellental nach der Reflexion in einen Wellenberg verwandelt werden.

Versuch 468: Wir arretieren den letzten Stab der Wellenmaschine und erzeugen dann wie in Versuch 462 einen *Wellenberg*, indem wir den ersten Stab nach oben auslenken und gleich wieder zurückführen. Dieser Wellenberg läuft über den Träger hinweg *(Bild 424.1 a)* und kehrt nach der Reflexion am festen Ende als *Wellental (Bild 424.1 b)* wieder zurück. Erzeugen wir dagegen ein Wellental, so wird es als Berg reflektiert.

Auch gegenüber einer ständigen Störung, also einer *fortschreitenden Welle,* verhält sich das feste Ende wie ein Erreger, der gegenphasig, d.h. mit einer Phasenverschiebung von 180°, schwingt. Deshalb läuft die Welle nach der Reflexion am festen Ende nicht „ungeschoren" wieder zurück; vielmehr wird eine halbe Wellenlänge „verschluckt" und ein ankommender Berg als Tal bzw. ein ankommendes Tal als Berg zurückgeschickt.

Dieser sogenannte *Phasensprung* von 180° bewirkt, daß die ankommende und die reflektierte Welle am festen Ende in jedem Augenblick entgegengesetzte, aber gleich große Elongationen und Schnellen besitzen. Deshalb heben sie sich dort auf. So kann das Ende des Trägers zwei Wellen über sich ergehen lassen und trotzdem fest bleiben.

> **Eine Querwelle wird am festen Ende des Trägers reflektiert. Dabei erfährt sie einen Phasensprung von 180°. Ein Wellenberg läuft nach der Reflexion als Wellental zurück, ein Wellental als Wellenberg.**

b) Reflexion einer Querwelle am freien Ende

Das freie Ende des Trägers schwingt über die Elongation einer ankommenden Störung um deren Betrag hinaus. Damit verhält es sich wie ein Erreger, der *gleichphasig* mit der ankommenden Welle schwingt. Dies bedeutet, daß eine Querwelle nach der Reflexion am *freien* Ende unverändert wieder zurückläuft. Ein Wellen*berg* wird demnach als Wellen*berg* reflektiert; ebenso wird aus einem Wellen*tal* wieder ein Wellen*tal*. Bei der Reflexion am freien Ende fällt also nicht – wie an einem festen Ende – ein Teil der Welle weg; daraus folgt, daß die Welle am freien Ende *ohne Phasensprung* reflektiert wird.

Versuch 469: Wir erzeugen an einer Wellenmaschine, deren letzter Stab frei schwingen kann, einen Wellenberg. Er läuft über den Träger hinweg *(Bild 424.2 a)* und wird anschließend am freien Ende wieder als Wellenberg reflektiert *(Bild 424.2 b)*.

> **Eine Querwelle wird am freien Ende des Trägers ohne Phasensprung reflektiert. Ein Wellenberg läuft nach der Reflexion wieder als Wellenberg zurück, ein Wellental als Wellental.**

Aufgabe

1. Ist eine senkrechte Ufermauer für anlaufende Wasserwellen ein festes oder ein freies Ende? – Wie läuft also ein gegen die Mauer brandender Wellenberg wieder zurück?

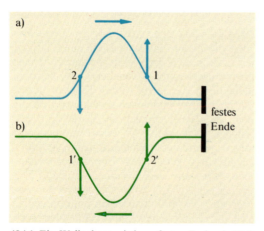

424.1 Ein Wellenberg wird am festen Ende als Wellental reflektiert. Beachten Sie die Schnellevektoren an der Vorder- und Rückseite: 1 → 1'; 2 → 2'.

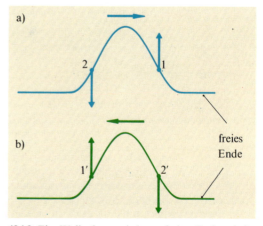

424.2 Ein Wellenberg wird am freien Ende wieder als Wellenberg reflektiert. Beachten Sie auch hier: 1 → 1'; 2 → 2'.

§162 Längswellen

1. Die Längsstörung

Vielleicht haben Sie schon einmal auf einem Rangierbahnhof beobachtet, wie ein Güterzug zusammengestellt wird. Wenn ein neu hinzukommender Wagen auf die Reihe der schon bereitstehenden Wagen stößt, geht ein Ruck von vorne bis hinten durch den ganzen Zug. Auf ganz ähnliche Weise breiten sich z.B. auch Schallwellen und zum Teil auch Erdbebenwellen aus.

Versuch 470: Nach *Bild 425.1a* sind etliche kleine Wagen hintereinander aufgestellt und durch elastische Stahldrähte gegenseitig verbunden. Diese entsprechen den Federn in den Puffern der Eisenbahnwagen. Lenken wir jetzt den ersten Wagen nach rechts oder links aus, so werden die übrigen *nacheinander* um ein Stückchen nach rechts bzw. links verschoben. Je größer die Masse der Wagen ist und je weicher die Stahldrähte sind, desto langsamer wandert diese sogenannte **Längsstörung** durch die Wagenkette.

Statt kleiner Wagen kann man auch Magnetrollen nehmen, die auf einer Laufschiene so angeordnet sind, daß sie sich jeweils gegenseitig abstoßen *(Bild 425.1b)*.

Alles, was für die Ausbreitung einer Längsstörung wesentlich ist, läßt sich an einem weiteren *Modell* verdeutlichen. Es besteht aus einer Kette von Körperchen; sie sind untereinander durch Schraubenfedern verbunden, die zusammengedrückt oder auseinandergezogen werden können *(Bild 425.2)*.

Wir denken uns nun, das erste Körperchen werde nach rechts ausgelenkt. Dabei drückt es die nachfolgende Feder etwas zusammen; dadurch erfährt das zweite Körperchen eine Kraft nach rechts. Wegen seiner Trägheit wird es jedoch nicht etwa augenblicklich in seine neue Lage gerissen; vielmehr vergeht eine gewisse Zeit, bis es ebenso weit nach rechts ausgelenkt ist wie das erste Körperchen — seine Bewegung hinkt der des vorhergehenden Körperchens nach. Dabei erfährt Körperchen Nr. 3 eine Kraft und setzt sich nach rechts in Bewegung; die zugehörige Gegenkraft bewirkt, daß das zweite Körperchen abgebremst wird und deshalb nicht übers Ziel hinausschießt. So wandert diese Störung des Gleichgewichts von links nach rechts durch die gesamte Körperkette hindurch *(Bild 425.2)*.

425.1 Längsstörungen an elastisch gekoppelten Wagen (oben), an einer Magnetrollbahn (unten)

Kommt Ihnen das nicht bekannt vor? Eine ganz ähnliche — teilweise sogar wortwörtlich gleiche — Überlegung haben wir nämlich in Versuch 461 bereits angestellt! Dort handelte es sich um Auslenkungen der elastisch gekoppelten Körperchen einer Wellenmaschine *quer* zur Ausbreitungsrichtung der Störung. Im Unterschied dazu werden die elastisch gekoppelten Körperchen unseres Modellversuchs jetzt *längs* der Ausbreitungsrichtung nach *rechts* ausgelenkt. In *Bild 425.2* sehen Sie, wie sich eine solche *Längsstörung* auswirkt: Eine *Verdichtung* der Teilchen wandert mit einer gewissen Geschwindigkeit $\tilde{c}$ durch den Träger. Die *Schnelle* $\tilde{v}$ eines einzelnen Körperchens besitzt dabei jeweils die gleiche Richtung wie die *Ausbreitungsgeschwindigkeit* $\tilde{c}$ dieser Verdichtungsstörung.

Nun kann man das erste Körperchen unseres Modells aber auch nach *links* auslenken.

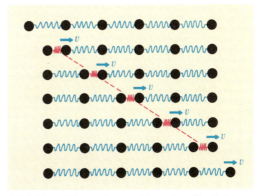

425.2 Eine Längsstörung, hier eine Verdichtung, wandert nach rechts.

Bild 426.1 zeigt, was dann passiert! Jetzt wandert eine *Verdünnung* durch die Körperkette. Dabei ist die Schnelle $\tilde{v}$ der einzelnen Körperchen gerade entgegengesetzt gerichtet wie die Ausbreitungsgeschwindigkeit $\tilde{c}$ dieser Störung. Beachten Sie, daß auch bei der Längsstörung über die ganze Strecke nur Energie, aber *keine* Materie transportiert wird.

2. Wellen, die keine Schlangenlinien bilden

Der vorige Abschnitt hat Ihnen gezeigt, daß Längsstörungen und Querstörungen im wesentlichen gleiche Eigenschaften besitzen. Auf einem waagerechten eindimensionalen Träger unterscheiden sie sich lediglich darin, daß *Quer*störungen nach *oben* bzw. *unten*, *Längs*störungen dagegen nach *rechts* bzw. *links* erfolgen.

Was passiert nun, wenn das erste Teilchen eines solchen Trägers in dessen *Längsrichtung* fortwährend harmonisch schwingt? — Würde es quer zum Träger schwingen, so entstünde die bekannte Schlangenlinie *(Bild 419.1)*, deren Eigenschaften uns schon geläufig sind. Das nützen wir natürlich aus: Wir brauchen nur die Auslenkungen der einzelnen Teilchen des Trägers, die bei der Schlangenlinie nach *oben* bzw. *unten* gehen, in entsprechende Auslenkungen nach *rechts* bzw. *links* zu verwandeln! Dabei kommt der Schlangenlinie eine neue Bedeutung zu: Wir können sie als *Schaubild* auffassen, das an jeder Stelle x des Trägers angibt, um welche Strecke s das dort befindliche Teilchen aus seiner Gleichgewichtslage ausgelenkt ist. Positive s-Werte bedeuten Auslenkungen nach rechts, negative s-Werte Auslenkungen nach links.

Das Ergebnis sehen Sie in *Bild 426.2*. Die Teilchen haben sich längs des Trägers so verschoben, daß *räumlich aufeinanderfolgende Verdichtungen und Verdünnungen entstanden sind*. Bedenken Sie, daß *Bild 426.2* eine Momentaufnahme darstellt! Im nächsten Augenblick hat sich die Schlangenlinie und mit ihr die Anordnung der Verdichtungen und Verdünnungen nach rechts verschoben. Diese wandern also mit derselben Geschwindigkeit c über den Träger hinweg wie die gedachte Schlangenlinie: Wir haben eine *fortschreitende* **Längswelle** oder **Longitudinalwelle** vor uns. Ihre Wellenlänge λ ist gleich dem Abstand zweier benachbarter Verdichtungen bzw. Verdünnungen; sie ist nach *Bild 426.2* mit der Wellenlänge der Schlangenlinie identisch. Deshalb können wir den von der fortschreitenden Querwelle bekannten Zusammenhang zwischen Wellenlänge λ, Frequenz f und Ausbreitungsgeschwindigkeit c auf fortschreitende *Längswellen* übertragen: Auch für sie gilt

$$c = f\lambda. \qquad (426.1)$$

Bei Längsstörungen verhalten sich die Schnellerichtungen nach der Reflexion ganz genau so wie bei Querstörungen: Am *festen* Ende werden sie umgekehrt, am *freien* Ende behalten sie ihre Richtung bei. Für eine Längswelle bedeutet dies, daß bei der Reflexion am *festen* Ende eine halbe Wellenlänge ausfällt, also ein Phasensprung von 180° entsteht, während die Reflexion am *freien* Ende ohne Phasensprung erfolgt.

> **Eine Längswelle wird am festen Ende mit einem Phasensprung von 180° reflektiert.
> Am freien Ende wird sie ohne Phasensprung reflektiert.**

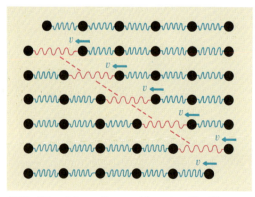

426.1 Eine Längsstörung, hier eine Verdünnung, wandert nach rechts.

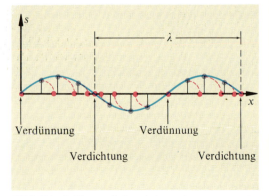

426.2 Die Schlangenlinie wird zu einer Längswelle umfunktioniert.

§ 163 Schall — eine Längswelle in Luft

1. Schallwellen

Eine Stimmgabel oder eine Lautsprechermembran überträgt ihre Schwingungen auf die sie umgebende Luft. Die dabei entstehenden *Verdichtungen* der Luft wirken sich als *Überdruck*, die *Verdünnungen* als *Unterdruck* aus (*Bild 82.1*); insgesamt entsteht eine fortschreitende *Längswelle*. **Schallwellen** breiten sich nicht — wie eindimensionale Wellen — nur längs einer einzigen Linie aus; sie rücken vielmehr räumlich „in breiter Front" vor. Deshalb gibt es bei ihnen innerhalb einer Wellenlänge nicht nur *einen* Punkt, sondern *viele* nebeneinanderliegende Punkte, die momentan gleichphasig schwingen. Sie bilden eine zusammenhängende Fläche, die man als **Wellenfront** bezeichnet.

Quellen, die den Schall rundum nach allen Seiten abstrahlen, erzeugen sogenannte *Kugelwellen*: Bei ihnen bestehen die Wellenfronten aus Kugelschalen, deren Radien sich mit der Schallgeschwindigkeit c ausweiten. In Luft der Temperatur 20 °C beträgt die Geschwindigkeit des Schalls $c = 340 \text{ m s}^{-1}$ (Seite 82).

2. Was versteht man unter Dezibel und phon?

Eine Schallquelle schickt in jeder Sekunde eine gewisse Energieportion auf die Reise, d.h. sie liefert eine ganz bestimmte Schalleistung. Das Ohr eines Hörers kann davon lediglich einen geringen Teil aufnehmen, da sein „Eintrittsfenster" nur eine begrenzte Fläche besitzt. Es ist deshalb sinnvoll, die Stärke einer Schallwelle an einer Stelle der Wellenfront als den Quotienten aus Leistung P und Fläche A festzulegen. $I = \frac{P}{A}$ (gemessen in W m^{-2}) wird *Schallstärke* genannt. Bei einer Kugelwelle wächst die Fläche $A = 4\pi r^2$, auf die sich die gesamte Schalleistung P verteilt, mit dem Quadrat des Abstandes r von der (punktförmig gedachten) Schallquelle. In diesem Fall nimmt also die Schallstärke I mit dem Quadrat des Abstandes ab.

Für einen Ton der Frequenz 1 000 Hz kann das menschliche Ohr eine Schallstärke von $1 \cdot 10^{-12} \text{ W m}^{-2}$ eben noch wahrnehmen (Hörschwelle); die Schallstärke $I = 10 \text{ W m}^{-2}$ löst Schmerzempfindungen aus. Unser Ohr empfindet gleiche Differenzen in der Schallstärke bei leisen Tönen wesentlich deutlicher als bei lauten. Die subjektive Empfindung unseres Gehörs ist also offenbar zur Schallstärke I nicht proportional; sie ist vielmehr — wie man durch Experimente herausgefunden hat — proportional zum *Logarithmus* der Schallstärke I. Um ein vernünftiges Maß für die von unserem Ohr empfundene Lautstärke eines Tones zu erhalten, vergleicht man bei 10^3 Hz dessen Schallstärke I mit der Hörschwelle $I_0 = 1 \cdot 10^{-12} \text{ W m}^{-2}$. Hierzu bildet man den Quotienten I/I_0. Weil die Empfindung unseres Ohrs proportional zum Logarithmus der Schallstärke ist, nimmt man von diesem Quotienten den Zehnerlogarithmus und erhält $\lg(I/I_0)$. Für die Hörschwelle ergibt sich demnach der spezielle Wert $\lg(I_0/I_0) = \lg 1 = 0$.

Der Logarithmus aus dem Quotienten zweier Größen gleicher Art wird allgemein *Pegel* genannt und mit der Bezeichnung Bel versehen. Praktisch verwendet man stets den zehnten Teil, 1 dB (Dezibel). $10 \cdot \lg(I/I_0)$ ist demnach der in Dezibel gemessene *Schallstärkepegel*.

427.1 Von einem punktförmig gedachten Schallerreger breiten sich rundum Schallwellen aus.

	Schallstärke eines Vergleichstones von 1 000 Hz in $10^{-12} \text{ W m}^{-2}$	Lautstärke in phon
Hörschwelle	1	0
Flüstersprache	10^2	20
Normales Sprechen (2 m Entfernung)	10^4	40
Lautsprechermusik im Zimmer	10^6	60
Sehr lauter Straßenlärm	10^8	80
Nietarbeiten in Fabrikhalle	10^{10}	100
Flugzeugmotor in 4 m Abstand	10^{12}	120
Schmerzschwelle	10^{13}	130

Tabelle 427.1 Die Lautstärke wächst mit dem Logarithmus der Schallstärke.

In der Elektronik benutzt man die Bezeichnung dB auch zur Angabe der Verstärkung bzw. der Dämpfung von Signalen.

Zwei verschiedene Geräusche, die nicht dieselben Frequenzen enthalten (z.B. der Lärm eines Preßlufthammers und eines Düsenflugzeugs) werden vom menschlichen Ohr durchaus nicht als gleich laut empfunden, auch wenn sie nach dieser Definition denselben Schallstärkepegel besitzen.

Man hat deshalb für die Stärke der subjektiven Schallwahrnehmung ein besonderes Maß eingeführt; es wird *Lautstärke* genannt und mit phon bezeichnet. Die Lautstärke eines Schalls beträgt n phon, wenn er von einem normal hörenden Beobachter als gleich laut beurteilt wird wie ein Sinuston der Frequenz 1000 Hz, der den Schallstärkepegel n dB aufweist. Man kann das kurz auch so ausdrücken: Wenn es sich bei dem zu messenden Schall um einen Sinuston von 1000 Hz handelt, sind dB und phon dasselbe.

Die Erfahrung zeigt, daß unser Ohr Lautstärkedifferenzen von 1 phon gerade noch wahrnehmen kann. In *Tabelle 427.1* sind die Lautstärken und die Schallstärken I für verschiedene Schallquellen angegeben.

Laute Radiomusik (75 phon) erzeugt in der umgebenden Luft Druckschwankungen von $\pm 0{,}001$ mbar. Die von dieser Lautstärke hervorgerufene Schwingungsamplitude der Luftteilchen erreicht ganze $5 \cdot 10^{-5}$ mm. Der ungeordneten Molekülbewegung (mit Geschwindigkeiten bis zu 500 m s^{-1}) überlagert sich dabei eine geordnete Bewegung mit einer Schnelle von maximal 0,25 mm s^{-1}.

3. Schall, den wir nicht mehr hören können

Das menschliche Hörorgan ist nicht für beliebige Frequenzen gebaut. Die untere Hörgrenze liegt bei 16 Hz. Die obere Hörgrenze liegt für ein Kind bei etwa 20 kHz, für einen 50jährigen bei etwa 10 kHz. Mit zunehmendem Alter oder nach zu starker *Lärmbelastung* (z.B. in manchen Fabriken oder Diskotheken) nimmt sie weiter ab, weil besonders die Teile des Mittelohres versteifen und die sehr schnellen Bewegungen des Trommelfells nur noch schlecht auf das Innenohr übertragen. Falls durch eine Krankheit oder durch einen Unfall das Mittelohr seine Funktionsfähigkeit ganz eingebüßt hat, bleibt als Behelf aber noch die *Knochenleitung*.

Versuch 471: Schlagen Sie eine Stimmgabel kräftig an. Ihr Ton ist mit mäßiger Lautstärke wahrzunehmen. Nun pressen Sie den Stiel der Stimmgabel auf ihr Schädeldach oder gegen einen Zahn des Oberkiefers: Plötzlich hören Sie den Ton sehr laut, denn die Schwingungen der Stimmgabel werden durch die Knochenteile direkt zum Innenohr geleitet. Dieser Effekt wird von einigen Hörgeräten benutzt.

Liegt die Frequenz des Schalls über 20 kHz, so sprechen wir von **Ultraschall.** Er ist für den Menschen nicht wahrnehmbar, wohl aber für viele Tierarten.

Fledermäuse stoßen kurze Schreie mit Ultraschallfrequenz aus und empfangen deren Echo. Damit können sie Hindernisse und Beutetiere orten. — Hunde lassen sich auf die für Menschen nicht hörbaren Töne einer Ultraschallpfeife dressieren. — Delphine und andere Meeressäugetiere benutzen Ultraschallsignale.

Ultraschall läßt sich mit technischen Mitteln gut erzeugen und gerichtet abstrahlen. Die Zeitspanne bis zur Ankunft des Echos ist recht genau meßbar. Daraus ergeben sich viele Anwendungen:

Das Echolot eines Schiffes mißt die Wassertiefe; es kann auch Fischschwärme und U-Boote aufspüren. — Mit Ultraschall kann man Fehler in Schweißnähten auffinden. — Gerät eine Person in den Schallkegel eines Ultraschallsenders, so kann das Echo einen Türöffner oder eine Alarmanlage starten. — In der Medizin ist von Bedeutung, daß es auch eine Schallreflexion *innerhalb* des menschlichen Körpers gibt. Damit kann man z.B. die Lage und Größe eines ungeborenen Kindes feststellen. — Mit Ultraschall kann man Teilchen in einer Flüssigkeit kräftig schütteln. Dadurch werden z.B. die Fetttröpfchen in der Milch zerkleinert; die Milch wird *homogenisiert*.

Aufgaben

1. Eine Schallquelle erzeugt 40 dB. *Welchen Schallstärkepegel erzeugen* 10 *solcher Schallquellen?*

2. Drei Schallquellen erzeugen jeweils 70 phon, 75 phon *bzw.* 80 phon. *Welche Lautstärke erzeugen sie zusammen?*

3. Ein Beobachter, der 2 m *von einer Schallquelle entfernt ist, stellt eine Lautstärke von* 40 phon *fest. In welcher Entfernung* r *von der Schallquelle ist die Lautstärke auf* 0 phon *abgesunken (die Schallstärke sei proportional zu* $1/r^2$ *)?*

§164 Überlagerung und Interferenz

1. Wellen tun einander nichts

Haben Sie schon einmal einen See bei Regen beobachtet? — Jeder Regentropfen erzeugt auf der Wasseroberfläche eine Kreiswelle. Kommt nun eine andere Welle — sie könnte z.B. von einem Schiff hervorgerufen worden sein — angerollt, so lassen sich die Kreiswellen dadurch nicht beirren. Sie reiten auf dem Rücken dieser anderen Welle und breiten sich dabei weiter aus: Die beiden Wellen *überlagern* sich ungestört.

In *Bild 429.1* sehen Sie zwei Kreiswellen, die durch Regentropfen oder zwei ins Wasser geworfene Steine entstanden sein können. Obwohl sie sich teilweise gegenseitig durchdrungen haben, ist ihre Gestalt unversehrt erhalten geblieben.

Nun ist die Wasseroberfläche ein *zweidimensionaler* Wellenträger. Ob sich wohl Wellen auch auf einem *eindimensionalen* Träger ungestört überlagern?

Versuch 472: Wir erzeugen an beiden Enden einer Wellenmaschine oder einer langgestreckten Schraubenfeder jeweils gleichgerichtete kurze Querstörungen mit derselben Amplitude. Sie laufen einander auf demselben Träger als Wellenberge entgegen. Im Augenblick der Begegnung überlagern sie sich zu einem einzigen Wellenberg mit doppelter Amplitude. Und nun passiert etwas Merkwürdiges: Aus dieser Begegnung gehen die beiden ursprünglichen Wel-

429.1 Die beiden Wasserwellen durchdringen sich ungestört.

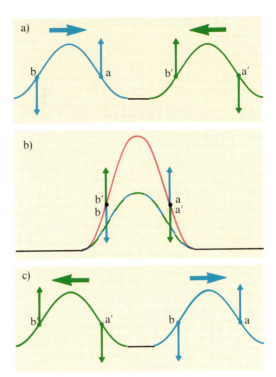

429.2 Zwei Wellenberge wandern aufeinander zu (a), überlagern sich (b) — und erstehen wieder neu (c).

lenberge unversehrt wieder hervor! Sie wandern weiter, als sei nichts geschehen.

Bild 429.2a zeigt die aufeinander zulaufenden Wellenberge. Im Augenblick der Begegnung addieren sich die gleichgerichteten Elongationen *(Bild 429.2b)*; sie werden zum Zeitpunkt, in dem sich die beiden Wellenberge gerade decken, *verdoppelt*. Auch die in den einander entsprechenden Punkten a und a′ bzw. b und b′ eingezeichneten Schnellevektoren addieren sich in diesem Moment. Sie haben zwar gleiche Beträge; weil sie aber jeweils entgegengesetzt gerichtet sind, heben sie sich auf. Das gilt in diesem Zeitpunkt auch für alle anderen Schnellevektoren. Der verdoppelte Wellenberg steht also einen Augenblick still. Deshalb ist er auch besonders gut sichtbar. Für einen Moment steckt in dem Überlagerungsgebilde nur *Elongationsenergie*. Dieser gespannte Zustand kann nun aber nicht anhalten; die in ihm steckende Energie wird nach beiden Richtungen des Trägers abgegeben: Die zwei ursprünglichen Wellenberge lösen sich wieder voneinander und wandern in alter Frische nach links und rechts weiter; sie haben sich bei ihrer Begegnung *ungestört überlagert* (*Bild 429.2c*).

Versuch 473: Wieder erzeugen wir an den Enden des Trägers zwei kurze Querstörungen mit gleicher Amplitude; diesmal sind aber die Auslenkungen einander entgegengesetzt. Die beiden Störungen laufen als *Wellenberg* und als *Wellental* aufeinander zu *(Bild 430.1a)*. Im Augenblick der Begegnung heben sich jetzt die Auslenkungen selbst auf *(Bild 430.1b)*. Jedoch bleibt auch hier sowohl der Wellenberg als auch das Wellental von der Überlagerung unbeeindruckt: Beide tauchen anschließend wieder auf und laufen unversehrt weiter *(Bild 430.1c)*.

Eigentlich merkwürdig – die Störungen scheinen sich bei der Begegnung „aufzufressen"! Doch heben sich in diesem Augenblick nur die Elongationen auf; die Schnellen aber *verdoppeln* sich *(Bild 430.1b)*. Im Augenblick der Überlagerung ist der Träger zwar unausgelenkt, hat also keine Elongationsenergie. Dafür besitzt er aber momentan maximale kinetische Energie. Die im Träger steckende Bewegung (bei a nach oben, bei b nach unten) sorgt dafür, daß aus der Begegnung anschließend wieder ein nach rechts fortschreitender Wellenberg und ein nach links fortschreitendes Wellental hervorgehen.

> **Treffen mehrere Störungen an einer Stelle eines eindimensionalen Trägers zusammen, so addieren sich dort ihre Elongationen und auch ihre Schnellen. Nach der Durchdringung laufen die Störungen unverändert weiter.**

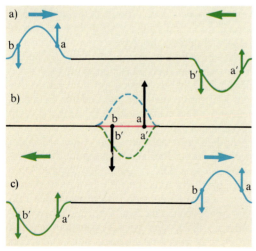

430.1 Ein Wellenberg und ein Wellental überlagern sich ungestört.

2. Interferenz – ein Sonderfall von Überlagerung

Was für einzelne Störungen gilt, läßt sich auch auf ununterbrochen fortlaufende Störungen – also auf *Wellen* – übertragen. Wir wollen in den folgenden Überlegungen nur Querwellen betrachten, die in der *gleichen Ebene* schwingen und *dieselbe Wellenlänge* besitzen. Die Überlagerung solcher Wellen bezeichnen wir als **Interferenz.**

Nun gibt es für die Interferenz zweier fortschreitender Wellen auf einem linearen Träger grundsätzlich zwei verschiedene Möglichkeiten:

– Die Wellen durchlaufen den Träger in gleicher Richtung;
– sie laufen einander entgegen.

Die Ergebnisse der Interferenz sind jeweils ganz verschieden; deshalb sind die beiden Fälle streng auseinanderzuhalten.

3. Interferenz gleichlaufender Querwellen

Denken Sie sich durch die beiden Zentren der Kreiswellen in *Bild 429.1* eine Ebene senkrecht zur Wasseroberfläche gelegt. Ein solcher Ausschnitt aus dem Wellenfeld enthält rechts und links der Zentren zwei Querwellen, die auf demselben Träger jeweils *in derselben Richtung* fortschreiten. Ihre Wellenlänge λ sei gleich; sie besitzen also dieselbe Frequenz. Aus der Mathematik wissen Sie, daß die Überlagerung zweier gleichfrequenter Sinusfunktionen von deren gegenseitiger Phasenbeziehung abhängt. Dasselbe gilt natürlich auch für *Wellen*, **denn sie bestehen ja aus lauter aneinandergereihten Schwingungen.** Bei der Überlagerung zweier eindimensionaler Wellen gibt es also die für Einzelschwingungen schon bekannten drei verschiedenen Möglichkeiten:

a) Im einfachsten Fall sind die beiden gleichlaufenden Wellen *in Phase;* d.h. sie schwingen an jeder Stelle des Trägers gleichphasig. Man sagt dazu auch, ihre Phasendifferenz sei $\Delta \varphi = 0$. Dabei fällt Wellenberg auf Wellenberg und Wellental auf Wellental. Durch Addition der Elongationen und Schnellen (unter Berücksichtigung der Vorzeichen) finden Sie, daß sich bei der Überlagerung eine rote Welle mit derselben Wellenlänge λ ergibt *(Bild 431.1a)*; die Amplituden $\hat{s}_1$ und $\hat{s}_2$ addieren sich zur neuen Amplitude $\hat{s} = \hat{s}_1 + \hat{s}_2$. Die resultierende Welle ist mit den beiden ursprünglichen Wellen in Phase und schreitet wie diese mit der gleichen Geschwindigkeit c in derselben Richtung fort. Ist insbesondere $\hat{s}_1 = \hat{s}_2$, so entsteht dabei eine Welle mit doppelter Amplitude. Die Interferenz gleichphasiger Wellen ist ein Sonderfall, er wird als *konstruktive Interferenz* bezeichnet.

Ändert man nun bei einem der Erreger die Lage oder die Schwingungsphase, so werden die beiden Wellen im allgemeinen nicht mehr so geschickt zusammentreffen: Die Gipfel ihrer Wellenberge und auch ihre gleichphasigen Nulldurchgänge liegen dann nicht mehr an derselben Stelle, sondern sind um eine bestimmte Strecke δ gegeneinander verschoben. Man nennt δ den **Gangunterschied** der beiden Wellen. Meist drückt man δ als Bruchteil oder Vielfaches der Wellenlänge λ aus.

Nun stellt *Bild 431.1a* nur einen kleinen Ausschnitt der interferierenden Wellen dar. Denken Sie sich beide verlängert! Dann sehen Sie, daß sich am Sonderfall der *konstruktiven* Interferenz nichts ändert, wenn eine der beiden Wellen längs des Trägers um ein ganzzahliges Vielfaches der Wellenlänge verschoben wird. *Konstruktive* Interferenz tritt also auf, wenn die beiden Wellen den Gangunterschied $\delta = 0, \lambda, 2\lambda, \ldots, k\lambda$ besitzen.

b) *Bild 431.1b* zeigt einen weiteren Sonderfall. Er tritt bei den Gangunterschieden

$$\delta = \frac{\lambda}{2}, \frac{3\lambda}{2}, \frac{5\lambda}{2}, \ldots, (2k+1)\frac{\lambda}{2} \quad \text{auf.}$$

Bei dieser sogenannten *destruktiven Interferenz* schwingen die beiden Wellen an jeder Stelle des Trägers *gegenphasig,* so daß jeweils ein Wellen*berg* auf ein Wellen*tal* fällt. Durch Überlagerung entsteht auch hier eine in derselben Richtung fortschreitende Welle *(Bild 431.1b: rot)*. Sie ist mit der Welle der beiden ursprünglichen in Phase, deren Amplitude größer ist. Die resultierende Amplitude erreicht dabei den Wert $\hat{s} = |\hat{s}_1 - \hat{s}_2|$. Besitzen die beiden Wellen insbesondere *gleiche Amplituden,* so löschen sie sich bei der *destruktiven* Interferenz völlig aus, d.h. die resultierende Welle hat die Amplitude Null *(Bild 431.1c)*.

c) Die Momentaufnahme in *Bild 431.1d* zeigt den allgemeinen Fall zweier interferierender Wellen. Jetzt sind die Verhältnisse nicht mehr so einfach zu überschauen wie in den Sonderfällen a) und b). Wenn Sie die resultierende Welle finden wollen (in *Bild 431.1d* rot gezeichnet), müssen Sie die Elongationen der beiden ursprünglichen Wellen Punkt für Punkt mit Vorzeichen addieren. Da sich zwei harmonische Schwingungen wieder zu einer harmonischen Schwingung überlagern, ergibt auch die Interferenz zweier *sinusförmiger Wellen* stets wieder eine *Sinuswelle*. Wegen derselben Periodizität besitzt die bei der Interferenz entstehende Welle dieselbe Wellenlänge λ wie die ursprünglichen Wellen. Auch muß sie mit derselben Geschwindigkeit c in der gleichen Richtung fortschreiten wie diese. Im allgemeinen Fall ist die resultierende Amplitude $\hat{s} \leq \hat{s}_1 + \hat{s}_2$. Sie nimmt immer mehr ab, je näher der Gangunterschied δ an $\frac{\lambda}{2}$ heranrückt. Bei $\delta = \frac{\lambda}{2}$ (und entsprechend $\frac{3\lambda}{2}, \frac{5\lambda}{2}, \ldots$) hat die resultierende Amplitude $\hat{s}$ dann jeweils ihr *Minimum* erreicht.

Wie Sie wissen, besteht eine mechanische Querwelle aus lauter aufeinanderfolgenden Schwingungen des Trägers. Interferieren nun zwei Querwellen mit dem Gangunterschied δ, so hat dies eine Phasendifferenz $\Delta\varphi$ der zugehörigen *Schwingungen* an jeder beliebigen Stelle des

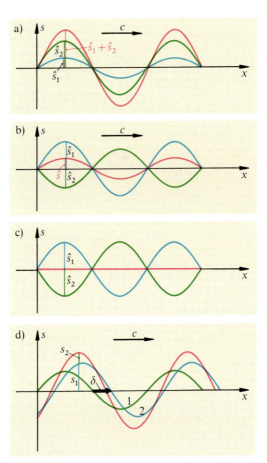

431.1 Interferenz bei gleichlaufenden Querwellen

Trägers zur Folge; dabei sind $\Delta\varphi$ und δ zueinander proportional. Beim Gangunterschied $\delta = \lambda$ unterscheiden sich die Schwingungsphasen beider Wellen an jeder Stelle um $\Delta\varphi = 360°$. Aus $\Delta\varphi \sim \delta$ folgt

$$\frac{\Delta\varphi}{\delta} = \frac{360°}{\lambda} \quad \text{oder} \quad \Delta\varphi = \frac{360°}{\lambda}\delta. \qquad (432.1)$$

Durch Interferenz zweier in derselben Richtung laufender Querwellen entsteht eine mit gleicher Richtung und Geschwindigkeit fortschreitende Querwelle derselben Wellenlänge.

Die resultierende Amplitude wird bei einem Gangunterschied

$\delta = 0, \lambda, 2\lambda, \ldots, k\lambda$ **maximal**
(konstruktive Interferenz);

$\delta = \dfrac{\lambda}{2}, \dfrac{3\lambda}{2}, \ldots, (2k+1)\dfrac{\lambda}{2}$ **minimal**
(destruktive Interferenz).

4. Stehende Wellen

Eine besonders interessante und ganz neuartige Interferenzerscheinung entsteht, wenn man zwei Wellen einander auf demselben Träger entgegenlaufen läßt. Um zu klären, was dabei herauskommt, zeichnen wir auf zwei verschiedene Folien jeweils das Momentbild einer Querwelle. Damit das Problem nicht unnötig erschwert wird, setzen wir für beide außer gleichen Wellenlängen auch noch dieselben Amplituden voraus.

Versuch 474: Wir legen die beiden Folien auf einem Schreibprojektor übereinander und bewegen sie dann so aufeinander zu, daß sich die darauf gezeichneten Wellen längs ihrer Mittellinien verschieben. Dabei verändert sich die gegenseitige Lage der beiden Schlangenlinien dauernd. Für die Interferenz bedeutet dies:

— Wenn gerade Berg auf Berg und Tal auf Tal fällt, entsteht durch die Überlagerung eine Welle mit maximaler (doppelter) Amplitude (konstruktive Interferenz).

— Mit wachsender Verschiebung der beiden Wellen nimmt die Amplitude der resultierenden Welle zuerst einmal ab.

— Fällt gerade Berg auf Tal, so ist die Amplitude der resultierenden Welle für einen Augenblick Null (destruktive Interferenz).

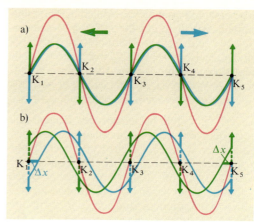

432.1 Die Punkte $K_1, K_2, \ldots$ bleiben dauernd in Ruhe.

— Sie nimmt mit weiterer gegenseitiger Verschiebung der beiden Wellen wieder zu, bis erneut Berg auf Berg und Tal auf Tal fällt. Nun beginnt alles wieder von vorn...

Wie sich dies auf den Verlauf der resultierenden Welle auswirkt, erkennen Sie am besten, wenn Sie von der Situation ausgehen, in der sich die beiden einander entgegenlaufenden Wellen gerade für einen Augenblick decken (*Bild 432.1a*). In diesem Moment fallen insbesondere auch die mit $K_1, K_2, \ldots$ bezeichneten *Nulldurchgänge* der beiden Wellen aufeinander. Wie Sie wissen, steckt im Nulldurchgang einer fortschreitenden Welle besonders viel Bewegung: Die Schnelle besitzt dort ihren maximalen Betrag. Nun haben wir hier aber zwei *einander entgegenlaufende* Querwellen vor uns. Deshalb ist in den momentan aufeinanderfallenden Nulldurchgängen die Schnelle der einen Welle nach *oben*, die gleich große Schnelle der anderen dagegen nach *unten* gerichtet. Beide heben sich also bei der Überlagerung auf: Die Nulldurchgänge $K_1, K_2, \ldots$ sind in diesem Augenblick in Ruhe.

Im nächsten Moment hat sich nun aber die blau gezeichnete Welle um das Stück Δx nach *rechts* und die grün gezeichnete um dasselbe Stück nach *links* verschoben. *Bild 432.1* zeigt, daß dabei die beiden sich übereinanderschiebenden Wellen in den Punkten $K_1, K_2, \ldots$ stets mit gleich großen, entgegengesetzt gerichteten Elongationen und Schnellen aufeinandertreffen. Dies bedeutet, daß die Punkte $K_1, K_2, \ldots$ auch weiterhin *dauernd in Ruhe bleiben*. Sie werden deshalb **Knoten** der Schnelle oder **Bewegungsknoten** genannt. Ihr gegenseitiger Abstand ist halb so groß wie die Wellenlänge der einander entgegenlaufenden Wellen.

Damit ist nun der Verlauf der resultierenden Welle klar: Zwischen den festliegenden Knoten bauchen sich in stetem Wechsel Berge und Täler auf, ebnen sich wieder ein, bauchen sich nach der entgegengesetzten Seite auf usw.... Der Träger schaukelt an Ort und Stelle zwischen den Knoten auf und ab: Es hat sich eine **stehende Welle** gebildet. Dabei schwingen alle Punkte zwischen zwei benachbarten Knoten in gleicher Phase, d.h. sie erreichen gleichzeitig ihr Maximum und gehen gleichzeitig durch die Null-Lage; doch sind ihre Amplituden verschieden groß. Die Punkte in der Mitte zwischen zwei Knoten schwingen am weitesten aus. Man nennt diese Stellen **Bewegungsbäuche** oder **Schnellebäuche**. Bild 433.1 zeigt einzelne Momentbilder der Interferenz zweier gegenläufiger Querwellen zu einer stehenden Welle in zeitlichen Abständen von $T/12$.

Und wie erzeugt man nun praktisch eine solche stehende Querwelle? – Ganz einfach: Wir lassen eine fortschreitende Welle und deren Echo einander entgegenlaufen!

Versuch 475: a) Eine lange, weiche Schraubenfeder (oder ein Gummischlauch) wird mit einem Ende an einem Haken befestigt. Das andere Ende regen wir zu Querschwingungen an. Im ersten Augenblick wandert eine fortschreitende Querwelle über den Träger. Sowie die am festen Ende reflektierte Welle zurückläuft, bildet sich eine *stehende Querwelle* aus. Ihre Knoten und Bäuche sind deutlich zu erkennen. Dabei muß am festen Ende ein Knoten sein.

b) Man kann eine stehende Welle auch mit Hilfe der Reflexion am *freien* Ende erzeugen. Dazu befestigen wir das eine Ende der Schraubenfeder über einen dünnen Faden an einem Haken und versetzen das andere in Querschwingungen. Wieder bildet sich nach der Reflexion eine stehende Querwelle! Da am freien Ende maximale Bewegung herrscht, muß dort ein *Bewegungsbauch* der stehenden Welle liegen.

> **Die Interferenz zweier einander auf demselben Träger entgegenlaufender Querwellen mit gleicher Amplitude und der Wellenlänge λ ergibt eine stehende Welle. Sie schaukelt zwischen den Bewegungsknoten auf und ab. Der Abstand zweier benachbarter Bewegungsknoten ist $\lambda/2$.**

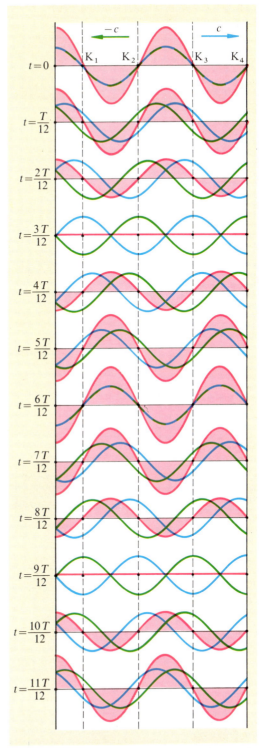

433.1 Zwei einander entgegenlaufende fortschreitende Querwellen überlagern sich zu einer stehenden Querwelle. Der Abstand zweier Knoten ist gleich der halben Wellenlänge.

5. Erst zwei Enden geben den Ton an

Sie wissen jetzt, daß sich eine fortschreitende Welle zusammen mit der am Ende des eindimensionalen Trägers reflektierten Welle zu einer *stehenden* Welle überlagert. Nun hat aber ein eindimensionaler Träger *zwei* Enden. Deshalb wird eine über ihn hinweglaufende Welle *mehrmals* hin und her reflektiert. Wie sich dies auswirkt, zeigt der nächste Versuch.

Versuch 476: Ein Gummischlauch ist mit einem Ende an der Decke, mit dem anderen am Experimentiertisch befestigt. Er wird nach *Bild 434.1* in einem geeigneten Punkt E nahe der Befestigung durch einen Motor und einen Exzenter zu langsamen harmonischen Querschwingungen angeregt. Dabei entsteht eine fortschreitende Querwelle, die über den Gummischlauch nach oben wandert, am festen Ende in O reflektiert wird und dann der ursprünglichen Welle entgegenläuft. Wir können also annehmen, daß sich eine *stehende Welle* bildet. Doch die Erwartung trügt: Der Gummischlauch schüttelt sich nur etwas unschlüssig.

Nun erhöhen wir vorsichtig die Drehfrequenz des Motors. Bei einer bestimmten Frequenz des Erregers tritt der erwartete Effekt doch noch ein. Plötzlich gerät der Gummischlauch in kräftige sogenannte *Eigenschwingungen*: Es hat sich eine stehende Welle mit einem Bewegungsbauch in der Mitte und je einem Knoten an den beiden Enden gebildet *(Bild 434.1)*. Erhöhen wir die Frequenz, so beginnt sich der Schlauch zuerst wieder unschlüssig zu schütteln. Wenn jedoch eine ganz bestimmte Frequenz erreicht ist, erhalten wir eine neue stehende Welle — diesmal mit *drei* Knoten, einem in der Mitte und zwei an den Enden. So geht das nun weiter: Bei bestimmten Frequenzen bilden sich immer wieder neue stehende Wellen mit noch mehr Knoten — sogenannte *Oberschwingungen* — aus *(Bild 434.1)*.

Warum treten diese *Eigenschwingungen* nur bei ganz bestimmten Frequenzen auf? — Nun, daran ist das zweite Ende schuld! Die am festen Ende in O reflektierte fortschreitende Welle *(Bild 434.1)* wird nämlich am anderen festen Ende in U abermals reflektiert, wandert zum zweiten Mal bis O, wird dort wieder reflektiert und huscht so auf dem Träger dauernd hin und her. Dabei wird die stehende Welle, die sich zu Beginn anbahnen wollte, im allgemeinen gleich wieder durcheinandergebracht, es sei denn, die nach einem Hin- und Hergang zum zweiten Mal von U nach O laufende Welle treffe *gleichphasig* mit der zum ersten Mal von U nach O fortschreitenden Welle zusammen. Dann verstärken sich beide. Eine dritte phasengleiche Welle kommt hinzu, dann die vierte usw. Die sich anbahnende stehende Welle wird jetzt nicht mehr zerstört, sondern im Gegenteil immer kräftiger aufgeschaukelt.

Dieser Sonderfall tritt nur unter ganz bestimmten Bedingungen ein: Da bei einer stehenden Welle der Knotenabstand $\lambda/2$ beträgt, und weil an den beiden festen Enden O und U jeweils ein Bewegungsknoten sein muß, passen die mehrmals hin und her reflektierten Wellen nur richtig aufeinander, wenn auf dem Träger der Länge l eine ganze Zahl von halben Wellenlängen Platz findet. Diese sogenannten **Randbedingungen** führen zu der Gleichung

$$l = k \frac{\lambda}{2} \quad \text{mit} \quad k = 1, 2, 3, \ldots \tag{434.1}$$

Nun hängt die Wellenlänge λ der längs des Trägers fortschreitenden Querwellen mit ihrer Ausbreitungsgeschwindigkeit c und der Erregerfrequenz f zusammen; es gilt $\lambda = c/f$.

Damit ergibt sich zusammen mit Gl. 434.1 für das Zustandekommen von Eigenschwingungen auf einem beidseitig eingespannten Träger die Bedingung $l = k \frac{c}{2f}$ oder $f = k \frac{c}{2l}$.

Für $k = 1$ erhalten wir die *Eigenfrequenz* der Grundschwingung $f_1 = \frac{c}{2l}$; man nennt sie die

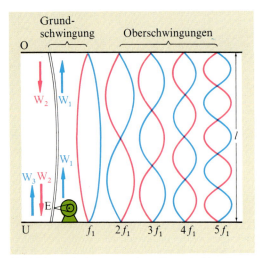

434.1 Eigenschwingungen eines Gummischlauchs

1. Harmonische. Für $k = 2, 3, \ldots$ ergeben sich die Eigenfrequenzen der 2., 3., ... Harmonischen (auch Oberschwingungen genannt). Allgemein gilt also für die $k$te Harmonische

$$f_k = k\frac{c}{2l} = kf_1. \qquad (435.1)$$

Nur, wenn der Erreger mit einer dieser Eigenfrequenzen „rüttelt", schwingt der Träger kräftig mit. Man sagt dazu: Es tritt *Resonanz* ein.

Die Eigenschwingungen eines eindimensionalen Trägers sind *stehende Wellen*. Merkwürdig, daß in der zugehörigen Gleichung *435.1* die Ausbreitungsgeschwindigkeit c einer *fortschreitenden* Welle vorkommt! Nun – dieses c erinnert uns daran, daß hinter einer stehenden Welle zwei mit den Geschwindigkeiten c und $-c$ fortschreitende Wellen stecken.

Ein an beiden Enden fest eingespannter eindimensionaler Wellenträger der Länge l kann zu stehenden Querwellen mit nur ganz bestimmten Frequenzen angeregt werden; man nennt sie Eigenfrequenzen. Sie betragen

$$f_k = k \cdot \frac{c}{2l}, \quad k = 1, 2, 3, \ldots \qquad (435.2)$$

Dabei bedeutet c die Geschwindigkeit, mit der sich eine fortschreitende Welle auf dem Träger ausbreitet.

---

6. Modelle, die vor Verwechslungen schützen

Fortschreitende und *stehende* Wellen besitzen ganz verschiedene Eigenschaften. Im folgenden werden zwei *Modelle* beschrieben, die Ihnen helfen können, die beiden Wellenarten besser auseinanderzuhalten.

Versuch 477: a) Eine Schraubenlinie aus Draht wird mit konstanter Winkelgeschwindigkeit um ihre Längsachse gedreht. Projiziert man diese Anordnung (z.B. mit dem Schreibprojektor) an eine Wand, so erscheint dort eine Sinuslinie, die sich wie eine fortschreitende Welle andauernd verschiebt *(Bild 435.1)*. Dabei führt ein einzelner Bildpunkt P' jedoch nur vertikale Schwingungen aus. Sein Original P beschreibt ja eine Kreisbahn *(in Bild 435.1 rot)*. Der Eindruck des Fortschreitens entsteht dadurch, daß *neben*einander liegende Punkte ihr Maximum zeitlich *nach*einander erreichen.

b) Nun drehen wir eine ebene Sinuslinie aus Draht um ihre Achse. Bei der Projektion erfährt sie eine *affine Abbildung* mit periodisch wechselndem Maßstab *(Bild 435.2)*. Dieses Modell läßt an der Wand das Bild einer stehenden Welle erscheinen, die zwischen den in Ruhe bleibenden Knotenpunkten periodisch auf und ab schaukelt.

Aufgaben

1. Ein 2 m *langer Gummischlauch ist an beiden Enden eingespannt. Eine Querstörung braucht vom einem zum anderen Ende des Schlauchs 1,0 s. Bei welcher Eigenfrequenz bildet sich jeweils die 1., 2., 3. Harmonische aus?*

2. *Wenn man einen 1,2 m langen, an beiden Enden eingespannten Gummischlauch mit der Frequenz 8,0 Hz anregt, bildet sich eine Querwelle mit 2 Bäuchen aus.* **a)** *Mit welcher Geschwindigkeit breitet sich eine Querstörung auf diesem Gummischlauch aus?* **b)** *Bei welcher Eigenfrequenz entstehen 3 Bäuche?*

3. *Auf einem beidseitig fest eingespannten geradlinigen Träger der Länge $l = 1,00$ m hat sich eine stehende Welle mit 4 Bäuchen gebildet. Erhöht man die Erregerfrequenz um 15 Hz, so stellt sich ein weiterer Bauch ein. Welche Frequenzen haben diese beiden Eigenschwingungen?*

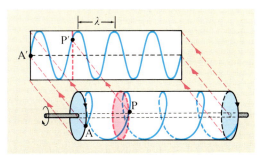

435.1 Modell für eine fortschreitende Querwelle: Projektion einer sich drehenden Schraubenlinie

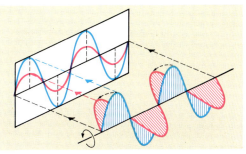

435.2 Modell für eine stehende Querwelle: Projektion einer sich drehenden Sinuswelle

§ 165 Akustik

1. Wie stimmt man Saiteninstrumente?

Gl. 435.2 spielt für alle *Saiteninstrumente* eine wichtige Rolle. Ob es sich nun um eine Violine, eine Gitarre oder ein Klavier handelt, stets werden die Töne dieser Instrumente durch Eigenschwingungen einer beidseitig eingespannten Saite — also eines eindimensionalen Trägers mit zwei festen Enden — erzeugt. Der Ton, den man dabei hört, wird durch die 1. Harmonische mit der Frequenz $f = \frac{c}{2l}$ hervorgerufen.

Versuch 478: Eine Schnur wird nach *Bild 436.1* über eine Rolle geführt und durch ein Wägestück gespannt. Als Erreger von Querwellen dient ein kleiner Elektromotor mit permanentem Feldmagneten, der von einem Tongenerator gespeist wird. Wir stellen dessen Frequenz so ein, daß sich auf der Schnur eine stehende Welle bildet. Aus dem Knotenabstand $d = \frac{\lambda}{2}$ ermitteln wir die Wellenlänge λ. Mit $c = f\lambda$ erhalten wir dann die Geschwindigkeit c, mit der sich eine Querwelle auf der Schnur ausbreitet.

Von der Wellenmaschine wissen wir, daß die Ausbreitungsgeschwindigkeit der mechanischen Welle von Spannkraft und Masse abhängt (Seite 417). Mit dem im vorigen Versuch beschriebenen Verfahren können wir nun die Ausbreitungsgeschwindigkeit c der Seilwelle für verschiedene Spannkräfte F ermitteln. Nachdem wir aus Masse m und Länge l der Schnur deren *Längendichte* $\varrho_L = m/l$ berechnet haben, wechseln wir die Schnur gegen eine andere aus und bestimmen c nun auch noch in Abhängigkeit von ϱ_L. Dabei stellt sich heraus, daß für die Ausbreitungsgeschwindigkeit c der Seilwelle die Gleichung $c = \sqrt{F/\varrho_L}$ gilt. Daraus folgt für die Grundfrequenz einer Saite

$$f_1 = \frac{1}{2l}\sqrt{\frac{F}{\varrho_L}}. \qquad (436.1)$$

Jede der drei Größen ϱ_L, F und l besitzt für die Praxis der Saiteninstrumente ihre besondere Bedeutung.

— Die Längendichte ϱ_L berücksichtigen Sie schon beim *Kauf* einer Saite. Tief klingende Saiten weisen eine relativ größere Masse auf als Saiten für hohe Töne. (Vergleichen Sie die G-Saite und die E-Saite einer Violine!)
— Die Spannkraft F, mit der Sie die Saite auf das Instrument ziehen, sorgt für die *Stimmung*. Je stärker diese gespannt wird, desto höher ist ihr Ton.
— Beim Spielen des Instruments verändern Sie durch Auflegen eines Fingers den Abstand l zwischen den beiden festen Enden der Saite. Je kleiner Sie l machen, desto höher wird der Ton.

2. Die stehende Längswelle

Sie haben sicher schon bemerkt, daß Längs- und Querwellen vieles gemeinsam haben. Dies ist nicht weiter verwunderlich, denn die beiden Wellenarten unterscheiden sich lediglich darin, daß die von der Welle erfaßten Teilchen in einem Fall *längs* des eindimensionalen Trägers, im anderen *senkrecht* dazu schwingen. Die Überlagerung von Störungen und die Gesetze der Interferenz (Seite 432) lassen sich ohne weiteres von Querwellen auf Längswellen übertragen. Insbesondere bildet sich auch bei einander entgegenlaufenden *Längs*wellen durch Interferenz eine *stehende Längswelle* aus.

Bild 437.1 zeigt, was daraus wird, wenn die einzelnen Teilchen nicht *quer*, sondern *längs* zum Träger schwingen.

— An den Stellen K bewegen sich die Teilchen nicht; ihre Schnelle ist dort andauernd Null. Es handelt sich um *Schnelleknoten* mit dem gegenseitigen Abstand $\lambda/2$.
— Zwischen den Knoten ändert die Schnelle periodisch Betrag und Richtung. Diese Änderung ist in der *Mitte* zwischen zwei Bewegungsknoten am stärksten. Obwohl sich hier keine sichtbaren Ausbauchungen bilden, nennt man diese Stelle auch bei der

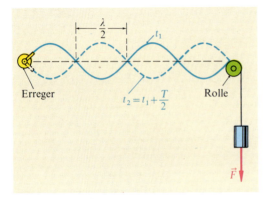

436.1 Zu Versuch 478

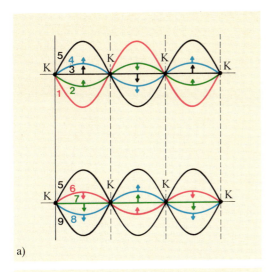

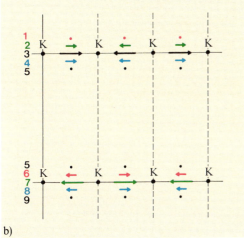

437.1 a) So wechseln die Schnellen bei einer stehenden Querwelle, b) so bei einer stehenden Längswelle.

stehenden *Längs*welle einen *Bewegungs-* bzw. *Schnelle-Bauch.*
— Weiter entnehmen Sie *Bild 437.1b,* daß die Schnellevektoren in einer Halbperiode von beiden Seiten auf einen Bewegungsknoten K *hinzielen* und in der nächsten wieder von ihm *wegweisen*. Dies bedeutet, daß in K maximale Verdichtungen (Überdruck) und Verdünnungen (Unterdruck) periodisch miteinander abwechseln. Die Stellen solcher maximaler Druckänderungen nennt man **Druckbäuche**. Mit dieser etwas seltsamen Bezeichnung kommen wir zu der Aussage, daß in *Schnelleknoten Druckbäuche* liegen.
— In der nächsten Nachbarschaft links und rechts eines Schnellebauches schwingen die Teilchen zwar mit sehr großer, aber fast gleicher Elongation hin und her. Deshalb ändert sich ihr gegenseitiger Abstand und damit auch der Druck so gut wie nicht. Man nennt diese Stellen konstanten Drucks **Druckknoten**. In den *Schnellebäuchen* liegen also *Druckknoten*.

> **Wie bei Querwellen entsteht auch bei der Interferenz zweier einander entgegenlaufender Längswellen gleicher Amplitude eine stehende Längswelle. In ihren Schnelleknoten liegen Druckbäuche, in ihren Schnellebäuchen Druckknoten. Der Knotenabstand beträgt jeweils λ/2.**

3. Ein Sturm im Glasrohr

Wenn die Längswelle auf eine Luftsäule beschränkt bleibt, die von einer Röhre umschlossen ist, wird eine fortschreitende Welle an *beiden Enden* dieser Luftsäule reflektiert; deshalb können sich jetzt stehende Wellen nur bei ganz bestimmten Frequenzen ausbilden und zu *Eigenschwingungen* aufschaukeln.

Versuch 479: Im Innern einer waagerecht liegenden Glasröhre ist etwas Korkmehl gleichmäßig über die ganze Länge verteilt *(Bild 437.2)*. Vor das eine der beiden offenen Enden der Röhre bringen wir einen Lautsprecher, der von einem Tongenerator gespeist wird. *Bei ganz bestimmten Frequenzen* kommt Bewegung in das Korkmehl: An gewissen gleich weit voneinander entfernten Stellen wird es hoch aufgewirbelt und zur Seite geschleudert; dazwischen bleibt es ruhig liegen. Ein solcher „Sturm im Glasrohr" stellt sich immer dann ein, wenn die an den beiden Enden des Rohrs mehrfach reflektierten Längswellen nach *einem* Hin- und Hergang jeweils exakt gleichphasig wieder aufeinandertreffen und sich so zu einer *stehenden Längswelle* aufschaukeln können.

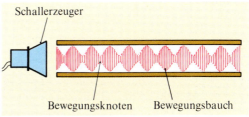

437.2 Die stehende Längswelle erzeugt einen Sturm im Glasrohr.

In den Schnellebäuchen herrscht eine besonders heftige Luftbewegung. Sie sorgt dafür, daß das Korkmehl dort aufgewirbelt wird; dagegen bleibt es in den Schnelleknoten ruhig liegen. Aus dem Knotenabstand $\lambda/2$ läßt sich die Wellenlänge bestimmen. Messen wir nun noch mit einem elektronischen Zähler die Frequenz f des Tongenerators, so können wir aus $c = f\lambda$ die Schallgeschwindigkeit c in Luft bestimmen. Auch für andere Gase, die man in die Röhre füllt, erhält man auf diese Weise die Schallgeschwindigkeit.

Warum wird eigentlich eine im Glasrohr laufende Schallwelle an deren offenem Ende reflektiert? – Betrachten wir dazu eine vom Lautsprecher erzeugte Verdichtungsstörung! Sie schiebt sich als „Verdichtungspfropf" durch die Glasröhre; ihr konstanter Querschnitt sorgt dafür, daß der Pfropf beisammen bleibt und dabei einen konstanten Überdruck behält. Ist der Verdichtungspfropf nun am Ausgang der Röhre angelangt, so besitzt er dort einen viel größeren Druck als die umgebende Außenluft; deshalb „explodiert" er kurz hinter dem offenen Ende nach allen Seiten. Dabei schwingen die Luftteilchen wegen ihrer Trägheit über ihre Gleichgewichtslage hinaus; infolgedessen bildet sich an der Öffnung der Röhre ein Unterdruck: Unter Beibehaltung der Schnellerichtung wandert eine Unterdruckstörung durch die Röhre zurück. Hinlaufender Überdruck und reflektierter Unterdruck lassen am Ende der Röhre normalen Luftdruck, also einen *Druckknoten*, entstehen. Wegen des starken Hin- und Herschwingens der Luftteilchen bildet sich an derselben Stelle ein *Bewegungsbauch* aus. Diese Randbedingungen legen die Wellenlängen fest: Sie sind genau dann erfüllt, wenn auf die Länge l der Luftsäule *eine ganze Zahl von halben Wellenlängen* paßt.

Eigenschwingungen treten demnach nur für $k\lambda/2 = l$ mit $k = 1, 2, 3, \ldots$ auf. Aus $\lambda = c/f$ folgt für die Eigenfrequenz bei zwei freien Enden

$$f_k = k\frac{c}{2l} \quad \text{mit} \quad k = 1, 2, 3, \ldots \quad (438.1)$$

Versuch 480: Wir wiederholen den vorigen Versuch, verschließen dabei aber das dem Lautsprecher abgewandte Ende der Röhre mit einem Stopfen. Das aufgewirbelte Korkpulver zeigt, daß auch in diesem Fall Eigenschwingungen der Luftsäule auftreten. Doch sind die Frequenzen, bei denen sie sich bilden, anders als vorher.

Der Träger hat jetzt auf der einen Seite ein freies, auf der anderen ein *festes* Ende. Eigenschwingungen können nur auftreten, wenn am freien Ende ein *Bauch*, am festen ein *Knoten* der Bewegung entsteht.

Im folgenden Versuch wird gezeigt, daß auch bei Trägern mit *zwei festen* Enden longitudinale Eigenschwingungen auftreten.

Versuch 481: Eine Schraubenfeder ist an einem Ende eingespannt. Das andere Ende wird an einem Hebel befestigt, der durch einen vom Sinusgenerator gespeisten Motor in Schwingungen versetzt wird. Auf diesem Träger mit zwei festen Enden können Sie die stehenden Längswellen, die sich bei den Eigenfrequenzen bilden, gut beobachten.

4. Luftsäulen machen Musik

Wenn Sie mit dem Mund einen Luftstrom gegen die Öffnung eines Meßzylinders blasen, entsteht ein Ton, der ähnlich klingt wie bei einer Panflöte. Sie haben dabei die Luftsäule im Meßzylinder zu einer longitudinalen Eigenschwingung angeregt.

Im Grunde genommen wird der Ton bei allen Blasinstrumenten auf diese Weise erzeugt. Betrachten Sie zum Beispiel die *Lippenpfeife:* Der Luftstrom wird gegen eine Schneide geblasen und führt dort zu Wirbelablösungen. Dadurch wird die Luftsäule in der Pfeife zu Eigenschwingungen angeregt, die wiederum den Rhythmus der Wirbelablösungen steuern. Durch diese *Rückkopplung* wird die Schwingung aufrecht erhalten *(Bild 439.1)*.

An der Schneide ist die Pfeife auf jeden Fall offen; das andere Ende kann ebenfalls offen sein (z.B. bei der Blockflöte), aber auch geschlossen wie bei den sogenannten gedackten Orgelpfeifen (Pfeifen mit „Dach", d.h. an einem Ende geschlossen).

Normales Anblasen erzeugt die *1. Harmonische*. Bei einer offenen Pfeife bildet sich dann an beiden Enden ein Bewegungsbauch, in der Mitte ein Bewegungsknoten *(Bild 439.1)* aus: Es entsteht ein Ton der Frequenz $f_1 = \frac{c}{2l}$; dabei ist l die Länge der Luftsäule, c die Schallgeschwindigkeit in Luft. Durch scharfes Blasen („Überblasen") erhält man die 2. Harmonische mit der Frequenz $f_2 = 2c/2l = c/l$, also den um eine Oktave höheren Ton. Man kann ein kleines druckempfindliches Mikrofon in die Flöte

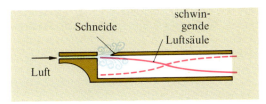

439.1 Lippenpfeife

einführen und damit die Druckknoten und -bäuche nachweisen.

Bei einer *gedackten* Pfeife ist die Frequenz des Grundtons $f_1 = \frac{c}{4l}$. Blasen Sie in eine Pfeife und halten dann ihr offenes Ende mit der Hand zu: Der Ton wird (ungefähr) um eine Oktave tiefer. Es entsteht keine exakte Oktave, weil die Enden der schwingenden Luftsäule und der Pfeife nicht miteinander übereinstimmen.

Die übrigen Blasinstrumente unterscheiden sich von der Lippenpfeife unter anderem in dem Mechanismus, der dafür sorgt, daß der Luftstrom rhythmisch unterbrochen wird, damit sich eine stehende Welle aufschaukeln kann. Die Oboe benutzt dazu ein Rohrblatt; bei der Trompete müssen dies die Lippen des Spielers selbst besorgen.

5. Stehende Längswellen in festen Körpern

Versuch 482: Ein 1 m langer Stativstab aus Eisen wird in der Mitte eingespannt. Etwa 2 mm vor sein linkes Ende bringen wir einen kleinen Lautsprecher. Wenn wir ihn mit der richtigen Frequenz betreiben, erregt er den Stab ebenso zu longitudinalen Eigenschwingungen, wie dies in den vorigen Versuchen mit der Luftsäule und der Schraubenfeder geschah. Das Besondere an unserem Versuch ist nun, daß wir den Stab selbst die richtige Frequenz bestimmen lassen, mit der ihn der Lautsprecher zu einer Eigenschwingung aufschaukeln kann. Dazu bringen wir etwa 1 mm vor das rechte Stabende die Magnetspule eines Telefonhörers, dessen Membran vorher entfernt wurde. Seine Anschlüsse führen wir zum Eingang eines Verstärkers, dessen Ausgang mit dem Lautsprecher verbunden wird. Schon das Rauschen des Lautsprechers oder ein Schall im Raum stößt den Eisenstab zu geringfügigen Längsschwingungen an. Durch die dabei entstehenden Bewegungen seines rechten Endes werden in der Telefonspule elektrische Spannungen induziert, die über den Verstärker dem Lautsprecher zu-

geführt werden. Dieser schwingt damit so, wie es der Stab vorschreibt. Durch eine solche *Rückkopplung* wird die longitudinale Eigenschwingung des Stabes immer mehr aufgeschaukelt. Da er in der Mitte eingespannt ist, muß dort ein Bewegungsknoten liegen: Es bildet sich ganz von selbst die Grundschwingung mit je einem Bewegungsbauch an den Enden und einem Bewegungsknoten in der Mitte aus. Dabei entsteht ein durchdringender hoher Ton. Wir messen seine Frequenz, indem wir die am Verstärker entstehende Wechselspannung nicht nur dem Lautsprecher, sondern auch einem elektronischen Zähler zuführen.

Ist l die Länge des Eisenstabes, so gilt für die Grundschwingung $l = \lambda/2$, also beträgt die Wellenlänge der fortschreitenden Längswelle in Eisen $\lambda = 2l$. Aus $c = \lambda f = 2lf$ läßt sich nun die Schallgeschwindigkeit in Eisen berechnen. Für einen $l = 1$ m langen Eisenstab wurde in einem Versuch $f = 2600$ Hz gemessen. Daraus folgt $c_{\text{Eisen}} = 5200$ m s^{-1}.

Aufgaben ($c_{\text{Luft}} = 340$ m s^{-1})

1. *Eine Schnur der Länge 1,00 m und der Masse 0,25 g wird zwischen zwei 80 cm voneinander entfernten Punkten ausgespannt. Wie groß muß die Spannkraft sein, damit sich bei der Frequenz 100 Hz 5 Schwingungsbäuche bilden?*

2. *Eine a^1-Saite ist 57 cm lang und hat die Masse 0,40 g. Bei einer Geige beträgt der Abstand zwischen Sattel und Steg 33 cm (dort liegt die Saite jeweils auf). Mit welcher Kraft muß die Saite gespannt werden, damit sie den Grundton a^1 ($f = 440$ Hz) gibt?*

3. *Berechnen Sie für eine 34 cm lange luftgefüllte Röhre die Frequenzen der 1., 2. und 3. Harmonischen, wenn* **a)** *beide Enden der Röhre offen sind,* **b)** *ein Ende geschlossen ist!*

4. *Wie lang muß man eine gedackte Pfeife machen, damit die 2. Harmonische um 400 Hz höher klingt als die 1. Harmonische? Welche Frequenzen haben dann die beiden Schwingungen?*

5. *Die Schallgeschwindigkeit wächst mit der Temperatur. Erklären Sie damit, warum Orgelpfeifen im Winter tiefer klingen als im Sommer!*

6. *Wie ändert sich die Höhe des Tons, den man beim Füllen eines Standzylinders mit Wasser hört? Erklären Sie Ihre Beobachtung!*

7. *Öffnet man bei einem Bunsenbrenner die Gaszufuhr, so entsteht ein Ausströmgeräusch. Dieses ändert deutlich seine Tonhöhe, wenn die zunächst im Schlauch enthaltene Luft durch das Gas verdrängt ist. Wie kommt das?*

§166 Das Prinzip von Huygens

1. Wasserwellen

Viele wichtige Welleneigenschaften lassen sich besonders anschaulich an *Wasserwellen* demonstrieren. Wir erzeugen sie in einer mit Wasser gefüllten *Wellenwanne,* deren Boden aus einer Glasscheibe besteht. Durchleuchtet man sie von unten mit einer Punktlichtlampe, so erzeugen die wie Sammellinsen wirkenden Wellenberge auf der Zimmerdecke helle Streifen. Da alle Punkte, die momentan auf einem Wellenberg liegen, dieselbe Schwingungsphase haben, sind diese Streifen Abbildungen von Wellenfronten (Seite 427). An den Rändern besitzt die Wellenwanne flache Böschungen, die mit einem weichen Stoff belegt sind; dadurch werden die nach außen laufenden Wasserwellen gedämpft. (Vergleichen Sie mit der Dämpfung am Ende der Wellenmaschine!)

Man kann auch eine Wanne mit einem undurchsichtigen Boden benutzen, auf dem ein Spiegel liegt. Die Punktlichtlampe muß in diesem Fall *über* der Wellenwanne angebracht werden.

Versuch 483: a) An einem auf- und abschwingenden *Wellenerreger* wird ein Stift befestigt; wir lassen ihn periodisch in die Wasseroberfläche einer Wellenwanne eintauchen. Die Abbildung der Wellenberge auf der Zimmerdecke läßt erkennen, wie die Wellenfronten in Form konzentrischer Kreise von der Erregerstelle weglaufen; *Bild 440.1* zeigt davon eine Momentaufnahme.

Die Ausbreitungsrichtungen einer fortschreitenden Welle beschreibt man durch **Wellenstrahlen.** Sie werden hier durch die Geraden dargestellt, die vom punktförmigen Wellenerreger nach allen Seiten ausgehen; sie stehen senkrecht auf den Wellenfronten. In *Bild 440.1* sind etliche Wellenstrahlen rot gestrichelt eingezeichnet.

b) Nun befestigen wir am Wellenerreger einen geraden Blechstreifen und lassen ihn wieder periodisch in die Wasseroberfläche eintauchen. In der Projektion an der Zimmerdecke sehen Sie jetzt *geradlinige* Wellenfronten vom Erreger weglaufen. Man nennt sie auch *gerade Wellen* (*Bild 440.2* zeigt eine Momentaufnahme). Die Wellen*strahlen* sind hier untereinander parallel und stehen wiederum senkrecht auf den Wellen*fronten* (in *Bild 440.2* rot gestrichelt).

In unserer Versuchsanordnung bestehen die optisch sichtbar gemachten Wellenfronten jeweils aus Wellenbergen. Der gegenseitige Abstand der hellen Streifen an der Zimmerdecke ist also eine (vergrößerte) Abbildung der Wellenlänge λ.

Versuch 484: Wir erzeugen wie im vorigen Versuch eine gerade Welle, stellen ihr aber ein ebenes Hindernis parallel zu den Wellenfronten in den Weg. Jetzt wird sie *reflektiert* und läuft auf demselben Weg wieder zurück. Sie sehen das besonders deutlich, wenn der Erreger nur kurz eingeschaltet wird. Bei längerem Betrieb bildet sich im Überlagerungsbereich der hin- und zurücklaufenden Welle eine *stehende* Welle aus: In der Projektion erkennen Sie gut, wie die Wellenfronten vor der reflektierenden Wand „auf der Stelle treten".

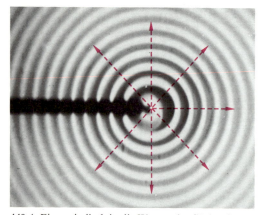

440.1 Ein periodisch in die Wasseroberfläche eintauchender Stift erzeugt kreisförmige Wellenfronten.

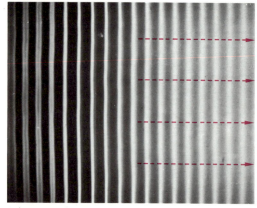

440.2 Läßt man einen geraden Blechstreifen periodisch eintauchen, so entstehen gerade Wellenfronten.

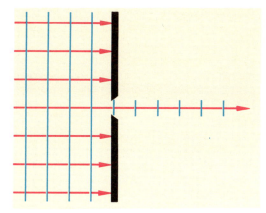

441.1 Wirkt eine Spaltblende wie ein Messer?

Was geschieht eigentlich, wenn in der reflektierenden Wand eine schmale Lücke offen bleibt? Nun – dann muß dort wohl ein Teil der Welle durchgelassen werden. Aber wie? Schneidet die Spaltblende vielleicht wie ein Messer ein Stück aus der geraden Welle heraus *(Bild 441.1)?*

Versuch 485: In der Wellenwanne werden zwei Blechstreifen aufgestellt, zwischen denen ein schmaler Spalt – nicht breiter als eine Wellenlänge – offen bleibt. Gegen diese *Spaltblende* lassen wir nun eine gerade Welle laufen. Das Versuchsergebnis ist überraschend: Hinter der Blende breitet sich eine *Kreiswelle* aus, deren Zentrum in der Spaltöffnung liegt *(Bild 441.2).* Sie wird besonders deutlich sichtbar, wenn man den Wellenerreger nur einmal kurz auf die Wasseroberfläche tupfen läßt.

Da wir durch die schmale Öffnung nur einen kleinen Teil – sozusagen ein Element – der gegen den Blechstreifen anlaufenden Wellenfronten ausgeblendet haben, nennt man die von der Öffnung ausgehende Kreiswelle eine **Elementarwelle.** Wie sie entsteht, ist leicht einzusehen: In der schmalen Blendenöffnung schwingt das von der ebenen Welle erfaßte Wasser genau so auf und ab, als ob es an dieser Stelle von einem periodisch eintauchenden Stift erregt worden wäre. Die Öffnung wird dadurch – wie in Versuch 483a – zum Ausgangspunkt einer neuen kreisförmigen Welle.

Denken Sie sich nun in *Bild 441.2* zu den Wellen*fronten* auch noch die Wellen*strahlen* hinzu: Sie zeigen vor der Blende eine einheitliche Richtung; hinter der Öffnung laufen sie dagegen radial auseinander. Weil sie dabei ihre Richtung ändern, sagt man, die Wellen werden an der Blendenöffnung **gebeugt.** Für das Entstehen von Elementarwellen ist es gleichgültig, ob die gegen die Blendenöffnung laufenden Wellenfronten gerade oder gekrümmt sind. Es kommt ja nur auf die Schwingbewegung der Wasserteilchen in der Öffnung an.

Versuch 486: Zur Bestätigung lassen wir gegen die in der Wellenwanne aufgebaute Spaltblende nach *Bild 441.3* eine Kreiswelle laufen: Auch jetzt geht von der Blendenöffnung eine *Elementarwelle* aus.

Nun kann man die Spaltöffnung an jeder beliebigen Stelle einer gegen die Blende anlaufenden Wellenfront anbringen: Stets wird sich dort eine Elementarwelle bilden. Demnach darf man jede Stelle einer Wellenfront als Ausgangspunkt einer Elementarwelle ansehen, auch wenn diese *nicht* durch eine besondere Spaltöffnung herausgefiltert worden ist. Das hat als erster der niederländische Physiker

441.2 Hinter der Spaltblende bildet sich eine Elementarwelle aus.

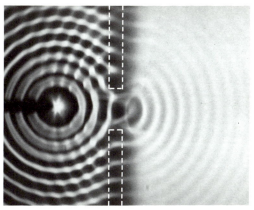

441.3 Wieder entsteht hinter der Spaltblende eine Elementarwelle.

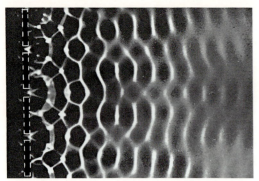

442.1 Man sieht es den Wellenfronten noch an, daß sie aus Elementarwellen entstanden sind.

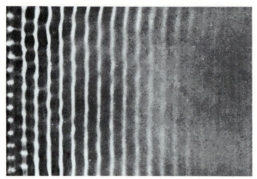

442.2 Viele Elementarwellen überlagern sich zu annähernd geraden Wellenfronten.

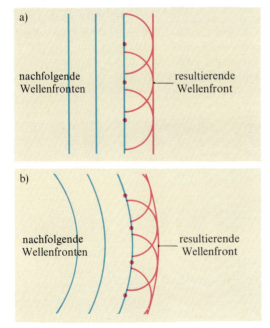

442.3 Konstruktion einer neuen Wellenfront nach dem *Huygensschen Prinzip*

Christiaan Huygens (1629 bis 1695) erkannt; man spricht deshalb auch vom **Huygensschen Prinzip.**

> **Jede Stelle einer Wellenfront kann als Ausgangspunkt einer Elementarwelle aufgefaßt werden** *(1. Teil des Huygensschen Prinzips).*

Unsere bisherigen Betrachtungen haben ergeben, daß sich jede Wellenfront in Elementarwellen zerlegen läßt. In den folgenden Versuchen wollen wir nun zeigen, daß man andererseits auch Elementarwellen wieder zu Wellenfronten zusammenfügen kann.

Versuch 487: Wir stellen in einer Wellenwanne eine Blende mit etlichen schmalen Spaltöffnungen auf und lassen eine gerade Welle dagegen laufen. Auf diese Weise werden viele Elementarwellen erzeugt; sie durchdringen und überlagern sich gegenseitig. Dabei entstehen nach *Bild 442.1* wieder neue Wellenfronten; man sieht ihnen an, daß sie aus Kreiswellen entstanden sind.

Nun haben wir in unserem Versuch aus der geraden Wellenfront nur wenige Elementarwellen herausgegriffen. Erhöhen wir in Gedanken ihre Zahl, so sind die resultierenden Wellenfronten immer weniger gekräuselt und nähern sich mehr und mehr der Form gerader Wellenfronten.

Versuch 488: Wir lassen als Wellenerreger einen Metallkamm periodisch in die Wasseroberfläche einer Wellenwanne eintauchen. Seine Stifte erzeugen gleichzeitig sehr viele nahe beieinanderliegende Kreiswellen. *Bild 442.2* zeigt, daß sie sich zu Wellenfronten überlagern, die schon nahezu gerade sind.

Die resultierende Wellenfront, die bei der Überlagerung beliebig dicht liegender Elementarwellen entsteht, läßt sich nun einfach konstruieren. Man braucht dazu nur einige Elementarwellen aufzuzeichnen. Ihre gemeinsame Berührende ist dann die resultierende Wellenfront. In *Bild 442.3a* sind die Elementarwellen aus einer *geraden* Wellenfront entstanden, in *Bild 442.3b* sind sie aus einer *gekrümmten* Wellenfront hervorgegangen.

Im dreidimensionalen Raum (z.B. bei Schallwellen) bestehen die Wellenfronten nicht aus *Linien,* sondern aus *Flächen;* die Elementarwellen sind dort Halbkugeln. Die resultierende Wellenfront erhält man aus deren gemeinsamer

Berührfläche; sie wird *Einhüllende* genannt. Wir wollen nun auch der im zweidimensionalen Fall vorkommenden Berührenden den Namen „Einhüllende" geben. Mit dieser Bezeichnungsweise gilt dann allgemein:

> **Jede Wellenfront kann man sich als Einhüllende von Elementarwellen entstanden denken** *(2. Teil des Huygensschen Prinzips).*

2. Eine erste Anwendung des Huygenschen Prinzips

Wozu soll das *Huygenssche Prinzip* eigentlich dienen? Da löst man nun eine Wellenfront zuerst in Elementarwellen auf, um diese dann nachher wieder zu einer Wellenfront zusammenzusetzen. Dann kann man ja die Wellenfront gleich beisammen lassen – das ist doch viel einfacher! Richtig: Zur Erklärung der normalen ungestörten Ausbreitung einer Welle ist das *Huygenssche Prinzip* gewiß nicht nötig. Es gibt aber auch Fälle, in denen es sich als äußerst nützlich erweist. Den ersten derartigen Fall sollen Sie jetzt kennenlernen.

Versuch 489: Wir lassen eine ebene Welle *schräg* gegen einen Blechstreifen laufen, der in der Wellenwanne aufgestellt ist. In der Projektion sehen Sie, daß die Wellenfronten an diesem Hindernis *reflektiert* werden und dabei eine neue Richtung erhalten. Sind die Wellenfronten – wie in Versuch 484 – *parallel* zum Hindernis, so treffen sie dort gleichzeitig in ihrer ganzen Breite ein. Es ist klar, daß sie dann auch als Ganzes wieder in sich selbst zurückkehren. Laufen sie aber *schräg* auf eine reflektierende Wand zu, so wird diese *von einem Punkt der vordersten Wellenfront nach dem anderen erreicht.* Jetzt bewährt sich der 1. Teil des *Huygensschen Prinzips:* Immer, wenn ein Punkt der Wellenfront an der Wand angekommen ist, betrachten wir diesen als Ausgangspunkt einer zurücklaufenden Elementarwelle. Die Gesamtheit all dieser Elementarwellen setzen wir dann nach dem 2. Teil des *Huygensschen Prinzips* wieder zu einer neuen Wellenfront – der reflektierten – zusammen.

Betrachten Sie dazu in *Bild 443.1* die Wellenfront $\overline{AB}$! Ihr *rechter* Flügel A ist bereits an der reflektierenden Wand angelangt. Was ist aus dieser Wellenfront geworden, wenn nach einer bestimmten Zeit t auch ihr *linker* Flügel B an der Wand in C angekommen ist? Nun

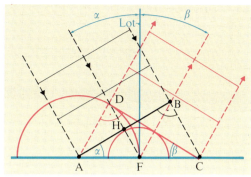

443.1 Reflexion einer geraden Welle nach dem *Huygensschen Prinzip*

– in dieser Zeit hat sich von A aus eine Elementarwelle gebildet, deren Radius so groß ist wie die Strecke $\overline{BC}$. Natürlich ist es unmöglich, auch noch alle (unendlich vielen) anderen Punkte der Wellenfront in Elementarwellen aufzulösen. Zum Glück ist das auch gar nicht nötig. Es genügt, wenn wir dies noch mit *einem* weiteren Punkt tun. Wir nehmen dazu die Mitte H der Wellenfront. H ist nach der Zeit $t/2$ an der Wand in F angelangt; der dort anschließend gebildeten Elementarwelle steht also zur Ausbreitung nur noch die Zeit $t/2$ zur Verfügung. Ihr Radius ist demnach halb so groß wie $\overline{BC}$. Die resultierende Wellenfront besteht nun aus der gemeinsamen Tangente $\overline{CD}$ an die Elementarwellen. Nachträglich können Sie *Bild 443.1* entnehmen, daß zu ihrer Konstruktion die von F ausgehende Elementarwelle nicht einmal nötig gewesen wäre. Es genügt, allein den Punkt C und den Kreis um A zu kennen. Die Tangente von C an diesen Kreis läßt sich ja schon eindeutig bestimmen.

Aus $\overline{AD} = \overline{BC}$ folgt, daß die beiden rechtwinkligen Dreiecke ADC und CBA kongruent sind. Also ist der Winkel α, unter dem die Wellenfront $\overline{AB}$ an der Wand ankommt, gleich groß wie der Winkel β, unter dem die reflektierte Wellenfront $\overline{CD}$ von dort wieder wegläuft. Nun sind die Winkel zwischen dem Einfallslot und dem ankommenden bzw. reflektierten Wellen*strahl* ebenfalls α bzw. β. (Die Wellenstrahlen verlaufen senkrecht zu den Wellenfronten; das Einfallslot steht senkrecht auf der reflektierenden Wand. Winkel, deren Schenkel jeweils aufeinander senkrecht stehen, sind *gleich*).

Für die Wellenstrahlen gilt also: Der Einfallswinkel α (zum Lot) ist gleich dem Reflexionswinkel β.

Dies ist dasselbe Gesetz, wie wir es für die Reflexion von *Lichtstrahlen* an Spiegeln schon kennen (Seite 133). Eine weitere Anwendung des *Huygensschen Prinzips* zeigen wir im nächsten Versuch.

Versuch 490: Wir bauen in der Wellenwanne ein ebenes Hindernis auf und lassen eine *Kreiswelle* dagegen laufen. Wenn der Erregerstift nur kurz eingetaucht wird, können Sie die reflektierte Welle gut beobachten.

Wie kommt sie zustande? Nun — auch hier treffen die verschiedenen Punkte einer Wellenfront nicht gleichzeitig, sondern *nacheinander* am reflektierenden Hindernis ein. Sobald ein Punkt einer Wellenfront dort angekommen ist, lassen wir von dieser Stelle aus in Gedanken eine Elementarwelle zurücklaufen *(Bild 444.1)*. Die Einhüllende all dieser Elementarwellen bildet dann die reflektierte Wellenfront. Sie ist wieder kreisförmig und sieht so aus, als wäre sie von einem Punkt P′ hinter dem Hindernis hergekommen. Dabei liegt P′ symmetrisch zum Ausgangspunkt P der ursprünglichen Kreiswelle bezüglich des Hindernisses. Denken Sie sich jetzt noch die *Wellenstrahlen* hinzu: Sie verhalten sich genau so wie die von einem leuchtenden Punkt ausgehenden Lichtstrahlen, die an einem ebenen Spiegel reflektiert werden.

3. Die Brechung von Wellen

Versuch 491: Wir legen in die Wellenwanne eine dicke Glasplatte, so daß über ihr nur noch wenig Wasser steht. Dann lassen wir eine gerade Welle schräg gegen die Kante dieser Glasplatte laufen. Dabei beobachten Sie, daß die Wellenfronten abgeknickt werden und mit neuer Richtung und kleinerer Wellenlänge weiterlaufen *(Bild 445.1)*.

Was ist hier passiert? Nun — die kleiner gewordene Wellenlänge deutet schon darauf hin: Im seichteren Wasser über der Glasplatte ist die Ausbreitungsgeschwindigkeit der Wasseroberflächenwellen *geringer* als im tieferen Wasser. Wir haben also folgendes Problem vor uns: Eine ebene Welle geht von einem Gebiet größerer Ausbreitungsgeschwindigkeit c_1 in solches mit der kleineren Ausbreitungsgeschwindigkeit c_2 über. Treffen dabei die Wellenfronten *schräg* auf die geradlinige Grenze, so gehen sie nicht gleichzeitig als Ganzes in das neue Gebiet über; vielmehr wird die Grenzlinie von einem Punkt der jeweiligen Wellenfront nach

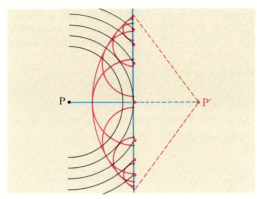

444.1 Reflexion einer Kreiswelle nach dem *Huygensschen Prinzip*

dem anderen überschritten. Will man wissen, wie die Wellenfront im neuen Gebiet weiterläuft, so muß man sie an allen grenzüberschreitenden Punkten in Elementarwellen auflösen und diese dann nachher wieder zu einer neuen Wellenfront zusammensetzen.

In *Bild 445.2* hat die Wellenfront $\overline{AB}$ mit ihrem rechten Flügel A die Grenzlinie erreicht. Wir untersuchen nun, was aus ihr geworden ist, wenn sie gerade ganz in das neue Gebiet übergewechselt ist: In diesem Augenblick ist der linke Flügel B soeben an der Grenzlinie in C angekommen. Hat er von B bis C die Zeit t gebraucht, so ist $\overline{BC} = c_1 t$.

In derselben Zeit t hat sich die in A gebildete Elementarwelle im neuen Gebiet mit der Geschwindigkeit c_2 zu einem Kreis mit dem Radius $c_2 t$ ausgebreitet. Wie bei der Reflexion ist es auch hier nicht nötig, die Wellenfront $\overline{AB}$ in sämtliche (unendlich viele) Elementarwellen aufzulösen. Wir betrachten lediglich noch ihren Mittelpunkt H. Er benötigt bis zur Grenzlinie in F die Zeit $t/2$. Die an dieser Stelle gebildete Elementarwelle besitzt dann zur Zeit t den Radius $\dfrac{c_2 t}{2}$.

Die resultierende Wellenfront erhält man nun einfach aus der gemeinsamen Tangente $\overline{CD}$ an die beiden Kreise.

Bild 445.2 können Sie leicht entnehmen, warum die Wellenfronten nach dem Übergang in das Gebiet kleinerer Ausbreitungsgeschwindigkeit eine andere Richtung erhalten: Die Winkel zwischen den Wellenfronten und der Grenzlinie seien α (im Gebiet mit der Ausbreitungsgeschwindigkeit c_1) und β (im Gebiet mit der Ausbreitungsgeschwindigkeit c_2). Den beiden

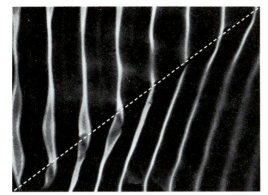

445.1 Die Wellenfronten werden beim Übergang in das seichtere Gebiet abgeknickt.

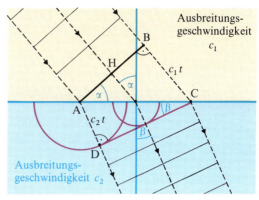

445.2 Brechung einer geraden Welle nach dem *Huygensschen Prinzip*

rechtwinkligen Dreiecken ABC und ADC entnehmen Sie dann

$$\sin\alpha = \frac{c_1 t}{\overline{AC}} \quad \text{und} \quad \sin\beta = \frac{c_2 t}{\overline{AC}}.$$

Dividieren Sie nun diese beiden Beziehungen durcheinander, so kürzen sich $\overline{AC}$ und t heraus, und Sie erhalten

$$\frac{\sin\alpha}{\sin\beta} = \frac{c_1}{c_2}. \tag{445.1}$$

Dieselben Winkel α und β treten auch zwischen den Wellenstrahlen und dem auf der Grenzlinie errichteten *Einfallslot* auf, denn Winkel, deren Schenkel jeweils aufeinander senkrecht stehen, sind gleich. Da $\alpha \neq \beta$ ist, werden die Wellenstrahlen beim Übergang vom einen Gebiet in das andere an der Grenzlinie abgeknickt. Man sagt dazu, sie werden **gebrochen**. Mit *Gl. 445.1* haben wir das Brechungsgesetz für Wellen gefunden.

Versuch 492: Wir legen in die Wellenwanne eine Glasplatte mit dem Querschnitt einer Sammellinse bzw. einer Zerstreuungslinse. Eine gerade Wasserwelle, die wir darüber hinweg laufen lassen, verringert in dem seichten Gebiet über einer Platte ihre Ausbreitungsgeschwindigkeit. Dadurch wird die Welle *gebrochen* (*Bild 445.3a* und *445.3b*). Die senkrecht zu den Wellenfronten verlaufenden *Wellenstrahlen* gehen bei dem wie eine Sammellinse geformten Glasstück nach der Brechung durch einen Punkt; beim Glasstück in Form einer Zerstreuungslinse werden sie gespreizt, so daß sie von einem Punkt herzukommen scheinen. Die Wellenstrahlen verhalten sich also wie achsenparallele *Lichtstrahlen* an einer Sammellinse bzw. einer Zerstreuungslinse.

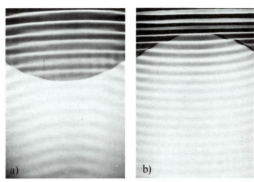

445.3 a) Eine Sammellinse (plankonvex), b) eine Zerstreuungslinse (plankonkav) für Wasserwellen; die Wellenfronten laufen hier von oben nach unten.

Aufgaben

1. *Konstruieren Sie mit dem Huygensschen Prinzip die Reflexion einer geraden Welle an einem Hohlspiegel! Zeichnen Sie als Spiegel einen Kreisbogen mit $r = 10$ cm; betrachten Sie 4 Wellenfronten im jeweiligen Abstand von 1 cm in dem Augenblick, in dem die Mitte der vordersten Wellenfront am Scheitel des Hohlspiegels angelangt ist.*

2. *In einer Wellenwanne treffen die Wellenstrahlen einer geraden Welle ($f = 12$ Hz; $\lambda = 4$ cm) unter dem Winkel 60° zum Lot auf die Trennlinie zu einem seichteren Gebiet. Dort ist dieser Winkel nur noch 40°. Mit welchen Geschwindigkeiten c_1 und c_2 breiten sich die Wellen in den beiden Gebieten aus?*

3. *Die Wellenstrahlen einer geraden Wasserwelle gehen unter dem Winkel 30° zum Lot von einem Gebiet mit $c_2 = 25$ cm/s in ein anderes mit $c_1 = 30$ cm/s über. Unter welchem Winkel werden sie gebrochen?*

4. *Führen Sie die in Bild 444.1 gezeigte Konstruktion der Elementarwellen und ihrer Einhüllenden selbst durch (Abstand P – Spiegel = 12 cm)! Bestimmen Sie auch die Lage des scheinbaren Erregerzentrums P'!*

§167 Die elektromagnetische Welle

1. Felder eines Dipols

Sender für den UKW-Rundfunk und für das Fernsehen benutzen stabförmige Dipolantennen (siehe Seite 415). Während des Betriebes fließen in diesen hochfrequente Wechselströme. Die in den Metallstäben hin- und herschwingenden Elektronen stauen sich kurzzeitig an einem Dipolende und laden dieses negativ. Das andere Dipolende ist dann positiv geladen, denn dort fehlen Elektronen. Vom positiven zum negativen Ende laufen elektrische Feldlinien (in *Bild 446.1* rot gekennzeichnet). Nach einer halben Periodendauer ist die Polung umgekehrt. Dazwischen gibt es einen Moment mit ausgeglichener Ladungsverteilung, jedoch bewirkt die Elektronenverschiebung dann in der Stabmitte eine maximale Stromstärke. Das von diesem Strom erzeugte Magnetfeld ist in *Bild 446.1* durch blaue Feldlinien dargestellt.

Versuch 493: Wir streichen mit einer bis kurz unterhalb ihrer Zündung vorgespannten Glimmlampe an einem schwingenden Dipol entlang. An seinen Enden leuchtet die Glimmlampe hell auf. Je näher wir sie zur Mitte des Dipols hinführen, desto schwächer leuchtet sie. In der Mitte selbst erlischt die Glimmlampe ganz. Damit haben wir den Elektronenstau an den Enden nachgewiesen.

Versuch 494: Das den Dipol umgebende magnetische Wechselfeld weisen wir wie in Versuch 458 mit einer induktiven Resonanzschleife nach, in die ein Lämpchen geschaltet ist. Es leuchtet maximal, wenn die Fläche der Schleife vom Magnetfeld senkrecht durchsetzt wird.

Dabei können wir feststellen, daß das Magnetfeld — und damit auch der im Stab fließende elektrische Strom — in der Mitte des Dipols am stärksten ist und auf die Dipolenden zu immer mehr bis auf Null abnimmt.

Versuch 495: Wir verfolgen den Verlauf der von den Dipolladungen ausgehenden elektrischen Feldlinien mit einem zweiten Dipol derselben Länge. Halten wir ihn tangential zu den elektrischen Feldlinien, so leuchtet das Lämpchen in seiner Mitte besonders hell; steht er dagegen senkrecht zu den Feldlinien, so erlischt es. In diesem *Empfangsdipol* werden die freien Elektronen durch das elektrische Wechselfeld geschüttelt: das Lämpchen leuchtet.

2. Alle Indizien sprechen für eine Welle

Bisher haben wir Dipolfelder *in der Nähe* ihres Entstehungsortes untersucht. Was beobachten wir in größerer Entfernung?

Versuch 496: a) Wir bringen zwischen Sende- und Empfangsdipol eine Metallplatte M_1. Darauf geht das Lämpchen im Empfangsdipol aus. Stellen wir nun nach *Bild 447.1* eine weitere Metallplatte M_2 auf, so leuchtet das Lämpchen wieder auf. Unser Versuchsergebnis ist ein erstes — wenn auch noch schwaches — Indiz für eine wellenartige Ausbreitung der vom Sendedipol ausgehenden Felder. Stellen Sie sich vor, derselbe Versuch würde mit Wasserwellen durchgeführt; anstelle des Sendedipols stünde ein periodisch in die Wasseroberfläche eintauchender Stift. Klar, daß dann M_1 der weiteren Ausbreitung einer Wasserwelle im Weg stünde. Dagegen würde die Welle an M_2 *reflektiert* und könnte so an die Empfangsstelle E gelangen.

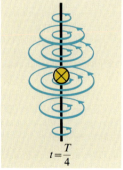

446.1 Während einer Schwingungsperiode von den elektrischen Ladungen bzw. den Strömen des Dipols erzeugte elektrische und magnetische Nahfelder

b) Doch nun folgt ein weitaus stärkeres Indiz: Wir nehmen die Metallplatte M_1 weg. Jetzt kann die vom Sendedipol ausgehende Energie nach *Bild 447.2* einmal direkt und zum anderen auf dem Umweg über die reflektierende Metallplatte M_2 an den Empfangsdipol E gelangen. Verschieben wir die Metallplatte langsam parallel zu sich selbst vor und zurück, so leuchtet und erlischt das Lämpchen abwechselnd. Dieses Versuchsergebnis deutet auf **Interferenz** hin. Interferenzerscheinungen sind nun aber ein besonders typisches Anzeichen für eine Welle. Alles deutet also darauf hin, daß vom schwingenden Sendedipol eine fortschreitende Welle ausgeht. Dann müßte es auch möglich sein, durch Überlagerung zweier einander entgegenlaufender Wellen eine *stehende Welle* zu erzeugen.

Versuch 497: a) Etwa 5 m vor einer Metallwand wird ein von einem Hochfrequenzgenerator angeregter Dipol aufgestellt. Wenn er tatsächlich eine fortschreitende Welle aussendet, müßte sich diese zusammen mit der an der Wand reflektierten Welle zu einer stehenden Welle überlagern. – Tasten wir also den Raum zwischen Sendedipol und Metallwand mit einem Empfangsdipol ab! Von seiner Mitte führen zwei durch eine Diode überbrückte Anschlüsse zu einem empfindlichen Strommesser. Dabei wird unsere Vermutung bestätigt: Zwischen dem Sendedipol und der Metallwand finden wir abwechselnd Stellen mit maximalem und minimalem Empfang, die man als *Bäuche* und *Knoten* einer stehenden Welle deuten kann.

Den Knotenabstand messen wir zu 34,5 cm. Wenn der Dipol also eine fortschreitende Welle aussendet, dann hat diese die Wellenlänge $\lambda = 69{,}0$ cm. Da der zu unserem Versuch benutzte Generator mit der Frequenz $f = 434$ MHz arbeitet, folgt, daß sich diese Welle mit der unvorstellbar großen Geschwindigkeit

$$c = \lambda f = 0{,}69 \text{ m} \cdot 434 \cdot 10^6 \text{ s}^{-1} \approx 3{,}0 \cdot 10^8 \text{ m s}^{-1}$$

ausbreitet.

b) Die fortschreitende und damit auch die aus ihr hervorgegangene stehende Welle enthält nicht nur *elektrische*, sondern auch *magnetische* Felder. Diese weisen wir mit einer auf Resonanz eingestellten Induktionsschleife nach. Dazu schalten wir der Schleife eine Diode parallel und verbinden sie mit einem empfindlichen Meßinstrument. Wir stellen dabei fest, daß die magnetischen Feldlinien senkrecht auf den elektrischen stehen, und finden auch wieder Knoten und Bäuche in denselben Abständen wie vorher; doch liegen die Bäuche der magnetischen Welle in den Knoten der elektrischen und umgekehrt.

3. Der ständige Begleiter

Aus der Elektrizitätslehre kennen Sie den Grundversuch zur *Induktion*: Bewegt man einen geraden Leiter der Länge d mit der Geschwindigkeit v senkrecht zu den Feldlinien eines ruhenden Magnetfeldes der Flußdichte B, so wird an seinen Enden die elektrische Spannung $U = B \, d \, v$ induziert.

Nach dem Relativitätsprinzip müßte dieselbe Spannung entstehen, wenn der Leiter still steht und das Magnetfeld sich mit der gleichen Geschwindigkeit wie vorher der Leiter, aber in der entgegengesetzten Richtung bewegt. Tatsächlich: Es entsteht dieselbe Spannung wie vorher.

Die Spannung äußert sich darin, daß im Leiter Elektronen verschoben werden. Wo aber zunächst ruhende elektrische Ladungen Kräfte erfahren, besteht ein elektrisches Feld.

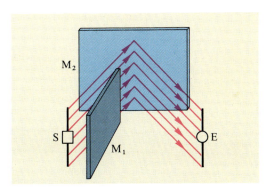

447.1 Eine erstes Indiz für elektromagnetische Wellen ist die Reflexion an einer Metallplatte.

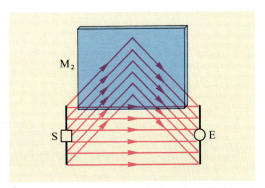

447.2 Wenn der Empfänger die Strahlung direkt und indirekt über M_2 erhält, tritt Interferenz auf.

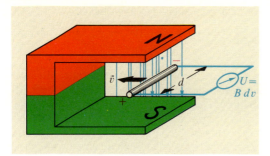

448.1 Auch wenn der Stab ruht und der Magnet sich mit der Geschwindigkeit v nach rechts bewegt, entsteht die Induktionsspannung $U = B\,d\,v$.

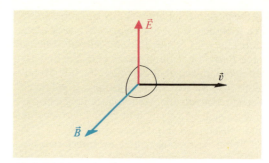

448.2 Richtung des $\vec{E}$-Feldes, das von einem mit der Geschwindigkeit $\vec{v}$ wandernden $\vec{B}$-Feld induziert wird

Seine Feldstärke beträgt

$$E = \frac{U}{d} = \frac{B\,d\,v}{d} = B\,v.$$

Der Leiter, an dem wir die Spannung $U = B\,d\,v$ abnehmen, ist ein Indikator für dieses elektrische Feld — er stellt sozusagen die Probeladungen zu dessen Nachweis bereit. Das elektrische Feld existiert auch dann, wenn der Leiter gar nicht vorhanden ist (Seite 449). Daraus ergibt sich eine merkwürdige Eigenschaft eines sich ausbreitenden Magnetfeldes:

> **Ein mit der Geschwindigkeit v über einen Punkt hinwegziehendes Magnetfeld der Flußdichte B induziert dort ein elektrisches Feld der Feldstärke**
>
> $E = B\,v.$ (448.1)

Wandert das in *Bild 448.1* nach *unten* gezeichnete Magnetfeld mit der Geschwindigkeit $\vec{v}$ nach *rechts*, so erfahren positive Probeladungen dort eine Kraft nach *vorne*. Wenn Sie die Anordnung von unten betrachten (so daß die $\vec{B}$-Feldlinien aus der Zeichenebene herausweisen), erhalten Sie den in *Bild 448.2* dargestellten Zusammenhang zwischen den Richtungen der jeweils aufeinander senkrecht stehenden $\vec{E}$-, $\vec{B}$- und $\vec{v}$-Vektoren.

Aus *Gl. 448.1* folgt:
— Ist die magnetische Flußdichte maximal, so gilt dies zum selben Zeitpunkt und am selben Ort auch für die elektrische Feldstärke E.
— Wird $B = 0$, so ist gleichzeitig an derselben Stelle auch $E = 0$.

Eine magnetische Welle hat also einen ständigen Begleiter in Form einer elektrischen Welle.

Die beiden Wellen sind stets in Phase und breiten sich demnach mit derselben Geschwindigkeit $\vec{v}$ aus. Ihre Feldlinien stehen jeweils aufeinander senkrecht *(Bild 448.3)*. Wir nennen das Ganze eine **elektromagnetische Welle**.

4. Die Welle macht sich selbständig

Elektromagnetische Wellen haben — wie man z.B. vom Echo am Mond weiß — noch eine andere bemerkenswerte Eigenschaft: Sie wandern weiter in den Raum hinaus, auch wenn der Sendedipol längst aufgehört hat zu schwingen. Die vom Dipol ausgesandte elektromagnetische Welle macht sich also selbständig. Wie ist das möglich?

Die in den Raum hinauswandernden Magnetfelder schaffen sich durch Induktion ihren elektrischen Begleiter selbst. Müssen sich deshalb die magnetischen Felder bei der Erzeugung der elektrischen Felder nicht schließlich ganz verzehren? Und was dann? Woher bekommt die wandernde magnetische Welle Nachschub — weitab vom Sender?

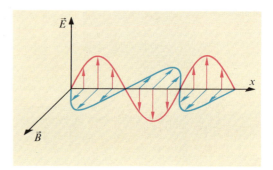

448.3 Die magnetische Welle wird ständig von einer elektrischen Welle begleitet.

An dieser Stelle wird deutlich, daß der selbständigen, vom schwingenden Dipol unabhängig gewordenen Welle noch eine weitere — uns bisher unbekannte — Gesetzmäßigkeit zugrunde liegen muß.

Dem schottischen Physiker *James Clerk Maxwell* (1831 bis 1879) ist es gelungen, *Faradays* Ideen von der Verknüpfung elektrischer und magnetischer Felder in einem umfassenden Gleichungssystem mathematisch festzuhalten. Aus diesen **Maxwell-Gleichungen** folgt nun einerseits die uns schon bekannte Aussage, daß wandernde Magnetfelder mitwandernde elektrische Felder erzeugen. Andererseits folgt aber auch, daß wandernde elektrische Felder wiederum magnetische Felder hervorrufen.

Das folgende Beispiel soll Ihnen diesen neuartigen Gedanken etwas veranschaulichen: Denken Sie sich einen geladenen Kondensator *(Bild 449.1)*, der nach rechts bewegt wird. Seine beiden Platten tragen dann bewegte Ladungen — und bewegte Ladungen erzeugen Magnetfelder! Diese überlagern sich (ähnlich wie in einer stromdurchflossenen Spule) im Innern des Kondensators zu magnetischen Feldlinien, die senkrecht zu den elektrischen Feldlinien verlaufen. In *Bild 449.1* ist ein zugehöriger $\vec{B}$-Vektor eingezeichnet.

Die Maxwell-Gleichungen sagen nun aus, daß man die Platten beliebig weit voneinander entfernen — und sogar ganz weglassen kann. Im Sinne der Faradayschen Feldphysik darf man nämlich die Erzeugung des $\vec{B}$-Feldes allein dem wandernden elektrischen Feld zuschreiben, ohne daß mitbewegte Ladungen nötig wären.

Damit wird verständlich, warum die elektromagnetische Welle ein selbständiges Dasein führen kann: Die wandernden magnetischen Felder induzieren mitwandernde elektrische

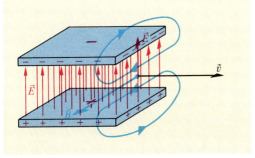

449.1 Mit den Ladungen werden auch elektrische Felder bewegt: Es entsteht ein magnetisches Feld.

449.2 *James Clerk Maxwell* (1831 bis 1879)

Felder, und diese erzeugen wiederum mitwandernde magnetische Felder. Ein Vergleich von *Bild 448.2* und *449.1* zeigt, daß die neu erzeugten und die ursprünglichen Felder dieselben Richtungen haben. Wegen ihres wechselseitigen Gebens und Nehmens verzehren sich die Felder nicht, sondern erhalten sich gegenseitig am Leben. Dabei darf sich keine der beiden Feldarten auf Kosten der anderen bereichern: Jede muß gleich viel geben und nehmen.

Diese Bedingung ist sicher dann erfüllt, wenn die Energiedichten (d.h. die Energie W pro felderfülltes Volumen V) ϱ_{el} des elektrischen und ϱ_{mag} des magnetischen Feldes stets gleich groß sind. Nach *Gl. 329.1* ist $\varrho_{el} = W/V = \frac{1}{2}CU^2/V$. Setzen wir $U = E/d$ nach *Gl. 324.3* und $C = \varepsilon_0 A/d$ nach *Gl. 327.2* ein, so erhalten wir $\varrho_{el} = \frac{1}{2}\varepsilon_0 E^2$. Nach *Gl. 381.1* ergibt sich für $\varrho_{mag} = W_{mag}/V = \frac{1}{2}LJ^2/V$. Nach *Gl. 379.2* ist $L = \mu_0 n^2 A/l$, nach *Gl. 343.1* $B = \mu_0 In/l$. Beides eingesetzt ergibt $\varrho_{mag} = B^2/2\mu_0$. Aus $\varrho_{el} = \varrho_{mag}$ und $E = Bv$ folgt $\frac{1}{2}\varepsilon_0 B^2 v^2 = B^2/2\mu_0$. Daraus folgt die Ausbreitungsgeschwindigkeit zu

$$v = \frac{1}{\sqrt{\varepsilon_0 \mu_0}}. \qquad (449.1)$$

Wenn die elektromagnetische Welle mit dieser Geschwindigkeit fortschreitet, braucht sie zu ihrer weiteren Existenz keine elektrischen Dipolladungen und Ströme mehr. Sie ist ganz auf sich selbst gestellt und wandert, unabhängig vom Sender geworden, immer weiter in den Raum hinaus.

Mit $\varepsilon_0 = 8{,}85419 \cdot 10^{-12}\,\mathrm{C\,V^{-1}\,m^{-1}}$ und $\mu_0 = 1{,}25664 \cdot 10^{-6}\,\mathrm{V\,s\,A^{-1}\,m^{-1}}$ ergibt sich für die Ausbreitungsgeschwindigkeit v der elektromagnetischen Welle im Vakuum — und praktisch auch in Luft —

$$v = c = \frac{1}{\sqrt{8{,}85419 \cdot 10^{-12} \cdot 1{,}25664 \cdot 10^{-6}}}\,\mathrm{m\,s^{-1}}$$
$$= 2{,}99792 \cdot 10^8\,\mathrm{m\,s^{-1}} \approx 3{,}0 \cdot 10^8\,\mathrm{m\,s^{-1}}.$$

Die Maxwell-Gleichungen und die Versuche mit dem von *Heinrich Hertz* erfundenen Dipol haben *Faradays* Feldkonzept glänzend bestätigt. In der elektromagnetischen Welle zeigen sich elektrische und magnetische Felder als eigenständige Gebilde: Es gibt sie wirklich, diese elektrischen und magnetischen Felder!

5. Das elektromagnetische Fernfeld

Aus *Bild 448.3* geht hervor, daß die Vektoren der elektrischen Feldstärke $\vec{E}$ und der magnetischen Flußdichte $\vec{B}$ jeweils eine *linear polarisierte Querwelle* bilden; ihre Schwingungsebenen stehen aufeinander senkrecht. Anhand von *Bild 448.3* können wir auch erklären, wie die elektromagnetische Welle auf einen Empfangsdipol wirkt, der in einem beliebigen Punkt der *x*-Achse parallel zum Sendedipol aufgestellt ist.

Da die Felder mit der Geschwindigkeit $\vec{c}$ über den Empfangsdipol hinwegziehen, kommen dort die wechselnden elektrischen Feldstärken, die sich in der Welle *räumlich nebeneinander* gelegt haben, *zeitlich nacheinander* an und schütteln die Elektronen auf dem Empfangsdipol mit periodisch wechselnden Kräften. Dabei entsteht ein Wechselstrom der Sendefrequenz; er wird besonders stark, wenn der Empfangsdipol auf Resonanz abgestimmt ist.

Wird der Dipol *schräg* zu den elektrischen Feldlinien gehalten, so kann auf ihn nur noch eine Komponente der Feldkräfte wirken: Der Wechselstrom im Dipol wird schwächer. Senkrecht zu den elektrischen Feldlinien gibt es *keine* Kraftkomponente: Ein senkrecht zum elektrischen Feld aufgestellter Dipol wird deshalb nicht angeregt. Die wechselnden *magnetischen* Felder der Welle werden mit einer Resonanzschleife (*Bild 415.1*) empfangen, die vom *B*-Feld senkrecht durchsetzt werden muß.

Bisher haben wir lediglich die wellenförmige Ausbreitung der $\vec{E}$- und $\vec{B}$-Vektoren längs einer bestimmten Richtung — wir haben sie *x*-Achse genannt — verfolgt. Diese Vektoren gehören nun zu elektrischen und magnetischen Feldern, die sich rings um den schwingenden Dipol ausbreiten. Dabei liegen die elektrischen Feldlinien in allen Ebenen, die den Dipol enthalten; die magnetischen Feldlinien verlaufen senkrecht dazu.

In *Bild 450.1* sehen Sie einen Ausschnitt der Feldlinien dieses sogenannten elektromagnetischen **Fernfeldes**. Der besseren Übersicht wegen ist nur das obere vordere Viertel dargestellt. Setzen Sie in Gedanken die rot gezeichneten elektrischen Feldlinien nach unten fort und lassen Sie diese außerdem um den Dipol als Achse rotieren, so daß ein zwiebelschalenförmiges Gebilde von geschlossenen Feldlinien entsteht, die weder Anfang noch Ende haben. Die blau gezeichneten magnetischen Feldlinien sind nach hinten zu ergänzen; dazu müssen Sie sich vorstellen, daß sie nicht nur in einer Ebene vorhanden sind, sondern an jeder Stelle des Raums ringförmig um den Dipol senkrecht zu den elektrischen Feldlinien verlaufen. Die momentane Verteilung der elektrischen Feldstärke $\vec{E}$ und der magnetischen Flußdichte $\vec{B}$, die Sie von *Bild 448.3* schon kennen, ist auch hier an einer Stelle nochmals eingezeichnet.

Diese Felder ziehen sich vom Sendedipol rundum ausbreitend, mit der Geschwindigkeit $c = 3 \cdot 10^8$ m s^{-1} über einen Beobachter hinweg, der sich jetzt nicht nur auf der *x*-Achse, sondern an irgend einer Stelle des Raums befinden kann. Lediglich in der Verlängerung des Dipols ist kein Empfang möglich.

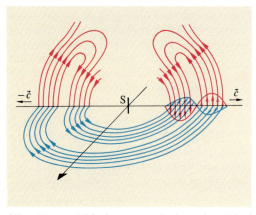

450.1 Momentbild des vom schwingenden Dipol ausgesandten elektromagnetischen Fernfeldes

> **Der schwingende Dipol sendet eine elektromagnetische Welle aus. Die elektrischen und magnetischen Wechselfelder ihres Fernfeldes sind in Phase; sie bilden jeweils eine linear polarisierte Querwelle mit aufeinander senkrecht stehenden Schwingungsebenen.**
>
> **Die Ausbreitungsgeschwindigkeit der elektromagnetischen Welle beträgt im Vakuum**
>
> $$c = \frac{1}{\sqrt{\varepsilon_0 \mu_0}}. \qquad (450.1)$$

6. Warum hat jeder Dipol eine Eigenfrequenz?

Schon beim ersten Versuch mit elektromagnetischen Wellen ist uns aufgefallen, daß der Hertz-Dipol eine von seiner Länge abhängige **Eigenfrequenz** besitzt (Seite 415). Erst jetzt haben wir die nötigen Kenntnisse, um diese Erscheinung erklären zu können:

Die längs des schwingenden Dipols erfolgenden Ladungsverschiebungen sich nach *Bild 446.1* mit elektrischen und magnetischen Feldern verknüpft, die den Dipol umgeben. Diese huschen nun als elektromagnetische Welle mit der Geschwindigkeit $c = 1/\sqrt{\varepsilon_0 \mu_0}$ am Dipol hin und her. Dabei können sie sich unter ganz bestimmten Bedingungen zu einer kräftigen *stehenden Welle* aufschaukeln:

An beiden Dipolenden ist die Stromstärke $I = 0$, also auch $B = 0$. Dies bedeutet, daß das *Magnetfeld* der stehenden Welle an den Enden des Dipols einen *Knoten* haben muß. Dagegen wechseln die Ladungsanhäufungen an den Dipolenden am stärksten. Deshalb muß das *elektrische* Feld der stehenden Welle dort jeweils einen *Bauch* haben. Damit lassen sich nun die Ladungs- und Stromverteilungen am Dipol als stehende Wellen deuten.

Die **Randbedingungen** sind die gleichen wie bei einer mechanischen Welle mit zwei festen bzw. zwei freien Enden. Sie sind erfüllt, wenn die Länge l des Dipols ein ganzzahliges Vielfaches von $\lambda/2$ beträgt, wenn also gilt

$$l = k\frac{\lambda}{2} \quad \text{mit} \quad k = 1, 2, 3, \ldots \qquad (451.1)$$

Im allgemeinen wählt man $k = 1$, läßt also den Dipol seine *Grundschwingung* ausführen. Für diesen Fall gilt $l = \lambda/2$. Mit $f = c/\lambda$ erhält man für die Eigenfrequenz der Grundschwingung des Dipols

$$f = \frac{c}{2l}. \qquad (451.2)$$

Aufgaben

1. *Der Schwingkreis eines Senders besitzt die Kapazität 4,8 pF und die Induktivität 0,3 µH. Wie lang muß der angekoppelte Sendedipol sein?*

2. *Ein Dipol der Länge 1 m wird zu Sinusschwingungen der Frequenz 150 MHz angeregt. Aus der Helligkeit eines Lämpchens in seiner Mitte schließt man dort auf eine Stromstärke von $I_{\text{eff}} = 100$ mA. Wie groß ist die Stromstärke im Dipol an den Stellen, die 25 cm bzw. 12,5 cm von seinem Ende entfernt sind?*

§168 Radiowellen und Rundfunk

1. Von Maxwell bis Marconi

Im Jahr 1865 gelang es *James Clerk Maxwell*, die ganze Fülle an Eigenschaften elektrischer und magnetischer Felder sowie deren Zusammenhänge in vier Gleichungen festzuhalten. Diese **Maxwell-Gleichungen** sind ein besonders eindrucksvolles Beispiel für die Wirksamkeit mathematischer Denkweisen in der Physik. Sie beschrieben das gesamte damalige Wissen über die Elektrizität; weit darüber hinaus wiesen sie aber auch den Weg zu ganz neuen Erkenntnissen. So konnte *Maxwell* aus seinen Gleichungen herauslesen, daß es die schon von *Faraday* vermuteten elektromagnetischen Wellen tatsächlich geben müsse, und daß sie sich mit der Geschwindigkeit $c = 1/\sqrt{\varepsilon_0 \mu_0}$ ausbreiten. Die Feldtheorie war damit bestätigt!

Es dauerte noch über 20 Jahre, bis *Maxwells* Vorhersage verwirklicht werden konnte. Im Jahr 1886 gelang es endlich *Heinrich Hertz*, die lange gesuchten elektromagnetischen Wellen zu erzeugen: In der Technischen Hochschule Karlsruhe führte er die erste Übertragung einer elektromagnetischen Welle von einem Sendedipol zu einem 16 m entfernten Empfangsdipol durch; die Wellenlänge betrug 66 cm. *Heinrich Hertz* standen damals weder die Triode noch der Transistor zur Verfügung. Ein überspringender elektrischer Funke diente als Schalter, der den Senderschwingkreis immer wieder neu anstieß. Die Mitte des Hertzschen Empfangsdipols war unterbrochen. Dort entstand beim Empfang der elektromagnetischen Welle wiederum ein winziger Funke (man mußte ihn

451.1 *Heinrich Hertz* (1857 bis 1894). Ihm gelang 1886 die Erzeugung elektromagnetischer Wellen.

452.1 *Guglielmo Marconi* (1874 bis 1937) glückte im Jahr 1895 die erste drahtlose Übertragung von Nachrichten durch elektromagnetische Wellen.

mit der Lupe beobachten), der anzeigte, daß im Empfangsdipol ein Strom fließt. Das Wort *Rundfunk* erinnert heute noch an den elektrischen Funken des historischen Hertzschen Versuchs. *Maxwell* hat diese großartige Bestätigung seiner Theorie nicht mehr erlebt; er ist 1879 im Alter von 48 Jahren gestorben.

Der italienische Erfinder *Guglielmo Marconi* erkannte, daß sich die Hertzschen Wellen zur drahtlosen Übermittlung von Nachrichten verwenden lassen. 1895 gelang es ihm zum ersten Mal, Signale drahtlos auf eine Entfernung von etlichen hundert Metern zu übertragen. 1901 glückte *Marconi* die erste Funkverbindung auf eine Strecke von 3540 km über den Atlantik hinweg. Die Signale bestanden darin, daß der Sender im Rhythmus von Morsezeichen ein- und ausgeschaltet wurde.

Zur Gleichrichtung der im Empfangsdipol auftretenden hochfrequenten Wechselströme entwickelte *John A. Fleming* 1904 die **Hochvakuumdiode**. Im Jahr 1907 kam *Lee de Forest* auf die Idee, in die Flemingsche Diode ein Gitter einzubauen. Damit war die **Triode** erfunden, die auf der Senderseite die Meißnersche Rückkopplungsschaltung, beim Empfänger eine Verstärkung der aufgefangenen Signale ermöglichte. Lange Zeit beherrschte die Radioröhre allein das Feld, bis im Jahr 1948 der **Transistor** erfunden wurde.

Seit *Marconis* ersten Versuchen hat sich die Nachrichtentechnik stürmisch weiter entwickelt. Rundfunk, Fernsehen, Telefon und Fernschreiber im Interkontinentalverkehr, Flugsicherung, Radar, Fernsteuerung, Datenübermittlung und Farbfernsehübertragungen durch Raumsonden sind für uns heute selbstverständlich. Möglich geworden ist dies alles erst mit den Maxwell-Gleichungen.

Der österreichische Physiker *Ludwig Boltzmann* hat wohl etwas von solchen Entwicklungen geahnt, als er die Maxwell-Gleichungen mit dem Goethewort rühmte: „War es ein Gott, der diese Zeichen schrieb?"

2. Amplitudenmodulation

Zur Übermittlung von Nachrichten muß die elektromagnetische Welle ein *Signal* übertragen. Im einfachsten Fall verschlüsselt man dazu jeden Buchstaben der Nachricht in einem bestimmten *Code*, z.B. in Morsezeichen. Im Rhythmus dieser Zeichen wird der Sender ein- und ausgeschaltet; dabei nimmt die Amplitude der Welle nur zweierlei Werte, nämlich ihren vollen Betrag und Null, an. Beim Empfänger kann man dann die Information aus der wechselnden Anzeige eines Meßinstrumentes wieder entziffern. Weil das Signal hier nur aus diskreten Amplitudenwerten besteht, die man mit den Fingern abzählen kann, nennt man diese Art der Nachrichtenübermittlung auch *digital* (digitus, lat.; der Finger).

Wie aber überträgt man mit Hilfe elektromagnetischer Wellen Sprache und Musik? Nun — diese bestehen aus Schwingungen, deren Elongationen *kontinuierlich* die verschiedensten Werte annehmen. Also ist es naheliegend, daß man zu ihrer Übertragung die Amplitude einer hochfrequenten elektromagnetischen Welle ebenfalls kontinuierlich — analog zu den Elongationen der Schallschwingungen — ändert. Diese Art der Nachrichtenübermittlung nennt man deshalb auch *analog*. Der nächste Versuch zeigt eine solche kontinuierliche **Amplitudenmodulation**.

Versuch 498: a) Als Sender benutzen wir den Hochfrequenzgenerator aus Versuch 458. Direkt neben der Schwingkreisschleife stellen wir einen Dipol der Länge $c/(2f)$ auf; er wird durch Induktion zu Schwingungen angeregt und strahlt dabei eine elektromagnetische Welle aus. In die Basisleitung zum Transistor wird nach *Bild 453.1* ein Kohlekörner-Mikrofon geschaltet. Hält man nun z.B. eine Stimmgabel mit der Frequenz $f^* = 440$ Hz davor, so ändert sich der Widerstand des Mikrofons und damit die Stärke des Basisstroms periodisch. Dadurch wird die Energiezufuhr zum Schwingkreis und entsprechend auch die Amplitude der hochfrequenten Senderschwingung 440mal in der Sekunde vergrößert und verkleinert.

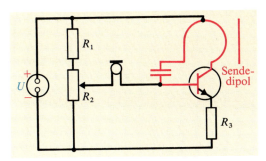

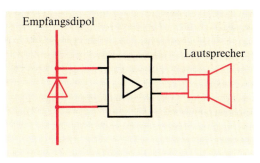

453.1 Das in die Basisleitung eingebaute Kohlekörner-Mikrofon moduliert die Amplitude der Hochfrequenzschwingung.

453.2 Die vom Dipol empfangene Hochfrequenzschwingung wird durch eine Diode demoduliert. Anschließend wird die Niederfrequenz verstärkt.

b) Im Empfangsdipol entstehen nun Wechselströme der Senderfrequenz f, deren Amplituden im Rhythmus der Niederfrequenz $f^* = 440$ Hz schwanken *(Bild 453.3)*. Auf einen Lautsprecher machen diese Wechselströme allerdings keinerlei Eindruck. Er ist viel zu träge, um den hochfrequenten Schwingungen folgen zu können. Seine Membran stellt sich auf den Mittelwert ein — und der ist Null.

c) Nun kann und will man im Empfänger ja auch gar nicht die Sender-Hochfrequenz f hören, sondern die Niederfrequenz f^*, mit der sich die Amplitude der hochfrequenten Schwingung ändert. *Bild 453.4* zeigt, daß man einen dem niederfrequenten Strom proportionalen Mittelwert ungleich Null bekommt, wenn man nur die Hälfte der modulierten Hochfrequenz durch den Lautsprecher schickt. Das Unterdrücken von Halbschwingungen ist aber nichts anderes als Gleichrichten. Genau das tut man: Baut man nach *Bild 453.2* eine Gleichrichterdiode in den Empfangsdipol ein, so wird der über einen Verstärker angeschlossene Lautsprecher nur noch von elektrischen Strömen wechselnder Stärke erregt, die in *einer* Richtung fließen. Jetzt wird die Wirkung einer Schwingung nicht mehr durch die unmittelbar folgende Gegenschwingung gleich wieder aufgehoben: Die Mittelwerte der *gleichgerichteten* Empfangswechselströme sind nun nicht Null, sondern proportional zu den jeweiligen Amplituden *(Bild 453.4)*. Die Membran des Lautsprechers folgt diesen Mittelwerten und gibt so den Ton der Frequenz $f^* = 440$ Hz wieder.

Die der hochfrequenten *Trägerschwingung* durch Amplitudenmodulation aufgebürdete Niederfrequenzschwingung kommt infolge der *Demodulation* durch die Gleichrichterdiode wieder zum Vorschein!

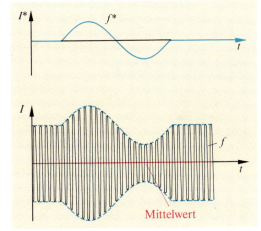

453.3 Mit der Niederfrequenz f^* modulierte Hochfrequenzschwingung. Der Mittelwert ist Null.

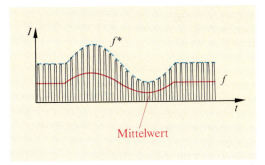

453.4 Mit der Niederfrequenz f^* modulierte und gleichgerichtete Hochfrequenzschwingung. Der Mittelwert gibt die Niederfrequenzschwingung wieder.

Zum Abschluß wollen wir uns die Modulation einer hochfrequenten Trägerschwingung und die nachfolgende Demodulation durch einen Gleichrichter in einem Modellversuch veranschaulichen.

Versuch 499: An die Stelle des Lautsprechers setzen wir ein Drehspulinstrument, das mit einer Wechselspannung von 50 Hz aus einem Netzgerät betrieben wird. Ein Drehspulinstrument ist so träge, daß es die Frequenz $f = 50$ Hz bereits als „Hochfrequenz" empfindet: Es schlägt nicht aus. Wir *modulieren* nun diese hochfrequente Schwingung, indem wir ihre Amplitude durch langsames Bewegen des Drehknopfs am Netzgerät periodisch ändern.

Auf den Zeiger des Drehspulinstruments macht dies keinen Eindruck: Er verharrt auf dem Mittelwert Null, ob nun die Amplitude groß oder klein ist. Schalten wir aber eine Gleichrichterdiode in die Zuleitung, so kommen die aufmodulierten Änderungen der Amplitude zum Tragen: Der Zeiger des Instruments folgt den Bewegungen am Drehknopf.

3. Die Rolle der Trägerfrequenz

Die vielen Rundfunk- und Fernsehsender auf der ganzen Erde schicken eine Unzahl von elektromagnetischen Wellen in den Raum. Damit sie auseinander gehalten werden können, wurde jedem Sender eine ganz bestimmte *Trägerfrequenz* zugeteilt. Nach *Tabelle 454.1* unterscheidet man dabei gewisse Frequenz- bzw. Wellenlängenbereiche. Weitere, hier nicht aufgeführte Bereiche sind für den Fernsprech- und Fernschreibverkehr, für Nautik, Flugdienst und Radar sowie den Amateurfunk freigehalten.

Die Längen $l = \lambda/2$ der Sende- und Empfangsdipole für **Ultrakurzwellen** (UKW) liegen in der Größenordnung von 1 Meter. Wollte man auch Mittel- und Langwellen mit Hertz-Dipolen abstrahlen und empfangen, so müßten diese bis zu 1000 m lang sein. Eine Halbierung auf die Länge $\lambda/4$ wird dadurch erreicht, daß man den Sendedipol leitend mit der Erde verbindet. Die geerdete Seite des Dipols wirkt nämlich dann auf seine elektrischen Ladungen wie ein freies Ende, an dem sie sich — im Gegensatz zur ungeerdeten Seite — nicht stauen. Durch die Influenzladungen, die dabei an der Erdoberfläche entstehen, werden die elektromagnetischen Wellen an dieser entlang geführt; deshalb können sie der Erdkrümmung folgen *(Bild 454.2)*. Eingebaute Spulen erlauben eine weitere Verkürzung der Sendeantenne. Die von ungeerdeten Dipolen ausgesandten ultrakurzen Wellen breiten sich dagegen wie Licht geradlinig aus. Zur Erhöhung der Reichweite werden sie deshalb meist von hohen Fernsehtürmen ausgestrahlt. Sehr große Entfernungen — sogar bis in andere Kontinente — werden dadurch überbrückt, daß man die Ultrakurzwellen auf einen *Satelliten* richtet, der sich ungefähr 36000 km über der Erdoberfläche befindet. Ein in den Satelliten eingebauter Sender strahlt die Welle verstärkt wieder zur Erde zurück. Die zum Betrieb des Satellitensenders nötige elektrische Energie wird aus Solarzellen gewonnen.

Kurzwellen, die sich ebenfalls geradlinig ausbreiten, werden an verschiedenen Schichten der *Ionosphäre* reflektiert. Diese umgibt die Erde in 100 km bis 500 km Höhe; sie entsteht dadurch, daß ultraviolette Sonnenstrahlung dort die dünne Luft teilweise ionisiert und sie damit durch freigewordene Elektronen wie eine Metallplatte zum Reflektor für Kurzwellen macht; sie können auf diese Weise große Entfernungen überbrücken.

Die Sender von Satelliten und Raumsonden arbeiten mit Ultrakurzwellen, da diese die Ionosphäre durchdringen können.

Rundfunk	Frequenzen	Wellenlängen
Langwellen	150 kHz ... 285 kHz	2000 m ... 1050 m
Mittelwellen	525 kHz ... 1605 kHz	571 m ... 187 m
Kurzwellen	3,95 MHz ... 26,1 MHz	76 m ... 12 m
Ultrakurzwellen	87,5 MHz ... 100 MHz	3,4 m ... 3,0 m
Fernsehen		
Bereich I	41 MHz ... 68 MHz	7,3 m ... 4,4 m
Bereich II	87,5 MHz ... 100 MHz	3,4 m ... 3,0 m
Bereich III	174 MHz ... 223 MHz	1,7 m ... 1,3 m
Bereich IV und V	470 MHz ... 790 MHz	0,64 m ... 0,38 m

Tabelle 454.1 Frequenzbereiche von Hörfunk und TV

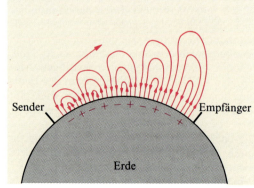

454.1 Elektrische Felder eines Mittelwellensenders

4. Radioempfang — *ganz einfach*

Und wie empfängt man nun eine Sendung, die von einer der vielen Rundfunkstationen ausgestrahlt wird? — Dazu ist im Prinzip nur folgendes nötig:

- Man braucht eine *Empfangsantenne*. Die über sie hinwegziehenden elektromagnetischen Wellen erregen darin Hochfrequenzströme der jeweiligen Trägerfrequenz.
- Weiter ist eine *Sender-Abstimmung* nötig. Da die Wellen von allen möglichen Sendern kommen, herrscht in der Antenne ein Durcheinander der verschiedensten Trägerfrequenzen. Aus diesem „Wellensalat" muß die Trägerfrequenz des gewünschten Senders herausgefischt werden.
- Die Hochfrequenzschwingung ist nun zu *demodulieren*, so daß die ihr aufgeprägte Niederfrequenz zum Vorschein kommt.
- Die damit gewonnene *elektrische Niederfrequenzschwingung* muß zum Schluß noch durch einen Kopfhörer oder einen Lautsprecher in *mechanische Schallschwingungen* umgewandelt werden. Dazu kann man sie unter Umständen vorher *verstärken*.

Der folgende Versuch zeigt, wie ein nahe gelegener Mittel- oder Langwellensender nach den eben genannten Prinzipien schon mit ganz einfachen Mitteln empfangen werden kann.

Versuch 500: Nach *Bild 455.1* wird eine Spule (ungefähr 100 Windungen) einerseits mit der Erde, andererseits mit einem als Antenne wirkenden langen Draht verbunden. Die Kapazität, die er gegen die Erde hat, bildet zusammen mit der Induktivität der Antennenspule einen sogenannten *offenen Schwingkreis*. Gerät dieser in Schwingungen, so strahlt die Antenne elektromagnetische Wellen ab. Dadurch verliert der Kreis viel Energie; er ist *stark gedämpft* — als enthielte er einen großen ohmschen Widerstand. Deshalb ist seine Resonanzkurve (*Bild 413.1*) nur ganz schwach ausgeprägt; die elektrischen Wechselfelder der verschiedenen am Erdboden entlang laufenden Rundfunkwellen können also für einen weiten Bereich von Trägerfrequenzen in der Antenne und der Spule *erzwungene Schwingungen* hervorrufen, ohne daß eine bestimmte Trägerfrequenz bevorzugt würde. Dagegen hat der induktiv angekoppelte, mit einem Drehkondensator versehene Schwingkreis wegen seiner viel schwächeren Dämpfung eine scharf ausgeprägte Resonanzkurve. Er kann so eingestellt werden, daß er aus dem in der Antennenspule herrschenden Gemisch der verschiedensten Trägerfrequenzen durch Resonanz diejenige des gewünschten Senders heraushebt. Der auf diese Weise ausgefilterte Hochfrequenzstrom wird durch eine Diode gleichgerichtet und dann einem Kopfhörer zugeführt.

Der Empfang ist zwar nicht besonders lautstark; bedenken Sie jedoch, daß dieser Rundfunkempfänger einzig und allein mit der Energie betrieben wird, die der elektromagnetischen Welle durch die Antenne entzogen wird — ein Beweis dafür, daß elektrische und magnetische Felder Energie übertragen!

Der Empfang wird wesentlich besser, wenn man die aufgefangene Energie nicht direkt verwertet, sondern damit einen Transistor steuert.

Versuch 501: In der Schaltung nach *Bild 455.2* wird die vom Schwingkreis ausgesonderte hochfrequente Wechselspannung über den Kondensator C (≈ 500 pF) zwischen Basis und Emitter eines Transistors gelegt. Wir stellen sei-

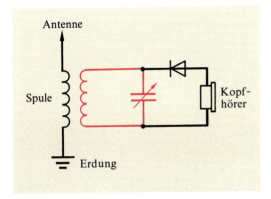

455.1 Der einfachste Rundfunkempfänger

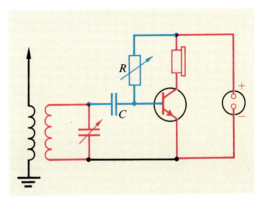

455.2 Einfacher Transistorempfänger

nen Arbeitspunkt mit Hilfe des veränderlichen Widerstandes R so ein, daß der Transistor jeweils während der negativen Halbschwingung sperrt, bei der positiven dagegen geöffnet wird. Damit sorgt der Transistor nicht nur für eine *Verstärkung*, sondern gleichzeitig auch noch für eine *Demodulation*. Der Kondensator C läßt die hochfrequente Schwingung durch, hält aber Gleichströme vom Schwingkreis fern, die sonst aus der Batterie über den Widerstand R dorthin gelangen könnten.

5. Frequenzmodulation

Die Amplitudenmodulation ist nicht die einzige Möglichkeit, der elektromagnetischen Welle ein Signal aufzubürden. Man kann auch die Amplitude konstant halten und dafür die *Frequenz* der Trägerschwingung im Rhythmus der zu übertragenden Nachricht ändern. Der Unterschied zwischen dieser Frequenzmodulation und der Amplitudenmodulation läßt sich in folgendem Modellversuch veranschaulichen.

Versuch 502: a) Die Trägerfrequenz wird von einem Sinusgenerator geliefert, der mit einem T-Y-Schreiber verbunden ist. Bewegen wir den Drehknopf „Amplitude" periodisch hin und her, so zeichnet der Schreiber nach *Bild 456.1 a* eine *amplitudenmodulierte* Schwingung auf.

b) Nun lassen wir die Amplitude konstant und bewegen im selben Rhythmus wie vorher den Drehknopf für die *Frequenz*. Bild 456.1 b zeigt das Ergebnis: So sieht eine *frequenzmodulierte* Schwingung aus!

Dazu ein *Beispiel*: Es soll eine Trägerfrequenz von $f = 100$ MHz mit der Tonfrequenz $f^* = 440$ Hz frequenzmoduliert werden. Dann wird die Trägerfrequenz in einer Sekunde 440mal abgeändert. Bei einer bestimmten Lautstärke erfolge diese Änderung z.B. zwischen $f_{min} = 99,95$ MHz und $f_{max} = 100,05$ MHz. Ein um 20% stärkerer Ton der Frequenz 440 Hz läßt die Sendefrequenz ebenfalls 440mal in einer Sekunde periodisch schwanken, aber zwischen den um 20% weiter auseinander liegenden Werten $f_{min} = 99,94$ MHz und $f_{max} = 100,06$ MHz. Der die Lautstärke bestimmende *Frequenzhub* beträgt beim einen Mal $\pm 0,05$ MHz, beim anderen $\pm 0,06$ MHz.

Die Frequenzmodulation wird bei UKW-Sendern angewandt; ihr Frequenzhub beträgt ca. 75 kHz. UKW-Sender weisen also eine große Bandbreite auf; jedoch macht diese nur einen geringen Bruchteil der sehr hohen Trägerfrequenz aus. Die Sendefrequenzen können deshalb immer noch relativ dicht beieinander liegen. Störungen – z.B. durch Auto-Zündanlagen oder Elektromotoren – beeinflussen meist die Amplitude und nicht die Frequenz einer elektromagnetischen Welle. Dies ist neben der höheren

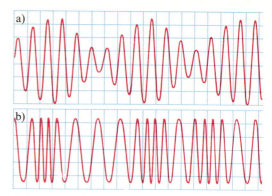

456.1 a) Amplitudenmodulierte, b) frequenzmodulierte Schwingung

Bandbreite ein weiterer Grund für die gute Qualität des UKW-Empfangs. Man muß dabei allerdings einen Nachteil in Kauf nehmen: Die ultrakurzen Wellen haben nur eine verhältnismäßig kurze Reichweite.

6. Radioastronomie

Aus dem Weltall, von Fixsternen und von der Sonne kommen elektromagnetische Wellen mit Wellenlängen zwischen 20 m und 0,02 m zur Erde. Da sie Wolken größtenteils ungehindert durchdringen, kann man sie unabhängig vom Wetter auf der Erde empfangen und auswerten. Durch diese **Radioastronomie** erfahren wir auch von Radioquellen im Weltraum, die optisch nicht erfaßbar sind. *Bild 456.2* zeigt das Radioteleskop Effelsberg (Eifel). Der parabolische Metallspiegel sammelt die ankommenden Wellen in seinem Brennpunkt. Dort werden sie von Dipolen empfangen und dann an Verstärker weitergeleitet. Der Parabolspiegel hat einen Durchmesser von 100 m. Ähnliche Reflektoren kleineren Ausmaßes werden in der drahtlosen Telefonie, beim Radar und zur Funkübertragung durch Fernmeldesatelliten verwendet.

456.2 Radioteleskop Effelsberg

§169 Mikrowellen

1. Schwingkreise haben Grenzen

Bisher haben wir elektromagnetische Wellen durch hochfrequente Wechselströme in Schwingkreisen erzeugt, deren Energienachschub durch Transistor- oder Röhrenschaltungen gesteuert wird. In Versuch 459 konnten wir die frequenzbestimmenden Größen auf ein Maß herabdrücken, das sich nicht mehr wesentlich verkleinern läßt. Der Eigenfrequenz einer solchen Schaltung sind Grenzen gesetzt, die bei etlichen hundert Megahertz liegen. Die entsprechenden Wellenlängen sind in der Größenordnung von Dezimetern. Man spricht deshalb auch von *Dezimeterwellen*.

Mit besonderen Geräten kommt man zu noch höheren Frequenzen: In einer speziellen Vakuumröhre, dem sogenannten *Klystron*, können Elektronenströme erzeugt werden, deren Ladungsdichte mit Frequenzen über 1 Gigahertz (1 GHz = $1 \cdot 10^9$ Hz) periodisch wechselt. In der *Gunn-Diode* — einer Kombination aus Halbleitern — lassen sich Ladungsträger zu Schwingungen aufschaukeln, die ebenfalls im Gigahertz-Bereich liegen.

Mit dem Klystron oder der Gunn-Diode können elektromagnetische Wellen erzeugt werden, deren Wellenlänge etliche Zentimeter beträgt. Zur Abstrahlung solcher **Mikrowellen** wird statt des Dipols ein Resonanzhohlraum benutzt. Inzwischen haben Sie erfahren, daß der Dipol eigentlich nur dazu dient, die schwingenden elektrischen und magnetischen Felder zu führen sowie ihre Frequenz und Orientierung zu bestimmen. Von daher wird es verständlich, daß auch ein Hohlraum mit entsprechenden Ausmaßen demselben Zweck dienen kann. Ein sich an den Hohlraum anschließender Trichter strahlt die *Zentimeterwellen* als verhältnismäßig schmales Bündel ab. Der Empfänger besteht aus einer *Hochfrequenzdiode*, deren Länge gleich der halben Wellenlänge ist; sie wirkt als Empfangsdipol und zudem noch als Gleichrichter. Die an dieser Diode gleichgerichtete Spannung wird einem Meßverstärker zugeführt. Zur Erhöhung der Empfangs- und Richtungsempfindlichkeit kann vor die Empfangsdiode ebenfalls ein Trichter gesetzt werden. Eine im Abstand $\lambda/4$ hinter dem Diodendipol angebrachte Reflexionsplatte dient im wesentlichen demselben Zweck.

2. Versuche mit Mikrowellen

In den folgenden Versuchen werden wir weitere Eigenschaften elektromagnetischer Wellen kennenlernen, die an Zentimeterwellen wegen ihrer handlichen Wellenlänge besonders gut zu beobachten sind.

Versuch 503: a) Wir bringen den Empfangsdipol etwa 50 cm vor den Mikrowellensender. Durch seitliches Verschieben des Empfängers stellen wir fest, daß der Sender ein ziemlich scharf begrenztes Wellenbündel ausstrahlt.

b) Nun schieben wir zwischen Sender und Empfänger verschiedene Stoffe. Schon eine dünne Metallfolie unterbricht den Wellenstrahl. Dagegen sind Nichtleiter wie Holz, Glas, Plexiglas und andere Kunststoffe für die Mikrowelle weitgehend durchlässig; sie *reflektieren* aber auch einen Teil der Welle.

c) Weil der Wellenstrahl gut gebündelt ist, kann man damit auch das **Reflexionsgesetz** für elektromagnetische Wellen nachweisen. Dazu richten wir Sender und Empfänger schräg gegen eine Metallwand und drehen diese so, daß wir maximalen Empfang erhalten.

Dabei stellen wir fest: *Einfallswinkel und Reflexionswinkel sind gleich*. Wir erhalten also dasselbe Reflexionsgesetz wie bei Licht.

Versuch 504: Die Wellenlänge unserer Mikrowelle messen wir wie in Versuch 497 anhand einer *stehenden Welle*, die wir durch Reflexion an einer Metallwand erzeugen. Bewegen wir den Empfangsdipol auf die Wand zu, so registrieren wir nach Bild 457.1 abwechselnd Minima und Maxima. Aus dem Abstand $d = \lambda/2 = 1{,}6$ cm zweier benachbarter Minima ergibt sich die Wellenlänge $\lambda = 3{,}2$ cm. Unser Mikrowellensender schwingt demnach mit der Frequenz $f = 3{,}0 \cdot 10^8 / 3{,}2 \cdot 10^{-2}$ Hz = 9,4 GHz.

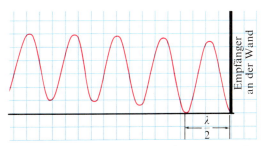

457.1 Mit dem T-Y-Schreiber aufgenommene Maxima und Minima einer stehenden Mikrowelle

Die Reflexion gebündelter Zentimeterwellen an metallischen Gegenständen wird beim *Radar* zur Überwachung des Flug- und Schiffsverkehrs benutzt. Aus der Laufzeit der Mikrowellen kann man auf die Entfernung der beobachteten Objekte schließen. Aber auch ihre Geschwindigkeit läßt sich mit Hilfe von elektromagnetischen Wellen ermitteln. Das Prinzip einer solchen *Radar-Geschwindigkeitsmessung* soll der folgende Versuch zeigen.

Versuch 505: Wir wollen mit Hilfe eines gebündelten Mikrowellenstrahls die Geschwindigkeit eines Fahrzeugs ermitteln. Es wird in unserem Modellversuch durch einen kleinen Wagen mit aufgesetzter Metallplatte dargestellt; etwa 1 m davon entfernt bauen wir den Mikrowellensender so auf, daß sein „Radarstrahl" senkrecht auf die Platte trifft. Zwischen Sender und Wagen wird der Empfangsdipol aufgestellt; er ist über einen Verstärker mit einem elektronischen Zählgerät verbunden. Sobald sich der Wagen bewegt, beginnt der Zähler zu laufen. Wie kommt das?

Nun – die Mikrowelle wird an der Metallplatte reflektiert; dabei überlagert sich das Radarecho mit der Originalwelle zu einer *stehenden Welle*. Angenommen, der Empfangsdipol befinde sich gerade in einem Knoten dieser stehenden Welle; dann registriert er ein Minimum. Bewegt sich nun der Wagen mit der Metallplatte um $\lambda/4$ auf den Dipol zu oder von ihm weg, so verschiebt sich die stehende Welle nach *Bild 458.1* um $\lambda/4$ nach links oder rechts: Der Empfänger gerät dabei in einen Bauch: Es wird ein Maximum des Empfangs registriert und als „Impuls" auf das Zählgerät übertragen. Nach einer weiteren Strecke von $\lambda/4$ sitzt der Empfangsdipol wieder – wie zuvor – in einem Knoten. Wenn der Wagen also die Strecke $\lambda/2$ zurückgelegt hat, erhält das Meßgerät gerade *einmal* maximalen Empfang und registriert dies als einen Zählimpuls.

Werden nun n Impulse in der Zeit Δt gezählt, so hat der Wagen in dieser Zeit die Strecke $\Delta s = n \lambda/2$ zurückgelegt. Seine Geschwindigkeit ist dann

$$v = \frac{\Delta s}{\Delta t} = \frac{n \lambda}{2 \Delta t}. \qquad (458.1)$$

Wir lassen den Wagen von einem langsam laufenden Motor mit der Geschwindigkeit $v = 4$ mm s^{-1} an einer Schnur ziehen. Als elektronischer Zähler ist auch ein T-Y-Schreiber mög-

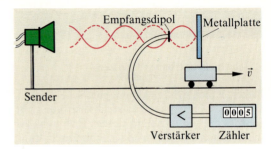

458.1 Ein Modellversuch zur Geschwindigkeitsmessung mit Radar

lich: Er registriert in 20 Sekunden 5 Impulse. Bei einer Wellenlänge von $\lambda = 3{,}2$ cm erhalten wir nach *Gl. 458.1* für die Geschwindigkeit des Wagens $v = 5 \cdot 3{,}2$ cm/40 s $= 0{,}4$ cm s^{-1}.

Unsere bisherigen Versuche haben nachgewiesen, daß sich Mikrowellen bei der Reflexion genau wie Licht verhalten. Im nächsten Versuch wollen wir nun zeigen, daß Mikrowellen auch noch eine weitere Eigenschaft mit dem Licht gemeinsam haben: Sie werden gebrochen. Besonders gut läßt sich die **Brechung** der Mikrowellen an Prismen und Sammellinsen zeigen.

Versuch 506: **a)** Das Mikrowellenbündel wird auf ein Prisma aus Kunststoff oder Paraffin gerichtet. Wir suchen den Ort des maximalen Empfangs und stellen dabei fest, daß der Wellenstrahl gebrochen wird *(Bild 458.2a)*.

b) Etwa 50 cm vor dem Sender steht eine mit Sand gefüllte Kunststofflinse *(Bild 458.2b)*. Sie konzentriert das Wellenbündel auf einen scharf begrenzten Bereich; er stellt sozusagen die Abbildung des Senders durch die Sammellinse dar.

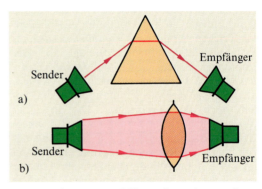

458.2 Brechung von Mikrowellen a) an einem Prisma, b) an einer Sammellinse

§170 Die Lichtgeschwindigkeit

1. Schnelle Funksignale

In Versuch 497 haben wir die Geschwindigkeit, mit der sich elektromagnetische Wellen ausbreiten, zu $c = 3{,}0 \cdot 10^8 \, \text{m s}^{-1}$ bestimmt. Wird diese „sagenhafte" Geschwindigkeit auch unter anderen Bedingungen erreicht?

Astronauten, die den Mond umkreisen, sind auf Funkkontakte mit der Erdstation angewiesen. Dabei konnte man feststellen, daß ein Funksignal von der Erde bis zum Mond und zurück etwa 2,56 s braucht, um die Strecke von 768 800 km zurückzulegen. Daraus ergibt sich die Geschwindigkeit $c = 3{,}0 \cdot 10^8 \, \text{m s}^{-1}$, also der bereits im Labor gemessene Wert. Mit dieser Geschwindigkeit könnte ein Funksignal die Erde in einer Sekunde $7\frac{1}{2}$mal umrunden.

2. Schnelle Lichtblitze

Man hat auch Lichtblitze zum Mond geschickt und nach ihrer Reflexion an einem dort aufgestellten Spiegel wieder auf der Erde empfangen. Sie benötigen die gleiche Laufzeit wie Funksignale; also beträgt die Lichtgeschwindigkeit ebenfalls $c = 3{,}0 \cdot 10^8 \, \text{m s}^{-1}$. Gilt diese Übereinstimmung auch auf der Erde?

Die erste *Messung* der Lichtgeschwindigkeit auf der Erde führte der französische Physiker *Hippolyte Fizeau* (1819 bis 1896) im Jahr 1849 durch. Er schickte einen Lichtstrahl durch den Zahnkranz eines schnell rotierenden Zahnrades. Das auf diese Weise „zerhackte" Licht wurde in etwa 9 km Entfernung von einem Spiegel reflektiert.

Fizeau erhöhte nun die Drehfrequenz des von einer Dampfmaschine angetriebenen Zahnrades so lange, bis das Licht, das auf dem Hinweg durch eine Lücke gegangen war, bei seiner Rückkehr auf den nächstliegenden Zahn fiel. Er erkannte dies daran, daß jetzt das reflektierte Licht plötzlich nicht mehr zu sehen war. Aus der Zahl der Zähne und der Drehfrequenz des Rades konnte *Fizeau* die Zeit Δt berechnen, in der ein Zahn an die Stelle der vorangegangenen Lücke getreten war.

Eine Meßstrecke von 9 km ist doch recht unbequem. Die Lichtgeschwindigkeit in Glas ließe sich damit nur schwer bestimmen. Aber moderne Meßverfahren machen das möglich.

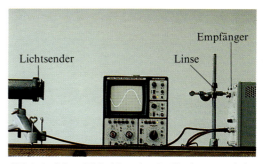

459.1 Auf dem Bildschirm des Oszilloskops erscheint das vom Licht übertragene Signal.

Versuch 507: a) Als Lichtquelle dient eine Leuchtdiode. Sie wird mit Wechselstrom der Frequenz 60 MHz betrieben; deshalb sendet sie Licht mit äußerst schnell aufeinander folgenden sinusförmigen Helligkeitsschwankungen aus. Diese rufen in einer etwa 1 m entfernten Fotodiode eine Wechselspannung hervor, die auf dem Bildschirm eines angeschlossenen Oszilloskops als langgestreckte Sinuslinie erscheint *(Bild 459.1)*. Die Zeitpunkte, zu denen die horizontale Ablenkung des Elektronenstrahls immer wieder neu am linken Bildschirmrand einsetzt, werden vom Lichtsender über ein besonderes Kabel „getriggert". Entfernt man nun Sender und Empfänger voneinander, so ist das Licht bis zur Fotodiode länger unterwegs; dagegen ändert sich an der Laufzeit der im Kabel geführten Triggersignale nichts. Vergrößert man also den Abstand zwischen Empfänger und Lichtsender, so kommen die vom Licht mitgeführten Signale gegenüber den im Kabel laufenden Triggersignalen jetzt später an als vorher: Die Sinuslinie verschiebt sich längs der Zeitachse nach rechts. Aus dieser Verschiebung läßt sich die „Verspätung" des Lichts ermitteln. Vergrößern wir z.B. den Abstand Sender − Empfänger um $\Delta s = 60$ cm, so verspätet sich das Licht um $\Delta t = 2{,}0 \cdot 10^{-9}$ s; daraus folgt die Lichtgeschwindigkeit

$$c = \Delta s / \Delta t = 0{,}60 \, \text{m} / 2{,}0 \cdot 10^{-9} \, \text{s} = 3{,}0 \cdot 10^8 \, \text{m s}^{-1}.$$

> **Die Lichtgeschwindigkeit im Vakuum und in der Luft beträgt rund**
>
> $3{,}0 \cdot 10^8 \, \text{m s}^{-1} = 300\,000 \, \text{km s}^{-1}.$

Die Übereinstimmung der Geschwindigkeiten des Lichts und der elektromagnetischen Wellen ist ein starkes Indiz dafür, daß Licht eine elektromagnetische Welle ist. Gibt es noch weitere Hinweise?

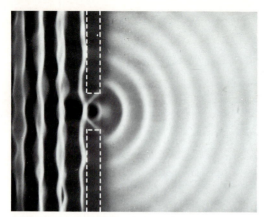

460.1 Die Wasserwelle wird an einem engen Spalt gebeugt. Hinter der Blende bildet sich eine Elementarwelle aus.

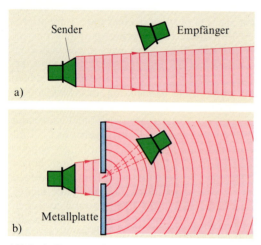

460.2 a) Der Empfangsdipol steht außerhalb des Wellenbündels. b) Die elektromagnetische Welle wird am Spalt gebeugt. Jetzt spricht der Dipol an.

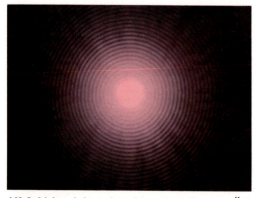

460.3 Licht wird an einer feinen kreisförmigen Öffnung gebeugt. Die schwarzen Ringe sind eine Interferenzerscheinung.

§171 Die Beugung des Lichts

Von den Wasserwellen her kennen Sie eine besondere Welleneigenschaft, die man als **Beugung** bezeichnet (Seite 441). Der folgende Versuch soll daran erinnern.

Versuch 508: In einer Wellenwanne werden zwei Blechstreifen aufgestellt, zwischen denen ein schmaler Spalt offenbleibt. Gegen diese Spaltblende schicken wir eine gerade Wasserwelle. Die Öffnung läßt nun nicht etwa nur ein schmales Wellenbündel durch – wie man erwarten könnte –, sondern erzeugt hinter der Blende nach *Bild 460.1* eine Kreiswelle, deren Zentrum in der Spaltöffnung liegt: Es ist eine sogenannte **Elementarwelle** entstanden.

Der nächste Versuch zeigt, daß auch elektromagnetische Wellen an einer schmalen Spaltöffnung gebeugt werden.

Versuch 509: Wir erzeugen mit dem Mikrowellensender eine Zentimeterwelle und stellen zuerst den Empfänger nach *Bild 460.2a* so auf, daß er vom Mikrowellenbündel des Senders nicht mehr getroffen wird. Bringen wir nun eine Spaltblende von etwa 2 cm Breite in den Weg des Bündels, so spricht der Empfangsdipol an: Jetzt bildet nämlich die Spaltöffnung das Zentrum einer sich im Raum hinter der Blende ausbreitenden Elementarwelle *(Bild 460.2b)*.

Alles sprach bisher dafür, daß es sich bei Licht um eine elektromagnetische Welle handelt. Wenn das so ist, muß sich das Licht beim Durchgang durch eine enge Öffnung ebenso verhalten wie die Wasserwelle und die Mikrowelle in den beiden vorigen Versuchen.

Versuch 510: a) Als Lichtquelle benutzen wir einen *Laser*. Lassen wir das von ihm erzeugte intensive parallele Lichtbündel auf eine etwa 5 m entfernte Wand fallen, so sehen wir dort einen hellen Lichtfleck.

b) Nun bringen wir dicht hinter den Laser eine Lochblende mit einem Durchmesser von ungefähr 0,5 mm. Daraufhin verkleinert sich der Lichtfleck auf dem Schirm nicht etwa ebenfalls auf 0,5 mm Durchmesser – im Gegenteil: Er weitet sich aus *(Bild 460.3)*. Das Licht wird demnach an der feinen Öffnung gebeugt – wir haben wieder einen Effekt gefunden, der unsere Vermutung bestätigt, Licht sei eine Welle.

§172 Interferenz bei Lichtwellen

1. Licht + Licht = Dunkelheit

Wir sind jetzt ziemlich sicher, daß Licht eine Welle ist. Ein letztes Indiz fehlt allerdings noch, nämlich die *nur bei Wellen* vorkommende **Interferenz.** Dazu betrachten wir zunächst einen Versuch mit Wasserwellen.

Versuch 511: Zwei Stifte tauchen periodisch in die Wasseroberfläche einer Wellenwanne ein. Sie besitzen einen Abstand von 1 cm bis 2 cm und sind fest miteinander verbunden, schwingen also mit gleicher Frequenz und Amplitude. Außerdem stimmen ihre Schwingungsphasen in jedem Augenblick überein. Solche Schwingungen nennt man **kohärent.**

Bei der kohärenten Schwingung der beiden Stifte überlagern sich die Kreiswellen zu einem resultierenden Wellensystem, das von auffälligen „Straßen der Ruhe" durchzogen ist *(Bild 461.1)*. Sie entstehen durch *Interferenz* der von den beiden Erregerzentren ausgehenden Wellen: Längs der Straßen fällt jeweils ein Berg der einen Welle auf ein Tal der anderen. Dabei heben sie sich auf, das Wasser bleibt an all diesen Stellen in Ruhe.

Um denselben Effekt mit elektromagnetischen Wellen zu erzielen, können wir nicht einfach statt der Stifte zwei Mikrowellensender nebeneinanderstellen. Sie würden nämlich niemals über längere Zeit völlig exakt im Gleichtakt schwingen, also nie kohärente Wellen aussenden. Diese Schwierigkeit läßt sich mit einem einfachen Kunstgriff beheben. Wir zeigen ihn zunächst an Wasserwellen.

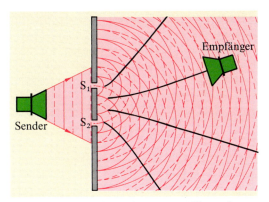

461.2 Beugung und Interferenz von Mikrowellen an einem Doppelspalt

Versuch 512: Wir bauen in der Wellenwanne aus drei Blechstreifen eine Blende mit zwei schmalen Öffnungen auf, die den gleichen Abstand voneinander besitzen wie die beiden Stifte in Versuch 511. Gegen diesen *Doppelspalt* lassen wir nun eine gerade Welle laufen: Hinter den beiden Spaltöffnungen entstehen Elementarwellen, die genau dasselbe Interferenzmuster erzeugen wie die beiden Erregerstifte in Versuch 511.

Versuch 513: Die von einem Mikrowellensender ausgehenden elektromagnetischen Wellen treffen nach *Bild 461.2* auf einen *Doppelspalt*. Er wird aus zwei Metallplatten und einem schmalen Metallstreifen gebildet. Die Breite der beiden Spalten S_1 und S_2 ist jeweils kleiner als die Wellenlänge λ; der Abstand ihrer Mitten beträgt ungefähr 2 bis 3 Wellenlängen. Von S_1 und S_2 gehen nun Elementarwellen aus. Da diese von einem einzigen Mikrowellensender hervorgerufen werden, wirken die beiden Spalte wie zwei nahe nebeneinander stehende *kohärent* schwingende Sender. Dabei entstehen

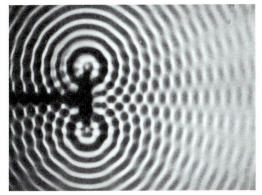

461.1 Gibt es so etwas auch bei Licht?

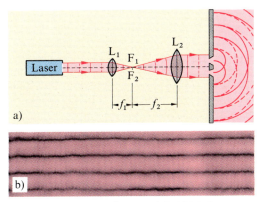

461.3 Ja — so etwas gibt es auch bei Licht!

wieder Interferenzstraßen wie bei Versuch 511 mit Wasserwellen. Sie sind zwar unsichtbar, aber leicht nachzuweisen: Bewegen wir den Empfänger auf einem Kreis um die Mitte des Doppelspaltes herum, so finden wir abwechselnd Minima und Maxima des Empfangs.

Und nun sind wir gespannt, ob wir denselben Effekt auch mit Licht erhalten!

Versuch 514: Wir ersetzen den Mikrowellensender des Versuchs 512 durch eine Lichtquelle und lassen ein paralleles Lichtbündel auf einen Doppelspalt fallen. Besonders geeignet ist ein *Laser*; er sendet ein *monochromatisches* (d.h. einfarbiges) Lichtbündel aus, das allerdings einen verhältnismäßig kleinen Durchmesser hat. Wir können es jedoch nach *Bild 461.3a* mit zwei Sammellinsen zu einem breiteren Parallelbündel aufweiten. Wir stellen dazu die beiden Linsen L_1 und L_2 so auf, daß ihre Brennpunkte F_1 und F_2 zusammenfallen. Je größer das Verhältnis f_2/f_1 ihrer Brennweiten ist, desto stärker wird die Aufweitung. – Mit diesem parallelen Lichtbündel beleuchten wir nun zwei sehr nahe beieinander liegende enge Spalte. Auf einem mehrere Meter entfernten Schirm entdecken wir daraufhin tatsächlich den erwarteten Effekt, nämlich ein Interferenzmuster in Form von parallelen hellen und dunklen Streifen *(Bild 461.3b)*.

Wie beim Doppelspaltversuch mit Mikrowellen entsteht an den beiden Spalten je eine Elementarwelle *(Bild 462.1)*. S_1 und S_2 lassen sich demnach als Zentren von Wellenstrahlen auffassen, die sich nach allen Seiten des Halbraums rechts vom Doppelspalt ausbreiten. Wie es nun an einer beliebigen Stelle P des Schirms aussieht, hängt ganz davon ab, welchen Gangunterschied δ diejenigen beiden von S_1 bzw. S_2 herkommenden Wellenstrahlen haben, die sich in P treffen. Ist $\delta = 0, \lambda, 2\lambda, \ldots, k\lambda$, so fällt Berg auf Berg und Tal auf Tal: Die Wellen verstärken sich, und im Punkt P entsteht ein *Maximum*, d.h. es ist dort besonders hell. Bei $\delta = \lambda/2, 3\lambda/2, \ldots, (2k+1)\lambda/2$ fällt Berg auf Tal: Die Wellen löschen sich in P aus, und es entsteht ein *Minimum*, d.h. im Punkt P herrscht Dunkelheit.

An den in *Bild 462.1* herausgegriffenen Wellenstrahlen können Sie ablesen, daß der Gangunterschied $\delta = |x-y|$ in der Mitte M des Interferenzmusters Null ist und mit wachsender Entfernung von M immer mehr zunimmt. Damit ist verständlich geworden, warum Sie auf

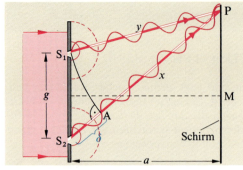

462.1 Im nahegelegenen Punkt P haben die sich überlagernden Wellenstrahlen den Gangunterschied $\delta = \lambda$.

dem Schirm Zebrastreifen sehen. Überall dort, wo die Streifen schwarz sind, addiert sich Licht plus Licht zu Dunkelheit!

> **Bei Licht tritt Interferenz auf. Dabei entstehen durch Überlagerung von Lichtwellen abwechselnd helle und dunkle Interferenzstreifen.**

2. Vom Interferenzmuster zur Wellenlänge

Für eine Welle ist charakteristisch, daß sich „positive" und „negative" Elemente periodisch aufeinanderfolgend im Raum ausbreiten. Sie bestehen bei der Wasserwelle aus sichtbaren Bergen und Tälern, bei der Schallwelle – schon weniger anschaulich – aus Zonen mit abwechselndem Überdruck und Unterdruck. Noch unanschaulicher ist die elektromagnetische Welle; ihre positiven und negativen Elemente bestehen aus elektrischen Feldvektoren mit jeweils entgegengesetzten Richtungen und ebensolchen magnetischen Feldvektoren.

Typisch für alle Wellen ist nun das Auftreten von **Interferenzen:** Wo zwei gleichnamige Elemente zusammentreffen, verstärken sie sich; zwei ungleichnamige Elemente (Berg und Tal) schwächen sich dagegen ab.

Es ist noch nie gelungen, Interferenzen anders als mit Hilfe von Wellen zu deuten. Im Interferenzmuster des Versuchs 513 haben wir also ein besonders starkes Indiz für die Wellennatur des Lichts gewonnen. Aber nicht nur dies – wir können daraus auch die Licht-Wellenlänge bestimmen. Dazu betrachten wir *Bild 462.1*: In Wirklichkeit beträgt der Spaltabstand g Bruchteile eines Millimeters, die Entfernung a des

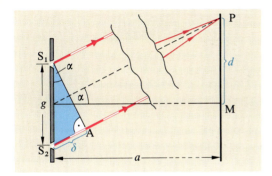

463.1 Die beiden sich im fernen Punkt P treffenden Strahlen verlaufen praktisch parallel.

Schirms dagegen mehrere Meter. Im richtigen Maßstab müßte P also etwa 50 m rechts vom Doppelspalt gezeichnet werden. Deshalb gehen die beiden sich in P treffenden Wellenstrahlen praktisch *parallel* vom Doppelspalt weg, und der Kreisbogen $S_1 A$ unterscheidet sich nur geringfügig von der Sehne $\overline{S_1 A}$ *(Bild 463.1)*. Für unsere weiteren Überlegungen spielt nun das in *Bild 463.1* blau getönte rechtwinklige Dreieck $A\,S_1 S_2$ eine wesentliche Rolle. Seine Kathete $\overline{S_2 A}$ ist gleich dem Gangunterschied δ, mit dem die beiden Strahlen in P ankommen; der Winkel bei S_1 ist gleich dem Winkel α, unter dem die Strahlen auf P hinzielen. Aus *Bild 463.1* können Sie nun für δ und $d=\overline{PM}$ zwei wichtige Beziehungen ablesen:

$$\sin\alpha = \frac{\delta}{g}, \quad \tan\alpha = \frac{d}{a}. \quad (463.1)$$

Das beobachtete Interferenzmuster erstreckt sich auf einen sehr kleinen Bereich um die Mitte M herum; die zugehörigen Winkel α sind kleiner als 1°. Deshalb darf man hier mit sehr guter Näherung $\sin\alpha = \tan\alpha$ setzen. Aus *Gl. 463.1* folgt dann

$$d/a = \delta/g. \quad (463.2)$$

Maxima entstehen auf dem Schirm, wenn der Gangunterschied $\delta = k\lambda$ mit $k=0, 1, 2, \ldots$ beträgt. Für den Abstand d_k des $k$ten Maximums von der Mitte M ergibt sich nach *Gl. 463.2*

$$d_k = k\,\frac{a\lambda}{g} \quad \text{mit} \quad k = 0, 1, 2, \ldots. \quad (463.3)$$

Setzen wir in diese Gleichung $k=0$ ein, so folgt $d_0 = 0$; in der Mitte M des Interferenzmusters ist also ein Maximum. Das kann man natürlich auch ohne Gleichung leicht einsehen, denn dort ist ja der Gangunterschied Null. Nach *Gl. 463.3* haben zwei benachbarte Maxima den Abstand

$$\Delta d = d_{k+1} - d_k = (k+1-k)\frac{a\lambda}{g} = \frac{a\lambda}{g}.$$

Minima erhält man für die Gangunterschiede

$$\delta = (2k+1)\frac{\lambda}{2} \quad \text{mit} \quad k = 0, 1, 2, \ldots.$$

Damit wird nach *Gl. 463.2* der Abstand d_k des $k$ten Minimums von der hellen Mitte M $d_k = (2k+1)\,a\lambda/(2g)$. Zwei benachbarte Minima haben demnach den Abstand

$$d_{k+1} - d_k = (2k+3-2k-1)\frac{a\lambda}{2g} = \frac{a\lambda}{g}.$$

Sowohl benachbarte Maxima als auch benachbarte Minima im Interferenzmuster des Doppelspalts haben also voneinander denselben Abstand $\Delta d = a\lambda/g$.

> **Beleuchtet man einen Doppelspalt, der den Spaltabstand g hat, mit Licht der Wellenlänge λ, so entstehen auf einem in der Entfernung a dahinter angebrachten Schirm helle und dunkle Streifen; ihr gegenseitiger Abstand beträgt jeweils**
>
> $$\Delta d = \frac{a\lambda}{g}. \quad (463.4)$$

Versuch 515: **a)** Damit wir nach *Gl. 463.4* die Wellenlänge λ von Licht bestimmen können, erzeugen wir zunächst mit einem Overhead-Projektor eine vergrößerte Abbildung des Doppelspalts und messen darin die Länge l' und den Abstand g' der Spaltbilder. Außerdem bestimmen wir die Originallänge l eines der beiden Spalte. Aus $g/g' = l/l'$ erhalten wir dann

$$g = \frac{l\,g'}{l'}. \quad (463.5)$$

b) Diesen Doppelspalt beleuchten wir nun senkrecht mit dem aufgeweiteten parallelen Lichtbündel des Lasers und fangen das Interferenzmuster auf einem Schirm auf. Es ergeben sich zum Beispiel die folgenden Werte

8facher Streifenabstand:	$8\,\Delta d = 3{,}2$ cm
Länge eines Spalts:	$l = 1{,}9$ cm
Länge seines Bildes:	$l' = 108$ cm
Abstand der Spaltbilder:	$g' = 3{,}7$ cm
Schirmabstand:	$a = 410$ cm

Mit diesen Werten ergibt sich aus *Gl. 463.5* der Spaltabstand $g = 6{,}5 \cdot 10^{-4}$ m. Aus *Gl. 463.4* folgt dann für die Wellenlänge des Laserlichts

$$\lambda = \frac{\Delta d\, g}{a} = \frac{4 \cdot 10^{-3}\,\text{m} \cdot 6{,}5 \cdot 10^{-4}\,\text{m}}{4{,}1\,\text{m}}$$
$$= 630 \cdot 10^{-9}\,\text{m} = 630\,\text{nm}.$$

Können wir nun also aufgrund unseres Versuchs mit dem Doppelspalt für das Laserlicht eine Wellenlänge von 630 nm garantieren? Betrachten wir einmal die Einzelmessungen, die zu unserem Ergebnis geführt haben: Nehmen wir an, l und g' lassen sich mit einer Genauigkeit von ± 1 mm bestimmen, $8\,\Delta d$ mit ± 2 mm, l' mit $\pm 0{,}5$ cm und a mit ± 1 cm. Dann erhalten wir das ziemlich enttäuschende Vertrauensintervall 545 nm $< \lambda <$ 735 nm.

Präzise Messungen mit anderen Methoden ergeben für die Wellenlänge des von uns benutzten Laserlichts $\lambda = 632{,}8$ nm. Aus $f = c/\lambda$ folgt die zugehörige Frequenz $f = 4{,}7 \cdot 10^{14}$ Hz.

3. Filter, Farben und Frequenzen

Versuch 516: Wir erzeugen nun verschiedenfarbige Lichter, indem wir auswechselbare Farbfilter vor eine normale Glühlampe setzen. Ihr Licht wird durch eine Kondensorlinse auf einen Spalt konzentriert *(Bild 464.1)*. Ist dieser genügend schmal, so geht von ihm eine Kreiswelle aus – ähnlich wie bei einem Stift, der in eine Wasseroberfläche taucht. Der Spalt steht im Brennpunkt einer Sammellinse ($f = 30$ cm); sie wirft paralleles Licht, also gerade Wellenfronten, auf einen Doppelspalt. Die beiden von ihm ausgehenden Elementarwellen stammen nur von Licht, das aus dem schmalen Einzelspalt kommt. Bringen wir nun einen Schirm hinter den Doppelspalt, so können wir dort die schon bekannten Zebrastreifen beobachten. Dabei stellen wir fest, daß ihr Abstand von der Farbe des Lichts abhängt: Bei blauem

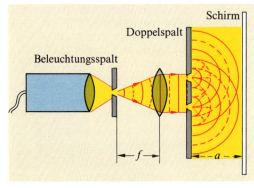

464.1 Bestimmung der Wellenlänge verschiedenfarbiger Lichter mit dem Doppelspalt

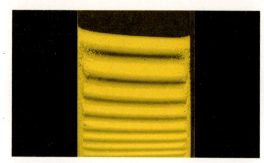

464.2 Auf der dünnen Seifenhaut sieht man im diffusen einfarbigen Licht Zebrastreifen. Oben bildet sich stets eine dunkle Zone aus.

Licht ist der Streifenabstand kleiner als bei rotem. Nach *Gl. 463.4* hat also blaues Licht eine kleinere Wellenlänge als rotes. Aus $f = c/\lambda$ folgt, daß die *Frequenz des blauen Lichtes größer ist als die des roten*.

Das menschliche Auge kann ein Farbspektrum wahrnehmen, das von Violett bis Dunkelrot geht. Messungen haben ergeben, daß die zugehörigen Wellenlängen im Vakuum (und praktisch auch in Luft) ungefähr von 400 nm bis 800 nm gehen; die zugehörigen Frequenzen liegen zwischen $7{,}5 \cdot 10^{14}$ Hz und $3{,}75 \cdot 10^{14}$ Hz.

> **Der Bereich des sichtbaren Lichts erstreckt sich von Violett bis Rot auf die Vakuum-Wellenlängen 400 nm bis 800 nm.**

4. Warum schillern Seifenblasen?

Sicher haben Sie schon beobachtet, daß Ölflecke auf nasser Straße oder Seifenblasen in allen Farben schillern können.

Versuch 517: Wir ziehen einen rechteckigen Drahtrahmen vorsichtig aus einer Seifenlösung; dabei bildet sich zwischen den Drähten eine feine Haut aus Wasser. Auf diese dünne Schicht lassen wir einfarbiges Licht fallen; es geht von einem Transparentschirm aus, der auf seiner Rückseite mit einer Natriumdampflampe beleuchtet wird. Im an der Seifenhaut reflektierten Licht sehen wir dann viele dunkle Interferenzstreifen *(Bild 464.2)*.

Sie kommen zustande, weil sowohl an der Vorder- als auch an der Rückseite der Seifenhaut etwas Licht reflektiert wird. Zum Auge des Beobachters laufen also Lichtwellen mit einer

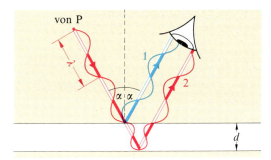

465.1 Das von einem Punkt P einer diffus beleuchteten Wand ausgehende Licht gelangt auf zwei verschiedenen Wegen in das Auge.

deutlichen Wegdifferenz. Ob konstruktive oder destruktive Interferenz vorliegt, hängt vom Einfallswinkel α der Lichtstrahlen und von der Schichtdicke d ab *(Bild 465.1)*. Weil das in der Seifenhaut enthaltene Wasser langsam nach unten absinkt und gleichzeitig etwas davon verdunstet, ist die Schichtdicke d nicht konstant. Wir beobachten deshalb helle und dunkle Streifen, die sich langsam verändern.

Und wie entstehen nun die **Farben?** — Bei der Beleuchtung mit *einfarbigem* Licht, z.B. einem bestimmten Gelb, entstehen schwarze Interferenzstreifen. Benutzt man *weißes* Licht, so fällt das darin enthaltene gleiche Gelb längs dieser Interferenzstreifen durch destruktive Interferenz ganz weg; die Nachbarfarben treten nur geschwächt auf. Das Auge empfindet deshalb dort die Komplementärfarbe zu Gelb, nämlich Violett. Auf die gleiche Weise entstehen bei der Beleuchtung einer dünnen Schicht mit weißem Licht auch andere Farben. Die Schichtdicke der Seifenblase ändert sich ständig und damit die Interferenzbedingung für die verschiedenen Farben.

Aufgabe

*1. Die Öffnungen eines Doppelspalts sind jeweils 2,0 cm lang. In einem optischen Bild mißt man für die beiden Spalte jeweils die Länge 87,9 cm und einen Abstand von 0,80 cm. **a)** Wird der Doppelspalt mit parallelem, einfarbigem Licht senkrecht beleuchtet, so beobachtet man auf einem 1,20 m entfernten Schirm ein Interferenzmuster, in dem die Mitte des 1. dunklen Streifens von der Mitte des 6. dunklen Streifens den Abstand 1,8 cm hat. Berechnen Sie die Wellenlänge des Lichts! **b)** Nun wird derselbe Doppelspalt mit einem Laserlichtbündel der Wellenlänge 633 nm senkrecht beleuchtet. Welchen Abstand haben jetzt die Mitten des 1. und des 6. dunklen Streifens voneinander, wenn der Schirm in 2,50 m Entfernung vom Doppelspalt aufgestellt wird?*

§173 Das optische Gitter

1. Das Gitter — ein Mehrfachspalt

Der Doppelspalt hat zwei große Nachteile:

— Durch die beiden Spalte geht nur wenig Licht. Bei einem Laserlichtbündel, das man in voller Breite ausnutzen kann, erhält man zwar noch einigermaßen helle Interferenzstreifen; eine gewöhnliche Lichtquelle, die nach Versuch 516 stark eingeengt werden muß, liefert am Doppelspalt aber nur ein äußerst lichtschwaches Interferenzmuster.
— Die Maxima sind nicht scharf; die Intensität des Lichts geht nämlich nur ganz allmählich von ihrem größten Wert in einem Maximum auf den im nächsten Minimum folgenden Wert Null zurück.

Beide Nachteile lassen sich durch dieselbe Maßnahme beseitigen: Statt eines *Doppelspalts* nimmt man einen *Mehrfachspalt*, ein sogenanntes **optisches Gitter**. Es besteht aus sehr vielen Spalten, die in gleichen Abständen nebeneinander angeordnet sind. Bei seiner Herstellung werden mit einem Diamanten feine Striche auf eine Glasplatte geritzt. Die eingravierten Linien lassen kein Licht durch; die nichtgeritzten Glasflächen wirken als Spaltöffnungen. Meist werden fotografische Gitterkopien benutzt.

Versuch 518: Ein Laserstrahl erzeugt auf einer etwa 4 m entfernten Wand einen scharfen kleinen Lichtfleck. Halten wir nun ein optisches Gitter senkrecht in den Strahl, so bleibt der Fleck scharf. Überraschenderweise reihen sich zu seinen beiden Seiten in gerader Linie weitere scharfe Lichtflecke auf. Wie kommt das?

Nehmen wir an, die Zahl der Gitteröffnungen sei n. Dann bildet sich hinter jedem der n Spalte eine Elementarwelle aus; das Licht wird dort *gebeugt*. Wir bekommen Ordnung in das dabei entstehende Durcheinander, wenn wir daraus zunächst nur solche Wellenstrahlen herausgreifen, deren Nachbarn sich jeweils mit dem gegenseitigen Gangunterschied $\delta = k\lambda$ ($k = 0, 1, 2, \ldots$) in einem weit entfernten Punkt P eines Schirms treffen *(Bild 466.1)*. Dann addiert sich jeder der dort ankommenden Wellenberge mit den anderen zu einem $n$mal so hohen Wellenberg (Entsprechendes gilt auch für die Wellentäler): Auf dem Schirm entsteht ein Maximum an Helligkeit.

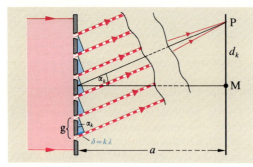

466.1 Beim Gangunterschied $\delta = k\lambda$ kommen alle Wellen in P gleichphasig an und bilden ein Maximum.

2. Warum das Gitter dem Doppelspalt überlegen ist

Die Besonderheit des optischen Gitters mit seinen vielen Spalten zeigt sich erst, wenn wir den Raum *zwischen* zwei Maxima untersuchen:

Hier macht sich nun die Vielzahl der Gitterspalte bemerkbar. Nur wenn der Gangunterschied zweier benachbarter Wellenstrahlen genau ein ganzzahliges Vielfaches der Wellenlänge ist, fallen nämlich bei der Überlagerung in einem Punkt des Schirmes *sämtliche* Wellenberge (bzw. -täler) aufeinander und erzeugen dabei ein Helligkeitsmaximum. Schon bei einer geringfügigen Abweichung von der Ganzzahligkeit löschen sich dagegen die vielen Wellenstrahlen insgesamt fast ganz aus, so daß dicht neben einem Helligkeitsmaximum auf dem Schirm praktisch schon Dunkelheit herrscht.

Da diese vielen Wellenstrahlen alle möglichen Gangunterschiede aufweisen, finden sich nämlich unter ihnen immer wieder solche, die sich gegenseitig völlig auslöschen, weil ihr Gangunterschied ein ungeradzahliges Vielfaches von $\lambda/2$ beträgt. Nur wenige Strahlen bleiben dabei übrig, so daß zwischen zwei Maxima lediglich noch eine ganz geringfügige *Resthelligkeit* bemerkbar ist. Diese nimmt mit wachsender Zahl der Gitterspalte mehr und mehr ab, während gleichzeitig die Helligkeitsmaxima immer schärfer hervortreten.

Auch hier dürfen wir mit sehr guter Näherung annehmen, daß die sich in P treffenden Strahlen praktisch parallel von den Gitterspalten weggehen. Wir können ihren Gangunterschied δ am gleichen rechtwinkligen Dreieck ablesen, das auch schon beim Doppelspalt vorkam. Setzen wir in $\delta = k\lambda$ zunächst $k = 0$, so greifen wir damit das Bündel von n Strahlen heraus, das den mittleren hellen Fleck im Schnittpunkt der optischen Achse mit dem Schirm erzeugt. $k = 1$ gibt Bündel, die jeweils zum ersten hellen Fleck links bzw. rechts der Mitte führen, und so geht das mit $k = 2, 3, \ldots$ weiter.

Wie beim Doppelspalt gilt auch hier für die Winkel α_k zu einem *Helligkeitsmaximum*

$$\sin\alpha_k = \frac{k\lambda}{g} \leq 1 \quad \text{mit } k = 0, 1, 2, \ldots; \quad (466.1)$$

$$\tan\alpha_k = \frac{d_k}{a}. \quad (466.2)$$

Der Abstand zweier benachbarter Spalte wird **Gitterkonstante g** genannt. Die einzelnen Maxima unterscheidet man nach ihrer *Ordnungszahl k*. In der Mitte des Interferenzmusters liegt das Maximum nullter Ordnung; links und rechts schließen sich jeweils die Maxima 1., 2., …, $k$ter Ordnung an. Da der Sinus des Winkels α_k höchstens 1 werden kann, ist die Anzahl der Ordnungen beschränkt.

Versuch 519: Ein Gitter mit 1000 Strichen pro Zentimeter wird durch Laserlicht senkrecht beleuchtet. Auf einem 3,80 m vom Gitter entfernten Schirm messen wir den Abstand des linken Maximums 2. Ordnung vom rechten Maximum 2. Ordnung zu 97,0 cm.

Aus der Zahl der Gitterstriche pro Zentimeter läßt sich die Gitterkonstante g leicht ermitteln. In unserem Fall ergibt sich $g = \frac{1}{1000}$ cm $= 1{,}00 \cdot 10^{-5}$ m. Nach Gl. 466.2 gilt für den Winkel α_2 zum Maximum 2. Ordnung $\tan\alpha_2 = d_2/a = \frac{48{,}5\,\text{cm}}{380\,\text{cm}} = 0{,}128$; also $\alpha_2 = 7{,}27°$. Aus Gl. 466.1 folgt für die Wellenlänge

$$\lambda = \frac{g \sin\alpha_2}{k} = 633 \text{ nm}.$$

Die Zahl der Striche pro cm kann man mit 1% Genauigkeit annehmen. Die Entfernung des Schirms vom Gitter läßt sich auf ±1 cm, der gegenseitige Abstand der Maxima auf ±2 mm genau ablesen. Damit erhalten wir das Vertrauensintervall 630 nm $< \lambda <$ 636 nm.

> Ein optisches Gitter mit der Gitterkonstante g erzeugt von senkrecht auftreffendem Licht der Wellenlänge λ scharfe Helligkeitsmaxima. Für die zu ihnen weisenden Winkel gilt
>
> $$\sin\alpha_k = \frac{k\lambda}{g} \leq 1 \quad \text{mit } k = 0, 1, 2, 3, \ldots .$$

3. Gitterspektren

Mit dem optischen Gitter können wir die Wellenlänge für jede beliebige Lichtquelle sehr genau bestimmen. Dazu brauchen wir nur den Doppelspalt in der Anordnung des Versuchs 517 durch ein Gitter zu ersetzen.

Versuch 520: Nach *Bild 467.1* wird das Licht einer Natriumdampf-Lampe durch die Kondensorlinse K auf einen verstellbaren Spalt konzentriert, der ungefähr in der Brennebene einer Sammellinse L liegt. Das dabei entstehende annähernd parallele Lichtbündel erzeugt auf einem etwa 2 m entfernten Schirm ein optisches Bild des Spalts. Bringen wir nun dicht hinter L ein Gitter, so wird das Spaltbild wie der Laserlichtfleck in Versuch 518 vervielfacht: Auf dem Schirm entsteht ein Muster von hellen Streifen. Ihre volle Schärfe kommt erst zum Vorschein, wenn wir den Beleuchtungsspalt *genügend verengen*. Die dann auftretenden extrem schmalen Linien heißen **Spektrallinien.**

In einem Versuch mit Natrium-Licht hatte das Gitter 1000 Striche pro Zentimeter; der gegenseitige Abstand der beiden Spektrallinien 3. Ordnung wurde auf einem 2,00 m vom Gitter entfernten Schirm zu 71,8 cm gemessen. Aus diesen Angaben können wir die Wellenlänge des Natriumlichts leicht ermitteln: Die Gitterkonstante beträgt $g = 1,00 \cdot 10^{-5}$ m. Für den Winkel α_3 zum Maximum 3. Ordnung erhält man

$$\tan \alpha_3 = \frac{d_3}{a} = \frac{35,9 \text{ cm}}{200 \text{ cm}} = 0,180; \quad \alpha_3 = 10,18°.$$

Aus $\sin \alpha_3 = \dfrac{3\lambda}{g}$ folgt $\lambda = \dfrac{g \sin \alpha_3}{3} = 589$ nm.

Das gelbe Licht der Natriumdampf-Lampe hat also die ziemlich scharf bestimmte Wellenlänge 589 nm; wir nennen es *monochromatisch*.

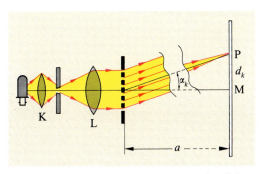

467.1 Messung der Wellenlänge von Natriumlicht

Farbe der Spektrallinie	Wellenlänge im Vakuum
violett	405 nm
blau	436 nm
grün	546 nm
gelb (doppelt)	577 nm und 579 nm

Tabelle 467.1 Spektrallinien von Quecksilber

Versuch 521: Nun setzen wir als Lichtquelle eine Quecksilberdampf-Lampe ein. Während beim Natrium-Licht in jeder Ordnung nur *eine* gelbe Linie zu beobachten war, erscheint jetzt auf dem Schirm eine Folge verschiedenfarbiger Linien. Aus diesem **Linienspektrum** können wir ablesen, daß die durch Elektronenstoß zum Leuchten angeregten Hg-Atome im sichtbaren Bereich mehrere verschiedenfarbige Lichter ganz bestimmter Wellenlänge aussenden.

Die im Linienspektrum vorkommenden Wellenlängen sind für die Art der lichtaussendenden Atome charakteristisch (Spektraltafel Seite 571). Mißt man z.B. das Linienspektrum von Quecksilberdampf im Vakuum (und praktisch auch in Luft) aus, so erhält man stets dieselben Wellenlängen (*Tabelle 467.1*).

Aus solchen Überlegungen heraus entwickelten *R.W. Bunsen* (1811 bis 1899) und *G.R. Kirchhoff* die Methode der **Spektralanalyse.** Damit kann man nicht nur chemische Substanzen im Laboratorium untersuchen, sondern auch Aufschluß über die stoffliche Zusammensetzung von Sternen erhalten. *J. von Fraunhofer* (1787 bis 1826) entdeckte 1814 im kontinuierlichen Sonnenspektrum eine große Zahl dunkler Linien. Sie entstehen dadurch, daß die Dämpfe der Sonnenoberfläche ganz bestimmte Wellenlängen des von tieferliegenden Schichten der Sonne kommenden weißen Lichts absorbieren.

Versuch 522: Als Lichtquelle setzen wir nun eine Experimentierleuchte ein, die weißes Glühlicht liefert. Auf dem Schirm entsteht eine weiße Linie; links und rechts davon erscheinen in allen Farben leuchtende Bänder, die sich teilweise überlappen.

Im weißen Glühlicht kommen sämtliche Wellenlängen des sichtbaren Bereichs vor. Nach *Gl. 466.1* liegt das Maximum 1., 2., ... Ordnung für jede dieser Wellenlängen an einer anderen Stelle. Die im weißen Glühlicht enthaltenen farbigen Lichter werden also ihrer jeweiligen Wellenlänge entsprechend in den verschiedenen Ordnungen zu kontinuierlichen Spektren nebeneinander gelegt *(Bild 468.1)*. Die Richtung zum Maximum nullter Ordnung ($k=0$) ist von der Wellenlänge unabhängig; deshalb erscheinen in der Mitte des Interferenzmusters alle Farben an derselben Stelle und erzeugen dort einen weißen Strich.

Sie wissen, daß auch bei der *Brechung* des weißen Glühlichts an einem Prisma ein Spektrum entsteht (Seite 160). Gegenüber einem solchen **Prismenspektrum** hat das **Gitterspektrum** den Vorzug, daß die Wellenlängen der einzelnen Farben nach *Gl. 466.1* leicht zu messen sind.

Im Gitterspektrum liegt nach *Gl. 466.1* rotes Licht wegen seiner großen Wellenlänge außen und das kurzwellige Violett innen. Dagegen liegt im Prismenspektrum Rot innen und Violett außen, weil Rot am schwächsten und Violett am stärksten gebrochen wird.

Versuch 523: Eine gasgefüllte Spektralröhre wird so aufgestellt, daß sich ihre dünne, hell leuchtende Kapillare senkrecht vor einem horizontalen Maßstab befindet *(Bild 468.1)*. Blicken wir nun durch ein optisches Gitter auf die Röhre, so sehen wir vor dem Maßstab das weit auseinandergezogene Linienspektrum des leuchtenden Füllgases.

Die Lichtquelle ist so dünn, daß sie nicht besonders verengt werden muß. Die zum $k$ten Maximum einer Spektrallinie führenden Wellenstrahlen verlassen das optische Gitter unter dem Winkel α_k und werden von der Augenlinse des Beobachters als farbiges Bild dieser Spektrallinie auf die Netzhaut projiziert.

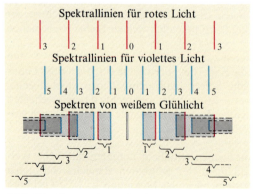

468.1 Die Gitterspektren des sichtbaren Lichts überlappen sich von der 2. Ordnung an.

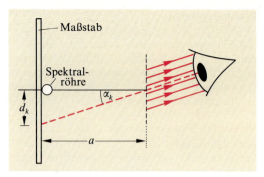

468.2 So kann man ein Gitterspektrum auch mit bloßem Auge beobachten.

Für den Betrachter scheinen die Lichtstrahlen vom Maßstab herzukommen; dort kann er die Strecke d_k ablesen, aus $\tan\alpha_k = d_k/a$ den Winkel zum Maximum $k$ter Ordnung berechnen und aufgrund von *Gl. 466.1* die Wellenlänge der betreffenden Spektrallinie ermitteln. Man kann auf dem Maßstab auch gleich eine Skala mit den Wellenlängen anbringen und erhält so ein einfaches **Gitterspektrometer,** mit dem Gase bequem untersucht werden können.

Aufgaben
(Für sichtbares Licht gilt $400\,\text{nm} \leq \lambda \leq 800\,\text{nm}$)

1. *Welchen Abstand hat die Spektrallinie 1. Ordnung von der Spektrallinie 2. Ordnung für rotes Licht ($\lambda_1 = 760$ nm) bzw. für blaues Licht ($\lambda_2 = 400$ nm) bei einem Gitter mit 500 Linien pro mm und einem Schirmabstand von 1,50 m?*

2. *Ein optisches Gitter mit 2000 Strichen pro cm wird von parallelem weißem Licht senkrecht beleuchtet.* **a)** *Wie breit erscheint das Spektrum 1. Ordnung auf einem 3,20 m entfernten Schirm?* **b)** *Zeigen Sie, daß sich die sichtbaren Spektren 2. und 3. Ordnung überlappen!* **c)** *Bis zu welcher Wellenlänge ist das Spektrum 2. Ordnung noch ungestört zu sehen?* **d)** *Zeigen Sie, daß die Ergebnisse in b) und c) von der Gitterkonstanten g unabhängig sind!*

3. *Welche Gitterkonstante hat ein Gitter, bei dem die beiden Spektrallinien 1. Ordnung von Natriumlicht ($\lambda = 590$ nm) auf einem 1,00 m entfernten Schirm den Abstand 11,8 cm haben?*

4. *Auf einem 2,50 m vom Gitter entfernten Schirm wird das Linienspektrum von Quecksilberdampf beobachtet. In der 1. Ordnung beträgt der Abstand der linken violetten Linie ($\lambda_1 = 405$ nm) von der rechten 40,6 cm.* **a)** *Berechnen Sie die Gitterkonstante!* **b)** *Wie weit ist in der 2. Ordnung die violette Linie ($\lambda_1 = 405$ nm) von der grünen Linie ($\lambda_2 = 546$ nm) entfernt?* **c)** *In welcher Ordnung kommt es zum ersten Mal vor, daß die grüne Linie in das Spektrum der nächsthöheren Ordnung fällt?*

§ 174 Beugung am Einzelspalt

1. Ein Wirrwarr wird geordnet

Bisher haben wir das Zusammenwirken von Lichtwellen betrachtet, die an den *vielen* Spalten eines optischen Gitters gebeugt werden. Im Anschluß daran wollen wir nun auch noch untersuchen, wie sich die Beugung des Lichts an einem *einzelnen* Spalt auswirkt.

Versuch 524: Ein Laser erzeugt auf einem ungefähr 3 m entfernten Schirm einen scharfen Lichtfleck. Bringen wir nun in das Laserlichtbündel einen vertikalen *Einzelspalt* mit verstellbarer Breite, so fließt der Lichtfleck nach beiden Seiten um so stärker auseinander, je enger wir den Spalt machen. Das ist verständlich: Die Lichtwelle wird ja in den Schattenraum links und rechts des Spaltes hinein gebeugt – wie eine Wasserwelle, die durch eine enge Öffnung geht (*Bild 441.2*).

Überraschenderweise ist das gebeugte Licht nun aber von vielen dunklen Stellen unterbrochen, die mit wachsender Verengung des Spaltes immer weiter auseinanderrücken. Woher kommen diese *Minima*? Nun – die Wellenlänge des Lichts ist sehr klein. Auch wenn wir den Spalt schmal machen, so ist er doch immer noch viele Lichtwellenlängen breit. Deshalb dürfen wir uns zwischen den Spaltkanten nicht nur ein einziges Elementarzentrum denken, sondern müssen uns dort eine breite Wellenfront vorstellen. Wenn wir wissen wollen, wie sie hinter dem Spalt weiterläuft, lösen wir sie nach dem *Huygensschen Prinzip* in viele *Elementarwellen* auf. Ihre Anzahl können wir beliebig hoch ansetzen; nehmen wir einmal an, sie betrage 100. Dann erhalten wir hinter dem Spalt ein Gewirr von Elementarwellen, die sich ausbreiten und schließlich bis zu einem Beobachtungsschirm gelangen (*Bild 469.1a*). Dieses Durcheinander können wir leicht ordnen, wenn wir alle Wellenstrahlen herausgreifen, die jeweils zu einem bestimmten Punkt des Schirms hinführen. Da die Spaltbreite Bruchteile von Millimetern, der Schirmabstand jedoch mehrere Meter beträgt, können wir Wellenstrahlen, die sich in einem Punkt des Schirms treffen, mit guter Näherung als *parallel* betrachten.

Beginnen wir mit den Strahlen, die praktisch parallel zur Mittelachse verlaufen (*Bild*

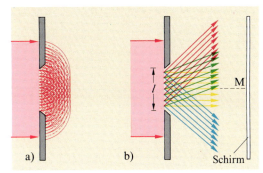

469.1 a) Hinter dem Spalt entsteht ein Gewirr von Elementarwellen. b) Daraus werden Bündel paralleler Wellenstrahlen herausgegriffen.

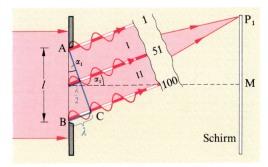

469.2 Die Randstrahlen haben den Gangunterschied λ. Dann findet jeder Strahl des Teilbündels I im Bündel II einen Partner, mit dem er sich auslöscht.

469.1b) und sich in deren Schnittpunkt M mit dem Schirm treffen: Sie haben alle den gegenseitigen Gangunterschied Null, erzeugen also in M auf dem Schirm eine besonders helle Stelle. Als nächstes greifen wir alle diejenigen zueinander parallelen Wellenstrahlen heraus, deren *Randstrahlen* den Gangunterschied λ haben (*Bild 469.2*). Man könnte denken, dieser Gangunterschied führe zu einem Maximum. Dann hätte man aber vergessen, daß das Bündel außer den beiden Randstrahlen noch viele weitere Wellenstrahlen – in unserem Beispiel sind es 98 – enthält, die alle auch mitspielen. Der mittlere Strahl – hier der 51. – hat gegenüber dem ersten den Gangunterschied $\lambda/2$; die beiden Strahlen löschen sich also in ihrem Treffpunkt P_1 auf dem Schirm aus. Das gleiche gilt nun aber auch für den 2. und 52., 3. und 53., …, 50. und 100. Wellenstrahl. Jeder Strahl im Teilbündel I findet im Teilbündel II einen Partner mit dem Gangunterschied $\lambda/2$: Also löschen sich alle 100 Wellenstrahlen in P_1 restlos aus; dort entsteht eine Dunkelstelle.

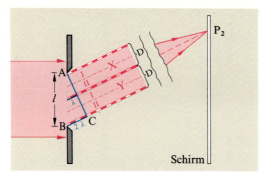

470.1 X und Y lassen sich jeweils in zwei Zonen I und II aufteilen, deren Wellen sich in P_2 auslöschen.

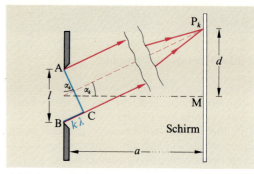

470.2 Im rechtwinkligen Dreieck ABC findet man eine Beziehung für den Winkel zur $k$ten Dunkelstelle.

Diese Überlegung ist nicht an die willkürlich angenommene Zahl von 100 Elementarwellen gebunden; sie gilt genau so für jede beliebige andere Anzahl.

P_1 ist nicht die einzige Dunkelstelle. Auch das Bündel paralleler Wellenstrahlen, dessen Randstrahlen den Gangunterschied $\delta = 2\lambda$ aufweisen, ergibt im Treffpunkt P_2 auf dem Schirm Dunkelheit. Nach *Bild 470.1* kann man dieses Bündel nämlich in die beiden Hälften X und Y aufteilen; ihre Randstrahlen besitzen jeweils den Gangunterschied λ, und sie lassen sich deshalb ihrerseits wieder in zwei Hälften aufteilen, deren Wellenstrahlen sich paarweise gegenseitig aufheben. Solche restlosen Auslöschungen kommen nun immer wieder vor: Für $\delta = 3\lambda, 4\lambda, ..., k\lambda$ findet man 3 Teilbündel, 4 Teilbündel, ..., k Teilbündel, deren Randstrahlen jeweils den Gangunterschied λ haben und die sich deshalb insgesamt aufheben. Da $\delta = k\lambda$ nicht größer als die Spaltbreite l sein kann, ist die Zahl solcher sich infolge Interferenz auslöschender Bündel durch $k < l/\lambda$ begrenzt.

Bild 470.2 zeigt den allgemeinen Fall der $k$ten Dunkelstelle P_k. Auch hier tritt wieder das schon von Doppelspalt und Gitter bekannte rechtwinklige Dreieck ABC auf, aus dem wir eine Beziehung für den Winkel α_k zur $k$ten Dunkelstelle ablesen können. Wir finden

$$\sin\alpha_k = \frac{k\lambda}{l} \text{ mit } k = 1, 2, 3, ..., < \frac{l}{\lambda}. \quad (470.1)$$

Eine ganz ähnlich lautende Formel haben wir auch für die Beugung am *optischen Gitter* erhalten. Dort gilt sie jedoch für die Winkel zu den *Maxima* des Interferenzmusters. Dagegen bedeuten die Winkel α_k in Gl. 470.1 die Richtungen zu den *Minima* links und rechts der hellen Mitte; außerdem beginnt ihre Zählung mit $k = 1$.

Versuch 525: Zur Kontrolle von *Gl. 470.1* stellen wir zunächst durch eine optische Abbildung wie in Versuch 515 die Breite l des Spaltes fest. Dann messen wir bei Laserlicht ($\lambda = 633$ nm), das an diesem Spalt gebeugt wird, auf einem $a = 2{,}50$ m entfernten Schirm für die beiden ersten Dunkelstellen links und rechts der hellen Mitte den Abstand $2d = 1{,}6$ cm. Bei einer Spaltbreite von $l = 0{,}20$ mm wird

$$\sin\alpha_1 = \frac{\lambda}{l} = \frac{633 \cdot 10^{-9}}{2 \cdot 10^{-4}} = 3{,}17 \cdot 10^{-3},$$

also $\alpha_1 = 0{,}18°$. Außerdem gilt $\tan\alpha_1 = d/a$. Da α_1 hier sehr klein ist, dürfen wir mit guter Näherung $\tan\alpha_1 = \sin\alpha_1$ setzen und erhalten

$$d = \frac{a\lambda}{l} = \frac{2{,}5 \cdot 633 \cdot 10^{-9}}{2 \cdot 10^{-4}} \text{ m} = 0{,}79 \text{ cm}.$$

Damit wird $2d = 1{,}6$ cm; unser Meßergebnis ist also sehr gut bestätigt.

> **Bei der Beugung von Licht der Wellenlänge λ an einem Einzelspalt der Breite l gilt für die Winkel α_k zu den Minima**
>
> $$\sin\alpha_k = \frac{k\lambda}{l} \text{ mit } k = 1, 2, 3, ..., < \frac{l}{\lambda}.$$

2. Die geometrische Optik — ein Grenzfall

Wenn die Sonne durch einen Türspalt scheint, sehen Sie auf dem Fußboden oder der gegenüberliegenden Wand sein von Schatten begrenztes Abbild. Eine Beugung des Lichts am Spalt ist hier nicht zu beobachten. Stimmt die Physik etwa nur im Physikunterricht, und ist dann im Alltag alles ganz anders? — Keineswegs. Der Unterschied liegt vor allem einmal darin, daß ein Türspalt etliche Zentimeter, der von uns im Versuch benutzte Spalt aber Bruchteile von Millimetern breit ist. Wie wirkt sich dies auf die Beugung aus?

Versuch 526: Wir beleuchten einen verstellbaren Einzelspalt mit einem durch zwei Sammellinsen aufgeweiteten parallelen Laserlichtbündel und beobachten das Interferenzmuster auf einem etwa 2 m entfernten Schirm. Zuerst verkleinern wir die Spaltbreite l. Dann fließt die helle Mitte des Interferenzmusters immer breiter auseinander, denn die beiden ersten Dunkelstellen links und rechts der Mitte rücken nach der Gleichung $\sin \alpha_1 = \lambda/l$ mit kleiner werdendem l immer mehr voneinander weg. Für $l = \lambda$ ist $\alpha_1 = 90°$ geworden. Damit wäre der Idealfall der Elementarwelle erreicht, die sich im gesamten Raum hinter dem Spalt ungestört ausbreiten kann. Jedoch ist der Schirm durch die starke Verengung des Spalts jetzt nur noch ganz schwach beleuchtet, so daß nichts mehr zu sehen ist.

Nun öffnen wir den Spalt langsam. Dann schrumpft die helle Mitte zuerst einmal wieder zusammen. Gleichzeitig verringern die links und rechts anschließenden Dunkelstellen ihre gegenseitigen Abstände und drängen immer mehr auf die Mitte zu. Die dazwischen liegenden Nebenmaxima können jetzt kaum noch wahrgenommen werden. Öffnen wir den Spalt noch weiter, dann liegen die Dunkelstellen schließlich so dicht nebeneinander, daß links und rechts der hellen Mitte praktisch Dunkelheit herrscht: Es ist ein **Schatten** entstanden. Er wird von den Dunkelstellen gebildet, ist also eine Folge der *Interferenz*. Jetzt dürfen wir in guter Näherung die Schattengrenzen mit Lichtstrahlen konstruieren, die geradlinig durch den Spalt gehen.

Verbreitern wir nun den Spalt noch mehr, so schrumpft die helle Mitte nicht weiter, sondern wird im Gegenteil wieder größer. Der Spalt ist nämlich so breit geworden, daß die auf Seite 469 zur Erklärung der hellen Mitte angestellte Überlegung durch den zweiten Teil des Huygensschen Prinzips ergänzt werden muß: Die von der Spaltöffnung ausgehenden Elementarwellen schließen sich zu geraden Wellenfronten zusammen, die auf die Breite des Spalts begrenzt sind. Damit haben wir die Schwelle zur *geometrischen Optik* überschritten.

Während wir im täglichen Leben die Beugung von *Lichtwellen* kaum wahrnehmen, ist sie uns bei *Schallwellen* selbstverständlich. Jedermann weiß, daß ein Ton, der aus einem Fenster dringt, auch seitlich davon zu hören ist. Das liegt an der relativ großen Wellenlänge des Schalls, die in der Größenordnung unserer Fenster- und Türöffnungen liegt. Hat die Öffnung die Breite l, so kommt bei der Beugung von Schall mit der Wellenlänge $\lambda > l$ nicht einmal das erste Minimum zustande. Wenn also $\lambda = c/f > l$ oder $f < c/l$ ist, kann die gebeugte Schallwelle an keiner Stelle durch Interferenz völlig ausgelöscht werden. Alle Töne mit Frequenzen $f < c/l$ sind also rings um ein Fenster der Breite l zu hören, allerdings mit seitlich abnehmender Intensität. Das in der Mitte liegende Maximum wird mit zunehmender Wellenlänge flacher, mit abnehmender immer stärker ausgeprägt. Deshalb können tiefe Töne besser um die Ecke dringen als hohe. So sind z.B. von einer Musikkapelle, die durch eine Straße marschiert, in einer Querstraße fast nur die Bässe zu hören.

Sie sehen: Die Physik stimmt auch im täglichen Leben — um auf unsere anfängliche Frage zurückzukommen. Allerdings passiert es dort oft, daß ein physikalischer Vorgang durch einen anderen so stark unterdrückt wird, daß man den ursprünglich interessierenden Effekt gar nicht mehr wahrnimmt. So wird z.B. bei großen Abmessungen gebeugtes Licht durch Interferenz fast ganz unsichtbar.

Aufgaben

1. *Wie groß ist der Abstand der ersten dunklen Streifen links und rechts der hellen Mitte bei einem Spalt von 0,50 mm Breite und dem Schirmabstand 1,50 m für rotes ($\lambda = 760$ nm) und für blaues Licht ($\lambda = 400$ nm)?*

2. *Einfarbiges Licht fällt senkrecht auf einen Spalt der Breite 0,30 mm. Auf einem 3,00 m entfernten Schirm haben die beiden mittleren dunklen Interferenzstreifen einen Abstand von 10,0 mm. Berechnen Sie die Wellenlänge des Lichts!*

3. *Eine Musikkapelle marschiert durch eine enge Gasse von 5 m Breite. Welche Frequenzen sind in einer Seitenstraße besonders laut zu hören? (Schallgeschwindigkeit: $c = 340$ m s^{-1}).*

4. *Aus einem Fenster der Breite 1,00 m dringt ein Ton. Auf einem im Abstand 12,50 m parallel zur Hauswand verlaufenden Weg geht ein Beobachter. Je weiter er sich auf dem Weg von dem Punkt entfernt, der dem Fenster direkt gegenüber liegt, desto leiser hört er den Ton. In 15,20 m Abstand hört er nichts mehr; wenn er aber weitergeht, ist der Ton wieder zu vernehmen.*
a) *Erklären Sie diese Erscheinung!*
b) *Welche Frequenz hat der Ton? ($c = 340$ m s^{-1})*
c) *Was ändert sich an den Beobachtungen, wenn der Ton die doppelte Frequenz hat?*

§175 Polarisation

1. Mikrowellen im Gleichschritt

In den folgenden Versuchen werden wir weitere Eigenschaften elektromagnetischer Wellen kennenlernen, die an Zentimeterwellen besonders gut zu beobachten sind.

Versuch 527: a) Wir bringen einen Empfangsdipol etwa 50 cm vor den Mikrowellensender. Durch seitliches Verschieben des Empfängers stellen wir fest, daß der Sender ein ziemlich scharf begrenztes Wellenbündel ausstrahlt.

b) Aus einer Stellung mit gutem Empfang drehen wir den Empfangsdipol um die Ausbreitungsrichtung als Drehachse. Bei einer Drehung um 90° geht der Empfang vollständig zurück. Bei einer weiteren Drehung um 90° erreicht er wieder den Ausgangswert. Nach weiteren 90° geht er wieder zurück usw.

Der Dipol zeigt optimalen Empfang, wenn er parallel zum $\vec{E}$-Vektor der Mikrowelle liegt. Nur in dieser Stellung können die Feldkräfte die Elektronen im Dipol maximal beschleunigen. Durch Drehung des Dipols können wir die Richtung des $\vec{E}$-Vektors ermitteln. Wellen, deren Feldvektor nur in einer Richtung schwingt, nennt man **linear polarisiert**. Feldvektor und Ausbreitungsrichtung liegen in der **Polarisationsebene**.

Aus Versuch 503 wissen Sie schon, daß die Mikrowellen durch eine Metallplatte zurückgehalten werden. Wie ist es aber nun mit einem *Gitter* aus Metallstäben? Werden die Zentimeterwellen dazwischen durchschlüpfen?

Versuch 528: a) Mikrowellensender und Empfänger stehen einander in etwa 1 m Abstand gegenüber. Nun bringen wir ein Gitter so dazwischen, daß dessen Metallstäbe parallel zum $\vec{E}$-Vektor (also auch zum Empfangsdipol) sind *(Bild 472.1)*. Daraufhin setzt der Empfang aus; obwohl zwischen den Stäben viel Platz ist, kommt die Welle offenbar nicht durch. Sie wird vom Gitter vollständig reflektiert.

b) Wir drehen das Gitter um 90°, so daß seine Stäbe senkrecht zum $\vec{E}$-Vektor liegen *(Bild 472.2)*. Erstaunlicherweise spricht jetzt der Empfangsdipol voll an. Die Welle wird vom Gitter mit den quer liegenden Stäben nicht mehr reflektiert.

Die Erklärung für diese seltsame Erscheinung liegt darin, daß die Elektronen in den *parallel* zum $\vec{E}$-Vektor ausgerichteten Metallstäben von den elektrischen Wechselfeldern der Welle zu *erzwungenen Schwingungen* angeregt werden. Nun stellt ein solcher Gitterstab einen Dipol dar, dessen Eigenfrequenz f_0 wegen seiner verhältnismäßig großen Länge wesentlich kleiner als die Frequenz f der Mikrowelle ist. Deshalb erfolgen die erzwungenen Schwingungen der Elektronen auf dem Stab im *Gegentakt*. Dabei wirken die Stäbe als Sendedipole und strahlen nach beiden Seiten eine elektromagnetische Welle ab. Sie läuft *hinter* dem Gitter in derselben Richtung wie die Originalwelle; da sie aber gegenüber dieser in der Phase um 180° verschoben ist, *löschen sich die beiden Wellen hinter dem Gitter aus*. Auf der anderen Seite — vor dem Gitter — tritt dagegen eine reflektierte Welle auf.

Dreht man die Stäbe um 90°, so werden sie nach Versuch 527b nicht zu Schwingungen angeregt; es entstehen deshalb auch keine Sekun-

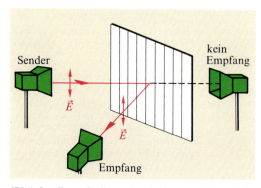

472.1 In dieser Stellung des Gitters wird die Welle nicht durchgelassen; dagegen wird sie reflektiert.

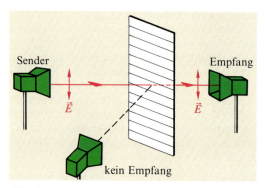

472.2 In dieser Stellung des Gitters wird die Welle voll durchgelassen und nicht reflektiert.

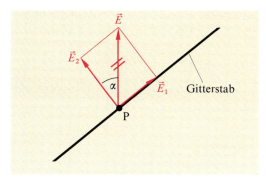

473.1 Nach dem Gitter läuft statt des Vektors $\vec{E}$ der um den Winkel α gedrehte Vektor $\vec{E}_2$ weiter.

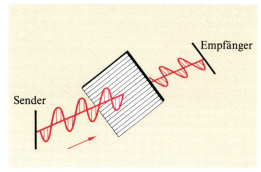

473.2 Das Drahtgitter dreht die Polarisationsebene der elektromagnetischen Welle.

därwellen. Die vom Mikrowellensender kommende Welle wird also weder reflektiert noch hinter dem Gitter ausgelöscht: *Sie geht einfach durch!*

Versuch 529: a) Wir bringen nun das Drahtgitter so zwischen Mikrowellensender und Empfänger, daß seine Stäbe *schräg* zum $\vec{E}$-Vektor verlaufen. Dadurch wird der Empfang nicht ganz unterbunden, sondern nur geschwächt.

b) Nun drehen wir den Diodendipol, bis er senkrecht zu den Stäben steht. Dabei wird der Empfang stärker und erreicht schließlich bei der senkrechten Stellung des Dipols ein Maximum.

Zur Erklärung betrachten wir in *Bild 473.1* die momentan im Punkt P eines Gitterstabes herrschende elektrische Feldstärke $\vec{E}$ der vom Sender auf den Betrachter zu laufenden Welle. Wir zerlegen den Vektor $\vec{E}$ in die Komponenten $\vec{E}_1$ parallel zum Stab und $\vec{E}_2$ senkrecht dazu, können also $\vec{E}$ ausstreichen und durch $\vec{E}_1$ und $\vec{E}_2$ ersetzen. $\vec{E}_1$ wird nach Versuch 529a vom Stab nicht durchgelassen. Übrig bleibt der Vektor $\vec{E}_2$; er wandert ungestört weiter auf den Empfänger zu. *Seine Polarisationsebene bildet mit der Richtung des $\vec{E}$-Vektors also den Winkel α (Bild 473.2).* Damit sind unsere Beobachtungen am schräg gestellten Gitter erklärt.

Versuch 530: Wir stellen Sender und Empfänger „gekreuzt" auf, so daß der Empfangsdipol nicht angeregt wird. Bringen wir nun das Drahtgitter *schräg* zum $\vec{E}$-Vektor in das Mikrowellenbündel, dann spricht der Empfänger wieder an.

Durch das Einbringen des Gitters ändert sich die Polarisationsebene der Welle. Deshalb trifft der $\vec{E}$-Vektor den Empfangsdipol jetzt nicht mehr senkrecht, so daß dieser durch eine Komponente des $\vec{E}$-Vektors angeregt werden kann. Schon *Heinrich Hertz* hat mit einem solchen Drahtgitter experimentiert; es wird deshalb auch *Hertzsches Gitter* genannt.

2. Auch Licht ist polarisiert

Eine Art Hertzsches Gitter gibt es auch für Lichtwellen, nämlich die **Polarisationsfolie**. Bei ihrer Herstellung wird eine Folie aus Kunststoff in einer Richtung sehr stark auseinander gezogen. In die sich dabei bildenden parallelen Kohlenwasserstoffketten werden Jodverbindungen eingelagert. Dadurch entstehen in der Folie ganz dünne, parallel ausgerichtete „Leitungsdrähte". Das ist nichts anderes als ein mikroskopisch feines Hertzsches Gitter.

Versuch 531: a) Wir senden Licht einer Experimentierleuchte durch eine Polarisationsfolie (*Bild 474.1*). Drehen wir die Folie um eine senkrecht zu ihr verlaufende Achse, so bemerken wir keine Veränderung des durchfallenden Lichts. Ist Licht vielleicht doch keine Querwelle?

Es gibt eine andere Deutung. Das Licht wird nicht von einem einzigen Sender erzeugt, sondern von sehr vielen. Diese senden unabhängig voneinander, so daß im Licht viele verschiedene Polarisationsebenen vorkommen. Die Folie filtert davon die zu ihrem Hertzschen Gitter passenden Anteile heraus. (Komponenten-Zerlegung der $\vec{E}$-Vektoren wie bei Versuch 529.) Unser Auge kann aber nicht feststellen, daß sich beim Drehen der Polarisationsfolie die Polarisationsebene des durchgelassenen Lichtes mitdreht.

b) Um zu prüfen, ob das durch die Folie gegangene Licht linear polarisiert ist, bringen wir noch eine zweite Folie in den Strahlengang. Drehen wir sie, so ändert sich die Helligkeit des durchgelassenen Lichts. Um von der „Dunkelstellung" in die „Durchlaßstellung" zu kommen, müssen wir die Folie um genau 90° drehen. Damit steht für uns fest: **Licht kann linear polarisiert werden, ist also eine Querwelle.**

Wir haben die Polarisationsfolie in zwei verschiedenen Funktionen eingesetzt:

— Sie filtert aus vielen Schwingungsrichtungen einer transversalen Lichtwelle eine einzige heraus und erzeugt so linear polarisiertes Licht. Dabei wirkt die Folie als sogenannter *Polarisator*.

— Man kann damit prüfen, ob linear polarisiertes Licht vorliegt. In dieser Funktion wird die Folie als *Analysator* bezeichnet.

Die Polarisation des Lichts ist in vielen Bereichen von Bedeutung:

a) Eine Zuckerlösung dreht die Polarisationsebene des Lichts. Schickt man polarisiertes Licht durch die Lösung und mißt mit Hilfe des beweglichen Analysators den Winkel, um den die Polarisationsebene gedreht wurde, so kann man damit den Zuckergehalt der Lösung bestimmen. Eine solche Drehung der Polarisationsrichtung gibt es auch bei Festkörpern, z.B. bei Quarz.

b) Licht, das unter einem bestimmten Winkel an einer Glasscheibe oder an einer Wasserfläche reflektiert wurde, ist linear polarisiert. Ein passend gedrehtes Polarisationsfilter läßt dieses gespiegelte Licht nicht durch. Das nutzen z.B. Fotografen. Sie setzen ein Polarisationsfilter vor das Objektiv ihrer Kamera und können damit unerwünschte Spiegelungen unterdrücken.

c) Das Streulicht des Himmels ist (teilweise) linear polarisiert. Bienen können mit dem Auge polarisiertes und unpolarisiertes Licht unterscheiden. Das hilft ihnen, sich zu orientieren.

Aufgaben

1. *Ein Dipol, der in Richtung des $\vec{E}$-Vektors einer Mikrowelle aufgestellt ist, empfängt die mittlere elektrische Feldstärke $\bar{E} = 20 \text{ V m}^{-1}$.* **a)** *Nun wird ein Hertzsches Gitter so in das Wellenbündel gehalten, daß seine Stäbe mit dem $\vec{E}$-Vektor der Welle einen Winkel von 30° bilden. Welche Feldstärke empfängt der Dipol jetzt?* **b)** *Wie muß man den Dipol drehen, damit er maximalen Empfang hat? Welche mittlere elektrische Feldstärke empfängt er dann?*

2. *In einem Mikrowellenherd werden die Moleküle der hineingestellten Nahrungsmittel geschüttelt und dadurch das Gericht von innen her erwärmt.* **a)** *Warum wird Wasser in einem Glas schneller erwärmt als eine gleich große Portion Speiseöl?* **b)** *Warum kann ein Porzellanteller mit Goldrand in dem Herd beschädigt werden? (Der Herd vielleicht auch!)* **c)** *Als „Wellenquirl" findet sich in Mikrowellengeräten oft ein Propeller mit schräg gestellten Metallflügeln. Was bewirkt er?* **d)** *Weshalb ist an der Innenseite des Sichtfensters ein engmaschiges Metallgitter angebracht?*

3. *Die in Versuch 531b benutzten Stellungen des Analysators nennt man Kreuzstellung und Parallelstellung. Was bedeuten diese Bezeichnungen?*

4. *Legen Sie zwei Polarisationsfolien so aufeinander, daß sie kein Licht hindurchlassen. Was beobachten Sie, wenn Sie eine dritte Folie dazwischenschieben? Vergleichen Sie mit Versuch 530!*

5. *Lassen sich Schallwellen polarisieren? Geht es bei Seilwellen?*

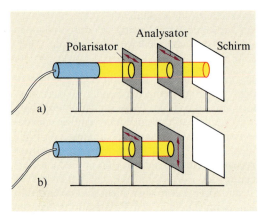

474.1 Polarisator und Analysator a) parallel; b) gekreuzt

474.2 Rechts unterdrückt ein Polarisationsfilter die unerwünschten Reflexe.

§176 Das elektromagnetische Spektrum

Elektromagnetische Wellen spielen sowohl in der Natur als auch in technischen Anwendungen eine herausragende Rolle. Sie entstehen, wenn elektrische Ladungen beschleunigt werden. Dies kann auf unterschiedliche Weise geschehen. Entsprechend teilt man die elektromagnetische Strahlung nach ihrer Entstehungsart ein *(Bild 475.1)*; ihre Wellenlängen erstrecken sich über ein breites Spektrum.

Die längsten elektromagnetischen Wellen gehen von Leitungen aus, in denen technische Wechselströme fließen; sie werden durch Generatoren erzeugt. Rundfunk- und Fernsehsender strahlen Wellen von 2000 m bis zu etwa 40 cm Wellenlänge ab. Sie kommen durch Röhren- bzw. Transistorschaltungen mit Schwingkreisen zustande. Auch die Mikrowellen bis $\lambda = 0{,}1$ mm werden elektronisch erzeugt.

Die elektromagnetischen Wellen vom fernen Infrarot über Ultraviolett (Seite 161) bis zu Röntgenstrahlen nennt man „Licht", weil sie auf gleiche Weise wie sichtbares Licht entstehen, nämlich durch *Temperaturstrahlung* (in Glühlampen) oder durch *Stöße von Elektronen* (in Leuchtstoffröhren und Röntgenröhren). Jedes Atom enthält elektrische Ladungen. Nun schwingen aber die Atome eines festen Körpers wegen der *Wärmebewegung* dauernd um ihre Ruhelagen; man kann sich vorstellen, daß dabei elektromagnetische Wellen entstehen. So kann man sagen: *Alle Körper, deren Temperatur größer als Null Kelvin ist, strahlen.* Auch ein Eisklotz strahlt; die von ihm ausgehenden elektromagnetischen Wellen liegen im Infrarotbereich. Trotzdem ist es nicht ratsam, sich zum Aufwärmen vor einen Eisblock zu setzen. Zwar strahlt er Ihnen elektromagnetische Wellen zu; Sie selbst aber geben wegen Ihrer höheren Temperatur viel mehr Energie durch Strahlung an den Eisblock ab, als Sie von diesem empfangen. Das Ergebnis: Sie frieren – der Eisklotz schmilzt.

Je höher die Temperatur eines festen Körpers ist, desto kleiner werden die Wellenlängen seiner Strahlung. Deshalb sendet ein fester Körper von einer bestimmten Temperatur an sichtbares Licht aus – erst Rot, dann kommen Gelb und Grün dazu, bis schließlich bei *Weißglut* alle Farben in etwa dem Intensitätsverhältnis ausgestrahlt werden, das wir vom Sonnenlicht gewohnt sind.

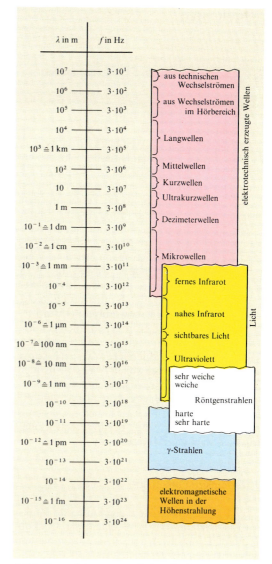

475.1 Das elektromagnetische Spektrum (1 fm = 1 Femtometer = $1 \cdot 10^{-15}$ m)

Mit den kürzesten Wellen des Ultraviolett überschneiden sich die längsten elektromagnetischen Wellen von *Röntgenstrahlen*. Diese werden in der Röntgenröhre bei sehr hohen elektrischen Spannungen durch Abbremsen schneller Elektronen an der Anode erzeugt. Die sogenannten *harten* Röntgenstrahlen sind die kürzesten elektromagnetischen Wellen, die technisch hergestellt werden können.

γ-Strahlen entstehen bei der Umwandlung von Atomkernen. Die kürzesten elektromagnetischen Wellen, die uns bekannt sind, kommen in der kosmischen *Höhenstrahlung* vor.

Lichtquanten

§177 Fotoeffekt und Energiequanten

1. Gibt es beim Licht noch Rätsel?

In der Lichtwelle schwingen nach *Maxwell* und *Hertz* elektrische und magnetische Feldstärken quer zur Ausbreitungsrichtung. Können wir damit alles beim Licht erklären oder gibt es noch Rätsel? Licht von einem 1 W-Lämpchen schwärzt in kurzer Zeit fotografische Filme. In schwarzes Papier gehüllt kann man diese jedoch auf einem Fernsehturm stundenlang den viel stärkeren elektromagnetischen Wellen eines 100 kW-Senders aussetzen. Was ist bei ihnen anders? − Durch Ultraviolettstrahlung erhält man einen Sonnenbrand, nicht aber durch starke Wärmestrahlung (Infrarot). Sind Ultraviolett- und Röntgenstrahlen gefährlicher, nur weil sie kurzwelliger sind? Darf man sagen, sie seien energiereicher als sichtbares Licht oder als Fernsehwellen? Was heißt hier energiereicher? − Wie wirkt Licht auf Materie, auf die Elektronen darin? Mit diesen zahlreichen Fragen betreten wir das auch noch heute aktuelle Forschungsgebiet der **Wechselwirkung zwischen Licht und Materie**.

2. Der äußere Fotoeffekt

Versuch 532: Eine frisch geschmirgelte Zinkplatte ist nach *Bild 476.1* mit einem Elektroskop verbunden und wird mit dem ultravioletten Licht (UV) einer Quecksilberdampf- oder Bogenlampe ohne Linse bestrahlt (Glas läßt UV-Licht nicht durch). War die Platte vorher negativ geladen, so geht der Ausschlag beim Belichten schnell zurück. Eine positive Ladung bleibt dagegen bestehen.

Führt vielleicht das Licht positive Ladung mit sich, welche die negative neutralisiert? Dann müßte es in elektrischen oder magnetischen Feldern abgelenkt werden und könnte Faradaybecher aufladen. Nichts davon geschieht.

Hat das Licht die Luft leitend gemacht? Um diese Vermutung zu prüfen, arbeiten wir im Hochvakuum einer technischen **Fotozelle** nach *Bild 476.2*. Dort können wir mit dem sonst leicht oxidierenden Alkalimetall Cäsium und sogar mit sichtbarem Licht experimentieren.

Versuch 533: a) Wir legen die Anodenspannung U_a zwischen die Cäsiumschicht als Kathode (−) der Fotozelle und ihren Anodenring (+). Vom belichteten Cäsium werden Elektronen zum Ring gezogen und liefern den Fotostrom I. Sie wurden vom Licht aus dem Cäsium in das Vakuum freigesetzt. Wir nehmen die $I(U_a)$-Kennlinie nach *Bild 477.2* auf. Sie zeigt ein klares Sättigungsverhalten. Der Sättigungsstrom gibt die Zahl der je Sekunde vom Licht freigesetzten Elektronen an.

b) Beleuchten wir mit mehreren Lampen (von getrennten Stromquellen gespeist), so addieren sich die Sättigungsströme. Sie sind also der Lichtintensität proportional.

Da die Fotoelektronen das Metall verlassen, spricht man vom **äußeren Fotoeffekt**. Den inneren fanden wir bei Halbleitern (Seite 357f.).

> Beim äußeren Fotoeffekt werden durch Licht aus der Oberfläche von Körpern Elektronen freigesetzt. Die Zahl der je Sekunde gelieferten Fotoelektronen ist der Lichtintensität exakt proportional.

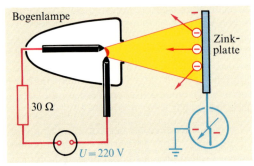

476.1 UV-Licht setzt aus Zink Elektronen frei.

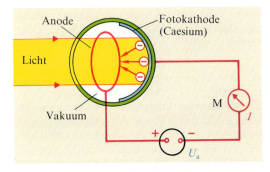

476.2 Schaltung der Vakuumfotozelle

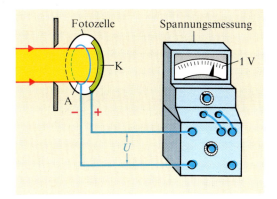

477.1 Messung der Energie von Fotoelektronen

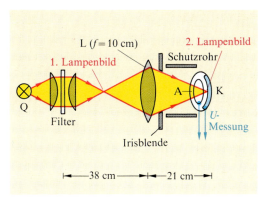

477.3 Kleinere Blende — langsamere Elektronen?

3. Wie wirkt wohl Licht auf ein Elektron?

Die Antwort scheint einfach zu sein, wenn wir an ein Boot denken, das von einer Welle geschüttelt wird. Ebenso schüttelt die sich periodisch mit der Frequenz f ändernde elektromagnetische Welle nach Seite 472 die Elektronen einer Metallwand. Von der Wand geht deshalb wie von einem Hertz-Dipol eine reflektierte Welle gleicher Frequenz aus. Beim Fotoeffekt werden die Elektronen vom Licht sogar aus dem Metall herausgeschleudert. Können wir aus der Energie eines Fotoelektrons auf die Energie schließen, die im Licht steckt?

Versuchen wir, das Ergebnis mit unseren Kenntnissen vorherzusagen:

a) Die Energie eines Fotoelektrons sollte mit der Amplitude der Lichtwelle, also der Helligkeit des Lichts, zunehmen.
b) Bei größerer Lichtfrequenz wird ein im Metallinnern freies Elektron in einer bestimmten Richtung nicht so lange beschleunigt wie bei kleiner Frequenz. Blau sollte ihm also (bei gleicher Bestrahlungsstärke) weniger Energie geben als Rot. Stimmen diese Vermutungen?

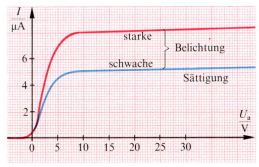

477.2 Kennlinie einer Vakuumfotozelle

4. Welche Energie erhält ein Fotoelektron?

In der Kennlinie der Vakuumfotozelle (Bild 477.2) erkennen wir, daß ein Fotostrom auch bei kleinen *negativen* Spannungen fließt. Fotoelektronen können also auch an einem schwach negativ geladenen Anodenring A landen ($U = -1$ V in Bild 477.2). Gab das Licht ihnen auch noch Energie mit und — wenn ja — wieviel? Messen wir die Energie der einzelnen vom Licht freigesetzten Fotoelektronen!

Versuch 534: Wir entfernen in Bild 476.2 die Spannungsquelle. Der Meßverstärker M wird als hochohmiger Spannungsmesser benutzt. Er zeigt, daß von den Fotoelektronen selbst die Spannung U zwischen Cäsiumschicht und Auffangring aufgebaut wird. Sie beträgt etwa 1 V.

Die schnellsten aus dem Cäsium freigesetzten Elektronen erhalten also vom Licht Energie von etwa 1 eV. Sie laden den Ring negativ auf und stoßen nachfolgende Elektronen ab.

Versuch 535: a) Nach Bild 477.1 und 477.3 fällt Licht auf die Metallschicht K einer Vakuum-Fotozelle, nicht aber auf den Drahtring A. Zwischen K und A legen wir einen Meßverstärker mit großem Widerstand und dem Meßbereich 1 V. Seine Anzeige steigt schnell auf eine bestimmte Spannung U, z.B. 0,8 V.

Das Licht befreit nämlich Fotoelektronen aus dem Metall K. Die schnellsten haben die Energie $W = eU = 0{,}8$ eV. Sie laden den Ring A so lange negativ auf, bis keine weiteren Elektronen dagegen anlaufen können. Jedes der schnellsten Fotoelektronen verläßt also das Metall mit der Energie

$$W_{\max} = \tfrac{1}{2} m v^2 = e U. \qquad (477.1)$$

b) Auch wenn wir die Intensität des Lichts durch langsames Schließen der Blende verringern, ändert sich an der Spannung U und an der Energie eU nichts. Also ist die Vermutung von Ziffer 3a widerlegt. (Bei zu enger Blende sinkt allerdings U; dann fließen die wenigen freigesetzten Elektronen über den Widerstand R_i des Meßverstärkers zu schnell ab; man müßte ihn über $10^{10}\,\Omega$ vergrößern.)

c) Wenn wir Licht einer Quecksilberdampflampe benutzen, können wir mit einzelnen Spektrallinien arbeiten. Wir sondern die jeweilige Linie sorgfältig aus. Dabei steigt die Spannung U und damit die Energie $W_{max}=eU$ der schnellsten Fotoelektronen mit der Lichtfrequenz f *(Tabelle 478.1)*. Dies widerlegt auch die Vermutung in Ziffer 3b. Wir tragen in *Bild 478.1* die Energie W_{max} über der Frequenz $f=c/\lambda$ auf und erhalten die blaue Gerade Cs, also einen einfachen linearen Zusammenhang. Er hängt von der Licht-Intensität nicht ab.

Fotozellen mit anderen Metallen, etwa mit Natrium oder Lithium, liefern parallele Geraden. Bezeichnen wir ihren negativen Abschnitt auf der Energieachse mit W_a und die gemeinsame Steigung mit h, so lautet ihre Gleichung $W_{max}=hf-W_a$. Die Größe W_a ist nur vom Metall bestimmt, also eine Materialkonstante. Die Steigung h dagegen hängt weder vom Kathodenmaterial noch von der Frequenz oder von der Intensität des Lichts ab. h erweist sich als eine neuartige, allgemeine *Naturkonstante*.

Farbe	Wellenlänge in nm	Frequenz f in 10^{14} Hz	Energie W_{max} in eV
violett	405	7,41	1,02
blau	436	6,88	0,81
grün	546	5,50	0,27
gelb	578	5,19	0,13

Tabelle 478.1 Frequenz f und Energie $W_{max}=eU$ der schnellsten Fotoelektronen bei Cäsium

Metall bzw. Legierung	Grenzfrequenz in 10^{14} Hz	Ablösearbeit in eV
Ag-Cs-O	2,5 (IR)	1,04
Cäsium	4,7 (orange)	1,94
Natrium	5,5 (grün)	2,28
Zink	10,3 (UV)	4,27
Silber	11,4 (UV)	4,70
Platin	13 (UV)	5,36

Tabelle 478.2: Grenzfrequenz f_{gr} und Ablösearbeit W_a für verschiedene Metalle

5. Lichtenergie gibt es nur portionsweise!

Um unser Ergebnis physikalisch zu deuten, bedenken wir, daß die Terme der Gleichung $W_{max}=hf-W_a$ Energien darstellen. W_a ist bei edlen Metallen, die schwerer Elektronen abgeben, besonders groß *(Tabelle 478.2)*. Man nennt sie die zum Ablösen der Fotoelektronen vom Metall nötige **Ablösearbeit.** Sie ist auch beim glühelektrischen Effekt aufzubringen. Die langsameren Fotoelektronen mit $W<W_{max}$ haben schon im Metall Energie verloren; in Versuch 535 treten sie nicht auf, da sie vom negativ geladenen Ring abgestoßen werden.

Aus $W_{max}=hf-W_a$ folgt $hf=W_{max}+W_a$. Also ist hf die Energie, die Licht der Frequenz f insgesamt an ein einzelnes Elektron abgibt. Diese Energie $W_{phot}=hf$ ist zur Lichtfrequenz f proportional und in *Bild 478.1* als rote Ursprungsgerade eingezeichnet.

Die blauen Geraden in *Bild 478.1* schneiden die f-Achse bei der vom Metall abhängigen **Grenzfrequenz** f_{gr} *(Tabelle 478.2)*. Licht der Frequenz f_{gr} gibt so viel Energie hf_{gr} ab, daß das Elektron gerade noch die Ablösearbeit W_a verrichten kann; es gilt $hf_{gr}=W_a$. Dies zeigt sich, wenn wir weißes Licht in sein kontinuierliches Spektrum zerlegen und die Fotozelle im Spektrum verschieben. Bei Frequenzen f, die kleiner als f_{gr} sind, kann auch helles Licht keine Elektronen aus dem Metall freisetzen. Also gibt selbst helles Licht keine Energie, die größer als $W_{phot}=hf$ ist, an ein Elektron ab.

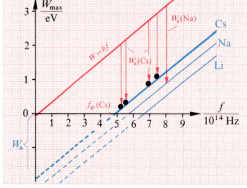

478.1 Die Energie W_{max} der schnellsten Fotoelektronen steigt linear mit der Lichtfrequenz f an.

Um 1900 fand *Max Planck*: Licht erhält von glühenden Körpern Energie nur in Portionen, sogenannten **Quanten**, der Größe hf. *Einstein* ging 1905 und 1909 einen wichtigen Schritt weiter. Er folgerte, daß Licht Energie nur als Quanten enthält und nannte die von ihm als unteilbar postulierte Licht-Energie-Portion hf **Lichtquant** oder **Photon**. Diese Aussagen widersprechen der klassischen Physik. Nach ihr darf die Natur keine Sprünge machen und kann Energie nur stetig umsetzen. *Einstein* forderte für die Energie der schnellsten Fotoelektronen die obige Gleichung

$$W_{max} = hf - W_a. \tag{479.1}$$

479.1 *M. Planck* und *A. Einstein* im Jahre 1929

Sie wurde 1916 von *Millikan* experimentell bestätigt. Er benutzte Elektroskope zur Spannungsmessung; es gab keine Meßverstärker.

Würde ein Quant nur einen Teil seiner Energie abgeben, so müßte als Rest ein neues Quant mit der kleineren Energie $W_2 = hf_2$ entstehen. Ein mit blauem Licht bestrahltes Metall müßte dann auch grün und rot zurückstrahlen. Doch hat man dies nie beobachtet.

6. Plancksche Konstante h und Ablösearbeit W_a

Die neue Konstante h tritt in *Bild 478.1* als Geradensteigung auf. Wir erhalten sie aus *Gl. 477.1* und *479.1* mit den Werten der gelben (g) und der violetten (v) Linie:

$$W_v = hf_v = eU_v + W_a; \quad W_g = hf_g = eU_g + W_a.$$

Subtraktion liefert

$$h = e(U_v - U_g)/(f_v - f_g) = 6{,}4 \cdot 10^{-34} \text{ J s}.$$

Die Konstante h wurde *Planck* zu Ehren **Plancksches Wirkungsquantum** oder **Plancksche Konstante** genannt. Ihre Einheit J s oder eV s ist die von Energie mal Zeit, *Wirkung* genannt.

Setzen wir h in eine der Ausgangsgleichungen ein, so folgt für die Ablösearbeit von Cäsium $W_a = hf - eU = 1{,}9$ eV *(Tabelle 478.2)*.

Licht der Frequenz f enthält Energie nur in Form unteilbarer Energiequanten oder Photonen der Größe

$$W_{phot} = hf. \tag{479.2}$$

Die Plancksche Konstante ist

$h = 6{,}626 \cdot 10^{-34}$ **J s** $= 4{,}136 \cdot 10^{-15}$ **eV s.**

---

7. Bestrahlungsstärke S und Feldstärke E

Ein Sonnenanbeter der Fläche $A = 1$ m², auf den das Licht senkrecht trifft, erhält nach Seite 120 in $t = 1$ s etwa 1 kJ an Lichtenergie W. Man sagt, die Bestrahlungsstärke sei $S = W/(At) = 1$ kJ m⁻² s⁻¹. — Nach *Maxwells* Theorie sitzt diese Lichtenergie in elektrischen und magnetischen Feldern stetig verteilt. Dort ist die Energiedichte proportional zu $\hat{E}^2$, also zum Amplitudenquadrat $\hat{E}^2$ der Lichtwelle (Seite 449). Bei doppelter Amplitude $\hat{E}$ führt 1 m³ lichterfüllter Raum also die vierfache Energie; damit steigt auch die Bestrahlungsstärke auf das Vierfache. Wir merken uns

$S \sim \hat{E}^2$ (genauer $S = \frac{1}{2}\varepsilon_0 \hat{E}^2 c$).

8. Helles Licht — starker Photonenstrom

Licht einer bestimmten Frequenz f transportiert also seine Gesamtenergie W in Portionen der Größe hf; n Photonen haben die Energie $W = nhf$. Wir berechnen Photonenzahlen n: Außerhalb der Erdatmosphäre stehe die Fläche $A = 1$ m² senkrecht zur Sonnenstrahlung. Diese liefert in $\Delta t = 1$ s die Energie $W = 1{,}38$ kJ durch diese senkrecht stehende Fläche $A = 1$ m². Die Bestrahlungsstärke $S = W/(A \Delta t)$, *Solarkonstante* S_0 genannt, beträgt $S_0 = 1380$ J (m² s)⁻¹. Nehmen wir an, es handle sich um monochromatisches Licht der Frequenz $f = 5 \cdot 10^{14}$ Hz ($\lambda = c/f = 600$ nm), so ist die Energie eines Quants $hf = 3{,}3 \cdot 10^{-19}$ J. Dann treffen in 1 s auf 1 m² $n = 1380$ J$/3{,}3 \cdot 10^{-19}$ J $= 4 \cdot 10^{21}$ Photonen. Die Zahl der von ihnen freigesetzten Fotoelektronen je Sekunde, also der Fotostrom I im Belichtungsmesser, ist der je Sekunde eintreffenden Photonenzahl und damit der Bestrahlungsstärke S proportional (Seite 477).

9. Der sogenannte Dualismus Teilchen – Welle

Den ersten Zugang zur Quantisierung der Lichtenergie fand der deutsche Physiker *Max Planck* (Nobelpreis 1920). Er konnte 1900 die genau gemessene Lichtemission glühender Körper durch sein berühmtes *Strahlungsgesetz* exakt beschreiben.

Planck schrieb die Quantisierung den glühenden Körpern – nicht dem Licht – zu: Die Körper seien so beschaffen, daß sie Energie nur in Quanten der Größe $W = hf$ an die Lichtwelle abgeben oder von ihr aufnehmen können.

Albert Einstein ging wesentlich weiter. Ihm war daran gelegen, den Atomismus der Materie, den er durch seine Theorie der Brownschen Bewegung bewiesen hatte, auch beim Licht einzubringen. Am Planckschen Strahlungsgesetz zeigte er 1905 und 1909 theoretisch, daß das *Licht stets Wellen- und Teilcheneigenschaften zugleich* besitze. Damit begründete er den *Dualismus Teilchen – Welle*. Er war aber weit davon entfernt zu sagen, man könne den Fotoeffekt *nur* mit einem Teilchenmodell, die Lichtausbreitung dagegen *nur* mit einem Wellenmodell verstehen.

Wenn man bei dem Wort „Photon" an ein fliegendes Lichtteilchen denkt, gibt es nämlich Schwierigkeiten. Ein solches Teilchen sollte das Photoelektron aus einem Atom in Strahlrichtung herausstoßen. Die Elektronen werden jedoch etwa senkrecht dazu – und zwar in Richtung des $\vec{E}$-Vektors der Welle – herausgeschleudert. Man kann also auch beim Fotoeffekt die Welleneigenschaften nicht verleugnen. *Planck* warnte davor, die von ihm für die Lichtentstehung postulierte Energieportion hf als Teilchen anzusehen. Er fürchtete, die von *Maxwell* vollendete Wellentheorie des Lichts würde um Jahrhunderte wieder auf die *Newtonsche Korpuskulartheorie* („Licht besteht aus winzigen Lichtteilchen") zurückgeworfen. *Planck* bangte um die Einheit der Naturbeschreibung.

Ein widerspruchsfreier Einbau des Photons in die Wellentheorie des Lichts gelang erst 25 Jahre später, 25 Jahre, die wohl zu den aufregendsten der Physikgeschichte gehören und einen wichtigen Abschnitt in der Auseinandersetzung des menschlichen Denkens mit der Natur darstellen. *Man sieht heute Photonen als Energieportionen – als Quanten – einer Lichtwelle mit neuartigen Quanteneigenschaften an.*

Aufgaben

1. a) Eine Fotozelle enthält eine Kaliumkathode. Berechnen Sie die Grenzfrequenz ($W_a = 2{,}25$ eV)! Welche Energie und Geschwindigkeit haben die schnellsten Fotoelektronen bei UV-Licht ($\lambda = 100$ nm)? Ist ihre Energie bei 50 nm doppelt so groß? **b)** Warum gelingt der Fotoeffekt bei Zink erst im ultravioletten Licht? **c)** Woran erkennt man, daß h eine universelle Naturkonstante ist?

2. Man legt in Bild 477.1 eine äußere, von Null ansteigende Gegenspannung U zwischen Foto„kathode" ($+$) und Ring ($-$) der belichteten Fotozelle. Der Meßverstärker mißt jetzt den Fotostrom I. Zeichnen Sie die Schaltskizze (Bild 476.2)! I sinkt stetig auf 0. Warum zeigt dies, daß es auch langsamere Fotoelektronen gibt? Wie bestimmt man hier W_{max}? Vergleichen Sie mit Versuch 535! Wie entstand dort U?

3. Das dunkel adaptierte Auge nimmt eine Bestrahlungsstärke von 10^{-10} W m^{-2} bei $\lambda = 600$ nm gerade noch wahr. Wie viele Photonen treffen je Sekunde die Pupillenöffnung von 6 mm Durchmesser?

4. a) Schwärzen Radarstrahlen oder Mikrowellen im Herd ($f = 2{,}5$ GHz) einen Film (dazu ist die Photonenenergie 1 eV nötig)? Warum wird ihm die Röntgendurchleuchtung auf dem Flughafen gefährlich? **b)** Wie viele Photonen erzeugt ein Mikrowellenherd ($P = 0{,}7$ kW) in 1 s? **c)** Wie viele Photonen liefert ein Röntgenstrahl von 1 mW Leistung ($\lambda = 10$ pm) in 1 s? Welche Leistung hat er, wenn er 10^6 Photonen in 1 s liefert?

5. Wie groß ist die Bestrahlungsstärke in 20 m Abstand von einem 100 kW-Sender bei gleichmäßiger Ausstrahlung? Wie viele Quanten werden bei $\lambda = 30$ cm in 1 s abgestrahlt?

6. Licht der Wellenlänge 400 nm und der Bestrahlungsstärke S_0 des Sonnenlichts fällt auf ein Metall. Wie viele Photonen treffen je Sekunde auf 1 cm^2? Wie viele Fotoelektronen werden dort bei einer Quantenausbeute von 0,1% freigesetzt? Welche Energie wird durch sie in 1 s abgeführt? ($W_a = 2$ eV)

7. Das gelbe Licht einer Na-Dampflampe hat die Wellenlänge $\lambda = 589$ nm (die sog. D-Linie des Natriums). Berechnen Sie die Energie der emittierten Photonen!

8. Die Feldstärke $E = \hat{E} \sin \omega t$ des Lichts schüttle ein freies Elektron im Metall. Berechnen Sie seine Beschleunigung $\ddot{x}$ und seine maximale Bewegungsenergie $W_{kin} = \frac{1}{2} m \dot{x}^2$ durch Integration! Zeigen Sie, daß W_{kin} bei dieser klassischen Rechnung und bei konstanter Bestrahlungsstärke $S = \frac{1}{2} \varepsilon_0 c \hat{E}^2$ proportional zu $1/f^2$ sein müßte! Wie groß müßte S sein, um die Ablösearbeit $W_a = 2{,}0$ eV aufzubringen. Würde Sonnenlicht zur Ablösung ausreichen ($S_0 = 1{,}38$ kW m^{-2}; $f = 5 \cdot 10^{14}$ Hz)? Was ist nach der Quantentheorie anders? (Nach klassischer Vorstellung wird jedes Elektron von der Welle geschüttelt.)

9. Bei welcher Wellenlänge entstehen Fotoelektronen mit $v_{max} = 100$ km s^{-1}? ($W_a = 3{,}0$ eV)

§178 Photonenimpuls

1. Wie schwer sind Photonen?

Im gleichen Jahr 1905, in dem *Einstein* die Photonen postulierte, veröffentlichte er auch seine spezielle Relativitätstheorie. Sie enthält die berühmte Gleichung $W = m c^2$. Nach ihr ist jede Masse m eines Systems mit dessen Gesamtenergie $W = m c^2$ verknüpft (c: Lichtgeschwindigkeit). So verliert die Sonne durch Abstrahlung von $3,9 \cdot 10^{26}$ J Lichtenergie in 1 s auch $4 \cdot 10^6$ t Masse — ohne deswegen ein einziges Atom abzugeben. Wegen $W = m c^2$ schreiben wir jedem Quant hf die ihm äquivalente relativistische Masse m_{phot} zu:

$$m_{\text{phot}} = \frac{W}{c^2} = \frac{hf}{c^2} = \frac{h}{c\lambda}. \quad (481.1)$$

Diese Masse hat die Energieportion Photon natürlich nur „im Flug", denn anders als mit der Geschwindigkeit c kann es nicht existieren; die Schildbürger konnten Sonnenlicht nicht im Sack auffangen und mit Unterlichtgeschwindigkeit in ihr fensterloses Rathaus tragen! Nach Seite 346 ist die Ruhemasse m_0 des Photons $m_0 = m_{\text{Ph}} \sqrt{1-(v/c)^2} = 0$. Im Gegensatz zu Elektronen haben Photonen die Ruhemasse 0.

Lichtquanten erfahren wegen ihrer Masse auch eine Gewichtskraft $G = m g = hfg/c^2$. Wenn ein Quant im Gravitationsfeld um die Strecke ΔH höher steigt, nimmt seine Lageenergie um $\Delta W = G \Delta H = hfg\Delta H/c^2$ zu. Im Gegensatz zu einem hochgeworfenen Ball kann seine Geschwindigkeit c nicht abnehmen. Dafür sinkt seine Frequenz f um $\Delta f = \Delta W/h = fg\Delta H/c^2$. Das Licht wird etwas langwelliger. Diese Differenz Δf ist zwar sehr klein, kann aber an scharfen γ-Spektrallinien auf 1% genau gemessen werden. Auch sind alle Photonen, die das Gravitationsfeld der Sonne verlassen haben, etwas zu längeren Wellen hin verschoben.

Wenn ein Stern mit mehr als zehn Sonnenmassen erkaltet ist, quetscht ihn die Gravitationskraft nicht nur fast auf einen Punkt zusammen; sie hindert sogar die Lichtquanten, den „Stern" zu verlassen. Wir sehen von ihm nichts mehr und nennen ihn ein *schwarzes Loch*. Doch ist sein Gravitationsfeld außen geblieben; sichtbare Sterne können in diesem Feld um das Loch kreisen. Wahrscheinlich gibt es schwarze Löcher in der Milchstraße, nicht nur im Science-fiction-Film.

481.1 Schweif des Kometen West 1976

2. Licht als Photonenhagel

Die Energieportion $W = hf$ des Lichts hat die Masse $m_{\text{phot}} = hf/c^2$. Sie bewegt sich mit Lichtgeschwindigkeit c. *Einstein* schrieb diesem Photon 1917 auch **Impuls** p zu vom Betrag

$$p = m_{\text{phot}} v = m_{\text{phot}} c = \frac{hf}{c} = \frac{h}{\lambda}. \quad (481.2)$$

Er nimmt mit abnehmender Wellenlänge λ zu. Wo wirkt er sich aus? Man weiß schon lange, daß das Sonnenlicht auf die Staubteilchen eines Kometenschweifs einen Lichtdruck ausübt, der von der Sonne wegweist *(Bild 481.1)*. Licht gibt den Teilchen des Staubschweifs den Impuls p, übt also die Kraft $F = \Delta p/\Delta t$ aus (Seite 286).

3. Photonen besonders großer Masse

Die Quantisierung der Energie elektromagnetischer Wellen wird besonders deutlich bei Photonen großer Energie. Sie schlagen aus einzelnen Atomen und Molekülen Elektronen frei, *ionisieren* diese also. Deshalb kann man sie einzeln in *Zählrohren* nachweisen (Seite 517), ja sogar ihren Bahnverlauf in *Nebelkammern* verfolgen (Seite 516). Quanten mit Energien bis 100 keV entstehen in **Röntgenröhren**, wenn man dort Elektronen mit einer Spannung $U = 100$ kV auf die Energie $W = Ue = 100$ keV beschleunigt. Diese können sie beim Aufprall an der Anode in ein *Röntgenquant* von 100 keV Energie umwandeln *(Tabelle 483.1)*. Gamma-Quanten noch viel höherer Energie kommen aus Atomkernen oder als *kosmische Strahlung* aus dem Weltall.

Aufgabe

1. a) *Welche relativistische Masse haben Photonen der gelben Natriumlinie* (590 nm)? *Vergleichen Sie mit der Elektronenmasse!* **b)** *Bei welcher Frequenz hat ein Quant Protonenmasse?* **c)** *Berechnen Sie die Impulse dieser Photonen! Vergleichen Sie mit dem Impuls eines Elektrons der Energie* 1 eV!

§179 Paarbildung und Zerstrahlung

1. Energie mit Masse äquivalent?

Kann sich nach *Einsteins* Gleichung $W = mc^2$ Energie vollständig in Masse verwandeln und umgekehrt? Experimente brachten 1932 Klarheit. In *Bild 482.1* treffen energiereiche Gammaquanten eine Bleiplatte von links. Nach rechts sieht man zwei Nebelkammerspuren; sie sind im Magnetfeld entgegengesetzt gekrümmt, gehören also zu zwei entgegengesetzt geladenen Teilchen. Das eine ist das längst bekannte Elektron. Das andere erwies sich als ihm gleich — nur positiv geladen. Es ist das vom englischen Physiker *P. Dirac* (Nobelpreis 1933) vier Jahre früher rein theoretisch vorhergesagte **Positron**. Dieses *Elektron-Positron-Paar* entstand aus einem Quant mit der Ruhemasse $m_0 = 0$, das Energie und Masse nur „im Flug" hatte. Aus seiner Energie hf entstanden bei dieser **Paarbildung** die Ruhemassen m_e zweier Elektronen, äquivalent der Energie $W_e = 2 m_e c^2$.

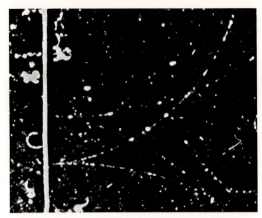

482.1 Wilsonkammeraufnahme einer Paarbildung

2. Teilchen entstehen, Teilchen vergehen, nur die Erhaltungssätze bleiben bestehen!

a) Bei dieser Paarbildung geht die Energie hf eines Röntgen- oder Gammaquants zum einen Teil über in die Energiesumme $W_e = 2 m_e c^2 = 2 \cdot 9{,}1 \cdot 10^{-31}\text{ kg} \cdot 9 \cdot 10^{16}\text{ m}^2\text{ s}^{-2} = 16{,}4 \cdot 10^{-14}\text{ J} = 1{,}02\text{ MeV}$ der beiden Ruhemassen $m_e = 9{,}1 \cdot 10^{-31}\text{ kg}$. Der Rest gibt beiden Teilchen zusammen die kinetische Energie W_{kin}. Die **Energiebilanz** lautet

$$hf = 2 m_e c^2 + W_{kin} = 2 m_{rel} c^2. \quad (482.1)$$

Quanten mit der Energie $hf < 2 m_e c^2 = 1{,}02\text{ MeV}$ können kein Elektron-Positron-Paar erzeugen; W_{kin} wäre negativ.

b) Auch die **Ladungsbilanz** ist erfüllt: Dem ungeladenen Quant entspricht die Ladungssumme $Q = -e + e = 0$. Selbst bei Paarbildung ändert sich die Gesamtladung der Welt nicht.

c) Fliegen beide Teilchen mit der gleichen Geschwindigkeit $v < c$ in gleicher Richtung weg, so ist die Summe ihrer Impulse (relativistisch)

$p = 2 m_{rel} v < 2 m_{rel} c$. Gl. 482.1 liefert

$p < 2 m_{rel} c = hf/c$.

Die Impulssumme p beider Teilchen ist demnach kleiner als der Quantenimpuls hf/c. Um den **Impulssatz** zu erfüllen, muß das Quant Impuls noch anderweitig abgeben, etwa an ein Bleiatom in *Bild 482.1*. Ohne einen solchen Stoßpartner — also im Vakuum — ist Paarbildung unmöglich.

d) *Die Paarbildung ist umkehrbar.* Das radioaktive Präparat Na22 liefert Positronen. In Materie werden sie fast ganz abgebremst. Dann können sie mit Elektronen reagieren und Photonen bilden: Plus- und Minusladung geben wieder die Gesamtladung Null. Auch die Ruhemasse $2 m_e$ beider Teilchen verschwindet und geht in die Energie $W_e = 1{,}02\text{ MeV}$ über, d.h. in die relativistische Masse m_{phot} von Photonen. Ihr käme der Impuls $p = W_e/c = 0{,}55 \cdot 10^{-21}\text{ N s}$ zu. Die abgebremsten Teilchen hatten aber keinen Impuls. Ist der Impuls p aus Nichts entstanden? Die Natur hilft sich mit einem Trick: Bei dieser *Zerstrahlung* fliegen zwei Quanten je mit halber Energie in entgegengesetzte Richtungen weg. Die Vektorsumme der Impulse bleibt dann Null. Zwei einander gegenüberliegende Zählrohre registrieren gleichzeitig je einen γ-Impuls.

Ein Quant mit der Energie $hf > 1{,}02\text{ MeV}$ kann in Materie verschwinden und ein Elektron-Positron-Paar bilden. Die Ruhemasse des Paars ist der Energie 1,02 MeV äquivalent; die restliche Quantenenergie gibt dem Paar kinetische Energie.

Ein Positron kann mit einem Elektron zerstrahlen. Dabei bilden sich mindestens zwei Quanten. Bei solchen Umwandlungen von Teilchen gelten die Erhaltungssätze für Energie, Impuls und Ladung.

Diese Umwandlungen zwischen Ruhemasse und Quantenenergie haben die vollständige Äquivalenz von Energie und Masse experimentell bestätigt. Sie zählen zu den wichtigsten Ergebnissen der modernen Elementarteilchenphysik. Zeigen sie doch, daß es zu jedem Teilchen ein **Antiteilchen** gibt, etwa zum Proton p$^+$ das *Antiproton* p$^-$. Man kann heute leicht Atome aus Antiprotonen und Positronen herstellen und sich *Antimaterie* aus solchen Atomen denken. Käme sie mit unserer „normalen" Materie in Berührung, würden beide in einer ungeheuren Zerstrahlungskatastrophe verschwinden. Also gibt es im Grunde keine beständigen Teilchen.

Aufgaben

1. *Ein Quant hat die Energie 1,040 MeV. Wie groß ist die kinetische Energie von Positron und Elektron bei der Paarbildung (gleiche Flugrichtung; Bild 482.1)? Welchen Impuls haben beide? Welchen Impuls muß also ein Bleikern aufnehmen?*

2. *Bei welcher Wellenlänge hat ein Quant die Masse eines Protons? Von welcher Wellenlänge und welcher Energie ab entstehen Proton-Antiproton-Paare?*

3. *Zählen Sie alle Beispiele auf, bei denen Photonen entstehen oder vergehen! Woher kommt jeweils die nötige Energie, wohin geht die Photonenenergie?*

4. a) *Berechnen Sie aus der Solarkonstanten* $S_0 = 1{,}38$ kW m^{-2} *und dem Radius der Erdbahn* $(1{,}5 \cdot 10^8$ km$)$ *die Masse, welche die Sonne in 1 s durch Lichtausstrahlung verliert! Wie viele Photonen sind dies bei einer mittleren Wellenlänge von 550 nm?*
b) *Wie viele Photonen erhält hiervon die Erde? Diese Energie strahlt sie im IR ab. Sind dies mehr oder weniger Photonen?*

§180 Die Quanten im Gesamtspektrum

Tabelle 483.1 zeigt eine Übersicht über das elektromagnetische Gesamt-Spektrum. Die Zahlen sagen Ihnen erst etwas, wenn Sie die Wechselwirkung der Strahlung mit einzelnen Elektronen betrachten. In der rechten Spalte wird deshalb die Photonenmasse m_{phot} mit der Elektronenmasse m_e verglichen. Wenn dieses Verhältnis in die Größenordnung von 1 kommt (Röntgen-, Gamma- und kosmische Strahlung), können die Quanten vor allem *Paarbildung* auslösen. Diese Entstehung von Teilchen aus Energie nennt man bisweilen *Materialisation*. Man könnte vermuten, daß es Sterne oder gar Galaxien aus Antimaterie gibt. Doch fand man bislang hierfür keine Hinweise. Die Photonen, die sie aussenden würden, wären die gleichen wie „unsere".

Quanten viel niedrigerer Energie lösen nur *Fotoeffekt* aus. Als Vergleichswert benutzen wir die Ablösearbeit W_a von ca. 2 eV. Sie wird im sichtbaren Bereich erreicht. Solche Energien sind für chemische Prozesse nötig. Bei der *Fotosynthese* absorbiert Chlorophyll Photonen bestimmter Wellenlängen und setzt Elektronen frei. Schließlich bilden sich aus Kohlenstoffdioxid und Wasser Kohlenhydrate. Die sehr zahlreichen Photonen eines Rundfunksenders haben hierfür zu wenig Energie. In seiner Nähe wachsen also die Bäume nicht schneller. Bei den Photonen macht es eben die Energie und nicht nur die Zahl. *Wenn man sagt, eine Strahlung sei „energiereich", so meint man die Energie ihrer Photonen.*

Erzeugungsort bzw. -art	Wellenlänge	Frequenz in Hz	Photonenenergie in eV	Masse in m_e
elektrotechnisch (Rundfunk u.ä.)	von $6 \cdot 10^6$ m bis 50 µm	50 $6 \cdot 10^{12}$	$2 \cdot 10^{-13}$ 0,025	$4 \cdot 10^{-19}$ $5 \cdot 10^{-8}$
Atome: IR grünes Licht UV	von 1 mm 600 nm bis 10 nm	$3 \cdot 10^{11}$ $5 \cdot 10^{14}$ $3 \cdot 10^{16}$	$1 \cdot 10^{-3}$ 2 $1 \cdot 10^2$	$2 \cdot 10^{-9}$ $4 \cdot 10^{-6}$ $2 \cdot 10^{-4}$
Röntgenstrahlen aus Röntgenröhren	von 100 nm bis 0,1 pm	$3 \cdot 10^{15}$ $3 \cdot 10^{21}$	12 $1 \cdot 10^7$	$2 \cdot 10^{-5}$ 20
Gamma-Strahlen aus Atomkernen	von 10 pm bis 0,01 pm	$3 \cdot 10^{19}$ $3 \cdot 10^{22}$	$1 \cdot 10^5$ $1 \cdot 10^8$	0,2 200
Kosmische Strahlung aus dem Weltall	< 0,01 pm	> $3 \cdot 10^{22}$	> $1 \cdot 10^8$	> 200

Tabelle 483.1 Das elektromagnetische Spektrum und seine Quanten (m_e: Elektronenmasse $9{,}1 \cdot 10^{-31}$ kg)

§181 Was bedeutet die Welle?

1. Zufall und Gesetz

Versuch 536: Wir lassen Laserlicht auf einen Doppelspalt fallen. Sein Beugungsbild werfen wir unmittelbar auf einen sehr feinkörnigen Film (*Bild 484.1*; Empfindlichkeit nicht über 15 DIN). Hierzu stellen wir einen Fotoapparat ohne Objektiv unmittelbar hinter den Doppelspalt. Die Helligkeit des Lichts setzen wir am Laser durch Filter so stark herab, daß wir das Bild auch im verdunkelten Raum kaum noch sehen. Dann belichten wir aufeinanderfolgende Filmbilder mit $\frac{1}{1000}$ s, $\frac{1}{100}$ s usw. und entwickeln den Film (aber nicht so lange, bis Schleier entstehen). Unter dem Mikroskop erkennt man bei 600facher Vergrößerung, wie sich das Interferenzmuster mit steigender Belichtungszeit aus einer wachsenden Zahl unregelmäßig verteilter, gleich aussehender schwarzer Silberkörner aufbaut. An Stellen großer Beleuchtungsstärke liegen die geschwärzten Silberkörner dichter. Sie fehlen dafür ganz an den Stellen, die wegen destruktiver Interferenz kein Licht bekommen. Mit wachsender Belichtungszeit nimmt die Zahl, nicht aber die Schwärzung der einzelnen Körner zu.

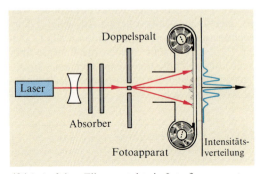

484.1 Auf dem Film entsteht ein Interferenzmuster.

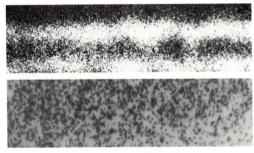

484.2 Interferenzmuster aus Silberkörnern

Die geschwärzten Silberkörner zeigen die scharf lokalisierten Orte, an denen ein einzelnes Lichtquant seine Energie an ein Elektron abgegeben hat und verschwunden ist. Diese **Photonenlokalisationen sind stochastisch verteilt.** Den nächsten Antreffort kann niemand vorhersagen. Man sieht aber, daß die Lokalisationen in einem Bezirk um so wahrscheinlicher auftreten, je größer dort die Bestrahlungsstärke S durch das Licht ist.

In Beugungsversuchen wird die Verteilung der Helligkeit und damit der Bestrahlungsstärke S durch das Intensitätsdiagramm (*Bild 485.1*) angegeben. Dieses läßt sich aus Spaltabstand, Wellenlänge, Spaltweite usw. genau berechnen (*Gl. 464.4*). Die Lage der Intensitätsmaxima und -minima und damit die Antreffwahrscheinlichkeit eines Photons an einem bestimmten Ort ist also streng determiniert (berechenbar). Der Einzelprozeß dagegen bleibt völlig unbestimmt.

2. Tanzen die Photonen Ballett?

Die Welle und ihre Quanten hängen also eng miteinander zusammen. Helfen hier klassische Modelle weiter?

Eine *Schallwelle* wird durch die Relativbewegung der eng benachbarten Luftmoleküle gebildet. Bestehen auch elektromagnetische Wellen einfach aus Photonen, die im Flug zusätzlich im Takte der Lichtfrequenz schwingen, ähnlich wie Arme und Beine beim Revue-Ballett? Wissen wir nun endlich, was in der Welle schwingt? Um dies zu klären, hat man Interferenzversuche mit Licht so geringer Photonendichte ausgeführt, daß die Photonen mit einem mittleren Abstand von etwa 1000 m aufeinander folgten. Dann befand sich jeweils höchstens ein Photon in der Apparatur. In Versuch 536 war es ähnlich; trotzdem baute sich nach längerem Belichten das gewohnte Beugungsbild aus den stochastisch verteilten Photonenlokalisationen auf; jedes Photon fügte sich dem Interferenzfeld und ordnete sich so der Welle unter! Wenn man Photonen beobachtet, darf man die Welle nicht verleugnen. So zeigt Versuch 536 Wellen- und Teilcheneigenschaften zugleich, wie es *Einstein* 1909 theoretisch gefordert hat.

Wie dicht sind die Photonen im *Sonnenlicht*? Bei ihm strömt in 1 s durch 1 m² die Energie 1,38 kJ. In 1 s läuft sie um $3 \cdot 10^8$ m weiter, füllt also einen Zylinder vom Volumen $V = 3 \cdot 10^8$ m³. Die Energiedichte beträgt somit nur $5 \cdot 10^{-6}$ J m⁻³. Da ein Photon die Energie 3 eV $= 5 \cdot 10^{-19}$ J hat, ist die Photonendichte $n = 10^{13}$ m⁻³ und der mittlere Photonenabstand $a = 1/\sqrt[3]{n} = 0{,}05$ mm! (Man kann jedem Photon als Aufenthaltsbereich einen Würfel der Kantenlänge a zuschreiben. Dann ist $n\,a^3 = 1$.)

§182 Was bedeutet das Quant?

1. Sind Photonen fliegende Farbtröpfchen?

Vielleicht haben Sie für sich die Welt mit der folgenden Vorstellung wieder in Ordnung gebracht: Von der Lichtquelle gehen kleine, mit Energie bepackte Teilchen aus und durcheilen mit Lichtgeschwindigkeit ihre Bahn. Zufällig – wie Hagelkörner – treffen sie auf dieser Bahn ein Elektron. Sind wir allerdings so unvorsichtig und schicken Photonen nach dieser Vorstellung von Photonenbahnen durch einen Doppelspalt, so gibt es Probleme:

Versuch 537: a) Wir beleuchten einen Doppelspalt mit *Laserlicht*. Zunächst werde nur der linke Spalt l geöffnet. Man sieht auf dem Schirm im wesentlichen nur das ihm zugehörige breite Beugungsmaximum l'. Öffnen wir nur den rechten Spalt r, so sehen wir sein nur wenig nach rechts verschobenes Maximum r'. Nun öffnen wir beide Spalte und erhalten die bekannte feingliedrige Verteilung nach *Bild 485.1b*. Ganz nahe neben der Achse mit ihrem Maximum A liegen die von der Wellenoptik geforderten Minima B, C usw. der Doppelspaltbeugung. Was ist daran so merkwürdig?

b) Stellen Sie sich die Photonen auch unterwegs als Teilchen vor, die auf Bahnen fliegen! Hierzu wiederholen wir den Doppelspaltversuch mit den *Farbtröpfchen* einer Sprühdose (an größeren Spalten). Ein Tröpfchen kann nur durch den linken oder den rechten Spalt treten. Wir bekommen als Farbfleck auf dem Schirm die Überlagerung ü zweier verwaschener Einzelspaltbilder, ähnlich l' und r'. Nimmt ein Tröpfchen seine Bahn durch den linken Spalt l, so bleibt es für seinen Bahnverlauf völlig gleichgültig, ob wir den rechten Spalt r geöffnet oder geschlossen haben.

Bei *Licht* dagegen gibt es Interferenz. Photonen verhalten sich anders als Farbtröpfchen, anders als makroskopische Körperchen, deren Wege man – wenigstens in Gedanken – nachvollziehen könnte. Man nennt Photonen deshalb **Quantenobjekte**. Für ihre Verteilung ist nicht die Newtonsche Mechanik zuständig, sondern das *Huygenssche Prinzip* und das *Interferenzprinzip für Wellen*. Bei ihnen gibt es keine Bahnen, sondern Elementarwellen. Wir zeichnen sie völlig gleichberechtigt für beide Spalte und konstruieren so das Interferenzmuster.

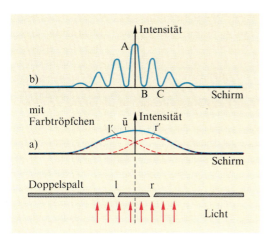

485.1 Doppelspaltversuch a) mit klassischen Korpuskeln; b) beobachtet in Übereinstimmung mit der Wellentheorie

Dies mag wenig erscheinen; doch sind dies bereits 10000 Wellenlängen! Stellen Sie sich einmal vor, Luftmoleküle in einem gegenseitigen Abstand von 10000 m sollten eine Schallwelle mit $\lambda = 1$ m erzeugen! Also können selbst im hellen Sonnenlicht die Photonen durch ein Mit- und Gegeneinanderschwingen keine Lichtwelle bilden. Die Lichtwelle ist kein Photonenballett!

3. Das Photon – ein kurzer Lichtwellen-Blitz?

Ist vielleicht umgekehrt jedes Quant für sich nichts weiter als ein kurzer klassischer Wellenzug? Im Augenblick der Lokalisation müßte er dann wohl seine stetig verteilte Energie und Masse mit Überlichtgeschwindigkeit in einen Punkt zusammenziehen – im Widerspruch zur Relativitätstheorie. Noch schlimmer: Bei geringer Lichtintensität fliege ein solcher Quant-Welle-Zwitter allein in einem Gitterspektralapparat. Er müßte sich nicht nur in viele Elementarwellen aufteilen – hinter jedem Gitterspalt eine; er müßte sich auch am Schirm in die zahlreichen „Ordnungen" aufspalten. Energie $W = hf$ und Frequenz f würden geteilt. Man findet jedoch die Energie hf eines Quants stets in einem *unteilbaren Punktereignis* nur an einer Stelle. Photonen sind keine kurzen Wellenzüge. Es sind die Energieportionen einer Welle mit Masse und Impuls. Dabei soll es bleiben!

Aufgabe

1. Wie viele Photonen kommen **a)** *bei Sonnenlicht* ($S = 1{,}38$ kW m^{-2}; $\lambda = 600$ nm), **b)** *an einem Sender* (1 kW m^{-2}; $\lambda = 0{,}5$ m) **c)** *bei Röntgenstrahlen* (0,01 mW cm^{-2}; $\lambda = 1$ pm), **d)** *in extrem starkem Laserlicht* (10^{16} W m^{-2}; $\lambda = 600$ nm) *auf einen Würfel der Kantenlänge* λ?

Deshalb soll man sich das Photon nicht schon an einer Spaltöffnung lokalisiert denken. Auch darf man nicht sagen, das Photon habe sich auf beide Spaltöffnungen „verteilt". Dann müßte man dort Lichtquanten halber Energie, also doppelter Wellenlänge, finden. Einen bestimmten Ort können wir dem unteilbaren Photon erst dann sinnvoll zuschreiben, wenn es sich auf dem Film lokalisiert hat.

2. Wahrscheinlichkeit als absolutes Prinzip – oder nur aus Bequemlichkeit und Unkenntnis?

Bei Farbtröpfchen, also bei *klassischen Teilchen*, könnte man nach genauer Kenntnis des Entstehungsorts, der Geschwindigkeit und der Luftströmungen wenigstens im Prinzip – aber überaus mühsam – den Bahnverlauf, den Durchflugspalt und die Einschlagstelle vorausberechnen. Nur aus Bequemlichkeit gibt man sich mit Wahrscheinlichkeitsangaben zufrieden – wie bei Lotto und Würfelspiel! Beim Doppelspaltversuch mit Licht läßt sich dagegen eine solche Kausalkette und damit ein Bahnverlauf für Photonen prinzipiell nicht verfolgen. Dafür springt der viel einfachere Wellenformalismus ein. Aus der Bestrahlungsstärke läßt sich eine Aussage über die Wahrscheinlichkeit für die Lokalisation eines Photons gewinnen. Dabei kommt man ohne Kenntnisse über den eventuellen Bahnverlauf der Photonen und ohne die Betrachtung irgendwelcher auf sie wirkenden Kräfte aus.

Die Wahrscheinlichkeitsdeutung gilt als grundlegendes Prinzip. Nach *W. Heisenberg* (Seite 491) bestimmt die Welle nur die *Möglichkeit* für das Eintreten eines Quantenereignisses. Wo und wann es jedoch zur *Wirklichkeit* wird, kann nicht vorhergesagt werden.

3. Finden Sie Ihren Frieden mit den Quanten?

Wir können Intensitätsdiagramme auf dem Papier entwerfen. Sie geben die Wahrscheinlichkeitsverteilung für künftige Versuche, also zunächst nur ein reines Wissen. Die Energie, also etwas viel Realeres, sitzt in den Photonen. Bei den hohen Frequenzen von Röntgen- und γ-Strahlen sind die Energieportionen groß und lassen sich einzeln nachweisen. Hier zeigt sich vornehmlich die Quantennatur. Auf die elektromagnetische Welle dagegen sind wir von einem andern Grenzfall kommend gestoßen. Ein Radiosender der Frequenz 1 MHz ($\lambda = 300$ m) liefert bei der Leistung 100 kW in 1 s etwa 10^{32} Photonen der Energie 10^{-27} J. Ihr mittlerer Abstand ist in 100 m Entfernung 10^{-6} m, also etwa $10^{-8}\lambda$! Im Gegensatz zu Sonnenlicht (Photonenabstand $10^4 \lambda$) wird hier eine kontinuierliche Energieverteilung vorgetäuscht. Mit einer Empfangsantenne empfängt man eine kohärente Welle und macht ihre Schwingungen am Oszilloskop sichtbar. Man kann bei dieser riesigen Photonenzahl in stehenden Wellen die *Wellennatur* mit einem Dipol abtasten, „mit Händen greifen". Hier wird sie etwas Reales. Wir haben den *Grenzfall einer klassischen, kohärenten elektromagnetischen Welle mit kontinuierlicher Energieverteilung* vor uns. Doch dürfen wir ihn nicht verallgemeinern. Bei Materie erfassen unsere Sinne ja auch ein Kontinuum und nicht die Atome.

Diesen Grenzfall gibt es auch im Sichtbaren. In extrem starkem **Laserlicht** ist die Photonendichte so groß, daß in einer Halbschwingung $T/2$ der Welle viele Laserquanten auf ein einzelnes Stickstoffmolekül der Luft treffen. Um aus ihm ein Elektron zu schlagen, braucht man 16 eV. Die Energie $hf = 3$ eV der sehr zahlreichen Quanten addiert sich an *einem* Elektron; es wird in Richtung des $\vec{E}$-Vektors beschleunigt und erhält dabei mehr als 16 eV an Energie. Damit verläßt es das Molekül. Seine Energie steigt dabei mit der Photonenzahl, also der Lichtintensität – wie wir es beim Fotoeffekt zunächst klassisch erwartet haben (Seite 477). Sehr starkes Laserlicht ($S > 10^{15}$ W m^{-2}) verhält sich also wie eine klassische Welle.

Lichtquanten sind weder auf Bahnen fliegende klassische Korpuskeln noch Wellen mit kontinuierlicher Energieverteilung. Es sind die Energieportionen einer Welle mit neuartigen Quanteneigenschaften.

Die Welle bestimmt die Wahrscheinlichkeitsverteilung der Photonenlokalisationen. Erst im Grenzfall hoher Photonendichte verhält sie sich wie eine klassische elektromagnetische Welle.

Die Wahrscheinlichkeitswelle beschreibt an sich nur unser „Wissen" über mögliche Photonenlokalisationen. „Handgreiflich real" wird die Welle erst im klassischen Grenzfall. Verallgemeinern wir ihn und sehen die Welle stets als „real" an, so verwickeln wir uns in die genannten Widersprüche mit der Erfahrung. Dies gilt auch, wenn wir Photonen als klassische Teilchen betrachten. **Photonen sind weder Welle noch Teilchen, sondern etwas Neues!**

§183 De Broglies Materiewellen

1. Vom Widerspruch zum universellen Prinzip

Auch der französische Physiker *Louis de Broglie* (1892 bis 1987; Nobelpreis 1929) konnte das Nebeneinander von Lichtwelle und Quant nicht beseitigen. Da erhob er es stattdessen zum universellen Prinzip: Die Quanten einer Lichtwelle besitzen Impuls; warum sollte umgekehrt nicht auch den Elektronen und allen materiellen Teilchen mit Impuls eine „**Materiewelle**" zugeodnet sein? Für ihre Wellenlänge λ postulierte *de Broglie* 1924 gemäß $p = h/\lambda$ die

De-Broglie-Wellenlänge $\lambda = h/p$.   (487.1)

Von dieser umfassenden Idee waren die Physiker sofort fasziniert. Vorher hatten sie — trotz zahlreicher Experimente — die Quanten nicht ernst genommen. Nun wurde das Elektron selbst zum Quant einer Welle. Den experimentellen Beweis für eine mit der Elektronenausbreitung verknüpfte Welle lieferten drei Jahre später (1927) *C.J. Davisson* und *L.H. Germer* in den amerikanischen Bell Telephone Laboratories, also in der Industrie, abseits der Universitäten. Führen wir den Versuch aus!

2. Beugung und Interferenz bei Elektronen

Versuch 538: In einem evakuierten Glaskolben werden Elektronen mit einer Anodenspannung von 5 kV beschleunigt *(Bild 487.1)*. Parallelfliegend durchsetzen sie als feiner Strahl eine dünne Schicht aus polykristallinem Graphit, der auf einer durchsichtigen Folie liegt (rot), und treffen dann auf einen Leuchtschirm. Der helle Fleck in der Mitte ist von konzentrischen Kreisringen umgeben. Ihre Radien r schrumpfen mit zunehmender Spannung U, also mit wachsendem Elektronenimpuls p. Könnten wir durch diese Folie Röntgenstrahlen schicken, so erhielten wir die gleichen Ringe *(Bild 487.2)*.

Diese Ringe weisen auf bestimmte Beugungswinkel und erinnern so an Spektrallinien, wie sie ein optisches Gitter erzeugt. Doch entstehen die Ringe nicht an Gitterspalten in einer Ebene, sondern an den Silber- bzw. Graphitatomen eines dreidimensionalen Kristallgitters. Wir wollen solche Interferenzen an Kristallgittern nicht genauer untersuchen. Sie treten — wie beim ebenen Gitter — immer nur dann auf, wenn die Gitterkonstante — hier der Atomab-

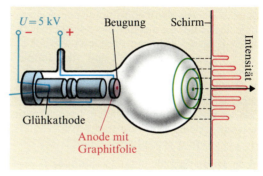

487.1 Beugungsringe bei Elektronenbeugung

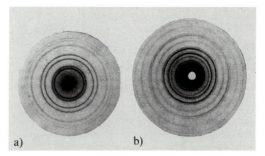

487.2 Beugungsbilder: a) von Röntgenstrahlen, b) von Elektronenstrahlen, je an einer Silberfolie

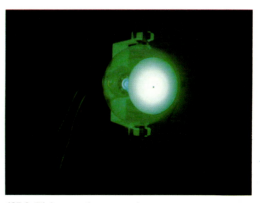

487.3 Elektronenbeugungsringe

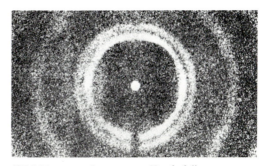

487.4 Neutronenbeugung an Kupferfolie

stand — in der Größenordnung der Wellenlänge liegt. Die von uns mit $U = 5$ kV beschleunigten Elektronen haben die Geschwindigkeit $v = \sqrt{2Ue/m} = 42 \cdot 10^6$ m s^{-1} und den Impuls $p = mv = 3{,}8 \cdot 10^{-23}$ N s. Nach *de Broglie* sollte ihre Wellenlänge $\lambda = h/p = 17 \cdot 10^{-12}$ m $= 17$ pm betragen. Um Interferenzen bei so kleinen Wellenlängen beobachten zu können, braucht man die winzig kleine Gitterkonstante von Kristallen; bei Graphit beträgt sie 120 pm.

Wenn wir die Beschleunigungsspannung U verkleinern, sinkt der Elektronenimpuls $p = mv$, die De-Broglie-Wellenlänge $\lambda = h/p$ steigt. Wie bei Gitterspektren wachsen die Beugungswinkel, das heißt die Radien der Ringe.

3. Elektronenbeugung am Doppelspalt

Elektronenbeugung konnte *J. Jönsson* auch am Doppelspalt nachweisen *(Bild 488.1)*. Er beschleunigte die Elektronen mit $U = 50$ kV, so daß ihr Impuls bei $p = 10^{-22}$ N s und ihre Wellenlänge bei $\lambda = h/p = 5$ pm lagen. Den Spaltabstand konnte er auf $g = 2 \cdot 10^{-6}$ m verkleinern. Der Beugungswinkel φ der 1. Ordnung betrug deshalb nach $\sin \varphi = \lambda/g$ nur $\varphi = 1 \cdot 10^{-4}$ Grad; eine Nachvergrößerung des Beugungsbildes war nötig. Dieser Versuch bestätigte die Wellennatur fliegender Elektronen und die De-Broglie-Beziehung. Diese gilt also nicht nur für Photonen, sondern auch für Elektronen. Die Ladung spielt dabei keine Rolle; sogar Neutronenstrahlen zeigen Beugung und Interferenz. Auch Strahlen schnell fliegender Atome werden gebeugt und bilden Interferenzmuster mit der Wellenlänge $\lambda = h/p$. Dies waren sensationelle Schritte zur Vereinheitlichung unseres Bildes von der Natur. Was aber bedeuten die De-Broglie-Wellen?

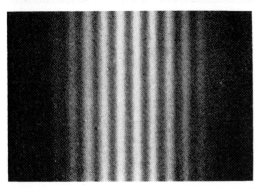

488.1 Beugungsstreifen von Elektronen (aus der Originalarbeit von *Jönsson*)

4. Die Materiewelle — ein Elektronenballett?

a) Sind Wasserwellen nicht auch „Materiewellen"? Bei ihnen schwingen die sich berührenden Wasserteilchen relativ zueinander. Der Abstand der Elektronen untereinander im Strahl von Versuch 538 ist aber 10^6mal so groß wie ihre Wellenlänge und 10mal so groß wie die Dicke der Graphitschicht! Bei so großen Abständen kann keine Welle analog zur Wasserwelle zustandekommen. *De Broglies* Materiewelle ist kein Elektronenballett, kein Schwingen von Materieteilchen gegeneinander (Seite 484).

b) Ist vielleicht schon jedes Elektron für sich ein kurzer Wellenzug, ein Elektronenwellen-Blitz? Interferiert es gar mit sich selbst? Dann müßte es sich an den Atomen des Kristallgitters in unzählige, weit voneinander entfernte Elementarwellen aufspalten. Man fand jedoch nie geteilte Elektronen. Ein Elektron kann auch für sich nie einen ganzen Beugungsring zum Aufleuchten bringen oder gar alle Ringe zusammen. Ein Elektron ist also keine ausgedehnte Ladungswolke, die in sich wellenartig strukturiert wäre; es ist punktförmig.

c) Wenn man die Elektronendichte soweit herabsetzt, daß jeweils höchstens ein Elektron in der Beugungsanordnung fliegt, können die Elektronen nicht untereinander interferieren. Trotzdem baut sich auf einer Fotoplatte nach einiger Zeit ein Beugungsbild auf. Es besteht aus Elektronenlokalisationen, erkennbar an scharf lokalisierten Silberkörnern. Auch hier gibt die Welle die *Wahrscheinlichkeitsverteilung* der Elektronenlokalisationen an. Wellen- und Teilcheneigenschaften treten zugleich auf.

Also liegt es ganz im Sinne eines einheitlichen Naturprinzips, wenn man der von *de Broglie* postulierten Welle eine **Wahrscheinlichkeitsdeutung** gibt: Durch den Impuls $p = mv$ wird den Elektronen die Wellenlänge $\lambda = h/p$ und der Anordnung als Ganzes ein Beugungsbild zugeordnet. Ihm fügen sich die Elektronen ein — aber nur stochastisch: Für das **Amplitudenquadrat** dieser Welle schreibt man allgemein ψ^2; es entspricht $\hat{E}^2$ beim Licht. *ψ^2 gibt die Wahrscheinlichkeit an, im betreffenden Bereich ein Elektron lokalisiert zu finden.* Diese Wahrscheinlichkeitsdeutung gab *Max Born* 1926 (Nobelpreis 1954). Sie ist der eigentliche Kern der modernen Quantentheorie. ψ selbst hat — im Gegensatz zu E — keine physikalische Bedeutung.

> Den Elektronen und allen anderen Teilchen sind Wahrscheinlichkeitswellen zugeordnet. Ihre Wellenlänge heißt De-Broglie-Wellenlänge. Für sie gilt
>
> $$\lambda = \frac{h}{p}. \tag{489.1}$$

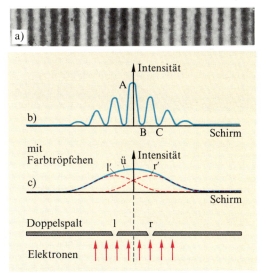

489.1 a) Elektroneninterferenz am Doppelspalt *(Jönsson)*; b) Interferenz von Elementarwellen aus den Spalten l und r; c) Farbtröpfchen gehen entweder durch l oder r.

5. Die Qual der Wahl am Doppelspalt

Im Jönssonversuch zeigen sich hinter einem Doppelspalt Interferenzstreifen, genau wie bei Licht. Dies war eine wichtige Bestätigung für die Wellennatur bei den Elektronen. Gegen den Elektronenbeugungsversuch in Graphit könnte man nämlich einwenden, die Ringe seien nicht durch Beugung und Interferenz, sondern durch uns noch unbekannte Effekte beim Durchdringen der kompliziert aufgebauten Graphitschicht entstanden. Doppelspaltversuche dagegen bestätigen Materie-Wellen bei nur im Vakuum fliegenden Elektronen.

Mit dem Doppelspaltversuch widerlegten wir, daß Photonen klassische Teilchen seien, die auf Bahnen laufen, auf die man also den Bahnbegriff anwenden könne. Dies gilt nun auch für Elektronen: Nicht einmal ein Elektron fliegt auf einer wohldefinierten Bahn, sei es durch den rechten oder den linken Spalt. Stets nimmt es von beiden Spalten gleichermaßen Notiz! Dabei findet man das Elektron nie an beiden Spalten zugleich und halbiert. Das Elektron ist also wie das Photon ein **Quantenobjekt,** kein Farbtröpfchen. Uns bleibt nur die Wahrscheinlichkeitsdeutung der zugeordneten Welle!

6. Die kleinen Unterschiede zum Photon

Trotz dieser Analogie zwischen Photon und Elektron darf man doch einige Unterschiede zwischen beiden nicht übersehen:

a) Elektronen haben eine Ruhemasse $m_0 > 0$, während man dem Photon nur „im Flug" Masse zuschreiben kann. Elektronen existieren ja auch bei kleinen Geschwindigkeiten. Sie können – im Gegensatz zu Photonen – Bestandteile der Materie sein. Wir lernten sie zunächst als Teilchen kennen, die den Gesetzen der Newtonschen Mechanik gehorchen. Jetzt finden wir, daß bei ihrem Verhalten auch das Amplitudenquadrat ψ^2 einer Wahrscheinlichkeitswelle mitspricht.

b) Sie kennen Wahrscheinlichkeitswellen für Elektronen aus dem Chemieunterricht unter dem Namen **Orbitale.** Ihr Amplitudenquadrat ψ^2 bestimmt die Antreffwahrscheinlichkeit für Elektronen (1s- oder 2p-Orbital usw.; *Bild 507.2*). Jedes dieser Orbitale kann nach dem **Pauliprinzip** mit höchstens zwei Elektronen besetzt sein. Diese Orbitale sind *stehende Wellen*. Mit nur zwei Elektronen läßt sich aber noch lange keine klassische Welle aufbauen. Die Wellenamplitude ψ bleibt als quantenphysikalischer Begriff auf unser Denken beschränkt, ohne unmittelbaren klassischen Bezug, ohne Realität. Anders ist es bei Lichtwellen. Für ihre Photonen gilt das Pauliprinzip nicht. Sie können sich deshalb in großer Zahl in einem kohärenten Wellenzug tummeln und diesen – bei Radiowellen und beim Laser – zum Grenzfall eines klassischen elektromagnetischen Wellenzugs mit der meßbaren Feldstärke E „aufwerten" (Seite 486). Wir haben ihn zuerst beim Licht kennengelernt. Beim Elektron dagegen fanden wir zunächst den klassischen Grenzfall „Korpuskel". Auf diese Grenzfälle haben wir jeweils unser Denken fixiert und unsere Sprache ausgerichtet – leider!

Wegen des täglichen Umgangs mit makroskopischen Körpern sehen wir die klassischen Grenzfälle Welle und Korpuskel als „real" an. Wenn wir aber diese realistische Deutung auf die Quantenbegriffe übertragen, kommen wir zu den oben diskutierten scheinbaren Widersprüchen — etwa beim Doppelspaltversuch.

c) Elektronen sind geladen, Photonen nicht.

Versuch 539: Wir nähern der Elektronenbeugungsröhre in Versuch 538 einen Magneten. Die ganze Beugungsfigur wird verschoben. Dies geschieht auch in elektrischen Feldern.

Nun werden Sie sagen, die geladenen Elektronen erfahren im Feld Kräfte und werden deshalb abgelenkt. Doch verschieben sich auch die Nullstellen, zu denen kein Elektron fliegt. Also ändert sich im Feld die Wellenlänge. Die Gleichung $\lambda = h/p$ gilt nur im feldfreien Raum. In Feldern wird die Materiewelle sozusagen gebrochen, genau so wie Licht beim Durchgang durch die Erdatmosphäre. Der österreichische Physiker *E. Schrödinger* (Nobelpreis 1933) stellte eine Gleichung auf, mit der man die Amplituden ψ der Wahrscheinlichkeitswelle in beliebigen — insbesondere atomaren — Feldbereichen berechnen kann. Sie ist als **Schrödingergleichung** bekannt und bekam für die Berechnung des Atombaus, die chemische Bindung und noch sehr viele andere Quantenphänomene Jahrhundert-Bedeutung.

Aufgaben

1. Jönsson benutzte bei seinen Elektronenbeugungsversuchen zwei Spalte von je 0,5 µm Breite mit dem Abstand 2 µm ihrer Mitten. Welche De-Broglie-Wellenlänge hatten die Elektronen bei einer Beschleunigungsspannung von 50 kV, wenn man nichtrelativistisch rechnet? Welchen Abstand sollten also die Streifen auf einem 40 cm vom Doppelspalt entfernten Schirm aufweisen? Vergleichen Sie mit Bild 488.1, das etwa 1000fach nachvergrößert worden ist (optisch und elektronenoptisch; genauere Angaben finden sich bei Jönsson nicht)!

2. a) Welche De-Broglie-Wellenlänge ist Protonen zugeordnet, die durch 500 kV beschleunigt worden sind? Haben auch neutrale H-Atome dieser Geschwindigkeit die gleiche Wellenlänge? b) Was gilt für He-Kerne und He-Atome (Masse vierfach, Ladung doppelt) in (a)?

3. Wie groß müßte bei Farbtröpfchen der Masse 100 µg und der Geschwindigkeit 10 m s^{-1} der Abstand zweier Spalte sein, damit auf dem 100 cm entfernten Schirm Beugungsstreifen mit 1,0 mm Abstand zu erwarten wären?

4. Mit welcher Spannung muß man Elektronen beschleunigen, damit im Beugungsversuch am Doppelspalt ($g = 0,010$ mm) der Beugungswinkel 10. Ordnung 0,10° beträgt?

§184 Die Unbestimmtheitsrelationen

Born zu Einstein: „Die Quanten sind schon eine hoffnungslose Schweinerei."

1. Breitet sich Licht immer geradlinig aus?

Mit Lichtstrahlen haben wir in der *Strahlenoptik* optische Instrumente erklärt. Strahlen entstehen, wenn Licht durch eine Öffnung tritt. Gilt das immer? Bei Wasser- und Mikrowellen beobachten wir Elementarwellen nach *Bild 490.1*, falls die Spaltöffnung nicht wesentlich breiter als eine Wellenlänge ist; die Welle wird *gebeugt*. Weicht also hinter genügend feinen Spalten auch das Licht von seiner sprichwörtlichen Geradlinigkeit ab?

Versuch 540: Wir bestrahlen eine entfernte Nähnadel mit parallelem Laserlicht. Können wir es durch einen am Laser aufgestellten Spalt so einengen, daß nur noch die schmale Nadel getroffen wird? Wenn wir die Spaltbreite b verkleinern, geht zunächst immer weniger Licht an der Nadel seitlich vorbei. Doch verliert der Lichtfleck auf dem Schirm hinter der Nadel beim weiteren Einengen des Spalts seine Schärfe! Jetzt wird das Licht gebeugt. *Der zentrale Lichtfleck wird nicht nur breiter; er wird auch von hellen und dunklen Streifen gesäumt (Bild 491.1).* Sie rücken immer weiter auseinander, je enger wir den Spalt machen. Könnten wir seine Breite b gar auf eine Wellenlänge einengen, so entstünde eine vollständige, wenn auch sehr lichtschwache Elementarwelle nach *Bild 490.1*.

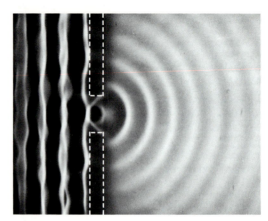

490.1 Hinter einem sehr engen Spalt wird die Welle als Elementarwelle nach allen Richtungen gebeugt.

Wir kennen solche Streifen von der *Interferenz am Einfachspalt* (Seite 464). Wegen der kleinen Lichtwellenlänge gaben wir dort dem Spalt nur eine kleine Breite, damit wir die Streifen gut sehen konnten. Um Beugung zu erkennen, müssen auch wir den Einzelspalt eng machen.

In der Optik (ab Seite 128) dagegen erzeugten wir Lichtstrahlen an Öffnungen, die sehr viel größer als die Wellenlänge waren. Wir sahen deshalb keine Beugung und entwickelten die *Strahlenoptik*. Sie ist also keine strenge, endgültige Theorie, sondern ein Grenzfall der **Wellenoptik**, nur dann brauchbar, wenn Lichtbündel breit gegenüber der Wellenlänge sind. Andernfalls treten Beugungserscheinungen auf.

> **Lichtstrahlen gibt es nur hinter Öffnungen, die groß gegenüber der Wellenlänge sind. Sonst tritt Beugung auf; die Strahlenoptik ist durch die Wellenoptik zu ersetzen.**

2. Wie scharf schießen Photonenkanonen?

Würden wir in Versuch 540 eine Fotoplatte hinter der Nähnadel aufstellen, so könnten wir die Photonenlokalisationen beobachten (*Bild 491.1*). Der Versuch liefe mit Elektronen ähnlich ab wie mit Photonen. Auch Elektronenstrahlen werden an engen Öffnungen gemäß ihrer De-Broglie-Wellenlänge gebeugt. Wiederum zeigen sich Wellen- und Teilcheneigenschaften zugleich. Wir können deshalb an diesem Beugungsversuch die Grenzen beider Modelle gegeneinander abstecken. Hierzu bringen wir die Begriffe Ort und Impuls des klassischen Teilchenmodells in den Beugungsvorgang ein:

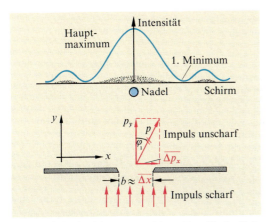

491.1 Bei der Spaltbeugung erfahren Begriffe des Teilchenmodells prinzipielle Grenzen.

Solange der Spalt weit ist, gehen die meisten Photonen bzw. Elektronen an der Nadel vorbei. Wir sagen, die **Ortsunschärfe** $\overline{\Delta x}$ der Teilchen quer zur Strahlrichtung sei groß. Engen wir das Bündel durch einen Spalt ein, so sinkt an ihm diese Ortsunschärfe $\overline{\Delta x}$, die näherungsweise gleich der Spaltbreite b ist.

Beim Verkleinern der Spaltbreite, also der Ortsunschärfe $\overline{\Delta x}$, steigt der Winkel φ_1, der zum ersten Minimum der Beugungsfigur zeigt (*Bild 491.1*). Photonen wie Elektronen erhalten bei der Beugung Impulse p_x quer zur Ausbreitungsrichtung, nach beiden Seiten stochastisch verteilt. Wir betrachten den Mittelwert $\overline{\Delta p_x}$ der Beträge dieser Querimpulse. Wichtig ist, daß $\overline{\Delta p_x}$ zunimmt, wenn die Ortsunschärfe $\overline{\Delta x}$ abnimmt. — Bei sehr breiten Spalten dagegen kommen die Quanten auf breiter Front an; der Ort x der nächsten Lokalisation ist unbestimmt, $\overline{\Delta x}$ groß. Dafür bleibt im Parallelstrahl bei einheitlicher Teilchenrichtung der Impuls $p_y = h/\lambda$ scharf bestimmt ($\overline{\Delta p_x} \to 0$).

W. Heisenberg (Nobelpreis 1932) zeigte 1926 allgemein, daß die beiden Unschärfen $\overline{\Delta x}$ und $\overline{\Delta p_x}$ nicht beliebig sind, sondern in einer einfachen Relation zueinander stehen: Das Produkt $\overline{\Delta x}\,\overline{\Delta p_x}$ ist ungefähr gleich der Planckschen Konstante h. Dies hat mit Meßfehlern nichts zu tun! Vielmehr zeigt die Relation die prinzipiellen Grenzen, die den klassischen Teilchenbegriffen Ort und Impuls gezogen sind, wenn man sie wie hier bei Beugung zusammen mit Wellenvorgängen benutzt.

> *Heisenbergsche Unbestimmtheitsrelation:*
> **Ort und Impuls von Quantenobjekten seien in x-Richtung nur mit den Genauigkeiten $\overline{\Delta x}$ und $\overline{\Delta p_x}$ vorhersagbar. Dann gilt**
>
> $$\overline{\Delta x}\,\overline{\Delta p_x} \approx h. \qquad (491.1)$$

3. Heisenberg beschränkt Begriffe und Bilder

a) Man kann bei Photonen- oder Elektronenkanonen mit $\overline{\Delta x} \to 0$ den Ausgangsort der Teilchen immer schärfer in den Griff bekommen. Doch wird dann wegen $\overline{\Delta p_x} \approx h/\overline{\Delta x} \to \infty$ der Querimpuls p_x immer unbestimmter; in unserem Versuch wird die Beugung größer. — Wollen wir aber den ursprünglich scharfen Impuls ($\overline{\Delta p_x} \to 0$) beibehalten, so müssen wir auf breiter Front ($\overline{\Delta x} \approx h/\overline{\Delta p_x} \to \infty$), also auch ins Ungewisse, schießen.

Man kann je für sich $\overline{\Delta x}=0$ oder $\overline{\Delta p_x}=0$ machen; die jeweils andere Größe wird dann aber völlig unbestimmt. Die Unbestimmtheitsrelation beseitigt also die zu einem klassischen Teilchen gehörenden Begriffe „Ort" und „Geschwindigkeit" an und für sich nicht. Vielmehr schränkt sie nur ihren gemeinsamen Gebrauch so weit ein, daß sie mit der zugehörigen Wahrscheinlichkeitswelle nicht in Konflikt kommen. Mit dieser Welle hat *Heisenberg* ja die Relation gefunden.

b) Deshalb beseitigt die Unbestimmtheitsrelation den Konflikt des *Dualismus Teilchen-Welle* genau so weit, wie es auf Grund der Experimente nötig ist. Die beiden klassischen Bilder „Teilchen" und „Welle" müssen dabei Federn lassen. Dann erst kann man sie, wie wir es hier bei der Spaltbeugung getan haben, zugleich und ohne Widerspruch mit der Erfahrung anwenden.

c) Die exakte Beschreibung der *Bahn* eines Körpers fordert, daß man in jedem scharf bestimmten Ort zugleich einen Geschwindigkeits- und damit auch einen Impuls-Vektor exakt angeben kann. *Heisenberg* schränkte mit seiner Relation die Voraussetzungen hierzu und damit den Bahnbegriff prinzipiell ein.

d) Beim Elektron können wir uns von der klassischen Physik noch viel schwerer lösen als beim Photon. Könnte man nicht sagen, die Ortsunbestimmtheit eines Elektrons in der Spaltöffnung rühre nur von unserem unvollkommenen Wissen her? Tatsächlich gebe es einen scharf bestimmten Ort P in der Spaltöffnung, durch den jedes Elektron geflogen sei, wenn es später in einem Punkt C des Schirms ankommt. Gut! Wenn Sie eine bestimmte Durchflugstelle vermuten, so engen Sie den Spalt auf diese Stelle ein! Dann müßten alle Elektronen in C ankommen. Weit gefehlt: Das Beugungsbild wird noch viel breiter.

Vielleicht sagen Sie, die Spaltbacken sind dabei eben dem Elektron näher gerückt und verunsichern seinen weiteren Flug durch eine „Beugungskraft" noch stärker. Wie erklären Sie aber mit einer solch unbestimmten Kraft die scharfen Nullstellen der Beugungsfigur, an denen nie ein Elektron ankommt? Sie kennen die Antwort: Um die Nullstellen — wie die ganze Beugungsfigur — zu ermitteln, muß man von jedem Elementarzentrum innerhalb der Spaltöffnung eine Elementarwelle ausgehen lassen und diese Wellen miteinander zur Interferenz bringen. Dabei sind alle Elementarzentren gleichberechtigt, ob sie nun nahe an den Spaltbacken liegen oder weitab von ihnen. Also ist nicht erkennbar, welchen Nutzen die Angabe eines Durchflugorts bringen sollte. Sie bringt nur unnötige Schwierigkeiten, obwohl wir einen solchen Ort gerne kennen würden. Das Wort „Durchflugort" verliert beim Einfach- wie beim Doppelspalt

einen nachweisbaren Sinn; die „Qual der Wahl" am Doppelspalt ist beseitigt! *Heisenberg* schreibt: *Ein über $\overline{\Delta x}\,\overline{\Delta p_x}\approx h$ hinausgehender, genauerer Gebrauch der Wörter Ort und Geschwindigkeit ist ebenso inhaltslos wie die Anwendung von Wörtern, deren Sinn nicht definiert worden ist.* Diese rigorose Einstellung wird auch noch heute nach 50 Jahren von allen Experimenten gedeckt. In der Elementarteilchenphysik veranschaulichen wir die „Bahn" eines Teilchens quantentheoretisch (Seite 567).

4. Wo ist der Bahnbegriff noch zu retten?

Nach *Heisenberg* ist nun der *Bahnbegriff* im Prinzip nicht mehr anwendbar. Warum konnten wir mit ihm trotzdem so erfolgreich arbeiten und Planeten- und Geschoßbahnen vorausberechnen? Auch Planeten und Gewehrkugeln sind doch aus Mikrogebilden zusammengesetzt. Wir dürfen also auch auf makroskopische Gebilde die Unbestimmtheitsrelation anwenden: Eine Kugel der Masse 10 g habe die Geschwindigkeit $v=500$ m s^{-1}. Ihr Abschußort sei von einem Scharfschützen mit Supermikroskop auf einen Atomdurchmesser genau, also zu $\overline{\Delta x}=10^{-10}$ m, festgelegt worden. Für die Unschärfe $\overline{\Delta p_x}$ des Querimpulses muß er nach $\overline{\Delta x}\,\overline{\Delta p_x}\approx h$ mit dem Wert $\overline{\Delta p_x}\approx h/\overline{\Delta x}=6{,}6\cdot 10^{-34}$ J s/10^{-10} m $=6{,}6\cdot 10^{-24}$ N s rechnen. Die Quergeschwindigkeit $v_x=p_x/m$ der Kugel hat wegen der großen Masse die Unschärfe $\overline{\Delta v_x}=6{,}6\cdot 10^{-24}$ N s/10^{-2} kg $\approx 7\cdot 10^{-22}$ m s^{-1}. In 1s, also auf 500 m Entfernung, gibt dies eine Abweichung von 10^{-21} m. Das ist viel weniger als ein Kernradius. Schützen kümmern sich deshalb kaum um die Quantentheorie! Für ihre Fehler haben sie viel stichhaltigere Erklärungen. Physiker und Chemiker dagegen sollten *Gl.* 491.1 beachten:

Fliegt z.B. ein Elektron in einem Atom, so ist sein Ort auch auf $\overline{\Delta x}=10^{-10}$ m, folglich sein Impuls auf $\overline{\Delta p_x}=h/\overline{\Delta x}=6{,}6\cdot 10^{-24}$ N s festgelegt — wie bei der Gewehrkugel. Wegen der kleinen Elektronenmasse $m=9{,}1\cdot 10^{-31}$ kg steigt aber die Geschwindigkeitsunschärfe auf ca. $\overline{\Delta v_x}=\overline{\Delta p_x}/m=7\cdot 10^6$ m s^{-1}. Dies ist schon $\tfrac{1}{50}$ der Lichtgeschwindigkeit und macht es völlig illusorisch zu sagen, im Atom bewegen sich die Elektronen auf irgendwelchen Bahnen. **Atommodelle müssen ohne Bahnen auskommen,** auch wenn diese Vorstellung schwerfällt!

Anders in einer Fernsehröhre. Dort habe die Anodenöffnung den Durchmesser $\overline{\Delta x}=0{,}1$ mm. Der Querimpuls bekommt die Unschärfe $\overline{\Delta p_x}\approx h/\overline{\Delta x}=6{,}6\cdot 10^{-30}$ N s. Bei 10^4 V

Beschleunigungsspannung ist der Impuls des Elektrons in der Flugrichtung $p_y = \sqrt{2emU} = 5 \cdot 10^{-23}$ N s. Bei einer Flugstrecke von $l = 0{,}5$ m weitet sich der Strahl um $l\,\overline{\Delta p_x}/p_y = 6 \cdot 10^{-8}$ m auf. Dies stört kein Fernsehbild; der Fernsehtechniker darf klassisch rechnen.

Wir dürfen also in *makroskopischen Bereichen* selbst Elektronen unbedenklich wie klassische Teilchen behandeln. Dort können wir von den fundamentalen Einschränkungen, welche uns die Unbestimmtheitsrelation auferlegt, absehen. Dennoch sind Elektronen keine klassischen Teilchen: In der Elektronenbeugungsröhre hatten sie eine Graphitfolie zu durchlaufen, deren Gitterkonstante d in atomaren Dimensionen lag. Sofort zeigte sich die für die Quantenphysik charakteristische Beugung und damit die Wellennatur. d lag nämlich in der Größenordnung der De-Broglie-Wellenlänge.

> **Nur in Bereichen weit oberhalb der De-Broglie-Wellenlänge kann man mit Elektronen und anderen Teilchen klassische Physik treiben und von Bahnen sprechen. Die Unbestimmtheitsrelation ordnet die klassische Physik der Quantenphysik unter.**

5. Unschärfe für Energie und Zeitdauer

Heisenberg fand nicht nur zwischen Ort und Impuls eine Unbestimmtheitsrelation. Solche Relationen existieren auch zwischen anderen Größenpaaren, deren Produkt — wie das Wirkungsquantum h — Energie × Zeit ist (Einheit J s). So gibt es eine Relation zwischen der Unschärfe $\overline{\Delta W}$ der Energie W und der Unschärfe $\overline{\Delta t}$ eines Zeitintervalls, in dem man diese Energie bestimmt:

$$\overline{\Delta W}\,\overline{\Delta t} \approx h. \qquad (493.1)$$

Sie besagt: Je kürzer die Zeit $\overline{\Delta t}$ ist, in der wir Quanten antreffen, um so unschärfer wird die Energie, die wir an ihnen messen können. Der Energieerhaltungssatz kann um $\overline{\Delta W}$ verletzt erscheinen. Dies hat in der Elementarteilchenphysik unerwartete Folgen (Seite 559).

> **Zwischen der Unschärfe $\overline{\Delta t}$ der Antreffzeit von Quanten und ihrer Energieunschärfe $\overline{\Delta W}$ gilt die Beziehung**
>
> $$\overline{\Delta W}\,\overline{\Delta t} \approx h. \qquad (493.2)$$

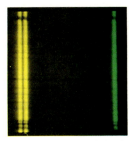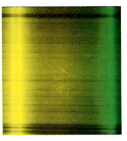

493.1 Hg-Linien links kurz nach dem Einschalten scharf; rechts nach 4 min verbreitert mit Energieunschärfe

An Spektrallinien läßt sich Gl. 493.1 bestätigen. Diese werden bei einer kräftigen Quecksilberhöchstdrucklampe breiter, wenn sie längere Zeit in Betrieb ist *(Bild 493.1)*. Dann verdampft im Glaskolben der Lampe mehr vom Quecksilbervorrat. Die Dichte der Gasmoleküle steigt. Diese stoßen häufiger aufeinander. Die Zeit $\overline{\Delta t}$, während der ein Atom einen Lichtwellenzug ungestört aussenden kann, wird im allgemeinen kürzer. Dafür ist nach Gl. 493.1 die Energieunschärfe $\overline{\Delta W} \approx h/\overline{\Delta t}$ des ausgesandten Lichtquants mit der Energie $W = hf$ größer. Nach $f = W/h$ werden deshalb seine Frequenz f und die Wellenlänge λ unschärfer. Die Spektrallinie wird breiter. Über diese „Unschärfe-Argumentation" hinaus gibt es noch weitere Gründe für die Verbreiterung von Spektrallinien, auf die wir zum jetzigen Zeitpunkt noch nicht eingehen können.

Aufgaben

1. *Wie groß ist die Impulsunschärfe in Querrichtung in Prozent für Photonen der Wellenlänge $\lambda = 600$ nm hinter einer Öffnung von 1 cm Breite (Schlüsselloch) und einer von 0,01 mm Breite (Nadelstich in Papier)?*

2. *Schätzen Sie aus der Impulsunschärfe $\overline{\Delta p}$ und dem ursprünglichen Photonenimpuls $p = h/\lambda$ gemäß Bild 491.1 den Winkel φ_1 zum Rande des zentralen Beugungsmaximums, also des 1. dunklen Streifens ab!*

3. a) *Wie groß müßte die Öffnung einer Laserkanone sein, damit man mit dem zentralen Beugungsmaximum den Mond (0,50° Sehwinkel) genau abdecken würde?*
b) *Wie groß ist der Lichtfleck in Mondentfernung (60 Erdradien) bei einer Laseröffnung von 10 mm Durchmesser ($\lambda = 600$ nm)?*

4. *Jönsson beschoß einen Spalt der Breite 0,5 μm mit Elektronen der Energie 50 keV. Ist an diesem Spalt eine merkliche Beugung zu erwarten?*

5. *Eine Ortsunschärfe sei $\overline{\Delta x} = 1$ mm. Müssen dann alle x-Werte um 1 mm vom Sollwert abweichen?*

§185 h und der Mikrokosmos

1. Die Welt der Planckschen Konstante h

Die Unbestimmtheitsrelation $\overline{\Delta x}\,\overline{\Delta p_x} \approx h$ und damit die Plancksche Konstante h stecken den Bereich des **Mikrokosmos** ab, in dem die klassischen Näherungsgesetze nicht mehr gelten. Darüber hinaus machte *Heisenberg* mit dieser Relation auch konstruktive Aussagen zur Struktur des Mikrokosmos. Dies schloß eine Lücke: Die *klassische Physik* beschreibt *Vorgänge* wie die Bahnbewegung von Körpern. Die *Quantenphysik* wendet sich darüber hinaus der *Struktur* von Körpern zu, also ihrem Aufbau aus Elementarteilchen und Atomen. Damit betreten wir physikalisches Neuland.

2. Kleiner Käfig — energische Insassen

Im Atom sind Elektronen, im Kern Protonen und Neutronen auf Bereiche einer Länge l eingegrenzt. Die Ortsunschärfe dieser Teilchen in x-Richtung ist $\overline{\Delta x} \approx l$ (*Bild 494.1*). Hätte ihre Impulskomponente sicher den Wert Null, so müßten wir die Impulsunschärfe $\overline{\Delta p_x} = 0$ setzen. Damit wäre die Unbestimmtheitsrelation $\overline{\Delta x}\,\overline{\Delta p_x} \approx l\,\overline{\Delta p_x} \approx h$ verletzt. Also können eingesperrte Teilchen nicht in Ruhe sein. Nehmen wir an, ihre Impulskomponente schwanke zwischen $+p_x$ und $-p_x$. Dann ist $\overline{\Delta p_x} \approx 2 p_x = 2 m v_x$; $\overline{\Delta x}\,\overline{\Delta p_x} \approx l \cdot 2 m v_x \approx h$ liefert für die Größenordnung der Geschwindigkeitskomponente

$$v_x \approx \frac{h}{2 m l}. \tag{494.1}$$

Beschränken wir uns auf die x-Richtung, so folgt nach dieser Abschätzung die Energie

$$W_{\text{kin}} = \tfrac{1}{2} m v_x^2 \approx \frac{h^2}{8 m l^2}. \tag{494.2}$$

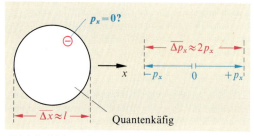

494.1 Je kleiner der „Quantenkäfig", um so größer die Lokalisationsenergie W_L des Teilchens!

In dreidimensionalen Würfeln mit der Kantenlänge l sind $v_y = h/(2 m l)$ und $v_z = h/(2 m l)$. Nach *Pythagoras* folgt die kinetische Energie

$$W_{\text{kin}} = \tfrac{1}{2} m v^2 = \tfrac{1}{2} m (v_x^2 + v_y^2 + v_z^2)$$
$$\approx \frac{3 h^2}{8 m l^2}. \tag{494.3}$$

Diese kinetische Energie hängt von der Planckschen Konstante h ab, ist also ein quantentheoretischer Effekt. Sie hat mit der thermischen Bewegung nichts zu tun und ist auch am absoluten Nullpunkt vorhanden. Man nennt sie *Nullpunktsenergie* oder besser **Lokalisationsenergie** W_L. Wie nämlich l^2 im Nenner zeigt, wird sie um so größer, je enger man den „Quantenkäfig" Atom, Kern usw. macht, auf den das Teilchen lokalisiert ist.

> **Teilchen, die räumlich auf einen Bereich der Länge l eingeengt sind, können nicht in Ruhe sein; sie haben eine mit sinkendem l steigende Lokalisationsenergie W_L:**
>
> $$W_L = W_{\text{kin}} \approx \frac{3 h^2}{8 m l^2}. \tag{494.4}$$

Diese etwas grobe Abschätzung mit Hilfe der Unbestimmtheitsrelation werden wir auf Seite 500 verfeinern, können aber schon jetzt fundamentale Aussagen über die *Energieverhältnisse* in der *Mikrowelt* machen, die sogar in unsere Makrowelt hineinreichen.

a) Die **Elektronenhülle** des Wasserstoffatoms hat den Durchmesser $l \approx 3 \cdot 10^{-10}$ m. In ihr hält sich das Elektron auf. Mit $m = 9{,}1 \cdot 10^{-31}$ kg wird seine Lokalisationsenergie $W_L \approx 12$ eV. Messungen und genauere Rechnungen liefern 13,6 eV. Ähnliche Werte erhält man auch für andere Atome. Da sich alle *chemischen Prozesse*, auch die fundamentalen Lebensvorgänge, in der Elektronenhülle abspielen, liegen ihre Energieumsetzungen im eV-Bereich (ca. $5 \cdot 10^{-19}$ J). Multipliziert man mit der Avogadrokonstante $N_A = 6{,}6 \cdot 10^{23}$ mol^{-1}, so erhält man die Größenordnung der bei 1 mol freiwerdenden Energie zu $3 \cdot 10^5$ J = 300 kJ. Bei Kohle, Öl, Butter, Alkohol und vielen anderen „Brenn"-Stoffen mißt man Verbrennungswärmen um 350 kJ mol^{-1}. Viel größere Werte sind nach der Quantentheorie aus der Atomhülle nicht zu erwarten.

Chemische Reaktionen in der Haut (Sonnenbrand) können erst von UV-Quanten mit etwa 4 eV ausgelöst werden, während Quanten eines

Radiosenders und von Infrarot höchstens durch ihre große Zahl Wärme erzeugen. Die zugehörenden Felder schütteln im *Mikrowellenherd* Wassermoleküle als elektrische Dipole und Ionen. – In Batterien trennen chemische Reaktionen die Ladungen. Deshalb liegt ihre Energie bei 2 eV, ihre Spannung bei 2 V.

b) Atomkerne haben noch kleinere Durchmesser; l in *Gl. 494.4* liegt unter 10^{-14} m. In die Kerne sind die Nukleonen *Proton* und *Neutron* je mit der Masse $1,67 \cdot 10^{-27}$ kg eingesperrt. Also haben sie dort eine nicht unterschreitbare Lokalisationsenergie von etwa 6 MeV. Teilchen, die den „Käfig Kern" verlassen, trumpfen deshalb mit mehreren MeV an Energie auf.

> Wegen der Lokalisationsenergie W_L liegen die in der Elektronenhülle des Atoms umgesetzten Energien im Bereich einiger Elektronvolt, während die Kernenergien Megaelektronvolt betragen.

3. h gibt dem Mikrokosmos eine Struktur

Atomkerne können Elektronen einfangen und beim **β-Zerfall** (Seite 519) aussenden. Da man vor 1932 das Neutron noch nicht kannte, nahm man an, auch im Kern gäbe es ständig Elektronen: Ein Kohlenstoffkern sollte aus 12 Protonen und 6 Elektronen bestehen und deshalb die Ladung $+6e$ und die Massenzahl 12 haben. *Heisenberg* dagegen erklärte 1932 diese gemessenen Werte mit der Existenz von 6 Protonen und 6 Neutronen im Kern. Er zeigte nämlich, daß Elektronen im Kern eine so hohe Lokalisationsenergie haben, daß sie ihn sofort verlassen: Mit dem Kerndurchmesser $l = 10^{-14}$ m liefert *Gl. 494.4* nichtrelativistisch die Energie $W = 10^4$ MeV. Nach einer relativistischen Verfeinerung folgt 100 MeV als niedrigste Energie eines in den Kern eingesperrten Elektrons. Um ein Elektron von der Oberfläche eines mittelschweren Kerns ins Unendliche zu reißen, muß man gegen die Coulombanziehung die Arbeit 5 MeV aufwenden. Sie wird leicht von der Lokalisationsenergie $W_L = 100$ MeV geliefert.

Nach diesen Überlegungen *Heisenbergs* können sich Elektronen nicht ständig im Kern aufhalten, wohl aber die schwereren Teilchen Proton und Neutron. Ihre Bindungsenergie ist mit 8 MeV (Seite 534) größer als ihre Lokalisationsenergie 6 MeV. Der kleine Spielraum führt zur Instabilität radioaktiver Kerne.

Wenn also beim β-Zerfall ein Elektron aus dem Kern kommt, so muß es dort soeben neu entstanden sein. Dies geschieht, indem sich spontan, ohne äußeren Anlaß, ein Neutron in ein Proton und ein Elektron umwandelt (Seite 539). Daß sich Elementarteilchen umwandeln können, wissen wir von der Paarerzeugung. Wäre das Neutron nur ein Proton mit angehefteten Elektron, so käme dem Elektron eine noch größere Lokalisationsenergie zu als im viel größeren Kern. Das Neutron ist vielmehr ein eigenständiges Teilchen (Seite 562). *Heisenberg* sagte auf Einwände zu seiner Kerntheorie: „Kinder, ihr habt nicht genug Phantasie. Seht dort das Hallenbad. Da gehen die Leute angezogen hinein und kommen angezogen heraus. Könnt ihr daraus schließen, daß sie auch drinnen angezogen schwimmen?"

> Die schweren Elementarteilchen Neutron und Proton können sich trotz ihrer Lokalisationsenergie auf kleinstem Raum im Kern halten, während dem Elektron mit seiner viel kleineren Masse der ungleich größere Bereich der Atomhülle zur Verfügung stehen muß.

4. Akausale Physik im Mikrokosmos

Der französische Mathematiker *Laplace* beschrieb um 1850 die *kausale*, streng berechenbare (deterministische) Physik seiner Zeit angesichts der Erfolge der *Newtonschen Mechanik* am Himmel mit einer grandiosen Vision: „Wir müssen den jetzigen Zustand des Weltalls als die Wirkung eines früheren und als die Ursache des folgenden Zustands betrachten. Ein Geist, der alle Kräfte der Natur kennen würde und für einen Augenblick die Lage und die Geschwindigkeit aller Teilchen, aus denen die Natur besteht, erfassen könnte und der genügend groß wäre, alle diese Daten einer Rechnung zugrunde zu legen, könnte die Bewegung der größten Körper des Weltalls und die der kleinsten Atome vorhersagen. Für ihn wäre nichts unbestimmt, Zukunft und Vergangenheit lägen offen vor ihm."

Nach der Unbestimmtheitsrelation $\overline{\Delta x} \, \overline{\Delta p_x} \approx h$ sind jedoch im Mikrokosmos Ort und Geschwindigkeit nicht mehr zugleich scharf bestimmt. Damit entzog *Heisenberg* einer strengen Vorausberechenbarkeit, wie wir sie etwa von Planetenbahnen kennen, im Mikrokosmos die Voraussetzung.

> Im Mikrokosmos fehlen die Voraussetzungen für eine kausale Beschreibung von *Einzelprozessen*. Die *Wellenfunktion* beschreibt deren Wahrscheinlichkeitsverhalten; sie ist streng berechenbar (z.B. Nullstellen bei Beugung).

Einstein konnte sich mit einer im Prinzip akausalen Natur nie abfinden. Er schrieb an *Born*, der die Wahrscheinlichkeitsdeutung der Wellenfunktion gab: „Die Quantenmechanik ist sehr achtunggebietend. Aber eine innere Stimme sagt mir, daß das doch nicht der wahre Jakob ist. Die Theorie liefert viel, aber dem Geheimnis des Alten bringt sie uns kaum näher. Jedenfalls bin ich überzeugt, daß der nicht würfelt." *Einstein* versuchte durch zahlreiche Gedankenexperimente, die akausale Quantentheorie gegen die streng deterministische Relativitätstheorie auszuspielen.

Experimente der letzten Jahre geben der Quantenphysik recht. Ein Zurück zu einer durchgängig kausalen und zugleich klassischen Beschreibung kann als ausgeschlossen gelten. Zudem schränkte in den letzten Jahren die Theorie des *deterministischen Chaos* die Fiktion des *Laplaceschen Geistes* auch in der klassischen Physik erheblich ein. Dies gilt bei komplizierteren Vorgängen wie Turbulenzen in Strömungen, insbesondere beim Wettergeschehen; es bleibt aber prinzipiell berechenbar.

5. Was ist noch real in der Mikrowelt?

Mit dem „Geheimnis des Alten" denkt *Einstein* an die Welt an sich, so wie sie Gott sieht. Er war als Realist davon überzeugt, daß der Mensch sie auch so erkennen könne, wie sie tatsächlich ist. Hierzu sagt jedoch *W. Heitler* sehr vorsichtig:

„Der philosophisch interessierte Leser mag selbst entscheiden, ob er das Wellenfeld eines Elektrons (die ψ-Funktion) als Teil einer ‚objektiven Wirklichkeit' oder ‚nur' als ein nützliches Produkt des menschlichen Gehirns anzusehen hat, das geeignet ist, die Ergebnisse der Experimente vorherzusagen (wobei es sich zeigt, daß diese Voraussagen stets mit den ‚objektiven Tatsachen' übereinstimmen). Was diesen Punkt betrifft, so möchte der Autor den Leser in seinem Glauben nicht beeinflussen. Er empfiehlt ihm lediglich, sich zunächst über das, was unter ‚objektiver Wirklichkeit' zu verstehen ist, Klarheit zu verschaffen."

Heisenberg sprach sich radikaler aus: „Wenn man eine genaue Beschreibung des Elementarteilchens geben will, so ist das einzige, was niedergeschrieben werden kann, die Wahrscheinlichkeitsfunktion. Aber daraus erkennt man, daß nicht einmal die Eigenschaft des ‚Seins' dem Elementarteilchen ohne Einschränkung zukommt. Es ist eine Möglichkeit oder eine Tendenz zum Sein."

6. Quantenphysik heute

Bis heute ist keine einzige Naturerscheinung bekannt, die der modernen Quantentheorie in ihrer relativistischen Verfeinerung widersprechen würde. Die Wechselwirkung Licht-Materie wird mit einer Genauigkeit beschrieben und experimentell bestätigt, die sonst nirgends in der Physik erreicht ist. Wenn man allerdings die Wellenfunktion ψ als ‚objektive Wirklichkeit' deutet (*Heitler*-Zitat) oder Photonen und Elektronen beim Doppelspalt-Versuch als klassische Teilchen ansieht, kommt man in der Anschauung zu Widersprüchen. In der Rechnung gibt es sie nicht. *C.F. von Weizsäcker* schrieb 1985: „ψ ist ‚Wissen', ein Wissen von objektiven Fakten der Vergangenheit und eine Wahrscheinlichkeitsfunktion für die Zukunft, die durch Messung relativer Häufigkeiten empirisch bestätigt werden kann. Alle Paradoxien entstehen nur, wenn man ψ noch in irgendeinem andern Sinn als ein ‚objektives Faktum' ansieht."

Die Zitate zeigen, daß es in der Quantenphysik den Physikern nicht nur um eine Erforschung der grundlegenden Strukturen der Natur ging. Sie diskutierten auch die geistigen Möglichkeiten, mit denen wir diese Natur erforschen, kritisch und leidenschaftlich.

7. Strukturen in der Physik

Abschließend wollen wir versuchen, durch Strukturbetrachtungen noch etwas mehr Ordnung in die Physik zu bringen.

Die Lehre vom Licht begann als **geometrische Optik**. Mit ihr wird Licht durch *Strahlen* beschrieben, die sich geradlinig ausbreiten, aber auch reflektiert und gebrochen werden. Um dies zu verstehen, postulierte *Newton* kleine *Korpuskeln*, die den Gesetzen der **klassischen Mechanik** gehorchen sollten, insbesondere dem Trägheitssatz. Für *Newton* war die geometrische

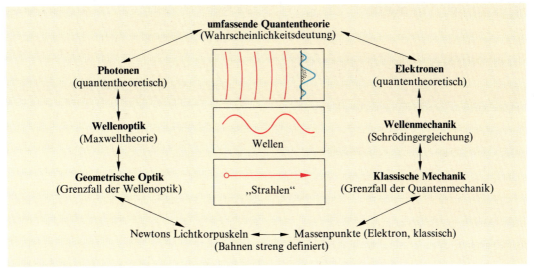

497.1 Teilchenstrahlen → Wellen → Quanten: drei aufeinanderfolgende Strukturelemente zur Naturbeschreibung

Optik ein Teilgebiet der Mechanik. Wir stellen beide in *Bild 497.1* auf die unterste Stufe. Sie umfaßt die hypothetischen Newtonschen Lichtkorpuskeln und die Elektronen, deren Verhalten wir im Makrokosmos nach *Newton* beschreiben konnten. Danach sollte man Licht- wie Elektronenstrahlen durch Spalte beliebig fein machen können — ohne Beugung.

Nun sehen wir an der Spaltbeugung, daß die geometrische Optik nur ein Grenzfall der umfassenderen Wellenoptik ist. Deren Gesetze folgen aber nicht aus der Newtonschen Mechanik, sondern aus den **Maxwellschen Grundgleichungen** der Elektrizität. Deshalb zog *Schrödinger* den Schluß, auch die klassische Mechanik sei nur ein Grenzfall einer umfassenderen **Wellenmechanik**. Sie steht in *Bild 497.1* mit der Wellenoptik auf der zweiten Stufe. Mit seiner Schrödingergleichung schuf er so das Analogon zu den Maxwell-Gleichungen. Beide Gleichungen erlauben eine streng kausale Berechnung von stetigen Wellenfunktionen, etwa die exakte Lage von Nullstellen bei Interferenzversuchen mit Licht bzw. Elektronen. *Beide Gleichungen sind also kausal.* Die Stochastik bei Photonen- und Elektronenlokalisationen ist ihnen noch völlig fremd. Das Elektron als solches stellt einen Fremdkörper in Maxwells wie in Schrödingers Theorie dar; beide Theorien befassen sich mit Feldern.

Das stochastische Verhalten von lokalisierbaren Photonen wie Elektronen zwang zur *Wahrscheinlichkeitsdeutung* der aus beiden Gleichungen berechneten stetigen und kausal bestimmten Wellenfunktion. Erst die solchen Wellen zugeordneten *Quanten*, nämlich Photon und Elektron als Quantenobjekte, bringen das quantisierte und stochastische Element in die Theorie. Sie stehen auf der obersten Stufe von *Bild 497.1* und werden in der modernen geschlossenen und widerspruchsfreien **Quantentheorie** durch „*Quantisierung der Wellenfunktionen*" gewonnen. So heben sie sich von den Newtonschen Lichtkorpuskeln wie auch den klassischen Elektronen ab.

Von Licht, das auf eine Glasplatte fällt, werden 4% reflektiert; der Rest geht weiter. Dies erklärte Newton durch „fits" (Anwandlungen) seiner Korpuskeln. Heute würde man ihnen Wahrscheinlichkeitswellen für Reflexion und Weiterflug zuordnen. Der Zufall bestimmt, daß 4% der Photonen reflektiert werden.

Aufgaben

1. Wie groß ist die Lokalisationsenergie eines Elektrons in der K-Schale eines Na-Atoms mit 18 pm Durchmesser? Welche Geschwindigkeit hat es dort? Warum ist sie größer als im H-Atom?

2. Man nehme an, ein Neutron sei ein Proton (Durchmesser 10^{-15} m) mit angehefteten Elektron. Wie groß wäre die Lokalisationsenergie des Elektrons?

3. Wie groß ist die Lokalisationsenergie eines in einer feldfreien Röhre eingeschlossenen Elektrons (Raum kubisch mit $l = 1$ cm)? Mit welcher Spannung könnte man es auf diese Energie bringen?

Struktur der Atomhülle

§186 Der lineare Potentialtopf

1. Das Atom — ein Planetensystem im kleinen?

„Atombau und Spektrallinien" war der Titel eines wegweisenden Buchs von *Sommerfeld* aus der Gründerzeit der Quantentheorie. Man sah die Spektrallinien als verschlüsselte Botschaft der Atome an und suchte sie zu enträtseln. Dies gab bereits beim einfachsten Atom, dem des Wasserstoffs, große Probleme:

Im Wasserstoffatom tummelt sich nur ein Elektron um den Kern. Man kann es aber nicht so einfach berechnen wie die kreis- oder ellipsenförmige Bewegung eines Planeten um die Sonne. Nach aller Erfahrung ist das H-Atom nicht scheibenförmig, auch wenn es oft so gezeichnet wird. Wenn man zudem nach *Bild 498.1* ein um den Kern kreisendes Elektron von einem Punkt B seiner Bahnebene aus betrachtet, sieht man es wie in einem *Hertzschen Dipol* hin und her schwingen. Dabei müßte es nach Seite 446 ständig eine Welle abstrahlen und hätte seine Energie in kürzester Zeit aufgezehrt. Es wäre in den Kern gestürzt.

Das klassische Modell eines um den Atomkern kreisenden Elektrons konnte die scharfen Spektrallinien nicht erklären. Also proklamierte 1913 der dänische Physiker *Niels Bohr* (Nobelpreis 1922) „Polizeiverordnungen für Elektronen", die berühmten **Bohrschen Postulate**:

① Elektronen dürfen — anders als Planeten — nur auf bestimmten Bahnen kreisen.
② Elektronen dürfen auf diesen Kreisbahnen um den Kern nicht strahlen.

③ Elektronen springen von einer solchen zulässigen zu einer weiter innen, also energetisch tiefer liegenden Bahn. Mit der dabei frei werdenden Energie strahlen sie ein Lichtquant der Energie $W = hf$ ab.

Mit diesen Prinzipien leitete *Bohr* zwar eine sehr gute Formel für die Frequenzen der Spektrallinien des H-Atoms her (Seite 510). Doch versagen sie beim Erklären vieler anderer Eigenschaften und vor allem bei Atomen mit mehr als einem Elektron. Wir wissen heute warum: Nach der *Unbestimmtheitsrelation* ist in atomaren Bereichen der Bahnbegriff sinnlos geworden. Deshalb entwickeln wir das quantentheoretisch Wesentliche an einem noch einfacheren Modell.

2. Quantengesetze des eingesperrten Elektrons

Die Coulomb-Kräfte der Atomkerne halten die Elektronen in einem dreidimensionalen Bereich beisammen. Wir beschränken uns zunächst auf *eine* Dimension und betrachten Elektronen, die auf einer Strecke der Länge l zwischen zwei Wänden eingesperrt sind. Ihr Verhalten veranschaulicht ein Versuch mit Mikrowellen, also mit Photonen nach *Bild 499.1*.

Versuch 541: a) Ein Mikrowellensender erzeugt fortschreitende Wellen mit $\lambda = 3{,}2$ cm. Sie führen einen Strom von Photonen mit sich. Vor der Metallwand M entsteht eine stehende Welle, die wir mit einem Dipol abtasten. Dieser spricht auf den $\vec{E}$-Vektor an. $\vec{E}$ hat an der reflektierenden Metallwand einen Knoten.

b) In eine beliebige Knotenebene der stehenden Welle setzen wir eine dünne Glasplatte G. Sie reflektiert die von rechts kommende Welle nochmals. So ist eine *stehende Welle* mit ihren Photonen zwischen zwei reflektierenden Wänden eingeschlossen. Diese Welle kann nur dann stark werden, wenn ihre Länge l ein ganzzahliges Vielfaches von $\lambda/2$ ist. Wie bei Saiten gilt

$$l = n\lambda/2 \quad \text{mit} \quad n = 1, 2, 3, \ldots. \quad (498.1)$$

Wir wiederholen in Gedanken diesen Versuch an Elektronen. Sie fliegen nach *Bild 499.2a* mit der Geschwindigkeit v, der De-Broglie-Wellenlänge $\lambda = h/p = h/(mv)$ und der Energie $W_{\text{kin}} = \frac{1}{2}mv^2$ kräftefrei nach rechts. W_{kin} ist durch die Wellenlänge λ bestimmt zu

$$W_{\text{kin}} = \frac{1}{2}mv^2 = \frac{1}{2}m\left(\frac{h}{m\lambda}\right)^2 = \frac{h^2}{2m\lambda^2}. \quad (498.2)$$

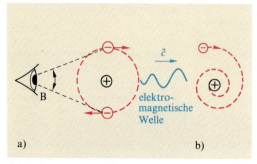

498.1 a) Kreisende Elektronen müßten ständig wie ein Hertz-Dipol strahlen und b) in den Kern fallen.

Damit die Elektronen rechts reflektiert werden, denken wir uns dort nach *Bild 499.2a* ein Doppelnetz angebracht und seinen linken Teil positiv geladen, den rechten negativ. Im elektrischen Feld zwischen beiden Netzen kehren die Elektronen ohne Energieverlust um. Die hin- und die zurücklaufende De-Broglie-Welle bildet eine *stehende Welle*. Rechts vom Doppelnetz hält sich kein Elektron auf, dort ist die Antreffwahrscheinlichkeit $\psi^2 = 0$. Da die ψ-Funktion stetig ist, muß ψ^2 auch unmittelbar links am Doppelnetz Null sein. Dort hat die stehende Welle als Randbedingung einen Knoten, genau wie vorher die Mikrowelle.

Nun stellen wir in Gedanken ein zweites reflektierendes Doppelnetz in einer weiter links liegenden Knotenebene auf *(Bild 499.2b)*. Seine linke Hälfte sei negativ geladen. Dann sind die Elektronen in den kräftefreien Bereich zwischen zwei unüberwindlichen *Potentialwänden* mit Abstand l eingesperrt *(Bild 499.2c)*.

An beiden Enden dieses **linearen Potentialtopfs** erzwingt die Randbedingung $\psi^2 = 0$ einen Knoten. Deshalb sind in ihm nur noch bestimmte stehende Wellen möglich. Ihre Wellenlängen λ hängen mit der Topflänge l ebenfalls nach *Gl. 498.1* zusammen. Diese stehenden Wellen erlauben nur noch ganz bestimmte ψ-(Wellen-)Funktionen der Elektronen im Topf. Man kennzeichnet diese wichtigen Elektronenzustände mit den aus der Chemie bekannten **Quantenzahlen** $n = 1, 2, 3, \ldots$. So liefert $n = 1$ den *Grundzustand*. Auch bei Saiten wählen solche Randbedingungen die allein möglichen Eigenschwingungen als stationäre Schwingungszustände aus.

Die Antreffwahrscheinlichkeit ψ^2 des Elektrons im Topf wird also durch $\sin^2$-Funktionen beschrieben (*Bild 499.3*). Ihre Maxima und Minima bleiben stehen. Nun wird in stehenden Wellen — im Gegensatz zu fortschreitenden — weder Masse noch Ladung transportiert. Als wichtiges Ergebnis folgt: Die Ladungsverteilung ψ^2 schwingt — im Gegensatz zum Hertzschen Dipol — nicht hin und her. Sie kann also keine elektromagnetische Welle abstrahlen (Bestätigung Ziffer 4). Wir haben **stationäre Zustände,** in denen das Elektron keine Energie verliert.

In der Quantentheorie folgen die unbegründeten Polizeiverbote ① und ② von *Bohr* in abgeänderter Form aus allgemeinen Quantengesetzen. Dies löst die Grundfrage der Atomphysik nach Stabilität und Eigenschaften der Atome.

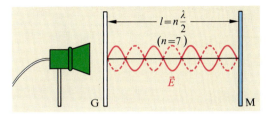

499.1 Stehende Zentimeterwelle zwischen Reflektoren

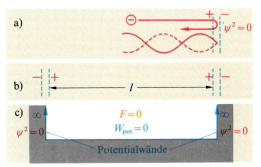

499.2 Gedankenversuch zum linearen Potentialtopf; Doppelnetze sperren die Elektronen ein.

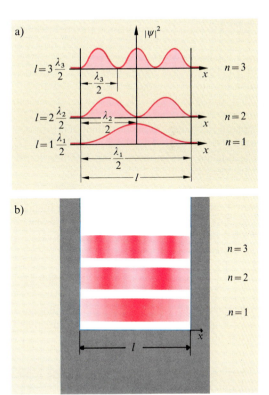

499.3 a) Drei stehende Wellen für drei Quantenzahlen n; b) Veranschaulichung der Antreffwahrscheinlichkeit ψ^2 durch erhöhte Färbung

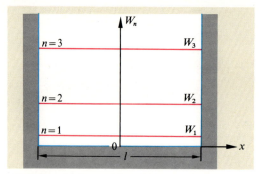

500.1 Energieniveaus eines Elektrons im Potentialtopf

3. Nicht jede Energie ist im Topf erlaubt!

Da die Elektronen im Topf kräftefrei sind, haben sie dort überall die gleiche potentielle Energie W_{pot}; wir setzen diese gleich Null. Zudem verloren sie beim Einsperren keine Energie. Nach *Gl. 498.2* ist mit $\lambda = 2\,l/n$ die Gesamtenergie eines Elektrons

$$W_n = W_{pot} + W_{kin} = 0 + \frac{h^2}{8\,m\,l^2} n^2 \quad (n = 1, 2, \ldots).$$

Ein Elektron im Potentialtopf kann also wegen $n = 1, 2, 3, \ldots$ nicht beliebige, sondern nur **diskrete Energiewerte** W_n annehmen. Diese scharfen Energieniveaus zeigt *Bild 500.1*. Für die Quantenzahl $n = 1$ erhalten wir den tiefstmöglichen Energiezustand $W_1 = h^2/(8\,m\,l^2)$. Er ist uns bereits als *Lokalisationsenergie* für eine Dimension nach der Unbestimmtheitsrelation bekannt *(Gl. 494.2)*. Wir müssen deshalb $n = 0$ ausschließen: Ein eingesperrtes Teilchen kann nicht energielos im Topf herumliegen!

Ein Teilchen der Masse m sei in einen linearen Potentialtopf der Länge l eingeschlossen. Es hat nur die durch die Quantenzahlen n bestimmten Energiewerte

$$W_n = \frac{h^2}{8\,m\,l^2} n^2 \quad (n = 1, 2, 3, \ldots). \qquad (500.1)$$

Die Energie ist wegen der Randbedingungen $\psi^2 = 0$ quantisiert. Die natürlichen Zahlen n nennt man Quantenzahlen.

Wieder taucht die Plancksche Konstante h als Kennmarke der Quantentheorie auf. Die Energiequantisierung eingesperrter Teilchen gilt als eine ihrer hervorstechendsten Aussagen. Allerdings ist Energie an sich nicht quantisiert. Freie Elektronen, die aus einer Elektronenkanone kommen, können beliebige Energiewerte annehmen; man kann ja die Beschleunigungsspannung kontinuierlich ändern. Hier fehlen die beiden Randbedingungen, die zur Quantisierung führen. – Wie die nicht schwingende Ladung es nun fertig bringt, die „Lichtmusik der Spektrallinien" nach außen dringen zu lassen, untersuchen wir an alltäglichen Beispielen.

4. Potentialtöpfe als Farbtöpfe

Gl. 500.1 gilt für Elektronen, die in Metallen oder in n-Halbleitern eingeschlossen sind. Man kann sie leicht an *Farbstoffmolekülen* überprüfen. Bei ihnen sind Atome zu linearen Ketten angeordnet *(Bild 500.2)*. Jedes C-Atom ist an zwei andere C-Atome, aber nur an ein H-Atom gebunden. Von den vier Valenzelektronen des C-Atoms werden also nur drei zur Bindung gebraucht (bekannt vom dotierten n-Halbleiter). Die beiden vierten Elektronen zweier Nachbaratome zeichnet man als zweiten Strich (rot) einer alternierenden Doppelbindung nach *Bild 500.2a*. In Wirklichkeit sind sie nicht zwischen Nachbarn gebunden, sondern bevölkern einen linearen Potentialtopf (*b*). Ein stark vereinfachtes Molekül enthalte $Z = 8$ C-Atome. Sie geben auch $Z = 8$ freie Elektronen an den Topf der Länge $l \approx 8a = 1{,}2$ nm ab. Der Atomabstand $a = 0{,}15$ nm ist durch Röntgenstrahlinterferenz bestimmt. Die quantisierten Energiewerte der Elektronen sind

$$W_n = n^2 h^2/(8\,m\,l^2) \quad (n = 1, 2, 3, \ldots).$$

Vom Chemieunterricht wissen Sie, daß nach dem *Pauliprinzip* höchstens zwei Elektronen denselben Zustand besetzen können. Die acht Elektronen besetzen die vier tiefsten Niveaus

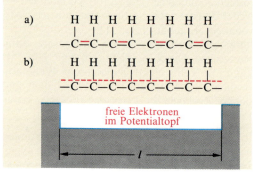

500.2 Alternierende Doppelbindungen als linearer Potentialtopf mit acht freien Elektronen besetzt

mit den Quantenzahlen $n=1$ bis $n=4$ je doppelt. Dies gibt den energetisch tiefsten Zustand für das Molekül, den stabilen Normalzustand *(Bild 501.1)*. In den vier stationären Elektronen-Zuständen ändert sich die Ladungsverteilung ψ^2 nicht. Deshalb wird keine elektromagnetische Welle abgestrahlt. Farbstoffmoleküle leuchten im Dunkeln nicht. Woher kommt dann ihre Farbe? Wie wirken hier Licht und Materie aufeinander?

Versuch 542: a) Weißes Licht einer Bogenlampe fällt durch eine Küvette mit einer winzigen Spur des in Alkohol gelösten roten Farbstoffs und wird anschließend spektral zerlegt *(Bild 501.2)*. Im grünen Bereich des ursprünglich kontinuierlichen Spektrums fehlt Licht bei $\lambda = 530$ nm. Wir sehen dort eine *Absorptionslinie* gemäß der Spektraltafel auf Seite 571.

b) Bei normaler Betrachtung im Tageslicht vereinigen sich die nicht absorbierten farbigen Lichter zur Komplementärfarbe von Grün, nämlich zu Rot; deshalb sind Rosen rot.

c) Im scharfen Strahl der Lampe geht von dem Farbstoff grünes Licht nach allen Seiten weg; er *fluoresziert* allseitig grün (Seite 504).

Die Quantentheorie erklärt diese Wechselwirkung von Elektronen mit Licht gemäß dem Postulat ③ von *Bohr*: Die Energiequanten des absorbierten grünen Lichts heben Elektronen des Potentialtopfs vom obersten besetzten Energieniveau W_4 mit der Quantenzahl $n=4$ auf das nächste, unbesetzte Niveau W_5 (blau). Sie regen das Molekül energetisch an. Hierzu brauchen sie ihre Quantenenergie $W=hf$ ganz auf und werden absorbiert. Nach *Gl. 500.1* gilt

$$\Delta W = hf = W_5 - W_4 = \frac{h^2}{8ml^2}(5^2-4^2) = \frac{9h^2}{8ml^2}.$$

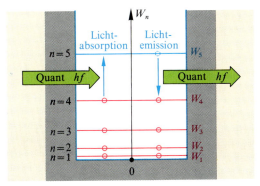

501.1 Vier quantisierte Energieniveaus im Potentialtopf von *Bild 500.2*, je mit zwei Elektronen besetzt

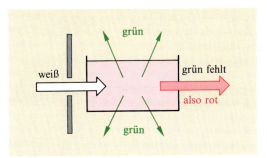

501.2 Aus Weiß wird Grün absorbiert; der Farbstoff erscheint rot. Grün wird gestreut.

Z	λ berechnet	λ gemessen	absorb. Farbe
10	581	590	Orange
12	710	710	Rot
14	835	820	Infrarot
16	965	930	Infrarot

Tabelle 501.1 Carbocyanin-Farbstoffe mit Z freien Elektronen; $a=0{,}139$ nm; λ in nm

Für die Wellenlänge der beobachteten Absorptionslinie folgt $\lambda = c/f = 8ml^2c/9h = 530$ nm. Wenn die Molekül-Kette länger wird, steigt nach dieser Gleichung die Wellenlänge λ der absorbierten Quanten. Dies zeigt *Tabelle 501.1*. Auch das Blattgrün enthält Potentialtöpfe.

5. Quantensprünge erzeugen und vernichten Lichtquanten

Die im Potentialtopf energetisch angehobenen Elektronen bleiben nicht oben, sondern fallen nach kurzer Zeit wieder in ihr Niveau W_4 zurück. Bei diesem **Quantensprung** ändert sich sprunghaft die ψ^2-Funktion, also die Ladungsverteilung in der stehenden Welle *(Bild 499.3)*. Diese kurzzeitige Ladungsverschiebung strahlt die vorher absorbierte Energie als Quant $W=hf$ im grünen Bereich nach allen Seiten ab (Versuch 542c; *Bild 501.2*). Auch bei der Absorption ändert sich ψ^2 plötzlich; beim zugehörigen Sprung des Elektrons nach „oben" nimmt das Molekül ein Lichtquant auf.

Nur wenn sich die Ladungsverteilung (ψ^2) ändert, können Lichtquanten emittiert oder absorbiert werden. Man spricht von einem Quantensprung.

§187 Quantisierung im Experiment

1. Anregende Stöße im Franck-Hertz-Versuch

Farbstoffmoleküle sind wählerisch; sie lassen sich nur durch Quanten bestimmter Energie anregen und senden auch nur solche aus. Gilt dies auch für freie Atome? *J. Franck* und *G.L. Hertz* (Nobelpreise 1925) beschossen deshalb 1913 Quecksilberatome mit Elektronen. Deren Energie $W = e\,U_b$ steigerten sie mit der Spannung U_b stetig. Wurden die Hg-Atome nur durch bestimmte Energien angeregt oder nahmen sie alles, was sich ihnen bot?

Versuch 543: Eine mit Hg-Dampf gefüllte Röhre wird auf 180 °C erhitzt *(Bild 502.1a)*. Von der Glühkathode K werden Elektronen mit der Spannung U_b zur Gitterelektrode G beschleunigt. Der Meßverstärker registriert aber nicht die Elektronen, die auf G landen, sondern nur diejenigen, die bis zur *Auffängerelektrode* A vordringen. Diese ist zur Abstoßung langsamer Elektronen gegenüber G mit der Spannung $U_v = 2$ V negativ geladen. Enthielte die Röhre keine Hg-Atome, so müßten bei $U_b > 2$ V alle Elektronen hinter G nach A gelangen und als Auffängerstrom I_A registriert werden. Wenn wir U_b stetig steigern, schwankt I_A jedoch wegen der Hg-Atome periodisch *(Bild 502.1b)*. Was geht in der Röhre vor?

Wenn wir U_b von Null aus bis 4,9 V erhöhen, steigt I_A; die Elektronen stoßen zwar auf Hg-Atome, können jedoch keine Energie an deren Inneres abgeben: Sie sind nicht in der Lage, ein Atom-Elektron vom obersten besetzten Energieniveau in das nächste freie zu heben. Die „Festung Atom" bleibt unerschüttert. Atome verhalten sich wie Automaten, die auf Markstücke eingestellt sind und deshalb Groschen, auch wenn sie noch so zahlreich kommen, verschmähen. Die Elektronen stoßen hier elastisch, ohne Energieverlust.

Bei $U_b = 4{,}9$ V sinkt I_A stark ab. Jetzt bekommen die stoßenden Elektronen kurz vor G genügend Energie, um dort Hg-Atome **anzuregen.** Dabei verlieren diese Elektronen ihre Energie und können nicht mehr gegen die negativ geladene Elektrode A anlaufen; sie kehren nach G zurück. Die Stöße sind jetzt unelastisch. Die wenigen Elektronen, die trotzdem A erreichen, haben zufällig kein Hg-Atom getroffen und ihre Energie behalten.

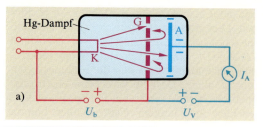

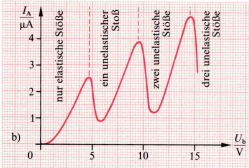

502.1 a) Schema des Franck-Hertz-Versuchs; b) wenn U_b stetig steigt, schwankt I_A mit der Periode 4,9 V.

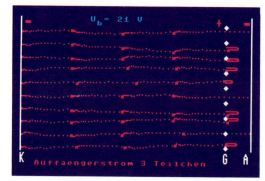

502.2 Computersimulation zum Franck-Hertz-Versuch

Bei jeweils der *n*fachen Beschleunigungs-Spannung $U_b = n \cdot 4{,}9$ V ($n = 2, 3, 4, \ldots$) sinkt I_A wieder. Die Hg-Atome haben aber keine höheren Niveaus mit gleichen Abständen. Vielmehr kommt die Periodizität von der Elektronenbeschleunigung: Die Elektronen bekommen schon nach der Strecke $\overline{KG}/2$, $\overline{KG}/3$, ..., $\overline{KG}/n$ die zur energetischen Anregung nötige Energie 4,9 eV und verlieren sie sofort an die dort gestoßenen Hg-Atome. Dann werden die Elektronen wieder beschleunigt. Regen sie kurz vor G zum *n*ten Mal Hg-Atome an, so haben sie ihre kinetische Energie abgegeben und können nicht mehr gegen die negativ geladene Platte A anlaufen. I_A sinkt zum *n*ten Mal.

Was machen die angeregten Hg-Atome mit ihrer Energie? *Franck* und *Hertz* fanden eine Spektrallinie der Frequenz $f = W/h = 4,9\,\text{eV}/h = 1,18 \cdot 10^{15}\,\text{Hz}$. Sie entsteht beim Rücksprung des angeregten Atom-Elektrons in das Ausgangsniveau. Leider liegt ihre Wellenlänge $\lambda = c/f = 253,7\,\text{nm}$ im UV. Sonst hätten wir eine weitere Möglichkeit, h zu bestimmen.

2. Enttarnung durch passendes Licht

Reagieren die Energieniveaus in Gasatomen auch auf *Photonen* — analog zu Farbstoffen?

Versuch 544: Ein luftleerer Glaskolben enthält etwas metallisches Natrium. In einem Ofen wird der Kolben auf 250 °C erhitzt. Sein Innenraum füllt sich mit Natriumdampf, den wir aber nicht sehen. Er läßt nämlich die Photonen des Tageslichts ungehindert passieren. Doch enttarnen ihn die Photonen einer Natriumdampf-Lampe. In ihrem gelben Licht ($\lambda = 590\,\text{nm}$; Quantenenergie $W_{\text{Na}} = hf = 2,07\,\text{eV}$; Spektraltafel Seite 571) sieht der Na-Dampf wie massiv gelber Nebel aus. Was geht bei dieser Enttarnung vor?

Die Na-Atome werden jetzt nur noch von Photonen getroffen, die in Na-Atomen entstanden sind. Diese Photonen haben genau die Energie $W_{\text{Na}} = hf = 2,07\,\text{eV}$, mit der sie — nur im Na-Atom — das Elektron des obersten besetzten Niveaus in den nächsthöheren Zustand heben können. Deshalb werden all diese Photonen absorbiert. Nach sehr kurzer Zeit (etwa 10^{-8} s) fallen die Elektronen wieder in ihr Ausgangsniveau zurück und geben Quanten derselben Frequenz ab, aber jetzt — wie Nebel — diffus nach allen Seiten (vergl. mit *Bild 501.2*). Man spricht wegen der exakt gleichen Frequenz von **Resonanzfluoreszenz**.

Versuch 545: Auch weißes Licht enthält einige wenige Photonen, die exakt die Energie W_{Na} haben. Was geschieht mit ihnen? Wir lassen Licht nach *Bild 503.1* zunächst auf einen engen Spalt fallen. Er wird mit einem guten Objektiv auf einen Schirm abgebildet. Ein Geradsichtprisma hinter der Linse erzeugt ein helles kontinuierliches Spektrum. In das weiße Licht am Spalt bringen wir die erhitzte Röhre aus Versuch 544, die mit Natriumdampf gefüllt ist. Ihn durchdringen — wie bekannt — fast alle Photonen ungehindert und geradlinig. Nur im gelben Teil des Spektrums sehen wir eine fast schwarze Linie. Die zugehörigen Photonen mit der Quantenenergie W_{Na} wurden durch Resonanzfluoreszenz absorbiert und dann wieder nach allen Seiten ausgestrahlt. Nur wenige treffen das Prisma; deshalb ist die Linie nicht ganz schwarz. Man nennt diesen Versuch **Umkehrung der Natrium-Linie**.

Das Gleiche haben wir bei den Farbstoffmolekülen beobachtet. Nur nahm dort die Absorptionslinie einen viel breiteren Bereich des Spektrums ein; also fehlte ein breiter Farbbereich. Der Rest konnte sich nicht mehr zu Weiß vereinigen und lieferte die Komplementärfarbe. In Flüssigkeiten stören nämlich Nachbarmoleküle die Lichtaussendung, kürzen die Wellenzüge und verbreitern so die Energieniveaus (*Bild 493.1*). In freien Gasatomen jedoch sind die Energieniveaus sehr scharf.

3. „Fingerabdrücke" der Atome im Spektrum

Die Umkehrung der Spektrallinien nach Versuch 545 läuft im Großen auf der Sonne und den Fixsternen ab. Weißes Licht aus tieferen Schichten durchsetzt die äußere Gasatmosphäre des Sterns. Aus dem kontinuierlichen Spektrum absorbieren dort Gasatome die zu ihren Energieniveaus passenden Photonen. Wenn Sie *Sonnenlicht* mit einem Taschenspektroskop zerlegen, sehen Sie ein kontinuierliches Spektrum, das jedoch von vielen scharfen schwarzen *Absorptionslinien* durchzogen ist. Sie heißen nach ihrem Entdecker **Fraunhofersche Linien** (Spektraltafel Seite 571). Da man aus Laborversuchen ihre Zuordnung zu den Elementen mit der sprichwörtlichen spektroskopischen Genauigkeit kennt, erfährt man durch diese „Fingerabdrücke" im kontinuierlichen Spektrum, welche Elemente in den Gashüllen der Fixsterne vorkommen. Man kann sogar ihre Anteile im Weltall abschätzen. Das Element *Helium* wurde 1868 durch zunächst noch unbekannte Absorptionslinien auf der Sonne

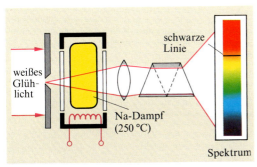

503.1 Umkehrung der Natrium-Linie; Versuch 545

entdeckt und konnte erst 1882 auch in Erdgasquellen nachgewiesen werden. In der **Spektralanalyse** hat die Chemie eine Methode zum Erkennen und Untersuchen von Atomen und Molekülen entwickelt. Sie benutzt dabei Emissions- und Absorptionsspektren. Die *Flammenfärbung* ist eine Vorstufe hierzu. In der Flamme angestoßene Atome senden Licht aus.

4. Fluoreszenz und Phosphoreszenz: Ändern und Speichern von Photonen-Energie

a) Versuch 546: Wir bestrahlen *Fluoresceïn-Lösung* mit weißem Licht und betrachten sie im Spektroskop. Im durchfallenden Licht fehlen Blau und Violett; die Lösung erscheint daher in der Komplementärfarbe Rot-Gelb *(Bild 501.2)*. Nach den Seiten hin leuchtet sie dagegen in einer neuen Farbe, sie **fluoresziert** grün. Anders als bei der Resonanzfluoreszenz in Natriumdampf kehrt das Fluoresceïn-Molekül nicht unmittelbar aus dem angeregten Zustand W_a in den Grundzustand W_u zurück, sondern über Zwischenzustände W_1, W_2, ... *(Bild 504.1 b)*. Deshalb sind die Quanten des gestreuten Lichts energieärmer, d.h. langwelliger (rot und grün) als die des absorbierten (blau). Quantenenergie wurde unterteilt.

Man kann sogar unsichtbares Ultraviolett in sichtbares Licht umwandeln. Dies geschieht zum Beispiel im Leuchtstoff von *Leuchtstoffröhren*. — Chemische Zusätze in *Waschmitteln* fluoreszieren im UV des Tageslichts bläulich. Dieses Blau addiert sich zum Gelb des Schmutzes und gibt „strahlendes Weiß". — *Fluoreszenzschirme* wandeln unsichtbare Röntgenstrahlen in sichtbares Licht um. In *Braunschen Röhren* regen aufprallende Elektronen die Atome des Leuchtschirms an. Diese geben die Energie als Licht ab.

b) Bestrahlt man *Zinksulfid*, das Spuren von Kupfer enthält, so leuchtet es anschließend längere Zeit im Dunkeln nach; es **phosphoresziert**. Dabei werden Elektronen im Kristallgitter aus dem Valenzband in das Leitungsband gehoben und dort einige Zeit wegen der Cu-Atome festgehalten. Durch die Wärmebewegung freigeschüttelt, fallen die Elektronen ins Valenzband dieses Licht-Akkus zurück und liefern — wie eine Leuchtdiode — Lichtquanten. Nicht die Photonen werden gespeichert, sondern ihre Energie. Ziffern und Zeiger von Uhren werden oft mit solchen phosphoreszierenden Stoffen bestrichen. Sie enthalten keinen Phosphor.

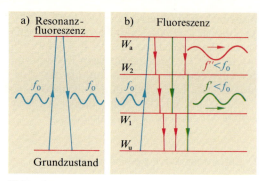

504.1 a) Resonanzfluoreszenz (Versuch 544); b) Fluoreszenz (Versuch 545)

5. Brownsche Bewegung — ohne Reibung?

Bei normalen Temperaturen sind die Stöße zwischen Atomen völlig elastisch; ihre kinetische Energie liegt bei nur $\frac{1}{30}$ eV (Wärmebewegung); der Stoßpartner kann — wie der Franck-Hertz-Versuch zeigt — nicht in die „Festung Atom" eindringen. Deshalb gibt es bei der *Brownschen Bewegung* (Fett-Tröpfchen in Milch) keine Spur von Reibungsverlusten; in atomaren Bereichen fehlt Reibung! Die kinetische Energie bleibt als solche erhalten. Sie kann nur zwischen Teilchen hin und her wandern und das eine kurzzeitig schneller machen — auf Kosten eines andern. Aus dem gleichen Grunde bleiben die Luftmoleküle ständig in Bewegung und fallen nicht zu Boden.

> **Atome können durch Elektronenstoß und Absorption von Photonen aus dem Grundzustand in energetisch höhere Zustände gelangen.**

Aufgaben

1. a) *Enthält die Franck-Hertz-Röhre Wasserstoffatome, so schwankt I_A mit der Periode 10,2 V. Welche Wellenlänge wird also ausgestrahlt?* **b)** *Bei Magnesium beobachtet man Licht der Wellenlänge 468 nm. Welche Energie braucht man zum Anregen eines Mg-Atoms?*

2. *Ein Na-Atom (m = 23 u) sendet ein Photon der Wellenlänge 590 nm aus. Welche Rückstoßgeschwindigkeit erhält das Atom? (Bestätigungsversuch für den Impuls von Einzelphotonen; R. Frisch)*

3. *Photonen können nur mit genau passender Energie Atome anregen, Elektronen dagegen auch mit höheren Energien. Geben Sie Beispiele! Womit hängt dies zusammen?*

4. *Warum wird bei Phosphoreszenz nicht das Photon selbst gespeichert, sondern nur seine Energie? Warum leuchten phosphoreszierende Stoffe bei höherer Temperatur heller, aber auch kürzer?*

§188 Vom H-Atom zum Schwarzen Loch

1. Wieder hilft die Unbestimmtheitsrelation

Die Bewährungsprobe bestand die *Schrödingergleichung*, als ihr Entdecker 1926 alle Eigenschaften des Wasserstoffatoms richtig berechnen konnte. Zu Beginn der sehr mühsamen Rechnungen klagte *Schrödinger*: „Wenn ich nur mehr Mathematik könnte". Wir können noch viel weniger, erinnern uns aber, daß wir auf Seite 494 die Lokalisationsenergie des Elektrons im H-Atom mit der Unbestimmtheitsrelation zu etwa 12 eV richtig abgeschätzt haben.

Allerdings mußten wir dort den Atomradius R vorgeben. Ist er ein nicht weiter erklärbares „Sondermaß" der Natur, oder kann man ihn auf allgemeine Naturkonstanten zurückführen? Warum sind die locker gebauten Atome und damit die ganze Materie stabil? Hellt die Quantentheorie ihre Struktur auf?

2. Warum sind Atome stabil?

Ein Gebilde ist um so stabiler, je mehr Energie man braucht, um es zu zerlegen. Schätzen wir diese Energie beim H-Atom ab: Durch die Anziehung des Kerns ist das Elektron in einen gewissen Bereich eingeschlossen, sagen wir in eine Kugel mit dem noch unbekannten Radius R. Im Mittel hält es sich etwa im Abstand $\bar{r} = R/2$ vom Kern mit der Zentralladung $+e$ auf. Dort ist nach Seite 351 die *potentielle Energie* $W_{pot} = -e^2/(4\pi\varepsilon_0 \bar{r}) = -e^2/(2\pi\varepsilon_0 R)$. Das Elektron hat im Mittel die potentielle Energie

$$W_{pot}(R) = -\frac{e^2}{2\pi\varepsilon_0 R} = -\frac{A}{R} \quad (505.1)$$

mit dem Faktor $A = e^2/(2\pi\varepsilon_0)$. Bild 505.1b zeigt punktiert die stets negative Energie $W_{pot}(R)$. Sie wird Null für $R \to \infty$.

Dazu kommt die quantenmechanische Form der kinetischen Energie, nämlich die *Lokalisationsenergie* W_L. Da sie aus der Unbestimmtheitsrelation folgt, kann man sie nicht verdächtigen, etwas mit Elektronenbahnen zu tun zu haben. Nach *Gl. 494.4* ist $W_L = 3h^2/(8ml^2)$ beim Atomdurchmesser $l = 2R$ etwa

$$W_L(R) = \frac{3h^2}{32mR^2} = \frac{B}{R^2} \quad (505.2)$$

mit dem Faktor $B = 3h^2/(32m)$. $W_L(R)$ ist stets

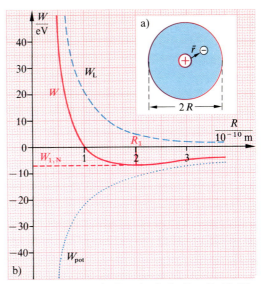

505.1 a) H-Atom als Kugel mit Radius R; b) Die Gesamtenergie $W = W_{pot} + W_L$ hat bei R_1 ein Minimum und liefert so den stabilen Grundzustand.

positiv und wird durch die gestrichelte Kurve in *Bild 505.1b* dargestellt. Mit *Gl. 505.1* folgt die *Gesamtenergie W* als Funktion von R zu

$$W(R) = W_L + W_{pot} = +\frac{B}{R^2} - \frac{A}{R}. \quad (505.3)$$

Die rote Kurve in *Bild 505.1b* zeigt diese Funktion $W(R)$. Ihr Minimum bei R_1 ermöglicht die Existenz und Stabilität der Atome: Um nämlich den Atomradius R von diesem Wert R_1 aus zu vergrößern, muß man das Elektron vom Kern entfernen. Die potentielle Energie ($\sim 1/R$) nimmt dabei rascher zu, als die Lokalisationsenergie ($\sim 1/R^2$) sinkt: Man muß Energie zuführen. – Um dagegen den Atomradius R von R_1 aus zu verkleinern, braucht man ebenfalls Energie; hier steigt die Lokalisationsenergie schneller, als die potentielle Energie sinkt. Weicht der Radius R von R_1 ab, geht das zu groß oder zu klein geratene H-Atom unter Abgabe von Energie in diesen **stabilen Zustand** mit Radius R_1 über und verharrt in ihm. *Der Verlauf der roten Kurve in Bild 505.1 ist typisch für stabile Systeme.*

Den Atomradius R_1 erhalten wir durch Nullsetzen der Ableitung von $W(R)$ nach R:

$$W'(R_1) = -\frac{2B}{R_1^3} + \frac{A}{R_1^2} = 0, \quad \text{d.h.}$$

$$R_1 = \frac{2B}{A} = \frac{3\pi\varepsilon_0 h^2}{8me^2} = 2 \cdot 10^{-10} \text{ m}. \quad (505.4)$$

Bild 506.1 zeigt den von *Schrödinger* berechneten mittleren Elektronenabstand r_S und die Antreffwahrscheinlichkeit ψ^2 des Elektrons im H-Atom. Unser Wert R_1 für den Atomradius paßt gut; der von *Bohr* berechnete sogenannte *Bohrsche Radius* $r_B = 0{,}53 \cdot 10^{-10}$ m ist zu klein.

3. Die Gesamtenergie des stabilen H-Atoms

Für die Gesamtenergie W_1 des stabilen H-Atoms folgt durch Einsetzen von R_1 in Gl. 505.3 der Näherungswert

$$W_{1,N} = \frac{B}{R_1^2} - \frac{A}{R_1} = \frac{A^2}{4B} - \frac{A^2}{2B} = -\frac{A^2}{4B}$$

$$= -\frac{2}{3\pi^2} \frac{m e^4}{\varepsilon_0^2 h^2} = -7{,}3 \text{ eV}. \quad (506.1)$$

Die Schrödingergleichung liefert ebenfalls den Term $me^4/(\varepsilon_0^2 h^2)$, also die gleiche Abhängigkeit von den Naturkonstanten m, e, ε_0, h. Doch ist unser Zahlenfaktor $2/(3\pi^2) \approx \frac{1}{15}$ durch $\frac{1}{8}$ ersetzt. Wir arbeiten künftig mit dem auch experimentell exakt bestätigten Wert

$$W_1 = -\frac{m e^4}{8 \varepsilon_0^2 h^2} = -13{,}6 \text{ eV}. \quad (506.2)$$

13,6 eV braucht man, um das Elektron aus dem stabilen Zustand des Atoms zu entfernen, um also das H-Atom zu ionisieren. Seine **Ionisierungsenergie** beträgt 13,6 eV. Umgekehrt wird die Energie 13,6 eV frei, wenn ein Proton ein ruhendes Elektron aus dem Unendlichen einfängt, um ein Wasserstoffatom zu bilden.

> **Radius** $R_1 = 2 \cdot 10^{-10}$ m und **Grundzustandsenergie** $W_1 = -13{,}6$ eV der H-Atome folgen quantentheoretisch aus allgemeinen Naturkonstanten. Ihre Stabilität ist ein Kompromiß zwischen zu großer potentieller Energie und zu großer Lokalisationsenergie.

Die Elektronen fallen nur wegen der Lokalisationsenergie nicht in die sie anziehenden Atomkerne. Auch sind Atome keineswegs harte Kugeln mit scharfem Rand, sondern eine lockere Elektronenwolke. Trotzdem sind sie stabil. Dies gilt folglich auch für die feste und flüssige Materie insgesamt. Ihre Dichte liegt in der Größenordnung von 1 g cm^{-3}.

Nur Gase haben wegen ihrer großen Molekülabstände eine viel kleinere Dichte.

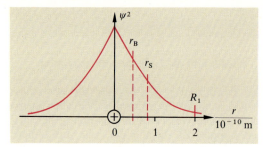

506.1 Antreffwahrscheinlichkeit ψ^2 des Elektrons (auf gleiche Volumenelemente bezogen); mittlerer Elektronenabstand r_S im H-Atom nach *Schrödinger*; r_B: Bohrscher Radius; R_1: Atomradius nach Ziffer 2

4. Stabilisierung der Sternmaterie

Im Inneren unserer *Sonne* besteht der Gravitationsdruck 10^{16} N m^{-2}. Ihm hält — wie in einem Gas — die Bewegungsenergie der Teilchen stand, aber erst bei $T = 20 \cdot 10^6$ K. Diese hohe Temperatur entsteht durch *Kernfusion* beim Verschmelzen von H- zu He-Kernen. Wenn diese Energiequelle versiegt, fällt der Stern in einem *Gravitationskollaps* schnell zusammen. Der Endzustand hängt von der noch verbleibenden Masse ab:

a) Weiße Zwerge (bis 1,4fache Sonnenmasse) sind auf das Volumen der Erde zusammengeschrumpft. Die Dichte ist durch den Gravitationsdruck auf das 10^6fache der Sonnendichte gestiegen, also auf etwa 10^7 g cm^{-3}. Ihm hält die gewaltig gestiegene Lokalisationsenergie der Elektronen, also ein Quanteneffekt, beliebig lange stand; der Stern erkaltet.

b) In kalten Sternen mit mehr als 1,4facher Sonnenmasse zwingt der Gravitationsdruck die Elektronen zu noch größerer Dichte. Ihre Lokalisationsenergie und damit ihre Geschwindigkeit steigt solange an, bis sie mit Protonen zusammen Neutronen bilden. Dies ist die Umkehrung des β-Zerfalls (Seite 539), braucht also Energie. Die Lokalisationsenergie der nun verbleibenden Neutronen ist wegen ihrer größeren Masse zunächst klein. Sie stabilisiert diesen **Neutronenstern** erst, wenn er auf 10 km Radius geschrumpft ist. Der Stern wird eine Neutronenkugel mit der Dichte von Atomkernen (10^{14} g cm^{-3}).

c) Bei über 10facher Sonnenmasse ist die Energie so groß, daß relativistische Effekte das Aufbringen der nötigen Lokalisationsenergie verhindern. Der Stern sackt zum **Schwarzen Loch** zusammen.

Aufgabe

1. *Die Grundfrage des Atomismus ist: Wie können Teilchen ohne Ausdehnung ausgedehnte Körper bilden? Auf welche Weise löst die kinetische Gastheorie dieses Problem bei den Gasen? Was bietet das Bohrsche Modell, was die Quantenphysik als Lösung an?*

§189 Atombau und Spektrallinien

1. Stehende Wellen — nach drei Richtungen

Wir betrachten die räumliche Struktur des Atoms genauer. Hierzu erweitern wir den linearen Potentialtopf auf einen Würfel mit Kantenlänge l. In ihm bilden sich stehende Elektronenwellen aus, wenn sie auf alle drei Würfelkanten passen. Am einfachsten sind die stehenden Wellen zwischen gegenüberliegenden Wänden. An den Wänden bilden sich wegen der Randbedingung $\psi^2=0$ Knotenflächen. Die räumliche Elektronenwelle projiziert auf die x-Kante des Würfels der Länge l die Wellenlänge λ_x, auf die y-Kante λ_y und auf die z-Kante λ_z. Wegen der Knoten an den Wänden gilt analog zum eindimensionalen Fall (Saite):

$$l = n_x \lambda_x/2; \quad l = n_y \lambda_y/2; \quad l = n_z \lambda_z/2.$$

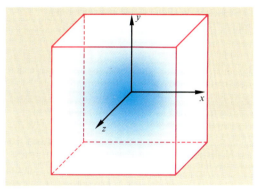

507.1 Orbital für $n_x = n_y = n_z = 1$; Antreffwahrscheinlichkeit des Elektrons im 1 s-Zustand

Im Dreidimensionalen gibt es also drei voneinander unabhängige Quantenzahlen n_x, n_y und n_z (jeweils gleich 1, 2, ...). Die Energie in diesem **dreidimensionalen Topf** liefert der Impulsvektor $\vec{p}$ mit den Komponenten $\vec{p}_x$, $\vec{p}_y$ und $\vec{p}_z$. Nach $p = h/\lambda$ gilt für die Komponenten und für den Gesamtimpuls p

$$p_x = \frac{h}{\lambda_x} = \frac{h}{2l}n_x; \quad p_y \text{ und } p_z \text{ entsprechend};$$

$$p^2 = p_x^2 + p_y^2 + p_z^2 = \frac{h^2}{4l^2}(n_x^2 + n_y^2 + n_z^2). \quad (507,1)$$

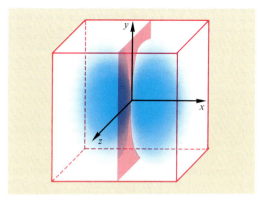

507.2 Das Orbital für $n_x = 2$; $n_y = n_z = 1$ zeigt die Antreffwahrscheinlichkeit im 2 p_x-Zustand.

Aus ihm berechnen wir die kinetische Energie $W_{kin} = \frac{1}{2}mv^2 = p^2/(2m)$, quantentheoretisch die *Lokalisationsenergie* W_L. Die potentielle Energie sei wie im linearen Topf Null. Die **Gesamtenergie** W_L eines Elektrons im dreidimensionalen kräftefreien Potentialtopf ist dann

$$W_L = \frac{p^2}{2m} = \frac{h^2}{8ml^2}(n_x^2 + n_y^2 + n_z^2). \quad (507.2)$$

Für Niveaus mit gleichen Quantenzahlen $n = n_x = n_y = n_z$ ergibt sich die Energie

$$W_{L,n} = \frac{3h^2}{8ml^2}n^2 \quad (n = 1, 2, 3, ...). \quad (507.3)$$

$W_{L,n}$ ist wie im linearen Topf dem Quadrat der Quantenzahl n proportional und wurde für $n=1$ als Lokalisationsenergie aus der Unbestimmtheitsrelation gewonnen (Seite 494). Wir betrachten nun Zustände für verschiedene Werte der Quantenzahlen und beginnen mit dem Grundzustand $n_x = n_y = n_z = 1$, d.h. $n=1$.

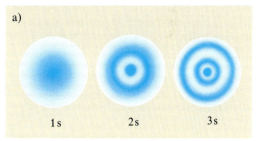

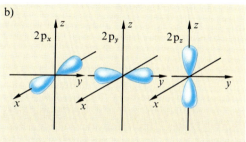

507.3 a) Schalenstruktur (1 s-, 2 s-, 3 s-Orbital); b) gerichtete Orbitale (2 p_x, 2 p_y, 2 p_z)

2. Stehende Wellen — nicht Elektronenbahnen — strukturieren die Atomhülle

a) Den Grundzustand ($n=1$) im Würfel zeigt *Bild 507.1*. Es gibt nicht etwa die Gestalt des Elektrons an; dieses ist stets punktförmig. Vielmehr handelt es sich um die Wahrscheinlichkeit ψ^2, das Elektron in einem Volumenelement bestimmter Größe, etwa in einem winzigen Würfelchen von 1 pm Kantenlänge, anzutreffen. In der Würfelmitte liegt der „Bauch" für diese Antreffwahrscheinlichkeit. Eine entsprechende Verteilung fand auch *Schrödinger* für den Grundzustand des H-Atoms, für das **1s-Orbital**. Bei ihm und allen andern s-Orbitalen sitzt der Atomkern an der Stelle größter Antreffwahrscheinlichkeit. Würden dagegen Elektronen nach dem Bohrschen Modell den Kern umkreisen, so kämen sie nie in Kernnähe; der Kern könnte keine Elektronen einfangen. Doch beobachtet man dies beim Elektroneneinfang aus 1s-Orbitalen.

b) Viele Moleküle haben eine gewinkelte Struktur. Um sie zu verstehen, zeigen wir in *Bild 507.2* das Orbital mit den Quantenzahlen $n_x=2$, $n_y=n_z=1$. Man kann es sich aus der ersten Oberschwingung ($n=2$) im linearen Topf entstanden denken. Dreidimensional ist es eine stehende Elektronenwelle, welche die y-z-Ebene zur Knotenebene hat ($\psi^2=0$ bei $x=0$). Zu beiden Seiten der Knotenebene liegt ein Bauch der Antreffwahrscheinlichkeit in Form einer deformierten Kugel. Dies entspricht dem hantelförmigen **2p$_x$-Atom-Orbital**, das gerichtete Bindungen längs der x-Achse ermöglicht (*Bild 507.3b*). Die auch von der Chemie bekannten 2p$_y$- und 2p$_z$-Orbitale erhält man für die Quantenzahlen $n_y=2$, $n_x=n_z=1$ bzw. $n_z=2$, $n_x=n_y=1$. Diese drei Elektronenzustände stehen mit ihrer Längsachse im Raum aufeinander senkrecht und bilden so die überaus wichtigen gewinkelten Strukturen von Molekülen. Mit Elektronen, die auf Bahnen umlaufen, könnte man solche Winkelbeziehungen nicht erklären. Wir veranschaulichen nun einige Orbitalformen:

Versuch 547: Das zweidimensionale klassische Analogon zu den stehenden dreidimensionalen Elektronenwellen sind die *Chladnischen Klangfiguren*. Sie bilden sich auf der gespannten Membran eines Tamburins oder auf einer Seifenlamelle, wenn diese von einem Lautsprecher zu Schwingungen in einer ihrer zahlreichen Eigenfrequenzen angeregt werden (*Bild 508.1* und

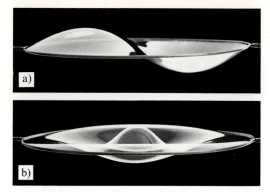

508.1 Schwingende Seifenhaut entspricht a) dem hantelförmigen 2p$_x$, b) dem schalenförmigen 2s-Orbital.

508.2). An den Knotenlinien findet keine Bewegung statt. Zu beiden Seiten davon schwingen die Membranteile gegenphasig wie bei den Knoten einer schwingenden Saite. In einem von Knotenlinien umgrenzten Bereich dagegen haben die Membranteilchen gleiche Phase.

Den 1s-Zustand im Atom demonstriert eine kreisförmige Membran, die der Phase nach einheitlich auf- und abschwingt. Der festgehaltene Umfang ist die Knotenlinie und stellt den Rand des Atoms dar. Die größte Amplitude tritt im Mittelpunkt, also in Kernnähe, auf. Die stehenden Wellen mit kreisförmigen Knotenlinien in *Bild 508.1b* und *507.3a* veranschaulichen die Schalenstruktur der Atome (s-Orbitale).

> **Aus der Wellenstruktur der Atomhülle folgen Orbitale mit Schalenform. Sie erklären die Schalenstruktur des Atoms. Gerichtete Orbitale dagegen erzeugen die für die chemische Bindung wichtigen Winkelbeziehungen in Molekülen.**

508.2 Chladnische Klangfiguren

3. Ändert die Coulomb-Kraft die Orbitale?

Im Innern eines Potentialtopfes ist die Kraft auf die Elektronen Null; im Atom wirkt dagegen die Coulomb-Anziehung des Kerns. Was ändert sie? Wir betrachten zunächst die Antreffwahrscheinlichkeit für Elektronen:

a) Der Kern zieht die Elektronen stärker zu sich her. Der sinusförmige Grundzustand *(Bild 509.1a)* wird nach Schrödinger in der Mitte zu einer 1s-Funktion mit einer Spitze zusammengezogen *(b)*; dies erhöht die Antreffwahrscheinlichkeit am Kern noch weiter.

b) Der Kern zieht die sinusförmige Oberschwingung *(Bild 509.1c)* ebenfalls etwas zur Mitte hin *(d)* und erzeugt das bekannte hantelförmige $2p_x$-Orbital *(Bild 507.2)*. Die Coulomb-Kraft beseitigt dabei das gegenphasige Schwingen zu beiden Seiten der Knotenebene und damit diese Ebene nicht. Die Wellennatur ist stärker! Deshalb kommen 2p-Elektronen – im Gegensatz zu 1s-Elektronen – dem Kern kaum nahe und werden nicht eingefangen.

4. Energieniveaus in angeregten Atomen

Auf Seite 505 haben wir Größe und Energie des H-Atoms im Grundzustand $n=1$ mit Hilfe der Lokalisationsenergie $W_L = 3h^2/(32\,m\,R^2) = B/R^2$ abgeschätzt. Für höhere Quantenzahlen $n=2, 3, \ldots$ wurde W_L in Gl. 507.3 um den Faktor n^2 zu $W_{L,n} = n^2 \cdot 3h^2/(8\,m\,l^2)$ erweitert. Mit $l = 2R$ folgt $W_{L,n} = n^2 \cdot 3h^2/(32\,m\,R^2)$. Wir erweitern deshalb auch den zur Abkürzung eingeführten Faktor $B = 3h^2/(32\,m)$ auf $B\,n^2$. Dann bekommen wir Radius und Energie des Atoms in angeregten Zuständen, also für $n=2, 3, \ldots$:

a) Nach *Gl. 505.4* steigt der Radius eines Atoms mit der Quantenzahl n wegen des um n^2 erweiterten Faktors B von $R_1 = 2B/A$ auf $R_n = R_1\,n^2$. Mit steigender Quantenzahl n, also bei Energiezufuhr, entfernt sich das Elektron vom Kern. Man sagt, es besetzt weiter außen liegende „Schalen"; auf die K-Schale mit $n=1$ folgt die L-Schale mit $n=2$, die M-Schale mit $n=3$ usw. Dies gilt nach *Bild 509.2* auch dann noch, wenn ein Atom mehr als ein Elektron hat. So verteilen sich im Argon-Atom 18 Elektronen auf 3 Schalen.

b) Nun berechnen wir die Energie der höheren Niveaus im H-Atom. Hierzu ersetzen wir auch in Gl. 506.1 für die Energie $W_1 = -A^2/(4B)$ des

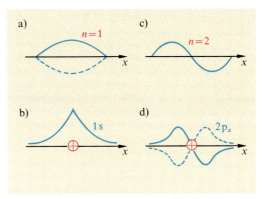

509.1 ψ-Funktionen ohne und mit Zentralladung. Der Kern deformiert die Orbitale nur ein wenig.

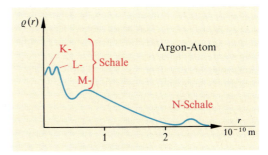

509.2 Elektronenverteilung $\varrho(r)$ nach *Schrödinger* berechnet, durch Elektronenstreuung bestätigt. Man erkennt deutlich die Schalenstruktur.

Grundzustands den Faktor B durch $n^2 B$. Da B im Nenner steht, kommt die Quantenzahl in der Form $1/n^2$ auch in den Nenner. Aus $W_1 = -m\,e^4/(8\,\varepsilon_0^2\,h^2)$ (*Gl. 506.2*) folgen die von n abhängigen Energieniveaus W_n:

Energieniveaus des H-Atoms

$$W_n = \frac{W_1}{n^2} = -\frac{m\,e^4}{8\,\varepsilon_0^2\,h^2}\,\frac{1}{n^2}. \qquad (509.1)$$

Das Niveauschema des H-Atoms nach *Bild 510.2* zeigt diese Energieniveaus W_n als horizontale Linien. Für $n=1$ erhält man den Grundzustand mit der Energie $W_1 = -13{,}6$ eV. Die Energien aller Niveaus W_n sind negativ; Elektronen, die sich in ihnen befinden, können also das Atom nicht mit eigener Energie verlassen; sie sind gebunden. Die oberen Zustände rücken wegen des Faktors $1/n^2$ für $n \to \infty$ immer näher auf $W=0$ zusammen. Darüber hat sich das Elektron vom Atom entfernt; das Atom ist ionisiert.

509

5. Energieniveaus und Spektrallinien

Versuch 548: Wie schon in der Optik beobachten wir die Kapillare einer mit Wasserstoff gefüllten Spektralröhre durch ein Gitter *(Bild 491.2)*. H_2-Moleküle dissoziieren, wenn durch die Röhre Strom fließt. Die entstandenen Atome werden durch aufprallende Elektronen zum Leuchten angeregt. Man sieht rechts und links der Kapillare auf den Maßstab projiziert H-Linien. Sie rücken zu höheren Frequenzen, also mit steigender Quantenenergie $W = hf$, für $n \to \infty$ immer näher zusammen *(Bild 510.1)*.

Betrachten wir zur Erklärung das Niveauschema in *Bild 510.2*. In einem energetisch angeregten Atom befindet sich das Elektron in einem der zahlreichen Niveaus W_n mit der Quantenzahl $n > 1$. Nach kurzer Zeit fällt es in den Grundzustand W_1 zurück ($n=1$). Die frei werdende Energie $\Delta W = W_n - W_1$ erzeugt Lichtquanten der Frequenzen $f = \Delta W/h$. Man faßt ihre Spektrallinien zur **Lymanserie** zusammen. Gl. 509.1 liefert ihre Frequenzen

$$f = \frac{W_n - W_1}{h} = \frac{m\,e^4}{8\,\varepsilon_0^2\,h^3}\left(\frac{1}{1^2} - \frac{1}{n^2}\right). \quad (510.1)$$

Der Faktor $f_R = m\,e^4/(8\,\varepsilon_0^2\,h^3) = 3{,}29 \cdot 10^{15}$ Hz vor der Klammer heißt **Rydbergfrequenz**. Mit ihrer Hilfe kann man Frequenzen und Wellenlängen aus allgemeinen Naturkonstanten berechnen. *Tabelle 510.1* vergleicht berechnete und gemessene Wellenlängen. Die Übereinstimmung ist beeindruckend. Mit größer werdender Quantenzahl rücken die Linien — analog den Energieniveaus in *Bild 510.2* — zur **Seriengrenze** zusammen.

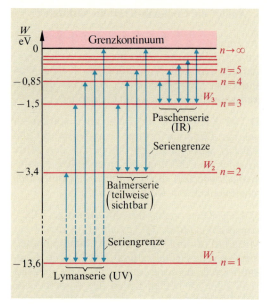

510.2 Energieniveauschema des H-Atoms nach Gl. 509.1 mit Spektrallinien (blaue Doppelpfeile)

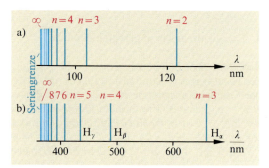

510.3 a) Lymanserie im UV, b) Balmerserie des Wasserstoffspektrums (teilweise sichtbar)

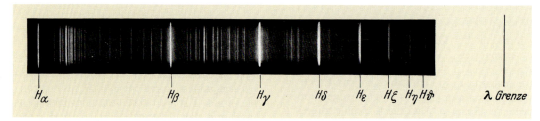

510.1 Linien einer Spektralserie ($H_\alpha - H_\vartheta$) rücken für höhere Energien (nach rechts aufgetragen!) näher zusammen.

	$n=2$	$n=3$	$n=4$	$n=5$	$n=6$	$n=7$
λ_{exp} in nm	121,5664	102,5718	97,2533	94,9739	93,7800	93,0744
λ_{ber} in nm	121,5666	102,5718	97,2533	94,9739	93,7799	93,0744

Tabelle 510.1 Vergleich der beobachteten und berechneten Wellenlängen der Lymanserie

6. Die Entstehung sichtbarer Spektrallinien

Die Linien der *Lymanserie* liegen im unsichtbaren Ultraviolett. Wie kommen nun die in Versuch 548 sichtbaren Linien niedrigerer Frequenz zustande? Sie entstehen, wenn im Wasserstoffatom Elektronen nach *Bild 510.2* aus höheren Niveaus ($n > 2$) nicht auf das erste, sondern das zweite Energieniveau ($n = 2$) mit $W_2 = -3,4$ eV fallen. Dabei entstehen Quanten des sichtbaren Bereichs der Frequenzen

$$f = f_R \left(\frac{1}{2^2} - \frac{1}{n^2} \right) \quad \text{mit} \quad n > 2. \tag{511.1}$$

f_R ist die oben angeführte Rydbergfrequenz; $f_R = m e^4 / (8 \varepsilon_0^2 h^3) = 3{,}29 \cdot 10^{15}$ Hz.

Diese Formel *511.1* fand schon 1885 der Baseler Gymnasiallehrer *Balmer* ohne Theorie nach vielem Probieren. Er kombinierte die Meßwerte von Spektrallinien der **Balmerserie** (*Bild 510.3b*). Die Formel erregte großes Aufsehen, da sie hinter der verwirrenden Vielfalt der zahlreichen Spektrallinien eine Gesetzmäßigkeit zeigte. Nach 40 Jahren konnte *Schrödinger* dieses Rätsel „Sphärenmusik der Atome" endgültig lösen. Fallen Elektronen gar in das dritte oder in höhere Niveaus, so wird noch weniger Energie frei. Man findet Spektralserien im unsichtbaren Infrarot. So erhält man mit relativ wenigen Energieniveaus sehr viele Spektrallinien. Beim Klavier dagegen braucht jeder Ton eine eigene Saite! Musik wird eben ganz anders erzeugt als Licht!

Außerhalb des Atoms können Elektronen beliebige positive und nicht quantisierte kinetische Energiewerte haben, wenn „Randbedingungen" fehlen. Dieser Energiebereich ist in *Bild 510.2* für $W > 0$ als **Grenzkontinuum** rot getönt. Fällt aus ihm ein Elektron in ein scharfes Energieniveau, so ist seine Energie nicht quantisiert. Es bildet sich ein *kontinuierliches Emissions-Spektrum*. Wir kennen es als weißes Sonnenlicht, entstanden in H^--Ionen an der Sonnenoberfläche.

Stehende Elektronenwellen quantisieren die Energie in Atomen. Die scharfen Energieniveaus können aus allgemeinen Naturkonstanten berechnet werden. Durch Quantensprünge zwischen diesen Niveaus entstehen die scharfen Spektrallinien. Das Grenzkontinuum liefert das kontinuierliche Spektrum des Sonnenlichts.

Enthält ein Atom mehrere Elektronen, so beeinflussen sich diese untereinander. Doch liefern die Quantengesetze wiederum scharfe Spektrallinien, die bei Na, Hg usw. im Sichtbaren liegen. Es gibt eben in Atomen nur scharfe Energieniveaus. Man kann sie aus der Schrödingergleichung mit Großcomputern berechnen. Mit ihnen kann man heute sogar den Ablauf chemischer Reaktionen und die dabei ablaufenden Elektronenumsetzungen rechnerisch verfolgen: Chemie am Rechner, nicht nur im Reagenzglas!

Aufgaben

1. *Was ist der Unterschied zwischen einem scharfen Energieniveau und einer scharfen Spektrallinie? Hängen beide miteinander zusammen? Warum kann es bei Atomen auch ein kontinuierliches Spektrum geben?*

2. a) *Berechnen Sie die Rydbergfrequenz f_R und mit ihr die fünf tiefsten Energieniveaus des H-Atoms (eine kleine Differenz rührt von der Bewegung des Kerns)!* **b)** *Welche Wellenlängen haben die sichtbaren Linien H_α bis H_γ der Balmerserie in Bild 510.3b? Zwischen welchen Quantenzahlen finden die zugehörigen Quantensprünge statt? Liegt die Seriengrenze der Balmerserie im Sichtbaren? Berechnen Sie ihre Wellenlänge!* **c)** *Die rechte Linie der Lymanserie liegt nach Bild 510.3a bei 122 nm. Gibt es in dieser Serie noch eine weiter rechts liegende Linie?*

3. a) *Berechnen Sie die kleinste Frequenz der Lymanserie! Ist der zugehörige Doppelpfeil in Bild 510.2 zu finden? Findet sich diese Linie in Bild 510.3?* **b)** *Berechnen Sie die bei ihrer Entstehung beteiligten Energien aus den atomaren Grundkonstanten der Tabelle auf Seite 568 und geben Sie die beteiligten Quantenzahlen an!* **c)** *Beantworten Sie diese Fragen auch für die größte Frequenz der Lyman-Serie!*

4. *Auf dem zur Quantenzahl $n = 3$ gehörenden Niveau enden die Linien der Paschenserie. Zeigen Sie, daß diese alle im Infrarot liegen!*

5. *In der stellaren Radioastronomie findet man H-Linien vom Übergang $n = 167$ auf 166. Wie groß ist ihre Wellenlänge, wie groß beim Übergang 139 auf 137?*

6. *Ritz kombinierte 1908 lange vor jeder Theorie: Die Frequenzen der Balmerserie können als Frequenzdifferenzen der Lymanserie, die der Paschenserie als Differenzen von Lyman- wie auch von Balmer-Frequenzen berechnet werden.* **a)** *Begründen Sie dieses Ritzsche Kombinationsprinzip! Es gab den Anstoß zum Aufstellen der Energieniveaus. Dürfte es auch anwendbar sein auf Spektren von Atomen, für deren Linien wir keine einfache Formel haben?* **b)** *Warum gilt ein ähnliches Prinzip nicht auch für die Frequenzen eines Klaviers?* **c)** *Läßt es sich auch für die Werte der Wellenlängen aufstellen?*

§190 Der Laser; Synergetik

1. Lichtverstärkung durch stimulierte Emission

Das Wort LASER ist aus den Anfangsbuchstaben von **L**ight **A**mplification by **S**timulated **E**mission of **R**adiation zusammengezogen. Zur Verstärkung (amplification) von Radiowellen zapft man mit einem schnellen Schalter (Transistor) eine Batterie an. In der *Meißner-Schaltung* gibt sie Energiebeträge in der gewünschten Phase und Stärke ab (Seite 408). Bei den hohen Frequenzen des Lichts (10^{14} Hz) geht das nicht mehr. Statt dessen ruft man die Energie von angeregten Atomen phasenrichtig ab. Dies erläutert ein Modellversuch:

Versuch 549: a) Der Luftstrom eines Föns wird nach *Bild 512.1* gegen ein ruhendes Pendel gerichtet. Ein an ihm befestigter Karton reflektiert den Luftstrom. Dieser führt dem Pendel periodisch Energie zu, wenn man ihn mit der Hand geeignet unterbricht. Hierzu gibt man den Luftstrom immer dann frei, wenn das Pendel vom Fön wegschwingt. Der Luftstrom wird am zurückweichenden Pendel mit kleinerer Geschwindigkeit reflektiert und verliert an das Pendel Energie wie ein Ball, der auf einen zurückweichenden Tennisschläger prallt.

b) Nun gibt man den Luftstrom immer dann frei, wenn das Pendel auf ihn zuschwingt. Jetzt verliert das Pendel schnell seine Energie und *verstärkt* den reflektierten Luftstrom (ein dem Ball entgegenschwingender Tennisschläger gibt dem Ball Energie). Die Luftstöße schütteln phasensynchron Energie aus dem Pendel. *Dies erfolgt um so wirkungsvoller, je stärker die Luftstöße sind und je mehr Energie das Pendel hat.*

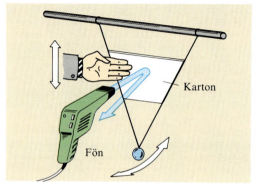

512.1 Modellversuch zur stimulierten Emission am Laser

> **Auf einen Resonator wirkt eine Schwingung gleicher Frequenz. Sie kann nicht nur Energie an den Resonator abgeben, sondern auch phasenrichtig von ihm abrufen.**

Analoges postulierte *Einstein* 1917 für Licht. Betrachten wir die Resonanzfluoreszenz (Seite 503). Ein erhitzter Glaskolben enthält Na-Atome im Grundzustand. Einerseits hebt eingestrahltes Natriumlicht gleicher Frequenz die Elektronen in einen höheren Quantenzustand. Wären andererseits alle Elektronen oben, so würde ein eingestrahlter Wellenzug Energie freischütteln und sich selbst phasenrichtig verstärken. Man nennt diesen neuartigen Vorgang **stimulierte Emission.** Wie bei der bisher betrachteten *spontanen Emission* fallen die angeregten Elektronen in den Grundzustand zurück.

Die bei stimulierter Emission freigesetzten Photonen treten in den sie abrufenden Wellenzug mit *gleicher Richtung und Phase* ein (sie sind ja Energieportionen einer Welle). Die Verstärkung des Wellenzugs ist um so größer, je mehr Photonen er schon hat und je mehr angeregte Atome bereitstehen (Versuch 549b). Deshalb schickt man im **MASER** schwache **M**ikrowellen, die von fernen Sternen kommen und nur wenige Quanten enthalten, durch eine Ansammlung angeregter Atome. Die Wellen schütteln aus Atomen Energie frei und werden phasenrichtig verstärkt.

Eine Verstärkung erhält man natürlich nur, wenn „die Batterie geladen ist", wenn sich also mehr Atome im oberen, angeregten als im unteren Zustand befinden. Andernfalls absorbieren die Atome des unteren Zustands mehr Photonen, als aus dem angeregten freigeschüttelt werden. Im *Helium-Neon-Laser*, der im Unterricht benutzt wird, regt man He-Atome durch Elektronenstöße wie beim Franck-Hertz-Versuch an *(Bild 513.1)*. Sie geben diese Energie (20 eV) wiederum durch Stöße an Ne-Atome weiter. Die Ne-Atome kommen dabei vom Grundzustand ① in den Zustand ③, der eine große Lebensdauer besitzt. Deshalb sammeln sich in diesem angeregten Zustand ③ sehr viele Neon-Atome an. Sie warten dort auf eine stimulierende Welle mit $\lambda = 632{,}8$ nm, um sie zu verstärken. Dabei fallen sie aus dem Zustand ③ in einen wenig darunter liegenden kurzlebigen Zustand ② und aus ihm schnell in den Grundzustand ① zurück. Welcher Vorgang liefert nun die auslösende stimulierende Welle?

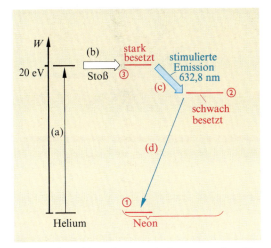

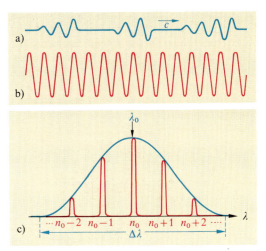

513.1 Helium-Neon-Laser: a) Anregung der He-Atome; b) Energieübertragung von He- auf Ne-Atome ③; c) stimulierte Emission von ③ nach ②; d) schnelle Entleerung von ② in den Grundzustand ①

513.3 Die spontan emittierten Wellenzüge (a) werden durch stimulierte Emission zu einem langen kohärenten Zug (b). c) Die breite Spektrallinie (blau) geht in eine der scharfen Linien (rot) über.

2. Selbstorganisation geordneten Laserlichts

a) Wenn man den Laser einschaltet, werden zunächst durch die Elektronenstöße die oberen Energieniveaus übersetzt. Sofort fallen Elektronen *spontan* vom oberen Zustand ③ in den nächsten Zustand ② und liefern Photonen. So entstehen zunächst voneinander unabhängige kurze Wellenzüge, ein chaotisches „Lichtspaghetti", wie es bei normalen Lichtquellen auftritt *(Bild 513.3a)*. Könnten wir dieses Licht hören, so gäbe es nur ein häßliches Rauschen.

Die Wellenzüge sind zudem wie bei freien Schwingkreisen stark gedämpft und deshalb kurz. Ihre Spektrallinie ist nach Seite 493 breit *(Bild 513.3c)*. Das Termschema in *Bild 513.1* ist stark vereinfacht.

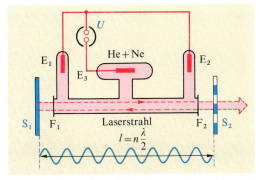

513.2 Gaslaser mit zwei Endfenstern F_1 und F_2 zwischen zwei Spiegeln S_1 und S_2.

b) Nun sitzt nach *Bild 513.2* die Quarzröhre, in der die Gasentladung stattfindet, zwischen zwei parallelen Spiegeln S_1 und S_2. Photonen, die zufällig senkrecht auf einen Spiegel fallen, werden in die Röhre zurückgeworfen. Dort schütteln sie weitere Photonen durch *stimulierte Emission* frei, verstärken also ihren Wellenzug. Seine Dämpfung wird durch diese stimulierte Verstärkung aufgehoben. Die Wellenzüge werden länger, die Spektrallinien schärfer.

Doch gibt es nun eine Auslese. Zwischen die beiden Spiegel mit Abstand l passen nämlich nur stehende Wellen, die exakt aus einer ganzen Zahl n von Bäuchen bestehen. Dabei gilt $l = n\lambda/2$. Ist exakt $l = 0{,}5$ m und $\lambda_0 = 632{,}8005$ nm, so nimmt n den Wert $n_0 = 1\,580\,277$ an. In den Bereich der breiten Spektrallinie fallen aber auch stehende Wellen für $n_0 + 1 = 1\,580\,278$, $n_0 + 2 = 1\,580\,279$, $n_0 - 1 = 1\,580\,276$ usw. Damit beginnt ein „Kampf ums Dasein", ähnlich dem, den *Darwin* für Lebewesen beschrieben hat: Eine Spektrallinie in der Nähe des Maximums λ_0 habe durch Zufall etwas mehr Photonen als eine andere. Damit kann sie auch mehr aus den angeregten Atomen abrufen und auf Kosten der andern weiterwachsen — „Wer hat, dem wird gegeben".

Die „Futtermenge" (Pumpleistung zur Energieanhebung von Zustand ① nach ③) ist aber begrenzt. Die stärkere Welle „hungert" die schwächeren aus — und überlebt als einzige. Ändert sich aber die „Umwelt", etwa der Spiegelabstand l, so kann eine andere Welle favorisiert werden.

c) Macht man den rechten Spiegel etwas durchsichtig, so verläßt ein Teil der so durch *Selbstorganisation* entstandenen Laserwelle die Quarzröhre. Dieses Laserlicht bildet nun einen *geordneten Wellenzug* mit bis zu 10^5 km Länge, also einer großen Linienschärfe. Er hat fast konstante Amplitude. Wir würden jetzt einen reinen Ton hören!

3. Der Laser – ein Modell für die Biologie

Wir haben soeben mit Absicht Begriffe aus der *Evolutionstheorie* benutzt. Ihr wird auch heute noch entgegengehalten, daß die unbelebte Natur stets von der Ordnung zur Unordnung strebe. Der *2. Hauptsatz der Wärmelehre* (Seite 294 und 296) fordere dies angeblich; Leben, also Ordnung, entstehe erst durch eine der unbelebten Natur völlig fremde ‚Lebenskraft'. Wenn Sie jedoch einen Laser einschalten, organisiert sich ein geordneter, berechenbarer Naturvorgang in anorganischem Material von selbst. *Dabei wird aus Unordnung Ordnung*, wie in Lebewesen, mit vielen Analogien zur Evolution.

Solche Überlegungen wurden von *H. Haken* (Stuttgart) zu einer neuen Wissenschaft, der **Synergetik** (Lehre vom Zusammenwirken) ausgebaut. Wie in Lebewesen ist auch beim Laser der 2. Hauptsatz der Wärmelehre nicht anwendbar. Er gilt nur für abgeschlossene Systeme. Durch den Laser fließt dagegen – wie durch ein Lebewesen – ständig Energie; beides sind *offene Systeme*. Diese Synergetik erklärt z.B. die periodischen Rippelmarken im Meeressand oder die Periodizität der Wolkenwellen am Himmel.

4. Anwendungen des Laserlichts

Scharf gebündeltes Laserlicht wird durch die Augenlinse wegen seiner Kohärenz auf einen extrem kleinen Fleck der Netzhaut konzentriert. Diese Stelle kann schon bei den geringen Leistungen der Schullaser (0,5 mW) zerstört werden. Dabei genügt bereits eine unbeabsichtigte Reflexion. Also: **Vorsicht mit Laserlicht!** Das austretende Laserlicht ist scharf gebündelt und fast parallel. Ein kleiner Öffnungswinkel (um 0,01°) entsteht durch Beugung an der Austrittsöffnung. Das Licht bildet eine über den Strahlquerschnitt *kohärente, einheitliche Phasenfläche,* die sich gemäß dem Huygensschen Prinzip weiter ausbreitet.

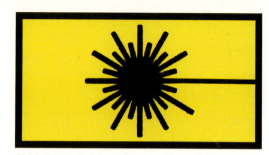

514.1 Dieses Zeichen warnt vor Laserlicht

Die geraden Laserstrahlen werden zum Vermessen von Bergwerkschächten, Tunneln usw. benutzt. Mit Laserstrahlen bestimmt man Abstand und Relativgeschwindigkeit von Raumfahrzeugen, von Mond und Venus. Die langen Wellenzüge gestatten exakte *Längenmessungen* – auch im Sport. Wir konnten mit ihnen Interferenz- und Beugungsversuche leicht und übersichtlich demonstrieren. Sehr starke Laser geben im Dauerbetrieb einige Kilowatt an Lichtleistung ab. Man kann *Laserblitze* erzeugen, deren Leistung mit 10^{12} W so groß ist wie die der gesamten elektrischen Energieerzeugung auf der Erde, allerdings für nur 10^{-11} s. Ihre Energiedichte übertrifft die von fokussiertem Sonnenlicht um das 10^{10}fache. Sie schneiden, bohren und schweißen harte Materialien mit hohem Schmelzpunkt (Wolfram, Molybdän, Diamant) *(Bild 514.2)*. Dies ist auf kleinstem Querschnitt möglich; man kann so mikroelektronische Bauelemente bearbeiten oder in der *Augenmedizin* eine abgelöste Netzhaut wieder befestigen. – Kohärente Laserstrahlen lassen sich mit zahlreichen Telefongesprächen und Fernsehsendungen gleichzeitig modulieren und im Glasfaserkabel störungsfrei weiterleiten. Bei den kurzen Wellenzügen natürlichen Lichts wäre dies undenkbar.

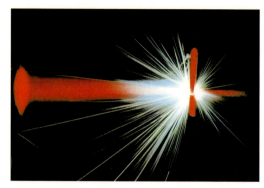

514.2 Materialverdampfung durch Laserbeschuß

5. Quantengesetze

A. Quantengesetze für Licht

a) Eigenschaften von Photonen: Energieaufnahme und -abgabe durch Licht der Frequenz f erfolgt durch Quanten der Größe

$$W = hf. \tag{515.1}$$

Das Plancksche Wirkungsquant ist

$$h = 6{,}626 \cdot 10^{-34} \text{ J s}$$
$$= 4{,}136 \cdot 10^{-15} \text{ eV s}. \tag{515.2}$$

Photonen sind relativistische Teilchen, da sie sich mit Lichtgeschwindigkeit bewegen; ihre Ruhemasse ist Null. Ein Quant der Vakuum-Wellenlänge λ hat den Impuls

$$p = h/\lambda. \tag{515.3}$$

b) Wechselwirkung mit Materie: Die schnellsten *Fotoelektronen* aus Metallen mit Ablösearbeit W_a haben die Energie

$$W_{max} = hf - W_a. \tag{515.4}$$

Für die Quanten mit der Frequenz f_{max} aus einer Röntgenröhre gilt bei der Spannung U

$$eU = hf_{max}. \tag{515.5}$$

Die Energie eines durch die Spannung U beschleunigten Elektrons kann beim Abbremsen im Idealfall als Quant der Energie $W = hf$ abgestrahlt werden.

Paarbildung und Zerstrahlung: Ein Quant der Energie $hf > 2 m_e c^2 = 1{,}02$ MeV kann in Materie ein Elektron-Positron-Paar bilden, dessen Ruhemasse der Energie 1,02 MeV äquivalent ist. Umgekehrt kann ein Positron zusammen mit einem Elektron zerstrahlen und mindestens zwei Quanten der Gesamtenergie $2 m_e c^2$ erzeugen (m_e: Elektronenmasse).

B. Wahrscheinlichkeitsdeutung von Wellen

a) In der Quantentheorie hat die Welle eine Wahrscheinlichkeitsbedeutung: Ihr Amplitudenquadrat gibt die *Antreffwahrscheinlichkeit* für Photonen bzw. Teilchen an. Die Welle ist durch die Versuchsanordnung streng determiniert, nicht aber die einzelne Teilchenlokalisation. Die klassische elektromagnetische Welle ist ein Grenzfall eines kohärenten Wellenzugs mit sehr vielen Photonen.

b) Ort x und Impuls p_x von Photonen und Teilchen können nicht zugleich scharf bestimmt werden. Für ihre Unbestimmtheiten gilt

$$\overline{\Delta x}\, \overline{\Delta p_x} \approx h. \tag{515.6}$$

c) In der Zeit $\overline{\Delta t}$ kann Energie nur mit der Unbestimmtheit $\overline{\Delta W}$ gemessen werden. Es gilt

$$\overline{\Delta W}\, \overline{\Delta t} \approx h. \tag{515.7}$$

C. Quantengesetze für Teilchen mit Ruhemasse

a) Einem Teilchen mit Impuls p ist im feldfreien Raum eine *Materiewelle* zugeordnet mit der Wellenlänge

$$\lambda = h/p. \tag{515.8}$$

Die dem Teilchen zugeordnete Wahrscheinlichkeitswelle hat keinen klassischen Grenzfall. Ihr Amplitudenquadrat ψ^2 gibt die Antreffwahrscheinlichkeit für Teilchen.

b) Teilchen, die auf einen *Würfel* der Länge l eingeengt sind, haben mindestens die *Lokalisationsenergie*

$$W \approx 3 h^2 / (8 m l^2). \tag{515.9}$$

Die Energie von Teilchen in einem *linearen Potentialtopf* der Länge l ist quantisiert und hängt von der Quantenzahl n (1, 2, 3, …) ab:

$$W = \frac{h^2}{8 m l^2} n^2. \tag{515.10}$$

D. Quantenphysik der Atome

Die Energie von Atomen, Molekülen usw. ist quantisiert, nicht dagegen die Energie von freien Elektronen.

Das Wasserstoffatom hat die Energieterme

$$W_n = -\frac{m_e e^4}{8 \varepsilon_0^2 h^2} \frac{1}{n^2}. \tag{515.11}$$

Bei einem *Quantensprung* mit der Energiedifferenz ΔW wird ein Lichtquant der Frequenz $f = \Delta W / h$ emittiert oder absorbiert. Spektrallinien entstehen durch Quantensprünge zwischen diesen Energieniveaus. Stimulierte Emission liefert beim Laser kohärentes Licht.

Orbitale in Atomen sind stehende Elektronenwellen. Gestalt und Energie hängen von Quantenzahlen ab. Diese Orbitale zeigen eine Schalenstruktur sowie Richtungsbeziehungen.

Die Strahlung radioaktiver Stoffe

§191 Nachweisgeräte

1. Aus dem Atomkern kommt Strahlung

Bisher haben wir die Elektronenhülle der Atome untersucht. Sie kann Lichtquanten mit einer Energie von Bruchteilen eines eV (Infrarot) bis zu einigen keV (Röntgenlicht) emittieren. Diese Elektronenhülle bindet in Molekülen und Festkörpern die Nachbaratome; sie wird bei chemischen Reaktionen umgelagert, wobei auch Energien in der Größenordnung von einigen eV umgesetzt werden. Wenn z.B. 1 g Wasserstoff verbrennt, wird die Energie $1{,}2 \cdot 10^5$ J frei. Da 1 g Wasserstoff $6{,}02 \cdot 10^{23}$ Atome enthält, entfällt auf jedes H-Atom ungefähr die Energie $W = 2{,}0 \cdot 10^{-19}$ J $= 1{,}2$ eV.

1896 fand *Henri Antoine Becquerel* (1852 bis 1908; Nobelpreis 1903), daß von Uran eine bis dahin unbekannte Strahlung ausgeht. Bald entdeckten *Marie Sklodowska-Curie* (1867 bis 1934; Physiknobelpreis 1903; Chemienobelpreis 1911; *Bild 516.1*) und andere weitere **radioaktive** *(strahlende)* **Elemente.** Wir werden bald sehen, daß die Strahlung aus einzelnen Teilchen bzw. Quanten besteht und daß deren Energie einige MeV betragen kann. Die Strahlung stammt also nicht aus der Atomhülle von Einzelatomen, sondern — wie die quantentheoretische Lokalisationsenergie vermuten läßt (Seite 494) — aus dem viel kleineren **Atomkern** (Durchmesser 10^{-14} m). — *Für die Strahlung hat der Mensch kein Sinnesorgan;* deswegen müssen wir zuerst geeignete Nachweisgeräte kennenlernen, wenn wir die Strahlung näher untersuchen wollen.

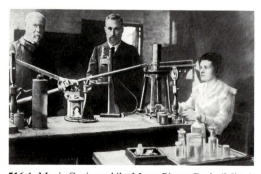

516.1 Marie Curie und ihr Mann Pierre Curie (Mitte)

2. Zur Erinnerung

Die Massenspektroskopie (Seite 349) zeigt: Ein Atomkern ist aus Z positiv geladenen *Protonen* und N neutralen *Neutronen* fast gleicher Masse aufgebaut. Protonen und Neutronen bezeichnet man daher auch als *Nukleonen* (Kernbausteine). Die Zahl Z der Protonen im Atomkern (Kernladungszahl) ist gleich der Zahl der Elektronen in der Hülle des neutralen Atoms und bestimmt sein chemisches Verhalten. Z ist gleich der *Ordnungszahl* im Periodensystem. — Eine *Kernart (Nuklid)* wird durch Z und die Gesamtzahl A der Nukleonen, auch *Massenzahl* genannt, gekennzeichnet. Es ist $A = N + Z$. Beispiel: $^{226}_{88}\text{Ra}$ hat $A = 226$ Nukleonen; davon sind $Z = 88$ Protonen, also $N = 226 - 88 = 138$ Neutronen. Oft schreibt man nur Ra-226.

> **Ein Nuklid $^A_Z X$ wird durch die Protonenzahl Z und die Massenzahl A gekennzeichnet. A ist die Summe aus Protonenzahl Z und Neutronenzahl N: $A = Z + N$. Z ist gleich der Ordnungszahl des Atoms im Periodensystem.**

Versuch 550: a) Hält man ein radioaktives Präparat mit dem radioaktiven Stoff Radium Ra-226 nahe an den Kopf eines geladenen Elektroskops, wird dieses entladen, gleichgültig, ob es positiv oder negativ geladen war.

b) Bringen wir ein Blatt Papier zwischen Präparat und Elektroskopknopf, so hört die Entladung fast — aber nicht ganz — auf.

> **Radioaktive Stoffe senden ohne äußeren Einfluß eine Strahlung aus. Diese führt Energie mit sich und ionisiert Moleküle.**

3. Nebel bringt Klarheit

Versuch 551: Wir bringen ein Ra-226-Präparat in eine mit Wasser- und Alkoholdampf gesättigte **Wilsonsche Nebelkammer** *(Bild 517.1)*. Sie besitzt einen durchsichtigen Plexiglasdeckel. Mit Hilfe eines Gummiballs wird die Luft in der Kammer kräftig zusammengedrückt und gleichzeitig wird mit einem Tuch am Plexiglasdeckel gerieben. Läßt man nach kurzer Zeit den Ball los, so sieht man im Licht einer seitlich aufgestellten Lampe geradlinige Nebelspuren *(Bild 517.2)*. Bringt man ein Stück Papier in ihren Weg, so enden sie in ihm.

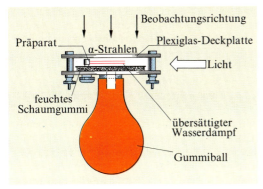

517.1 Aufbau einer Nebelkammer

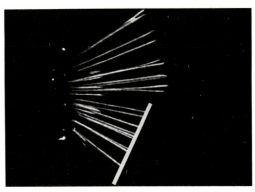

517.2 Spuren von α-Teilchen in der Nebelkammer

Die von dem radioaktiven Präparat ausgesandte Strahlung besteht aus vielen Teilchen. Wir erkennen hier jeweils die Bahn eines einzelnen. Die Teilchen ionisieren die Luftmoleküle auf ihrem Weg durch die Kammer. Läßt man den zusammengedrückten Ball los, dehnt sich die Luft schnell aus. Dabei kühlt sie sich ab und wird dadurch mit Dampf übersättigt. Der überschüssige unsichtbare Dampf schlägt sich an den soeben gebildeten Luftionen nieder und bildet Nebeltröpfchen; denn die Wassermoleküle lagern sich wegen ihres Dipolcharakters an Ionen an *(Bild 517.3)*. So wird die Bahn eines Teilchens — aber nicht das Teilchen selbst — sichtbar. Damit nur die Ionen wirksam sind, die während der schnellen Expansion entstehen, lädt man das Plexiglas durch Reiben mit einem Tuch elektrostatisch auf. Es zieht dann die vor der Expansion gebildeten Ionen aus dem Luftraum. Sonst bildet sich ein diffuser Nebel in der ganzen Kammer.

Die in Versuch 551 nachgewiesenen Teilchen nennt man **α-Teilchen**. Wir erkennen sie u.a. daran, daß sie Papier, das eine Massenbelegung von mehr als 15 mg Masse je cm² aufweist, nicht durchdringen können (Aufgabe 1 und Seite 520). — In der Umgebung von α-Strahlern finden sich Spuren von Helium. Mit weiteren Versuchen hat man festgestellt, daß es sich bei α-Teilchen um energiereiche (Größenordnung einige MeV), zweifach positiv geladene Heliumkerne ^4_2He handelt. α-Teilchen kommen deswegen aus Atomkernen.

> α-Teilchen sind zweifach geladene Heliumkerne ^4_2He. Ihre kinetische Energie beträgt einige MeV. Die Bahnen von α-Teilchen werden in Nebelkammern sichtbar gemacht.

4. Jeder Knacks ein Teilchen

Ein vielfach benutztes Nachweisgerät für energiereiche geladene Teilchen ist das **Geiger-Müller-Zählrohr**. In ihm wird durch einzelne Teilchen eine Stoßionisation ausgelöst. Ein solches Zählrohr *(Bild 518.1)* besteht aus einem Metallrohr von wenigen Kubikzentimetern Inhalt. Längs der Achse ist ein gegen das Gehäuse mit etwa 500 V oder mehr positiv geladener dünner Draht gespannt. Das Rohr enthält ein Edelgas von etwa 100 hPa (0,1 bar) Druck. Durch das extrem dünne Abschlußfenster (etwa 2 mg cm^{-2} Massenbelegung) gelangt ein schnelles geladenes Teilchen ohne großen Energieverlust ins Innere. Es ionisiert auf seiner Bahn die Gasatome. Dabei werden die freigesetzten Elektronen in das sehr starke Feld in Drahtnähe (Feldstärken über 10^5 V m^{-1}) gezogen und lösen lawinenartig Stoßionisation und damit eine **Gasentladung** aus. Diese breitet sich sofort längs des ganzen Drahts aus und hüllt ihn ein. Die dabei freigesetzten Elektronen werden wegen ihrer kleinen Masse sehr schnell zum Draht gezogen und neutralisieren ihn kurzzeitig. Die trägen positiven Ionen bilden eine positive Raumladung um den Draht,

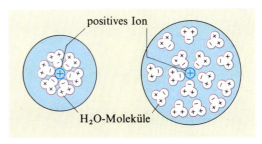

517.3 Vergrößerung von Wassertröpfchen durch Kondensation weiterer Wassermoleküle

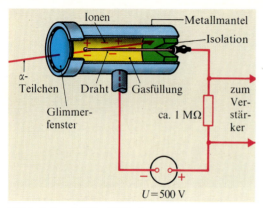

518.1 Geiger-Müller-Zählrohr

die „langsam" (in etwa 10^{-4} s) zur negativ geladenen Zählrohrwand wandert. Da nun die Feldlinien nicht mehr am Draht, sondern an der positiven Raumladung beginnen, wird das Gebiet um den Draht kurzzeitig feldfrei; das Zählrohr spricht während dieser Zeit („Totzeit") nicht auf weitere Teilchen an (Bild 518.2). Die Verschiebung der Ladungsträger gibt einen Stromstoß aus etwa 10^9 Elementarladungen. Die Ladung des registrierten Teilchens wird also etwa 10^9fach verstärkt. Der Stromstoß erzeugt am Vorwiderstand von etwa 10^6 Ω eine Teilspannung, die zu einem Verstärker geleitet und mit Zählwerk, Oszilloskop oder Lautsprecher registriert wird. Jedes im Zählrohr nachgewiesene Teilchen erzeugt somit im Lautsprecher einen Knacks, am Oszilloskop einen kurzen Ausschlag.

Die durch ein ionisierendes Teilchen in Gang gekommene Entladung wird durch Zusätze von Alkoholdampf oder Halogengasen zum Füllgas wieder gelöscht, so daß das Zählrohr möglichst rasch auf das nächste Teilchen ansprechen kann. Auf den sehr komplizierten Löschmechanismus gehen wir aber nicht weiter ein.

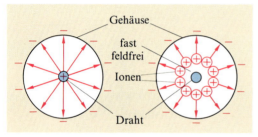

518.2 Geiger-Müller-Zählrohr: Feldlinien im Zählrohr; links vor, rechts kurz nach der Ionisation

Teilchen, die nicht zu schnell aufeinander folgen, lösen getrennte Stromstöße, auch „Zählrohrimpulse" genannt, aus. Ihre Gesamtzahl Z in der Zeit t registriert ein elektronisches Zählwerk. Man nennt $z = Z/t$ die **Zählrate** (Impulszahl je Sekunde oder Minute). Bei großen Raten werden mehrere der schnell aufeinanderfolgenden Impulse infolge der Totzeit des Zählrohrs als ein Impuls gezählt. Ist jedoch z kleiner als $100\ \text{s}^{-1}$, so sind bei schulüblichen Zählrohren diese Zählratenverluste kleiner als 1%. Oft werden die Impulse auch mit einem *Ratemeter* erfaßt. Dies zeigt die Zählrate als Zeigerausschlag oder digital an.

Versuch 552: Wir nähern das Radiumpräparat von Versuch 550 oder 551 einem Geiger-Müller-Zählrohr. Wir nehmen eine unregelmäßige Folge von Impulsen wahr: Die Zählimpulse erfolgen **stochastisch**, d.h. zufallsbedingt. Dies entspricht der Beobachtung in der Nebelkammer, nach der die Zahl der Nebelspuren bei den einzelnen Expansionen stark schwankt.

> Mit dem Geiger-Müller-Zählrohr kann man einzelne ionisierende Teilchen hoher Energie nachweisen.
>
> Die Zählimpulse erfolgen stochastisch. Die Zählrate z ist definiert als der Quotient aus der Zahl Z der Impulse und der Beobachtungszeit t: $z = Z/t$.

5. Es tickt auch ohne Präparat

Versuch 553: Wir entfernen alle radioaktiven Präparate aus der Umgebung des Zählrohrs. Wider Erwarten registriert das Gerät immer noch Impulse. Zählrohre zeigen einen **Nulleffekt** mit der Zählrate z_0. Schulübliche Zählrohre haben einen Nulleffekt von 10 bis 20 Impulsen pro Minute.

Der Nulleffekt rührt von Spuren radioaktiver Elemente in der Luft und in der Umgebung des Zählrohrs her. Außerdem reagiert das Rohr auf die **kosmische Strahlung** (Seite 481). Durch Metallabschirmungen kann die Nullrate deutlich herabgesetzt werden.

> Zählgeräte zeigen einen Nulleffekt. Auch wenn keine radioaktiven Präparate in der Nähe sind, führt er zu einer Nullrate z_0.

6. Es gibt nicht nur Alphas

Versuch 554: Wir stellen ein Sr-90-Präparat vor ein Zählrohr. Halten wir Papier zwischen Präparat und Zählrohr, so nimmt die Zählrate kaum ab. Erst wenn wir ein 5 mm dickes Aluminiumblech vor das Zählrohr bringen, geht die Zählrate auf den Nulleffekt zurück. Sr-90 sendet keine α-, sondern **β-Teilchen** aus.

Diese β-Teilchen verhalten sich wie Elektronen, die man aus einem Glühdraht freigesetzt und durch eine Spannungsquelle auf hohe Energien beschleunigt hat. So werden z.B. β-Teilchen wie Elektronen im Magnetfeld abgelenkt *(Bild 519.1)*. Man hat festgestellt, daß die β-Teilchen eines β-Strahlers ein *kontinuierliches Energiespektrum* mit einer *Maximalenergie* W_{max} von einigen MeV besitzen (Aufgabe 4b). β-Teilchen kommen aus dem Atomkern.

Versuch 555: Wir verwenden ein gekapseltes Cs-137-Präparat, aus dem weder α- noch β-Teilchen austreten. Hält man es vor ein Zählrohr, so tickt der Lautsprecher trotzdem. Erst dickere Bleischichten zwischen Präparat und Zählrohr senken die Zählrate merklich.

Cs-137 sendet eine sehr durchdringende Strahlung aus. Sie verhält sich wie Röntgenstrahlung sehr hoher Quantenenergie. Man nennt sie **γ-Strahlung**; ihre Quanten können Energien $W = hf$ in der Größenordnung 0,01 MeV bis einige MeV besitzen und stammen deshalb ebenfalls aus dem Atomkern.

Der Nachweis von γ-Strahlung mit Zählrohren beruht darauf, daß die γ-Quanten im Mantel des Zählrohrs z.B. durch den Photoeffekt bisweilen schnelle Elektronen auslösen. Diese gelangen ins Zählrohrinnere und zünden dort eine Gasentladung. Von 100 Quanten reagiert allerdings nur etwa eines mit dem Zählrohrmantel und wird somit registriert. Die *Nachweiswahrscheinlichkeit* eines Zählrohrs für γ-Strahlung ist also nur etwa 1%.

> **β-Strahlung besteht aus sehr schnellen Elektronen, deren Energie einige MeV betragen kann. Sie durchdringt 5 mm dickes Aluminiumblech nicht mehr.**
>
> **γ-Strahlung ist elektromagnetische Strahlung mit hoher Quantenenergie. Die Photonenzahl wird erst durch dicke Materieschichten — insbesondere aus Blei — geschwächt.**

519.1 Nebelkammeraufnahme der Bahnen von β-Teilchen unter der Einwirkung eines senkrecht in die Bildebene hineinweisenden Magnetfeldes. Die Teilchen starten am unteren Bildrand. Sie werden wie negativ geladene Teilchen abgelenkt. Quelle: Bi-210

Aufgaben

1. Die Dicke einer dünnen Materieschicht gibt man häufig durch die Massenbelegung d' in $g\,cm^{-2}$ an, d.h. man schneidet aus der Schicht ein Stück mit der Grundfläche A (z.B. $1\,cm^2$) heraus und bestimmt dessen Masse m. Es ist $d' = m/A$. **a)** *Zeigen Sie: Hat das Material die Dichte ϱ und hat die Schicht die Dicke d, so gilt $d' = \varrho\,d$!* **b)** *Bestimmen Sie d' in der Einheit $g\,cm^{-2}$ für ein Blatt Papier ($\varrho = 1\,g\,cm^{-3}$) der Dicke $d = 0{,}15\,mm$!* **c)** *Welche Dicke d hat das Glimmerfenster ($\varrho = 2{,}8\,g\,cm^{-3}$) eines Zählrohrs mit der Massenbelegung $2\,mg\,cm^{-2}$?* **d)** *Bestimmen Sie d' einer 1 cm dicken Luftschicht ($\varrho = 1{,}3\,g\,l^{-1}$)!*

2. Machen Sie mit Hilfe der Lokalisationsenergie (Seite 494) plausibel, daß α- und β-Teilchen sowie γ-Quanten aus dem Atomkern und nicht aus der Atomhülle stammen!

3. Begründen Sie, daß man trotz der Gültigkeit der Unschärferelation die Bahn von α- und β-Teilchen in der Nebelkammer verfolgen kann! Die Spur setzt sich aus Wassertröpfchen mit 0,1 mm Durchmesser zusammen. Wiederholen Sie die Rechnung von Seite 492 für Elektronen mit $v = \frac{1}{5}c$.

4. **a)** *Was läßt sich aus der Länge der Spuren in Bild 517.2 folgern?* **b)** *Warum sind die Bahnen der β-Teilchen in Bild 519.1 Kreise? Was folgt aus der Tatsache, daß die Radien der Kreise verschieden sind?*

5. Trotz gleicher Anfangsenergie sind die Spuren der α-Teilchen in der Nebelkammer (Bild 517.2) viel massiver als die Spuren der β-Teilchen (Bild 519.1). Versuchen Sie, dies zu erklären!

6. Vergleichen Sie die Nachweisgeräte Nebelkammer und Zählrohr! Welche Vor- und Nachteile haben sie?

7. Stellen Sie alle Eigenschaften zusammen, die Ihnen bisher von der α-Strahlung, der β-Strahlung und der γ-Strahlung bekannt sind!

§192 Absorption von Strahlung

1. Wie weit kommen α-Teilchen?

Vor allem im Hinblick auf das Thema Strahlengefahr und Strahlenschutz wollen wir uns etwas näher mit der Absorption der Strahlung radioaktiver Stoffe in Materie beschäftigen. *Bild 520.1* zeigt den prinzipiellen Aufbau der folgenden Versuche. Teilchen bzw. Quanten einer Strahlung fallen senkrecht auf eine Materieschicht der Dicke d ein. Hinter der Materie mißt ein Zähler die Zählrate z als Funktion von d. Um definierte Verhältnisse zu schaffen und um die Schwächung der Strahlung durch Auseinanderlaufen zu vermeiden (Aufgabe 1), werden die Strahlenquerschnitte durch geeignete Blenden begrenzt. Teilchen bzw. Quanten, die in der Materie stecken bleiben oder die aus der primären Strahlrichtung abgelenkt werden, können also nicht in den Zähler gelangen.

Versuch 556: Ein Am-241-Präparat liefert nur α-Teilchen mit der einheitlichen Energie $W = 4{,}4$ MeV. Mit einer für α-Teilchen empfindlichen Zählvorrichtung messen wir die Absorption der α-Teilchen in Luft.

Mit zunehmender Schichtdicke d bleibt die Zählrate zunächst konstant, um dann rasch auf Null abzunehmen. Alle α-Teilchen durchlaufen eine bestimmte Materieschicht und bleiben dann fast an derselben Stelle stecken. Aufgrund der Nebelkammerbilder *(Bild 517.2)* überrascht dieses Ergebnis nicht. Die Strecke $d = 2{,}8$ cm, bei der in *Bild 520.3* die Zählrate auf die Hälfte gesunken ist, nennt man *Reichweite* R der α-Strahlen in Luft. *Bild 520.2* zeigt R für verschiedene Materialien als Funktion der α-Energien. Da fast kein Nuklid α-Strahlung mit mehr als 10 MeV emittiert, gilt:

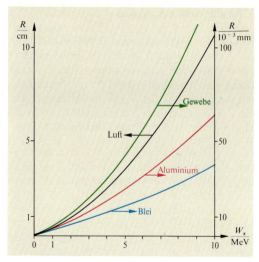

520.2 Reichweite R von α-Strahlung in Materie für einige Materialien

> **Die Reichweite der α-Strahlung radioaktiver Nuklide ist in Luft kleiner als 10 cm und in fester Materie kleiner als 0,1 mm.**

2. γ-Strahlung verhält sich völlig anders

Versuch 557: Mit der Anordnung nach *Bild 520.1* und einem Geiger-Müller-Zählrohr messen wir die Zählratenabnahme eines Strahles von γ-Quanten des Nuklids Cs-137 ($W = 662$ keV) in Blei bzw. Eisen. Das Versuchsergebnis ist in *Bild 521.1* in einem gewöhnlichen Koordinatensystem als Funktion der Schichtdicke d dargestellt, wobei der Nulleffekt der Umgebungsstrahlung bereits abgezogen ist. Nach *jeder* Dicke d ist noch eine gewisse Zählrate vorhanden. *Man kann also so etwas wie eine Reichweite der γ-Strahlung in Materie nicht angeben.*

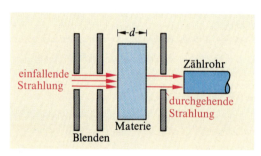

520.1 Versuchsaufbau zur Messung der Absorption von Strahlung in Materie

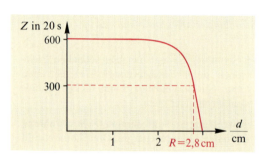

520.3 Absorption der α-Strahlung der Energie $W = 4{,}4$ MeV in Luft; R ist die Reichweite.

Ähnliche Meßkurven wie in *Bild 521.1* sind uns schon mehrfach begegnet, z.B. bei der Entladung eines Kondensators (Seite 331). Als Funktion, die den Verlauf der Meßkurven beschreibt, vermuten wir daher eine Exponentialfunktion der Form:

$$Z(d) = Z_0 \, 2^{-d/d_{1/2}}. \tag{521.1}$$

$d_{1/2}$ ist dabei die **Halbwertsdicke**, bei der die Zählrate auf die Hälfte des Ausgangswertes abgesunken ist, Z_0 ist die Zahl der Impulse für $d=0$. Um den Exponentialverlauf deutlich zu erkennen, tragen wir die Meßwerte in einfach logarithmisches Papier *(Bild 521.2)* ein. Bei diesem sind die Ordinaten bereits als Logarithmen der jeweiligen Funktionswerte Z bemessen. Hat die Meßkurve die Form nach *Gl. 521.1* und bilden wir den Logarithmus, so erhalten wir

$$y(d) = \lg Z(d) = \lg Z_0 - \frac{\lg 2}{d_{1/2}} d.$$

$y(d)$ muß also auf einfach logarithmischem Papier eine Gerade ergeben, die bei dem zu Z_0 gehörenden Logarithmus auf der Ordinatenachse beginnt und die Steigung $m = -\lg 2/d_{1/2}$ hat. Tatsächlich liegen unsere Meßwerte jeweils auf einer Geraden. Unsere Vermutung hat sich also bestätigt. – Den Wert von $d_{1/2}$, z.B. für Blei, kann man auf zwei Arten aus *Bild 521.2* ablesen: Einmal wie skizziert als die Strecke $d=0,6$ cm, bei der Z auf die Hälfte des Anfangswertes gesunken ist, zum anderen aus der Steigung m der Geraden. Es ist $m = -(\lg 1300 - \lg 12)/4,0$ cm $= -0,511$ cm^{-1} und damit $d_{1/2} = -\lg 2/m = 0,6$ cm. Für Eisen findet man $d_{1/2} = 1,25$ cm. Die Literaturwerte sind $d_{1/2} = 0,55$ cm bzw. $d_{1/2} = 1,20$ cm.

Bild 521.3 zeigt $d_{1/2}$ für einige Materialien als Funktion der Energie der γ-Quanten.

Da der Wert von $d_{1/2}$ für die verschiedenen Materialien sehr unterschiedlich sein kann, wurden in der Darstellung gleichzeitig zwei verschiedene Skalen verwendet. Die Pfeile zeigen an, auf welcher Skala abgelesen werden soll.

Blei schwächt die γ-Strahlung besonders stark; eine Tatsache, die für den Strahlenschutz wichtig ist. In Luft hat die γ-Strahlung von Cs-137 eine Halbwertsdicke von $d_{1/2} \approx 70$ m; ein hinreichend paralleler Strahl wird dort also fast nicht abgeschwächt. *Bild 521.3* gilt natürlich auch für Röntgenstrahlen. Mit der Beziehung $2 = e^{\ln 2}$ wird aus *Gl. 521.1*

$$Z(d) = Z_0 \, e^{-\ln 2 \cdot d/d_{1/2}} = Z_0 \, e^{-\mu d}. \tag{521.2}$$

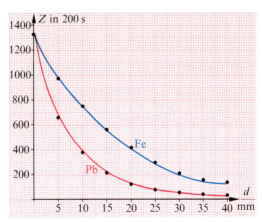

521.1 Absorption der γ-Strahlung von Cs-137 (662 keV) in Eisen und Blei

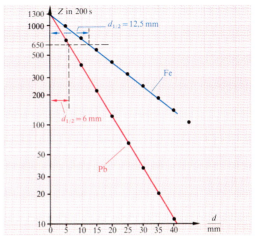

521.2 Messung von *Bild 521.1* auf einfach-logarithmischem Papier

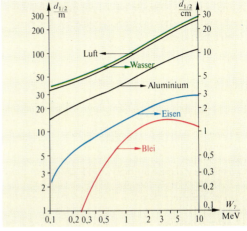

521.3 Halbwertsschichtdicke $d_{1/2}$ von γ-Strahlung

> Die Abschwächung von γ-Strahlung durch Materie erfolgt nach einem Exponentialgesetz. Eine Reichweite von γ-Strahlung in Materie kann man nicht angeben, wohl aber eine **Halbwertsdicke** $d_{1/2}$.

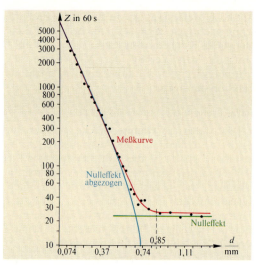

3. Wie werden β-Strahlen abgeschwächt?

Versuch 558: Mit einer Anordnung nach *Bild 520.1* und einem Geiger-Müller-Zählrohr, das ein für β-Teilchen durchlässiges Fenster hat, messen wir die Absorption der β-Strahlung von Tl-204 (W_{max} = 720 keV) in Aluminium. Das Versuchsergebnis auf einfach logarithmischem Papier zeigt *Bild 522.1* einmal mit und einmal ohne Abzug der Umgebungsstrahlung. Die bezüglich des Nulleffekts korrigierte Zählrate nimmt mit zunehmender Dicke fast exponentiell ab, um dann – im Gegensatz zur γ-Strahlung *(Bild 521.1)* – abrupt abzusinken. Bei $d = 0{,}85$ mm ist nur noch die Nullrate vorhanden. Mit zunehmender Dicke d bleiben also immer mehr β-Teilchen des kontinuierlichen β-Spektrums in der Materie stecken. Die Strecke $d = 0{,}85$ mm kann kein β-Teilchen mehr überwinden. Man nennt $d = 0{,}85$ mm die **Reichweite R** der von Tl-204 ausgehenden β-Strahlen in Aluminium (Literaturwert $R = 1{,}11$ mm).

Hat die β-Strahlung eines anderen radioaktiven Nuklids eine höhere Maximalenergie W_{max}, so hat sie auch eine größere Reichweite R. *Bild 522.2* zeigt den Zusammenhang zwischen R und W_{max} für verschiedene Materialien. Auf der linken Skala können die vergleichsweise großen Werte von R für Luft abgelesen werden, die rechte gilt für die übrigen Materialien.

522.1 Absorption der β-Strahlung von Tl-204 in Aluminium (Versuch 558)

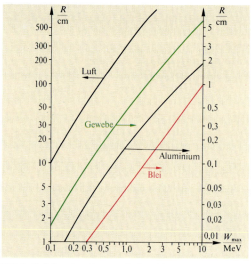

522.2 Reichweite R von β-Strahlen; W_{max}: Maximalenergie des β-Strahlers

> Die Reichweite von β-Teilchen aus radioaktiven Nukliden kann in Luft bis zu einigen Metern, in fester Materie bis zu einigen Millimetern und in Körpergewebe ein bis zwei Zentimeter betragen.

Aufgaben

1. a) γ-Strahlung wird in Luft praktisch nicht absorbiert ($d_{1/2} \approx 70$ m). Entfernt man aber ein Zählrohr von einem punktförmigen γ-Strahler, der seine Strahlung in alle Raumrichtungen mit gleicher Wahrscheinlichkeit emittiert (man sagt, die Strahlung ist isotrop), so nimmt die Zählrate mit $1/r^2$ ab (r: Abstand Präparat-Zählrohr). Versuchen Sie, dies zu erklären! **b)** Ob bei einer derartigen Messung die Zählrate z mit $1/r^2$ abnimmt, erkennt man am besten, wenn man in doppelt-logarithmischem Papier (beide Achsen sind dort logarithmisch geteilt) lg z über lg r aufträgt. Begründen Sie dies! **c)** Wie wird z mit r abnehmen, wenn man in Luft einen β-Strahler als Präparat verwendet?

2. Wie nimmt in Aufgabe 1 z mit r ab, wenn man die Messung im Vakuum durchführt und einen α-, β- oder γ-Strahler verwendet?

3. Versuch 556 wird mit einem Bi-212-Präparat durchgeführt. Das Präparat sendet α-Teilchen der Energien 6,05 MeV, 6,09 MeV und 8,78 MeV aus, und zwar im Verhältnis 25 : 10 : 100 der Teilchenzahlen. Wie sieht die *Bild 520.3* entsprechende Meßkurve aus?

4. Bestimmen Sie mit Hilfe von *Bild 522.2* die Reichweite R der β⁻-Strahlung von Y-90 ($W_{max} = 2{,}27$ MeV) in Blei, Aluminium, Gewebe und Luft!

§ 193 Halbwertszeit

1. Gemeinsamkeiten radioaktiver Nuklide

Radioaktive Strahlung kommt aus Atomkernen. Diese müssen sich also durch die Aussendung der Strahlung verändern; man sagt, sie *zerfallen*. Nehmen wir an, wir haben eine Anzahl N_0 von Atomkernen, die zerfallen können. Radioaktive Strahlen treten stochastisch auf. Lassen sich trotzdem Aussagen über den zeitlichen Verlauf der Zerfälle machen?

Versuch 559: Eine *Ionisationskammer* besteht aus zwei gegeneinander isolierten Metallkörpern, zwischen denen eine Gleichspannung (2 kV) liegt. Werden in der Kammer Luftmoleküle durch radioaktive Strahlen ionisiert, so wird die Luft leitend, und in den Zuleitungen registriert ein Meßverstärker Strom.

a) Wir blasen in eine Ionisationskammer Luft aus einem Gefäß, das eine kleine Menge einer Thoriumverbindung enthält. Der Meßverstärker zeigt Strom an. Zusammen mit der Luft ist also ein radioaktiver Stoff in die Kammer gelangt: Es handelt sich um das Edelgas Thoron, das ein Isotop $^{220}_{86}\text{Rn}$ des Radons ist und α-Strahlen aussendet. Die stochastisch erfolgenden α-Zerfälle lassen die Anzeige des Meßverstärkers ständig schwanken.

b) Blasen wir mehrmals hintereinander thoronhaltige Luft in die Kammer, so steigt der Ionisationsstrom; er ist im Rahmen der stochastischen Schwankungen der Zahl N der radioaktiven Atome proportional. Ist diese Zahl n-fach, so zerfallen in 1 s auch etwa n-mal so viele Atome.

c) Gibt man kein weiteres Thoron in die Kammer, so bleibt der Ionisationsstrom nicht etwa konstant, sondern fällt jeweils in 55 s auf die Hälfte ab *(Bild 523.1)*. Also wird auch die Zahl der Atome, die je Sekunde zerfallen, im Rahmen der stochastischen Schwankungen halbiert. Folglich ist nach jeweils 55 s die Zahl der insgesamt noch vorhandenen Thoronatome auf die Hälfte der anfangs bestehenden gesunken. Man nennt $T_{1/2} = 55$ s die **Halbwertszeit** des radioaktiven Nuklids $^{220}_{86}\text{Rn}$.

Das Gesetz, nach dem die Zahl $N(t)$ der noch nicht zerfallenen Atome zeitlich abnimmt, entspricht genau der Entladungsfunktion eines Kondensators (Seite 331). Zur Zeit $t=0$ sei

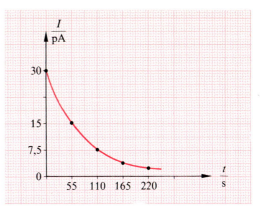

523.1 Zusammenhang zwischen Ionisationsstrom I und Zeit t in Versuch 559

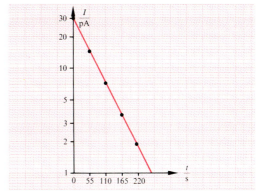

523.2 Messung aus *Bild 523.1* auf einfach logarithmischem Papier

die Zahl der nicht zerfallenen Atome N_0. Nach einer Halbwertszeit, also nach $t = T_{1/2}$, ist diese Zahl auf $N_1 = \frac{1}{2} N_0$ gesunken, nach $t = 2 T_{1/2}$ auf $N_2 = \frac{1}{2}(\frac{1}{2} N_0) = N_0 \cdot 2^{-2}$, nach n Halbwertszeiten, also für $t = n T_{1/2}$, auf $N_n = N_0 \cdot 2^{-n}$ ($n = 1, 2, 3 \ldots$). Dieses Gesetz gilt auch für beliebige andere Zeitpunkte t. In Versuch 559c sind z.B. nach $t = 69$ s $n = t/T_{1/2} = 1{,}25$ Halbwertszeiten verstrichen. Mit dem Taschenrechner ergibt sich $N = 0{,}42 N_0$. In Übereinstimmung mit *Bild 523.1* ist die Zahl der noch nicht zerfallenen Atome also auf 42% der ursprünglichen Anzahl gesunken. Mit $n = t/T_{1/2}$ erhalten wir allgemein:

$$N(t) = N_0 \cdot 2^{-t/T_{1/2}}. \qquad (523.1)$$

$N(t)$ nimmt nach einem Exponentialgesetz ab. Tragen wir daher unsere Meßwerte in einfach-logarithmischem Papier auf, dann muß sich — analog zur Absorption von γ-Strahlung in Materie (Seite 521) — eine Gerade ergeben.

Mit Hilfe der Beziehung $2 = e^{\ln 2}$ folgt aus *Gl. 523.1* schließlich

$$N(t) = N_0\, e^{-\ln 2 \cdot t / T_{1/2}} \qquad (524.1)$$

oder

$$N(t) = N_0\, e^{-kt} \quad \text{mit} \quad k = \frac{\ln 2}{T_{1/2}}. \qquad (524.2)$$

Die Größe k nennt man auch **Zerfallskonstante**. Für Rn-220 finden wir aus *Bild 523.1* $k = \ln 2/(55\,\text{s}) = 1{,}2 \cdot 10^{-2}\,\text{s}^{-1}$.

Versuch 560: **a)** Durch einen sogenannten Caesiumisotopengenerator drücken wir einige Tropfen Salzsäure und fangen die Lösung in einem Reagenzglas auf, das wir vor ein Zählrohr halten. Dieses zeigt, daß die Salzsäure aus dem Isotopengenerator eine radioaktive γ-strahlende Substanz herausgelöst hat (Ba*-137). Je mehr radioaktive Substanz sich im Reagenzglas befindet, desto größer ist die Zählrate. Wie in Versuch 559b die Stromstärke $I(t)$, so ist hier die Zählrate $z(t)$ proportional zur Zahl der noch nicht zerfallenen Kerne $N(t)$.

b) Messen wir die Zählrate alle 20 s, so erhalten wir eine Meßkurve wie in *Bild 523.1*, allerdings mit einer Halbwertszeit von $T_{1/2} = 2{,}6$ min. *Das Zerfallsgesetz gilt für alle radioaktiven Substanzen. Doch hat jedes radioaktive Nuklid eine andere Halbwertszeit (Tabelle 526.1).*

Beim radioaktiven Zerfall sind von der ursprünglich vorhandenen Zahl N_0 von Kernen nach der Zeit t etwa $N(t) = N_0\, e^{-kt}$ Kerne nicht zerfallen. Die Halbwertszeit $T_{1/2}$ gibt die Zeitspanne an, nach der etwa die Hälfte der Kerne zerfallen ist. Es ist $k = \ln 2 / T_{1/2}$.

Das Zerfallsgesetz gilt für alle radioaktiven Substanzen. Jedes radioaktive Nuklid hat eine charakteristische Halbwertszeit.

---

2. Die Aktivität und ihre Einheit

$-\Delta N = N(t) - N(t + \Delta t)$ gibt die in der Zeit Δt erfolgte *Abnahme* der Kernanzahl durch den radioaktiven Zerfall an. Als **Aktivität** oder *Zerfallsrate* definiert man nun den Quotienten

$$A = -\frac{\Delta N}{\Delta t} \quad \text{für } \Delta t \ll T_{1/2}. \qquad (524.3)$$

Da ΔN negativ ist, wird die Aktivität A durch das Minuszeichen in *Gl. 524.3* positiv. A ist sozusagen die Geschwindigkeit, mit der die radioaktive Substanz zerfällt. Die *Einheit der Aktivität* ist $1\,\text{s}^{-1}$, genannt **1 Becquerel** (1 Bq). Früher benutzte man die Einheit **1 Curie** (1 Ci) $= 3{,}7 \cdot 10^{10}\,\text{s}^{-1} = 3{,}7 \cdot 10^{10}$ Bq, die der Aktivität von 1 g Ra-226 entspricht. Radioaktive Präparate, die aufgrund der Strahlenschutzverordnung an Schulen zugelassen sind, besitzen maximal eine Aktivität von $3{,}7 \cdot 10^6$ Bq $= 100$ μCi. Man bedenke: Obgleich solche Präparate schon jahrelang in der Schule lagern, zerfallen bei ihnen in jeder Sekunde 3 700 000 Kerne, dies bei Tag und Nacht, auch in den Ferien. Dabei hat die radioaktive Substanz eine Masse von wenigen μg. Vielleicht vermittelt Ihnen das ein Gefühl für die riesige Anzahl von Atomen in einer so winzigen Substanzmenge.

Die Ableitung $\dot{N}(t)$ der Funktion $N(t)$ ist:

$$\dot{N}(t) = -k\, N_0\, e^{-kt} = -k\, N(t). \qquad (524.4)$$

Läßt man in *Gl. 524.3* die Zeit $\Delta t \to 0$ gehen, so erhält man für die Aktivität A

$$A = -\dot{N}(t) = k\, N(t). \qquad (524.5)$$

Die Aktivität ist demnach eine Funktion $A(t)$ der Zeit; wie man sieht, ist sie außerdem auch proportional zur Zahl $N(t)$ der noch nicht zerfallenen Atome. Dies kennen wir bereits aus Versuch 559 und 560. Wie wir dort sahen, ist der Ionisationsstrom bzw. die Zählrate sowohl ein Maß für die Zahl der in einer Zeit $\Delta t \ll T_{1/2}$ zerfallenen Kerne — also für die Aktivität des Präparats — als auch ein Maß für die Zahl der noch nicht zerfallenen Kerne $N(t)$.

Nach *Gl. 524.5* ist die Aktivität $A(t)$ um so größer, je mehr Kerne $N(t)$ noch vorhanden sind und je größer die Zerfallskonstante k des betreffenden Nuklids ist. Mit $k N_0 = A_0$ folgt

$$A(t) = A_0\, e^{-kt}. \qquad (524.6)$$

Die Aktivität $A(t)$ einer radioaktiven Substanz fällt mit der gleichen Halbwertszeit wie $N(t)$ exponentiell ab.

Die Aktivität einer radioaktiven Substanz ist der Quotient aus der Anzahl der in einer kleinen Zeitspanne $\Delta t \ll T_{1/2}$ stattfindenden Zerfälle und dieser Zeitspanne Δt.

Die Aktivität ist proportional der noch nicht zerfallenen Anzahl an Atomen und nimmt wie diese exponentiell ab: $A(t) = k\, N(t)$. Die Einheit der Aktivität ist $1\,\text{Bq} = 1\,\text{s}^{-1}$.

3. Aktivität verrät das Alter

a) Wie bestimmt man das Alter hölzerner Gegenstände, die in einer ägyptischen Pyramide gefunden wurden *(Bild 525.1)*? Eine Möglichkeit bietet die **C-14-Methode**. In der Atmosphäre wird nämlich unter dem Einfluß der konstanten kosmischen Strahlung laufend das radioaktive Kohlenstoffisotop C-14 gebildet ($T_{1/2} = 5730$ a). Es verbindet sich mit dem Sauerstoff der Luft zu radioaktivem Kohlendioxid. Infolge der konstanten Neubildungsrate und des laufenden Zerfalls hat sich in der Luft eine Gleichgewichtskonzentration an C-14 eingestellt. Das Häufigkeitsverhältnis der Kerne C-14 und der stabilen Kerne C-12 ist etwa $1,5 \cdot 10^{-12}$. Durch die Assimilation wird C-14 von den Pflanzen bzw. durch pflanzliche Nahrung von den Tieren aufgenommen. Solange ein Tier oder eine Pflanze leben, steht deren Kohlenstoffgehalt laufend in Kontakt mit dem Kohlenstoff der Atmosphäre und hat somit die gleiche Konzentration an C-14 wie dieser. In 1 g Kohlenstoff findet man dabei etwa 16 Zerfälle von C-14-Atomen in einer Minute. Stirbt das Lebewesen ab, sinkt der C-14-Gehalt nach dem Zerfallsgesetz *Gl. 524.2*.

Mißt man in 1 g Kohlenstoff eines Gegenstandes aus einer Pyramide noch 10,7 Zerfälle pro Minute, so ist sein Alter nach *Gl. 524.6*

$$t = -\ln\left(\frac{A(t)}{A_0}\right)\frac{T_{1/2}}{\ln 2} = -\ln\left(\frac{10,7}{16}\right)\frac{5730\,\text{a}}{\ln 2}$$
$$= 3300\,\text{a}.$$

Entsprechend der Halbwertszeit von 5730 a eignet sich die C-14-Methode zur Datierung von Gegenständen, deren Alter etwa zwischen 1000 und 30000 Jahren ($\approx 6\,T_{1/2}$) liegen. Ihre Unsicherheit beträgt ungefähr 5%.

b) Um das Alter von Gesteinen und damit das der festen Erdkruste (ca. $3,5 \cdot 10^9$ a) zu bestimmen, benötigt man Nuklide mit großen Halbwertszeiten. Bei der **Uran-Blei-Methode** benutzt man U-238 mit $T_{1/2} = 4,5 \cdot 10^9$ a als Uhr. U-238 zerfällt über mehrere Stufen in das stabile Nuklid Pb-206 (Zerfallsreihe Seite 541). Im Gegensatz zur C-14-Methode kennt man allerdings die Konzentration $N_{0,U}$ von U-238 in der Gesteinsprobe bei deren Entstehung ($t=0$) nicht. In dem langen Zeitraum ist aber praktisch aus jedem zerfallenen U-238-Kern ein stabiler Bleikern Pb-206 geworden. Die Anzahl $N_{Pb}(t)$ der Bleiatome ist also gleich der Abnahme $N_{0,U} - N_U(t)$ der Uran-Kerne; mit $N_U(t) = N_{0,U}\,e^{-kt}$ oder $N_{0,U} = N_U(t)\cdot e^{+kt}$ gilt

$$N_{Pb}(t) = N_{0,U} - N_U(t) = N_U(t)(e^{+kt} - 1)$$

und damit

$$t = \frac{1}{k}\ln\left(1 + \frac{N_{Pb}(t)}{N_U(t)}\right) = \frac{T_{1/2}}{\ln 2}\ln\left(1 + \frac{N_{Pb}(t)}{N_U(t)}\right).$$

Das Verhältnis $N_{Pb}(t)/N_U(t)$ läßt sich z.B. massenspektroskopisch bestimmen.

4. Weitere Anwendungen radioaktiver Nuklide

Radioaktive Strahlung ist — richtig und verantwortungsbewußt angewandt — an vielen Stellen ein wichtiger Helfer des Menschen. Beispielhaft sei genannt:

a) In der **Medizin** sind radioaktive Stoffe u.a. hilfreich bei der *Diagnose*, d.h. bei der Erkennung von Krankheiten. — Durch Bestrahlung in Kernreaktoren mit Neutronen kann man die verschiedensten Elemente in chemisch gleichartige Isotope überführen (Seite 543). Haben diese eine genügend kurze Halbwertszeit, sind sie in

525.1 Das Alter dieses Holzsarges ließ sich mit der C-14-Methode auf ±200a genau bestimmen.

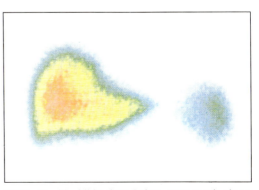

525.2 „Strahlenbild" einer Leber, erzeugt mit einem radioaktiven Nuklid

winzigen Spuren ungefährlich für den Organismus. Man kann somit eine Substanz, die auch normalerweise im Körper vorkommt, radioaktiv „markieren", einspritzen und mit Hilfe eines Zählers ihren Weg im Körper verfolgen (Tracer-Verfahren; trace, engl. Spur). Manche Organe speichern gewisse chemische Elemente (z.B. die Schilddrüse Iod). Durch Abtasten eines solchen Organs Punkt für Punkt mit dem Zähler erhält der Arzt ein „Bild" *(Bild 525.2)*, aus dem krankhafte Veränderungen erkannt werden können.

Außer zur Diagnose, also zur Erkennung von Krankheiten verwendet man radioaktive Nuklide auch zu deren Bekämpfung (Therapie). Radioaktive Strahlung schädigt schnell wachsendes Gewebe, z.B. Krebszellen, stärker als normales. So ist es möglich, durch gezielte *Bestrahlung* Krebsgeschwülste zu beseitigen. Freilich erfordert dieses Verfahren große Sorgfalt und ist nicht ohne Risiko, da die Strahlung neuen Krebs erzeugen kann (Seite 529).

b) In der **Technik** wird z.B. die verschieden starke Abschwächung radioaktiver Strahlung in unterschiedlich dicker Materie zur *berührungslosen Dickemessung* in Walzwerken ausgenutzt. Auch *Füllstandsmessungen* in undurchsichtigen Tanks sind möglich.

c) In der **Geologie** setzt man z.B. Wasser, Erdöl oder Erdgas radioaktive Nuklide zu und kann so ihre Wanderung durch verschiedene geologische Schichten verfolgen.

Aufgaben

1. *In eine Ionisationskammer wird ein radioaktives Gas gepumpt und der Strom I in Zeitabständen von je 10 Sekunden gemessen. Man erhält folgende Meßwerte:*

$\dfrac{t}{s}$	0	10	20	30	40	50	60	70	80	90	100	110	120
$\dfrac{I}{10^{-12}A}$	60	50	42	35	28	24	20	16	14	11	9	8	7

a) *Begründen Sie, warum die Stromstärke I proportional zur Teilchenzahl N(t) des radioaktiven Gases abfällt!* **b)** *Bestimmen Sie die Halbwertszeit $T_{1/2}$ und die Zerfallskonstante k des Gases so genau wie möglich!* **c)** *Wird die Luft in der Ionisationskammer beim Nachweis radioaktiver Strahlung verbraucht oder nicht? Begründen Sie Ihre Aussage!*

2. *Nach der wievielfachen Halbwertszeit ist die Zahl der jetzt gerade vorhandenen Kerne einer radioaktiven Substanz auf 90%, 50%, 1% und 0,1% gesunken?*

3. *In der Mitte einer mit Luft gefüllten Ionisationskammer (Durchmesser 10 cm) befindet sich ein abgedecktes Am-241-Präparat, das α-Teilchen der Energie $W = 4{,}4$ MeV aussendet (Versuch 556). Der Strom am Meßverstärker beträgt $2{,}4 \cdot 10^{-9}$ A.* **a)** *Begründen Sie, daß alle α-Teilchen ihre gesamte Energie in der Kammer abgeben und nicht an die Kammerwand gelangen!* **b)** *Wie viele α-Teilchen je Sekunde sendet das Präparat in die Ionisationskammer aus? (Zur Bildung eines Ionenpaars benötigt ein α-Teilchen 35,5 eV.)* **c)** *Die Halbwertszeit von Am-241 beträgt 433 Jahre. Welche Masse besitzt der Am-241-Anteil des Präparats, wenn man annimmt, daß ein Drittel der von Am-241 ausgesandten α-Teilchen in die Ionisationskammer gelangt?*

4. *Zerfällt ein Kern von Rn-220, so sendet er kurz hintereinander zwei α-Teilchen der Energie 6,29 MeV und 6,78 MeV aus. Wie viele Rn-Atome waren zu Beginn von Versuch 559c in der Kammer, welche Masse hatten sie? (Verluste durch Auftreffen von α-Teilchen auf die Kammerwände sind zu vernachlässigen.)*

5. *1 g Ra-226 sendet in einer Sekunde $3{,}7 \cdot 10^{10}$ α-Teilchen aus. Berechnen Sie daraus die Halbwertszeit und die Zerfallskonstante von Ra-226!*

6. *Die Halbwertszeit von Po-210 ist $T_{1/2} = 138$ d. Welche Aktivität entwickeln 10^{-7} g Po-210?*

7. *U-238 hat eine Halbwertszeit von $4{,}5 \cdot 10^9$ a. In einer Probe zerfallen 10^3 Atome in 1 min. Wie viele Atome enthält die Probe? Welche Masse hat sie insgesamt?*

8. *Ein altes Holzstück, bei dem der Kohlenstoffanteil die Masse 25 g hat, zeigt eine Gesamtrestaktivität (herrührend von C-14) von $A = 2{,}4 \cdot 10^2$ min^{-1}.* **a)** *Wie viele C-14-Atome sind noch in diesem Holzstück?* **b)** *Vor wie vielen Jahren starb das Holzstück ab?*

9. *Bestimmen Sie das Massenverhältnis von U-238 zu Pb-206, das sich nach der Zeit $t = 1{,}4 \cdot 10^9$ a in einer Gesteinsprobe aufgrund des radioaktiven Zerfalls von U-238 in Pb-206 eingestellt hat! Zur Zeit $t = 0$ sei die Zahl der Pb-206-Kerne Null gewesen.*

10. *Überlegen Sie sich je eine Versuchsanordnung, mit der man* **a)** *berührungslos die Dicke eines langen Stahlbandes und* **b)** *von außen die Füllstandshöhe einer Flüssigkeit in einem verschlossenen Tank messen kann.*

Element	$T_{1/2}$	Element	$T_{1/2}$
Th-232	$1{,}4 \cdot 10^{10}$ a	Sr-90	28,5 a
U-238	$4{,}5 \cdot 10^9$ a	H-3	12,3 a
K-40	$1{,}28 \cdot 10^9$ a	Kr-85	10,8 a
U-235	$7{,}1 \cdot 10^8$ a	Co-60	5,27 a
C-14	5730 a	Tl-204	3,8 a
Ra-226	1600 a	Na-22	2,6 a
Am-241	433 a	Rn-220	55 s
Cs-137	30 a	Po-214	$0{,}16 \cdot 10^{-3}$ s

Tabelle 526.1 Halbwertszeit einiger Nuklide

§194 Strahlenschäden

1. Erste böse Erfahrungen

H.A. Becquerel (1852–1908, Nobelpreis 1903), der 1896 die radioaktive Strahlung entdeckte, trug 1901 ein nicht abgeschirmtes Radiumpräparat in der Westentasche. Nach zwei Wochen zeigte seine Haut Verbrennungserscheinungen mit einer schwer abheilenden Wunde. Bei Physikern und Ärzten, die mit Röntgenstrahlen ohne Schutzvorrichtungen umgingen, traten chronische Entzündungen und schmerzhafte Geschwüre, ja sogar Todesfälle auf. – Heute kennt man die Wirkung radioaktiver Strahlen auf den lebenden Organismus sehr viel genauer. Man weiß, daß nicht jede Strahlenbelastung gleich zu einem biologischen Schaden führen muß, wohl aber *kann*.

2. Woher rühren die Schäden?

Der Schaden, den radioaktive Strahlen verursachen, ist das Endglied einer komplexen Reaktionskette aus physikalischen, chemischen und biologischen Prozessen. Am Anfang steht ein physikalischer Vorgang: Die Strahlen ionisieren in Zellen Moleküle. Das kann in der Zelle zwei Reaktionen auslösen:
1) In den Desoxyribonukleinsäure-Molekülen (DNA), den Trägern des genetischen Codes, treten Veränderungen auf, die an die Tochterzellen weitergegeben werden können.
2) Veränderungen in einer getroffenen Zelle führen möglicherweise zu deren Absterben oder zur Hemmung der Zellteilung.

Doch verfügt der Organismus über Abwehrmechanismen, mit denen er Schäden reparieren oder durch das Immunsystem erkennen und eliminieren kann. Erst wenn die Abwehrsysteme versagen, kommt es zum Strahlenschaden.

> **Ursache der Strahlenschäden ist die Ionisation von Molekülen. Abwehrmechanismen verhindern, daß jede Bestrahlung schädlich ist.**

3. Messung der Strahlenbelastung

a) Ein Strahlenschaden tritt um so eher auf, je mehr Moleküle ionisiert oder angeregt werden, d.h. je mehr Energie von der Strahlung auf die Materie übertragen wird. Im Körpergewebe der Masse Δm werde die Strahlenenergie ΔW absorbiert. Der mögliche Schaden wächst mit dem Quotienten $D = \Delta W / \Delta m$, **Energiedosis** D genannt. Als Einheit benutzt man **1 Gray** = 1 J kg^{-1}. Wenige Teilchen hoher Energie erzeugen gleich viele Ionenpaare wie viele niedriger Energie. Sind die Teilchen von der gleichen Art, so können sie auch den gleichen Schaden auslösen.

b) Doch gibt es Unterschiede zwischen verschiedenen Strahlenarten. α-Teilchen haben nach Nebelkammerbildern eine hohe Ionisationsdichte. Sie erzeugen beim Durchqueren einer Zelle 10 000 bis 70 000 Ionenpaare, β-Strahlen nur 10 bis 100. Wenn α-Strahlung in einem Gewebe dieselbe Energiedosis erzeugt wie β-Strahlung, so sind im ersten Fall zwar viel weniger Zellen betroffen als im zweiten; dennoch gehen mehr zugrunde, weil bei geringerer Ionisationsdichte die Selbstheilungsaussichten wesentlich günstiger sind. Um die biologische Wirkung ionisierender Strahlen verschiedener Art in demselben Gewebe quantitativ miteinander vergleichen zu können, hat man darum die **Äquivalentdosis** H eingeführt. Sie ist definiert als das Produkt $H = Q D$ aus der Energiedosis D und dem dimensionslosen Faktor Q. Dieser charakterisiert die Ionisationsdichte einer Strahlung und wird bezogen auf 200 keV Röntgenstrahlung, für die man $Q = 1$ setzt. Für Röntgen-, γ- und β-Strahlung ist $Q = 1$, für schnelle Neutronen und Protonen $Q = 10$ und für α-Teilchen sowie andere mehrfach geladene Teilchen $Q = 20$. Q wurde unter Berücksichtigung biologischer Erkenntnisse so ermittelt, daß *gleiche Äquivalentdosen unabhängig von der Strahlenart gleiche biologische Wirkungen hervorrufen.* Zur Unterscheidung von der meßbaren Energiedosis D hat man der Äquivalentdosis H die Einheit **1 Sievert** $(1 \text{ Sv}) = 1 \text{ J kg}^{-1}$ gegeben, früher **1 rem** = **0,01 Sv**. Treffen mehrere Strahlenarten gleichzeitig ein Gewebe, wird die gesamte schädliche Wirkung nicht durch die Summe der Energiedosen, sondern der Äquivalentdosen der einzelnen Strahlenarten richtig charakterisiert.

Beispiel: Bei einer Röntgenreihenuntersuchung der Lunge erhält diese eine mittlere Energiedosis von $2 \text{ mGy} = 2 \text{ mJ kg}^{-1}$, die 2 mSv entsprechen ($Q = 1$). Eine Neutronenbestrahlung mit der Energiedosis $2 \text{ mGy} = 2 \text{ mJ kg}^{-1}$ hat wegen $Q = 10$ dagegen die biologische Wirksamkeit von $20 \text{ mGy} = 20 \text{ mJ kg}^{-1}$. Träfen beide Strahlen zusammen, wäre das Strahlenrisiko 22 mSv.

Die Energiedosis $D = \Delta W / \Delta m$ gibt die in Gewebe der Masse Δm absorbierte Strahlenenergie ΔW an (Einheit 1 Gray: 1 Gy = 1 J kg^{-1}).

Mit der Äquivalentdosis $H = Q D$ vergleicht man die gesamte biologische Strahlenbelastung eines Gewebes durch Strahlung verschiedener Art (Einheit 1 Sievert = 1 Sv); Q ist der von der Strahlenart abhängige Qualitätsfaktor.

bzw. Organe erhalten haben, wobei jede Dosis entsprechend der Strahlenempfindlichkeit des Gewebes bzw. Organs mit einem Gewichtungsfaktor W_G ($\Sigma W_G = 1$) multipliziert wird.

Die effektive Äquivalentdosis ermöglicht eine Bewertung der gesamten Strahlengefährdung einzelner Personen bei schwachen Ganzkörperbestrahlungen.

c) Die absorbierten Energiedosen lassen sich in der Praxis nicht durch die winzige Energieerhöhung messen, die sie im bestrahlten Medium hervorrufen (Aufgabe 2). Man bestimmt sie deshalb z.B. aus der Schwärzung von Filmpaketten oder der Entladung von Elektroskopen, also über die Ionisation der Luft. Solche Geräte müssen strahlengefährdete Personen bei sich tragen. Aus diesen Dosismessern schließt man auf die Energiedosis D und berechnet daraus die Äquivalentdosis $H = Q D$ unter der Voraussetzung, daß man die Strahlenart kennt. Dabei ist es gleichgültig, ob intensive Strahlung innerhalb weniger Sekunden oder schwache Strahlung derselben Art über Stunden hinweg verabreicht wird.

d) Die soeben angesprochene zeitliche Verteilung einer Dosis wird durch die **Äquivalentdosisleistung** $\dot{H} = \Delta H / \Delta t$ bestimmt. ΔH ist die in der Zeit Δt absorbierte Äquivalentdosis.

Versuch 561: Mit Hilfe eines Dosisleistungsmessers für γ-Strahlung messen wir die Äquivalentdosisleistung von γ-Schulpräparaten. Die stärksten, das 3,7 MBq Co-60- und das 3,7 MBq Cs-137-Präparat erzeugen in 0,5 m Abstand 5,2 µSv h^{-1} bzw. 1,2 µSv h^{-1} (Bq = Becquerel; siehe Seite 524). Dosisleistungsmesser enthalten meist Zählrohre, denn deren Zählrate ist ein Maß für $\Delta H / \Delta t$. Ältere Dosisleistungsmesser zeigen $\Delta H / \Delta t$ in Rem pro Stunde (rem h^{-1}) an. Es ist **1 rem h^{-1} = 0,01 Sv h^{-1}**.

e) Die Bestrahlung eines Menschen führt fast immer zu einer gleichzeitigen Bestrahlung mehrerer Gewebe bzw. Organe. Diese sind jedoch nicht alle im gleichen Maß strahlengefährdet. Daher bewertet man den gesamten möglichen Schaden hinsichtlich der krebsauslösenden und genetischen Schäden (Seite 529) bei *schwachen* Ganzkörperbestrahlungen durch die **effektive Äquivalentdosis**. Sie ist die Summe aus den einzelnen Äquivalentdosen, die einzelne Gewebe

4. Die Strahlenbelastung des Menschen

a) Jeder Mensch ist einer natürlichen Strahlenbelastung ausgesetzt, die aus drei Komponenten besteht:

— Die **terrestrische Strahlung** ($\approx 20\%$) stammt aus radioaktiven Stoffen (z.B. U-238, Ra-226, K-40), die in der Erde seit jeher fein verteilt sind. Die Strahlung schwankt in ihrer Intensität je nach Zusammensetzung des Bodens.

— Die **kosmische Strahlung** ($\approx 15\%$) kommt aus dem Weltraum. Sie nimmt mit der Höhe zu und ist bei Bergtouren oder im Flugzeug verstärkt wirksam.

— Die **Eigenstrahlung des Körpers** ($\approx 65\%$) rührt von radioaktiven Nukliden im Körper her (K-40, Ra-226, Rn-222). Die stärkste Belastung erzeugt das gasförmige Radon Rn-222. Es entsteht beim Zerfall von Ra-226, das fein verteilt überall in unterschiedlicher Konzentration im Mauerwerk vorhanden ist. Aus Wänden und Böden diffundiert der α-Strahler Rn-222 in die Räume und wird vom Menschen eingeatmet (Versuch 563, Seite 538).

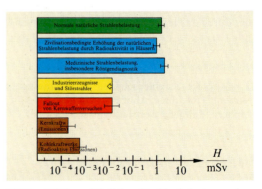

528.1 Mittlere jährliche Strahlenbelastung eines Menschen in der Bundesrepublik Deutschland. Aufgetragen ist die effektive Äquivalentdosis.

Bild 528.1 zeigt die mittlere jährliche Strahlenbelastung eines Menschen in der Bundesrepublik Deutschland. Man beachte in dem Diagramm den logarithmischen Maßstab. Die drei Komponenten der natürlichen Strahlenbelastung sind nicht ausdrücklich aufgeführt. Vielmehr ist die natürliche Strahlenbelastung in zwei Anteile aufgespalten. Der zweite beträgt etwa 30–45% der gesamten natürlichen Strahlenbelastung und ist ausschließlich durch das Leben in Häusern bedingt.

b) Zusätzlich zu dieser natürlichen Strahlenbelastung, die im Jahr 1,5 – 2 mSv ausmacht, liefert die Medizin heute nochmals einen Anteil von ca. 1 mSv, am meisten durch Röntgendiagnostik, aber auch durch anderweitige Verwendung radioaktiver Isotope (Seite 526).

c) Die restlichen in *Bild 528.1* aufgeführten Strahlenbelastungen sind um mehr als einen Faktor 100 geringer, so z.B. die Belastung durch Kohle- und Kernkraftwerke.

> **Ein Mensch ist im Jahr durchschnittlich einer Strahlenbelastung von 2,5 bis 3 mSv an effektiver Äquivalentdosis ausgesetzt.**

5. Welche Schäden können im Körper auftreten?

a) Sofortschäden bei höherer Dosis: Eine kurzzeitige Ganzkörperbestrahlung von über 7 Sv führt fast immer nach wenigen Tagen zum Tod. Andere Sofortschäden (Appetitlosigkeit, Haarausfall, Übelkeit) treten oberhalb eines Schwellenwerts auf, der je nach Gewebe und Zeitdauer der Bestrahlung bei 0,25 – 1 Sv liegt. Unterhalb dieser Grenze sind Sofortschäden nicht festzustellen; darüber nimmt die Schwere des Schadens mit steigender Dosis zu. Gefährdet sind Gewebe mit hoher Zellteilung, etwa das Knochenmark. – Wird ein menschlicher Embryo im Mutterleib einer intensiven Strahlenbelastung mit mehr als 0,2 Sv ausgesetzt, kann es zu Mißbildungen und Entwicklungsschäden kommen. Bei Röntgenuntersuchungen schwangerer Frauen ist daher Vorsicht geboten.

b) Stochastische Strahlenschäden (Leukämie, Krebs): Diese Schäden sind besonders heimtückisch. Sie treten sowohl nach einer einmaligen hohen Strahlendosis als auch nach einer längeren schwachen Strahlenbelastung auf. Als Spätschäden kommen sie oft erst nach Jahren oder Jahrzehnten zum Vorschein. So wurde in Japan das Maximum an Leukämieerkrankungen 10 Jahre nach den Atombombenabwürfen beobachtet. – Es ist unwahrscheinlich, daß es eine für alle Menschen gleiche Schwellendosis gibt, unterhalb der man vor solchen Späterkrankungen absolut sicher ist. Doch besitzt der Körper zahlreiche Abwehrmechanismen – auch gegen die sehr häufig spontan auftretenden Krebszellen. Man beachte: Das Risiko, also die Wahrscheinlichkeit an Krebs bzw. Leukämie zu erkranken – nicht die Stärke einer möglichen Erkrankung – steigt mit wachsender Dosis. Man spricht deshalb von **stochastischen Schäden**.

Das Krebsrisiko von Kollektiven, die starken Strahlenbelastungen ausgesetzt sind, wurde untersucht (z.B. Uranbergarbeiter, Atombombenüberlebende in Japan). Daraus vermutet man heute, daß die natürliche Strahlenbelastung von 1,5 – 2 mSv im Jahr etwa 1% der Krebsfälle verursacht. Dieses und das weitere Strahlenkrebsrisiko der in *Bild 528.1* angegebenen Strahlenbelastungen zeigt *Bild 530.2*.

c) Genetische Strahlenschäden: Bisher besprachen wir nur die Schäden, die bei den bestrahlten Personen selbst auftreten, zusammenfassend auch **somatische Schäden** genannt. Genetische Strahlenschäden dagegen wirken sich erst bei den Nachkommen aus. Sie rühren von Mutationen her, die in den Keimzellen der Gonaden ausgelöst worden sind und *treten ebenfalls stochastisch auf*. Oft stirbt die betroffene Zelle ab, ehe sich daraus ein neues Lebewesen bildet.

Die rezessiven Genmutationen wirken sich bei den Nachkommen nur dann aus, wenn von beiden Elternteilen jeweils die gleiche Genveränderung zusammentrifft. Das ist äußerst selten. Genetische Schäden hat man mit Sicherheit bis heute nur in Tierversuchen mit hohen Strahlenbelastungen nachgewiesen, nicht dagegen bei Menschen, wie den 20 000 Kindern, deren Eltern in Japan hohen Dosen ausgesetzt waren.

Man kann das genetische Risiko durch Vergleich mit der spontanen Mutationsrate abschätzen. Diese beträgt bei 1000 männlichen Keimzellen etwa 140 Mutationen. Eine Verdopplung dieser Rate durch Strahlung erfolgt nach heutiger Erkenntnis bei einer Gesamtdosis zwischen 0,5–2 Sv. Zum Vergleich: Innerhalb von 30 Jahren erhält ein Mensch nach *Bild 528.1* bei normaler Belastung im Mittel eine Gesamtdosis von 30,3 mSv. Das genetische Schadensrisiko liegt also wohl deutlich unter dem Krebsrisiko. Trotzdem haben wir gerade

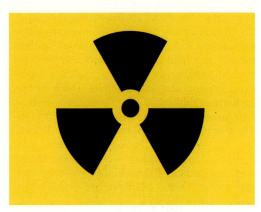

530.1 Strahlenwarnzeichen; es muß überall dort, wo radioaktive Stoffe gelagert sind oder wo radioaktive Strahlen auftreten können, angebracht sein.

— Man entferne sich weit von einer Strahlenquelle. Die Intensität einer Strahlung nimmt nämlich mit $1/r^2$ ab (r: Abstand Quelle-Meßpunkt), es sei denn, sie wird vorher absorbiert.
— Bei Versuchen mit radioaktiven Stoffen strebe man eine kurze Arbeitszeit an; denn je kürzer diese ist, um so geringer ist auch die Dosis.
— Dicke Materieschichten schirmen radioaktive Strahlung ab. Das beste Schutzmaterial ist Blei, für Neutronen Wasser.
— Radioaktive Stoffe dürfen nicht in den Körper gelangen. Beim Umgang mit ihnen sind Essen, Trinken und Rauchen verboten.

bezüglich der genetischen Schäden den nachfolgenden Generationen gegenüber eine große Verantwortung. *Man sollte jede Strahlenbelastung so gering wie irgend möglich halten und die Strahlenschutzbestimmungen beachten.*

Gesetzliche Strahlenschutzvorschriften regeln streng den Umgang mit radioaktiven Stoffen und Röntgengeräten. *Sie wollen erreichen, daß die zusätzliche Belastung der Bevölkerung unter der Schwankungsbreite der Strahlenbelastung liegt, welcher der Mensch schon immer in der Natur ausgesetzt war.* Dadurch wird das biologische Gleichgewicht innerhalb der Natur nicht gestört. So darf die maximale jährliche Belastung außerhalb des Zauns einer kerntechnischen Anlage auch unter ungünstigen Bedingungen 0,3 mSv nicht überschreiten. Überall, wo radioaktive Strahlen auftreten können, muß das *Strahlenwarnzeichen* angebracht sein.

Für nichtstochastische Schäden existiert eine Schwellendosis, nicht aber für stochastische Strahlenschäden. Zu den letzteren zählen Krebs, Leukämie und genetische Schäden.

Personen, die beruflich mit Röntgengeräten oder radioaktiven Stoffen umgehen, werden laufend medizinisch überwacht. Sie müssen in ihrer Arbeitszeit Meßgeräte, sogenannte *Dosimeter*, an ihrer Kleidung mit sich tragen, die die Strahlenbelastung registrieren.

6. Strahlenschutz

Die Grundregeln des Strahlenschutzes, die als Ziel eine möglichst geringe Strahlenbelastung des Menschen haben, lauten:

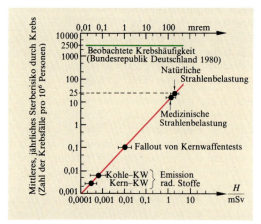

530.2 Strahlenkrebsrisiko, summiert über alle Krebsarten im Vergleich zur beobachteten Krebshäufigkeit (H: effektive Äquivalentdosis).

Aufgaben

1. *An einem Arbeitsplatz wird eine Energiedosisleistung von $2 \cdot 10^{-5}$ Gy h^{-1} gemessen, hervorgerufen von langsamen Neutronen ($Q=2,3$). Wie groß ist die Äquivalentdosisleistung? Wie viele Stunden einer Arbeitswoche darf man sich dort aufhalten, wenn die wöchentliche Äquivalentdosis auf 1 mSv begrenzt ist?*

2. *Welche Energie absorbiert ein Mensch von 75 kg bei einem Strahlenunfall, bei dem er eine lebensbedrohliche Dosis von 4 Gy empfängt? Um wieviel Grad erhöht sich die Temperatur des Menschen? Aus welcher Höhe müßte ein Körper der Masse 75 kg frei fallen, um eine ebenso große kinetische Energie zu erhalten?*

3. *Warum unterscheidet man zwischen Äquivalentdosis und effektiver Äquivalentdosis? Warum sind in Bild 528.1 und 530.2 immer die effektiven Dosen angegeben?*

Kernbau und Kernenergie

§195 Der Atomkern

1. So klein und doch entdeckt

Um 1900 waren die Physiker allmählich vom atomaren Aufbau der Materie überzeugt. Sir *Joseph Thomson* vermutete, die positive Atomladung (und damit auch die Masse des Atoms) sei gleichmäßig über das Volumen des ganzen Atoms verteilt und die leichten Elektronen seien in diese verschmierte Plusladung wie Rosinen in einen Teig eingebettet. *Ernest Rutherford* (1871–1937) wollte dieses Atommodell um 1911 überprüfen und beschoß dazu eine sehr dünne Goldfolie mit einem Strahl von α-Teilchen. Er untersuchte, unter welchen Winkeln die α-Teilchen gegen die Einfallsrichtung gestreut werden *(Bild 531.1)*.

Versuch 562: In einer evakuierbaren Kammer befindet sich hinter einer Schlitzblende eine sehr dünne Goldfolie. Als α-Strahler benutzen wir das bekannte Am-241. Hinter der Goldfolie ist zum Nachweis der Streustrahlung ein Zähler angebracht, der die α-Teilchen registriert. Präparat und Goldfolie können gegenüber dem feststehenden Zähler geschwenkt werden. Der Schwenkwinkel kann abgelesen werden. Der Zähler ist über einen Vorverstärker mit unserer üblichen Zählapparatur verbunden. Nachdem wir die Kammer evakuiert haben, messen wir für verschiedene Winkel die zugehörige Zählrate. In *Bild 531.2a* ist die Zahl der registrierten α-Teilchen $N(\vartheta)$ bis zu einem Streuwinkel $\vartheta = 30°$ wiedergegeben. Wegen der schwachen Streustrahlung vor allem für größere Winkel müssen wir, um den statistischen Fehler klein zu halten, sehr lange messen; im Extremfall bis zu 3 Stunden.

Rutherford erwartete, daß die α-Teilchen durch die Atome (und damit durch die Folie) hindurchfliegen und kaum aus ihrer Richtung abgelenkt würden. Sie sollten nämlich die leichten Elektronen nur etwas zur Seite schieben und durch das elektrische Feld der im Atom auf einen Raum vom Durchmesser 10^{-9} m fein verteilten positiven Ladung nur wenig beeinflußt werden. Das Experiment aber ergab ein gänzlich anderes Resultat *(Bild 531.2a)*. Zwar durchsetzten die meisten α-Teilchen die Folie geradlinig, jedoch wurden bei allen Winkeln gestreute α-Teilchen beobachtet.

Rutherford konnte das Versuchsergebnis nur so erklären: Die gesamte positive Ladung und damit die Masse des Atoms ist in einem Atomkern mit dem Durchmesser von weniger als $3 \cdot 10^{-14}$ m konzentriert (dieser ist also etwa $\frac{1}{100000}$ von dem des Atoms). Der größte Teil des Atoms ist somit leer und nur von Elektronen erfüllt. *Erst in nächster Nähe eines solch kleinen positiv geladenen Kerns wird die elektrische Abstoßung eines α-Teilchens so groß, daß es die beobachtbare Ablenkung erfährt.* Die Elektronen mit ihrer 7300mal kleineren Masse können die Bahn der α-Teilchen fast nicht beeinflussen.

> **Aus der Streuung von α-Teilchen an dünnen Folien konnte *Rutherford* folgern, daß Masse und positive Ladung eines Atoms im Atomkern konzentriert sind, dessen Durchmesser rund $\frac{1}{100000}$ des Atomdurchmessers ist.**

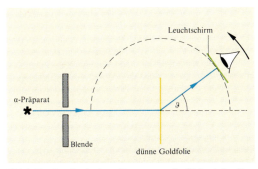

531.1 Rutherfordscher Streuversuch (Prinzip); *Rutherford* verwendete zum Nachweis einen Leuchtschirm, da das Zählrohr noch nicht erfunden war.

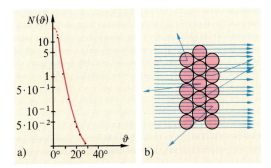

531.2 a) Ergebnis des Rutherfordschen Streuversuchs; b) ein α-Teilchen wird höchstens an einem Kern gestreut.

2. Weiteres über den Kern

a) Kernkraft: Heutzutage kann man mit Beschleunigern α-Teilchen sehr hoher Energie erzeugen. Führt man damit Streuexperimente an Gold durch, so treten ab $W_{kin} \approx 24$ MeV im Experiment Abweichungen von den oben skizzierten, ausschließlich auf die Gesetze der klassischen Physik zurückgeführten theoretischen Ergebnissen auf. α-Teilchen dieser Energie kommen nämlich dem Kern so nahe, daß sie sogar von ihm eingefangen werden. Das heißt aber, es muß eine neue Kraft vorliegen, die stärker ist als die abstoßende Kraft gleichnamiger elektrischer Ladungen. Man nennt sie **Kernkraft**. Sie hat folgende Eigenschaften:

— Sie ist *anziehend* und tritt nur zwischen *Nukleonen* auf (nicht z.B. zwischen einem Elektron und einem Nukleon).

— Sie ist *ladungsunabhängig*; d.h. sie wirkt zwischen Protonen und Neutronen genauso wie zwischen zwei Protonen oder zwei Neutronen.

— Sie ist zwischen benachbarten Protonen viel stärker als die *elektrische Abstoßung*. Die Protonen im Kern werden gegen die abstoßende Kraft durch die Kernkraft zusammengehalten.

— Sie ist *kurzreichweitig*; d.h. sie wirkt zwischen zwei Nukleonen nur, wenn deren Abstand kleiner als ca. $2 \cdot 10^{-15}$ m ist. Die elektrische Abstoßung ist langreichweitig. Im Kern wird daher jedes Proton von allen übrigen abgestoßen; dagegen üben nur die nächstgelegenen Nukleonen anziehende Kräfte auf das Proton aus *(Bild 532.1)*.

b) Der Kernradius: Genausowenig wie das Elektron ist der Atomkern eine starre Kugel. Kernmaterie hat keinen scharfen Rand. Sie ist aber sicherlich dort nicht mehr zu entdecken, wo keine Kernkräfte mehr wirken. — Aus der Energie $W = 24$ MeV der α-Teilchen, die gerade ausreicht, die Teilchen gegen die elektrische Abstoßungskraft in den Bereich der Kernkräfte des Goldkerns zu bringen, folgt für den Kernradius von Goldkernen: $R_{K, Gold} = 7,6 \cdot 10^{-15}$ m. Zahlreiche Streuexperimente an Kernen verschiedener Nuklide ergaben, daß R_K nur von der Massenzahl A abhängt, d.h. von der Zahl der Kernbausteine. Für Kernradien gilt in guter Näherung:

$$R_K = r_0 A^{1/3} \qquad (532.1)$$

mit $r_0 = (1,3 \pm 0,1) \cdot 10^{-15}$ m.

532.1 Jedes Proton im Atomkern wird von allen anderen Protonen abgestoßen. Dagegen üben nur die nächstgelegenen Nukleonen anziehende Kräfte aus.

c) Dichte der Kernmaterie: Der Kern hat das Volumen — Kugelform vorausgesetzt — von $V_K = \frac{4}{3} \pi R_K^3$. Mit *Gl. 532.1* folgt also: $V_K \sim A$. Andererseits ist die Masse m_K des Kerns: $m_K \approx (m_p Z + m_n N)$. In guter Näherung gilt $m_p \approx m_n = 1,67 \cdot 10^{-27}$ kg (Seite 568) und somit $m_K \approx 1,67 \cdot 10^{-27}$ kg $\cdot (Z + N)$. Also ist auch $m_K \sim A$. Für die Dichte der Kernmaterie folgt

$$\varrho_K = \frac{m_K}{V_K} = \frac{1,67 \cdot 10^{-27} \text{ kg } A}{\frac{4}{3} \pi (1,3 \cdot 10^{-15} \text{ m})^3 A}$$

$$= 1,8 \cdot 10^{17} \text{ kg m}^{-3} = 180000 \text{ t mm}^{-3}.$$

An diesem Ergebnis überrascht zweierlei:

— Einmal die Größe des Zahlenwertes. Ein Würfel Kernmaterie von 1 mm Seitenlänge hätte dieselbe Masse wie ca. 150000 PKW!

— Zum anderen: In erster Näherung (sieht man von dem Unterschied zwischen m_p und m_n ab) sind *die Kerne alle gleich dicht gepackt*. Kernmaterie ist nicht komprimierbar.

Letzteres bestätigt die kleine Reichweite der Kernkräfte. Die Kernbestandteile lagern sich wie Wassermoleküle in einem Tröpfchen aneinander; auch bei Wassertröpfchen wirken die Molekularkräfte nur zwischen den nächsten Nachbarn.

Aufgaben

1. *Eine Goldfolie ($\varrho_{Gold} = 19,3$ g cm^{-3}) der Fläche 0,7 cm^2 hat die Dicke $6,5 \cdot 10^{-7}$ m.* **a)** *Berechnen Sie die Anzahl N der in der Folie enthaltenen Goldatome!* **b)** *Bestimmen Sie die Gesamtquerschnittsfläche aller Goldkerne der Folie!* **c)** *Begründen Sie, warum ein α-Teilchen bei einem Streuexperiment nach Bild 531.1 in dieser Folie i. allg. höchstens einmal gestreut wird!*

2. a) *Warum muß man bei Rutherfordschen Streuversuchen dünne Folien verwenden?* **b)** *Müßte man in einer Nebelkammer nicht auch Rutherfordstreuung mit größeren Ablenkwinkeln ϑ beobachten? Geben Sie Gründe an, warum dies sehr unwahrscheinlich ist!*

§ 196 Die Nuklidkarte

Die physikalischen Eigenschaften eines Atomkerns hängen sowohl von der Protonenzahl Z als auch von der Neutronenzahl N ab. Deshalb ordnet man die Nuklide mit Hilfe eines Koordinatensystems (*Bild 533.1*). Auf der horizontalen Achse trägt man die Neutronenzahl N, auf der vertikalen die Protonenzahl Z eines Kerns auf. In den Gitterpunkten ist das betreffende Nuklid mit seinen wichtigsten Eigenschaften aufgezeichnet. So entsteht die **Nuklidkarte**, *das Ordnungsschema der Kernphysik.* Seite 578 zeigt einen Ausschnitt davon:

— Alle **Isotope** eines chemischen Elements — das sind Nuklide mit gleichem Z, aber verschiedenem N — liegen auf einer Zeile, an deren linken Rand die Protonenzahl Z angeschrieben ist. Jedes Nuklid wird durch das chemische Symbol des Elements und die Massenzahl $A = N + Z$ gekennzeichnet (Beispiel: U-235; $Z = 92$). Die Neutronenzahl N steht am unteren Ende der betreffenden Spalte (bei U-235 ist $N = 143$).

— Die Nuklide sind durch verschiedene Farben gekennzeichnet. *Schwarz* unterlegt sind die *stabilen* Nuklide, die nicht radioaktiv sind (Beispiel: Bi-209). Die Zahl in den schwarzen Kästen gibt an, mit welchem Prozentanteil das betreffende Nuklid in natürlichen Vorkommen auftritt (Beispiel: C-12 zu 98,89%, C-13 zu 1,11%).

— Die **stabilen Nuklide** erstrecken sich in der Nuklidkarte von links unten nach rechts oben (*Bild 533.1*). Bei den leichteren ist in den meisten Fällen die Neutronenzahl N gleich der Protonenzahl Z, sie liegen also auf der Winkelhalbierenden der Achsen. Die Neutronenzahl N überwiegt eindeutig bei den schweren Nukliden. Dadurch vergrößert sich nämlich der Abstand zwischen den Protonen, ihre elektrostatische Abstoßung wird durch zwischenliegende Neutronen „verdünnt". Kerne bleiben dann bis zu $Z = 92$ stabil.

— Die farbigen Kästen stellen **instabile Kerne** dar, die zerfallen und dabei radioaktive Strahlung aussenden (Seite 516). Die in diesen Kästchen angegebene Zeit ist die *Halbwertszeit*, mit der die Kerne zerfallen (Seite 523).

— Die *blau* unterlegten Nuklidkästchen liegen als Isotope rechts von den jeweils stabilen Nukliden mit der gleichen Protonenzahl, d.h. sie haben mehr Neutronen als die stabilen. Diese Nuklide bezeichnet man als **β⁻-Strahler** (Seite 539).

— Links von den stabilen Nukliden liegen *rot* gekennzeichnete Isotope. Sie besitzen weniger Neutronen als die stabilen. Es handelt sich um **β⁺-Strahler** (Seite 540).

— Die *gelb* unterlegten Kästchen findet man fast ausschließlich bei den schwereren Kernen. Es sind Nuklide, die **α-Strahlen** aussenden (Seite 538).

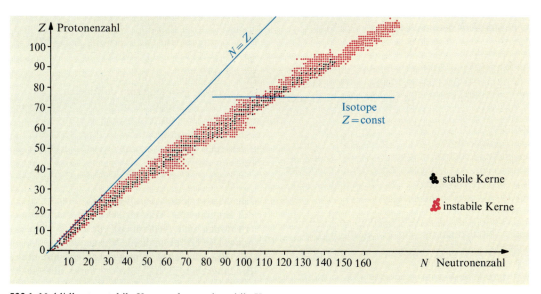

533.1 Nuklidkarte; stabile Kerne schwarz, instabile Kerne rot

§ 197 Kernbindungsenergie

1. Schon wieder fehlt etwas

Um ein Wasserstoffatom im Grundzustand in seine Bestandteile Proton und Elektron zu zerlegen, ist nach Seite 510 eine Energie von 13,6 eV nötig. Man sagt daher auch, die *Bindungsenergie des H-Atoms im Grundzustand ist 13,6 eV*. Völlig analog dazu nennt man die Energie, die nötig ist, um einen Atomkern in seine Einzelbestandteile zu zerlegen, die *Bindungsenergie W_B des Atomkerns*.

Ist es möglich, die Bindungsenergie eines Atomkerns anzugeben? Als Beispiel diene ein Heliumkern, d.h. ein α-Teilchen, das aus zwei Protonen und zwei Neutronen besteht. Die Massen von Proton und Neutron sind: $m_p = 1,0072765$ u bzw. $m_n = 1,0086650$ u (1 u = $1,66056 \cdot 10^{-27}$ kg). Summiert man die Massen von zwei Protonen und zwei Neutronen, so findet man: $2 m_p + 2 m_n = 4,0318830$ u. Die experimentell mit dem Massenspektrometer (Seite 349) bestimmte Masse des Heliumkerns beträgt dagegen nur $m_{He} = 4,0015061$ u. Es muß also beim Zusammenfügen der vier Einzelteilchen 2 p und 2 n zum Heliumkern He-4 ein *Massendefekt* Δm entstanden sein von

$$\Delta m = 2 m_p + 2 m_n - m_{He} = 0,0303769 \text{ u}.$$

Hier wollen wir ein berühmtes Ergebnis der Relativitätstheorie anwenden: Aus der relativistischen Masse m_{rel} *(Gl. 347.1)* eines Körpers erhält man seine Gesamtenergie $W = m_{rel} c^2$. Δm entspricht demnach einer Energie von

$$W_B = \Delta m \, c^2 = 28,3 \text{ MeV}.$$

Sie muß bei der Bildung eines α-Teilchens aus den freien Nukleonen frei werden. Die Energie des α-Teilchens ist somit um 28,3 MeV kleiner als die Energie seiner Einzelbestandteile. Nach dem Energieerhaltungssatz ist dann aber umgekehrt genau diese Energie von 28,3 MeV nötig, um das α-Teilchen in zwei Protonen und zwei Neutronen zu zerlegen. *Die Bindungsenergie W_B läßt sich also aus dem Massendefekt Δm mit $W_B = \Delta m \, c^2$ berechnen.*

Für einen beliebigen Atomkern aus Z Protonen und N Neutronen mit der Masse m_K ist Δm

$$\Delta m = Z m_p + N m_n - m_K > 0 \quad (534.1)$$

und damit die Bindungsenergie $W_B = \Delta m \, c^2$:

$$W_B = (Z m_p + N m_n - m_K) c^2 > 0. \quad (534.2)$$

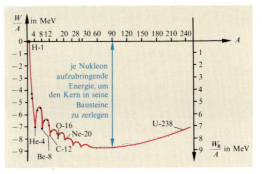

534.1 Zusammenhang zwischen der Energie je Nukleon (W/A) oder der Bindungsenergie je Nukleon (W_B/A) und der Nukleonenzahl A (bis $A = 30$ gespreizt!)

Der gesamte Energieinhalt W_{ges} eines Atomkerns ist $W_{ges} = m_K c^2$. Aus *Gl. 534.2* folgt

$$W_{ges} = m_K c^2 = (Z m_p + N m_n) c^2 - W_B. \quad (534.3)$$

W_{ges} ist um W_B kleiner als die Energie der Einzelbestandteile. Wir wählen das *Nullniveau der Energie W* so, daß es dem in seine Bestandteile zerlegten Kern entspricht. Dann hat der Kern die negative Energie $W = -W_B$. Beim Zerlegen in seine Bestandteile ($W = 0$) muß man ihm die Bindungsenergie W_B zuführen.

Da sich m_K sehr genau bestimmen läßt (Seite 349), kennt man W_B und damit W für alle Kerne. Von großer Bedeutung ist, um welchen Wert die Energie *eines einzelnen Nukleons im Mittel* abnimmt, wenn es in den Kern eingebaut wird. Diese mittlere Energie je Nukleon W/A bzw. die mittlere Bindungsenergie je Nukleon W_B/A ist in *Bild 534.1* als Funktion von A aufgetragen (für He-Kerne ist z.B. $W/A = -\frac{1}{4} \cdot 28,3$ MeV $= -7,07$ MeV).

W/A fällt zunächst mit zunehmendem A auf $-8,6$ MeV je Nukleon, um dann leicht bis etwa $-7,5$ MeV je Nukleon für große A-Werte anzusteigen. Um mittelschwere Kerne ($A \approx 60$) gegen ihre Bindungskräfte in ihre Bestandteile zu zerlegen, muß man am meisten Energie je Nukleon aufwenden.

> **Die Masse jedes Atomkerns ist kleiner als die Summe der Massen seiner Bestandteile (Protonen und Neutronen) vor der Vereinigung. Die Differenz heißt Massendefekt Δm. Die Energie jedes Atomkerns liegt um die Bindungsenergie $W_B = \Delta m \, c^2$ unter der Gesamtenergie all seiner freien Bestandteile.**

2. Was eine Kurve alles verraten kann

a) Wie *Bild 534.1* zeigt, ändert sich für $A > 30$ die Größe von W/A wenig mit A, es ist also annähernd $W \sim A$. Der Grund für diese doch etwas überraschende Tatsache liegt in der Natur der Kernkräfte. Sie sind kurzreichweitig (Seite 532) und im Kern nur zwischen benachbarten Nukleonen wirksam. Nimmt man dagegen an, daß jedes Nukleon eines Kerns mit jedem anderen in Wechselwirkung durch Kernkräfte steht, so gäbe es von jedem der A Nukleonen $(A-1)$ „Bindungen" zu anderen Nukleonen. Insgesamt existierten also $\frac{1}{2}A(A-1) = \frac{1}{2}(A^2 - A)$ „Bindungen" im Kern. Die Energie W müßte mit A^2 und W/A demzufolge mit A abfallen. Dem ist jedoch nicht so.

b) Nach *Bild 534.1* ist die Größe der Bindungsenergie W_B eines Atomkerns im Mittel etwa $8\,\text{MeV} \cdot A$ und damit ein Millionenfaches der Bindungsenergien von Elektronen in der Atomhülle. Wie wir bereits auf Seite 495 sahen, sind die bei Veränderungen im Atomkern freiwerdenden Energien viel größer als diejenigen, die bei einer Veränderung in der Atomhülle auftreten. Die die Energie aus dem Atomkern „hinaustransportierende" Strahlung (α-, β-, γ-Strahlung) ist deshalb fast durchweg viel energiereicher als die Strahlung aus der Atomhülle (Licht, Röntgenstrahlen).

c) Der Verlauf der Kurve in *Bild 534.1* liefert insbesondere die Grundlage für das Verständnis der Energiegewinnung aus zwei wichtigen Kernumwandlungen: Da nämlich W/A für $A \approx 60$ ein Minimum hat, läßt sich sowohl durch Spaltung schwerer Kerne (*Kernspaltung*) als auch durch Verschmelzung leichter Kerne (*Kernfusion*) Energie gewinnen. Am Beispiel der Kernspaltung sei dies kurz in einem stark vereinfachten Beispiel erläutert.

Beispiel: Ein Kern K mit A Nukleonen spalte sich in zwei identische Kerne K_1 mit $B = \frac{1}{2}A$. $\bar{W}$ sei die Energie, die bei diesem Prozeß frei werden kann ($\bar{W} < 0$) oder aufgebracht werden muß ($\bar{W} > 0$), damit der Prozeß überhaupt energetisch möglich ist. Ist m_K bzw. m_{K_1} die Masse der Kerne und W_K bzw. W_{K_1} deren Energieinhalt, so wird:

$$\bar{W} = 2m_{K_1}c^2 - m_K c^2 = 2W_{K_1} - W_K$$

oder mit $B = \frac{1}{2}A$

$$\frac{\bar{W}}{A} = \frac{W_{K_1}}{B} - \frac{W_K}{A}.$$

$\bar{W}/A$ und damit $\bar{W}$ ist also negativ, wenn die mittlere Energie pro Nukleon W_{K_1}/B des Spaltprodukts K_1 kleiner ist als die mittlere Energie pro Nukleon W_K/A des Ausgangskernes A. (Beispiel: $W_{K_1}/B = -8{,}5\,\text{MeV/Nukleon}$; $W_K/A = -7{,}5\,\text{MeV/Nukleon}$.) Aus energetischen Gründen ist deshalb nach *Bild 534.1* eine Spaltung *schwerer Kerne* möglich. Darüber, ob ein Kern sich tatsächlich spaltet, sagen diese Überlegungen nichts aus. Sie sind nur eine notwendige Bedingung. Niemand würde sich etwa Gold kaufen ($A = 195$), wenn er wüßte, daß es sich bald in Eisen ($A = 56$) und andere Elemente aufspaltete. Es muß also noch andere Parameter geben, die eine Kernspaltung beeinflussen. Auf Seite 544 werden wir darauf zurückkommen. Soviel läßt sich aber schon hier sagen: Spaltet sich ein schwerer Kern, wird viel Energie frei, nämlich etwa 1 MeV pro Nukleon und damit bei Kernen mit $A = 200$ etwa 200 MeV.

Nach diesen Überlegungen leuchtet es aufgrund des Verlaufs der Kurve in *Bild 534.1* ein, daß bei der *Fusion von leichten Kernen* noch mehr Energie frei werden kann (Aufgabe 4).

> **Die mittelschweren Kerne haben die kleinste Energie W/A pro Nukleon.**
>
> **Durch die Kernspaltung schwerer Kerne und die Kernfusion leichter Kerne wird relativ viel Energie freigesetzt.**
>
> **Ursache dafür ist die unterschiedliche Energie pro Nukleon W/A bei leichten, mittelschweren und schweren Kernen.**

Aufgaben
(Nuklidmassen finden Sie auf Seite 568)

1. Experimentell bestimmt man mit dem Massenspektrometer die Ionenmassen (Seite 349). Wie erhält man daraus die Kernmassen?

2. a) Bestätigen Sie durch Nachrechnen: $1\,\text{u} = 1{,}66056 \cdot 10^{-27}\,\text{kg} = 931{,}502\,\text{MeV} \cdot c^{-2}$! b) Bestimmen Sie die Bindungsenergie W_B und W_B/A für folgende Nuklide: H-2, O-16, Ni-60, U-235!

3. Die Kurve für die Energie W/A in Bild 534.1 steigt schließlich leicht mit zunehmendem A. Versuchen Sie unter Verwendung der im Kern wirksamen Kräfte dafür eine Erklärung zu finden!

4. Zeigen Sie mit einer analogen Überlegung zu der Kernspaltung auf dieser Seite, daß bei der Kernfusion zweier Kerne Energie freigesetzt wird, wenn die Energie pro Nukleon des Endkerns kleiner ist als die Energie pro Nukleon der Einzelkerne!

§198 Ein Kernmodell

1. Der Atomkern als Potentialtopf

Warum hat die Nuklidkarte die in *Bild 533.1* gezeigte Struktur, d.h. warum gibt es gerade die dort eingezeichneten Kerne? Da ihre Bausteine Proton und Neutron Quantenobjekte sind, müssen wir die Frage unter Verwendung eines Kernmodells beantworten, das die Gesetze der Quantenphysik berücksichtigt.

Auf Seite 505 haben wir das Wasserstoffatom und dessen Spektrum verstehen gelernt. Die *diskreten Energieniveaus* sind eine Folge davon, daß das Elektron durch das Coulombfeld des Kerns in einen bestimmten Bereich eingesperrt ist. Aufbauend auf diesen Erkenntnissen kann man das Periodensystem der Elemente mit Hilfe des *Pauliprinzips* entwickeln. — Es liegt nahe, die gesamten Überlegungen auf den Atomkern zu übertragen. Doch durch welche ortsabhängigen Kräfte ist ein Proton oder ein Neutron im Kern eingesperrt? Lassen wir zunächst die Coulombabstoßung außer acht und suchen nach einem Verlauf, der den **Kernkräften** gerecht wird. Außerhalb des Kerns muß er konstant sein, da dort keine Kernkräfte wirksam sind. Am Kernrand wird er infolge des scharf definierten Kernradius (Seite 532) steil abfallen. Und innerhalb des Kerns? In der Kernmitte kann man sich von der Vorstellung leiten lassen, daß ein Nukleon von allen Seiten die gleiche Kraft erfährt. So bietet es sich an, als einfachsten Verlauf für die Kernkräfte das Rechteck von *Bild 536.1* anzunehmen — aufgetragen ist aber wie üblich nicht die Ortsabhängigkeit der Kraft, sondern die der Energie. Es ist $W(r) = -W_0$ für $r < R_0$ und sonst $W(r) = 0$; R_0 ist der Kernradius, W_0 die Tiefe des **Potentialtopfes**.

Wie sich jedes Elektron der Atomhülle im Coulombfeld des Kerns bewegt, soll sich entsprechend jedes Nukleon *frei* in diesem Potentialtopf — als pauschale Beschreibung für den Einfluß aller übrigen Nukleonen — bewegen. Es darf auch innerhalb dieses Potentialtopfes weder Energie noch Impuls durch Stöße mit anderen Nukleonen verlieren. Später werden wir sehen, daß allein das Pauliprinzip diese „freche" Annahme rechtfertigt. Der Kernrand ist für ein Nukleon undurchdringlich, denn es ist im Kern gebunden und hat i.a. nicht genügend Energie, ihn zu verlassen. — *Als Modell eines Atomkerns haben wir somit nichts anderes als einen Potentialtopf, in dem sich die Nukleonen völlig unabhängig voneinander frei bewegen können.* (Daß der Boden des Topfes bei $-W_0$ und nicht bei 0 liegt, spielt wegen der Willkür des Energienullpunkts keine Rolle; wie üblich haben wir nämlich die Energie für große Werte von r gleich Null gesetzt.)

2. Warum sind Protonen in der Minderheit?

In der Atomhülle können Elektronen wegen der Beschränkung der Aufenthaltswahrscheinlichkeit auf einen bestimmten Raumbereich nur ganz bestimmte Energiezustände einnehmen (Seite 500). Ebenso nehmen auch *Nukleonen in einem Potentialtopf nur bestimmte diskrete Energiezustände ein*. Man hat zudem festgestellt, daß sowohl für Neutronen als auch für Protonen je für sich das *Pauliprinzip* gilt. Wären die Protonen ungeladen, so könnte man also jedes Niveau mit zwei Protonen und zwei Neutronen besetzen. Da aber zwischen den Protonen auch noch die Coulombkraft wirkt, muß man jeder Teilchensorte einen eigenen Potentialtopf zuordnen. Die Töpfe sind in *Bild 537.1* symbolisch nebeneinander gezeichnet. Die Coulombabstoßung der Protonen innerhalb des Kerns führt zu einer geringeren mittleren Bindungsenergie der Protonen, d.h. die Energieniveaus der Protonen liegen höher. Der Protonentopf besitzt folglich eine geringere Tiefe als der Neutronentopf. Deshalb gibt es i.a. mehr Neutronen als Protonen im Kern.

In *Bild 537.1* ist für die Protonen der Potentialverlauf auch außerhalb des Kerns mit eingezeichnet. Man benötigt nämlich Energie, um dem Kern von außen ein Proton zu nähern, da die Coulombabstoßung zu überwinden ist. Man sagt, der Kern sei für positiv geladene Teilchen von einem *Coulombwall* umgeben. Für den Potentialverlauf außerhalb des Kerns gilt $W \sim 1/r$; d.h., der Coulombwall steigt mit $1/r$ (wenn r der Abstand vom Kernmittelpunkt ist) bis zu der Stelle, an der die Kernkräfte einsetzen.

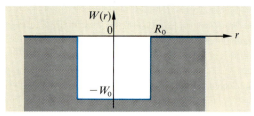

536.1 Einfachste Annahme für einen mittleren Energieverlauf $W(r)$. R_0: Kernradius

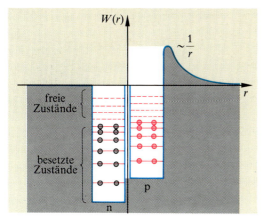

537.1 Potentialtopf für Protonen (p) und Neutronen (n). Der Protonentopf ist infolge der Coulombabstoßung der Protonen untereinander energetisch angehoben.

Bei stabilen Kernen sind die beiden Potentialtöpfe etwa bis zum gleichen Niveau gefüllt. Wäre das nicht der Fall, so könnte sich ein Neutron unter Energieabgabe in ein Proton (oder umgekehrt) verwandeln (β-Zerfall Seite 539). Stabile Kerne mit beliebiger Neutronen- und Protonenzahl treten daher in der Natur nicht auf. Infolge der Coulombabstoßung haben allerdings stabile schwere Kerne viel weniger Protonen als Neutronen. Bei stabilen leichten Kernen, wo die Coulombabstoßung keine wesentliche Rolle spielt, sind die beiden Potentialtöpfe nahezu gleich tief, deshalb ist dort auch $N \approx Z$. Diese Nuklide liegen auf der blauen Geraden $N = Z$ in *Bild 533.1*.

Betrachten wir einen stabilen Kern im Grundzustand, so sind die untersten Niveaus sowohl im Protonen- als auch im Neutronentopf besetzt. Ein einzelnes Nukleon kann daher nicht in besetzte tiefere oder höhere Niveaus absinken bzw. aufsteigen. Es behält seine Energie bei und kann sich im ganzen Kern so verhalten, als ob die anderen Nukleonen nicht einzeln (etwa als Stoßpartner) vorhanden seien. Das Pauliprinzip gibt also jedem Nukleon — wie vorher bereits angenommen — paradoxerweise eine gewisse Unabhängigkeit gegenüber den anderen.

Z	N	Typ	Zahl m
g	g	(gg)	162
g	u	(gu)	56
u	g	(ug)	52
u	u	(uu)	6

Tabelle 537.1 Zahl m der stabilen Kerne; g: gerade, u: ungerade

> **Protonen und Neutronen befinden sich in getrennten Potentialtöpfen. Damit wird z.B. verständlich, daß Nukleonen im Kern nur diskrete Energiezustände einnehmen können.**

3. Paarweise lebt es sich besser

Will man einem Kern das oberste Proton bzw. Neutron entreißen, so benötigt man Energie, die man **Separationsenergie** nennt. Sie entspricht der Ionisierungsenergie für die Atomhülle und ist nicht identisch mit der auf Seite 534 angeführten mittleren Bindungsenergie pro Nukleon W_B/A. Z.B. ist die Separationsenergie $S_n(Z, N)$ für die Abspaltung des obersten Neutrons aus einem Kern mit Z Protonen und N Neutronen (m_n: Neutronenmasse)

$$S_n(Z, N) = [m(Z, N-1) + m_n - m(Z, N)] c^2.$$

Berechnet man die Separationsenergien aus den Massetafeln für verschiedene Kerne (Seite 568), so findet man Werte, die von wenigen MeV bis zu etwa 20 MeV variieren. Es fällt auf, daß S_n bei Kernen mit gerader Neutronenzahl stets wesentlich größer als bei ungerader Neutronenzahl ist. Entsprechendes gilt für die Protonenseparationsenergien. Ist die Neutronenzahl gerade, so sitzen auf jedem Niveau genau zwei Neutronen. Dasselbe gilt für Protonen. Es ist also ungleich schwieriger, aus einem Paar Protonen oder Neutronen am obersten Niveau eines herauszubrechen, als ein einzelnes, dort alleinsitzendes Nukleon aus dem Kern herauszulösen. Offenbar erreichen also Neutronen bzw. Protonen einen energetisch günstigen Zustand, wenn sie paarweise ein Niveau besetzen. Man spricht vom **Paarungseffekt**. — Wegen dieses Effektes sind Nuklide besonders stabil, die sowohl eine gerade Zahl von Protonen als auch gleichzeitig eine gerade Anzahl von Neutronen aufweisen. Man nennt sie **gg-Kerne**. Nach *Tabelle 537.1* gibt es mehr stabile gg-Kerne als gu-, ug- oder gar uu-Kerne. So entfallen auf die gg-Kerne $^{16}_{8}O$ und $^{28}_{14}Si$ fast 75% der Erdkruste.

Sieht man vom Paarungseffekt ab und trägt die Separationsenergie für ein Neutron oder Proton für verschiedene Kerne über der Nukleonenzahl auf, so erhält man eine verhältnismäßig glatte Kurve. Diese hat aber charakteristische Sprünge, wenn Z oder N die Werte 2, 8, 20, 50, 82 und 126 annehmen. Diese **magischen Zahlen** lassen sich mit Hilfe des **Schalenmodells** verstehen, das eine wesentliche Erweiterung des Potentialtopfmodells ist.

Aufgabe

1. *Bestimmen Sie die Separationsenergie $S_n(Z, N)$ eines Neutrons für die Kerne O-15, O-16, O-17, O-18, Zr-89, Zr-90, Zr-91, Zr-92, Pb-206, Pb-207, Pb-208, Pb-209 und Pb-210! Was fällt auf?*

§199 α- und β-Zerfall

1. Der Zerfall eines α-Strahlers

Ein Kern, der ein α-Teilchen ($^4_2$He) ausstößt, verringert seine Kernladungszahl Z um 2, seine Neutronenzahl N um 2 und deshalb seine Massenzahl A um 4. Ein Beispiel für den α-Zerfall ist der Zerfall von $^{210}_{84}$Po

$$^{210}_{84}\text{Po} \longrightarrow \,^{206}_{82}\text{Pb} + \,^4_2\text{He} + 5{,}30 \text{ MeV}.$$

5,30 MeV ist dabei die kinetische Energie W_α des α-Teilchens. Gelegentlich nennt man Po-210 den Mutterkern und Pb-206 den Tochterkern. Vor und nach der Aussendung eines α-Teilchens befindet sich der Kern jeweils in einem seiner diskreten Energiezustände. Daher stellt man die Zerfälle — ähnlich wie in der Atomhülle — in einem **Energieniveauschema (Zerfallsschema)** dar *(Bild 538.1a)*. Der Tochterkern ist dabei wegen seiner kleineren Kernladung nach links versetzt gezeichnet.

Das bei einem α-Zerfall neu entstehende Atom hätte zunächst zwei Elektronen zuviel in der Hülle, da die zwei positiven Ladungen des α-Teilchens dem ursprünglichen Kern fehlen. Das Aussenden eines schnellen α-Teilchens führt bei dem Atom zu einem heftigen Rückstoß. Dabei wird ein Teil der Hüllenelektronen bei Stößen mit Nachbaratomen abgestreift, so daß zuerst sogar ein positives Ion entsteht. Durch Aufnahme von Elektronen aus der Umgebung wird es dann zu einem neutralen Atom des Folgeelements. Die zunächst positive Aufladung läßt sich nachweisen:

Versuch 563: In einem beliebigen Raum, am besten im Keller, spannen wir einen isoliert aufgehängten Draht aus und laden ihn mit etwa 6 kV negativ gegen die Erde auf. Nach 2–3 Stunden kann man von ihm radioaktive Substanz abstreifen. Lädt man den Draht positiv auf, so hat man weniger Erfolg.

Ursache dieser Radioaktivität sind aus dem Erdreich oder den Wänden austretende Isotope des Gases Radon (Rn-222 und Rn-220), die α-Strahler sind und deren Tochterkerne ebenfalls radioaktiv sind. Rn-222 und Rn-220 entsteht beim Zerfall der sehr langlebigen radioaktiven Stoffe U-238, Ra-226 und Th-232, die überall im Erdreich und in den Wänden als fein verteilte Spuren zu finden sind.

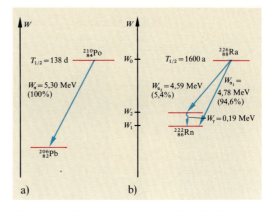

538.1 α-Zerfall von Po-210 (a) und Ra-226 (b)

2. γ-Emission nach α-Zerfall

Mit Hilfe von Zählern, die auch die Energie der Strahlung messen, kann man zeigen, daß *reines* Ra-226 α-Teilchen mit der Energie $W_{\alpha_1} = 4{,}78$ MeV und $W_{\alpha_2} = 4{,}59$ MeV emittiert und γ-Strahlung der Energie $W_\gamma = 0{,}19$ MeV. W_γ ist genau die Differenz ΔW von W_{α_1} und W_{α_2}. Die Erklärung bietet *Bild 538.1b*. Ra-226 zerfällt durch Aussendung eines α-Teilchens nicht nur in den Grundzustand W_1 von Rn-222, sondern mit einer Wahrscheinlichkeit von 5,4% auch in einen angeregten Zustand W_2 von Rn-222. Dabei führt das α-Teilchen nur die Energie $W_{\alpha_2} = 4{,}59$ MeV ab. Anschließend daran „fällt" der Rn-222-Kern aus diesem angeregten Zustand W_2 in den Grundzustand W_1 unter Aussendung eines γ-Quants der Energie $\Delta W = W_\gamma = 0{,}19$ MeV.

Die γ-Emission aus einem angeregten Kernniveau erfolgt völlig analog zur Emission von Licht aus angeregten Niveaus in der Atomhülle. Die Vorgänge unterscheiden sich allein durch die Größe der Energie, die das Atom als γ-Quant oder Photon verläßt. In der Kernphysik sind dies meist Beträge in der Größenordnung von 100 keV bis einige MeV, in der Atom-Hüllen-Physik meist etliche eV, bei Röntgenstrahlen auch bis einige keV.

> **γ-Quanten werden bei Übergängen zwischen diskreten Energiezuständen des Kerns nach der Gleichung $\Delta W = hf$ emittiert.**
>
> **α-Strahler emittieren γ-Strahlung, wenn der α-Zerfall einen Kern in angeregte Zustände des Tochterkerns überführt.**

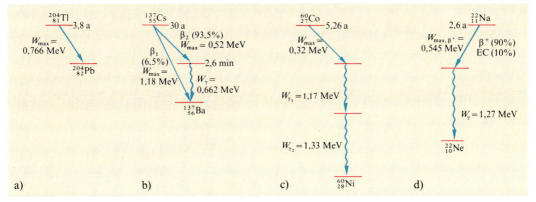

539.1 Zerfallsschema von a) Tl-204; b) Cs-137; c) Co-60; d) Na-22 (a: Jahr; min: Minute)

3. β⁻-Zerfall

Elektronen, von einem β-Strahler ausgesandt, müssen aufgrund ihrer hohen Energie aus dem Atomkern kommen (Seite 495). Wie ist das möglich, da doch der Atomkern nur Protonen und Neutronen enthält? Wie erklärt man sich zudem, daß die β-Teilchen im Gegensatz zu den α-Teilchen ein kontinuierliches Energiespektrum mit einer Maximalenergie W_{max} haben? *Frederick Soddy* (1887 bis 1956, Nobelpreis für Chemie 1921) und sein Mitarbeiter *Fajans* fanden 1913, daß sich nach Aussendung eines Elektrons die Kernladungszahl des emittierenden Kerns um 1 erhöht. Der Kern verändert sich also. Da aber der Ausgangskern wie der Endkern bei diesem β-Zerfall einen wohldefinierten Energiezustand haben, müßten die emittierten Teilchen wie beim α-Zerfall diskrete Energiewerte besitzen. Das Spektrum ist jedoch kontinuierlich, folglich müßte der Energiesatz verletzt sein. Wie Messungen ergaben, befriedigen allein β-Teilchen mit der Energie W_{max} den Energiesatz.

Um diesen wichtigen Erhaltungssatz „zu retten", entschloß sich *Wolfgang Pauli* 1930 zu einer kühnen Annahme: Beim β⁻-Zerfall eines Atomkerns soll gleichzeitig mit dem Elektron ein weiteres, aber ungeladenes Teilchen, heute **Antineutrino** $\bar{\nu}$ genannt, ausgeschleudert werden. Dieses ungeladene Teilchen nimmt zwar Energie und Impuls mit, zeigt aber fast keine Wechselwirkung mit der Materie. Heute weiß man, daß sich beim β⁻-Zerfall eines Atomkerns ein Neutron in ein Proton unter Aussendung eines Elektrons e⁻ und eines Antineutrinos $\bar{\nu}$ verwandelt:

$$n \longrightarrow p + e^- + \bar{\nu} + \text{Energie}. \quad (539.1)$$

Bei jedem β-Zerfall wird der feste Energiebetrag W_{max} frei und verteilt sich auf das Elektron und das Antineutrino (die Energie, die der Tochterkern infolge des Rückstoßes erhält, ist zu vernachlässigen). Für die Elektronen sind kontinuierlich Energien von 0 bis W_{max} möglich, wenn die Antineutrinos die jeweiligen Restenergien zwischen W_{max} und 0 übernehmen. Z.B. lautet der Zerfall von $^{204}_{81}$Tl mit $W_{max} = 0{,}766$ MeV (*Bild 539.1 a*)

$$^{204}_{81}\text{Tl} \longrightarrow ^{204}_{82}\text{Pb} + e^- + \bar{\nu} + 0{,}766 \text{ MeV}.$$

Die Massenzahl A eines Kerns ändert sich also bei einem β⁻-Zerfall nicht, die Kernladungszahl Z steigt dagegen um 1; die Zahl der Protonen im Kern nimmt um 1 zu, die Zahl der Neutronen sinkt um 1. In der Nuklidkarte rutscht der Kern um eine Stelle nach links und um eine Stelle nach oben. β⁻-Strahler (in der Nuklidkarte blau) haben einen Neutronenüberschuß.

Auch ein **freies Neutron** zerfällt durch einen β⁻-Zerfall mit einer Halbwertszeit von $T_{1/2} = 10{,}6$ min nach der Reaktionsgleichung:

$$n \longrightarrow p + e^- + \bar{\nu} + 0{,}78 \text{ MeV}.$$

Erst nach über 20 Jahren gelang es, das Antineutrino in einem sehr aufwendigen Versuch experimentell nachzuweisen. Ursache dieser späten Entdeckung ist seine äußerst geringe Wechselwirkung mit Materie.

> Beim β⁻-Zerfall wandelt sich ein Neutron in ein Proton, ein Elektron und ein Antineutrino um. Energie und Ladung bleiben bei dem Zerfall erhalten.

4. β⁺-Zerfall

β⁺-Strahler sind radioaktive Nuklide, die **Positronen** aussenden. Positronen werden in elektrischen und magnetischen Feldern abgelenkt, allerdings im Vergleich zu Elektronen in die entgegengesetzte Richtung. Sie sind also *positiv geladen*. Bestimmt man auf die bekannte Weise ihre spezifische Ladung, so findet man wie beim Elektron $q/m = 1{,}76 \cdot 10^{11}$ C kg^{-1}. Positronen haben dieselben Eigenschaften wie Elektronen — sie sind aber positiv geladen. Positronen sind von dem englischen Physiker *P. Dirac* (Nobelpreis 1933) bereits 1928 vorhergesagt worden.

β⁺-Strahler haben ebenfalls ein kontinuierliches Energiespektrum. Außerdem stellte man fest: Zerfällt ein Kern durch Aussendung eines Positrons, verringert sich seine Kernladungszahl bei konstanter Massenzahl um 1. Es muß sich also ein Proton in ein Neutron unter Aussendung eines Positrons verwandelt haben. Genauso wie beim β⁻-Zerfall muß aber auch hier, um den Energiesatz zu erfüllen, ein zweites ungeladenes Teilchen ausgesandt werden. Man nennt es **Neutrino**:

$$p \longrightarrow n + e^+ + \nu + \text{Energie}. \qquad (540.1)$$

Ein Beispiel ist der β⁺-Zerfall von Na-22 (*Bild 539.1 d*):

$$^{22}_{11}\text{Na} \longrightarrow {}^{22}_{10}\text{Ne} + e^+ + \nu + 0{,}545 \text{ MeV}.$$

Die Massenzahl A bleibt beim β⁺-Zerfall konstant, die Kernladungszahl Z vermindert sich um 1, und in der Nuklidkarte findet man den neuen Kern um eine Stelle nach rechts und um eine Stelle nach unten verschoben, β⁺-Strahler (in der Nuklidkarte rot) haben einen Protonenüberschuß.

Der Blick in die Nuklidkarte zeigt uns, daß alle β⁺-Strahler oberhalb der stabilen Kerne zu finden sind, während β⁻-Strahler unterhalb liegen. Wie kommt das? Offensichtlich sind nur Kerne mit ganz bestimmten Protonen-Neutronen-Verhältnissen stabil. β⁺-Strahler haben zu wenige Neutronen und einen Überschuß an Protonen. Deshalb wird ein Proton durch Aussenden eines Positrons in ein Neutron umgewandelt. β⁻-Strahler dagegen haben zu viele Neutronen; sie wandeln ein Neutron durch Aussenden eines Elektrons in ein Proton um.

> **β⁺-Zerfall: Ein Proton zerfällt in Neutron, Positron und Neutrino.**

5. γ-Emission nach β-Zerfall

Wie mancher α-Zerfall führt sehr häufig ein β-Zerfall nicht in den Grundzustand (wie etwa Tl-204, *Bild 539.1 a*), sondern in einen angeregten Zustand des Tochterkerns. Als Folge davon sendet dieser Kern γ-Strahlung aus. Deswegen emittieren β-Strahler oft auch γ-Strahlung.

Als Beispiele sind in *Bild 539.1 b* und *d* die Zerfälle von Cs-137 (β⁻-Strahler) und Na-22 (β⁺-Strahler) dargestellt. Im Fall von Cs-137 ist noch interessant, daß der angeregte Zustand von Ba-137 im Mittel erst nach 2,6 min in den Grundzustand zerfällt. Man spricht von einem **isomeren Zustand** des Ba-137. Dessen Halbwertszeit haben wir in Versuch 560 gemessen. Üblicherweise leben solche angeregten Zustände in der Größenordnung von 10^{-8} s oder weniger, wie z.B. die Zustände von Ni-60 oder Ne-22.

Wie das Beispiel von Co-60 (*Bild 539.1 c*) zeigt, kann ein angeregter Zustand auch über mehrere Zwischenniveaus seine Energie „portionsweise" — hier in zwei Portionen γ_1 und γ_2 — abstrahlen. (Co-60-Schulpräparate sind meist so gekapselt, daß keine β⁻-Strahlung austreten kann.)

6. Die radioaktiven Zerfallsreihen

Sehr häufig ist der Tochterkern eines radioaktiven Kerns selbst wieder radioaktiv, dessen Folgeprodukt ebenfalls. So können ganze Zerfallsreihen entstehen. In der Natur gibt es drei Zerfallsreihen, die in Uran-238 ($T_{1/2} = 4{,}5 \cdot 10^9$ a), Thorium-232 ($T_{1/2} = 1{,}4 \cdot 10^{10}$ a) und Uran-235 ($T_{1/2} = 7 \cdot 10^8$ a) ihren Ursprung haben; sie enden alle bei einem Bleiisotop. Die zwei wichtigsten Zerfallsreihen — in denen auch radioaktive Nuklide wie Ra-226 auftreten — zeigen *Bild 541.1* und *Bild 541.2* — Die Elemente entstanden vor über sechs Milliarden Jahren durch zufälliges Zusammenfügen von Protonen und Neutronen. Von ihnen sind bis auf die 130 stabilen Nuklide nur noch die sehr langlebigen radioaktiven Nuklide K-40, Th-232, U-238 und U-235 übriggeblieben!

Die Nuklidkarte (Seite 578) enthält alle notwendigen Informationen, um die Zerfallsreihen zu verfolgen: Zerfallsarten der verschiedenen Nuklide, Halbwertszeiten und Strahlungsenergien. Wir wollen am Beispiel der mit U-238 beginnenden Reihe den Prozeß verfolgen.

U-238 erfährt einen α-Zerfall. Der Tochterkern Th-234 befindet sich in der Nuklidkarte zwei Kästchen weiter links und zwei Kästchen weiter unten: Protonen- und Neutronenzahl haben jeweils um 2 abgenommen. Th-234 ist ein β⁻-Strahler, d.h. ein Neutron wandelt sich in ein Proton um: N nimmt um 1 ab, Z um 1 zu, die Massenzahl bleibt gleich. Wir finden das Element Pa-234, das über einen weiteren β⁻-Zerfall zum U-234 führt. U-234 sowie die nächsten vier Stationen (Th-230, Ra-226, Rn-222 und Po-218) sind wieder α-Strahler — allerdings mit recht unterschiedlichen Halbwertszeiten. (Der mögliche, aber unwahrscheinliche β-Zerfall von Po-218 ist in *Bild 541.1* nicht wiedergegeben.) Die β⁻-Zerfälle von Pb-214 und Bi-214 führen wieder auf einen α-Strahler: Po-214. Über zwei β⁻-Strahler (Pb-210, Bi-210) und einen α-Strahler (Po-210) erreichen wir schließlich das stabile Bleiisotop Pb-206.

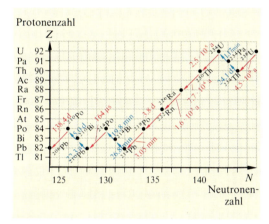

541.1 Zerfallsreihe von U-238

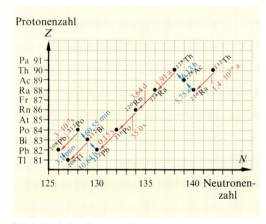

541.2 Zerfallsreihe von Th-232

Aufgaben
Nuklidmassen auf Seite 568

1. a) *Po-212 zerfällt durch einen α-Zerfall in das Bleiisotop Pb-208. Bestimmen Sie aus den Nuklidmassen die Energie Q_α, die bei dem Zerfall freigesetzt wird!*
b) *Begründen Sie mit Hilfe von Energie- und Impulserhaltungssatz, daß die kinetische Energie W_α des α-Teilchens kleiner als Q_α ist, und zwar $W_\alpha = 8{,}78$ MeV! (Vor dem Zerfall befindet sich der Kern in Ruhe.)*
c) *Zeigen Sie allgemein: Ist m_K die Masse des Tochterkerns, m_α die Masse des α-Teilchens, so gilt für jeden α-Zerfall $W_\alpha = m_K (m_K + m_\alpha)^{-1} Q_\alpha$ und $W_K = m_\alpha (m_K + m_\alpha)^{-1} Q_\alpha$ (W_K: kinetische Energie des Tochterkerns). — Begründen Sie mit Hilfe der Nuklidkarte, daß für fast alle α-Strahler W_K etwa 2% von Q_α ist!*

2. a) *Pu-238 sendet α-Teilchen der Energie 5,499 MeV und 5,456 MeV aus. Zeichnen Sie ein Zerfallsschema!*
b) *Erklären Sie damit, wie es bei diesem α-Zerfall auch zum Auftreten einer γ-Strahlung kommt!*
c) *Berechnen Sie die Energie und die Wellenlänge der γ-Strahlung!*

3. a) *Begründen Sie mit Hilfe der Nuklidmassen, daß ein freies Neutron durch einen β-Zerfall in ein Proton zerfallen kann, während ein freies Proton gegenüber einem β-Zerfall stabil ist!*
b) *Berechnen Sie die gesamte Energie Q_{β^-}, die beim β⁻-Zerfall des freien Neutrons auftritt!*

4. *Der β⁻-Zerfall von Co-60 ist in Bild 539.1c dargestellt. Berechnen Sie mit Hilfe der dortigen Angaben die Nuklidmasse von Co-60, wenn die Nuklidmasse von Ni-60 bekannt ist!*

5. *Radioaktives K-40 ($T_{1/2} = 1{,}26 \cdot 10^9$ a) ist in natürlichem Kalium zu 0,012% enthalten. Es emittiert β⁻-Strahlung mit $W_{max} = 1{,}35$ MeV und γ-Strahlung der Energie $W_\gamma = 1{,}46$ MeV. Berechnen Sie die Aktivität von 1,0 kg käuflichem Kaliumchlorid (KCl)!*

6. *Befindet sich ein Kern in einem angeregten Zustand, so kann er seine Energie auch anders als durch die Aussendung eines γ-Quants der Energie W_γ loswerden. Er überträgt seine Energie z.B. auf ein Elektron der K-Schale, das herausgerissen wird und den Atomverband verläßt. Man spricht von innerer Konversion. Insbesondere isomere Zustände zerfallen gern durch innere Konversion.* **a)** *Wie groß ist die Energie des herausgerissenen Elektrons?* **b)** *Wie läßt sich die Konversion experimentell nachweisen?* **c)** *Im γ-Spektrum von Cs-137 (Zerfallsschema Bild 539.1b) tritt eine niederenergetische Linie von 32 keV auf und im Elektronenspektrum eine Linie bei 624 keV. Was kann man daraus folgern?*

7. *Neben den Zerfallsreihen von U-238 und Th-232 gibt es die von U-235 und Np-237 (dessen Halbwertszeit allerdings „nur" $T_{1/2} = 2{,}1 \cdot 10^6$ Jahre beträgt).* **a)** *Stellen Sie mit Hilfe der Nuklidkarte diese Zerfallsreihen wie in Bild 541.1 und 541.2 dar!* **b)** *Kann es außer den genannten vier noch weitere Zerfallsreihen geben?* **c)** *Stellen Sie eine Zerfallsreihe in einem $A(Z)$-Diagramm dar (A: vertikale Achse)!*

§ 200 Kernreaktionen

1. Wovon Alchemisten träumten

Auf Seite 531 sahen wir, welch wichtiges Hilfsmittel Streuversuche für die Physik sind. Um mehr über Atomkerne zu erfahren, beschoß *Rutherford* 1919 reinen Stickstoff, der zu fast 100% aus $^{14}_{7}\text{N}$ besteht, in einer Nebelkammer mit α-Teilchen der Energie 7,7 MeV. Die α-Teilchen stammten aus dem Zerfall des Nuklids Po-214, einem Zerfallsprodukt von Ra-226 (*Bild 541.1*). Überraschenderweise fand er gelegentlich das in *Bild 542.1* dargestellte Ereignis: Die Spur eines α-Teilchens verzweigte sich plötzlich. Die nach unten laufende lange Spur entpuppte sich aufgrund der Tröpfchendichte als die eines Protons.

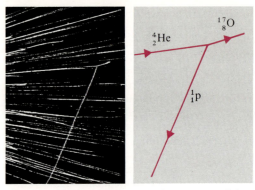

542.1 Nebelkammeraufnahme einer Kernreaktion. Rechts ist die Reaktion herausgezeichnet.

Den genauen Vorgang erkannte *Rutherford*, indem er aus der Gesamtzahl der entlang einer Spur gebildeten Nebeltröpfchen (die proportional der Zahl der entstandenen Ionen ist) die Energie der Teilchen bestimmte und mit Hilfe stereoskopischer Aufnahmen die Winkel zwischen den Spuren ausmaß. Mittels der Erhaltungssätze für Energie und elektrische Ladung fand er dann: Das α-Teilchen überwindet die elektrische Abstoßung eines $^{14}_{7}\text{N}$-Kerns und dringt in den Kern ein. Es bildet sich kurzzeitig ein energetisch hoch angeregter Fluorkern $^{18}_{9}\text{F}^*$, der sofort unter Aussendung eines Protons p in einen Sauerstoffkern $^{17}_{8}\text{O}$ zerfällt. (Der Stern bei F* bedeutet, daß der Kern in einem energetisch angeregten Zustand ist.) Dieser erhält einen Rückstoß und erzeugt in der Nebelkammer die nach rechts oben gerichtete kurze Spur. Man sagt, es hat eine **Kernreaktion** stattgefunden. Die Reaktionsgleichung lautet:

$$^{14}_{7}\text{N} + ^{4}_{2}\alpha \longrightarrow ^{18}_{9}\text{F}^* \longrightarrow ^{17}_{8}\text{O} + ^{1}_{1}\text{p}.$$

Den *Zwischenkern* $^{18}_{9}\text{F}^*$, der 10^{-15} bis 10^{-18} s lang „lebt", läßt man meist außer acht und schreibt für diese sogenannte (α, p)-Reaktion

$$^{14}_{7}\text{N}\,(\alpha, p)\,^{17}_{8}\text{O}.$$

Zum erstenmal war damit eine **künstliche Kernumwandlung** gelungen. Wir werden davon noch einige kennenlernen und häufig die Kurzschreibweise benutzen: Links vor der Klammer steht der Ausgangskern, in der Klammer zunächst das aufgeschossene Teilchen, dann das ausgesandte Teilchen und rechts von der Klammer der entstehende Kern. — Mit dieser Kernreaktion erfüllte sich ein alter Traum der Alchemisten, ein chemisches Element in ein anderes umzuwandeln.

Kernreaktionen lassen sich nicht nur mit α-Teilchen auslösen, sondern mit allen bekannten Teilchen wie Protonen $^{1}_{1}\text{p}$, Deuteronen $^{2}_{1}\text{d}$, Neutronen $^{1}_{0}\text{n}$ und heutzutage sogar mit Kernen bis hinauf zu U-238. Wesentliche Hilfsmittel dazu sind *Beschleuniger*, mit denen man geladenen Teilchen hohe kinetische Energie erteilen kann, die zur Überwindung des Coulombwalls nötig ist, und *Kernreaktoren* als intensive Neutronenquelle.

> Schießt man schnelle Teilchen auf Atomkerne, so können Kernreaktionen ausgelöst werden. — Die erste Kernreaktion erzielte Rutherford:
>
> $^{14}_{7}\text{N}\,(\alpha, p)\,^{17}_{8}\text{O}$.
>
> Auch bei Kernreaktionen gelten die Erhaltungssätze für Energie, Impuls und elektrische Ladung.

2. Neutronenstrahlen

a) Zwischen 1930 und 1932 lief in der Kernphysik eine aufregende Entdeckungsgeschichte bei einer Serie von Experimenten in den drei Städten Berlin, Cambridge und Paris ab. An allen Orten untersuchte man intensiv die Kernreaktionen von Be-9 (und Be-10) mit α-Teilchen. Dabei trat eine stark durchdringende Strahlung auf, die man sich zunächst nicht erklären konnte. *J. Chadwick* (1881 bis 1974; Nobelpreis 1935) gelang es 1932 in Cambridge, ein nicht geladenes Teilchen, das annähernd dieselbe Masse wie das Proton hat, als Reaktionsprodukt zu analysieren. Das **Neutron** war entdeckt. Folgende Reaktion lief ab:

$${}^{9}_{4}\text{Be}(\alpha, n)\,{}^{12}_{6}\text{C}.$$

Die Reaktion (α, n) benutzt man auch heute noch in *Neutronenquellen*.

b) Neutronen lösen Kernreaktionen besonders leicht aus, da sie ungeladen sind und keine elektrische Abstoßung spüren. Sie erreichen mit beliebig kleiner Energie jeden Kern. Sobald sie aber in Reichweite der Kernkräfte kommen, können sie in den Kern eingebaut werden und in dessen Potentialtopf fallen. Dabei wird die Bindungsenergie des Neutrons — im Mittel 8 MeV — frei. Man spricht von **Neutroneneinfang**. Die freigewordene Energie wird häufig als γ-Strahlung ausgesandt: Man spricht von einem (n, γ)-Prozeß.

c) Neutronen durchdringen selbst dicke Bleischichten fast ungeschwächt, nicht hingegen wasserstoffhaltige Stoffe wie Paraffin oder Wasser. Ursache dafür sind die Stoßgesetze für Teilchen. Bei dem zentralen Stoß eines Neutrons mit einem Proton übernimmt nämlich das Proton fast die gesamte kinetische Energie des Neutrons, weil es nahezu dieselbe Masse besitzt. Nach wenigen Stößen mit Protonen (ca. 20) hat das Neutron eine kinetische Energie von $\frac{1}{40}$ eV, die der Temperatur von 20 °C der Bremssubstanz, auch **Moderator** genannt, entspricht. Solche Neutronen heißen im Gegensatz zu energiereichen, schnellen Neutronen **thermische Neutronen**. Sie werden früher oder später von einem Kern eingefangen, wobei durch einen (n, γ)-Prozeß fast immer γ-Strahlen entstehen. Es können noch (n, p)- bzw. (n, d)-Prozesse auftreten, z. B. ${}^{14}_{7}\text{N}(n, p)\,{}^{14}_{6}\text{C}$. Will man etwa in einem Kernreaktor Neutronenstrahlen abschirmen, verwendet man am besten *meterdicke Beton- oder Wasserschichten*.

d) Kernreaktionen, insbesondere die in (b) beschriebene (n, p)-Reaktion, machen schnelle Neutronen für den Menschen äußerst *gefährlich*, da sie energiereiche ionisierende Teilchen im Körper freisetzen. Aber auch thermische Neutronen sind trotz ihrer geringen kinetischen Energie alles andere als harmlos. Bei ihrem Einfang in einen Kern eines biologischen Gewebes entstehen γ-Strahlen mit Energien bis zu einigen MeV. Die Qualitätsfaktoren Q der Neutronen zur Bestimmung der Äquivalentdosis sind daher groß (Seite 527).

Durch Kernreaktionen können Neutronen freigesetzt werden. — Neutronen können selbst leicht Kernreaktionen auslösen.

Nur durch Wechselwirkung mit geladenen Teilchen kann man sie indirekt nachweisen.

Meterdicke Beton- oder Wasserschichten schirmen Neutronen am besten ab.

---

3. Friedliche Kerne werden radioaktiv

a) Nicht nur bei Kernreaktionen mit Neutronen, sondern auch bei solchen mit geladenen Teilchen treten radioaktive Nuklide auf. Ein Beispiel:

$${}^{27}_{13}\text{Al}(\alpha, n)\,{}^{30}_{15}\text{P} \xrightarrow[2,55\,\text{min}]{\beta^{+}} {}^{30}_{14}\text{Si}.$$

Mit dieser Reaktion entdeckten 1934 *Irène Curie*, die Tochter *Pierre* und *Marie Curies*, und ihr Mann *Frédéric Joliot* das erste radioaktive nicht in der Natur vorkommende Nuklid, nämlich P-30. Man nennt derartige Nuklide im Gegensatz zu den „natürlich" radioaktiven auch manchmal „künstlich" radioaktiv. P-30 war auch der erste bekannte Positronenstrahler. Bis 1934 kannte man das Positron nur als Bestandteil der Höhenstrahlung (Seite 505).

b) Bestrahlt man Uran U-238 mit Neutronen, so laufen folgende Vorgänge ab:

$${}^{238}_{92}\text{U}(n, \gamma)\,{}^{239}_{92}\text{U} \xrightarrow[23,5\,\text{min}]{\beta^{-}} {}^{239}_{93}\text{Np} \xrightarrow[2,4\,\text{d}]{\beta^{-}} {}^{239}_{94}\text{Pu}.$$

Die bei der β-Strahlung entstandenen Elemente Neptunium (Np) und Plutonium (Pu) sind künstlich erzeugt; sie werden — wie Uran — nach den Planeten Uranus, Neptun und Pluto benannt und heißen *Transurane*, da sie im Periodensystem der Elemente jenseits von Uran einzuordnen sind. Alle Transurane (Ordnungszahlen über $Z = 92$) sind radioaktiv. Pu-239 ist ein α-Strahler und hat mit $T_{1/2} = 2{,}4 \cdot 10^{4}$ a eine der größten Halbwertszeiten unter Transuranen.

Aufgaben
Nuklidmassen auf Seite 568

1. a) *Was ist das Ergebnis der Reaktion* ${}^{18}_{8}\text{O}(p, d)$? *Wozu führt die Kernreaktion* ${}^{14}_{7}\text{N}(n, p)$? **b)** *Das Ergebnis der Reaktion* ${}^{11}_{5}\text{B}(\alpha, p)$ *ist ein β-Strahler. Wie lautet der stabile Endkern?* **c)** *Auch γ-Quanten können Kernreaktionen auslösen (Kernfotoeffekt). Was entsteht bei der Reaktion* ${}^{2}_{1}\text{D}(\gamma, n)$? *Wie groß ist die dazu notwendige γ-Energie?*

2. *Bestrahlt man B-10 mit thermischen Neutronen, verwandelt es sich in Li-7.* **a)** *Welches Teilchen wird bei diesem Prozeß ausgesandt?* **b)** *Die Reaktionsenergie beträgt bei diesem Prozeß 2,8 MeV. Berechnen Sie die kinetische Energie des ausgesandten Teilchens (kinetische Energie des Neutrons vernachlässigen)!*

§ 201 Kernspaltung

1. Wer Transurane sucht, kann Barium finden

1938 beschossen *Otto Hahn* (1879–1968; Nobelpreis für Chemie 1945) und *Fritz Straßmann* (1902–1980) natürliches Uran, das zu 99,3% U-238 und zu 0,7% U-235 enthält, mit langsamen Neutronen. Sie erwarteten (n, γ)-Reaktionen und als Reaktionsprodukte Transurane, die sie chemisch analysieren wollten. Zu ihrer großen Überraschung fanden sie in den Uranproben nach der Bestrahlung Barium vor. Sie deuteten zusammen mit *Lise Meitner* und *O. R. Frisch* dieses Ergebnis sofort richtig: Ein U-235-Kern spaltet sich nach der Aufnahme des langsamen Neutrons in zwei ungefähr gleich schwere Teile, wobei mehrere schnelle Neutronen und γ-Strahlung frei werden. Die beiden Kernbruchstücke fliegen mit sehr hohen Energien in der Größenordnung von 170 MeV auseinander. Ein Beispiel einer Spaltung ist:

$$^{235}_{92}U + ^{1}_{0}n \longrightarrow ^{89}_{36}Kr + ^{144}_{56}Ba + 3\,^{1}_{0}n + \gamma.$$

Anhand eines einfachen Modells kann man veranschaulichen, wie eine Kernspaltung vor sich geht: Die nicht sehr stabilen Urankerne, die man sich wie Tröpfchen zunächst kugelför-

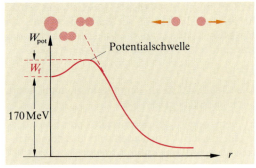

544.2 Verlauf der potentiellen Energie der Spaltprodukte eines Kerns relativ zueinander. Die Bilder darüber deuten die jeweilige Kernform an.

mig vorstellt, werden durch den Einfang eines Neutrons und der damit verbundenen Energiezufuhr stark deformiert. Sie nehmen dabei hantelförmige Gestalt an *(Bild 544.2)*. Die Einschnürungsstelle wird immer enger; dort reduziert sich stark die Zahl der Nukleonen, die mit ihren Kernkräften F_K kurzer Reichweite die beiden Kernteile zusammenhalten. Diese Kernkräfte F_K reichen nicht mehr aus, die Hantel gegen die weitreichenden elektrostatischen Abstoßungskräfte F_C der beiden positiv geladenen Kernteile zusammenzuhalten. Der Kern bricht auseinander. Die elektrostatische Abstoßung beschleunigt die Bruchstücke dann auf große kinetische Energie (ca. 170 MeV).

Die Energie der Kernspaltung wird demnach durch elektrostatische Kräfte freigesetzt. Dabei nimmt die gesamte Ruhemasse ab. Wollte man umgekehrt die Bruchstücke wieder vereinigen, so müßte man diese Energie aufwenden. Bei genügender Annäherung würden dann die Kernkräfte mit ihrer kurzen Reichweite — wie eine Sperrklinke — einrasten und die Spaltstücke zusammenhalten.

> Bei der Kernspaltung entstehen aus einem schweren Kern zwei etwa gleich große Spaltkerne, einige schnelle Neutronen und γ-Strahlung.

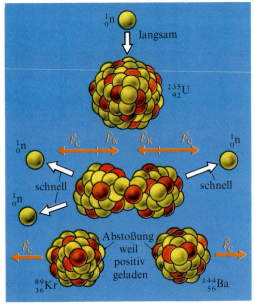

544.1 Kernspaltung: Auseinanderbrechen eines U-235-Kerns nach dem Einfang eines Neutrons

2. Kernspaltung — spontan und erzwungen

Betrachtet man die Energie, die nötig ist, um die Spaltprodukte wieder zu einem Kern zusammenzufügen, so erhält man qualitativ den Verlauf von *Bild 544.2*. Ist der Abstand r der Spaltprodukte groß, wirkt nur die elektrostatische Abstoßung. Gegen diese muß bei Annäherung Arbeit geleistet werden: die potentielle Energie der Teilchen nimmt zu. Ist der Abstand schließlich so klein, daß die Kernkräfte wirksam werden, erfahren die Bruchstücke plötzlich eine anziehende Kraft: Ihre potentielle Energie nimmt ab, sie fallen in eine „Energiemulde". Der Verlauf der potentiellen Energie nach *Bild 544.2* wird als *Potentialschwelle* bezeichnet.

Der spontane Zerfall des Urankerns in zwei Bruchstücke wird nach *Bild 544.2* lediglich durch die Potentialschwelle verhindert. Die Spaltprodukte können aber, ähnlich wie α-Teilchen, den Kern auch gegen die Anziehung durch die Kernkräfte verlassen, d.h. ein Kern kann sich **spontan** spalten. Allerdings ist bei Urankernen die Wahrscheinlichkeit dafür nicht groß. In 1 g Natururan beobachtet man insgesamt etwa 20 spontane Spaltungen von U-238- und U-235-Kernen in der Stunde.

Erzwungene Kernspaltung tritt ein, wenn man einem Kern die Energie W_f *(Bild 544.2)* zuführt. Am einfachsten gelingt dies mit einem Neutron. In *Tabelle 545.1* ist für verschiedene Nuklide neben W_f die Bindungsenergie W_b angegeben, die beim Einfang eines Neutrons durch das betreffende Nuklid frei wird. Die Energie W_n in *Tabelle 545.1* zeigt, welche zusätzliche kinetische Energie das Neutron mindestens mitbringen muß, damit das Nuklid gespalten werden kann. Ist $W_n=0$, d.h. $W_b > W_f$, so kann die Spaltung eines Kerns bereits durch *thermische Neutronen* eingeleitet werden. Dies ist der Fall für die (gu)-Kerne U-233, U-235, Pu-239 und Pu-241, die alle *ungerade Neutronenzahlen* haben. Fangen sie nämlich ein Neutron ein, so entstehen als Zwischenkerne die (gg)-Kerne U-234, U-236, Pu-240 und Pu-242 mit *gerader* Neutronenzahl. Diese liegen wegen der auf Seite 537 besprochenen Paarungsenergie energetisch besonders tief.

Will man dagegen die (gg)-Kerne Th-232, U-238 und Pu-240 spalten, so braucht man *schnelle Neutronen*, die viel kinetische Energie mitbringen.

Man bezeichnet oft nur die durch langsame Neutronen spaltbaren Kerne als **spaltbares Material**. Von den in der Natur vorkommenden spaltbaren Nukliden Th-232, U-235 und U-238 läßt sich nur U-235 durch thermische Neutronen spalten. Auf Seite 543 steht, wie U-233 und Pu-239 mit (n, γ)-Reaktionen aus Th-232 und U-238 entstehen. Aus Pu-239 gewinnt man — etwa in einem Kernreaktor — durch (n, γ)-Prozesse Pu-240 und Pu-241. Andere Nuklide als in der *Tabelle 545.1* angeführt, spielen in der technischen Ausnutzung der Kernspaltung keine wesentliche Rolle.

> **Thermische Neutronen spalten die (gu)-Kerne U-233, U-235 und Pu-239. Für Th-232 und U-238 benötigt man schnelle Neutronen.**

3. Die Spaltung hat Konkurrenz

Beschießt man spaltbare Kerne mit Neutronen, so werden diese mit einer gewissen Wahrscheinlichkeit mit einem Kern reagieren. Neben der Spaltung gibt es auch andere Prozesse:

— (n, γ)-Reaktion. Das Neutron wird eingefangen und die Bindungsenergie als γ-Strahlung abgestrahlt.

— (n, n′)-Reaktion. Das Neutron wird eingefangen und dafür ein Neutron n′ mit geringerer Energie vom Kern abgegeben. Die überschüssige Energie strahlt der Kern als γ-Strahlung ab. Man spricht von *unelastischer Streuung* des Neutrons.

— (n, n)-Reaktion. Bei dieser *elastischen Streuung* wird ein Neutron mit derselben Energie (abgesehen vom Rückstoß) wie das eingefangene abgegeben.

Welche Reaktion jeweils am häufigsten eintritt, hängt wesentlich von der kinetischen Energie W der Neutronen ab. *Tabelle 546.1* zeigt dies am Beispiel von U-235 und U-238. Dort ist das Verhältnis des Eintretens einer bestimmten Reaktion zum Eintreten einer Spaltung von

Nuklid	$^{232}_{90}$Th	$^{233}_{92}$U	$^{235}_{92}$U	$^{238}_{92}$U	$^{239}_{94}$Pu	$^{240}_{94}$Pu	$^{241}_{94}$Pu
Halbwertszeit	$1{,}4\cdot 10^{10}$ a	$1{,}6\cdot 10^{8}$ a	$7\cdot 10^{8}$ a	$4{,}5\cdot 10^{9}$ a	$2{,}4\cdot 10^{4}$ a	6550 a	14,4 a
W_f/MeV	6,4	5,2	5,8	6,3	4,8	5,0	5,0
W_b/MeV	5,1	6,7	6,4	4,8	6,4	4,5	5,2
W_n/MeV	1,3	0	0	1,5	0	0,5	0

Tabelle 545.1 Einige Daten zu spaltbaren Nukliden

Kern	Neutronen-energie	Spaltung	(n, γ)	(n, n')	(n, n)
²³⁵U	thermisch 0,025 eV	1	0,17	0	$2,7 \cdot 10^{-2}$
	schnell 2 MeV	$2 \cdot 10^{-3}$	$<2 \cdot 10^{-4}$	$3 \cdot 10^{-3}$	$6,8 \cdot 10^{-3}$
²³⁸U	thermisch 0,025 eV	0	$4,6 \cdot 10^{-3}$	0	$1,5 \cdot 10^{-2}$
	schnell 2 MeV	$1 \cdot 10^{-3}$	$1 \cdot 10^{-4}$	$4,6 \cdot 10^{-3}$	$6,8 \cdot 10^{-3}$

Tabelle 546.1 Wahrscheinlichkeit für Reaktionen von Neutronen mit Urankernen im Vergleich zur Spaltung von U-235 mit thermischen Neutronen

kin. Energie der Spaltprodukte	166,2 MeV
kin. Energie der Spaltneutronen	4,8 MeV
prompte γ-Strahlung	8,0 MeV
verzögerte γ-Strahlung	7,2 MeV
verzögerte β-Strahlung	7,0 MeV
Antineutrinos	9,6 MeV
je Spaltung freigesetzte Energie	202,7 MeV
im Reaktor nutzbar	192,9 MeV
γ-Energie aus Neutroneneinfängen	8,8 MeV
im Reaktor nutzbare Gesamt-energie.	201,7 MeV

Tabelle 546.2 Energiebilanz einer U-235-Spaltung

U-235 mit thermischen Neutronen angegeben. Treffen also z.B. eine bestimmte Anzahl thermischer Neutronen auf eine Menge U-235-Kerne und lösen 1000 davon eine Spaltung aus, so werden gleichzeitig 170 andere eingefangen (n, γ-Reaktion) und 27 andere elastisch gestreut (n, n-Reaktion).

Für manche, aber nicht für alle, Reaktionen gibt es eine grobe Regel: Je größer die Geschwindigkeit der Neutronen ist, um so kleiner ist die Wahrscheinlichkeit, daß die Reaktion eintritt. Je größer nämlich die Geschwindigkeit der Neutronen ist, desto kürzer ist die Zeit, während der sich die Neutronen in Kernnähe befinden, die also für die Reaktion zur Verfügung steht. Abweichungen von dieser groben Regel treten dann auf, wenn Reaktionen eine bestimmte Schwellen-Energie voraussetzen wie z.B. die Spaltung von U-238.

4. Bilanz einer Spaltung

a) die Spaltprodukte sind hoch angeregt und besitzen einen großen Neutronenüberschuß. Daher dampfen sie sofort nach ihrem Entstehen (innerhalb von 10^{-14} s) 2–3 Neutronen ab. Weitere Energie verlieren sie in den nächsten 10^{-9} s durch Aussenden von „prompten" γ-Quanten mit einer Gesamtenergie von 8 MeV. Da die Spaltprodukte aber immer noch einen großen Neutronenüberschuß haben, wandeln sie sich durch mehrere β- und γ-Zerfälle mit unterschiedlichen Halbwertszeiten in stabile Isotope um. Diese β- und γ-Strahlung wird „verzögert", d.h. lange nach der Spaltung abgegeben. Ein Beispiel einer solchen Zerfallskette ist

$$^{135}_{52}\text{Te} \xrightarrow[18\,\text{s}]{\beta^-} {}^{135}_{53}\text{I} \xrightarrow[6,6\,\text{h}]{\beta^-,\gamma} {}^{135}_{54}\text{Xe} \xrightarrow[9,2\,\text{h}]{\beta^-,\gamma} {}^{135}_{55}\text{Cs} \xrightarrow[2 \cdot 10^6\,\text{a}]{\beta^-} {}^{135}_{56}\text{Ba}$$

b) Die **Energiebilanz der Spaltung** eines U-235-Kerns zeigt *Tabelle 546.2*. Die beim β⁻-Zerfall der Spaltprodukte entstehenden rund 10 MeV Energie der Antineutrinos können technisch in einem Reaktor (Seite 548f.) nicht genutzt werden, da diese fast nicht mit Materie wechselwirken. In einem Reaktor werden aber andererseits Neutronen von Kernen eingefangen, wobei nur γ-Strahlung entsteht. Für die Nutzung steht je Spaltung eines U-235-Kerns die Energie

$$W_\text{f} = 202 \text{ MeV} = 3,2 \cdot 10^{-11} \text{ J}$$

zur Verfügung. Zur Aufrechterhaltung einer Wärmeleistung von 1 W müssen demnach pro Sekunde $3,1 \cdot 10^{10}$ Spaltungen stattfinden. Aus der Spaltung aller Kerne in 1 g U-235 erhält man eine nutzbare Gesamtenergie von $202 \cdot 6,02 \cdot 10^{23} \cdot (235)^{-1}\,\text{MeV} = 5,2 \cdot 10^{23}\,\text{MeV} = 8,3 \cdot 10^{10}\,\text{J} = 2,3 \cdot 10^4\,\text{kWh} = 0,96\,\text{MWd}$ (Megawatt·Tag). Je Megawatt und Tag verbraucht ein Reaktor folglich etwa 1 g U-235.

> Die Spaltprodukte einer Kernspaltung sind hoch radioaktiv mit teilweise großen Halbwertszeiten. Sie senden β⁻- und γ-Strahlung, teilweise auch verzögerte Neutronen aus.
>
> Je Spaltung eines U-235-Kerns werden etwa 200 MeV frei.

Aufgabe

1. Bei der Kernspaltung von U-235 durch Neutronen treten als unmittelbare Spaltprodukte Cs-140 und Rb-94 auf. Schätzen Sie die bei der Spaltung freiwerdende Energie ab, indem Sie die Energie $W_{1,2}$ berechnen, die aufgrund der elektrostatischen Abstoßung der Spaltprodukte frei wird! Nehmen Sie an, daß sich die Kerne aus der Entfernung ihrer Mittelpunkte $r_1 = r_{Cs} + r_{Rb}$ ins Unendliche ($r_2 \to \infty$) abstoßen. Nach Seite 351 ist $W_{1,2} = Z_1 Z_2 e^2 (1/r_1 - 1/r_2)/4\pi\varepsilon_0$.

§ 202 Kettenreaktion, Kernreaktor

1. Die ungezähmte Kettenreaktion

Findet eine Kernspaltung in einem Medium statt, das spaltbares Material (z.B. U-235) enthält, so können die zwei bis drei freigesetzten Neutronen weitere Spaltungen auslösen. Dabei werden dann wiederum Neutronen erzeugt, die ihrerseits erneut Kernspaltungen verursachen können und so fort. Eine derart von Generation zu Generation sich fortsetzende Spaltungsfolge nennt man eine **Kettenreaktion**.

Verläuft diese ungeregelt, so kann sich die Zahl der Spaltungen in Bruchteilen von Sekunden ins Unermeßliche steigern, da bei einer Spaltung immer mehr als ein Neutron freigesetzt wird. Riesige Energiemengen werden in kürzester Zeit frei; es kommt zu einer *Atombombenexplosion*. Energiereiche, schnelle Neutronen fliegen so schnell an einem Kern vorbei, daß sie nur sehr selten eine Spaltung auslösen. In der Atombombe sollen aber möglichst viele Kerne in sehr kurzer Zeit gespalten werden. Deshalb müssen die Neutronen auf dicht gepackte spaltbare Nuklide treffen. Man verwendet reines U-235 bzw. Pu-239.

Beispiel: In *reinem* Pu-239 erzeugen von den bei einer Spaltung freigesetzten schnellen Neutronen im Mittel 1,6 Neutronen weitere Spaltungen. Nach n Neutronengenerationen beträgt die Zahl der Spaltungen $1,6^n$. 1 kg Pu-239, das $2,5 \cdot 10^{24}$ Kerne enthält, ist somit nach dem Ablauf von 120 Generationen vollständig gespalten, denn es ist $(1,6)^{120} \approx 2,5 \cdot 10^{24}$. Da eine Neutronengeneration in der Atombombe in etwa $2,5 \cdot 10^{-9}$ s abläuft, ist 1 kg Pu-239 nach $120 \cdot 2,5 \cdot 10^{-9}$ s $\approx 0,3$ μs(!) gespalten. Die Energie, die in dieser kurzen Zeit frei wird, beträgt

$$180 \text{ MeV} \cdot 2,5 \cdot 10^{24} = 7,2 \cdot 10^{13} \text{ J} = 2 \cdot 10^7 \text{ kWh}.$$

Dies entspricht dem Energiegehalt von 20 000 t des herkömmlichen Sprengstoffs Trinitrotoluol (TNT).

Ein Stück spaltbares Material ist aber erst dann explosiv, wenn es die *kritische Masse* überschreitet (bei reinem Pu-239 in Kugelform 5–10 kg; bei reinem U-235 15–20 kg). Ist die Masse kleiner, treten so viele Neutronen durch die Oberfläche aus, daß die Kettenreaktion abstirbt. Eine Atombombe wird gezündet, indem zwei unterkritische Massen (die zusammen größer als die kritische Masse sind) durch eine mit normalem Sprengstoff ausgelöste Explosion zusammengeschossen werden. Technisch gilt die Herstellung einer Atombombe als schwierig. Setzt nämlich die Kettenreaktion ein, so wird durch die starke Erhitzung und den entstehenden Explosionsdruck das Spaltmaterial sofort auseinandergetrieben. Es würde rasch wieder unterkritische Zustände bei einer nur geringen Anzahl von Kernspaltungen erreichen. Man muß daher während der notwendigen Bruchteile von Mikrosekunden die überkritische Masse zusammenhalten.

> Da bei einer Kernspaltung mehr als ein Neutron freigesetzt wird, besteht in einem überkritischen Block spaltbarer Kerne die Möglichkeit einer Kettenreaktion.

2. Die gezähmte Kettenreaktion

Will man die bei Kernspaltungen freiwerdende Energie friedlich nutzen, muß man sich ein System ausdenken, in dem die Kettenreaktion *kontrollierbar*, d.h. von außen regelbar, abläuft. Ein solches System heißt **Reaktor**. Das Medium, in dem dort die Kettenreaktion abläuft, wird *Brennstoff* genannt. Er besteht nur zu einem Teil aus spaltbarem Material (Beispiel für die Zusammensetzung: 97% U-238 und 3% U-235). Unter welchen Bedingungen läuft im Brennstoff eine kontrollierte Kettenreaktion ab?

a) Spaltet sich im Brennstoff ein Kern, so entstehen zwei bis drei Neutronen, die regellos durch das Reaktorsystem wandern. Soll eine Kettenreaktion zustande kommen, muß mindestens eines dieser Neutronen wieder für eine neue Spaltung zur Verfügung stehen. Dies ist nicht selbstverständlich, denn in jeder Neutronengeneration treten Verluste auf. Neutronen können das System verlassen oder werden von einem nicht spaltbaren Kern eingefangen.

b) Eine wesentliche Rolle bei der Auslegung von Reaktoren spielt deshalb die **Neutronenausbeute**: Wieviel Neutronen werden im Mittel von einem Kern nach der Absorption eines Neutrons erzeugt? Auch die Neutronenausbeute hängt stark von der Energie des eingefangenen Neutrons ab *(Bild 548.1)*. Bei Natururan sinkt sie z.B. von Werten deutlich über 1 für thermische Neutronen auf nahezu 0 für Neutronen mit $W = 100$ eV.

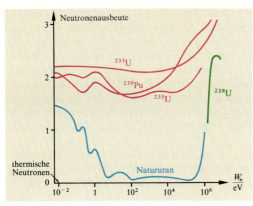

548.1 Neutronenausbeute als Funktion der Neutronenenergie W für verschiedene Materialien

Eine wesentliche Bedeutung bei der Auslegung von Reaktoren hat auch noch die *Wahrscheinlichkeit*, mit der eine Spaltung auftritt, wenn ein spaltbarer Kern von einem Neutron getroffen wird. Je größer diese Wahrscheinlichkeit ist, desto eher ruft ein im Brennstoff herumvagabundierendes Neutron in einem spaltbaren Kern eine Spaltung hervor. Bei kleiner Wahrscheinlichkeit muß man eine höhere Konzentration wählen, um eine Kettenreaktion in Gang zu halten.

Bild 548.2 zeigt die Abhängigkeit der Spaltungswahrscheinlichkeit von der Energie der Neutronen. (Als Bezugsgröße haben wir wieder, wie in *Tabelle 546.1*, die Wahrscheinlichkeit einer Spaltung von U-235 mit thermischen Neutronen gewählt.) Deutlich ist hier die Energieschwelle für die Spaltung von U-238 bei $W = 1$ MeV zu erkennen.

Eine notwendige Voraussetzung für das Zustandekommen einer Kettenreaktion im Brennstoff ist also, daß durch eine Spaltung im Mittel mehr als ein Neutron für eine nächste Spaltung zur Verfügung steht. Entsteht im Mittel weniger als ein Neutron, bricht die Kettenreaktion ab. Auch wenn nur geringfügig mehr als ein Neutron entsteht, kann der Prozeß stoppen, denn irgendwo im Reaktor können immer Neutronenverluste auftreten.

Verwendet man als spaltbares Material Pu-239 oder U-235, sind solche Reaktortypen neutronenökonomisch am günstigsten, bei denen die Spaltprozesse entweder durch langsame Neutronen (z.B. *thermische* Neutronen mit $W_{kin} \approx \frac{1}{40}$ eV) oder schnelle Neutronen ($W_{kin} > 50$ keV) ausgelöst werden; denn dort werden relativ viele Neutronen erzeugt. Daher verfolgt man weltweit zwei Reaktorkonzepte: den **Thermischen Reaktor,** in dem die Spaltungen durch langsame Neutronen ausgelöst werden, oder den **Schnellen Reaktor,** wo die Spaltungen durch schnelle Neutronen bewirkt werden. Beide werden wir in Kürze kennenlernen.

> **Damit in einem Reaktor eine Kettenreaktion abläuft, muß die Neutronenausbeute größer als 1 sein. Ist die Wahrscheinlichkeit für eine Spaltung klein, kann man dies durch eine höhere Konzentration der spaltbaren Kerne im Brennstoff kompensieren.**

3. Brut- und Spaltstoffe

Zum Betrieb eines Reaktors möchte man spaltbare Nuklide verwenden, die häufig in der Natur vorkommen. U-238 gibt es weit mehr als U-235. Nach *Bild 548.1* ist die Neutronenausbeute für schnelle Neutronen mit $W_n = 2$ MeV für U-238 deutlich größer als 2. Demnach müßte es möglich sein, einen Schnellen Reaktor mit U-238 zu betreiben. Das geht aber nicht! *Tabelle 546.2* verrät die Ursache: Die Wahrscheinlichkeit für die unelastische Streuung (n, n') ist nämlich so groß, daß bei ihr die meisten Neutronen sehr rasch an Energie verlieren (im Mittel 1,5 MeV bei einem Stoß) und so anschließend keinen U-238-Kern mehr spalten können. Es kommt daher in reinem U-238 zu keiner Kettenreaktion. Aus ähnlichen Gründen gilt dies auch für das in der Natur vorkommende Th-232. Da sich aus diesen die spaltbaren Stoffe Pu-239 bzw. U-233 erbrüten lassen, bezeichnet man Th-232 und U-238 als **Brutstoffe**. U-233, U-235 und Pu-239 bezeichnet man dagegen als **Spaltstoffe** (bisher spaltbares Material genannt), denn mit diesen kann man tatsächlich Reaktoren betreiben.

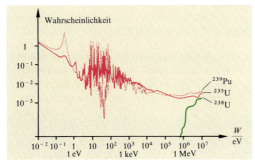

548.2 Wahrscheinlichkeit für die Spaltung als Funktion der Neutronenenergie W

4. Thermische Reaktoren

a) In natürlichem Uran, das den Spaltstoff U-235 zu 0,7% enthält, wird bei einer Spaltung durch *thermische Neutronen* im Mittel mehr als ein Neutron frei. Auch die Wahrscheinlichkeit für eine Spaltung bei thermischen Neutronen ist groß. Könnte man also einen thermischen Reaktor mit Natururan bauen? In dem Fall müßte man zunächst die bei der Spaltung entstehenden schnellen Neutronen durch Stöße mit anderen Kernen abbremsen, bis sie thermische Energie besitzen, ohne daß dabei zu viele Neutronen verlorengehen. In einem reinen Uranblock gelingt dieses Vorhaben aber nicht, denn U-238 hat die Eigenschaft, Neutronen mit Energien zwischen 10 und 1000 eV häufig über eine (n, γ)-Reaktion einzufangen. *Natururan ist nicht explosiv.*

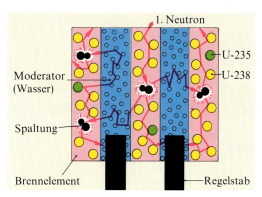

549.1 Geregelte Kettenreaktion im Kernreaktor

> **In reinem Natururan (99,3% U-238, 0,7% U-235) kann keine Kettenreaktion ablaufen.**

b) Bremst man Neutronen *außerhalb* des Uranblocks in einem sogenannten **Moderator** ab, so läßt sich eine Kettenreaktion in Gang halten. Man ordnet dazu das Uran (meistens in Oxidform) in Stäben an, zwischen denen sich der Moderator befindet *(Bild 549.1)*.

Als Moderator eignen sich Nuklide mit kleiner Massenzahl, denn bei Stößen mit derartigen Kernen verlieren Neutronen relativ viel Energie und sind daher nach wenigen Stößen thermisch *(Tabelle 549.1)*. Dieses rasche Abbremsen ist notwendig, damit die Neutronen schnell über das Gebiet von 1000 bis 10 eV hinwegkommen, in dem sie leicht von U-238-Kernen eingefangen werden. Wichtig ist, daß der Moderator möglichst wenig Neutronen absorbiert.

Statt H-1 und D-2 benutzt man einfach Wasser H_2O oder schweres Wasser D_2O, die beide auch zum Abtransport der freigesetzten Energie dienen. Betreibt man einen Reaktor mit Natururan, so muß man das teure D_2O oder Graphit als Moderator verwenden, da H-1 die Neutronen zu stark absorbiert.

Die Wahrscheinlichkeit für eine Absorption von Neutronen durch H-1 ist ca. 330mal (100mal) so groß wie die Absorptionswahrscheinlichkeit von D-2 (bzw. C-12).

c) Reichert man das Natururan auf etwa 3% mit U-235 an, läßt sich normales Wasser H_2O als Moderator verwenden. Die höhere Konzentration an U-235 läßt ein thermisches Neutron eher einen spaltbaren Kern finden, als daß es von einem H-1 Atom absorbiert wird. In den heute am meisten verwendeten Reaktortypen, dem Druckwasserreaktor (DWR) und dem Siedewasserreaktor (SWR), dient das zu 3% mit U-235 angereicherte Uran als Brennstoff.

Es handelt sich um *Thermische Reaktoren*, da in ihnen die Spaltungen durch thermische Neutronen ausgelöst werden. Man nennt sie **Leichtwasserreaktoren** im Gegensatz zu den **Schwerwasserreaktoren**, weil sie normales und nicht schweres Wasser als Moderator verwenden.

In Oklo (Gabun) in Afrika ist vor ca. 400 Millionen Jahren in einer Uranlagerstätte eine Kettenreaktion auf natürliche Weise zustande gekommen, die sich 150000 Jahre lang aufrechterhalten hat. Wegen der relativ kürzeren Halbwertszeit von U-235 betrug damals der Gehalt an U-235 noch ca. 3%. Durch Einsickern von Wasser in die Lagerstätte entstand ein „Leichtwasserreaktor".

> **Bremst man die bei Spaltungen entstehenden schnellen Neutronen außerhalb des Spaltstoffs in einem Moderator ab, so kann man mit Natururan oder mit an U-235 angereichertem Uran einen thermischen Reaktor betreiben. Die Wahl des Moderators richtet sich nach der Konzentration von U-235.**

Moderator	H-1	D-2	C-12	U-238
N	18	25	115	2170

Tabelle 549.1 Eigenschaften von einigen Moderatoren und U-238; N ist die Zahl der Stöße, bis die Neutronen thermisch sind.

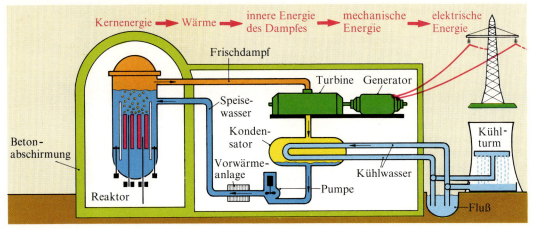

550.1 Aufbau eines Siedewasserreaktors und eines Kernkraftwerkes

d) *Bild 550.1* zeigt links den prinzipiellen Aufbau eines *Siedewasserreaktors SWR*. Die zu Brennelementen zusammengesetzten Brennstäbe enthalten das bis zu 3% mit U-235 angereicherte Natururan in Oxidform UO_2. Dazwischen befindet sich Wasser als Moderator, das gleichzeitig als Kühlmittel für die durch Kernspaltungen stark erhitzten Brennstäbe dient. Das Wasser siedet, und der Dampf führt die freigesetzte Energie nach außen ab. Im anschließenden Kraftwerk *(Bild 550.1 rechts)* wird damit elektrische Energie erzeugt. Das **Kernkraftwerk** ist ein Wärmekraftwerk.

Ein weiterer oft gebauter Leichtwasserreaktor ist der *Druckwasserreaktor DWR (Bild 550.2)*. Er besitzt aus Sicherheitsgründen einen zusätzlichen Primärkreislauf. Die Wirkungsgrade von SWR und DWR liegen bei 33%. Haben sie also eine elektrische Ausgangsleistung von 1000 MW, so gibt der Reaktor 3000 MW thermische Leistung ab.

5. Regelung

a) Mit den *Regelstäben (Bild 549.1)*, die man zwischen die Brennstäbe schieben kann, regelt man die Kettenreaktion. Sie enthalten Elemente wie Bor, Cadmium oder Gadolinium, die eine große Wahrscheinlichkeit für (n, γ)-Einfangreaktionen von thermischen Neutronen aufweisen. Man kann mittels dieser Stäbe dem System somit Neutronen entziehen.

Sind die Regelstäbe vollständig eingefahren, so läuft keine Kettenreaktion ab. Setzt man den Reaktor in Betrieb (in der Fachsprache: der Reaktor wird angefahren), zieht man die Regelstäbe langsam heraus, bis die für die gewünschte Leistung des Reaktors notwendigen Spaltungen pro Sekunde stattfinden. Eine Neutronenquelle, die sich an geeigneter Stelle zwischen den Brennstäben befindet, hilft die Kettenreaktion in Gang zu bringen. Im Dauerbetrieb hält man mit Hilfe der Regelstäbe die Zahl der Spaltungen konstant; man sagt, der Reaktor ist *kritisch*. Der kritische Zustand ist der *normale* Betriebszustand.

b) Während des Reaktorbetriebs treten Vorgänge ein, die den Neutronenhaushalt stören und durch Regelanordnungen ausgeglichen werden müssen:

— Beim Hochfahren der Leistung erhitzt sich der Moderator. Seine Dichte sinkt und damit auch seine Fähigkeit zu moderieren.

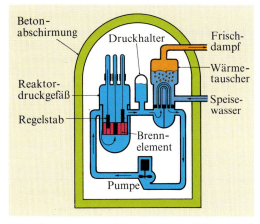

550.2 Druckwasserreaktor. Rechts im Bild schließt sich dieselbe Anordnung wie in *Bild 550.1* an.

– Eine Erhöhung der Brennstofftemperatur bewirkt ebenfalls eine stärkere Absorption von Neutronen in U-238.
– Beim Reaktorbetrieb entstehen rasch Spaltprodukte wie Xenon Xe-135 oder Samarium Sm-149 und Sm-151, die stark Neutronen absorbieren („Xenonvergiftung des Reaktors").

c) Der Brennstoff im Reaktor wird im Laufe der Zeit verbraucht. Man spricht vom **Abbrand** des Brennstoffs. Teilweise ausgeglichen wird dies dadurch, daß während des Betriebs aus U-238 der neue Spaltstoff Pu-239 entsteht (Seite 541). Im SWR werden im Mittel 60 spaltbare Kerne erbrütet, wenn sich gleichzeitig 100 andere Kerne spalten. Man sagt, die **Konversionsrate** ist 0,6. Je höher die Konversionsrate, um so besser die Ausnutzung der Brennstoffe.

Ein Brennelement befindet sich etwa drei Jahre im Reaktor und liefert dabei etwa 33 GWd Energie (thermisch) pro Tonne Uran. Der Abbrand *(Bild 551.1)* in GWd/t ist ein Maß dafür, wieviel Energie das Brennelement schon abgegeben hat. Ist die Menge des Gesamtspaltstoffs an U-235 und Pu-239 unter eine gewisse Grenze gefallen, so muß das Brennelement ausgewechselt werden. Vor dem Austausch der Brennelemente kann man die Abnahme des Spaltstoffs mit Hilfe von Regeleinrichtungen ausgleichen. Im DWR wird z.B. dem Wasser Neutronen absorbierende Borsäure zugesetzt, deren Konzentration mit der Zeit abnimmt. So bleibt die Reaktorleistung konstant.

d) Ist ein Reaktor kritisch, muß die Zahl der Neutronen, die pro Sekunde Spaltungen hervorrufen, konstant sein. Entscheidend für die Regelung des Reaktors ist, daß unter diesen Neutronen *verzögerte* sind, die mit einer mittleren Halbwertszeit von $T_{1/2} \approx 10$ s von den Spaltprodukten emittiert werden. Die prompten Neutronen aus den Kernspaltungen erzeugen im thermischen Reaktor im Mittel nämlich schon nach etwa 10^{-4} s die nächste Spaltung. Gäbe es nur sie im Reaktor, könnte daher bei einer noch so kleinen Störung die Leistung in kürzester Zeit so gewaltig ansteigen, daß mit mechanisch betriebenen Regelvorrichtungen die Leistungserhöhung nicht mehr kontrolliert werden könnte. Da aber verzögerte Neutronen am Neutronenhaushalt beteiligt sind, bewegen sich bei Störungen die Leistungssteigerungen innerhalb mehrerer Sekunden, in denen mechanisch betriebene Regelvorgänge jederzeit wirksam werden können.

6. Sicherheit der Leichtwasserreaktoren

Einige die Sicherheit eines Reaktors betreffende Punkte sind:

– **Bei jedem denkbaren Unfall darf nicht mehr als die gesetzlich zulässige Menge an radioaktiven Stoffen in die Umwelt freigesetzt werden. Eine ausreichende Schutzhülle ist unabdingbar.**

– Bei jeder Störung werden die Regelstäbe *automatisch* zwischen die Brennelemente geschossen, so daß die Kettenreaktion schlagartig abstirbt.

– Wird der Reaktor aus irgendeinem Grund überkritisch, so führt dies zu einer Leistungssteigerung und damit zu einer Temperaturerhöhung; die Neutronenausbeute sinkt demzufolge wieder, ein weiteres Anwachsen der Leistung wird beschränkt. Man spricht von *inhärenter Sicherheit*.

– Erlischt der Spaltungsprozeß, muß die **Nachzerfallswärme** der radioaktiven Spaltprodukte (ca. 5% der Reaktorleistung) sicher abgeführt werden. Sonst würden die Brennelemente rasch schmelzen. Mehrere voneinander unabhängige Notkühlsysteme müssen deshalb im Ernstfall bereit stehen.

– Auch wenn alle Kühleinrichtungen versagen und das Wasser im Reaktorkernbereich verdampft, kann der Leichtwasserreaktor aus physikalischen Gründen nie wie eine Atombombe explodieren. Da ohne Wasser die Spaltneutronen kaum noch moderiert werden, endet die Kettenreaktion sofort.

– In Anbetracht der großen Gefahr bei einem Unfall müssen mögliche Störfälle in aller Welt intensiv studiert werden.

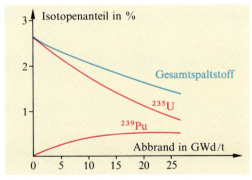

551.1 U-235 und Pu-239 in einem Leichtwasser-Uran-Brennelement (1 GWd = $24 \cdot 10^6$ kWh)

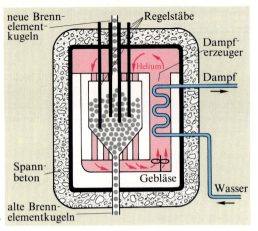

552.1 Hochtemperaturreaktor; rechts schließt sich dieselbe Anordnung wie in *Bild 550.1* an.

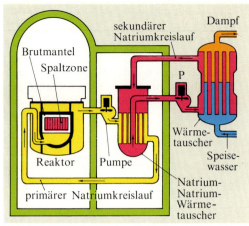

552.3 Schneller Brüter; rechts im Bild schließt sich dieselbe Anordnung wie in *Bild 550.1* an.

7. Der Hochtemperaturreaktor

Als weiteres Reaktorsystem wird der Hochtemperatur- oder Kugelhaufenreaktor HTR *(Bild 552.1)* erprobt. Es handelt sich um einen thermischen Reaktor, dessen Brennstoff aus 93% mit U-235 angereichertem Uran als Spaltstoff und Th-232 als Brutstoff besteht. Der Brennstoff ist in Graphitkugeln vom Durchmesser 6 cm gasdicht eingeschlossen. Th-232 wird durch Neutroneneinfang in das spaltbare U-233 umgewandelt (Seite 546); die Konversionsrate kann einen Wert von bis zu 0,9 erreichen. Die für eine geregelte Kettenreaktion erforderlichen Funktionen sind beim HTR auf zwei Medien aufgeteilt. Graphit dient als Moderator, und mit Helium wird die Wärme abgeführt. Die Graphitkugeln schließen die Spaltprodukte so gut ein, daß der gesamte Helium-Vorrat des Reaktors ins Freie abgelassen werden könnte, ohne irgendwelche Sicherheitsbestimmungen zu verletzen. Bei allen Störfällen soll die Temperatur nie über 1600 °C steigen. Auch dann sind die Graphitkugeln noch so dicht, daß eine massive Freisetzung radioaktiver Spaltprodukte als ausgeschlossen gilt. Die Brennstoffkugeln lassen sich auch ohne Wiederaufarbeitung direkt endlagern. — Es ist möglich, den HTR in relativ kleinen Einheiten von 200 MW wirtschaftlich zu betreiben. Zudem kann die Wärme bei über 900 °C erzeugt werden, was nicht nur einen guten Wirkungsgrad von 40% erlaubt, sondern auch eine Vielzahl von Möglichkeiten der Wärmenutzung bringt. Mit Prozeßwärme dieser Temperatur läßt sich etwa Kohle vergasen oder „Fernenergie" erzeugen. Bei diesem ADAM- und EVA-Konzept (**E**inzelspaltrohrversuchs**a**nlage) wird durch die Wärmezufuhr aus dem HTR Methan aufgespalten, das Produkt, ein Gemisch aus CO und H_2, „kalt" zum Verbraucher transportiert und dort unter Energieabgabe zu Methan und Wasser „verbrannt". Anschließend führt man Methan zum HTR zurück. Die Reaktionsgleichungen lauten

$$CO + 3\,H_2 \rightleftarrows H_2O + CH_4 + 60 \text{ kWh kmol}^{-1}$$

8. Schneller Reaktor und Schneller Brüter

Nach *Bild 548.1* ist die Neutronenausbeute für schnelle Neutronen bei Pu-239 am größten. Deshalb baut man auch Schnelle Reaktoren mit Pu-239 als Spaltstoff. Man gewinnt es aus abgebrannten Brennelementen von Leichtwas-

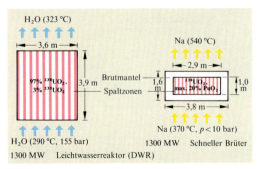

552.2 Reaktorkern eines Leichtwasserreaktors (DWR) und eines Schnellen Brüters gleicher Leistung (schematisch)

serreaktoren. Die geringe Wahrscheinlichkeit für die Spaltung von Pu-239 mit schnellen Neutronen *(Bild 548.2)* erfordert allerdings einen viel kompakteren Bau der Spaltzone als beim thermischen Reaktor *(Bild 552.3)*, was höhere Leistungsdichten zur Folge hat. Zusätzlich ist der Brennstoff stärker mit dem Spaltstoff anzureichern; der Brennstoff besteht zu 20% aus Pu-239 und zu etwa 80% aus U-238. Als Kühlmittel wählt man flüssiges Natrium, da es sehr gute Wärmeübertragungseigenschaften besitzt, erst bei 900 °C siedet und schnelle Neutronen kaum absorbiert. Weil die Spaltungen durch schnelle Neutronen erfolgen, dürfen die Spaltungsneutronen nicht durch das Kühlmittel abgebremst werden. Der hohe Siedepunkt erlaubt ein Arbeiten bei geringem Druck (≈ 10 bar) und hoher Temperatur (≈ 540 °C), wodurch ein guter Wirkungsgrad (40%) der Anlage erzielt wird. Nachteilig sind die heftigen chemischen Reaktionen des Natriums mit Wasser und Luft, die unbedingt vermieden werden müssen. *Bild 552.3* zeigt den Querschnitt eines Schnellen Reaktors. Aus Sicherheitsgründen werden zwei getrennte Natriumkreisläufe verwendet.

Die Neutronenausbeute beim beschriebenen Schnellen Reaktor fällt so hoch aus, daß nach Abzug der Neutronenverluste (z.B. durch das Austreten der Neutronen aus dem System) und einem Neutron zur Aufrechterhaltung der Kettenreaktion immer noch Neutronen übrigbleiben. Sorgt man dafür, daß diese überzähligen Neutronen von U-238 absorbiert werden, wobei sich Pu-239 bildet, so kann die Konversionsrate größer als 1 werden. Deshalb umgibt man die Spaltzone des Schnellen Reaktors mit einer Brutzone aus U-238 *(Bild 552.2)*. Damit kann in Spalt- und Brutzone zusammen aus U-238 mehr Spaltstoff Pu-239 „erbrütet" werden, als durch die Spaltungen von Pu-239 verbraucht wird. Gleichzeitig kommt es zur Erzeugung elektrischer Energie.

Als Vorteil des Schnellen Brüters wird angeführt, daß man den Energieinhalt des natürlich vorkommenden Urans weit besser als mit thermischen Reaktoren ausnützen kann. Während diese etwa maximal 1% nutzen, hofft man, mit Schnellen Brütern auf 60% zu kommen.

Was die Sicherheit des Schnellen Brüters anbelangt, so verfügt er bei einem sprunghaften Wechsel in den überkritischen Zustand nicht über die Selbstregelung wie der thermische Reaktor, da die Spaltungen durch schnelle Neutronen erfolgen. Es kann daher in einem

28,7 t	nicht verbrauchtes Uran (meist U-238)
1,0 t	Spaltprodukte
260 kg	Plutonium (verschiedene Isotope); 200 kg sind spaltbares Material
30 kg	Transurane (Elemente mit $Z > 92$)

Tabelle 553.1 Jährlicher Abfall eines Reaktors (SWR oder DWR) mit 1000 MW elektrischer Leistung

sehr unwahrscheinlichen Fall zu einer großen Energiefreisetzung, nicht aber zu einer Nuklearexplosion kommen. Eine beginnende Explosion verdünnt nämlich umliegende Spaltstoffe derart, daß die Kettenreaktion schnell abbricht. Die Behälter des Schnellen Brüters müssen bei einem derartigen Unfall der maximal freigesetzten Energie standhalten. Der Sicherheitsaufwand ist also noch höher als beim thermischen Reaktor.

9. Entsorgung

Der Spaltstoff im Reaktor wird mit der Zeit verbraucht *(Bild 551.1)*. Von den 100 t Uran, die ein 1000 MW-Leichtwasserreaktor benötigt, sind jährlich 30 t auszutauschen. Wie sich der abgebrannte Brennstoff zusammensetzt, zeigt *Tabelle 553.1*. Der Abfall enthält Spaltstoffe wie U-235 und Pu-239 sowie viel U-238, aus dem im Schnellen Brüter neuer Spaltstoff

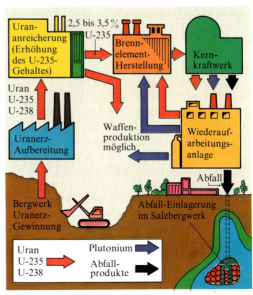

553.1 Brennstoffkreislauf

gewonnen werden könnte. Will man diese ausgedienten Brennelemente nicht endlagern, so stellt man sich folgende *Entsorgungslösung* vor:

Die Brennelemente werden zunächst etwa 1 Jahr lang im Wasserbecken beim Reaktor gelagert; in dieser Zeit klingt die Aktivität infolge des Zerfalls kurzlebiger Spaltprodukte auf unter 1% des Anfangswerts ab. Anschließend transportiert man die Brennelemente in speziellen Behältern in eine **Wiederaufarbeitungsanlage**. Dort trennt man Uran und Plutonium chemisch ab und sorgt für eine sichere **Endlagerung** der nicht verwertbaren radioaktiven Spaltprodukte und Transurane (sie entstehen wie Plutonium aus U-238 durch Neutroneneinfang).

Man möchte dazu die hochradioaktiven Abfälle, die jahrhundertelang intensiv strahlen, in Glasstäbe einschmelzen und sicher verpackt in sorgfältig ausgewählten geologischen Formationen, wie z.B. Salzstöcken, in über 1000 m Tiefe vergraben. – Aus dem in der Wiederaufarbeitungsanlage gewonnenen U-235 und Plutonium können wieder Brennelemente für Reaktoren gebaut werden. *Bild 553.1* zeigt den so entstehenden **Brennstoffkreislauf**.

Bis zur Wiederaufarbeitung oder Endlagerung ist eine **Zwischenlagerung** des radioaktiven Mülls für einen längeren Zeitraum nötig. Wegen der Nachzerfallswärme muß dies unter ständiger Kühlung in Wasserbecken geschehen.

Wiederaufarbeitungsanlagen sind vor allem deshalb umstritten, weil aus dem Reaktorplutonium – wenn auch mit immensen Schwierigkeiten – Atombomben gebaut werden könnten. *Bild 554.1* zeigt, an welchen Stellen des Brennstoffkreislaufs spaltbares Material abzuzweigen wäre. Die Bundesrepublik Deutschland hat vertraglich auf die Herstellung jeglicher Kernwaffen verzichtet *(Atomwaffensperrvertrag)*. – Ebenso kontrovers diskutiert man die Endlagerung hoch radioaktiver Abfälle, da die vorgesehenen Salzstöcke noch nicht genügend erforscht sind. Eine Gefahr für die Umwelt durch ein solches Endlager kann nur aus dem Transport radioaktiver Substanzen aus der Tiefe in oberflächennahes Grundwasser resultieren. Selbst wenn die Nuklide aus den Glasstäben herausgelöst würden, brauchten sie sehr lange, bis sie die dazwischenliegenden Gesteinsschichten durchlaufen hätten. So sind z.B. die Spaltprodukte des natürlichen Reaktors in Oklo/Gabun in etwa 1,5 Millionen Jahren lediglich 100 m weit gewandert.

10. Zur Kernenergiediskussion

Die Nutzung der Kernenergie ist umstritten. Wesentliche Punkte der Diskussion sind:

a) Im Normalbetrieb ist die von einem Kernreaktor verursachte Radioaktivität sehr klein gegenüber der natürlichen Strahlenbelastung. Ist aber jedes Kernkraftwerk so sicher gebaut, daß bei allen denkbaren Störfällen nicht mehr als die gesetzlich zulässige Menge an radioaktiven Stoffen in die Umwelt gelangt? Für deutsche Kernkraftwerke gilt international gesehen ein besonders hoher Sicherheitsstandard. Schwere Unfälle mit Kernkraftwerken gab es 1979 in Harrisburg (USA) und 1986 in Tschernobyl (UdSSR). Während in Harrisburg trotz der Tatsache, daß etwa 45% des Reaktorkerns geschmolzen waren, die Bevölkerung kaum mit zusätzlicher radioaktiver Strahlung belastet wurde, kam es in Tschernobyl zu Bränden und chemischen Explosionen, wodurch ein Teil des Reaktorgebäudes zerstört und radioaktive Stoffe in die Atmosphäre geschleudert wurden. Winde verteilten diese radioaktiven Stoffe, insbesondere Cs-137, über weite Teile Europas. Der Reaktortyp von Tschernobyl wird in Deutschland nicht eingesetzt.

b) In Kernkraftwerken entsteht Plutonium, das in Wiederaufarbeitungsanlagen abgetrennt werden kann. Pu-239 ist ein intensiver α-Strahler mit einer Halbwertszeit von 24000 Jahren; es darf daher nicht in den Körper gelangen. Die größte Gefahr tritt durch das Einatmen von feinem Plutoniumoxidstaub auf. Es besteht die Gefahr von Lungenkrebs. Etwa $\frac{1}{4}$ mg Reaktorplutonium inhaliert, führt nach ca. 15 Jahren zum Tode. Außerdem ist Pu-239 spaltbar; von daher besteht die Gefahr, daß aus Reaktorplutonium Atombomben hergestellt werden.

c) Die radioaktiven Abfälle müssen gelagert werden. Die beschriebene Entsorgungslösung „Vergraben der Abfälle" (z.B. in Salzstöcken) ist noch nirgends realisiert. Sie darf keinesfalls ein höheres Risiko darstellen als das der natürlichen Lagerstätten von Uran und Thorium.

d) Jede Art der Energiegewinnung hat Risiken und Umweltbelastungen zur Folge. So ist z.B. die Energiegewinnung durch Verbrennen von Kohle, Öl oder Gas immer mit der Produktion von Kohlenstoffdioxid (CO_2) verbunden. Es besteht die große Gefahr, daß sich die mittlere Temperatur der Erde durch die Anreicherung von CO_2 und anderer Gase in der Atmosphäre erhöht (Treibhauseffekt).

§203 Die Kernfusion

1. Verschmelzung der Kerne

Wie *Bild 534.1* zeigt, wird nicht nur Energie frei, wenn sich schwere Kerne spalten, sondern auch bei der Verschmelzung leichter Kerne zu schweren. Man nennt dies **Kernfusion**. Ein Beispiel ist die Fusion eines Deuterons H-2 und eines Tritiumkerns H-3

$$^2_1\text{H} + ^3_1\text{H} \rightarrow \,^4_2\text{He} + ^1_0\text{n} + 17{,}58 \text{ MeV}. \qquad (555.1)$$

Die Kernfusion stellt eine große Energiequelle dar. Bezogen auf gleiche Masse der „Brennstoffe" verhalten sich die Energiefreisetzungen bei Kernfusion, Kernspaltung und Kohleverbrennung wie

$$W_{\text{Fus.}} : W_{\text{Spalt.}} : W_{\text{Kohleverb.}} = 10^7 : 3 \cdot 10^6 : 1.$$

Um aber die Kernfusion in Gang zu setzen, müssen sich die beiden Kerne H-2 und H-3 zuerst so nahe kommen, daß die Kernkräfte einhaken und die Kerne verschmelzen können. Dazu müssen die geladenen Kerne mit genügend hoher kinetischer Energie gegen ihre elektrostatische Abstoßung anrennen. Man benötigt etwa die Energie $W = 0{,}4$ MeV.

Mit dieser oder einer höheren Energie müßten die Kerne aufeinander zufliegen, um fusionieren zu können. Eine genauere quantenmechanische Analyse zeigt allerdings, daß auch kleinere Energiebeträge schon ausreichen können.

Für eine großtechnische Energienutzung will man die Fusion auf eine ähnliche Weise realisieren, wie sie in den Fixsternen schon seit Jahrmillionen vor sich geht. Dort herrschen sehr hohe Temperaturen von 10^7 K und mehr. Die Atome sind vollständig ionisiert, und es liegt ein nach außen neutrales Gemisch aus freien Elektronen und frei beweglichen Ionen vor, das man **Plasma** nennt. Durch die Wärmebewegung haben die Ionen bei $T = 10^8$ K die mittlere kinetische Energie $W \approx 13$ keV.

Dieser Betrag ist viel kleiner als die 0,4 MeV kinetische Energie, die die Teilchen brauchen, um gegen die elektrostatische Abstoßung anzukommen. Dennoch finden beim Stoß der Ionen ständig Fusionsprozesse statt. Der Grund liegt neben den oben erwähnten quantenmechanischen Effekten vor allem darin, daß wir nur die *mittlere* kinetische Energie betrachtet haben. Einige Ionen des Plasmas haben erhebliche höhere kinetische Energien.

2. Der Fusionsreaktor

Die Schwierigkeiten, auf der Erde kontrollierte Fusionsprozesse ablaufen zu lassen, liegen auf der Hand. (Militärisch wurde die Freisetzung riesiger Energiemengen durch eine unkontrollierte Fusion in der *Wasserstoffbombe* längst verwirklicht.) Kein Material hält z.B. die benötigten hohen Temperaturen aus. Ein Weg zur kontrollierten Kernfusion ist, sie in einem auf Entzündungstemperatur aufgeheizten Plasma zu erzeugen, welches mittels starker Magnetfelder berührungslos in einem Torus (Hohlring) eingeschlossen ist.

Bild 555.1 zeigt stark vereinfacht das Prinzip einer *Tokamak-Anordnung*. (Das Wort Tokamak stammt aus dem Russischen und bedeutet „Großer Strom".) Auf den Torus sind Spulen gewickelt, deren Magnetfeld den Kontakt des Plasmas mit den Wänden verhindert. Zur Aufheizung des Plasmas benötigt man einen im Plasma fließenden Strom. Dieser Kreisstrom wird nach dem Transformatorprinzip mit einem Stromstoß durch die um das Eisenjoch gewundene Primärspule erzeugt; das Plasma bildet die Sekundärspule. Zusätzlich zu dieser „Ohmschen Heizung" des Plasmas kann ein weiteres Aufheizen durch Einschuß eines Strahls hochenergetischer Neutralteilchen, z.B. Wasserstoffgas, in das Plasma erreicht werden. Die kinetische Energie der eingeschossenen Teilchen überträgt sich auf die Plasmateilchen und macht sie schneller.

Je länger die Zeit τ ist, in der das Plasma zusammengehalten wird, und je höher die Dichte n des Plasmas ist, um so eher wird eine Fusion

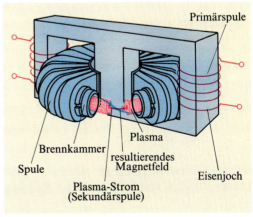

555.1 Tokamak-Anordnung für den Magnetfeldeinschluß eines Plasmas

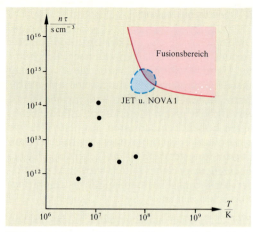

556.1 Produkt aus Teilchendichte n und Einschlußzeit τ. Im schraffierten Bereich muß ein Fusionsreaktor betrieben werden. Schwarze Punkte bedeuten erreichte Werte; JET und NOVA 1 sind neuere Experimente.

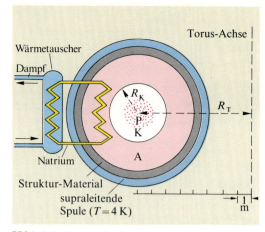

556.2 Schnitt durch den Torus eines Tokamak-Fusions-Kraftwerks (Prinzip). R_T = Torus-Radius; R_K = Kammer-Radius; P = Plasma ($T = 10^8$ K); K = Brennkammer; A = Wärme-Absorber ($T = 10^3$ K) und Li-Brutmantel

exotherm ablaufen, d.h. es wird mehr Energie freigesetzt als hineingesteckt. In *Bild 556.1* ist als Funktion der Temperatur die untere Grenze des Produkts $n\tau$ angegeben, ab der das Fusionsplasma zündet und die Fusionsprozesse sich selbst in Gang halten. In dem schraffierten Bereich muß man eine Anordnung betreiben — **Fusionsreaktor** genannt —, mit der man Energie aus der Fusion großtechnisch gewinnen möchte. Die eingezeichneten schwarzen Zustände hat man in Experimenten schon erreicht, den blauen Bereich strebt man mit geplanten Großexperimenten an.

3. Der Fusionsreaktor — eine Vision?

Auch wenn es gelingt, die Demonstration des physikalischen Prozeßablaufs einer Fusion im Plasma, wie im *Bild 555.1* angedeutet, zu erreichen, ist man von einer wirtschaftlichen Energiegewinnung noch meilenweit entfernt. Ob es den Fusionsreaktor geben wird, ist mehr als fraglich. Die Probleme sind riesengroß.

Um nur einige davon aufzuzeigen, ist in *Bild 556.2* das Prinzip einer Tokamak-Anordnung skizziert. Das Plasma in den Brennkammern ist von Absorbermaterial umgeben, in dem die bei der Fusion freigesetzten Neutronen ihre Energie abgeben und dabei auch aus Lithium das für die Fusion notwendige Tritium erbrüten.

$$^{6}_{3}\text{Li} + ^{1}_{0}\text{n} \rightarrow ^{4}_{2}\text{He} + ^{3}_{1}\text{H} + 4{,}8 \text{ MeV}.$$

Deuterium existiert genügend auf der Welt, denn es ist zu 0,015% in normalem Wasser enthalten. Die erzeugte Wärme führt man z.B. mit flüssigem Natrium nach außen und produziert in einem Wärmetauscher Dampf, mit dem man Turbinen antreibt. Als kleinste sinnvolle Leistung eines derartigen Kraftwerks werden 30 000 MW thermisch angesehen. Das Magnetfeld zum Einschluß des Plasmas müßte man dann mit supraleitenden Magneten erzeugen (Temperatur der Magnete 4 K), sonst erreicht es nicht die notwendige Stärke. Bricht dieses Magnetfeld zusammen ($B \approx 10$ T), womit man im Dauerbetrieb immer rechnen muß, dann werden infolge des großen Volumens (≈ 640 m^3) 25 000 MJ an magnetischer Energie frei. Das entspricht einer Explosion von 4,6 t Dynamit. Die Materialbelastungen durch den Neutronenfluß stellen ein Mehrfaches dessen dar, was ein Reaktordruckbehälter eines thermischen Reaktors aushalten muß. Zusätzlich herrschen hohe Temperaturunterschiede zwischen Innen- und Außenraum *(Bild 556.2)*.

Auch die *Umweltbelastungen* durch einen Fusionsreaktor sind nicht unproblematisch. So müßte man für den Betrieb täglich 5 kg radioaktives Tritium H-3 aus dem Absorbermaterial in Wiederaufarbeitungsanlagen extrahieren. (Zum Vergleich: Die in einer Wiederaufarbeitungsanlage für zehn Kernkraftwerke jährlich anfallende Menge an Tritium beträgt 10 g.) Wird man all diese Probleme in den Griff bekommen? Wird der Fusionsreaktor sicherer als der Fissions-(Spaltungs-)Reaktor?

4. Fixsterne als Fusionsreaktoren

Die Fusion des Wasserstoffs zu Helium stellt die Energiequelle der Sonne und aller Fixsterne dar. Die beim radioaktiven Zerfall oder gar bei Verbrennungsprozessen freiwerdenden Energien wären tatsächlich viel zu klein. Dabei vollzieht sich der Aufbau des Heliums in komplizierten Zyklen. Enthält ein Stern das Kohlenstoffisotop C-12, so verläuft z.B. der *Bethe-Weizsäcker-Zyklus* bei Temperaturen oberhalb von $1,5 \cdot 10^7$ Kelvin ab. Bei diesem Prozeß wird in sechs Schritten aus vier Protonen, die sich nacheinander an C- oder N-Kerne anlagern, ein He-4-Kern erzeugt. Nur H-Kerne werden dabei verbraucht; die anderen beteiligten Atomkerne verlassen diesen Zyklus unverändert; sie dienen nur als Träger der Kernreaktionen, sozusagen als *Katalysatoren*.

Die Bilanz erhält man für diesen Zyklus durch Addition der sechs Schritte:

$$4\,^1_1\text{H} \rightarrow\, ^4_2\text{He} + 3\gamma + 2\,e^+ + 2\,\nu + 25 \text{ MeV}.$$

In jeder Sekunde werden z.B. im Inneren der Sonne $6{,}7 \cdot 10^{11}$ kg Wasserstoff verarbeitet, wobei die entstehenden Heliumkerne wegen des Massendefektes eine um $4{,}2 \cdot 10^9$ kg geringere Masse aufweisen. Pro Sekunde werden dabei $4 \cdot 10^{26}$ J frei und in Form von Strahlung in den Weltraum abgegeben.

Die „Fusionsreaktoren" Fixsterne brennen seit einigen Milliarden Jahren permanent im thermischen Gleichgewicht zwischen Wärmeerzeugung durch Fusion und Wärmeabstrahlung ins Weltall an der Oberfläche. Das Plasma wird durch die Fusionswärme selbst aufgeheizt und so auf der nötigen Temperatur gehalten. Der „Abbrand" des Brennstoffs ist minimal; bei der Sonne beträgt er 10^{-10} des Gesamtvorrats pro Jahr. Es ist also nicht zu befürchten, daß in historisch überschaubaren Zeiten die Kernfusion aufhört. — Da die Sonne ein ungeheures Volumen besitzt, ist trotz der großen Energieabstrahlung die Fusionsleistung pro Plasmavolumen nur 40 W m^{-3} (!). Durch das viel ungünstigere Verhältnis von Plasmaoberfläche zu Plasmavolumen muß ein möglicher Fusionsreaktor eine Leistungsdichte von 10^9 W m^{-3} (!!) aufweisen.

> **Die Fusion leichter Atomkerne ist die Energiequelle aller Fixsterne. Die technische Nutzung der Fusion als Energiequelle ist derzeit noch Utopie.**

§ 204 Zusammenfassung

1. Wir haben Eigenschaften von α-, β- und γ-Strahlung untersucht. Dabei ergaben sich vier Schwerpunkte:

a) Als *Nachweisgeräte für die Strahlung* lernten wir Nebelkammer und Zählrohr kennen.

b) Die *Energie* der α-Teilchen, der β-Teilchen sowie der γ-Quanten bewegt sich in der Größenordnung keV bis einige MeV. α-Teilchen weisen scharfe diskrete kinetische Energiewerte auf, β-Teilchen bilden dagegen ein kontinuierliches Energiespektrum mit einer Maximalenergie $W_{\max}$, da neben dem Elektron auch ein Neutrino den Kern verläßt.

c) Die *Wechselwirkung der Strahlung mit Materie* war die Grundlage für das Thema *Strahlengefahr* und *Strahlenschutz*. Wir untersuchten die *Reichweite* der Strahlung in Materie; γ-Strahlung wird beim Durchdringen einer Schicht der Dicke x nach einem Exponentialgesetz $I(x) = I_0\,e^{-\mu x}$ abgeschwächt.

d) Der *radioaktive Zerfall* findet mit einer für jedes Nuklid charakteristischen *Halbwertszeit* $T_{1/2}$ statt. Es gilt für die Zahl $N(t)$ der Nuklide einer radioaktiven Substanz

$$N(t) = N_0\,e^{-kt} \quad \text{mit} \quad k = \ln 2 / T_{1/2}.$$

2. Der Aufbau der *Nuklidkarte* war uns eine hilfreiche Leitlinie zum Verständnis des Kernzerfalls. Beim β$^-$-Zerfall zerfällt im Kern ein Neutron

$$n \rightarrow p + e^- + \bar{\nu},$$

beim β$^+$-Zerfall ein Proton

$$p \rightarrow n + e^+ + \nu;$$

dementsprechend liegen β$^-$-Strahler rechts der Stabilitätslinie in der Nuklidkarte und β$^+$-Strahler links davon. α-Strahler findet man am oberen Ende.

3. Ein unentbehrliches Hilfsmittel moderner Strukturforschung sind *Streuexperimente*. Das Prinzip lernten wir beim *Rutherfordschen Streuversuch* kennen. Die Entdeckung der *Kernreaktionen* und der *Kernspaltung* gelang mit analogen Versuchsanordnungen.

4. Die Anwendung physikalischer Gesetze beschäftigte uns bei der *Kernenergie* und *Kernfusion*. Die erarbeiteten Grundlagen sollten eine physikalisch fundiertere Diskussion des Problems der Energieversorgung ermöglichen.

Elementarteilchenphysik

§205 Neues über alte Teilchen

1. Die vier Grundkräfte der Natur

Wir haben bisher Elektronen, Protonen, Neutronen, Positronen und Neutrinos kennengelernt (Seite 534f.). Sie üben Kräfte aufeinander aus und wechselwirken auch sonst auf vielfältige Weise miteinander. Welche Arten der Wechselwirkung zeigen sich dabei?

a) Zwischen Teilchen, die geladen sind, wirken *elektrische Kräfte* und bei Bewegung *Lorentzkräfte*. Man spricht von der **elektromagnetischen Wechselwirkung**. Mit ihr erklärte die Quantentheorie um 1930 den Atombau und alle Bindungsarten zwischen Atomen, auch das Periodensystem der Elemente.

b) Ab 1930 untersuchte man die Kräfte in Atomkernen. Dort stoßen sich die geladenen Protonen ab. Doch halten *Kernkräfte* die Nukleonen unabhängig von deren Ladung zusammen; Kernkräfte sind also viel stärker als die elektromagnetische Wechselwirkung.

Man führt Kernkräfte heute auf eine sogenannte **starke Wechselwirkung** zurück. Sie hat auf Elektronen keine Wirkung; diese verlassen beim β-Zerfall nach ihrer Entstehung den Kern.

c) Beim β-Zerfall entstehen auch Antineutrinos $\bar{\nu}_e$. Sie unterliegen weder der elektromagnetischen noch der starken Wechselwirkung; sie durchfliegen sogar den Erdball, d.h. viele Atome, meist völlig ungehindert. Man weist sie durch eine neuartige, äußerst seltene Kraft, die sogenannte **schwache Wechselwirkung** nach. Diese hat nur eine Reichweite von etwa 10^{-17} m, d.h. $\frac{1}{100}$ Protonendurchmesser. Es ist selten, daß ein Antineutrino $\bar{\nu}_e$ auf diesen winzigen Abstand hin ein Proton p trifft. Geschieht dies aber, so kann sich nach $\bar{\nu}_e + p \rightarrow n + e^+$ ein Neutron n und ein Positron e^+ bilden. Das e^+ zerstrahlt mit einem Elektron, erkennbar an zwei γ-Quanten γ_1 und γ_2, die wegen der Impulserhaltung gleichzeitig nach entgegengesetzten Richtungen wegfliegen (*Bild 558.1*). Nach etwa 1 μs wird das Neutron n von einem Kern unter Aussendung eines dritten γ-Quants γ_3 eingefangen. An der charakteristischen Zeitabfolge der drei γ-Impulse in γ-Zählgeräten findet man diesen sehr seltenen Vorgang aus vielen anderen heraus.

Bei diesem Neutrinonachweis, also der schwachen Wechselwirkung zwischen Neutrinos und Nukleonen, stehen nicht Kräfte, sondern *Umwandlungen von Teilchen* im Vordergrund. Die schwache Wechselwirkung vermittelt auch den mit 10,6 min Halbwertszeit relativ seltenen Zerfall eines freien Neutrons in Proton, Elektron und Antineutrino sowie den im Kern ablaufenden β^--Zerfall des Neutrons und den β^+-Zerfall eines Protons (Seite 535).

d) Zwischen allen Teilchen mit Masse besteht zudem die noch viel schwächere **Gravitationswechselwirkung**. Man kann sie in der Elementarteilchenphysik vernachlässigen.

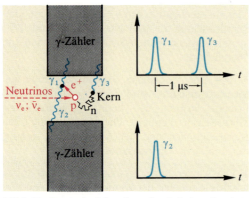

558.1 Nachweis des Neutrinos durch 3 charakteristische γ-Impulse nach schwacher Wechselwirkung mit Protonen

> **Es gibt vier Wechselwirkungen (WW), erkennbar an Kräften bzw. an Umwandlungen von Teilchen:**
> — **Starke WW (zwischen Nukleonen)**
> — **Elektromagnetische WW (bei Ladungen)**
> — **Schwache WW (beim Neutronen-Zerfall)**
> — **Gravitations-WW (bei Massen)**

Wenn sich Körper gegenseitig nicht durchdringen, sagen wir einfach, sie seien *massiv*. In Wirklichkeit wechselwirken die Elektronenhüllen ihrer Atome miteinander elektromagnetisch. Auch Atomkerne sind nicht massiv. Sie werden leicht von Neutrinos durchdrungen, die dabei nur selten die schwache Wechselwirkung erfaßt. Neutronen und Protonen dagegen, die sich einem Kern nähern, werden von der starken Wechselwirkung eingefangen und aneinandergelagert. „Massivsein" ist also kein physikalischer Begriff. Wir müssen vielmehr stets nach den Grundkräften fragen, die ein Teilchen beeinflussen.

2. Das Vakuum brodelt

Heisenberg zeigte, daß man eine Energie innerhalb eines Zeitintervalls Δt nur mit der Unschärfe $\Delta W \approx h/\Delta t$ angeben kann (Seite 493). Dauert eine Energiemessung $\Delta t = 6$ s, so ist die Unschärfe $\Delta W = h/\Delta t \approx 10^{-34}$ J, stört also nicht. Manche Elementarteilchen zeigen sich aber nur während einer Zeitspanne von $\Delta t \approx 10^{-22}$ s. Dann messen wir ihre Energie mit der Unschärfe $\Delta W \approx 10^{-11}$ J ≈ 40 MeV. Dies entspricht nach $W = mc^2$ etwa 100 Elektronenmassen, ist also sehr wohl zu beachten!

Zum Erzeugen von Elektron-Positron-Paaren braucht man nach Seite 482 das Energieäquivalent $W_0 = 2m_e c^2 = 1{,}02$ MeV der gesamten Ruhemasse $2m_e$. Solche Paare können aber auch gemäß der Unbestimmtheitsrelation ohne Energiezufuhr entstehen, wenn sie nur nach der Zeit $\Delta t \approx h/W_0 = 4 \cdot 10^{-21}$ s wieder verschwinden. In dieser kurzen Zeit fällt die Abweichung W_0 vom Energiesatz in die quantentheoretische Unbestimmtheit. Dabei wird — im Gegensatz zur „dauerhaften" Paarerzeugung — die Energie solcher **virtueller Elektron-Positron-Paare** nicht von einem γ-Quant geliefert. Deshalb entfällt die Notwendigkeit, den Impuls eines γ-Quants an einen Atomkern abzugeben. Virtuelle Paare entstehen also auch im Vakuum — im Gegensatz zu den echten. Allerdings kann man virtuelle Teilchen nicht leicht voneinander trennen und damit nachweisen. In ihrer kurzen Lebensdauer $\Delta t \approx 10^{-22}$ s fliegen sie mit fast Lichtgeschwindigkeit höchstens $\Delta s = c \Delta t \approx 10^{-13}$ m ≈ 100 Protonenradien weit. Das Vakuum bleibt deshalb für unsere groben Beobachtungsmittel neutral und leer. Bei der echten Paarbildung finden wir diese „Möchte-Gern-Teilchen", wenn sie durch die Zufuhr von 1,02 MeV Energie materialisiert worden sind und beliebig weit fliegen.

Ein Atomkern schiebt allerdings mit seiner positiven Ladung $+Q_0$ die kurzzeitig entstandenen virtuellen Positronen e^+ etwas von sich weg und zieht die negativ geladenen Elektronen e^- zu sich her *(Bild 559.1)*. Diese e^- schwächen das Feld des Atomkerns. Das Vakuum erhält durch diese Verschiebung sozusagen elektrische Pole; man spricht von **Vakuumpolarisation**. Die virtuellen Ladungen können sich aber höchstens um $\Delta s \approx h/(2\,c\,m_e) \approx 10^{-13}$ m gegeneinander verschieben. Nur innerhalb dieses Abstands vom Kern findet man eine negative Polarisationsladung $-\Delta Q$. Sie schirmt für uns die wahre Kernladung Q_0 auf die *effektive Ladung*

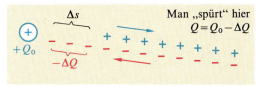

559.1 Vakuumpolarisation durch virtuelle Teilchen

$Q = Q_0 - \Delta Q$ ab. Weit außerhalb des Abstands Δs spüren wir also nur diese effektive Ladung Q; wir messen Q und nicht Q_0! Dringt aber ein Atomelektron in den Bereich Δs ein, so ist dort die Gesamtwirkung der Polarisationsladung $-\Delta Q$ kleiner. Das Elektron spürt mehr als die effektive Ladung Q; die Energie seines Spektralterms wird abgesenkt gegenüber dem Term, den weiter entfernte Elektronen liefern. Bei 1 s-Elektronen von Atomen beträgt dieser Effekt 0,01 eV und wurde an Spektrallinien mit der größten Genauigkeit bestätigt, die man bisher in der Physik erreichen konnte ($1:10^8$).

Myonen μ sind schwere Elektronen (Seite 564). Sie können wie gewöhnliche Elektronen Atome bilden, sogenannte *Myonen-Atome*, die allerdings nur sehr kurzlebig sind. Dabei halten sich die Myonen wegen ihrer 200fachen Masse nach *Gl. 505.4* viel näher am Kern auf als Wasserstoffelektronen, ja sogar im Kern selbst (als Elektronen spüren sie dabei die starke Wechselwirkung nicht, nur die elektromagnetische). Wegen der großen Kernnähe beträgt die Energieabsenkung durch die Vakuumpolarisation ca. 1 keV.

Somit ist sogar das *Vakuum* ein physikalisches Forschungsobjekt geworden. Es ist nicht einfach der leere Raum, in dem man ein Koordinatensystem aufspannt und in dem sich Körper tummeln, die man dorthin gebracht hat. Das Vakuum produziert virtuelle Teilchen mit sehr kurzer Lebensdauer! Die Energie dazu liefert kurzzeitig *Heisenbergs* Unbestimmtheitsrelation. Man spricht vom *Heisenberg-Kredit*.

3. Kraft durch Teilchen-Tausch

Sonnenlicht übt Kräfte auf die Teilchen eines Kometenschweifs aus. Deshalb zeigt er von der Sonne weg. In der Sprache der klassischen Maxwelltheorie entsteht er als Querdruck von Feldlinien der elektromagnetischen Lichtwelle. Anschaulicher ist er als Aufprall von Photonen.

Mit den Photonen haben wir Energie und Impuls der elektromagnetischen Welle quantisiert. Photonen entstehen beim Quantensprung von Ladungen, durcheilen den Raum mit Lichtgeschwindigkeit und übertragen dabei

Energie und Impuls auf andere Ladungen. Die Theoretiker sind dabei nicht stehen geblieben; sie quantisieren auch das Feld statischer Ladungen. Diese üben nach dem Coulombgesetz aufeinander Kräfte aus und ändern so den Impuls entfernter Körper. Also muß in statischen Feldern Impuls mit Lichtgeschwindigkeit übertragen werden, um die Impulserhaltung auch unterwegs zu erfüllen; man beschreibt dies in der Quantensprache durch den *Austausch von impulstragenden Photonen* zwischen den wechselwirkenden Ladungen. Da keine Strahlung auftritt, handelt es sich nicht um die von der elektromagnetischen Welle her bekannten Photonen, sondern um *virtuelle* Photonen. Auch sie haben die Ruhemasse $m_0 = 0$. Deshalb entstehen sie noch viel leichter als virtuelle Elektronen-Paare und haben die von Coulombkräften her bekannte sehr große Reichweite $\Delta s = h/(2 m_0 c)$. Da Photonen ungeladen sind, beschweren sie den Raum nicht mit einer Vakuumpolarisation. Deshalb werden virtuelle Photonen bei der elektromagnetischen Wechselwirkung von Ladungen erzeugt, einander zugespielt und absorbiert, also ausgetauscht. R. Feynman (Nobelpreis 1964) beschreibt diesen Photonenaustausch durch eine besondere Art von Graphen *(Bild 560.1)*: Das Elektron e_1^- emittiert ein virtuelles Photon und erhält einen Rückstoß, erkennbar am Knick seines Bahnverlaufs. Das zweite Elektron e_2^- absorbiert das Photon und erfährt die gleich große Abstoßungskraft. Dabei gilt das Coulombgesetz. Vergleichen Sie mit dem *Feldlinienbild* links! Beides sind Bilder, also Modellvorstellungen, an die man sich erst gewöhnen muß! Doch trägt der Photonenaustausch in der Elementarteilchenphysik wesentlich weiter. Man schreibt nämlich heute jeder der oben genannten 4 Wechselwirkungen ein sie charakterisierendes **Austauschteilchen** zu. Bei der Gravitationskraft nennt man es *Graviton*.

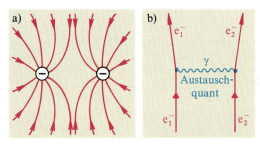

560.1 Feynman-Graph für Photonenaustausch zur quantentheoretischen Beschreibung der Coulombkraft

§206 Elementarteilchen-Experimente

1. Wie sieht man der Natur ins Innerste?

Im Lichtmikroskop sieht man eine Zelle, weil sie Licht bricht, streut und teilweise absorbiert. Dabei können wir Strukturen, die kleiner als eine halbe Wellenlänge sind, nicht mehr auflösen. Wegen der viel kleineren Materiewellenlänge führt das Elektronenmikroskop weiter. Kristalle werden mit Röntgenstrahlen untersucht, deren Wellenlänge in der Größenordnung der Netzebenenabstände liegt.

Nun hängt bei den in dieser *Strukturforschung* benutzten Photonen bzw. Elektronen, überhaupt bei allen Quantenobjekten, die Wellenlänge λ nach derselben Beziehung $p = h/\lambda$ mit dem Impuls p zusammen. Je feiner die Struktur ist, die man untersuchen will, desto größer muß also der Impuls p der zum „Abtasten" benutzten Testteilchen sein. In der Elementarteilchenphysik benutzt man Testteilchen im relativistischen Bereich ($v \approx c$). Sie müssen riesige Beträge an Impuls p und an Energie W haben. Wie für relativistische Photonen gilt $W = hf = hc/\lambda = cp$. *Elementarteilchenphysik ist aufwendige Hochenergiephysik!*

Rutherford leuchtete das Atom mit Alpha-Teilchen von α-Strahlern mit „nur" 5 MeV Energie aus und fand den Atomkern (Seite 531). Für das Innere der Protonen ($r \approx 10^{-15}$ m) braucht man Teilchen mit Energien von vielen Milliarden eV. Man muß sie in riesigen Teilchenbeschleunigern erst mühsam auf diese Energie bringen. Mit deren Fortschritt wächst laufend die experimentelle Kunde aus dem Bereich des Kleinsten. Energiereichere Teilchen „sehen" nämlich nicht nur schärfer; sie lösen auch Reaktionen aus, die unsere Kenntnisse ungemein erweitern, etwa die Paarbildung von Elektron und Positron, allgemein die Erzeugung neuer Teilchen aus Energie. Dabei wird oft das beschossene Ziel verändert oder gar zerstört. Gerade bei solchen radikalen Vorgängen äußern sich grundlegende Naturgesetze.

Wichtig ist, daß das Geschoß mit dem Ziel wechselwirkt. Sonst durchquert es dieses unbeeinflußt; „man sieht nichts". Elektronen werden vor allem wegen ihrer Ladung abgelenkt, Neutronen durch die starke, Neutrinos durch die schwache Wechselwirkung. Das Forschungsziel bestimmt die Art der benutzten Geschosse.

2. Dampfblasen als Spurendetektive

Schnelle geladene Teilchen ionisieren längs ihrer Bahn Moleküle. In der bekannten *Nebelkammer* entstehen an den so gebildeten Luftionen in übersättigtem Wasserdampf Nebeltröpfchen. Diese liegen bei schnellen β-Teilchen zu weit auseinander. In den viel dichteren Flüssigkeiten dagegen entstehen die Ionen in kleineren Abständen; die Teilchenspuren werden deutlicher und auch viel kürzer. Deshalb benutzt man in **Blasenkammern** statt übersättigtem Wasserdampf überhitzten flüssigen Wasserstoff von -253 °C. Hoher Druck verhindert das Sieden. Wird die Kammer von Teilchen durchsetzt und der Druck plötzlich gesenkt, so fällt der Siedepunkt unter die Temperatur der Flüssigkeit. Sie siedet aber nicht sofort als Ganzes. Die energiereichen Teilchen erzeugen längs ihrer Bahn Ionen. An diesen Ionen entstehen kleine Dampfbläschen in dichter Folge (*Bild 561.1*). Bevor der Wasserstoff als Ganzes siedet, erhöht man wieder den Druck. Die Kammer steht dann für den nächsten Teilchenschauer bereit. Man baute Blasenkammern bis zu 4 m Durchmesser. In ihnen geben die meisten Teilchen ihre Energie ab, die Bahnen enden in der Kammer. Aus der Bläschenzahl kann man dann auf die Teilchenenergie schließen. Die Krümmung der Bahn in einem starken Magnetfeld liefert zudem den Impuls $p = mv = eBr$. Da v meist in der Nähe von c liegt, läßt sich die relativistische Masse zu $m \approx p/c$ abschätzen. Aus der Laufstrecke Δs bis zum Zerfall des Teilchens ermittelt man dessen Lebensdauer $\Delta t = \Delta s/v$.

Um die Bahn sehr schneller Teilchen zu verfolgen, könnte man viele Zählrohre nebeneinanderlegen. Einfacher ist es, in einem großen Hohlraum viele parallele *Zähldrähte* auszuspannen. Jeder geladene Draht registriert Zählimpulse, die auf einen eigenen Verstärker wirken. Aus der Zeitabfolge dieser Zählimpulse wird von Computern die Bahn des Teilchens auf 0,1 mm genau bestimmt, automatisch aufgezeichnet und die Teilchengeschwindigkeit v berechnet. Dabei muß die Laufzeit des registrierten Impulses längs des Zähldrahts berücksichtigt werden. Mit dem aus der Bahnkrümmung ermittelten Impuls $p = vm$ folgt die Ruhemasse m_0 nach der relativistischen Gleichung $p = v m_0 / \sqrt{1-(v/c)^2}$. Die Targets von Teilchenbeschleunigern werden von solchen riesigen **Driftkammern** umgeben. *Bild 561.2* zeigt registrierte Teilchenbahnen.

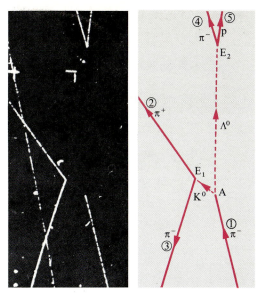

561.1 Blasenkammeraufnahme von Pi-Mesonen, einem K- und Λ-Teilchen und einem Proton. Ungeladene Teilchen (in der Auswertung rechts gestrichelt) geben keine sichtbaren Bahnen; man muß sie erschließen: Bei A endet die Bahn des geladenen Teilchens ①. Von E_1 und E_2 gehen je die Bahnen zweier neu entstandener geladener Teilchen ②, ③, ④ und ⑤ aus. Bei A entstanden zwei schnelle neutrale Teilchen, die in E_1 und E_2 wirksam wurden. Ihre Daten lassen sich aus den Spuren berechnen.

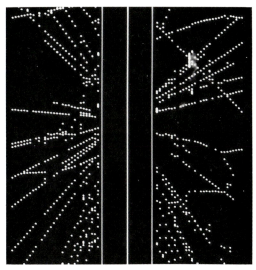

561.2 In einer Driftkammer sind zahlreiche parallele Drähte unter Spannung gesetzt. Ein geladenes Teilchen löst auf ihnen durch Ionisation Zählimpulse aus. Diese werden registriert und vom Computer zu einer Bahnkurve zusammengesetzt. Jeder Bahnpunkt kommt von einem Zähldraht. Es ist nicht immer einfach, die Teilchen und ihre Eigenschaften zu ermitteln.

§ 207 Die elementaren Bausteine

1. Streuversuche an Nukleonen

Ab 1960 untersuchte man das Innere von Nukleonen, also Protonen und Neutronen. Man beschoß diese Teilchen mit sehr schnellen Elektronen. Da Elektronen geladen sind und keine starke Wechselwirkung zeigen, sprechen sie auf Ladungen an. Dank ihrer kleinen De-Broglie-Wellenlänge konnte man den Protonendurchmesser von 10^{-15} m bestätigen. Dann aber wiederholte sich zur Überraschung vieler die historische Entdeckung *Rutherfords* in einer viel kleineren Dimension (Seite 531): Die Protonen erwiesen sich nämlich weder als kleine harte Kügelchen noch als gleichmäßig mit Ladung erfüllte Wolken. Entweder schlugen die Elektronen glatt hindurch; oder aber sie wurden im Innern erheblich abgelenkt *(Bild 562.1)*. Daraus zog man weitreichende Schlüsse: In Protonen wie Neutronen gibt es drei praktisch voneinander unabhängige punktförmige Teilchen, die auch in Neutronen geladen sind. So wurden die Nukleonen als Elementarteilchen entthront.

Die in Nukleonen gefundenen drei Ladungszentren hatten schon vorher die amerikanischen Physiker *M. Gell-Mann* (Nobelpreis 1969) und *G. Zweig* vermutet, als sie mühsam Ordnung in den „Teilchenzoo" zu bringen suchten. So nennt man scherzhaft die Liste der ca. 400 früher als elementar eingestuften Teilchen. Die mittelschweren heißen **Mesonen** (von griech. mittel), die schweren **Baryonen** (von griech. schwer). Zu den Baryonen zählen auch die *Nukleonen*. *Gell-Mann* gab den drei Ladungszentren den Phantasienamen **Quarks**. Ihr Verhalten wird heute mit riesigem Aufwand in internationalen Institutionen erforscht.

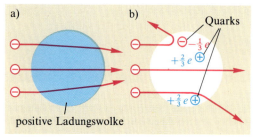

562.1 a) Wäre die Ladung im Proton gleichmäßig verteilt, müßten alle Elektronen hindurchfliegen; b) manche werden jedoch an Quarks gestreut.

2. Die Bestandteile der Baryonen

Es gibt nicht nur eine Sorte Quarks. Im *Proton* fand man zwei punktförmige **u-Quarks** („up") mit je $\frac{2}{3}$ der Elementarladung e und ein **d-Quark** („down") mit $-\frac{1}{3} e$. Zusammen ergibt sich eine Elementarladung e. Das *Neutron* dagegen besteht aus einem u-Quark ($\frac{2}{3} e$) und zwei d-Quarks ($-\frac{1}{3} e$), ist also nach außen hin elektrisch neutral. Die sich wegen der Lokalisationsenergie bewegenden geladenen Quarks machen nicht nur das Proton, sondern auch das ungeladene Neutron zu einem kleinen Magneten. Man weiß jetzt, warum es magnetisch ist.

Proton: u+u+d; Ladung $\frac{4}{3}e - \frac{1}{3}e = e$
Neutron: u+d+d; Ladung $\frac{2}{3}e - \frac{2}{3}e = 0$

Weil die Quarks keine ganzzahlige Elementarladung tragen, nahmen viele Physiker das Quark-Modell zunächst nicht ernst. Warum — fragten sie — hat man diese Quarks noch nicht isoliert, was hält sie mit so starken Kräften im Nukleon fest? Warum findet man beim Millikan-Versuch nicht auch $\frac{2}{3}e$ und $-\frac{1}{3}e$?

Elektronen, die man an schnell fliegenden Nukleonen streut, registrieren die Ursache dieser starken Kräfte: Die Quarks tragen nur etwa die Hälfte des Nukleonenimpulses; der restliche Impuls sitzt in zahlreichen weiteren ungeladenen Teilchen, den **Gluonen** (*Bild 563.1a*; von engl. glue, Klebstoff; unmittelbarer Nachweis Ziffer 8). Es sind die *Austauschteilchen der starken Wechselwirkung*, welche die Quarks mit einem sogenannten *Gluonenband* am Verlassen des Nukleons hindern. Die Gluonen entsprechen nämlich den virtuellen Photonen, also den Austauschteilchen der elektromagnetischen Wechselwirkung (*Bild 563.1b*).

Bei Streuversuchen mit Neutrinos fand man zudem in den Nukleonen *virtuelle Quarks* Q und *Antiquarks* Q̄. Zu jedem Quark gibt es ein Antiquark, das auch entgegengesetzte Ladung trägt. Antineutronen wie Antiprotonen bestehen aus Antiquarks. Antineutronen sind also — trotz ihrer Neutralität — nicht mit Neutronen identisch! Antiprotonen unterscheiden sich von Protonen in mehr als nur im Vorzeichen der Ladung. Virtuelle Quark-Antiquark-Paare entstehen und vergehen ständig wie virtuelle Elektron-Positron-Paare nach der Unbestimmtheitsrelation. Die Neutrino-Streuung zeigte zudem, daß Quarks auch an der schwachen Wechselwirkung teilnehmen. Wir haben sie beim Neutrinonachweis benutzt (Seite 558).

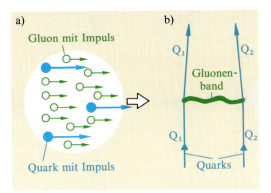
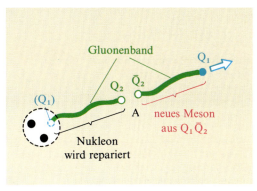

563.1 a) Der Impuls des fliegenden Nukleons verteilt sich auf Quarks und Gluonen. b) Mit dem Gluonenband im Feynmangraphen beschreibt man die starke Wechselwirkung zwischen zwei Quarks (Ziffer 8).

563.2 Beim Versuch, ein Quark Q_1 (blau) aus einem Nukleon zu holen, zerreißen virtuelle Quarks Q_2 und $\bar{Q}_2$ das Gluonenband und erzeugen Mesonen $Q_1\bar{Q}_2$. Q_2 ersetzt im Nukleon das Quark Q_1.

> Quarks tragen die Ladung $\frac{2}{3}e$ und $-\frac{1}{3}e$ und nehmen an allen vier Wechselwirkungsarten teil. Gluonen sind die Austauschteilchen der starken Wechselwirkung.
>
> Baryonen bestehen aus drei Quarks und zahlreichen Gluonen.

3. Warum bleiben die Quarks im Proton?

Rechnungen zeigen: Würde man ein Quark Q_1 aus einem Nukleon auf 10 cm Abstand ziehen, so brauchte man zum Ausziehen des Gluon-Bandes die riesige Energie 10^{13} GeV (Ziffer 8)! Doch kommt es nicht soweit. In der Umgebung lauern nämlich in kleinen Dimensionen zahlreiche virtuelle Quarks Q und Antiquarks $\bar{Q}$ als „Möchte-Gern-Teilchen" auf Energie, um materialisiert zu werden. Nach *Bild 563.2* zerreißt ein solches virtuelles Quark Q_2 zusammen mit seinem benachbarten Antiquark $\bar{Q}_2$ das Gluonenband bei A. Dabei heftet sich Q_2 an das linke Ende der Bruchstelle und wird zum Nukleon gezogen. Vom gespannten Gluonenband nimmt es Energie auf und wird ein richtiges Quark. Als solches ersetzt es im Nukleon das herausgezogene Quark Q_1. Das Nukleon ist wieder so vollständig wie vorher; es gelang nicht, ein Quark zu isolieren. Das übrigbleibende Antiquark $\bar{Q}_2$ bleibt auch nicht allein. Es bildet mit dem herausgezogenen Quark Q_1 ein neues, selbständiges Teilchen, ein *Meson*. Mesonen waren im Teilchenzoo zunächst als Elementarteilchen eingestuft worden. Sie bestehen aber aus einem Quark und einem Antiquark und aus Gluonen.

Leider kann man mit den heute verfügbaren Energien diesen vergeblichen Versuch, ein Proton zu zerlegen, noch nicht deutlich nachweisen. Ein Teilvorgang wurde aber 1979 zum erstenmal am DESY in Hamburg beobachtet. Dort ließ man Positronen und Elektronen hoher Energie gegeneinanderstoßen. Es entstand ein freies Quark Q und sein Antiquark $\bar{Q}$. Beide flogen fast mit Lichtgeschwindigkeit voneinander weg. Doch wurde das zwischen ihnen gespannte Gluonenband mehrfach zerrissen. Am Riß bildeten sich aus virtuellen Q-$\bar{Q}$-Paaren und der Energie des gespannten Gluonenbandes zahlreiche Mesonen. Sie erzeugten in Richtung der beiden ursprünglichen Quarkbahnen je einen *Jet*, d.h. einen Pulk von Teilchen gleicher Richtung (*Bild 563.3*). Beim Vorgang nach *Bild 563.2* sieht man dagegen nur einen einzigen Quark-Jet.

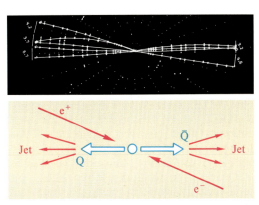

563.3 Zwei Mesonen-Jets entstehen bei der Zerstrahlung eines e^--e^+-Paars, jeder aus einem Quark. Die Krümmung der Teilchenbahnen rührt vom Magnetfeld her; die Punkte sind Zählrohrdrähte.

	QUARKS alle 4 Wechselwirkungen			elektrische Ladung
Name Masse	**u** (up) 0,31 GeV	**c** (charm) 1,5 GeV	**t** (top) ≈ 40 GeV	$+\frac{2}{3}e$
Name Masse	**d** (down) 0,31 GeV	**s** (strange) 0,5 GeV	**b** (bottom) 4,9 GeV (?)	$-\frac{1}{3}e$

Tabelle 564.1 Die 6 Quarks sind mit den Leptonen in *Tabelle 564.2* die letzten Bausteine der Materie (mit Ladung und Ruhemasseäquivalent mc^2).

	LEPTONEN keine starke Wechselwirkung			elektrische Ladung
Name Masse	Neutrino v_e ≈ 0	v_μ ≈ 0	v_τ < 0,16 GeV	0
Name Masse	Elektron e 0,005 GeV	Myon μ 0,1 GeV	Tau τ 1,78 GeV	$-1e$

Tabelle 564.2 Die 6 Leptonen sind mit den Quarks in *Tabelle 564.1* die letzten Bausteine. Zu jedem der Teilchen gibt es noch ein Antiteilchen.

4. Teilbarkeit als philosophisches Problem

Die Philosophen fanden schon immer im Atomismus einen logischen Widerspruch: Spricht man den *kleinsten Teilchen* jede Ausdehnung ab, so versteht man nicht, wie aus ihnen ein ausgedehnter Körper entstehen kann. Gesteht man ihnen aber Ausdehnung zu, so fragt man, warum sich diese Teilchen nicht weiter unterteilen lassen. Bei Atomen löste die Lokalisationsenergie das Rätsel. Sie garantiert selbst punktförmigen Elektronen einen ausgedehnten Aufenthaltsbereich. Auch bei Nukleonen spielt die Energie eine Rolle. Will man ein Nukleon in seine Bestandteile, die Quarks, zerlegen, so braucht man Energie. Diese stellt, wie wir sahen, durch Materialisation das ursprüngliche Gebilde wieder her. Man darf also nicht nur an Ausdehnung denken, wenn man über Atome und Teilbarkeit philosophiert; man muß alle physikalischen Eigenschaften berücksichtigen.

5. Zwei Quarks sind zu wenig!

Könnte man mit den Quarks nur den Aufbau der beiden Nukleonen Proton und Neutron erklären, so hätte man wenig gewonnen. Man möchte den ganzen ‚Teilchenzoo' mit seinen über 400 z.T. sehr schweren Teilchen ordnen. Hierzu braucht man insgesamt 6 Quarks und ihre 6 Antiquarks *(Tabelle 564.1)*. Von Bedeutung für die stabile Materie sind aber nur das u und das d-Quark. Die andern Quarks sind schwerer und wandeln sich schnell in leichtere um. Die schweren Teilchen bestehen aus solch schweren Quarks und zerfallen rasch. — Als Beispiel seien die vier Δ-Teilchen und die drei π-Mesonen in *Bild 564.1* genannt. Die Massen der Quarks kann man nur schätzen. Man kann sie ja nicht isolieren; im Baryon erzeugt die Bindungsenergie W_b eine erhebliche Massenänderung $\Delta m = W_b/c^2$. Wir geben die Masse durch ihr Energieäquivalent $W = mc^2$ in GeV an; 1 GeV entspricht etwa der Protonenmasse.

6. Die leichten Elementarteilchen (Leptonen)

Die leichten Teilchen, **Leptonen** genannt, umfassen *Elektronen* e^-, die ihnen zugeordneten *Neutrinos* v_e sowie die jeweiligen Antiteilchen e^+ usw. *(Tabelle 564.2)*. Neben dem stabilen Elektron e^- fand man noch die instabilen Teilchen *Myon* μ^- und *Tau* τ^-. Die beiden sind schwere Ausgaben des Elektrons e^- und unterscheiden sich von diesem ausschließlich in der Masse. Das Myon μ entsteht aus der kosmischen Strahlung in großer Höhe (ca. 20 km). Da es an der starken Wechselwirkung nicht teilnimmt, durchsetzt es die Atmosphäre spielend und kann noch in Bergwerken im Zählrohr nachgewiesen werden. Es zerfällt mit der Halbwertszeit 2,2 μs in ein Elektron, dessen Antineutrino $\bar{v}_e$ und ein Myonneutrino v_μ.

Leptonen enthalten keine Quarks und keine Gluonen, nehmen also an der starken Wechselwirkung nicht teil. Man fand bei Streuversuchen von Leptonen an Leptonen auch keinerlei Hinweis auf eine Ausdehnung. Deshalb wirken Elektronen bis auf die derzeit kleinste meßbare Distanz von 10^{-19} m wie punktförmige Teilchen; es sind echte Elementarteilchen.

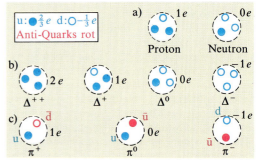

564.1 Aufbau a) der Nukleonen, b) der 4 Δ-Teilchen (Seite 563) und c) von Mesonen aus Quarks

Diese 6 Leptonen und ihre 6 Antiteilchen bilden gegenüber den 6 Quarks eine eigene Gruppe von elementaren Bausteinen unserer Welt. Da sie mit den Quarks durch dieselbe Elementarladung verbunden sind, sucht man heute nach tieferen Zusammenhängen. Spekulationen darüber liest man auch in der Presse. Vielleicht bestehen auch die Quarks aus noch elementareren Bausteinen. Verringert sich die Zahl der Elementarteilchen noch weiter? Bringen noch größere Beschleuniger noch kleinere Teilchen ans Tageslicht?

7. Die Kernkraft — ein kleiner Nebeneffekt?

Als Austauschteilchen für die starke Kraft zwischen Quarks wurden im Proton und im Neutron Gluonen nachgewiesen. Sie haben wie Photonen die Ruhemasse $m_0 = 0$; nach Seite 559 ist deshalb die Reichweite $\Delta s = h/(2m_0 c)$ dieser **Gluonenkraft** sehr groß. Warum haben dann die *Kernkräfte* zwischen Nukleonen nur eine kurze Reichweite? Hängen Kernkräfte mit der von Gluonen erzeugten starken Wechselwirkung zwischen Quarks zusammen? Betrachten wir die Quellen der verschiedenen Kraftarten:

Die Quelle der **Gravitationskraft** ist die *Masse*. Da es nur eine Art von Masse gibt, fehlt jegliche Neutralisierung der Gravitation. — Die Quellen der **elektrischen Kräfte** sind die *elektrischen Ladungen*, von denen es zwei Arten gibt, die sich neutralisieren können. — Was ist die Quelle der sehr starken und weitreichenden **Gluonenkräfte**? Kann man sie auch neutralisieren? Das kurzlebige Δ^{++}-Teilchen nach *Bild 564.1* gibt einen Hinweis. Es besteht aus drei u-Quarks, die ihm die Ladung $+2e$ verleihen. Doch verletzen diese drei gleichen Quarks zunächst das *Pauliprinzip*, so wie es drei Elektronen in der K-Schale eines Atoms tun würden.

Um das Pauli-Prinzip im Δ^{++} zu retten, unterscheidet man seine drei sonst gleichen u-Quarks durch eine neue Art von Zuständen, eine neue Art von Ladungen. Ihre Werte müssen sich in den selbständigen Δ^{++}-Teilchen wie auch in den Nukleonen nach außen hin aufheben, da diese Teilchen keine starke Kraft großer Reichweite ausüben. Mit nur zwei Werten (etwa + und −) ist eine solche Neutralisation bei drei sonst gleichen Quarks nicht möglich. Es ist ähnlich wie bei den Farben, wo Rot, Grün und Blau zusammen die Neutralfarbe Weiß ergeben. (Betrachten Sie eine weiße Stelle des Farbfernsehbilds mit der Lupe.) Man sagt nun in bildhafter Analogie, die Quarks tragen die drei *Farbladungen Rot, Grün* und *Blau* (davon rührt das Wort **Quantenchromodynamik** für die Quarktheorie; chroma, Farbe). In Protonen, Neutronen usw. heben sich die Farbladungen für größere Abstände stets auf; diese Teilchen sind *farbneutral*, „weiß". Sie können deshalb als freie Teilchen auftreten, ohne auf größere Abstände starke Kräfte auszuüben.

Allerdings schimmert in nächster Nähe auch beim „weißen" Nukleon noch etwas Farbladung von den einzelnen Quarks durch (entsprechend heben sich beim neutralen elektrischen Dipol Plus- und Minus-Ladung in der Nähe nicht ganz auf). Danach ist die auf 10^{-15} m Reichweite respektable *Kernkraft* eine stark reduzierte Gluonen-Wechselwirkung zwischen Quarks und gibt einen Eindruck, wie stark diese Gluonenkraft an sich ist! Der Ableger Kernkraft entspricht nur noch der sehr schwachen *Van-der-Waalsschen Kraft* zwischen Molekülen. Dies ist eine Coulombkraft, die bei kleinen Abständen als Dipolkraft zwischen den Ladungen neutralen Atome etwas durchschimmert. Für die komplizierte Van-der-Waals-Kraft kann man kein einfaches Gesetz aufstellen; man braucht sich also nicht zu wundern, daß man auch in der Kernphysik kein Elementar-Gesetz für Kernkräfte fand. *Vielmehr ist heute die Kernphysik ein Teilgebiet der Elementarteilchenphysik, so wie sich die Chemie als ein Teilgebiet der Atomhüllenphysik erwies.*

In Mesonen tragen die Antiquarks eine ‚Antifarbe', etwa Antirot (Türkis) zu Rot usw. Deshalb sind auch Mesonen farbneutral und zeigen nach außen kaum etwas von der starken Wechselwirkung ihrer Gluonen. Mesonen können wie Nukleonen frei existieren.

Die starke Wechselwirkung beruht auf der Gluonenkraft zwischen den Farbladungen der Quarks. Baryonen und Mesonen sind nach außen hin farbneutral und können deshalb frei existieren. Die Kernkräfte kurzer Reichweite sind ein Ableger der starken Gluonenkraft großer Reichweite.

Die Gluonenkraft, oft auch *Farbkraft* genannt, ist zwischen zwei entfernten Quarks etwa gleich der Gewichtskraft 10^5 N von ca. 10 t Masse. Bei $s = 0{,}1$ m Weg gibt sie die Energie 10^4 J $\approx 10^{13}$ GeV, wie Seite 91 angegeben.

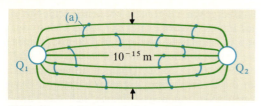

566.1 Gluonenband zwischen entfernten Quarks; Querlinien (a) zeigen Kräfte zwischen den farbtragenden Gluonen.

8. Das Gluonenband gibt konstante Kraft

Man fand nicht nur Quark-, sondern auch Gluonen-Jets (Ziffer 3). Sie zeigen, daß auch die Gluonen Farbladung tragen. Man kann also die zwischen Quarks fliegenden Gluonen mit fliegenden geladenen Watteflocken vergleichen. Ein solcher Vergleich wäre bei den neutralen Photonen als den Austauschteilchen der elektromagnetischen Wechselwirkung nicht angebracht. Wenn viele Watteflocken zwischen den Kugeln des Bandgenerators hin und her fliegen, bilden sie Ströme paralleler laufender gleicher oder einander entgegenlaufender entgegengesetzter Ladungen. Beide ziehen sich nach *Bild 342.1* an und fliegen nur noch entlang einer dünnen Feldlinien-„röhre". Ähnlich machen es nach der Quantenchromodynamik die Gluonen und erzeugen ein 10^{-15} m dickes Gluonenband zwischen Quarks. Ein Gluonenfeld gibt es aber nur dort, wo Gluonen sind. Also erscheinen die Feldlinien quer zu ihrer Längsrichtung geschrumpft. Sie laufen praktisch parallel zueinander (*Bild 566.1*). Dies erinnert an ein homogenes Kondensatorfeld, das die Kondensatorplatten mit einer vom Abstand unabhängigen Kraft zusammenzieht. So wird die beobachtete, vom Abstand fast unabhängige Kraft F ($\approx 10^5$ N) zwischen den Quarks verständlich. Sie fordert eine zum Abstand s proportionale Energie $W = Fs$ zum Auseinanderziehen der Quarks.

Coulombkräfte verhalten sich völlig anders; sie nehmen mit steigendem Abstand ab. Deshalb kann man entgegengesetzte Ladungen mit erträglichem Energieaufwand beliebig weit voneinander trennen.

9. Freie Quarks in den Nukleonen!

Die Quarks im Nukleon selbst konnte man nach *Bild 562.1* durch Elektronen einzeln nachweisen; sie kleben nämlich nicht zusammen. Auf kleine Distanz ist offensichtlich das Gluonenband entspannt; die Quarks sind im Nukleon praktisch frei. Warum ist dies anders als bei der Coulombkraft und ihrem Austauschteilchen, dem Photon?

Nun, die Gluonen tragen Farbladung. So können sie — ähnlich wie Watteflocken am Bandgenerator — die Farbladungen der Quarks etwas in deren Umgebung verteilen. Dieses Verschmieren der Farbladung schützt (Faradaybecher) die Quarks im Nahbereich vor Gluonenkräften. Dieser Nahbereich bestimmt zusammen mit der Lokalisationsenergie die Größe des Nukleons, in dem die Quarks fast frei sind. Die Welt der Quarks ist schon recht seltsam!

10. Zwei ganz verschiedene Teilchenarten

Man darf die Austauschteilchen, welche die Wechselwirkungen beschreiben, nicht mit den Grundbausteinen, die von ihnen zusammengehalten werden, verwechseln. Die Grundbausteine der Materie, Quarks wie Leptonen, gehorchen dem *Pauliprinzip*. In einem Gebilde können sich also nicht beliebig viele von ihnen aufhalten, z.B. nicht mehr als zwei Elektronen in der K-Schale eines Atoms oder mehr als drei gleiche Quarks in einem Nukleon. Für die Austauschteilchen Photonen und Gluonen gilt jedoch das Pauliprinzip nicht. So besorgen sehr viele virtuelle Photonen die Kräfte zwischen Ladungen und im Nukleon viele Gluonen dessen Zusammenhalt.

In den letzten Jahren fand man auch die Austauschteilchen für die schwache Wechselwirkung, *Weakonen* genannt. Sie haben die riesige Masse von 80 GeV, also 84 Protonenmassen. Nach Seite 559 hängt dies mit der kurzen Reichweite der schwachen Wechselwirkung zusammen. Die Theoretiker erwarten bei hohen Energien eine Verschmelzung der verschiedenen Wechselwirkungen wie auch der Teilchenarten. Hat dann die Physik ihr Ende gefunden?

Aufgaben

1. Schätzen Sie die Energie ab, die Elektronen mindestens haben müssen, um Strukturen von $\frac{1}{10}$ des Protonendurchmessers zu analysieren!

2. In populären Darstellungen erklärt man die Anziehung durch virtuelle Photonen mit der Anziehungs-,kraft', die ein Tischtennisball auf die beiden Spieler ausübt. Denken Sie darüber physikalisch nach!

3. Der Japaner Yukawa postulierte zur Erklärung der Kernkräfte von 10^{-15} m Reichweite ein Austauschteilchen. Welche Ruhemasse sollte es nach Seite 559 haben? Welche Art von Teilchen könnte hierfür in Frage kommen? Was machte diese Vorstellung überflüssig?

§ 208 Teilchen und Felder

1. Gibt es beständige Teilchen?

Die Atomisten waren fasziniert von der Idee, die Vielfalt der Stoffe auf wenige beständige Teilchen zurückführen zu können. Aber nicht einmal das Elektron ist beständig; es kann mit dem Positron zusammen zerstrahlen. Nur die *Energie* bleibt und geht in γ-Quanten über. Fast alle andern Teilchen können zerfallen; man sucht heute sogar nach dem Zerfall des Protons. Mit der Erkenntnis, daß Teilchen entstehen und vergehen können, hat die Physik die Suche nach unwandelbaren Teilchen, die auf Bahnen laufen, aufgegeben.

2. Alternative für stetige Teilchenbahnen

Niemand fällt es leicht, beim Doppelspaltversuch den Bahnbegriff in atomaren Dimensionen aufzugeben. Das Entstehen und Vergehen von Teilchen bietet eine anschauliche Alternative für den uns vertrauten klassischen Bahnbegriff. Betrachten wir eine wandernde Lichtreklame! Auf ihrer Leuchttafel leuchten Lämpchen auf und erlöschen wieder, von einer Zentrale „nach Gesetz" gesteuert. Geschieht dies stochastisch und großflächig verteilt, so scheint auf der Tafel ein Punkt zu springen. Auf diese Weise beschreibt heute die Quantentheorie die *Bewegung* eines Teilchens. An einer Stelle wird es vernichtet und irgendwoanders wieder erzeugt — die Unbestimmtheitsrelationen machen dies möglich. Leuchtet dagegen das jeweils in einer bestimmten Richtung benachbarte Lämpchen auf, so wird auf der Leuchttafel die uns vertraute stetige Bahn eines klassischen Teilchens simuliert; die Sprünge sind aus großem Abstand nicht mehr zu erkennen. Wir „sehen" die Bewegung eines bestimmten Körpers längs einer kontinuierlichen Bahn. Unsere klassisch geschulte Anschauung ist zufrieden.

3. Ist das Feld eine letzte Realität?

Die wandelbaren Teilchen faßt die Quantentheorie als Quanten eines Feldes auf. Sind also *E*- und *B*-Felder letzte Realität? Die uns aus der Elektrizitätslehre vertraute elektromagnetische Welle mit ihrem *E*- und *B*-Feld ist aber nur ein Grenzfall einer mit sehr vielen Photonen besetzten *Wahrscheinlichkeitswelle*. Das klassische Feld kann man also auch nicht als letzte Realität ansehen. Man muß es quantisieren, ihm also Quanten zuordnen. **Teilchen sind Quanten von Feldern und befolgen Wahrscheinlichkeitsgesetze**. Mit den dabei entstehenden *Austauschteilchen* als den Trägern von Impuls und den Vermittlern von Kraft ist die alte Fernwirkungstheorie vollends zu Grabe getragen. Die Feldvorstellungen *Faradays* und *Maxwells* haben in den modernen Quantenfeldtheorien eine tiefere Bestätigung gefunden.

Wenn es in jedem Raum von virtuellen Teilchen wimmelt, so erscheint die Tatsache, daß elektromagnetische Felder Sitz von Energie sind, nicht mehr so abwegig. Hört man, wie moderne Theoretiker die Feldlinien der Quarkkräfte als Gluonenbänder darstellen, so denkt man sofort an Zugkräfte längs Feldlinien.

4. Energie und Gesetz als letzte Realitäten

Was bleibt, sind **abstrakte Begriffe**, die Erhaltungssätzen gehorchen wie *Energie*, *Impuls* und *Ladung*. Die Erhaltungssätze spielen eine immer größere Rolle. *Heisenberg* stellte sich die Energie als die Ursubstanz der Welt vor, die ein letztes Gesetz („Weltformel") befolgt und unser Weltall mit seinen ungeheuer vielfältigen Strukturen bildet. Nur ist diese Weltformel noch nicht gefunden.

5. Quantentheorie als Universaltheorie

Die endgültige Weltformel haben wir noch nicht. Wie auf Seite 496 gesagt, stößt aber die moderne Quantentheorie — relativistisch verfeinert — in diese Richtung vor. Sie umfaßt nicht nur einen ungeheuren Bereich der Natur. Selbst Betrachtungen zur Entstehung des Weltalls (Kosmologie) sind ohne sie undenkbar. Es gibt kein Phänomen, das der Quantentheorie widerspricht; ihre Voraussagen werden dort, wo man exakt rechnen und messen kann, mit einer Genauigkeit von $1:10^8$ bestätigt. Die klassische Physik ist ein Grenzfall von ihr.

Schwierigkeiten bereitet die Quantentheorie allerdings, wenn man liebgewordene anschauliche Vorstellungen aus diesem uns vom täglichen Leben vertrauten Grenzfall heranzieht, um die abstrakt anmutende Theorie zu *deuten*. Wer aber bereit ist, die geforderte Abstraktion vorzunehmen, kann heute seinen Frieden mit der Physik machen. Er hat ein sicheres Fundament, um noch ungelöste Fragen anzugehen. Die Elementarteilchenphysik dieser Tage ist hierfür ein Beispiel.

Anhang

Physikalische Konstanten

	Symbol	Wert
Gravitationskonstante	G^*	$6{,}670 \cdot 10^{-11}$ m^3 kg^{-1} s^{-2}
Molvolumen idealer Gase bei NB	V_0	$22{,}414$ dm^3 mol^{-1}
Gaskonstante	R_0	$8{,}3143$ J mol^{-1} K^{-1}
Physikalischer Normdruck	p_0	$101\,325$ Pa $= 1013{,}25$ mbar
Boltzmannsche Konstante	k	$1{,}38062 \cdot 10^{-23}$ J K^{-1}
Avogadrosche Konstante	N_A	$6{,}0221 \cdot 10^{23}$ mol^{-1}
Vakuumlichtgeschwindigkeit	c_0	$2{,}99792458 \cdot 10^8$ m s^{-1}
elektrische Feldkonstante	ε_0	$8{,}85419 \cdot 10^{-12}$ F m^{-1}
magnetische Feldkonstante	μ_0	$1{,}25664 \cdot 10^{-6}$ T m A$^{-1} = 4\pi \cdot 10^{-7}$ H m^{-1}
Plancksches Wirkungsquantum	h	$6{,}62618 \cdot 10^{-34}$ J s $= 4{,}13570 \cdot 10^{-15}$ eV s
Elementarladung	e	$1{,}6022 \cdot 10^{-19}$ C
Spezifische Elektronenladung	e/m_e	$1{,}7588 \cdot 10^{11}$ C kg^{-1}
Spezifische Protonenladung	e/m_p	$9{,}5788 \cdot 10^7$ C kg^{-1}
atomare Masseneinheit	1 u	$1{,}6605519 \cdot 10^{-27}$ kg
Elektronenmasse	m_e	$9{,}1095 \cdot 10^{-31}$ kg $= 5{,}48580 \cdot 10^{-4}$ u
Neutronenmasse	m_n	$1{,}6749 \cdot 10^{-27}$ kg $= 1{,}0086650$ u
Protonenmasse	m_p	$1{,}6726 \cdot 10^{-27}$ kg $= 1{,}0072765$ u

Atom- und Kernmassen (in u)

Nuklid	Atommasse	Kernmasse	Nuklid	Atommasse	Kernmasse	Nuklid	Atommasse	Kernmasse
n	—	1,0086650	K-40	39,9639988	39,95358	In-115	114,903875	114,87699
H-1 (p)	1,0078250	1,0072765	Ca-40	39,9625907	39,95162	In-116	115,905257	115,87838
H-2 (d)	2,0141018	2,0135532	Cr-54	53,9388822	53,92572	Sn-116	115,9017435	115,87431
H-3	3,0160493	3,0155007	Mn-54	53,9403605	53,92665	Cs-137	136,907075	136,87690
He-3	3,0160293	3,0149321	Fe-56	55,9362938	55,92068	Cs-140	139,91709	139,88692
He-4	4,0026033	4,0015061	Co-57	56,9362938	56,92148	Ba-137	136,905816	136,87509
He-6	6,0188910	6,017794	Co-59	58,9331978	58,91839	Ba-144	143,92267	143,89195
Li-6	6,0151232	6,013477	Co-60	59,9338202	59,91901	Tl-204	203,973856	203,92942
Li-7	7,0160045	7,014359	Ni-59	58,9343502	58,91899	Pb-204	203,973037	203,92805
Be-7	7,0169297	7,014735	Ni-60	59,9307890	59,91543	Pb-205	204,974475	204,92949
Be-9	9,0121825	9,009988	Ni-64	63,9279680	63,91261	Pb-206	205,974455	205,92947
B-10	10,0129380	10,010195	Cu-64	63,9297661	63,91386	Pb-207	206,975885	206,93090
B-11	11,0093053	11,006562	Zn-64	63,9291454	63,91269	Pb-208	207,976641	207,93156
C-12	12,0000000	11,996708	Br-87	86,92034	86,90114	Pb-209	208,981080	208,93609
C-13	13,0033548	13,000063	Kr-85	84,9125371	84,89279	Pb-210	209,984178	209,93919
C-14	14,0032420	13,999940	Kr-86	85,910614	85,89086	Bi-207	206,978467	206,93293
N-13	13,0057387	13,001899	Kr-87	86,913358	86,89361	Po-210	209,982864	209,93678
N-14	14,0030740	13,999234	Kr-89	88,91757	88,89782	Po-212	211,988856	211,94277
N-15	15,0001090	14,996269	Rb-87	86,9091836	86,88889	Rn-220	220,011378	219,96420
O-14	14,0085972	14,004208	Rb-94	93,92543	93,90513	Rn-222	222,017574	221,97039
O-15	15,0030654	14,998677	Sr-87	86,9088902	86,88804	Ra-226	226,025406	225,97713
O-16	15,9949146	15,990526	Sr-90	89,907746	89,88690	Th-231	231,036299	230,98693
O-17	16,9991306	16,994742	Y-90	89,9071559	89,88576	Th-232	232,038054	231,98868
O-18	17,9991594	17,994771	Zr-88	87,910230	87,88829	Th-234	234,043598	233,99422
F-18	18,0009366	17,996000	Zr-89	88,9089003	88,88696	U-233	233,039629	232,98916
F-19	18,9984033	18,993466	Zr-90	89,9047080	89,88276	U-234	234,040947	233,99048
Ne-20	19,9924391	19,986953	Zr-91	90,9056442	90,88370	U-235	235,043925	234,99346
Ne-22	21,9913837	21,985898	Zr-92	91,9050392	91,88310	U-238	238,050786	238,00031
Na-22	21,9944348	21,988400	Ag-107	106,905095	106,87931	U-239	239,054291	239,00382
Na-23	22,9897697	22,983735	Ag-108	107,905956	107,88017	Np-239	239,052932	239,00191
Al-27	26,9815413	26,97441	Ag-109	108,904754	108,87897	Pu-239	239,052158	239,00059
Si-28	27,9769284	27,96925	Ag-110	109,906113	109,88033	Pu-240	240,053809	240,00224
Si-30	29,9737717	29,96609	Cd-108	107,904186	107,87785	Pu-241	241,056847	241,00528
P-30	29,9783098	29,97008	Cd-110	109,903007	109,87667	Am-241	241,056825	241,00471
Ar-40	39,9623831	39,95251	Cd-113	112,9044013	112,87807			

Energieeinheiten

	J	kWh	cal*	eV
1 J	1	$2,7777 \cdot 10^{-7}$	0,23884	$0,6242 \cdot 10^{19}$
1 kWh	$3,6000 \cdot 10^6$	1	$0,8598 \cdot 10^6$	$2,247 \cdot 10^{25}$
1 cal*	4,1868	$1,1630 \cdot 10^{-6}$	1	$2,613 \cdot 10^{19}$
1 eV	$1,602 \cdot 10^{-19}$	$4,45 \cdot 10^{-26}$	$3,826 \cdot 10^{-20}$	1

1 J (Joule) = 1 Nm (Newtonmeter); 1 kWh = 1000 W · 1 h = $3,6 \cdot 10^6$ J; * nicht mehr zugelassen

Eigenschaften von Festkörpern, Flüssigkeiten und Gasen

Feste Körper	Dichte in 10^3 kg m^{-3}	Längenausdehnungszahl in K^{-1} 0,0000	Spezifische Wärmekapazität in J kg^{-1} K^{-1}	Schmelzpunkt in °C	Spezifische Schmelzwärme in kJ kg^{-1}
Aluminium	2,70	238	896	660	397
Blei	11,34	313	129	327	23
Eisen (rein)	7,86	12	450	1535	277
Jenaer Glas	2,5	08	780	—	—
Gold	19,3	14	129	1063	64
Kupfer	8,93	17	383	1083	205
Magnesium	1,74	26	1020	650	370
Natrium	0,97	70	1220	97,8	113
Platin	21,4	09	133	1769	111
Silber	10,51	20	235	960,5	105
Wolfram	19,3	04	134	3390	191
Zink	7,14	26	385	419,5	109

Flüssigkeiten	Dichte bei 18 °C in 10^3 kg m^{-3}	Raumausdehnungszahl in K^{-1} 0,00	Spezifische Wärmekapazität in J kg^{-1} K^{-1}	Siedepunkt bei 1,013 bar in °C	Verdampfungswärme in kJ kg^{-1}
Äthanol	0,791	110	2430	78,3	840
Benzol	0,879	123	1725	80,1	394
Diäthyläther	0,716	162	2310	34,5	384
Glycerin	1,260	049	2390	290,5	—
Petroleum	0,85	096	2100	150 – 300	—
Quecksilber	13,55	018	139	357	285
Wasser	0,9986	020	4182	100	2256

Gase	Dichte bei 20 °C und 1,013 bar in kg m^{-3}	Dichte als Flüssigkeit in kg m^{-3}	Spezifische Wärmekapazität in J kg^{-1} K^{-1}	Schmelzpunkt in °C	Siedepunkt bei 1,013 bar in °C
Ammoniak	0,771	0,68	2160	−77,7	−33,4
Chlor	3,21	1,56	740	−101	−34,1
Helium	0,178	0,13	5230	−272	−269
Kohlendioxid	1,98	1,56	837	—	−78,5
Luft	1,293	—	1005	−213	−191
Sauerstoff	1,43	1,13	917	−219	−183
Stickstoff	1,25	0,81	1038	−210	−196
Wasserdampf 100 °C; 1,013 bar	0,6	0,96	1950	—	—
Wasserstoff	0,0899	0,07	14320	−259	−253

Erde

Mittlerer Äquatorradius	$a = 6378{,}140$ km
Polradius	$b = 6356{,}777$ km
Radius der volumgleichen Kugel	$6371{,}221$ km
Äquatorumfang	40075 km
Oberfläche	$509\,088\,842$ km^2
Volumen	$1\,083\,218\,990\,000$ km^3
Masse	$5{,}976 \cdot 10^{24}$ kg
Dichte im Mantel	$3{,}4$ g cm^{-3}
in der Zwischenschicht	$6{,}4$ g cm^{-3}
im Kern	$9{,}6$ g cm^{-3}
Mittelwert	$5{,}51$ g cm^{-3}

Schwerebeschleunigung

am Äquator	$978{,}05$ cm s^{-2}
an den Polen	$983{,}22$ cm s^{-2}
in Berlin	$981{,}26$ cm s^{-2}

Erddrehung

Rotationsgeschw. am Äquator	$465{,}12$ m s^{-1}
Zentrifugalbeschl. am Äquator	$-3{,}392$ cm s^{-2}

Bahnbewegung

Mittlerer Abstand von der Sonne	$1{,}4960 \cdot 10^8$ km
Exzentrizität der Bahn	$0{,}016736$
Mittlere Bahngeschwindigkeit	$29{,}8$ km s^{-1}

Mond

Radius	1738 km
Masse	$7{,}35 \cdot 10^{22}$ kg
Mittlere Dichte	$3{,}35$ g cm^{-3}
Scheinbarer Halbmesser	Max. $16'\,46''$
	Min. $14'\,40''$
Schwerebeschleunigung	$161{,}9$ cm s^{-2}
Siderische Umlaufzeit	$27{,}322$ Tage

Entfernung von der Erde	
	Max. $406\,740$ km
	Min. $356\,410$ km
	Mittelwert $384\,400$ km
Exzentrizität der Bahn	$0{,}0549$
Bahnneigung gegen Ekliptik	$5°\,8'\,43''$
Bahngeschwindigkeit	$1{,}023$ km s^{-1}

Sonne

Radius	$696\,000$ km
Masse	$1{,}9891 \cdot 10^{30}$ kg
Mittlere Dichte	$1{,}41$ g cm^{-3}
Scheinbarer Halbmesser	Max. $16'\,18''$
	Min. $15'\,46''$
Schwerebeschleunigung	27400 cm s^{-2}

Umdrehungsdauer	$25{,}38$ Tage
Entfernung vom nächsten Fixstern (Proxima Centauri)	$4{,}27$ Lichtjahre
Zentraltemperatur	$2 \cdot 10^7$ °C
Effektive Temperatur	5534 °C
Gesamtstrahlung	$4{,}2 \cdot 10^{26}$ J s^{-1}
Solarkonstante	$1{,}395$ kW m^{-2}

Planeten

	Mittlerer Äquatorradius km	Masse (ohne Satelliten) Erde = 1	Zahl der Monde	Mittlere große Halbachse der Bahn um die Sonne 10^6 km	Exzentrizität der Bahn (Seite 311) e/a	Neigung der Bahnebene gegen Ekliptik	Scheinbarer Durchmesser von der Erde aus Min.	Scheinbarer Durchmesser von der Erde aus Max.	Mittlere Umlaufzeit siderisch trop. Jahre	Mittlere Umlaufzeit synodisch Tage
Merkur	2420	0,056	0	57,91	0,206	7° 0'	5''	13''	0,2408	115,88
Venus	6114	0,815	0	108,21	0,007	3° 24'	10''	64''	0,6152	583,92
Erde	6371	1,00	1	149,60	0,017	—	—	—	1,0000	—
Mars	3385	0,108	2	227,04	0,093	1° 51'	3''	25''	1,8809	779,94
Jupiter	70360	317,82	15	778,34	0,048	1° 18'	30''	50''	11,862	398,88
Saturn*	58410	95,11	15	1427,01	0,056	2° 29'	15''	21''	29,458	378,09
Uranus	23550	14,52	5	2869,60	0,047	0° 46'	3''	4''	84,015	369,66
Neptun	22300	17,22	2	4496,7	0,009	1° 46'	2''	2''	164,788	367,48
Pluto	3000	0,92	1	5899	0,249	17° 9'	<0,3''		247,7	366,72

* *Saturnring:* Innerer Durchm. 178000 km, äußerer Durchm. 279000 km, Dicke 2 km, Masse 0,00004 der Saturnmasse

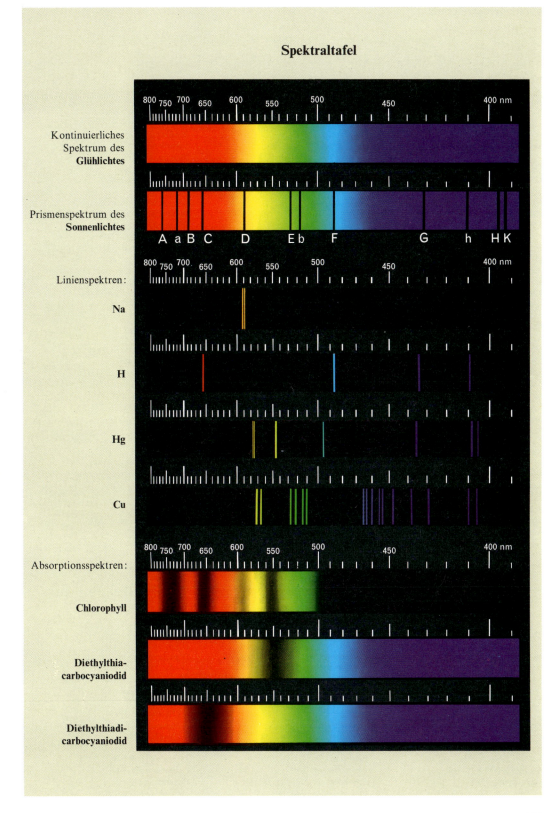

Stichwortverzeichnis

α-Teilchen 517, 520
—, Absorption 520
—, Reichweite 520
—, Streuung 531
α-Zerfall 538
—, Energiespektrum 538
Abbildung, optische 130
— durch Sammellinsen 146
Abbildungsmaßstab 131, 147
Abbrand 551
Abfall eines Reaktors 553
Ablösearbeit 478f
absoluter Nullpunkt 91, 96
Absorption von radioaktiver Strahlung 520ff.
— von Wärmestrahlung 119
Absorptionslinien 503
Achse, optische 143
actio 255
Adhäsion 257
akausale Physik 495
Akkommodation 154
Akkumulatoren 197
Aktivität 524
Akustik 436
Allstrommotor 227
Altersbestimmung, radioaktive 525
Amplitude 77, 396, 399
Amplitudenmodulation 452
Analogtechnik 366
Analysator 474
Anode 178
Anomalie des Wassers 88
Anregung von Atomen 502, 509
— von Kernen 538
Antiblockiersystem 269, 409
Antimaterie 483
Antineutrino 539
Antiteilchen 483
Aquaplaning 27
Äquivalentdosis 507, 528
—, effektive 528
Äquivalentdosisleistung 528
Äquivalenz von Energie und Masse 347, 482
Aräometer 74
Arbeit, elektrische 193
—, mechanische 31ff., 38ff., 46, 97, 105, 274, 291
Arbeitspunkt 362
Archimedessches Gesetz 70
artesischer Brunnen 61
Asynchronmotor 393
Atmosphäre 63, 66
Atom 48, 180
—, Anregung 509
—, Bau 507
—, Hülle 498
—, Masse, relative 94
—, Radius 505
atomare Masseneinheit 94, 349
Atomkern 180, 495, 516, 531
—, Anregung 538
—, Bau 531

—, Bindungsenergie 534
—, Dichte 532
—, instabiler 533
—, Modell 536
—, Radius 532, 536
Atomwaffensperrvertrag 554
Aufbau der Baryonen 562
— des Elektrons 564
— der Nukleonen 564
Auffahrunfall 270
Aufladung, statische 180, 182
Auftrieb 70
Auge 153, 162
Augenfehler 154
Ausbreitungsgeschwindigkeit von Wellen 418, 420
— von Licht 135, 346, 459
Ausdehnung, thermische 86
Außenleiter 171, 211, 392
Außenpolmaschine 383
Austauschteilchen 560
Avogadrokonstante 94, 333

β-Teilchen 519, 533
—, Absorption 522
—, Reichweite 522
β-Zerfall 495, 538ff.
—, Energiespektrum 539
Bahnbegriff 492
Balkenwaage 17, 46
Balmerserie 510f.
Bandgenerator 8, 173
Barograph 66
Barometer 65f.
Baryonen 562
Basis (Transistor) 360
Batterie 195
Beleuchtungsstärke 152
Belichtung 151f.
Beschleunigung 14, 241, 247, 268
Beschleunigungsarbeit 34
Beschleunigungsgesetz 272
Bestrahlungsstärke 479
Bethe-Weizsäcker-Zyklus 557
Beugung am Einzelspalt 469
— von Elektronen 487
— von Licht 460
— von Mikrowellen 461
— von Wasserwellen 441
Bewegung, Brownsche 49, 504
—, Geschwindigkeits-Weg-Gesetz 243
—, Geschwindigkeits-Zeit-Gesetz 242
—, gleichförmige 12f., 234
—, gleichmäßig beschleunigte 242
—, gleichmäßig kreisförmige 302
—, gleichmäßig verzögerte 267
—, lineare 228
—, Überlagerung 262
—, Vektoraddition 262
—, Weg-Zeit-Gesetz 242
Bewegungsenergie 34, 277f.
Bezugssystem 228f.
Bilanzdenken 278, 284, 287
Bild, optisches 130, 146

—, reelles 135
—, virtuelles 135
Bildebene 146
Bildhöhe, -weite 130
Bimetallgeräte 87f.
Bindungsenergie 534
Blasenkammer 561
Blendenzahl 151
blinder Fleck 153
Blinkschaltung 366
Blitz 172ff.
Blockkondensator 328
Blutdruck, Messung 69
Bohrsche Postulate 498
Bohrscher Radius 506
Braunsche Röhre 334f., 504
Brechung 137f., 141
— von Licht 136
— von Mikrowellen 458
— von Wasserwellen 444f.
Brechungsgesetz 445
Brechwert 150
Bremskraft 257
Bremsvorgang 269ff.
Brennebene 145, 147, 149
Brennpunkt 143f.
Brennstoffe, fossile 104, 126
Brennstoffkreislauf 553f.
Brennstoffzelle 195, 301
Brennstrahl 144
Brennweite 143f.
Brille 154
Brutstoff 548

Celsius-Skala 85
Chaos, deterministisches 496
Coulombgesetz 350

Dampfturbine 122
Darlingtonschaltung 363
Dauermagnete 216
De-Broglie-Wellenlänge 487
Demodulation 453, 456
deutliche Sehweite 154
Dezimalwaage 46
Diaprojektor 148
Dichte 20f.
— der Kernmaterie 532
Dielektrizitätszahl 327
Dieselmotor 125
Diffusion 49, 96, 356
Digitaltechnik 366
Diode 178
Dipol 415
—, Eigenfrequenz 451
—, Fernfeld 450
—, Hertzscher 498
—, magnetischer 214
—, Nahfeld 446
Dispersion 159
Doppelspalt 461, 463, 488ff.
Dosenbarometer 66
Dosimeter 530
dotierte Halbleiter 353

572

Dreheiseninstrument 224
Drehfelder 393
Drehfrequenz 302
Drehkondensator 328
Drehmoment 40ff.
Drehmomentwandler 43
Drehspulinstrument 225
Drehstrom 392f.
Dreifingerregel 338
– für Induktion 372
Dreipunktschaltung 413f.
Driftkammer 561
Druck 53ff., 63
–, absoluter 66
Druckluft 68
Druckwasserreaktor 550
Dualismus Teilchen-Welle 480, 492
Durchlaßpolung 356
Durchschnittsgeschwindigkeit 239

Ebene, schiefe 253, 259
Effektivwerte 385ff.
Eigenfrequenz 410, 434f.
– eines Dipols 451
Eigeninduktivität 378f., 381
Eigenleitung 355
Eigenschwingungen 434ff.
Eigenstrahlung des Körpers 528
Einfallslot 132
Einfallswinkel 133
Einheit für
– Aktivität 524
– Äquivalentdosis 527
– Beleuchtungsstärke 152
– Beschleunigung 241
– Brechwert 150
– Dichte 20
– Drehmoment 40
– Druck 56
– elektrische Arbeit 193
– elektrische Energie 193, 333
– elektrische Feldstärke 322
– elektrische Leistung 193
– Energiedosis 527
– Frequenz 78
– Geschwindigkeit 13, 235
– Impuls 286
– Kapazität 327
– Ladung 185
– Länge 11
– Lautstärke 427
– magnetische Flußdichte 340
– Masse 18
– mechanische Arbeit 31, 274
– mechanische Energie 34, 274
– mechanische Leistung 38
– Spannung 190, 324
– Stoffmenge 94
– Stromstärke 186
– Temperatur 84, 90
– thermische Energie 101
– Wärmekapazität 100
– Wärmemenge 100f.
– Widerstand 198
– Zeit 78
Einzelspalt 469
Eispunkt 84
Elastizität 23f.
Elektrizität 166
Elektrizitätszähler 194

Elektrolyse 183
Elektrolytkondensator 328
Elektromagnet 222, 381
– im Haushalt 223
Elektromotor 226, 393
Elektronen 178ff., 183, 185, 495
–, Aufbau 564
–, Beugung 487f.
–, freie 178
–, Interferenz 487
–, Masse 345
–, spezifische Ladung 346
Elektronenblitz 329
Elektronengas 187, 354
Elektronenhülle 180, 494
Elektronenmikroskop 348
Elektronenstrahl 334f.
Elektronenwelle, stehende 511
Elektron-Positron-Paar 559
Elektroskop 174, 323, 328
Elektrostatik 319
Elementarladung 332f.
Elementarmagnete 214f.
Elementarteilchen 495, 558, 562ff.
Elementarwelle 441f., 460
Elemente, galvanische 195
Ellipsenbahn 310
Elongation 396
Elongationsenergie 402
Emission, stimulierte 512f.
Emitter 360
Empfangsdipol 446
Endlagerung 554
Endoskopie 139
Energie 290ff.
–, chemische 36
–, elektrische 189ff., 324, 333
–, innere 97, 281, 293
–, kinetische 278, 347
–, magnetische 381
–, mechanische 31ff., 274, 287
– der Meereswellen 301
–, potentielle 275
–, relativistische 347
Energiebilanz der Spaltung 546
Energiedach 300
Energiedichte des elmag. Feldes 449
Energiedosis 528
Energieeinsparung 127
Energieerhaltung 274ff., 290
Energieformen 33, 35f.
Energieniveaus 500, 510, 538
– im Potentialtopf 500
– im Wasserstoffatom 509
Energiequellen 126, 297f.
Energiesatz 107, 281ff., 292
– beim elmag. Schwingkreis 407
– bei mechanischen Schwingungen 402
Energiespeicher 283
Energiespektrum von radioaktiven Zerfällen 538f.
–, kontinuierliches 519
Energieübertragung 275
Energieumwandlung 35f., 99, 107, 324
Energieunschärfe 493
Energieverbrauch 39, 127
–, Bundesrepublik Deutschland 298f.
–, weltweit 297
Energieverbund 391
Energievorräte 297

Energiewirtschaft 126
Entladung von Kondensatoren 330f.
Entsorgung 553
Erdfeld, magnetisches 342f.
Erdschluß 170f.
Erdung 211
Erhaltungssatz für Energie 279ff.
– für Impuls 286, 482
Ersatzwiderstand 205ff.
Erstarren 107f.
Erstarrungswärme 110

Fadenpendel 401f.
Fadenstrahlröhre 345
Fahrradpumpe 69
Fahrtenschreiber 236
Fall, freier 245, 250
–, Geschwindigkeits-Zeit-Gesetz 246
–, Weg-Zeit-Gesetz 246
Fall mit Luftwiderstand 259
Fallbeschleunigung 245f.
Faradaybecher 175, 320
Faradaykäfig 319
Farbaddition 162
Farben 159, 464f.
Farbenkreis 163
Farbfernsehen 164
Farbmischung, subtraktive 165
Farbstoffmoleküle 500
Farbwahrnehmung 162
Fata Morgana 140
Federpendel 405
Feder-Schwere-Pendel 400
Feld, elektrisches 317f., 447
–, Energiedichte 449
– im Vakuum 320
–, homogenes 318
–, magnetisches 213, 217, 447
Feldeffekttransistor 363
Feldgesetze, allgemeine 350
Feldkonstante, elektrische 326
–, magnetische 343
Feldkräfte, elektrische 317
Feldlinien 217
– einer Spule 221
–, elektrische 317
–, magnetische 217, 220
Feldstärke, elektrische 321
Fernfeld, elmag. 450
Fernrohr, astronomisches 157
Fernsehen 454
ferromagnetisch 213
Festkörper 48, 50
Filmprojektor 148
Filter 464
Fixsterne 557
Flächendichte der Ladung 325f.
Flächensatz 312f.
Flaschenzug 30, 32
Flip-Flop 365f.
Fluoreszenz 501, 504
Fluß, magnetischer 374
Flußdichte, magnetische 340f., 374
Flüssigkeiten 48f.
Flüssigkeitsthermometer 84
Fotoapparat 151
Fotodiode 357f.
Fotoeffekt, äußerer 476
–, innerer 357f.
Fotoelement 152, 357f.

573

Fotosynthese 301, 483
Fototransistor 363
Fotovoltaik 358
Fotowiderstand 353, 357
Franck-Hertz-Versuch 502
Fraunhofersche Linien 503
Frequenz 77
—, von Hörfunk und TV 454
Frequenzmodulation 456
Funke 172
Fusionsreaktor 555f.

γ-Quanten 475, 481, 519f.
—, Absorption 521f.
galvanische Elemente 195
Galvanisieren 184
Gangunterschied von Wellen 431f.
Gase 48, 50, 67
Gasentladung 377, 517
Gasgesetze 90ff.
Gasgleichungen 93ff.
Gaskonstante, allgemeine 95
Gasthermometer 89, 92
Gegenkopplung 409
Gegenkraft 26, 255f.
Gegenstandsebene 146
Gegenstandshöhe, -weite 130
Gehäuseschluß 212
Geiger-Müller-Zählrohr 517f.
Generator 384, 392
—, magneto-hydrodynamischer 374
geometrische Optik 470, 496
Gesamtimpuls 286
Geschwindigkeit 12f., 235, 262, 458
—, mittlere 397
Geschwindigkeits-Weg-Gesetz 243
Geschwindigkeits-Zeit-Diagramm 235
Geschwindigkeits-Zeit-Gesetz 242, 246
Gesetz der konstanten Proportionen 93
Gesetz von Boyle und Mariotte 68
Gewichtskraft 16ff., 22, 247
Gezeiten 308
Gezeitenenergie 36
Gitter, optisches 465
Gitterkonstante 466
Gitterspektrum 467f.
Glättungskondensator 359
Gleichrichterröhre 180
Gleichrichtung 355, 359
Gleichstromquellen 170
Gleitreibung 26f., 257f.
Glimmlampe 169
glühelektrischer Effekt 179
Glühlampe 168
Gluonen 562f.
Golfstrom 118
Gravitation 308
Gravitationskonstante 308
Gravitationswechselwirkung 558, 565
Grenzfrequenz 478
Grenzkontinuum 511
Grundfrequenz 83
— einer Saite 436

Haftreibung 27, 257f
Halbleiter 353f.
—, dotierte 353
Halbleiter-Diode 357
Halbwertsdicke 521f.
Halbwertszeit 331, 523f., 526

Hallspannung 341
Hangabtriebskraft 253
harmonische Schwingung 396ff.
—, DGL 398f.
Hauptsätze der Wärmelehre 290ff., 514
Hebebühne 57
Hebel 44ff.
Heißleiter 353
Heißluftmotor 293
Heizgeräte, elektrische 187
Heizwert, spezifischer 104
Hertzscher Dipol 415, 498
Hertzsches Gitter 473
Hochfrequenz 413
Hochpaß 388
Hochspannungsleitung 190, 391
Hochspannungstrafo 390
Hochstromtrafo 390f.
Hochtemperaturreaktor 552
Höhenstrahlung, kosmische 475
Hookesches Gesetz 23f.
Hörbereich 79f.
Hornhaut 153
Hubarbeit 32, 34, 274
Huygenssches Prinzip 440, 442f., 469
hydraulische Presse 56f.

Impuls 286f.
— des Photons 481
Impulserhaltungssatz 285ff., 482
Impulsunschärfe 491
Induktion 371ff., 375, 447
Induktionsspannung 372
Inertialsystem 230, 233
Influenz 176f., 180, 319, 326
Infrarot 161
Interferenz von elmag. Wellen 447
— von Elektronen 487
— von Lichtwellen 461f.
— von Mikrowellen 461
— von Photonen 484
— von Querwellen 430, 433
— von Wasserwellen 429f.
Ionen 183
Ionisationskammer 523
ionisieren 351, 518, 527
Ionisierungsenergie 351, 506
Irisblende 153
irreversibel 294
Isolatoren 167, 170, 180, 327, 330
isomerer Zustand 540
Isotop 349, 533

Kältemischung 88
Kapazität 327
Kathode 178
Kathodenstrahloszilloskop 336
Kausalität 273
Keilwinkel 142
Kelvin-Skala 90
Kennlinie einer Diode 355
Keplersche Gesetze 310ff.
Kernenergie 36, 531, 554
Kernfusion 535, 555
Kernkraft 532, 536, 565
Kernkraftwerk 123, 550
Kernreaktion 542f.
Kernreaktor 547
Kernspaltung 535, 544ff.
Kernumwandlung 542

Kettenreaktion 547f.
Kirchhoffsches Gesetz 204
klassische Mechanik 496
klassische Physik 493
Knallgaszelle 184f.
Kohärenz 461
Kohäsionskraft 50, 74
Kolbendampfmaschine 122
Kolbendruck 53, 57
Kollektor 360
Kommutator 226
Komplementärfarben 162
Komponentenzerlegung 252
Kondensationswärme, spezifische 113
Kondensator 327f., 387
— als Energiespeicher 329
—, Entladung 330
— im Wechselstromkreis 387
Kondensieren 110
Kondensorlinse 148
konkav 150
Konvektion 118, 120
Konversionsrate 551
Koordinaten 229
Körper 48
Kraft 14, 22, 230, 247, 255f.
—, elektrische 317f., 565
—, Komponenten 251
—, Richtung 22
—, Vektor 251
Kraftarm 40f.
Kräfte, Vektoraddition 272
Kräftegleichgewicht 22f., 231f., 256
Kräfteparallelogramm 251
Kräftepolygon 253
Kraftgesetz, lineares 397
Kraftmesser 15f., 25
Kraftpfeil 22
Kraftwandler 42, 45
Kraftwerke 123
Kraftwirkungen 14, 22
Kreisbewegung 302
Kreisfrequenz 382f., 399
Kristall 50
kritische Masse 547
Kühlanlagen 114f.
Kurzschluß 170, 188, 202
Kurzschlußanker 393
Kurzwellen 454
Kybernetik 370

Ladung 166, 172f., 185, 195, 328
— Arten 174
—, bewegte 332
—, felderzeugende 320
—, Flächendichte 325
Ladungsbilanz 482
Lageenergie 33f., 275, 277
Länge 10f.
Längenausdehnungskoeffizient 87
Längswelle 425f.
—, Eigenschwingungen 437
—, stehende 436f.
— in festen Körpern 439
Lärmbelastung 428
Laser 485, 512, 514
Lautstärke 427f.
LDR 353
Leichtwasserreaktor 549
Leidener Flasche 328

Leistung 126
—, elektrische 193, 209
—, elektrische, momentane 386
—, mechanische 38
Leiter, elektrische 167
Leitfähigkeit, elektrische 169
Leitungsband 353
Leitungselektronen 354
Leitungsnetz 170
Leitungsprüfer 211
Leitungsvorgänge 355
Lenzsches Gesetz 376
Lepton 564
Leuchtdiode 358
Leuchtstoffröhre 504
Licht 36
—, Ausbreitung 128
—, Beugung 460
—, Brechung 136
—, einfarbiges 160
—, infrarotes 161
—, polarisiertes 473
—, sichtbares 464
—, ultraviolettes 161
—, unsichtbares 161
Lichtbündel 130
Lichtenergie 478
Lichtgeschwindigkeit 135, 346, 459
Lichtintensität 476
Lichtleiter 139
Lichtmikroskop 348
Lichtquanten 476, 479, 485
Lichtschranke 240, 362
Lichtstrahl 130
Lichtweg, Umkehrbarkeit 138
linear polarisiert 472
Linienspektrum 467
Linke-Faust-Regel 220
Linsenformen 142
Linsengleichung 147
Linsensysteme 149
Loch 354
—, schwarzes 481, 506
Lochblende 128
Löcherleitung 355
Lochkamera 131
Lochmaske 164
logische Schaltung 366
Lokalisationsenergie 494f., 506
Longitudinalwelle 426
Lorentzkraft 338f., 342, 344
Loschmidtzahl 94
Luft 51
Luftdruck 63ff.
Luftspiegelung 140
Luftwiderstand 259
Lupe 155
Lymanserie 510

magische Zahlen 537
Magnete 213
Magnetfeld 217
—, Abschirmung 219
— homogenes 218
— um einen geraden Leiter 220
— von Hufeisenmagneten 218
— von Spulen 342
— von Stabmagneten 217
Magnetisieren 215
MHD-Generator 374

Manometer 56
MASER 512
Masse 17f., 21, 247
—, Einheit, atomare 94, 349
—, kritische 547
—, relativistische 347
Massendefekt 534
Massenpunkt 272
Massenspektrometer 349
Massenzahl 516
Maßsystem, physikalisches 249
Materialforschung 25
Materiewelle 487f.
Maximum-Minimum-Thermometer 85
Maxwell-Gleichungen 449, 451, 497
Maxwell-Rad 280
Meißner-Schaltung 408
Mesonen 562
Meßbereichserweiterung 205, 208
Meßverstärker 328
Mikrokosmos 494
Mikrometerschraube 11
Mikroskop 156
Mikrowellen 457ff.
—, polarisierte 472
Millikan-Versuch 332
Minusladung 174
Minuspol 174, 179
Mittelpunktstrahl 144
Mittelwellen 454
Modellvorstellung 51
Moderator 543, 549
Molekularkräfte 74, 95
Moleküle 48, 95ff.
Momentanbeschleunigung 398
Momentangeschwindigkeit 239, 397
Motor 392
Multivibrator 366
Musikerzeugung 438
Musikinstrumente 76
Myonen 559

Nachzerfallswärme 551
Nahfeld eines Dipols 446
Nebelkammer 517
Netzgeräte 171
Netzhaut 153
Neutralisation 175
Neutrino 540
Neutron 495
—, Aufbau 562
—, freies 539
—, thermisches 543
Neutronenausbeute 547f.
Neutroneneinfang 543
Neutronenquellen 543
Neutronenstern 506
Neutronenstrahlen 542f.
Neutronenzahl 516
Newtonsche Gesetze 247ff., 272
Newtonsche Mechanik 495
Nordpol 213
Normalkraft 253
Normdruck 66
NTC-Widerstand 353
Nukleon 564, 566
Nuklid 516
—, angeregtes 538
—, instabiles 533
—, radioaktives 524f.

—, stabiles 533
Nuklidkarte 533
Nulleffekt 518
Null-Leiter 171, 392
Nullniveau 275
Nullrate 518

Oberflächenspannung 74f.
Objektiv 156f.
Ohmsches Gesetz 197f., 200f.
Ohr 83
Oktave 438
Okular 156f.
optisch dichter 137
optisch dünner 137
Orbitale 489, 508f.
Ordnung 296
Ordnungszahl 516
Ortsfaktor 19, 246, 321
Ortsunschärfe 491
Oszilloskop 336
Ottomotor 124

Paarbildung 482f.
Paarungseffekt 537
Parallelschaltung von Stromquellen 192
— von Widerständen 204
Parallelstrahlen 145
Pauliprinzip 489, 536
Pendel, ballistisches 288
Pendelschwingung 77
Periodendauer 77
Permeabilitätszahl 342f.
Perpetuum mobile 292
Phasengeschwindigkeit 420
Phasensprung 424
Phasenverschiebung 404
— beim ohmschen Widerstand 388
— beim RC-Glied 388
— beim RL-Glied 389
Phasenwinkel 382, 399
Phosphoreszenz 504
Photonen 479, 485
—, Impuls 481
—, Interferenz 484
—, Lokalisation 484f.
—, Ruhemasse 481
planparallele Platte 141
Plasma 555
Plastizität 23
Plattenkondensator 189, 335
Pluslandung 174
Pluspol 174, 179
Polarisation 472f.
—, elektrische 330
— von Licht 473
— von Mikrowellen 472
Polarisationsebene 472
Polarisator 474
Pole, elektrische 167
—, magnetische 213ff.
Positron 482, 540
Potential 364
Potentialtopf, dreidimensionaler 507
—, linearer 498ff.
— für Nukleonen 536
Preßluft 68
Prinzip von Huygens 440, 442f., 469
Prisma 159
—, optisches 141

Prismenspektrum 468
Projektionsapparat 148
Proton 347, 495
—, Aufbau 562
—, Masse 347
—, spezifische Ladung 347
Protonenzahl 516
Prozeß, irreversibler 294
—, reversibler 294
Pupillenreaktion 409

Quanten 479, 482f., 485
Quantenchromodynamik 565
Quantenphysik 496f.
Quantensprung 501, 511
Quantenzahlen 499f.
Quarks 562ff.
—, freie 566
Quarzuhr 79
Quecksilberbarometer 65
Querwelle 419
—, stehende 433
Querwellen, Interferenz 430, 433

Radar 458
Radioaktivität 516, 524f., 540
—, Anwendung 525
—, künstliche 543
Radioastronomie 456
Radioempfang 455
Radiowellen 451
Randfeld 318
Randstrahlen 143
Raumladung 356f.
reactio 255
Reaktor 547f.
—, Druckwasser- 550
—, Entsorgung 553
—, Fusions- 555f.
—, Hochtemperatur- 552
—, jährlicher Abfall 553
—, Leichtwasser- 549
—, Regelung 550
—, schneller 548, 552
—, Schwerwasser- 549
—, Sicherheit 551
—, Siedewasser- 550
—, thermischer 548f.
—, Umweltbelastungen 556
Reflexion von Licht 132f., 140
— von mechanischen Wellen 422
— von Wasserwellen 443f.
Reflexionsgesetz 132f., 139
— für elmag. Wellen 457
Regelgröße 369
Regelkreis 409
Regelstäbe 550
Regelung 368f.
— von Reaktoren 550
Reibung 26f., 281
Reibungsarbeit 32, 106
Reibungskraft 257
Reichweite von radioaktiver Strahlung 520ff.
Reihenschaltung 191, 206
Resonanz 410ff.
Resonanzfluoreszenz 503
Resthelligkeit 466
Resultierende 15, 23, 231, 251
reversibel 294

Richtgröße 397
Ringentladung 377
Röhre, Braunsche 504
Röhrengenerator 415
Rolle 28ff., 32
Rollreibung 27
Röntgenröhre 481
Röntgenstrahlen 475, 471
Rotationsenergie 280
Rotor 226
Rückkopplung 365, 369, 408f., 438
Rückstellkraft 396
Ruhe-Energie 347
Ruhemasse 481ff.
Rundfunk 451, 454f.
Rutherfordscher Streuversuch 531
Rydbergfrequenz 510

Saiteninstrumente 436
Sammellinsen 142
Satelliten 309
Schalenstruktur des Atoms 508
Schall 76, 427
—, Ausbreitung 76, 80
—, Empfindung 80, 83
—, Entstehung 76
—, Geschwindigkeit 82
Schallerreger 77
Schallfeld 82
Schallfrequenzen 79
Schallschwingung 80
Schallstärkepegel 427
Schallwellen 81f., 427
Schaltplan 168
Schaltzeichen 168
Schärfentiefe 151f.
Schatten 471
Scheitelspannung 382ff.
Schichtwiderstand 203
Schiebewiderstand 202f.
Schieblehre 10
schiefe Ebene 253, 259
schiefparallel 144, 146
Schmelzen 107
Schmelzsicherung 188
Schmelztemperatur 107f.
Schmelzwärme, spezifische 109
schneller Brüter 552
Schrecksekunde 270
Schutzleiter 211f.
Schweben 72f.
Schwere 232
Schweredruck 58ff.
Schwerkraft 16
Schwerlinie 47
Schwerpunkt 47
Schwerwasserreaktor 549
Schwimmen 73
Schwingkreis 403, 457
—, elmag. 403, 405
—, elmag., Energiesatz 407
Schwingung 76, 395
—, elmag., DGL 406
—, elmag., ungedämpfte 408
—, Energiesatz 402
—, erzwungene 410
—, harmonische 396ff.
—, harmonische, DGL 398
—, mechanische 395ff., 400
Schwingungsgleichung 406

Sehnerv 153
Sehweite, deutliche 154
Selbstinduktion 378, 389
Selbstorganisation 513f.
Senkwaage 74
Separationsenergie 537
Seriengrenze 510
Sicherheit von Reaktoren 551
Sicherheitsgurt 270
Sicherung 188
Sicherungsautomat 224
Siedepunkt 84, 111
Siedetemperatur 110ff.
Siedewasserreaktor 550
Sinken 72f.
Skalar 22
Solarkonstante 120, 479
Solarzelle 301, 358
Sollwert 369
Sonne 104
Sonnenenergie 36, 298
Sonnenkollektor 300
Sonnentag, mittlerer 78
Spaltbeugung 491
Spaltprodukte 544
Spaltstoff 548
Spaltung, Energiebilanz 546
Spannarbeit 34
Spannung 189ff., 195ff., 323f.
Spannungsenergie 34, 283
Spannungsmesser 199, 208, 336
Spannungsteiler 208
Spektralanalyse 467, 504
Spektrallinien 467, 507, 510f.
spektralrein 160
Spektralserie 510
Spektrum, elmag. 475, 483
—, kontinuierliches 159f.
Sperrpolung 356
Sperrstrom 356
Spiegel 132f.
Spiegelteleskop 158
Spule 221
— im Wechselstromkreis 389
statische Aufladung 180, 182
Stator 226
Steckdose 170
Steigzeit 268
Steuerkennlinie 361
Steuerung 368
Stirlingmotor 293f.
stochastisch 484, 518
Stoffmenge 93
Stöße, mechanische 285, 287ff.
Strahlenbelastung 527f.
Strahlenkrebsrisiko 530
Strahlenoptik 491
Strahlenschäden 527ff.
Strahlenschutz 530
Strahlung, Absorption 520ff.
—, infrarote 161
—, kosmische 481, 518, 528
—, radioaktive 516ff., 519ff.
—, Reichweite 520ff.
—, terrestrische 528
Streuung 128
— von α-Teilchen 531
Strom 166, 172, 189
—, Gefahren 171, 211
—, Sicherheitsregeln 212

Stromkreis, elektrischer 166
—, unverzweigter 206
—, verzweigter 204
Strommeßgeräte 186, 205
—, elmag. 224
—, Regeln für den Umgang 225
Stromquellen 167, 173
—, Schaltung 191 f.
Stromrichtung 180
Stromstärke 185 ff., 195, 199, 206
—, mittlere 323, 328
Stromverbrauchsabrechnung 194
Stromverstärkung 361 ff.
Stromwärme 187, 193
Stromwirkung, chemische 183
—, magnetische 219
Strukturforschung 560
Südpol
Synchronmotor 393
Synergetik 514
System, abgeschlossenes 281
—, offenes 297

Taschenlampe 168
Teilchen 517 ff., 567
—, ionisierende 518
—, kleine 48
—, virtuelle 559
Teilchenbewegung 291
Teleobjektiv 151
Temperatur 84, 90 ff., 955
Temperaturstrahlung 475
Thermometer 84 f., 88
Thermosflasche 120 f.
Thermosicherung 188
Thermostat 88
Tochterkern 538
Ton 76
Tonabnehmer 384
Totalreflexion 139
Totpunkt 226
Trägerschwingung 453 f.
Trägheit 232, 396
Trägheitssatz 230 f., 233, 261, 272
Transformator 375, 377, 390
Transistor 360 ff.
Transistorverstärker 362
Transportarbeit 324, 329
Transurane 543 f.
Transversalwelle 419
Trockenbatterie 195
Trommelanker 227
Turbinen 37

Überdruck 66
p-n-Übergang 355 f.
Überlagerung von Bewegungen 262
— von Wellen 429
Ultrakurzwellen 454
Ultraschall 79, 428
ultraviolettes Licht 161
U-Manometer 58, 62
Umkehrbarkeit des Lichtwegs 138
Umlaufdauer 302
Umlaufzeiten 313
Umweltbelastung durch Kernkraft 556
Unbestimmtheitsrelationen 491 ff.
Unschärfe der Energie 493
— des Impulses 491
— des Ortes 491
— der Zeitdauer 493
Unterdruck 66
Urknall 316

Vakuumfotozelle 476
Vakuumpolarisation 559
Valenzband 353
Vektor 22
Vektoraddition bei Bewegungen 262
— von Kräften 272
Verbrennungsmotor 122
verbundene Gefäße 61
Verbundsystem 391
Verdampfen 110 f.
Verdampfungswärme, spezifische 112 ff.
Verdunsten 111
Verdunstungskälte 113
Verformung 14, 23
Vergrößerung optischer Geräte 155
Verkehrsfluß 237
Verkehrssicherheit 269
Verkehrsstau 238
Verstärkerschaltung 363
Verzögerung 14, 267 f.
Vierfarbendruck 165
Viertaktmotor 124
Volta-Element 197
Vorwiderstand 207

Wägesatz 17 f.
Wahrscheinlichkeitsdeutung 485, 488, 496 f.
Wärme 36, 39, 97, 100, 105, 291
Wärmeenergiemaschinen 122
Wärmeisolation 117, 299
Wärmekapazität 100
—, spezifische 100, 103
Wärme-Kraft-Kopplung 299
Wärmekraftwerk 293
Wärmeleistung 209
Wärmeleitung 116 f., 119
Wärmemenge 99 f.
Wärmepumpe 115, 294, 299
Wärmequellen 104
Wärmespeicher 100
Wärmestrahlung 119
Wärmetransport 116
Warmwasserheizung 118
Wasserkraft 301
Wasserräder 36 f.
Wasserversorgung 61
Wasserwellen 81, 440 ff.
Wechselgetriebe 43
Wechselspannung 382
Wechselstrom 170, 180, 385 ff.
Wechselwirkungen 255, 558
— zwischen Licht und Materie 476
Wechselwirkungsgesetz 256, 272
Weg-Zeit-Diagramm 235
Weg-Zeit-Gesetz 242, 246
weißer Zwerg 506
Weitwinkelobjektiv 151
Welle, elektrische 448
—, elmag. 446, 448 ff., 457
—, fortschreitende 416, 435
—, magnetische 448

—, mechanische 418 ff.
—, Reflexion 422, 443 f., 457
—, stehende 432 f., 435
Wellen 416
—, Brechung 444 f.
—, elmag., Interferenz 447
—, Gangunterschied 431 f.
—, Interferenz 429 f.
—, Überlagerung 429
Wellenberg 418
Wellenfunktion 496
Wellenlänge 420, 422
—, nach De-Broglie 487
Wellenmechanik 497
Wellenoptik 491
Wellenstrahlen 440
Wellental 418
Wellenträger 416
Wellenwanne 440
Wellrad 40, 44
Widerstand 187, 197 ff., 204, 209 f.
—, Berechnung 202
—, Farbcode 203
—, induktiver 389
—, ohmscher 385
—, spezifischer 202
—, Wärmeleistung 209
Widerstände, Parallelschaltung 204
—, Reihenschaltung 206
Widerstandsbeiwert 259
Widerstandsthermometer 200
Wiederaufarbeitungsanlage 554
Windenergie 301
Winkelgeschwindigkeit 302
Winkelspiegel 135
Wirbelfelder, elektrische 377
Wirkungsgrad 104 f., 123, 125, 295 f., 299
Wirkungslinie 40
Wurfbewegungen 264 ff.

Xenonvergiftung 551

Zählrate 518
Zählrohr 518
Zahnradgetriebe 43
Zeigerdiagramm 383
Zeit 78
Zeitunschärfe 493
Zentripetalbeschleunigung 303 f.
Zentripetalkraft 303 f.
Zerfall, radioaktiver 495, 524, 538 ff.
—, Energiespektrum 539
Zerfallsgesetz 524
Zerfallsreihen, radioaktive 540 f.
Zerfallsschema 538
Zerstrahlung 482
Zerstreuungskreis 152
Zerstreuungslinse 150
Zustand, angeregter 538
—, fester 48
—, flüssiger 48
—, gasförmiger 48
—, isomerer 540
—, stabiler 505
—, stationärer 499
Zweitaktmotor 125
Zwischenbild 156
Zwischenlagerung 554

Ausschnitt aus der Nuklidkarte

Elemente: **B** 10,81 – Elementsymbol, Atommasse in u

α-Zerfall: **Ra 226** 1600 a, α: 4,785, γ: 0,186 — ← $T_{1/2}$; ← α-Energie[1] in MeV; ← γ-Energie[1] in MeV →

β^--Zerfall: **Pb 214** 26,8 min, β^-: 0,7; 1,0, γ: 0,352 — ← $T_{1/2}$ →; ← Maximalenergien → der β-Spektren in MeV

β^+-Zerfall: **Na 22** 2,60 a, β^+: 0,5; 1,8, γ: 1,275 — statt β^+-Zerfall ist auch Elektroneneinfang möglich (gekennzeichnet durch den Buchstaben ε)

Stabile Nuklide: **Pb 208** 52,4 % – Elementsymbol und Nukleonenzahl, Häufigkeit des Vorkommens im natürlichen Element

Häufigkeit der Zerfallsarten: **Ac 226** 29 h, ε, α, β^-: 0,9; 1,1, γ: 0,23 – Die farbigen Flächen sind ein Maß für die Häufigkeit der jeweiligen Zerfälle

[1]) Bei α- und γ-Strahlen ist jeweils nur die Energie des am häufigsten vorkommenden Zerfalls angegeben. Weiterhin bedeutet

γ: – kein γ-Quant beobachtet

α, β^-, β^+, γ ohne Zahlenangabe: Nachgewiesene Übergänge unbekannter Energie

sf: Spontane Spaltung (spontaneous fission)